高等学校应用型本科规划教材

公路施工技术

Gonglu Shigong Jishu

主　编　杨渡军

副主编　唐德兰　谢远光

人民交通出版社股份有限公司

北京

内 容 提 要

本书主体内容分为道路施工技术篇、桥涵施工技术篇、隧道施工技术篇和公路施工组织篇。道路施工技术篇分为四章，分别从路基施工、路面基层施工、路面施工等方面介绍了道路施工各项技术，然后通过综合实例加深理解。桥涵施工技术篇则从涵洞施工、桥梁墩台施工、桥梁主梁施工等几方面进行介绍，同样从施工实例将所学知识贯穿起来。隧道施工技术篇主要是从较为简明的方式对隧道施工方法和实例进行了介绍。最后一篇是公路施工组织篇，通过公路施工组织设计示例的形式介绍了公路施工组织设计有关知识。

本书主要作为应用型本科院校学生、继续教育学院本专科学生和高职高专院校专升本学生的教材，也可作为培训教材或自学用书，供工程技术人员参考。

图书在版编目（CIP）数据

公路施工技术 / 杨渡军主编. —北京：人民交通出版社，2007.10
高等学校应用型本科规划教材
ISBN 978 – 7 – 114 – 06854 – 6

Ⅰ.公…　Ⅱ.杨…　Ⅲ.道路工程 – 施工技术 – 高等学校 – 教材　Ⅳ. U415.6

中国版本图书馆 CIP 数据核字（2007）第 150454 号

书　　名：高等学校应用型本科规划教材
　　　　　公路施工技术
著 作 者：杨渡军　唐德兰　谢远光
责任编辑：毛 鹏 岑 瑜
出版发行：人民交通出版社股份有限公司
地　　址：（100011）北京市朝阳区安定门外外馆斜街 3 号
网　　址：http://www.ccpcl.com.cn
销售电话：（010）59757973
总 经 销：人民交通出版社股份有限公司发行部
经　　销：各地新华书店
印　　刷：北京虎彩文化传播有限公司
开　　本：787×1092　1/16
印　　张：39.375
字　　数：955 千
版　　次：2007 年 10 月　第 1 版
印　　次：2024 年 7 月　第 15 次印刷
书　　号：ISBN 978-7-114-06854-6
定　　价：64.00 元

（有印刷、装订质量问题的图书由本社负责调换）

前　言

本书根据"21世纪交通版·高等学校应用型本科规划教材"提出的编写要求而编写。根据本书内容的特殊性质和学生学习的具体情况,在本书的编写过程中,除高等院校的教学、科研人员参与编写外,还邀请了有工程实践经验的工程技术人员共同编写。围绕教学的实际需要,本书编写前进行了广泛的调查研究,进行了反复修改,最后成稿。

本书主体内容分为四篇。道路施工技术篇分为四章,分别从路基施工、路面基层施工、路面施工等方面介绍了道路施工各项技术,然后通过综合实例加深理解。桥涵施工技术篇则从涵洞施工、桥梁墩台施工、桥梁主梁施工等几方面进行介绍,同样从施工实例将所学知识贯穿起来。隧道施工技术篇主要是从较为简明的方式对隧道施工方法和实例进行了介绍。最后一篇是公路施工组织篇,通过公路施工组织设计示例的形式介绍了公路施工组织设计有关知识。

公路施工技术是一门实践性很强的课程,实际教学中为弥补课堂教学的不足,除了安排必要的施工工地参观实习外,还可以大量利用多媒体手段放映一些实际的公路工程施工录像、照片等以提高学生的感性认识,最后通过综合施工实训提高学生的施工管理水平。

本书由重庆交通大学杨渡军教授担任主编,由重庆交通大学唐德兰副教授、谢远光副教授担任副主编,并负责全书统稿工作。全书分为五部分共十二章,其中第一部分(第一章)是总论;第二部分(第二至五章)为道路施工(由江利民分管);第三部分(第六至九章)为桥涵施工(由张凤龙分管);第四部分(第十至十一章)为隧道施工(由范智杰分管);第五部分(第十二章)为公路施工组织(由王旭东分管)。具体编写分工如下:第一章由谢远光编写;第二章由重庆交通大学夏江、重庆路桥股份有限公司曹培豫编写;第三章由夏江编写;第四章由重庆交通大学江利民、四川省内江市公路局吴红兵编写;第五章由高速公路发展有限公司南方建设分公司吴万佳编写;第六章由唐德兰编写;第七章由重庆交通大学黄倩倩编写;第八章由中交第二航务工程局张帆编写;第九章由重庆交通大学张凤龙编写;第十、十一章由重庆交通大学范智杰编写;第十二章由重庆交通大学刘丽、王旭东编写。

限于编者学识水平和对公路施工的认识不足,书中难免存在错误,恳请广大读者提出宝贵意见,以便进一步修订完善。

(编者地址:重庆市渝中区大坪正街160号重庆交通大学应用技术学院,400040)。

编　者

二○○七年三月于重庆

目 录

第一章 总 论

第一节 公路的主要组成部分及设计内容

公路是一种主要承受汽车荷载反复作用的带状工程结构物。公路的基本组成部分包括:路基、路面、桥梁、涵洞、隧道、防护与加固工程、排水设施、山区特殊构造物等。此外,为保证汽车行驶的安全、畅通和舒适,还需要有各种附属工程,如公路标志、路用房屋、加油站及绿化栽植等。

一、公路的主要组成部分和设计内容

1. 路基、路面

路基是公路工程中的重要组成部分,是路面的基础,主要起承重作用,它应具有足够的强度。基层厚度大时,可分设两层,分别称为上基层(或基层)和底基层,并选用不同强度(或质量)要求的材料。

在路基土质较差、水温状况不良时,宜在基层之下设置垫层,起排水、防冻胀、扩散应力等作用;基层为排水层时,垫层应采用密级配材料,并能起反滤层作用。

路面是用硬质材料铺筑在路基顶面的层状结构(图1-1)。路面根据其使用的材料和性能不同,可分为柔性路面和刚性路面两类。柔性路面如沥青混凝土路面、沥青碎石路面、沥青表面处治路面等,刚性路面如水泥混凝土路面。

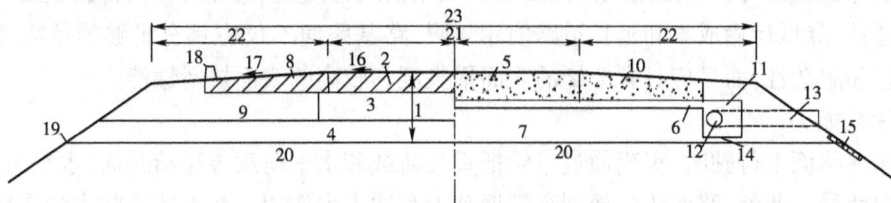

图1-1 路面结构组成横断面

1-路面结构;2-行车道沥青路面;3-基层;4-垫层;5-行车道水泥混凝土面层;6-排水基层;7-不透水垫层;8-路肩沥青面层;9-路肩基层;10-路肩水泥混凝土面层;11-集水沟;12-纵向排水沟;13-横向出水管;14-反滤织物;15-坡面冲刷防护;16-行车道横坡;17-路肩横坡;18-拦水带;19-路基边坡;20-路基;21-行车道宽度;22-路肩宽度;23-路基宽度

路面横向主要由中央分隔带、行车道、路肩、路拱等组成,路面纵向结构层由面层、基层和垫层三个主要层次组成。

面层是直接承受行车荷载作用及大气降水和温度变化影响的路面结构层,并为车辆提供行驶表面,其质量好坏直接影响行车的舒适、安全和经济性,并给周围环境带来一定程度的影响。因此,面层应具有足够的结构强度、稳定性,以及良好的表面特性。面层由一层或多层组

成;其上层可为磨耗层或多孔层,其下层可为整平层或连接层。

路肩设在行车道两侧,供车辆临时或紧急停靠,或者在路面大、中修时,作为临时车道供车辆行驶。

按路肩面层所用材料的不同,路肩结构可分为沥青路肩、水泥混凝土路肩和粒料或土路肩三类;前两类路肩结构设面层和基层两个层次。

路肩铺面结构应具有一定的承载能力,并应同行车路面作为一个整体进行结构设计,设计应协调结构层次和组成材料的选用,统一考虑路面和路肩结构的内部排水,提供路面和路肩结构交界面的良好衔接。

路肩铺面结构的横断面,除图1-1所示外,还可参照图1-2中所示的形式布置。行车道路面结构的垫层通常按路基全宽铺筑。垫层选用优质材料并透水(细料含量少)时,此垫层材料也可以用作路肩铺面的基层。垫层选用非优质材料或者不透水(密级配)时,路肩铺面的面层下应设置透水性基层。行车道路结构的基层如也按照路基全宽铺筑,路肩铺面的面层可以采用与行车道面层相同厚度,或者采用较薄的面层,并设置透水性基层。

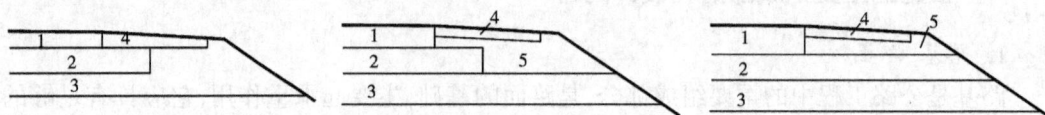

图1-2　路肩铺面结构横断面形式
1-面层;2-基层;3-垫层;4-路肩面层;5-路肩基层(透水性)粒料

道路排水系统是保证道路发挥其功能的必要设施。道路排水系统包括地面排水系统和地下排水系统。前者由边沟、截水沟、排水沟、跌水及急流槽、拦水带、蒸发池、渡槽、倒吸虹等组成;后者由暗沟及渗沟、渗井组成。

2. 路基、路面工程特点

为了保证公路与城市道路最大限度地满足车辆运行的要求,提高车辆行驶速度、增强安全性和舒适性,降低运输成本和延长道路使用年限,路基路面不仅应具有足够的承载能力、良好的稳定性和耐久性,而且应具有合格的表面平整度和较高的表面抗滑性能。

1)承载能力

汽车在路面上行驶时,车辆通过车轮把垂直荷载和水平荷载传递给路面;水平力又分为纵向和横向两种。此外,路面还要受到车辆振动力和冲击力作用。在上述这些力的作用下,由路面传给路基,在路基路面结构内部产生应力、应变及位移。如果路基路面结构整体或某一组成部分的强度或抗变形能力,不足以抵抗这些应力、应变及位移,则路面会出现断裂,路基路面结构会出现沉陷,路面表面会出现波浪或车辙,使路况恶化,服务水平下降。因此,要求路基路面结构整体及其各组成部分,都具有与行车荷载相适应的承载能力,即具有足够的强度和刚度。

路基路面的结构承载能力,主要包括强度和刚度两个方面,这是两个既相互联系又相互区别的力学特性。路面结构应具有足够的强度,以抵抗车轮荷载引起的各个部位的各种应力,如压应力、拉应力、剪应力等,保证路面不发生压碎、拉断、剪切等各种破坏。路基路面整体结构或各个结构层应具有足够的刚度,使得在车轮荷载作用下不发生过大的变形,保证不发生车辙、沉陷或波浪等各种病害。

2）稳定性

在天然地表面建造的道路结构物，改变了原来的自然平衡，在达到新的平衡状态之前，道路结构物处于一种暂时的不稳定状态。新的路基路面结构暴露于大气之中，经常受到大气温度、降水与湿度变化的影响，结构物的物理性质、力学性质将随之发生变化，处于另一种不稳定状态。路基路面结构能否经受这种不稳定状态，保持工程设计要求的几何形态及物理力学性质，称为路基路面结构的稳定性。

在地表上开挖或填筑路基时，必然会改变原地面地层结构的原来结构和受力状态。原来处于稳定状态的地层结构，有可能由于填挖筑路而引起不平衡，从而导致路基失稳。如在软土地层上修筑高路堤，或者在岩质或土质山坡上开挖深路堑时，有可能由于软土层承载力不足，或者由于坡体失去支承，而出现路堤的沉陷或坡体坍塌。路线如果选择在不稳定的地层上，则填筑或开挖路基会引发滑坡或坍塌等病害的出现。因此，在道路的选线、勘测、设计和施工中，应给予足够的重视，并采取必要的工程措施，以确保路基有足够的稳定性。

大气降水使得路基路面结构的内部湿度状态发生较大变化，如果低洼地带的路基排水不良，造成长期积水，会使得低路堤发生软化，失去承载能力。如果是山坡路基，有时因排水不良，会引发滑坡或边坡滑塌。水泥混凝土路面，如果不能及时将水分排出结构层，会发生唧泥现象，冲刷基层，导致结构层提前破坏。沥青混凝土路面如果有水分的侵蚀，会引起沥青结构层的剥落，导致结构松散。砂石路面，在雨季时，会因雨水冲刷和渗入结构层，而导致强度下降，产生沉陷、松散等病害，因此防水、排水是确保路基路面稳定的非常重要的方面。

大气温度周期性的变化，对于路面结构的稳定性有着重要影响。高温季节沥青路面发生软化，在车轮荷载的作用下产生永久性变形。水泥混凝土结构在高温季节，因结构变形会产生过大的内应力，导致路面发生破坏。北方冰冻地区，在低温冰冻季节，水泥混凝土路面、沥青路面、半刚性基层会因低温收缩而产生大量裂缝，最终失去承载能力。在严重冰冻地区，低温引起的路基不稳定更是多方面的，低温会引起路基收缩裂缝，地下水源丰富的地区，低温会引起冻胀变形，路基上面的路面结构也随之发生断裂。在春天升温融冻季节，在交通繁重的路段，有时会引发翻浆，路基路面发生严重的破坏。

3）耐久性

高等级路基路面标准高、距离长、宽度大，不仅工程量巨大，投资也非常高，从规划、勘测、设计、施工到建成通车需要较长的时间。这种大型工程应有较长的使用年限，一般道路工程的使用年限至少数十年。承重并经受车辆直接碾压的路面部分，要求其使用年限在 20 年以上，因此，路基路面工程应具有良好的耐久性能。

路基路面在车辆荷载的反复作用与大气、水、温度周期性的重复作用下，路面的使用性能将逐年下降，强度与刚度将逐年衰减，路面材料的各项性能也可能由于老化衰变，而引起路面结构的损坏。至于路基的稳定性，也可能在长期经受自然因素的侵袭后，逐年削弱。因此，提高路基路面的耐久性，保持其强度、刚度和良好的几何形态，除了精心设计、精心施工和精选材料之外，还要把长年的养护、维修、恢复路用性能的工作放在非常重要的位置。

4）表面平整度

路面表面平整度是影响道路施工质量的重要标志，也是影响行车安全、行车舒适以及运输效益的重要使用性能。特别是高等级公路，对路面平整度的要求更高。不平整的路面会增大行车阻力,并使车辆产生附加的振动作用。这种振动作用会造成行车颠簸,严重影响行车的速度和安全,也影响驾驶的平稳和乘客的舒适,还会减少车辆的使用寿命。同时,这种振动作用还会对路面施加冲击力,从而加剧路面、汽车机件的损坏和轮胎的磨损,并增加油料的消耗。更为严重的是,不平整的路面如果产生积水,将加速路面破坏。因此,为了减少振动冲击力,提高行车速度和确保行车的舒适性和安全性,路面平整度应达到规范规定的要求。优良的路面平整度,要依靠优良的施工装备、精细的施工工艺、严格的施工质量控制以及经常而及时的养护来保证。同时,路面的平整度同整个路面结构和路基顶面的强度和抗变形能力有关,也同结构层所用材料的强度、抗变形能力以及均匀性有很大关系。强度和抗变形能力差的路基路面和面层混合料,经不起车轮荷载的反复作用,极易出现沉陷、车辙和推挤破坏,从而形成不平整的路面表面。

5)表面抗滑性能

良好的路面要求其表面平整,但不能过于光滑。汽车在光滑的路面上行驶时,车轮与路面之间缺乏足够的附着力或摩擦力。如果雨天高速行驶,或紧急制动、突然起动,或爬坡、转弯,车轮就易发生空转或打滑,使行车速度降低,油料消耗增多,甚至引起严重的交通事故。通常用摩擦系数表示抗滑性能,摩擦系数小,则抗滑能力低,容易引起滑溜等交通事故。对于高速公路的高速行车道,要求其具有更高的抗滑性能。

高速路面表面的较高抗滑能力,一方面可以通过采用坚硬、耐磨、表面粗糙的粒料组成路面表层材料来实现;另一方面也可以采用一些工艺措施来实现,如水泥混凝土路面的刷毛或刻槽等。此外,路表面的积雪、浮冰或污泥等,也会降低路面的抗滑性能,因此必须及时予以清除。

6)不透水性

不透水性,在道路工程上也称为抗透性。透水的路面,雨天水分容易沿缝隙渗入路面结构和路基土层中,这些滞留在路面表层、路面结构内部和土基中的水分,在大量高速行驶车辆的反复作用下,产生很大的动水压力不断冲刷路面,使路面出现剥落、坑洞、唧浆和网裂等早期水破坏现象;被水渗透的土基会产生过大的变形,从而造成路面板与基层脱开,使路面的受力状态恶化,加速路面和路基的破坏。

为避免路面路基产生水破坏,应尽量采用不透水的路面面层,设置路面结构排水层或有效的防水层。

3. 道路工程的主要设计内容

设计内容主要包括路线设计、路基设计、路面设计、排水系统设计及涵洞设计等内容。

路线设计部分见本系列教材中的《道路勘测设计》,本书不再详述。

1)路基设计内容

(1)路基主体工程。路基主体设计包括选择路基横断面形式,确定路基宽度、路基高度、路基边坡坡度,选择路堤填料与压实标准等。

(2)路基排水。根据沿线地表水及地下水分布情况,进行沿线排水系统的总体布置,以及地面排水设施和地下排水设施的设计。

(3)路基防护与加固。防护与加固设计内容有坡面防护、冲刷防护及支挡结构物的布置、构造设计与计算等。

（4）路基工程的附属设施。路基工程的附属设施包括：取土坑与弃土堆、护坡道与碎落台、堆料坪与错车道等的布置与计算。

2）路基设计基本要求

（1）路基横断面形式及尺寸。应符合原交通部颁发的《公路工程技术标准》（JTG B01—2003）（以下简称《标准》）的有关规定和要求。

（2）具有足够的整体稳定性。

（3）具有足够的强度。

（4）具有足够的水温稳定性。

3）路面设计的内容

包括结构、构造、材料和表面特性等方面，或者分为以下六部分：

（1）行车道路面与路肩铺面的类型选择和结构层组合设计——依据道路等级、当地环境、交通要求、路基支承条件、材料供应、施工和养护技术水平、资金来源等情况，选择路面和铺面类型，设计符合使用性能要求的路面和确定铺面结构的结构层组合方案。

（2）水泥混凝土路面面层的接缝构造和配筋设计——选择和布设接缝的类型和位置，设计接缝构造，确定配筋量和布置钢筋。

（3）路面内部排水设计——需设置路面内部排水设施时，选择排水系统的布设方案，确定各项排水设施的构造尺寸和材料规格要求。

（4）各结构层材料组成设计——依据对所选材料和混合料的性状要求以及当地自然条件，进行各结构层混合料的组成设计和性质试验。

（5）路面表面特性设计——按抗滑、透水或低噪声等使用要求，进行路面上面层的材料组成设计。

（6）经济评价和最终方案选择——对于备选方案进行寿命周期费用分析，依据资金筹措情况、目标可靠度以及其他非经济因素，选择费用—效果最佳设计方案。

4）路面基本要求

（1）具有足够的强度和刚度。

（2）具有足够的稳定性。

（3）具有足够的平整度。

（4）具有足够的抗滑性能。

（5）具有足够的耐久性。

（6）具有尽可能低的扬尘性。

（7）合理的路面断面形式及尺寸。

二、桥梁的组成、分类与结构体系

（一）桥梁的组成

桥梁组成部分的划分与桥梁结构体系有关。常见的梁式桥通常由上部结构、下部结构和附属设施组成，如图1-3所示。

1. 上部结构（或称桥跨结构）

桥梁的上部结构是在线路中断时跨越障碍的主要承重结构，是桥梁支座以上（无铰拱起拱线或刚架主梁底线以上)桥孔的总称。它主要包括桥跨结构(也称承重结构)和桥面结构两部分。桥跨结构是指桥梁中直接承受桥上交通荷载、架空的结构部分,桥面结构是指承重结构以上的各部分。

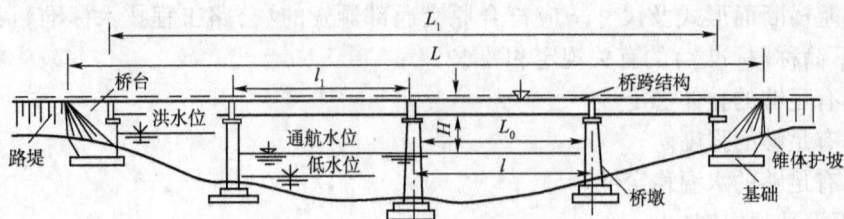

图1-3 桥梁的基本组成

根据道路的类型和等级不同,桥面结构所包括的项目也不同。主要有行车道的铺装、排水防水系统、人行道、安全带、路缘石、栏杆、照明或电力装置、伸缩缝等。

2. 下部结构(桥墩、桥台和基础的统称)

桥梁的下部结构是指桥梁位于支座以下的部分,也称为支承结构。它主要包括桥墩、桥台以及墩台的基础,是支承上部结构、向下传递荷载的结构物。桥梁墩台的布置是与桥跨结构相对应的,桥台设在桥跨结构的两端,桥墩则分设在两桥台之间。桥台除起到支承和传力作用外,还起到与路堤衔接和防止路堤滑塌的作用。为此,通常需要在桥台周围设置锥体护坡。墩台基础是承受由上至下的全部荷载,并将其传递给地基的结构物。

在桥跨结构与墩台之间,还需要设置支座,以此连接桥跨结构与桥梁墩台,提供传力的途径。

3. 附属设施

桥梁除上述基本结构组成外,常常还需要建造一些必要的附属结构物,主要包括桥面系、伸缩缝、桥梁与路堤衔接处的桥头搭板和锥形护坡,以及导流堤、检查设备、台阶扶梯、导航装置等。

4. 桥梁工程技术术语

了解桥梁工程的专用名词和技术术语,对于熟悉桥梁的结构组成、编制正确的施工组织设计、确定施工顺序和施工方法、控制桥梁工程施工质量,均具有非常重要的意义。

1)正桥与引桥

对于规模较大的桥梁工程,通常包括正桥与引桥两部分。正桥是指桥梁跨越主要障碍物的结构部分,它一般采用跨越能力较大、深基础的结构体系,是整个桥梁工程中的重点,关系到桥梁工程的施工进度、工程造价和桥梁质量与安全;引桥是指连接正桥和路堤的桥梁区段,其跨度一般较小,基础相应也较浅。在正桥和引桥的分界处,有时还需设置桥头建筑(如桥头堡等)。

2)桥梁的跨度

桥梁的跨度也称为跨径,表示桥梁的跨越能力。对于多跨桥梁,其最大跨度称为主跨。一般而言,桥梁的跨度大小是表明桥梁技术水平的重要指标。桥跨结构相邻两支座间的距离 l_1,称为计算跨径,桥梁结构的分析计算以计算跨径为准。对于梁式桥梁,设计洪水位上相邻两桥墩(或桥台)间的水平净距 L_0,称为净跨径。各孔净跨径之和,称为总跨径,它反映出桥梁排泄洪水的能力。

对于公路梁式桥,把两桥墩中线间的距离或桥墩中线与台背前缘的间距,称为标准跨径 l。当跨径在 60m 以下时,通常采用标准跨径(从 0.75~60m,共分为 22 级,常用的为 10m、16m、20m、40m 等)设计。采用标准跨径设计,有利于桥梁制造和施工机械化,也有利于桥梁的养护维修。

3)桥梁的桥长

对于梁式桥梁,两桥台侧墙式八字墙尾端之间的距离 L,称为桥梁的全长。它标志桥梁工程的长度规模。两桥台台背前缘之间的距离 L_1,称为多孔跨径总长,它仅作为划分特大桥、大桥、中桥、小桥和涵洞的一个指标,如表 1-1 所示。

桥梁涵洞按跨径分类   表 1-1

桥 涵 分 类	多孔跨径总长 $L(m)$	单孔跨径长 $L_K(m)$
特大桥	$L \geqslant 1\ 000$	$L_K \geqslant 150$
大桥	$100 \leqslant L < 1\ 000$	$40 \leqslant L_K < 150$
中桥	$30 < L < 100$	$20 \leqslant L_K < 40$
小桥	$8 \leqslant L \leqslant 30$	$5 \leqslant L_K < 20$
涵洞	—	$L_K < 5$

注:1. 单孔跨径系指标准跨径。
  2. 梁式桥、板式桥的多空跨径总长为标准跨径的总长;拱式桥为两岸桥台内起拱线间的距离;其他形式桥梁为桥面系车道长度。
  3. 管涵及箱涵不论管径或跨径大小、孔数多少,均称为涵洞。
  4. 标准跨径:梁式桥、板式桥以两桥墩中线间距离或桥墩中线与台背前缘间距为准;拱式桥和涵洞以净跨径为准。

4)桥下净空高度

设计洪水位或设计通航水位与桥跨结构最下缘高程的高差 H,称为桥下净空高度。桥下净空高度应大于通航及排洪要求的规定值。

5)桥梁建筑高度

桥面到桥跨结构最下缘的高差 h,称为桥梁建筑高度。公路或铁路桥定线中所确定的桥面高程,与通航及排洪要求所规定的净空高度之差,称为容许建筑高度。桥梁建筑高度不得大于容许建筑高度。

(二)桥梁的分类

桥梁有各种不同的分类方式,每一种分类方式均反映出桥梁在某一方面的特征。在实际工程中,桥梁分类的方式主要按工程规模、桥梁用途、建筑材料、结构体系、相对位置、跨越对象、平面形状、使用时间不同划分。

1. 按工程规模不同划分

按工程规模不同,可以将桥梁分为特大桥、大桥、中桥、小桥和涵洞,如表 1-1 所示。

2. 按桥梁用途不同划分

按桥梁用途不同,可以将桥梁分为公路桥、铁路桥、公路铁路两用桥、人行及自行车桥、农用桥等。公路桥的活荷载相对铁路桥轻,桥的宽度也相对较大。

3. 按建筑材料不同划分

按桥跨结构所用的材料不同,可以将桥梁分为钢桥、钢筋混凝土桥、预应力混凝土结构桥、石拱桥、砖桥、木桥等。

4. 按结构体系不同划分

按结构体系不同,可以将桥梁分为梁桥、拱桥、悬索桥三种基本体系,以及由基本体系与其他体系或基本构件(塔、柱、斜索等)形成的组合体系。

5. 按相对位置不同划分

按相对位置不同,可以将桥梁分为上承式桥、下承式桥和中承式桥。桥面布置在桥跨结构上面的,称为上承式桥;桥面布置在下面的,称为下承式桥;桥面布置在中间的,称为中承式桥。

6. 按跨越对象不同划分

按跨越对象不同,可以将桥梁分为跨河桥、跨谷桥、跨线桥、地道桥、立交桥、旱桥等。

7. 按平面形状不同划分

按桥梁的平面形状不同,可以将桥梁分为直桥、斜桥和弯桥。绝大部分桥梁为直桥(即正交桥);水流方向同桥的轴线不呈直角相交的桥为斜桥(即斜交桥);当跨度较大时,应使桥跨结构在水平内呈曲线状形成弯桥(即曲线桥)。

8. 按使用时间不同划分

按使用时间不同,可以将桥梁分为永久性桥梁和临时性桥梁。永久性桥梁指用钢材、混凝土、石材等耐久材料所修建的桥梁;临时性桥梁也称为便桥,对其使用寿命无长期要求。

除以上各种类型的桥梁外,还有人行桥、自行车桥、高架桥、开启桥、军用桥、运河桥、水道桥和栈桥等。

(三)桥梁的结构体系

按结构体系及其受力特点,桥梁可划分为梁桥、拱桥和悬索桥三种基本体系,以及由基本体系与其他体系或基本构件(塔、柱、斜索等)形成的组合体系。不同的体系对应于不同的力学形式,表现出不尽相同的受力特点。

1. 梁桥

梁桥是传统而古老的结构体系之一。梁作为承重结构,主要是以其抗弯能力来承受上部荷载。在竖向荷载的作用下,其支承反力也是竖直的;一般情况下,梁体结构只承受弯曲、剪切,而不承受轴向力作用。

常用的简支梁桥(如图1-3所示)的跨越能力有限,一般在50m以下。因此,利用增加中间支承以减少跨中弯矩,更合理地分配内力,从而加大跨越能力的悬臂梁桥(图1-4a)和连续梁桥(图1-4b)开始快速发展,并得到了广泛的应用。

悬臂梁采用铰接或简支跨(称为挂孔)来连接两个端头,其为静定结构,受力非常明确,计算比较简便,因结构变形发生在连接处,对行车和桥面养护会产生不利影响,近年来已很少采用。连续梁因桥跨结构连续,克服了悬臂梁存在的不足,是目前采用较多的梁式桥型。

梁式体系又可分为实腹式和空腹式。实腹式梁的截面形式多为T形、工字形和箱形等,空腹式梁主要是指由拉杆、压杆、拉压杆及连接件组成的桁架式桥跨结构。梁的高度和截面尺寸可在桥的长度方向保持一致或随之变化。

2. 拱桥

拱桥(图1-4c)的主要承重结构是具有曲线外形的拱,其拱圈的截面形式分为实体矩形、肋形、箱形、桁架等。在竖向荷载作用下,拱主要承受轴向压力,也承受一定的弯曲应力和剪切应力,支承反力不仅有竖向反力,也承受较大的水平推力。

根据拱的受力特点,多采用抗压能力较强且比较经济的圬工材料(如石材等)和钢筋混凝土来修建拱桥;由于拱是有推力的结构,对地基的要求比较高,所以宜建于地基良好之处。按照静力学分析,拱又分为单铰拱、双铰拱、三铰拱和无铰拱。因铰的构造较为复杂,一般多采用无铰拱体系。

随着施工技术和方法的不断进步,现在拱桥施工除常用传统的支架施工法外,也可采用悬臂施工法、转体施工法、劲性骨架施工法等新技术,这对拱桥在更大跨度范围内的应用起到了重要的促进作用。

3. 悬索桥

悬索桥在我国已有三千余年的历史,但特大跨度的悬索桥诞生于 20 世纪 90 年代,目前已成为现代桥梁建设中常用的一种桥型。悬索桥主要由索、锚碇和加劲梁等组成(图 1-4d)。对于跨度较小(小于 300m)、活荷载较大且加劲梁较刚劲的悬索桥,可以视其为缆与梁的组合体系。跨度较大(1 000m 左右)的悬索桥,其主要承重结构为缆,组合体系的效应可以忽略。

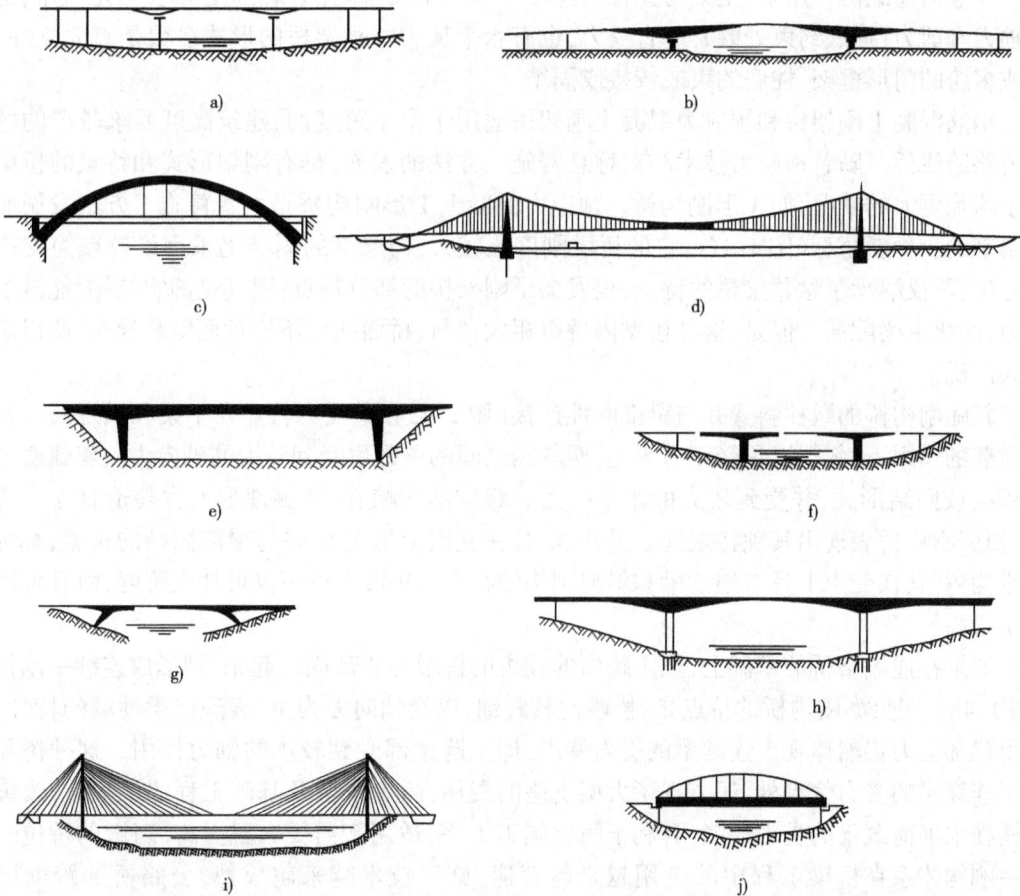

图 1-4　桥梁结构体系分类

a) 悬臂梁桥;b)连续梁桥;c)拱桥;d)悬索桥;e)刚架桥;f)预应力混凝土 T 形刚构桥;g)斜腿刚构桥;h)连续—刚构桥;i)斜拉桥;j)梁拱组合体系桥

在竖向荷载的作用下,其悬索主要受拉,锚碇处会产生较大的竖向力和水平反力。悬索通常采用高强度钢丝制成圆形大缆,加劲梁多采用钢桁架或扁平箱梁,桥塔可采用钢筋混凝土或钢结构。因悬索的抗拉性能得以充分发挥,且大缆尺寸基本上不受限制,所以悬索桥的跨度很大,在各种桥型中名列前茅。

4. 组合体系桥

组合体系桥是指承重结构采用两种基本结构体系或一种基本体系与某些构件(如塔、柱、斜索等)组合在一起的桥。在两种结构体系中,梁是其中的一种,与梁组合在一起的,则可以是拱、缆或塔和斜索。

公路桥梁中代表性的组合体系主要有刚架桥、梁拱组合体系和斜拉桥。

1)刚架桥

刚架桥是指梁与立柱(或称为墩柱)刚性连接的桥梁(图1-4e)。刚架桥的主要特点是:立柱具有相当大的抗弯刚度,可分担梁的跨中正弯矩,以降低梁高、增大桥下净空。

在竖向荷载的作用下,主梁与立柱的连接处会产生负弯矩;主梁、立柱承受一定弯矩,也承受轴力和剪力;柱底约束处既有竖直反力,也有水平反力。刚架桥的形式多数是直立立柱、单跨或多跨的门形框架,柱底约束或铰接或固结。

钢筋混凝土刚架桥和预应力混凝土刚架桥适用于中小跨度的、建筑高度要求较严的城市或公路跨线桥。随着预应力技术和对称悬臂施工方法的发展,具有刚架形式和特点的桥梁可用于跨径更大的情况,如T形刚构桥。预应力混凝土T形刚构桥是由悬臂施工方法发展而衍生出来的一种新桥型(图1-4f),它的桥墩刚度比较大,与梁部的固结仍采用设铰或简支挂孔的方法,不仅继承了悬臂梁桥的特点,也发扬了刚架桥的部分特点;因其是静定结构,能减少次内力,简化主梁配筋。但是,这种桥型因桥墩粗大费料、桥面线形不连续而影响通车,所以应用不太广泛。

斜腿刚构桥的墩柱斜置并与梁部刚性连接(图1-4g),其受力特点介于梁和拱之间。在竖向荷载的作用下,斜腿以承受压力为主,两斜腿之间的梁部也受到较大的轴向力。斜腿底可采用铰接或固结形式,并受到较大的水平推力。跨越深沟峡谷、两侧地形不宜建造直立式桥墩时,斜腿刚构桥表现出其独特之处。另外,墩柱在立面上呈V形并与梁部固结的桥梁,称为V形刚构桥,其在受力上具有连续梁和斜腿刚构的特点。V形支撑不仅可加大跨度,而且可适当减小梁高。

如果在连续梁桥的基础上,把主跨内的较柔的桥墩与梁部固结起来,则形成连续—刚构桥(图1-4h)。连续-刚构桥的特点是:桥墩比较纤细,以受轴向力为主,表现出柔性墩的特性,这使得梁部受力仍然体现出连续梁的受力特点,即主跨梁部受到较小的轴力作用。这种桥除保持了连续梁的受力优点外,还节省了大型支座的费用,减少了墩及基础工程的工程量,改善了结构在水平荷载下的受力性能,有利于简化施工工序,适用于需要布置大跨、高墩的桥位。连续—刚构体系在桥梁工程中的应用越来越普遍,施工技术越来越成熟,公路桥的跨度已接近300m。

2)梁拱组合体系

梁拱组合体系同时具备梁的受弯和拱的承压特点(图1-4j),可以是刚性拱及柔性拉杆的组合,也可以是柔性拱及刚性梁的组合。梁拱组合体系结构的主要优点是:利用梁部受拉来承受和抵消拱在竖直荷载作用下产生的水平推力。这样,桥跨结构既具有拱的外形和承压特点,又不存在很大的水平推力,可在一般地基条件下进行修建。相对而言,梁拱组合体系的施工工艺比较复杂。

3)斜拉桥

斜拉桥是由梁、塔和斜索组成的组合体系(图 1-4i),结构形式多样,造型优美壮观。在竖向荷载的作用下,梁以受弯为主,塔以受压为主,斜索则承受拉力。梁体被斜索多点扣住,表现出弹性支承连续梁的特点。这样,梁体荷载弯矩减小,梁体高度可以降低,从而减轻了结构自重,节省了大量建筑材料,塔和斜索的材料性能也能得到较充分的发挥。因此,斜拉桥的跨越能力仅次于悬索桥,是近几十年来发展很快的一种桥型。由于刚度问题,斜拉桥在铁路和大型公路桥梁上应用很少。

三、公路隧道工程的分类和基本作业

(一)分类

根据行业标准《公路隧道设计规范》(JTD D70—2004)的规定,按照公路隧道在勘测、施工和管理过程中不同的技术要求,可按隧道长度不同将其分为特长、长、中和短四类,如表 1-2 所示。

公路隧道按长度分类　　　　　　　　　　　　　　　　表 1-2

公路隧道分类	特 长 隧 道	长 隧 道	中 隧 道	短 隧 道
隧道长度(m)	$L > 3\,000$	$3\,000 \geqslant L \geqslant 1\,000$	$1\,000 > L > 250$	$L \leqslant 250$

(二)公路隧道工程的基本作业

公路隧道一般是指山岭地区的公路隧道,其基本作业主要包括开挖、支护与衬砌三大环节。因此,在公路隧道施工过程中,应掌握开挖方式,采用适宜的支护方式,进行科学及时的衬砌,才可能获得工程的成功。

1. 公路隧道的开挖方式

公路隧道的开挖方式与铁道隧道、水工隧道基本相同。一般情况下,根据公路隧道的工程地质情况、长度大小、工期长短、工程量的多少等,可以采取爆破法、掘进机法和人力方法进行开挖。各种开挖方式适用于不同情况,也具有不同的特点。其优缺点如表 1-3 所示。

开挖方式优缺点比较　　　　　　　　　　　　　　　　表 1-3

开挖方式	优 点	缺 点
爆破法	施工进度比较快,工程投资比较少	对围岩产生不同程度的扰动
掘进机法	对环境影响小,超欠挖少,对围岩基本无扰动	掘进机一次性投资比较大
人力方法	限于局部地段围岩顶不稳定,未固结的土质隧道及小断面导坑开挖	施工经济效益和安全性较差

2. 公路隧道的开挖方法

根据地形地质条件、开挖工程量大小、工程要求的施工进度、人员技术素质、施工机具配备水平和工程投资情况等,可以采用传统的矿山法和现代的新奥法等不同概念选择开挖方法。

目前,在公路隧道开挖中常用的方法主要有全断面法、台阶法和导坑法。

1)全断面开挖法

全断面开挖法就是将全部设计断面一次开挖成型,然后再进行衬砌。一般适用于IV～VI类围岩,可采用深孔爆破法开挖。因施工工序较少、作业面净空大、互相干扰小,便于施工组织与管理。钻爆施工效率高,一次出渣数量多,施工工期短,是公路隧道开挖中常见的方法之一。

2)台阶开挖法

台阶开挖法是全断面开挖法的变化方案,即将设计断面分为上半部断面和下半部断面两次开挖成型,或采用上弧形导坑超前开挖,然后再进行中核开挖及下部开挖。一般适用于II～IV类围岩,要求上下台阶之间的距离应能满足机具正常作业,并可减少翻渣的工作量。

当顶部围岩破碎、施工支护需要紧跟时,可以适当延长台阶的长度,减少施工干扰;台阶不宜多分层,装渣机械应紧跟开挖面,以减少扒渣的距离。

3)导坑开挖法

导坑开挖法适用于II～III类围岩,下导坑适用于探查开挖面前方的地下水情况;中央导坑适用于处理膨胀力地层;上导坑适用于洞口段的辅助开挖。各工序安排应紧凑,支护应及时,保证施工安全。

3. 公路隧道的支护方法

公路隧道的施工,除安全稳定的围岩外,必须根据围岩情况、开挖进度、开挖方法等,及时进行支护,以确保施工安全和围岩稳定。对于不同类别的围岩,应采用不同结构形式的施工支护,一般情况下,可按照以下规定进行支护:

(1)对于IV类围岩,由于自身稳定能力及抗风化能力均比较强,可不进行支护。

(2)对于V类围岩,宜采用局部喷射混凝土或局部锚杆,为防止岩爆和局部落石,可在局部加挂钢筋网。

(3)对于III类、IV类围岩,宜采用锚杆、锚杆挂网、喷射混凝土或锚喷联合支护形式。

(4)对于I类、II类围岩,应采用锚喷挂网联合支护形式。

(5)当地质条件较差、围岩不稳定时,可采用构件支撑支护。

根据围岩的类别不同,支护方式可分为先挖后支、随挖随支及先支后挖三种。先挖后支方式适用于IV类以上围岩,随挖随支方式适用于II、III类围岩,先支后挖方式适用于I类、II类围岩。

4. 公路隧道的衬砌

公路隧道衬砌是隧道工程中不可缺少的重要工序,其主要作用是为了承受围岩、地下水的压力,限制围岩向隧道内变形和防止隧道围岩的风化,有时还要承受化学物质的侵蚀,地处高寒地区的隧道往往还要承受冻害的影响等。隧道衬砌结构一般由临时初期支护以及二次衬砌组成,当围岩情况良好时,可以仅做初期支护,不再进行二次衬砌。

为确保隧道和行车安全,公路隧道一般都应当进行衬砌。衬砌的方式可分为整体式衬砌、装配式衬砌和复合式衬砌3种。

1)整体式衬砌

整体式衬砌是一种传统的衬砌方式,施工比较复杂,工期比较长,投资比较大,目前有逐渐减少的趋势。

2）装配式衬砌

装配式衬砌可以在预制厂或工地预制场内,以工业化方法制备装配式衬砌构件,然后运至施工现场装配,并在其后压注砂浆,使其立即稳固地层,可达到施工进度快、降低成本的目的。

3）复合式衬砌

初期支护加二次衬砌即构成了复合式衬砌,由外层(即初期支护)和内层(即二次支护)复合而成。其外层为柔性支护,可采用喷射混凝土、锚杆、钢筋网、纤维网、钢支撑等支护形成,既可以是单一形式,也可以组合而成;其内层为二次衬砌,一般采用模板混凝土衬砌。

为防止渗水通过衬砌渗入隧道内,在两衬砌层间宜采用防水夹层措施。二次衬砌,在 IV 类及以上围岩,可作为隧道的安全储备,按照构造要求进行设计;在 III 类及以下围岩,应按承载结构进行设计。

第二节 公路施工前的准备工作

施工准备是工程顺利实施的基础和保证。施工准备工作的好坏,直接影响到整个工程的施工进度、施工质量和经济效益,因此,必须高度重视施工准备工作,切实做好施工准备工作。

公路工程施工准备工作的内容非常广泛,并贯穿于工程施工的全过程。从公路工程建设的总体上讲,主要包括熟悉设计文件、制订施工组织设计、施工现场准备等。

一、熟悉设计文件

设计文件是组织工程施工的主要依据,是施工单位进行施工的基本标准,是确保工程顺利进行的基本条件,是保证工程质量的基本要求。熟悉和审核施工图纸是领会设计意图、明确工程内容、掌握工程特点、了解工程要求的重要环节。在熟悉设计文件的过程中,一般应注意以下几个方面:

(1)进行施工前的现场情况调查,了解施工现场的具体施工条件,核对设计计算的假定和采用的计算方法是否符合实际情况、施工是否有足够的可靠性,安全施工和工程质量能否保证。

(2)认真核对设计是否符合施工条件和施工现场实际情况。如果不完全符合施工条件和施工现场实际,需采用特殊的施工方法和特定技术措施时,检查在技术上和设备条件上有无困难。

(3)结合生产工艺和使用上的特点,了解主要的技术要求,施工中应当遵照的规范和验收标准。

(4)认真核对施工图纸是否齐全,说明与图纸有无矛盾,规定是否明确、全面,能否满足施工的需要。

(5)认真核对各构造物的主要尺寸、位置、高程有无错误,在施工放样和具体施工中能否实现。

(6)认真核对土建工程与设备安装有无矛盾,做好施工过程中土建与设备、基层与路面、路面与桥涵等工种间的配合和衔接的计划。

(7)熟悉设计文件,明确施工所需的材料和构件,制订工程项目的安排,以便搞好场内与场外的配合,确保工程顺利进行。

(8)确定与公路工程施工有关的组织、物质、技术等各方面的准备工作项目,以便进行统筹规划、统一安排。

(9)施工单位事先进行施工准备、调集技术力量、调配施工机械、预测施工工期和经济效益。

在有关施工单位熟悉设计文件、充分进行准备工作的基础上,由建设单位负责人召集设计、施工、监理、质检、试验、科研等人员参加图纸会审会议。设计人员向施工单位进行图纸交底,主要讲清设计意图、施工重点和对施工的特殊要求。施工人员应对设计图纸和有关问题提出质询。最终由设计单位对图纸会审中提出的合理化建议,按有关程序进行变更设计或做补充设计。

二、制订施工组织设计

(一)公路工程施工组织设计任务

公路工程施工组织设计,是规划和指导整个公路工程从工程投标、签订承包合同、施工准备,一直到全部施工过程及竣工验收的一个综合性技术经济文件。公路工程由于具有施工线路长、工程量巨大、质量要求高、工期要求紧、受影响因素多、机械化程度高、地形地质多变等特点,在工程正式施工之前,应根据工程的实际情况,进行全面的调查了解,搜集有关的资料,掌握工程性质和特点,根据承包合同和技术规范,从人力、资金、材料、机具、施工方法以及现场的施工环境等因素上,进行科学合理的安排,在一定时间和空间内实现有组织、有计划、有秩序、快速度、高质量的施工,以期在整个施工过程中,达到消耗少、工期短、质量高、成本低、效益好、建设单位(业主)满意的效果,这就是公路工程制订施工组织设计的根本任务。

(二)公路工程施工组织设计的作用

公路工程施工组织设计是公路工程施工前的必要准备工作之一,是合理组织施工和加强施工管理的一项重要措施。它对加快工程施工速度、确保工程施工质量和降低工程成本等均具有决定性的作用。工程实践充分证明,施工组织设计具有以下作用:

(1)公路工程施工组织设计是沟通设计、施工和监理之间的桥梁。它既要充分体现公路工程设计和使用功能的要求,又要符合公路工程施工的客观规律,对施工的全过程起着战略部署和战术安排的作用。

(2)公路工程施工组织设计从施工准备到竣工验收全过程的各项活动起着指导作用,也可以进一步衡量设计方案的施工可能性和经济合理性。

(3)公路工程施工组织设计是施工准备工作的重要组成部分,对及时做好各项施工准备工作起到促进作用。

(4)公路工程施工组织设计能协调施工过程中各工种之间、各施工过程之间和各种资源供应之间的合理关系。

(5)公路工程施工组织设计是对施工活动实行科学管理的重要手段。

(6)公路工程施工组织设计是编制工程概(预)算的主要依据之一,是控制和评价施工企业生产效率和经济效益的主要依据。

(7)公路工程施工组织设计是施工企业整个生产管理工作的重要组成部分,对于提高施工企业的技术水平和管理水平起着重要作用。

(8)公路工程施工组织设计在施工过程中是编制施工作业计划的主要依据,对于科学安排各种资源、加快施工进度、降低工程投资起着重要作用。

由以上可以看出:施工组织设计是施工企业组织的重要生产、技术、经济文件,是施工企业进行科学管理、提高企业经济效益的重要手段。

公路工程的施工组织设计,实质上就是根据工程的工程量、工地条件、工期要求、质量标准,根据工程特点、施工力量、管理水平等,制订实施性的施工组织设计。公路工程的施工组织设计,主要包括选择施工方案,确定施工方法和施工机械,布置施工场地,编制施工进度计划,提出技术资源计划,绘制施工平面图,制订保证工程质量和安全施工措施,拟定关键工程的技术措施等。

施工单位在编制好施工组织设计后,应报监理工程师进行审批。同时,可以根据施工组织设计的要求,组织施工队伍,合理部署施工力量,做好后勤物资供应工作。关于公路工程施工组织设计编制的具体内容和方法步骤等,可参考有关公路工程施工组织设计的书籍。

(三)公路工程施工组织设计的编制原则

由于公路工程施工组织设计是指导施工的技术经济性文件,对保证顺利施工、确保工程质量、降低工程投资均起着重要作用,因此,应当认真组织有关技术人员,编制出切合实际、质量较高的施工组织设计,在编制过程中注意应遵循以下原则。

1. 认真贯彻执行国家的基本建设方针和政策

在编制公路工程施工组织设计时,应充分考虑国家有关的方针政策,严格按基本建设程序办事,严格执行现行的管理规定,认真执行公路工程及相关专业的有关规范、规程和标准,遵守施工合同所规定的条文。特别是交通运输部自 2003 年以来,对很多规范进行了修改,对公路桥梁工程质量提出了新的要求、新的标准,必须严格遵守。

2. 合理安排公路工程的施工程序和顺序

公路工程的施工,特别对规模较大、工期较长、技术复杂的公路工程,必须遵守一定的程序和顺序,合理安排、分期分段地进行,以期早日发挥投资的经济效益。公路工程施工程序和顺序反映公路施工的客观规律要求,实行分段施工、连续施工则体现争取时间的主动性,在组织施工时,必须合理地安排公路施工程序和顺序,避免不必要的重复、返工、窝工,以加快施工进度,争取早日发挥公路工程开放交通后的作用。

3. 采用先进的技术、科学地选择施工方案

在公路工程施工中,采用先进的施工机械和施工技术,是提高劳动生产率、提高工程质量、加快施工进度、降低工程成本的重要手段。在选择施工方案时,要积极采用新工艺、新技术、新设备、新材料,结合公路工程的特点,满足公路工程的设计效果,符合施工验收规范及操作规程的要求,使技术的先进性、适用性和经济性有机地结合在一起。

4. 用流水施工和网络计划技术安排施工进度

采用流水施工方法组织施工,是保证公路工程施工连续、均衡、有节奏进行的重要措施。

在编制公路工程施工进度计划时,选用先进的网络计划技术,对于合理使用人力、物力和财力,减少各项资源的浪费,合理安排工序搭接和必要的技术间歇,做好人力、物力的综合平衡,将起到非常重要的作用。

5. 坚持质量第一、重视安全施工的基本原则

公路工程的使用功能和施工质量,事关行车舒适安全和人的生命,因此,编写公路工程施工组织设计,应贯彻"百年大计、质量第一"和"预防为主"的方针。在具体编写的过程中,以我国现行有关公路施工质量标准、验收规范及操作规程为依据,使施工质量符合国家、行业或合同中的检验评定标准。从人员、机械、材料、法规和环境等方面制订保证质量的措施,预防和控制影响公路工程质量的各种因素,确保公路工程达到预定目标。

编制公路工程施工组织设计,应特别重视施工过程中的安全,建立健全各项安全管理制度,尤其是在公路施工中的基层压实度、路面质量、防水排水、爆破施工、安全用电、防火措施、防污染中毒等,应作为施工组织设计编制工作的重点。

(四)施工组织设计的编制程序图

依据设计文件和施工组织规划设计,会审图纸、现场核对、恢复定线所取得的补充资料,施工队伍的素质及机具装备水平,技术组织措施,有关规范、规程、合同等,编制施工组织设计。其编制程序可按图 1-5 所示程序进行。

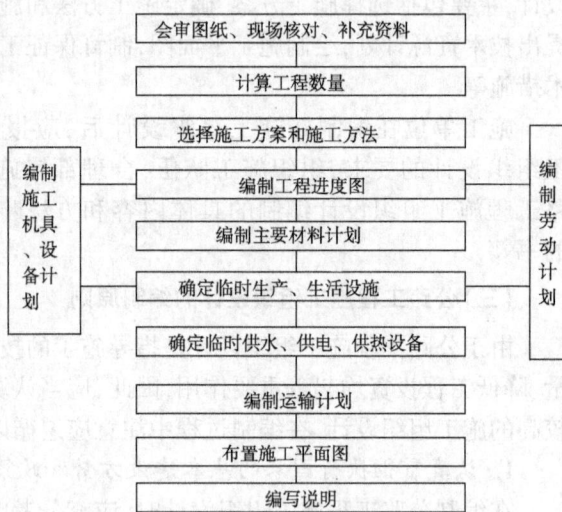

会审图纸、现场核对、补充资料 → 计算工程数量 → 选择施工方案和施工方法 → 编制工程进度图 → 编制主要材料计划 → 确定临时生产、生活设施 → 确定临时供水、供电、供热设备 → 编制运输计划 → 布置施工平面图 → 编写说明

编制施工机具、设备计划

编制劳动计划

图 1-5 施工组织设计的编制程序图

三、施工现场准备工作

施工单位接到中标通知书后,与业主进行合同签订的同时,开始施工现场准备工作,施工现场准备工作主要应做好施工准备、施工测量等。

第三节 公路施工的要求

(1)严格按照设计文件和施工规范进行路基、路面施工,并以试验与检测结果作为检查、评定路基、路面施工质量是否符合要求的主要依据。

(2)加强排水,确保路基施工的质量。施工排水有利于控制土的含水率,便于施工作业。因此,路基施工前应先修筑截水沟、排水沟等排水设施。雨季施工时要加强工地的临时排水,各施工作业面应及时整平、压实和封闭。填方路段应根据土质情况和气候条件,作成 2% ~4% 的排水横坡;挖方路段应根据路堑纵横断面情况,采取有效措施将积水排除。当地下水位较高或有地下水渗流时,应根据地下水的位置和流量设置渗沟等适宜的地下排

水设施。

（3）合理取土、弃土。施工时取土与弃土应从方便路基施工、节约用地、保护耕地和农田水利设施等角度考虑，并注意取土、弃土后的排水畅通，避免对路基造成不利影响。

（4）注意保护生态环境。建成后的公路应有良好的路容和景观。路基施工时应尽量减少对自然植被及地形地貌的破坏，以免造成水土流失，不能避免时应适当进行绿地恢复。施工时清除的杂物应区别情况，予以妥善处理，不得倾倒于河流及水域中。

（5）应因地制宜，合理利用当地材料和工业废料修筑路基，有效降低工程造价。

（6）安全施工。必须贯彻安全生产的方针，制订施工安全措施，加强安全教育和检查，严格执行安全操作规程，避免造成人员伤亡和财产损失。

第四节　公路工程的发展

一、在设计方面的发展

改革开放以来，我国公路建设取得了令人瞩目的成绩。特别是自 1998 年国家实行积极的财政政策，加快公路基础设施建设以来，公路建设实现了跨越式发展，截至 2007 年底，全国公路总里程达到 358.37 万公里。其中，高速公路总里程为 5.39 万公里，世界排名第二。我国高速公路建设用 20 年左右的时间走完了发达国家 40 年走过的路程。"设计是核心"，交通运输部近年来采取了一系列举措：2003 年，原交通部和四川省联合组织了川主寺至九寨沟公路改建示范工程；2004 年开始，在总结川九路等项目成功经验的基础上，原交通部在全国组织开展了公路勘察设计典型示范工程活动，并先后选择了 30 个项目作为典型示范项目；2004 年 9 月，在全国公路勘察设计工作会议上，系统地提出了"六个坚持、六个树立"的公路勘察设计新理念，成为指导今后公路勘察设计工作的重要指导方针。

二、在施工方面的发展

我国高速公路在短短十几年时间里，实现了跨越式发展。在中国公路快速发展的历史机遇期，我国公路施工的机械化程度和总体水平均有大幅提高。

20 世纪 90 年代以来，我国在大跨径桥梁的建设方面，已经跻身世界先进行列。在混凝土梁式桥方面，1988 年建成的广东番禺洛溪大桥是我国的第一座大跨径连续刚构桥，跨径组合 65m + 125m + 180m + 110m，采用双肢箱形薄壁墩，墩顶处箱梁高 10m，跨中处 3m。1996 年又建成湖北黄石长江大桥，主跨为 245m，主桥连续长达 1 060m，特别是 1997 年建成的广东虎门辅航道桥，跨径组合为 150m + 270m + 150m，主桥位于半径为 7 000m 的平曲线上，建成时跨径居同类桥型世界首位。20 世纪 90 年代兴起的钢管混凝土拱桥，使得大跨径拱桥的建造能力得到了进一步的提高。2000 年建成跨越珠江主副航道和丫髻沙岛的丫髻沙大桥，主跨达 360m，桥梁总长 1 084m，主桥跨径组合 76m + 360m + 76m，为连续自锚中承式钢管混凝土拱桥；巫山长江公路大桥为净跨 460m 的中承式钢管混凝土桁架拱桥，为目前同类桥形之最。据不完全统计，我国建成的斜拉桥已超过 100 座，其中跨度超过 400m 的斜拉桥已超过 20 座，居世界首位。近年来的桥梁结构逐步向轻巧、纤细方面发展,但桥梁的载重、跨径却不断增长。为了适应社会生产力发展所提出的愈来愈高的要求,需要建造大量的承受更大荷载、跨越海湾、长江等跨径和总长更大的桥梁,这就推动了桥梁结构向高强、轻型、大跨度的发展方向。

在隧道修建技术方面,大量的锚喷支护工程实践和岩石力学的迅速发展,导致了现代支护理论的建立,在此基础上出现了新奥法、挪威法、浅埋暗挖法等更有效的施工方法;用现代技术装备的掘进机和盾构能够适应从坚硬岩层到软弱含水地层的各种掘进条件,其可靠性、耐久性、机动性及掘进的高速度,使其在隧道工程施工中得到日益广泛的应用;冲击钻头改进及全液压钻孔台车的出现,大能力装渣、运渣设备的开发,新型爆破器材的研制及爆破技术的完善,改善围岩条件及支护技术的进步等,极大地改良了施工环境和提高了掘进速度,使钻孔爆破法的掘进技术得到更新;水底沉埋隧道施工技术的发展为穿越江河、海湾提供了新的有效手段。1984 年建成的日本横跨津轻海峡的青函隧道(长 53.85km)和 1991 年建成的英法海峡隧道(长50.50km),无论从工程规模和复杂性,还是在应用新技术方面,都代表着 20 世纪世界隧道施工的水平。

我国隧道工程建设历史悠久,但在 1949 年以前,隧道规模较小,修建技术也比较落后。中华人民共和国建立后,随着各项建设事业的发展,修建了大量的隧道工程,施工技术也有了很大提高。目前我国隧道工程矿山法施工中已较普遍地采用了新奥法;岩石中隧道施工除采用钻爆法掘进外,也已开始采用掘进机施工;城市等浅埋隧道明挖或盖挖法施工中开始使用了地下连续墙,暗挖时采用的盾构法及浅埋暗挖法已具有较高的技术水平。我国拥有的铁路隧道数量已超过 4 000km,居世界第一位。我国也是以沉埋法修建水底隧道座数较多的国家之一。随着我国公路建设的发展,特别是高等级公路在我国的兴起,我国公路隧道在数量与规模上有很大发展,修建技术,特别是在克服复杂环境条件的能力上,有很大提高。1995～2005 年修建的秦岭特长隧道(长 19.45km)在我国隧道修建技术上取得新的突破。20 世纪后半期隧道修建技术与现代化管理方法的发展,为今后我国修建长大隧道及克服各种困难条件的隧道工程奠定了基础。我国是幅员辽阔、地质复杂、多山的发展中国家,城市化交通处于起步阶段,大规模的水利及交通事业方兴未艾,隧道事业必将有更大的发展。

第二章　路基施工

第一节　一般路基施工

一、路基施工常规方案

(一)路基施工的一般程序和内容

路基施工的一般程序和内容见图 2-1。

(二)路基施工准备

1. 施工准备

(1)在路基工程正式开工前,施工单位应在全面熟悉设计文件和设计交底的基础上,进行现场核对和施工调查工作。复查和了解现场的地形、地质、文化、气象、水源、电源、料源或料场、交通运输、通信联络以及城镇建设规划、农田水利设施、环境保护等有关情况。对于扩(改)建工程,应将拟保留的原有通信、供电、供水、供暖、供油、排水沟管等地下设施复查清楚,在施工中要采取保护措施,防止损坏。若发现问题应及时按照有关程序提出修改意见,报请设计单位变更设计,以便更加符合施工现场的实际。

(2)根据施工现场收集到的情况和核实的工程数量,按照工期要求、施工难易程度和人员、设备、材料准备情况,依据监理工程师所提出的建议,对编制的施工组织设计作进一步修改,报现场监理工程师或业主批准,及时提出开工申请报告。对于重要或大型的公路工程,还

```
                        ┌─────────────┐
                        │  接受任务    │
                        └──────┬──────┘
                        ┌──────┴──────┐
                        │ 规划准备阶段 │
                        └──────┬──────┘
       ┌────────────────┬──────┴───────┬──────────────────┐
┌──────────────────┐ ┌──────────────┐ ┌────────────────┐
│熟悉、核对文件、补充资料│ │组织先遣人员进场│ │ 编制施工组织设计 │
└──────────────────┘ └──────┬───────┘ └────────────────┘
                        ┌──────┴──────┐
                        │ 现场准备工作 │
                        └──────┬──────┘
┌──────┬──────┬────────┴────────┬──────────────┬──────┬──────────────────┐
┌────────┐┌──────┐┌──────────────┐┌──────────────┐┌──────┐┌──────────────────┐
│征地拆迁││技术准备││临时生产、生活设备││施工人员及物资进场││开工报告││当地材料调查,施工便道│
└────────┘└──────┘└──────────────┘└──────────────┘└──────┘└──────────────────┘
                        ┌──────┴──────┐
                        │ 正式开始施工 │
                        └──────┬──────┘
                        ┌──────┴──────┐
                        │ 修筑试验路段 │
                        └──────┬──────┘
       ┌────────────────┬──────┴───────┬──────────────────┐
┌──────────┐      ┌──────────┐      ┌────────────────┐
│ 构造物施工 │      │ 路基施工  │      │防护与加固工程施工│
└──────────┘      └──────────┘      └────────────────┘
              ┌──────────────────────────┐
              │路基施工验收、路面施工准备│
              └────────────┬─────────────┘
                        ┌──────┴──────┐
                        │ 开始路面施工 │
                        └──────┬──────┘
                        ┌──────┴──────┐
                        │  竣工验收    │
                        └─────────────┘
```

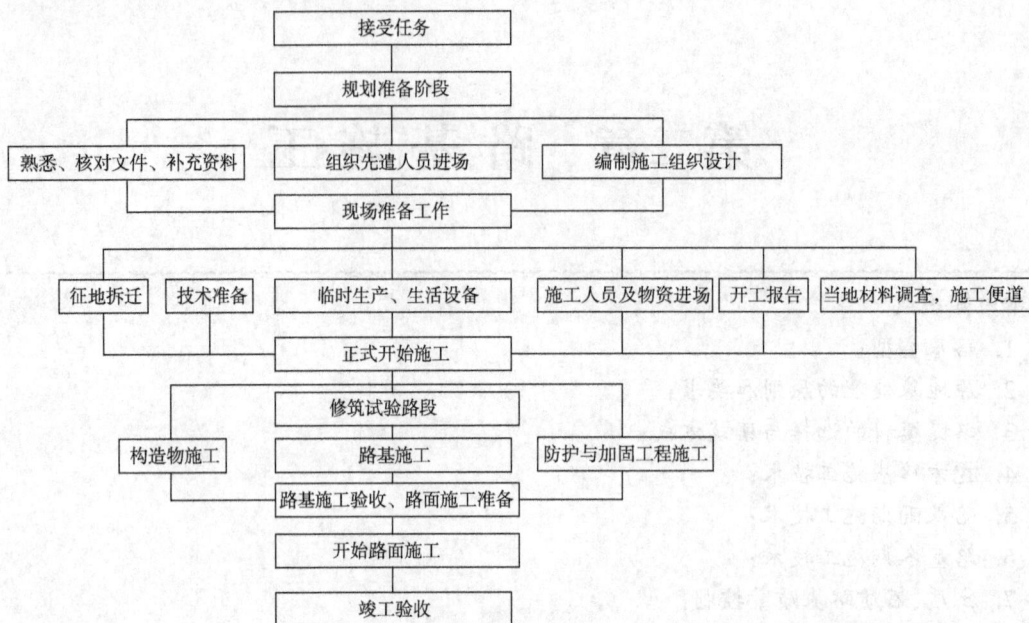

图 2-1　路基施工的一般程序和内容

应分别编制路基施工、桥涵施工、隧道施工的网络计划。

（3）根据施工具体情况,做好以下工作：

①确定工地范围。施工单位应根据施工图纸和施工临时需要确定工地范围,及在此范围内有多少土地,哪些是永久占地、哪些是临时占地,并与地方有关人员到现场一一核实（是荒地或是良田、果园等）,绘出地界、设立标志。

②清除现场障碍。施工现场范围内的障碍如建筑物、坟墓、暗穴、水井、各种管线、道路、灌溉渠道、民房等必须拆除或改建,以利施工的全面展开。

③办妥有关手续。上述占地、移民和障碍物的拆迁等都必须事先与有关部门协商,办妥一切手续后方可进行。

④做好现场规划。施工单位按照施工总平面图搭设修建生活和工程中的临时用房（包括工棚、仓库、加工厂和预制厂等）,解决好通信、电力和水的供应,修建供工程施工使用的临时便道、便桥,在有洪水威胁的地区,防洪设施应在汛期前完成。

⑤道路安全畅通。公路施工需要许多大型的车辆机械和设备,原有道路及桥涵能否承受此种重载,需要进行调查、验算,不合要求的应做加宽或加固处理,保证道路安全畅通。确保施工设备、材料、生活用品的供应,设立施工中必要的安全标志。

2. 施工测量

1）测量内容和精度

路基开工前应做好施工测量工作,其内容主要包括：导线、中线、水准点的复测,横断面检查与补测,增设必要的水准点等。施工测量是整个公路工程施工的基础,是确保线路、高程、尺寸、形状正确的手段,必须认真做好这项工作。施工测量的精度应符合交通部颁布实施的《公路勘测规范》（JTG C10—2007）的要求。

2)导线复测工作

(1)当原测的中线主要控制桩由导线来控制时,施工单位必须根据设计资料认真做好导线的复测工作,核对施工现场与原测现状是否吻合。

(2)导线复测要求精度较高,应采用现代先进的测量仪器(如红外线测距仪等)进行测量,测量的精度应符合有关规程的规定。在进行正式测量前,应对使用的仪器进行认真检验、校正,以确保其测量精度。

(3)当原有导线点不能满足施工要求时,应当适当进行加密,保证在公路施工的全过程中,相邻导线点间能达到互相通视。

(4)导线起讫点应与设计单位测定结果进行比较,测量精度应满足设计要求。当设计中有具体规定时,应满足以下要求:

①角度闭合差($''$)为$\pm 16n$,n为测点数;

②坐标相对闭合差为$\pm 1/10\ 000$。

(5)复测导线时,必须和相邻施工段的导线闭合。

(6)对有妨碍施工的导线点,在施工前应当加以固定,固定方法可采用交点法或其他的固定方法。所设置的护桩应牢固可靠,桩位应便于架设测量仪器,并设在施工范围以外。其他控制点也可以参照此法进行固定。

3)中线复测工作

(1)在路基工程开工前,应全面恢复中线并固定路线主要控制桩,如交点、转点、圆曲线和缓和曲线的起讫点等。为确保线路准确无误,对于高速公路、一级公路应采用坐标法恢复主要控制桩。

(2)在恢复中线时,应特别注意与结构物中心、相邻施工段的中线进行闭合,发现问题应及时查明原因,并报现场监理工程师和业主。

(3)如果发现原设计中线长度丈量错误或需要进行局部改线时,应做断链处理,相应调整纵坡,并在设计图表的相应部位注明断链距离和桩号。对此类错误应立即与设计单位联系,共同协商解决。

4)校对及增设水准基点

(1)在使用设计单位设置的水准点之前,应当仔细进行校核,并与国家水准点闭合,超出允许误差范围时,应查明原因并及时报告有关部门。大桥附近的水准点闭合差应按《公路桥涵施工技术规范》(JTJ 041—2000)中的规定:高速公路和一级公路的水准点闭合差$20L(mm)$,二级及二级以下公路的水准点闭合差为$\pm 30mm$,其中L为水准路线的长度,以 km 计。

(2)两相邻水准点的间距一般不宜大于 1km,在人工结构物附近、高填深挖地段、工程量集中地段、地形复杂地段,宜增设临时水准点。临时水准点必须要符合精度的要求,并与相邻路段的水准点闭合。

(3)如果发现个别水准点受施工影响时,应将其移出影响范围之外,其高程应与原水准点闭合。

(4)增设的水准点应设在便于观测的坚硬岩石上,或设置在永久性建筑物的牢固处,也可设在埋入土中至少 1m 深的混凝土桩上。

5）横断面图核对

横断面图是否准确，关系到施工放样、工程量计算、施工标准、场地布置和工程结算等。在路基正式施工前，应详细检查、核对设计单位提供的横断面图，如果发现问题，应进行复测，并及时报告监理工程师和业主。如果设计单位未提供横断面图，应按照有关规定全部进行补测。

6）路基工程放样

路基工程放样是一项非常重要的施工准备工作，这是施工的标准和依据，也是确保路基工程质量的重要措施。因此，必须认真、准确地进行路基工程放样工作。

（1）在路基工程正式施工前，应根据恢复的路线中桩、设计图表、施工机械、施工工艺和有关规定，确定路基用地界桩、路堤坡脚桩、路堑堑顶桩、边沟、取土坑、护坡道、弃土堆等的具体位置。在距路中心一定安全距离处，还要设立控制桩，其间距一般不宜大于 50m。在桩上应注明桩号、与路中心填挖高度，通常用（＋）表示填方，用（－）表示挖方。

（2）在放完边桩后，应进行边坡的放样，对于深挖高填地段，每挖填 5m 应复测一次中线桩，测定其高程及宽度，以控制边坡的大小。

（3）对施工工期较长的公路工程，在路基工程施工期间，每半年至少应复测一次水准点，在季节冻融地区施工的路基，在冻融后也应对水准点进行复测。

（4）在采用机械施工时，应在边桩处设立明显的填挖标志，高速公路和一级公路在施工过程中，宜在不大于 200m 的段落内，距中心桩一定距离处埋设能够控制高程的控制桩，进行准确的施工控制。如果发现在施工中桩被碰倒或丢失，应当及时按规定将其补上，以免影响工程正常施工。

（5）在取土坑放样时，应在坑的边缘设立明显标志，注明土场供应里程桩号及挖掘深度；作为排水用的取土坑，当挖至距设计坑底 0.2～0.3m 时，应按照设计修整坑底纵坡。

（6）边沟、截水沟和排水沟放样时，宜先做成样板架检查，也可每隔 10～20m 在沟内外边缘钉上木桩并注明里程及挖深。

（7）在整个路基工程施工中，应注意保护所有设置的标志，特别应注意保护一些原始控制点。

3. 施工前的复查和试验

根据行业标准《公路路基施工技术规范》（JTG F10—2006）中的规定，在路基施工前应进行认真的复查和试验，以确保工程质量和保证工程顺利进行。路基的复查和试验工作，主要包括以下内容：

（1）在路基正式施工前，施工人员应对路基工程范围内的地质、地形、水文情况进行详细调查，通过取样、试验确定其性质和范围，并了解附近已有建筑物和对特殊土的处理方法。

（2）施工人员应根据设计文件提供的资料，对取自挖方、借土场、料场的路堤填料进行复查和取样试验。如果设计文件中提供的料场填料不足或不符合要求时，施工单位应自行勘察寻找，并立即报告监理工程师和业主。

（3）挖方、借土场和料场用作填料的土，应严格进行下列试验项目，其试验方法应按照《公路土工试验规程》（JTG E40—2007）中的规定办理：

①液限、塑限、塑性指数、天然稠度或液体指数；

②颗粒大小分析试验；

③含水率试验；

④密度试验；

⑤相对密度试验；

⑥土的击实试验；

⑦土的强度试验(CBR 值)；

⑧一级公路、高速公路应作有机质含量试验及易溶盐含量试验。

对于特殊土，除应进行以上试验外，还应结合对各种土定名的需要，辅以相应的专门鉴别试验，以确定其种类及处置方法。

(4)使用新材料(如工业废渣等)填筑路堤时，除应按照相关规范、规程进行有关试验外，还应做对环卫有害成分的试验，同时提出报告，经有关部门批准后方可使用。

4. 场地清理工作

进行场地清理也是路基工程施工前的一项重要准备工作，如果场地清理不符合要求，不仅不能保证公路工程的质量，而且会严重影响整个工程的施工进度。场地清理主要包括以下工作：

(1)施工前应按设计要求进行公路用地放样，由业主办理土地征用手续。施工单位可根据施工需要提出增加临时用地计划，并对增加部分进行公路用地测量，绘制出用地平面图及用地划界表，送交有关单位办理拆迁及临时占用土地手续。

(2)路基用地范围内的既有房屋、道路、河沟、通信、电力设施、上下水道、坟墓及其他建筑物、构筑物，均应协助有关部门事先拆迁或改造；对于路基附近的危险建筑应予以适当加固；对文物古迹应妥善保护。

(3)路基用地范围内的树木、灌木丛等均应在施工前砍伐或移植清理，砍伐的树木应移置于路基用地之外，进行妥善处理。高速公路、一级公路和填方高度小于 1m 的其他公路，应将路基范围内的树根全部挖除并将坑穴填平夯实；填方高度大于 1m 的其他公路允许保留树根，但根部露出地面不得超过 20cm。取土坑范围内的树根也应全部挖除。

(4)在填方和借方地段的原地面应进行表面清理，清理深度应根据种植土厚度而决定，清出的种植土应集中堆放。填方地段在清理完地表面后，应整平压实到规定要求，才可进行填方作业。

5. 试验路段工作

路基的铺土厚度、压实遍数、含水率大小，以及采用"四新"(新技术、新工艺、新设备、新材料)进行施工时，均要通过试验进行确定。因此，在路基工程正式施工前，应按有关规定划出一定的路段进行试验。

(1)高速公路、一级公路以及在特殊地区或采用新技术、新工艺、新设备、新材料进行路基施工时，应采用不同的施工方案做试验路段，从中选出路基施工的最佳方案用以指导全线的施工。

(2)试验路段的位置应选择在地质条件、断面形式等方面均具有代表性的地段，试验路段的长度不宜小于 100m。

(3)试验所用的材料和机具应当与将来全线施工所用的材料和机具相同。通过试验来确定不同机具压实不同填料的最佳含水率、适宜的松铺厚度和相应的碾压遍数、最佳的机械配套和施工组织。对于高速公路和一级公路应按松铺厚度 30cm 进行试验,以确保压实层的均匀性。

(4)试验路段施工过程中及完成试验后,应加强对有关压实指标的检测;在完工以后,应及时写出试验报告。如发现路基在设计方面存在缺陷时,应提出变更设计的意见报审。

(三)填方路基施工

1. 基底处理与填料的选择

路堤是在天然地基上人为构筑的土体,一般都是利用当地土石作填料、按一定方案在原地面上填筑起来的。经验证明,为保证路堤的填筑质量、保证路堤具有足够的强度和稳定性,必须注意对基底的处理和填料的选择。

1)路堤基底的处理

路堤基底是指路堤填料与原地面的接触部分。为使两者结合紧密,避免路堤沿基底发生滑动,防止因草皮、树根腐烂而引起路堤沉陷,需视基底的土质、水文、坡度和植被情况及填筑高度采取相应的处理措施。路堤表土清理压实工序如图 2-2 所示。

(1)伐树、除根及表土处理。路堤填筑时,如果不清除结合面上的草木残株等有害于路堤稳定的杂物,路堤成形后一旦杂物腐烂变质,地基将发生松软和不均匀沉陷等现象,为了预防这种情况,就必须在填土之前做好伐树、除根和表层土壤处理工作。特别当路基填筑高度小于 1.0m 时,应注意将路基范围内的树根、草丛全部挖除。伐树、除根和清除草丛作业可采用人工方法或机械方法。应注意的是对草丛等不能用火烧的办法,因为火烧法,火势不易控制,稍有不慎,即会造成烧山毁林等严重后果。

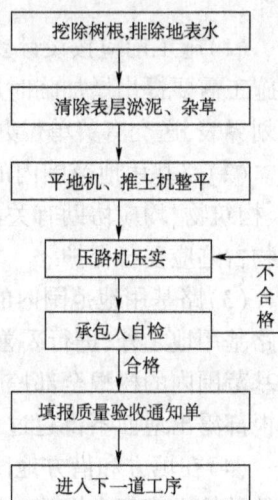

图 2-2　路堤表土清理压实工序

如基底的表层土系腐殖土,则须用挖掘机或人工将其表层土清除换填,厚度视具体情况而定,一般以不小于 30cm 为宜。并予以分层压实,压实度应符合规范要求。如发现草炭层、鼠洞、裂缝、溶洞等,都必须做好处理,以防造成日后塌陷。有些清除物(如腐殖土),路堤修筑后,可取回作为护坡保护层使用,也可作为中央分隔带及绿化带的回填土,这时应注意堆弃位置要便于取回。

路堤通过耕地时,筑填施工之前,必须预先填平压实,如其中有机质含量和其他杂质较多时,碾压时因弹性过大,不易压实,应换填干土。

(2)坡面基底的处理。山坡路堤,地面横坡不陡于 1:5 且基底符合规定要求时,路堤可直接修筑在天然的土基上。地面横坡陡于 1:5 时,原地面应挖成台阶(台阶宽度不小于1m),台阶顶面作成 2%~4% 的斜坡(如图 2-3 所示),并用小型夯实机加以夯实。填筑应由最低一层台阶填起,并分层夯实,然后逐台向上填筑,分层夯实,所有台阶填完之后,即可按一般填土进行。如果基底坡面超过 1:2.5 时,则应采用修护墙、护脚等措施对外坡脚进行特殊处理。

高速公路和一级公路,横坡陡峻地段的半填半挖路基,必须在山坡上从填方坡脚向上挖成向内倾斜的台阶,并用机具将其压(夯)实。台阶宽度不应小于1m。其中挖方一侧,在行车范围之内的宽度不足一个行车道宽度时,则应挖够一个行车道宽度,其上路床深度范围之内的原地面上应予以挖除换填,并按上路床填方的要求施工。

  2)路堤填料的选择

  路基填方材料,应有一定的强度。高速公路及一级公路的路基填方材料,应经野外取土试验,符合表2-1的规定时,方可使用;二级及二级以下的公路路基填方材料,亦宜按表2-1的规定选用。

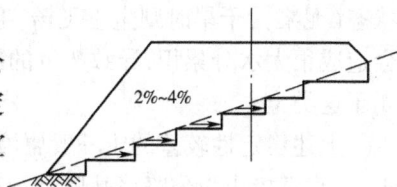

图 2-3 坡面基底的处理

  (1)最稳定的填料。最稳定的填料主要有石质土和工业矿渣两大类。前者常用的有漂石土、卵石土、砾石土、中砂和粗砂等;后者常用的有钢渣、建筑废料等。这两类材料摩擦系数大,不易压缩,透水性好,其强度受水的影响很小,是填筑路堤的最佳材料。

  (2)密实后可以稳定的填料。这类材料亦分为一般填土和工业废料两类。前者通常是指粉土质砂以及砂和黏土所组成的混合土。后者主要有粉煤灰、电石灰等。这些材料经压实后能获得足够的强度和稳定性,是较好、常用的填筑材料,但在使用时应注意:

  ①土中的有机质不可超过5%;

  ②土中易溶盐含量不应超出规定的数量;

  ③填土施工要在最佳含水率状态下进行;

  ④必须按一定厚度铺设,分层压实;

  ⑤砂的黏性小,易松散,有条件的应适当掺杂一些黏性大的土,或将路堤表面予以加固,以提高路基的稳定性;

  ⑥用粉煤灰填筑路堤应符合有关规定要求,其他工业废渣在使用前应进行有害物质的含量试验,避免有害物质超标,污染环境。

路基填方材料最小强度和最大粒径   表 2-1

项 目 分 类		填料最小强度 CBR(%)		填料最大粒径
路面底面以下深度(cm)		高速公路及一级公路	二级及二级以下公路	(cm)
路堤	上路床(0 ~30)	8.0	6.0	10
	下路床(30 ~80)	5.0	4.0	10
	上路堤(80 ~150)	4.0	3.0	15
	下路堤(>150)	3.0	2.0	15
零填及路堑路床(0 ~30)		8.0	6.0	10

  注:1. 二级及二级以下公路作高级路面时,应按高速公路及一级公路的规定。

    2. 表列强度按《公路土工试验规程》(JTG E40—2007)对试样浸水96h 的CBR 试验的方法测定。

    3. 黄土、膨胀土及盐渍土的填料强度,按各章的规定办理。

  注意:路堤基底原状土的强度不符合要求时,应进行换填,换填深度,应不小于30cm,并予以分层压实,压实度应符合填方地段基底的压实规定。

  (3)稳定性差的填料主要有高液限黏土、粉质土等。具体分析如下:

  ①含砂高液限黏土、高液限黏土。它的黏性高,塑性指数大,透水性极差,干燥时很坚硬,但浸湿后强度急剧下降,不易干燥;干湿循环的胀缩所引起的体积变化很大;过干时成块状,

不易打碎和压实;过湿时又易压成弹簧土,属不理想的填料。

②粉质土。它含有较多的粉土粒,虽有一定的黏性和塑性,但不易稳定,水浸后易成流体状态(泥浆),干旱时则尘土飞扬;毛细水上升高度很大(可达0.8~1.5m),在季节性冰冻地带会造成很大水分累积,导致严重的冻胀和翻浆,属最差的路堤填土,黄土类、黑土(肥黏土)多属于这类土。

上述稳定性较差的土一般属液限大于50,塑性指数大于26的土,以及含水量超过规定的土,不宜直接作为公路路基填土。在特殊情况下,受工程作业现场条件限制,必须使用时,通常应做如下处理后,方能使用:

①含水率的调节。进行含水率控制的目的,是保证土料在最佳含水率下达到最好的压实宽度。如果土料含水率过高,应予以翻晒,最好利用松土机或圆盘耙耧翻,增大暴露面,加速蒸发;另外也可在取土场工作面下面挖沟,使地下水位降低,改变土料含水率,这也是一种有效方法。如含水率过低时,常在材料上人工洒水(最好在料场进行,以利控制洒水均匀),洒水量可由自然含水率和最佳含水率之差简单地求出;也可采用洒水车直接在堤上喷洒,但应配用圆盘耙等机具对土料进行翻拌,使其润湿均匀。同时还须注意预计润湿时间,绝不可洒水后立即碾压。

②掺外加剂改良。即利用石灰、水泥工业废料或其他材料作稳定剂(或凝固剂)对土的性质进行改良,达到填土要求。这种方法对含水率大、塑性高的土或强度不足的其他材料(如含有大量细粒砂的砂质土)都有较好的效果。

采用外加剂改良土的施工方法,是将土和外加材料按一定比例混合、拌匀后铺平压实,一般采用路拌式稳定土拌和机(灰土拌和机)和平地机等进行作业,也可由设于专门场地的厂拌设备制备。

注意:路堤填料,不得使用淤泥、沼泽土、冻土、有机土、含草皮土、生活垃圾、树根和含有腐朽物质的土。

捣碎后的种植土,可用于路堤边坡表层。

2. 填土路堤施工

路堤填土宽度每侧应宽于填层设计宽度,压实宽度不得小于设计宽度,最后削坡。

山坡路堤,地面横坡不陡于1:5,且基底符合填方路堤一般规定中规定要求时,路堤可直接修筑在天然的土基上。地面横坡陡于1:5时,原地面应挖成台阶(台阶宽度不小于1m),并用小型夯实机加以夯实。填筑应由最低一层台阶填起,并分层夯实,然后逐台向上填筑,分层夯实,所有台阶填完之后,即可按一般填土进行。

1)填土路堤填筑方法

路堤填筑是把填料用一定方式运送上堤进行铺平、碾压密实的过程。路堤填筑分为分层填筑法、竖向填筑法和混合填筑法三种方法。

(1)分层填筑法。路堤填筑必须考虑不同的土质,从原地面逐层填起并分层压实,每层填土的厚度可按压实机具的有效压实深度和压实度确定。分层填筑法又可分为水平分层填筑和纵坡分层填筑两种。

水平分层填筑——填筑时按照横断面全宽分成水平层次,逐层向上填筑,如原地面不平,应由最低处分层填起,每填一层,经过压实符合规定要求之后,再填上一层,依此循环进行直至达到设计高程。这是最常用的一种填筑方法,如图 2-4 所示。

纵向分层填筑——宜于用推土机从路堑取土填筑距离较短的路堤,依纵坡方向分层,逐层向上填筑,如图 2-5 所示。原地面纵坡大于 12% 的地段常采用此法。

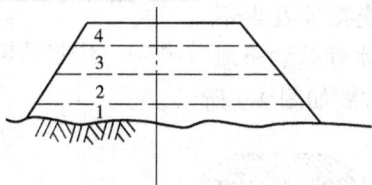

图 2-4 水平分层填筑

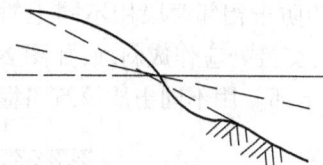

图 2-5 纵向分层填筑

（2）竖向填筑法。从路基一端、或两端同时按横断面的全部高度,逐步推进填筑,仅用于无法自下而上填筑的深谷、陡坡、断岩、泥沼等运土和机械无法进场的路堤,如图 2-6 所示。竖向填筑因填土过厚不易压实,施工时需采取必要的技术措施:

①选用振动式或夯击式压实机械;

②选用沉陷量较小、透水性较好及颗粒粒径均匀的砂石材料或附近开挖路堑的废石方,并一次填足路堤全宽度;

③暂时不修建较高级的路面,容许短期内自然沉落。

（3）混合填筑法。在深谷陡坡地段填筑路堤,尽量采用混合填筑法,如图 2-7 所示,即在路堤下层竖向填筑,上层水平分层填筑,使上部填土经分层压实获得需要的压实度。混合填筑法适应于因地形限制或填筑堤身较高,不宜采用水平分层法和竖向填筑法自始至终进行填筑的情况。可以单机作业,也可多机作业,一般沿线路分段进行,每段距离以 20～40m 为宜,多在地势平坦,或两侧有可利用的山地土场的场合采用。

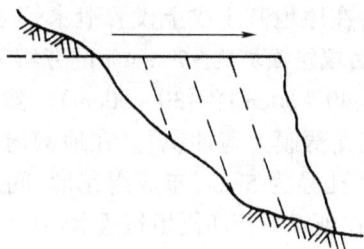

图 2-6 竖向填筑

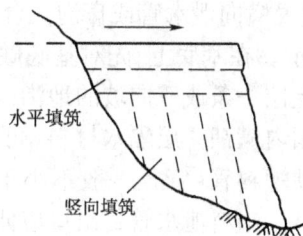

图 2-7 混合填筑

2）注意事项

采用不同土质填筑路堤,在高等级公路施工中是十分常见的,若将不同性质的土任意混填,会造成路基病害,因此必须注意下列几点:

（1）不同土质应分层填筑,层次应尽量减少,每层总厚度最好不小于 0.5m。不得混杂乱填,以免形成水囊或滑动面。

（2）透水性差的土填筑在下层时,其表面应作成一定的横坡(一般为双向 4% 横坡),以保证来自上层透水性填土的水分及时排出。

（3）为保证水分蒸发和排除,路堤不宜被透水性差的土层封闭,也不应覆盖在透水性较大的土所填筑的下层边坡上。

（4）根据强度与稳定性要求，合理地安排不同土质的层位，一般地，凡不因潮湿及冻融而变更其体积的优良土应填在上层，强度（形变横量）较小的土应填在下层。

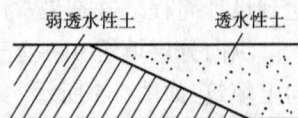

图 2-8　不同土质接头处理

（5）为防止相邻两段用不同土质填筑的路堤在交接处发生不均匀变形，交接处应作成斜面，如图 2-8 所示，并将透水性差的土填在斜面的下部。用不同土质填筑路堤的正确或错误方式如图 2-9 所示。

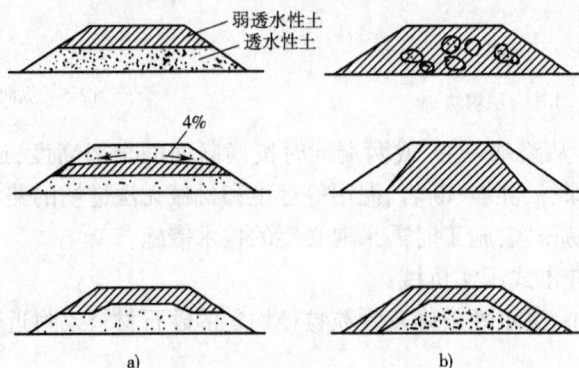

a)　　　　　　　　　　　　　　　b)

图 2-9　不同土质填筑路堤的正确或错误方式
a)正确方案;b)错误方案

（6）若填方分几个作业段施工，两段交接处不在同一时间填筑，则先填地段，应按 1:1 坡度分层留台阶。若两个地段同时填，则应分层相互交叠衔接，其搭接长度不得小于 2m。

3. 桥、涵台背填土施工与控制

（1）设置横向泄水管或盲沟。台、背路基填筑前，在原地基土拱上设置泄水管或盲沟，如图 2-10 所示。在基底上，先对基底做必要的处理，然后填筑横坡为 3% ~4% 的夯实黏土土拱，再在土拱上挖一条成双向坡的地沟(地沟尺寸一般宽:40 ~60cm;深:30 ~50cm)。然后在台背后全宽范围内满铺一层隔水材料(可用油毡或下垫尼龙薄膜上盖油毡)。在地沟内四周铺设有小孔的硬塑料管(管径一般不小于 10cm,其上小孔孔径为 5mm,布成绢花形,间距控制在 10cm 以内)。塑料泄水管的出口应伸出路基外，然后在硬塑料管四周填筑透水性好、粒径较大的砂石材料，再分层填筑台后透水性材料，直到路基顶面。

横向盲沟的设置与上相同，取消泄水管，以渗透系数较大的透水性材料填筑地沟(如大粒径碎石)。用土工布包裹盲沟出口处，并对其作必要的处理。

（2）台背填筑材料的选择与施工。桥(涵)头跳车产生的原因，主要是路基压缩沉降和地基沉降引起的，台背处填筑内摩擦角较小的材料(如土方)，加之压实质量影响，路基的压缩沉降量一般较大。为保证台背处路堤的稳定，其填土除设计文件另有规定外，一般应选用内摩擦角较大的透水性材料，如岩渣、碎石，就能较好地减少路基的压缩沉降;另一方面，也有利于台背缝隙中渗入的雨水沿盲沟或泄水管顺利排出路堤外。

台背后填筑透水性材料，应满足一定的长度、宽度和高度要求，在通常情况下，台背填料顺路线方向长度顶部为距翼墙尾端不小于台高加 2m，底部距基础内缘控制长度不小于 2m，拱桥台背填土长度不应小于台高的 3 ~4 倍,涵洞填土长度每侧不应小于 2 倍孔径长度。透水性材料的填筑高度,从路堤顶面起向下计算,在冰冻地区一般不小于2.5m,无冰冻地区填至高水位处。台背与路基接壤处,为保证连接质量,一般路基留一斜坡,斜坡坡度不大于1∶1(也可用台阶形式连接)。

(3)台背的填筑施工应注意以下几点:

①控制填料的质量,填料的细料含量不宜过大。

②填筑前,应在土拱上设置泄水管或盲沟。

③台背填筑透水性材料前,桥、涵的台前防护工程及桥梁上部结构均应完成。

④填筑时,对涵洞缺口填土,应在两侧对称均匀分层回填压实。如使用机械回填,则涵台胸腔部分及检查井周围应先用小型压实机械压实填好后,方可用机械进行大面积回填,涵顶填土压实厚度必须大于50cm时,才可通过重型机械和汽车。对桥梁构造物,亦应做到两端对称施工,桥台背后填土与锥坡填土同时施工。

⑤应严格按有关施工规范施工,控制每层填筑厚度(一般不超过20cm,当采用小型夯具时,一级以上的公路松铺厚度不超过15cm)、碾压遍数(一般不少于10遍),并对每层填筑质量实施检测,透水性材料以干容重或空隙率控制施工质量。

如果台背要填筑非透水性土时,对土质不好、含

图 2-10 桥、涵台背填土基底的处理

水率高的填料要进行处理,必要时可以换土或掺小剂量石灰或水泥等。同时,尽可能做到桥、涵施工与路基开挖的结合,做到桥、涵台砌多高,填土填多高,分层压实,填至路基处理高度时按路基处理标准进行施工,尽量减少桥、涵完成后再开挖的局面,以保证填土的密实程度。

4.填石路堤施工

填石路堤的施工,除应考虑石料性质、石块大小、填筑高度和边坡坡度等因素外,还应注意选择正确的填筑方法。正确的填筑方法对路堤达到应有的密实度与稳定性要求是一个重要的因素。

1)填料要求

填石路堤的石料来源主要是路堑和隧道爆破后的石料,施工时要注意其强度和风化程度是否符合要求。石料强度是指饱水试件的极限抗压强度,填石路堤要求其强度值不小于15MPa(用于护坡的不应低于20MPa)。

用于填石路堤的石料在粒径上也有要求。一般情况下,最大粒径不宜超过层厚的2/3。在高速公路及一级公路填石路堤路床顶面以下50cm范围内,填料最大粒径不得大于10cm,其他等级公路填石路堤,路床顶面以下30cm范围内,填料最大粒径不应大于15cm。

2)填筑方法

填石路堤的填筑施工方式有倾填(含抛填)和逐层填筑、分层压实两种。倾填又可分为石块从岩面爆破后直接散落在准备填筑的路堤内,和用推土机将爆破后堆置在半路堑上的石块

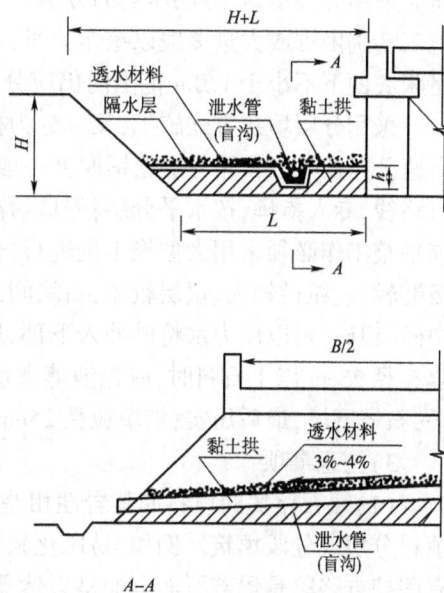

以及用自卸汽车从远处运来的爆破石块推入路堤两种情况。无论是哪一种倾填情况,由于石料是从高处自然落下,石料间难免犬牙交错,空隙较大,故倾填路堤的压实、稳定等问题较多。因此,高速公路、一级公路和铺设高级路面的其他等级公路的填石路堤不宜采用倾填式施工,而应采用分层填筑、分层压实的方法。二级及二级以下且铺设低级路面的公路在陡峻山坡段施工特别困难或大量爆破以挖作填时,可采用倾填方式将石料填筑于路堤下部,但倾填路堤在路床底面下不小于 1.0m 范围内仍应分层填筑压实。

采用分层填筑方式施工,又可分为机械作业和人工作业两种方法。机械施工分层填筑时,高速公路及一级公路分层松铺厚度一般为 50cm;其他公路为 100cm。施工中应安排好石料运行路线,专人指挥,按水平分层,先低后高、先两侧后中央卸料。由于每层填筑厚度较大,故摊铺平整工作必须采用大型推土机进行,个别不平处应配合人工用细石块、石屑找平,如果石块级配较差、粒径较大、填层较厚,石块间的空隙较大时,可于每层表面的空隙里扫入石渣、石屑、中砂、粗砂,再以压力水将砂冲入下部,反复数次,使空隙填满。人工摊铺、填筑填石路堤,当铺填粒径 25cm 以上石料时,应先铺填大块石料,大面向下,小面向上,摆平放稳,再用小石块找平,石屑塞填,最后压实;铺填粒径 25cm 以下石料时,可直接分层摊铺,分层碾压。

3)注意事项

(1)填石路堤的填料如其岩性相差较大,特别是岩石强度相差较大时,则应将不同岩性的填料分层或分段填筑。例如,易风化软岩不得用于路堤上部,亦不得用于路堤浸水部分;又如有些挖方路段是爆破石而有的是天然漂石土、块石土等,这些填料不得混填在一起,应分层或分段填筑。如果路堑或隧道基岩虽为不同岩种,但其石料强度均符合要求(大于 15MPa),则允许使用挖出的混合料填筑路堤。

(2)用强风化石料或软质岩石填筑路堤时,用重型压路机或夯锤压实时,可能会被碾压或夯压成碎屑、碎粒,这类石料能否用于填筑路堤,应按有关规定检验其 CBR 值,符合要求(根据公路等级和填筑部位对 CBR 值的要求有所不同)时才准许使用,否则不得使用,这可以保证路堤填筑压实后的浸水整体强度和稳定性。该类填料与土质路堤填料类似,故能使用时,应按土质路堤技术要求施工。

(3)填石路堤路床顶部至路床底部 30～50cm(高速公路及一级公路为 50cm,其他公路为 30cm)范围内应用符合路床要求的土填筑,并分层压实,这可提高路床面的平整度,使其均匀受力并有利于与路面底层的连接。

5. 土石路堤施工

1)填料要求

一般情况下,石块强度大于 20MPa 时,就不易被压路机压碎,所以,当土石混合料中石料强度大于 20MPa 时,其粒径不得超过压实层厚度的 2/3,超过的应予清除,这有利于压实均匀,并在填筑时,不致使上下层石块重叠,避免碾压时不稳定。当土石混合料中所含石块为软质岩或极软岩(强度小于 15MPa)时,易为压路机压碎,不存在强度较大石块产生的问题,故其粒径可与压实层厚度相同,但不宜超过层厚,超过的应打碎。

2)填筑方法

土石路堤不得采用倾填方法,只能采用分层填筑,分层压实。

当土石混合料中石料含量超过 70% 时,宜采用人工铺填,即先铺填大块石料,且大面向下,放置平稳,再铺小块石料、石渣或石屑嵌缝找平,然后碾压。当土石混合料中石料含量小于70%时,可用推土机将土石混合料铺填,每层铺填厚度应根据压实机械类型和规格确定,不宜超过40cm。用机械铺填时应注意避免硬质石块,特别是集中在一起的尺寸大的硬质石块。

3)注意事项

(1)若将压实后渗水性差的细粒土填在路堤两侧,则雨后填筑于路堤中部渗水性好的土吸收的水分无法排除而降低路堤承载力,甚至路堤中部形成水囊,使路面严重破坏。所以,压实后渗水性差异较大的土石混合填料应分层或分段填筑,不宜纵向分幅填筑。如确需纵向分幅填筑,应将压实后渗水性良好的土石混合料填筑于路堤两侧。

(2)土石混合填料一般来自不同的路段。如果均为硬质石料,则不论石料类别如何,可混在一起填筑,如果均为软质石料且压实后的渗水性基本相同,也可混在一起填筑。但如果来自不同路段的土石混合料的岩性或土石混合比相差较大,则应分层或分段填筑。如分层或分段填筑有困难,则应将硬质石块的混合料铺于填筑层的下面,且石块不得过分集中或重叠,上面再铺软石质混合料,然后整平碾压。

(3)由于填石路堤空隙大,在行车作用之下易产生推移。所以,为使路面稳定,并保持较好的平整度,以利舒适行车,在土石路堤的路床顶面以下30~50cm(高速公路、一级公路为50cm,其他公路为30cm)范围内应填筑符合路床要求的土,并分层压实,可使在路床高程范围之内强度均匀一致,并有利于加强路面结构与土石路堤之间的结合。

(四)挖方路基施工

1. 挖方路基土方的施工

1)路堑开挖方法

路堑开挖施工,除需考虑当地的地形条件、采用的机具等因素外,还需考虑土层的分布及利用。在路堑开挖前,应做好现场伐树除根等清理工作和排水工作。如果移挖作填时,还应将表层土单独掘弃,或按不同的土层分层挖掘,以满足路堤填筑的要求。路堑的开挖方法根据路堑深度、纵向长短及现场施工条件,可采用横向挖掘法、纵向挖掘法和混合式挖掘法。

(1)横向挖掘法

①单层横向全宽挖掘法。从开挖掘进方向路堑的一端或两端按断面全宽一次性挖到设计高程,逐渐向纵深挖掘,挖出的土方一般都是向两侧运送,如图2-11a)所示。这种方法适用于挖掘深度小、且较短的路堑。

②多层横向全宽挖掘法。从开挖的一端或两端按横断面分层挖至设计高程,如图2-11b)所示。多层横向全宽挖掘法主要适用于开挖深而短的路堑。

土质路堑的开挖可采用人工作业,也可选用机械作业,区别如下:

①用人工按横挖法挖路堑时,可在不同高度分几个台阶开挖,其深度一般宜为1.5~2.0m。无法自两端一次横挖到路基高程或分台阶横挖,均应设单独的运土通道及临时排水沟,以免相互干扰,影响工效,造成事故。

②用机械按横挖法挖路堑且弃土(或移挖作填)运距较远时,宜用挖掘机配合自卸车进行,每层台阶高度可增加到3~4m,其余要求与人力开挖路堑相同。

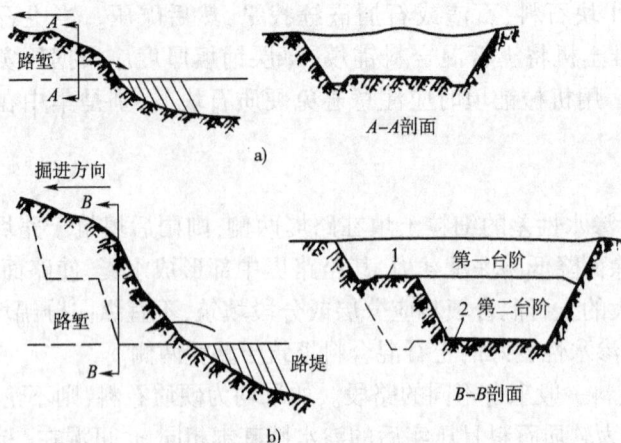

图 2-11　横向全宽挖掘法
a)单层横向全宽挖掘法;b)多层横向全宽挖掘法
1-第一台阶运土道;2-临时排水沟

③路堑横挖法也可用推土机进行,若弃土或移挖作填运距超过推土机的经济运距时,可用推土机推土堆积,再用装载机配合自卸车运土。用机械开挖路堑应注意的是,边坡应配合平地机或人工分层修刮平整,以保证边坡的平整与稳定。

(2)纵向挖掘法

①分层纵挖法。沿路堑全宽,以深度不大的纵向分层进行挖掘,如图 2-12a)所示,适用于较长的路堑开挖。

②通道纵挖法。先沿路堑纵向挖掘一通道,然后将通道向两侧拓宽以扩大工作面,并利用该通道作为运土路线及场内排水的出路。如图 2-12b)所示,该层通道拓宽至路堑边坡后,再开挖下层通道,如此向纵深开挖至路基高程,该法适用于路堑较长、较深,两端地面纵坡较小之路堑开挖。

③分段纵挖法。沿路堑纵向选择一个或几个适宜处,将较薄一侧堑壁横向挖穿,使路堑分成两段或数段,各段再纵向开挖。如图 2-12c)所示,该法适用于路堑过长,弃土运距过远的傍山路堑,其一侧堑壁不厚的路堑开挖。

土质路堑纵向挖掘,多采用机械化施工,要点如下:

①当采用分层纵挖法挖掘的路堑长度较短(不超过100m)、地面坡度较陡时,宜采用推土机作业。推土机作业时,每一铲挖地段的长度应能满足一次铲切达到满载的要求,一般为 5～10m,铲挖宜在下坡时进行;对普通土宜为 10%～18%,不得大于 30%;对于松土不宜小于 10%,不得大于 15%;傍山卸土的运行道路应设有向内稍低的横坡,但应同时留有向外排水的通道。

②当采用分层纵挖法挖掘的路堑长度较长(超过100m)时,宜采用铲运机作业,有条件时最好配备一台推土机配合铲运机(或使用铲运推土机)作业。对于拖式铲运和铲运推机,其铲斗容积为 4～8m³ 的适宜运距为 100～400m,容积为 9～12m³ 的适用运距为 100～700m,自行式铲运机运距可增加一倍。铲运机的运土道,单道宽度不应小于 4m,双道宽度不应小于 8m;其纵坡,重载上坡不宜大于 8%,空驶上坡不得大于 50%;弯道应尽可能

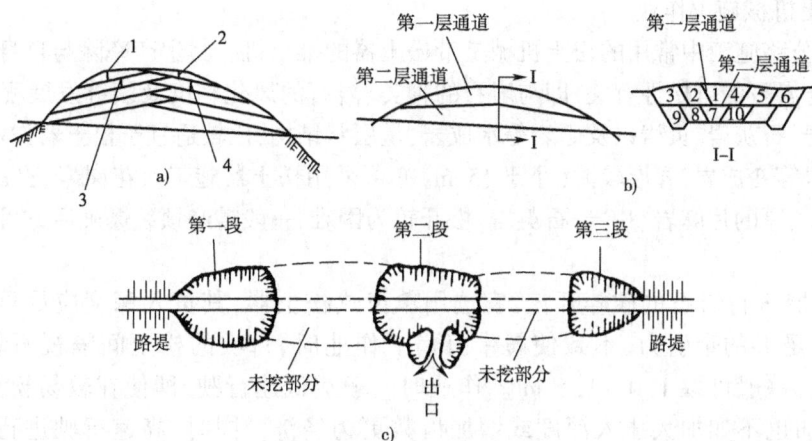

图 2-12 纵向挖掘法

a)分层纵挖法（图中数字为挖掘顺序）；b)通道纵挖法（图中数字为拓宽顺序）；c)分段纵挖法

平缓,避免急弯;路基表层应在回驶时刮平,重载弯道处路基应保持平整。铲运机作业面的长度和宽度应能使铲量易于达到满载。在起伏地形的工地,应充分利用下坡铲装;取土应沿其工作面有计划地均匀进行,不得局部过度取土而造成坑洼积水。铲运机卸土场的大小应满足分层铺卸的需要,并留有回转余地。填方卸土应边走边卸,防止成堆,行走路线外侧边缘的距离不宜小于 20cm。

（3）混合式挖掘法

当路线纵向长度和挖深都很大时,为扩大工作面,可将多层横挖法和通道纵挖法混合使用。先沿路堑纵向挖通道,然后沿横向面挖掘,以增加开挖坡面,如图 2-13 所示。每一坡面的大小,应能容纳一个施工小组或一台机械作业。

2. 深挖路堑、岩石路堑的施工

1）岩石路堑破碎开挖

在路基工程中,当线路通过山区、丘岭及傍山沿溪地段时,往往会遇到集中的或分散的岩石区域,这就必须进行石方的破碎、挖掘作业。岩土的破碎开挖,主要采用两种方法:一是爆破作业法;二是松土机械作业法。爆破作业法是利用炸药爆炸时所产生的热和高压,使岩石或周围的介质受到破坏或移位。其特点是施工进度快,并可减轻繁重的体力劳动,提高劳动生产率。但这种方法,毕竟是一种带有危险性的作业,需要有充分的爆破知识和必要的安全措施。松土机械作业法是利

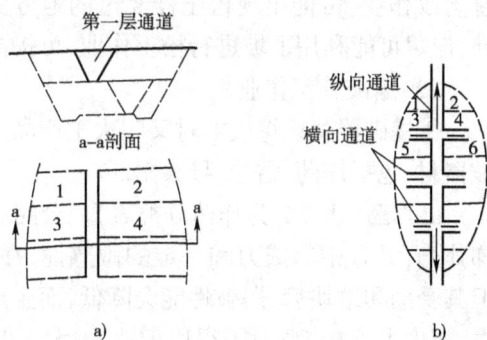

图 2-13 混合挖掘法

a)横面和平面;b)平面纵、横通道示意图中;箭头表示运土与排水方向,数字表示工作面号数

用大型、整体式松土器,耙松岩土后由铲运机械装运。其特点是:作业过程比较简单,具有较高的作业效率。在国外高等级公路施工作业中被广泛采用。因此,对岩土的开挖,如果能用松土器破碎,建议使用该种方法。

（1）松土机械施工作业

高等级公路施工中常用的松土机械是带松土器的推土机。其生产率除与自身的功率大小有关外，还与岩石的可松性有关，即与岩石的种类、岩石的风化程度及裂缝发展程度有关。一般来说，砂岩、石灰岩、页岩以及砾岩等水成岩，呈层状结构，比较适宜于松土器作业。片麻岩、片岩、石英岩等变成岩，岩层较薄（小于15cm）亦可采用松土器施工。花岗岩、玄武岩、安山岩等火成岩及较厚的片麻岩、片岩、石英岩，松开较为困难，一般需经预裂爆破后方可进行松土器施工作业。

用松土器进行岩石的破碎开挖，宜选用单齿式松土器，其贯入深度应尽可能大，但推土机必须有足够的牵引力，不致使履带打滑。作业时，每次的松土间隔视石料用途和搬运方法确定，一般可取 1.0 ~ 1.5 m。作业时一般应低速行驶，即使在较易松开的作业现场，车速增加也不如加大压入深度或增加齿数更为经济。同时，高速行驶进行松土作业，还容易因岩石硬度变化，引起发动机转速变化，造成机体跳动，增加操纵难度，加剧机具磨损。

根据作业条件，松土机可采取如下几种方法：

①交叉松土。即以选定的间隔在互相垂直的方向上进行作业，在岩石破碎成沟状，而其余部分未被破碎时，采用这种方法较为有效；缺点是松土后的地面很粗糙而不规则，因而降低了机械的工作效率。

②串联松土。即用另外一台推土机助推的方法，用于较硬岩石的破碎，且成本有所增加，但行之有效，如果工效能提高 3 ~ 4 倍时，施工的成本反而会降低。

③预裂爆破后松土。对特别坚硬的岩石，进行预裂爆破（如松动爆破、静态爆破）后，再用松土器作业，比单纯爆破工效高，施工成本也低。

无论在哪种情况下，松土时机械行驶的方向应与岩纹垂直，这样破碎效果较好。否则，顺着岩纹作业，可能出现松土器经过的地方劈成沟状，而其余部分仍没有松开或松开很少。另外，应尽可能利用下坡进行松土作业，可提高松土效果。

（2）爆破施工作业

①爆破器材。爆破器材又叫火工产品，分军用与民用两大类。民用爆破器材又称工业爆破器材，包括炸药、雷管、导火索。

a. 炸药（表2-2为炸药分类表）。公路工程施工中最常用的是硝铵类炸药中的 2 号岩石铵梯炸药，具有中等威力和一定的敏感性，在 8 号雷管的作用下可以充分起爆，是安全的炸药。但其受潮和结块后，爆破性能会降低，而生成的有毒气体明显增加。湿度超过3%则可能会拒爆，湿度大于 0.5% 时不得用于地下，大于 1.5% 时不得用于露天爆破。

b. 雷管。雷管是用来起爆炸药的，按点火方式不同分电雷管与火雷管。用导火索引爆的雷管叫火雷管，分 6 号、8 号两种，除有沼气和矿井中不用外，可用于一般爆破工程，使用中注意纸壳雷管的防潮；电雷管的构造与火雷管基本相同，只是增加了一个电气点火装置，根据雷管中主装药量不同分为 6 号、8 号两种。图2-14为电雷管分类图。

延期电雷管与瞬发电雷管不同点，只是延期电雷管的电气点火装置与出口位置应设在桥涵出入水口或自然沟各处洞处，严禁临时边沟出口设在填方或弃土场的坡角处，给路基稳定造成隐患。

炸 药 分 类 表

表2-2

类别名称	炸药名称和型号		说　明
硝铵类炸药 主要成分： 硝酸铵	铵梯炸药 （以梯恩梯为敏感剂）	岩石铵梯炸药2号，3号，2号抗水，4号抗水	公路工程常用岩石2号，怕潮
		露天铵梯炸药，1号，2号，3号，2号抗水	
		煤矿许可铵梯炸药2号，3号，2号抗水，3号抗水（安全炸药）	
		铵梯油炸药2号，2号抗水，3号抗水	
		铵松蜡炸药1号，2号	
		多孔粒状铵油炸药	
		铵油炸药1号，2号，3号	吸湿后结块不能久存，成本低
	乳化炸药	岩石乳化炸药	
		露天乳化炸药	
		煤矿许用乳化炸药	
硝化甘油类炸药	胶质硝化甘油炸药	1号普通，2号普通	爆炸威力大，危险性大
		1号难冻，2号难冻	适用地硬岩石或水下
芳香族硝基炸药	梯恩梯（或称之硝基甲苯）		是一种烈性炸药
	苦味酸（或称黄色炸药）		价格昂贵，爆炸后产生有毒气体
黑火药	爆破用黑火药		适用于开采石料

起爆炸药之间有一段缓燃导火索，根据导火索燃烧时间不同，延长起爆时间也不同，延长时间以秒、毫秒计。

一个作业面需要同时爆炸的，用瞬发电雷管；需要不同时爆炸制造临空面以扩大爆破效果的，用延期电雷管。

c.导火索和火花起爆。导火索以火点燃，用以引爆火雷管或黑火药包，按燃烧速度分为普通导火索和缓燃导火索，每米燃烧速度分别为 $100\sim125\text{s}$ 与 $180\sim215\text{s}$。火花起爆法是利用导火线燃烧引爆雷管，从而使药包爆炸的一种起爆方法。

图2-14 电雷管分类图

d.导爆索和导爆索起爆法。导爆索其索芯用高级烈性炸药制成，按其包缠结构分棉线导爆索和塑料导爆索（另外介绍）。由于导爆索着火较困难，使用时须在药室外的一段导爆线上捆扎一个8号雷管来起爆。由于导爆索的爆速快，每秒可达6 000多米，故适用于深孔、洞室爆破。

e.塑料导爆管非电起爆方法。塑料导爆管由高压聚乙烯制成，内、外径分别为 1.4mm 和 3mm 的软管，内装以混合炸药，药量为 $14\sim16\text{mg/m}$。国产塑料导爆管爆速为 $1\,600\sim2\,500\text{m/s}$，

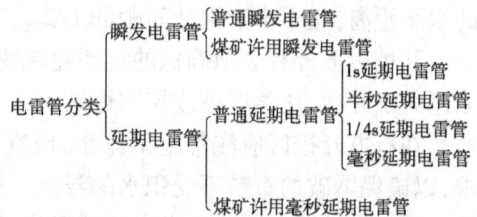

可用雷管、导爆索、火帽、引火头等产生冲击波的器材激发,通过塑料导爆管传递到雷管使雷管激发而起爆。起爆网络与药包的联结方式有并联、串联、簇联和复式联结法等,由于该起爆法具有抗杂电、操作简便、使用安全可靠、成本较低等优点,有逐渐替代导火索和导爆索起爆法的趋势。

②石方爆破的一般规定如下:

开挖石方应根据岩石的工程地质分类、岩石的风化程度和节理发育程度等确定开挖方式。对于软石和强风化岩石,凡能用机械直接开挖的,均应用机械开挖;如这类石方数量不大,工期允许,也可以人工开挖。凡不能使用机械或人工直接开挖的石方,则用爆破法开挖。石方需用爆破法开挖的路段,应查明路段内有无电缆线,地下预埋管线及其平面位置、埋置深度,同时应调查开挖边界线外的建筑物结构类型、完好程度、距开挖边界距离,然后制订爆破方案,任何爆破方案的制订都必须确保既有建筑物、管线的安全。爆破施工流程见图 2-15。

爆破方案选定后,应视其对有影响的构造物的重要程度,分别报送当地公安部门、构造物行业主管部门及监理工程师审批。

凡进行爆破作业,必须由经过专业培训、并取得爆破证书的专业人员施爆。石方爆破施工中,当工程量小、工期允许时,可采用人工打眼;工程量较大时,应采用机械钻孔,钻孔机械可采用风钻或凿岩机。

石方开挖所得的土石料一般都可以用在填方及浆砌工程上,因此公路石方开挖很少采用抛掷爆破。深挖石方路堑多采用松动爆破。一级以上公路不得采用抛掷爆破倾填路堤。

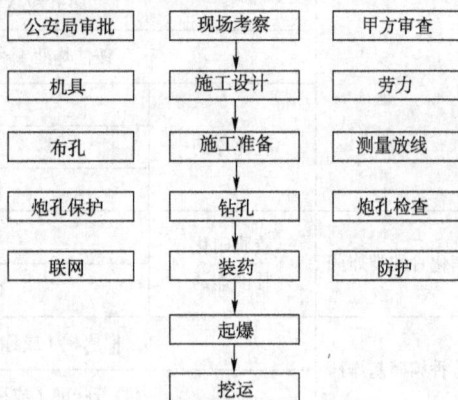

图 2-15 爆破施工流程图

公路石方开挖应充分重视挖方边坡稳定,一般宜选用中小炮爆破,对于风化较严重,节理发育或岩层产状对边坡稳定不利的石方开挖,宜用小排炮微差爆破,小型排炮药室距设计坡线的水平距离,应不小于炮孔间距的 1/2 。

开挖边坡外有必须确保的重要建筑物,当采用减弱松动爆破都无法保证建筑物安全时,可采用人工开凿、化学爆破或控制爆破。

在石方开挖区应注意施工排水,应在纵向和横向形成坡面开挖面,其纵坡应满足排水要求,以确保爆破的石料不受积水的浸泡。炮眼位置选择应注意以下几点:

a.炮位设计应充分考虑岩石的形状、类别、节理发育程度、岩石溶蚀情况等因素,炮孔药室应避开溶洞和大的裂隙;

b.应避免在两种岩石硬度相差很大的交界面处设置炮孔药室;

c.非群炮的单炮和数炮施爆,炮孔宜选在抵抗线最小、临空面多,且与各临空面距离较平均的位置,同时应为下次布孔创造更多的临空面;

d.群炮炮间间距,宜根据地形、岩石类别、炮型等确定,并根据炮眼间距、深度计算每个炮眼的装药量;对于群炮,宜分排或分段采用微差爆破;

e.非群炮的单炮或数炮施爆,炮眼方向宜与岩石临空面大致平行,一般按岩石外形、节理、裂隙等情况分别选择正炮眼、斜炮眼、平炮眼或吊眼等方位。

③综合爆破方法。综合爆破方法是根据石方的集中程度,地质、地形条件,公路路基断面的形状,综合各种爆破方法的最佳使用特性,因地制宜,综合配套使用的一种爆破方法。按其装药量的多少分中小型爆破和大爆破(装药量在1 000kg以上),现将各种爆破方法及特性分述如下。

a. 中小型爆破主要内容如下:

(a)裸露药包法。将炸药直接置于被炸岩石表面或经清理的石缝中,药包表面用草皮或稀泥覆盖,然后进行爆破。这种方法主要用于破碎孤石或大块岩石的二次爆破。

(b)钢钎炮。通常指炮眼直径和深度分别小于7cm和5cm的爆破方法。由于其工效低,浅孔炮比深孔炮低3~3.5倍,在石方集中条件下低10~20倍,飞石严重,大量使用不经济,因此公路施工中只用在地形艰险及爆破量较小地段或作为服务其他炮型的辅助炮型,包括在松土法施工中推土机松土器施工不便的局部坚硬岩石地段。

炮孔布置的技术参数如下:

ⓐ炮眼深度:

$$L = CH \tag{2-1}$$

式中:L——炮眼深度,m;

H——爆破岩石的厚度,阶梯高度,m,见图2-16;

C——系数,坚石为1.0~1.15,次坚石为0.85~0.95,软石为0.7~0.9。

ⓑ抵抗线长度W:

$$W = K_w d \tag{2-2}$$

式中:W——由炮眼到临空面的最小距离,m;

d——钻孔最大直径,cm;

K_w——系数,一般取15~30,坚硬岩石用小值,中等硬岩石用大值。

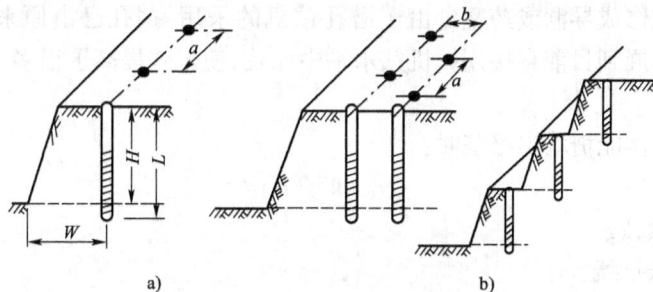

图2-16　台阶式和梯段式爆破

ⓒ炮眼间距。同排炮眼的间距,视岩面的类别、节理发育程度参照下式计算:

$$a = kW \tag{2-3}$$

式中:a——炮眼间距,m;

k——系数,采用火雷管起爆为1.2~2.0,采用事雷管起爆为0.8~2.3;

W——最小抵抗线,m。

ⓓ装药量。炮眼的装药高度一般为炮孔深度的1/3~1/2,特殊情况下不得超过2/3。对

于松动爆破或减弱松动爆破,装药高度可降到炮孔深的 1/4 ~ 1/3。

(c)葫芦炮(药壶炮)。葫芦炮是将炮眼底部扩大成葫芦形,以便将炸药基本集中于炮眼底部的扩大部分,以提高爆破效果的一种炮型。其炮眼深度较深,为 5 ~ 7 m,它适用于均匀致密的硬土、次坚石和坚石。药壶炮有省药、爆能利用高等优点,但操作复杂,目前已不多用,见图 2-17所示。

葫芦炮的用药量按下式计算:

$$Q = KW^3 \tag{2-4}$$

图 2-17 药壶炮

式中:Q ——炸药质量,kg;

W ——最小抵抗线,m,一般为阶梯高度的 0.5 ~ 0.8 倍;

K ——单位岩石的硝铵炸药消耗量,kg/m³。

单排群炮用电雷管起爆,每排炮间距为:

$$a = (0.8 ~ 1.0)W \tag{2-5}$$

式中:a ——每排内炮眼间距,m;

W ——相邻两炮间最小抵抗线的平均值,m。

多排群炮,各排之间的药包间距为:

$$b = 1.5W \tag{2-6}$$

当炮眼布置成三角形时,上下层药包间距:

$$a = 2W_{下} \tag{2-7}$$

式中:$W_{下}$ ——下层最小抵抗线,m。

(d)猫洞炮(见图 2-18)。猫洞炮是将集中药包直接放入直径为 0.2 ~ 0.5m、炮眼深 2 ~ 6m 的水平或略有倾斜炮洞中的一种炮型。它适用于硬土、胶结良好的古河床、水渍层、软石和节理发育的次坚石、坚石,可利用裂隙修成导洞或药室。由于潜孔钻机的采用,掘孔已由原来用小炮扩孔挖掘,发展到目前直接用钻机钻水平中深孔,使工效提高了很多。

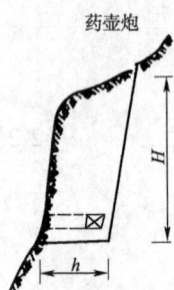

图 2-18 猫洞炮

ⓐ用药量计算。

当被炸松的岩体能坍塌出路基时:

$$Q = KW^3 f(\alpha) d \tag{2-8}$$

式中:Q ——用药量,kg;

W ——最小抵抗线,m;

K ——形成标准抛掷漏斗的单位耗药量,kg,一般不宜用抛掷爆破,而是用松动爆破或减弱松动爆破,用药量为抛掷爆破的 1/3 ~ 1/2;

$f(\alpha)$ ——抛坍系数,$f(\alpha) = 2d/\alpha$;

α ——地面横坡度;

d ——堵塞系数,可近似用 $d = 3/h$ 计算,其中 h 为眼深。

当被炸松的岩体不能坍塌出路基时:

$$Q = 0.35KW^3 d \tag{2-9}$$

式中:符号意义同前。

ⓑ炮孔间距：

$$a = (1.0 \sim 1.3)W \tag{2-10}$$

式中：　　W——两相邻药包计算抵抗线的平均值，m；

　　1.0 ~ 1.3——系数，可根据岩石硬度、节理发育程度及地面坡度（α）的大小而定，一般采用 1.0 ~ 1.2，当 $\alpha > 70°$ 时，可采用 1.2 ~ 1.3，但须注意，间距过大会使爆破物块度过大，增加二次爆破数量。

（e）深孔松动爆破。也是中小型爆破的一种，其孔径在 75mm，深度在 5 m 以上，是机械化程度很高的一种作业方式。钻孔施工采用凿岩机或穿孔机，爆破方式多采用深孔多排微差爆破，每次爆破方量可达万立方米以上。出渣方式多采用正铲或反铲挖掘机装车，翻斗自卸车外运，推土机配合清理道路和作业面，因此生产效率高，适合于深挖路堑施工，是高等级公路大量快速施工的发展方向。

进行深孔爆破，要先将地面修成台阶，称为梯段，梯段的倾角最好为 60° ~ 75°，高度应在 5 ~ 15m 之间。炮孔分垂直孔和斜孔两种，炮孔直径一般为 80 ~ 300mm，公路工程以用 100 ~ 150mm 为宜。

b. 深孔多排微差爆破施工主要内容如下：

图 2-19 为一高边坡全路堑开挖施工的横断面，岩石等级为坚石、次坚石。采用深孔多排微差爆破的施工方法。

开挖方式采用纵向分层台阶法，台阶的高度为 6 ~ 9m，开挖的顺序为先第 Ⅰ 梯段，依次为第 Ⅱ、第 Ⅲ 梯段，图中台阶平台宽度由设计决定，炮孔布置方式为与边坡平行的倾斜孔。中心掘沟为两侧横向梯段创造了临空面，台阶的主体开挖采用深孔多排微差爆破。各台阶边坡一排采用深孔预裂爆破，预裂孔与主爆孔之间 1 ~ 2 排采用缓冲控制爆破，其目的是为了保护边坡外既有建筑物和设施。

（a）开挖基本作业方法如下：

ⓐ首先测量放出路堑中心线和开挖边桩线，然后将原地面用手风钻钻眼，浅孔爆破，推土机推出平台，平台宽度一般不小于 6 ~ 8 m。

ⓑ钻孔：采用自行履带式潜孔凿岩机钻孔，深孔的位置预先按设计爆破参数计算。测量放出孔位以白石灰标定、编号，钻凿顺序由远及近；由内向外顺序进行。钻机移位时，要注意保护成孔和孔位标记。还应该提醒注意的是，使用潜孔钻，便道宽度不得小于 3m，即使用轻型设备，便道有效宽度也不得小于 1.5m。

ⓒ装药爆破：装药前用测绳锤或长炮棍检查孔深和孔内是否堵孔，当发现问题经处理仍满足不了设计要求时，应根据实测孔深修改装药量。

由于深孔爆破一次爆破孔数较多，装药结构及引爆网络均较复杂，因此需加强工地指挥和组织检查工作。

ⓓ挖、装、外运：台阶爆破后，首先将堆积在坡面上的大块危石清理掉，然后再进行挖装作

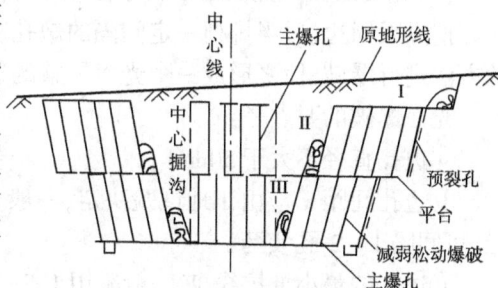

图 2-19　高边坡全路堑开挖
Ⅰ、Ⅱ、Ⅲ-开挖顺序

业,采用正铲挖掘机(斗容量在 $1.5 \sim 2.0 \mathrm{m}^3$)装车。为给挖掘机创造工作条件,应用推土机辅助清理场地与道路,运输车辆为 15t 以上自卸车与挖掘机组成一个机械运输班组,形成流水作业。

(b)深孔多排微差爆破。就是使前后排或两相邻孔内的药包以毫秒的时间间隔(一般为 $15 \sim 75 \mathrm{ms}$)依次起爆。其优势为可以扩大自由面,有利于应力波的叠加,增加岩块间的碰撞挤压作用,加强了岩石的破碎效果,降低多排孔一次爆破的堆积高度,有利于挖掘机作业。由于逐层或逐排依次爆破,减少了岩石夹制力,可节省炸药 20 %,并可增大孔距,提高每米钻孔的炸药方量。其炮孔排列和起爆顺序,根据断面形状和岩性有图 2-20 所示的几种。多排孔微差爆破是浅孔深孔爆破的发展方向。

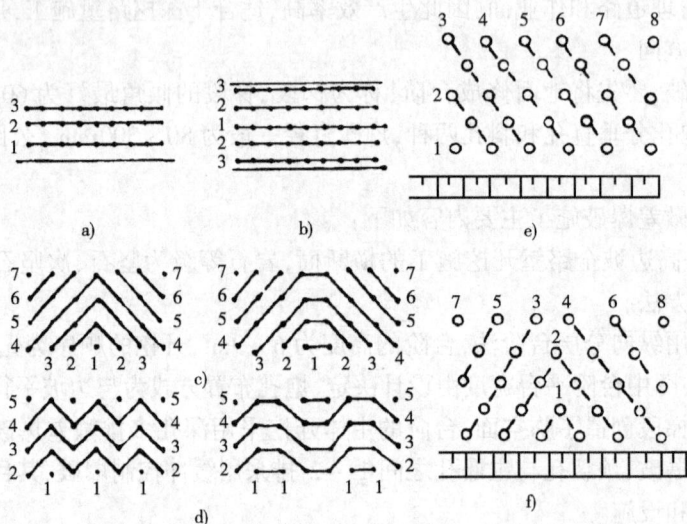

图 2-20　深孔微差爆破各种起爆网络

a)台阶坡面;b)直排中心掏槽起爆;c)"V"形起爆网络;d)波形起爆网络;e)三角布孔形式起爆;f)三角形孔楔形式起爆

(c)光面爆破。光面爆破属于控制爆破,其目的是为了使爆裂面光滑平整。施工方式是在开挖界限周边,适当排列一定间隔的炮孔,在有侧向临空面的情况下,用控制抵抗线和药量的方法进行爆破,使之形成一个光滑平整的边坡。

光面爆破的要点是:

ⓐ边孔直径不大于 50mm 。

ⓑ边孔间距 a 应由工地试验决定,一般 $a = 16d$,曲线边孔应加密到 $a = 0.2 \mathrm{m}$,采取小孔径,可间隔 $1 \sim 2$ 孔装药;

ⓒ边孔的最小抵抗线 W 一般采用 $1.3a$,但 W 值不超过 $0.8 \mathrm{m}$;

ⓓ装药量应比正常减少 $1/3 \sim 1/2$,采取间隔装药;

ⓔ应保持炮孔在同一平面内,光面爆破应在主爆之后起爆。

(d)减弱松动爆破。也可称为缓冲控制爆破,适用在距开挖层靠近边坡的 $1 \sim 2$ 排炮孔,它能进一步控制正面方向和减小振动波强度,用以保证边坡稳定及周边建筑物保持正常状态不受损伤。装药量比正常装药量要少,工地应根据不同情况通过试验决定。

（e）预裂爆破。就是沿设计开挖的边坡线，在没有侧向临空面和最小抵抗线的情况下，按一定间距钻一排小孔距的平行炮孔，孔内装入少量炸药，见图 2-21。在开挖区主爆破炮孔起爆前，这些边坡线上的炮孔首先同时起爆，爆破后沿孔轴方向从上到下形成具有一定宽度的贯穿裂缝，把开挖区与保留区的岩体分开。当开挖区爆破时，预裂缝起着保护边坡，减少破坏的作用。

为了获得较好的爆破效果，除选择合理的爆破参数和起爆顺序、布孔方式外，更应精确掌握施工方法和操作要点，在施工时要掌握"孔深、方向和倾斜角度"三大要素，一般孔底的钻孔偏差不大于 ±15cm。

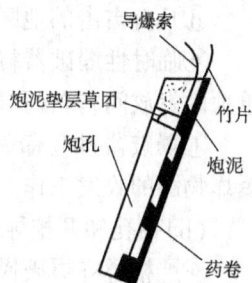

图 2-21　预裂爆破装药结构

c. 大爆破主要内容如下：

大爆破工程施工，是采用导洞和药室装药，用药量在 1 000kg 以上的爆破。公路石方开挖一般不宜采用，只有当路线穿过孤独山丘，开挖后边坡不高于 6m，且根据岩石产状和风化程度确认开挖后边坡稳定，方可考虑大爆破方案。但须做好技术设计，并有详细技术经济论证和边坡稳定性分析，爆破设计时应充分考虑路基边坡必须在爆破岩层松动区之外。

（a）大爆破的技术设计文件有以下几种：

ⓐ工程名称、概述、工程概况、爆破桩号、工程数量、地形特征、预计爆破范围、预测爆破效果、工期；

ⓑ自然条件及工程地质、水文地质资料；

ⓒ爆破方案及类型说明；

ⓓ药室位置的布置图，包括平面图和导洞药室剖面图，用药量和爆破网路的主要资料；

ⓔ施工方案和施爆步骤；

ⓕ爆破危险区预计；

ⓖ 安全措施；

ⓗ劳力、机械、材料费用与经济指标；

ⓘ大爆破施工的总平面布置图，纵、横剖面图，药室位置图。

（b）不宜进行大爆破的工程地质条件如下：

ⓐ岩堆、滑坡体、坡顶上部堆积的覆盖层较厚而倾向路基的不良地区；

ⓑ断层破碎带，侵入体与围岩的接触带，节理破碎带，以及具有引起塌方的地段；

ⓒ当软弱面通过路基的后方或下方时，爆破不易形成路基的地段；

ⓓ层理面、错动面以及其他构造软弱面，倾向路基，而其倾角大于临界倾角并小于 50°，层面胶结不良的地段；

ⓔ山脊较薄，山后有临空面，不逸出半径可使整个山头破坏，引起塌方的地段；

ⓕ 周围环境如有农田、果树、渠道、重要建筑物等，无法确保其安全时，也不宜采用大爆破。

d. 爆破施工安全工作主要内容。

（a）爆破器材管理要点如下：

ⓐ所有爆破器材、雷管、炸药应在指定地点分开存放，相距不得小于 1km，距施工现场不得小于 3km。存放地点应有牢靠的固定仓库，库内通风良好保持干燥，库房应有避雷设施，库

址周围应设围墙,闲人不得进入,库内严禁烟火。

ⓑ仓库应有警卫队员日夜看守,配备有良好的足够的防火设备。

ⓒ临时性爆破器材库,库房内禁止安装电灯照明,可自然采光或利用探照灯投射采光,移动式照明应使用安全手电筒。

ⓓ凡有雷击的地区,应设防雷装置。

ⓔ临时性爆破器材库的最大库存量为:炸药10t,雷管2万发,导火索1万m。库房内应设单独的发放间,雷管和炸药要分开存放,一般间隔在8m以上($r=0.06nm$)。

ⓕ爆破器材应有专人负责入库和发出,领用手续要严格、健全,在雷雨黑夜天气不得办理爆炸物品的收发工作。

(b)钻孔和开挖导洞要求如下:

ⓐ严格遵守爆破操作规程,按照设计施工进行各道作业。

ⓑ作业人员必须戴安全帽和携带必要的劳保用品。

ⓒ洞口及险道应设置栏杆,并有足够的照明,洞内作业照明应采用12~36V低压安全灯,严禁高压电或明火照明。

ⓓ开挖前洞口应处理危石,清理出一个平台,洞口顶部岩层的最小厚度为洞口高的两倍以上,否则应进行支撑。洞内土质不好或岩石破碎段必须进行支撑和采取其他有效措施。

ⓔ导洞深度超过6m以上时,应采取通风措施,必须经常检查洞内风量、气压和有害气体含量。

(c)在装药、堵塞和起爆时的要点如下:

ⓐ爆破区边界和通道设岗哨和标志,爆破信号及解除信号要及时、显著。

ⓑ炮孔、洞室竣工后,必须经过施工负责人员及监理工程师检验,合格后方能装药。

ⓒ起爆药包只准在爆破附近的安全地点进行。

ⓓ严禁烟火,在起爆体送到洞口之前,应将洞中所有电线取出,改用绝缘电筒或蓄电池灯照明。

ⓔ装药、堵塞应按设计要求操作,不准用块石压盖药包,并注意保护起爆线。

ⓕ装药、堵塞后,应由炮工连线,必须经过专职技术人员检验合格后,在爆破负责人统一指挥下,才准起爆。

ⓖ爆破后应对爆破现场进行认真检查,发现瞎炮要及时安全处理。

(d)瞎炮的处理要点如下:

通电(或点火)后没有爆炸的药包称为瞎炮,在各种爆破工程中都可能产生瞎炮,应尽量设法预防。一旦发生瞎炮应立即设置警示标志,及时查明原因予以处理。

处理瞎炮是一件危险的工作,必须在爆破负责人指挥下进行,以确保作业安全。

ⓐ查明瞎炮原因。爆破材料原因问题,有导火线药量不足,电雷管电阻不均,炸药受潮,过期失效等;操作技术原因有线路接错、漏接、短路,以及起爆电压不稳、电流不足等。

ⓑ瞎炮的处理。关于大爆破的瞎炮处理前面已经介绍过了,对于中小炮,可在距瞎炮的最近距离0.6~1.5m处平行打眼装药爆破,当炮眼不深时可用裸露药包爆破。

e.凿岩机械主要内容如下:

凿岩穿孔机械包括凿岩、穿孔机及其辅助设备,它们都是钻凿炮孔的石方工程机械。凿岩机适用于钻凿小直径炮孔,穿孔机适用于穿凿大直径的炮孔,主要类型如图2-22所示。

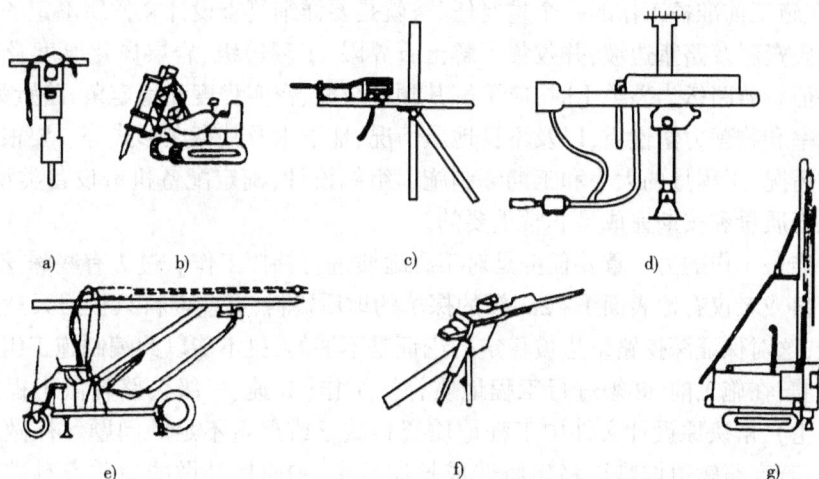

图2-22 凿岩穿孔机的主要类型

a)手持式风动凿岩机;b)台车风镐;c)电动凿岩机;d)导轨式凿岩机;e)凿岩台车;f)气腿凿岩机;g)潜孔凿岩机

(a)凿岩机。按照工作动力可分为以下几种:

ⓐ风动凿岩机:适用于任何硬度的岩石,主要特点是结构简单,质量轻,工作安全可靠,操作维修方便,采用压缩空气为动力,故能量利用率低,使用费较高。

ⓑ液压凿岩机:是近年来发展起来的一种新型凿岩机,具有动力单一,且动力消耗低,凿岩速度快等特点,可实现一人多机操纵,还可按工作条件调整性能参数,是一种作业效率较高的凿岩机。它按杆头凿岩方式不同,又有冲击旋转式和旋转式两种。

ⓒ电动凿岩机:与风动凿岩机相比,电动凿岩机结构简单,能量利用率高,使用成本低,但使用的可靠性、耐久性较差,目前使用尚不普及。

ⓓ内燃凿岩机:国产内燃凿岩机为手持式,适用于中硬岩石,可进行向下、水平向下(45°内)的凿岩作业。

(b)穿孔机:按破碎岩石方式不同分为以下四种:

ⓐ冲击钻机:适用于砂砾石和硬度不大的岩石的穿孔作业,生产效率低,行走方式有轮胎和履带两种,钻孔直径在300～760mm之间,孔深可达百米以下(垂直向下)。

ⓑ潜孔钻机:是一种回转冲击式钻孔机,冲击器直接潜入孔底,冲击钻头进行凿岩,具有较高的凿岩效率,适用于任何硬度的岩石穿孔作业。

ⓒ牙轮钻机:是一种回转式钻机,具有较高的穿孔效率,适用于中硬以上岩石的穿孔作业,是目前作业效率较高的穿孔机械。钻孔方式为向下倾斜和垂直,孔深可达16～17m。

ⓓ回转钻机:是通过钻头回转来切削岩石进行穿孔作业,根据所用钻头种类不同,适用于不同硬度的岩石,一般用于软、中硬岩石。

(3)深挖路堑的施工

路堑边坡高度等于或大于20m时称为深挖路堑。深挖路堑的施工方法与一般路堑的施工方法基本相同,这里仅就深挖路堑施工中的一些特殊问题和要求作一简介。

①施工前的准备如下:

深挖路堑因为它的边坡较高,易于坍塌,且工程数量大,常是影响全线按期完工的重点工程。因此,在施工前准备工作的一个重要任务,就是要详细复查设计文件所确定的深挖路堑地段的工程地质资料及路堑边坡,并收集了解土石界限、工程等级、岩层风化厚度及破碎程度等岩层工程特征。若路堑为砂类土时,应了解其颗粒级配、密实程度和稳定角;路堑为细粒土时,应了解含水率和物理力学性质,以及不良地质情况、地下水及其存在形式等。要根据详细了解的工程地质情况、工程量的大小和工期编制施工组织设计,确定配备机械设备类型和劳动力,这对保证工程质量和按期完成是非常重要的。

施工前准备工作的另一重要任务是对工程地质进行补探工作。过去有些深挖路堑常缺乏工程地质资料或者仅有地表面 1 ~ 2m 深的探坑的地质资料,有些资料只根据天然露头确定工程难易等级,这对保证深挖路堑边坡稳定的论证是不够的,更不能以此编制施工组织设计和指导施工。因此,在施工前,必须进行工程地质补探工作(高速、一级公路补做工程地质勘探时应以钻探为主),解决原设计文件中工程地质资料缺乏或严重不足的问题。补做工程地质勘探并验算后,若高路堑边坡难以稳定将造成长期后患,则应按补做的地质资料进行方案的选择,并报请审批后实施。

②土质高路堑主要内容如下:

a.边坡。深挖路堑边坡是否能够稳定,因素很多,最主要的是边坡坡度大小。若坡度小、边坡平缓,则易于稳定;反之,则不稳定。同时亦与气候有关,因此要求边坡应严格按照设计坡度施工。但遇到土质情况与设计资料不符,特别是土质较设计松散时,应向有关方面提出修改设计的意见,批准后实施,以保证路堑边坡的稳定。

实践表明,路堑边坡按一定高度设平台与从上至下的单面坡相比,虽然设平台的综合坡度与单面坡的坡度相同,但前者边坡较稳定些。此外,分层设有平台还可起到碎落台作用。因此,在施工高路堑边坡时,应每隔 6 ~ 10m 高度设置平台,平台宽度人工施工不应小于 2m;机械施工不应小于 3m。平台表面横向坡度应向内倾斜。坡度约为 0.5% ~ 1%;纵向坡度应与路线平行。平台上的排水设施应与排水系统连通。

施工过程中如修建平台后的边坡仍然不能稳定,应根据其不稳定因素,如设计边坡过陡,大雨后的含水率增加,土的内摩擦角降低,边坡中地下水的影响等,采用修建石砌护坡、边坡上植草皮或做挡墙等防护措施,如边坡上有地下水渗出时,还应根据地下水渗出的位置、流量,修建排水设施将其排走。

b.路堑开挖。土质单边坡和双边坡深挖路堑的施工方法与一般高度的平边坡路堑的施工方法基本相同,只不过需多分几层施工。单边坡路堑可采用多层横向全宽挖掘,双边坡则通常采用分层纵挖法和通道纵挖法,若路堑纵向长度较大、一侧边坡的土壁厚度和高度不大时,可采用分段纵挖法。施工机械可采用推土机或铲运机。当弃土运距较远,超过铲运机的经济运距时,可采用挖掘机配合自卸汽车作业或采用推土机、装载机配合自卸汽车作业。

土质深挖路堑施工中应注意的是,不能采用不加控制的爆破法施工和掏洞取土法施工。不加控制的爆破法施工会造成路堑边坡失稳,易于塌方,掏洞取土易造成土坍塌伤人。特别应注意在靠边坡 3m 以内禁止采用爆破法,即使是土质紧密。为加快施工进度,在距边坡 3m 以外准备采用爆破法施工时,也应进行缜密设计,以免炸药量过多,爆破时将边坡上的土炸松,使边坡不能稳定,造成后患。

c. 石质高路堑。石质高路堑宜采用中小爆破法施工,只有当路线穿过孤独山丘,开挖后边坡不高于6m,且根据岩石产状和风化程度,确认开挖后边坡稳定,才可考虑大爆破方案。单边坡石质深路堑已有一面临空,为了使爆破后的石块较小,便于推土机清方,绝对不能采用松动爆破、减弱松动爆破或药室爆破。前两种爆破方法虽然能节约炸药,但爆破后石块太大。有些大石块还要重新钻眼爆破将石块炸小(二次爆破),或需用人工以撬棍将大石块慢慢移走,无法使用机械施工,施工进度太慢。药室爆破虽然爆破方量较大,但可能将边坡炸松,而且构建药室的都是人工操作,花费时间多。正确的做法是采用深粗炮眼、分层、多排、多药量、群炮、光面、微差爆破方法。其原则是打炮眼尽量使用机械,爆破后使石块小一些,便于机械清除。若最后一排炮眼靠近边坡时,应采用光面爆破设计施工。

双边坡石质深挖路堑的施工较单边坡的困难一些。首先需用纵向挖掘法在横断面中部每层开辟一条较宽的纵向通道,以便爆破后的石料运走,同时成为两侧未炸石方的临空面,然后横断面两侧按单边坡石质路堑的施工方法作业。

(五)路基的季节性施工

公路是修筑在地表,暴露于大气环境中的线形构筑物,施工属于露天作业,受气候条件的影响很大,季节性强,一般难于实现常年连续施工作业,这在很大程度上影响了高等级公路建设投资效益的发挥。因此,根据冬、雨季施工特点,采取某些相应的施工技术措施,具有不可忽视的重要意义。

1. 雨季施工

雨季施工能否顺利进行,关键在于施工计划与措施是否符合客观要求,因此在施工前须深入现场进行实地勘察,根据工程的特征与实际情况,针对不同项目采取切实可行的措施。

1) 雨季施工适宜安排的项目

路基施工,在雨季一般可安排如下施工项目:

(1) 路基石方的填挖。

(2) 碎砾石土、砂类土路堤的填筑和路堑开挖。

(3) 挖方高度小,运输距离较短的土质路堑开挖。

(4) 各种路基排水、防护和加固工程。重黏土、膨胀土及盐渍土地段不宜在雨季施工,平原地区排水困难,也不宜安排雨季施工。

2) 雨季路基施工

(1) 施工前的准备。雨季施工前应做好下列准备工作:

①对选择的雨季施工地段进行详细的现场调查研究,编制实施性的雨季施工组织计划;

②修好施工便道,并保证晴雨畅通;

③住地、仓库、车辆机具停放场地、生产设施,都应设在最高洪水位以上地点,并应与泥石流沟槽冲积堆保持一定的安全距离;

④修建临时排水设施,保证雨季作业的场地不被洪水淹没,并能及时排除地面水;

⑤储备足够的工程材料和生活物资。

(2) 施工的主要内容包括路堤填筑、路堑开挖和注意事项。

①路堤填筑的内容如下:

a. 场地处理。在填筑路堤前,应在填方坡脚以外挖掘排水沟,保持场地不积水。如果原地面松软,还应采取换填等措施进行处理。

b. 填料选择。在路堤填筑时,应选用透水性好的碎石土、卵石土、砂砾、石方碎渣和砂类土作为填料。利用挖方土作填方时,应随挖随填及时压实。含水率过大无法晾干的土不得用作雨季施工填料。

c. 填筑方法。路堤应分层填筑。每一层的表面,应作成2%~4%的排水横坡。当天填筑的土层应当天完成压实。防止表面积水和渗水,将路基浸软。如需借土填筑时,取土坑距离填方坡脚不宜小于3m,平原区顺路基纵向取土时,取土坑深度不宜大于1m。

d. 路床排水。路堤填筑完成后,为防止路床积水,应在路肩处每隔5~10m挖一道横向排水沟,将雨水排出路床。

②路堑开挖的内容如下:

a. 场地处理。路堑开挖前在路堑边坡坡顶2m以外修筑截水沟,并做好防漏处理。截水沟应接通出水口。

b. 土方开挖方法。雨季开挖路堑宜分层开挖,每挖一层均应设置排水纵横坡。挖方边坡不宜一次挖到设计位置,应沿坡面留30cm厚,待雨季过后再整修到设计坡度。以挖作填的,挖方应随挖、随运、随填。开挖路堑至路床设计高程以上30~50cm时应停止开挖,并在两侧挖排水沟。待雨季过后再挖到路床设计高程后压实。如果土的强度低于规定要求时,应超挖30~50cm(高速及一级公路取大值,其他公路取小值),并用粒料分层回填并按路床要求压实。

c. 石方开挖方法。雨季开挖石方路堑,炮眼应尽量水平设置,以免炸药受潮发生瞎炮。边坡应按设计坡度自上而下层层刷坡,并应随时核对其坡度是否符合设计要求,使边坡在雨水冲刷时,能保持稳定。应尽量利用挖出的石渣,石渣必须废弃时,弃土堆应符合规定要求。

d. 弃土堆。雨季施工开挖路堑的弃土要远离路堑边坡坡顶堆放。弃土堆高度一般不应大于3m。弃土堆坡脚到路堑边坡顶的距离一般不应小于3m,深路堑或松软地带应保持5m以上。弃土堆应摊开整平,严禁把弃土堆放在路堑边坡顶上。

③注意事项的内容如下:

a. 雨季期间安排计划,应根据施工现场情况,对因雨易翻浆地段优先安排施工。对地下水丰富及地形低洼等不良地段,优先施工的同时,还应集中人力、机具,采取分段突击的方法,完成一段再开一段,切忌在全线大挖大填。

b. 施工坚持"两及时",即遇雨要及时检查,发现路基积水尽快排除;雨后及时检查,发现翻浆要彻底处理,挖出全部软泥,大片翻浆地段尽量利用推土机等机械铲除,小片翻浆相距较近时,应一次挖通处理。填筑透水性好的砂石材料并压实。

2. 冬季施工

1)冬季施工适宜安排的项目

在反复冻融地区,昼夜平均气温在-3℃以下,连续10d以上时,进行路基施工,称为冬季施工。

路基工程冬季施工要抓住防冻这一关键。在施工部署上应尽量压缩土方工程施工;在计划安排上要集中劳力突击重点,在现场施工操作上要突出两个"防"字,即防冻胀和防下沉。

2)冬季施工准备

冬季到来之前,应根据通车要求、经济效益、气候、地质情况及物资供应、施工能力等,充分

做好冬季施工准备工作,其内容如下:

(1)拟定施工计划及各步措施,包括工程数量、施工方法等。

(2)完成路基及人工构造物的放样工作,并做好明显标志,妥善保护,预防被雪掩埋。

(3)在预定填筑路堤的斜坡上,清除草皮、挖台阶等,并加以掩盖,防止冻结。

(4)做好排除地面水及降低地下水位工作。

(5)清除预定开炸的石方路堑上的覆盖杂物。

(6)冬季用爆破方法开挖的土方工程,当炮眼内不易进水时,应在冻结前钻好炮眼。

(7)小面积的基坑土方,可采用砂、干松土或草帘等保温材料覆盖。大面积土方可用豁路机先将土壤表面豁松30cm左右,以减少冻结深度。

(8)修筑高路堤或泥沼地区的路堤,应预先找好取土场地,做好排水工作,并清除地表覆盖层,修好运输便道;最好采用松土或草袋覆盖。

(9)做好筑路机械及附属设施的防冻、防火工作。

(10)做好施工人员的防冻、防火工作。

路基冬季施工适宜安排的项目见表2-3。

路基冬季施工适宜安排的项目 表2-3

适宜冬季施工的项目	不适宜冬季施工的项目
1. 泥沼地区,当冻结深度能承载施工机具设备安全通过时,可安排修筑运输便道,填筑路堤;当路堤基底需要挖除时,可在冬季冻结后挖除; 2. 在含水率过高或流动的土质中,可利用冬季冻结开挖路堑; 3. 河滩地段,可利用冬季水位较低的条件,安排取土或修建防护工程、开挖基坑; 4. 在岩石、干燥砾石、卵石及砂性土中,冬季可开挖路堑或用上述材料填筑路堤; 5. 可安排开炸石方和开挖多年冻土; 6. 清除场地时,可安排砍伐不需挖除树根的树木和灌木丛	1. 清除已冻结的草皮和挖台阶; 2. 小型水沟、水渠、护坡道、导流堤等的填挖; 3. 整修潮湿砂、砾石路基和黏质土质路基及边坡; 4. 用含水率大的黏土填筑路堤; 5. 在不良地质段的陡坡上修筑路基; 6. 在河边低地用冻结及融解的黏土,分层填筑水淹工程

3)路堤填筑的冬季施工

(1)路堤基底的处理与填料的选择如下:

①在填筑路堤之前,应将基底范围内的积雪和冰块及其他杂物清除干净,并将冻层耙松,坑洼处应填以与基底相同的未冻土,并进行夯(压)实。

②冬季筑堤用土,除按一般路堤填料规定外,不得使用含有草皮的土,以及含水率过高的未冻结土或冻结土作为填料,不得将冰雪混在土石内填筑。

③用冻土填筑路堤时,冻块周围应填以未冻土,冻土块的尺寸不得大于5cm,填土后即做路面时,冻土含量应小于15%,填土沉落后再做路面时,冻土含量应小于30%。

④距路床面层1m以内的路堤、涵洞两侧及涵顶1m内、桥头锥形护坡、管沟回填等均不得填筑冻土,应用未冻结土或透水性良好的土填筑。使用黏土填筑时,施工前需预测土壤含水率。

⑤加宽路堤两侧时,不得填筑冻块,应使用渗水性土填筑,施工中应不断清除边坡和台阶

上的冰雪,分层填筑夯实。

(2)路堤的填筑与压实如下:

①冬季筑堤时,每天下班前应将当天的填土平整夯压完毕,如遇降雨,应及时清除干净,如中断工作时间较长时,工作面应铺以积雪。

②填土厚度。冬季填筑路堤,要水平分层,按横断面全宽铺筑碾压,其分层厚度应根据冻块大小、夯压机具及运土方法等决定,一般来说:填土厚度应较暖季标准减薄20%~30%(压路机与动力打夯机每层松铺厚度23~24cm,人工打夯每层松铺厚度15~16cm)。层铺厚度见表2-4。还应增加重叠夯压遍数,保证压实度不低于一般路堤的标准。

层 铺 厚 度

表2-4

运土方法 分层厚度(m) 土质种类	人 工 运 送	汽 车 运 送
砂、粉土质砂	0.25	0.50
黏质土	0.20	0.20

③填土高度。用非渗水性土填筑路堤时,应按冬季施工期间室外平均气温控制其填筑高度,当气温在-5℃以上时,填土高度不受限制;在-5℃以下时,应不得超过表2-5中的数值。

路 堤 高 度

表2-5

施工期间平均温度(℃)	-15~-20	-10~-15	-5~-10	大于-5
路堤最大高度(m)	2.5	3.5	4.5	不限

④预留下沉高度。冬季用含冻土的土料填方时,其预留下沉高度应较常温填方的数值增大,其系数如表2-6所示。预留下沉量还可以根据土的性质、冻土含量、填土高度以及施工方法而定,见表2-7。

⑤路基土方工程的填挖分界处,填土低于1m的路堤不应在冬季填筑,应在冬季前做完,或留在天暖后用解冻土填筑夯实。路基分段的连接部分应按阶梯形进行,每层阶梯宽度不得小于1m。

⑥当路堤填至距路基设计高程1m时,应碾压密实后停止填筑,在上面铺一层松土保温,待冬季过后整理复压,再分层填至设计高程。

⑦冬季施工取土坑应远离填方坡脚,如条件限制需在路堤附近取土时,取土坑内侧到填方坡脚的距离应不小于正常施工护坡道的1.5倍。

⑧冬季填筑的路堤,每侧应超填(并压实)0.5m,待冬季过后修整边坡,削去多余部分并拍打密实或加固。

冬季填方预留下沉高度系数

表2-6

填土种类	冻土占填方总体积的百分数(%)			
	10~20	20~40	40~50	50~60
砂土	1.5	2	2.5	
黏土	2	2.5	3	3.5

注:冬季含冻土料填方预留下沉高度=暖季沉降的数值×本表的系数。

冬季施工填筑路堤的预留下沉量（以路堤高度%计）　　　　　表 2-7

土的种类	冻土含量(%)	0 ~ 15			15 ~ 20			备　　注
	路堤高度(m)	<4	4 ~ 10	>10	<4	4 ~ 10	>10	
砂性土		$\frac{1.5}{1}$	$\frac{1}{0.5}$	$\frac{1}{0.5}$	$\frac{2.5}{1.5}$	$\frac{2.0}{1}$	$\frac{1}{0.5}$	①表中数值,分子、分母分别表示用汽车、推土机或铲运机运填时的沉落量;②如冻土含量超过20%以及用人工打夯时,预留下沉量可比照表列数值的量提高
粉质土		$\frac{4}{1}$	$\frac{3}{1}$	$\frac{1.5}{1}$	$\frac{1.5}{0.5}$	$\frac{7}{2}$	不允许	
黏性土		$\frac{6}{1.5}$	$\frac{4}{1}$	$\frac{3}{1}$	$\frac{3}{1}$	$\frac{12}{3}$	不允许	

4)路堑开挖冬季施工

(1)冬季路堑开挖应注意的问题。冬季开挖路堑,在开挖前应采用人工钢钎破碎、豁路机豁开、夯板和夯锤冲击破碎、加热融化或爆破等方法先把上面冻层去掉,冻土破碎后,一般用推土机将冻块撤走,即可进行下一工序,但要注意以下几点:

①缩短路线,不可大面积铺开;凡推出一段路床就要及时找平碾压,做到当天推土,路床当天碾压,以免再冻;

②挖土尽量做到当日挖至规定深度,不可能时则需要采取措施,防止当夜再冻;

③遇到冻层较厚,去掉冻层出现超挖情况时,对超挖部分应选用未冻的好土填入并及时碾压;

④冬季开挖土质路堑,应严禁采用先掏挖底层未冻土、再崩打上层冻土的挖方方法(俗称挖"神仙土")。留在边坡上的遮檐应随时除去。冬季开炸石方,应注意随时将放炮人员行走道路的冰雪清扫干净,以保证施工操作的安全。

(2)冬季路堑施工作业方法如下:

①开挖干路堑,若深度不超过3m时,底部可按全宽开挖,边坡按1:0.2进行施工;开挖湿土路堑或深度超过3m的路堑,边坡可挖成垂直台阶,每阶高度不应超过1.5m,阶台宽大于1.0m,留下的边坡台阶待天暖时再行修挖。

②路堑挖至路床面以上1m时,应停止开挖并在表面覆以松土,待到正常施工时,再挖去其余部分。

③为便于春融期排除地面水,对纵坡等于或小于0.5%的路堑,其路床应留有不少于4%的横坡,同时要求间隔6~10m要预留排水孔。

④开挖或松碎冻土,宜采用爆破法;冻土爆破宜采用炮眼法或蛇穴法。当冻土层厚度小于2m时,炮眼深度为冻土层的0.75~0.90倍,炮眼间距约为冻土层厚的1.3倍,并应按梅花式排列;冻层厚度小于0.7m时,宜将炮眼钻到冻结层下0.15~0.20m。当采用蛇穴法时,蛇穴长度为爆破层厚度的1.0~1.2倍,蛇穴应设在未冻结土的下层土中。

⑤当土方量不大,冻结不深时,可用铁镐、钢楔、撬棍、大锤、楔形锥等手工工具或其他半机械化工具松碎冻土;厚度大于0.6m的冻土,宜采用打桩机、挖掘机等机械吊起各种落锤打碎冻土,或将钢楔打入土中崩土;若选用正铲挖掘机开挖冻结厚度为0.15~0.25m的冻土时,或选用拉铲挖掘机开挖冻结厚度小于0.1m的冻土时,均不必先打碎。

⑥冬季施工开挖路堑的弃土要远离路堑边坡坡顶堆放,其具体要求与雨季施工相同。

二、路基的机械化施工

(一)施工机械

1. 分类

施工机械是公路施工机械化的物质基础。施工机械是指为交通、建筑、矿山、水利、海空港口等建筑施工服务的各种工程机械。施工机械包括铲土运输机械、工程起重机械、挖掘机械、压实机械、桩工机械、钢筋混凝土机械,路面机械、凿岩机械及风动工具、工程运输车辆等类型。下面简要介绍各类路基主要施工机械的典型机种、结构特点及类别区分方法。

1)铲土运输机械

铲土运输机械包括公路施工中常见的推土机、铲土机、平地机、装载机四种机械。这些机械的作用对象是土壤、砂砾和其他松散物料,作用方式是"铲削",它们有结构外形不同的作业装置:推土机有推土铲刀;铲运机有铲斗;平地机有刮刀;装载机有装载铲斗。虽然作业装置结构外形各异,却也有共同之处,即都有对作用对象铲削较为合理的"工具"——都安装有刀刃或斗齿,作业时都是借助机械自身的移动将土(及其他作用对象)从"母体"剥离下来并将其移运一定路程,这也就是铲土运输机械名称的由来。

2)挖掘机械

挖掘机械包括单斗挖掘机和多斗(轮斗式)挖掘机。单斗挖掘机又可细分为正铲挖掘机、反铲挖掘机、抓铲(抓斗)挖掘机和捞铲(拉斗)挖掘机四种。各种挖掘机械都安装有挖斗,挖斗上又安装有利于刺入土壤或其他作业对象的斗齿(又称斗刺)。挖掘机械特别是正铲挖掘机和反铲挖掘机,有强劲的开挖能力,像硬土、软石之类,通常推土机都难以铲削的作业,而挖掘机却可以轻松地完成挖装工作。土从"母体"被挖下之后,还需移位方可完成"弃土"或"装车"工序,这不是靠挖掘机本身整体的平面移动实现的,而是靠挖掘机自身的某些组成部分发生相互位置的变动(如单斗正、反铲挖掘机大臂的提升、下降,回转台的回转等动作)来实现。换言之,挖掘机虽然是自行式机械(本身有行走装置和行驶动力),但在实施挖掘作业时,机械并不在作业现场移动,仅在需要调整挖掘点时才作短距离移动。这是挖掘机械与铲土运输机械作业的动作区分特征。

3)工程起重机械

顾名思义,它是在工程建设中,以吊起重物为作业内容的机械。工程起重机械有自行式、移动式和固定安装式三种。起重机械起吊重物使之移动位置(平面位置和空间高度的变化)也仅仅依靠起重机机械自身的某些组成部分发生相互位置的变动来实现,与挖掘机械的挖掘作业颇有相似之处。

4)压实机械

公路施工机械化中,压实机械是被广泛采用的一种机械类型,在其他工程建设中压实机械也广泛应用。压实机械包括各种类型的压路机、夯具等。压实机械的作用是使土或其他物料,在机械的重力、冲击力或振动作用下,改变整体的结构排列,使之变成更加密实的状态,从而提高其强度和耐久性。压实机械有的有行驶动力和行走装置,这便是自行式压实机械,压路机是典型代表。还有的压实机械没有行走装置或没有行驶动力,如蛙式打夯机、拖式羊足碾,拖式凸块式振动压实滚等。压实机械给作业对象的作用力来源于自身质量或作业时产生的冲击力,或作业时产生的振动作用(击振力)。

5)凿岩机械及风动工具

凿岩机械及风动工具,通常称为石方机械(也包括石料破碎及筛分设备),主要用于采石作业、石方路堑开凿,傍山半挖半填石方路基、隧道建造等石方工程。凿岩机械有凿岩机和钻孔机械,风动工具有空气压缩机、风动凿岩机(风镐、风钻、射钉枪)和风动扳手等。

6)工程运输车辆

工程运输车辆是以运送工程材料和工程设备为目的的运输车辆。这类车辆常为轮式车辆,有较强的道路通过能力(机动性、越野性和运动速度),路基工程运输车辆有如下几种:

(1)大型平板拖车,主要运送大型或大宗工程材料和工程机械设备。

(2)倾翻式运输车(自卸汽车),主要运送工程建筑材料,这种车辆有自卸能力,靠车斗的倾翻(后倾或侧倾)可将车厢内的物料自行卸出。

(3)洒水车,这种车辆是用来运输、洒布水的车辆,有储水罐、水泵和喷洒装置。

2. 路基施工机械的选择原则

公路施工机械化的组织者或管理者,应当合理地选择各个工序的施工机械,以提高机械化程度,让机械在更广的范围内代替人力劳作,在保证作业质量的前提下,提高机械的作业效率,降低机械的运转耗费,从而提高机械化水平。选型的目的在于挑选技术上先进、经济上合理和使用安全可靠的最好机械,以形成专业的或综合的机械化施工队伍,保证如期完成工程任务。施工机械根据:工程量、施工进度计划、施工质量要求、施工条件、现有机械的技术状况和新机械的供应情况等合理选择。在进行施工机械选型时,通常遵循下列原则。

1)能作业

所谓能作业,指的是该类机械可以完成施工中的相应工序,同时满足机械在作业过程中不被损坏。能作业被认为是施工机械选型的最起码的要求。

2)有较高的生产率

公路施工机械化进程中,有的工序只能使用唯一类型的机械完成,而有的工序,甲类机械、乙类机械都可以完成,这就存在选型问题。所选机械的生产率高低,同时受到工作环境等诸多条件限制。例如,"移运土方填筑路堤"工序,至少可以选择以下机械:a. 推土机;b. 铲运机;c. 挖掘机与自卸运输车配合,此3类机械中哪一种生产率高呢? 这就受到"运距条件"的限制。施工实践证明:短距离土方挖运,推土机较适宜;中等距离铲运机为宜;长距离挖掘机与自卸运输车配合为宜。

3)作业质量能得到保证

这是最重要的方面,因为所选的机械,虽然作业不会受到损坏,作业速度不低,但如果作业的质量达不到工程设计要求标准(施工的最终目的),这种作业是毫无意义的,是徒劳无功的。如某单位承包一段路基工程,但缺少压路机,于是外租压路机。出租方仅有2台可供选择的压路机,一台12～15t 三轮静力作用式压路机,台班租赁费用较低,另一台10～12t 轮胎—钢轮铰接式振动压路机,台班租赁费用较高。施工方为节约经费,决定租赁低价位的三轮静力作用式压路机。该压路机进场实施路基压实作业,压实若干遍后,现场取样检测,路基压实度达不到设计要求,再增加压实遍数,仍达不到压实度要求。最后只得将此压路机退回,换租价位较高的另一台压路机碾压才达到设计压实度的要求。承包单位额外付出了选取前一台压路机进出工地和在工地作业期间的费用。此案例说明:选择施工机械应把"作业质量"问题放在首位考虑。

4)花费少——能使单位工程造价最低

单位工程造价,指每单位工程量(如 1km、$1m^2$、$1m^3$ 等)所耗费的工程投资,常用元/km、元/m^2、元/m^3 表示。单位工程造价直接表达了施工机械化水平。提高施工机械的台班作业效率或降低施工机械台班运转费用都是降低单位工程造价的直接、有效的途径。机械的选型(选择哪一类施工机械)和配备方案,应与施工工艺方案密切结合。

3.土方机械应用

各种土方机械,按其性能,可以完成路基土方的部分或全部工作。选择机械种类和方案,是组织施工的第一步,为能发挥机械的使用效率,必须根据工程性质、施工条件及需要与可能,择优选用。根据以往工程实践经验的总结,几种常用的土方机械适用范围如表 2-8 所列,以及选择土方机械的施工条件如表 2-9 所列。

常用土方机械适用范围　　　　　　　　　　表 2-8

机械名称	适用的作业项目		
	施工准备工作	基本土方作业	施工辅助作业
推土机	1. 修筑临时道路; 2. 推倒树木,拔除树根; 3. 铲草皮,除积雪及建筑碎屑; 4. 推缓陡坡地形,平整场地; 5. 翻挖回填井、坑、陷穴、坟	1. 高度 3m 内的路堤、路堑土方; 2. 运距 100m 以内土的挖、填与压实; 3. 傍山坡挖填结合路基土方	1. 路基缺口土方的回填; 2. 路基粗平、取弃土方的整平; 3. 填土压实,斜坡上挖台阶; 4. 配合挖掘机、铲运机松土、运土
铲运机	1. 铲运草皮 2. 移运孤石	运距 600~700m 以内的挖土、运土、铺平与压实	1. 路基粗平 2. 取土坑与弃土堆整平
自动平地机	除草、除雪、松土	修筑高 0.75m 以内路堤与深 0.6m 以内路堑,以及挖填结合路基挖、运、填土	开挖排水沟,平整路基,修整边坡
松土机	翻松旧路面、清除树根与废土层、翻松硬土		1. 硬质土的翻松; 2. 破碎 0.5m 内的冻土层
挖掘机		1. 半径 7m 以内的挖土卸土; 2. 装土供汽车远运	1. 开挖沟槽与基坑; 2. 水下捞土(反向铲土等)

选择土方机械的施工条件　　　　　　　　　　表 2-9

路基形式 及施工方法	填挖高度 (m)	土方移运水 平直距(m)	主要施工机械名称	辅助机械	机械施工 运距(m)	最小工作地 段长度(m)
(一)路堤						300~500
路侧取土	<0.75	<15	自动平地机		10~40	
路侧取土	<3.00	<40	80 马力推土机	80 马 力 推 土 机	10~60	
路侧取土	<3.00	<60	100~140 马力推土机		80~250	50~80
路侧取土	<6.00	20~100	$6m^3$ 拖式铲运机		250~500	80~100
路侧取土	>6.00	50~200	$6m^3$ 拖式铲运机		<1 000	>50~80
远运取土	不限	<500	$6m^3$ 拖式铲运机		<700	>50~80
远运取土	不限	500~700	9~$12m^3$ 拖式铲运机		>500	>50~80
远运取土	不限	>500	$9m^3$ 自动铲运机		>500	(5 000 m^3)
远运取土	不限	>500	自卸汽车运土			

路基形式及施工方法	填挖高度（m）	土方移运水平直距（m）	主要施工机械名称	辅助机械	机械施工运距（m）	最小工作地段长度（m）
（二）路堑						
路侧弃土	<0.60	<15	自动平地机			300~500
路侧弃土	<3.00	<40	80马力推土机		10~40	
路侧下坡弃土	<4.00	<70	100~140马力推土机		10~70	
路侧弃土	<6.00	30~100	6 m³拖式铲运机	80马力推土机	100~300	50~80
路侧弃土	<15.0	50~200	6 m³拖式铲运机		300~600	>100
路侧弃土	>15.0	>100	9~12 m³拖式铲运机		<1 000	>200
纵向利用	不限	20~70	80马力推土机		20~70	
纵向利用	不限	<100	100~140马力推土机		<100	
纵向利用	不限	40~600	6 m³拖式铲运机		80~700	>100
纵向利用	不限	<800	9~12 m³拖式铲运机		<1 000	>100
纵向利用	不限	>500	9 m³自动铲运机		>500	>100
纵向利用	不限	>500	自卸汽车运土		>500	（5 000 m³）
（三）半填半挖横向利用	不限	<60	80~140马力斜角推土机		10~60	

注：1 马力 = 735.499W。

（二）路堤填筑机械作业

路堤的填筑施工根据不同的施工条件，采用不同的施工机械作业，具体方法如下。

1. 推土机作业

（1）推土机横向推填。这是一种水平分层填筑方法，推土机在路堤一侧或两侧取土场取土。

（2）推土机纵向推填路堤。用推土机进行移挖填土施工，多采用这种方法（多用在丘陵、山地的半填半挖路基）。其特点是可进行纵坡分层压实。但在作业时应注意以下几点：

①挖方土壤应符合填土要求。

②开挖部分坡度以不大于1:5为限。

③开挖中一方面应注意随时复核路基高程和宽度，避免超挖和欠挖；另一方面应注意选用多台并列推土和利用前次推土槽推土等方法，以提高推土效率，缩短推土时间和减少土的失散。纵向推填路堤作业方法如图2-23所示。

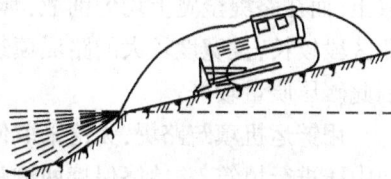

图2-23 推土机移挖作填筑路作业法

（3）综合作业法。这是上述两种方法的综合，即在纵横方向联合作业，宜分段进行，每段50~80m。每段中部设有横向送土道，用横向作业方式将两侧土送上路堤，再由另外的推土机纵向推送铺平压实。如图2-24所示。

2. 铲运机作业

利用铲运机填筑路堤，其基本方法与推土机大致相类似，仅以作业现场条件不同而有所区别，最大特点是曲线作业散落料少，故有更灵活的作业路线，并适宜于较远距离取土，一般为

100m 以外,且填筑高度为 2m 以上为宜。其作业的运行路线,可根据地形条件,考虑施工效率,有以下几种基本方式,可在实际工作中灵活应用:

(1)椭圆形运行路线。此方法适用于填土高度在 1.0～2.0m 以内,且工作长度在 150m 以下的情况,主要缺点是重载上坡转向角大,转弯半径小,每一循环,铲运机需要转两次 180°大弯,如图 2-25 所示。

(2)"8"字形运行路线。此方法实际上是上述椭圆形路线的组合,每一个作业循环,在同样两次 180°大转弯的情况下,可完成两次铲装、运送、卸土的过程,如图 2-26 所示。该法可以容纳多机作业,工效比单椭圆形作业路线有一定程度的提高,多用于工作段较长(一般 300～500m)的填筑作业,要求取土场在路堤两侧。作业区段较长时,可以多个 "8"字工作面首尾相连,在整个区段内连续作业,适宜于群机作业,各机间隔适当,可使其互相不受干扰,并且把每次填挖段与上次的错开,作业均衡,但一次循环的时间较长。

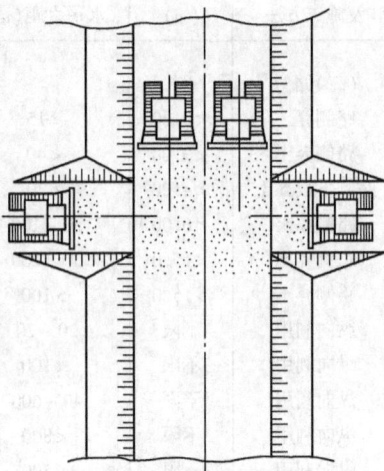

图 2-24　推土机综合填筑路堤

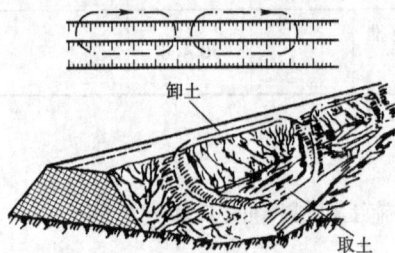

图 2-25　铲运机椭圆形运行路线

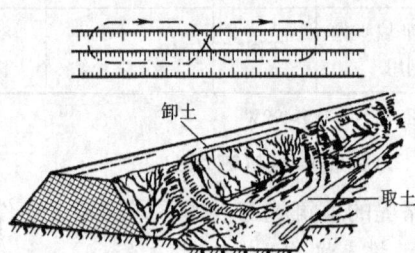

图 2-26　"8"字形运行路线

(3)全堤宽循环作业路线。上述两种方法均在路堤单侧取土(指一个循环内),对于两侧取土场同时取土作业时,可采取全堤宽循环作业方法,即铲运机连续相间地在路堤两侧取土场取土,而在路堤全宽上均匀铺散,其运行路线有如图 2-27 所示的 3 种。这种作业方法适宜于作业区段较长,且宽度较大的路堤填筑。铲运机每次循环中,多次装卸土,运行路线可均匀错开,因此碾压质量较好。

用铲运机填筑路堤,无论采取何种运行路线,在路堤整个宽度上,应注意必须从路基边缘向中线进行填筑,并始终保持两侧高于中间,可防止铲运机向外翻车,当两侧填至要求高程时,

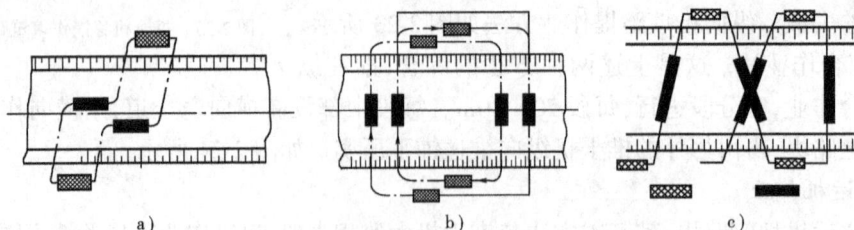

a)　　　　　　　　　　b)　　　　　　　　　　c)

图 2-27　全堤宽循环作业路线
a)穿梭式;b)螺旋式;c)环回式

再填平中间并按要求修整成一定的拱形。在路堑或取土坑中铲土时,应在该段全长全宽上分层铲土。每层铲土需向内部让出 0.2~0.3m,由于铲土所形成的台阶还需辅以人工整平。

为了提高铲运机的效率,在必要情况下应配备一台推土机为铲运机开道、翻松硬土、平整取土地段,清除障碍(如树根和大石块等)和助推等。

为便于铲运机在填方段上、下行驶。当路堤高度在 1m 以上时,应每隔 50~60 m 设进出口通道;当高度在 2m 以上时,其间距可为 100~120m。通道或道口最小宽度为 4m,使铲运机转弯半径不小于 6m。上坡通道坡度一般不应大于 15%,下坡极限坡度为 50%。运行便道应经常用人工或平地机、推土机整平,保持其状况良好。铲运机应避免在新填土上转急弯。整个填筑作业完成后,所有进出口通道应予以封填。

3. 挖掘机(或装载机)与运输车辆配合作业

用正铲、反铲和抓斗挖掘机或装载机与运输车辆配合进行路堤填筑施工,适用于取土场较远或特殊地形施工条件下的作业。工作过程比较简单,挖掘机或装载机按其基本作业方法进行挖掘装载,由运输车辆将工料送上路堤,然后由推土机或铲运机按规定厚度铺平并由压实机械压实。采用这种作业方法,影响工效的主要因素是与一定装载能力的挖掘装载机械相配合运土的车辆数及运行路线。图 2-28 所示为正铲挖掘机与自卸汽车配合作业的运行路线图,挖掘机在取土场设有 4 个掘进道,而汽车运行路线视土质优劣,分两段运行,填土运上路堤按路堤放样边桩分层有序卸填,弃土直接运往弃土地点。

其他挖掘机和装载机作业时,方法与此相同,仅在于各种挖掘装载机械施工条件不同,如拉铲装车较为困难,要求驾驶员操作技术熟练,由于抓斗对土壤适应性差,一般不作直接挖土工作,这些类型的工作装置进行这种作业时,效率不及正铲。

与挖掘装载机械配合作业的车辆数,除与挖掘机、汽车性能有关外,同时还与运输距离、道路条件、驾驶员技术素质等因素有关,也还受到平整和压实机械生产能力的影响,因此,应尽可能使各种设备做到相互平衡、协调,才能使总的工效最佳。

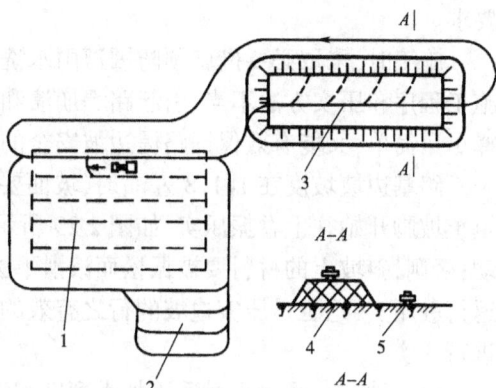

图 2-28 正铲挖掘机与自卸汽车配合作业
1-取土场;2-不适用的废弃土;3-重车道;4-路堤;5-汽车

一般所需的车辆数,可通过估算初步确定,然后在实际运行中,进一步调整,逐步趋于合理。总的原则是使挖掘、装载、运输、铺平、压实的各机械均处于持续均衡的工作状态,不致出现停工待料、供料待工的情况。

估算时,运输车辆数大致可用下式确定:

$$N = \frac{t_1}{t_2} \tag{2-11}$$

式中:N——所需汽车数,辆;

t_1——汽车一个循环所用时间,min;

t_2——装车时间,min。

为了使配合趋于经济合理,车厢容量应是装载斗容的倍数,一般为1:3～1:4。

(三)路基边坡的机械化施工

路基边坡施工是路基施工作业中的重要环节,如果注意不够,不但延误工期、降低工程质量、造成经济损失,而且还可能给运营安全带来很大威胁,因此在施工中务必充分重视。

1. 路基边坡施工的基本要求

路基边坡除应符合公路工程技术标准中的规定外,在施工中还应注意以下几点:

(1)放样。根据线路中桩和设计图表,通过放样,定出边坡的位置和坡度,确定路基轮廓,要求放样准确可靠。

(2)做好坡度式样。按照规定,首先在适当位置做出边坡式样,作为全面施工的参照。

(3)随时测量。对高路堤或深路堑,每做一段距离就要抄平放线一次,发现问题,及时纠正,变坡点处,更要注意测量检查。

(4)留有余量。路基修筑(包括路堑、路堤)时,边坡部位要留一定的余量,以方便进一步修正后,达到设计要求的标准,岩石边坡要尽量一次完成。

此外,边坡附近,如遇打眼放炮时,要严格控制炮眼方向及装药量,防止将边坡振松破坏。

填土边坡面除了截面符合施工图纸形状,并注意上述各点,施工中最重要的一点是边坡的压实。如果边坡面层和路堤主体相比不够密实,在遇降雨天气时,很可能在雨水的冲刷下发生滑坡等破坏,为了防止发生这种情况,要对路堤边坡,尽可能采用机械压实的方法,达到密实度要求。

施工时,采取必要措施预防因遭雨水洗刷和水渗透而发生边坡滑移。由于填土坡度面的施工程序和压实方法不当,引起路堤崩溃和路侧下沉的情形是经常发生的,路基边坡施工应选择尽量简单,又能有效保证路堤边坡安全的方法。

路基边坡坡度在1:1.8左右时,坡面要拉线先放粗坡,用3t以上的振动压路机(拖式)从填土坡脚开始往上卷振压实,如图2-29所示,注意必须是从下往上时振压,放下过程中不能振动;否则,斜坡上的材料要被振松而滚滑下去。土质良好坡度不大,也可用推土机在斜坡上往返行驶压实,这也是压实边坡的行之有效的方法。对含水率较高的黏性土,须选用湿地推土机进行压实。

另一种方法是填土时适当加大宽度和高度,分层填土、压实,多余部分利用平地机或其他方法铲除修整即可。这种方法,作业面增大,需要有一定的施工回旋余地,但在没有条件进行坡面压实的情况下,往往可以取得满意的结果。

2. 路基边坡整形

路基经过填土、压实后,要进行整形作业,除路基顶面以外,施工作业较复杂的是边坡面的整形,可用平地机或推土机进行。

1)平地机坡面整形作业

由于平地机的性能和刮刀长度限制,当坡面坡度为1:1.5～1:5,高1.8m时,可以用一台平地机在一个平面上行驶作业(如图2-30);如果坡面高为4m或坡度较缓时,一台平地机在一个平面上无法完成全坡面整形,可采用两台平地机在上下两个平面上同时进行作业,或一台平地机分两次在上下两个平面内分别作业,如图2-31所示。对于平地机在上下两平面上仍不能完成整形作业的大坡面,则必须在分层填筑过程中,在适当时候就进行修整。

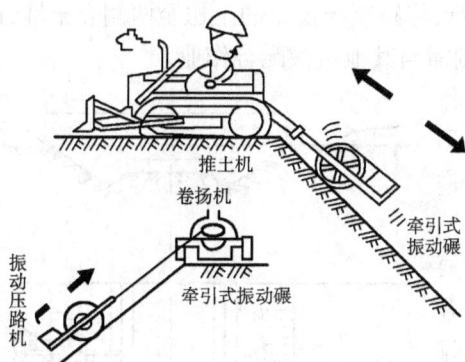

图 2-29 用振动压路机(拖式)压实边坡

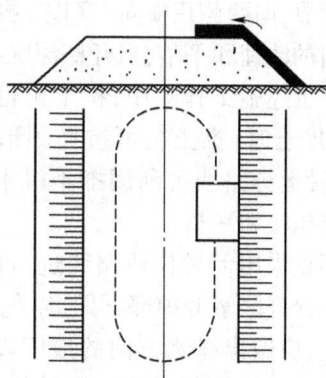

图 2-30 一台平地机坡面整形

无论采取何种方式进行坡面整形,施工作业前,都必须在作业段两端做好标准坡面,以便在刮削时有所参照,或者随时用线绳连接两端标准坡面同一位点,指导、检查平地机作业情况,防止超刮及欠刮。对于有找平装置的平地机,也可以用拉线的方式,设置基准进行作业。

当坡面一旦出现超刮,要用人工分层夯实的方法,超高回填后,再作刮削,使之与原坡面构成一体,对于要求较高的过水坡面,上述回填应采取齿阶接合。这个工作一般较为困难,而且不易保证工程质量,故要尽量避免发生超刮现象。

2)推土机坡面整形作业

推土机边坡坡面整形,只适应于坡度较小(小于1:2.5)的坡面。一般先用人工做出标准坡面,然后推土机紧靠标准坡面,自下而上或自上而下进行刮削,为了保证推土机不至于远离标准而造成超刮现象,作业段内应有一定数量的标准坡面以对推土机的作业加以控制,标准坡面布设间隔一般为铲刀宽 4 ~ 6 倍为宜,即 10 ~ 15m。

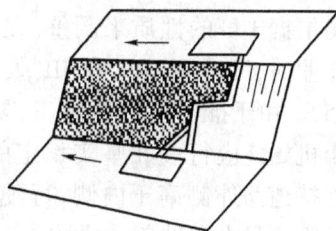

图 2-31 两台平地机坡面整形

由于推土机进行整形作业时,作业是机车在坡面上行驶的同时进行的(而平地机是在平面上行驶),因此,推土机作业过程中,虽然可以多布设一些标准坡面,以便对照,但仍然比较难于掌握,所以,对操作人员的技术水平要求较高,可根据推土机行驶的坡度与铲刀切削坡度一致的程度,采用简易的环形测坡仪进行监测,以便控制。一般而言,推土机进行坡面整形作业的质量远不如平地机容易控制。

(四)路堑开挖机械化施工

挖方路基的施工根据不同的施工条件,应采用不同的施工机械作业。

1. 推土机作业

推土机具有操作灵活、运转方便,既可开挖土方、又能短距离运输土料的特点,在路堑开挖作业中被广泛应用。采用推土机开挖路堑,通常有横向开挖路堑和纵向开挖路堑两种施工作业方法。

1)横向开挖路堑

用推土机横向开挖路堑,其深度在3m以内为宜,如图2-32所示。开始时,推土机以路堑中线为界,向两侧用横向"穿梭"推土作业法进行,将路堑中挖出的土送至两侧弃土堆,最后再做专门的清理和平整,当开挖深度超过3m时,则需与其他机械配合作业。

在上述施工作业中,推土机也可采用环形作业法,推土时,推土机可按椭圆形或螺旋路线运行,这种运行路线可利用推土机本身对弃土堆进行分层压实和平整。

不论采用何种作业路线进行路堑开挖,都要注意不允许路堑的中部下凹,以免积水,在整个开挖段上,应做出排水方向的坡度以利降雨积水排除。在接近挖至规定断面设计线时,应随时复核路基的高程和宽度,避免出现超挖或欠挖,通常在挖出路堑的粗略外形后,多采用平地机整修边坡和边沟。

2)纵向开挖山坡路堑

(1)开挖傍山半路堑。开挖傍山半路堑,一般多用斜铲推土机进行。开挖时首先由路堑边坡的上部开始,沿线路行驶,渐次由上而下,分段、分层将土推送至坡下填筑路堤处。推土机的水平回转角根据土壤的性质来调整,在Ⅰ、Ⅱ级轻质土壤上作业时,可调至60°,在Ⅲ级土壤作业时可调至45°。由于推土机沿山施工,要特别注意安全,推土机始终应行驶在坚实稳定的土壤上,填土部位保持道路外侧高于内侧,行驶的纵坡角不宜超过推土机最大爬坡角,如图2-33所示。

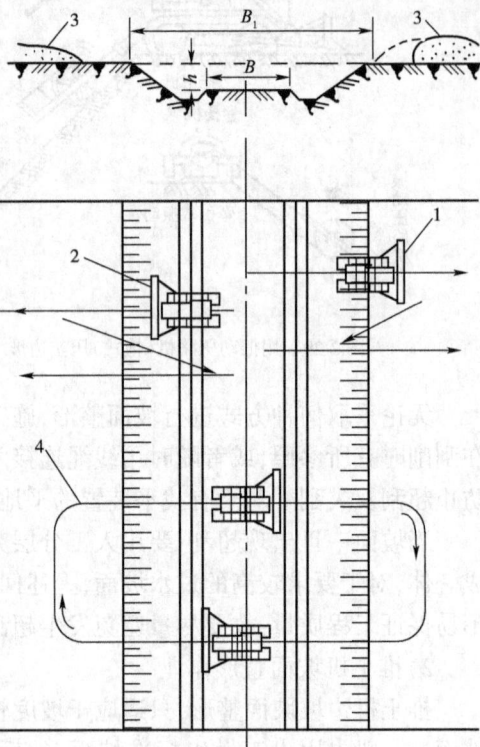

图2-32 推土机横向开挖路堑施工作业
1、2-两台推土机采用"穿梭"作业法;3-弃土堆;4-推土机环形作业法

采用上述方法时,铲刀的平面角使土料沿刀身向填回部送出,当使用直铲推土机完成这种半路堑作业时,土料只能由推土机曲线行驶方可卸土于填土部,这时最好铲土数次,将各次铲起的土积至一处堆起,然后将土一起推运到边坡前沿卸土,这样不但可提高推土机的生产效率,而且比较安全。直铲推土机进行开挖半路堑作业,只适用于坡度不大于25°的场合。

(2)开挖深路堑。开挖深路堑运土作填土路堤作业时应首先做好准备工作,要在开挖路堑的原地面线顶端各点和填挖之间零点处,设置标记,同时挖平小丘,使推

图2-33 斜铲开挖傍山路堑

土机能顺利进入作业现场。如果推土机能沿斜坡驶至最高点时,则可从由路堑的所在坡面上顶点处开始,逐层开挖至路堤处,开挖时可用1~2台推土机沿路中线的平行线向前纵向推填,如图2-34a)所示。当路堑挖到设计深度的一半位置时,用另外1~2台推土机,横向分层推削

路堑斜坡,如图2-34b)所示。由斜坡上推削下来的土壤,仍由下面的推土机送至填土区段,直至路堑路堤全部完成为止。

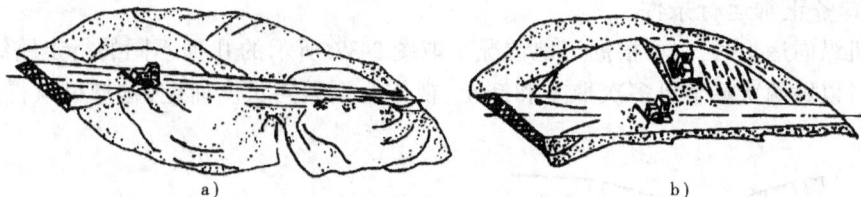

图 2-34 推土机深挖路堑作业
a)推土机纵向推填;b)纵、横向协作堆填

深路堑的开挖顺序如图 2-35 所示。要求每层均按沟槽运土法开挖,并尽量利用地形做到下坡推土。

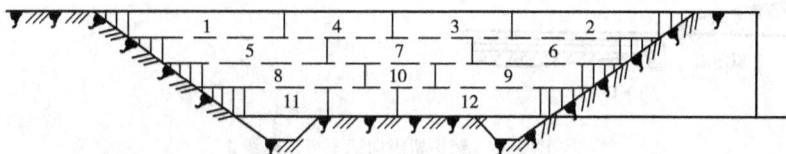

图 2-35 深路堑开挖顺序（推土机）
注:图中数字表示开挖顺序

2. 铲运机作业

铲运机开挖路堑也有两种作业方法,一是横向弃土开挖;二是纵向移挖作填。路堑应分层开挖,并从两侧开始,每层厚 15～20cm,这样做既能控制边坡,又能使取土场保持平整,同时还应沿路堑两侧做出排水纵坡。

路堑在以下情形下,宜采用横向开挖:

(1)堑顶地面有显著横坡,而上游一侧须设置弃土堆,阻挡地面水流入路堑;

(2)路堑纵向运土距离太长,超过铲运机的经济运距,严重影响工效;

(3)不需要利用土方或利用有剩余时;

(4)长路堑由于施工条件的限制,机械只承担其中一段,两段又无法纵向送土时。

横向开挖路堑的施工运行线路与路堤横向取土填筑类似。

铲运机纵向移挖作填,当路堑须向堑口外相接的路堤处运土填筑时,铲运机应当利用纵坡自路堑端部开始下坡铲土,并逐渐向堑内逐段延伸挖土长度,而填筑路堤也应做相应的延伸。一般铲运机可在路堑内做180°转向,从路堑两端分别开挖,当延伸到路堑中部时,长度在 30m 以内时,可改用直线迂回运行圈的方法,作纵向贯通运行,往返交替向两端挖运,如图2-36 所示。如果地面纵坡过陡,铲运机不能运行时,应先用推土机在路堑的端部推出15°左右的缓坡。此外,在挖土区段内每隔

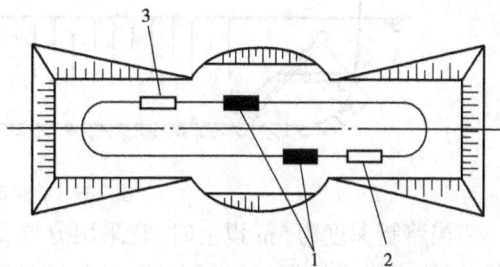

图 2-36 铲运机纵向移挖作填作业
1-卸土;2、3-铲土

20～30m 宽度为铲运机开通一条回驶上坡道,并延伸至填土区段内,这样铲运机可用较大功率下坡铲土,在填土区段上回驶坡道卸土填方,并逐步扩大通道宽度,直到工作面的全宽普遍具备正常运行条件。

铲运机纵向运土时,也可根据工地情况采取图 2-37 所示的几种不同的行走路线。当然,一次循环可以做两次甚至更多次取土和卸土,视作业面纵向长度而定,这样可获得更好的经济性。

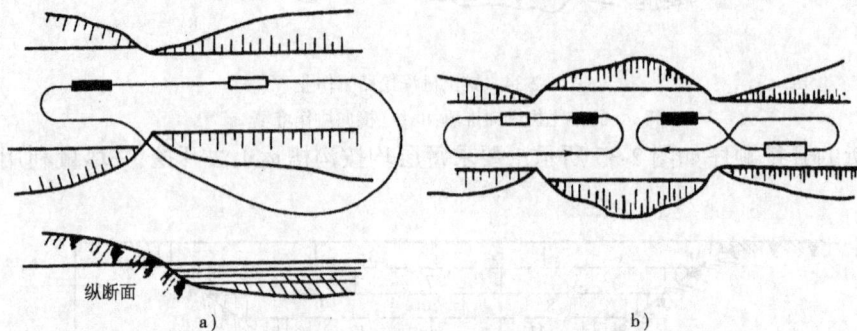

图 2-37　铲运机纵向运土行走路线
a)原地面返回;b)路堤上返回

铲运机开挖路堑作业,应先从两侧开始,如图 2-38 所示,避免造成超挖欠挖,否则将大大增加边坡修整的工作量,特别是边坡大于 1:3 ,而不能用机械修整时尤其应当注意。另外采取先挖两侧的顺序,亦利于雨后排水。

3. 挖掘机作业

用挖掘机开挖路堑,一般是与运输车辆配合作业的,适宜于 I～III 类土的开挖。

1)正铲挖掘机开挖路堑

正铲挖掘机进行路堑开挖作业,可采用全断面开挖和分层开挖两种方法。如路堑深度在 5m 以下时,可采用全断面开挖法。挖掘机一次向前开挖

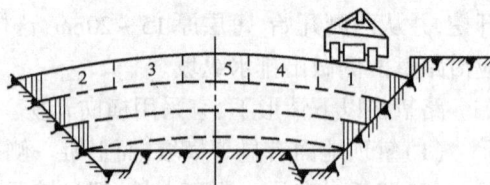

图 2-38　铲运机开挖路堑顺序

路堑全宽至设计高程,运输车辆与挖掘机停在同一平面,且并列布置,或停在挖掘机后侧,如图 2-39 所示。这种方法施工简单,但挖掘机须横向移位,才能挖到设计高程。

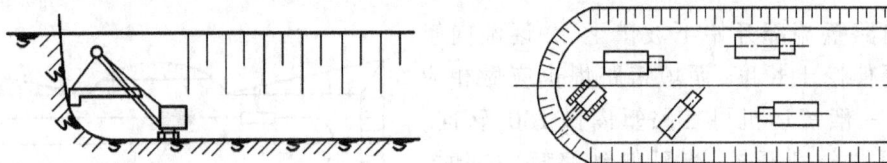

图 2-39　正铲挖掘机全断面开挖路堑

当路堑深度为 5m 以上时,宜采用分层开挖,即挖掘机在纵向行程中,先把路堑开通一部分,运输车辆在挖掘机一侧布置,并与开挖路线平行,如此往返几个行程,直至将路堑全部开通,如图 2-40 所示。第一开挖道高度,应以停放在路堑边缘的车辆能够装料为准,其余各次开挖道都可以按要求位于同一水平之上,这样可以利用前次挖好的开挖道作为运输车辆的行驶

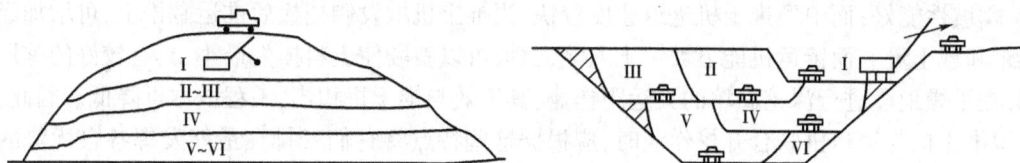

图 2-40 正铲挖掘机分层开挖路堑

路线。各次的开挖道在全作业段完成后,可退返或掉头作反向开挖,视现场具体情况而定。但务必注意每次开挖道的排水问题。

2)反铲挖掘机开挖路堑

由于反铲挖掘机只能挖掘停机面以下的土壤,因此做开挖路堑作业时,应停在路堑顶部两侧进行,一般只适用于挖掘深度在挖掘范围内的路堑。可视现场情况采用沟端、沟侧的作业方法,如图 2-41 所示。

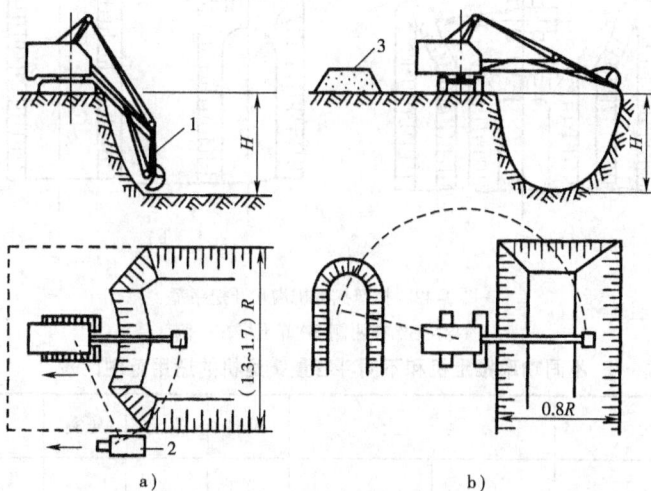

图 2-41 反铲挖掘机开挖路堑

a)沟端作业;b)沟侧作业

1-反铲挖土机;2-自卸汽车;3-弃土堆

3)拉铲挖掘机开挖路堑

用拉铲挖掘机开挖路堑作业时,如卸料半径能及至两侧弃土堆位置,则挖掘机可停在路堑中心线上,采取沟端挖掘方法进行,如图 2-42a)所示;否则,必须采用如图 2-42b)所示的双开挖道作业,当弃土堆位于路堑一侧时,挖掘机沿路堑边缘移动,为了保证安全,挖掘机内侧履带应与路堑边缘保持 1.0~1.5m 的距离。

4. 推土机和铲运机联合作业

在组织大型土方机械开挖路堑作业时,往往投入作业的机型很多,各自又有不同的适用范围和作业效果,为多机联合作业提供了可能性,其中,不同功率的推土机和不同斗容量的铲运机联合作业最为常见。

表 2-10 是不同功率的推土机和不同斗容量铲运机的适用范围和作业效果。由此可知,推土机操作灵活,可正驶推运、倒驶空返,当推运翻松土时效率较高。其中大型推土机载运量较

大、爬坡性能好;而中型推土机进退速度较快,当推土机增设侧挡板后推运翻松土,可增加经济运距和载土量。而铲运机能下坡铲土入斗,上坡可以斜驶使土料损失最小,具有较好的整形性能,在干燥地段进行深挖高填的大运距作业,其工效与推土机相当,工程成本可降低。因此,在组织推土机与铲运机联合开挖作业时,应根据这些特点将它们安排在最能发挥各自优势的部位作业。

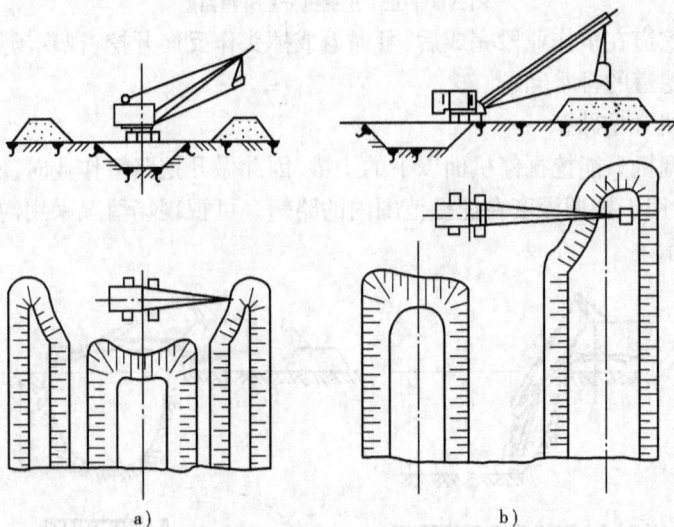

图 2-42 拉铲挖掘机沟端开挖路堑
a)弃土堆在两侧;b)弃土堆在一侧

不同功率推土机和不同斗容量铲运机的适用范围比较　　　　表 2-10

机具	铲　土		运　土		卸土	平土	压实	备　注
推土机	1.适于铲原状土和扰动土、干湿土; 2.铲土作业直线行驶; 3.铲土过程中漏土较多; 4.可常年作业; 5.浅挖方效率高	铲刀强制入土,具有较大的切深	1.行驶中漏土,转弯时更严重; 2.下坡时土体自行脱落	最佳运距30m 左右,载土量小,行驶速度快,灵活,可在 25°坡横驶,10°坡顺驶	可集中卸土	卸土同时进行平土或用到铲拉平	卸土及空返同时进行部分压实	1.可空车倒驶; 2.回转半径小; 3.推挖翻松土工效提高20% ~30%	推土铲加侧挡土板,运距增加到200mm,铲翻松土时工效提高50% ~100%
		铲刀靠自重入土,切土深度较小		最佳运距50m 左右,载土量较大,行驶速度较慢,坡道行驶较中型车好					

续上表

机具	铲 土		运 土		卸土	平土	压实	备 注
铲运机	1.适于铲不含石料的原状干土； 2.铲土作业直线行驶； 3.铲土过程中漏土较少； 4.适于暖土； 5.适于深浅挖填	铲斗强制入土	行驶中(直道、转弯、下坡)均不漏土	最佳运距300～400m,行驶速度快,较灵活,可在20°坡横驶,6°坡顺驶	均匀卸土	卸土同时进行平土	在卸土时进行局部压实	1. 不能倒驶； 2. 回转半径大
		铲斗靠自重入土,大斗容量		最佳运距400～1 000m,载土量较大,行驶速度慢,坡道行驶较中型车好				

在多机联合作业时,机械的布局可将中型推土机安排在开挖段的上层,大型推土机放在中层,铲运机在底层,为了便于排除降雨积水,开挖工作自下而上进行,为了提高推土机作业效率,在较硬土质地段,最好配备翻松机械或机具协同作业,如图2-43所示。

采用多机联合作业时,还应注意以下几点：

(1)在多种机械联合作业中,各种机型数量配备要保证前机的作业量能满足后机作业量的要求,最好同一机型的数量不少于两台。

(2)推土机推运松土时,采取纵向作业法效率较高,且故障少,也有利于边坡的控制及分层铲土。

(3)无论推土机还是铲运机,都应尽量坚持分段、分层铲土、运土,随时保持弃土堆的平整密实,为了均衡各机的作业量,在作业中可随时调整分段长度。

(4)要坚持由低地段向高地段开挖,各机流水作业,以挖成一段成型一段为原则,不宜打乱长堑、顺沟、纵向犁翻的有利条件,以利排除积水和便于继续作业。

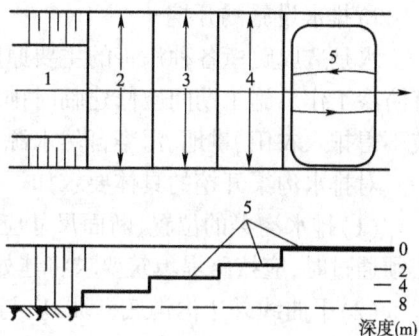

图 2-43　推土机和铲运机联台开挖作业
1-成型段；2-铲运机作业段；3-大型推土机作业段；
4-中型推土机作业段；5-松土作业段

实践证明,联合作业具有工程质量好、工效高、受降雨影响小、现场管理方便等优点,有条件的情况下,是值得推广的一种较好的作业方式。

5. 施工中应注意的问题

1)土方开挖要求

土方开挖施工中应注意下列各点：

(1)路基开挖前应对沿线土质进行检测试验。适用于种植草皮和其他用途的表土应储存于指定地点；对开挖出的适用材料,应用于路基填筑,可减少挖方弃土和弃土堆面积,亦可减少填方借土和取土坑面积。但各类材料不应混杂,混杂材料均匀性差,难以保证路基的压实质量。对不适用的材料可作外弃处理。

(2)土质路堑地段的边坡稳定极为重要。开挖时,不论开挖工程量和开挖深度大小,均应自上而下进行,不得乱挖超挖。一方面,要注意施工方法,如采用不加控制的爆破法施工,易造成路堑边坡失稳,易于塌方;掏洞取土易造成土坍塌伤人,因而严禁掏洞取土,在不影响边坡稳定的情况下采用爆破施工时,也应经过设计审批。另一方面,要注意施工顺序,防止因开挖顺序不当而引起边坡失稳崩塌,对类似如图 2-44 所示的情形,应按原有自然坡面自上而下挖至坡脚,不可逆顺序施工,否则,极易引起滑坡体滑塌。

(3)施工中,如遇土质变化需修改施工方案时,应及时报批;如因冬季或雨季影响,使挖出的土方不能及时用于填筑路堤时,应按路基季节性施工的有关方法进行处理;如路堑路床的表层下为有机土、难以晾干压实的土、CBR 值小于规定要求的土或不宜作路床的土,均应清除换填,必要时还应设置渗沟,以保证满足路基深度的需要。如遇到特殊土质(盐渍土、黄土、膨胀土等)以及易于坍滑的土时,应按特殊土的有关要求施工。

图 2-44　路堑边坡防滑措施

(4)挖方路基施工高程,应考虑压实的下沉值。绝不能将路基的施工高程与路基的设计高程(路线纵断面图上设计高程)混同,造成超挖或少挖,产生浪费或返工。

2)排水设施的开挖

水是造成路堑各种病害的主要原因,所以在路堑开挖前应做好截水沟,并根据土质情况做好防渗工作。施工期间应修建临时排水设施。临时排水设施应与永久性排水设施相结合,水流不得排入农田、耕地、污染自然水源,也不得引起淤积或冲刷。

对排水沟渠开挖的具体要求如下:

(1)排水沟渠的位置、断面尺寸应符合设计图纸的规定。截水沟不应在地面坑洼处通过,必须通过时,应按路堤填筑要求将洼处填平压实,然后开挖,并防止不均匀沉陷和变形。

(2)平曲线外边沟沟底纵坡,应与曲线前后的沟底相衔接。曲线内侧不得有积水或外溢现象发生。

(3)路堑和路堤交接处的边沟应缓缓引向路堤两侧的天然沟或排水沟,不得冲刷路堤,路基坡脚附近不得积水。

(4)排水沟渠应从下游出口向上游开挖。同时,应保证排水设施沟基稳固,严禁将排水沟挖筑在未加处理的弃土上;沟形整齐,沟坡、沟底平顺,沟内无杂物;沟水排泄不得对路基产生危害;截水沟的弃土应用于路堑与截水沟间筑土台,并分层压(夯)实,台顶设 2% 倾向截水沟的横坡,土台边缘坡脚距路堑顶的距离不应小于设计规定。

3)边坡开挖

路堑挖土边坡施工的基本要求,基本上与填土边坡类似,除了边坡坡度符合设计规范外,也应做好放样、布设标准边坡等工作,但是,与填方边坡相比又有自己的一些特点。路堤边坡由于是填土而成,其工程性质差异不大,而路堑边坡由自然状态土、石开挖而形成,随线路经过地带不同而有较大的变化,工程性质有时差别很大,施工作业难易程度也就有一定的区别。

对于砂类土边坡,施工时,挖出的斜坡应留有足够的余量,然后打桩、定线,进行坡面整修。具体做法是,先用机械开挖,留有 20～30cm 的余量,以后可人工修整或用平地机修整,也可用小型反铲挖掘机作业。如果采用挖掘机修整边地,对操作人员要求应有较高的技术水平,否则,很容易造成超挖或欠挖。

对于砾类土边坡,由于影响砾类土挖方边坡的因素,主要是砾类土体结合的紧密程度,故其坡度要结合土体密实度、地质水文等条件确定。

砾类土的潮湿程度及边坡高度,对边坡的稳定有较大影响,一般湿度大,边坡高时,宜采用较缓坡度;对密实度差的土体,应避免深挖;同时,要注意到,边坡缓,则受雨水作用面积增大,故不宜过缓,并根据具体情况采取边坡防护和加固措施,切实做好排水工作,以免影响边坡稳定。

对于地质不良拟设挡墙等防护设施的路堑边坡,应采用分段挖掘、分段修筑防护设施的方法,以保证安全和边坡的稳定。

4)弃土处理

在施工过程中,弃土随便乱堆会影响现有公路和施工便道的车辆行驶,堵塞农田水利设施,造成水流污染、淤塞或挤压桥孔或涵管口,增加水流速度,改变水流方向,冲刷河岸,所有这些都是不允许的。所以要求在开挖路堑弃土地段前,提出弃土的施工方案报有关单位批准后实施方案改变时,应报批准单位复查。

弃土堆的边坡不应陡于 1:1.5,顶面向外应设不小于 2% 的横坡,其高度不宜大于 3m。路堑旁的弃土堆,其内侧坡脚与路堑顶之间的距离,对于干燥硬土不应小于 3m;对于软湿土,不应小于路堑深度加 5m。在山坡上侧的弃土堆应连续而不中断,并在弃土堆前设截水沟;山坡下侧的弃土堆应每隔 50～100m 设不小于 1m 的缺口排水,弃土堆坡脚应进行防护加固。

此外,岩溶地区的漏斗处多已成为地面水排泄通道,暗河口则成为地下水的出口通道,如将弃土堆弃在这些地方,会造成地面水和地下水无法排走,形成水灾,影响路基安全。若在贴近桥墩、台处弃土,将会造成桥墩、台承受偏压,桥墩、台的安全会受到影响。所以,应严禁在岩溶漏斗处、暗河口处、贴近桥墩、台处弃土。

三、土质路基压实施工

路基压实是保证路基质量的重要环节,路堤、路堑和路堤基底均应进行压实,且技术等级越高的公路,对路基的压实要求越严格。

路基压实的作用,是提高填料的密实度,减小孔隙率;增强填料颗粒之间的接触面,增大凝聚力或嵌挤力,提高内摩阻力,减少形变,为路基的正常工作提供良好的基础。

土质路基的压实过程,其本质上是土体在压力作用下,克服土颗粒间的内聚力和摩擦力,使原有结构受到破坏,固体颗粒重新排列,大颗粒之间的间隙被小颗粒所填充,变成密实状态,达到新的平衡。在施工作业中,表现为土壤的体积被压缩,而达到一定程度后,这个过程不再持续。这是因为在颗粒重新排列后,土中气体被挤出由快变缓,最终趋于结束,这时,作用于土体的压力,只能引起弹性变形,而压力过大时,则可能使土壤产生剪切破坏,影响土体强度。填土路堤压实施工工序流程如图 2-45 所示。路基压实状况通常用压实度来表征。这里应注意的是,压实度与另一个概念密实度容易产生概念上的混淆。密实度亦称理论密实度,是指单位体积内固体颗粒排列的紧密程度,即土的固体体积率越大,土的干密度也增大,所以,有时也用干密度来表示土的密实度,但在物理意义上是有区别的。压实度是指土压实后的干密度与标准的最大干密度之比,用百分率表示,亦称干密度系数,或相对密实度。所谓标准的最大干密度,是指用标准击实试验方法,在最佳含水率条件下得到的干密度。

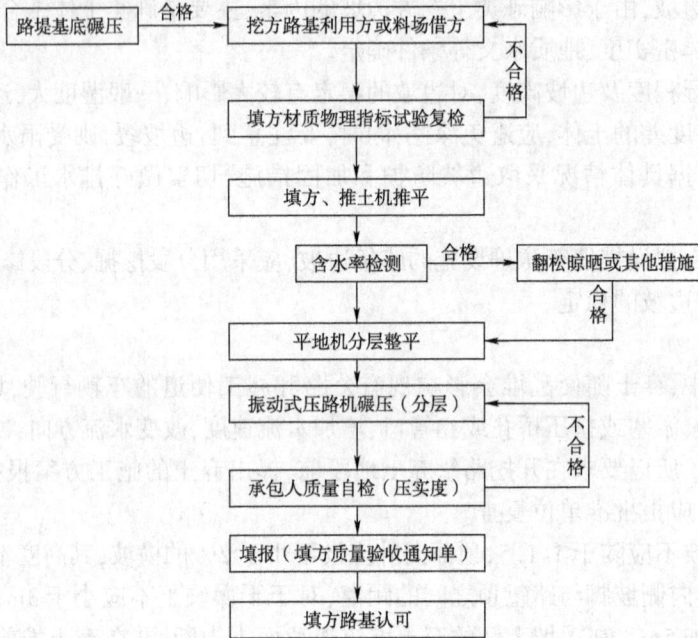

图 2-45 填方路堤压实工序流程

(一) 影响压实效果的主要因素

影响路基压实效果的因素是多方面的,有内因也有外因,但与施工作业有关的主要因素有以下几个方面。

1. 土的含水率

任何有黏结力的土,在不同的湿度下,用同样压实功能来挤压,将获得不同的密实度和不同的强度。如图 2-46 所示为压实土的密度、形变模量与含水率的关系曲线,从图中可以看出土中水在压实过程中的作用。压实开始时,原状土相对湿度低,土颗粒之间的内摩阻力大,因而,外力难于克服,故压实的干密度小,表现出土的强度高,密度低;当相对湿度缓慢增加时,水分在土粒间起润滑作用,压实的结果,使被压材料(土粒)

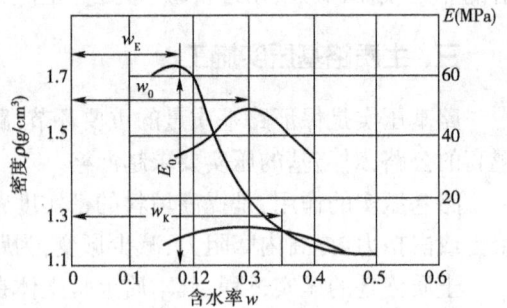

图 2-46 压实土的密度、形变模量与含水率的关系

得以重新调整其排列位置,达到较紧密的程度,表现出密度增大,但与此同时,由于水的作用,内摩阻力有所减小,因而强度继续下降。当含水率继续增加,超过图中曲线顶点等最优值时,水的润滑作用已经足够,水分过多,使起润滑作用以外多余水分进入土粒孔隙中,反而促使土

粒分离而不易得到良好压实效果,从而降低了土的干密度;又由于土粒间距增大,内摩阻力与黏结力减小,使土的强度也随之减小。在压实曲线中出现驼峰形式。这就是说,在一定功能的压实作用下,含水率的变化会导致土的干密度随之变化,在某一含水率(最佳含水率)下,干密度达到最大值(最大干密度)。各种土的最佳含水率大小不同。一般来说,土在天然状态下的含水率值很接近于最佳含水率,因此,在施工作业中,新卸填土应当立即推平压实。

2. 土的性质

不同土质的压实性能差别较大(见图2-47),一般来说,非黏性土的压实效果较好,而且最佳含水率较小、最大干密度较大,在静力作用下,压缩性较小,在动力作用下,特别是在振动作用下很容易被压实。黏质土、粉质土等分散性土的压实效果较差,主要是由于这些细分散性的土颗粒的比表面大、黏聚力大、土粒表面水膜需水量大,最佳含水率偏高,而最大干密度反而偏小。

3. 压实功能

压实功能是由碾压(或锤击)的次数及其单位压力 P(或荷重)所决定的。若在一定限度内增加压实功,则可降低含水率数值,提高最佳密实度的数值,如图2-48 所示。

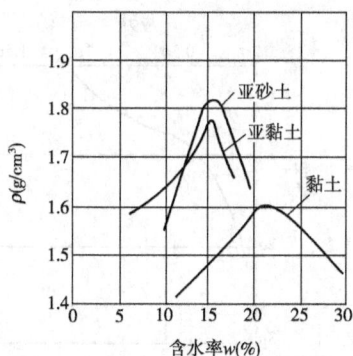

图2-47　不同土类的干密度与含水率关系

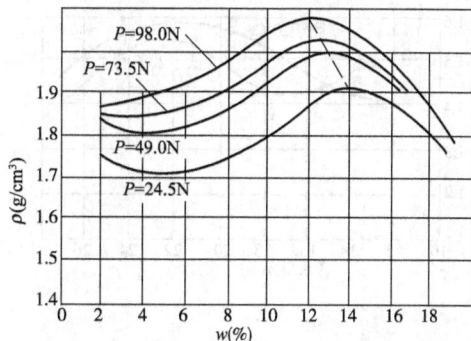

图2-48　压实功能对最佳含水率、密实度的影响(夯击次数不变,改变锤重)

土在不同压实功能作用下的压实性质,是决定压实工作量和选择机具、选择施工方法的依据。事实上,对任何一种土,当密实度超过某一限值时,欲继续提高它的密实度,降低含水率值,往往需要增加很大的压实功能,甚至过分加大压实功能,不仅密实度增加幅度小,还往往因所加荷载超过土的抗力,即土受压部位承受压力超过土的极限强度,而导致土体破坏。因此,对路基填土的压实,在工艺方法上要注意不使压实功能太大,表2-11 所示为最佳含水率时土的极限强度值。

4. 碾压时的温度

在路基碾压过程中,温度升高可使被压土中的水黏滞度降低,从而在土粒间起润滑作用,易于压实;但气温过高时,又会由于水分蒸发太快而不利于压实。温度低于 0 ℃ 时,因部分水结冰,产生的阻力更大,起润滑作用的水更少,因而也得不到理想的压实效果。图2-49是含砂低液限黏土在不同温度下的压实特性,表明温度在正常温度(20℃)以上或以下时,土的含水率与可达到的密度关系,说明同一种土壤的最佳含水率随温度不同而有所变化。

在最佳含水率时土的极限强度　　　　　　　　　　表 2-11

种　类	极　限　强　度（MPa）		
	液　压		夯直径 70 ～100cm
	钢筒式	轮胎式	
低黏质土	0.3～0.6	0.3～0.4	0.3～0.7
中等黏质土	0.6～1.0	0.4～0.6	0.7～1.2
高黏质土	1.0～1.5	0.6～0.8	1.2～2.0
极黏质土	1.5～1.8	0.8～1.0	2.0～2.3

5. 压实土层的厚度

土受压时,能够以均匀变形的深度(即有效压实深度),近似地等于两倍的压模直径或两倍的压模与土接触表面的最小横向尺寸。超过这个范围,土受到的压力急剧变小,并逐渐趋于零作用,可认为此时土的密实度没有变化。图 2-50 是钢筒式压路机碾压土时沿垂直方向的压力分布(此时轮子与土的接触面是一个宽度很小的矩形,其宽度可视为压模的最小横向尺寸),当深度大于 $2a$(a 为最小横向尺寸)时,传至的压力已很小,不起压实作用。

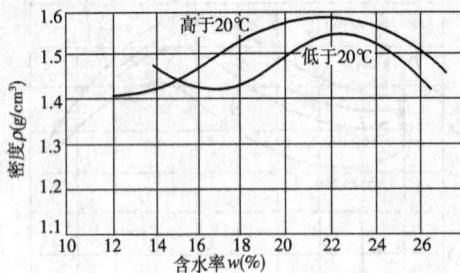

图 2-49　含砂低液限黏土在高于或低于 20℃时的压实特性

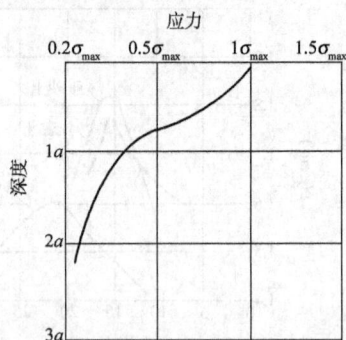

图 2-50　滚轮垂直方向的土压分布

由此可知,土所受的外力作用,随深度增加而逐渐减弱,当超过一定范围时,土的密实度将与未碾压时相同,这个有效的压实深度(产生均匀变化的深度)与土质、含水率、压实机械的构造特征等因素有关,所以正确控制碾压铺层厚度,对于提高压实机械生产率和填筑路基质量十分重要。

6. 地基或下承层强度

在填筑路堤时,若地基没有足够的强度,路堤的第一层难以达到较高的压实度,即使采用重型压路机或增加碾压遍数,也只能是事倍功半,甚至使碾压土层"弹簧"。因此,对于地基或下承层强度不足的情况,填筑路堤时通常采取以下措施处理:

(1)填筑路堤之前,应先碾压地基;

(2)若地基有软弱层,则应用砂砾(碎石)层处理地基;

(3)路堑处路槽的碾压,先应铲除 30～40cm 原状土层并碾压地基后,再分层填筑压实。

7. 碾压机具和方法

碾压机具和方法对压实的影响反映在以下几个方面:

（1）压实机具不同,压力传布的有效深度也不同。一般来说,夯击式机具的压力分布最深,振动式次之,碾压式最浅。根据这一特性即可确定各种机具的最佳压实度。然而,同一种机具的压实作用深度,在压实过程中并不是固定不变的。如钢筒式压路机,开始碾压时,因土体松软,压力传布较深,但随着碾压次数的增加,上部土层逐渐密实,土的强度相应提高,其作用深度就逐渐减小了。

（2）压实机具的质量较小时,碾压遍数越多(即时间越长),土的密实度越高,但密实度的增长速度则随碾压遍数的增加而减小。并且密实度的增长有一个限度,达到这个限度后,继续以原来的施压机具对土体增加压实遍数则只能引起弹性变形,而不能进一步提高密实度(从工程实践来看,一般碾压遍数在 6 遍以前,密实度增大明显,6～10 遍增长较慢,10 遍以后稍有增长,20 遍后基本不增长)。压实机具较重时,土的密实度随碾压遍数增加而迅速增加,但超过某一极限后,土的变形即急剧增加而达到破坏,机具过重以至超过土的强度极限时,将立即引起土体破坏。

压实机具的质量、作用遍数对压实的影响,可以由图 2-51 得到说明。在曲线 P_1 中,即前述的第一种情况,土的变形随时间延长而增加,但增加的速度则随压实遍数的增长而逐渐减少,产生这种情况的原因是土体在荷载作用下逐渐达到密实,强度即随之提高,于是变形就逐渐减小。曲线 P_2、P_3 分别是前述第二、三种情况,曲线反弯点即表明土体已开始出现破坏,亦即已达到土的强度极限。两曲线反弯点所对应的作用遍数不同,说明破坏时间(从荷载开始作用至开始破坏时的时间)与荷载大小直接有关,荷载越重破坏时间越短。施工中,正是按照这一特性而根据不同的土质来选择机具和确定压实遍数(即压实时间)的。

（3）碾压速度越高,压实效果越差。如图 2-52 所示,应力作用速度越高,变形量越小,土的黏性越大,影响就越显著。因此,为了提高压实效果,必须正确规定碾压的行驶速度。

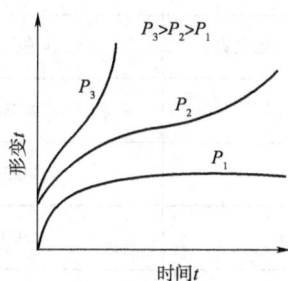

图 2-51 不同荷载下土的变形与时间的关系

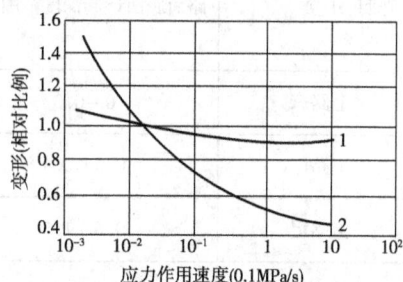

图 2-52 应力作用速度与土的变形量的关系

（二）压实标准与碾压控制

1. 压实标准

压实标准包括两个方面:一是确定标准干密度的方法;二是要求的压实度。关于标准干密度的确定方法,过去沿用的"标准击实试验"是一种轻型击实方法,其试验结果与现代化施工机械能力和车辆载荷不相适应,目前推行的主要是与国外公路压实要求相同的重型击实试验法,两种方法的不同之处见表 2-12。从表 2-12 中数据可知,重型击实法与轻型击实法的区别很大,单位击实功不同是这两种击实法最本质的区别。

重型与轻型击实法对比   表 2-12

击实方法	锤重（N）	锤直径（cm）	落高（cm）	试筒尺寸			锤击层数	每层锤击次数	单位击实功（1×10^{-3}J/cm³）	备注
				内径（cm）	高（cm）	体积（cm³）				
轻型	25	5	30	10	12.7	997	3	25	56.3	
重型	45	5	45	10	12.7	997	5	27	274.0	土粒最大直径 <25mm

　　土的最大干密度是土压实的主要指标,与路基的强度和稳定性有密切的关系,一般作为压实质量评价的依据。在路基压实施工中,由于受各种因素的影响和限制(气候、土的天然含水率等),所施工的路基实际干密度不能达到室内重型击实试验求得的最大干密度。但是为了保证压实质量的基本要求,必须规定压实后土基压实度范围。所谓压实度,即现场检查测得的土基于密度 ρ_d 与室内求得的最大干密度 ρ_{dmax} 之比,常用 K 表示。

$$K = \frac{\rho_d}{\rho_{dmax}} \times 100\% \tag{2-12}$$

式中：K——压实度,%；

　　ρ_d——压实土的干密度,g/cm³；

　　ρ_{dmax}——压实土的标准最大干密度,g/cm³。

　　路基施工时,应按规定的不同深度取土样试验,有关指标应符合表 2-13 的技术要求,并记录其结果作为交工验收文件内容之一。

土质路堤压实标准   表 2-13

项目分类		路面底面计起深度范围(m)	压 实 度 （%）	
			高速公路、一级公路	其他公路
路堤	上路床	0~0.3	≥95	≥93
	下路床	0.3~0.8	≥95	≥93
	上路堤	0.8~1.5	≥93	≥90
	下路堤	1.5 以下	≥90	≥90
零填及路堑路床		0~0.3	≥95	≥90

　　注:1. 表列压实度以《公路土工试验规程》重型击实试验法为准。

　　　2. 对于铺筑中级或低级路面的三、四级公路路基,允许采用表 2-14 轻型击实试验法求得的路基压实标准。

　　　3. 其他等级公路,修建高级路面时,其压实标准,应采用高速公路、一级公路的规定值。

　　　4. 特殊干旱地区的压实度标准可降低 2% ~3%。

　　　5. 多雨潮湿的黏性土,其压实度标准按多雨潮湿地区路基施工规定执行。

　　　6. 用灌砂法、灌水(水袋)法检查密实度时,取土样的地面位置为每一压实层底部;用环刀法试验时,环刀中部处于压实层厚的 1/2 深度;用核子仪试验时,应根据其类型,按说明书要求办理。

路基压实标准(轻型) 表2-14

填挖类型		路面底面计起深度范围(m)	压实度(%)	
			高速公路、一级公路	二级及二级以下公路
路堤	上路床	0~0.3	—	≥95
	下路床	0.3~0.8	≥98	≥95
	上路堤	0.8~1.5	≥95	≥90
	下路堤	1.5以下	≥90	≥90
零填及路堑路床		0~0.3	—	≥95

注:1. 表列压实度以《公路土工试验规程》轻型击实试验法为准。

2. 高速公路、一级公路路床土质强度,应按表2-1的标准执行,其他公路可参考该条规定执行。

压实施工应首先确定压实度。路基土的压实最佳含水率及最大干密度以及其他指标应在路基修筑半个月前,在取土地点取具有代表性的土样进行击实试验确定。击实试验操作方法按《公路土工试验规程》进行。每一种土至少应取一组土样试验。施工中如发现土质有变化,应及时补做全部土工试验。正确选定压实度 K 值,关系到土基受力状态、路基路面设计要求、施工条件,必须兼顾需要与可能,讲究实效与经济。

行车荷载和填土自重在路基土内部引起的应力分布,集中在土基应力作用区,在路基上层约80cm范围内土层承受着强烈的行车荷载反复作用,在路基下层,路基主要承受本身重量。因此,对路基上层的压实度要求较高,下层的压实度可适当降低。

路面等级愈高,对路基强度要求相应增大;路基填挖不同,对路基的强度与稳定性有较大关系。此外,用某种压路机碾压含水率过小或过大的土,要达到高的压实度是困难的,在特殊干旱和特殊潮湿地区,实际施工中往往不得不降低对压实度的要求。

2. 路基压实工作的控制与检验

1)确定不同种类填土的最大干密度和最佳含水率

公路系带状构造物,一条公路往往连绵数十公里甚至上千公里。用于填挖路基的沿线土石材料的性质往往发生较大变化。在路基填筑施工之前,必须对主要取土场(包括挖方利用方)采取代表性土样,进行土工试验,用规范规定方法求得各个土场土样的最大干密度和最佳含水率,以便指导路基土的压实施工。

2)检查控制填土含水率

由于含水量是影响路基土压实效果的主要因素,故需检测欲填入路基中的土的含水率 w,当 w 接近最佳含水率 w_0 时,填筑碾压的质量才有保证。当 $w > w_0$ 时,表明土中含水率过大,碾压时容易起"弹簧",应将土晾干或换干一些的土。当 $w < w_0$ 时,说明土太干,难以达到要求的压实度,应适当洒水再碾压,其加水量按下式计算:

$$m_1 = (w_0 - w)\frac{m_2}{1+w} \tag{2-13}$$

式中: m_1 ——所需加水质量,kg;

m_2 ——需要加水的土的质量,kg;

w ——填土原有的含水率,以小数计;

w_0 ——填土的最佳含水率,以小数计。

3）正确选择和使用压实机械

（1）压实机械的选择。压实机械的类型和数量选择是否恰当，直接关系到压实质量和工效，选择时应综合考虑以下几点：

①土的性质、状态。不同的压实机械与不同的压实机具，对不同土质的压实效果不同。如对砂性土，以振动式机械效果最好，夯击式次之，碾压式较差；对黏性土，则以碾压式和夯击式较好，而振动式较差甚至无效。而且，压实机械的单位压力不应超过土的强度极限，否则会立即引起土基破坏。选择机械时，还应考虑土的状态及对压实度的要求。一般来说，土的含水率小、压实度要求高，应选择重型机械，反之可选轻型机械。几种常用压实机械的选择见表2-15。

各种土质适宜的碾压机械   表2-15

机械名称 \ 土的类别	细粒土	砂类土	砾石土	巨粒土	备 注
6～8t 双钢筒轮式压路机	A	A	A	A	用于预压整平
12～18t 三钢筒轮式压路机	A	A	A	B	最常用
25～50t 轮胎压路机	A	A	A	A	最常用
羊足碾	A	C/B	C	C	粉质、黏土质砂可用
振动压路机	B	A	A	A	最常用
凸块式振动压路机	A	A	A	A	最宜使用于含水率较高的细粒土
手扶式振动压路机	B	A	A	C	用于狭窄地点
振动平板夯	B	A	A	B/C	用于狭窄地点，重8kN 的可用于巨粒土
手扶式振动夯	B	A	A	B	用于狭窄地点
夯锤（板）	A	A	A	A	夯击影响深度最大
推土机、铲运机	A	A	A	A	仅用于摊平土层和预压

注：1. A 代表适用；B 代表无适当机械时可用；C 代表不适用。

2. 土的类别按《公路土工试验规程》的规定划分。

3. 对特殊土和黄土（CLY）、膨胀土（CHE）、盐渍土等的压实机械选择可按细粒土考虑。

4. 自行式压路机宜用于一般路堤、路堑基底的换填等的压实，宜采用直线式进退运行。

5. 羊足碾（包括凸块式碾、条式碾）应与光轮压路机配合使用。

②压实工作面。当工作面较大时，可采用碾压机械，较狭窄时宜用夯实机械。

③机械的技术特性与生产率。选择机械类型，确定机械数量，应考虑与其他工序的配合，使机械的生产能力互相适应。

（2）压实机械的使用。为了能以尽可能小的压实功获得良好的压实效果，在压实机械的使用上应注意两点：

①压实机械应先轻后重，以便能适应逐渐增长的土基强度。

②碾压速度宜先慢后快，以免松土被机械推走，形成不适宜的结构，影响压实质量，尤其是黏性土，高速碾压时，压实效果明显下降。通常压路机进行路基压实作业行驶速度在 4km/h 以内为宜。

此外，在路基土的压实中，除了运用不同性能的各种专用压实机械外，还应特别注意尽可能利用其他土方施工机械和运输车辆进行分层压实，有计划、有组织地利用运土车辆碾压填方土料。施工中要注意采用合理的技术措施,一般应控制填土厚度为 0.25 ~ 0.30m,并用推土机或平地机细致平土,控制合适的含水量;同时,还要在机械的运行线路上使各次行程能大体均匀分布到填土层表面,保证土层表面全部被压到。

4)分层填筑、分层碾压

分层填筑。一方面要把握每层填土厚度的大小。填土层厚度过大,其深部不能获得要求的压实度;填土层厚度过小,会影响工作效率和经济效益。一般认为,对于细粒土,用 12 ~ 15t 光轮压路机时,压实厚度不得超过25cm,用 22 ~ 25t 振动压路机时(包括液压振动),压实厚度不超过60cm,见表2-16。利用运土工具压实时每层填土的最大厚度可参考表2-17。另一方面,每层填土应平整,且自中线向两边设置2% ~ 4%的横向坡度,及时碾压,雨季施工时更应注意。

路基土方分层厚度与碾压遍数参考值 表2-16

压实机械名称		每层填土松铺厚度（cm）	有效碾压（夯击）遍数				合理采用压实机械的条件
			非塑性土壤		塑性土壤		
			最佳含水率时	低于最佳含水率时	最佳含水率时	低于最佳含水率时	
拖式光面碾(5t 以内)羊足碾		10 ~ 15	6	9	9	15	碾压段长度不宜小于100m,宜于压实塑性土
(6 ~ 8t)		20 ~ 30	4	6	8	12	
钢筒轮压路机	轻型 (6 ~ 8t)	15 ~ 20	4	6	8	12	碾压段长度不宜小于100m,适用于压实非塑性土
	中型 (9 ~ 12t)	20 ~ 30	4	6	8	12	
	重型 (12 ~ 15t)	25 ~ 35	4	6	8	12	
轮胎压路机 (16t)		30 ~ 35	4	6	8	12	适用于压实非塑性土
振动压路机	2t	11 ~ 20	3	4	5	7	碾压段长度不宜小于100m,宜于压实非塑性土,也可用于压实塑性土
	4.5t	25 ~ 35	3	4	5	7	
	10t	30 ~ 50	3	4	4	6	
	12t	40 ~ 55	3	4	4	6	
	15t	50 ~ 70	3	4	4	6	
重锤 (夯击板)	1t 举高 2m	65 ~ 80	3	4	5	7	用于工作面受限制时,宜于夯实非塑性土,亦可用于夯实塑性土
	1.5t 举高 1m	60 ~ 70	3	4	5	7	
	1.5t 举高 2m	70 ~ 90	3	4	4	6	
重夯机	0.3t	30 ~ 50	3	4		6	用于工作面受限制及结构物接头处
重夯机	1t	35 ~ 65	3	4		6	
人力夯	0.04t	20 ~ 25	3	4		6	
振动器(2t)		60 ~ 75	1 ~ 3min	2 ~ 4min	3 ~ 5min	5 ~ 7min	适用于压实非塑性土

注:1.非塑性土是指砂、砾等无塑性的土。

2.非塑性土的每层松铺厚度可取稍高的值,反之塑性土的每层松铺厚度可取稍低的值。

3.颗粒不同的松砂可采用洒水夯实或振动压路机压实,颗粒大小一致的砂,可用夯夯实。

4.夯板宜用于松散土、砾石及石质土的压实。

利用运土工具压实的每层填土的最大厚度（m）　表 2-17

填土方法和采用的运输工具	土 的 名 称		
	砂、含细粒土砂	粉土质砂	黏质土
窄轨火车、拖拉机带拖车和其他填土方法并用机械平土	1.5	1.0	0.7
汽车和轮式铲运机	1.2	0.8	0.5

分层碾压。碾压前应对填土层的松铺厚度、平整度和含水率进行检查,符合要求后方可进行碾压。分层碾压的关键是控制碾压遍数。有条件的情况下,可通过试验性施工来确定达到设计密实度所需的碾压遍数,也可参考表 2-16 选用或通过下式计算确定:

$$n = \frac{\varepsilon}{\varepsilon_1 \psi} \tag{2-14}$$

式中:n——碾压遍数;

ε——从初始密实度压实到最佳密实度所需相对形变(绝对变形值与松铺层厚之比);

ε_1——第一遍碾压时的永久变形量;

ψ——由重复加载引起永久变形的影响系数,见表 2-18。

在施工中,当含水率为最佳含水率时,还可采用下列经验值。对低黏质土压实所需的碾压遍数平均为 4 ~ 6 遍,对黏质土压实所需的碾压遍数平均为 10 ~ 12 遍。压实遍数宜控制在 10 遍以内,否则应考虑减少填土层厚。经压实度检验合格后方可转入下道工序。不合格处应进行补压后再检验,一直达到合格为止。

系数 ψ 的取值　表 2-18

土的状态	土的干密度之比 K	系数 ψ	土的状态	土的干密度之比 K	系数 ψ
完全松散	0.62	1.2	未充分压实	0.85	1.40
很松散	0.75	1.25	密实	0.90	1.50
松散	0.80	1.30			

5)全宽填筑、全宽碾压

填筑路基时,应要求从基底开始在路基全宽度范围分层向上填土和碾压,压实路线,直线段宜先两侧后中间,小半径曲线段由内侧向外侧,纵向进退式进行;横向接头,对振动压路机一般重叠 0.4 ~ 0.5m,对三轮压路机一般重叠轮宽的 1/2 ,前后相邻两区段(碾压区段之前的平整,预压区段与其后的检验区段)宜纵向重叠 1.0 ~ 1.5m,使路基各点都得到压实,避免土基产生不均匀沉陷,参见图 2-53 和图 2-54。以往的施工实例表明,凡不注意全宽碾压的,当路堤填筑到一定高度时,均出现程度不同的纵向裂缝,严重的还影响到路面,使之也出现纵向裂纹。

使用夯锤压实时,第一遍各夯位宜紧靠,如有间隙则不得大于 15cm,第二遍夯位应压在第一遍夯位的缝隙上,如此连续夯实,直至达到规定的压实度。

6)加强测试检查

(1)填方地段基底。路堤填筑前应对基底进行压实。高速公路、一级公路和二级公路路堤基底的压实度不应小于 85% ,当路堤填土高度小于路床厚度(80cm)时,基底的压实度不宜小于路床的压实度标准。

(2)路堤。每一压实层均应检验压实度,合格后方可填筑其上一层;否则应查明原因,采取措施进行补压。检验频率为每 2 000m² 检验 8 点,不足 200m² 时,至少应检验 2 点,必要时可根据需要增加检验点,必须每点都符合规定值。

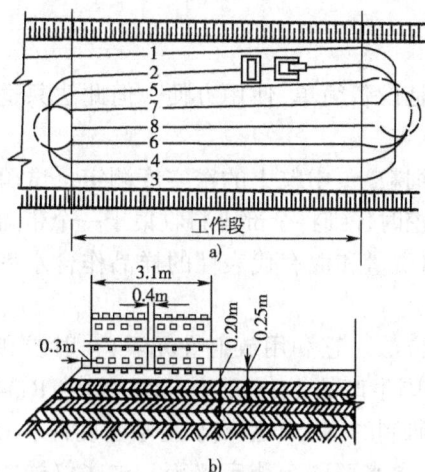

图 2-53 羊足碾碾压运行路线
a)平面图;b)剖面图

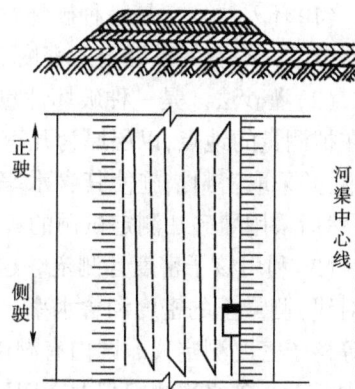

图 2-54 推土机碾压作业运行路线

路床顶面压实完成后,还应进行弯沉值检验,检验汽车的轴载质量及弯沉允许值。检验频率为每一幅双车道每 50m 检验 4 点,左、右两后轮隙下各 1 点。计算路床顶面的回弹弯沉值,可按设计提供的 E_0 值,考虑季节影响系数之后,用下式计算回弹弯沉值 l_0,并用以检测路床顶面的实测弯沉值,检测的弯沉值应达到各点均符合要求。

$$l_0 = 9\ 308E_0^{-0.938}$$ (2-15)

式中:E_0——土基回弹模量,MPa;

l_0——路床顶面设计要求的弯沉值,mm。

(3)路堑路床。零填及路堑路床的压实,应符合其压实标准的规定。换填超过 30cm 时,按表 2-23 中所列数值的 90% 作为压实标准控制。

(4)桥涵处填土。桥台背后、涵洞两侧与顶部、锥坡背后的填土均应分层压实,分层检查,检查频率每 50m² 检验 1 点,不足 50m² 时至少检验 1 点,每点都应合格,每一压实层松铺厚度不宜超过 20cm。高速公路和一级公路的桥台、涵身背后和涵洞顶部的填土压实度,从填土基底或涵洞顶部至路床顶面均为 96%,二级公路为 95%,三、四级公路为 94%,以确保不因密实度不足而产生错台,影响行车速度与安全。

桥涵处填土的压实采用小型的手扶振动夯或手扶振动压路机,但涵顶填土 50cm 内,应采用轻型静载压路机压实,以达到规定的压实度为准。

(三)现场压实度的评定

正确评定施工现场路基土的压实度,必须解决现场准确测定密度和含水率的问题,然后根据检测数据利用数理统计方法作出评定。

1. 现场测定土的密度

压实度 K 由标准干密度和现场压实后的干密度所决定。一般来说对某种土类的标准击实密度变化是不大的,由此可知压实度 K 与现场实测的密度有着密切的关系。根据试验资料,一般土的最大干密度介于 $1.7 \sim 1.9 g/cm^3$ 之间。如果以 $K = 95\%$ 要求值考虑,则压实度差 1% 时,反映在干密度的绝对值只差 $0.017 \sim 0.019 g/cm^3$,因此要求准确测定土基的现场压实密度,对正确评定压实度就显得重要了。

当前现场测定路基土密度的主要方法有:

(1)环刀法。它是一种破坏性的量测方法。优点是设备简单,使用方便。但此法只适宜于测定不含碎石的黏性土的密度。

(2)灌砂法。是一种破坏性量测方法。它适宜于细粒土、中粒土的密实度测定。试验时先在拟测量的地点,以层厚为开挖深度,凿一试洞。开挖时仔细将全部土料收集于一个带盖容器中,并采取密封措施使其含水率不致受损失,及时称质量和取有代表性的样品作含水率试验,然后采用灌砂法测定试洞的容积。

(3)利用核子密度计测定。这是一种非破坏测定方法。它利用放射性元素(γ射线和中子射线)测量土的密度和含水率。国外使用较早,如美国生产的 3411-B 型、MC-3 型、TR-3440 型等核子密度测定仪。国内有湖南省交通科学研究所研制的 ND-B 型核子土基密度计、NH-A 型中子土基含水率测定仪及 NDH-A 型核子土基密度、含水率联合测定仪等。这些仪器能在现场快速测定土基密度、含水率,满足施工现场土基压实度快速、无破损检测的要求,同时还具有操作方便、明显直观的优点。

2. 压实质量的评定

根据所测的压实度如何评价某一路段的压实效果,规范中提出了压实度要求值,而没有明确提出具体评价的方法。现场测量干密度和实验室条件差别较大,特别是现场土质的变化,哪怕是小的变化都将导致压实度发生变化。用灌砂法测定现场密度是一个试洞一个试洞地进行,各试洞受土质、施工均匀性影响极大。即使试洞布置很密,所得干密度也不可能相同。这主要是由于各层铺筑、碾压及含水率等不均匀性,以及土质的变化引起的。

现场施工质量控制中,怎样才算达到了压实标准规定的压实度要求,目前主要有如下两种方法。

(1)合格率法。即将各测点所得的干密度与压实度规定的最低干密度进行比较,达到者即为合格,然后计算合格点数的百分比。此法的特点是通俗易懂,易于接受,也能大致看出施工与碾压质量水平;缺点是概念过于简单,当全部合格时,则无法比较不同施工路段的压实质量。这里还应注意的是,现场密度检验的数量,往往是数百米才检验一次,即使每次测量的结果都等于规定的压实度,也并不能肯定地说整个路段任何部位的压实度都满足了规定值要求。

(2)数理统计法。从其一总体中取出样本进行试验,或对一总体的个别部分进行测量(如采点进行压实干密度测量),可得到测量值总共几个数值,然后通过数理统计求得几个压实度值的平均值和标准偏差(或称均方差)。平均值反应路基压实度的分布位置,而标准偏差的大小就反应几个数据的分散程度,从而可按保证率要求评价该段路基的压实质量。

3. 现场评定压实质量

(1)现场压实度检验的频率最小数量,即对某一面积的路基土,至少应作多少点密度检验,才能符合数理统计精确度要求。这在部颁《公路路面基层施工技术规范》(JTJ 034—2000)中有明确规定,路基压实度每 200cm 应检测 4 处(灌砂法)。

(2)由于现场压实质量存在不均匀性,即现场密度测定所求出的平均压实度小于标准值时,包含了整体中部分的不合格点在内。检验路段试验资料计算的标准偏差愈小,说明该路基压实质量均匀性愈高。要求的概率愈大,允许的误差范围愈小,则需要的试验数据就愈多。因此利用平均值来评定现场压实度时,尚应考虑一个保证率系数,从而得出某一保证率条件下的变动范围,评定公式如下:

$$K = \overline{K} - t_a \frac{s}{\sqrt{n}} \geq K_0 \qquad (2\text{-}16)$$

式中:$\overline{K}$——检验评定段内各测点压实度的平均值;

t_a——t 分布表中随自由度和保证率(或置信度 a)而变的系数,高速、一级公路保证率为 95 %,其他公路保证率为 90 %;

s——检测值的均方差;

K_0——压实度标准值。

四、填石路基施工及压实

1. 填石路基施工

填石路堤是山丘区公路的一种最常见、最普遍的路基形式,它是利用石料(包括大卵石)填筑的路堤。填石路堤的施工,除应考虑石料性质、石块大小、填筑高度和边坡坡度等因素外,还应注意选择正确的填筑方法。

1)填料要求

填石路堤的石料来源主要是路堑和隧道爆破后的石料,要求石料强度不低于 15MPa(用于护坡的不应小于 20MPa),最大粒径不宜超过层厚的 2/3。在高速公路及一级公路填石路堤路床顶面以下 50cm 范围内,填料最大粒径不得大于 10cm,其他等级公路填石路堤,路床顶面以下 30cm 范围内,填料最大粒径不应大于 15cm。用强风化石料或软质岩石填筑路堤时,应按土质路堤施工规定先检验其 CBR 值是否符合要求,CBR 值不符合要求时不得使用,符合使用要求时应按土质筑堤的技术要求施工。

2)填石路堤的基底处理

其处理方法同填土路堤。

3)填筑方法

填石路堤的填筑方式有倾填(含抛填)和逐层填筑、分层压实两种。

(1)倾填法。倾填法又可分为两种情况:一种是石块从岩面爆破后直接散落在准备填筑的路堤内;另一种是用推土机将爆破后堆置在半路堑上的石块或用自卸汽车从远处运来的爆破石块推入路堤。

填石路堤倾填前,路堤边坡坡脚应用粒径大于 30cm 的硬质石料码砌。当设计无规定时,填石路堤高度小于或等于 6m 时,其码砌厚度不应小于 1m;当高度大于 6m 时,码砌厚度不应小于 2m。

无论是哪一种倾填情况,由于石料是从高处自然落下,石料间难免犬牙交错,空隙较大,故倾填路堤的压实、稳定等问题较多。因此,高速公路、一级公路和铺设高级路面的其他等级公路的填石路堤不宜采用倾填式施工,而应采用分层填筑、分层压实的方法。

二级及二级以下且铺设低级路面的公路在陡峻山坡段施工特别困难或大量爆破以挖作填时,可采用倾填方式将石料填筑于路堤下部,但倾填路堤在路床底面下不小于 1.0m 范围内仍应分层填筑压实。

(2)分层填筑法。分层填筑法施工,又可分为机械作业和人工作业两种方法。

分层填筑时,高速公路及一级公路分层松铺厚度不宜大于 0.5m;其他公路不宜大于 1.0m。施工中应安排好石料运行路线,专人指挥,按水平分层,先低后高、先两侧后中央卸料,并用大型推土机摊平,个别不平处应配合人工用细石块、石屑找平。如果石块级配较差、粒径较大、填层较厚,石块间的空隙较大时,可于每层表面的空隙里扫入石渣、石屑、中砂、粗砂,再以压力水将砂冲入下部,反复数次,使空隙填满。人工摊铺、填筑填石路堤,当铺填粒径 25cm 以上石料时,应先铺填大块石料,大面向下,小面向上,摆平放稳,再用小石块找平,石屑塞填,最后压实;铺填粒径 25cm 以下石料时,可直接分层摊铺,分层碾压。

4)注意事项

(1)填石路堤的填料如其岩性相差较大,特别是岩石强度相差较大时,则应将不同岩性的填料分层或分段填筑。例如,易风化软岩不得用于路堤上部,亦不得用于路堤浸水部分;又如有些挖方路段是爆破石,有的是天然漂石土、块石土等,这些填料不得混填在一起,应分层或分段填筑。如果路堑或隧道基岩虽为不同岩种,但其石料强度均符合要求(大于 15MPa),则允许使用挖出的混合料填筑路堤。

(2)用强风化石料或软质岩石填筑路堤时,用重型压路机或夯锤压实时,可能会被碾压或夯压成碎屑、碎粒,这类石料能否用于填筑路堤应按有关规定检验其 CBR 值,符合要求(根据公路等级和填筑部位对 CBR 值的要求有所不同)时才准许使用,否则不得使用,这可以保证路堤填筑压实后的浸水整体强度和稳定性。该类填料与土质路堤填料类似,故能使用时,应按土质路堤技术要求施工。

(3)填石路堤路床顶部至路床底部 30～50cm(高速公路及一级公路为 50cm,其他公路为 30cm)范围内应用符合路床要求的土填筑,并分层压实,这可提高路床顶面的平整度,使其均匀受力并有利于与路面底层的连接。

2. 填石、土石及高填方路堤的压实

1)填石路堤

(1)压实标准。填石路堤不能用土质路基的压实度来判定路基的密实程度,其判定方法目前国内外尚无统一规定。国外填石路堤曾采用在振动压路机的驾驶台上装设的压实计反映的计数值来判定是否达到要求的紧密程度,但无定量值的规定,且只限于设有此种装置的压路机。我国现行《公路路基施工技术规范》(JTG F10—2006)规定的压实标准为:压实机械宜选用自重不小于 18t 的振动压路机,上、下路堤的压实质量标准应符合《公路路基施工技术规范》(JTG F10—2006)表 4.2.3-1 规定。

(2)压实方法及检查。填石路堤在压实之前,应用大型推土机摊铺平整。个别不平处应用人工配合以细石屑找平,使石块之间无明显高差台阶才便于压路机碾压,或使夯锤下坠到地面时,受力基本均匀,不致使夯锤倾倒。

填石路堤填料石块本身是密实而不能压缩的,压实工作是使各石块之间松散接触状变为紧密咬合状态。由于石块粒径较大,质量较大,必须选用工作质量 12t 以上的重型振动压路机、工作质量 2.5t 以上的夯锤或 25t 以上的轮胎压路机压(夯)实,才能达到规定的紧密状态。用振动压路机或夯锤压实能在压实时产生振动力和冲击力,可使石块产生瞬时振动而向紧密咬合状态移位,静载光轮压路机则很难产生这种功效,其压实厚度可达 1.0m。当缺乏上述两种压实机具,只能采用重型静载光轮压路机或轮胎压路机压实时,应减少每层填筑厚度和石料粒径。其适宜的压实厚度和粒径应通过试验确定,但不应大于 50cm。

填石路堤应先压两侧后压中间,压实路线对于轮碾应纵向互相平行,反复碾压。压实路线对夯锤应成弧形,当夯实密实程度达到要求后,再向后移动一夯锤位置。行与行之间应重叠 40~50cm;前后相邻区段应重叠 1.0~1.5m,其余注意事项与土质路基压实相同。

填石路堤使用各种压实机具时的注意事项与压实填土路基相同,而填石路堤压实到所要求的紧密程度所需的碾压或夯压的遍数应经过试验确定。采用重锤夯实时,重锤下落时不下沉而发生弹跳现象时,可进行压实度检验。

填石路堤顶面至路床顶面 30~50cm(高速公路、一级公路为 50cm,其他公路为 30cm)范围内应填筑符合路床要求的土,并按要求进行压实。

2)土石路堤

土石路堤的压实方法与技术要求,应根据混合料中巨粒土的含量多少确定。当混合料中巨粒土(粒径大于 200mm 的颗粒)含量多于 70% 时,其压实作业接近于填石路堤,应按填石路堤的方法和要求进行。当混合料中巨粒土的含量低于 50% 时,其压实作业接近于填土路堤,应按前述填土路堤的方法和要求进行。

土石路堤的压实度可采用灌砂法或水袋法检测。其标准干容重应根据每一种填料的不同,含石量的最大干容重做出标准干容重曲线,然后根据试坑挖取试样的含石量,从标准干容重曲线上查出对应的标准干容重。当采用灌砂法或水袋法检验有困难时,可根据填石路堤的方法进行检验,即通过 12t 以上振动压路机压实试验,当压实层顶面稳定,不再下沉(无轮迹)时,可判定为密实状态。

如几种填料混合填筑,则应从试坑挖取的试样中计算各种填料的比例,利用混合料中几种填料的标准干容重曲线查得对应的标准干容重,用加权平均的计算方法,计算所挖试坑的标准干容重。

土石路堤的压实度标准,可采用灌砂法或水袋法检验并应符合填土路堤的压实度要求。也可按填石路堤的方法检验并应用灌砂法或水袋法判定压实度是否合格。

3)高填方路堤

高填方路堤的基底承受路堤土本身的荷载很大,因此对基底应进行场地清理,并按照设计要求的基底承压强度进行压实,设计无要求时,基底的压实度不应小于 90%。当地基松软,仅依靠对厚土压实不能满足设计要求的承压强度时,应进行地基加固处理,以达到设计要求。当基底处于陡峻山坡上或谷底时,应作挖台阶处理,并严格分层填筑压实。当场地狭窄时,压实工作应采用小型的手扶式振动压路机或振动夯进行;当场地较宽广时应采用自行式 12t 以上的振动压路机碾压。

五、路基的整修与检查验收

1. 路基整修

路基工程基本完成后,由施工单位会同监理单位按设计文件和施工规范要求检查路中线、高程、宽度、边坡坡度和排水设施等,根据检查结果制订整修计划并进行整修。

1)土质路基的整修

土质路基表面的整修可用机械配合人工切土和补土,并配合压路机碾压。深路堑边坡应按设计自上而下进行削坡整修,不得在边坡上贴补。填土经压实后不得有松散、软弹、翻浆及表面不平现象,到设计高程后,宜用平地机刮平。路堤两侧超过设计高度部分应切除。

2)边坡加固与整修

边坡需防护加固地段,应预留加固位置和厚度,使完工后的边坡与设计一致。当路堑边坡被雨水冲刷成沟槽时,应自下而上,分层挖台阶填筑并夯实。若填补厚度很小,又非加固边坡地段时,可用种植土填补并种草。当填方边坡出现冲沟或坍塌缺口时,应自下而上分层挖台阶加宽填补并压实,再按设计坡面修坡。

2. 路基的质量验收标准

1)中间检查

施工过程中当每一分项、分部工程完成后,应按批准的设计图纸、设计文件及施工技术规范的要求,对施工质量进行中间检查。如路基原地面处理完毕,应检查基底处理情况;边坡加固前,应对加固方法、加固形式、填挖方边坡加固的适用性、边坡坡度是否适当等进行检查;若发现已完工路基受水浸淹(暴雨、洪水等)损坏、取土及弃土超过设计、意外的填土下陷、填挖方边坡坍塌需增加土方及边坡加固工程数量、进行计划以外的附加土方工程(排水沟、截水沟、疏导工程等)时应进行中间检查。此外,在路基渗沟回填土前、填方或挖方地段,按设计规定所做的换土工作完成后、对需采取特殊措施才能保证填方稳定的路基,在地基处理后(如泉水、溶洞、地下水处理后)、路基隔离层上填土以前、各类防护加固工程基坑开挖后必须进行中间检查验收,检查不合格不得进行下一工序的施工。

2)交工竣工验收

对路基进行交工竣工验收时,应对以下项目进行检查、验收:路基的平面位置、路基宽度、高程、横坡和平整度;边坡坡度及加固设施;边沟等排水设施的尺寸及沟底纵坡;防护工程的修建位置和各部尺寸;填土压实度及表面弯沉;取土坑、弃土堆、护坡道、截水沟、渗水井等的位置和形式;隐蔽工程施工记录等。这些项目的评定按《公路工程质量检验评定标准》(JTG F80/1—2004)进行。

3)质量标准

(1)土方路基施工应符合下列质量要求:

①路基必须分层填筑压实,表面平整坚实,无软弹和翻浆现象,路拱合适,排水良好,土的压实度、强度和路床的整体强度符合设计要求。

②挖方地段遇有树根、洞穴等必须进行处理,上边坡要平整稳定。路床土质强度及压实度

必须符合规定。

③填方地段应在填土前排除地面积水和其他杂物(草皮、淤泥、腐殖土和冰块)并平整压实。路堤边坡应修整密实、顺直、平整稳定,填料及路堤的整体强度必须符合设计要求。

④取土坑、弃土堆的位置适当、整齐,无水土流失和淤塞河道情况。

土方路基施工允许偏差及检查方法见表2-19。

土方路基允许偏差 表2-19

项次	检查项目	允许偏差	
		高速公路、一级公路	其他公路
1	压实度	不低于表2-13或表2-14的规定值	不低于表2-13或表2-14的规定值
2	弯沉(0.01mm)	不大于设计要求值	不大于设计要求值
3	纵断高程(mm)	+10, -15	+10, -20
4	中线偏位(mm)	50	100
5	宽度(mm)	不小于设计值	不小于设计值
6	平整度(mm)	15	20
7	横坡(%)	±0.3	±0.5
8	边坡	不陡于设计值	不陡于设计值

(2)路肩。路肩施工必须做到表面平整密实、无积水、边缘顺直、曲线圆滑,偏差应符合表2-20的规定。

路肩允许偏差 表2-20

项次	检查项目		允许偏差
1	压实度		不小于设计值
2	平整度(mm)	土路肩	20
		硬路肩	10
3	宽度(mm)		不小于设计值
4	横坡(%)		±0.5

(3)石方路基质量控制。质量要求如下:

①开炸石方应避免超量爆破,上边坡必须稳定;坡面的松石、危石必须清除干净。

②修筑填石路堤时应进行地表清理,逐层水平填筑石块,摆放平稳,码砌边部。填筑层厚度及石块尺寸应符合设计和施工规范规定,填石空隙用石渣、石屑嵌压稳定。上、下路床填料和石料最大尺寸应符合规范规定。

③路基表面应整修平整,边坡应顺直。

石方路基允许偏差及检查方法见表2-21。

项次	检查项目	规定值或允许偏差		检查方法和频率
		高速公路、一级公路	其他公路	
1	压实度	符合试验路确定的施工工艺		查施工记录
		沉降差≤试验路确定的沉降差		水准仪:每 40m 测 1 个断面,每个断面检查 5～9 点
2	纵断高程(mm)	+10,−30	+10,−50	水准仪:每 200m 测 4 个断面
3	弯沉	不大于设计值		—
4	中线偏位(mm)	50	100	经纬仪:每 200m 测 4 个点弯道加 HY、YH 个两点
5	宽度(mm)	不小于设计值		米尺:每 200m 测 4 处
6	平整度(mm)	20	30	3m 直尺:每 200m 测 4 点×10 尺
7	横坡(%)	±0.3	±0.5	水准仪:每 200m 测 4 个断面
8	边坡　坡度	不陡于设计值		每 200m 抽查 4 处

3. 路基的维修

路基工程完工后,在路面施工前及公路工程初验后直至竣工验收终验前,路基如有损坏,施工单位应进行维修,并保证路基排水设施完好,及时清除排水设施中的淤积物、杂草等。对较长时间停工和暂时不做路面的路基则应保持排水畅通;复工前应对路基各分项工程予以整修。

路面施工前应整修路基,使表面无坑槽,保持规定的路拱。若路堤经雨水冲刷或发生沉降时,应立即修补、加固或采取其他处理措施,并查明原因,做好记录。遇路堑边坡塌方时,应及时清除。未经加固的高路堤和路堑边坡以及潮湿地区的土质路基边坡上的积雪应及时清除,以免危害路基。当路基构造物有变形时,应详细查明原因,及时修复,使之保持稳定。路基工程完工后,每当大雨、连日暴雨或积雪融化期间,应控制施工机械和车辆在土质路基上通行;若不能避免时,应及时排干积水,整平压实。

第二节　软土地基的路基施工

《公路路基施工技术规范》(JTG F10—2006)定义软土路基:天然含水率大于等于 35% 与液限;天然孔隙比大于等于 1.0;天然孔隙比小于 1.0;十字板抗剪强度小于 35kPa;压缩系数宜大于 0.5MPa^{-1}。

性质:高含水率和高孔隙比;渗透性低;压缩性高;不均匀(常加有厚薄不均的砂性土);稳定历时长;抗剪强度低;具显著的触变性和蠕变性;取样困难,一般采用静力触探试验、十字板剪切试验确定其性质。

软土在我国滨海平原、河口三角洲、湖盆地周围及山涧谷地均有广泛分布。在软土地基上修筑高速公路,若不加以治或处治不当,往往会导致路基失稳或过量沉陷,造成公路不能正常使用。

1. 处治方法及适用范围

软土地基处治方法可按滑动破坏(按稳定性)处治与按沉降计算处治(按沉陷)来区分。

稳定性处治的有效方法大致有垫层处理法(表层排水、砂垫层、土工聚合物、加固土);反压护道法;慢速加载法(控制路堤填筑速度)等。沉降处治的有效方法有路堤加载法(等载或超载)和垂直排水法(砂井,袋装砂井,塑料排水板)等。

在稳定和沉降处治两方面都有效的方法有挤密砂桩法、振动置换法(碎石桩、钢渣桩)和加固土桩(水泥粉喷桩)等。

1)垫层处理法

垫层处治施工通常用于松软过湿地表面,由于地基表面采用排水、铺设填料或以掺加剂加固使地表层强度增加,防止地基局部剪切变形,从而保证重型机械通行,又使填土荷载均匀分布在地基上。

(1)砂(砾)垫层,在软、湿地基上铺以0.3~0.5m厚度的排水层,有利于软湿表层的固结,并形成填土的底层排水,在一定程度上能提高地基强度,使施工机械可以通行。

(2)碎石、岩渣垫层:一般厚度为0.4m左右,并铺设单层或双层土工织物、或土工网格。有利于均匀支承填土荷载,提高地基承载力,减少地基的沉降量。

(3)掺和料垫层:利用掺和料(合灰、水泥、土、加固剂)以一定剂量混合在填料土中,可改变地基的压缩性和强度特性,从而保证施工机械的通行,若垫层大部分松散,应进行大部分或全部防护。

2)反压护道法

当在施工过程中填土将使土基产生的滑动破坏达不到要求时,在填方路堤两侧一定宽度范围内平衡反压填土,以谋求填土的稳定。但是,利用这种方法用地宽度显著增加,为此需要大量的土方。在用地困难、征地费高以及难以得到价廉填土材料的情况下是很不经济的。因此这种方法大多是用在施工过程中已经明显出现不稳定的填方或发生了滑坍破坏的填方时,作为应急措施和修复措施。

3)慢速加载法

控制填土速度,缓速地填筑路堤,可以期望随着地基逐渐固结而相应地增加地基抗剪强度。由于这一方法不需要特殊的施工机械和材料,当工期有足够时间的情况下,它是最经济的方法。

4)垂直排水法(也称砂井、塑料排水板加固法)

垂直排水法的原理是软土地基在路堤荷载作用下,水从孔隙中慢慢排出,孔隙比减小,地基发生固结变形,同时随着超静水压力逐渐扩散,土的有效应力增大,地基土强度逐步增长。垂直排水法常用于解决软土地基的沉降问题,可使地基沉降在加载预压期间基本完成或大部分完成,使公路完工后在营运期间不发生过大的沉降和减少桥头段的沉降差。垂直排水法是由排水系统和堆载系统两部分组合而成的,排水系统可在天然地基中设置竖向排水体(如普通砂井、袋装砂井、塑料排水板等),其上铺设砂垫层。堆载系统为路堤填料的填筑,可以有欠载、等载、超载预压,也可采用真空预压法用于软黏土地基,施工期间保证有足够的预压期。

5)振冲置换法(或称砂桩、碎石桩加固法)

利用一种能产生水平向振动的管桩机械在软弱黏土地基中钻孔,再在孔内分批填入碎石或矿渣,制成桩体,使桩体和周围的地基土构成复合地基以提高地基承载力,并减少压缩性。碎石桩的承载力和沉降量在很大程度上取决于周围软土对碎石桩的约束作用,如周围土过于软弱,对碎石桩的约束作用就差。

适用范围为软弱黏性土地基,但对于抗剪强度较低的软黏土采用本法务必慎重。

6)深层搅拌法(也称水泥土桩地基加固法)

深层搅拌法是利用水泥粉作为固化剂,通过特别的深层搅拌机械,在地基深处将水泥粉和软土强制搅拌,利用固化剂和软土之间产生一系列物理、化学反应,形成坚硬拌和柱体,与周围上体形成复合地基作用,以提高地基承载能力,并减少压缩性。

适用范围为软弱性黏性土。

2.选用原则及注意事项

软土地基处治的方法很多,各种方法都有它的适用范围。具体工程的工程地质条件千变万化,对地基处理的要求不尽一致,而且施工部门采用的机具、当地的材料都会不同,因此必须进行具体分析,从地基条件、处理要求、处理范围、工程进度、材料机具等方面进行综合考虑,以确定合适的处治方法。

软土地基处治的工程费用有时是十分昂贵的,且由于选择方法的错误,有时会完全得不到好的效果,因此进行综合考虑时必须注意尽量选择经济的施工方法,不要过多地浪费有限的资源。在深厚软土地基,沉降量大的地方可铺筑临时路面,待残余沉降达到一定量时再建正式路面。

在施工过程中,必须注意施工质量和处理效果的检验,以保证工程质量。在施工期内和施工完成后应按要求做好监测工作,并尽量采用可能的手段来检验处理的效果。

在开发、引用新的地基处理方法,或者对不同的处理方法作比较时,宜在大规模施工以前进行小型现场试验来检验可靠性,并获得必要的施工控制指标和施工经济指标。

软基处治和其他土工问题的解决一样,包括以下4个环节:

(1)详细检查。包括地质勘察、土工试验以及处理方案,以往使用经验的调查研究。

(2)科学分析。必要时通过现场试验,取得第一手资料。

(3)现场监测。十分注意现场收集数据。

(4)反分析。以获得必要参数数据,用以验证设计、监测工程的可靠性。

一、垫层与浅层处治

垫层通常指换土垫层处治,就是把基底下一定浅层范围内的软弱土基全部或部分挖除,用砂、碎石等强度高、性能好的粒状材料回填,这实际上是浅层处治措施。这里我们把垫层与浅层处治分开,垫层是指地面上设置的砂垫层、砂砾垫层、碎石垫层、灰土或素土垫层、矿渣垫层以及其他性能稳定、无侵蚀性材料垫层。虽然材料不同的垫层,其应力分布有所差异,但从使用经验分析,其作用和特征都可近似地按砂垫层进行计算。垫层的厚度以保证不致因沉降发生断裂为宜,一般为30~50cm,垫层的宽度适当大于路宽度,以防止在施工过程中由于施工机械的破坏而影响对垫层的有效作用。对砂垫层下设置土路拱的问题,各地看法不尽一致。一种看法认为:对砂垫层的排水作用,由于盆形沉降可能会受到影响,而主张在地基上做土路拱的办法是没有必要的。因为孔隙水是在地基中孔隙水压力消散过程中排出的,是有压水,只要排水通道不断开,孔隙水就能排出地基,因而认为做土路拱无效果。另一种看法认为设计土路拱对砂垫层的排水肯定是有利的,而且路堤各层施工形成的表面路拱,有利于地表雨水的排除。

浅层处治一般指从地表下 30~150cm 之间,可用浅层拌和、换填抛石等方法进行处治,例如,日本沟槽型的石灰土拌和机,能进行浅层拌和,深度为地面以下 1.3cm,而叶轮回转型则可达 1.8m。

现行公路规范、铁路规范都规定了当软土厚度小于 3m 时可用抛石挤淤措施,这种方法适用于软土层位于水下、更换土壤施工困难或基底直接落在含水率极高的淤泥中,稠度远超过液限,呈流动状态的路段。一般地讲,抛石是经济的,但技术上缺少把握,使用时要慎重。

(一)垫层施工

1)对材料的要求

砂垫层材料宜采用中砂及粗砂,不许掺有细砂及粉砂,含泥量不得过多。

2)施工要点

(1)砂垫层施工中的关键,是将砂加密到设计要求的密实度。加密的方法常用的有振动法(包括平振、插振、夯实)、水撼法、碾压法等。这些方法要求分层铺砂,然后逐层振密或压实,分层的厚度视振动力的大小而定,一般为 15~20cm。

(2)要求砂砾垫层,无明显粗细粒料分离,最大粒径不宜大于 5cm。

(3)砂垫层宽度应宽出路基边脚 0.5~1.0m,两侧墙以片石护砌或采用其他方式防护,以免砂料流失。

(4)碾压法施工时最佳含水率一般控制在 8%~12%。

3)排水砂垫层施工方法

(1)当地基表层具有一定厚度的硬壳层,其承载力较好,能上一般运输机械时,一般采用机械分堆摊铺法,即先堆成若干砂堆,然后用机械或人工摊平。

(2)当硬壳层承载力不足时,一般采用顺序推进摊铺法。

(3)当软土地基表面很软,如新沉积或新吹填不久的超软地基,首先要改善地基表面的持力条件,使其能上施工人员和轻型运输工具。工程上常采用如下措施:

①地基表面铺荆笆。搭接处用铅丝绑扎,以承受垫层等荷载引起的拉力,搭接长度取决于地基土的性质,一般搭接长 20cm。当采用两层荆笆时,应将搭接处错开,错开距离以搭缝之间间距的一半为宜,荆笆搭接如图 2-55 所示。

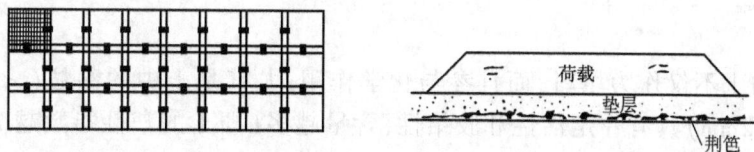

图 2-55　荆笆铺设示意图

②表面铺设塑料编织网或尼龙编织网,编织网上再作砂垫层,如图 2-56 所示。

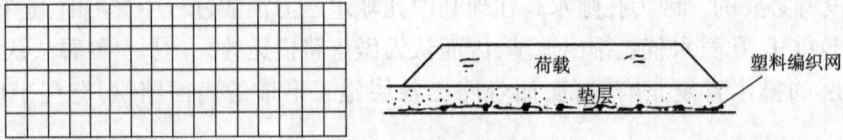

图 2-56 塑料编织网

③表面铺设土工聚合物,土工聚合物上再铺排水垫层。

以上为目前超软地基上施工常用的方法,它们可单一使用,也可混合使用,还可根据当地材料来源,选择具有一定抗拉强度、断面小的材料,但应注意:

a. 饱水后的材料要有足够的抗拉强度;

b. 当被加固地基处在边坡位置或将来有水平力作用时,要注意由于材料腐烂而形成软弱夹层,给加固后地基的稳定性带来潜在的影响。

④尽管对超软地基表面采取了加强措施,但持力条件仍然很差,一般轻型机械上不去,在这种情况下,通常采用人工或轻便机械顺序推进铺设,常用的有以下两种:

a. 用人力手推车运砂铺设;

b. 用轻型小翻斗车铺垫。

无论采用何种施工方法,在排水垫层的施工过程中都应避免对软土表层的过大扰动,以免造成砂和淤泥混合,影响垫层的排水效果。

(二)石灰土垫层施工

石灰土是一种传统的建筑材料,它是在原地面上用一定体积比拌和、在最佳含水率情况下压实,能提高地基承载力,减少沉降,当软弱土层的厚度不大(1~3m)时,能取得较好效果。

1. 灰土材料

1)石灰

石灰是一种无机胶结材料,由石灰石煅烧而成,主要成分为氧化钙、氧化镁,颜色自白至灰成黄绿色,块状物,称生石灰。使用前一般用水熟化,亦称消化石灰。

在施工现场用做灰土的熟石灰应予过筛,其粒径不得大于 5mm。熟石灰中不得夹有未熟化的生石灰块,也不得含有过多的水分。

石灰的性质决定于其活性物质的含量,即含 CaO 与 MgO 的百分率,含量越高,则活性越大,胶结力越强。一般常用的熟石灰粉末其质量应符合 III 级以上的标准,活性 CaO + MgO 含量不低于 50% ,如果拌制强度较高的灰土,宜选用 I 或 II 级石灰。当活性氧化物含量不高时,应相应增加石灰的用量。石灰的储存时间不宜超过 3 个月,长期存放将会使其活性降低。

2)土料

灰土中的土不仅作为填料,而且参与化学作用,尤其是土中的黏粒(<0.005mm)或胶粒(<0.002mm)具有一定活性和胶结性,含量越多(即土的塑性指数越高),则灰土强度也越高,通常采用黏性土(土塑性指数大于 4)拌制灰土,应予粉碎,其团粒不得大于 50mm。

3)石灰剂量

灰土中石灰的用量在一定范围内,其强度随用灰量的增大而提高,但当超过一定限值后,则强度增加很小,并有逐渐减小的趋势。一般情况下 2∶8 和 3∶7 的灰土可作为最佳含灰率,而 1∶9 的灰土,虽然强度低一些,但能改善土的压实性能。

4)二灰垫层

采用石灰、粉煤灰按适当比例加水拌和,分层夯实的垫层,称"二灰垫层"。它和灰土垫层相似,但强度较灰土垫层高。

2. 灰土垫层施工要点

(1)灰土垫层施工前必须对下卧地基进行检验,如发现局部软弱土坑,应挖除,用素土或灰土填平夯实。

(2)施工时应将灰土拌和均匀,控制含水率,如土料水分过多或不足时应晾干或洒水润湿。一般可按经验在现场直接判断,其方法为手捏灰土成团,两指轻捏即碎,或落地粉碎,这时,灰土基本上接近最佳含水率。

(3)掌握分层松铺厚度,按采用的压实机具现场试验来确定,一般情况下松铺 30cm,分层压实厚度为 20cm。

(4)压实后的灰土应采取排水措施,3d 内不得受水浸泡。

(5)灰土垫层铺筑完毕后,要防止日晒雨淋,及时铺筑上层。

(三)反压护道

在路堤两侧填筑一定宽度和高度的护道,使路堤下淤泥或泥浆向两侧隆起的趋势得到平衡,从而保证路堤的稳定性。

采用反压护道施工简易,但占地多,用土量大,且后期沉降量大,养护工作也大,因此适用于非耕作区和取土不困难地区。

反压护道的施工应与路堤本身同时填筑,分开填筑时,必须在路堤达到临界高度前筑好。它的施工工艺和要求与路堤填筑要求相同。

二、排水固结法

排水固结法是处理软黏土地基的有效方法之一。该法是对天然地基或先在地基中设置砂井等竖向排水体,然后利用建筑物本身重力分级逐渐加载,或是在建筑物建造以前,在场地先行加载预压,使土体中的孔隙水排出,逐渐固结,地基发生沉降,同时强度逐步提高的方法。

按照使用目的,排水固结法可以解决以下两个问题。

1. 沉降问题

使地基的沉降在加载预压期间大部分或基本完成,使建筑物在使用期间不致产生不利的沉降和沉降差。

2. 稳定问题

加速地基土的抗剪强度的增长,从而提高地基的承载力和稳定性。排水固结法是由排水系统和加压系统两部分组合而成的,具体见图 2-57 所列。

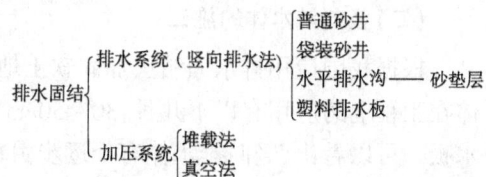

排水固结
{
 排水系统(竖向排水法) {
  普通砂井
  袋装砂井
  水平排水沟——砂垫层
  塑料排水板
 }
 加压系统 {
  堆载法
  真空法
 }
}

图 2-57 排水固结法的组成

设置排水系统主要在于改变地基原有的排水边界条件,增加孔隙水排出的途径,缩短排水距离。该系统是由水平排水垫层和竖向排水体构成的。

(一)排水固结法原理

饱和软黏土地基在荷载作用下,孔隙中的水被慢慢排出,孔隙体积慢慢地减小,地基发生固结变形,同时,随着超静水压力逐渐消散,有效应力逐渐提高,地基土的强度逐渐增长。现以图 2-58 为例作一说明:当土样的天然固结压力为 σ'_0 时,其孔隙比为 e_0,在 $e - \sigma'_0$ 坐标上其相应的点为 a 点,当压力增加 $\Delta\sigma'$,固结终了时,变为 c 点,孔隙比减小 Δe,曲线 abc 称为压缩曲线。与此同时,抗剪强度与固结压力成比例地由 a 点提高到 c 点。所以,土体在受压固结时,一方面孔隙比减少产生压缩,一方面抗剪强度也得到提高。如果预压荷载大于设计路堤荷载(即为超载),则效果更好,原来的正常固结黏土层将处于固结状态,而使地基在路堤荷载作用下产生变形大大减小。

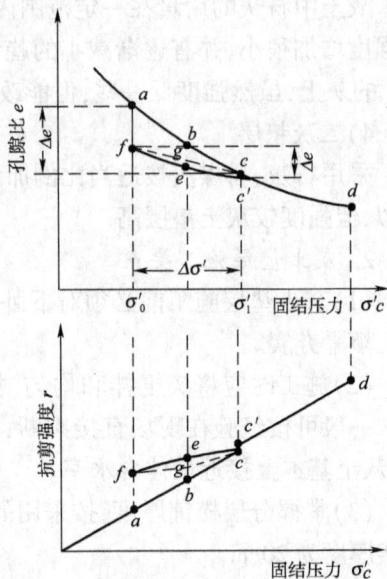

图 2-58　排水固结法增大地基土的原理

土层的排水固结效果和它的排水边界条件有关,如图 2-59 所示为排水边界条件。

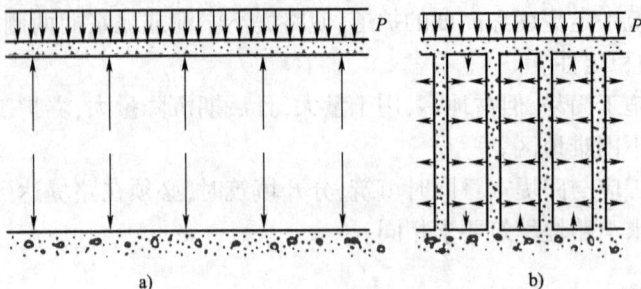

a)　　　　　　　　　　b)

图 2-59　排水法的原理

a)竖向排水情况;b)砂井地基排水情况

固结所需时间和排水渗经距离的平方成正比,渗经距离愈长固结延续时间越长。为加速土层的固结,最有效的方法是增加土层的排水途径。砂井、塑料排水板等竖向排水体就是为此目的而设置的。

(二)竖向排水体的施工

根据我国应用排水固结法加固软土地基多年的实践经验,以及国内外发展情况,竖向排水体在工程上的应用有以下几种:30 ~ 50cm 直径的普通砂井;7 ~ 12cm 直径的袋装砂井;塑料排水板。可以看出,竖向排水体有个逐步由粗到细、由散装到袋装、由天然材料的砂井到塑料板工厂化生产的发展过程,同时在施工机械和施工工艺上也逐步得到了发展。

1. 砂井的施工工艺

砂井施工工艺恰当与否,直接影响到砂井的排水效果,施工工艺的选择主要考虑 3 个问题:

(1)保证砂井连续、密实,并且不出现颈缩现象;

（2）施工时尽量减小对周围土的扰动；

（3）施工后砂井的长度、直径和间距应满足设计要求。

对于砂井施工，我国、日本以及欧美国家通常采用以下几种方法。

1）套管法

该法是将带有活瓣管尖或套有混凝土端靴的套管沉到预定深度，然后在管内灌砂、拔出套管形成砂井。根据沉管工艺的不同，又分为静压沉管法，锤击沉管法，锤击、静压联合沉管法，振动沉管法等。

（1）静压、锤击联合沉管法。用该法施工往往在提管时，由于砂的拱作用及与管壁的摩阻力，将管内砂柱带上来，使砂井断开或缩颈，影响砂井排水效果。

（2）振动沉管法。以振动锤为动力，将套管沉入到预定深度，灌砂后振动提管形成砂井。采用该法施工不仅避免了管内砂随管带上，保证井的连续性，同时砂受到振密，砂井质量好。

应用振动沉桩工艺时，激振力与套管的直径、长度的关系，可参照表2-22选用。

激 振 力 参 考 表 表2-22

套管直径（cm）	长度（m）	参考激振力（kN）
20	4 ~10	20 ~120
30	5 ~15	100 ~250
40	10 ~25	200 ~400

2）水冲成孔法

该法是通过专用喷头，在水压力作用下冲孔，成孔后经清孔，再向孔内灌砂成形。

采用该法施工时，有两个环节需特别注意，一是控制好冲孔时水压力大小和冲水时间，这和土层性质有关，当分层土的性质不同而用相同水压时，会出现成孔直径不同的现象。二是孔内灌砂质量。如孔内泥浆未清洗干净，砂中含泥量增加，会使砂井渗透系数降低，这对土层的排水固结是不利的，并且如泥浆排放疏导不好，也会对水平排水垫层带来不利影响。

水冲成孔工艺，对土质较好且均匀的黏性土地基是较适用的，但对土质很软的淤泥。因成孔和灌砂过程中容易缩孔，很难保证砂井的直径和连续性。对于夹有粉砂薄层的软土地基，若压力控制不严，冲水成孔时易出现串孔，对地基扰动比较大，应引起注意。

水冲成孔法设备比较简单，对土的扰动较小，但在泥浆排放、塌孔、缩颈、串孔、灌砂等方面还存在一定的问题。

3）螺旋钻成孔工艺

该法以动力螺旋钻钻孔，属于钻法施工提钻后孔内灌砂成形。此法适用于陆上工程、砂井长度在10m以内，土质较好，不会出现缩颈、塌孔现象的软弱地基。此法在美国应用较广泛，该工艺所用设备简单而机动，成孔比较规整，但灌砂质量较难掌握，对很软弱的地基也不太适用。

以上砂井施工，各种方法都有其自身的特点、适用范围和存在问题，因此在选用砂井施工工艺时，应根据待加固软土地基的特性和施工环境以及本地区的经验，在确保砂井质量的前提下，全面分析，审慎确定。

2. 袋装砂井施工

1）袋装砂井的施工步骤

(1)施工设备的准备。此工序包括整平施工场地,机具配备,砂料和砂袋以及成孔用的套管、桩尖等一系列准备工作的完成,并对井孔定位放样经过复核无误。

(2)沉入套管。将带有可开闭底盖的套管或带有预制桩尖的套管(内径略大于砂袋直径)按井孔定位沉入到要求的深度。

(3)袋子灌砂压重沉放管内,扎好砂袋(袋长比井深约长2m)下口后,在其下端放入20cm左右高的砂子作为压重,将袋子放入套管中沉入到要求的深度。如不能沉至要求深度,会有一部分拖留在地面,此时须作排泥处理,直至砂袋沉达预定深度。

(4)就地填砂入袋成井。将袋口固定在装砂用的漏斗上,通过振动将砂填满袋中,卸下砂袋,拧紧套管上盖,然后一边把压缩空气送进套管,一边提升套管至地面。

(5)用预制砂袋沉放,也可采用预先在袋内装满砂料,扎好上口,成为预制砂袋,运往现场,弯成圆形,成圈堆放,成孔后将砂袋立即放入孔内。

2)袋装砂井成孔方法及主要机具

袋装砂井的成孔方法,可根据机械设备条件进行比较选择。目前,我国所采用的有如下5种施工方法:锤击沉入法、射水法、压入法、钻孔法以及振动贯入法等。且均有专用的施工设备,一般为导管式的振动打设机械,只是在进行方式上有差异。各种成孔方法所选用机械及工效见表2-23所列。

3)在袋装砂井施工中应注意的问题

(1)定位要准确,砂井垂直度要好,这样就可确保排水距离和理论计算一致。

(2)砂料含泥量要小,这对于小断面的砂井尤为重要,因为直径小,长细比大的砂井,井阻效应较为显著,一般含泥量要求小于3%。

(3)袋中砂宜用风干砂,不宜采用潮湿砂,以免袋内砂干燥后,体积减小,造成袋装砂井缩短与排水垫层不搭接等质量事故。

(4)聚丙烯编织袋在施工时应避免太阳光长时间直接照射。

(5)砂袋入口处的导管口应装设滚轮,避免砂袋刮破漏砂。

(6)施工中要经常检查桩尖与导管口的密封情况,避免导管内进泥太多,影响加固深度。

成孔方法及主要机械和工效参考 表2-23

成孔方法	机具总质量(t)	主要机械设备	平均成孔时间	工 效	
				平均	最高
锤击沉入法	1.0	1t绞车(卷扬机)1台,55kW电机1台,0.6t锤1个	12min43s	22min50s	18min37s
射水法	0.5	0.5t绞车1台75TS W-7水泵1台	100min	15min32s	12min
压入法	4.0	1t绞车2台 3t绞车2台	15min	30min	
钻孔法	1.0	100型钻机1台	60min	75min	
振动贯入法		KM2-12 000A型振动打桩机1套	30s	8min	6min

（7）确定袋装砂井施工长度时,应考虑袋内砂体积减小,袋装砂井在孔内的弯曲、超深以及伸入水平排水垫层内的长度等因素,避免砂井全部深入孔内,造成与砂垫层不连接。

3. 塑料板排水法施工

塑料板排水法和砂井排水法均属竖向排水法,利用塑料排水板打入(用插板机插入内)土中,作为垂直排水通道,可代替常用的排水砂井法,其滤水性好,可确保排水效果;塑料排水板具有一定的强度和延伸率,适应地基变形的能力强;板截面尺寸不大,插放时地基扰动小,施工方便。

1）塑料排水板的性能及规格

塑料排水板由芯板和滤膜组成,芯板是由聚丙烯和聚乙烯塑料加工而成,且两面有间隔沟槽的板体,土层中固结渗流水通过滤膜渗入到沟槽内,并通过沟槽从排水垫层中排出。塑料排水板由于所用材料不同,结构也各异。国内外工程上所应用的塑料板结构,主要有图 2-60 所示的几种。

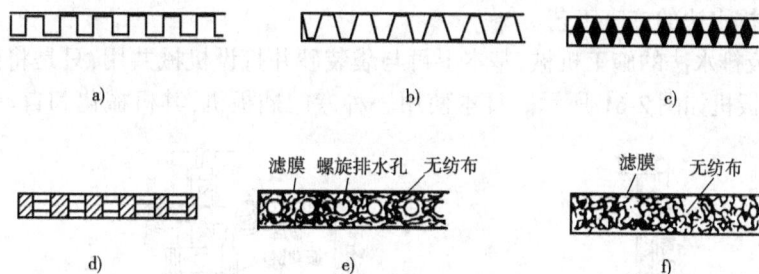

图 2-60　塑料排水板的结构

a)Ⅱ槽形塑料板;b)梯形槽塑料板;c)10 槽塑料板;d)硬透水膜塑料板;e)无纺布螺旋孔排水板;f)无纺布柔性排水板

各种类型塑料排水板性能见表 2-24。

塑料排水板性能　　　　　　　　　　表 2-24

项 目	指 标	类 型 TJ-1	SPB-1B	SVD2	日本
	外形尺寸(mm)	100 ×4	100 ×4	100 ×7	100 ×1.6
材料	板芯	聚乙烯、聚丙烯	聚氯乙烯	聚乙烯	聚乙烯
	滤膜	纯涤纶	涤纶无纺布		
	纵向沟槽数	38	38		10
	沟槽面积(mm²)	152	152		112
板芯	抗拉强度（Pa）	210	170	150	270
	180°弯曲	不脆不断	不脆不断	不脆不断	
	扁平压缩变形				

续上表

类型 指标 项目		TJ-1	SPB-1B	SVD2	日本
滤膜	滤膜单位重力（N/m²）	0.65（含胶40%）	0.50		
	抗拉强度（Pa）	30	44.3	107	
	耐破度（N/cm）	71.7	51.0		
	撕裂度 （N） 干		1.34		
	饱和				
	顶破强度（N）	103			
	渗透系数（cm/s）	1 ×10⁻²	4.2 ×10⁻⁴	12 ×10⁻²	

目前我国生产的塑料板有两种,即南京生产的聚氯乙烯梯形槽塑料板及天津塘沽塑料制品厂生产的聚丙烯、聚乙烯梯形槽塑料板。

2)塑料板排水法的施工工艺

(1)塑料板排水法的施工机械,基本上可与袋装砂井打设机械共用,只是将圆形导管改为矩形导管。插板机如图2-61所示。日本使用一种专门插板机,其机械化和自动化程度较高。

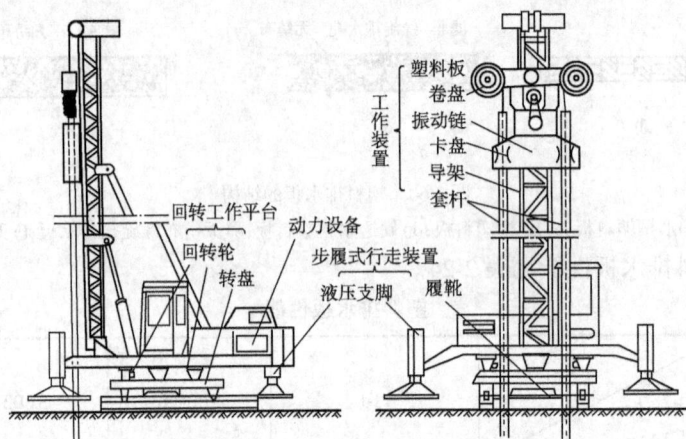

图2-61 LJB-6型步履式插板机

对于目前我国应用的两用打设机械,其振动打设工艺、锤击振力大小,可根据每次打设根数、导管断面大小、入土长度及地基均匀程度具体确定,一般对均匀的软黏土地基(无较好夹层),振动锤击振力参照表2-25选用。

振动锤击振力参考值　　　　　　表2-25

长度（m）	导管直径（cm）	振动锤击力（kN）	
		单管	双管
>10	130 ～146	40	80
10 ～20	130 ～146	80	120 ～160
>20	120	160 ～220	

（2）塑料排水板导管靴与桩尖塑料排水板通过导管，从导管靴穿出并与桩尖相连，导管连同塑料板顶住桩尖压入土中。塑料排水板与桩尖连接的方式有 3 种，如图 2-62 所示。

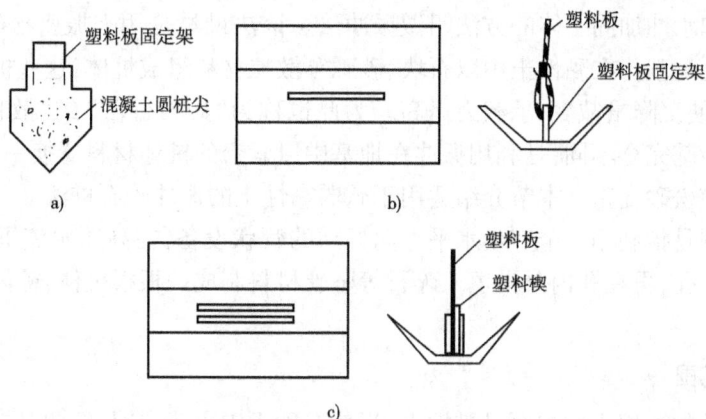

图 2-62 桩尖连接方式

a）混凝土圆桩尖示意图；b）倒梯形桩尖；c）楔形固定桩尖

（3）塑料板排水法的插入。塑料排水板打设顺序包括：定位；将塑料板通过导管从管靴穿出；将塑料板与桩尖连接贴紧管靴并对准桩位；插入塑料板；拔管剪断塑料板等。施工过程中还应注意以下几点：

①塑料板插入过程中防止淤泥进入板芯，堵塞输水通道，影响排水效果；

②塑料板与桩尖连接要牢固，避免提管时脱开将塑料板带出；

③桩尖与导管配合要适当，避免错缝，防止淤泥进入，增大塑料板与导管壁的摩擦力造成塑料板带出；

④严格控制间距和深度，凡塑料板带上 2m 的应作废补打；

⑤塑料板需接长时，应采用滤水膜内平搭接的连接方法，为保证输水畅通并且有足够的搭接强度，搭接长度不小于 20cm，连接方法如图 2-63 所示。

3）质量标准。

（1）基本要求。袋装砂井、塑料排水板：砂的规格质量、砂袋织物质量和排水板质量必须符合设计要求；砂袋和塑料排水板下沉时不得出现扭结、断裂等现象；井（板）底高程必须符合设计要求，其顶端必须按规范要求伸入砂垫层。

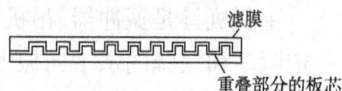

图 2-63 塑料板接头连接断面示意图

（2）实测项目：

袋装砂井施工和塑料排水板施工允许偏差应符合表 2-26 的要求。

袋装砂井、塑料排水板实测项目　　　　　　表 2-26

项　次	检 查 项 目	规定值或允许偏差	检查方法和频率	权值
1	井（板）间距（mm）	±150	抽查 2%	2
2△	井（板）长度	不小于设计	查施工记录	3
3	竖直度（%）	1.5	查施工记录	2
4	砂井直径（mm）	+10，-0	挖验 2%	1
5	灌砂量（%）	-5	查施工记录	2

注：本表摘自中华人民共和国行业标准《公路工程质量检验评定标准》（JTG F80/1—2004）。

三、振冲碎石桩

利用振动和水冲加固土体的方法叫做振冲法。该法最早是用来振密松砂地基的,后来将其应用于黏性土地基。在黏性土中以石块、砂砾等散粒材料组成桩体,这些桩与原地基土构成所谓复合地基,使沉降量减少,承载力提高。为此也称为"碎石桩法"或"散粒桩法"。它的加固机理与振冲砂基完全不同,是利用振冲在地基中以紧密的桩体材料置换一部分地基土,而后者是用振冲法使松砂变密。本节介绍适用于软弱黏性土的振冲碎石桩法。

振冲碎石桩是指利用一个产生水平方向振动的管状设备,在高压水流下边振动冲在软弱黏性土地基中成孔,再在孔内分批填入碎石等坚硬材料制成一根根桩体,桩体和原来的黏性土构成复合地基。

(一)适用范围

振冲碎石桩的适用土质主要是黏性土,当然在砂土中也能应用,但此时挤密作用的重要性远大于置换作用。

在制桩过程中,填料在振冲器的水平向振动作用下挤向孔壁的软土中,从而使桩体直径扩大。当这一挤入力与土的约束力平衡时,桩径不再扩大。显然,原土强度越低,也就是抵抗填料挤入的约束力越小,造成的桩体就越粗。如果原土的强度过于低弱(如刚吹填的软土),以致土的约束力始终不能平衡使填料挤入孔壁的力,那就始终不能形成桩体,这种办法不再适用。土的强度至少要有多少才能成桩,各种说法不一。实践经验告诉我们,用碎石桩加固虽然获得成功,但已感觉制桩难度较大。适用振冲置换法的软土其不排水抗剪强度下的限值,还需积累更多经验才能定出参考值。对于软弱黏性土,还应慎重研究。

(二)碎石桩施工

1. 施工机具

主要机具是振冲器、吊机或施工专用平车和水泵。振冲器是利用一个偏心体的施转产生一定频率和振幅的水平向振力并进行振冲挤密或振冲置换施工的一种专用机械。目前用于振冲置换施工的振冲器主要有 ZCQ-13、ZCQ-30 和 ZCQ-55 三种型号,具体见表 2-27 所列,其中最常用的为 ZCQ-30。ZCQ-30 的潜水电机功率为 30kW,转速 1 450r/min。额定电流约 60A,振幅 4.2mm,最大水平向振力 60kN,外壳直径 351mm,长 2 150mm,总重 9.4kN。

振冲器的技术指标 表 2-27

型 号	ZCQ-13	ZCQ-30	ZCQ-55	BL-75
电机功率(kW)	13	30	55	75
转速(r/min)	1 450	1 450	1 450	1 450
振动力(kN)	25.5	60	100	150
额定电流(A)	290	660	1 040	
不平衡重力(N)	35	90	200	160
振幅(mm)	4.2	4.2	5.0	7.0
振冲器外径(mm)	274	351	450	426
长度(mm)	2 000	2 150	2 500	3 000
总重力(kN)	7.8	9.4	16.0	20.5

起吊机械有履带或轮胎吊机、自行井架式专用平车或抗扭胶管专用汽车(如图 2-64 和图 2-65 所示)。选用吊机时,吊机的起吊能力需大于 100~200kN。

水泵的规格是出水压 400~600kPa,流量 20~30m³/h。每台振冲器配一台水泵。如果工地有数台振冲器同时施工,也可用集中供水的办法。

其他设备有运料工具(手推车、装卸机或皮带运输机)、泥浆泵、配电板等。

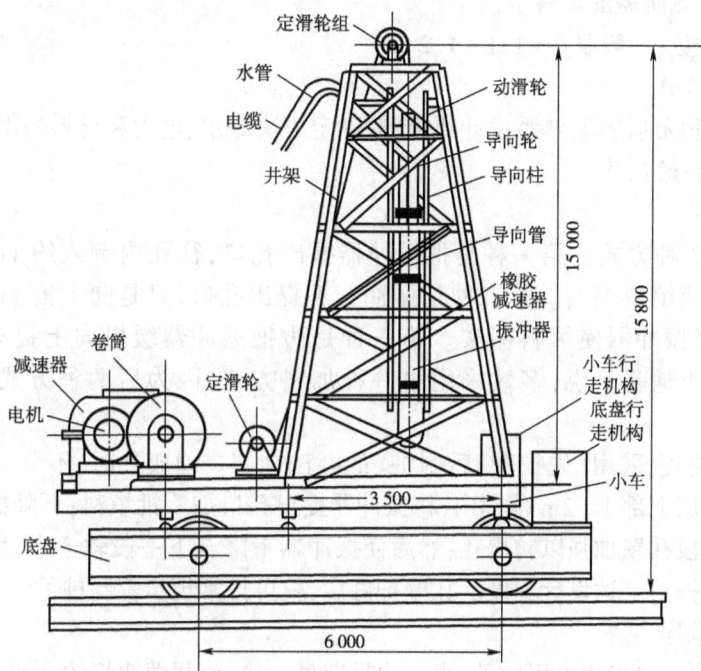

图 2-64 自行井架式专用平车(尺寸单位:mm)

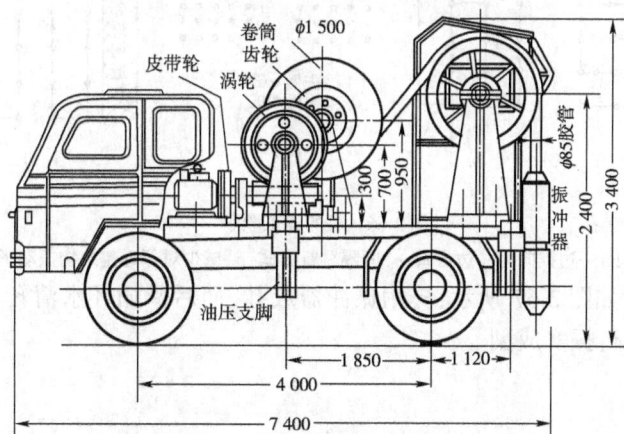

图 2-65 抗扭胶管式专用汽车(尺寸单位:mm)

2. 填料

制作桩体的填料宜就地取材,如碎石、卵石、砂砾、矿渣、碎砖等均可使用,但不宜采用风化石块。各类填料的含泥量均不得大于 10%。填料的最大粒径一般不大于 5cm。粒径太大不仅容易卡孔,而且能使振冲器外壳强烈磨损。整个工程需要的总填料量可由下式计算求得:

$$V = \mu N V_p l \tag{2-17}$$

式中:l——桩长;

N——桩数;

V_p——每米桩体所需的填料量;

μ——富余系数,一般取 $\mu = 1.1 \sim 1.2$。

3. 施工准备工作

施工前应做好场地清理,熟悉设计要求,并确定解决好水、电力和材料的供应工作。

4. 振冲置换桩的制作

1)填料方式

加料一般有 3 种方式。第一种是把振冲器提出孔口,往孔内倒入约 1m 堆高的填料,然后下降振冲器使填料振实。第二种是振冲器不提出孔口,只是向上提 1m 左右,然后向孔口倒料,再下降振冲器使填料振实。第三种是边把振冲器缓慢向上提升,边在孔口连续加料。就黏性土地基来说,多数采用第一种加料方式,因为后两种方式不能保证桩体质量。

对较软的土层,宜采用"先护壁,后制桩"的办法施工。即成孔时,不要一下达到设计深度,而是先达到软层上部 1~2m 范围内,将振冲器提出孔口加一批填料;下降振冲器使这批填料挤入孔壁,把这段孔壁加强以防塌孔;然后使振冲器下降至下一段软土中,用同样方法加料护壁。如此重复进行,直达设计深度。孔壁护好后,就可按常规步骤制桩了。

2)桩的施工顺序

桩的施工顺序一般采用由里向外、由一边推向另一边,或间隙跳打的方式,见图 2-66。

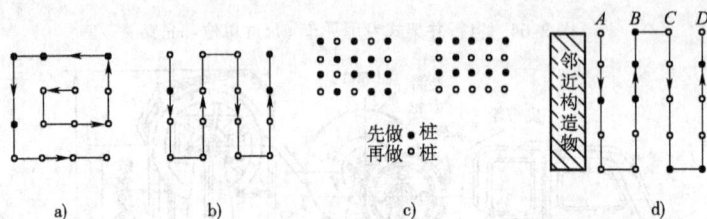

图 2-66 桩的施工顺序

a)由里向外方式;b)一边推向另一边方式;c)间隔跳打方式;d)减少对邻近建筑物振动影响的施工顺序

3)制桩操作步骤如图 2-67 所示,先用振冲器成孔,而后借循环水清孔,最后倒入填料,再用振冲器沉至填料进行振实成型。

(三)质量标准

1. 基本要求

碎石材料应符合规范要求。设置碎石桩时,应严格按试桩结果控制水压和电流;分批加入碎石,切实注意振密挤实效果,防止发生"断桩"或"颈缩桩"。

2. 实测项目

碎石桩施工允许偏差应符合表 2-28 的要求。

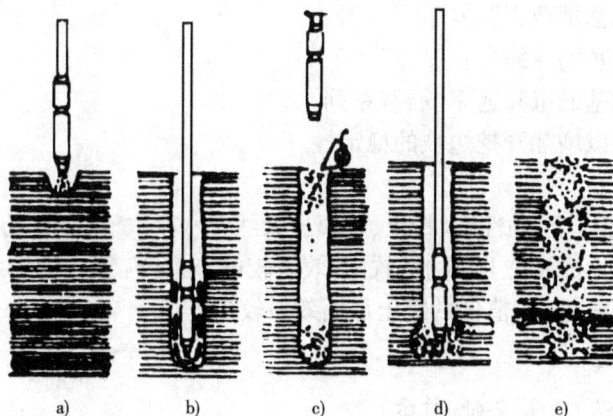

图 2-67 制桩步骤

a)成孔;b)清孔;c)倒料;d)振实;e)成型

碎石桩(砂桩)实测项目 表 2-28

项次	检 查 项 目	规定值或允许偏差	检查方法和频率	权 值
1	桩距(mm)	±150	抽查 2%	1
2	桩径(mm)	不小于设计	抽查 2%	2
3△	桩长(mm)	不小于设计	查施工记录	3
4	竖直度(%)	1.5	查施工记录	2
5	灌石(砂)量	不小于设计	查施工记录	2

注:本表摘自中华人民共和国行业标准《公路工程质量检验评定标准》(JTG F80/1—2004)。

四、粉喷桩

粉体喷射搅拌桩加固软土地基,主要是以粉体物质作加固料和原状软土进行强制搅拌,经过物理化学作用生成一种特殊的、具有较高强度、较好变形特性和水稳定性的混合柱体(粉喷桩),它对提高软土地基承载能力、减少地基的沉降量有明显效果。

(一)适用范围

1. 特点

粉喷桩加固法与其他软基处治方法相比较,具有下列特点:

(1)由于该法以粉体作为加固料,不需向地基注入附加水分,可以充分地吸取地下水,因此加固后地基柱体承载力与相类似的浆喷柱相比要高,其固结效果要好。

(2)该法加固水泥土柱与周围土体形成的复合地基,不需预压即可获得较高的复合地基承载力及复合变形模量,加固土柱体的压缩量仅为 0.6% 左右,下卧层的沉降量一般情况也能减少地基沉降总量的 1/3 ~2/3 。

(3)施工时低压操作,安全可靠,无污染,无振动,无噪声,对周围环境及建筑物无不良影响。

(4)本法可以根据不同土质条件及设计要求,分别选择加固料种类(水泥粉、石灰粉、钢渣粉等)及其合理的配比。

本法可以解决下列工程问题:

（1）增加软土地基承载力；

（2）减少软土地基的压缩量；

（3）加快软土地基的沉降速率（石灰系列）；

（4）作侧向支护以增加开挖边坡的稳定性。

2．适用范围

本法适用于淤泥质土、黏性土、粉土、杂填土天然含水率大于30% 的加固。据研究表明对含有多水高岭石、蒙脱石等松土矿物的软土,效果较好,对含有氯化物和水铝英石等黏土矿物的黏性土、有机质含量高 pH 值低的黏土加固效果较差。

（二）粉喷桩施工

1．施工工艺流程（如图 2-68 所示）

但在有些情况下,亦可采用在下钻时就喷水泥或复喷复搅、压桩、加水等其他工艺。

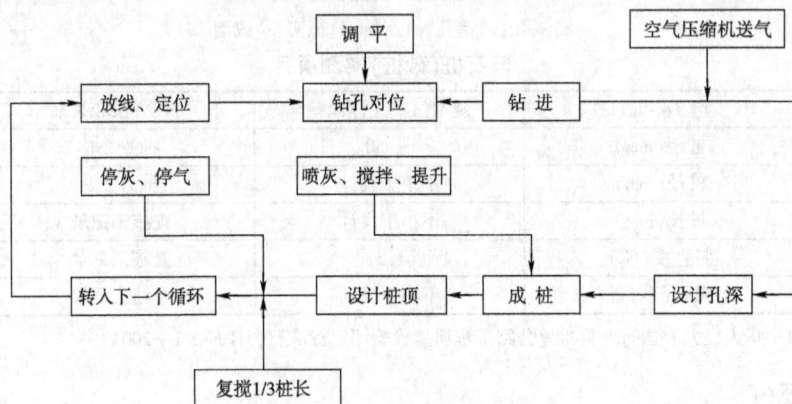

图 2-68　粉喷桩施工工艺流程

2．施工前现场准备

施工机械进场前,必须做好下列施工场地准备工作:

（1）施工机械进出场的道路条件。对道路及桥梁的要求,一般应满足 10t 卡车及汽车吊机的行走要求。

（2）电力供应。一台粉喷桩施工机械其用电功率为 50kW ,在没有电源的地区,应配备 75kW 柴油发电机组。

（3）查明障碍物。地下有无大块石、树根、地下管线等,空中有无高压线。障碍物均应事先消除。

（4）料库及工具间。施工场地的料库及工具间应便利加固料的运输及工作方便,并有防火、防盗设施。

（5）施工场地。地面土质较差、承载力较低时,应铺设山皮土或碎石垫层,以满足施工机械场地的行走要求。

3．材料要求

施工前要备足水泥加固料,按设计要求的水泥强度等级为 42.5 或 32.5 级,在数量上应根据施工进度提前备料。

（1）水泥一般应是国家免检厂生产，具有出厂质量保证单，并确保在有效期内使用。

（2）严禁使用过期、受潮、结块、变性的劣质水泥。施工单位对国家非免检厂生产的水泥应分批提供有关强度等级、安定性等试验报告。

4．施工机械

粉喷桩施工主要机具是钻机、粉体发送器、空气压缩机和搅拌钻头。

1）钻机

钻机是粉体喷射搅拌法施工的主要成柱机械。为便于运输，钻机及桅杆架可安装在载体（如汽车）上，也可用汽车单独运至工地后，移置于地面上进行操作。它必须满足：

（1）动力大、扭矩大，适合大直径钻头成柱；钻头直径一般为500mm。

（2）具有正向钻进、反转提升的功能。

（3）提升力大，并能实现匀速提升。目前使用的钻机大多是上海探矿机械厂和铁道部第四勘测设计院联合研制的 GPP-5 型 I 、II 种，加固深度分别为 12.5m、18m。

2）粉体发送器

粉体发送器是定时设置发送粉体材料的设备，它是粉体喷射搅拌法加固软土地基施工机械中的关键设备。粉体发送器的工作原理见图 2-69 所示。由空气压缩机输送来的压缩空气，通过节流阀调节风量的大小，进入"气水分离器"，使压缩空气中的气水分离。然后，"干风"到达粉体发送器喉管，与"转鼓"定量输出的粉体材料混合，成为气粉混合体，进入钻机的"旋转龙头"，通过空心钻杆喷入地下。

粉体的定量输出，由控制转鼓的转速来实现。施工前必须按照加固工程的地质条件，通过室内试验，找出最佳粉体掺入量（如石灰粉的最佳掺入量，采用相当于干土量的4% ~15%）。根据施工时钻机的提升速度、钻机的转速、搅拌钻头的类型，选用合理的粉体发送。

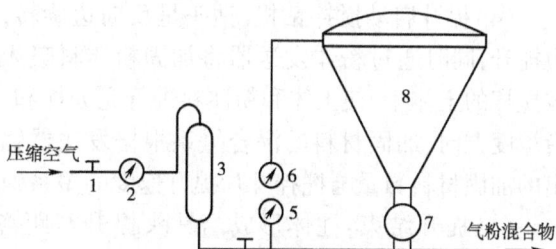

图2-69　粉体发送器的工作原理

1-节流阀；2-流量计；3-气水分离器；4-安全阀；5-管道压力表；6-灰罐压力表；7-发送器转鼓；8-灰罐

3）空气压缩机

粉体喷射法的粉体喷出，是以空气压缩机作为风源。空压机的选型，主要受加固工程的地质条件和加固深度所控制。

粉体喷射搅拌法与旋喷法（CCP 工法）不同。粉体喷射搅拌法是以机械强制搅拌，气粉混合体只需克服喷灰口处土及地下水的阻力而喷入土中，通过搅拌叶片的机械搅拌作用，使灰土混合，形成加固柱体；旋喷法则是依靠高压脉冲泵所喷射的高压水来破坏土层。因此，粉体喷射搅拌法所用空气压缩机的压力不需要很高。此外，空气压缩机的风量也不宜太大。

4）搅拌钻头

粉体喷射搅拌法凭借搅拌钻头叶片的搅拌作用使灰粉与软土混合，因此搅拌钻头的形状直接影响灰、土的搅拌效果。钻头的形式应保证反向旋转提升时，对柱中土体有压密作用，而不是使灰、土向地面翻升而降低桩体质量。

5）计量装置

是用于监测粉喷桩施工中粉体输入量的连续性及均匀性的装置,及时掌握钻机在喷粉过程中喷入软土层的水泥数量,它能逐段按层分析粉体的输入量,通过安装在粉体发送机上的调孔装置,使输入量能满足设计要求,并能自动记录打印。

5. 工艺性试桩

一般工艺性试桩在工程位置上进行。成桩试验应达到下列要求:

(1)满足设计水泥喷入量的各种技术参数;

(2)水泥的搅拌均匀程序;

(3)了解下钻及提升的阻力情况,选择合理的技术措施。一般工艺性试桩的桩数不得少于10根。

6. 施工顺序

(1)柱体对位:根据设计,确定加固机体的位置,使搅拌轴保持垂直(图2-70a)。

(2)下钻:启动搅拌钻机,钻头边旋转边钻进。为了不致堵塞喷射口,此时并不喷射加固材料,而是喷射压缩空气。钻进时喷射压缩空气,可使钻进顺利,负载扭矩小。随着钻进,准备加固的土体在原位受到搅动(图2-70b)。

(3)钻进结束:钻至设计高程后停钻(图2-70c)。

(4)提升启动搅拌钻机,钻头呈反向边旋转、边提升,同时通过粉体发送器将加固粉体料喷入被搅拌的土体中,使土体和粉体料进行充分拌和。沿深度方向,加固材料的混合量系根据发送器输出的加固材料数量与搅拌叶片提升速度的关系确定(图2-70d)。

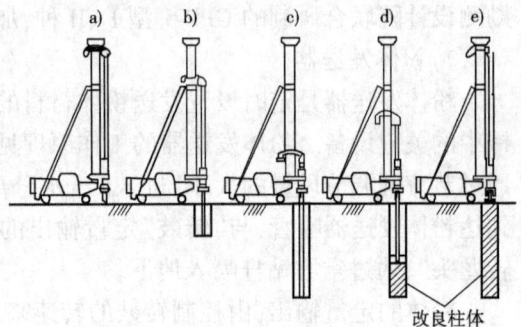

图2-70 粉体喷射搅拌法施工顺序
a)柱体对位;b)下钻;c)钻进结束;d)提升;e)提升结束

(5)提升结束:柱体形成当钻头提升至距离地面30~50cm时,发送器停止向孔内喷射粉料,成柱结束,(图2-70e)。由于装置的回路是封闭的,在回路内的输送过程中,粉体不会向空中喷发与飞散。实践证明向土体喷射过程中的提升最后阶段,若在搅拌钻头距地表30~50cm处停止喷粉,则粉粒不会溢出地面。一般常限制在距地表50cm处停止喷粉。

(6)复拌:根据设计要求在地面下一定深度范围内需进行重复搅拌,此时,停止喷粉,钻头边旋转边钻进至设计要求复拌的深度,再提升反向边旋转边提升。使土体和粉体充分拌和,土块被充分粉碎。水泥粉均匀分布在地基土中。

(三)质量标准

1. 基本要求

水泥强度等级应符设计要求;根据成桩试验确定的技术参数进行施工;严格控制喷粉时间、停粉时间和水泥喷入量,确保粉喷桩长度;桩身上部(1/3桩身)范围内必须进行两次搅拌,确保桩身质量;发现喷粉量不足时,应整桩复打;喷粉中断时,复打重叠孔段应大于1m。

2. 实测项目

粉喷桩施工允许偏差应符合表2-29的要求。

粉喷桩施工允许偏差　　表 2-29

项　次	项　目	单　位	允许偏差	检查方法和频率
1	桩距	mm	±100	抽查 2%
2	桩径	mm	不小于设计	抽查 2%
3	桩长	mm	不小于设计	查施工记录
4	竖直度	%	1.5	查施工记录
5	单桩喷粉量	%	不小于设计	查施工记录
6	强度	MPa	不小于设计	抽查 5 %

注:1. 桩体三等分段各钻取芯样一个,一根桩取三个试块进行强度测试。

　　2. 本表摘自中华人民共和国行业标准《公路工程质量检验评定标准》(JTG F80/1—2004)。

第三节　路基排水设施与施工

一、地表排水设施的类型、构造与施工

路基地表排水结构物主要有边沟、截水沟、排水沟、跌水、急流槽、拦水带、蒸发池、渡槽、倒虹吸等。

1. 边沟

边沟一般设置在路堑、矮路堤、零填零挖路基及陡坡路堤边缘外侧或坡脚外侧,主要用来汇集和排除路基范围内和流向路基的少量地面水。山坡上靠上坡一侧的坡脚应设置不透水的边沟。

边沟的横断面形状主要有梯形、矩形、三角形和流线型几种。一般情况下,土质边沟宜采用梯形;石质边沟宜采用矩形;矮路堤或机械化施工时可采用三角形;流线型边沟主要用于积砂或积雪路段。

高速公路、一级公路边沟的底宽、深度不应小于 0.6m,其他等级公路不应小于 0.4m,当流量较大时,应根据流量加大边沟断面尺寸。

梯形土质边沟的内侧边坡一般为 1:1 ～ 1:1.5;岩石边坡为 1:0 ～ 1:5;浆砌边沟内侧边坡可直立;三角形边沟内侧边坡一般为 1:2 ～ 1:3。各种边沟外侧边坡与挖方边坡一致。

边沟的纵坡一般应与路线纵坡一致,并不宜小于 0.5%,以防淤积,在特殊情况下容许减至 0.3%。当边沟纵坡过大,且有冲刷可能时,应采取加固、设置跌水或急流槽等措施。为防止边沟水流漫溢或冲刷,边沟的单向排水长度一般不宜超过 300 ～ 500m,尽量使沟内水流就近排至自然水系或低洼地带。若超过此值,则应添设排水沟或涵洞,将水引出路基范围以外。

2. 截水沟

截水沟又称天沟,一般设置在挖方路基上侧边坡坡顶以外,或山坡路堤上方的适当位置。其主要作用是拦截山坡上方流向路基的地表水,保护挖方边坡和填方坡脚不受流水冲刷。降雨量较大、暴雨频繁、植被较差的山区路段,必要时可设置两道或多道截水沟。

图 2-71 为路基边坡上方设置的截水沟示意图。截水沟断面形式一般为梯形,底宽、深度一般不宜小于 0.5m,必要时按设计流量确定。其边坡坡度视土质而定,常采用 1:1 ～ 1:1.5。

截水沟应有适当纵坡,最小纵坡为 0.5% ,不宜超过 3% ,一般选择 1% 。

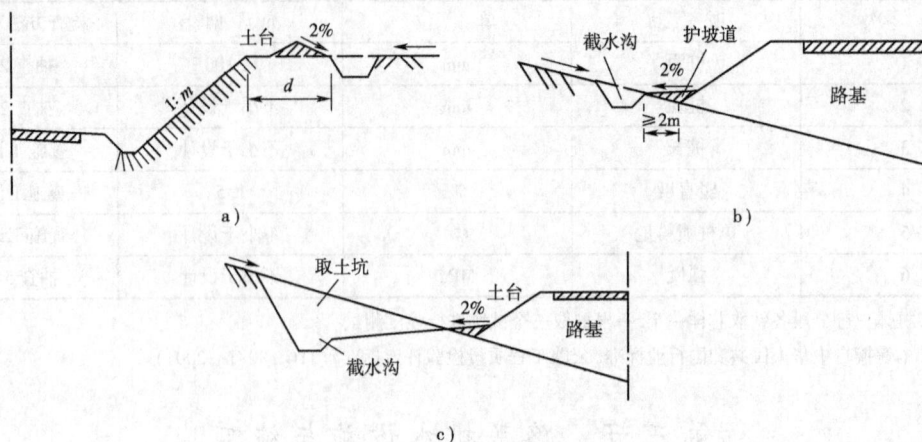

图 2-71　截水沟断面图

a)路堑截水沟;b)山坡路堤截水沟;c)设有取土坑的截水沟

截水沟离路堑坡顶的距离 d ,视土质而定,一般土质 $d \geq 5m$;黄土地区 $d \geq 10m$;软弱层地段 $d \geq H + 5m$ (其中 H 为挖方边坡高度),但不应小于 10m。山坡填方路段若需要设截水沟,应保证截水沟与坡脚之间有 2m 的间距。并用截水沟挖出的土,在路堤与截水沟之间修筑向沟倾斜坡度为 2% 的护坡道或土台,使路堤内侧地面水流入截水沟排出,土台坡脚离路基坡顶应有大于 1m 的距离。为防止水流下渗,对沟底纵坡较大的土质截水沟,及土质松软、透水性较大或裂隙较多的岩石路段,应进行沟渠加固,必要时设跌水或急流槽。

3. 排水沟

排水沟的作用是将边沟、截水沟、取土坑所汇集的水流或路基附近的积水,引至桥涵范围以外的天然河流、低洼地。

排水沟的横断面一般采用梯形,尺寸根据流量而定。但底宽、沟深均不宜小于 0.5m。土沟的边坡坡度为 1:1 ~ 1:1.5。沟底纵坡宜大于 0.5% ,特殊情况下可采用 0.3% 。排水沟应尽量作成直线,如必须转弯时,转弯半径不宜小于 10 ~ 20m。沟的连续长度一般不宜超过 500m。排水沟与其他沟渠相接时,力求水流顺畅。

4. 急流槽与跌水

在陡坡或深沟地段设置的坡度较陡、水流不离开槽底的沟槽称为急流槽。其作用是将上下游水位差较大的水流引至桥涵进口或路基下方。急流槽可用浆砌片石或水泥混凝土铺筑成矩形或梯形断面。浆砌片石急流槽的底厚为 0.2 ~ 0.4m ,施工时作成粗糙面,壁厚 0.3 ~ 0.4m ,底宽至少 0.25m ,槽顶与两侧斜坡面齐平,槽底每隔 2.5 ~ 5m 设一凸榫,嵌入坡面土体内 0.3 ~ 0.5m ,以防止槽身顺坡面下滑。若急流槽较长时,应分段砌筑,每段长度不宜超过 5 ~ 10m ,预留伸缩缝,接头处用防水材料填缝。

设置于需要排水的高差较大而距离较短或坡度陡峻地段的阶梯形构造物,称为跌水。其作用主要是降低水流流速,削减水流能量。跌水有单级和多级之分。跌水可带消力池,也可不带消力池。不带消力池的跌水,台阶高度为 0.3 ~ 0.4m ,高度与长度之比,应与原地面坡度吻合。带消力池的跌水,单级跌水墙的高度为 1m 左右,消力槛的高度宜为 0.5m ,消力池台面设

2%～3%的外倾纵坡,消力槛顶宽不宜小于0.4m,槛底设泄水孔。跌水的槽身结构与急流槽相同。

跌水和急流槽均为人工排水沟渠的特殊形式,两者既可单独使用,也可以与其他排水构造物联合使用,形成完整的排水系统。

5. 蒸发池

路线穿越平坦地形,地面排水困难,无法把地面水排走时,可在距离路基适当的地方设置蒸发池,引水入池,依靠自然蒸发或下渗将水排除。蒸发池到路基坡脚的距离不宜小于5～10m,蒸发池的容积按汇水流量决定,深度可达1.5～2.0m。

6. 拦水缘石

为避免高填方边坡被路面水冲毁,可在路肩上设置拦水缘石,如图2-72所示,将水流拦截至挖方边沟或在适当地点设急流槽引至路基以外范围,与高路堤急流槽连接处应设置喇叭口。

拦水缘石一般可用干、浆砌片石或混凝土筑成,高为0.40～0.50m,其中高出路肩为0.15～0.20m,埋入路脚下的深度为0.25～0.30m。拦水缘石的顶宽为:干、浆砌片石0.15～0.20m,混凝土0.08～0.12m,设置拦水缘石段的路肩宜适当加固,以免集中水流对路肩造成冲刷。

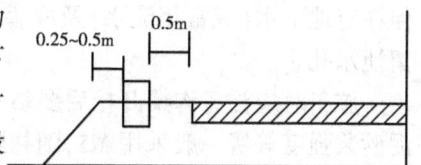

图 2-72　拦水缘石设置

二、地面排水沟渠的加固与施工

排水沟渠加固措施应结合当地地形、地质、纵坡和流速等条件,因地制宜,就地取材,简便易行,经济适用,目前常用的有以下几种类型。

1. 土沟表面夯实

一般适用于土质边沟和排水沟(不适用于路堑顶部截水沟、排水沟),沟内平均流速不大于0.8m/s。沟底纵坡不大于1.5%。

在施工时,其水沟沟底及沟壁部分应少挖0.05m,并随挖随夯,将沟底沟壁夯拍坚实,使土的干密度不小于$1.66×10^3kg/m^3$,以免土中水分消失,不易夯拍坚实。施工中如发现沟底沟壁有鼠洞或蛇穴,应用原土补填夯实。

2. 三合土或四合土抹面

当沟底纵坡不大于3%,水流平均速度在1.5～2.5m/s时,可采用三合土或四合土抹面。三合土是指水泥、砂及炉渣组成的混合料,其配合比一般可采用水泥:砂:炉渣=1:5:1.5(质量比)。四合土是指水泥、石灰、砂、炉渣组成的混合料,配合比一般采用1:3:6:24(质量比)。四合土厚度视沟内流速或沟底纵坡而定,一般取0.10～0.25m;加固常流水的水沟表面时,如加抹厚1cm的M7.5水泥砂浆,效果更佳,其具体施工方法如下:

(1)施工前两周,将石灰水化,使用前1～3d,将炉渣(炉渣经过高温烧化,其粒径不超过5mm)掺入拌匀,使用时将碎(卵)石或水泥(低强度等级)及砂掺入,反复拌和均匀。

(2)沟渠开挖后趁土质潮湿立即加固。如土质干燥,则宜洒水湿润后再行加固。

(3)沟渠铺混合土前,应将沟底及沟壁表面夯拍整平,然后安装模板,保证加固厚度的一致。

(4)沟渠铺混合土后,应拍打排浆,然后再抹水泥砂浆护层,待稍干后,用大卵石将表面压紧磨光,最后用麻袋或草垫覆盖,洒水养生 3～7d,养护时如发现裂缝或表面剥落,应予以修补。

3. 单层干砌片石加固

一般用于无防渗要求,土质沟渠沟底纵坡在 5% 以上,流速大于 2.0m/s,或砂土质沟渠沟底纵坡在 3%～4% 的沟渠加固。当沟内平均流速在 2.0～3.5m/s 时,干砌片石尺寸可采用 0.15～0.25m;当流速大于 4.0m/s 时,应采用急流槽或跌水。当沟壁沟底为细颗粒土时,应加铺卵(碎)砾石垫层,其深度为 0.10～0.15m。片石间隙应用碎石填塞紧密,片石大面应砌向表面,以减少表面粗糙度。

4. 浆砌片石加固

浆砌片石边沟有梯形与矩形两种,厚度为 0.25～0.30m,一般用于沟内水流速度较大(平均流速大于 4m/s)且防渗要求较高的地段。沟底纵坡一般不受限制(可考虑用急流槽形式),但在有地下水(或常年流水)及冻害地段,沟壁沟底外侧需加设反滤层或垫层,并在沟壁上预留泄水孔。

施工时应注意沟渠开挖后要整平夯拍,如土质干燥应洒水润湿,遇有洞穴应堵塞夯实。水泥砂浆强度等级一般采用 M5,随拌随用,砌筑完后应注意养生。

三、地下排水设施的类型、构造与施工

拦截、汇积和排除地下水,或降低地下水位,使路基免遭破坏的结构物,称为地下排水结构物。其构造一般比地面排水结构物复杂,且维修改建困难,投资也较大,故在施工中应予以高度重视,以免建成后因结构物失效而造成后患。

公路上常用的地下排水结构物有明沟、暗沟、渗沟和渗井等,现分述如下。

1. 明沟

明沟用于拦截和引排路堑边坡或边沟外侧土体内的上层滞水或浅层地下水,也可兼排地面水。明沟断面一般采用梯形或矩形,如图 2-73 所示。沟底应铺筑不透水层,沟底纵坡应不小于 0.3%。梯形断面一般适用于地下水埋藏较浅的地方,其最小底宽 0.5m。矩形断面则用于处理地下水埋藏相应较深,或地质不良,水沟边坡容易发生滑塌的地方,其最小底宽为 0.8m,深度不宜超过 2m。明沟边坡一般应用干砌片石加固,并设反滤层以使水流渗入明沟。当用混凝土或浆砌时,沟壁与含水层之间应设置渗水孔和反滤层,沟壁最下一排渗水孔的底部高出沟底应不小于 0.2m。沿明沟纵向每隔 10～15m 应设置一道伸缩缝。

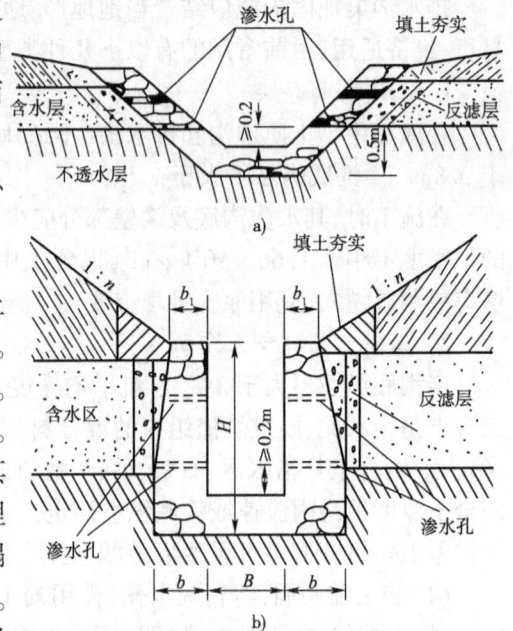

图 2-73　地下排水明沟

a)浆砌片石梯形断面;b)浆砌片石矩形断面

2. 暗沟

暗沟是引导地下水流的沟渠。其本身不起渗水、汇水作用,而是把路基范围内的泉眼或渗沟汇积的水流排到路基范围以外,使水不致在土基中扩散,危害路基,如图 2-74 所示。

暗沟的构造一般比较简单,在路基填土之前,或挖成之后,按照泉眼范围大小,剥除泉眼上层浮土,挖出泉井,砌筑井壁与沟壁,上盖混凝土(或石)盖板。井深应保证盖板顶的填土厚度不小于 50cm。井宽按泉眼的范围大小确定,一般为 20 ~ 30cm,高 h 约为 20cm。如沟身两侧为石质,盖板可直接放在两侧石壁上。暗沟沟底纵坡一般不小于 1% ,出口处沟底应高出边沟最高水位 20cm 以上,不允许出现倒灌现象。

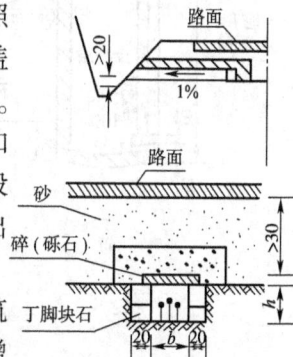

图2-74 暗沟构造图(尺寸单位:cm)

为防止泥土或砂粒落入沟槽或泉眼,造成淤塞,在其周围可铺筑碎(砾)石反滤层。反滤层的颗粒直径由上而下、由外而里,逐渐增大,即上面和外面铺砂,中间铺砾石,下面和内层铺碎石块或大卵石。每层厚度不小于 10cm。相邻层次间颗粒粒径之差,以不大于 4 ~ 6 倍为宜。暗沟施工时地下沟槽的开挖宽度,可以由上而下逐渐减少,当沟深在 1.25m 以下时,沟槽底宽约为 0.3 ~ 0.5m;当沟深更大时,必要时加设支撑,沟槽底可采用 0.7 ~ 1.0m。沟槽不宜在严寒或冻结期较长的寒冷地区使用。

3. 渗沟

渗沟是一种常见的地下排水沟渠。其作用是为了切断、拦截有害的含水层和降低地下水位,保证路基经常处于干燥状态。

渗沟分为填石渗沟、管式渗沟和洞式渗沟 3 种形式,如图 2-75 所示。填石渗沟,也称盲沟,一般用于流量不大、渗沟不长的路段,是公路上常用的一种渗沟,施工时应注意淤塞失效,由于排水层阻力较大,其纵坡不应小于 1% ,一般可采用 5% ,盲沟深度不超过 3m,宽度一般为 0.7 ~ 1.0m;管式渗沟,设于地下引水较长的地段,但渗沟过长时,应加设横向泄水管,将纵向渗沟内的水流,分段迅速排除。沟底最小纵坡为 0.5% ,以免淤塞;当地下水流量较大,或缺乏水管时,可采用洞式渗沟,洞孔大小依设计流量而定。沟底纵坡最小为 0.5% 。

渗沟的施工质量是保证其能否发挥作用的关键。质量控制不严,造成渗沟淤塞,不但起不到汇流、排水作用,反而会给工程留下隐患。因此,在施工中,必须注意以下问题。

(1)渗沟的布置应尽可能与地下水流方向互相垂直,使之能拦截更多的地下水。

(2)渗沟的横宽(人工开挖)一般视埋藏深度、排水要求、施工和维修便利而定,深度为 2m时,宽度为 0.8 ~ 1.0m;深度在 3 ~ 4m 时,宽度不小于 1m。沟内所用排水和渗水的砂石填料,应经过筛选和清洗。

(3)为防止土粒落进填充石料的孔隙,造成渗沟堵塞,以及防止地面水渗入沟内,渗沟顶部应设置封闭层。封闭层可用双层反铺草皮或其他材料铺成隔层,并在其上夯填厚度不小于 0.5m 的黏土防水层或用浆砌片石筑成。

(4)汇积水流时,为防止含水层中砂、土挤入渗沟,应设反滤层。反滤层应用筛选过的中砂、粗砂、砾石、碎石等渗水材料分层填筑。一般相邻层的粒径比不小于 1:4,层厚不小于 0.15m,砂石料颗粒小于 0.15cm 的含量不大于 5%,颗粒粒径一般为含水层土粒最大粒径的

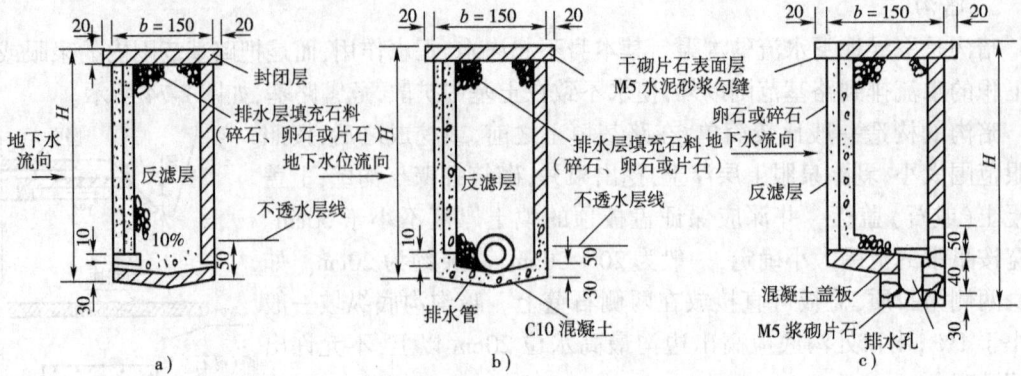

图 2-75 渗沟的构造(尺寸单位:cm)
a)填石渗沟;b)管式渗沟;c)洞式渗沟

8~10倍。禁止用粉砂、细砂及风化石料填筑。

(5)填石渗沟的排水层,应采用石质坚硬的较大颗粒填筑,并保证排水孔隙度。其透水材料的填筑高度,应不低于未设渗沟前的地下水位,并不低于0.3m。

(6)管式渗沟的泄水壁,可用陶土、混凝土或石棉等材料制成,管径视设计流量而定,一般为0.1~0.3m,管壁应设渗水孔,在冬季管内流水结冰的地段,为防止堵塞,可采用大直径水管。管式渗沟的高度,应使填料顶面高出原地下水位,而且不低于沟底至管顶之间高度的2~4倍。渗水管基座宜用片石干砌,当基座底部砌入隔水层时,应用浆砌。

(7)洞式渗沟的底部孔洞排水能力较强,应用浆砌片石筑成,上盖混凝土盖板。洞式渗沟所要求的高度,与管式渗沟相仿。

(8)渗沟的施工与暗沟一样,宜由下游向上游施工,并应随挖随撑随填,以防坍塌。渗沟反滤层施工时,各层间用隔板隔开,同时填筑,至一定高度后向上抽出隔板,继续分层填筑至要求高度为止。

(9)为了检查、维修渗沟,同暗沟施工一样,每隔30~50m,或在平面转折和坡度由陡变缓处,应设置检查井,检查井一般采用圆形,内径不小于1.0m,在井壁处的排水管管底应高出井底0.30~0.4m,井底铺筑一层0.1~0.2m的混凝土,以免漏水。兼起渗井作用的检查井壁,应在含水层范围设置渗水孔和反滤层。

4.渗井

当平坦地区如路基附近无河流、沟渠或洼地,地面水或浅层地下水无法排除,影响路基稳定,而距地面不深处又有透水土层,地下水流向背离路基,同时地面水流量不大时,可设置渗井,通过渗井汇积渗入地面1.5m以下,并从透水层中排除,疏干路基土,如图2-76所示。

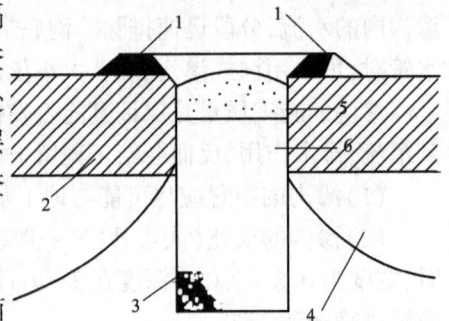

图 2-76 渗井构造图
1-防护土堤;2-不透水层;3-碎(砾)石;4-渗透扩散曲线;5-粗砂;6-砾石

渗井由上部集水构造和下部排水构造两部分组成。渗井上部构造面积的大小,决定于路基表面水的流量,一般可采用直径为1.0~1.5m的圆井,或边长1.0~1.5m的方井。渗井内部填筑材料应筛洗干净,在填筑材料前,须预先在井位上安置内外两套铁皮套筒。填筑过程中,根据填筑程度逐渐将套筒撤出;渗井的顶部四周(进口部分除外)用黏土筑堤围护,顶上也可加盖混凝土盖板,严防水井淤塞。渗井的下部构造,必须穿过不透水层而到达渗透层,井内填充材料用碎石或卵石,上部不透水上层内填充砂和砾石,透水土层离地面较深时,可用钻机钻孔,但钻孔的直径应不小于15cm,有时可达50～60cm。

渗井容易淤塞,从单位面积来说,造价也较高,所以一般不轻易采用,当土基含水率过大,路面翻浆,彻底解决地下排水系统又不可能时,可采用渗井群来疏干路基土。

四、路基排水综合设计及质量控制

1. 综合设计的意义

上述各类排水结构物,均是针对某一水源,为满足某一方面的要求而设置的。由于自然条件、路线布置及其他人为因素的不同,水源可能同时来自几个不同的方向,它们对路基危害程度不尽相同。因此,单一互不联系的排水结构物,是不能完成全路基排水任务的。为了使各排水结构物都得以合理使用,需要进行路基排水综合设计。

2. 综合设计的基本要求

排水综合设计一般结合路线的平面、纵断面设计和沿线地形、地质、水文条件进行。对一般公路,常在路线平面图、地形图上予以反映。对高等级公路,排水不良、易受水流冲刷的特殊地区,如滑坡路段、隧道洞口、干线交叉道口、连续回头曲线等排水复杂路段,应作专项公路排水综合设计。设计中应考虑以下各点:

(1)流向路基的地面水和地下水,需在路基外适当位置设置截水沟或渗沟拦截,并引离路基范围以外指定地点,路基范围内的水源,分别采取边沟、暗沟、渗沟或渗井汇集或降低水位,通过排水沟排到指定地点,必要时设置跌水或急流槽、倒虹吸、桥涵。

(2)对明显的天然沟槽,一般宜"一沟一涵",不要勉强改、并;对沟槽不明显的漫流,应在上游设置束流设施加以调节,尽量汇成沟槽,导流排除。

(3)为了提高截流效果,节省工程,地面沟渠应大体沿等高线布置,并尽可能垂直于流水方向直线布置,转弯处圆曲线相接。

(4)各种排水结构物均应设置于稳固的地基上,不得渗流、溢水或滞留,冲刷严重时应予以加固。

(5)水流应循最短线路迅速排出路基范围之外。

3. 排水设施质量检测方法

1)质量要求

路基排水设施的施工质量应符合下列要求:

(1)各类排水设施的位置、断面、尺寸、坡度、高程及使用材料应符合设计图纸要求。

(2)沟渠边坡必须平整、稳定,严禁贴坡。

(3)设施要求纵坡顺适,沟底平整,排水畅通,无冲刷和无阻水现象。

(4)要求线形美观,直线线形顺直,曲线线形圆滑。

(5)防渗加固设施要求坚实稳定,表面平整美观。浆砌片石工程砂浆配合比必须符合试验规定,砌体接缝紧密,嵌缝饱满密实,勾缝平顺无脱落,缝宽大体一致。干砌片石工程要求接缝紧密、错缝,禁止叠砌、贴砌和浮塞。

2)质量标准

(1)土沟的质量标准见表 2-30。

(2)浆砌排水沟的质量标准见表 2-31。

(3)盲沟的质量标准见表 2-32。

土沟质量标准   表 2-30

项次	检查项目	规定值或允许偏差	检查方法和频率
1	沟底高程(mm)	0, −30	水准仪:每 200m 测 4 处
2	断面尺寸(mm)	不小于设计	尺量:每 200m 测 2 处
3	边坡坡度(%)	不陡于设计	尺量:每 200m 测 2 处
4	边坡顺直度(mm)	50	尺量:20m 拉线,每 200m 测 2 处

浆砌排水沟质量标准   表 2-31

项次	检查项目	规定值或允许偏差	检查方法和频率
1	砂浆强度(MPa)	在合格标准内	强度试验
2	轴线偏位(mm)	50	经纬仪或尺量:每 200m 测 5 处
3	沟底高程(mm)	+15	水准仪:每 200m 测 5 点
4	墙面直顺度(mm)或坡度	30 或不陡于设计	20m 拉线、坡度尺:每 200m 测 2 处
5	断面尺寸(mm)	±30	尺量:每 200m 测 2 处
6	铺砌厚度(mm)	不小于设计	尺量:每 200m 测 2 处
7	基础垫层宽、厚(mm)	不小于设计	尺量:每 200m 测 2 处

盲沟质量标准   表 2-32

项次	检查项目	规定值或允许偏差	检查方法和频率
1	沟底高程(mm)	±30	水准仪:每 10 ~ 20m 测 1 处
2	断面尺寸(mm)	不小于设计	尺量:每 20m 测 1 处

第四节　路基防护与加固设施施工

一、防护与加固设施施工

1. 防护与加固工程的基本概念

1)防护与加固的目的

路基防护与加固的目的在于防止自然因素所引起的路基破坏和过量变形,同时稳定路基,美化路容,提高公路的使用品质。防护与加固工程重点在于路基边坡防护及湿软地基的加固。因此,应同路基稳定性及路基排水紧密相结合,以保证路基的强度与稳定性。

2)防护与加固工程分类

路基防护与加固工程设施,按其作用不同,可分为边坡坡面防护、冲刷防护及支挡建筑物 3 大类。

（1）坡面防护:主要用于防护易受自然因素影响而破坏的土质与岩石边坡。常用类形有植物防护、浆(干)砌片石及混凝土预制块、坡面处治及综合防护等。

（2）冲刷防护:用于防护水流对路基的冲刷与淘刷,可分为直接防护和间接防护两类。直接防护类型有植物防护、砌石防护与加固两种。间接防护主要指设置导流结构物,如丁坝、顺坝、防洪堤、拦水坝等,必要时进行疏浚河床、改变河道,以改变水流方向,避免或减缓水流对路基的直接破坏作用。

（3）支挡建筑物:用以防止路基变形或支挡路基本身或山体的位移,以保证其稳定性,常用的类型有挡土墙、土垛、石垛及浸水挡土墙等。

路基防护与加固工程中,一般把防止风化和冲刷,主要起隔离、封闭作用的措施称为防护工程。防护工程不能承受外力作用,所以要求路基本身必须是稳定的。把防止路基或山体因重力作用而滑移,地基承载力不足而沉陷,主要起支承和加固作用的结构物称为加固工程。它们当中有些措施往往兼有防护与加固作用。

2. 路基坡面防护

路基边坡坡面防护,主要通过将坡面封闭隔绝或隔离,免受雨水冲刷。减小温差及湿度变化影响,防止和延缓软弱岩土表面的风化、碎裂、剥蚀演变过程,从而保护路基边坡的整体稳定性,在一定程度上还可兼顾路容美化和协调自然环境。

1）植物防护

植物防护又称为“生命防护”,主要适用于较缓的土质边坡。植物防护可美化路容,协调环境,调节边坡土的湿度,起到固结和稳定边坡的作用。不同的植被,还可起到交通诱导、安全、防眩、吸尘以及吸附噪声的作用。植物防护的方法有种草、铺草皮和植树。

（1）种草

种草适用于边坡稳定、坡面冲刷轻微的路堤或路堑边坡。一般要求边坡坡度不陡于 1:1,边坡地面水径流速度不超过 0.6m/s。长期浸水的边坡不宜采用。

采用种草防护时,一般选用根系发达、茎干低矮、枝叶茂盛、生长力强、多年生长的草种,并尽量用几种草种混种,使之生成一个良好的覆盖层。

种草应在温度、湿度较大的季节播种。播种的坡面应平整、密实、湿润。播种方法有撒播法、喷播法和行播法等。采用撒播法时,草籽应均匀撒布在已清理好的土质边坡上,同时做好保护措施。对不利于草类生长的土质,应在坡面上先铺一层 5～10cm 的种植土。路堑边坡较陡或较高时,可通过试验采用草籽与含肥料的有机质泥浆混合,用喷播法将混合物喷射于坡面。采用行播法时,草籽埋入深度应不小于 5cm,行距应均匀。播种后,应适时进行洒水施肥、清除杂草等养护管理,直到植物覆盖坡面。

（2）铺草皮

适用于边坡较陡、冲刷严重、径流速度大于 0.6m/s,附近草皮来源较易地区的路基。草皮铺种形式有平铺、水平叠铺、垂直叠铺、斜交叠铺及网格式等。

铺草皮须预先备料,草皮可就近培育,草皮规格以不过于损坏根系,便于成活及运输而定,一般为 20cm×40cm,厚约 6～10cm。铺草皮应尽可能在春秋季或雨季进行,并随挖随铺,铺时自下而上,每块草皮用 2～4 根竹木小桩定在坡面上,使之稳定。

（3）植树

主要作用是加固边坡、防止和减缓水流冲刷。林带可以防汛、防砂和防雪,调节气候、美化路容,增加木材收益。在坡面上植树与铺草皮相结合,可使坡面形成一个良好的覆盖层。

植树品种,以根系发达、枝叶茂盛、生长迅速的低矮灌木为主。沿河路堤植树,则以喜水、根深、杆粗的树种,并多排成行栽种,以起到导流、拦流,促使泥沙淤积,加固堤岸的作用。植树的平面布置,应根据植树品种、作用,结合当地经验而定,城市或风景区的植物防护,应与有关部门协调配合。

2)浆(干)砌片石或混凝土预制块

(1)干砌片石和浆砌片石

对较陡的土质边坡(1:0.75～1:1)或易风化破碎的岩石边坡,以及桥涵附近坡面,可采用干砌片石或浆砌片石防护。

易遭受雨、雪、水流冲刷,流速不大于2～4m/s,易发生泥石流、溜坍或严重剥落的路基边坡,以及受水冲刷较轻的河岸和路基,均可采用干砌片石护坡。干砌片石护坡一般可分为单层铺砌和双层铺砌两种,单层厚度为0.25～0.35m。为提高路基整体强度,防止水分浸入,干砌片石宜用砂浆勾缝。当水流流速较大,波浪作用强,有漂浮物等冲击时,不宜采用干砌片石护坡的边坡,宜采用浆砌片石护坡,其厚度一般为0.25～0.40m。无论是干砌片石或浆砌片石,均应在片石下面设置0.10～0.15m厚的碎(砾)石或砂砾混合物垫层,以起到整平作用,并可防止水流将干砌片石层下面的边坡细土粒带走。

石砌护坡坡脚应修筑墁石基础,基础尺寸及埋置深度应符合设计要求。砌石由下而上,错缝嵌紧,表面平整,周围用砂浆密封,以防渗水。对浆砌片石护坡,每隔10～15m设缝宽2cm的伸缩缝,缝内填塞沥青麻筋或沥青木板等材料;护坡的中、下部设10cm×10cm的矩形或直径为10cm的圆形泄水孔,其间距为2～3m,孔后0.5m范围内设反滤层。路堤边坡上的浆砌片石护坡,应在路堤沉实或夯实之后施工,以免因路堤沉降而引起护坡的破坏。

(2)浆砌(干砌)混凝土预制块

在缺乏片石、块石材料的地区,对缓于1:1的边坡常采用混凝土预制块防护路基边坡(干砌高度不宜超过3m),可同时起到美化路容的效果,但必须设置砂砾或碎石垫层。混凝土块一般采用C15混凝土(严寒地区可提高到C30)预制成边长不大于1m,厚度不小于6cm的方块。方块尺寸以搬运方便并适合施工为准,厚度以满足构造要求、不易破碎、产生裂缝为准。混凝土预制块护坡应按反滤层要求设置砂砾或碎石垫层,厚度3～5cm即可。

采用混凝土预制块护坡时应与浆砌片石等同效果防护形式作经济比较分析,反复论证以节约投资。

3)坡面处治

对易于风化的软质岩石、破碎岩石路堑边坡,可以采用抹面、勾缝、灌浆、喷浆及护面墙等进行防护。

(1)抹面

抹面适用于易风化面表面平整、尚未剥落的岩石边坡,如页岩、泥岩、泥灰岩、千枚岩等软质岩层。一般选用石灰炉渣灰浆、石灰炉渣三合土、四合土等复合材料较为经济。抹面可以分片或满布,面积较大时,每隔5～10m设缝宽2cm的伸缩缝一道,用沥青麻筋或油毛毡填塞密实。必要时坡顶设截水沟,并用相同材料对沟壁抹面。为防止灰体表面开裂,增强抗冲蚀能力,可在表面涂沥青保护层,其沥青软化点宜稍高于当地最高气温,用量为3kg/m² 左右。

(2)勾缝与灌浆

勾缝适用于质地坚硬,不易风化但节理裂缝多而细的岩石边坡,以防水分渗入岩层内造成病害。勾缝可用按质量比为1:2~1:3的水泥砂浆,或按体积比为1:0.5:3 或1:2:9的水泥石灰砂浆。

灌浆适用于质地坚硬、局部存在较大、较深的缝隙或洞穴,并有进一步扩展而影响边坡稳定性的岩石路堑边坡。其目的是借助灰浆的黏结力把裂开的岩石黏在一起,保证边坡稳定。水泥砂浆按质量比为1:4或1:5,必要时可用压浆机灌注。裂缝或洞穴较宽则可用混凝土灌注。灌浆和勾缝前应先用水冲洗,并清除裂缝内的泥土、杂草。勾缝时要求砂浆应嵌入缝中,与岩体牢固结合。灌浆时要求插捣密实,灌满缝口并抹平。

(3)喷浆与喷射混凝土

喷浆适用于易风化的新鲜平整的岩石坡面。通过喷涂一层厚度5~10cm的砂浆,岩石坡面被封闭,形成一个保护层,达到阻止岩面风化,防止边坡剥落与碎落。砂浆可用水泥浆或水泥砂浆,甚至水泥石灰砂浆。其质量配合比为水泥:石灰:河沙:水 =1:1:6:3。喷浆前应将坡面整平,去除已经风化的表层,洒水湿润,一次喷成。为了增加喷浆与坡面的黏结,防止脱落或剥落,可采用锚喷混凝土防护,先在挖出并清理的密实、稳定的新鲜坡面上,钻孔、安装锚杆、灌浆,然后挂上纤维网或钢丝网,最后用高压泵射喷厚度4~6cm 的 C20 混凝土,喷层厚度应均匀,喷后应养生7~10d。

(4)护面墙

护面墙由浆砌片石砌筑而成。适用于严重风化破碎,容易产生碎落塌方的岩石路堑边坡或易受冲刷,膨胀性较大的不良土质路堑边坡。其目的是使边坡免受自然因素影响,防止雨水下渗,从而保护边坡。护面墙沿着边坡坡面修建,不能承受土侧压力。因此,要求边坡必须稳定,且边坡不宜陡于1:0.5。墙基要求稳固,冰冻地基墙基应埋置在冰冻线以下0.25m;若为软基,可设拱形结构物跨过。

墙体纵向每隔10~15m 设缝宽2cm 的伸缩缝一道,缝内用沥青麻筋填塞。墙身上下左右每隔2~3m 设10cm×10cm 的矩形或直径为10cm 圆形泄水孔,孔后设砂砾反滤层。为增加墙体稳定性,墙背每3~6m 高设一级宽度为0.5~1.0m 错台。根据边坡基岩或土质的好坏,每6~10m 高为一级,设宽度不小于1.0m 的平台。在缺乏石料地区,墙身可采用片石铺砌成方格或拱式边框,方格或框内用石灰炉渣、三合土或四合土等混合料抹面。

4)综合防护

综合防护主要包括框格防护、土工合成材料种草以及植物、圬工材料分区防护3种形式。

(1)框格防护

框格防护可采用混凝土、浆砌片(块)石、卵(砾)石等作骨架,框格内宜采用植物或其他防护措施。多被采用于下述路段:防止受雨水侵蚀和风化严重易产生沟槽的土质路段,不适宜植物生长和由于周围环境需要绿化的路段,仅用植物防护不足以抵抗侵蚀冲刷剧烈的黏土路基或高填方路段。

该防护方法适用1:1以上的缓坡路段,不能承受土压力,造价高于植物防护且施工较麻烦,设计时应反复论证。网格填土后应整平、压实。严格施工管理是防护成败的关键。

（2）土工合成材料种草

近年来，国内外开始采用土工合成材料等先进技术产品结合种草，进行边坡防护和绿化。这种新型的土工合成材料与种草绿化相结合的方法，不仅提高单纯种草边坡的防护能力，而且与传统的浆砌片石或混凝土预制块防护方法相比，具有造价低、工业化生产程度高、施工进度快、美化环境和减小环境污染等优点。

应用于路基边坡防护的主要有草籽无纺布、土工格栅、固格网等。可单独埋入土中，也可直接覆盖边坡表面，以提高边坡的防护能力。

（3）植物、圬工分区防护

对于高填方路堤和深挖路堑边坡，可采用顶部种草，坡脚浆砌片石（或混凝土预制块）的植物、圬工分区防护形式。这种防护形式不仅达到综合防护的效果，而且节约造价，美化环境，在路基边坡防护中被广泛应用。

种草段与浆砌片石（混凝土预制块）上沿应填实，做好防水处理，严防圬工体浸水坍塌。

3. 冲刷防护

1）直接防护

直接防护是在稳定的边坡上直接加固的一种措施，其特点是不干扰或很少干扰原来的水流性质。除了坡面防护和砌石护坡外，抛石、石笼、驳岸及浸水挡墙均属直接防护。当水流流速为 $3.0 \sim 5.0 \mathrm{m/s}$ 时，宜采用抛石防护；流速 $>5.0 \mathrm{m/s}$，或过多压缩河床，造成上游壅水时，则改用石笼防护或设置驳岸、浸水挡土墙等支挡结构物。

（1）抛石防护

图 2-77 为抛石防护示意图，类似于陡坡路堤在坡脚处设置石垛，其中，图 2-77a）适用于新建公路，图 2-77b）适用于旧路路堤抛石垛。抛石粒径应大于 0.3m 并小于设计厚度的 1/2。流速大、水很深、波浪高的路段，抛石应采用粒径较大的石块。

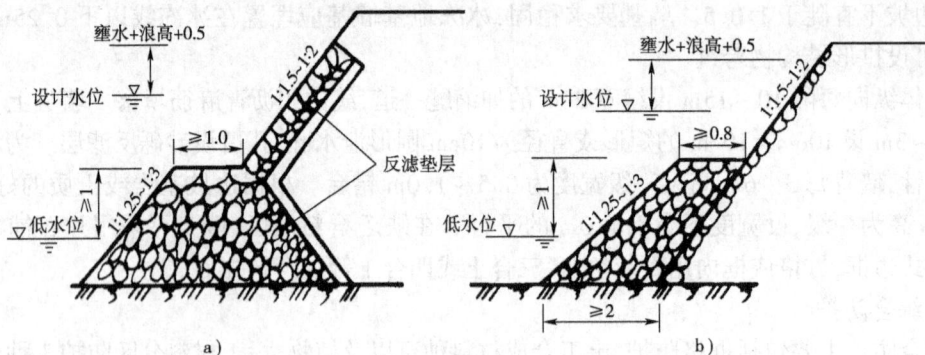

图 2-77　抛石防护示意图（尺寸单位：m）

（2）石笼防护

石笼防护主要用于缺乏大石块的地区，是用铁丝编织成长方体或圆柱体框架，内装石料，设置在坡脚处。笼内填石粒径不小于 4cm，一般为 5～20cm，外层石料要求有棱角，内层用较小石块填充。编制石笼时，应注意各部分尺寸正确，以利于石笼与石笼之间紧密连接。安置石笼时，用于防止冲刷淘底的石笼，应与坡脚线垂直，且堤岸一端固定。用于防止堤岸边坡冲刷时，则垒码平铺成梯形，单个石笼的大小，以不被相应速度的水流冲动为宜，铺设时须用厚

0.2～0.4m的碎(砾)石垫层铺平,底层各角可用铁棒固定于基底。

2)间接防护

采用导流或阻流的方法,改变水流性质,消除或减缓水流对路基边坡的直接冲刷和淘刷,或者迫使主流流向偏离被防护的路段,改变河槽中冲刷和淤积的部位,以及必要的改河工程,均属于间接防护。一般地,河床宽阔,冲刷和淤积基本相等,防护路段较长,流速较低的河段采用间接防护较直接防护经济。常用的导流构造物有丁坝、顺坝、格坝,及必要的改河工程。

丁坝指坝体轴线与导线(河岸)正交或成较大角度的斜交的导流构造,其作用是将水流挑离河岸。丁坝形式较多,按长短分,有长丁坝、短丁坝。短丁坝只干扰其附近局部水流,使水流流向河心;长丁坝则使水流冲向对岸。丁坝可由乱石堆砌而成,其横断面为梯形,坝身顶宽2～3m,坝头顶宽约3～4m,上游边坡1:1～1:1.5,下游边坡1:1.5～1:2。丁坝要求设置多个形成坝群。

顺水坝指坝轴线基本沿导流线边缘布置,使水流较顺缓地改变流向,起疏导水流作用。顺坝坝长与被防护段长度基本相等,构造与丁坝大体相同。当顺水坝较长,距离河岸间距较大时,为防止水流冲走沉积泥沙,在顺水坝与河岸之间设置一道或几道横格,形成格坝。格坝一端与顺坝相连,另一端嵌入河岸。

二、路基挡土墙

支挡构筑物即路基加固工程,其作用是支挡路基体,以保证路基在自重及各种自然因素作用下保持稳定。常用的支挡构筑物主要是挡土墙。

挡土墙是支承路基填土或山坡土体,以防止其变形失稳的结构物。同时,也是高等级公路重要的结构物。可以利用石料修建干砌或浆砌石料挡土墙,也可以利用水泥及钢筋、砂石材料修建毛石混凝土挡墙式钢筋混凝土挡墙。

(一)挡土墙的种类及适用范围

挡土墙按位置和作用不同,可分为路堑式、路肩式、路堤式、山坡式等,其图式和使用场合见表2-33。

按其结构特点,挡土墙又可分为石砌重力式、石砌衡重式、钢筋混凝土悬臂式和扶壁式、柱板式、锚杆式、锚碇板式及垛式等类型,其图式、特点及适用范围见表2-34。

挡土墙的使用场合 表2-33

名　称	示　意　图	使　用　场　合
路堑挡土墙		1.山坡陡峻,用以降低边坡高度,减少山坡开挖,避免破坏山体平衡; 2.地质条件不良,用以支挡可能塌滑的山坡土体

名　称	示　意　图	使用场合
山坡挡土墙		用以支挡山坡上有可能塌滑的覆盖层土体或破碎岩层(需要时分可设数道),并兼有拦石的作用
路肩挡土墙		1. 陡山坡上,为保证路堤稳定,收缩坡脚; 2. 为避免干扰其他建筑物(如房屋、铁路、水渠等)或防止多占农田; 3. 为防止沿河滨及水库路堤受水冲刷和淘刷
路堤(坡脚)挡土墙		1. 受地形限制或因与其他建筑物相干扰,必须约束坡脚时; 2. 防止陡坡路堤下滑

挡土墙的特点及适用范围　　　　表 2-34

类型	特　点	结构示意图	适用范围
石砌重力式	1. 依靠墙身自重抵御土压力作用; 2. 形式简单,取材容易,施工简便		产石料地区; 墙高 6m 以下,地基良好,非地震和河滨、水库受水冲刷地区,可采用干砌,其他情况宜采用浆砌
石砌衡重式	1. 利用衡重台上部填土的下压作用和全墙重心的后移,增加墙身稳定,节约断面尺寸; 2. 墙面陡直,下墙墙背仰斜,可降低墙高,减少基础开挖		山区; 地面横坡陡峻的路肩墙,也可用于路堑墙(兼有拦挡坠石作用)或路堤墙

类型	特　　点	结构示意图	适用范围
柱板式	1. 由钢筋混凝土立柱、挡板底梁、底板、基底和钢筋拉杆组成，借底板上部土体的自重高墙作用平衡全墙； 2. 因板底位置升高，基础深挖时较悬臂式和扶壁式少； 3. 构件轻便，可预制拼装，快速施工		高墙； 适用于支挡土质路堑高边坡或处治边坡坍滑，也可用于路堤墙
锚杆式	1. 由钢筋混凝土墙面（整体板壁或立柱及挡板）和锚杆组成，依靠锚固在岩层（或土层）内的锚杆的水平拉力承受土压力，维持全墙平衡； 2. 属轻型结构，节省材料； 3. 基底受力甚小，基础要求不高		石料缺乏或挖基困难地区； 备有钻机、压浆泵等设备，较宜于路堑高墙，也可用于路肩墙
锚碇板式	1. 由钢筋混凝土墙面（立柱及挡板）、钢拉杆和锚碇板组成，借埋置在破裂面后稳定土层内的锚碇板和锚杆拉住墙面，保持墙身稳定； 2. 拼装简易，施工快； 3. 结构轻便，柔性大		缺乏石料地区； 高路肩墙或路堤墙，特别是地基不良时，不适用于路堑挡土墙

(二)挡土墙施工

由于挡土墙的种类不同，其施工方法也千差万别。这里仅就石砌挡土墙施工作一介绍。

1. 材料要求

1)石料

石砌挡土墙石料按开采方法与清凿加工程度分为片石、块石和料石3种，如图2-78所示。

(1)石料应经过挑选，质地均匀，无裂缝，不易风化。在冰冻地区，还应具有耐冻性。

(2)石料的抗压强度不低于25MPa，在地震区及严寒地区，应不低于30MPa。

(3)尽量选用较大的石料砌筑。块石应大致方正，其厚度不小于15cm，宽度和长度相应为厚度的1.5~2.0倍和1.5~3.0倍较合适。片石应具有两个大致平行的面，其厚度不宜小于15cm，其中一条边长不小于30cm，体积不小于0.01m³。砌筑时，如用小片石垫平、垫稳，可不受此限制。

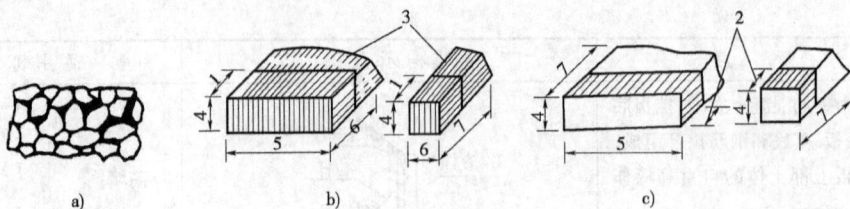

图 2-78　各种石料

a)片石;b)料石;c)镶面块石

1-修凿进深不小于 10cm;2-修凿进深不小于 7cm;3-尾部大致凿平;4-料石厚度;5-料石长度;6-丁
石宽度;7-丁石长度

2)砂浆

(1)砂浆的组成。砂浆一般用水泥、砂和水拌和而成,也可用水泥、石灰、砂与水拌和,或石灰、砂与水拌和而成。它们分别简称为水泥砂浆、混合砂浆和石灰砂浆。砂浆用砂一般为中、粗砂,若中、粗砂缺乏时可在增加适量水泥后采用细砂。拌和砂浆砌筑片石砌体时,砂的粒径不应超过 5 mm;块石、料石砌体不应超过 2.5mm;强度等级大于 M10 的砂浆,含泥量不应超过 5%;小于 M10 的砂浆不应超过 10%。砂浆用石灰应纯净,燃烧均匀,熟化透彻,一般采用石灰膏和熟石灰。淋制石灰膏时,要用网过滤,要有足够的熟化时间,一般为半个月以上;未熟化颗粒大于 0.6mm 以上者,不得超过 10%;熟石灰粉应用 900 目/cm^2 以上的筛筛过,其筛余量不得大于 3%。

(2)砂浆的拌制参数如下:

①强度。砂浆强度等级代表其抗压强度。拌制砂浆必须符合设计要求,一般不得低于M5。严寒地区、地震烈度 8 度、墙高大于 12m 和地震烈度 9 度以上的地震区,应较非地震区提高 1 级;勾缝用砂浆应比砌筑用增高 1 级。

②稠度。主要包括和易性与流动性。一般情况下,将砂浆用手捏成小团,松手后不松散或以不由灰刀上流下为度。水泥砂浆的水灰比应控制在 0.60～0.70。

③配合比。用质量或体积比表示,可由试验确定,还可根据已有的经验和资料参考决定。

④拌制方法。可用人工或机械拌和。人工拌和不如机械拌和均匀,人工拌和至少应拌3 遍,拌至颜色均匀为止。砂浆应随拌随用,保持适宜的流动性,在运输中已离析的砂浆应重新拌和。

(3)砂浆塑化剂的应用。砂浆塑化剂是掺入水泥砂浆中能使之增加工作度的材料,常用的有非水硬石灰砂浆塑化剂和加气型砂浆塑化剂两种。加气塑化剂是一种加入水泥砂浆后产生微气泡状空气的外加剂,微气泡在砂浆中出现后会与水泥颗粒一起填满较粗的砂粒间的孔隙,使砂浆获得较高的工作度。加气塑化剂有两大类型,即活性成分(例如由树木中提取树脂内的中性、碱性金属盐组成的合成物)和表面带活性的合成材料(例如烷基苯磺酸盐)。前者为粉末或水溶液,后者为固体。这种外加剂引入空气泡后并不影响砂浆中规定的含气量标准,反而会起到塑化和防冻融的作用。在整个构造使用寿命中,空气泡在砂浆中总是起"膨胀腔"作用,并能更好地经受硫酸盐的侵蚀,塑化剂不会与砂浆及其组成的任何部分反应,也不会使其改变颜色、凝结时间和硬化时间。引入空气泡能更好地控制泌水,给施工操作带来较大的方便。加气剂之所以能使砂浆防冻融,主要在于均匀分布于整个体积上的膨胀腔在砂浆内部分水结冰时,能容纳许多水分,保持砂粒在未冻前原有的相互关系,使冰冻不会形成破坏。冰化后,水泥颗粒间凝结过程继续进行,最后能达到砂浆的设计强度。石灰塑化剂无此功能是因为它掺拌的砂浆在使用前和使用后一定时间内是一种饱和或接近水饱和状态的膏体,温度降到冰点后,内部的水要结成冰,使砂浆内水的体积膨胀形成破坏性的压力,将部分黏结在一起的砂粒彼此分离,并由冰把这些砂粒冻结稳定在扩展的位置上。冰化后,砂浆的固体组织彼此分离互不接触,使之强度降低或几乎没有强度,甚至使砌体因此倒塌。由于塑化剂有以上特点,因此,掺加塑化剂比不加塑化剂的砂浆用量要小得多,且能节约大量劳力和材料。

2. 施工

砌筑工艺分浆砌、干砌两种。浆砌多用于排水、导流构筑物及挡土墙;干砌多用于河床铺砌、护坡等。

1)浆砌石料

(1)工艺方法。浆砌原理是利用砂浆胶结砌体材料,使之成为整体而组成人工构筑物。一般有坐浆法、抹浆法、灌浆法和挤浆法多种。

①坐浆法,又叫铺浆法。砌筑时先在下层砌体面上铺一层厚薄均匀的砂浆,压下砌石,借石料自重将砂浆压紧,并在灰缝上加以必要的插捣和用力敲击,使砌石完全稳定在砂浆层上,直至灰缝表面出现水膜。

②抹浆法。用抹灰板在砌石面上用力涂上一层砂浆,尽量使之贴紧,然后将砌石压上,辅助以人工插捣或用力敲击,使浆挤后灰缝平实。

③挤浆法。综合坐浆法与抹浆法的砌筑方法。除基底为土质的第一层砌体外,每砌一块石料,均应先铺底浆,再放石块,经左右轻轻揉动几下后,再轻击石块,使灰缝砂浆被压实。在已砌筑好的石块侧面安砌时,应在相邻侧面先抹砂浆,后砌石,并向下及侧面用力挤压砂浆,使灰缝挤实,砌体被贴紧。砂浆的铺砌见图2-79。

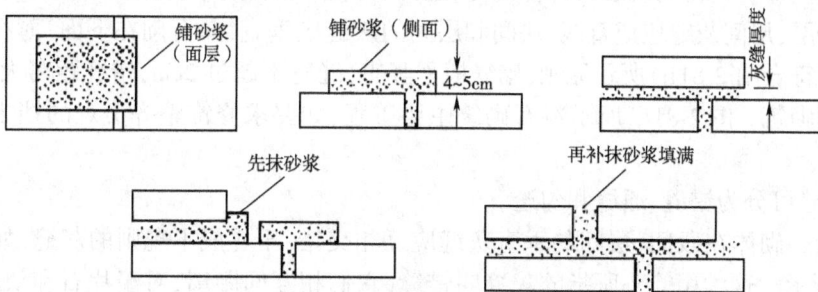

图2-79 砂浆的铺砌

④灌浆法。把砌石分层水平铺放,每层高度均匀,空隙间填塞碎石,在其中灌以流动性较大的砂浆,边灌边捣实至砂浆不能渗入砌体空隙为止。

(2)浆砌砌体。浆砌前应做好一切准备工作,包括:工具配备;按设计图纸检查和处理基底;放线;安放脚手架、跳板等施工设施;清除砌石上的尘土、泥垢等。

①砌筑顺序。以分层进行为原则。底层极为重要,它是以上各层的基石,若底层质量不符合要求,则要影响以上各层。较长的砌体除分层外,还应分段砌筑,两相邻段的砌筑高差不应超过 1.2m,分段处宜设置沉降缝或伸缩缝的位置。分层砌筑时,应先角石,后边石或面石,最后才填腹石(如图 2-80)。角石安好后,向两边的中心进行,然后由边向中。

②浆砌片石。可用灌浆法、坐浆法和挤浆法,常以挤浆法为主。如图 2-81a)所示,砌体外圈定位行列与转角石应选择表面较平、尺寸较大的石块,浆砌时,长短相间并与里层石块咬紧,上下层竖缝错开,缝宽不大于 4cm,分层砌筑应将大块石料用于下层,每处石块形状及尺寸应合适。竖缝较宽者可塞以小石子,但不能在石下用高于砂浆层的小石块支垫。排列时,应将石块交错,坐实挤紧,尖锐凸出部分应敲除。

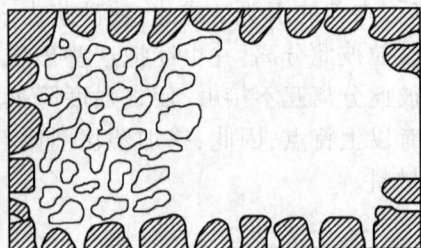

图 2-80　砌筑顺序

③浆砌块石。多用坐浆法和挤浆法。先铺底层砂浆并打湿石块,安砌底层。分层平砌大面向下,先角石,再面石,后腹石,上下竖缝错开,错缝距离不应小于 10cm,镶面石的垂直缝应用砂浆填实饱满,不能用稀浆灌注。厚大砌体,若不易按石料厚度砌成水平时,可设法搭配成较平的水平层。块石镶面如图 2-81b)所示,为使面石与腹石连接紧密可采用丁顺相间,一丁一顺或两丁一顺的排列。

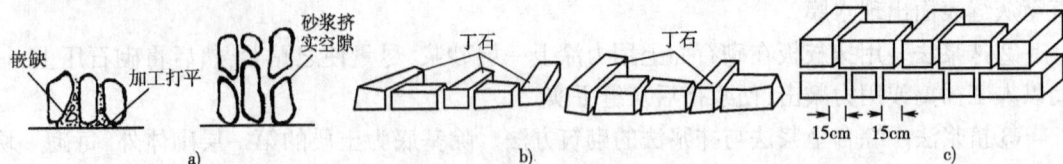

图 2-81　浆砌砌体
a)片石砌筑;b)块石砌筑;c)料石砌筑

④浆砌块石。先将砌筑层数计算清楚,选择石料,严格控制平面位置和空间高度。按每块石料厚度分层,层间灰缝应成直线,块间和层间的灰缝应垂直,厚石砌在下面,薄石砌在上面,面石铺筑应符合图 2-81b)所示原则,砌缝横平竖直,缝宽不超过 2cm,错缝距离大于 10cm,里层可用块石砌筑。图 2-81c)所示料石砌筑主要工程,如要求修饰整齐美观的挡土墙及路缘、拦河坝等。

(3)砌缝可分为错缝、通缝和勾逢。

①错缝。砌体在段间、层间的垂直灰缝应互相交错,压叠成不规则的灰缝,如图 2-82a)、图 2-82b)所示。这种用箭头所指的灰缝叫错缝,它们相互间距离,对于片石和块石,每段上、下层及段间的垂直距离不小于 8cm;对粗料石不小于 10cm;在转角处不小于 15cm;并严禁出现图2-82c)、图 2-82d)所示的错缝。

②通缝。指砌体的水平灰缝,如图 2-83 所示。这是砌体受力的薄弱环节,其承压能力较好,受剪、抗拉、受扭的能力极差,最容易在此被损坏。砌体对通缝要求较高,不仅要求砂浆饱满密实,成缝时还不允许有干缝、瞎缝和大缝,对通缝的宽度也有一定的要求。

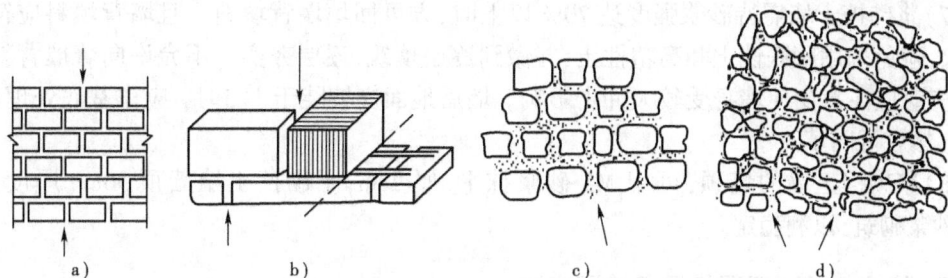

图 2-82 错缝

a)、b) 正常错缝;c)、d) 不符合要求的错缝(注:图中箭头表示错缝的位置)

③勾缝。有平缝、凹缝和凸缝等。勾缝具有防止有害气体和风、雨、雪等侵蚀砌体内部,延长构筑物使用年限及装饰外形美观等作用。在设计无特殊要求时,勾缝宜采用凸缝或平缝,勾缝宜用 $1:1.5 \sim 1:2$ 的水泥砂浆,并应嵌入砌缝内约 2cm。勾缝前,应先清理缝槽,用水冲洗湿润,勾缝应横平竖直,深浅一致,不应有瞎缝、丢缝、裂纹和黏结不牢等现象,片石砌体的勾缝应保持砌后的自然缝。

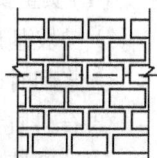

图 2-83 水平通缝

2)干砌石料

干砌是不用胶凝材料仅靠石块间的摩擦力和挤压力相互作用使砌体的砌石互相咬紧的施工方法。由于它不用砂浆胶凝,坚固性和整体性较差,操作比浆砌困难。在施工中应注意以下几点:

(1)选择的片石要尽量大,铺砌时大面向下。

(2)错缝要间错咬紧,不得有松动的石块。接触面积要尽可能多,空隙及松动石块间必须用小石块嵌填紧密,但不得在一处集中填塞小碎石块。

(3)要考虑上、下、左、右间的接砌,应将面石的角棱修整,以利砌筑和美观。

(4)干砌顺序应先中后边,先外后里,并要求外高内低,以防石块下滑。

(5)分层干砌应于同一层的每平方米面积内干砌一块直石,以便上、下层咬接。

3)施工注意事项

施工应与设计要求相配合,并严格按施工规范的规定执行,同时还应注意如下事项:

(1)施工前应做好地面排水和安全生产的准备工作。滨河及水库地段挡土墙宜在枯水季节施工。

(2)在松软地层或坡积层地段,基坑不宜全段开挖,以免在挡土墙完工以前发生土体塌滑,而宜采用跳槽开挖的方法。

(3)基坑开挖后,若发现地基与设计情况有出入,应按实际情况修改设计。若发现岩基有裂缝,应以水泥砂浆或小石子混凝土灌注至饱满。若基底岩层有外露的软弱夹层,宜于墙趾前对此层作封面保护,以防风化剥落后基础折裂而使墙身外倾。

(4)墙趾部分基坑,在基础施工完成后应及时回填夯实,并作成外倾斜坡,以免积水下渗,影响墙身的稳定。

(5)挡土墙的外墙应用规格块、料石砌筑,并采用丁顺相间的方法,同时还应保证砂浆饱满,防止出现"墙体里外两层皮"的现象。

(6)注意泄水孔和排水层(即反滤层)的施工操作,保证排水通畅。

（7）浆砌挡土墙需待砂浆强度达 70% 以上时，方可回填墙背填料。且墙背填料应符合设计要求，避免采用膨胀性土和高塑性土，并做到逐层填筑，逐层夯实。不允许向着墙背斜坡填筑，夯实时应注意勿使墙身受较大冲击影响。墙后地面横坡陡于 1:3 时，应作基底处理（如挖台阶），然后再回填。

（8）浆砌挡土墙的墙顶，可用 M5 砂浆抹平，厚 2cm，干砌挡土墙墙顶 50cm 厚度内，用 M2.5 砂浆砌筑，以利稳定。

三、防护与加固工程的质量检测方法

1. 防护工程

1）护坡

（1）质量要求如下：

①护坡基础埋置深度及地基应符合设计要求。

②浆砌时砂浆配合比应符合试验规定，砌体要咬扣紧密，嵌缝饱满密实。

③石料质量规格符合有关规定。

④护坡填土密实达到设计要求。

⑤护坡表面平整，无垂直通缝，勾缝平顺，无脱落现象。

（2）质量标准，护坡的质量标准见表 2-35。

护坡的质量标准 表 2-35

项　次	检查项目	规定值或允许偏差	检查方法和频率
1	砂浆强度（MPa）	在合格标准内	抗压强度试验
2	顶面高程（mm）	±50	水准仪：每 50m 检查 3 点，不足 50m 时至少 2 点
3	表面平整度（mm）	30	2m 直尺：锥坡检查 3 处，护坡每 50m 检查 3 处
4	坡度	不陡于设计	坡度尺量：每 50m 量 3 处
5	厚度	不小于设计	尺量：每 100m 检查 3 处
6	底面高程（mm）	±50	水准仪：每 50m 检查 3 点

2）导流工程

（1）质量要求：

①导流工程（堤、坝）的基础埋置深度及地基应符合设计要求。

②材料规格和质量应符合有关规定。

③表面平整，线条直顺，曲线圆滑。

（2）质量标准，导流工程的质量标准见表表 2-36。

导流工程的质量标准 表 2-36

项　次	检查项目		规定值或允许偏差	检查方法和频率
1	砂浆强度（MPa）		在合格标准内	强度试验
2	平面位置（mm）		30	经纬仪：按设计图控制坐标检查
3	长度（mm）		不小于设计长度 −100	尺量：每个检查
4	断面尺寸（mm）		不小于设计	尺量：检查 5 处
5	高程（mm）	基底	不大于设计	水准仪：检查 5 点
		顶面	±30	

3）石笼防护

（1）质量要求如下：

①铁丝笼的网眼尺寸应符合设计要求。

②石笼的坐码或平铺应符合设计要求。

③材料规格和质量应符合有关规定。

④表面整齐，曲线圆滑，线条直顺。

（2）质量标准，石笼防护的质量标准见表2-37。

石笼防护的质量标准 表2-37

项　次	检查项目	规定值或允许偏差	检查方法和频率
1	平面位置（mm）	符合设计要求	经纬仪：按设计图控制坐标检查
2	长度（mm）	不小于设计长度－300	尺量：每个（段）检查
3	宽度（mm）	不小于设计宽度－200	尺量：每个（段）量5处
4	高度（mm）	不小于设计	水准仪或尺量：每个（段）检查5处
5	底面高程（mm）	不高于设计	水准仪：每个（段）检查5点

2. 砌石混凝土挡土墙

1）质量要求

（1）石料规格应符合有关规定。

（2）地基必须满足设计要求。

（3）砂浆或混凝土的配合比符合试验规定。混凝土表面的蜂窝麻面不得超过该面面积的0.5%，深度不超过10mm。

（4）砌石分层错缝。浆砌时坐浆挤紧，嵌填饱满密实，不得有空洞；干砌时不得松动、叠砌和浮塞。

（5）墙背填料符合设计和施工规范要求。

（6）沉降缝、泄水孔数量应符合设计要求。沉降缝整齐垂直，上下贯通。泄水孔坡度向外，无堵塞现象。

（7）砌体坚实牢固，勾缝平顺，无脱落现象。

2）质量标准

当挡土墙的平均墙高$H \geqslant 6m$，且墙身面积$A \geqslant 1\,200m^2$时，为大型挡土墙，可作为分部工程评定。分部工程可分为基础和墙身两个分项工程。墙身的质量标准见表2-38，基础的质量标准见表2-39。

墙高$H < 6m$或墙身面积$A < 1\,200m^2$的挡土墙，应作为分项工程进行评定，其质量标准见表2-40。

砌体和混凝土挡土墙质量标准 表2-38

项次	检查项目		规定值或允许偏差	检查方法和频率
1	砂浆或混凝土强度（MPa）		在合格标准内	强度试验
2	平面位置（mm）	浆砌	50	经纬仪：每20m检查墙顶外边线3点
		混凝土	30	

项次	检查项目		规定值或允许偏差	检查方法和频率
3	顶面高程(mm)	浆砌	±20	每20m检查1点
			±10	
4	竖直度或坡度(%)		0.5	每20m检查2点
5	断面尺寸(mm)		不小于设计	尺量;每20m量2个断面
6	底面高程(mm)		±50	每20m检查1点
7	表面平整度(mm)	块石	20	2m直尺;每20m检查3处,每处检查竖直和墙长两个方向
		片石	30	
		混凝土	10	

浆砌片石、混凝土基础质量标准　　　　　　　　　　表2-39

项次	检查项目		规定值或允许偏差	检查方法和频率
1	砂浆强度(MPa)		在合格标准内	强度试验
2	平面尺寸(mm)		±50	尺量;长、宽各检查3处
3	基础底面高程(mm)	土质	±50	水准仪;测量5~8点
		石质	+50,−200	
4	基础顶面高程(mm)		±30	水准仪;测量5~8点
5	轴线偏位(mm)		25	全站仪或经纬仪;纵、横各检查2点

干砌挡土墙质量标准　　　　　　　　　　表2-40

项次	检查项目	规定值或允许偏差	检查方法和频率
1	平面位置(mm)	50	经纬仪;每20m检查3点
2	顶面高程(mm)	±30	水准仪;每20m测3点
3	竖直度或坡度(%)	0.5	尺量;每20m吊垂线检查3点
4	断面尺寸(mm)	不小于设计	尺量;每20m检查2处
5	底面高程(mm)	±50	水准仪;每20m测1点
6	表面平整度(mm)	50	2m直尺;每20m检查3处,每处检查竖直和墙长两个方向

本 章 小 结

1. 路基是道路的主体和路面的基础,必须具有足够的强度和整体稳定性,满足设计与使用要求。

2. 为保证路基的强度和稳定性,在填筑路堤时,应处理好基底,选择良好的填料,保证必需的压实度和正确的填筑方案。路堑开挖应结合断面土层分布、地形条件以及土方的利用和废弃情况综合考虑确定方案。

3. 路基压实是提高路基强度与稳定性的根本技术措施之一,也是保证路基质量最经济有效的基本手段。

4. 机械化施工是路基工程质量、进度、效益的重要保证,常用的路基土方机械有松土机、推土机、铲运机、平地机、装载机、挖掘机、自卸汽车、洒水车及压实机械等。

5. 湿软路基一般采用垫层与浅层处治(换填土层法)、排水固结法、振冲碎石桩、粉喷桩。

6. 冬季、雨季路基施工应预先掌握气温变化资料,及时做好防冻、防雨工作。在施工现场及周围采取有效措施,并制订相应冬雨季路基施工技术措施。

7. 路基排水的目的是将路基范围内的土基湿度降低到一定的范围内,保持路基常年处于干燥状态,确保路基具有足够的强度和稳定性。路基排水工程分为地面排水和地下排水。

8. 路基防护与加固的目的,在于防止自然因素所引起的路基破坏和过量变形,同时稳定路基,美化路容,提高公路的使用品质。防护与加固工程重点在于路基边坡防护及湿软地基的加固。

复习与思考

1. 路基填前清表碾压有什么要求?

2. 路基施工前的基底清理的内容有哪些?

3. 路基填料的选择有什么要求?

4. 填土路堤分层厚度有什么要求?

5. 填土路堤填筑宽度有什么要求?

6. 用不同的土质混合填筑路堤时应注意什么事项?

7. 桥涵附近的填土应注意哪些问题?

8. 为什么要严格控制路基的压实质量?

9. 土质路堤压实度检验有什么要求?

10. 土石路堤分层厚度、石料粒度有什么要求?

11. 土石路堤压实有什么特点?

12. 简述常用路基土方机械的适用范围。

13. 阐述路堤填筑机械作业的方法和要求。

14. 路堑开挖机械施工的方法和注意事项有哪些?

15. 概括说明湿软路基的施工措施及其施工方法与要点。

16. 路基冬雨季施工的主要施工措施有哪些?

17. 挡土墙有哪些分类?

18. 石砌重力式挡土墙砌筑要求有哪些?

第三章　路面基层施工

本章知识点

1. 路面粒料基层施工技术；
2. 路面沥青稳定基层施工技术；
3. 路面无机结合料稳定基层施工技术。

第一节　半刚性基层与粒料基层的施工

一、路面基层的分类和技术要求

1. 路面基层的分类

1) 水泥稳定类基层

在粉碎的或原来松散的土(包括各种粗粒土、中粒土和细粒土)中,掺入足够数量的水泥和水,通过拌和得到的混合料经摊铺压实及养生后,当其抗压强度和耐久性符合规定要求时,称为水泥稳定类基层。

用水泥稳定砂性土、粉性土和黏性土得到的混合料,简称水泥稳定土;用水泥稳定砂得到的混合料,简称水泥稳定砂。

用水泥稳定粗粒土或中粒土得到的混合料,视所用原材料,可简称水泥稳定碎石、水泥稳定砂砾等。

在稳定各种土时,常根据设计强度和耐久性等要求,以及地方材料的供应情况,同时用水泥和石灰、水泥和粉煤灰稳定某种土得到的混合料,简称综合稳定类基层。

另外,仅使用少量水泥改善各种土的塑性指数或提高其强度而达不到水泥稳定土规定的强度要求时,这种材料称为水泥改善土。

2) 石灰稳定类基层

在粉碎的或原来松散的土(包括各种粗粒土、中粒土和细粒土)中,掺入足够数量的石灰和水,通过拌和得到的混合料经摊铺压实及养生后,当其抗压强度或耐久性符合规定要求时,称为石灰稳定类基层。

用石灰稳定细粒土得到的混合料,简称石灰稳定土。

用石灰稳定粗粒土或中粒土得到的混合料,视所用原材料而定,原材料为天然砂砾土时,简称石灰砂砾土;原材料为天然碎石土时,简称为石灰碎石土。

另外,仅使用少量石灰改善各种土的塑性指数或提高其强度,而达不到石灰稳定土规定的强度要求时,这种材料可称为石灰改善土。

3)石灰工业废渣稳定类基层

工业废渣包括:粉煤灰、炉渣、煤渣、高炉矿渣(镁渣)、钢渣(已经过崩解达到稳定)、镁渣、煤矸石和其他粉状废渣。用一定比例的石灰与这些废渣中的一种或两种经加水拌和、压实和养生后得到的一种强度和耐久性都有很大提高并符合规范规定的要求时,称为石灰工业废渣稳定土(简称石灰工业废渣)。石灰工业废渣材料可分两大类:石灰粉煤类和石灰其他废渣类。同时用石灰和粉煤灰稳定细粒土(含砂)得到的混合料,简称二灰土。同时用石灰和粉煤灰稳定级配砂砾和级配碎石时,分别简称为二灰砂砾和二灰碎石。

水泥稳定类基层、石灰稳定类基层、石灰工业废渣稳定类基层都属于无机结合料稳定类基层,也称半刚性基层。

4)级配碎石基层

粗、细碎石集料和石屑各占一定比例的混合料,当其颗粒组成符合密实级配,经拌和、摊铺、碾压成型及养生后,其抗压强度或稳定性、密实度符合规定要求时,称为级配碎石,其结构为级配型。当混合料改为粗、细砾石和砂时成为级配砾石。

5)填隙碎石基层

用单一尺寸的粗碎石做主骨料,形成嵌锁作用,用石屑填满碎石间的孔隙,增加密实度和稳定性,这种结构的基层称填隙碎石基层,其结构为嵌锁型。

级配碎石基层、填隙碎石基层都属于粒料类基层。

2.道路基层的技术要求

1)足够的强度和刚度

基层必须能够承受车轮荷载的反复作用,即在预定设计标准轴载反复作用下,基层不会产生过多的残余变形,更不会产生剪切破坏或疲劳弯拉破坏。基层要满足上述的技术要求,除必需的厚度外,主要取决于基层材料本身的强度。材料的强度包括两个主要方面:一方面是石料颗粒本身的硬度或强度,可用集料压碎值或集料磨耗值表示;另一方面是材料整体(混合料)的强度和刚度,如回弹模量、承载比、抗压强度、抗剪切强度、抗弯拉强度。基层的刚度(回弹模量)必须与面层的刚度相配。如面层和基层的刚度差别过大,则面层会由于过大的拉应力或拉应变而过早开裂破坏。因此,在高等级道路上,无论是沥青面层还是混凝土面层,应选用结合料稳定材料做基层,特别是用水泥或石灰粉煤灰等稳定的粒料。

2)有足够的水稳性和冰冻稳定性

进入路面结构层的水(包括气态水)能使含土较多、土的塑性指数较大的基层或底基层材料的含水率增加及强度降低,从而导致沥青路面过早破坏,或刚性路面损坏。在冰冻地区,这种水造成的危害更大。因此,必须用水稳性好的材料做路面的基层和底基层。就各种基层材料的水稳性而言,水泥粒料的水稳性最好,石灰粉煤灰粒料次之,细土含量多且塑性指数大的级配碎石和级配砾石的水稳性最差。

3)有足够的抗冲刷能力

为了提高高等级道路上路面基层的抗冲刷性能,在采用水泥稳定粒料基层时,粒料的级配应依照基层施工规范中规定的级配碎石或级配砾石基层的集料级配范围而定,同时限制集料中小于$0.075mm$的颗粒含量不超过$5\% \sim 7\%$;在采用石灰粉煤灰粒料基层时,混合料中粒料的比例应是 80% ~ 85%，同时粒料需具有良好的级配，且其中小于 0.075mm 的颗粒含量应等于 0；在采用石灰稳定级配粒料土或石灰土稳定级配粒料时，混合料中粒料的比例应接近 85%。

4）收缩性小

对于高等级路面上的基层，特别是半刚性基层，还应该要求其收缩性小。半刚性材料的收缩性包括两个方面，一是由于水分减少而产生干缩的程度，二足由于温度降低而产生温度收缩的程度。

5）有足够的平整度

基层的平整度对薄沥青面层的平整度影响很大，对较厚沥青混凝土面层的平整度的影响虽不如对薄沥青面层的影响那么大，但基层的不平整会引起沥青混凝土面层厚薄不匀，使沥青面层在使用过程中的平整度降低较快，并导致沥青混凝土面层产生一些薄弱面。它会成为路面使用期间产生温度收缩裂缝的起点。因此，基层的平整度对沥青面层的使用性能有很重要的影响。

6）与面层结合良好

面层与基层间的良好结合，对于沥青面层的使用质量是非常重要的。与不结合的情况比较，它可以减小面层底面由于行车荷载引起的拉应力和拉应变（一般情况下可减小 50% 以上，有时甚至可减小到 1/4），它还可以明显减小由温度变化引起的沥青面层内的拉应力和拉应变。基层与面层良好结合可以使薄沥青面层不产生滑动、推移等破坏。为此，基层表面应该稳定并且具有一定的粗糙度，表面还应该结构均匀，无松散颗粒。

二、填隙碎石基层施工

1. 材料要求

填隙碎石用作基层时，碎石的最大粒径不应超过 53mm；用作底基层时，碎石的最大粒径不应超过 63mm。粗碎石可以用具有一定强度的各种岩石或漂石轧制，也可以用稳定的矿渣轧制。材料中的扁平、细长和软弱颗粒不应超过 15%。轧制碎石时所得的 5mm 以下的细筛余料（即石屑）是较好的填隙料。

用作基层的粗碎石的集料压碎值不大于 26%；用作底基层的粗碎石的集料压碎值不大于 30%。

2. 填隙碎石基层施工

1）施工程序

施工程序如图 3-1 所示。

2）施工要求

（1）准备下承层。不论填隙碎石结构层下面是底基层、垫层或土基，都要求平整密实，无松散或软弱地点，平整度、压实度、路拱横坡度、控制高程都要符合规范规定的要求。

（2）施工放样。在下承层上恢复中线。直线段每 15 ~ 20m 设一桩，平曲线段每 10 ~ 15m 设一桩，并在路外侧设指示桩，同时要进行高程测量。在两侧指示桩上标出基层或底基层边缘的设计高程。

（3）备料。根据结构层的宽度、厚度及松铺系数（1.20 ~ 1.30）计算粗碎石的用量。根据

施工取样 → 准备下承层 → 施工放样 → 运输和摊铺粗集料 → 初压 → 撒布石屑 → 振动压实 → 第二次撒布石屑 → 振动压实 → 局部补撒石屑及扫匀 → 振动压实填满孔隙 → 干法 → 洒少量水 → 终压

湿法 → 洒水饱和 → 碾压滚浆 → 干燥

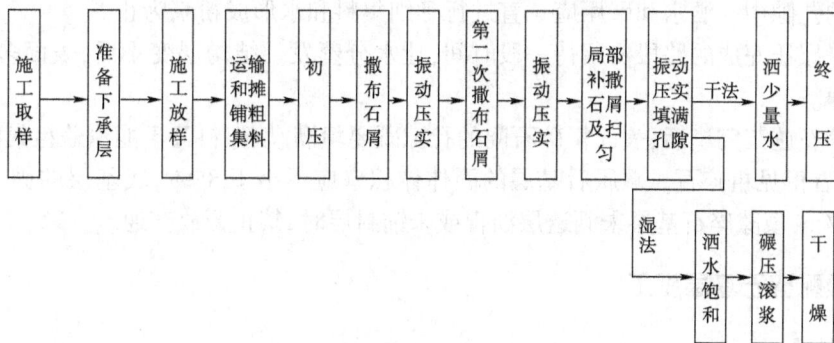

图 3-1 填隙碎石基层施工程序图

运料车辆的车厢体积,计算每车料的堆放距离。填隙料的用量约为粗碎石质量的30% ~ 40%。

(4)运输与摊铺粗碎石。碎石装车时,应控制每车料的数量基本相等。在同一料场供料路段,由远到近将粗碎石按计算的距离卸置于下承层上。卸料距离应严格掌握,避免料不够或过多,且料堆每隔一定距离应留一缺口,以便于施工作业。用平地机或其他适合的机具将粗碎石均匀地摊铺在预定的宽度上,表面要求平整,且符合规定的路拱。同时摊铺路肩用料,检验松铺材料层的厚度。必要时,应进行成料或补料工作。

(5)撒铺填隙料和碾压。从施工工艺上可以分为干法施工与湿法施工。

①干法施工(干压碎石)。特别适用于干旱缺水地区施工,步骤如下:

a.初压。用8t两轮压路机碾压3 ~ 4遍,使粗碎石稳定就位。在直线段上,碾压从两侧路肩开始,逐渐错轮向路中心进行;在有超高路段上,碾压从内侧路肩逐渐错轮向外侧路肩进行。错轮时,每次重叠1/2轮宽。在第一遍碾压后,应再次找平。初压终了时,表面应平整,路拱和纵坡应符合要求。

b.撒铺填隙料。用石屑撒布机或类似的设备将干填隙料均匀地撒铺在已压稳的粗碎石层上,松厚约2.5 ~ 3.0cm。

c.碾压。用振动压路机慢速碾压。将全部填隙料振入粗碎石间的孔隙中。

d.再次撒布填隙料。用石屑撒布机或类似的设备将干填隙料再次撒铺在粗碎石层上,松厚约2.0 ~ 2.5cm。用人工或机械扫匀。

e.再次碾压。用振动压路机碾压,碾压过程中,对局部填隙料不足之处,人工进行找补,将局部多余的填料扫除,不应使填隙料在粗碎石表面局部地自成一层,表层必须能见粗碎石。

f.设计厚度超过一层铺筑厚度,需在其上再铺一层时,应扫除一部分填隙料,然后在其上摊铺第二层粗碎石及填隙料。

g.填隙碎石表面孔隙全部填满后,用18 ~ 21t三轮压路机再碾压1 ~ 2遍。在碾压过程中,不应有任何蠕动现象。

②湿法施工(水结碎石)步骤如下:

a.开始的工序与干法施工 a ~ e 步骤相同。

b.粗碎石层表面孔隙全部填满后,立即用洒水车洒水,直到饱和为止(应注意勿使多余水浸泡下承层)。

c.用18 ~ 21t三轮压路机跟在洒水车后面进行碾压。在碾压过程中,将湿填隙料继续扫入所出现的孔隙中。洒水和碾压应一直进行到细集料和水形成粉浆为止。

d. 干燥碾压完成的路段要留待一段时间,让水分蒸发。结构层变干后,表面多余的细料,应扫除干净。

填隙碎石施工完毕后,表面粗碎石间的孔隙既要填满、填隙料又不能覆盖粗集料而自成一层,表面应看得见粗碎石。碾压后基层的固体体积率应不小于85%,底基层的固体体积率应不小于83%。填隙碎石基层未洒透层沥青或未铺封层时,禁止开放交通。

三、级配碎石基层施工

1. 材料要求

1) 碎石

未筛分碎石:轧制碎石的材料可以是各种类型的坚硬岩石、圆石或矿渣。必须注意:用于轧制碎石的圆石的粒径应是碎石最大粒径的 3 倍以上;矿渣应是已崩解稳定的,其干密度和质量应比较均匀,干密度不小于 $960kg/m^3$。碎石机出来的碎石应经过一个与规定最大粒径相符的筛分,这种方式生产的碎石称为未筛分碎石,工程上又俗称"通料"。

单一尺寸碎石:从碎石机中出来的碎石通过几个不同筛孔的筛,得出的不同粒级的碎石,如 20～40mm、10～20mm 和 5～10mm 的碎石。单一尺寸碎石的质量取决于生产机械类型和筛孔的合理设置以及吸尘的效果。碎石中的扁平、长条颗粒的总含量应不超过20%,碎石中不应有泥土、植物等有害物质。

2) 石屑或细集料

石屑或其他细集料可以使用一般碎石场的细筛余料,也可以用天然砂砾或粗砂代替石屑。天然砂砾的粒径应当合适,级配较好。最好是专门轧制的细碎石集料。石屑或其他细集料的质量对级配碎石质量有较大影响,必须严格控制。

2. 级配碎石基层路拌法施工

1) 施工程序如图3-2 所示。

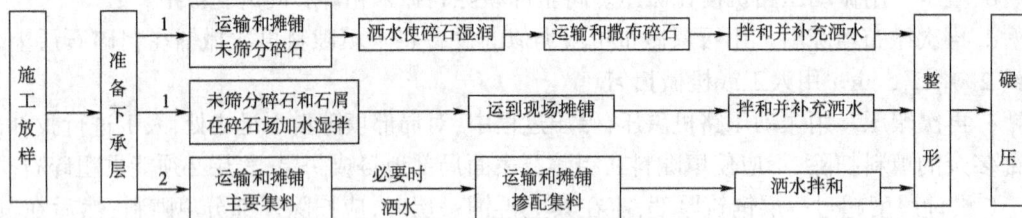

图 3-2　级配碎石、砾石基层(底基层)施工程序图
1-级配碎石;2-级配砾石

2) 施工要求

(1) 准备工作。包括整修路槽和清底放样。下承层(土基或垫层)的压实度、高程、路拱横坡、平整度、弯沉值等指标均应满足规范要求。

(2) 测量。同填隙碎石基层的测量步骤和要求。

(3) 备料。按一定路段长度(20～50m)所需的石、砂、石屑数量进行备料。石料可直接卸在路槽内,砂、石屑堆在路肩上。堆料时,应考虑便于后续工序如拌和及运料等工作。

(4)铺料。石料是级配砾(碎)石结构的主要材料,为了保证混合料拌和均匀,宜先摊铺大石料,然后摊铺小石料,最后摊铺细料(砂或石屑)。

(5)拌和与整型。混合料拌和均匀是确保级配碎石基层质量的重要一环。拌和可采用平地机或拖拉机牵引多铧犁进行。犁拌作业长度,根据压路机的工作能力和气温高低,每段宜为100~150m。用平地机拌和时,每个作业段长度宜300~500m。拌和时边拌边洒水,使混合料的湿度均匀,避免大小颗粒分离。混合料拌和均匀后,即可将混合料整平并整理成规定的路拱横坡度。

(6)碾压。混合料整型后,应在接近最佳含水率情况下立即碾压,以免水分蒸发,可采用12t以上三轮压路机、振动压路机或轮胎压路机进行碾压。碾压时,后轮应重叠1/2轮宽,并必须超过两段的接缝处。后轮压过路面全宽时,即为1遍,碾压一直进行到要求的密实度为止。在碾压过程中要经常检查含水率与压实度。

级配碎石结构层施工时要注意:集料级配要满足要求,配料必须准确,特别是细料的塑性指数必须符合规定。掌握好虚铺厚度,路拱横坡符合规定。拌和均匀,避免粗细颗粒离析。当采用18t以上三轮压路机时,每层压实厚度以不超过15~18cm为宜,当采用重型振动压路机或轮胎压路机时,每层压实厚度可为18~20cm。

3. 级配碎石厂拌法施工

1)施工程序(如图3-3所示)

2)施工要求

(1)备料。为了保证级配碎石的级配合乎规定,一般至少选择大粒径、小粒径和石屑3种规格进行备料,如果条件许可,最好采用大粒径、中粒径、小粒径和石屑4种规格进行备料。在集料拌和厂,首先应进行料场场地硬化,并根据设计要求的不同粒级进行分隔,每批进场的碎石和石屑都必须抽检其质量,质量不合要求不得进场。

准备和检查下承层 → 施工放样 → 备料 → 拌和 → 运输 → 摊铺 → 碾压

图3-3 级配碎石厂拌法施工程序图

(2)拌和。级配碎石混合料在中心站采用拌和机进行集中拌和,在正式拌制级配碎石混合料之前,必须对所用的厂拌设备进行调试,使混合料的颗粒组成和含水率都达到规定的要求。在采用未筛分碎石和石屑时,如未筛分碎石或石屑的颗粒组成发生明显变化时,应及时重新调试设备。

(3)运输。由于级配碎石材料的特殊性,容易在装料、运输和卸料过程中产生粗细料离析。因此,在装料时,拌和机的出料口距离车厢的高度应尽可能的小,车辆载质量较小可按一层装料,载质量较大时按两层装料,以避免装料和运输途中发生粗细料离析。

(4)摊铺。碎石混合料摊铺可用沥青混凝土摊铺机、水泥混凝土摊铺机或专用的稳定土摊铺机摊铺,摊铺机最好装有双夯锤。碎石混合料运至摊铺机前时,应有专人指挥卸料,确保运输车慢速将料卸入料仓。卸完后立即开走,以便下一车及时卸料。同时摊铺机后面应设专人消除粗细集料离析现象。

没有摊铺机时,也可以用带有自动找平装置的平地机摊铺混合料。采用平地机摊铺时,首

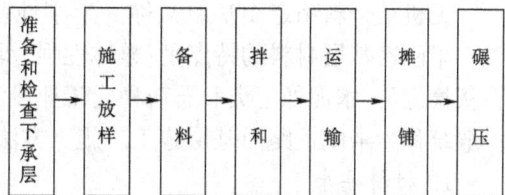

先,根据摊铺层的厚度和要求达到的压实平整度,计算每车混合料的摊铺面积;将混合料均匀地卸在路幅中央,路幅宽时,也可将混合料卸成两行;然后用平地机将混合料按松铺厚度摊铺均匀。在平地机后面设专人,及时消除粗细集料离析现象。

(5)碾压。摊铺机摊铺混合料后,用振动压路机、三轮压路机进行碾压。碾压方法同路拌法。用平地机摊铺混合料后的整型和碾压均与路拌法施工相同。

(6)接缝的处理如下:

①横向接缝的处理。用摊铺机摊铺混合料时,靠近摊铺机当天未压实的混合料,可与第二天摊铺的混合料一起碾压,但应注意混合料的含水率。必要时,应人工补洒水,使其含水率达到规定的要求。

②纵向接缝的处理。应避免纵向接缝。如摊铺机的摊铺宽度不够,必须分两幅摊铺时,宜采用两台摊铺机一前一后相隔 5 ~ 8m 同步向前摊铺。在仅有一台摊铺机的情况下,可先在一条摊铺带摊铺一定长度后,再开到另一条摊铺带上摊铺,然后一起进行碾压。

在不能避免纵向接缝的情况下,纵缝必须垂直相接,不应斜接。在前一幅摊铺时,在靠后一幅的一侧用方木或钢模板做支撑,方木或钢模板的高度与级配碎石层的压实厚度相同;在摊铺后一幅之前,将方木或钢模板除去;先将未完全压实部分和不符合路拱要求部分挖松并补充洒水,待后一幅混合料摊铺后一起进行整平碾压。

四、半刚性路面基层施工

无机结合料稳定类基层又称为半刚性基层,它包括水泥稳定类、石灰稳定类和综合稳定类。半刚性基层材料的特点是:整体性强、承载力高、刚度大、水稳性好,而且较为经济。由于石灰稳定类、水泥稳定类和石灰稳定工业废渣类等半刚性基层和底基层的施工方法基本相同,一般统称为半刚性路面基层施工。施工方法采用路拌法和厂拌法两种。

1. 材料要求

1)水泥

普通硅酸盐水泥、矿渣硅酸盐水泥和火山灰质硅酸盐水泥都可用于稳定土,但应选用终凝时间较长(宜在 6h 以上)的水泥。终凝时间不能满足要求,需加入适量的缓凝剂加以调节。快硬水泥、早强水泥以及已受潮变质的水泥不应使用。

2)石灰

石灰应是消石灰粉或生石灰粉,生石灰的有效钙与氧化镁的含量对钙质生石灰应不小于70%(按干重计),对镁质生石灰应不小于 65%,对消石灰应不小于 55%。消石灰中 5mm 颗粒的最大筛余量应分别不大于干重的 17% 和 20%。

若使用消石灰,应在用于工程之前 5 ~ 7d,充分消解成能通过 10mm 筛孔的粉状,设棚存放,防止淋雨和污染环境,并尽快使用。

3)粉煤灰

粉煤灰不应含有团块、腐殖质或其他杂质,其中 SiO_2、Al_2O_3,和 Fe_2O_3 的总含量应大于70%,粉煤灰的烧失量不应超过 20%;粉煤灰的比表面积宜大于 2 500cm^2/g。

干粉煤灰和湿粉煤灰都可以应用。干粉煤灰如敞开堆存时,必须加适量的水,防止飞扬造成污染。湿粉煤灰的含水率不宜超过 35%。

4) 土

这里所指的土是按土的工程质量分类涵盖的广义的土,按土中单个颗粒的粒径大小和组成,将土分为下列3种:

细粒土:颗粒的最大粒径小于9.5mm,且其中小于2.36mm的颗粒含量不少于90%;

中粒土:颗粒的最大粒径小于26.5mm,且其中小于19mm的颗粒含量不少于85%;

粗粒土:颗粒的最大粒径小于37.5mm,且其中小于31.5mm的颗粒含量不少于85%。

(1) 碎石。碎石由岩石或砾石轧制而成,应洁净、干燥,并具有足够的强度和耐磨耗性。其颗粒形状应具有棱角,接近立方体,不得含有软质和其他杂质。

(2) 砾石。砾石应坚硬、耐久,有机质、泥土和其他有害物质的含量应符合有关规范的规定。

(3) 砂。砂应洁净、坚硬、干燥、无风化、无杂质,符合规定级配,其泥土杂物含量应小于3%。

(4) 石屑。石屑系机械轧制而成。石屑应坚硬、清洁、干燥、无风化、无杂质,并具有适当的级配。

5) 水

水应洁净,不含有害物质。来自可疑水源的水应进行水质分析。

2. 混合料的组成设计

目前混合料组成设计的主要内容是根据强度标准值或设计要求,通过试验选取适宜于稳定的材料,确定材料的配合比、最大干密度和最佳含水率,具体设计步骤如下:

(1) 制备同一种土样,不同结合料剂量的混合料。水泥和石灰的剂量可参考规范标准。

二灰稳定类混合料试件的制备可根据不同情况进行。石灰与粉煤灰的比常用1:2~1:4(对于粉土,以1:2为宜)。石灰粉煤灰与细粒土的比例可以是30:70~90:10。采用石灰粉煤灰与级配粒料(中粒土和粗料土)的配比可以是20:80~15:85。

(2) 采用重型击实试验确定各种混合料的最佳含水率和最大干密度。至少做3个不同水泥或石灰剂量混合料的击实试验,即最小剂量、中间剂量和最大剂量。其他剂量混合料的最佳含水率和最大干密度可用内插法确定。

(3) 按工地要求达到的压实度,分别计算不同结合料剂量时试件应有的干密度。

(4) 按最佳含水率和计算得到的干密度制备试件,在规定温度下保湿养生6d,浸水1d后,进行无侧限抗压强度试验,试验温度为:冰冻地区20℃±2℃,非冰冻地区25℃±2℃。计算试验结果的平均值和偏差系数。作为平行试验的试件数量应符合表3-1~表3-4及其他表中的规定。如试验结果的偏差系数大于表中规定的值,则应重作试验,并找出原因,加以解决。如不能降低偏差系数,则应增加试件数量。

无机结合料稳定类基层的抗压强度(MPa)　　　　表3-1

道 路 等 级	水泥稳定类材料		石灰稳定类材料		二灰稳定类材料	
	基层	底基层	基层	底基层	基层	底基层
城市主干路、快速路及高速公路一级公路	3.0~4.0	≥0.5		≥0.8	≥0.8	≥0.5
次干路以下城市道路及二级以下公路	2.0~3.0	≥0.5	≥0.8	>0.5~0.7	≥0.6	≥0.5

注:表列数值系指龄期为保湿养生6d,浸水1d后的强度。

水泥剂量参考值   表 3-2

土 类	层 位	水 泥 剂 量（%）				
中粒土和粗粒土	基层	3	4	5	6	7
	底基层	3	4	5	6	7
塑性指数小于 12 的土	基层	5	7	8	9	10
	底基层	4	5	6	7	9
其他细粒土	基层	8	10	12	14	16
	底基层	6	8	9	10	12

石灰剂量参考值   表 3-3

土 类	层 位	石 灰 剂 量（%）				
砾碎石土	基层	3	4	5	6	7
塑性指数小于 12 的黏性土	基层	10	12	13	14	16
	底基层	8	10	11	12	14
塑性指数大于 12 的黏性土	基层	5	7	9	11	13
	底基层	5	7	8	9	11

最少的试件数量   表 3-4

稳定土类型	下列偏差系数（C_v）时的试件数量		
	小于 10%	10% ~ 15%	15% ~ 20%
细粒土	6	9	—
中粒土	6	9	13
粗粒土	—	9	13

（5）试验室内试验结果的平均抗压强度满足如下公式要求后的结合料剂量作为试验室理论计量。

$$\overline{R} = R_d / (1 - Z_a C_v)$$

式中：R_d——设计抗压强度（见表 2-5）；

C_v——试验结果的偏差系数（以小数计）；

Z_a——标准正态分布表中随保证率（或置信度）而变的系数。城市快速路、主干道及高速公路、一级公路应取保证率 95%，此时 $Z_a = 1.645$；其他城市道路与公路取保证率 90%，即 $Z_a = 1.282$。

工地实际采用的石灰或水泥剂量应较室内试验确定的理论剂量多 0.5% ~ 1.0%。石灰土稳定碎石和石灰土稳定砂砾，可以仅对其中的石灰土进行组成设计，对碎石和砂砾，只要求它具有较好的级配。石灰土与碎石或砂砾的质量比宜为 1:4。二灰稳定粒料的组成设计，则应包括全部混合料（或 25mm 以下的粒料）。

3. 半刚性基层路拌法施工

1）施工程序（如图 3-4 所示）

2）施工要求

（1）下承层准备与施工放样。施工前对下承层（底基层或土基）按质量验收标准进行验

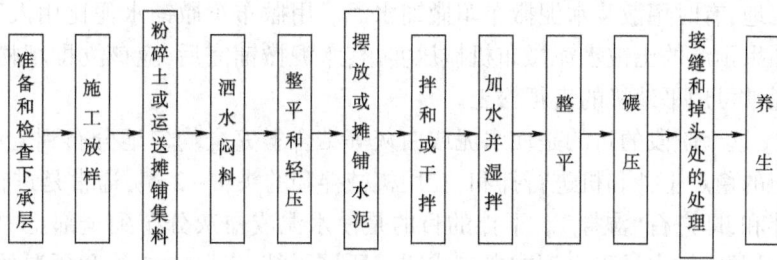

图 3-4 半刚性路基路拌法施工程序图

收,要求平整、坚实,达到规定的路拱。不符合要求的,应进行及时处理。验收合格后,恢复中桩,直线段每 15～25m 设一桩,平曲线段每 10～15m 设一桩,并在两侧路面边缘外设指示桩。在指示桩上用明显标记标出结构层边缘设计高程及松铺厚度的位置。

(2)备料。所用材料应符合质量要求,并根据各路段结构层的宽度、厚度及预定的干密度,计算各路段需要的干燥集料的数量。根据混合料的配合比、材料的含水率以及所用车辆的吨位,计算各种材料每车料的堆放距离,对于水泥、石灰等结合料,以袋(或小翻斗车)为计量单位计算出每袋结合料的堆放距离。也可根据各种集料所占的比例及其松干密度,计算每种集料松铺厚度,以控制集料施工配合比。而对结合料(水泥、石灰等)仍以每袋或每车的摊铺面积控制剂量。各种混合料的松铺系数见表 3-5。

各种混合料松铺系数参考值   表 3-5

材 料 名 称	松 铺 系 数	备 注
水泥稳定砂砾	1.3～1.35	
水泥土	1.53～1.58	现场人工摊铺、机械拌和、人工整平
石灰土砂砾	1.52～1.56	路外集中拌和,运到现场人工摊铺
石灰土	1.53～1.58	现场人工摊铺、机械拌和、人工整平
	1.65～1.70	路外集中拌和,运到现场人工摊铺

(3)洒水预湿。实际上在翻松和粉碎土的过程中,就需要洒水预湿土。洒水预湿素土,可以使水在土中分布较为均匀,可以节省摊铺水泥或白灰后的加工操作时间。由于在撒铺水泥或白灰的时候,大部分需要的水量已经加到土里去了,可以减少很多洒水工作量。可以使拌和过程中水泥或白灰立即黏结在砂粒和砾石颗粒上,而不至于漏落到处治层的底部。如需处治土的含水率比最佳含水率低 2%～3%,水泥或白灰和土就更容易拌和,更容易碾压密实。预湿过程中,应使土的含水率约为最佳含水率的 70%。预湿时,应该将水均匀地喷洒在土上。水浸入土颗粒后,蒸发损耗就减少。

(4)整平和轻压。土经过预湿之后,应该整型成要求的路拱和坡度,并用 6～8t 的两轮光面压路机碾压 1～2 遍,使素土层具有平整光滑的表面,同时具有一定的密实度,以便摊铺水泥或白灰。

(5)摊铺结合料。按计算的每袋水泥或每车白灰的纵横间距,用石灰或水泥在集料层上做安放的标记。水泥或白灰直接送到摊铺路段,卸在做标记的地点,并检查有无遗漏和多余。然后将白灰或水泥倒在集料层上,并用刮板将水泥或白灰均匀摊开。应注意每袋水泥或每车白灰的摊铺面积相等。水泥或白灰摊铺完毕后,表面应没有空白位置,也没有过分集中的地点。

在大的施工工地,有时用散装水泥撒布车撒铺水泥。用撒布车撒铺水泥比用人工撒铺水泥要均匀得多。如果预湿的土被水泥撒布机械压实了,水泥撒铺完后,应该立即耙松被压实土,并开始拌和。通常可用平地机的齿耙松土。

(6)拌和。这个阶段的目的是使水泥或白灰等结合料完全均匀地分布到土中。用旋转式松土机或专门的稳定土拌和机进行拌和,在用机械拌和的头1~2遍,通常是进行"干拌"。然后边洒水边拌和,即进行"湿拌"。干拌的目的是使水泥或白灰分布到全部土中,不要求达到完全拌和,而是预防加水过程水泥或白灰成团。所谓干拌,实际上是拌和预湿的土及水泥,并不是真要求土是干的。

灰土拌和机和稳定土拌和机都可以用于干拌和湿拌。用稳定拌和机进行拌和,拌和深度应达到稳定层底。应设专人跟随拌和机,随时检查拌和深度并配合拌和机操作员调整拌和深度,严禁在拌和层底部留有"素土"夹层。应浸入下承层(约5~10cm),以利上下层黏结。通常应拌和两遍以上,在最后一遍拌和之前,必要时可先用多铧犁紧贴底面翻拌一遍,直接铺在土基上的拌和层也应避免"素土"夹层。

对于一般道路,在没有专用拌和机械的情况下,也可以用农用旋转耕作机与多铧犁或平地机配合进行拌和。先用平地机或多铧犁将铺好水泥或白灰的集料翻拌两遍,使水泥或白灰分布到集料中,但不应翻犁到底,以防止水泥或白灰落到底部。第一遍由路中心开始,将混合料向中间翻,机械应慢速前进。第二遍应是相反,从两边开始,将混合料向外侧翻,接着用旋转耕作机拌和两遍,再用铧犁或平地机将底部料翻起。随时检查调整翻犁的深度,使稳定土层全部翻透。严禁在稳定土层与下承层之间残留一层"素土",也应防止翻犁过深或过多破坏下承层的表面,通常应翻犁两遍。

(7)补充洒水和湿拌。在上述拌和过程结束时,特别在用农业机械进行拌和的情况下,如果混合料的含水率不足,应用喷管式洒水车补充洒水。洒水距离应长些,水车起洒处和另一端"掉头"处都应超出拌和段2m以上。洒水车不应在正进行拌和的以及当天计划拌和的路段上"掉头"和停留,以防局部水量过大。洒水后,应再次进行拌和,使水分在混合料中分布均匀。拌和机械应紧跟在洒水车后面进行拌和,尤其在纵坡大的路段上应配合紧密,减少水分流失。洒水及拌和过程中,应及时检查混合料的含水率,含水率宜略大于最佳值,不应小于最佳值。在洒水拌和过程中,应配合人工拣出超尺寸颗粒,消除粗细颗粒"窝"以及局部过分潮湿或过分干燥之处。

(8)整型。混合料拌和均匀后,立即用平地机进行初平,在直线段,平地机由两侧向路中心进行刮平,在曲线段,平地机由内侧向外侧进行刮平;需要时,再返回刮1~2遍。用轮胎压路机、轮胎拖拉机或平地机立即在刚初平的路段上快速碾压一遍,以暴露潜在的不平整;再用平地机如前那样再次整平。每次整平,都要按照要求的坡度和路拱进行。特别要注意接缝处的整平,务必使接缝顺适平整。整平工作还应该包括路肩在内。

当用人工整型时,应用锹和耙先将混合料摊平,用路拱板进行初步整型。用拖拉机初压1~2遍后,根据实测的压实系数,确定纵横断面的高程,并设置标记和挂线。利用锹和耙按线整型,并再用路拱板校正成型。

稳定土基层表面的低洼处,严禁用薄层混合料找补。因为薄层找补极易在使用过程中脱皮压碎,导致面层破坏。因此,水泥稳定土摊铺和整平时,要严格掌握纵向坡度和路拱。摊铺时，一般要按"宁高勿低"的原则，最后整平(终平)时，一般要按"宁刮勿补"的原则处理。在整型过程中，严禁任何车辆通行，并配合人工消除粗细集料"窝"。

(9)碾压。拌和好的混合料以平地机整平，并刮出路拱，然后进行压实作业。无机结合料稳定类结构层应用12t以上的压路机碾压。用12～15t三轮压路机碾压时，每层的压实厚度不应超过15cm；用18～20t的三轮压路机碾压时，每层的压实厚度不应超过20cm。对于稳定中粒土和粗粒土，采用能量大的振动压路机时，每层的压实厚度根据试验确定。压实厚度超过上述规定时，应分层铺筑，每层的最小压实厚度为10cm。压实应遵循先轻后重、先慢后快的原则。直线段，由两侧向中心碾压，即先边后中；平曲线段，由内侧路肩向外侧路肩进行碾压。

碾压过程中，如有"弹簧"、松散、起皮等现象，应及时翻开重新拌和，或用其他方法处理，使其达到质量要求。在碾压结束之前，用平地机再终平一次，使其纵向顺适，路拱和超高符合设计要求。

(10)接缝和"掉头"处的处理。半刚性基层施工中，两工作段的衔接处应搭接拌和，即前一段拌和后，留5～8m，不进行碾压。后一段施工时，将前段留下的未压部分，一起再进行拌和。对于水泥稳定类基层，在第二段施工时，前段留下未压部分，要再加部分水泥，重新拌和。对于每天最后一段末端缝的处理，要经过特殊措施(如放置方木或垂直切缝)来进行。

拌和机及其他机械不宜在已成型的稳定层上"掉头"，若必须在其上"掉头"时，应采用保护措施。一般可在准备用于"掉头"的约8～10m长的稳定类基层上，先覆盖厚塑料布(或油毡纸)，然后在其上盖约10cm厚的一层土、砂或砂砾。

(11)养生与交通管制。无机结合料稳定类材料都要重视保湿养生。一般采用不透水薄膜、沥青膜，也可采用湿砂、湿黏土覆盖，无条件时还可以洒水养生。养生时间应不少于7d。水泥稳定类混合料碾压完成后，即刻开始养生；二灰稳定类混合料是在碾压完成后的第二天或第三天开始养生。养生结束后，应立即铺筑沥青面层或做下封层。基层上未铺封层或面层时，不应该开放交通。

4. 半刚性基层的厂拌法施工

1)中心站集中厂拌和流程(如图3-5所示)

2)设备配置要求

采用中心站拌和法时，所需要的机械主要分3部分：

(1)用于准备工作，在料场需要推土机、装载机或皮带运输机，有时还可能需要筛分机、粉碎机，运输车辆在道路上准备下承层(整型成要求的路拱和坡度、压实)需要平地机和压路机，有时还可能需要洒水车、水泵等。

(2)在中心站用于制备水泥土混合料，需要专用稳定土拌和站、装载机等。

(3)用于铺筑现场，需要运输车辆、摊铺机、压路机、平地机(需要整修时用)、洒水车等。

3)施工要求

(1)下承层准备、施工放样同路拌法相同。

(2)备料。选择原则同路拌法。各种不同材料及不同规格集料应隔离，分别堆放。在潮湿多雨地区或其他地区的雨季施工时，应采取措施，保护集料，特别是细集料(如石屑和砂等)应有覆盖，防止雨淋。水泥防潮更为重要。土块应粉碎，最大尺寸不得大于15mm。

(3)拌和。拌和机与摊铺机的生产能力应互相匹配。对于城市快速路、主干道及高速公路

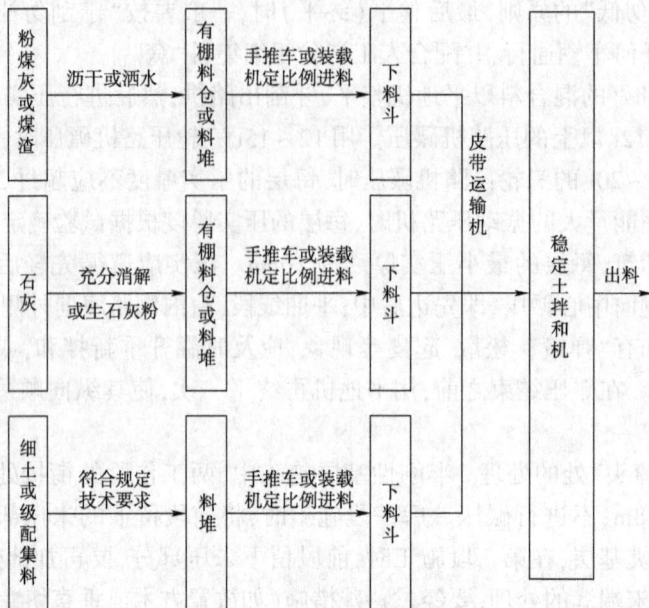

图 3-5　中心站集中厂拌和流程图

和一级公路,为了保持摊铺机连续摊铺,拌和机的产量宜大于 600t/h,在正式拌制混合料之前,必须先调试所用的设备,使混合料的颗粒组成和含水率都达到规定的要求。原集料的粒料组成发生变化时,应重新调试设备。拌和出来混合料的含水率宜略大于最佳值,使混合料运到现场摊铺后碾压的含水率不小于最佳值。因此,在拌和过程中应根据集料和混合料含水率的大小,及时调整加水量。当采用连续式的稳定土厂拌设备拌和时,应保证集料的最大粒径和级配符合要求。

(4)运输。可将拌好的混合料从拌和机直接卸入自卸卡车,尽快送到铺筑现场。运输时间一般要限制在 30min 内。

(5)摊铺。对于城市快速路、主干道及高速公路和一级公路,必须采用沥青混凝土摊铺机或专用的稳定粒料摊铺机摊铺。对于其他道路,有条件时宜用摊铺机摊铺,但至少必须采用平地机摊铺,个别面积较小的路段可以采用人工摊铺。

将稳定土混合料通过自卸汽车直接卸入摊铺机的料斗内,由摊铺机均匀摊铺。当摊铺机允许摊铺宽度较大时,最好采用单台摊铺一次摊铺成型。当道路较宽时也可以采用两台摊铺机同时摊铺。两台摊铺机一前一后(相距 5～10m)错列前进。在只能用一台较小型的摊铺机工作时,可以在两条线或几条工作道上交替摊铺,但任何一条工作道都不能比邻接的工作道摊铺得太前。相邻接工作道上任一地点摊铺混合料的间隔时间不能超过 30min。摊铺均匀的料应当立即碾压,摊铺过程中注意混合料的离析,在摊铺机后面应设专人消除粗细集料离析现象,特别应该铲除局部粗集料"窝",并用新拌混合料填补。

使用摊铺机铺筑水泥稳定土混合料时,必须严格遵守操作技术规程,采取保持整平板前的混合料的高度不变;保持螺旋分料器有 80% 的时间在工作状态;减少停机、开动的次数,避免运料汽车碰撞摊铺机;一次铺筑厚度不超过 20cm;分层摊铺时,上层厚度保证 10cm 等措施确保平整度。

如使用自动平地机摊铺,根据铺筑层的厚度和要求达到的压实干密度,计算每车混合料的摊铺面积;将混合料均匀地卸在路幅中央,路幅宽时,也可将混合料卸成两行。用平地机将混合料按松铺厚度摊铺均匀;也可先用推土机粗略推平,再由平地机工作;设一个3~5人的小组,携带一辆装有新拌混合料的车,跟在平地机后面,及时铲除粗集料"窝"和粗集料"带",补以新拌的均匀混合料,或补撒拌匀的细混合料,并与粗集料拌和均匀。

用摊铺机和平地机摊铺混合料后的整形和碾压均与路拌法相同。

(6)接缝处理。用摊铺机摊铺混合料时,不宜中断,如因故中断时间超过2h,应设置横向接缝,摊铺机应驶离混合料末端;人工将末端含水率合适的混合料弄整齐,紧靠混合料放两根方木,方木的高度应与混合料的压实厚度相同,整平紧靠方木的混合料;方木的另一侧用砂砾或碎石回填约3m长,其高度应高出方木几厘米;将混合料碾压密实;在重新开始摊铺混合料之前,将砂砾或碎石和方木除去,并将下承层顶面清扫干净。摊铺机返回到已压实层的末端,重新开始摊铺混合料;如摊铺中断后,未按上述方法处理横向接缝,而中断时间已超过2h,则应将摊铺机附近及其下面未经压实的混合料铲除,并将已碾压密实且高程和平整度符合要求的末端挖成与路中心线垂直并垂直向下的断面,然后再摊铺新的混合料。

在不能避免纵向接缝的情况下,纵缝必须垂直相接,严禁斜接,在前一幅摊铺时,在靠中央的一侧用方木或钢模板做支撑,方木或钢模板的高度应与稳定土层的压实厚度相同;养生结束后,在摊铺另一幅之前,拆除支撑木(或板)。

用平地机摊铺混合料时,横向接缝和纵向接缝的处理方法同路拌法。

(7)养生及交通管制与路拌法相同。

5. 施工中注意的问题

1)施工季节

无机结合料稳定类结构层宜在春末或夏季组织施工,施工期的最低气温应在5℃以上,并保证在冻前有一定的成型期,即第一次重冰冻(-3~-5℃)到来之前半月至一个月(水泥类)及一个月至一个半月(石灰与二灰类)完成,若不能完成则应覆盖土层以防止冻融破坏。

在雨季施工水泥稳定类结构层时,应特别注意气候变化,防止水泥混合料遭雨淋。并采取措施排除表面水,避免运到路上的集料过分潮湿。

2)水泥稳定类材料施工作业长度的确定

确定水泥稳定类混合料的作业长度,应综合考虑水泥的终凝时间,因此,施工时必须采用流水作业法,各工序必须紧密衔接,尽量缩短从拌和到完成碾压之间的延迟时间。一般情况下,每一流水作业段长度以200m为宜。

3)路拌法施工中土与粉煤灰用量的控制

在二灰稳定类基层施工中,石灰剂量可以检测,土与粉煤灰的比例只能在施工中加以控制。可用稳压厚度控制配比的方法,即固定稳压的压路机及碾压遍数,实测稳压后土及粉煤灰的干密度。反过来,通过抽检稳压厚度来控制土与粉煤灰的比例。

4)压实度的检测与强度控制

压实度的检测,一般是在半刚性基层碾压结束时,采用灌砂法进行。压实度检测合格后,方可收工。强度检测一般是在混合料经碾压成型后,水泥稳定类基层采用养护7d,取芯制作试件,进行压力试验,其数值应达到规范规定的要求。

5)机械设备生产能力协调配套

这里包括两个方面的含意:第一是机械本身生产能力的配套,以形成真正的机械化施工流程,充分发挥各种机械的效能;第二是施工组织调度,配套组织合理、科学,工序间衔接有序,以充分体现机械运行间的协调性。

6)控制和保持最佳含水率

在稳定混合料中,无论是水泥土,还是石灰土或二灰土等,都要求在规定时间内完成整个作业过程,其主要原因是为了保证这些材料的初凝期,而水分又是其重要条件。要实现此目标,其一是拌和设备能按规范要求加入定量的拌和用水,并保持混合料与水的均匀混合,使各材料颗粒间含有合适的水分;其二是减少运输过程中水分的丢失,尤其是气候炎热时应采取防止水分丢失的措施,如缩短运输周期、覆盖防晒苫布,或采取增加 1% ~2% 含水率的预防措施;其三是尽快摊铺、尽快碾压,减少水分丢失,一旦水分丢失要适量洒水,这也是保证混合料质量的重要因素之一。

7)摊铺机的作业速度调整

摊铺机摊铺作业的关键是保持其连续不间断的作业。为此,进行摊铺作业前应有足够的混合料运到施工现场,一旦开始摊铺,就要求连续不断地进行。如果出现其他原因影响供料,造成供料不足,现场指挥调度人员应及时了解原因并采取果断措施,适当调整作业速度,以维持不间断作业。若因供料停机时间长,则应按摊铺作业结束来处理工作面。

〔典型例题〕

某一级公路全长 66.56km,双向 6 车道,路幅宽 27m,设计车速 100km/h,路面基层为水泥稳定土无机结合料基层,根据工程实际情况及施工单位人力、设备条件,施工单位采用路拌法水泥稳定土基层施工工艺,摊铺水泥日进度 1.5km(单向),K5 +700 ~ K10 +700 路段具体施工过程如下:

(1)施工放样,恢复中线;根据施工布料需要在下承层上画布料网格。

(2)对水泥稳定土基层施工所需的土料、集料、水泥等按要求进行备料。

(3)确定松铺系数后,施工单位共用 5d 时间完成摊铺土任务。每日摊铺 2.5km。

(4)按规定洒水闷料,整平轻压。

(5)按规定摆放水泥,用刮板将水泥均匀摊开。

(6)为保证拌和质量,按规定采用了稳定土拌和机进行拌和。为了避免损坏下承层,拌和深度保持在下承层顶面 5 ~10mm。

(7)拌和料拌和均匀后,立即用平地机初步整形。为保证整形质量,全路段平地机均由两侧路肩向路中心进行刮平。

(8)整形后,当混合料的含水率为最佳含水率(±1% ~ ±2%)时,按规定用轻型压路机配合 12t 以上的压路机进行碾压。直线和平曲线段,由两侧路肩向路中心碾压,设超高的平曲线段,由外侧路肩向内侧路肩碾压。

问题:

(1)无机结合料稳定基层根据使用材料分为哪几类?

（2）本项目路拌法水泥稳定土基层施工准备中少了什么重要环节？并简述这一环节的主要工作。

（3）请指出本项目具体施工过程中存在哪些问题，并进行纠正。

答案：

（1）根据施工中使用材料，无机结合料稳定基层可分为3类，即水泥稳定土基层、石灰稳定土基层、工业废渣稳定基层。

（2）本项目路拌法施工水泥稳定土基层的准备中少了非常重要的一个环节，即下承层的检查。无机结合料稳定基层施工前，必须检查下承层的压实度、平整度、高程、横坡度、平面尺寸。若下承层是土基，必须用12～15t压路机进行碾压检查，如有表面松散、弹簧等问题必须进行处理。

（3）该项目水泥稳定土基层具体施工过程中存在下列问题：

①过程（3）中摊铺土的进度与摊铺水泥的进度不符合，进度太快。按例题中相关要求摊铺土每天应为1.5km（单向）为宜，这样保持在摊铺水泥的前一天完成，从而与摊铺水泥的进度一致。

②过程（6）中稳定土拌和机械的拌和深度有问题，拌和深度应达到稳定层底并宜侵入下承层5～10mm，以利于上下层黏结。

③过程（7）中平地机全路段均由两侧路肩向路中心刮平不对，直线段应这样施工，但在曲线段应由内侧向外侧进行刮平。

④过程（8）中超高的平曲线段的碾压不对，应该由内侧路肩向外侧路肩碾压。

第二节 基层施工的质量控制与检查验收

基层是路面面层的基础，是路面各组合层次中的关键层次，起主要承重作用，因此，必须精心施工、科学管理，严格标准要求。

1. 材料的标准试验

在组织现场施工以前以及在施工过程中，原材料（包括土）或混合料发生变化时，必须对拟采用的材料进行规定的基本性质试验，评定材料质量和性能是否符合要求。对用做底基层和基层的原材料，应进行表3-6所列的试验。对初步确定使用的底基层和基层混合料，包括掺配后不用结合料稳定的材料，应进行表3-7所列的试验。

底基层和基层原材料的试验项目　　　　　　　　　　表3-6

试 验 项 目	材 料 名 称	目 的	频 度	仪器和试验方法
含水率	土、砂砾、碎石等集料	确定原始含水率	每天使用前测2个样品	烘干法、酒精燃烧法、含水率快速测定仪
颗粒分析	砂砾、碎石等集料	确定级配是否符合要求，确定材料配合比	每种土使用前测2个样品，使用过程中每2 000m³测2个样品	筛分法

续上表

试验项目	材料名称	目　的	频　度	仪器和试验方法
液限、塑限	土、级配砾石或级配碎石中0.5mm以下的细土	求塑性指数,审定是否符合规定	每种土使用前测2个样品,使用过程中每2 000m³测2个样品	液限塑限联合测定法测液限;滚搓法塑限试验测塑限
相对毛体积密度、吸水率	砂砾、碎石等	评定粒料质量,计算固体体积率	使用前测2个样品,砂砾使用过程中每2 000m³测2个样品,碎石种类变化重作2个样品	网篮法或容积1 000mL以上的比重瓶法
压碎值	砂砾、碎石等	评定石料的抗压碎能力是否符合要求	使用前测2个样品,砂砾使用过程中每2 000m³测2个样品,碎石种类变化重作2个样品	集料压碎值试验
有机质和硫酸盐含量	土	确定土是否适宜于用石灰或水泥稳定	对土有怀疑时作此试验	有机质含量试验,易溶盐试验
有效钙氧化镁	石灰	确定石灰质量	作材料组成设计和生产使用时分别测2个样品,以后每月测2个样品	石灰的化学分析
水泥强度等级和终凝时间	水泥	确定水泥的质量是否适宜应用	作材料组成设计时测1个样品,料源或强度等级变化时重测	水泥胶砂强度检验方法,水泥凝结时间检验方法
烧失量	粉煤灰	确定粉煤灰是否适用	作材料组成设计前测2个样品	烧失量试验

底基层和基层混合料的试验项目　　　　表3-7

试验项目	目　的
重型击实试验	求最佳含水率和最大干密度,以规定工地碾压时的合适含水率和应该达到的最小干密度,确定制备强度试验和耐久性试验的试件所应该用的含水率和干密度;确定制备承载比试验试件的材料含水率
承载比	求工地预期干密度下的承载比,确定材料是否适宜做基层或底基层
抗压强度	进行材料组成设计,选定最适宜于用水泥或石灰稳定的土(包括粒料);规定施工中所用的结合料剂量;为工地提供评定质量的标准
延迟时间	对已定水泥剂量的混合料,确定延迟时间对混合料密度和抗压强度的影响,并据此确定施工允许的延迟时间

2. 铺筑试验段

在底基层和基层正式开工之前,应铺筑试验段。应通过铺筑无机结合料的集料基层试验段,确定混合料的配合比、混合料的松铺系数、标准施工方法、每一作业段的合适长度、一次铺筑的合适厚度等关键控制项目。

3. 质量控制与管理

基层施工质量控制是在施工过程中对混合料的含水量、集料级配、结合料剂量、混合料抗压强度、拌和均匀性、压实度、表面回弹弯沉值等项目进行检查。表 3-8 列出了其中一些主要项目的检测频度及质量标准。基层的宽度、厚度、路拱横坡、平整度等,施工时也应按规定的频度和质量标准进行检查。对于无机结合料稳定基层,应取钻件检验其整体性。水泥稳定基层在龄期 7～10d 时,应能取出完整的钻件。二灰稳定基层在龄期 20～28d 时,应能取出完整的钻件。

如果路面钻机取不出水泥稳定基层或二灰稳定基层的完整钻件,则应找出不合格基层的界限,进行返工处理。

质量控制的项目、频度和质量标准

表 3-8

工程类别	项目	频度	质量标准	达不到要求时的参考处理措施	备注
无结合料基层或底基层	含水量	据观察,异常时随时试验	最佳含水率 -1%～+2%	含水率多时晾晒,过干时补充洒水	开始碾压时及碾压过程中进行
	级配	据观察,异常时随时试验	在规定范围内	调查原材料,按需要修正现场配合比	在料场和施工现场进行。含土集料应用湿筛分法
	均匀性	随时观察	无粗细集料离析现象	局部填加所缺集料,补充拌和或换填新料	在摊铺、拌和和整平过程中进行
	压实度	每一作业段或不大于 2 000m² 检查 6 次以上	96%〔98%〕以上,填隙碎石以固体体积率表示不小于 83%〔85%〕	继续碾压。局部含水率过大或材料不良地点,挖除并换填好料	以灌砂法为准。每个点受压路机的作用次数力求相等
	塑性指数	每 1 000m² 测 1 次,异常时随时试验	小于规定值	塑性指数高时,掺加砂或石屑,或用石灰、水泥处治	在料场和施工现场进行。塑限用标准搓条法试验
	承载比	每 3 000m² 测 1 次,据观察异常时随时增加试验	不小于规定值	废除,换合格的材料,或采取其他措施	在料场和施工现场进行,取样进行室内试验
	弯沉值检验	每一评定段(不超过 1km)每车道 40～50 个测点	95% 或 97.7% 概率的上波动界限,不大于计算的容许值	继续碾压,局部处理	碾压完成后检验

续上表

工程类别	项目		频度	质量标准	达不到要求时的参考处理措施	备注
水泥或石灰稳定及石灰水泥综合稳定土	级配		每 2 000m² 测 1 次	在规定范围内	调查原材料,按需要修正现场配合比	指稳定中粒土和粗粒土,在现场摊铺整平过程中取样
	集料压碎值		据观察异常时随时试验	不超过规定值	废除,换合格的材料	在料场和施工现场行
	水泥或石灰剂量		每 2 000m² 测 1 次,至少 6 个样品	-1.0%	查明原因,进行调整	在摊铺、拌和、整平过程中进行
	含水率	水泥稳定土	据观察,异常时随时试验	最佳含水率 +1% ~ +2%	含水率多时,进行晾晒;过干时补充洒水	拌和过程中,开始碾压时及碾压过程中检验。注意水泥稳定土规定的延迟时间
		石灰稳定土		最佳含水量 ±1%		
	拌和均匀性		随时观查	无灰条灰团,色泽均匀,无离析现象	充分拌和,处理粗集料窝和粗集料带	
	压实度	稳定细粒土	每一作业段或不超过 2 000m² 检查 6 次以上	一般道路 93% 以上,城市快速路、主干道及高速公路和一级公路 95% 以上	继续碾压,局部含水率过大或材料不良地点,挖除并换填好的混合料	以灌砂法为准,每个点受压路机的作用次数力求相等
		稳定中粒土和稳定粗粒土		一般道路 93% 以上,城市快速路、主干道及高速公路和一级公路 95% 以上		
	抗压强度		稳定细粒土每 2 000m² 测 6 个试件;稳定中粒和粗粒土,每 2 000m² 分别为 9 个和 13 个试件	符合规定要求	调查原材料,按需要增加结合料剂量,改善材料颗粒组成或采用其他措施(如提高压实度等)	整平过程中随机取样,一处一个样品不应混和,制件时不再拌和,试件密实度与现场达到的密实度相同
	延迟时间		每个作业段 1 次	不超过规定	适当处理,改进施工方法	仅指水泥稳定和综合稳定土。记录从加水拌和到碾压结束的时间

工程类别	项目	频度	质量标准	达不到要求时的参考处理措施	备注
石灰工业废渣	配合比	每 2 000m² 测 1 次	石灰 −1% 或 −0.5% 以内		按用量控制
	级配	每 2 000m² 测 1 次	在规定范围内		整平过程中取样,指级配集料
	含水率	据观察,异常时随时试验	最佳含水率 ±1%(二灰土为 ±2%)	含水率多时,进行晾晒,过干时摊开洒水	拌和过程中,开始碾压时及碾压过程中检验
	拌和均匀性	随时观查	无灰条灰团,色泽均匀,无离析现象	充分拌和,处理粗集料窝和粗集料带	
	压实度 · 二灰土	每一作业段或不超过 2 000m² 检查 6 次以上	一般道路 93% 以上,城市快速路、主干道及高速公路和一级公路 95% 以上	继续碾压,局部含水率过大或材料不良地点,挖除并换填好的混合料	以灌砂法为准。每个点受压路机的作用次数力求相等
	压实度 · 其他含粒料的石灰工业废渣		一般道路 93% 以上,城市快速路、主干道及高速公路和一级公路 95% 以上		
	抗压强度	稳定细粒土每天两组,每组 6 个试件;稳定中粒土和粗粒土,每天分别为 9 和 13 个试件	符合规定要求	调查原材料,按需要增加石灰的用量,调整配合比,提高压实度或采取其他措施	试件密实度与现场达到的密实度相同

注:[ ]内数字为基层压实度标准。

4. 检查验收

基层施工完毕应进行竣工检查验收,内容包括竣工基层的外形、施工质量和材料质量 3 个方面。检查验收过程中的试验、检验应做到原始记录齐全、数据真实可靠,为质量评定提供客观、准确的依据。检查验收应随机抽样进行,不能带有任何倾向性,表 3-9 列出了竣工基层实测项目的质量标准,基层施工质量合格标准值列于表 3-10 中。

基层实测项目质量标准　　　　　　　　　　　　　　　　　　表3-9

工程种类	项　目		频　度	质　量　标　准	
				城市快速路、主干道高速公路和一级公路	一般道路
底基层	纵断高程(mm)		每20延米一个断面,每个断面3~5个点	+5,-15	+5,-20
	厚度(mm)	均值	每1 500~2 000 m²6个点	-10	-12
		单个值		-25	-30
	宽度(m)		每40延米1处	+0以上	+0以上
	横坡度(%)		每1 000延米3处	±0.3	±0.5
	平整度(mm)		每20延米2处,每处连续10尺	15	20
基层	纵断高程(mm)		每20延米一个断面,每个断面3~5个点	+5,-10	+5,-15
	厚度(mm)	均值	每1 500~2 000m²6个点	-8	-10
		单个值		-20	-25
	宽度(mm)		每40延米1处	+0以上	+0以上
	横坡度(mm)		每100延米3处	±0.3	±0.5
	平整度(mm)		每200延米2处,每处连续10尺	10	15

基层施工质量合格标准值　　　　　　　　　　　　　　　　　　表3-10

工　程　种　类	项　目	检查数量	标　准　值	极　限　低　值
水泥稳定粒料(土) 石灰稳定粒料(土) 工业废渣稳定粒料	压实度	每200m 6~10处	基层98%(97%) 底基层96%(95%)	94% 92%
	颗粒组成	2~3处	规定级配范围	
	水泥,石灰剂量	3~6处		-1.0%
水泥土、石灰土、二灰、二灰土	压实度	每200m 6~10处	93%(95%)	89%
	剂量(%)	3~6处	设计值	水泥-1.0% 石灰-2.0%
级配碎石(砾石)	压实度	每200m 6~10处	基层98% 底基层83%	93% 91%
	颗粒组成	2~3处	规定级配范围	
	弯沉值	每车道每公里40~50测点		设计计算值
填隙碎石	压实度	每200m 6~10处	基层85% 底基层83%	82% 80%
	弯沉值	每车道每公里40~50测点		设计计算值
集料底基层	压实度	每200m 6~10处	96%	92%
	弯沉值	每车道每公里40~50测点		设计计算值

注:( )内数字为基层压实度标准。

本 章 小 结

　　本章主要介绍了路面基层的技术特点、材料选择与组成、施工程序、质量控制要求。通过本章学习,应清楚路面基层的种类,了解级配碎石基层、填隙碎石基层和半刚性路面基层的施工工艺和技术要求,并能对半刚性路面基层生产配合比的确定过程基本掌握。

　　1. 常用路面基层有水泥稳定类基层、石灰稳定类基层、二灰稳定类基层、级配碎石基层、填隙碎石基层等。

　　2. 基层应具有足够的强度、刚度、水稳性、冰冻稳定性、抗冲刷能力、足够的平整度以及与面层结合良好等技术要求。

　　3. 填隙碎石分为干法施工和湿法施工。

　　4. 级配碎石基层和半刚性路面基层一般采用路拌法和厂拌法施工。高等级道路要求拌和采用厂拌法、摊铺机摊铺、机械碾压成型。

　　5. 半刚性基层材料的特点是:整体性强、承载力高、刚度大、水稳性好,而且较为经济。

　　6. 路面基层施工中常见的质量控制关键点:①基层施工所采用设备组合;②基层所用结合料(如水泥、石灰)剂量;③基层材料的含水率、拌和均匀性、配合比;④基层的压实度、弯沉值、平整度及横坡等;⑤级配碎(砾)石要注意集料的级配和石料的压碎值。

复习与思考

　　1. 路面粒料基层包括内容及适用范围各是什么?

　　2. 路面粒料基层施工对原材料的技术要求有哪些?

　　3. 简述沥青稳定类基层分类及适用范围。

　　4. 简述热拌沥青碎石施工一般要求。

　　5. 无机结合料稳定类包括内容及适用范围各是什么?

　　6. 无机结合料稳定类除对原材料有技术要求外,还有哪些要求?

　　7. 填隙碎石基层和级配碎石基层压实度有哪些检验方法?

　　8. 稳定土基层路拌法施工时,如何清除"素土"夹层?

　　9. 为什么在稳定土基层正式施工前,应铺筑试验段?

第四章 路面施工

本章知识点

1. 透层、黏层、封层的作用及适用条件；
2. 各种沥青路面的施工工艺流程；
3. 水泥混凝土路面的施工方法及工艺流程；
4. 如何处理 SMA 路面的接缝；
5. SMA 路面施工中的注意事项；
6. 质量检测和评定的方法。

第一节 柔性路面施工

一、沥青路面的透层、黏层、封层

(一) 透层施工

透层的作用是为使沥青面层与非沥青材料基层结合良好，在基层上浇洒乳化沥青、煤沥青或液体沥青而形成的透入基层表面一定深度的薄层。

沥青路面各类基层都必须喷洒透层油，沥青层必须在透层油完全渗透入基层后方可铺筑。基层上设置下封层时，透层油不宜省略。气温低于 10℃ 或大风天气，即将降雨时不得喷洒透层油。

1. 施工程序

透层沥青施工程序见图 4-1。

2. 施工要点

1) 透层油施工准备

(1) 洒布机械准备。高速公路、一级公路应使用汽车洒布机洒布；二级以下的公路可以使用人工沥青洒布机洒布。因此，根据道路情况应准备性能良好的汽车洒布机或人工洒布机，并在使用前检查保养。调试安装喷油嘴、进行喷油量试喷检查，使机械处于完好的待用状态。

(2) 喷油用油准备：

① 选择合适的沥青品种、对沥青进行乳化生产，使其符合使用技术要求备用。

② 或是购买合格的成品乳化沥青储存备用。

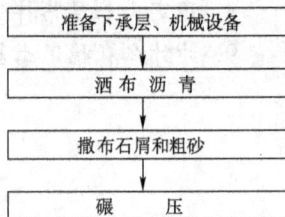

图4-1 透层沥青施工程序图

（准备下承层、机械设备 → 洒布沥青 → 撒布石屑和粗砂 → 碾压）

（3）基层准备如下：

①验收基层合格后，放出喷洒边缘线。

②如果基层已完工较长时间，表面过分干燥时应对基层进行清扫，在基层表面洒少量的水润湿，等表面稍干后喷洒透层油。

③紧接基层施工后喷洒透层油施工，只需基层满足验收条件，并表面稍干后，即可喷洒透层油。

④对路线石及人工结构物作适当保护，以防污染。

⑤起点处铺盖 1~2m 油毛毡，以保证喷洒的整齐均匀，不致重叠多洒沥青。终点准备接油槽，待喷洒结束时，接喷管道的油，不致污染基层。

2）透层油喷洒施工

（1）根据透层油喷洒量、喷洒宽度，安装好喷油管，调试喷油嘴高度、喷油斜度并检查油泵系统、管道系统是否正常无故障。

（2）检查油车沥青罐油表是否准确，行车排挡、行车速度钢泵排挡、沥青节门等是否调整正确，确保喷洒量均匀准确。

（3）一切都检查无误后进行洒布施工。

（4）洒油汽车从洒油起点处起动加速到喷洒油速度后，匀速沿导向标指引方向前进。

（5）当洒油车喷油管进入洒油起点油毛毡覆盖区时，打开喷油开关节门进行喷洒。

（6）当油喷洒结束，鸣笛，开关手关闭节门，油车稍前行停下。事先等候的工人用油槽把喷管中还在细流的油接着，避免污染基层。

（7）核对喷洒耗量与喷洒面积是否吻合，并卸下喷油管进行清洗备用。

（8）一车油为一个洒油施工段，下一车开始喷洒时，将上次施工起点油毛毡移至终点覆盖上已洒的部分作新洒喷起点。以后工序按前述步骤进行。

（9）洒过透层油后，严禁车辆通行。

小贴士

1. 透层油施工一般要求

（1）凡是用水泥、石灰、粉煤灰等无机结合料稳定土或粒料的半刚性基层、级配砂砾、级配碎石基层都应喷洒透层油。

（2）透层油沥青的稠度直接通过试验确定，对于表面致密的半刚性基层宜采用渗透性好的稀透层沥青；对级配砂砾、级配碎石等粒料基层宜采用软稠的透层沥青。

（3）透层油沥青宜采用慢裂的洒布型乳化石油沥青，或者是中、慢裂液体石油沥青或煤沥青。

（4）使用乳化石油沥青时，用于制作乳化沥青的沥青标号应根据基层种类、当地气候等条件确定。

（5）透层沥青的品种和用量应根据基层的种类通过试验确定。

2. 施工注意事项

（1）透层油洒布后应不致流淌，应渗入基层一定深度，不得在表面形成油膜。

(2) 如遇大风或将下雨时,不能喷洒透层油。

(3) 气温低于10℃时不宜喷洒透层油。

(4) 应按设计喷油量一次均匀洒布,当有漏洒时,应人工补洒。

(5) 喷洒透层油后一定要严格禁止人和车辆通行。

(6) 在摊铺沥青前,应将局部尚有多余的未渗入基层的沥青清除。

(7) 透层油洒布后应待充分渗透,一般不少于24h后才能摊铺上层,但也不能在透层油喷洒后长时间不做上层施工,应尽早施工。

(8) 对无机结合料稳定的半刚性基层喷洒透层油后,如果不能及时铺筑面层时,并还需开放交通,应铺撒适量的石屑或粗砂,此时宜将透层油增加10%的用量。用6~8t钢筒式压路机稳压一遍,并控制车速。在摊铺上层时发现局部沥青剥落,应修补,还需清扫浮动石屑或砂。

(二) 黏层施工

为加强路面沥青与沥青层之间、沥青层与水泥混凝土路面之间的黏结而洒布的沥青材料薄层为黏层。黏层的作用就是使上下层沥青结构层或沥青结构层与结构物完全黏结成一个整体。层间使用黏层沥青后,确实能使层间结合牢固。而在施工中常常会因沥青结构层下层不被污染,而连续摊铺上层,省去黏层施工。这种做法是极其错误的。由于喷洒黏层油后,能形成一层薄膜,还能起到防水作用。

符合下列情况,应浇洒黏层沥青:

(1) 双层式或三层式热拌热铺沥青混合料路面的沥青层之间。

(2) 水泥混凝土路面、沥青稳定碎石基层或旧沥青路面层上加铺沥青层。

(3) 路缘石、雨水口、检查井等构造物与新铺沥青混合料接触的侧面。

1. 施工程序

黏层沥青施工程序见图4-2。

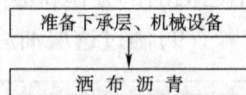

2. 施工要点

1) 施工准备

(1) 应将需喷洒黏层沥青的下层清扫干净,确保无灰尘。如果用水冲洗时,应使表面干燥;如果是喷洒过透层沥青,应使透层表面干燥。

(2) 准备沥青洒布车,使之处于良好状态,保证洒油量准确、均匀。

2) 喷洒工艺、质量要求

(1) 黏层油的喷油工艺同透层油喷洒工艺。

(2) 黏层沥青应喷洒均匀,或涂刷均匀,喷洒过量处应刮除,严格控制喷洒量。

3) 施工注意事项

(1) 喷洒表面一定清扫干净,并使表面干燥。

(2) 当气温低于10℃或路面潮湿时禁止喷洒。

(3) 喷洒黏层后,严禁车辆行人通过。

(4) 黏层沥青喷洒后,一定要等乳化沥青破乳,水分蒸发完后才能铺筑上层沥青混凝土。

3. 施工要求

(1) 黏层沥青的技术要求

准备下承层、机械设备 → 洒布沥青

图4-2 黏层沥青施工程序图

黏层沥青材料目前一般多采用乳化沥青。使用乳化沥青时,宜使用快裂型的乳化沥青,也可以使用快、中凝液体石油沥青或煤沥青。黏层油的规格、质量应符合规范要求。黏层沥青的种类、标号宜与面层所用沥青相同,但需经乳化或稀释。

(2)黏层沥青的用量、品种选择

路面的基层结构不一样,使用黏层沥青的品种就不一样。如级配碎石基层的渗透性好,可采用慢裂乳化沥青,而半刚性基层使用慢裂石油沥青洒布后会严重流淌,应使用快裂型沥青。

(三)封层施工

1. 封层的作用与适用条件

路面封层的作用可归结为四点:一是封闭某一层起着保水防水作用;二是起基层与沥青表面层之间的过渡和有效联结作用;三是路的某一层表面破坏离析松散处的加固补强;四是基层在沥青面层铺筑前,要临时开放交通,防止基层因天气或车辆作用出现水毁。封层可分为上封层和下封层;就施工类型来分,可采用拌和法或层铺法的单层式表面处治,也可以采用乳化沥青稀浆封层。

符合下列情况之一时,应在沥青面层上铺筑上封层:

(1)沥青面层的空隙较大,透水严重。

(2)有裂缝或已修补的旧沥青路面。

(3)需加铺磨耗层改善抗滑性能的旧沥青路面。

(4)需铺筑磨耗层或保护层的新建沥青路面。

2. 封层施工工序及要点

(1)使用层铺法沥青表面处治铺筑上封层时,施工方法按层铺法表面处治工艺施工。

(2)使用层铺法沥青表面处治铺筑下封层时,施工工艺同上封层。

(3)采用拌和法施工上、下封层时,应按照热拌沥青混凝土路面的施工工艺进行。

(4)使用乳化沥青稀浆封层施工上、下封层。

3. 一般要求

(1)使用层铺法沥青表面处治铺筑上封层时,施工方法按层铺法表面处治工艺施工。其材料用量要求应符合有关规定。沥青用量可采用规定范围的中、低限。

(2)使用层铺法沥青表面处治铺筑下封层时,施工工艺同上封层。矿料用量应根据矿料尺寸、形状、种类等情况确定,宜为 $5 \sim 8 \mathrm{m}^3/1\,000\mathrm{m}^2$。沥青用量可采用规定范围的中、高限。

(3)采用拌和法施工上、下封层时,应按照热拌沥青混凝土路面的施工工艺进行。当为下封层铺筑时,宜采用 AC-5(或 LH-5)砂粒式沥青混凝土,厚度宜为 1cm。

(4)使用乳化沥青稀浆施工上、下封层:

①稀浆封层的厚度宜为 3~6mm。

②稀浆封层的矿料类型及矿料级配,应根据封层的目的、道路等级进行选择,铺筑厚度、集料尺寸及摊铺用量等因素选用。

③稀浆封层使用的乳化沥青可采用慢裂或中裂的拌和型乳化沥青,当需要减缓破乳速度时,可掺加适量的氧化乳作外加剂。当需要加快破乳时,可采用一定数量的水泥或消石灰粉作

填料。

④乳化沥青的合理用量通过试验确定。

⑤混合料的湿轮磨耗试验的磨耗损失不宜大于 $800g/m^2$ ；轮荷压砂试验的砂吸收量不宜大于 $600g/m^2$ 。

⑥稀浆封层混合料的加水量应根据施工摊铺和易性由稠度试验确定,要求的稠度应为 $2\sim3cm$ 。

4. 稀浆封层施工注意事项

(1)当在被磨损的旧路面上铺筑稀浆封层时,施工前应先修补坑槽、整平路面。

(2)稀浆封层施工时应在干燥情况下进行。

(3)稀浆封层施工应使用稀浆封层铺筑机,其工作速度宜匀速铺筑,应达到厚度均匀,表面平整的要求。

(4)稀浆封层铺筑后,必须待乳液破乳、水分蒸发、干燥成型后方可开放交通。

(5)稀浆封层施工气温不得低于 $10℃$ 。

二、沥青类路面的施工方法、程序和施工要点

(一)热拌沥青混凝土路面施工

1. 施工程序

热拌沥青混凝土路面施工程序见图 4-3。

2. 施工要点

1)施工准备

(1)拌和站的准备如下:

①沥青混合料拌和站的选址。沥青拌和站宜设置在空旷、干燥,并且具有较好的运输条件的地方;供料半径不得大于 40km,场站应有足够大的地方放置各种矿料;沥青的储存、加热、拌和的场地,应符合国家有关环境保护、消防、安全等规定和要求。

②场站应有良好的排水、防水措施,料场应硬化,保证矿料清洁不受污染。

③选择适合工程需要的拌和设备。无论是采购或是调用,应选用能自动控制的间歇式拌和机。拌和机应配有防尘、除尘设施,能有效地防止有害粉尘污染环境。

a. 混合料产量计算。

保证摊铺机工作速度为 $2.5m/min$ 时:

$$Q = 400bh \qquad (4-1)$$

保证摊铺机工作速度为 $2.0m/min$ 时:

$$Q = 300bh \qquad (4-2)$$

式中:Q——拌和机产量,t/h;

    b——路面一次性摊铺宽度,m;

    h——摊铺厚度,m。

b. 拌和站的主要设备。拌和站主要设备配备见表4-1。

```
沥青品种选择与采购          拌和站设备选型与采购          集料料场选择
        ↓                        ↓                      ↓
沥青现场材质检验            拌和设备验收与安装          集料指标检测
        ↓                        ↓                      ↓
沥青脱桶脱水熬制            拌和设备检修与调试        混合料配合比设计审批
        │                        ↓                      │
        │              拌和机冷热料比例调试 ←──────────────┘
        │                        ↓
        │                沥青混合料拌和
        │                        ↓
        │                沥青混合料运输
        │                        ↓                摊铺机组装、调试
基层检测与验收            试验路段摊铺压实 ←──────────
        ↓                        ↑                全面质量检测
培肩、侧（缘）石安装       试验路施工总结报告 ←──────────
        ↓                        ↓
透（黏）层油喷洒          沥青混合料生产拌和
        ↓                        ↓
摊铺前测量放样            沥青混合料运输
                                 ↓
                         沥青混合料摊铺
                                 ↓
                         沥青混合料压实
                                 ↓                改进措施
                         检 测 验 收 ──────────────
                                 ↓
                         开 放 交 通
```

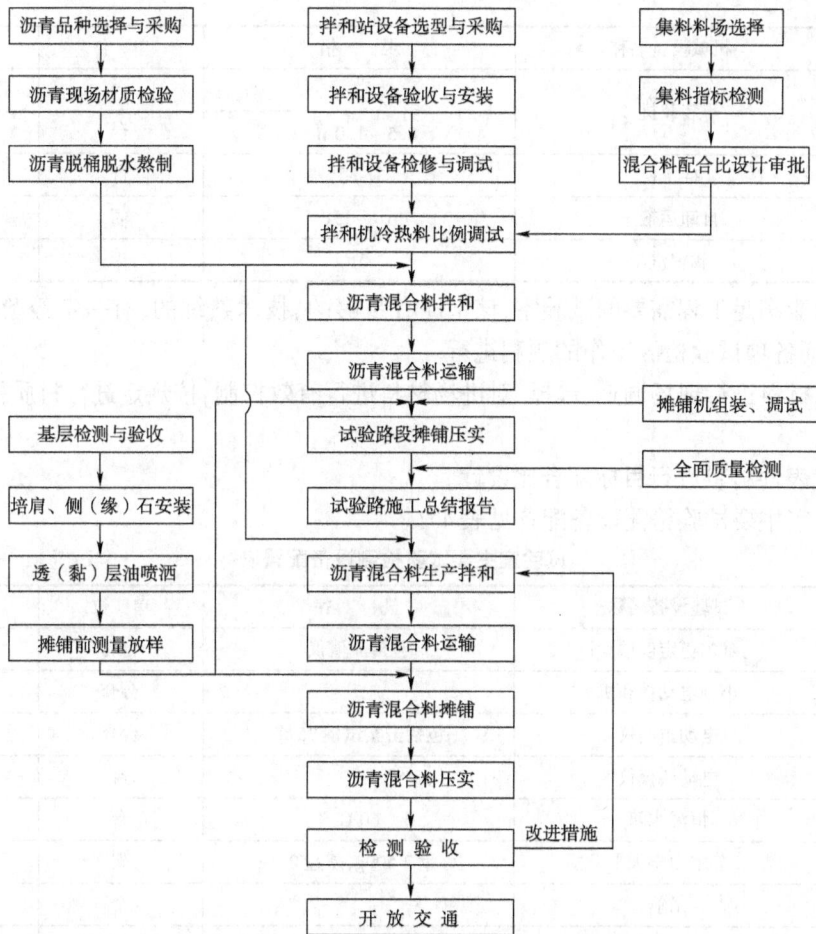

图 4-3 热拌沥青混凝土路面施工程序图

拌和站主要设备配备   表 4-1

序 号	机械设备名称	规　　格	单　位	配备数量
1	拌和机	160t/h,200t/h	台/套	1~2
2	储油罐(池)	容量不小于 30~50t	个	6~8
3	锅炉(导热油)	2t	台	1
4	沥青加热锅	3~5t	个	3~5
5	脱桶设备	导热油型 3~5t/h	台/套	1
6	备用发电机	260~300kW	台	1~2
7	外电变压器	620kW	台	1
8	沥青油罐车	25t	辆	1
9	矿粉罐车(水泥罐车)	8~15t	辆	2~3
10	地中衡	称量 30~50t	台	1
11	乳化沥青生产设备		台/套	1

序　号	机械设备名称	规　格	单　位	配备数量
12	装载机	$2 \sim 3m^3$	台	1
		$0.5 \sim 1.0\ m^3$	台	1
13	推土机	D-85	台	1
14	自卸运输车	$10 \sim 15t$	辆	$10 \sim 20$
15	载重汽车	5t	辆	$1 \sim 2$

④建立能满足工程需要的试验室,该室应有足够的、技术熟练的、有一定经验的试验检测人员,以保证各项试验检测工作的顺利进行。

a.对原材料进行现场调查、选择,对进场材料进行有效控制,按规定进行材质检测鉴定,把好进料关。

b.取代表性材料进行目标配合比设计。

c.试验室主要试验检测设备配置见表4-2。

试验室主要试验检测设备配置表　　　　表4-2

序　号	试验设备名称	规　格	单　位	数　量
1	马歇尔稳定度试验仪	包括流值仪	台套	1
2	小型电动拌和机		台套	1
3	电动击实仪	包括击实试模25个	台套	1
4	电动脱模仪		台	1
5	恒温水箱	60℃	台	1
6	静水力学天平	称量2 500g,感量0.1g	架	1
7	吊篮		个	1
8	针入度仪	包括水槽,测针3支	套	1
9	沥青延度仪	$0 \sim 150cm$,八字试模9副	套	1
10	沥青软化点		套	1
11	沥青标准黏度仪		套	1
12	可调温电炉	测软化点	个	1
13	沥青闪点试验仪		套	1
14	沥青比重瓶		只	10
15	精密天平	称量200g,感量0.001g	架	1
16	沥青抽提仪	离心式	台	1
17	标准筛		套	2
18	洛杉矶磨耗机		台	1
19	针片状规准仪		个	2
20	压碎值试模		套	1
21	大小搪瓷盆		个	40
22	烘干箱	容量200L,温控$0 \sim 200℃$	个	1

续上表

序 号	试验设备名称	规 格	单 位	数 量
23	烘干箱	容量500L,温控0~150℃	个	1
24	电子秤	称量2 000g,感量0.1g	个	1
25	电子秤	称量3 000g,感量0.1g	个	1
26	台秤	称量10kg,感量5g	台	1
27	托盘天平	称量1kg,感量1g	台	1
28	公升筒(L)		只	80
29	温度计(℃)	0~360,0~200,0~100,0~50	只	80
30	秒表		块	2
31	熬奶锅		个	10
32	酒精灯		个	2
33	刮刀		把	3
34	干燥器	250mm	个	2
35	量筒(mL)	1 000,500,100	只	10
36	广口量筒(mL)	100	只	3
37	烧杯(mL)	800,600,500	只	9
38	吸管(mL)	50	只	2
39	玻璃棒		只	20
40	甘油		瓶	1
41	钻孔取芯机		台	1
42	小型发电机	与钻孔机配套	台	1
43	核子密度仪		台	1
44	3m直尺		把	3
45	平整度测试仪	连续式	台	1
46	摆式摩阻仪		台	1
47	砂补仪		套	1
48	弯沉仪		副	2

（2）下承层准备如下：

①下承层的检测验收。保证下承层的各项检测指标符合技术规范的要求;否则一定处理至满足要求。

②测量放样。在交验合格的下承层上恢复中桩,并把中桩加密为10m一个,复核水准点,并每200~300m增设临时水准点一个,根据中桩及摊铺宽度定出边桩(供支架基准线用)和边线桩(为摊机行走导向用)。

③安装好路缘石或培好路肩。

④清扫下承层。在稍带湿润的基层上,按规定的油质、油量喷洒透层油。一次喷洒均匀不流淌,封闭交通,待其充分渗透或水分蒸发后摊铺;或在下层油面上喷洒黏层油后铺筑上层油面。

⑤在摊铺之前根据边桩,订好可调基准线支架,按设计高程控好基准线,作为摊铺机控制高程的基准,并用白灰标明摊铺边缘线供摊铺机行驶导向。

(3)建立健全施工组织机构。作为一支技术较强的施工作业队伍,一般在执行任务时,应按岗位落实人员,对新增人员进行基础技术培训,对全体人员进行技术质量要求交底,明确岗位责任和技术质量要求。其劳动力组合见表4-3(按日产2 500t生产能力计)。整个施工过程中,前后台通信联络畅通,指挥协调,步调一致。

劳 动 力 组 合 表 表4-3

序 号	项 目	所需人员(个)	备 注
1	后台混合料拌和	20~35	21~34人1台拌和机
2	拌和站工长	1	
3	机械技术人员	1~2	
4	拌和组	7~10	
5	供油供电组	6~10	
6	材料供应组	4~7	
7	机械维修组	3~4	
8	前台施工组	36~46	36~46人/1个工作面
9	工长	1	
10	技术负责人	1	
11	混合料运输组	10~20	
12	测量放样组	3~4	
13	摊铺组	3~4	
14	压实组	5~6	
15	试验检测组	6~7	
16	专职质检员	1	
17	路面工作组	6~8	

(4)前台路面施工机械配套准备:

①路面摊铺压实成型的配套机具见表4-4。

路面摊铺压实成型的配套机具表 表4-4

序 号	机械设备名称	规 格	单位	配备数量
1	摊铺机	福格勒,ABG	台	1~2
2	压路机	净重6~14t 双轮双振	台	2
	压路机	16t以上胶轮,充气压力>0.5MPa	台	2
	压路机	8~10t双轮钢筒式	台	1
	轻型振动压路机	手扶式1~2t	台	1~2
3	沥青洒布机	3~5t	台	1
4	洒水车	5~8t	辆	1
5	空压机	3~6m³	台	1
6	切割机		台	1

②摊铺前对机械进行维修保养和调试,保证使用状态良好。

(5)沥青混凝土配合比设计。一个好的沥青混凝土配合比,必须满足设计要求,同时应在符合质量标准的前提下就地取材;在保证工程质量的前提下,以降低成本、增加经济效益为目的而进行优化设计。一个好的配合比,如果在施工汇总不进行严格控制,也达不到好的施工效果。所以,在施工中,不只是要优化配合比,而且还应始终按优化后的配合比准确地进行施工。

①配合比设计的选材原则如下:

a.沥青:选用沥青品质的优劣,对热拌沥青混合料的成品质量尤为重要,特别是高等级公路。必须是符合本地区气候特点要求的重交通道路石油沥青,详见《公路沥青路面施工技术规范》(JTG F40—2004)。在选用时,除符合规范要求外,应重点选含蜡量低、低温延度大的沥青。

目前国内表面层的发展趋势,多选用改性沥青用量来解决交通量日益增大、轴载重不断增加,适应高温稳定好、抗低温变形能力强、减少车辆噪声等特殊性能要求。

b.碎石(粗集料):在沥青混合料中起着骨架作用,在结构层中起着承重稳定以及抗高温变形性能等作用。碎石规格的选用必须与沥青路面结构层类型相吻合,如结构层类型为粗粒式 AC-25 型,则选择碎石最大粒径为 26.5mm(碎石规格可为 25～15mm 和 15～5mm 两种),并按规范中要求进行一系列试验。在各项试验指标满足规范要求的情况下,选用与沥青黏结力大于 4 级以上的碎石。当碎石为酸性与沥青黏结力小于 4 级时,必须采用在沥青中掺加抗剥离剂进行处理。

抗滑表层粗集料碎石,多采用石质坚硬、韧性好、耐久、耐磨的玄武岩。

c.细集料:包括石屑和天然砂。细集料在沥青混合料中起到填充粗集料空隙,使成型的沥青混合料整体性能好,减少粗集料的离析,提高沥青混合料的密实性和防渗作用。因此,细集料材质必须符合规范的要求;质地坚硬、干净、无杂质,含泥量(水洗法)高等级公路不大于 3%,其他公路不大于 5%。

d.矿粉(填料):矿粉在沥青混合料中起着重要的作用。它不单纯填充粗集料空隙,其最大价值是与沥青混合后对粗集料起胶结作用。若矿粉用量过多,也会对沥青混合料起到相反作用,致使沥青混合料在碾压过程中不易稳定,甚至产生推移裂纹,给沥青混合料拌和摊铺带来困难等。矿粉必须由碱性石灰岩矿料加工而成,可用水泥和生石灰粉部分替代。

②目标配合比设计要点如下:

a.目标配合比设计流程见图 4-4。

b.沥青混合料矿料合成级配选定步骤。

首先根据类型,确定矿料规格尺寸,现场取样,进行性能实测和颗粒分析,然后依据不同规格

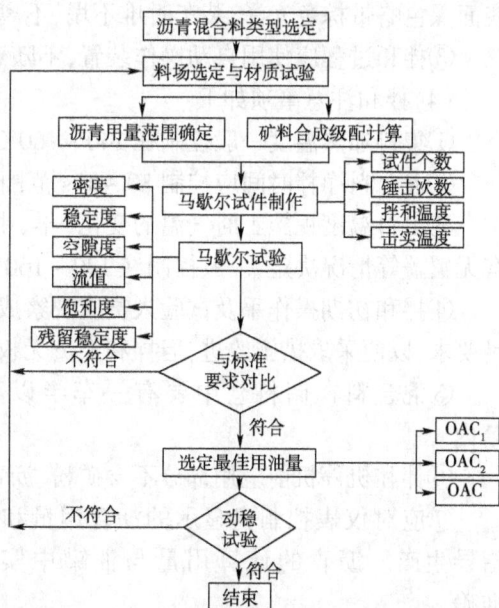

图 4-4　目标配合比设计流程图

矿料筛分结果,求其每个筛孔通过平均值的百分率,也可采用图解法或者采用计算(电算)法求出矿料配合比例。

c. 沥青混合料马歇尔试件制作。

d. 沥青混合料试件马歇尔稳定度和流值测试。

e. 沥青混合料最佳油石比的选择。

f. 目标配合比的优化及报批。

③生产配合比的调试和确定。为保证沥青混合料优化设计配合比的准确实施,确保用量误差准确控制在规定的允许范围内,必须结合沥青混合料拌和设备进行调试,即把目标配合比变成生产配合比。拌和机在混合料拌和时,矿料按目标配合比的计量进入加热筒,加热后分级筛分进入不同的热料仓,热料仓的料必须重新确定比例进入拌和锅,使拌和的混合料符合目标配合比容许拌和误差的要求。

2)沥青混合料的拌和

(1)开盘前的准备如下:

①操作人员应检查油路管线是否畅通,仪表显示是否清晰、准确、无故障。

②试验室应在开盘前,向拌和组提供由负责人签认的配合比通知单,内容包括:混合料配和比、各种集料含水率。拌和组按通知单进行换算调整生产使用配合比。

③沥青应采用导热油加热,脱水加温至140~160℃备用。

(2)严格控制料温。应经常量测运料汽车中的混合料出厂温度,特别是前几车沥青混合料的出厂温度应接近高限。

(3)混合料拌和如下:

①操作手持证上岗,明确岗位责任,严格操作规程。

②拌和过程要求混合料均匀,颜色一致,无花白料现象,沥青均匀地包裹在矿料粒料表面,表面黑色略带棕色光泽,装车时堆不塌,不离析。

③拌和过程应使用自动操作装置,不随意改为手动操作,严防施工配合比变化。

(4)拌和注意事项如下:

①集料加热温度一般控制在140~160℃之间,沥青加热控制在130~160℃之间。

②混合料净拌时间应控制30~40s范围内。

③出料温度视施工时气温的变化(早、中、晚,开工与收工)、摊铺温度、道路状况、运距和有无覆盖等情况决定,一般控制在130~160℃范围内。

④拌和初期操作手及试验人员应观察成品颜色、级配大致比例、拌和料温度等情况是否满足要求,以便采取措施改进,但拌和人员无权改变配合比。

⑤混合料在储料仓中要有一车半以上的储料,方可卸入运输车,同时分堆卸入车箱内。

⑥拌和机停机前应用部分不含矿粉、沥青的热料进行洗仓。

⑦应对仪表控制盘显示的沥青用量和材料用量,作出数理统计分析,得出相关系数,指导生产。沥青的计算用量与油罐中实耗油数字进行对比,以校正油面用油量是否准确。

⑧工作人员应及时、认真地作出完整的运输记录、生产过程记录和事故记录。

（5）混合料的质量检查如下：

①拌和料应拌和均匀，色泽应一致，无花白料，不离析，不结块成团。观察拌和结果并及时反馈，以便处理调整。

②每半小时检查一次加热情况和出仓混合料温度，随车填好出厂单。

③每250t混合料取样作混合料粒料级配分析、油石比试验。每生产500～1 000t混合料取样作马歇尔试验，获取各项技术指标，并做好试验记录及试验台账。

（6）协调。拌和、试验、现场铺筑是一个密切联系的整体，应互通信息，以便协调，每日应召开协调会，及时发现问题，制订改进措施。

3）沥青混合料的运输

（1）沥青混合料运输应考虑拌和能力、运输距离、道路状况、车辆吨位，合理确定车辆数量。

（2）自卸汽车装料前清扫车厢，必须涂刷防黏剂薄膜（柴油：水＝1∶3），但不应有多余的防黏剂积存车厢中。

（3）拌和机向车厢内卸料时，每卸一斗沥青混合料后，汽车向前移动一下位置，以减少沥青混合料中粗细集料的离析现象发生。

（4）运输车一般应覆盖好，防止降温、污染和雨淋，以免影响工程质量和造成浪费。

（5）运输混合料的车辆，通过路口、交叉道口或视线不通的地方，应指派专人指挥交通或设置明显的行车指示标志。

（6）运送沥青混合料的自卸汽车，后退卸料时，应在后轮胎与摊铺机接触前10～30cm处停车，严防撞击摊铺机，此时，汽车挂空挡等候摊铺机推动前进并卸料。

（7）满载的车辆不得在中途停留，必须直接将混合料运至现场等候摊铺，运到现场的沥青混合料温度应不低于130～150℃。

（8）自卸车卸完沥青混合料后，如有黏结在车厢内的沥青混合料剩余物，严禁随意乱倒，更不准倾倒在已铺或未铺的路面上，应倒在指定地点。

4）沥青混合料的摊铺

（1）在准备就绪的下承层上，将摊铺机就位于正确的位置。如是在已铺筑沥青混合料面层接茬处摊铺时，应先将已铺层的接头处切除处理，切除时应用3m直尺反复量测确定，把切除后的断面用黏层油涂刷后就位摊铺机。根据摊铺宽度调整好熨平板宽度，按摊铺的松铺系数（一般变动范围1.15～1.30，根据试验路段施工确定）垫好垫块，按路面横坡度调整好摊铺机，使机上自动找平传感器的标尺与横坡保持一致，并用横向拉线进行校准。

（2）将摊铺机的螺旋送料器调至合适高度。为防止摊铺后的沥青混合料出现路中线与边线、表面与下面集料粗细不均匀现象，一般摊铺6cm以下的面层时，螺旋送料器下缘距底层高度应为10cm左右；当摊铺层厚度大于6cm时，可调整为15cm左右。

（3）根据摊铺的结构层部位，选择合适的摊铺形式。一般摊铺表面层和中面层多采用拖杆滑靴，基准梁的形式，其长度多以不小于6m多则7～10m为宜。为保证路面高程，底面层采用走钢丝基准线的形式控制高程。钢丝绳支架桩应牢固可靠，间距多为5～10m，钢丝绳直径以2～2.5mm为宜，拉线长度一般为250～300m，钢丝绳的紧线器拉力通常为1.5～2kN，前后两根钢丝绳搭接 10~20m。在摊铺机传感器未驶过搭接段时,前一根钢丝绳的全部桩支架和钢丝绳不准松动或拆除。

(4)摊铺机在操作前应预热,熨平板温度不低于65℃。

(5)沥青混合料摊铺温度,正常情况下应控制在120~150℃之间,最高不超过165℃;低温时施工,温度应控制在130~160℃之间,最高不超过175℃。如没有特殊情况,摊铺时气温应高于5℃。

(6)摊铺机开始受料前,应在受料斗和送料刮板上涂刷少许隔离剂(柴油:水=1:3),防止沥青混合料黏在其上。

(7)沥青混合料的松铺系数和松铺厚度,必须从实际施工中测得。因为摊铺机不同,混合料类型不同,松铺系数和松铺厚度也就不同。每天在开铺后的5~15m范围内进行实测,以便准确控制路面的摊铺厚度与横坡。

(8)摊铺机摊铺作业时,起步速度要慢,平稳匀速前进,尽量减少中途停机。中途停机后,沥青混合料温度下降,再起步摊铺会使该层出现波浪,严重影响路面平整度。

摊铺机的工作速度应根据拌和站生产能力确定,可用下式计算。

$$v = Qn/60hb\rho \tag{4-3}$$

式中:v——摊铺机施工行驶速度,m/min;

Q——1台拌和站的产量,t/h;

n——拌和站的拌和机台数,台;

b——摊铺宽度,m;

h——摊铺厚度,m;

ρ——沥青混合料压实密度,t/m³。

(9)摊铺时接缝处理。

①纵缝处理如下:

a.两台摊铺机阶梯排列同时进行热接缝处理时,应将已铺筑混合料留下10~20cm不碾压,作为后摊铺的基准面,后摊铺面应与先摊铺面重叠5cm左右(在碾压前进行平整,最后跨缝碾压),两台摊铺机前后距5~10m。

b.当面层分两幅摊铺或特殊情况下导致冷接缝时,宜加设挡板或在第二次铺筑前将纵缝边线切除,切成垂直面,清扫干净并涂刷热沥青后再进行第二幅摊铺,摊铺时重叠2~5cm。上、下层的纵缝应错开15cm以上;表面层纵缝应顺直,宜留在行车道标线位置上。

②横缝处理如下:

横缝多为工作缝或者结构变化处。横缝施工的好坏,对行车舒适性影响极大,应高度重视。

a.上、下层的横缝应错位不小于1m,中、下层横缝宜采用斜接缝接头,表面层应采用垂直平接缝。

b.斜接缝搭接长度一般直为0.4~0.8m,搭接处应清扫干净并喷洒黏层油,并剔除超过压实厚度的粗料,或用5mm筛子筛铺一层细料,以保证平顺美观。

c.表面层平接横缝,可采用挡板法预留,操作时在已铺层面端部挖槽将挡板按高程拉线放入,在挡板外部覆盖一部分热料,以防止碾压时产生推移,在下次摊铺前拆除。也可以将横缝切直并与底面层垂直。无论哪种方法,都应把横缝清扫干净,并涂刷沥青后用摊铺料覆盖接缝口使之加热软化,摊铺时将之消除废弃。如果是气温较低时,还应用喷灯把接缝口加热至20℃左右才能摊铺。

(10)在摊铺作业时,当面层出现下列情况时,可以用人工找补或更换混合料:

①纵、横断面上的新老接荐处和构造物接头处,用3m直尺检测不合格时,用人工仔细找补。

②靠近路侧(缘)石摊铺带的边线处,当局部缺料或粗料过多时,应人工找补。

③摊铺表面局部有混合料离析或明显不平整及拖痕时,应人工用细料找补。

④超高、加宽处,摊铺机作业不能到位的狭窄部位、交叉道口处以及匝道变断面处都需人工仔细找补。

⑤人工找补时,采用扣锹,不宜手甩。在摊铺刮平的过程中,用力轻重应一致,应避免沥青混合料人为离析。铁锹应加热,并用油水隔离剂清洗干净。

(11)应有专人指挥运料车辆倒车卸料。严禁撞击摊铺机和将料卸出摊铺机料斗外。

(12)应有专人清除摊铺机两条链轨板行驶路线上撒落的混合料,使摊铺机平稳前进,确保摊铺平整度。

(13)当摊铺作业过程不能保证连续供料而停机待料时,料斗中必须有足够的存料,严禁摊铺机的送料刮板外露,人为造成开机后铺面出现粗细集料集中的现象。

(14)当因故障停机后,摊铺机料斗内的沥青混合料如有结硬块应清除干净后,才能倒入新料进行摊铺作业。

(15)摊铺机的熨平板上,非本机工作人员不得站立和通行,防止浮动熨平板瞬间下沉,影响摊铺平整度;同时也禁止一切人在刚铺完尚未碾压成型的油面上行走留下痕迹,影响平整度。

(16)禁止在铺面上用柴油清洗机械。

(17)摊铺作业现场与拌和站通信联络应通畅,如有意外应及时联系并处理,避免造成损失。

5)沥青混合料的压实成型

摊铺好的沥青混合料,应在合适的温度下尽快碾压成型。

(1)控制好沥青混合料的施工温度。在合适的温度下施工,有事半功倍的作用。如沥青混合料初压温度过高,沥青混合料不易稳定,碾压轮迹深不易消除,同时容易推移产生裂纹,不但压实效果不好,而且还会对平整度产生影响。混合料的压实温度一般应控制在表4-5所示的范围内。

(2)合理选择压实机械组合和压实程序。这是保证沥青混合料能尽快达到最佳碾压效果的唯一手段。

①初压:多采用6~8t双轮钢筒式压路机或6~8t双轮双振压路机静压2~3遍。

②复压:宜采用20~25t轮胎式压路机柔压(轮胎充气压力为0.7MPa)或采用6~14t振动压路机振压(振动频率35~50Hz,振幅为0.3~0.8mm);也可以采用混合压实法,先胶轮柔压,后流动振压,碾压不少于4~6遍。复压过程中随时用3m直尺连续检查碾压平整度,当发现有凸埂时,应及时采用振动压路机沿横向顺埂振压消除。

热拌沥青混合料压实温度表(℃)　　　　　　表 4-5

施工工序		石油沥青的标号			
		50 号	70 号	90 号	110 号
沥青加热温度		160~170	155~165	150~160	145~155
矿料加热温度	间隙式拌和机	集料加热温度比沥青温度高 10~30			
	连续式拌和机	矿料加热温度比沥青温度高 5~10			
沥青混合料出料温度		150~170	145~165	140~160	135~155
混合料储料仓储存温度		储料过程中温度降低不超过 10			
混合料废弃温度,高于		200	195	190	185
运输到现场温度,不低于		150	145	140	135
混合料摊铺温度,不低于	正常施工	140	135	130	125
	低温施工	160	150	140	135
开始碾压的混合料内部温度,不低于	正常施工	135	130	125	120
	低温施工	150	145	135	130
碾压终了的表面温度,不低于	钢轮压路机	80	70	65	60
	轮胎压路机	85	80	75	70
	振动压路机	75	70	60	55
开放交通的路标温度,不高于		50	50	50	45

③终压:宜采用 6~14t 振动压路机或 6~8t 双轮钢筒式压路机静压 2~3 遍。

除上述压实机械外,还应配备 1~2t 手扶式小型振动压路机以及人工热夯,以便在边角及狭窄路段使用。

(3)压路机碾压工作速度控制。原则上是均匀慢速,其具体要求见表 4-6。

压路机碾压速度表(km/h)　　　　　　表 4-6

压路机类型	初　压		复　压		终　压	
	适宜	最大	适宜	最大	适宜	最大
钢筒式压路机	2~3	4	3~5	6	3~6	6
轮胎压路机	2~3	4	3~5	6	4~6	8
振动压路机	2~3 (静压或振动)	3 (静压或振动)	3~4.5 (振动)	5 (振动)	3~6 (静压)	6 (静压)

(4)碾压方法工序如下:

①应将压路机驱动轮面向摊铺机,行驶路线和碾压方向不能任意改变。在压实过程中,不允许突然加速、紧急制动、中途掉头、左右摇摆行进。在回程中应慢停车、慢起步、慢回程,如是振动压路机,必先停振,慢停车,再起动回程后才起振,防止沥青混合料在碾压过程中造成推移、印痕、拥包等现象发生。

②压路机应从外侧的低处向中心高处碾压,相邻碾压带应每次重叠 1/3~1/2 轮宽,最后直到碾压至路中或全宽为一遍。当路线外侧无支撑物时,碾压轮应伸出边线 10cm 以上;而外侧边线处开始初压时,应先预留 30~40cm 宽,不进行碾压,待压完一遍后,使压路机大部分重量重叠压在已压面层上时才压预留的 30~40cm,防止边线处沥青混合料外移和发生纵向微小裂纹。

③压路机不宜在同一断面处回程碾压,每次回程向前后错开不少于1m距离。初压、复压和终压的回程应不在相同断面处,前后相距应在5~10m范围内。本次碾压应与前一次碾压段搭接不小于10m。压路机改变方向进退,应在已压铺面上进行。

(5)接缝的压实方法工序如下:

①横缝压实:使用轻钢轮压路机垂直于路线进行横缝碾压,开始压路机多在已压成的铺面上,伸入新铺层的宽度为15cm,然后每压一遍向新铺混合料移动15~20mm,直至全部在新铺层上后再顺路方向进行正常压实。此时边压边用3m直尺测量并配以人工细料找补,直至平整度和压实度符合要求。

②纵缝碾压:一般使用两台摊铺机梯阶摊铺作业,纵缝为热接缝时,应以1/2轮宽进行跨缝碾压,以消除缝迹。如分成两半幅施工形成冷接缝时,应先在已压实路上行走,只压新铺半幅铺层的10~15cm,随后将压实轮每次再向新铺面移动10~15cm(同横缝),直至把纵缝压平压实。

(6)防止黏轮。为防止压路机碾压过程中出现黏轮现象,可以向压路机碾轮上喷洒雾状水液,但不应过多或流淌。应严禁向碾轮涂刷柴油。

(7)碾压完成。施工机械、车辆、压路机等严禁停留在尚未成型或已成型但未冷到自然温度的路段上,振动压路机在已成型的路段通过时应关闭振动,禁止履带式机械在已成型的油面上直接穿行。

小贴士

施工质量标准及质量控制措施,整个施工过程必须按《公路沥青路面施工技术规范》(JTG F40—2004)和有关试验规程进行施工控制。

1. 质量控制措施

(1)严把材料进场关,不合格的材料不进场,进场材料要以醒目标志牌分规格堆放,当材料有变化时,要及时调整配合比。

(2)施工要准确控制施工配合比,通过每天检测数据分析及时调整施工配合比。

(3)拌和站应做到没有通知配合比不得开盘,操作人员无权改变配合比,发现问题及时反映或停机;要做好冷料计量、颗料分析验证,保证计量准确;严格掌握沥青混合料的拌和温度和拌和时间。

(4)摊铺机的摊铺速度应与拌和速度匹配,严格按照摊铺碾压工序施工。

(5)认真按照要求的质量检测项目、频率进行检查控制。

2. 施工安全措施

(1)沥青场地严禁烟火,并备有防火设施和警示牌。

(2)对沥青在脱水和熬制过程中,温度不应超过180℃,宜采用文火熬制,要严防沥青溢锅与明火接触发生火灾。

(3)燃料油罐存放库及加油站,应远离沥青场地不小于200m。

(4)凡是运料汽车通过交叉路口,均应指派专人把守和指挥,避免交通事故。

(5)摊铺机施工现场也要有专人指挥运料车倒料,防止汽车互相碰撞,以及碰伤工作人员。

(6)摊铺施工现场停工后,应设警卫看守,以防破坏和偷盗,造成不必要的停工停产损失。

(二)SMA 沥青玛蹄脂路面施工

沥青玛蹄脂碎石混合料(SMA)是由高含量粗集料、高含量矿粉、较大的沥青用量、低含量细集料组成的骨架—密实结构型沥青混合料(有时沥青改性剂、纤维等也是重要的组成成分)。经过碾压成型后具有抗车辙、抗裂、抗滑、不透水、耐久性强等技术优点,以其优良的抗车辙性能和抗滑性能而闻名于世。

1. 施工程序

SMA 沥青玛蹄脂路面施工程序见图 4-5。

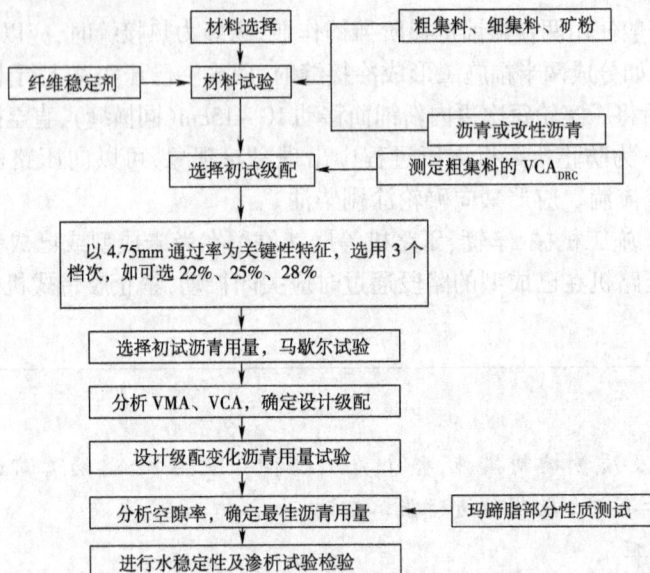

图 4-5 SMA 沥青玛蹄脂路面施工程序图

2. 施工要点

1)基层准备

同热拌沥青混合料施工。

2)材料准备

(1)原材料的选取。包括沥青、集料、填料、纤维稳定剂等。

(2)配合比的设计等。包括粗集料设计、玛蹄脂胶浆设计、SMA 配合比设计、SMA 的配合比设计检验、生产配合比设计、试验段试铺验证等。

3)机械设备的准备

4)拌和

(1)SMA 沥青混合料拌和温度的要求。SMA 混合料中矿粉和稳定剂都是未加热的冷料。因此加入拌和后会降低混合料温度,为保证出料温度满足 SMA 混合料摊铺要求,所以拌和温度要比普通沥青混合料高。

(2)集料及填料的添加。SMA 混合料的特点是粗集料多、矿粉多、沥青多、细集料少,由于这三多一少,使拌和的难度增大。

SMA 混合料的粗集料含量在 70% 以上,矿粉含量在 10% 以上,细集料加石屑加砂含量共 15%

左右,再加上粗集料中也含有部分细集料,这就使小于5mm的细集料实际添加量更小。粗细集料用量的过大悬殊,要求在拌和时应合理调整安排料仓,使配料尽可能地平衡,最大限度地保证拌和生产率达到最高。其具体做法是增加一个粗集料供料斗,保证粗集料的足量供给。细集料因用量少,若冷料仓开口小,细集料较潮湿时就下料困难;若开口过大,则往往过量。为保证细集料的顺利供给,细集料应尽量保持干燥,储存场地要硬化,并使用盖遮雨棚等措施,保证热料仓不出现粗集料亏料,细集料溢仓的不正常现象。改造拌和设备是一项重要的工作内容。

SMA的矿粉用量大,为普通沥青混合料的2倍,而又不能使用回收粉尘,所以拌和站矿粉提升能力明显不足,必须增加一套提升设备。而保津高速公路配合比设计时,为增加混合料黏附性,拌和时添加2%的水泥,10%的矿粉,拌和站的提升能力刚好满足要求。因为粉尘需全部排除占用了拌和时间,再加上SMA拌和时间延长,故拌和站拌和SMA混合料生产率有所降低,只有普通沥青混合料AC-25生产率的2/3。

(3)稳定剂的添加。为了准确、准时地加入,在拌和锅观察窗外自制了一个翻板式投放口,并安装上传感器与粗集料放料传感器相连,在发出粗集料放料信号的同时,稳定剂投放口自动开启,预先称量好的稳定剂与粗集料同时投入拌缸,稳定剂在干燥粗集料干拌的冲击下打散并均匀地分布在干混合料中,再加入沥青湿拌,出料效果非常好。

(4)拌和时间的控制。SMA沥青混合料的拌和时间应以混合料拌和均匀、纤维分布均匀、所有矿料均裹覆上沥青结合料为准。拌和过程中视混合料拌和情况,拌和时间可作相应增减。

5)SMA混合料的运输

由于SMA混合料黏性很大,运料车车厢及底部均需涂刷油水混合物隔离剂,但底部不得存有残液。为保证摊铺温度,当使用改性沥青时,混合料出料温度应为160~170℃,当使用普通沥青时应为150~160℃。为防止表面结硬,运料车必须加盖苫布保温。

SMA混合料应在气温及路床温度均高于10℃且处于上升的情况下,在干燥的中面层上铺筑。若拌和效率低,其摊铺速度应适当放慢与拌和站匹配,尽量减少停机等待摊铺次数。停机后摊铺机下残留的混合料温度下降结硬后难以压实,影响路面的压实度和平整度。如有此现象出现,应做工作缝处理。

6)SMA混合料的碾压

对SMA路面来说,碾压是重要的一环,保证及时碾压非常重要。由于SMA混合料的粗集料嵌挤良好,碾压过程中推挤很小,可以使用较重型的压路机在很高温度下碾压。碾压要紧跟在摊铺机后面隔一定距离碾压,一旦SMA混合料的温度下降,如是使用的改性沥青,黏度增大,压实就更难达到要求。

(1)碾压温度控制。

(2)碾压要领。SMA路面碾压施工工艺应采用"刚碾、高频、低幅、紧跟、慢压"的十字方针。SMA必须用刚性碾碾压,不能使用胶轮压路机碾压,因为胶轮压路机的揉搓容易使玛蹄脂上浮,造成构造深度下降,甚至泛油,破坏SMA结构。压路机压实时采用高频率、低振幅,可以防止表面石料损伤,保持良好的棱角性与嵌挤作用。"紧跟、慢压"是指压路机应紧跟在摊铺机后,在高温状态下碾压,以不产生推挤现象为宜,速度直控制在4.0~5.0km/h,切忌在低温下反复碾压,压碎石料,破坏集料棱角。

(3)碾压控制参数。实际上静压一遍后,高频率、低振幅振压一遍,再静压两遍就能达到压实要求。

7）SMA 的施工缝处理

（1）SMA 路面接缝处理较常规热拌沥青混合料要困难,因而施工中要尽可能避免冷接缝。如不可避免冷接缝,应在施工完毕、路面尚未完全冷却前,用切割机切割好,然后用水将缝处冲刷干净,继续施工时,涂刷黏层油即可摊铺新混合料施工。

（2）当采用两台摊铺机时的纵向接缝应采用热接缝,即施工时将已混合料部分留下 10～20cm 宽暂不碾压,作为后铺部分的高程基准面,然后再跨缝碾压以消除缝迹。

（3）横向接缝应先处理原铺沥青路面,原路面必须消除边缘处压实度不足部分（约3m）,然后用切缝机锯齐,形成垂直的接缝面,并用热沥青涂抹,然后用压路机进行横向碾压,碾压时压路机应位于已压实的面层上,错过新铺层 15cm,然后每压一遍,向新铺层移动 15～20cm,直至全部在新铺层上,再改为纵向碾压。

小贴士

SMA 路面质量检测及常见病害

1. SMA 路面的检测

对 SMA 混合料的马歇尔试验,最主要的指标是空隙率、VMA、VCA、VFA,而稳定度和流值并不像对普通沥青混凝土混合料那样显得非常重要。

SMA 路面的压实度检验用常规钻孔取样很难办到,特别是改性沥青 SMA 混合料黏性大,钻孔有困难。若采用核子密度仪检测,因 SMA 表面为开式结构使核子密度仪读数变异性较大。因此,只有靠增加检测次数,取平均值作为参数,主要依靠保证碾压遍数观察碾压情况来控制。是否为真正的 SMA 路面有两个重要标志:一是在高温下振动碾压而不产生推挤;二是表面有足够的构造深度又基本不透水。这两个条件都满足了,这才是成功的 SMA 路面。

2. SMA 路面的常见病害

（1）过度碾压。对 SMA 路面来说,由于它的集料嵌挤作用,可压实程度不大,压实度比较容易达到,可是粗集料之间还是有一层沥青结合料膜,在高温状态下,它相当于润滑油的作用,所以只有在温度降下来以后才能稳定,在高温状态下碾压,沥青结合料的黏度毕竟很低,集料的嵌挤也只是棱角部分接触,反复地碾压,集料之间不能达到最终稳定状态,不管碾压多少遍,粗集料之间的相对位置总可以多少有些位移,只能是集料不断地往下走,玛蹄脂一点点地向上浮,这是一对矛盾的两个方面,正因为如此,SMA 结构就特别容易出现过碾压的毛病,除了可能压碎碎石外,还会使玛蹄脂部分上浮,构造深度减少,达不到 SMA 的目的。因此虽然 SMA 在高温下可以方便地碾压,而且主要依靠粗集料的嵌挤达到稳定,过碾压是 SMA 的大忌。

（2）油斑的形成及处理。油斑是 SMA 路面又一常见病害。油斑的形成原因主要有:运输距离较远,SMA 混合料中粗集料与沥青产生离析;SMA 混合料温度过高,改性沥青发生老化;纤维掺加剂拌和不均匀;拌和时间太短,SMA 混合料拌和不够充分;用油量过高;压路机碾压遍数过多,使路面超压;拌和料（特别是纤维掺加剂）及路表含有一定的水分。

要想没有油斑,最根本的措施是采用有标准计量装置的间歇式拌和机,将人工投放纤维的方式改变为机械自动化投入,同时防止纤维受潮和成团。

摊铺中出现的油斑应及时铲除并用热料填补,碾压中出现的油斑,应及时在油斑区域洒机制砂。当摊铺时遇雨或下层潮湿时,严禁进行摊铺工作。

(三)多碎石沥青混凝土表面层施工

多碎石沥青混凝土(SAC)是指混合料中4.75mm以上碎石含量占主要部分的密级配沥青混凝土,是一种骨架型密实式结构。该结构的沥青混合料碎石含量高,表面构造深度大,同时孔隙率小,泌水能力强的优点,使沥青表面层具有防滑性能强、抗渗能力高、高温稳定好的特点。但是该结构层除了对材料规格、材质等各项指标要求高以外,对施工工艺的要求也特别高。只有材料满足要求,工艺过关才能做好多碎石沥青混凝土路面,否则将出现质量问题,使路面过早破坏而达不到预期的目标。

1. 施工程序

多碎石沥青混凝土表面层施工程序见图4-6。

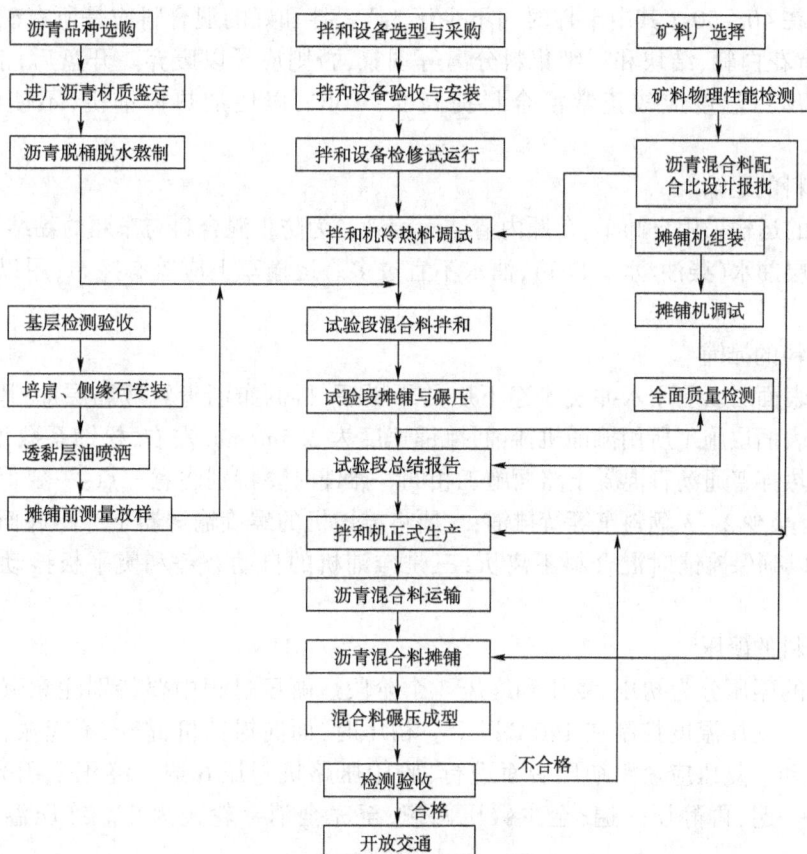

图4-6 多碎石沥青混凝土表面层施工程序图

2. 施工要点

1)基层准备

同热拌沥青混合料施工。

2)材料准备

(1)原材料的选取。包括沥青、集料、水泥等。

(2)配合比的设计等。包括目标配合比(矿质混合料的组成设计、最佳油石比)、生产配合比(冷料调试、拌和配合比的确定、生产配合比的验证)等。

3)机械设备的准备

4)拌和

多碎石沥青混凝土表面层的施工过程中,密实度的控制最为重要,必须采取在高温下静碾压使成型后的表面层残留孔隙率控制在3%~7%范围内,才能防止雨水从表面渗入路面中。为此,混合料拌和时,对沥青、矿料的加温控制与出厂混合料的温度控制都比普通沥青混凝土温度要高10℃以上。其具体控制如下:混合料出厂温度为160~170℃,集料加热温度控制为165~175℃,沥青加热温度控制为160~170℃,并保证运到现场的混合料温度不低于160℃。对高于180℃的混合料应予以废弃,以保证碾压温度和路面的压实度。拌和时间宜控制在40~50s(其中干拌时间不少于5s)。拌和好的混合料应是所有矿料均被沥青膜裹覆,没有花白料、结块和粗细集料分离等现象,否则应予以废弃。开盘后,前4~5车沥青混合料的出厂温度应较正常混合料提高5~10℃,以便加热摊铺机,不使混合料降温太多。

5)混合料的运输

混合料的运输采用自卸车,车厢内清洁无污染。为防止混合料与车厢的黏结,事先在车厢内喷洒一薄层油水(柴油:水=1:3),油水不宜过多。运输车上应盖有篷布,用以保温、防雨、防污染等。

6)混合料的摊铺

在铺筑表面层以前用水冲洗干净下层并干燥后,再洒布沥青乳液黏层油,用量为0.3~0.4kg/m²。表面层施工所用摊铺机摊铺,摊铺速度为2.5m/min左右,松铺系数为1.2。其他操作程序与热拌普通沥青混凝土路面施工相同。摊铺时要特别注意三点:一要保证连续匀速摊铺,保证有至少2~3辆料车等待摊铺;二要将摊铺机的螺旋输送器下缘距底面层高度调到10cm左右,以确保摊铺时混合料不离析;三是摊铺机的自动夯锤和熨平板振动级应不低于4级。

7)混合料的碾压

混合料的碾压分为初压、复压和终压3个阶段。碾压过程中要特别注意碾压温度和压路机的组合。初压温度控制在140℃以上。初压时,面向摊铺机,静压不起振,沿原碾压带退回时开振动。复压应紧跟初压后面进行,胶轮压路机碾压6遍。终压采用光轮压路机,先振动碾压一遍,再静压一遍,至少碾压两遍,至完全消除轮迹为止。终压温度应控制在90℃以上。

8)接缝处理

若采用摊铺机为全幅摊铺,不存在纵缝。在每天的铺筑过程当中应尽量连续作业,以减少横接缝数量。在施工时应使上、下两层接缝位置至少错开1m。在摊铺完毕后,应将摊铺机挪开,将端部混合料整齐,待碾压完成后,用3m直尺进行测量,对平整度不符合要求的部分将其切除掉,在下次施工时,在接缝处涂上一层热沥青,并用混合料将接缝处加热后才进行摊铺。碾压时用钢轮压路机斜向碾压,直到接缝处的平整度满足要求时为止。

小贴士

试验与检测

1. 多碎石沥青混合料的室内检测与控制

该检测包括马歇尔试验、抽提试验和矿料筛分试验。对每天拌和的混合料,应按规定频率进行检查,发现异常,应及时调整,保证配合比在规定的波动范围内拌和。

1)马歇尔试验

试验室应每天对沥青混合料进行检测,上、下午各一次,制备 4~6 个试件,测其马歇尔试验指标和力学性能,检验混合料质量能否满足规范要求,如有问题及时调整。

2)抽提和矿料筛分试验

油石比是反映沥青混合料的一个重要指标。抽提试验能够检验出油石比的大小,以确保混合料的质量。沥青混合料的级配决定沥青混合料的性质,试验室每天对抽提后的矿料进行筛分,检验其级配能否满足规范要求,如不满足规范要求应及时作出调整。

2. 施工质量控制与检测

(1)平整度的控制。道路表面层平整度的好坏直接影响行车的舒适性。因此在施工表面层时,为保证有较好的平整度应加强对以下过程的重点控制。

①在基层施工中控制好基层的高程和平整度,并验收检查,对不合要求的地段要处理至符合要求。

②在摊铺沥青混凝土中、下面层时,一定要以走钢丝的方法,控制好中、下面层的高程与平整度。

③在摊铺表面层时,不再采用走钢丝,应采用在摊铺机上安装自动找平的浮动基准梁,以保证摊机前后高差相同的摊铺厚度来提高表面层平整度。

④保证拌和料的充足供给,使摊铺匀速。摊铺施工中尽量不停机或少停机。

⑤按压实标准的要求和操作工艺碾压到规定压实度,确保在使用中,平整度不衰减。

⑥按操作要求与压实工艺处理好接头。

(2)平整度的检测。

3. 压实度和厚度的控制与检测

压实度和厚度是路面的重要技术指标。压实度越大,沥青混合料越密实,孔隙越小,稳定度越大,防水性能越好,耐久性也就越好。在施工中,要控制好压实温度,严格按要求工艺压实。

路面的设计厚度必须保证,浮动基准梁摊铺是保证厚度的有效方法,必须要坚持经常量测检查。

每天应对前一天已摊铺好的道路进行钻芯取样试验,测定压实度与厚度,及时提供检测数据,以便现场指导施工。

4. 构造深度检测

构造深度是反映路面抗滑性能的重要指标之一。在已成型的表面层上,用砂铺法测表面构造深度,每 200m 为一个断面,每个断面测左、中、右 3 个点,取 3 点的平均值作为该断面的构造深度值。

5. 摩擦系数检测

摩擦系数是反映路面抗滑性的另一指标。摩擦系数越大,抗滑性能越好。用摆式仪测定摩擦系数,每200m为一个断面,每个断面测左、中、右3点,取3点的平均值为该断面的测定值。

6. 弯沉值检测

弯沉值检测是在竣工验收时测定的。

(四)沥青贯入式路面施工

沥青贯入式路面适用于二级和二级以下的公路,沥青贯入层也可以作为沥青混凝土路面的联结层。

沥青贯入式路面是用不同粒径的碎石或砾石分层铺筑,粒径尺寸自下而上逐层减小,并分层贯入沥青,经碾压密实而构成的沥青碎石(砾石)路面。其厚度值为4~8cm,但使用乳化沥青贯入时,厚度值不超过5cm。当贯入层上部加辅热拌沥青混合料(亦称上拌下贯式路面)时,总厚度为6~10cm,其中拌和层厚度值为2~4cm。

沥青贯入式路面层为多孔型结构,为防止表面水的浸入和加强路面水稳定性,应在其表面上撒布封层料或加辅拌和层。如是乳化沥青贯入式面层并铺筑在半刚性基层上时,应铺筑下封层。沥青贯入层作为联结层时,可不撒表面封层料。

沥青贯入式路面选择在干燥和较热的季节施工,并宜在雨季前及日最高温度低于15℃到来以前半月结束,使贯入结构层通过开放交通碾压成型。

1. 施工程序

沥青贯入式路面施工程序见图4-7。

当表面层为加辅热拌沥青层时,在撒完第二次嵌缝料,碾压完成后就可加铺热拌沥青混合料层成为下贯上拌式沥青路面,热铺混合料方法同热拌沥青混凝土施工方法。

2. 施工要点

1)施工准备

(1)基层施工准备的要求同沥青表面处治。

(2)材料准备工作同沥青表面处治。

沥青贯入式路面的主层料可以采用碎石摊铺机摊铺、人工摊铺或平地机摊铺。嵌缝料宜采用集料撒布机撒布。本节只介绍使用平地机摊铺主层料,撒布机撒布嵌缝料的施工方法。

①沥青洒布车的准备同沥青表面处治。

②压路机的准备同沥青表面处治。

③主层碎石摊铺应准备平地机和运料翻斗车以保证主层料的运输与摊铺。

④嵌缝料撒布应准备撒布机,也可准备手推双轮车或柴油小翻斗车及方头锹、竹扫帚、铁三齿抓等工具。

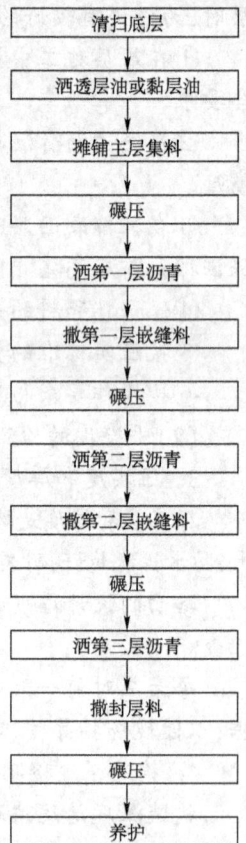

清扫底层 → 洒透层油或黏层油 → 摊铺主层集料 → 碾压 → 洒第一层沥青 → 撒第一层嵌缝料 → 碾压 → 洒第二层沥青 → 撒第二层嵌缝料 → 碾压 → 洒第三层沥青 → 撒封层料 → 碾压 → 养护

图4-7 沥青贯入式路面施工程序图

· 168 ·

2）沥青贯入式路面的施工

贯入施工分浅贯入与深贯入两种，其施工方法基本相同。

（1）操作方法如下：

①清扫基层。其操作方法同沥青表面处治。

②洒透层油。按表处洒透层油施工方法操作。

③主层矿料摊铺。在基层处理清扫合格后，才能摊铺主层碎石（机轧砾石），用翻斗车运料，平地机摊铺，人工配合检查高程、路拱及平整度。

根据汽车翻斗车运量和每平方米主层料用量计算出一车集料应摊铺的长度，设专人指挥自卸车按规定的长度卸料，前一车卸在第一个规定长度路左半幅中部，下一车就卸在第二个规定长度路的右半幅中部。以此类推向前卸料，其压实系数一般取 1.1~1.2，或是经试铺确定。

采用平地机摊铺平整和五点法控制高程、横坡。其具体操作方法与基层施工的五点控制法相同。经过平地机整平的主层料，还应人工配合进一步修整，以保证主层料的平整和粗细均匀，横坡、高程都符合要求。此时要禁止通行车辆，以免影响平整度。

④碾压。碾压分两阶段进行，分列如下：

第一段阶为稳压阶段，此时使用 6~8t 两轮钢筒压路机以 1.5~2.0km/h 的速度由边缘向路中线碾压，每次轮迹重叠一半。碾压完一遍后，检查路拱和高程，如不符合时进行修整至符合要求，再继续碾压至矿料初步稳定、无移动为止，一般为 2~3 遍。

第二阶段，用 10~12t 压路机以 1.5~2.0km/h 的速度行驶进行碾压。为使矿料压实，并减少压碎，在碾压过程中，须经常检查，发现大于 3cm 的空隙时，应及时用等大矿料填补。当碾压矿料大致嵌填紧密，无显著轮迹时，停止碾压。一般视矿料的硬度不同压 4~6 遍，切忌过压，使矿料过于破碎，影响沥青贯入。但也不可欠压使主层料不稳定，影响强度，贯入沥青也易流失。

矿料碾压时，一般不必洒水。但石料不易压稳时，可酌量洒水。

压实后的主层表面应平整，并露出均匀的空隙才符合要求。如是洒水压实的主层，在洒主层油前，一定要等洒水蒸发干后才能进行喷洒沥青的施工。

⑤贯入喷洒第一遍沥青。主层矿料碾压完毕后，经检查，表面应平整、缝隙均匀、密实。洒水碾压后的矿料干燥后，应立即喷洒主层沥青。喷洒方法与沥青表面处治相同。

⑥撒铺第一遍嵌缝料。当主层沥青还未喷洒完成全段时，就可在已喷洒沥青的主层上撒布第一遍嵌缝料，人工撒布要一次撒足，铺撒要快，随撒布随用竹扫帚扫匀。

⑦碾压。当嵌缝料扫匀后，立即用 8~12t 压路机进行碾压，随压随扫，使嵌缝料均匀嵌入。碾压工艺与表处相同。一般碾压 6~8 遍。

⑧喷洒第二遍沥青。操作方法与第一遍相同。

⑨撒布第二遍嵌缝料。操作方法与第一遍相同。

⑩碾压。接下来的做法一般是，还要喷洒一次表层沥青，再撒布面层嵌缝料，再进行一次碾压，才算完成了贯入式路面的施工。如果表面层设计为加铺热拌沥青拌和层结构，就在第二遍碾压施工后按热拌沥青混凝土的方法进行。这就成了下贯上拌沥青混凝土路面施工了。它是由两种施工方法叠加组合而成。

⑪开放交通及初期养护。初期养护方法与沥青表面处治相同。

（2）质量检测。沥青贯入式路面要求碎石层密度高，应达到 2 100kg/m³ 以上，其他的标准都与表面处治相同。

（3）路面的水稳性试验。为了了解最不利季节时路面强度情况,选择了料质较差的一路段,根据常见的雨后路面内浸湿天数,以泡水方法进行水稳性试验。即将路面围水泡浸,以黄河汽车标准轴载测量泡水前后的回弹弯沉值。

（4）全线路面弯沉测检结果汇总。

(五)沥青表面处治

沥青表面处治用于三级公路和三级以下的公路,各级施工临时便道及旧沥青路面层上加辅罩面层或磨耗层,其施工方法有两种,即拌和法与层铺法。一般铺筑厚度不大于3cm。

1. 层铺法(先油后料)施工程序

其施工程序见图4-8。

2. 施工要点

1)准备工作

（1）材料准备如下:

①表面处治使用的矿料,应按所需的规格、数量进行备制,并运到指定堆放地点或指定施工路段上按要求堆放,防止材料被污染。

②沥青选购后运到工地,应取样试验合格后存放备用。

③沥青加工站的设置准备包括安置油锅、开挖预热火道、整理装油场地、搭建油工休息棚及修筑洒油车运输通道。油场一般供油长度以10~15km为宜,不应超过15km。加热站的布置应结合地形实际,做到充分利用治理布局、操作方便、安全生产。

（2）基层准备。对已做好的基层进行验收检查。首先是强度、压实度满足要求,表面坚实、平整、干净,纵坡、路拱和高程也应符合设计规定,否则处理至达到要求为止。在喷洒透层油前进行测量放样。

（3）机具准备如下:

①检查洒油车油泵、洒油管道和保温系统运转是否正常有效,并进行试喷,以确定洒油车在单位面积上洒油量的准确性。

②压路机配置要合理,检修完好待用。

③碎石撒布机的准备与检修。

2)沥青表面处治的施工

沥青表面处治层铺法施工按施工工序的不同,可分为先油后料法和先料后油法两种方法。一般多用先油后料法,但当路肩过窄无法堆放全部矿料,采用人工撒料施工或在低温施工时,为加速反油成型,可采用先料后油方法施工。先料后油法的优点是节省一道洒油工序,但由于没有底层油,可能会产生路面脱皮或拥包现象。故施工前应严格清扫底层,同时初期养护时应加强控制行车速度,防止上述病害发生。

（1）清扫底层及喷洒透层油。表面处治施工时,对基层上的

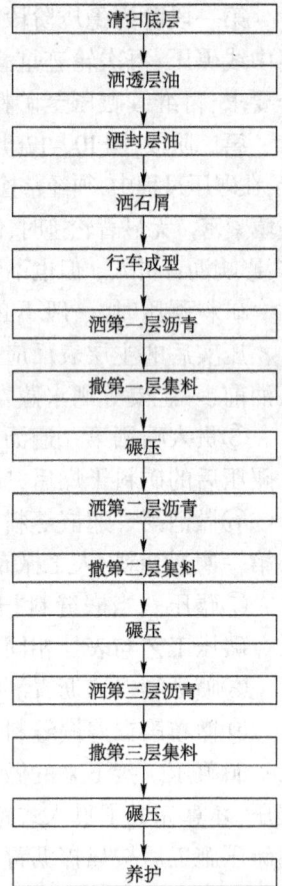

| 清扫底层 |
| 洒透层油 |
| 洒封层油 |
| 洒石屑 |
| 行车成型 |
| 洒第一层沥青 |
| 撒第一层集料 |
| 碾压 |
| 洒第二层沥青 |
| 撒第二层集料 |
| 碾压 |
| 洒第三层沥青 |
| 撒第三层集料 |
| 碾压 |
| 养护 |

图4-8 层铺法(先油后料)
施工程序图

浮土、杂物及松散砂石料等均应清扫干净。如在旧黑色路面上、水泥路面上有黏附污泥,须铲除或用水冲洗干净。对于石灰稳定土、水泥稳定土、石灰水泥土、泥结类级配砂石、国外红土砾料基层,为保证其与表处更好的黏结,减小湿度向上聚积的现象,应洒透层油。

(2)下封层的施工。为了保证面层与基层的牢固结合,油渗透得应深些,同时为了使下封层有良好的隔水性,透层油与封层沥青分别使用不同稠度指标分两次洒,即先洒透层油,24h后再洒封层沥青,随后撒布石屑。不论透层油或封层沥青,都要特别注意搅拌均匀。下封层一般比路面宽0.5m。

基层做好后,必须隔一定时间,尽量让基层干燥后再做封层,不掺水泥的砾石土尤需如此。封层成型后再做面层。如行车少,封层不易成型,则选择中午高温时用载重汽车或轮胎压路机碾压,促使其成型。

(3)洒第一层沥青。在下封层成型并且表面干燥后,才能进行第一层沥青的喷洒。

在喷洒前应全面检查洒油车的油泵系统、管道系统有无故障,沥青油罐上的油表是否准确,洒油喷嘴的高度、喷油斜度、行车排挡、行车速度、油泵排挡。沥青节门开关等是否都调整正确,确保洒油量的均匀性和准确性。

喷洒接头的处理。为保证接头处喷油的均匀性,通常在接头处铺上1~2m宽的薄铁板或油毛毡,以保证接头处洒油整齐不重叠。当油车起动后,车速达到喷洒速度时,车行至铁板覆盖的接头处,开关手准时打开洒油管控制节门的开关,油先洒在覆盖板上,然后均匀地洒在路面直到洒完一车油或是洒至某一规定终点处后,关闭节门开关驶离洒油现场。

如果是两次喷洒或多次喷油时,应使纵向接头处的宽度控制在10~15cm范围内,覆盖铁板应备足数量重复使用(洒在铁板上的沥青,可在使用前清除后重复使用)。

(4)撒第一层矿料。当洒布汽车喷洒第一层沥青后(不必等全段洒完),应立即撒铺第一层主层矿料。

(5)碾压。当矿料撒布一段后(不必等全段撒布完成),应立即用6~8t压路机碾压。先从路边开始,再渐移至中心,碾压速度以1.5km/h为宜,每次轮迹重叠30cm,压至表面平整稳定无明显轮迹为止。注意不要过压,一般压2~3遍。

(6)洒第二层沥青。当第一层碾压工艺完成后,即可喷洒第二层沥青,其喷洒工艺与第一层相同,用油量为1.8kg/m^2。

(7)撒布第二层矿料。第二层沥青喷洒完成一段后,立即撒布第二层矿料,撒布方法同第一层。

(8)碾压。当第二层矿料撒布好一段后,即进行碾压,碾压工艺同第一层。

(9)洒面层沥青。第二层碾压完成即可喷洒面层沥青,喷洒工艺同前两层。

(10)撒布面层矿料。面层沥青喷洒一段后,立即撒布3号面层矿料。采用5~10mm的矿料,每1 000m^{2}用5~6m^3。

(11)碾压。面层矿料撒布好一段后,立即进行碾压,碾压工艺同前两层。注意防止过压破坏矿料棱角。用6~8t压路机压2~3遍后,用16t轮胎压路机反复揉压;在第二天高温时,再用12t三轮压路机碾压,并配合人工扫匀。

(12)初期养护。碾压结束后即可开放交通,并进行初期养护。养护期可采用指挥交通的方法,或设置路障控制行车路线与速度(一般为20~30km/h),尽量使路面全宽获得均匀行车碾压,2~3周后便可成型。

小贴士

沥青表处路面施工应注意以下事项,以避免表面处治病害的发生。

1. 下封层的施工

粗面的表处面层,必须有防水措施,防止表面水渗入基层,这是非常重要的,否则即使是水泥稳定的基层,也会招致湿化而破坏。下封层的施工一定要在基层尽可能的干燥后再施工。如果洒了封层油第二天就洒下主层油作表处施工,封层未成型,防水效果不好;封层油内的轻质油分未挥发完,它就会与下主层油融合在一起,使下主层油受到稀释造成油石比过大而泛油。下封层的宽度一般应比路面宽0.5m。

2. 雨季施工

具体做法是:

(1)洒透层油时基层表面要干;

(2)洒封层油时,透层油的基面要干;

(3)洒第一次主层油时,下封层要干;

(4)当在矿料层上再洒油时,矿料要干;

(5)撒矿料遇雨时或矿料潮湿时,待雨过天晴高温时,加强碾压。总之,要注意掌握天气变化规律,灵活掌握工作时间,充分利用好天气。要保证透层油有充分下渗时间,晴天多洒,遇雨必须停止洒油、撒料;矿料未干时,禁止碾压;施工地段禁止行车;未成型地段控制行车速度。

3. 洒油量的控制

单位面积上的矿料量确定之后,正确地控制单位面积上的洒油量,是表面处治成功的关键:因为洒油车洒油时,可能行驶在上、下坡道上,也可能行驶在弯道上,因此速度很难控制一致,所以洒油量也很难控制均匀。实践证明宜将各层的洒油总量控制在上下限平均值范围内,才不致出现泛油和少油现象。

4. 碎石(砾石)撒布控制

碎石(砾石)撒布主要就是控制撒布厚度,由于撒布出来的厚度为松铺厚度,撒布时应考虑压实系数。机械撒布碎石时,碎石从出料口间隙挤出时存在内摩阻力,机械的钢丝、滚筒与碎石间也存在阻力,所以出料口间隙必须调至比松铺厚度大才行,另外碎石(砾石)撒布量与撒布速度有关。如发现有露沥青未被覆盖的地方,应用人工找补,随即人工扫匀,清除波浪、坑凹。

5. 碾压控制

各层矿料扫匀完成一段,即可用两轮6~8t压路机碾压2~3遍。第二、第三层矿料碾压三遍后,应用轮胎压路机反复碾压,并在第二天高温时,再用12t压路机或振动压路机继续碾压。

6. 养护与交通管制

表面处治层铺法很难控制好洒油量,洒油过量易引起泛油现象。

采用层铺法施工的路段,在表处碾压完成后,即可开放交通,但应控制车速,设置路障使车辆行驶时表处路面全幅进行控制碾压,使下层的油上翻而达到路面成型。最有效的控制方法是:在路上每80~100m用0~5mm石屑堆起一道高0.3m左右的小埂,汽车行驶的路线与速度均能有效控制,路面成型才能按要求完成。

三、沥青路面施工质量检测与评定

沥青路面的施工质量必须达到设计和规范的要求。施工过程中应进行全面质量管理,建立健全行之有效的质量保证体系。实行严格的目标管理、工序管理及岗位质量责任制度,对各施工阶段的工程质量进行检查、控制、评定,从制度上确保沥青路面的施工质量。沥青路面施工质量控制的内容包括施工前材料与设备的检查、铺筑试验路、施工过程的质量控制及工序间的检查验收。

1. 施工前材料与设备的检查

沥青路面施工前应按规定对原材料的来源和质量进行检验。对经招标程序购进的沥青、集料等重要材料,供货单位必须提交最新检测的正式试验报告。从国外进口的材料应提供该批材料的船运单。对首次使用的集料,应检查生产单位的生产条件、加工机械、覆盖层的清理情况。所有材料都应按规定取样检测,经质量认可后方可订货。

在施工过程中逐班抽样检查时,对于沥青材料可根据实际情况只做针入度、软化点、延度的试验;检测粗集料的抗压强度、磨耗率、磨光值、压碎值、级配等指标和细集料的级配组成、含水率、含土量等指标;对于矿粉,应检验其相对密度和含水率并进行筛析。材料的质量以同一料源、同一次购入并运至生产现场为一"批"进行检查。材料质量检查的内容和标准应符合前述有关的技术要求。

2. 施工过程中的质量管理与控制

在沥青路面施工过程中,施工单位应随时对施工质量进行抽检,工序间实行交接验收,前一工序质量符合要求方可进入下一工序的施工。施工过程中工程质量检查的内容、频度及质量标准应符合要求。

3. 竣工验收阶段的工程质量检查

沥青路面施工完毕,施工单位应将全线以 1～3km 为一个评定单位,以表4-7～表4-12 规定的检查项目、频度及标准选点进行检测。根据检测得到的数据,计算平均值、标准差及偏差系数,向主管部门提供全线检测结果及施工报告,申请交工验收。施工质量监理单位在检查工程质量时,应随机抽取检查段,总长度不少于施工里程的30%,且不少于 3 个检查段。路面弯沉测定应在基层的设计龄期或第二年的不利季节进行。

施工过程中材料质量检查的项目与频度 表4-7

材料名称	检查项目	检查频度		试验规程规定的平行试验次数或一次试验的试样数
		高速公路、一级公路	其他等级公路	
粗集料	外观(石料品种、含泥量等)	随时	随时	—
	针片状颗粒含量	随时	随时	2～3
	颗粒组成(筛分)	随时	必要时	2
	压碎值	必要时	必要时	2
	磨光值	必要时	必要时	4
	洛杉矶磨耗值	必要时	必要时	2
	含水率	必要时	必要时	2

材料名称	检查项目	检查频度		试验规程规定的平行试验次数或一次试验的试样数
		高速公路、一级公路	其他等级公路	
细集料	颗粒组成(筛分)	随时	必要时	2
	砂当量	必要时	必要时	2
	含水率	必要时	必要时	2
	松方单位重	必要时	必要时	2
矿粉料	外观	随时	随时	—
	<0.075mm 颗粒含量	必要时	必要时	2
	含水率	必要时	必要时	2
石油沥青	针入度	每2~3d1 次	每周1 次	3
	软化点	每2~3d1 次	每周1 次	3
	延度	每2~3d1 次	每周1 次	3
	含蜡量	必要时	必要时	2~3
改性沥青	针入度	每周1 次	每周1 次	3
	软化点	每周1 次	每周1 次	2
	离析试验(对成品改性沥青)	每周1 次	每周1 次	2
	低温延度	必要时	必要时	3
	弹性恢复	必要时	必要时	3
	显微镜观测(对现场改性沥青)	随时	随时	—
乳化沥青	蒸发残留物含量	每2~3d1 次	每周1 次	2
	蒸发残留物针入度	每2~3d1 次	每周1 次	3
改性乳化沥青	蒸发残留物含量	每2~3d1 次	每周1 次	2
	蒸发残留物针入度	每2~3d1 次	每周1 次	3
	蒸发残留物软化点	每2~3d1 次	每周1 次	2
	蒸发残留物延度	必要时	必要时	3

沥青表面处治施工中质量的控制标准　　　　　　　　　　表4-8

序号	项目	检查频率及单点检验评价方法	质量要求或允许偏差	试验方法
1	外观	随时	集料嵌挤密实,沥青洒布均匀,无花白料,接头无油包	目测
2	集料及沥青用量	每日评定1 次	±10%	每日施工长度的实际用量与计划用量比较,T 0982
3	沥青洒布温度	每车评定1 次	符合规范要求	温度计测量

序号	项　目	检查频率及单点检验评价方法	质量要求或允许偏差	试验方法
4	厚度(路中及路侧各1点)	不少于每2 000m²一点,逐点评定	−5mm	T 0912
5	平整度(最大间隙)	随时,以连续10尺的平均值评定	10mm	T 0931
6	宽度	检测每个断面逐个评定	±30mm	T 0911
7	横坡度	检测每个断面逐个评定	±0.5%	T 0911

沥青贯入式路面施工中质量的控制标准 表 4-9

序号	项　目	检查频率及单点检验评价方法	质量要求或允许偏差	试验方法
1	外观	随时	集料嵌挤密实,沥青洒布均匀,无花白料,接头无油包	目测
2	集料及沥青用量	每日评定1次	±10%	每日施工长度的实际用量与计划用量比较,T 0982
3	沥青洒布温度	每车评定1次	符合规范要求	温度计测量
4	厚度(路中及路侧各1点)	不少于每2 000m²一点,逐点评定	−5mm 或设计厚度的−8%	T 0912
5	平整度(最大间隙)	随时,以连续10尺的平均值评定	8mm	T 0931
6	宽度	检测每个断面	±30mm	T 0911
7	横坡度	检测每个断面	±0.5%	T 0911

公路热拌沥青混合料路面施工过程中质量的控制标准 表 4-10

项　目		检查频率及单点检验评价方法	质量要求或允许偏差		试验方法
			高速公路、一级公路	其他等级公路	
外观		随时	表面平整度,不得有明显轮迹、裂缝、推挤、油丁、油包等缺陷,且无明显离析		目测
接缝		随时	紧密平整、顺直、无跳车		目测
		逐条缝检查评定	3mm	5mm	T 0931
施工温度	摊铺	逐车检查评定	符合规范要求		T 0981
	碾压	随时	符合规范要求		插入式温度计实测

项 目		检查频率及单点检验评价方法	质量要求或允许偏差		试验方法
			高速公路、一级公路	其他等级公路	
厚度	每一层次	随时;厚度 50mm 以下	设计值的 5%	设计值的 8%	施工时插入法量测松铺厚度及压实厚度
		随时;厚度 50mm 以上	设计值的 8%	设计值的 10%	
	每一层次	一个台班区段的平均值 厚度 50mm 以下 厚度 50mm 以上	−3mm −5mm	—	《公路沥青路面施工技术规范》（JTG F40—2004）附录 G 总量检查
	总厚度	每 2 000m²1 点单点评定	设计值的 −5%	设计值的 −8%	T 0912
	上面层	每 2 000m²1 点单点评定	设计值的 −10%	设计值的 −10%	
压实度		每 2 000m² 检查 1 组逐个试件评定并计算平均值	试验室标准密度的 97%（98%）		T 0924、T 0922
			最大理论密度的 93%（94%）		
			试验段密度的 99%（99%）		
平整度（最大间隙）	上面层	随时,接缝处单杆评定	3mm	5mm	T 0931
	中下面层	随时,接缝处单杆评定	5mm	7mm	T 0931
平整度（标准差）	上面层	连续测定	1.2mm	2.5mm	T 0932
	中面层	连续测定	1.5mm	2.8mm	
	下面层	连续测定	1.8mm	3.0mm	
	基层	连续测定	2.4mm	3.5mm	
宽度	有侧石	检测每个断面	±20mm	±20mm	T 0911
	无侧石	检测每个断面	不小于设计宽度	不小于设计宽度	
纵断面高程		检测每个断面	±10mm	±10mm	T 0911
横坡度		检测每个断面	±0.3%	±0.5%	T 0911
沥青层层面上的渗水系数,不大于		每 1km 不少于 5 点,每点 3 处取平均值	300mL/min（普通密级配沥青混合料）		T 0911
			200mL/min（SMA 混合料）		

热拌沥青混合料的频率和质量要求

表4-11

项　目		检查频度及单点检验评价方法	质量要求或允许偏差		实验方法
			高级公路,一级公路	其他等级公路	
混合料外观		随时	观察集料粗细、均匀性、离析、油石比、色泽、冒烟,有无花白料、油团等各种现象		目测
拌和温度	沥青、集料的加热温度	逐盘检验评定	符合本规范规定		传感器自动检测、显示并打印
	混合料出厂温度	逐车检测平定	符合本规范规定		传感器自动检测,显示并打印出厂是逐车按T 0981人工检测
		逐盘测量记录,每天去平均值评定	符合本规范规定		传感器自动检测,显示并打印
矿料级配（筛孔）	0.075mm	逐盘在线检测	±2%（2%）	—	计算机采集数据计算
	≤2.36mm		±5%（4%）		
	≥4.75mm		±6%（5%）		
	0.075mm	逐盘检查,每天汇总1次取平均值评定	±1%		符录G总量检验
	≤2.36mm		±2%		
	≥4.75mm		±2%		
	0.075mm	每台拌和机每天1~2次,以2个试样的平均值评定	±2%（2%）	±2%	T 0725 抽提筛分与标准级配比较的差
	≤2.36mm		±5%（3%）	±6%	
	≥4.75mm		±6%（4%）	±7%	
沥青用量（油石比）		逐盘在线监测	±0.3%	—	计算机采集数据计算
		逐盘检查,每天汇总1次取平均值评定	±0.1%	—	符录F总量检验
		每台拌和机每天1~2次,以2个试样的平均值评定	±0.3%	±0.4%	抽提 T 0722、T 0721
马歇尔实验:空隙率、稳定度、流值		每台拌和机每天1~2次,以4~6个试件的平均值评定	符合本规范规定		T 0702、T 0709,本规范符录B、符录C
浸水马歇尔实验		必要时(试件同马歇尔实验)	符合本规范规定		T 0702、T 0709
车辙实验		必须时(以3个试件的平均值评定)	符合本规范规定		T 0719

SMA 沥青混合料路面施工质量检测的频率和质量要求　　　　　　表 4-12

编号	检查项目	标　准	频率或检验方法
1	混合料外观	拌和均匀,无花白料	随时检查
2	摊铺温度	>130℃	1 次/车
3	碾压温度	>120℃	随时检查
4	矿料级配	0.075mm 筛孔料的误差 ±2% 4.75mm、2.36mm、1.18mm、0.6mm、 0.3mm 筛孔料的误差 ±3%	1 次/日·台
5	油石比	±3%	2 次/日·台
6	马歇尔试件击实次数	两面击实 50 次	
7	马歇尔稳定度	≥6.2kN	2 次/日·台
8	马歇尔流值	2 ~4mm	2 次/日·台
9	马歇尔空隙率	2% ~4%	2 次/日·台
10	析漏试验	>0.2%	2 次/日·台
11	压实度	≥97%（马氏）,≥94%（理论）	钻 1 孔/2 000m²
12	动稳定度	≥1 500 次/mm （当使用改性沥青时≥2 500 次/mm）	共取 9 组
13	混合斜弯曲试验共取 9 组	≥2 000 （当使用改性沥青时≥2 200）	共取 9 组
14	摩擦系数	≥55	2 次/km
15	构造深度	≥0.8mm	1 次/日
16	压实度	≥97%（马氏）,≥94%（理论）	每 2 000m² 为一段,每段检查 1 处
17	平整度	≤3mm	每 100m(半幅)用 3m 直尺检查 3 处,每处连续量 3 尺,每尺检一点
18	纵断高程	±10mm	用水准仪每 100m(半幅)测 5 点
19	宽度	不小于设计值	每 100m(半幅)测 2 处
20	厚度	±10%	每 2 000m² 钻芯取样检 1 处
21	横坡度	±0.5%	每 100m(半幅)检查整个断面
22	弯沉值	不大于设计值	每 100m(半幅)测 2 处,每处测 2 点

　　竣工检查的检验数据应真实、准确,能客观地反映沥青路面的施工质量,为准确评价路面施工质量提供可靠的依据。

　　4. 施工总结

　　根据现行规范规定,路面工程完工之后,施工单位应及时写出施工经验总结,以便提高工程施工质量。

第二节　水泥混凝土路面施工

一、水泥混凝土路面施工方法、程序和施工要点

(一)水泥混凝土路面小型机具配套施工

1. 施工程序

水泥混凝土路面小型机具配套施工程序见图4-9。

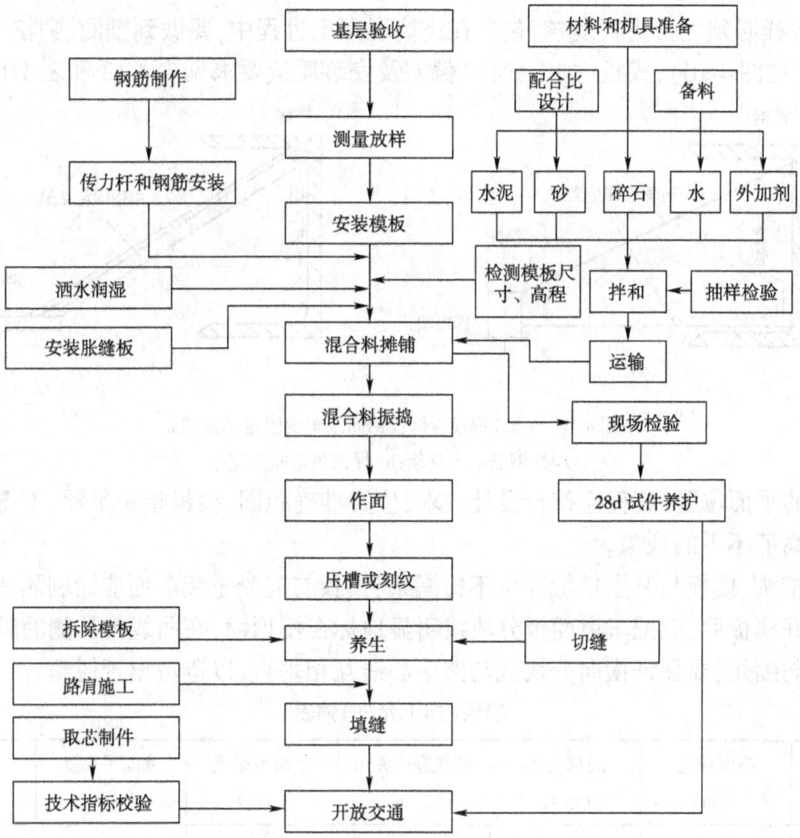

图 4-9　水泥混凝土路面小型机具配套施工程序图

2. 施工要点

1)施工准备

(1)基层准备内容如下:

①基层验收。为保证水泥混凝土路面的正常使用,要求基层应具有足够的强度,必须坚实稳定,均匀一致,表面平整无波浪、无坑槽松散,高程、横坡、平整度、压实度、强度均达到规定要求,否则应处理至符合要求。

②测量放样要点如下:

a.根据设计图纸放出路中心及路边线(或侧面线),并检查基层高程和路拱横坡,在路中

心线上除每 20mm 设中心桩外,还应设胀缝、缩缝、曲线起讫点和纵坡转折点等中心桩,并相应在路边各设一对边桩。主要中心桩应分别固定在路旁行道树、电杆或建筑物的墙角上。

b. 测设临时水准点于路线两旁固定建筑物上或另设临时水准桩,每隔 100m 左右设置一个,不宜过长,以便于施工时就近对路面进行高程复核。

c. 根据放好的中心线及边线,在现场核对施工图的混凝土分块线。要求分块线距窨井盖及其他公用事业检查井盖的边线至少 1m 的距离,否则便要移分块线的位置。

d. 放样时为了保证曲线地段中线内外侧车道混凝土块有较合理的划分,必须保持横向分块线与路中心线垂直。若分块出现锐角,应联系设计单位采取角隅加固措施。

e. 所有中心桩和边桩上均应画出面层和基层的高程。

f. 测量放样必须经常进行复核,包括在浇捣混凝土过程中,要做到勤测、勤核、勤纠偏。

③支模(见图 4-10),模板(加工允许)偏差及安装质量要求见表 4-13 和表 4-14。

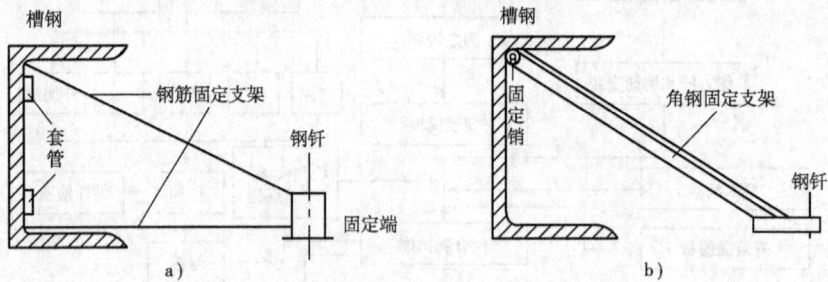

图 4-10 (槽)钢模板焊接钢筋或角钢固定示意图
a)焊接钢筋固定支架;b)焊接角钢固定支架

a. 支模的平面位置、高程应符合设计要求,位置准确稳固,模板接头平顺,不得有离缝和前后接茬错位高低不平的现象。

b. 模板接头、模板与基层接触部位不得漏浆,模板与混凝土接触面应涂刷隔离剂。

c. 支立好模板后,应把车道面板分块线明显地标在模顶面,在曲线内外侧的纵向分块距离相应地增长与缩短,要保证横向分块线与路中心线互相垂直,以避免出现锐角。

模板(加工允许)偏差   表 4-13

施工方式	高度偏差 (mm)	局部变形 (mm)	垂直边角夹角 (°)	顶面平整度 (mm)	侧面平整度 (mm)	纵向变形 (mm)
小型机具	±2	±3	90±3	±2	±3	±3

轨道模板的安装质量要求   表 4-14

施工方式	平面偏差(mm)	摊铺宽度偏差(mm)	面板厚度(mm) 代表值	面板厚度(mm) 极值	纵断高程偏差(mm)	横坡偏差(%)	相邻板高差(mm)	顶面接茬3m尺平整度(mm)	模板接缝宽度(mm)	测向垂直度(mm)	纵向垂直度(mm)
小型机具	≤15	≤15	≥-4	≥-9	±10	±0.20	≤2	≤2	≤3	≤4	≤4

④摊铺前应洒水润湿基层。

(2)材料准备。按照规范对材料的要求,检验、控制材料进场,一定要把好材料关,不合格的材料不让进场。

（3）配合比设计。混合料配合比设计要根据工程的设计要求、当地材料品质、施工方法、操作水平及工地环境等方面,通过选择、计算和试验来确定水泥、水、砂、碎石(砾石)、添加剂等几种材料相互之间的比例关系。在确定混合料中水、水泥、细集料、粗集料4种基本成分的用量时,关键是选择好水灰比、用水量和砂率这3个参数。

混凝土配合比设计遵循的一般原则是:

①根据已有的配合比试验参数或以往的经验,得出初步设计配合比;

②按初拟设计配合比进行试拌,考察混合料的工作性,根据试拌结果再作必要调整,得到基准配合比;

③根据现场混凝土的实际浇筑条件,比如集料供应情况(级配、含水率)、摊铺机具和气候等,进行适当调整,提出施工配合比。

使所修筑的水泥混凝土路面具有足够的强度和耐久性,有良好的施工和易性,方便施工,且造价经济。

（4）机具准备内容如下:

①配套机具准备。水泥混凝土路面施工,工序较多且较为复杂,还需使用多种专用工具,凡施工使用的配套机具,施工前都应准备齐全,可参见表4-15结合工程实际准备。

小型机具施工配套机械、机具配置   表4-15

序 号	工作内容	主要施工机械设备	
		名　　称	机械及规格
1	钢筋加工	钢筋锯断机、折弯机、电焊机	根据需要定规格和数量
2	测量基准线	水准仪、经纬仪	根据需要定规格和数量
3	架设模板	与路面等高3m长槽钢模板、固定钢钎	数量不少于3d摊铺用量
4	搅拌	强制式搅拌楼,单车道≥25(m³/h) 双车道≥50(m³/h)	总搅拌能力和搅拌楼的数量,根据施工规模和进度由计算确定
		装载机	2~3m³
		发电机	≥120kW
		供水泵和蓄水池	单车道≥100m³,双车道≥200m³
5	运输	5~10t自卸车	数量由匹配计算确定
6	振实	手持式振捣棒,功率≥1.1kW	每2m宽度不小于1根
		平板振动器,功率≥2.2kW	每车道路面不小于1个
		振捣整平梁,刚度足够,2个振动器功率≥1.1kW	每车道路面不少于1个振动器 每车道路面不小于1根振动梁
		现场发电机功率≥30kW	不小于2台
7	提浆整平	提浆滚杠直径15~20mm 表面光滑无缝钢管,壁厚≥3mm	长度适应铺筑宽度,一次摊铺单车道路面1根,双车道路面2根
		叶片式或圆盘式抹面机	每车道路面不小于1台
		3m刮尺	每车道路面不小于2根
		手工抹刀	每米宽路面不小于1把

序 号	工作内容	主要施工机械设备	
		名　　称	机械及规格
8	真空脱水	真空脱水机有效抽速≥15L/s	每车道路面不小于1台
		真空吸垫尺不小于1块板	每台吸水机应配3块吸垫
9	抗滑结构	工作桥	不少于3个
		人工拉毛齿耙、压槽器	根据需要定数量
10	切缝	软锯缝机	根据需要定数量
		手推锯缝机	根据进度定数量
11	磨平	水磨石磨机	需要处理欠平整部位时
12	灌缝	灌缝机具	根据需要定规格和数量
13	养生	洒水车4.5~8.0t	按需要定数量
		压力式喷洒机或喷雾器	按需要定规格和数量
		工地运输车4~6t	按需要定数量

②拌和站准备如下：

a.搅拌站的位置应根据施工路线长短和所采用的运输工具决定。一般路线长时可设几个搅拌站，施工路线短或运输能力强，可设集中搅拌站。搅拌站应设在运费经济、进料方便、场地宽敞、水电较近的地方，以运输时间不超过半小时为宜。使用手推车运送混合料时，一般为0.3~1.0km，当用1t小翻斗柴油车运料时为0.8~2.0km，当使用自卸汽车运送时为2~5km。

b.搅拌机安装。搅拌站一般由两台或多台拌和机组成，安装时要留足进料台的面积，高台搅拌站的搅拌机应根据进料车高度垫高。在通向堆料场方向须设供料小车进料坡道，其坡度小于1:2。出料口应设在运输路线一侧；搅拌站周围，特别是搅拌机附近，应设排水设施。

(5)劳动组合。小型机具配套施工水泥混凝土路面需要人员较多，施工技术要求高，根据工程规模大小，在现场施工领导小组领导下可分计划统计、质量安全、测量放样、材料试验、后勤供应等若干小组，分工合作，抓好各项工作以配合施工。

劳动力组织。可根据分期施工作业计划，分段及采用流水作业等。施工进程可按各道工序先后来安排进行。劳动力安排，如采用两台容量400L的搅拌机，进出料均用人工手推车，其参考配备人数如下：

①进料24~30人(用人工装车，手推车运送砂、石料、水泥至拌和台)，可视运距远近增减人数；

②搅拌机倒料4~6人(把水泥和砂、石料倒入拌和机料斗内)；

③搅拌机操作2人；

④搅拌机出料2人；

⑤如搅拌机没有自动加水装置时，另需配备加水工2人；

⑥运输熟料(指已拌好的混凝土)配备手推车12~18辆，每辆1人；

⑦摊铺4~6人(包括初步整平)；

⑧振捣14~16人(包括平板振动器，振捣和夯梁操作等)；

⑨收水抹面8~10人(在高温施工时,因水泥凝结时间提前和加快,要适当增加人数,如低温施工或采用矿渣水泥作胶结料时,水泥凝结时间会适当推迟,在这种情况下可分两班,每班6人);

⑩统一指挥及联络1~2人。

以上共计73~96人,此外另需配备一定数量的本模工、钢筋工、机电工和修理工等,浇捣时在现场密切配合。

如现场拌和,水源较远,则需配备水泵及皮管供水或增加运输车和人工。

随着施工机械化水平的不断提高,目前大城市中大都采用自动卸料斗将砂、石料卸至手推车中或直接卸在拌和机料斗中,避免了过去要用铁锹的繁重体力劳动。在运送熟料时,也广泛采用了较为灵活的翻斗汽车,这样不但节约了劳力,工效也大为提高。

2)水泥混凝土路面施工

(1)水泥混凝土混合料拌和工序如下:

①拌和配料。在开拌前,试验人员应先测量现场砂、石的实际含水率,这个含水率必须有充分代表性,否则将影响配料准确性。如果材料规格含水率发生了变化,应及时通过试验修正施工配合比,并计算出砂、石、水等各种材料的准确用量。

②开盘前校准地中衡以保证称量准确,其配料的计量允许误差为:水泥±1%,粗细集料±3%。

注意:如水泥以袋计量时,应抽测其质量是否准确;是否需要采取修正措施。

③开盘前,按拌和用水标准,调整水量控制盘的指针,使每次加水量符合标准,其允许误差以±1%控制。

④外加剂的掺入。如是加入固体外加剂,应先准确称量分包投放;如果使用的是液体外加剂,应准确地配制均匀,测定浓度符合要求,允许误差为±2%,设专人负责添加。

⑤进料次序:先上砂,再上水泥,最后上石料(先小,后大);也可以按石料、水泥、砂的次序上料,固体外加剂和水泥同时放入。待全部材料都倒入料斗后,方可进行搅拌,同时开启水阀,使调整好的水量均匀洒布在正在拌和的料中。

为避免第一盘混合料被拌和机鼓筒吸附影响质量,应先拌适量1:2(水泥:砂)砂浆废弃后再按规定配合比拌混合料。

⑥拌和时间。混合料拌和时间与拌和机的类型和混合料要求的和易性有关,拌和时不能少于规范规定的最短时间,见表4-16。

混凝土拌和物最短搅拌时间表　　　　　　　　　　表4-16

拌和机容量		转速(r/min)	搅拌时间(s)	
			低流动性混凝土	干硬性混凝土
自由式	400L	18	105	120
	800L	14	165	210
强制式	375L	38	90	100
	1 500L	20	180	240

⑦台口工作开始和结束前,或因故中断拌和1h以上时,均应用水冲洗,可放入石料若干加水搅拌5~10min,再将石料卸出,使其保持清洁。

（2）混合料的运输。

①混合料对运输的要求：

a. 根据工程实际和工地运输条件选择合适的运输机具，一般工程量大、运输距离长时，应选用机械运输。

b. 流动性大的混凝土在运输途中易产生离析，宜选用搅拌运输车运送。

c. 运输容器必须严密，以免水分流失。

d. 运输应避免时间过长，产生初凝现象。从混合料拌和到成型允许的最长时间应根据水泥初凝时间及施工时的气温确定，不得超过规范规定的时间。

②搅拌混合料的卸料。拌和机搅拌的混合料卸出时，应通过溜槽和不小于 60cm 长的垂直导管。溜槽坡度根据混合料的流动性而定，宜大不宜小。倾卸混合料须防止产生离析。同时应注意不要碰撞已安装好的模板。

（3）混合料的摊铺、振捣、做面和压槽。

①摊铺工序如下：

a. 摊铺前应在已准备就绪的基层上作进一步检查，主要检查模板间距（板宽）、高度（板厚）。模板支撑稳定性、基层平整度、基层润湿情况、钢筋传力杆位置等均应符合要求。如为摊第二幅混凝土时，应注意纵缝拉杆调直和纵缝处涂刷沥青。

b. 摊铺。运到现场的混合料，应先检查拌和质量，如发现问题应及时处理调整，运输车卸料时尽可能地分成几小堆，如有离析现象应用铁锹翻拌均匀后再摊铺。路面板厚不大于 24cm 时，可一次摊铺，大于 24cm 时，宜分两次摊铺。下层摊铺厚度值为总厚的 3/5。松铺厚度应考虑振实影响，预留一定高度，一般宜比设计高出 2cm，或者由试验确定，一般应控制在 $K = 1.10 \sim 1.25$ 之间。用铁锹摊铺一定要扣锹摊料，严禁抛掷，当摊铺到模板附近时，应用铁锹靠模板插捣几次，捣出砂浆，以免发生蜂窝麻面。

c. 摊铺有传力杆或布设钢筋的混凝土时，需要配合传力杆、角隅钢筋、钢筋网的安放工作进行，即先摊铺钢筋下半部混合料，待钢筋就位后再摊铺上半部混合料。

d. 当摊铺未完成一整块板，因故停工时，应视停工时间长短作特殊处理。停工 0.5h 以内，可将混合料表面用湿布盖上，待恢复工作时把此处混合料耙松，继续摊铺；停工超过 1h 以上或到达 2/3 初凝时间，致使拌和物无法振实时，应在已铺筑好的面板端头设置施工缝，废弃不能被振实的拌和物。

e. 现场取样制作抗压试件 1 组 3 块，制作抗折试件 1 组 3 块，并与路面同条件养生。

②振捣。摊铺好的混合料应立即进行振捣，应先用插入式振捣器和平板振捣器联合振捣。插入式振捣器宜选 4 000 次/min 以上频率的，平板振捣器宜选激振力大的。

注意：待混合料基本铺平后才进行振捣，不能边摊铺边振捣，以防过振和漏振。

a. 先用插入式振捣器在模板边缘，角隅处全面顺序插入振捣一次。至模板的距离不应大于振捣器作用半径的 0.5 倍，移动距离不应大于其作用半径的 1.5 倍，振捣器在一个位置振动的时间不宜少于 20s，以混合料停止下沉，不再冒气泡振出砂浆为准，避免碰撞模板与钢筋。

b. 接着用平板振捣器全面的覆盖振捣后，再用振动梁（行夯）做全幅拖拉振实 2 ~ 3 遍，使表面泛浆并赶出气泡。振动梁移动速度要缓慢均匀，前进速度以 1.2 ~ 1.5m/min 为宜。振实过程中发现不平之处人工及时挖填找平，补料时宜使用较细混合料，禁止使用砂浆找补。振动梁行走时不允许中途停留。

③做面。水泥混凝土路面的平整度、抗滑功能、耐磨功能的好坏关键在于做面,施工中必须高度重视。

a.提浆刮平。振动梁振实后,立即采用提浆辊拖压滚揉,起到进一步的揉压、二次匀浆作用,一般沿纵向 3 ~ 4 次即可。遇到有个别露出石子处,要在原地反复滚动数次解决石子露头问题。经过滚压揉搓匀浆使表面有一层厚度为 3 ~ 4mm 的滋润砂浆为宜,为做面准备。提浆辊一般选用直径为 15cm 的钢管制作,其构造示意见图 4-11。

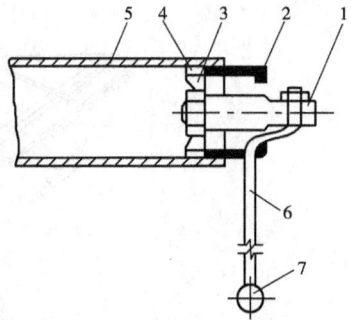

b.抹面。提浆工序完成后,就可立即着手抹面修整工作,这是保证平整度,提高路面耐磨、抗裂的关键工序。可以采用抹光机抹面或人工木抹子抹面两种抹面方法。

(a)人工木抹子抹面。人工用大木抹子多次抹面至表面无泌水为止,用木抹子抹面时每次应与上一次抹过的痕迹重叠一半。边抹边用 3m 直尺检查,并刮填不平之处,保证表面平整、接缝平顺,见图 4-12。

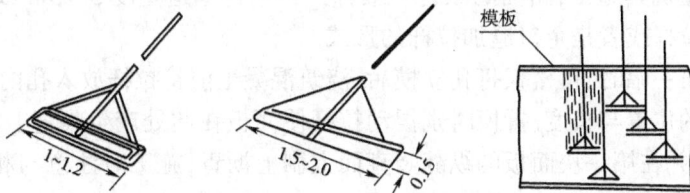

图 4-11 提浆辊构造示意图

1-牵引轴;2-拖拉定位销;3-滚动轴承;4-端头板;5-无缝钢管;6-牵引推拉管;7-手把

图 4-12 木抹子抹面(尺寸单位:cm)

(b)用抹光机抹面。采用普通手抹子抹面只能起到局部平整作用,达不到要求的平整度。为此,利用改制的抹光机可以纵横向自动全幅抹平,一般每处横向抹 3 ~ 4 次,纵向两次,相接处抹平重叠至少 1/3,就可达到很好的抹平效果。抹光机抹平后,两人配合用精刮尺(用 6m 长方钢制成)沿横向来回刮动,将抹光机造成的砂浆棱消除。随后用 3m 直尺检查,不平整处用原浆找补。

(c)制作微观抗滑构造。经抹面使路面板表面光滑,不利于行车抗滑,一般应用毛刷垂直于路中线拉毛,使路面板表面粗糙些。

④压槽(拉纹)。水泥混凝土路面板,光有微观的粗糙构造还远远不能满足抗滑的需要。还要构筑宏观的纹理,增加抗滑摩擦力,保证行车安全,为此需压纹或刻纹。这里只介绍压纹(拉纹)。

a.压槽。压槽是靠压辊自重,在做面后的面板上压出要求的横向槽纹。一般深为 1 ~ 2mm,宽为 3 ~ 4mm,凹槽间距以不等为好,槽纹应垂直于路中心线。

压槽的时间不宜过早或过晚,过早会使压槽深,影响平整度,过晚压不进去,造成压纹过浅,满足不了压槽纹理深度要求。一般凭经验掌握,以混凝土表面不泛浆,用手指按压有轻微硬感时压槽为宜。

b. 拉纹。面板表面纹理也可用专用工具拉出,根据面板对纹理要求的深度、宽度做一个耙齿,在抹面结束后拉成,见图4-13。

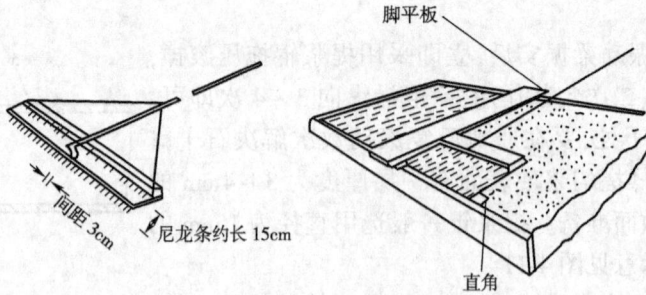

图4-13 混凝土表面拉毛(槽)

c. 修整。压纹和拉纹后,混凝土面板上都会出现"毛刺",这对平整度有不良影响。为此,上述工序后 10 ~ 12h 用平锹或水平刮尺沿横向铲刮一下,将突出"毛刺"铲刮掉。

(4)做缝。水泥混凝土路面有纵缝,横向胀、缩缝,且数量较多。接缝正是水泥混凝土路面的薄弱环节。接缝质量的好坏,直接影响行车的舒适性和路面的使用寿命,因此,应加以重视,认真做好接缝施工。

①纵缝。小型机具施工,路面的纵缝一般都按一个行车道宽度 3.25m 或 4.25m 设置,其纵缝为平接缝加拉杆或者是企口缝加拉杆的形式。

一般在施工第一幅时,在楼板打孔立模后,浇筑混凝土前将拉杆放入孔内。施工时控制拉杆在第一幅板中的位置与长度,拆模时别摇动拉杆使面板在此处产生裂缝。在第二幅面板施工时,应调直拉杆并在第一块面板的纵缝竖直面上刷上沥青,施工时注意与相邻板接缝平顺。常用纵缝构造示意见图4-14。

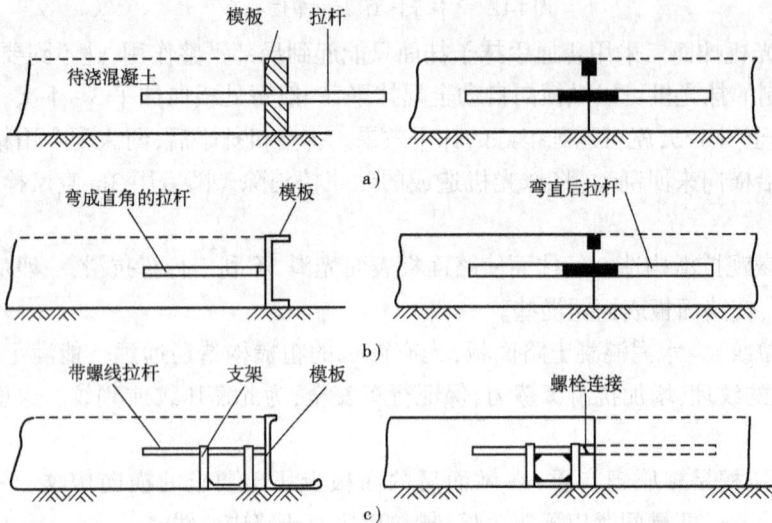

图4-14 常用纵缝构造示意图

②缩缝。混凝土面板的缩缝一般多采用在混凝土硬结后锯切,也可以在新混凝土面板施工时采用压入的方式成缝。切缝质量虽好,但切缝时控制不好切割时间可产生早期裂缝,造成

断板,所以有时隔几条切缝做一条压缝以防止断板。

a.切缝时间是否得当是控制断板的关键。一般切缝应在混凝土面板开始收缩、自由开裂前进行及时切缝,见表4-17。

根据施工气温所推荐的切缝方式   表4-17

序号	昼夜温差(℃)	切 缝 方 式	缩缝切深
1	<10	最长时间不得超过24h	硬切缝1/5~1/4板厚
2	10~15	软硬结合切缝,每隔1~2条提前软切缝,其余用硬切缝补切	软切深度不应小于60mm;不足者应硬切补深到1/3板厚,已断开的缝不补切
3	>15	宜全部软切缝,抗压强度约为1~1.5MPa,人可行走。软切缝不宜超过6h	软切深度大于等于60mm;未断开的接缝,应硬切补到不小于1/4板厚

b.切缝深度不宜小于6cm或1/4板厚,切缝应与路中心线垂直。切缝时,一定要切到合适的深度,切到边。缝宽以4~6mm为宜。

c.为了避免断板,切缝时可先间隔跳切(以20~30m为宜),然后再逐块切割。

③胀缝。胀缝是与路中心线垂直的缝,它的缝壁必须垂直,缝宽必须一致,缝中不得有砂浆进入,胀缝下部是胀缝板,上部灌胀缝填料,板中设传力杆,要求其位置固定,定向准确。

a.施工终了设置胀缝。采用顶头端模固定的形式施工胀缝时,其传力杆长度一半穿过端模挡板,固定于外侧模板中如图4-15所示。混凝土浇筑前应先检查传力杆位置;浇筑时,应先浇筑传力杆下层的混合料并用插入式振捣器振实,并校正传力杆位置,再浇上层混凝土。浇筑邻板时先拆除端模板,并设置下部胀缝板、木制嵌条和传力杆套管。

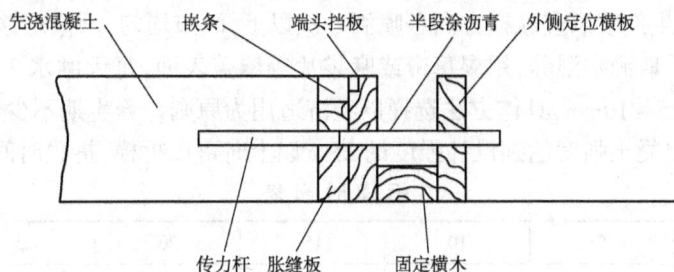

图4-15 胀缝施工(顶头端模板固定)示意图

b.施工过程中设置胀缝(钢筋支架固定施工法)。在一天的施工过程中设置胀缝时,应在设置胀缝的位置按图4-16所示形式固定传力杆。将传力杆长度的一半穿过胀缝板和端头板,并用钢筋支架将传力钢筋固定就位。浇筑时应先检查位置,再在胀缝两侧摊铺混凝土至板面。振实后抽出端头板,空隙部分填补混合料并用插入式振捣器振实。

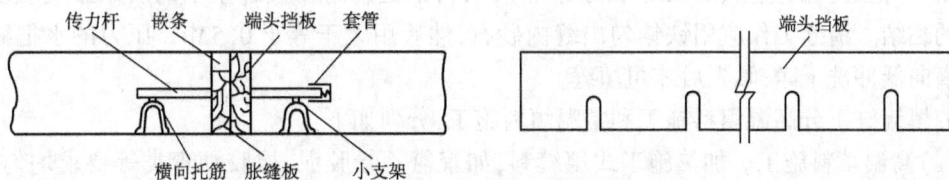

图4-16 胀缝施工(钢筋支架固定)示意图

④施工缝。施工缝是在一天施工结束后,或者是在施工过程中发生意外停工而设置的横缝,一般应设在胀缝处或者是缩缝处。多车道施工时,施工缝应避免设在同一横断面上。施工缝设在缩缝处,板中应加传力杆,其施工方法同胀缝施工。

⑤拉杆、胀缝板、传力杆及其套帽、滑移端设置精度见表4-18。

拉杆、胀缝板、传力杆及其套帽、滑移端设置精度　　　　　　表4-18

序号	项　目	允许偏差(mm)	测量位置
1	传力杆端上下左右偏斜偏差	10	在传力杆两端测量
2	传力杆在板中心上下左右偏差	20	以板面为基准测量
3	传力杆沿路面纵向前后偏位	30	以缝中心线为基准测量
4	拉杆深度偏差及上下左右偏斜偏差	10	以板厚和杆端为基准测量
5	拉杆端及在板中心上下左右偏差	20	以杆两端和板面为基准测量
6	拉杆沿路面纵向前后偏位	30	纵向测量
7	胀缝传力杆套帽长度不小于100mm	10	以封堵帽端起测
8	胀缝传力杆滑移端长度大于1/2杆长	20	以传力杆长度中间起测
9	胀缝板倾斜偏差	20	以板底为准
10	胀缝板的弯曲和位移偏差	10	以缝中心线为准

(5)养生、拆模、填缝要求如下:

①养生。混凝土面板表面修整以后就应养生,为的是避免混凝土的水分蒸发和风干产生收缩裂缝,另外还应控制和减小温差,避免面板产生温缩开裂,还应控制交通防止人畜的损坏。

养生早期宜采用防风雨和日晒的遮挡覆盖设施。当混凝土表面无泌水时,可以在表面喷洒薄膜养生剂,养生剂喷洒应纵横方向各喷洒一次以上,洒布均匀,洒量足够。

养生也可以采取洒水湿养,用湿草帘或麻袋片等覆盖表面,每天洒水2~3次。也可以土堰围水养生,水深5~10mm,具体方法选择以经济适用为原则。养生期不少于14~21d。

②拆模。当混凝土强度达到设计强度的25%以上时可以拆模,拆模时间可参见表4-19。

拆模时间表　　　　　　表4-19

昼夜平均气温(℃)	5	10	15	20	25	30以上
最早拆模时间(h)	60	48	36	24	18	12

拆模时,应先拆支撑,然后向外慢慢撬动模板,切忌损伤面板边、角或是摇动拉杆造成板的拉杆处开裂。拆下的模板应清除黏附在上面的砂浆,或修整涂刷隔离剂待用。

③填缝分为清缝和填缝施工,分列如下:

a.清缝。水泥混凝土路面的填缝施工,不论使用哪种填缝材料都要求先将胀缝内的嵌缝条取出,并把缝内的尘土、灰浆等杂物清理干净,特别是黏附在接缝壁上的灰浆影响填缝料与缝壁的黏结。清缝工作应用铁钩勾出缝内砂石,然后用大于等于0.5MPa压力的水把缝内灰尘自高向低冲洗干净,晒干后才可填缝。

b.填缝施工分高温填料施工和常温填料施工,分列如下:

(a)高温填料施工。加热施工式填缝料,如聚氯乙烯胶泥、橡胶沥青类等要求均匀加热,应采用双层加热锅加热,中间用石蜡或耐高温机油作介质,两锅间距一般为30~50mm,容积一般为 200～300L 为宜。

聚氯乙烯胶泥的灌入温度为 136～140℃，橡胶沥青为 100～170℃，滤去渣物后即可倒入预热填缝机内进行灌注施工。

填缝机工作时，前进速度与出料速度必须协调，使其均匀出料并灌到规定高度。填缝料一般比板面低 2mm±1mm，在填缝的同时边填边用铁钩来回勾动，使缝壁上残存的灰尘掺入填料中以增加与缝壁的黏结性。

施工要求气温应大于 15℃，气温过低时，应用喷灯将接缝预热以增加黏结性。

(b)常温填料施工。常温施工式填料主要有：聚氨酯焦油类、聚氨酯类和聚氨酯沥青类等。

灌缝可使用填缝机，也可使用填缝枪。使用双组分填缝料时，应按规定把甲、乙两组分严格按规定比例倒入容器内，用人工或机械拌和至颜色均匀表面发亮为止，随即倒入填缝机或者填缝枪内进行填缝施工。如是单组分填料，可直接使用。填缝深度一般为 25～30mm，切割过深的接缝可用背衬料泡沫塑料或油麻绳塞垫缝底。填料高度比面板低 2mm±1mm。填缝以后随即用铁钩快速轻轻来回勾动一次，以增加黏结作用。施工中应保持面板清洁，洒溢填料及时清除，再洒些水泥擦干。尽量保持面板色泽一致。

(6)开放交通。养生期禁止通行，养生期达一个月后，就可开放交通。

小贴士

施工质量控制

1. 质量标准

为保证水泥混凝土路面的施工质量，应对施工操作工序和工艺进行严格检查与控制。

2. 混凝土原材料

混凝土使用的水泥、砂、碎石(砾石)、水、外加剂和钢筋以及拌制的混合料都要按规定进行检测试验，并作好检测试验记录，把好材料关。

3. 钢筋混凝土板的钢筋网片允许误差

其允许误差见表 4-20。

钢筋混凝土板的钢筋网片允许误差 表 4-20

序　　号	项　　目	允许误差(mm)	检测方法
1	钢筋网长度	±10	尺量
2	网眼尺寸	±10	尺量
3	上下网片高度	±5	水准测量
4	上下网片保护层厚度	±5	尺量
5	钢筋网片平整度	±50	拉线尺量

4. 传力钢筋安装检测

传力钢筋安装检测项目及偏差见表 4-18。

(二)水泥混凝土路面轨道式摊铺机施工

高等级公路修建水泥混凝土路面,对平整度要求高,由于工程量大,要保证施工进度和工程质量,适宜采用机械化施工。水泥混凝土路面机械化施工时,除了要投资购置相当数量的配套设备外,还应具备一定的技术条件,主要是指施工人员的机械使用素质和相应的维修保养能力。

1. 施工程序

轨道式摊铺机施工程序见图4-17。

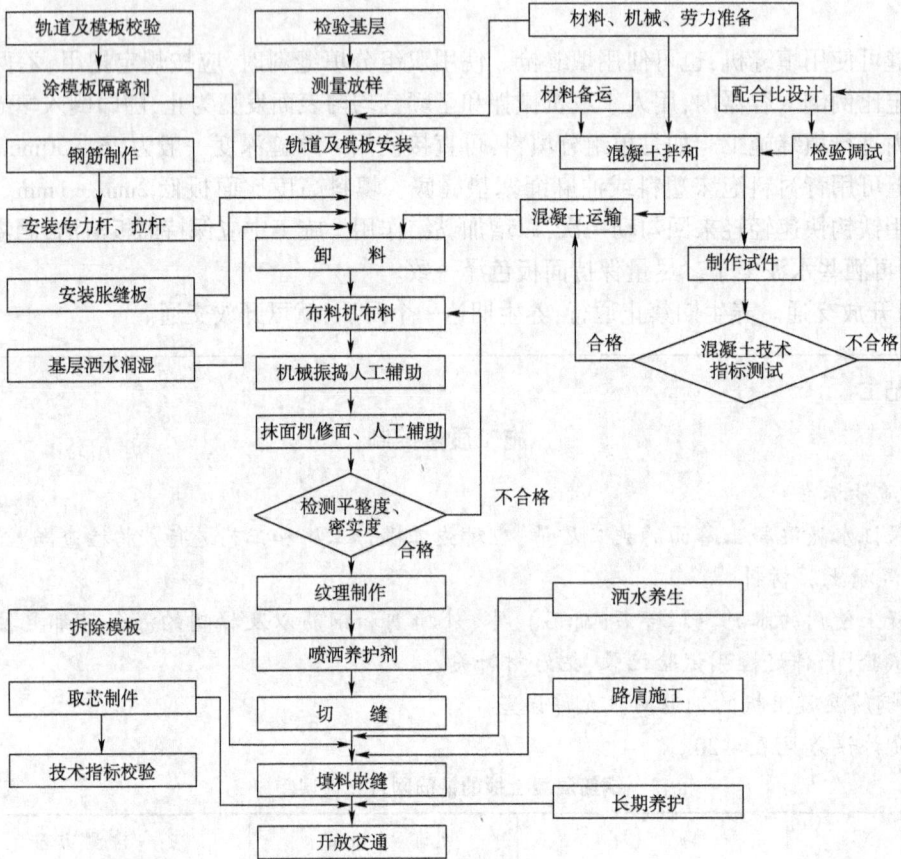

图4-17 轨道式摊铺机施工程序图

2. 施工要点

1)施工准备

轨道式摊铺机施工的准备工作和小型机具配套施工一样也包括原材料质量检测与备料、混凝土的配合比设计优化与试调验证、基层的检验与修整等项工作以及轨模安装。

(1)原材的选择与质量检验。

(2)配合比的优化。

(3)基层的验收与修整。路面基层在作水泥混凝土路面前应按规定进行回弹模量或回弹弯沉值、压实度、厚度、平整度、高程、横坡高等的检测,其值应满足设计要求,否则应修整至符合要求为止。基层达到要求后,再进行测量放样,放样方法与小型机具配套施工相同。

(4)轨模安装。轨道式摊铺机施工的整套机械在轨道上移动推进,是以轨道为基准控制路面高程。由于轨道和模板同步安装,统一调整定位,将轨道固定在模板上,既作为水泥混凝土路面的侧模,也是每节轨道的固定基准座,详见图4-18。

轨道安装高程控制的精度,轨道是否平直,接头是否平顺,对路面平整度和行车性能有着密切影响,必须严加控制。其质量要求及安装允许误差应符合表4-21和表4-22的规定。

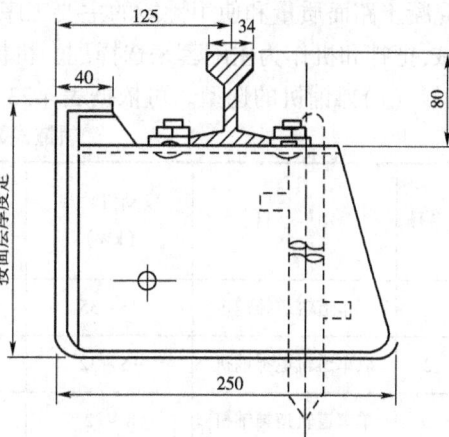

图4-18 轨道模板(尺寸单位:cm)

模板(加工允许)偏差 表4-21

序号	施工方式	高度偏差(mm)	局部变形(mm)	垂直边角夹角(°)	顶面平整度(mm)	侧面平整度(mm)	纵向变形(mm)
1	轨道摊铺机	±1	±2	90±1	±1	±2	±1
2	三辊轴机组	±1	±2	90±2	±1	±2	±2

轨道模板的安装质量要求 表4-22

序号	施工方式	平面偏差(mm)	摊铺宽度偏差(mm)	面板厚度(mm) 代表值	面板厚度(mm) 极值	纵断高程偏差(mm)	横坡偏差(%)	相邻板高差(mm)	顶面接茬3m尺平整度(mm)	模板接缝宽度(mm)	测向垂直度(mm)	纵向垂直度(mm)
1	轨道摊铺机	≤5	≤5	≥-3	≥-8	±5	±0.10	≤1	≤1	≤2	≤2	≤2
2	三辊轴机组	≤10	≤10	≥-3	≥-8	±5	±0.10	≤1	≤1.5	≤3	≤3	≤3

设置纵缝时,应按设计要求的拉杆间距,在模板上预先在拉杆位打孔,以便施工时插入拉杆。支拆模板由一名管理人员负责,约18~20名操作员即可。

轨道模板安装牢固后,应对路面铺筑厚度、几何尺寸进行校验和调整,混凝土铺筑前应在模板内侧涂刷隔离剂,并做好防止漏浆工作,上料摊铺前洒水润湿基层。

2)施工机械的选型配套

轨道式摊铺机械施工,是机械化施工中较为普遍的一种施工方法。其施工程序与小型机具配套施工方法的程序相同,只是减轻了人工的劳动强度,各工序由一种或多种机械相应的工艺要求进行操作代替原小型机具或人工操作,大大提高了施工质量,特别是平整度得到了改善和提高。

各施工工序可以选择不同类型的施工机械,其生产率和工艺要求不同,因此,应考虑机械选型和配套。首先应对施工方式、施工质量、施工进度起主导作用的机械加以选择。决定水泥混凝土路面质量和使用性能的主要工序是混凝土的摊铺与拌和。只要把摊铺机械作为主要机械,把拌和机作为主配套来选择配套机械就抓住了问题的关键。

(1)摊铺机的选型。可依据表 4-23 所列技术参数选用。

轨道式摊铺机的基本技术参数表 表 4-23

序号	项 目	发动机功率 (kW)	最大摊铺宽度 (m)	摊铺厚度 (mm)	摊铺速度 (m/min)	整机质量 (t)
1	三车道轨道摊铺机	33~35	11.75~18.3	250~600	1~3	13~38
2	双车道轨道摊铺机	15~32	7.5~9.0	250~600	1~3	7~13
3	单车道轨道摊铺机	8~22	3.5~4.5	250~450	1~4	≤7

(2)其他设备可参照滑膜摊铺机施工的配套设备。合理的机械配套是重要的,主要应把拌和机与摊铺机、运输车辆之间配套好。当主导摊铺气造好后,应在保证其生产能力充分发挥的前提下,使拌和机的生产能力也得到相应的正常发挥;运输车应根据道路情况,运距长短等因素确定,以保证拌和、摊铺两不误,配足运力,使施工均衡、协调。

3)混凝土的拌和、运输与卸料

(1)混凝土拌和。混凝土拌和质量决定路面的质量,尤其是机械摊铺的进度与面板的平整度、密实度很大程度取决于拌和质量,而拌和质量的好坏又与材料的规格、技术指标以及配合比计量的准确性有着密切的关系。因此,拌和站供料系统尽量采用电子秤能自动准确称量各种材料。在拌和前应根据混凝土配合比要求,对水泥、水和各种集料的用量准确调试后,经试拌检验无误后才能正式生产。一般国产强制式拌和机,拌制坍落度为 1~5cm 的混凝土,最佳拌和时间,立轴式强制拌和机为 90~180s,双卧轴强制拌和机为 60~90s。最短拌和时间不得低于低限,最长拌和时间不得超过最短拌和时间的 3 倍。拌和过程中,外加剂应单独计量。各种材料的计量误差,水和水泥不超过 ±1%,其他材料不超过 ±2%。拌和的投料顺序为砂、水泥、石子,或石子、水泥、砂,进料后边拌边加水。

机械摊铺要求新拌混凝土的均匀性要好。一台拌和机械的每盘之间,几台拌和机之间的新拌混凝土之间的坍落度之差小于 2cm。拌和混凝土的时间,以拌和均匀的最小拌和圈数来控制。一般双卧轴搅拌机拌和圈数按不小于 25 圈控制;立轴强制拌和机拌和圈数按不小于 30 圈控制。

(2)混合料运输。选择混合料运输车辆的类型与数量。为保证混凝土拌和物的工作性,在运输过程中,应考虑蒸发失水和水化失水以及在运输途中的颠簸和振动使混凝土产生离析。故除要求把运输道路维护好外,还在混合料上加盖防止水分蒸发。

运输的最长时间按表 4-24 所列时间控制,为施工操作留足时间。

(3)卸料要求如下:

①侧向卸料机卸料是在路面铺筑范围外操作,自卸汽车不能进入路面铺筑范围,需要有专供卸料机和运输汽车行驶的道路。

②纵向卸料机卸料可在铺筑范围内操作,由自卸汽车后退供料,因此基层上不能预先设传力杆及其支架。

混凝土拌和物出料到运输、铺筑完毕允许最长时间　　　　　表4-24

序号	施工气温 (℃)	到运输完毕允许最长时间(s)		到运输完毕允许最长时间(s)		备注
		滑模、轨道	三轴、小机具	滑模、轨道	三轴、小机具	
1	5~9	2	1.5	2.5	2.0	
2	10~19	1.5	1.0	2.0	1.5	气温指日平均气温
3	20~29	1	0.75	1.5	1.25	
4	30~35	0.75	0.50	1.25	1.0	

③纵向汽车直接将料卸在基层上,供布料机布料,基层上也不能预设传力杆及支架。卸料时应将一车料分卸成几小堆,有利于布料和减小离析。

4)混合料的摊铺

混合料的摊铺是把倾卸在基层上或摊铺机箱内的混合料,按摊铺松铺厚度均匀地填满模板范围内。摊铺机分为刮板式、箱式和螺旋式。

(1)刮板式摊铺机。该机能在模板上自由地前后移动,在前面的导管上左右移动。刮板能自由转动,能将卸在基层上的混合料堆刮向任意方位。刮板式摊铺机布料如图4-19所示。

这种叶浆式的布料机摊铺刮板的底面高度调节到与振动梁前沿保持在同一高度,即等于松铺厚度。

(2)箱式摊铺机。混凝土通过卸料机纵向或横向把料卸在箱内,箱子在摊铺前进时,横向移动,同时箱子下端接摊铺时的松铺厚度刮平混合料,其工作过程如图4-20所示。

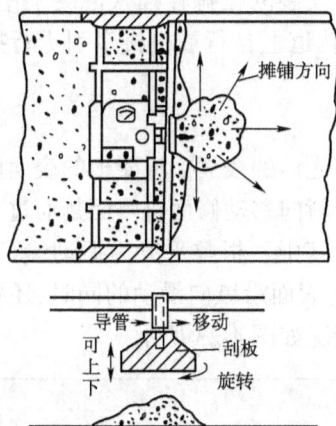

图4-19　刮板式摊铺机布料图

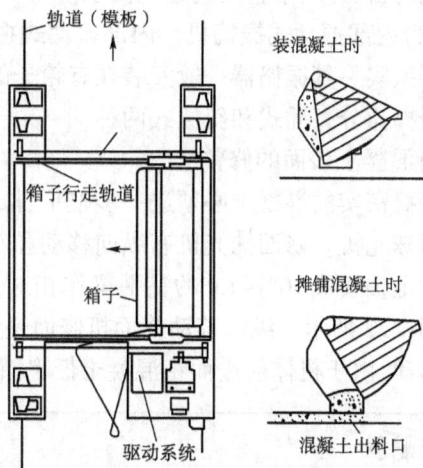

图4-20　箱式摊铺机作业图

(3)螺旋式摊铺机。螺旋式摊铺机是由能正反方向旋转的螺旋杆(直径为50cm)将混合料摊开,螺旋杆后面有刮板,可以准确调整高度,其摊铺系数在1.15~1.30之间,见表4-25。摊铺系数与混合料配合比、集料粒径和坍落度有关,主要取决于坍落度。为使摊铺均匀平整,螺旋式摊铺机前始终保持有5~15cm的混合料堆积,以保证摊铺中有足够的找平混合料,其作业过程如图4-21所示。

摊铺系数 K 与坍落度 S_L 的关系 　　表 4-25

坍落度 S_L(mm)	5	10	20	30	40	50	60
松铺系数 K	1.30	1.25	1.22	1.19	1.17	1.15	1.12

注意:无论使用哪种摊铺机摊铺,都应保证摊铺的均匀性和平整度。要控制好松铺厚度,这是摊铺混合料的关键。

5)混凝土的振捣

混凝土振捣机是紧跟在摊铺机后面,对混凝土进行再一次整平和振捣的机械。

(1)振捣机。在振捣机前方设置一道与铺筑宽度同宽的复平刮梁,其作用是补充摊铺机初平的缺陷,使松铺混凝土在全宽范围达到正确的高度。这是与振实密度和路面平整度直接相关的,其后是一道全宽的弧面振动梁施振,以表面平板式施振,把振动力传到全厚度。弹性振捣梁通过后,混凝土已全部振实,其后部混凝土应有 2～5mm 的回弹高度,这是提出的砂浆,使整平工序能正常进行。

振捣机的振子位于梁中部,其振捣力中部强,两边弱,中间易振捣密实,两边不易振密。因此,在布料摊铺后,振动梁振动之前,可增加两个插入振捣棒作为两边的辅助振捣,振捣范围为 1.3～1.5m,同时还可配备 4 人随振捣梁辅助找平调整用料量。通过人工辅助振捣和调整用料的措施,使混凝土板全宽的密实度、平整度均达到要求。

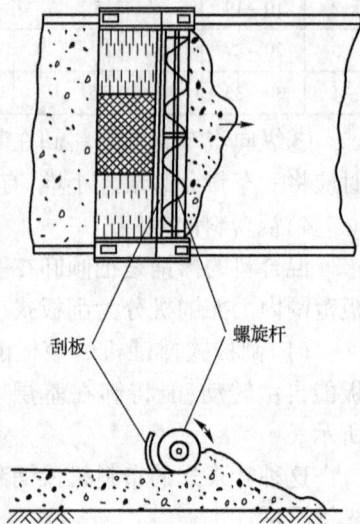

刮板　　　螺旋杆

图 4-21　螺旋式摊铺机作业图

(2)内部振动式振捣机。内部振动式振捣机是用并排安装的振捣棒插入混凝土中,由内部进行振实。其振捣器一般安装在有轮子的支架上,可在轨道上自行或机械牵引进行振捣工作。振捣棒分直插式和斜插式两种。

6)混凝土表面的修整

振捣密实的混凝土必须进一步整平、抹光,以获得平整光洁的表面。混凝土的表面修整采用修面抹光机。修面抹光机有纵向移动和斜向移动两种。斜向移动修面机修面是通过一对与机械行走轴线成 10°～13°的整平梁作相对运动来完成的,其中一根整平梁为振动梁,工作情况如图 4-22 所示。纵向移动修面机修面是整平梁在混凝土表面沿纵向滑动的同时,还要横向往返移动,由于机体前进而将混凝土板表面整平,其工作情况如图 4-23 所示。

小贴示

使用修面机施工,具体操作应注意以下几点:

(1)在修整时,及时清扫轨道顶及模板面,保证机械能顺畅平滑通过,其工作速度应根据混凝土工作性能和机械特性等确定。

(2)平整修面时,应使整平机前的壅料涌向路面横坡高的一侧,必要时辅助人工抹面。

(3)抹面工作质量与混凝土坍落度有密切关系,应严格控制混凝土坍落度。

(4)面板表面整修后应保证致密,无露骨和不平现象,其提浆厚度宜控制在 3～5mm 内。

（5）精光工序是对混凝土表面进行的最后的精工操作，能保证混凝土表面更加致密、平整、美观。可以采用纵向修光机和人工作业。无论是人工作业还是机械作，均不得采用洒水、撒干水泥等非正常操作。

（6）如果在施工时，碰上阵雨天气，混凝土还未收浆就被雨淋坏，表面出现砂面时，可用抹面机开二挡位快速行进把水赶净，再抹出水泥浆恢复原来的状态。

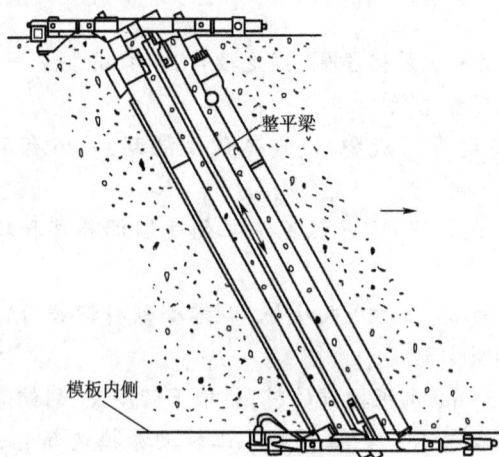

图4-22　斜向修面机作业示意图

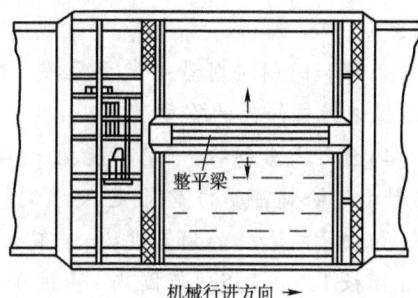

图4-23　纵向修面机作业示意图

7）混凝土路面的纹理制作

水泥混凝土路面上的纹理是行车安全保证的必要措施，施工时在保证平整度的前提下，可以采用压纹或拉槽方式制造，也可等混凝土板硬化后用刻纹机刻出。

（1）纹理要求如下：

①压纹、拉槽的深度一般为 1～2mm，纹宽 3～4mm，间距为 20mm。

②纹理的走向应与路面前进方向垂直，横向相邻板的纹理互相沟通以利排水。

③纹理制作应保证平整度的要求。

（2）制作工艺。压纹（拉纹）制作工艺与小型机具配套施工的方法相同。

（3）刻纹。使用硬刻槽方式制造宏观抗滑构造的几何尺寸要求是：槽深 2～3mm，槽宽 3～5mm，间距 5～25mm，最小整刻宽度 50cm。硬刻宜在摊铺 3d 后开始，两周内完成。

8）养生和接缝处理

轨道式摊铺机施工水泥混凝土路面的养生和接缝施工与小型机具配套施工类似。

小贴示

施工特点及注意事项

1. 施工特点

（1）轨道模板施工水泥混凝土路面是机械化程度较高的施工，比人工摊铺快 3～4 倍，而且劳动强度比人工施工又有很大降低。

（2）轨模施工的路面质量好，但是保证施工质量必须在基层质量、轨模安装质量、混合料拌和与运输质量好的前提下，还应及时地、认真地做好有关辅助工作，如压纹、养生、锯缝防裂等。如某项工作不及时、不到位都会给路面质量带来不良影响。

（3）由于轨模施工生产率高，为不使摊铺工作受到影响，应该配足拌和能力和运输能力，必须提供足够基层作业面和周转轨模，否则将不能发挥高效率的施工。

（4）轨道模板一般只能进行一种宽度和厚度路面板的施工。

2．施工注意事项

（1）轨模是高程和横坡控制的基准，安装轨模时应严格控制，固定要牢固，接缝要平顺，行走轨道的接头一定要平顺，施工中应及时清扫轨顶撒落物。

（2）基层在上料前必须洒水湿润，但水不能过多而成积水，也不能没洒到，而留有干的表面。

（3）拌和时材料用量一定要准确，不能超出允许误差，应根据施工的气温调整拌和物坍落，以保证摊铺修面的需要。

（4）自卸汽车卸料，一定不能把一车料卸成大堆，应卸成几小堆，以缩小刮料摊铺后料堆内与料堆外松铺密度的差别，也便于刮料摊铺和减少离析。

（5）由于拌和物的坍落度小，一般为 1.5～2.0cm，刮板摊铺的料，料堆下密度大，刮铺范围（靠近模板 1.3～1.5m 范围内）密度小。因此，配插入式振捣器和人工辅助振捣边部 1.3～1.5m。另外，由于振动梁振子在中部，对板边振捣力也有所减弱，边部加配人工辅助振捣是必不可少的。

（6）由于混凝土拌和物坍落度小，斜向移动修面机修面后，会出现局部麻面，应配纵向移动修面机再精光面一次，在没配精光机时应配人工进行修整工作。

（7）自卸车卸料的料堆处，松铺密度比其他地方大，混合料的坍落度又小，有可能出现多料现象，振动梁在此处振动困难。也有地方出现缺料现象，需配人工辅助挖料或补料。

（8）混凝土的提浆厚度宜控制在 3～5mm 以内，不应过少或过多。

（9）掌握切缝时间，及时切缝，防止断板。如切缝时还未拆模，板缝切不到边，应在拆模后及时补切到边。否则，未切到边的地方板角会开裂。

（10）纵缝施工时，先施工的一块，由于轨模顶有一 2cm 的圆弧，因此，拆模后缝边会留下一块薄弱多余的三角混凝土伸向相邻板内。施工相邻板时应用锯将其切除，保证纵缝顺直，而不致出现不规则的裂缝。

（11）拆除带有拉杆的模板时，应严加注意，否则会因拉杆被扰动使受拉处的板产生裂缝。

（12）压纹应准确掌握作业时间，过晚压不出纹理，过早压纹会破坏平整度。

（三）水泥混凝土路面滑模摊铺施工

滑模施工，机械化程度高，施工进度快，工程质量好，其施工组织管理必须严密科学。否则，将由于管理失调造成不良后果。

1．滑模施工程序

水泥混凝土路面滑模施工的施工组织必须根据施工工艺流程的要求来进行。其施工工艺流程见图4-24。

```
基层检测        材料、机械、水、电、劳动力准备        配合比设计
  ↓                      ↓                             ↓
拉线测量设置     水泥、砂、石料检验、备运          配合比检验调整
  ↓                      ↓
基层清扫洒水     推土机、装载机供料                      ↓
  ↓                      ↓                          试件制作
传力杆、拉杆、    混凝土拌和  ──→
钢筋网预制              ↓                  合格  混凝土  不合格
  ↓              混凝土运输                      指标试验
前置式传力杆支架、       ↓
钢筋网安装           卸料
  ↓                      ↓
布料机、挖掘机         布料   ←──  摊铺机准备
  ↓                      ↓
打拉杆             滑模摊铺
  ↓                      ↓
胀缝传力杆安装    后置工作缝制作
  ↓                      ↓
边部及接缝修整     路面修整   ←──  抹面找平
  ↓                      ↓
硬刻槽或软拉槽   粗细抗滑构造制作  ←──  麻布拉毛
  ↓                      ↓
洒水车→覆盖洒水养生  路面养护  ←──  喷养生剂 ←── 养生剂制备
塑料膜、麻袋覆盖        ↓
                      锯缝   ←──  锯缝机、发电机
  ↓                      ↓
人工施工          路肩接头施工  ←── 路肩及路缘石
  ↓                      ↓
                 灌填缝料  ←── 灌缝机 ←── 填缝准备
  ↓                      ↓
平整度、强度、板厚  路面性能检测  ←── 接缝、抗滑构造、高程、线形
  ↓                      ↓
                   竣工验收
                      ↓
                   开放交通
```

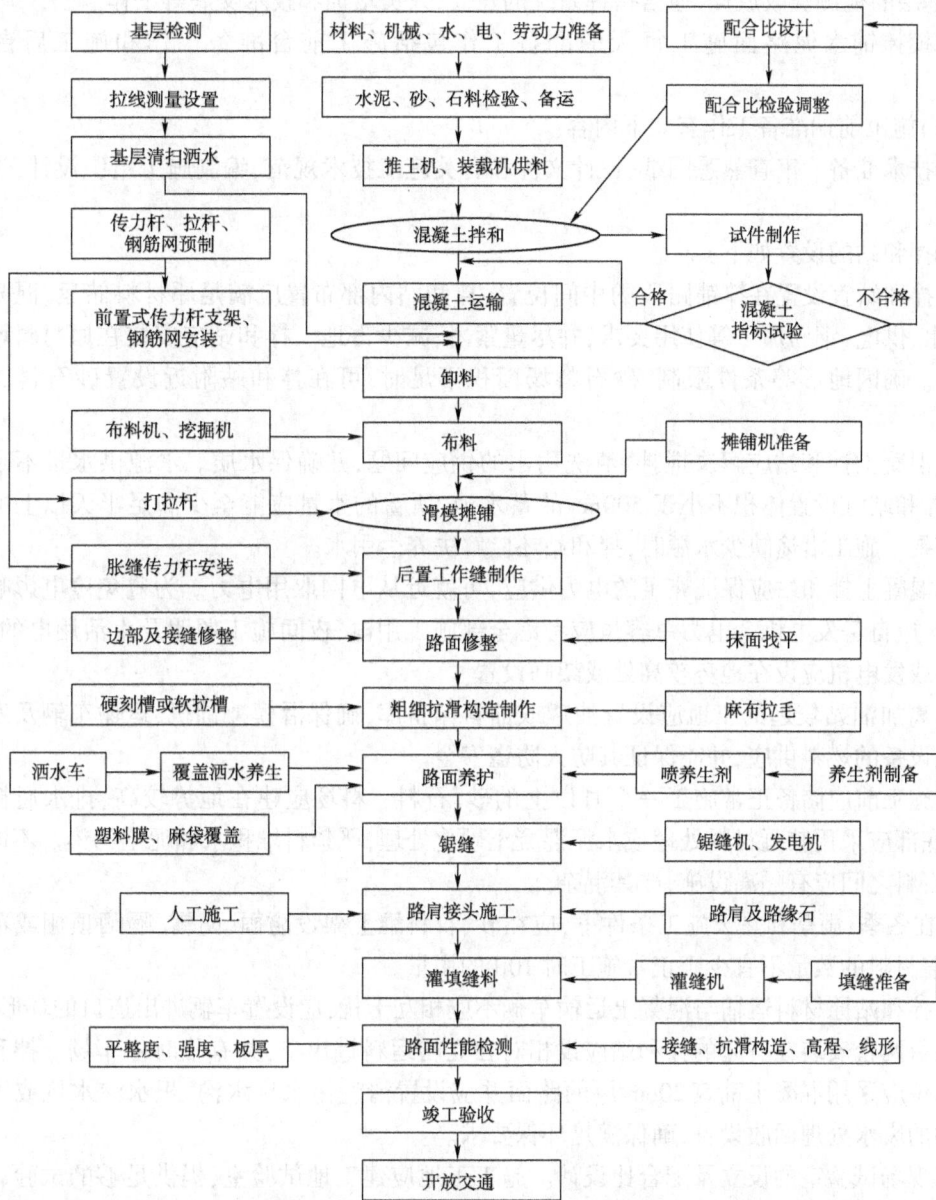

图4-24　水泥混凝土路面滑模施工工艺流程图

工艺流程框图中,最关键的施工工序在框图的中轴线上,对这些工序所对应的各项施工工艺应强化施工组织和管理,只有通过细致严密的科学管理,才能使滑模摊铺施工技术发挥出强大的高质快速的效果来。

2. 施工要点

1)施工准备

施工准备工作是工程施工必不可少的,滑模施工水泥路面更为重要。施工的前期准备工

作主要包括拌和站设置,现场试验室设置和配合比设计,原材料检验进场,施工机械设备检修调试,基层的检测验收放样,通信指挥系统的建立,人员培训和技术交底等工作。

滑模摊铺水泥路面施工每天的准备工作包括施工前台准备工作和施工后台准备工作。

(1)施工前期准备工作有如下内容:

①技术准备。审查熟悉图纸、设计文件和有关施工技术规范,编制施工组织设计,进行技术交底。

②拌和站的设置如下:

a.拌和站宜设置在摊铺路段的中间位置,拌和站内部布置应满足原材料储运、混凝土运输、供水、供电、钢筋加工等使用要求,并尽量紧凑,减少占地。拌和站应安装在原材料堆放的上风头。确因地形等条件限制,砂石料场面积不足时,可在拌和站附近设置砂石料储备转运场。

b.混凝土拌和站应解决搅拌、清洗用水的供应问题,并确保水质。水源供水量不足不稳定时,拌和站宜设置体积不小于500m³的蓄水池,所蓄的水量应能至少满足半天以上的滑模施工需要。施工沿途缺少水源时,拌和站还应解决养生用水。

c.混凝土拌和站应保证充足的电力供应,可就近从电网取用电力。为避免停电影响施工及生产,应自备发电机。电力总容量应考虑全部施工用电、夜间施工照明及生活用电的需要。配电房或发电机应设在地势较高处或架高设置。

d.离加油站较远的工地应设置油罐或油料储备库,确保滑模摊铺机、运输车辆及发电机等动力设备的燃料供应,并能保证其防火防盗安全。

e.施工前应储备正常施工一个月以上的砂、石料。料场应建在地势较高、排水通畅的位置,其底部应采用胶凝材料处理或水泥混凝土硬化处理,严禁料堆积水和泥土污染。不同规格的砂、石料之间应有隔离设施,严禁混杂。

f.在冬季、雨季和热天施工条件下,应在砂、石料堆上架设防雨、防雪、隔晒顶棚或覆盖帆布,覆盖材料的数量不宜少于正常施工时10d的用量。

g.拌和站原材料运输与混凝土运输车辆不应相互干扰,应设置车辆进出道口的环形道路。每台或每两台安装在一起的拌和站应设相对独立的运料进出口,并有临时停车场。拌和站下装车部位应采用混凝土铺筑20cm厚的路面并应设置清洗污水排水沟、积水渗水坑或可清洗拌和站的废水处理回收设备,确保满足环保要求。

③现场试验室的设立及配合比设计。施工工地应建工地试验室,提供足够的试验、养生、办公场所。配齐试验人员和满足试验精度要求的仪器。现场试验室主要对原材料进行调查、检测,定期抽检、分析、设计、调试混凝土配合比,控制混凝土拌和物的工作性,对抗弯拉强度、平整度、厚度、抗滑构造深度进行检测并提供自检报告等。

a.试验室配置。

b.路面混凝土配合比设计。

滑模施工的混合料配合比设计步骤与其他方式施工的混合料配合比设计步骤相同。由于滑模施工的特点,对新拌混合料有最优工作性的特殊要求。因此,配合比设计就有一定的特点。

（a）配合比必须满足的基本技术要求：

ⓐ满足道路面板抗弯强度要求。

ⓑ满足道路面板耐疲劳性的要求。

ⓒ由于面板接缝多，要求具有小变形量性能，有利于防止路面板破坏。要求混凝土有较低的弹性模量，以使温缩变形小。

ⓓ满足道路面板耐久性要求。

（b）混凝土工作性要求：

ⓐ路面混凝土应振捣密实，不能出现蜂窝麻面，对新拌混凝土应有最大的振动黏度系数和最小的坍落度要求。

ⓑ混合料在经滑模摊铺过后，应不塌边流角，边部平整度和侧面垂直度保持良好。对新拌混合料应有最小的振动黏度系数和最大的坍落度要求，见表4-26。

滑模摊铺机施工最佳工作性允许范围 表4-26

序 号	项 目	振动黏度系数 [N/(m²·s)]	坍落度(cm)		行走速度 (m/min)
			碎石混凝土	砾石混凝土	
1	最佳工作性	150~500	2~4	3~6	1~1.5
2	允许范围	100~600	1~5	2~7	0.5~3.0
3	稳定度要求	300±200	3±2	4±2	正常1.5±0.5

（c）滑模摊铺机对新拌混凝土的要求如下：

ⓐ流动性：有良好的流动性，施工时摊铺的阻力要小，在高频振捣作用下易于液化，便于成型。

ⓑ黏聚性：具有抵抗形变保持形状的能力，在运输过程中及摊铺作业中不离析、不分层，摊铺后成型良好，密实无麻面，不塌边、不泌水、不裂纹。以上两条要求相反，这就需要新拌混合料具有良好的触变性，既要有良好的和易性、流动性，又要有足够的黏聚力，以获得优良的摊铺性能，令两者统一起来。"触变"性能，是指混凝土在外力作用下，流动性迅速增加，混合料内部剪应力明显减小，而外力停止时又恢复到原状态，使之有良好摊铺性。

ⓒ保坍性：混凝土的坍落度随时间延长和运输振动而减小，采用特殊的外加剂来保持，使混合料在摊铺作业时具有施工要求的坍落度。

c.施工配合比。

（a）材料选用；

（b）施工使用配合比设计。

④运输车辆及道路准备。滑模摊铺前，施工道路上各种桥涵、通道等构造物应提前完成，确有困难不能通行时，应有施工便道。施工时应确保运送混凝土的道路基本平整、畅通，不得延误运输时间或碾坏基层。道路的不平整将增大混凝土的离析程度和延长运输时间。在天气炎热的白天施工时，还应给车辆准备好遮阳棚布，以减少混凝土水分蒸发。

运输车辆的数量应根据施工进度、运量、运距及时进行调整，其配置原则上应以满足摊铺

机连续摊铺,尽量减少因缺料而引起的停机次数的要求,总运力应比总拌和能力略有富余。其配置可按下式计算:

$$N = 2n(1 + Sr_c m/v_q g_q)$$ (4-4)

式中:N——汽车辆数(不同产量拌和站分别计算再计其和);

    n——相同产量拌和站台数;

    S——单程运输距离,km;

    r_c——混凝土密度,$10^3 kg/m^3$;

    m——1台拌和站的生产能力,m^3/h;

    v_q——车辆的平均运输速度,km/h;

    g_q——汽车的载重能力,t/辆。

⑤基层准备有以下内容:

a. 基层验收。在路面摊铺前应对基层进行全面的验收,检测基层的强度、压实度、结构层厚度、平整度、高程、横坡等,各项指标均应满足规定要求,否则应修整至符合规定为止。

b. 测量放样。可用全站仪按设计坐标准确放出挂线点的位置,挂线桩间距为:平面直线段每10m一桩,曲线段、平面纵曲线或纵面竖曲线加密到5m一桩,并作好标志。

c. 传力杆支架固定点放样。一个传力杆支架用2×4个点来固定。可以制作一个放样模,借助放好的挂线点,用模板来放出固定点。并在固定点处用冲击钻钻直径14mm、深70mm的孔,在钻好的孔中打入木钉。

d. 清扫、洒水湿润基层。为防止过干的基层吸附混合料中的水分,造成面板底部混凝土失水,强度降低,产生收缩裂纹,在上料前必须洒水湿润基层。这样做在高温天气时,还可以降低基层表面温度,有利于混凝土的施工。

e. 挂线。基准线挂线是为摊铺机上4个水平传感器和两个方向传感器提供一个精确的与路面平行的水平(横坡)和直线(转弯)方向平面参考系。路面摊铺的几何精度和平整度很大程度上取决于拉线的测设精度。因此,拉线是水泥混凝土路面滑模施工的"生命线"。准确安装设置基准线对于滑模摊铺至关重要。

工作基准线的设置如图4-25所示。其工作步骤如下:

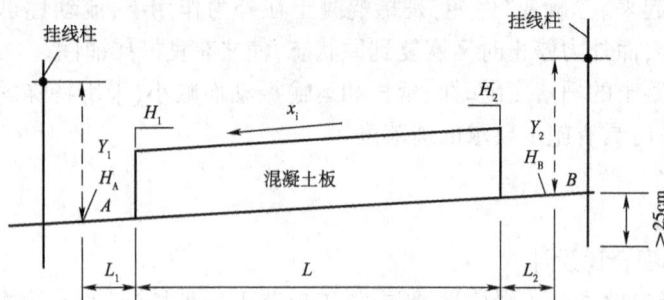

图4-25 基准线的设置

(a)根据现场情况选定挂线点 A、B,至路面边缘的距离 L_1、L_2,一般情况下选择 $L_1 = L_2 = 1.8 \sim 2.0m$。

(b)根据路线及路面设计参数在基层上准确放出 A、B 两挂线点,并钉上钢钉。在钢针附近打上钢纤,挂线桩打入基层25cm深,以确保挂线桩的牢固,不因弯道水平拉力而倾斜。有时打入困难时,则用冲击钻钻好眼后,再打钢钎。

(c)挂线点的纵向间距一般取10m,半径小于1 000m的曲线上取5m。

(d)准确测出A、B两点钢针上的高程H_A、H_B。

(e)计算A、B两点的挂线高度Y_1、Y_2:

$$Y_1 = H_1 - L_1 x_i + e - H_A \tag{4-5}$$
$$Y_2 = H_2 - L_2 x_i + e - H_B \tag{4-6}$$

式中:e——摊铺机挂线常数,一般取$e = 0.5m$;

x_i——路线纵坡坡度,%。

(f)根据计算的挂线高度Y_1、Y_2进行挂线。挂线时,对同时控制方向(一般为摊铺机前进方向右边)的基线应用垂球进行精确对中。

为了防止出现施工差错,便于测量工程师施工前复核测量,一般宜采取提前1~2h设置好基准线。挂线时张拉力不小于1kN,挂线张拉紧后挠度不应大于1mm。挂线完成后,用眼睛贴近基准线目测顺直度,其线形应顺滑无折线和拐点。一般情况下单根挂线长度在250~300m。挂好线后应避免碰撞和振动。

f.机械准备。施工机械的配备原则:

(a)按工艺要求配齐,缺一不可;

(b)生产稳定可靠,故障率低。

拌和站的混凝土生产能力应能满足摊铺机的最低施工速度1m/min的要求。本项目在没有布料机的情况下,根据需要,摊铺机前可配备一台装载机或小挖掘机进行布料,其履带上最好有橡胶垫,以免施工行走时辗坏沥青封层,破坏其防水。

施工前必须对拌和站、运输车辆布料机、滑模摊铺机、锯缝机等施工机械进行检修;对经纬仪、水准仪、全站仪等测量挂线仪器和人工辅助施工的振捣棒、模板等机具及试验仪器进行全面检查。调试、校核、标定,维修和保养,并试运行正常。对主要设备易损零部件,如滑模摊铺机振捣棒、用于振捣传力杆处混凝土的振捣棒等应有适量储存。滑模摊铺施工各工序可选用的机械见表4-27。

滑模摊铺施工各工序可选用的机械　　　　　　　　　　表4-27

序　号	工作内容	主要施工机械设备	
		名　　称	机械及规格
1	钢筋加工	钢筋锯断机、折弯机、电焊机	根据需要定规格和数量
2	测量基准线	水准仪、经纬仪、全站仪	根据需要定规格和数量
3		基准线、线桩、紧线器	300个桩,5个紧线器,3 000m基准线
4	搅拌	强制式搅拌机	≥50(m³/h),数量由计算确定
5		装载机	2~3m³
6		发电机	≥120kW
7		供水泵和蓄水池	≥250m³

序 号	工作内容	主要施工机械设备	
		名 称	机械及规格
8	运输	运输车	$4 \sim 6m^3$ 数量由匹配计算确定
9		自卸车	$4 \sim 24m^3$ 数量由匹配计算确定
10	摊铺	布料机、挖掘机、吊车等布料设备	根据需要定规格和数量
11		滑模摊铺机	符合施工
12		手持式振捣棒、整平梁、模板	根据人工施工接头需要
13	抗滑	拉毛养生机	与滑模摊铺机同宽
14		人工拉毛齿耙、工作桥	根据需要定规格和数量
15		硬刻槽机	数量与摊铺进度匹配
16	切缝	软锯缝机	根据需要定规格和数量
17		常规(或支架)锯缝机	根据需要定规格和数量
18		移动发电机	$12 \sim 60kW$,数量由施工需要确定
19	磨平	水磨石磨机	需要处理欠平整部位
20	灌缝	灌缝机或插胶条工具	根据需要定规格和数量
21	养生	压力式喷洒机或喷雾机	根据需要定规格和数量
22		工地运输车	$4 \sim 6t$,按需要定数量
23		洒水车	$4.5 \sim 8t$,按需要定数量

g. 路面施工保护准备。为了防止施工时的突然降雨造成对混凝土路面的破坏,完全有必要在施工现场准备100m左右的防雨棚,以备不时之需。防雨棚在白天施工时还可起到遮阳的作用,减少混凝土路面的水分蒸发。在气温高、水分蒸发速度快的天气进行混凝土路面施工时完全有必要对刚摊铺成型的路面采取塑料薄膜覆盖保水,以免水分蒸发过快,混凝土路面表面出现收缩裂缝。混凝土路面的养生一般采用喷洒养生剂与覆盖麻袋洒水相结合的方式,不掺粉煤灰的路面至少洒水养生7d,按施工高峰期日进度500m计算,准备的麻袋应至少能覆盖4 000m路面。

h. 人员培训与技术交底。滑模摊铺路面施工开始前,应对施工、试验、机械、管理等岗位上的技术人员进行技术交底,对各工种技术操作工人进行技术操作培训。技术人员、操作工人对工序衔接、各工序技术要求应做到心中有数,应把握操作要点,未经培训不得上岗操作。

i. 联络指挥。滑模摊铺混凝土路面施工时,应密切加强前后台的联系,建立快速有效的通信指挥系统。在施工中必须设专人负责联络指挥,进行有效的生产调度与指挥。

(2) 每天开工前施工前台应做好的准备工作如下:

①提前清扫干净摊铺机前基层$1 \sim 2km$。

②提前检查所施工路段基层的纵横缝情况并做好记录,并对裂缝进行处理。对裂缝凿开$1 \sim 2cm$宽,$3cm$左右深,用沥青进行灌缝处理,以避免水渗入路基,施工时再在裂缝上加铺油毛毡。

③提前$1 \sim 2d$对所施工路段的基层胀缝进行处理。凿开顶胀处破碎、脱空的基层,用C20

混凝土修补,在混凝土中留 7~8cm 灌以 5%~6% 的沥青砂,作为基层的膨胀空间,施工时再对基层胀缝处的混凝土板用钢筋网进行补强。

④至少提前 1d 对松散的基层部位用 C20 混凝土进行修补,施工时在修补部位加铺油毛毡。不得在施工过程中用混凝土填补,这将使上、下层黏结,导致面板厚度发生变化,产生应力集中点,导致断板的发生。

⑤如沥青封层受到破坏,需重新洒油防水,保证基层平滑,减少基层与面板间的摩擦。

⑥按板块划分将固定传力杆的木钉钉好,长度以按 2d 的工作量平均每天 500m,提前 1km 为宜。

⑦检查基层边缘距中桩的距离,提前调整好摊铺机的履带使之在底基层上行走。或者将超宽的基层用风镐凿除,但这样将破坏基层上沥青封层的防水作用,需对破坏的基层边缘重新进行洒油防水。

⑧清扫摊铺机履带处基层的砂及基层料,以免摊铺机行走时打滑,以及由于履带处不平整导致高度传感器上下抖动影响路面平整度(此项工作亦可在施工过程中派专人进行)。

⑨施工前台机械(发电机、振动棒、挖掘机、水车等)应及时就位,并定期对其进行检修及保养,保证机械性能良好。进行夜间施工时,电工要提前检查电路及灯具。

⑩传力杆、钢筋笼、拉杆、用于基层裂缝处铺的油毛毡、固定传力杆的铁钉等应提前拉到施工现场,并在施工现场准备少量的绑线,以绑扎在搬运过程中脱落的传力杆。

⑪混凝土路面补强钢筋网提前绑扎并放置于补强路段的两侧。

⑫注意安全,施工人员应戴安全帽。

⑬施工现场应准备振动棒和养生剂喷雾器等施工易损件的备用件。

⑭第一天施工完毕后,及时进行摊铺机的清洗,并进行必要的保养、检修工作。挂线人员至少提前挂好 50m 的线,施工开始处的传力杆钢筋笼应提前安装好,以使摊铺机提前就位,为第二天的开工做好准备。

⑮开盘前检查施工前台人员、水车的到位情况。天气炎热时,需洒水降温后方可开盘。

(3)拌和站的施工准备工作:

①每天工作完后,清除拌和机、配料机、皮带运输机等机械设备,水电设施周围的所有障碍物和消除其他有可能危及安全的因素。

②按说明书的润滑规定,每天工作完后,对施工机械应进行日常保养、润滑,润滑油污染严重时,应予以更换。

③起动控制电路,检查供电电压是否在拌和机需要的正常范围内。

④检查各仪表、灯光、称量显示屏等信号装置是否工作正常或在允许的误差范围内,照明设施是否齐全完好。

⑤检查空压机、润滑油泵工作是否正常,开闭各料门数次,并进行检查调试。

⑥拌和机主机、配料机、皮带运输机等有关机械设备进行 10ndn 的空载运行,检查水电气系统是否正常。

⑦每天开盘前需检测砂石料的含水率,根据含水率调整混凝土的加水量,控制好混凝土的坍落度。

⑧天气炎热施工时,应提前对集料进行洒水降温,保证混凝土的出场温度在 35℃ 以下。

每次施工结束后对料筛进行检查,发现破损处及时焊好。

通过认真进行各项准备工作,就能较好地开始每一天的工作,增加了工作的主动性,使每天的工作都有一个良好的开端。

2)水泥混凝土路面滑模施工

(1)混合料的拌和。滑模施工水泥混凝土路面,对新拌混凝土混合料要求特别高,主要有3点要求:

①配料精确。滑模施工的混凝土是材料精良准确的精细混凝土。

②稳定性高。每盘搅拌出的混凝土有较为稳定的工作性,波动要尽量的小;否则摊铺机应进行频繁调整与适应,不能进行高质量的摊铺。

③大量连续供料。否则将影响平整度和生产效率。如何保证拌和料质量稳定和出料快速是施工的关键。

(2)混合料的运输要求如下:

①混合料运输采用每车装 $4\sim12m^3$ 的自卸汽车运输。运输车的车型和数量根据施工进度、运量、运距和路况确定。

②运输时间应保证混凝土运到现场适宜滑模摊铺,并短于混合料初凝时间 1h,同时也应短于摊铺允许最长时间 0.5h。

③装料时应防止混合料离析。防止漏浆、漏料污染路面,特殊气候下应加盖,装车前冲洗干净车厢,车厢干时应洒水湿润,但不积水。

(3)安放传力杆及钢筋网工序如下:

①按设计位置先打好木钉,摆放传力杆支架。具体操作为:两人将沿线摆放在一边的传力杆支架抬放到木钉处,在木钉中钉入圆钢钉并将其固定。用脚轻推传力杆支架,以不摆动为合格。

传力杆支架检查合格后,人工配合挖掘机将混凝土布入传力杆支架中,以刚能盖平传力杆为限,再用插入式振捣器将其振捣,切忌传力杆支架上过多覆盖混凝土与过分振实,以免摊铺机布料经过时,因松铺密实度不均,造成经摊铺机振捣过后传力杆处面板厚度不均、收缩不一致,导致平整度受到影响。

②补强段路面连续钢筋网安装。

(4)水泥混凝土路面的滑模铺筑要点如下:

①摊铺前的检查。

a.摊铺现场准备工作的检查:

(a)上料前基层是否洁净和洒水湿润。

(b)检查已设置好的基准线是否被扰动,精度能否满足要求。

(c)检查板厚是否满足要求,如果偏厚一点可以直接铺筑;若略薄时,则应在 50~100m 内调整基准线高程来保证面板厚度要求,或者处理基层。

(d)检查接缝支架是否定位;纵缝为连续摊铺时,前幅已安装的拉杆是否校正、扳直;纵向施工缝壁是否涂刷沥青等。

(e)检查是否备齐人工辅助施工工具和机具。

(f)拉毛及养生设备、工具、机械、材料是否准备妥当。

(g)施工人员组织情况是否满足要求。

(h)监理的开工令是否签发到位。

b.滑模摊铺机械的检查：

(a)滑模摊铺机各项工作参数的正确设置与检查。

(b)滑模摊铺机空载对位与检查。

②卸料、布料。

a.卸料。必须有人指挥车辆卸料。要求卸料分布均匀，不欠料也不多料，料位高度应在螺旋布料器叶片上线以下，最高料位不得高于松方控制板上缘。

b.布料。当混合料卸在指定范围后，再用挖掘机进行布料。混合料松铺厚度控制在高于混凝土板厚6~10cm为宜，挖掘机应大致整平，以减小摊铺机对传力杆的推移力，并可改善混凝土摊铺的平整度。在传力杆与补强钢筋网处的卸料、布料，按传力杆、钢筋网安装时所讲的方法进行。

③滑模摊铺施工。作业开始阶段的调试校核：

在开始摊铺的前5m内，必须对所摊铺路面的厚度、宽度、中线、标局、横坡等参数进行准确的测量。机械操作手应根据测量结果，及时缓慢地在行进中微调摊铺机上传感器、挤压底板、超铺角、拉杆打入深度及压力、抹平板的压力及边缘位置等。从摊铺机起步到正常工作应在10m内完成，并将达到要求的摊铺机工作参数的设定位置固定保护起来，不允许再作改变。

第二天连续摊铺时，应将摊铺机后退到前一天做了侧向收缩的工作缝的路面处，将挤压板前缘与工作缝端部对齐后开始摊铺。施工开始时，每天都应先检查底板、振捣棒等关键工作参数、摊铺效果。

滑模摊铺机摊铺作业操作要点：

a.布料器控制。布料时一定要控制好布料的数量，不宜过多或过少。特别要重视两侧均衡，边角的料一定要充足。

b.进料门的控制。进料门是滑模摊铺施工的第一关，控制好了，施工就顺利；反之不仅平整度差，还会损坏机械。控制进料门的依据是振捣仓内的料位高度。仓内料位过高，摊铺机阻力大，振捣排气效果差，路面密度差；仓内料位过低，挤压底板供料不足，形不成挤压作用，路面缺料，出现缺料坑。正常料位，是控制在振捣棒以上10cm左右，施工的路面质量较好。施工过程中操作手一定随时观察仓内料位高低，手动控制在一个适宜、恒定的范围内。

c.摊铺机施工的行进速度控制。滑模摊铺机施工一定要使摊铺机缓慢均匀连续不间断地工作，根据拌和能力可在1~2m/min之间选择。振动频率1万次/min左右，夯板频率167次/min左右较为适宜。

d.对高频振捣棒的位置和工作情况进行监控。为防止漏振，摊铺机行走前应先开启振动棒。但又严禁振动棒在水泥混凝土外面振动，因为振动棒空载振动很容易遭烧毁。同时要注意观察每个振动棒的振动情况及是否有漏油现象。振捣棒振捣频率总体上应控制在6 000~11 000r/min内，具体则应根据混凝土的稠度、坍落度以及摊铺机行走速度、停机等料时间来控制，做到振捣密实，排气充分。当新拌水泥混凝土过湿时，应适当降低振动频率，加快机器作业速度；当新拌水泥混凝土过干时，应适当提高振动频率，降低机器作业速度。由于滑模摊铺机只能一次通过,不能倒车重铺,则必须做到既不能欠振、漏振、造成麻面或拉裂,也不得过振、提浆过厚,导致塌边或溜边现象,并导致混凝土表面不耐磨。

e.控制成型密度。经过捣实后的混凝土能进入成型模板,成型模板可根据施工要求调整成喇叭口、内八字形、仰角及路拱等。成型模板与左、右两侧模板组合可调整成前宽后窄的喇叭口形,使更多的混凝土能进入,随后受到挤压,增加混凝土的密实度。成型模板调整成有一仰角,同样能使更多的混凝土进入,随后受到挤压。仰角大小根据施工情况而定,但要注意仰角过大也会影响摊铺质量,使路面表面不光滑,同时增加行进阻力。一般控制在2°~5°之间。

f.加设加长滑模板。为了减少水泥混凝土的塌边,于摊铺机后设有加长模板。其与倒模板组合,可调整成倒模端上窄、下宽;加长模板也上窄、下宽,外边缘略高,向内收,成为内八字形。当摊铺机过后,由于水泥混凝土的收缩作用,上边缘高的部分微微塌落,正好消除内八字形,使两侧上、下轮廓线正好形成直角,而表面横坡形状正好符合要求,这样能防止混凝土因坍落度稍大而塌边,保证了施工质量。

g.控制好挤压底板与振动仓内混凝土的力平衡。挤压底板的料与振捣仓内的混凝土之间,始终应保持相互间压力的均衡,才不至于挤压力忽大忽小而影响平整度。

h.拉杆置入。采用拉杆置入器置入拉杆钢筋。拉杆置入器分为侧置式和中置式。倒置式置入器由人工辅助半自动打入;中置式拉杆置入器由摊铺机的一个速度传感器计算摊铺机行走过的距离而命令置入器自动插入拉杆,在中部拉杆打入后,混凝土表面将留有一凹坑,可采用人工辅助,使用由搓平梁搓出的砂浆卷来修补。

i.弯道作业。弯道区作业时,因横坡加大,机手应注意料仓料位及左右高度控制。先是调整计量板使超高的一边升高一些,低的一边降低一些;其次是提高小搅笼的转速,使之向高的一边提浆加快,确保料仓料位一致,避免一侧过多,而另一侧过少。

j.坡道作业。在坡道作业时,向高或向低摊铺时,都应较好地控制计量板,保证进入料仓的料位适中;其次,在由低向高摊铺时,应尽量避免大搅笼前堆料过多,防止摊铺机打滑,影响平整度。

k.表面搓平与修整。搓平梁搓平后,以较小的变形在混凝土表面进行修整,精平成型出来的混凝土表面,并消除混凝土表面的气泡。搓平梁搓出的砂浆卷还能修补中央拉杆打入后留下的凹坑,随后由超级抹平器抹平。但由于超级抹平器不能完全抹到边,为保证板块边缘的平整度,还须人工抹边,但这项工作应当在摊铺机的加长模板范围内做完。

l.制造表面微观构造。混凝土面层经摊铺机的超级抹平器抹平后,用拖挂在加长模板后与摊铺机宽度相同的麻布进行纵向拉毛。拖挂麻布长度不宜太长,与混凝土接触面在1m内效果最好。每次工作开始前,也应将拖挂麻布润湿透,麻布应每隔4~5h进行更换清洗,工作完毕后也要清洗,以防止凝结的小水泥颗粒破坏路面的平整度,使混凝土表面过于粗糙。纵向拉毛后,不仅能消除混凝土表面的气泡,还能形成路面的粗糙度,增加行车安全系数。

滑模摊铺施工的事故处理:

滑模施工要求面板表面平滑,形状规矩,不应出现麻面、塌边、溜肩、拉裂等病害现象。一旦出现问题应立即查找原因,采取措施解决。

a.施工中发现横断面某处多次出现麻面或拉裂,通常是该处的振捣棒或前仰角出了问题,要停机检查。更换该处的振捣棒或调整前仰角位置。如摊铺后,发现路面上留有发亮的砂浆条带,则表明振捣位置过深,必须将振捣棒底线调至在挤压底板的后线高度以上位置。

b.如在摊铺不小于8m的双车道路面时,若左右两边卸下的料稠度不一致时,摊铺速度应按偏干的料设置,并将偏稀的一侧的振捣棒频率迅速减小。

c.滑模摊铺作业出现横向拉裂时,应在以下方面进行检查并采取相应措施。

(a)拌和物整体或局部过干硬、离析、粗集料粒径过大,不适宜摊铺,或在该部位摊铺过快,振捣频率不够,混凝土未振动液化而导致拉裂,应降低摊铺速度提高振捣频率。

(b)等料时间较长,摊铺起步速度过快,也可能拉裂。在等料时,应间隔一刻钟开启振捣棒振动2~3min;起步时,应先振捣2~3min后再缓慢前进。如超过1.5h,应设工作缝。

(c)应检查挤压底模的位置与前仰角设置是否有变化。底板设置成前倒角时,必定拉裂;前仰角过大时,也可能拉裂。应在行进中调整前两个水平传感器,将挤压底板调整为适宜的前仰角,消除拉裂现象。

(d)当滑模摊铺机出现故障时,应通知拌和站停拌。在1.0~1.5h内能排除故障,允许继续摊铺。否则应尽快将滑模摊铺机拖出作业面。

摊铺结束后的工作:

a.摊铺机驶离工作面。摊铺机结束作业前,先把计量板提到最高,让料充分进入料仓。当混凝土全部进入料仓后,此时振动棒振动控制开关就应全部关闭,然后把调频旋钮转到零位,提升振动棒到水平状态。最后当行进到抹平器前端要出路面时,关闭抹平器开关,停止抹平器作业。此时,把高程传感器由自动转为手控,拿下传感器杆,略升高机器,让机器在方向传感器控制下,驶离作业区一定距离后,停止运行。再拿开方向传感器,把方向传感器控制由自动转为手动,电脑控制板由"运行"转为"备用"。整体升起机器,放下倒模板,打开清洗开关,对机器整个清洗。

机器整体清洗完成后,把大小搅笼、夯板、清洗开关全部关闭,升起侧模板,压低整机,最后全面检查机器是否有需要维修的地方。没有的话,应加润滑油,关闭发动机,以备后期作业。确保下次能顺利开工。

b.设置横向工作缝。每天工作结束或是摊铺过程中因故中断作业时,中断时间超过初凝时间的2/3,则必须设置横向施工缝。施工缝的设置位置应与胀缝或缩缝设计位置相吻合,并与路中线垂直。横向施工缝采用平缝加传力杆方式设计与施工。

其施工方法有两种:

(a)软作横向工作缝,在起终点设端头模板,后由人工修整平;

(b)缩缝加传力杆支架施工,在传力杆中间切缝,再用手工凿除下部的混凝土。

横向连接摊铺:

后幅横向连接摊铺时,摊铺机的履带有一边要在先铺筑的面板上通行。因此,控制先铺筑面板的养护时间应不少于7d,对钢履带的摊铺机应铺垫橡胶垫或者是使用橡胶履带的摊铺机。对纵缝的连接部位先进行人工修整,要求连接缝顺直,横向平整度不大于3mm,极值不超过5mm,并校正前幅已设好的拉杆,在侧立面上半部涂刷沥青。滑模连接摊铺过后,要清理干净黏在前幅板面上的砂浆,要求应清刷出抗滑构造来。同时还应使第二幅的抗滑构造与前幅的抗滑构造一一对应,以利排水。

路面板修理:

路面板滑模摊铺成型后,一般不应修整,而且禁止使用混凝土或砂浆修补。人工可进行少量局部的修整。

a. 人工操作抹面修整局部麻面。损边等缺陷,修补后应纵向微观拉毛,并用 3m 直尺检查,确保平整度小于 3mm。

b. 修整前、后幅摊铺相接处纵缝,使该处满足平整度要求。

c. 对摊铺机起步处,与桥面接头处的修整采用 3m 直尺边检查边修整。如混凝土已硬化,才发现这些部位不合要求,可以在早期采用水磨石研磨机研磨至达到规定要求。

(5)抗滑构造施工。为保证行车安全,特别是雨天行车安全,必须要做好路面板的抗滑构造。具体施工方法如下所述。

①滑模摊铺机后微观软拖构造施工方法。在滑模摊铺机后设钢支架,拖挂大于摊铺宽度 20cm 的麻布、帆布或棉布,洒水湿润后,使布片接触路面的拖行长度控制在 0.4~1.5m,进行纵向拉毛。具体的拖行长度与施工时砂的细度模数大小成反比。布片在连续施工 6~8h 后,每天完工或两次施工间隔时间过长时,应及时清洗,必要时更换新布片。

②滑模摊铺后宏观构造要求及软拉槽施工。软拉槽施工时,宜在混凝土表面泌水结束后 20~30min 内及时进行。由于路面硬化,有的局部经研磨后,需要恢复宏观构造,就需使用硬刻槽方法。硬刻槽使用刻槽机,在摊铺后约 72h,混凝土不掉边、不掉角的情况下开始,半个月内完成。

(6)混凝土面板的养生。混凝土板抗滑构造软拉制作完毕后应立即养生。滑模摊铺水泥混凝土路面宜采用喷洒养护剂及覆盖的方式养生。

①养护剂养生。关于养护剂,目前还没有一个统一的国内和行业规范标准,但使用养护剂的优点是显而易见的。首先,阻止混凝土表面水分的散失,这样就可以大大延长养生时间,只要养护剂没有被磨掉,路面始终处于养生当中,而不受撤除养生的时间限制;其次,在较短的时间内增加混凝土的抗压、抗弯拉强度,提高混凝土表面硬度和耐磨度,从而延长路面的使用寿命;第三,是有效防止塑性收缩裂缝出现的关键措施之一。目前国内养护剂的化学品种主要有水玻璃基、石蜡基和聚合物单体树脂基三大类。其主要区别在于:水玻璃基养护剂保水率仅 60% 左右,但具有表面快速硬化,耐磨性较强的特点;乳化石蜡基养护剂保水率最高,为 70%~85%,缺点是不耐磨;聚合物单体树脂基保水率居中,但易被雨水冲掉。

养护剂的使用主要是注意控制喷洒养生剂的厚度,标准是足以形成一层完全封闭的薄膜,喷洒必须均匀,不能漏喷,多喷,喷洒后的混凝土路面不得出现明显的颜色差异,喷洒剂量一般不小于 300mL/m²,保水率大于 90%。

②覆盖洒水养生。公路路面施工中,除按规定采用喷洒养护剂养生外,还要求使用麻袋覆盖养生,并及时洒水,每天洒水遍数由现场施工情况而定。保证在任何气候条件下,保持麻袋底部在养生期间始终处于湿润状态。一般养生时间宜为 2~3 周。

③雨季施工养生。

a. 盖塑料薄膜,薄膜长度大于覆盖面 60cm;两条薄膜对接时,搭接宽度不应小于 40cm,并在薄膜上加盖细土或细砂压严实,以防止被风吹破或掀起。

b. 用钢管做若干个长 10m、大于路面宽度 2m 左右的防雨棚,为便于拖拉,安装四个车轮,随摊铺机后移动。养生期间应始终保持薄膜的完好,若发现破裂情况应立即修补或更换。

④养生期间的保护。混凝土板在养生期间和填缝前,严禁人和车辆通行,防止对路面造成

难以弥补的破坏。在达到大于设计抗弯拉强度的80%,并撤除养生覆盖物之后,方可通行。

(7)切缝施工。切缝是一道相当重要的工序,若此道工序不能及时进行,轻者会出现啃边掉角,严重时则会产生断板现象,前面所做的一切工作都会前功尽弃,唯一的办法就是返工,重新摊铺。

横向缩缝、纵向缩缝、施工缝上部的槽口均采用切缝法施工。硬切缝时间控制在200~300℃·h,同时还需要参考养护剂、混凝土外加剂的品种以及温差的变化而现场决定。横向缩缝最长不能超过24h,纵向缩缝不能超过48h,切缝宽度为3~8mm,深度为1/5~1/4板厚。

每道缝间距为5m,切割深度不低于7cm,缝宽5mm,要求与路中线垂直。若一次摊铺过长时,每隔10~20m跳切,之后再5m切一道缝,以减少断板率。纵缝施工几何尺寸与横缝相同,要求与路中线平行,且顺直、圆滑。切缝完成后,应立即用高压水枪冲洗干净,混凝土路面不得残余砂浆。若不及时清除,砂浆会形成具有一定强度的混凝土块,从而影响以后填缝工作的进行。

(8)填缝施工。为了保证接缝的宽度,控制接缝口不被破坏,提高面板荷载传递能力,故规范要求:我国的各等级公路的水泥混凝土路面养生期满后,缝槽口必须及时进行填缝。

①填缝材料。填缝材料应具有与混凝土面板壁黏结牢固,回弹性好,拉伸量大,不溶于水,不渗水,低温时不脆裂,高温时不挤出,不流淌,耐老化,不龟裂和耐久性好等性能。常用的填缝材料有3种:常温施工式填缝料、加热施工式填缝料、预制多孔橡胶条制品。

②填缝施工工艺如下:

a.填缝前,应采用高压水和压缩空气彻底清除接缝中的砂石及其他污染物,确保缝壁内部清洁、干燥。必要时先用3~4mm宽单锯片补切,把不易冲洗干净的杂物清除出来。具体要求是缝壁口上无灰尘。

b.用滚轮将多孔泡沫塑料柔性垫条挤压到规定深度,一般是20~30mm。目的是保证所灌填的缩缝材料深度均匀、一致。缩缝填料形状系数控制在2~4之间。

c.按规定比例(厂家已按比例放入不同的容器中)把4种不同种类的聚氨酯混合到一起,充分摇匀,并应随拌随用,不要配制过多,以免造成浪费。

d.将配制好的材料倒入专用灌壶中,均匀灌入已压好背衬条的缩缝内。由于路面存在横坡,呈液体状的材料因自重顺横坡流向低处,这样高处缝内就会发生缺料现象,此时应过20min重新填缝一次。靠中央分隔带部分约长10cm范围内,应灌注整个缝深,以封闭中央分隔带的路表渗水。填缝料的高度,夏天宜与板平,冬天直低于板面1~2cm。填缝必须饱满、均匀、连续贯通,与缝壁黏接充分,不开裂、不渗水。值得注意的是,在一般路段,已饱涂沥青的纵向施工缝可不切缝、不填缝,让其自然开裂。

③养护期。依温度和季节确定养护期的长短,冬天2~4h,夏天1~2h。填缝期间禁止车辆通行,直到养生期结束。

(9)胀缝施工。在施工中采取了"留板"的方法。所谓"留板",就是在混凝土面板施工过程中,处于胀缝所在位置两侧(或一侧)的板块先不浇筑混凝土,而是待气温达到要求后,再用人工方法浇筑。宜尽量避开上午10时至下午5时的高温天气,最好是选在温度为30℃±2℃之间进行施工。

(10)施工缝的施工。施工缝是为施工间断而设置的横缝,宜设在胀缝、缩缝处。设在非胀缝、缩缝处时,横向施工缝采用平缝加传力杆。施工缝的传力杆钢筋一半预埋在混凝土面板中,另一半须先涂以沥青以利滑动。传力杆必须与施工缝垂直。

小贴士

1. 质量控制

水泥混凝土路面的设计使用年限为 20～30 年,如何保证新摊铺的路面达到和超过规定使用年限,如何保证行车的舒适和安全,施工时的质量控制是关键。其控制方法应从以下几个方面入手。

1)确保混凝土路面的抗弯拉强度

(1)把好混凝土材料进场质量关。滑模摊铺混凝土路面的质量取决于原材料的质量,把好原材料的进场质量检测,就从源头上堵塞了质量漏洞,就抓着了根本。

①公路水泥混凝土路面混合料要求所用水泥抗折强度高,收缩性小,耐磨性强,同时抗冻性也要好。

②滑模摊铺对粗集料的级配要求最为严格。因此,在选择料场时除了强度满足要求外,控制材料的级配是最重要的。凡是不合格的材料不准进场。

③外加剂选用前应严格试配挑选,使用中重视检查,防止其有效成分含量下降,影响使用质量。

(2)优化配合比。在进行配合比设计时,一定要按正交试验方法进行配合比设计,使选用的配合比是最优化的,即该配合比不但满足强度要求,也满足施工要求,同时也是最经济的。

试验室的配合比需要在拌和站进行调试和试拌,要使新拌的混合料有好的适铺性、强度、含气量、坍落度损失、密度等都要满足要求。同时,要根据天气、温度以及运输距离和现场摊铺效果,随时对配合比进行微调。

(3)采用性能先进的拌和设备。

(4)选用恰当的养生方法。养生对混凝土强度的增长十分重要,需达到好的养生效果,应根据天气、温度等情况,确定好养生时间及养生剂的喷洒量。

2)严格控制混凝土面板的厚度

路面板的厚度与使用寿命有很大关系。在施工中应抓好以下工作。

(1)严格验收基层。要想保证路面板厚度符合要求,必须要求基层的高程、横坡、平整度符合要求。因此,对基层应严格验收。对验收不合格的基层要进行认真处理,使之满足要求。

(2)调整拉线、控制板厚。摊铺机的拉线控好后,应进行人工横向拉线检查路面板厚。如果板厚小于规定的厚度,则要调整拉线高程,一般调整原则是 2cm 需要在 100m 范围内调整。

(3)随时检查板厚,及时采取措施。摊铺机摊铺出路面,要及时检测板厚是否符合要求。如果厚度不够,则要分析原因,若为摊铺机的参数设置不准,应马上调整摊铺机参数;若是路面边缘塌边,则应支顶模板进行修补。

3)严格控制路面平整度

路面平整度是保证行车舒适的重要参数。施工中主要进行以下几方面的控制。

（1）经常调整和保养摊铺机。摊铺机是一种比较精密的机械，只要局部某一个细部出问题，则其摊铺出的混凝土路面将存在各种各样的问题，而平整度将会受到更加严重的影响。应将滑模摊铺机的搓平梁和超级抹平器调整合适，防止变形。熟练的机械操作人员在施工前应对机械进行准确的校正，施工中要根据具体情况适当调整虚方板、振动棒的升降，振动的频率以及超级抹平器的速度等，控制摊铺速度并保证混凝土进料均匀、平稳。

同时，要经常对摊铺机进行检查、保养，并配备足够的易损零件。这对于机械施工来说是非常重要的。假设超级抹平器坏了，没有合适的配件，人工去整平，是很难达到优良的平整度的。

（2）控制混凝土稳定的工作性。滑模施工对混凝土的稳定性要求极高，要求混凝土拌和料具有最佳的工作特性。混凝土拌和料从拌和站到摊铺机前的过程中，运距、气温等外界环境对混合料的各项技术指标都有影响，会随时改变。为了使运到现场的混合料达到要求的稳定工作性指标，拌和站应根据试验室随时检测的坍落度情况进行微调，保证所供混合料的稳定工作性。混凝土拌和料质量的稳定完全取决于拌和站拌和的高标准。只有严格对配合比、外加剂加以控制才会拌和出质量稳定的混合料，才能摊铺出平整度优良的路面。

（3）合理的机械配置。确保联台摊铺机的连续作业是提高滑模摊铺混凝土平整度的关键，是进行机械装备选型和配套的指导原则。摊铺机在连续工作状态下其振动搓平梁下的混凝土均匀、稳定地经过搓平梁达到较高的平整度。一旦停机频繁，搓平梁下的混凝土因受摊铺机静止后搓平梁自重的持续作用，一方面高程必然会低于其他部分的混凝土而形成一横向沟槽，严重影响路面的整体平整度；另一方面因混凝土受压粗集料会下沉，水泥净浆上升，造成此部分的混凝土不均匀，极易形成早期干缩裂缝。所以要求其他机械的配置都以摊铺机能够连续作业为原则。应做到拌和能力充分，运输能力足够，材料供应充足，达到均匀供料，均匀连续摊铺。施工过程中应做到不停机，万不得已时也应少停机。

（4）保证挂线精度。滑模摊铺水泥混凝土路面的施工拉线是保障平整度的"生命线"。为确保拉线精度，首先要在拉线测量时严防出现差错，其次要随时对拉线进行抽检测量，贴近拉线观察线的走向及顺直度。要安排边线巡视人员，监视摊铺机的导向系统传感器沿拉线滑行，严防掉线。要用红色尼龙绳清晰表明拉线的位置，严禁任何人和车辆触动已设好的拉线。

另外，拉线最好使用 $\phi 3 \sim 5mm$ 钢绞线，每根钢绞线长度 $250 \sim 300m$，以保证拉线易于张紧。拉线桩的纵向间距在直线段设置不大于10m，而曲线段则视弯道半径大小，内侧宜加密到 $2.5 \sim 5m$，外侧为 $3.5 \sim 5.0m$。在纵坡较大地方，拉线极的间距要加密到5m左右，才能保证摊铺出的平整度较好。

（5）加强面板的及时检测与修整。路面板滑模施工，即使前面所有工作都做得很好，也可能出现意外。比如局部的麻面及平整度不符合要求，熟练工人会赶在超级抹平器前进行修整处理，但应严禁修整工人在搓平梁上来回走动，使搓平梁下混凝土受力不均，造成更大的平整度损失；对抹平器未抹到的边缘，应人工用木抹刀抹平；有塌边、溜肩时，则对模板进行支顶或对边缘补料修整。两侧修整人员要随时对路面两侧的纵向、横向平整度进行检测，特别是左右连接摊铺的纵缝处更要重点检测，发现问题立即修整。

在混凝土硬化后,专职的平整度检测员应分车道加密检测,发现不合格的地方,标上标记,并用磨头的水磨石机打磨至规定的平整度,用硬刻槽法补刻抗滑宏观构造。

(6)加强胀缝板的施工控制。在温度较低时,滑模摊铺机每天施工完成后需留下胀缝位置,待温度到30℃左右用人工施工。人工施工时要先对两边的接头板进行检查,如发现平整度达不到要求,则要先用磨平机磨平,然后,再安装胀缝板,浇筑混凝土,细心整平,保证人工施工的混凝土板平整度合格。

(7)精心施工工作缝。横向施工缝的连接处往往最易影响路面平整度质量。为确保平整度符合要求,一次摊铺的长度应尽量长,施工缝尽可能调整到胀缝处。施工缝的制作有两种方法:一种是人工立模、抹平;另一种是摊铺机超铺一段距离后待混凝土基本干硬时凿除多余部分,需要配备深层锯缝工具和横向传力杆打入工具。现场因施工机具的限制一般采用人工方式,即在施工前先人工立模然后摊铺机就位摊铺,施工缝处由人工抹平修整。在施工完毕后摊铺机移走,人工做施工缝接头。这样接头部位的平整度就只能依靠抹面工人的精心修整,故需选责任心强的熟练工人来施工。

(8)加强宏观构造软拉槽后的修整。在软拉槽后,混凝土面板会出现"毛刺",这些"毛刺"对平整度有不良影响。为此在软拉槽后10~12h,应使用平铁锹或水平尺沿横向铲、刮一下,将"毛刺"铲刮掉。

4)施工注意事项

(1)一般规定:

①对基层的高程、路拱、平整度、压实度、强度应进行严格的检查验收,不合格不能铺筑,应处理至达到要求。

②模板安置位置准确、稳定牢固,接头平顺,铺筑时基层清扫干净,充分洒水润湿和减小基层表面的摩阻力(以防止早期开裂)。

③拌和站的计量装置要定期校核,保证其配料的准确性,拌料时间一定要满足规定要求。

(2)雨季施工:

①要收集掌握气象资料。建立健全雨季施工组织,制订雨季施工具体计划和预防措施,准备防雨材料、机具。

②保证拌和站、运输道路、铺筑施工现场和整个施工路线排水良好畅通。

③拌和站原材料不受水侵害,砂、石、水泥应具备防雨设施;砂、石料含水率发生变化时应及时调整配合比。

④铺筑现场应备有易移动的轻便工作雨棚(易为焊接钢结构),保证未做好的面板在初凝前不被雨淋。

⑤遇大雨或暴雨时应及时停工。施工中途遇雨时,铺筑完一块板后赶快停工。如施工不能停止时,必须有防雨措施,应保证施工质量和安全。

(3)夏季高温施工。施工现场的气温高于30℃,拌和物摊铺温度在30~35℃,同时,空气相对湿度小于80%时,即为高温施工。当气温大于35℃时应停止施工。高温而且会促使水泥水化作用加快,水分蒸发加快,不易做面,而且混凝土板面易出现裂缝。所以高温季节施工时应采取以下措施:

①控制拌和混合料温度使之不超过 35℃。不使用温度高于 55℃ 的散装水泥。使用低水化热水泥,严禁使用早强型水泥。

②对砂石材料搭棚遮阳,洒水降温,尽可能地取料堆内部材料使用。

③对使用水降温,避免太阳直射储水柜和水管,在储水柜内放冰块,在储水柜壁周设隔热层等。

④掺加缓凝剂,延缓初凝时间,使混合物保证适合的工作性能,并降低拌和稠度,使之易拌和,易出料,易振捣,易做面。

⑤对模板、基层洒水降温,并保证基层湿润状态。

⑥混凝土拌和后尽快运到现场,运时加遮盖,到现场及时摊铺,及时振捣,及时做面,及时养护,做面后及时盖临时敞篷。

⑦必要时设挡风墙,以降低吹到面板表面的风速,减少水分蒸发量以控制面板表面湿度。

⑧当白天日照强烈,气温高于 35℃,夜间最低温度低于 30℃ 时,应适当采取保温措施防裂。

⑨当施工现场的气温高于 30℃ 时,应避开中午高温时段施工,可选择在早晨、傍晚或夜间施工,夜间施工应有良好的操作照明,并确保施工安全。

(4)冬季低温施工。水泥路面施工操作和养护的环境气温等于或小于 5℃ 或昼夜最低气温在 -3~-5℃ 时视为低温施工。这时混凝土的水化速度慢,强度增长过慢,同时还会因结冰而受冻害。而且在低温季节施工时应有专门的低温施工的操作设计和养护措施。

①施工时,一定要做好防日晒、风吹、雨淋的防护准备,保证施工顺利进行。

②拌和物中优选(或掺加)早强剂或促凝剂。

③应选用水化热总热量大的 R 型水泥或单位水泥用量较多的 32.5 级水泥,不宜掺粉煤灰。

④搅拌机出料温度不得低于 10℃,摊铺混凝土温度不得低于 5℃。养生期间,应始终保持混凝土面板最低温度不低于 5℃;否则,应采用热水或加热砂石料拌和混凝土,热水温度不得高于 80℃;砂石料温度不得高于 50℃。

⑤做面时,一定要控制表面提浆的厚度,应控制在 3mm 左右。为保证路面平整度和粗糙度,应按规定的操作规程做好拖毛压纹工作,特别掌握好压纹时间。

⑥切缝是控制断板的关键,一定要按要求及时切缝。

⑦养生期第一个星期最为重要,而前三天又是最关键的养生时间。因此,要抓好前期养生工作。

⑧应随时检测气温、水泥、拌和水、拌和物及路面混凝土的温度,每工班至少测 3 次。

二、水泥混凝土路面施工质量检测与评定

工程质量应以施工图设计文件要求为标准。为了保证混凝土路面的施工质量,要求在施工过程中对每一道工序进行严格的检查与控制。对已完成的路面要求进行外观检查,并测量其几何尺寸,根据施工图设计文件要求进行核对。此外还要查阅施工记录,其中包括原材料试验和试件强度资料、配合比、隐蔽构造物(各种钢筋的位置)等,作为工程质量鉴定的依据。

1. 原材料质量检验

混凝土用的水泥、砂、碎石、水、外加剂、填缝材料和钢筋等原材料按规定进行检查和试验,并做好记录。

2. 混凝土强度检验

混凝土的强度检验应以28d龄期的抗弯拉强度为标准。一般采用梁式试件测定抗弯拉强度,混凝土抗弯拉强度检验,应符合下列规定:

(1)应使用正在摊铺的混凝土拌和物作试件,试件的养生条件与现场混凝土板养生条件相同。

(2)每天或每铺筑200m³混凝土,应同时制作两组试件,龄期应分别为7d和28d;每铺筑1 000~2 000m³混凝土,应增做一组试件,用于检查后期强度,龄期不应小于90d。

(3)当水泥混凝土的7d强度普遍达不到28d强度的60%(矿渣水泥混凝土为50%)时,应检查分析原因,并对混凝土的配合比作适当修正。

(4)浇筑完成的混凝土面板,应检验实际强度,可在现场钻取圆柱试件,进行圆柱劈裂强度试验,以圆柱劈裂强度推算小梁抗弯拉强度。

此外,还可以用蒸压法、现场快速检测方法测定。

3. 外观检查与竣工验收标准

外观检查包括混凝土是否有蜂窝、麻面、裂缝、脱皮、石子外露和缺边掉角等现象,以及是否残留有麻袋、草帘等印痕,路面应平整不积水,纵横接缝应顺直不弯,填缝料应饱满整齐,不得污染路面。

混凝土面板质量验收的允许误差应符合表4-28和表4-29的规定。

各级公路混凝土路面铺筑质量要求 表4-28

项次	检查项目			允许值	
				高速公路、一级公路	其他公路
1	板厚度弯拉强度(MPa)			符合《公路水泥混凝土路面施工技术规范》(JTG F30—2003)附录A.1的规定	
2	厚度板(mm)			代表值极值≥-5,极值≥-10,c_v符合设计规定	
3	平整度	σ(mm)		≤1.2	≤2.0
		IRI(m/km)		≤2.0	≤3.2
		3m直尺最大间隙 Δh(mm)		≤3(合格率≥90‰)	≤3(合格率≥90‰)
4	抗滑构造深度(mm)		一般路段	0.70~1.10	0.50~0.90
			特殊路段	0.80~1.20	0.60~1.00
5	相邻板高差(mm)			≤2	≤3
6	连接摊铺纵缝高差(mm)			平均值≤3,极值≤5	平均值≤5,极值≤7
7	连接顺直度(mm)			≤10	
8	中线平面偏位(mm)			≤20	
9	路面宽度(mm)			≤20	
10	纵断高程(mm)			±10	±15

项次	检查项目	允许值	
		高速公路、一级公路	其他公路
11	横坡度(‰)	±0.15	±0.25
12	断板率(‰)	≤2	≤4
13	脱皮、印痕裂、纹、露石、缺边、掉角(‰)	≤2	≤3
14	路缘石顺直度和高度(mm)	≤20	≤20
15	灌缝饱满度(mm)	≤2	≤3
16	切缝深度(mm)	≥50	≥50
17	胀缝表面缺陷	不应有	不应有
18	胀缝板连浆(mm)	≤20	≤30
	胀缝板倾斜(mm)	≤20	≤25
	胀缝板弯曲和位移(mm)	≤10	≤15
19	传力杆偏斜(mm)	≤10	≤13

混凝土路面的检测项目、方法和频率   表 4-29

项次	检测项目	检验方法和频率	
		高速公路、一级公路	其他公路
1	弯拉强度	每班留 2~4 组试件,日进度 <500m 取 2 组;≥500m 取 3 组;≥1 000m 取 4 组,测 f_{cs}、f_{min}、c_v	每班留 1~3 组试件,日进度 <500m 取 1 组;≥500m 取 2 组;≥1 000m 取 3 组,测 f_{cs}、f_{min}、c_v
	钻芯劈裂强度	每车道每 3km 取 1 个芯样,硬路肩为 1 车道,测平均 f_{cs}、f_{min}、c_v、板厚 h	每车道每 3km 取 1 个芯样,硬路肩为 1 车道,测平均 f_{cs}、f_{min}、c_v、板厚 h
2	板厚度	路面摊铺宽度内每 100m 左右各 2 处,连接摊铺每 100m 单边 1 处,参考芯样	路面摊铺宽度内每 100m 左右各 1 处,连接摊铺每 100m 单边 1 处,参考芯样
3	3m 直尺平整度	每半幅车道 100m 2 处 10 尺	每半幅车道 100m 2 处 10 尺
	动态平整度	所有车道连续检测	所有车道连续检测
4	抗滑构造深度	铺沙法:每幅 200m 2 处	铺沙法:每幅 200m 1 处
5	相邻板高差	尺测:每 200m 纵横缝 2 条,每条 3 处	尺测:每 200m 纵横缝 2 条,每条 3 处
6	连接摊铺纵缝高差	尺测:每 200m 纵向工作缝,每条 3 处,每处间隔 2m 3 尺,共 9 尺	尺测:每 200m 纵向工作缝,每条 3 处,每处间隔 2m 3 尺,共 9 尺
7	接缝顺直度	20m 拉线测:每 200m 6 点	20m 拉线测:每 200m 4 点
8	中线平面偏位	经纬仪:每 200m 6 条	经纬仪:每 200m 4 条
9	路面宽度	尺测:每 200m 6 点	尺测:每 200m 4 点
10	纵断高程	水准仪:每 200m 6 点	水准仪:每 200m 4 点
11	横坡度	水准仪:每 200m 6 个断面	水准仪:每 200m 4 个断面

项次	检测项目	检验方法和频率	
		高速公路、一级公路	其他公路
12	断板率	数断板面板块占总块数比例	数断板面板块占总块数比例
13	脱皮裂纹露石缺边掉角	量实际面积,并计算与总面积比	量实际面积,并计算与总面积比
14	路缘石顺直度和高度	20m 拉线测;每200m 4 处	20m 拉线测;每200m 2 处
15	灌缝饱满度	尺测;每200m 接缝测 6 处	尺测;每200m 接缝测 4 处
16	切缝深度	尺测;每200m 6 处	尺测;每200m 6 处
17	胀缝表面缺陷	每条观测填缝及啃边断角	每条观测填缝及啃边断角
18	胀缝板连浆	每条胀缝板安装时测量	每条胀缝板安装时测量
	胀缝板倾斜	每条胀缝板每条两侧	每条胀缝板每条两侧
	胀缝板弯曲和位移	尺测;每块胀缝板每条 3 处	尺测;每块胀缝板每条 3 处
19	传力杆偏移	钢筋保护层仪;每车道 4 根	钢筋保护层仪;每车道 3 根

第三节　几种常用路面检测与评定方法

随着公路交通事业的快速发展,公路路基路面使用质量要求不断提高,利用快速、科学先进的现场检测技术,以数据有效控制与评价路基路面施工质量与使用性能,引起了越来越多的重视。本章根据目前我国路面现场检测技术的现状,主要介绍了压实度、回弹弯沉、水泥混凝土劈裂强度、平整度、抗滑性能、结构层厚度、路面渗水等方面内容的常见的路面检测方法。

一、钻芯法测定沥青面层密度

压实度是路面施工质量检测的关键指标之一,表征现场压实后的密实状况,压实度越高,密实度越大,材料整体性能越好。因此,路面施工中,碾压工艺成为施工质量控制的关键工序。

沥青混合料面层的施工压实度是指按规定方法测得的混合料试样的毛体积密度与标准密度之比,以百分率表示。对沥青混合料,国内外均以取样测定作为标准试验方法。

1. 仪器与材料

(1)路面取芯钻机。

(2)天平:感量不大于0.1g。

(3)溢流水槽。

(4)吊篮。

(5)石蜡。

(6)其他:卡尺、毛刷、小勺、取样袋(容器)、电风扇。

2. 试验方法与步骤

1)钻取芯样

按"路面钻孔及切割取样方法"钻取路面芯样,芯样直径不宜小于 $\phi100mm$。当一次钻孔取得的芯样包含有不同层位的沥青混合料时,应根据结构组合情况用切割机将芯样沿各层结合面锯开分层进行测定。

2）测定试件密度

（1）将钻取的试件在水中用毛刷轻轻刷净黏附的粉尘。如试件边角有松散颗料,应仔细清除。

（2）将试件晾干或用电风扇吹干不少于24h,直到恒重。

按现行《公路工程沥青及沥青混合料试验规程》（JTJ 052—2000）的沥青混合料试件密度试验方法测定试件的视密度或毛体积密度。当试件的吸水率小于2%时,采用水中重法或表干法测定;当吸水率大于2%时,用蜡封法测定;对空隙率很大的透水性混合料及开级配混合料用体积法测定。

3. 计算

（1）当计算压实的沥青混合料的标准密度采用马歇尔击实试件成型密度或试验路段钻孔取样密度时,沥青面层的压实度按式(4-7)计算:

$$K = \frac{\rho_S}{\rho_0} \times 100 \tag{4-7}$$

式中:K——沥青面层的压实度,%;

ρ_S——沥青混合料芯样试件的视密度或毛体积密度,g/cm^3;

ρ_0——沥青混合料的标准密度,g/cm^3。

（2）由沥青混合料实测最大密度计算压实度时,应按式(4-8)进行空隙率折算,作为标准密度,再按式(4-7)计算压实度:

$$\rho_0 = \rho_t \times \left(\frac{100 - VV}{100} \right) \tag{4-8}$$

式中:ρ_t——沥青混合料的实测最大密度,g/cm^3,具体试验方法见《公路工程沥青及沥青混合料试验规程》（JTJ 052—2000）;

ρ_0——沥青混合料的标准密度,g/cm^3;

VV——试件的空隙率,%。

4. 试验检测中应注意的问题

压实度的大小取决于实测的压实密度,同样也与标准密度的大小有关。但目前对标准密度的规定并不统一,有些工程在压实度达不到时便重新进行马歇尔试验,调整标准密度使压实度达到要求,这样实际上是弄虚作假。为防止这种情况,新的检测方法规定了3种标准密度。在进行检测时,应结合工程实际情况,采用相应的标准密度。

5. 压实度检测结果评定

路面压实度以1~3km长的路段为检验评定单元,按要求的检测频率及方法进行现场压实度抽样检查,求算每一测点的压实度 K_i。

1）压实度评定要点

（1）控制平均压实度的置信下限,以保证总体水平。

（2）规定单点极值不得超出规定值,防止局部隐患。

（3）规定扣分界限以区分质量优劣。

检验评定段的压实度代表值 K（算术平均值的下置信界限）为式(4-9):

$$K = \bar{k} - t_\alpha S / \sqrt{n} \geqslant K_0 \qquad (4\text{-}9)$$

式中:$\bar{k}$——检验评定段内各测点压实度的平均值;

t_α——分布表中随测点数和保证率(或置信度 α)而变的系数,高速、一级公路:基层、底基层为99%,路基、路面面层为95%;其他公路:基层、底基层为95%,路基、路面面层为90%;

S——检测值的均方差;

n——检测点数;

K_0——压实度的标准值。

2)压实度评分方法

(1)基层和底基层:$K \geqslant K_0$,且单点压实度全部大于或等于规定值减 2 个百分点时,评定路段的压实度合格率为100%;当 $K \geqslant K_0$,且单点压实度全部大于或等于规定极值时,按测定值不低于规定值减 2 个百分点的测点数计算合格率。

$K < K_0$ 或某一单点压实度 K_i 小于规定极值时,该评定路段压实度为不合格,评为零分。

(2)沥青面层:当 $K \geqslant K_0$,且全部测点大于或等于规定值减 1 个百分点时,评定路段的压实度合格率为100%;当 $K \geqslant K_0$ 时,对于测定值低于规定值减 1 个百分点的测点,按测定值不低于规定值减 1 个百分点的测点数计算合格率。

$K < K_0$ 时,评定路段的压实度为不合格,评为零分。

二、贝克曼梁法测弯沉值

国内外普遍采用回弹弯沉值来表征路面的承载能力,回弹弯沉值越大,承载能力越小,反之则越大。通常所说的回弹弯沉值是指标准后轴双轮组轮隙中心处的最大回弹弯沉值。

在路表测试的回弹弯沉值可以反映路面的综合承载能力。回弹弯沉值在我国已广泛使用,且有很多的经验及研究成果,不仅用于新建路面结构的设计(设计弯沉值)和施工控制与验收(竣工验收弯沉值),也用于旧路补强设计。弯沉值的测试方法较多,目前应用最多的是贝克曼梁法,此法在我国已有成熟的经验。

小贴士

1. 弯沉

弯沉是指在规定的标准轴载作用下,路基路面表面轮隙位置产生的总垂直变形(总弯沉)或垂直回弹变形值(回弹弯沉),以 0.01mm 为单位。

2. 设计弯沉值

根据设计年限内一个车道上预测通过的累计当量轴次、公路等级、面层和基层类型而确定的路面弯沉设计值。

3. 竣工验收弯沉值

竣工验收弯沉值是检验路面是否达到设计要求的指标之一。当路面厚度计算以设计弯沉值为控制指标时,则验收弯沉值应小于或等于设计弯沉值;当厚度计算以层底拉应力为控制指标时,应根据拉应力计算所得的结构厚度,重新计算路面弯沉值,该弯沉值即为竣工验收弯沉值。

---

1. 试验目的和适用范围

(1)本方法适用于测定各类路面的回弹弯沉,用以评定其整体承载能力,可供路面结构设计使用。

(2)本方法测定的沥青路面的回弹弯沉值可供交工和竣工验收使用。

(3)本方法测定的路面回弹弯沉可为公路养护管理部门制订养路修路计划提供依据。

(4)沥青路面的弯沉以标准温度20℃时为准,在其他温度(超过20℃±2℃范围)测试时,对厚度大于5cm的沥青路面,弯沉值应予温度修正。

2. 仪器与材料

(1)测试车:双轴、后轴双侧4轮的载重车,其标准轴荷载、轮胎尺寸、轮胎间隙及轮胎气压等主要参数应符合表4-30的要求。测试车可根据需要按公路等级选择,高速公路、一级及二级公路应采用后轴100kN的BZZ-100;其他等级公路也可采用后轴60kN的BZZ-60。

测定弯沉用的标准轴参数 表4-30

标准轴载等级	BZZ-100	BZZ-60
后轴标准轴载 P(kN)	100±1	60±1
一侧双轮荷载(kN)	50±0.5	30±0.5
轮胎充气压力(MPa)	0.70±0.05	0.50±0.05
单轮传压面当量圆直径(cm)	21.30±0.5	19.50±0.5
轮隙宽度	应满足能自由插入弯沉仪测头的测试要求	

(2)路面弯沉仪:由贝克曼梁、百分表及表架组成,贝克曼梁由铝合金制成,上有水准泡,其前臂(接触路面)与后臂(装百分表)长度比为2:1。弯沉仪长度有两种:一种长3.6m,前后臂分别为2.4m和1.2m;另一种加长的弯沉仪长5.4m,前后臂分别为3.6m和1.8m。当在半刚性基层沥青路面或水泥混凝土路面上测定时,宜采用长度为5.4m的贝克曼梁弯沉仪,并采用BZZ-100标准车。弯沉值采用百分表量得,也可用自动记录装置进行测量。

(3)接触式路面温度计:端部为平头,分度不大于1℃。

(4)其他:皮尺、口哨、白油漆或粉笔、指挥旗等。

3. 试验方法与步骤

1)试验前准备工作

(1)检查并保持测定用标准车的车况及制动性能良好,轮胎符合规定充气压力。

(2)向汽车车槽中装载(铁块或集料),并用地中衡称量后轴总质量,符合要求的轴重规定,汽车行驶及测定过程中,轴重不得变化。

(3)测定轮胎接地面积:在平整光滑的硬质路面上用千斤顶将汽车后轴顶起,在轮胎下方铺一张新的复写纸,轻轻落下千斤顶,即在方格纸上印上轮胎印痕,用求积仪或数方格的方法测算轮胎接地面积,精确至$0.1cm^2$。

(4)检查弯沉仪百分表测量灵敏情况。

(5)当在沥青路面上测定时,用路表温度计测定试验时气温及路表温度(一天中气温不断变化,应随时测定),并通过气象台了解前5d的平均气温(日最高气温与最低气温的平均值)。

(6)记录沥青路面修建或改建时材料、结构、厚度、施工及养护等情况。

2)测试步骤

（1）在测试路段布置测点，其距离随测试需要而定。测点应在路面行车道的轮迹带上，并用白油漆或粉笔画上标记。

（2）将试验车后轮轮隙对准测点后约 3～5cm 处的位置上。

（3）将弯沉仪插入汽车后轮之间的缝隙处，与汽车方向一致，梁臂不得碰到轮胎，弯沉仪测头置于测点上（轮隙中心前方 3～5cm 处），并安装百分表于弯沉仪的测定杆上，百分表调零，用手指轻轻叩打弯沉仪，检查百分表是否稳定回零。

弯沉仪可以是单侧测定，也可以双侧同时测定。

（4）测定者吹哨发令指挥汽车缓缓前进，百分表随路面变形的增加而持续向前转动。当表针转动到最大值时，迅速读取初读数 L_1。汽车仍在继续前进，表针反向回转，待汽车驶出弯沉影响半径（3m 以上）后，吹口哨或挥动红旗指挥停车。待表针回转稳定后读取终读数 L_2。汽车前进的速度宜为 5km/h 左右。

4. 弯沉仪的支点变形修正

（1）当采用长度为 3.6m 的弯沉仪对半刚性基层沥青路面、水泥混凝土路面等进行弯沉测定时，有可能引起弯沉仪支座处变形，因此测定时应检验支点有无变形。此时应用另一台检验用的弯沉仪安装在测定用的弯沉仪的后方，其测点架于测定用弯沉仪的支点旁。当汽车开出时，同时测定两台弯沉仪的弯沉读数，如检验用弯沉仪百分表有读数，即应该记录并进行支点变形修正。当在同一结构层上测定时，可在不同的位置测定 5 次，求平均值，以后每次测定时以此作为修正值，支点变形修正的原理如图 4-26 所示。

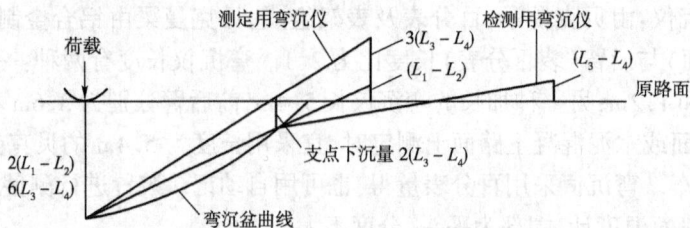

图 4-26 弯沉仪支点变形修正原理

（2）当采用长 5.4m 的弯沉仪测定时，可不进行支点变形修正。

5. 结果计算及温度修正

（1）测点的回弹弯沉值按式（4-10）计算：

$$L_T = (L_1 - L_2) \times 2 \qquad (4\text{-}10)$$

式中：L_T——在路面温度为 T 时的回弹值 0.01mm；

　　　L_1——车轮中心临近弯沉仪测头时百分表的最大读数即初读数，0.01mm；

　　　L_2——汽车驶出弯沉影响半径后百分表的最大读数即终读数，0.01mm。

（2）进行弯沉仪支点变形修正时，路面测点的回弹弯沉值按式（4-11）计算：

$$L_T = (L_1 - L_2) \times 2 + (L_3 - L_4) \times 6 \qquad (4\text{-}11)$$

式中：L_1——车轮中心临近弯沉仪测头时百分表的最大读数即初读数，0.01mm；

　　　L_2——汽车驶出弯沉影响半径后百分表的最大读数即终读数，0.01mm；

　　　L_3——车轮中心临近弯沉仪测头时检验用弯沉仪的最大读数，0.01mm；

　　　L_4——汽车驶出弯沉影响半径后检验用弯沉仪的终读数，0.01mm。

此式适用于测定用弯沉仪支座处有变形,但百分表架处路面已无变形的情况。

(3)沥青面层厚度大于5cm,且路面温度超过20℃±2℃范围时,回弹弯沉值应进行温度修正,温度修正有两种方法。

①查图法。

a.测定时的沥青层平均温度按式(4-12)计算:

$$T = (T_{25} + T_m + T_e)/3 \tag{4-12}$$

式中:T——测定时沥青层平均温度,℃;

　　T_{25}——根据T_0由图4-27决定的路表下25mm处的温度,℃;

　　T_m——根据图4-27决定的沥青层中间深度的温度,℃;

　　T_e——根据图4-27决定的沥青层底面处的温度,℃。

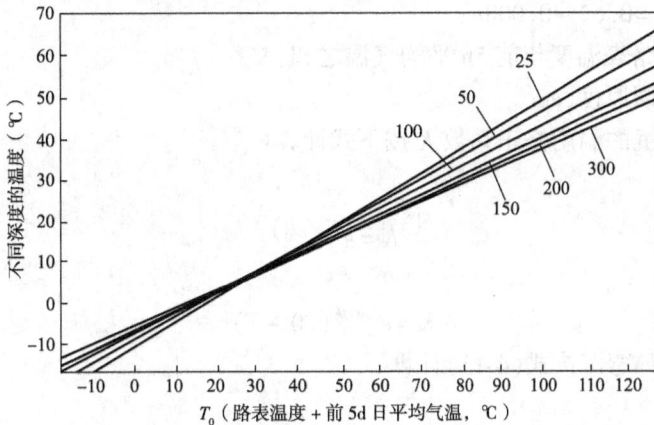

图4-27　沥青层平均温度的决定
(线上的数字表示路表下的不同深度,mm)

图4-27中T_0为测定时路表温度与测定前5d日平均气温的平均值之和,日平均气温为日最高气温与最低气温的平均值。

b.不同基层的沥青路面弯沉值的温度修正系数K,根据沥青平均温度T及沥青层厚度,分别由图4-28及图4-29求取。

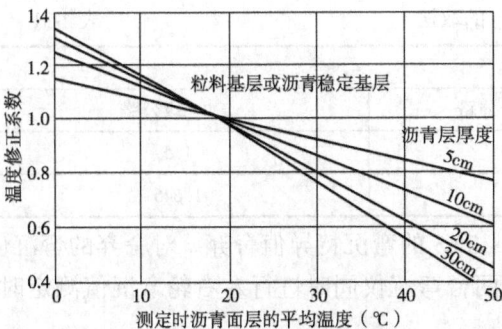

图4-28　路面弯沉温度修正系数曲线
(适用于粒料基层及沥青稳定基层)

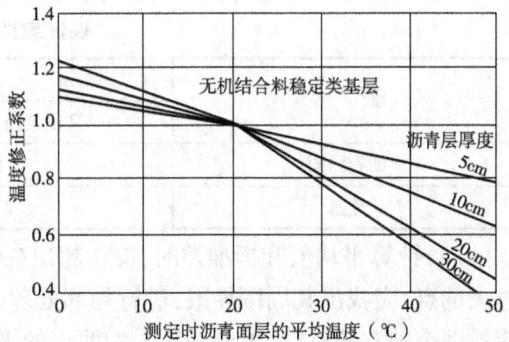

图4-29　路面弯沉温度修正系数曲线
(适用于无机结合料稳定的半刚性基层)

c. 沥青路面回弹弯沉按式(4-13)计算：

$$L_{20} = L_T \times K \tag{4-13}$$

式中：K——温度修正系数；

L_{20}——换算为20T的沥青路面回弹弯沉值，0.01mm；

L_T——测定时沥青面层内平均温度为T时的回弹弯沉值，0.01mm。

②经验计算法。

a. 测定时的沥青面层平均温度T按式(4-14)计算：

$$T = a + bT_0 \tag{4-14}$$

式中：T——测定时沥青面层平均温度，℃；

a——系数，$a = -2.65 + 0.52h$；

b——系数，$b = 0.62 - 0.008h$；

T_0——测定时路表温度与前5h平均气温之和，℃；

h——沥青面层厚度，cm。

b. 沥青路面弯沉的温度修正系数K按下式计算：

当$T \geqslant 20$℃时：

$$K = e^{\left(\frac{1}{T} + \frac{1}{20}\right)^t} \tag{4-15}$$

当$T < 20$℃时：

$$K = e^{0.002h}(20 - T) \tag{4-16}$$

c. 沥青路面回弹弯沉按式(4-13)计算。

6. 结果评定

(1)按下式计算每一个评定路段的代表弯沉。

$$L_r = \bar{L} + Z_a S \tag{4-17}$$

式中：L_r——一个评定路段的代表弯沉，0.01mm；

$\bar{L}$——一个评定路段内经各项修正后的各测点弯沉的平均值，0.01mm；

S——一个评定路段内经各项修正后的全部测点弯沉的标准差，0.01mm；

Z_a——与保证率有关的系数，当设计弯沉值按《公路沥青路面设计规范》(JTG D50—2006)确定时，采用表4-31中的规定值。

保证率系数 Z_a 的取法 　　　　　　　　　表4-31

层　　位	Z_a	
	高速公路、一级公路	二、三级公路
沥青路面	1.645	1.5
路基	2.0	1.645

(2)计算平均值和标准差时，应将超出$\bar{L} \pm (2 \sim 3)S$的弯沉特异值舍弃。对舍弃的弯沉值过大的点，应找出其周围界限，进行局部处理。用两台弯沉仪同时进行左右轮弯沉值测定时，应按两个独立测点计，不能采用左右两点的平均值。

(3)弯沉代表值不大于设计要求的弯沉值时得满分；大于时得零分。

若在非不利季节测定时，应考虑季节影响系数。

三、水泥混凝土芯样劈裂强度试验方法

水泥混凝土路面强度的控制指标是弯拉或劈裂强度。由于弯拉强度试件成型及试验过程比较麻烦,现多用劈裂强度来代替。

需要强调的一点是,用快速无破损方法与传统的钻芯试验方法比较,有其较大的优势,但不能代替钻芯的劈裂强度试验结果,也不能代替试验室标准条件下的弯拉强度,不适宜作为仲裁试验或工程验收的最终依据。

1. 目的和适用范围

从硬化混凝土结构中钻取和检查芯样,测定芯样的劈裂抗拉强度,作为评定结构品质的主要指标。

2. 仪器与材料

(1)压力机。

(2)劈裂夹具、木质三合板垫条,如图 4-30 所示。

3. 试验方法与步骤

1)检查

(1)外观检查:每个芯样应详细描述有无裂缝、接缝、分层、麻面或离析等情况,必要时应记录以下事项。

①集料情况:估计集料的最大粒径、形状及种类,粗细集料的比例与级配。

②密实性:检查并记录存在的气孔及其位置、尺寸与分布情况,必要时应拍下照片。

(2)测量。

①测平均直径 d_m:在芯样的中间及两面各1/4处按两个垂直方向测量 3 对数值确定芯样的平均直径 d_m,精确至 1.0mm。

②测平均长度 L_m:取芯样直径两端侧面测定钻取后芯样的长度及端面加工后的长度,精确至 1.0mm 。

(3)表观密度:如有必要,应测定芯样的表观密度。

2)试验步骤

(1)试件的制作:试件两端面应与它的轴线相垂直,误差不应大于 1°,端面凹凸每 100mm 不超过 0.05mm,承压线凹凸不应大于 0.25mm。

(2)湿度控制:试验前试件应在 20℃ ±2℃ 的水中浸泡 40h,从水中取出后立即进行试验。如有专门要求,可用其他养护或湿度控制条件。

(3)劈裂试验如下:

①将试件、劈裂垫条和垫层如图 4-30 所示放在压力机上,借助夹具两侧杆,将试件对中。

②开动压力机,当压力机压板与夹具垫条接近时调整球座使压力均匀接触试件。当压力加到 5kN 时,将夹具的侧杆抽出,以 60N/s ±4N/s 的速度连续、均匀加载,直至试件劈裂为止,

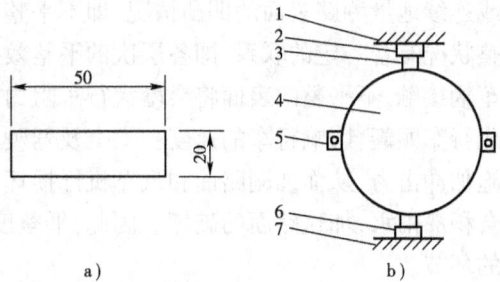

图 4-30　芯样劈裂试验装置示意图(尺寸单位:mm)
a)夹具钢板条;b)劈裂夹具
1、7-压力机压板;2、6-夹具钢垫条;3-木质或纤维层;4-试件;5-侧杆

记下破坏荷载,精确至0.01kN。

4.计算

芯样劈裂抗拉强度 R_a 按下式计算:

$$R_a = \frac{2P}{\pi A} = \frac{2P}{\pi d_m L_m} \tag{4-18}$$

式中: R_a ——芯样劈裂抗拉强度,MPa,计算结果精确至0.1MPa;

P ——极限荷载,N;

A ——芯样劈裂面面积,mm;

d_m ——芯样截面的平均直径 mm;

L_m ——芯样平均长度,mm。

四、平整度试验检测方法

平整度是路面施工质量与服务水平的重要指标之一。它是指以规定的标准量规,间断地或连续地量测路表面的凹凸情况,即不平整度的指标。路面的平整度与路面各结构层次的平整状况有着一定的联系,即各层次的平整效果将累积反映到路面表面上,路面面层由于直接与车辆接触,不平整的表面将会增大行车阻力,将使车辆产生附加振动作用。这种振动作用会造成行车颠簸,影响行车的速度和安全及驾驶的平稳和乘客的舒适。同时,振动作用还会对路面施加冲击力,从而加剧路面和汽车机件损坏和轮胎的磨损,并增大油耗。而且,不平整的路面会积滞雨水,加速路面的破坏。因此,平整度的检测与评定是公路施工与养护的一个非常重要的环节。

平整度的测试设备分为断面类及反应类两大类。断面类实际上是测定路面表面凹凸情况,如最常用的3m直尺及连续式平整度仪,还可用精确测定高程得到;反应类测定路面凹凸引起车辆振动的颠簸情况。反应类指标是驾驶员和乘客直接感受到的平整度指标,因此它实际上是舒适性能指标,最常用的测试设备是车载式颠簸累积仪。现已有更新型的自动化测试设备,如纵断面分析仪、路面平整度数据采集系统测定车等。常见几种平整度测试方法的特点及技术指标比较见表4-32。国际上通用国际平整度指数IRI衡量路面行驶舒适性或路面行驶质量,可通过标定试验得出IRI与标准差,或单向累计值VBI之间的关系。

平整度测试方法比较   表4-32

方　法	特　点	技术指标
3m直尺法	设备简单、结果直观、间断测试、工作效率低、反映凹凸程度	最大间隙 h (mm)
连续式平整度仪法	设备较复杂、连续测试、工作效率高、反映凹凸程度	标准差 σ (mm)
颠簸累积仪	设备复杂、连续测试、工作效率高、反映舒适性	单项累计值 VBI(cm/km)

(一)平整度测试方法

1.3m直尺法

3m直尺测定法有单尺测定最大间隙及等距离(1.5m)连续测定两种。两种方法测定的路面平整度有较好的相关关系。前者常用于施工质量控制与检查验收,单尺测定时要计算出测定段的合格率;等距离连续测试也可用于施工质量检查验收,要算出标准差,用标准差来表示平整程度。

1) 试验目的和适用范围

用于测定压实成型的路面各层表面的平整度,以评定路面的施工质量及使用性能。

2) 测点选择及测试要点

(1) 在测试路段路面上选择测试地点:

①当为施工过程中质量检测需要时,测试地点根据需要确定,可以单杆检测;

②当为路面工程质量检查验收或进行路况评定需要时,应首尾相接连续测量 10 尺。除特殊需要外,应以行车道一侧车轮轮迹(距车道线 80～100cm)带作为连续测定的标准位置。

③对已形成车辙的旧路面,应取车辙中间位置为测定位置,用粉笔在路面上做好标记。

(2) 测试要点:

①在施工过程中检测时,按根据需要确定的方向,将 3m 直尺摆在测试地点的路面上。

②目测 3m 直尺底面与路面之间的间隙情况,确定间隙为最大的位置。

③用有高度标线的厚薄规塞进间隙处,量记最大间隙的高度,精确至 0.2mm。

④施工结束后检测时,按现行《公路工程质量检验评定标准》(JTG F80/1—2004)的规定,每 1 处连续检测 10 尺,按上述步骤测记 10 个最大间隙。

3) 计算

单杆检测路面的平整度计算,以 3m 直尺与路面的最大间隙为测定结果。连续测定 10 尺时,判断每个测定值是否合格,根据要求计算合格百分率,并计算 10 个最大间隙的平均值。

$$合格率 = (合格尺数/总测尺数) \times 100\% \tag{4-19}$$

4) 报告

单杆检测的结果应随时记录测试位置及检测结果。连续测定 10 尺时,应报告平均值、不合格尺数、合格率。

2. 连续式平整度仪法

1) 试验目的与适用范围

用于测定路表面的平整度,评定路面的施工质量和使用质量,但不适用于在已有较多坑槽、破损严重的路面上测定。

2) 仪器设备

(1) 连续式平整度仪:构造示意如图 4-31 所示。除特殊情况外,连续式平整度仪的标准长度为 3m,其质量应符合仪器标准的要求。中间为一个 3m 长的机架,机架可缩短或折叠,前后各有 4 个行走轮,前后两组轮的轴间距离为 3m。机架中间有一个能起落的测定轮。机架上装有蓄电源及可拆卸的检测箱,检测箱可采用显示、记录、打印或绘图等方式输出测试结果。测定轮上装有位移传感器,自动采集位移数据时,测定间距为 10cm,每一计算区间的长度为 100m,

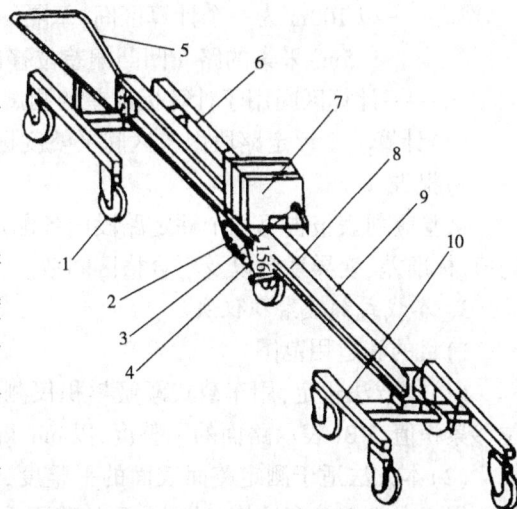

图 4-31　连续式平整度仪构造图
1-脚轮;2-拉簧;3-离合器;4-测架;5-牵引架;6-前架;7-纵断面绘图仪;8-测定轮;9-纵梁;10-后架

100m 输出一次结果。当为人工检测，无自动采集数据及计算功能时，应能记录测试曲线。机架头装有一牵引钩及手拉柄，可用人力或汽车牵引。

（2）牵引车：小面包车或其他小型牵引汽车。

（3）皮尺或测绳。

3）试验要点

（1）选择测试路段路面测试地点，同 3m 直尺法。

（2）将连续式平整度测定仪置于测试路段路面起点上。

（3）在牵引汽车的后部，将平整度的挂钩挂上后，放下测定轮，启动检测器及记录仪，随即启动汽车，沿道路纵向行驶，横向位置保持稳定，并检查平整度检测仪表上测定数字显示、打印、记录的情况。如检测设备中某项仪表发生故障，即停车检测。牵引平整度仪的速度应均匀，速度宜为 5km/h，最大不得超过 12km/h。在测试路段较短时，亦可用人力拖拉平整度仪测定路面的平整度，但拖拉时应保持匀速前进。

4）计算

（1）连续式平整度测定仪测定后，可按每 10cm 间距采集的位移值自动计算 100m 计算区间的平整度标准差，还可记录测试长度、曲线振幅大于某一定值（3mm、5mm、8mm、10mm 等）的次数、曲线振幅的单向（凸起或凹下）累计值及以 3m 机架为基准的中点路面偏差曲线图，并打印输出。当为人工计算时，在记录曲线上任意设一基准线，每隔一定距离（宜为 1.5m）读取曲线偏离基准线的偏离位移值 d_i。

（2）每一计算区间的路面平整度以该区间测定结果的标准差表示，按式（4-20）计算：

$$\sigma_i = \sqrt{\frac{\sum (\bar{d} - d_i)^2}{n-1}} \tag{4-20}$$

式中：σ_i——各计算区间的平整度计算值，mm；

d_i——以 100m 为一个计算区间，每隔一定距离（自动采集间距为 10cm，人工采集间距为 1.5m）采集的路面凹凸偏差位移值，mm；

n——计算区间用于计算标准差的测试数据个数。

（3）计算一个评定路段内各区间平整度标准差的平均值、标准差、变异系数。

5）报告

试验应列表报告每一个评定路段内各测定区间的平整度标准差、各评定路段平整度的平均值、标准差、变异系数以及不合格区间数。

3. 车载式颠簸累积仪法

1）目的和适用范围

（1）本方法规定，用车载式颠簸累积仪测量车辆在路面上通行时后轴与车厢之间的单向位移累积值，VBI 表示路面的平整度，以 cm/km 计。

（2）本方法适于测定路面表面的平整度，以评定路面的施工质量和使用期的舒适性。但不适用于在已有较多坑槽、破损严重的路面上测定。

2）主要设备

本试验需要下列仪具：

（1）车载式颠簸累积仪：由机械传感器、数据处理器及微型打印机组成，传感器固定安装在测试车的底板上,如图 4-32 所示。仪器的主要技术性能指标如下。

①测试速度:可在 30~50km/h 范围内选定;

②最小读数:1cm;

③最大测试幅值:±30cm;

④最大显示值:9 999cm;

⑤系统最高反应频率:5kHz。

(2)测试车:旅行车、越野车或小轿车。

3)工作原理

测试车以一定的速度在路面上行驶,由于路面上的凹凸不平状况,引起汽车的激振,通过机械传感器可测量后轴同车厢之间的单向位移累积值 VBI,以 cm/km 计。VBI 越大,说明路面平整性越差,人乘坐汽车时越不舒适。

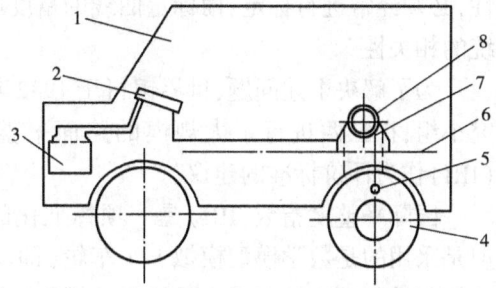

图 4-32　车载式颠簸累积仪安装示意图
1-测试车;2-数据处理器;3-电瓶;4-后桥;5-挂钩;6-底板;7-钢丝绳;8-颠簸累积仪传感器

4)使用技术要点

(1)仪器安装应准确、牢固、便于操作。

(2)测试速度以 32km/h 为宜,一般不宜超过 40km/h。

5)注意事项

(1)检测结果与测试车机械系统的振动特性和车辆行驶速度有关。减振性能好,则 VBI 测值小;车速越高,VBI 测值越大。因此必须通过对机械系统的良好保养和检测时严格控制车速来保持测定结果的稳定性。

(2)用车载式颠簸累积仪测出的颠簸累积值 VBI,与用连续式平整仪测出的标准差概念不同,可通过对比试验,建立两者的相关关系,将 VBI 值换算为 IRI,用于路面平整度评定。

(3)通过大量研究观察得出:$\sigma = 0.61 IRI$。

(4)国际平整度指数 IRI 是国际上公认的衡量路面行驶舒适性或路面行驶质量的指数。也可通过标定试验,建立 VBI 与 IRI 的相关关系,将颠簸累积仪测出的颠簸累积值 VBI 换算为国际平整度指数 IRI。

关于车载式颠簸累积仪测定平整度试验方法可详见《公路路基路面现场测试规程》(JTG E60—2008)。

6)报告

(1)应列表报告每一个评定路段内各测定区间的颠簸累积值,各评定路段颠簸累积值的平均值、标准差、变异系数。

(2)测试速度。

(3)试验结果与国际平整度指数等其他平整度指标建立的相关关系式、参数值、相关系数。

(二)平整度指标间相互关系的建立

1. 国际平整度指数

平整度测定的方法和仪器很多,相应采用的指标也各不相同。为了使采用不同的方法和仪器测定的结果可以相互比较,需要寻找一个标准的(或通用的)平整度指标,它同其他平整度指标应有良好的相关关系。同时,采用反应类平整度仪测定时,为使测定结果具有时间稳定性,必须经常进行标定;而标定曲线的精度取决于标定路段采用的平整度指标同反应类测定系统的相关性。

为了解决上述问题,世界银行于 1982 年组织了巴(西)、英、美、法等国专家参加的国际研究小组,在巴西进行了大规模的路面平整度试验。在此基础上提出采用国际平整度指数(IRI)作为评价标准的建议。

国际平整度指数(IRI)是一项标准化的平整度指标。它同反应类平整度测定系统类似,但是采用的是数学模型模拟 1/4 车轮(即单轮,类似于拖车)以规定速度行驶在路面断面上,分析行驶距离内动态反应悬架系的累积竖向位移量。标准的测定速度规定为 80km/h,其测定结果的单位为 m/km。因而,这一指标与反应类仪器的平均调整坡 ARS 相似,称作参照平均调整坡(RARS80)。

求得每一个位置的变量值后,即可计算该位置的调整坡(RS)。

IRI 为路段长度内 RS 变量的平均值。因此,当每个断面点的调整被求得后,便可按下式计算 IRI:

$$IRI = \frac{1}{n-1}\sum_{i=1}^{n} RS_i \qquad (4-21)$$

上述计算过程已编制电算程序,在量测得到纵断面的高程资料后,便可按抽样点间距利用此程序计算该段路面平整度的国际平整度指数 IRI 值。

国际平整度指数 IRI 作为通用指标的效果,可以通过考察不同平整度测定方法的测定结果转换成以 IRI 表征后的一致性得到证实。国际平整度指数 IRI 的变化范围见图 4-33。

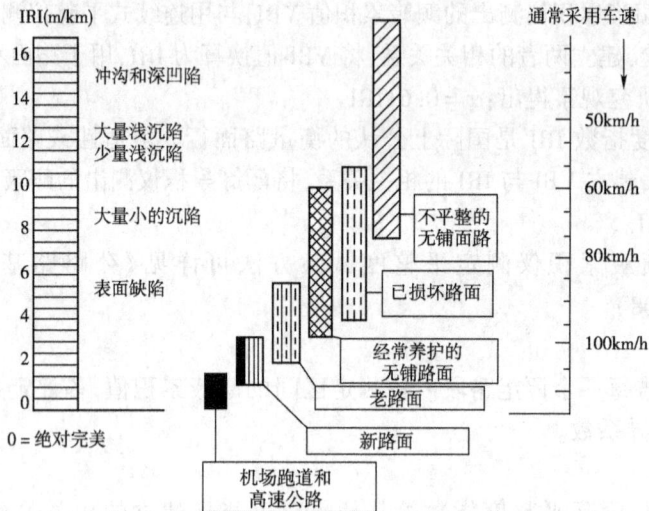

图 4-33　国际平整指数 IRI 变化范围

2. VBI 与其他平整度指标相关关系的建立

用车载式颠簸累积仪测定的 VBI 值需要与其他平整度指标(如连续式平整度仪测出的标准差、国际平整度指数 IRI 等)进行换算时,应将车载式颠簸累积仪的测试结果进行标定,即与相关的平整度仪测量结果建立相关关系,相关系数均不得小于 0.90。

为与其他平整度指标建立相关关系,选择的标定路段应符合下列要求:

(1)有5~6段不同平整度的现有道路,从好到坏不同程度地都应各有一段。

(2)每段路长宜为250~300m。

(3)每一段中的平整度应均匀,段内应无太大差别。

(4)标定路段应选纵坡变化较小的平坦、直线地段。

(5)选择交通量小或可以疏导的路段,减少标定时车辆的干扰。

标定路段起讫点用油漆作好标记,并每隔一定距离作中间标记,标定宜选择在行车道的正常轮迹上进行。

1)用连续式平整度仪进行标定

(1)用于标定的仪器应使用按规定进行校准后能准确测定路面平整度的连续式平整度仪。

(2)按现行操作规程用连续式平整度仪沿选择的每个路段全程连续测量平整度3~5次,取其平均值作为该路段的测试结果(以标准差表示)。

(3)用车载式颠簸累积仪沿各个路段进行测量,重复3~5次后,取其各次颠簸累积值的平均值作为该路段的测试结果,与平整度仪的各段测试结果相对应。标定时的测试车速应在30~50km/h范围内选用一种或两种稳定的车速分别进行,记录车速及搭载量,以后测试时的情况应与标定时的相同。

(4)整理相关关系。将连续式平整度仪测出的标准差 σ 及车载式颠簸累积仪测出的颠簸累积值 VBI_v 绘制出曲线并进行回归分析,建立相关关系:

$$\sigma = a + b \cdot VBI_v \tag{4-22}$$

式中:σ——用连续式平整度仪测定的以标准差表示的平整度,mm;

　　VBI_v——测试速度为 v 时用颠簸累积仪测得的累积值 VBI,cm/km;

　　a、b——回归系数。

2)将车载式颠簸累积仪测定结果换算成国际平整度指数的标定方法

(1)将所选择的标定路段在标记上每隔0.25m作出补充标记。

(2)在每个路段上用经过校准的精密水平仪分别测出每隔0.25m标点上的高程,计算国际平整度指数 IRI。

(3)用车载式颠簸累积仪测试得到各个路段的测试结果。

(4)将各个路段的国际平整度指数 IRI 与颠簸累积值 VBI_v 绘制出曲线并进行回归分析,建立相关关系:

$$IRI = a + b \cdot VBI_v \tag{4-23}$$

式中:IRI——国际平整度指数,m/km;

　　VBI_v——测试速度为 v 时颠簸累积仪测得的颠簸累积值, cm/km;

　　a、b——回归系数。

五、路面抗滑性能试验检测方法

路面抗滑性能是指车辆轮胎受到制动时沿表面滑移所产生的力。通常,抗滑性能被看作是路面的表面特性,并用轮胎与路面间的摩阻系数来表示。表面特性包括路表面细构造和粗构造,影响抗滑性能的因素有路面表面特性、路面潮湿程度和行车速度。

路表面细构造是指集料表面的粗糙度,它随车轮的反复磨耗而逐渐被磨光。通常采用石料磨光值(PSV)表征抗磨光的性能。细构造在低速(30~50km/h以下)时对路表抗滑性能起决定作用。而高速时主要起作用的是粗构造,它是由路表外露集料形成的构造,功能是使车轮下的路表水迅速排除,以避免形成水膜。粗构造由构造深度表征。

抗滑性能测试方法有:制动距离法、偏转轮拖车法(横向力系数测试)、摆式仪法、构造深度测试法(手工铺砂法、电动铺砂法、激光构造深度仪法)。其中路面的抗滑摆值是指用标准的手提式摆式摩擦系数测定仪测定的路面在潮湿条件下对摆的摩擦阻力。路表构造深度是指一定面积的路表面凹凸不平的开口孔隙的平均深度。路面横向摩擦系数是指用标准的摩擦系数测定车测定,当测定轮与行车方向成一定角度且以一定速度行驶时,轮胎与潮湿路面之间的摩擦阻力与试验轮上荷载的比值。

(一)构造深度测试方法

1.手工铺砂法

1)目的与适用范围

本方法适用于测定沥青路面及水泥混凝土路面表面的构造深度,用以评定路面表面的宏观粗糙度、路面表面的排水性能及抗滑性能。

2)仪器与材料

(1)人工铺砂仪:由量砂筒、推平板组成。

①量砂筒:形状尺寸如图4-34a)所示,一端是封闭的,容积为25mL±0.15mL,可通过称量砂筒中水的质量以确定其容积V,并调整其高度,使其容积符合要求。带一专门的刮尺将筒口量砂刮平。

②推平板:形状尺寸如图4-34b)所示,推平板应为木制或铝制,直径50mm,底面黏一层厚1.5mm的橡胶片,上面有一圆柱把手。

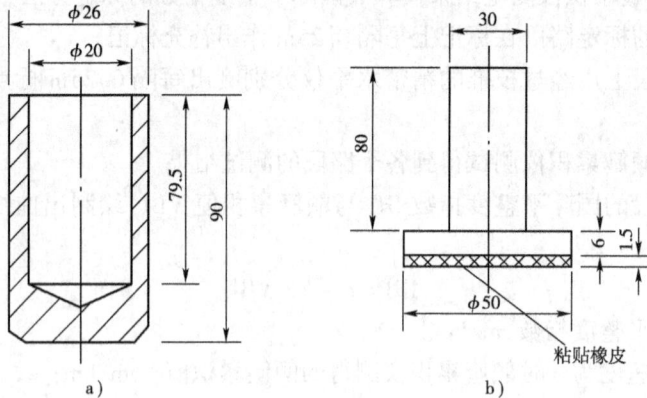

图4-34 量砂筒和摊平板示意图(尺寸单位:mm)
a)量砂筒;b)摊平板

③刮平尺:可用30cm钢尺代替。

(2)量砂:足够数量的干燥洁净的匀质砂,粒径为0.15~0.3mm。

（3）量尺：钢板尺与卷尺，或采用公式将直径换算成构造深度作为刻度单位的专用的构造深度尺。

（4）其他：装砂容器（小铲）、扫帚或毛刷、挡风板等。

3）方法与步骤

（1）准备工作如下：

①量砂准备：取洁净的细砂晾干、过筛，取 0.15~0.3mm 的砂置适当的容器中备用。量砂只能在路面上使用一次，不宜重复使用。回收砂必须经干燥、过筛处理后方可使用。

②对测试路段按随机取样选点的方法，决定测点所在横断面位置。测点应选在行车道的轮迹带上，距路面边缘不应小于 1m。

（2）试验步骤如下：

①用扫帚或毛刷子将测点附近的路面清扫干净，面积不小于 30cm×30cm。

②用小铲向圆筒中注满砂，手提圆筒上方，在硬质路面上轻轻地叩打 3 次，使砂密实，补足砂面用钢尺一次刮平。不可直接用量砂筒装砂，以免影响量砂密度的均匀性。

③将砂倒在路面上，用底面黏有橡胶片的推平板，由里向外重复做摊铺运动，稍稍用力将砂细心地尽可能地向外摊开，使砂填入凹凸不平的路表面的空隙中，尽可能将砂摊成圆形，并不得在表面上留有浮动余砂。注意摊铺时不可用力过大或向外推挤。

④用钢板尺测量所构成圆的两个垂直方向的直径，取其平均值，准确至 5mm。

⑤按以上方法，同一处平行测定不少于 3 次，3 个测点均位于轮迹带上，测点间距 3~5m。该处的测定位置以中间测点的位置表示。

4）计算

（1）路面表面构造深度测定结果按式（4-24）计算：

$$TD = \frac{1\,000V}{\pi D^2/4} = \frac{31\,831}{D^2} \tag{4-24}$$

式中：TD——路面表面构造深度，mm；

　　　V——砂的体积，25cm³；

　　　D——摊平砂的平均直径，mm。

（2）每一处均取 3 次路面构造深度的测定结果的平均值作为试验结果，准确至 0.1mm。

（3）计算每一个评定区间路面构造深度的平均值、标准差、变异系数。

5）报告

（1）列表逐点报告路面构造深度的测定值及 3 次测定的平均值，当平均值小于 0.2mm 时，试验结果以 <0.2mm 表示。

（2）每一个评定区间路面构造深度的平均值、标准差、变异系数。

2. 电动铺砂法

1）目的和适用范围

本方法适用于测定沥青路面及水泥混凝土路面表面构造深度，用以评定路面表面的宏观粗糙度及路面表面的排水性能和抗滑性能。

2）仪器与材料

（1）电动铺砂仪：利用可充电的直流电源将量砂通过砂漏铺设成宽度 5cm、厚度均匀一致的器具,如图 4-35 所示。

(2)量砂:足够数量的干燥洁净的匀质砂,粒径为 0.15～0.3mm。

(3)标准量筒:容积 50mL。

(4)玻璃板:面积大于铺砂器,厚 5mm。

(5)其他:直尺、扫帚、毛刷等。

3)方法与步骤

(1)准备工作如下:

①量砂准备:取洁净的细砂,晾干,过筛,取 0.15～0.3mm 的砂置适当的容器中备用。已在路面上使用过的砂如回收重复使用时应重新过筛并晾干。

②对测试路段按随机取样选点的方法,决定测点所在横断面的位置。测点应选在行车道的轮迹上,距路面边缘不应小于 1m。

(2)电动铺砂仪标定如下:

①将铺砂仪平放在玻璃板上,将砂漏移至铺砂器端部。

②将灌砂漏斗口和量筒口大致齐平。通过漏斗向量筒中缓缓注入准备好的量砂至高出量筒成尖顶状,用直尺沿筒口一次刮平,其容积为 50mL。

③将漏斗口与铺砂器砂漏上口大致齐平。将砂通过漏斗均匀倒入砂漏,漏斗前后移动,使砂的表面大致齐平,但不得用任何其他工具刮动砂。

④开动电动马达,使砂漏向另一端缓缓运动,量砂沿砂漏底部铺成图 4-36 所示的宽 5cm 的带状,待砂全部漏完后停止。

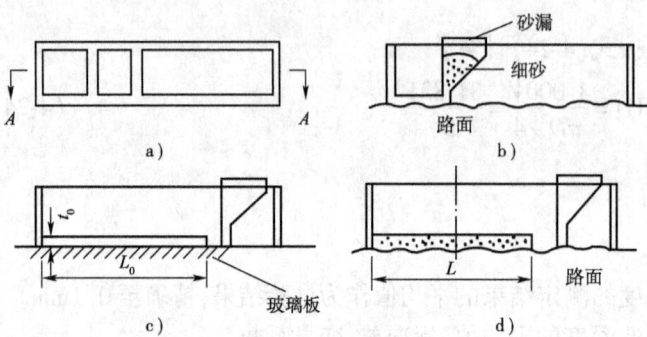

图 4-35 电动铺砂仪
a)平面图;b)A—A 断面;c)标定;d)测定

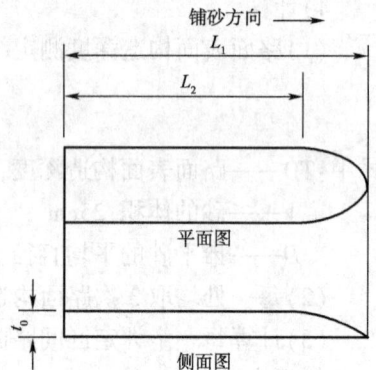

图 4-36 决定 L_0 的方法

⑤按图 4-36,依式(4-25)由 L_1 及 L_2 的平均值决定量砂的摊铺长度 L_0,精确至 1mm:

$$L_0 = (L_1 + L_2)/2 \tag{4-25}$$

式中:L_0——量砂的摊铺长度,mm;

L_1、L_2——见图 4-36,mm。

⑥重复标定 3 次,取平均值决定 L_0,精确至 1mm。

标定应在每次测试前进行,用同一种量砂,由同一试验员承担测试。

(3)测试步骤如下:

①将测试地点用毛刷刷净,面积大于铺砂仪。

②将铺砂仪沿道路纵向平稳地放在路面上,将砂漏移至端部。

③按上述电动铺砂器标定②～③相同的步骤,在测试地点摊铺50mL量砂,按图4-36的方法量取摊铺长度 L_1 及 L_2,由式(4-26)计算 L,准确至1mm。

$$L = (L_1 + L_2)/2 \qquad (4-26)$$

④按以上方法,同一处平行测定不少于3次,3个测点均位于轮迹带上,测点间距3～5m,该处的测定位置以中间测点的位置表示。

4)计算

(1)按下式计算铺砂仪在玻璃板上摊铺的量砂厚度 t_0:

$$t_0 = \frac{V}{B \times L_0} \times 1\,000 = \frac{1\,000}{L_0} \qquad (4-27)$$

式中: t_0——量砂在玻璃板上摊铺的标定厚度,mm;

　　V——量砂体积, $V = 50$mL;

　　B——铺砂仪铺砂宽度, $B = 50$mm;

　　L_0——玻璃板上50mL量砂摊铺的长度,mm。

(2)按下式计算路面构造深度 TD:

$$TD = \frac{L_0 - L}{L} \times t_0 = \frac{L_0 - L}{L \times L_0} \times 1\,000 \qquad (4-28)$$

式中:TD——路面的构造深度,mm;

　　L——路面上50mL量砂摊铺的长度,mm。

(3)每一处均取3次路面构造深度的测定结果的平均值作为试验结果,精确至0.1mm。

(4)计算每一个评定区间路面构造深度的平均值、标准差、变异系数。

5)报告

(1)列表逐点报告路面构造深度的测定值及3次测定的平均值,当平均值小于0.2mm时,试验结果以 <0.2mm 表示。

(2)每一个评定区间路面构造深度的平均值、标准差、变异系数。

(二)摆式仪测定路面抗滑值试验方法

1. 目的和适用范围

本方法适用于以摆式摩擦系数测定仪(摆式仪)测定沥青路面及水泥混凝土路面的抗滑值,用以评定路面在潮湿状态下的抗滑能力。

2. 仪器与材料

(1)摆式仪:形状及结构如图4-37所示,摆及摆的连接部分总质量为1 500g ±30g,摆动中心至摆的重心距离为410mm ±5mm,测定时摆在路面上滑动长度为126mm ±1mm,摆上橡胶片端部距摆动中心的距离为508mm,橡胶片对路面的正向静压力为22.2N ±0.5N。

(2)橡胶片:用于测定路面抗滑值时的尺寸为6.35mm×25.4mm×76.2mm,橡胶质量应符合表4-33的要求。当橡胶片使用后,端部在长度方向上磨损超过1.6mm或边缘在宽度方向上磨耗超过3.2mm,或有油污染时,即应更换新橡胶片。新橡胶片应先在干燥路面上测10次后再用于测试。橡胶片的有效使用期为1年。

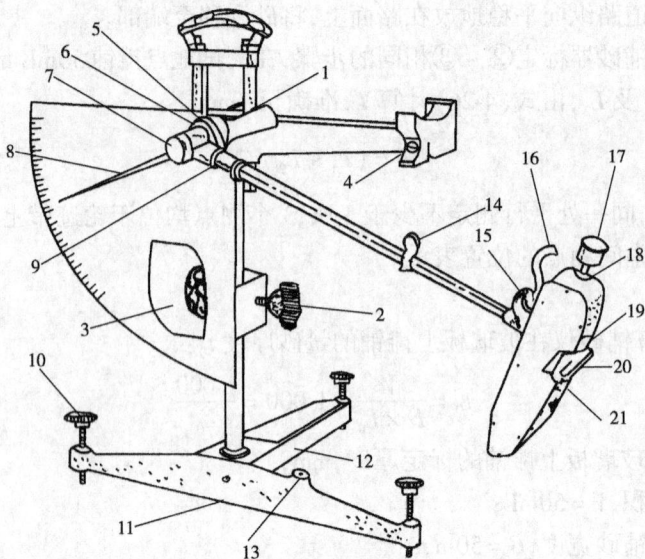

图 4-37 摆式仪结构图

1、2-紧固把手;3-升降把手;4-释放开关;5-转向节螺盖;6-调节螺母;7-针簧片或毡垫;8-指针;9-连接螺母;10-调平螺栓;11-底座;12-垫块;13-水准泡;14-卡环;15-定位螺钉;16-举升柄;17-平衡锤;18-并紧螺母;19-滑溜块;20-橡胶片;21-止滑螺钉

橡胶物理性质技术要求 表 4-33

性能指标	温 度(℃)				
	0	10	20	30	40
弹性	43~49	58~65	66~73	71~77	74~79
硬度	55±5				

(3)标准量尺:长 126mm。

(4)洒水壶。

(5)橡胶刮板。

(6)路面温度计:分度不大于 1℃。

(7)其他:皮尺或钢卷尺、扫帚、粉笔等。

3．方法与步骤

1)准备工作

(1)检查摆式仪的调零灵敏情况,并定期进行仪器的标定。当用于路面工程检查验收时,仪器必须重新标定。

(2)对测试路段按随机取样方法,决定测点所在横断面位置。测点应选在行车车道的轮迹带上,距路面边缘不应小于 1m,并用粉笔作出标记。测点位置紧靠铺砂法测定构造深度的测点位置,并与其一一对应。

2)试验步骤

(1)仪器调平:

①将仪器置于路面测点上,并使摆的摆动方向与行车方向一致。

②转动底座上的调平螺栓,使水准泡居中。

（2）调零：

①放松上、下两个紧固把手,转动升降把手,使摆升高并能自由摆动,然后旋紧紧固把手。

②将摆向右运动,按下安装于悬臂上的释放开关,使摆上的卡杯进入开关槽,放开释放开关,摆即处于水平位置,并把指针抬至与摆杆平行处。

③按下释放开关,使摆向左带动指针摆动,当摆达到最高位置后下落时,用左手将摆杆接住,此时指针应指向零。若不指零时,可稍旋紧或放松摆的调节螺母,重复本项操作,直至指针指零。调零允许误差为±1BPN。

（3）校核滑动长度：

①用扫帚扫净路面表面,并用橡胶刮板清除摆动范围内路面上的松散粒料。

②让摆自由悬挂,提起摆头上的举升柄,将底座上垫块置于定位螺钉下面,使摆头上的滑溜块升高。放松紧固把手,转动立柱上升降把手,使摆缓缓下降。当滑块上的橡胶片刚刚接触路面时,即将紧固把手旋紧,使摆头固定。

③提起举升柄,取下垫块,使摆向右运动。然后,手提举升柄使摆慢慢向左运动,直至橡胶片的边缘刚刚接触路面。在橡胶片的外边摆动方向设置标准尺,尺的一端正对准该点,再用手提起举升柄,使滑溜块向上抬起,并使摆继续运动至左边,使橡胶片返回落下再一次接触地面,橡胶片两次同路面接触点的距离应在126mm(即滑动长度)左右。若滑动长度不符合标准时,则升高或降低仪器底正面的调平螺栓来校正,但需调平水准泡,重复此项校核直至滑动长度符合要求,而后,将摆和指针置于水平释放位置。

校核滑动长度时应以橡胶片长边刚刚接触路面为准,不可借摆的力量向前滑动,以免标定的滑动长度过长。

（4）用喷壶的水浇洒试测路面,并用橡胶板刮除表面泥浆。

（5）再次洒水,并按下释放开关,便摆在路面滑过,指针即可指示出路面的摆值。但第一次测定,不作记录。当摆杆回落时,用左手接住摆,右手提起举升柄使滑溜块升高,将摆向右运动,并使摆杆和指针重新置于水平释放位置。

（6）重复（5）的操作测定5次,并读记每次测定的摆值,即BPN,5次数值中最大值与最小值的差值不得大于3BPN。如差数大于3BPN,应检查产生的原因,并再次重复上述各项操作,至符合规定为止。取5次测定的平均值作为每个测点路面的抗滑值(即摆值F_B),取整数,以BPN表示。

（7）在测点位置上用路表温度计测记潮湿路面的温度,精确至1℃。

（8）按以上方法,同一处平行测定不少于3次,3个测点均位于轮迹带上,测点间距3～5m。该处的测定位置以中间测点的位置表示。每一处均取3次测定结果的平均值作为试验结果,精确至1BPN。

4. 抗滑值的温度修正

当路面温度为T时测得的值为F_{BT},必须按下式换算成标准温度20℃的摆值F_{B20}：

$$F_{B20} = F_{BT} + \Delta F \tag{4-29}$$

式中：F_{B20}——换算成标准温度20℃时的摆值,BPN；

F_{BT}——路面温度时测得的摆值,BPN；

T——测定的路表潮湿状态下的温度，℃；

ΔF——温度修正值，按表4-34选用。

温 度 修 正 值 表4-34

温度 T(℃)	0	5	10	15	20	25	30	35	40
温度修正值 ΔF	−6	−4	−3	−1	0	+2	+3	+5	+7

5. 报告

(1)测试日期、测点位置、天气情况、洒水后潮湿路面的温度，并描述路面类型、外观、结构类型等。

(2)列表逐点报告路面抗滑值的测定值 F_{BT}、经温度修正后的 F_{B20} 及3次测定的平均值。

(3)每一个评定路段路面抗滑值的平均值、标准差、变异系数。

(三)摩擦系数测定车测定路面横向力系数试验方法

1. 目的适用范围

本方法适用于以标准的摩擦系数测定车测定沥青路面或水泥混凝土路面的横向力系数，测试结果可作为竣工验收或使用期评定路面抗滑能力的依据。

2. 仪器与材料

本试验需要下列仪器设备：

(1)摩擦系数测定车：SCRIM 型，结构示意如图4-38所示，由车辆底盘、测量机构、供水系统、荷载传感器、仪表及操作记录系统、标定装置等组成。测定车应符合下列要求：

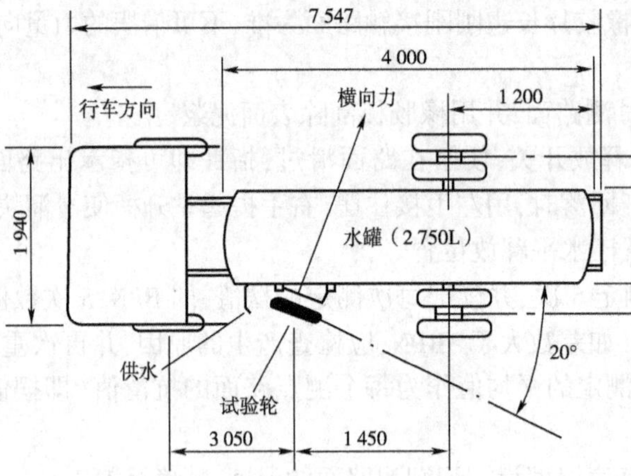

图4-38 横向摩擦系数测定机构示意图(尺寸单位:mm)

①测量机构:可以在单侧或双侧各安装一套，测试轮与车辆行驶方向成20°角，作用于测试轮上的静态标准荷载为2kN。测试轮胎应为3.00~20的光面轮胎，其标准气压为0.35MPa±0.01MPa。当轮胎直径减少达6mm时(每个测试轮约测350~400km需更换)，需要换新轮胎。

②测定车辆轮胎气压应符合所使用汽车规定的标准气压范围。

③能控制洒水量，使路面水膜厚度不得小于1mm。通常测量速度为50km/h时，水阀开启量宜为50%，测量速度为70km/h时，宜为70%，其余类推。

（2）备用轮胎等备件。

3．方法与步骤

1）准备工作

（1）按照仪器设备技术手册或使用说明书对测定系统进行标定。仪器设备进行标定、检查时，必须在关闭发动机的情况下进行。标定按 SFC 值 10、20、30、…、100 的不同档次进行，量程为 100 时的示数误差不得超过 ±2。

（2）检查横向摩擦系数测定车系统的各项参数是否符合要求，检查外部警告标示是否正常。

（3）储存罐灌水。

（4）将测试轮安装牢固且保持在升起的位置上。

（5）将记录装置处于正常使用状态，安装足够的打印纸。打开记录系统预热不少于 10min。

（6）根据需要确定采用连续测定或断续测定，以及每公里测定的长度。选择并设定"计算区间"，即输出一个测定数据的长度。标准的计算区间为 20m，根据要求也可选择为 5m 或 10m。

（7）根据要求设定为单轮测试或双轮测试。

（8）输入所需的说明性预设数据，如测试日期、路段编号、里程桩号等。

（9）发动车辆驶向测试地段。

2）测定步骤

（1）在测试路段起点前约 500m 处停住，开机预热不少于 10min。

（2）降下测试轮，打开水阀检查水流情况是否正常及水流是否符合需要，检查仪表各项指数是否正常，然后升起测试轮。

（3）将车辆驶向测试路段，提前 100～200m 处降下测试轮。测定车的车速可根据公路等级的需要选择。除特殊情况外，标准车速为 50km/h，测试过程中必须保持匀速。

（4）进入测试段后，按开始键，开始测试。在显示器上监视测试运行变化情况，检查速度、距离有无反常波动，当需要标明特征（如桥位、路面变化等）时，操作功能键插入到数据流中，整公里里程桩上也应作相应的记录。

4．测试数据处理

测定的摩擦系数数据存储在磁盘或磁带中，摩擦系数测定车 SCRIM 系统配有专门数据处理程序软件，可计算和打印出每一个计算区间的摩擦系数值、行程距离、行驶速度、统计个数、平均值及标准差，同时还可打印出摩擦系数的变化图。

评定路段内的路面横向力系数按 SFC 的设计或验收标准值进行评定。

横向力系数 SFC 代表值为 SFC 算术平均值的下置信界限值，即：

$$SFC_r = \overline{SFC} - \frac{t_a S}{\sqrt{n}} \tag{4-30}$$

式中：SFC_r——SFC 代表值；

$\overline{SFC}$——SFC 平均值；

n——采集数据样本数量；

t_a——t 分布表中随测点数和保证率(或置信度 a)而变的系数,采用的保证率:高速公路、一级公路为 95%;其他公路为 90%。

当 SFC 代表值不小于设计或验收标准时,以所有单个 SFC 值统计合格率;当 SFC 代表值小于设计或标准值时,该路段为零分。

5. 报告

(1)测试路段名称及桩号、公路等级、测试日期、天气情况、路面在潮湿状态下的路表温度,描述路面结构类型及外观等。

(2)测试过程中交叉口、转弯等特殊路段及里程桩号的记录。

(3)数据处理打印结果,包括各测点路面摩擦系数值、行程距离、行驶速度,每一个评定路段路面摩擦系数值统计个数、平均值、标准差、变异系数。

(4)公路沿线摩擦系数的变化图,不同摩擦系数区间的路段长度占总测试里程百分比的统计表。

(四)抗滑性能检测中应注意的问题

(1)在使用摆式仪前必须按照说明书或者按照《公路工程集料试验规程》(JTG E42—2005)中的方法对摆式仪进行标定,否则所测数据缺乏可靠性。

(2)用摆式仪法测定时"标定滑动长度"是一个非常重要的环节,标定时应取滑溜块与路面正好轻轻接触的点进行量取。切不可给摆锤一个力,让它有滑动后再量取,这样标定,则滑动长度偏长,所测摆值偏大。

(3)在用手工铺砂法测路面构造深度时,不同的人进行测试,所测结果往往差别较大,其原因较多,例如装砂的方法不标准,摊砂用的推平板不标准,最主要的是砂摊开到多大程度为止,各人掌握不一。为了使测试结果准确可靠,在前面介绍时对容易产生误差的地方都有明确的规定,且摊开时用"尽可能向外摊平使砂填入凹凸不平的路表面空隙中,在地表面上形成一薄层"的提法。测试时应严格掌握操作方法中的细节问题。

六、路面结构层厚度试验检测方法

在路面工程中,各个层次的厚度是和道路整体强度密切相关的。在路面设计中,不管是刚性路面,还是柔性路面,其最终要决定的,都是各个层次的厚度,只有在保证厚度的情况下,路面的各个层次及整体的强度才能得到保证。除了能保证强度外,严格控制各结构层的厚度、还能对路面的高程起到一定的控制作用,是一个非常重要的指标。所以在《公路工程质量检验评定标准》(JTG F80/1—2004)中,路面各个层次的厚度的分值较高。

路面各结构层厚度的检测一般与压实度同时进行,当用灌砂法进行压实度检查时,可量取挖坑灌砂深度即为结构层厚度。当用钻芯取样法检查压实度时,可直接量取芯样高度。结构层厚度也可以采用水准仪量测法求得,即在同一测点量出结构层底面及顶面的高程,然后求其差值。这种方法无需破坏路面,测试精度高。目前,国内外还用雷达、超声波等方法检测路面结构层厚度。

对于基层或砂石路面的厚度可用挖坑法测定,沥青面层与水泥混凝土路面板的厚度应用钻孔法测定。

(一)厚度检测方法

1. 挖坑法

(1)根据现行规范的要求,随机取样决定挖坑检查的位置。如为旧路,该点有坑洞等显著缺陷或接缝时,可在其旁边检测。

(2)选一块约40cm×40cm的平坦表面作为试验地点,用毛刷将其清扫干净。

(3)根据材料坚硬程度,选择镐、铲、凿子等适当的工具,开挖这一层材料,直至层位底面。在便于开挖的前提下,开挖面积应尽量缩小,坑洞大体呈圆形,边开挖边将材料铲出,置于搪瓷盘中。

(4)用毛刷将坑底清扫,确认坑底面为下一层的顶面。

(5)将钢板尺平放横跨于坑的两边,用另一把钢尺或卡尺等量具在坑的中部位置垂直伸至坑底,测量坑底至钢板尺的距离,即为检查层的厚度,以cm计,精确至0.1cm。

2. 钻孔取样法

(1)根据现行规范的要求,随机取样决定挖坑检查的位置。如为旧路,该点有坑洞等显著缺陷或接缝时,可在其旁边检测。

(2)用路面取芯钻孔机钻孔,芯样的直径应为100mm。如芯样仅供测量厚度,不作其他试验,对沥青面层与水泥混凝土板也可用直径50mm的钻头,对基层材料有可能损坏试件时,也可用直径150mm的钻头,但钻孔深度必须达到层厚。

(3)仔细取出芯样,清除底面灰尘,找出与下层的分界面。

(4)用钢板尺或卡尺沿周围对称的十字方向四处量取表面至上下层界面的高度,取其平均值,即为该层的厚度,精确至0.1cm。

(二)填补试坑或钻孔

补填工序如有疏忽,易成为隐患而导致开裂,因此,所有挖坑、钻孔均应仔细填好。按下列步骤用取样层的相同材料填补试坑或钻孔:

(1)适当清理坑中残留物,钻孔时留下的积水应用棉纱吸干。

(2)对无机结合料稳定层及水泥混凝土路面板,按相同配比用新拌的材料填补,并用小锤击实。水泥混凝土中直接加少量快凝早强的外掺剂。

(3)对无结合料粒料基层,可用挖坑时取出的材料,适当加水拌和后分层填补,并用小锤击实。

(4)对正在施工的沥青路面,用相同级配的热拌沥青混合料分层填补,并用加热的铁锤或热夯压实。旧路钻孔也可用乳化沥青混合料修补。

(5)所有补坑结束时,宜比原面层略鼓出少许,用重锤或压路机压实平整。

(三)结构层厚度的评定

(1)路面厚度是关系质量和造价的重要指标,既不能给承包商提供偷工减料的可能机会,又要考虑正常施工条件下的厚度偏差情况,采用平均值的置信下限作为否决指标,单点合格值作为扣分指标。

(2)计算一个评定路段检测的厚度的平均值、标准差、变异系数,并计算代表厚度。厚度代表值按式(4-31)计算:

$$x_1 = \bar{x} - \frac{t_a S}{\sqrt{n}} \tag{4-31}$$

式中：x_1——厚度代表值；

$\bar{x}$——厚度平均值；

S——标准差；

n——检测数量；

t_a——t 分布在表中随测点和保证率（或置信度 a）而变的系数，采用保证率：高速公路、一级公路：基层、底基层为 99%，面层为 95%；其他公路：基层、底层为 95%，面层为 90%。

（3）当厚度代表值大于或等于设计厚度减代表值允许偏差时，则按单个检查值的偏差不超过单点合格值来评定合格率和计算应得分数；当厚度代表值小于设计厚度减去代表值允许偏差时，则厚度指标评为零分。

（4）沥青面层一般按沥青铺筑层总厚度进行评定，但高速公路和一级公路多分 2～3 层铺筑，还应进行上面层厚度检查和评定。

七、沥青路面渗水性能检测方法

沥青路面铺筑的其中一个基本点是沥青层能够基本上封闭雨水的下渗，即路面必须具有良好的防渗水性，如果路面渗水严重，则沥青混合料和路面的耐久性将大幅降低。因此，沥青路面渗水性能成为反映沥青混合料级配组成的一个间接指标。如果整个沥青面层均透水，则表面水势必透入基层或路基，大幅降低路面承载能力，且易导致水损害快速出现。而沥青面层中至少有一层不透水，且表面层能透水，则表面水能及时下渗，不致形成水膜，提高抗滑性能，减少噪声，如 OGFC 等透水型路面。

沥青路面渗水性能通常用渗水系数表征，渗水系数是指在规定的水头压力下，水在单位时间内通过一定面积的路面渗入下层的数量，单位为 mL/min。

研究与实践表明，路面渗水系数与空隙率有很大关系，通常剩余空隙率越大，路面渗水系数越大，路面渗水越严重。但同样的空隙率，路面的渗水情况却不同，因为空隙率包括了开空隙和闭空隙，而只有开空隙才能够透水。由此可见，渗水系数与空隙率又是性质不同的两项指标，控制好空隙率和压实度，并不能完全保证渗水性能。同时，渗水系数非常直观，所以很多国家越来越重视直接检查渗水系数。

由于路面在使用过程中，灰尘极易堵塞空隙，使渗水试验无法做好，因此，渗水系数测试应在路面施工结束后进行。同时，对于公称最大粒径大于 26.5mm 的下面层或基层混合料，由于渗水系数的测定方法及指标问题，不适用于渗水系数的测定。

沥青路面渗水试验方法如下。

1. 目的和适用范围

本方法适用于路面渗水仪测定沥青路面的渗水系数。

2. 仪器与材料

（1）路面渗水仪：形状及尺寸如图 4-39 所示，上部盛水量筒由透明有机玻璃制成，容积 600mL，上有刻度，在 100mL 及 500mL 处有粗标线，下方通过 φ10mm 的细管与底座相接，中间有一开关。量筒通过支架连接,底座下方开口内径150mm,外径165mm,仪器附压重铁圈两个,每个质量约5kg,内径160mm。

(2)水桶及大漏斗。

(3)秒表。

(4)密封材料:玻璃腻子、油灰或橡皮泥。

(5)其他:水、红墨水、粉笔、扫帚等。

3. 方法与步骤

1)准备工作

(1)在测试路段的行车道面上,按随机取样方法选择测试位置,每一个检测路段应测定5个测点,用扫帚清扫表面,并用粉笔画上测试标记。

(2)在洁净的水桶内滴入几点红墨水,使水成淡红色。

(3)装妥路面渗水仪。

2)试验步骤

(1)将清扫后的路面用粉笔按测试仪器底座大小画好圆圈记号。

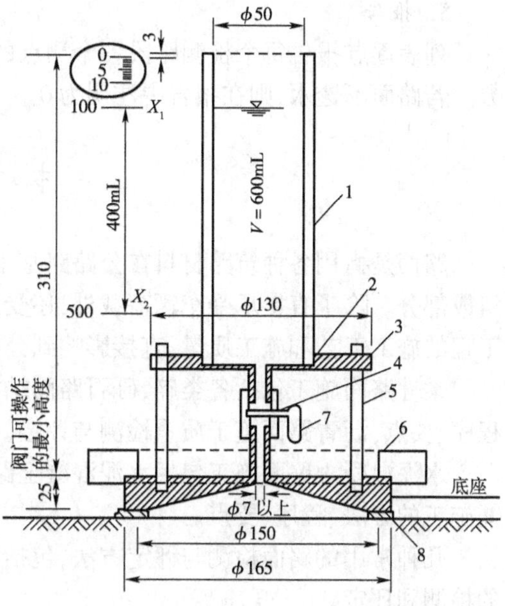

(2)在路面上沿底座圆圈抹一薄层密封材料,边涂边用手压紧,使密封材料嵌满缝隙且牢固地黏结在路面上,密封料圈的内径与底座内径

图4-39　渗水仪结构图(尺寸单位:mm)
1-透明有机玻璃筒;2-螺纹连接;3-顶板;4-阀;5-立柱支架;6-压重铁圈;7-把手;8-密封材料

相同,约150mm,将组合好的渗水试验仪底座用力压在路面密封材料圈上,再加上压重铁圈压住仪器底座,以防止水从底座与路面间流出。

(3)关闭细管下方的开关,向仪器的上方量筒中注入淡红色的水至满,总量为600mL。

(4)迅速将开关全部打开,水开始从细管下部流出,待水面下降100mL时,立即开动秒表,每间隔60s,读记仪器管的刻度一次,至水面下降500mL时为止。测试过程中,如水从底座与密封材料间渗出,说明底座与路面密封不好,应移至附近干燥路面处重新操作。如水面下降速度很慢,从水面下降至100mL开始,测得3min的渗水量即可停止。若试验时水面下降至一定程度后基本保持不动,说明路面基本不透水或根本不透水,则在报告中注明。

(5)按以上步骤在同1个检测路段选择5个测点测定渗水系数,取其平均值,作为检测结果。

4. 计算

沥青路面的渗水系数按式(4-32)计算,计算时以水面从100mL下降至500mL所需的时间为标准,若渗水时间过长,亦可采用3min通过的水量计算:

$$C_{W} = \frac{V_2 - V_1}{t_2 - t_1} \times 60 \qquad (4\text{-}32)$$

式中:C_{W}——路面渗水系数,mL/min;

V_1——第一次读数时的水量,mL;通常为100mL;

V_2——第二次读数时的水量,mL;通常为500mL;

t_1——第一次读数时的时间, s;

t_2——第二次读数时的时间, s。

5. 报告

列表逐点报告每个检测路段各个测点的渗水系数,及 5 个测点的平均值、标准差、变异系数。若路面不透水,则在报告中注明为 0。

本 章 小 结

路面是指用各种筑路材料在公路路基上供车辆行驶的构造物。是道路工程中的一个重要组成部分。除了直接承受车辆荷载外,还受到温度、水、阳光和空气等自然因素的影响。路面工程的施工工艺和施工质量,直接影响到公路的行车速度、运输成本、行车安全、舒适性。

柔性路面施工包括各类碎、砾石路面结构,各类稳定土基层、垫层,沥青路面的施工方法、程序、要点,沥青路面施工质量检测与评定。

水泥混凝土路面施工包括水泥混凝土路面小型机具配套施工、轨道式摊铺机施工、滑模摊铺施工的方法、程序、要点。

几种常用的路面检测与评定方法,包括压实度、回弹弯沉、平整度、抗滑性、渗水性等试验的检测和评定。

复习与思考

1. 简述透层沥青、黏层沥青、沥青封层施工的要点。

2. 简述沥青表处施工的要点。

3. 简述沥青贯入式施工的要点。

4. 试述热拌沥青混合料施工的要点。

5. 试述 SMA 沥青玛蹄脂路面施工的要点。

6. 简述多碎石沥青混凝土表面层施工的要点。

7. 简述水泥混凝土路面小型机具配套施工的要点。

8. 简述水泥混凝土路面轨道式摊铺机施工的要点。

9. 简述水泥混凝土路面滑模摊铺施工的要点。

10. 试述沥青混合料标准密度的取值及试验方法。

11. 简述钻芯法测沥青路面现场压实度的要点。

12. 简述贝克曼架法测定回弹弯沉值的要点。

13. 评述路面平整度常见的测试方法。

14. 试述路面抗滑性能的测试方法及其测试原理。

15. 试述渗水系数测试的必要性及测试要点。

第五章 涵 洞 施 工

> **本章知识点**
> 1. 各种类型涵洞的施工技术；
> 2. 各类型涵洞的防水处理方法；
> 3. 沉降缝设置的原则和施工注意事项。

第一节 钢筋混凝土盖板涵的施工

一、施工放样

1. 中心点及纵横轴线

对于涵洞，设计资料一般会绘出中心桩号、斜交角、涵长等，根据这些资料，可以测设涵洞中心桩以及轴线。涵洞施工中的测量工作主要是测设涵洞中心桩位以及涵洞轴线方向。

涵洞大多数位于干沟或小溪流中，施工定位比较简单，涵洞基础定位即测设涵洞中心桩。通常可以利用离桥涵最近的已经测设的中桩位置，计算涵洞中心到前后中桩的距离，采用直接丈量的方法测设，如图 5-1 所示。

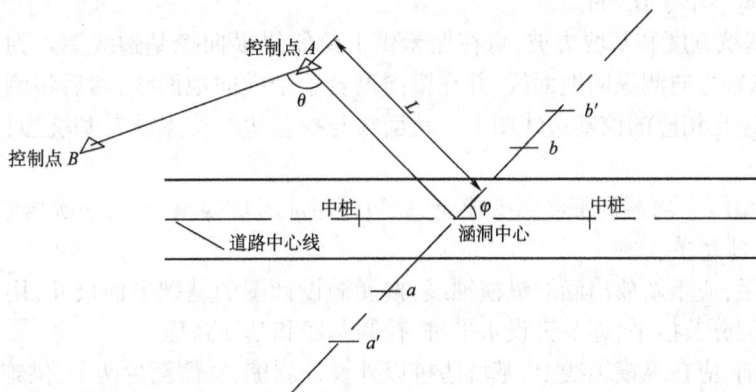

图 5-1 涵洞中心桩位及轴线测设

对于附近有可以利用路线附近的导线，根据计算的涵洞中心坐标，计算距离和夹角，采用极坐标的放样方法测设涵洞中心，如图 5-1 所示，将经纬仪安置在控制点 A 上，后视导线点 B，然后将照准部旋转 θ 角，即为涵洞中心所在方向，在此方向上从 A 点开始量取水平距离 L 所得的就是要测设的涵洞中心。

根据涵洞轴线与路线方向是否垂直,涵洞分为正交涵洞与斜交涵洞。正交涵洞的轴线是垂直于路线中线的,而斜交涵洞的轴线是与路线中线前进方向的右侧成斜交角的直线。按路线前进方向与水流方向的右侧交角,测出涵洞轴线方向如图5-2所示。

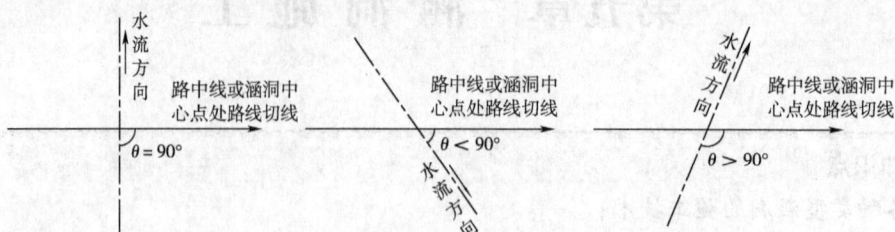

图 5-2

对于正交涵洞,在涵洞中心位置确定以后,将经纬仪架设在涵洞中心桩,后视路线方向,盘左、盘右旋转 90°(或 270°),取其平均位置,即为涵洞轴线方向。为了方便在施工过程中恢复轴线,一般在轴线方向设立护桩 a' 和 b'。

对于斜交涵洞,在涵洞中心位置确定以后,将经纬仪架设在涵洞中心桩,后视路线方向,盘左、盘右旋转 θ(或 $180° - \theta$),取其平均位置,即为涵洞轴线方向。

如果附近有导线点可以利用,也可以根据设计资料,确定轴线上某两点 a 和 b(即确定涵洞中心沿轴线到 a、b 的距离,a、b 应在涵洞边线外侧)的坐标,如图 5-1 所示,然后可以利用极坐标的方法测设 a 和 b 的实际位置。

2. 基坑放样

(1)基坑边坡的坡度。为了减少挖基数量,可根据土质情况比照明挖基础基坑坑壁坡度适当放坡。如边坡较低,也可考虑垂直开挖,但必须在土质较好的无水地点。

(2)基坑宽度:有水基坑一般是比照涵洞基底尺寸每边放宽不宜小于 0.8m;无水土质基坑底面每边放宽不小于 0.5m。

(3)根据基坑宽度和基坑边坡,可在厘米纸上绘制纵横向挖基边线图。到实地放基坑边桩时,在涵洞纵轴方向测纵向地面线,并在横向测若干个横向地面线;然后将测得的地面线按同一比例尺套绘在相应的挖基边线图上。地面线与挖基边线交点就是基坑边桩位置,可据此进行基坑放样。

(4)如遇地质不良,涵洞基底需要换土,放边桩时应考虑换填厚度,一次放够尺寸。

3. 涵洞基础放样

基坑挖好后,应重新放出涵洞纵横轴线,按涵洞设计图的基础平面尺寸,用钢尺丈量准确放样。并按涵洞分节抄平,逐节钉设水平桩,控制基底和基顶高程。

基坑开挖前,应在纵横轴线上,基坑边桩以外设控制桩,每侧至少两个,供施工中随时校核放样之用,如图5-3 所示。

为了施工方便,可在涵洞附近设临时水准点。

二、砌筑基础

1. 挖基

基坑的开挖应根据土质、基坑深度、工期以及有无地下水或地表水等因素,采用人工或机

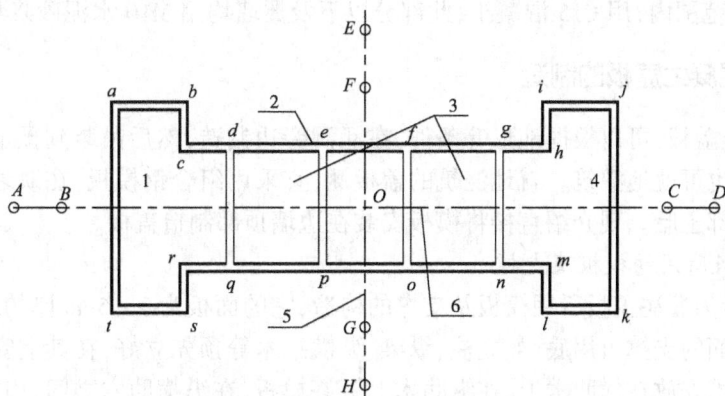

图 5-3 涵洞基础放样平面示意图

$A \sim H$-纵横轴线控制桩；$a \sim t$-基础放样桩；O-涵洞中心点；

1-进口节基础；2-基坑底边线；3-洞身基础；4-出口节基础；5、6-涵洞横(纵)向轴线

械挖基。挖基要领、运土与弃土,可比照明挖基础施工的有关规定和要求办理。

基底高程必须按设计(包括预留上拱度)严格控制,一切松散浮土必须清除,若有局部超挖之处,不能用松土填补,只能在砌筑基础时调平。如基底不够密实,可进行原地面夯实,或夯填一层卵、碎石。

基坑挖开后,如发现土质与设计资料不符或有疑问时,应在基底高程处取土样做土工试验;对于土质和结构复杂的涵洞,必要时可在基底做载重试验来确定地基承载力。基础砌筑前,应经过检查部门的检验(或委托检验),并在工程检查证上签字后才能砌筑基础。

2. 砌筑基础

涵洞基础如是就地灌筑混凝土,必须根据基础放样线立模板,然后灌筑混凝土;如基础是浆砌片石,则依据基础放样线在基坑底面上钉小木桩,作为砌筑时的依据,并在基础应砌筑的高度上钉几个横向木桩,桩上钉钉,拉水平细线以控制基顶高程。

基础的砌筑还应按设计图纸的要求留出沉降缝的位置,在灌筑基础混凝土时,可用沥青浸制木板作隔板和混凝土一起灌筑在基础中。如施工时不用木板,沉降缝亦可用黏土填塞。如基础是浆砌片石,沉降缝处砌筑端面应垂直、整齐、方正、不得交错;填塞物应紧密填实。当基础不厚,在砌完后用黏土填满沉降缝。如基础较厚,可边砌边填黏土,并在流水面边缘以 1:3 水泥砂浆填塞,深约 150 mm 。

沿涵洞中心线左右侧各 1/2 孔径范围内的基顶形状,应与流水槽形状相符,在砌筑基础时,一般在流水槽部分少砌 $1 \sim 2cm$,以后再抹 $1 \sim 2cm$ 的水泥砂浆形成平顺的流水槽。

三、砌筑边墙

砌筑边墙可以分段进行,各段砌筑的先后次序不必加以严格限制,只需根据施工的方便为原则。

为了严格掌握边墙断面尺寸,当在基顶已放好边墙底平面尺寸后,利用木板条制成边墙断面挂线样板,把它固定在沉降缝的位置上,挂上线绳作为砌筑时的依据。为了防止它走动,应经常检查边墙的沉降缝和基础沉降缝的位置是否一致,以确保工程质量。边墙顶部与盖板接

触面以下 0.4m 范围内,用 C15 混凝土,此部分以下及翼墙均用 M10 水泥砂浆浆砌片石。

四、钢筋混凝土盖板的制造

钢筋混凝土盖板,可以根据地形等条件,在涵洞旁边制造,然后吊装到预定的位置上。当无起吊设备时,也可就地灌筑。就地浇筑的盖板涵,宜采用组合钢模板,在缺乏钢木材料的情况下,可采用全部土胎。现介绍直接将模板安装在边墙顶部制造盖板。

1. 灌筑盖板所用的模板及支撑

图 5-4 所示为灌注盖板所用模板及支撑的构造,它的面板为 3 ~ 5cm 厚的木板,钉在纵向的直肋木上,下面的支撑可用底梁、立柱、纵梁、纵横拉木等预先立好,在其上安装模板的横肋木,然后将纵肋木安放在横肋木上,在纵肋木上钉好模板,在纵横肋木之间,用楔木找平挤牢,以便拆卸。

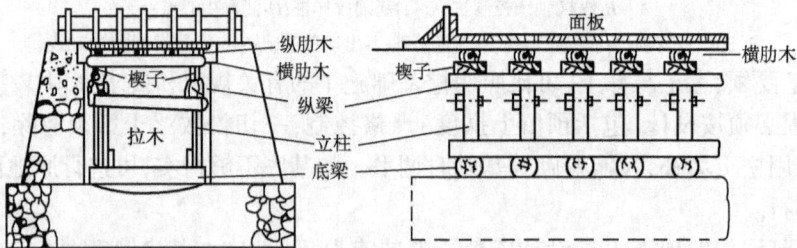

图 5-4 灌注盖板所用模板及支撑

2. 钢筋的弯制

按设计图的钢筋类型、尺寸、形状等要求弯制成型,安装绑扎成钢筋骨架。应特别注意留有 2 ~ 3cm 厚的钢筋保护层。

3. 混凝土的灌筑、养护与拆模

按混凝土的施工有关规定办理。

五、涵洞口建造

涵洞口部分包括端墙及翼墙,应按图纸尺寸、形状及材料要求施工,砌筑后外表应平整,作镶面并以 M10 水泥砂浆勾缝。

六、防水层的铺设

钢筋混凝土盖板涵,洞顶填土高小于 1.0 m 时,则盖板顶面至盖板底面以下 0.2 m 之两侧边墙外,均需铺设甲种防水层,其构造、规格要求如表 5-1 所示。如洞顶填土高不小于 1.0 m 时,应在基础襟边以上所有被土掩埋部分仅须涂沥青两次(即丙种防水层)。采用甲种防水层的涵洞之两侧及其他涵洞之顶面及两侧,在防水层外面应用不透水的土壤作成厚 15 ~ 20cm 的通长保护层。缺乏不透水土壤时,也可以免设。西北雨水极少地区及其他类似地区,在防水材料缺乏的情况下,洞顶填土高小于 1.0 m 的钢筋混凝土盖板涵可采用乙种防水层,如表 5-1 所示。铺设防水层时应使圬工表面清刷干净,圬工干燥后再铺设,以防因水分蒸发致使防水层和底层脱离而丧失防水作用。施工人员在熬制及铺设沥青时,应采取防护措施,以防止中毒。

铺设沥青麻布,应在先涂布的石棉沥青未凝固时进行,使其结合成一体。涂布工作应在干燥天气进行。夏季宜在早晨或傍晚,不要在中午暴晒,以免融化。铺设防水层宜在气温不低于5℃时进行。

防水层规格及构造图式 表5-1

类型	规 格	图 式	适用范围
甲种防水层	①保护层:30mm 沥青混凝土(或10mm 厚沥青砂胶)一层;②石棉沥青一层;③沥青浸制麻布一层;④石棉沥青一层;⑤涂沥青漆二次;⑥垫层(凝固后清刷干净);⑦防水面:凝固后的圬工(垫层厚度小于5cm处用M10砂浆,厚度大于5cm处改用贫混凝土)。	保护层 防水层 涂沥青漆 垫层 / 15~20cm 黏土保护层 20cm	1.钢筋混凝土T梁、钢筋混凝土拱桥、浆砌混凝土块拱桥、石砌拱桥的道渣槽;2.桥台钢筋混凝土道渣槽;3.洞顶填土高小于1.0m的钢筋混凝土盖板
乙种防水层	保护层:10mm 厚的沥青砂胶一层 垫层(凝固后清刷干净,材料同上) 防水面:凝固后的圬工	沥青胶砂保护层 垫层 保护层 / 15~20cm 黏土保护层	1.混凝土(无钢筋)拱桥、桥台上混凝土(无钢筋)的道渣槽;2.西北雨水极少地区及其他类似地区,在防水层材料缺乏情况下的钢筋混凝土T梁、钢筋混凝土拱桥、浆砌混凝土块拱桥、石砌拱桥的道渣槽、桥台钢筋混凝土道渣槽、洞顶填土高小于1.0m的钢筋混凝土盖板

七、回填土

涵洞处路堤缺口的填土,应从涵洞两侧同时分层、对称、水平填筑夯(压)实。用机械填筑时,不得从单侧偏推、偏填;涵洞顶上填方厚度必须大于1.0m,机械才得越过。

填方具体要求,除设计有特殊规定外,应按《铁路路基施工规范》有关条文办理。填土必须选用不含石块、泥块、树根或其他杂物,并有适当湿度的匀净砂黏土填筑。

钢筋混凝土盖板如是预制吊装就位,则顺线路方向应缩短2cm,宽度(顺涵洞轴线方向)也应作成负公差,以利安装。盖板端与边墙之缝隙,必须用M10水泥砂浆填塞密实。预制盖板应达到70%设计强度时,才允许搬运安装。

八、其他收尾工程

护坡及河床铺砌可保证涵洞不受水流冲刷,施工时应按规定标准进行铺砌。经检查合格后,就可以引水流入涵洞,最后填塞临时水道与拆除临时挡水堤坝等。

第二节　钢筋混凝土圆涵的施工

钢筋混凝土圆涵的施工工序大部分与盖板涵相同。现仅就其不同处叙述如下。

一、管节制造方法

圆涵一般应在工厂成批预制。新线施工时,可在适当地点设置流动混凝土成品厂预制,运到现场安装。工厂预制可机械化生产,效率高、质量好,但设备投资大,在运输条件限制时,只得在现场就地制造。现就工地一般制造方法简介如下。

1. 管节模板

模板由高度等于管节长的内模板和外模板组成。图 5-5 表示孔径为 1.0～2.5m 圆管木制模板的构造。内模板是钉在 4 块弧形板上,内模连接板与弧形板在上层用螺栓连接,下层用木

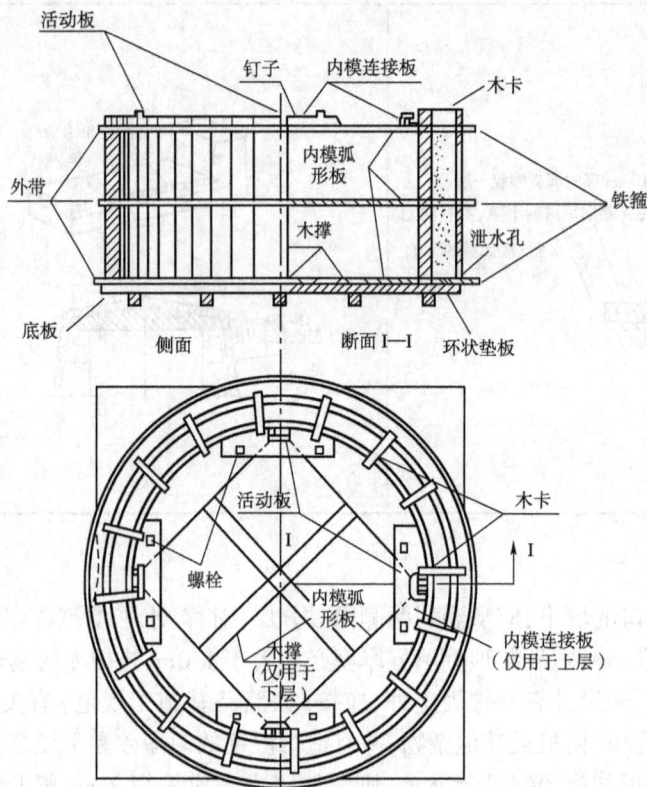

图 5-5　圆管木制模板

撑顶住弧形板,在弧形板连接处钉有 4 个活动板以利拆卸,外模板钉在外带上,并用铁箍箍在

外带上。内外模板之间用木卡塞住保持间距。安装模板前,先在平地上铺垫木与底板作为工作平台,同时又是管节下端模板。在工作平台上画出内外模板的轮廓,先立内模,再把已绑扎的钢筋网圆筒按规定位置架立,并用水泥砂浆垫块来固定位置,最后安装外模。

2. 钢筋的弯制

因为圆管的受力钢筋为螺旋形,弯制时可采用特制的圆鼓,如图5-6所示。内外螺旋主钢筋与纵向分配钢筋交叉处,应以铁丝绑扎牢固,必要时可采用电焊焊牢,以防钢筋变位。

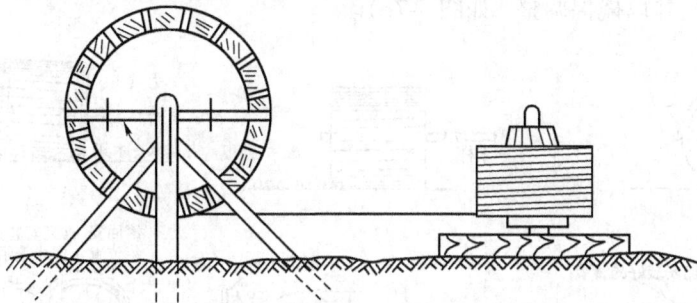

图5-6 弯制螺旋钢筋的圆鼓设备

3. 注意事项

圆涵模板轴线应垂直于平整的工作台,以保证管节不至歪扭。管节混凝土强度等级与主筋材质有关,主筋采用 A3 热轧钢筋时,混凝土强度等级为 C15;主筋采用 16 锰钢筋时,混凝土强度等级为 C20。两种钢筋不能混用。

钢筋混凝土圆管成品应符合下列要求:

(1)管节端面应平整并与其轴线垂直。斜交管涵进出水口管节的外端面,应按斜交角度进行处理。

(2)管壁内外侧表面应平直圆滑,如有蜂窝,每处面积不得大于 30mm × 30mm,其深度不得超过 10mm;总面积不得超过全面积的 1%,并不得露筋,蜂窝处应修补完善后方可使用。

(3)管节各部尺寸不得超过表5-2规定的允许偏差。

钢筋混凝土圆管成品允许偏差   表5-2

项　　目	允许偏差(mm)	项　　目	允许偏差(mm)
管节长度	0 ~ 10	管壁厚度	−3,正值不限
内(外)直径	不小于设计值	顺直度	矢度不大于0.2%

(4)管节混凝土强度应符合设计要求。

(5)管节外壁必须注明适用的管顶填土高度,相同的管节应堆置在一处,以便于取用,防止弄错。

二、管节安装方法

在砌好的基础上安装管节,要求做到基础沉降缝与管节沉降缝对齐,洞身的纵向轴线与基础的纵向轴线相重合;各管节的轴线在一条直线上;管壁内侧流水槽面平直等。

为此,首先用红铅油在基顶面标出涵洞的纵向轴线。管节就位方法视现场地形及设备条件而定,常用方法如下。

1. 滚木安装法

先将管节沿基础滚至安装位置前 1.0 m 处,旋转 90°,使其与涵洞方向一致,如图 5-7a)、b)所示;把薄铁板放在管节前的基础上,放圆滚木 6 根,在管节两端放入半圆形承托木架,以木杆伸进管内,使其一端抵住承托木架的圆木下方作着力点,向下压木杆,力点将管节前端激起,垫入圆滚木,如图 5-7c);再滚动管节至安装位置,如图 5-7d);将管节侧向推开,取出滚木及铁板,再滚回来,并以撬棍调整, 如图 5-7e)。

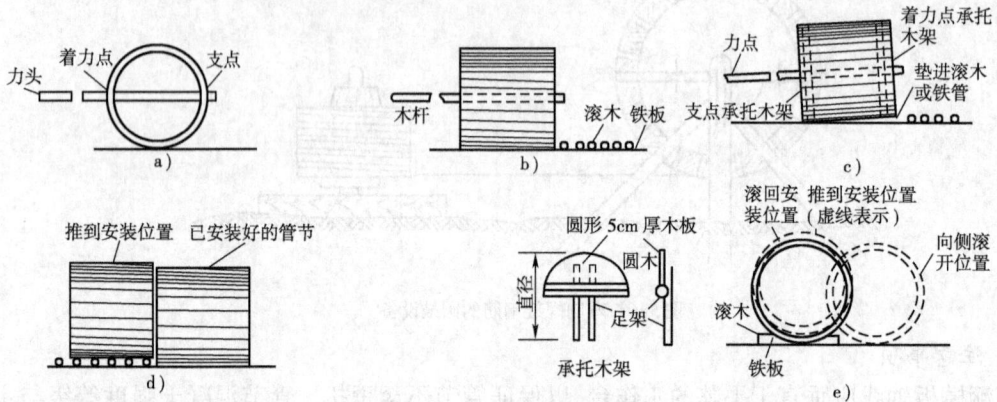

图 5-7 滚木法安装涵管示意图

2. 吊车安装

使用汽车或履带吊车安装管节方便迅速,只需将管节吊起就位即可。特别是安装重量较大的管节,工效更高,故多在工作量集中的工点使用。此外,还有屋脊式吊架安装法、龙门架安装法等,视具体施工情况而采用。

三、管节定位

由于基础顶面不一定很平顺,管节外壁也不是绝对圆,为使管节中心线与基础中心线一致,须将管节定位。常用的方法是丁字尺法。将丁字形木尺放在被安装管节的一端,在丁字尺的中间挂一垂球,移动管节,使垂球对准基础上已画好的中

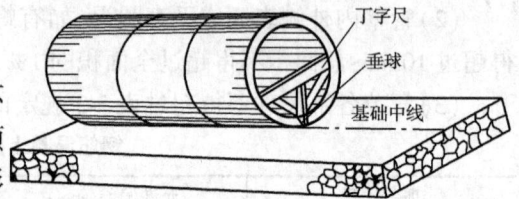

图 5-8 用丁字尺使管节定位

线,如图 5-8 所示。用此法,必须保证丁字尺的竖木中心线确实垂直平分横木。管节定位后,用小石块垫稳防止滚动变位。

四、灌注混凝土管座

全部管节安装完毕后,即应在管节外侧沿圆涵纵向两侧全长范围内填塞混凝土,作成凹形管座,以增大管底承压面积,固定管节位置。灌注混凝土应切实插捣,使其密贴。

五、防水层的铺设

钢筋混凝土圆涵的防水层按图 5-9 施工。管节接缝处应顶紧不留空隙,内侧抹 M10 水泥

砂浆,外侧与沉降缝处防水层相同。

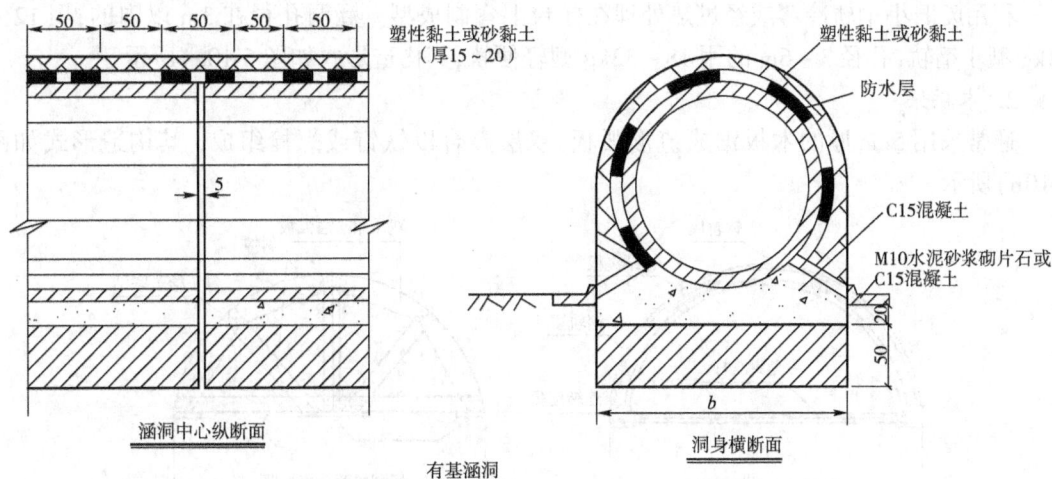

图 5-9　圆管防水层施工(尺寸单位:cm)

六、注意事项

有基涵洞的管座混凝土捣固与无基涵洞的砂垫层夯实,施工时须特别注意质量,同时在无基涵洞管节水平直径两端各 1.0m 宽范围内特别填土,待防水层与塑性黏土铺设后立即施工,以保证管节与基础密贴。

安装管节顺序以省工和安装方便为原则,可由上游或下游开始向另一端安装,也可以从中间开始同时向两端安装。安装时,应注意各管节应顺流水坡度安装平顺,当管壁厚度不一致时应调整高度使内壁齐平,管节必须垫稳坐实,管道内不得遗留泥土等杂物。

对插口管,接口应平直,环形间隙应均匀,并应安装特制的胶圈或用沥青、麻絮等防水材料填塞,不得有裂缝、空鼓、漏水等现象;对平接管,接缝宽度应不大于 10~20mm,禁止用加大接缝宽度来满足涵洞长度要求;接口表面应平整,并用有弹性的不透水材料嵌塞密实,不得有间断、裂缝、空鼓和漏水等现象。

第三节　混凝土拱涵与石砌拱涵的施工

石砌拱涵经久耐用,可就地取材,但施工期限较长,石料的质量要求较高,常用块石与粗料石砌筑。在缺乏石料的地区可采用混凝土拱涵。拱涵的拱圈一般按无铰拱设计,采用浆砌块石、粗料石、C15 及 C20 混凝土等材料。

混凝土拱圈可就地灌筑或分块预制进行砌筑;也可以预制成沿涵洞长度分段的成品进行安装,以节约拱架。

一、拱架的制作与安装

涵洞拱架可用小钢轨或木料制作,也有用黏土筑模（又叫土片拱胎)砌拱,但此法质量不易掌握。

1. 钢拱架

利用废旧小钢轨冷弯或经过热处理在样台上弯制成型。涵洞孔径在 3m 以内的,用 12 ~ 18kg 型小钢轨,孔径 3 ~ 6m 的用 18 ~ 32kg 型轻便轨,其构造形式如图 5-10a)所示。

2. 木拱架

通常采用 5cm 厚的木板锯成梳形弧板,双层叠合以铁钉或螺栓组成,其构造形式如图 5-10b)所示。

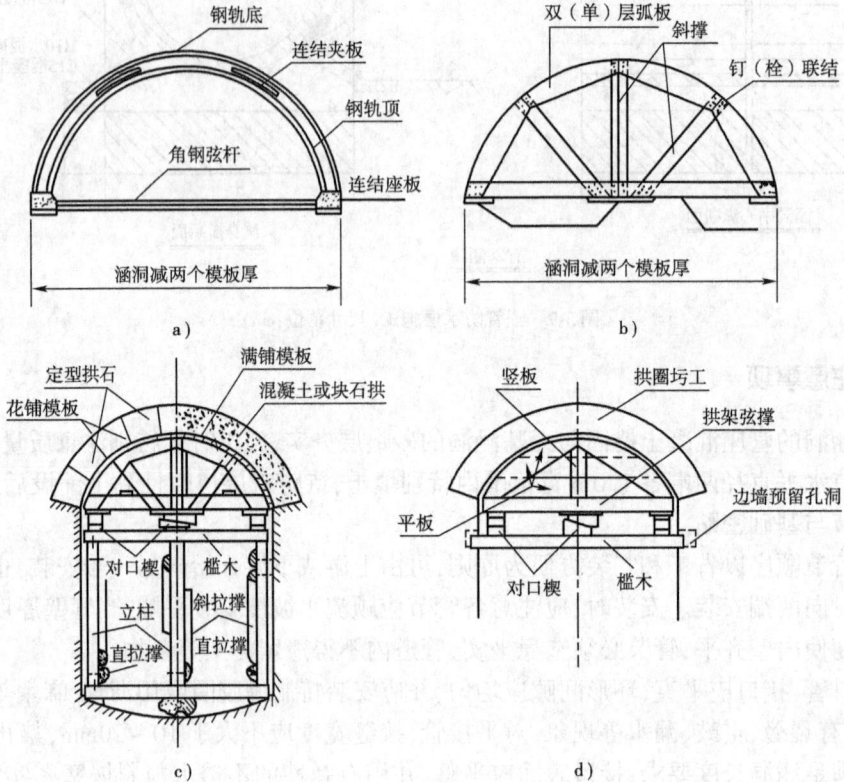

图 5-10　拱架、支撑构造及安装示例
a)钢轨拱架;b)木拱架;c)拱架支撑示意;d)无支撑拱架安装示意

3. 拱模与支撑

混凝土拱圈与浆砌块石拱圈在拱架上应满铺模板。如为粗凿定型石砌拱圈,可不满铺模板,仅在骑缝位置钉上 7cm 宽的板条,位置必须正确。在拱架下面的支撑,孔径小于 2m 的,用两排木柱;大于 2m 的,用三排木柱,如图 5-10c)所示。为了节约木料,在砌筑边墙时可预留孔洞,安放槛木承托拱架,如图 5-10d)所示,则槛木以下的木柱、拉撑等均可省去;但若跨度过大,槛木抗弯强度不够,中间应加设顶柱。

拱架放样时,须预留施工拱度,如图 5-11 所示。根据现场施工经验,拱涵拱架的沉降量很小,孔径在 3m 以上时可预加 2 ~ 3cm 的高度,孔径 3m 以下者可不预留。安装前,在脚

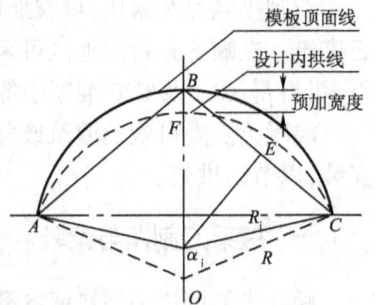

图 5-11　拱架预加施工拱度

手架上抄平安设木楔,高度有出入时,可用垫木调整。

二、拱圈施工

拱架立好,经过检查无误,即可砌筑拱圈,原则上都是自两拱座起对称并进至拱顶刹尖。

(1)小跨度石拱涵多采用块石砌筑,石料没有固定尺寸,应适当选择,稍加修凿,最好略具楔形,砌筑时要求对准灰缝、错缝等尺寸,如图5-12所示。

(2)当拱圈为混凝土块砌体时,所用砂浆标号应按设计规定选用,灰缝宽度宜为2cm。在寒冷或严寒地区所用石料及混凝土块,应符合冻融试验指标。采用混凝土块砌拱圈时,砌块应提前制作,宜比封顶时间提前4个月。混凝土块砌拱圈时,也应在拱脚处开始砌筑,向拱顶方向进行。

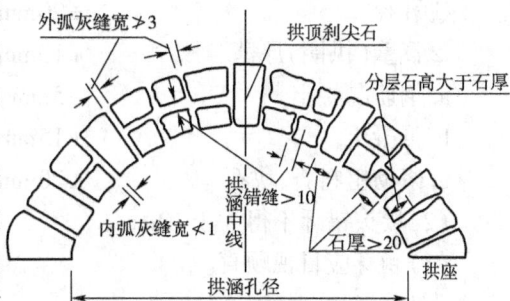

图5-12　块石砌拱示意(尺寸单位:cm)

两端及上下游均须对称施工。在砌筑过程中,应随时观测拱架的变形,并作出详细记录,必要时按拱架变形情况调整砌筑程序。

(3)当拱涵用混凝土预制拱圈安装时,成品达到设计强度的70%时才允许搬运、安装。安装前应检查成品及拱座(边墙)的尺寸。拱座与拱圈的接触面应在铺水泥砂浆前凿毛并冲刷干净。拱座与拱圈、拱圈与拱圈以及盖板与边墙的接触面,应浇水湿润,以不低于M10水泥砂浆(稠度宜小)铺设接触面或填塞接触缝。

混凝土成品拱圈或盖板安装后,其上的吊装孔应以水泥砂浆填塞。

(4)就地灌筑的混凝土拱圈及端墙的施工,应铺好底模及堵头板,并标定出拱圈中线。混凝土的灌筑应由拱脚向拱顶同时对称进行。要求全拱一次灌完,不能中途歇;如因工程量大,一次难以完成全拱时,可按基础沉降缝分节进行,每节应一次连续灌完。决不可水平分段(因为拱圈受力是沿着拱轴线),也不宜按拱圈辐射方向分层(无模板控制,很难保证辐射方向)。砌筑拱圈可按涵洞的纵向分成和基础相同的段进行。段与段间同样应留3cm的沉降缝,以便形成拱顶至基底的横向断缝,并按规定铺设好防水层。拱圈端侧面应镶面并勾缝,拱座石不得有锐角,应采用五角石,它在起拱线处的厚度应不小于20cm,拱座石与拱圈石及拱座石与边墙砌石之间的错缝不得小于10cm,灰缝不得超过2cm。

三、拆除拱架与拱顶填土

当拱圈中砂浆强度达到设计强度的70%时,即可拆除拱圈支架,但须待达到设计强度的100%后,方可填土。当拱圈支架未拆除,拱圈中砂浆强度达到设计强度的70%时,可进行拱顶填土,但应待拱圈中砂浆强度达到设计强度的100%后,方能拆除拱圈支架。

为了不损伤木料使拱圈受力均匀,对同一排拱架,拆除时可自中央向两侧用手锤打出楔木,将支架平顺地降下,以便拱圈均匀地着力。

拆除钢轨拱架时,当楔木已去除,拱架仍不降落,可采取反扣螺栓张拉拱架两端底部,消除水平力,促使下降。

四、容许误差

现浇涵洞的容许施工误差规定如下：

(1)孔径及涵壁(拱圈)厚薄尺寸误差不得超过下列数值：

①孔径　　　　　　　　　　　　　±20mm；

②涵壁(拱圈)厚薄　　　　　　　+10mm；

a. 钢筋混凝土　　　　　　　　-5mm；

b. 混凝土　　　　　　　　　　±15mm；

c. 浆砌粗料石、块石　　　　　±20mm。

(2)接头错牙不得大于10mm。

(3)涵身应目视顺直。

第四节　圆形涵洞顶进施工

在路线上为解决农田灌溉与排涝，以及农运交通与厂矿排污等问题，往往需要增建涵洞。采用顶进法施工，可避免或减少对行车的影响。目前，不仅钢筋混凝土圆管涵洞已普遍采用顶进法施工，而且圆管带基础、拱涵、盖板箱涵等也采用顶进法施工。

在顶进方法方面，除采用一般顶入法外，还采用对拉法、对顶法、顶拉法以及分段顶入法等。

一、一般规定与要求

(1)圆形涵洞内径小于1.5m不宜用顶进法施工，以便于开挖出土与日后清理工作。

(2)顶涵均应铺设导轨，导轨应固定牢靠。只有导轨方向及坡度符合要求，才能使顶进的涵洞方向与坡度正确。

导轨一般使用钢轨，轨下铺满枕木，以道钉固定。为保证轨道平稳，枕木下铺15cm厚的碎石。

两根导轨的内距按下式计算(单位以mm计)：

$$A = \sqrt[2]{\left(\frac{D}{2}\right)^2 - \left[\frac{D}{2} - (h - e)\right]^2} \tag{5-1}$$

式中：A——两导轨内距；

D——圆涵外径；

h——导轨高；

e——圆涵底外壁距枕木面的距离，一般规定为20mm。

导轨高程及内距容许误差为±2mm，中心线容许误差为3mm。

(3)圆涵一般每节长2m，首节管节安放在导轨上，应测量管节的中线以及前后端的管底高度，合格后方可顶进。首节管节应每顶进20~30cm，便对中心线及高程测量1次。在正常顶进中每顶进40~60cm测量1次。

(4)顶进应昼夜不停施工，每次先挖后顶。因刃脚制作与安装比较费事，目前一般不设前端刃脚。

（5）挖土应遵守下列规定：

①涵前挖土长度，在铁路道床下不宜超越涵端前 10cm，在道床以外部分不得超过 30cm，并应随挖随顶。

②圆涵周围上部容许超挖 1.5cm，下部 135°圆弧范围内不得超挖。

（6）圆涵顶进容许误差应符合下列规定：

①高程：偏离 20mm，偏低 50mm；

②中心线：50mm；

③管节错口：10mm；

④对顶法接头的管节错口：30mm。

（7）采用顶进法施工涵洞，要求路基有足够的稳定性。砂夹卵石、弃渣路堤、风干砂等则不宜采用。

二、一般顶入法

1. 断面形式的选择

如路基土质较好，填土较高，受列车活载影响小，则可顶入无基钢筋混凝土圆涵；否则，以顶入带基础圆涵为宜。在改建工程中，如老涵管不易拆除，则应另选地点顶入，并堵塞老涵管。

2. 顶力计算与后背

1）顶力计算

圆涵顶力计算可参照地道桥顶力计算。涵顶垂直土压力通常用土柱重量计算。但当涵管孔径小、土质好，而且顶上覆土较厚时，由于顶进施工不破坏原状土，垂直土压力实际上不影响土柱重力，作用于涵顶上的压力仅仅是卸载拱以内的土重。

根据一些施工经验，在黏土或砂质黏土的路基下，顶入 $\phi 0.9m$、长 $15 \sim 32m$，或 $\phi 1.2m$、长 25m 的圆管，约需 2 台 500kN 油压千斤顶。但在松散砂土路基下，顶入 $\phi 0.9m$、长 15m 的圆管，则需 $3 \sim 4$ 台 500kN 油压千斤顶。

2）后背

后背的大小按最大顶力确定。最好是利用原状土，一般在最大顶力小于 4 000kN，当原状土厚度（顺顶进方向）在 7m 以上时，则只加排木即可；否则应打木桩加固；当没有原状土地形可利用时，也可在木桩后加斜撑或码片石或堆土。

3. 千斤顶顶点位置

顶进管节时，千斤顶对管节的施力点一般在管底往上 $1/4D \sim 2/5D$ 之间，D 为管节外径，若施力点不当，顶进时将引起管端抬头或扎头，造成管节错口与高低不平。

4. 钢涨圈

钢涨圈的作用是防止涵管在顶进过程中管节之间上下左右错动，保持涵管成直线前进。钢涨圈宽 $100 \sim 150mm$，厚 $8 \sim 11mm$，直径较管节内径小 $100 \sim 150mm$，用木块打进塞紧，如图 5-13 所示，其底部要与管内壁贴紧。顶进完毕后，打掉木块取出钢涨圈。

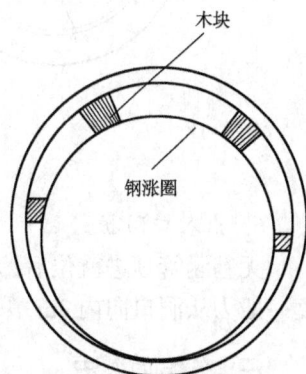

图 5-13 钢涨圈

5. 管节接缝处理

接缝处理要特别强调质量,因为质量不好或处理不当将影响日后接缝漏水,造成线路翻浆冒泥、冻害、沉陷及管节本身不均匀下沉。

(1)企口式接口:要求尺寸正确,否则容易破裂,缝间填料如图 5-14 所示。石棉水泥必须严密捣实,石棉与水泥的质量配合比为 3:7,用水量为水泥的 10% ~ 12%,水泥用 42.5 级以上,石棉不得低于 4 号。企口缝间也可填 9 mm 厚沥青麻筋,顶压后为 5 mm 厚。

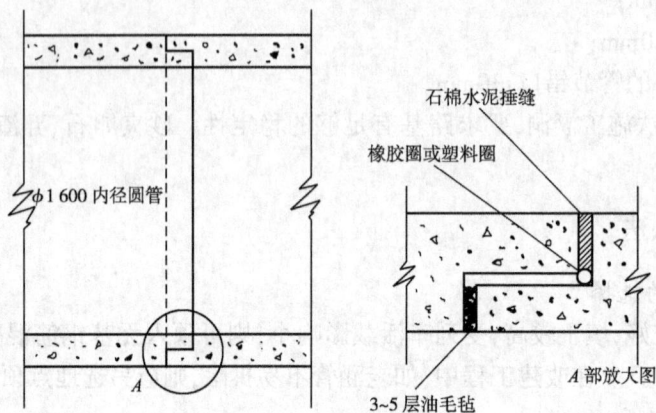

图 5-14　企口式接口示意图

(2)钢板内套环:如图 5-15 所示,用 10mm 厚、200mm 宽的钢板弯成圆环,直径较管节内径小 40mm,焊接后装在接缝处,用石棉水泥捻缝,外面用 M10 水泥砂浆抹面。

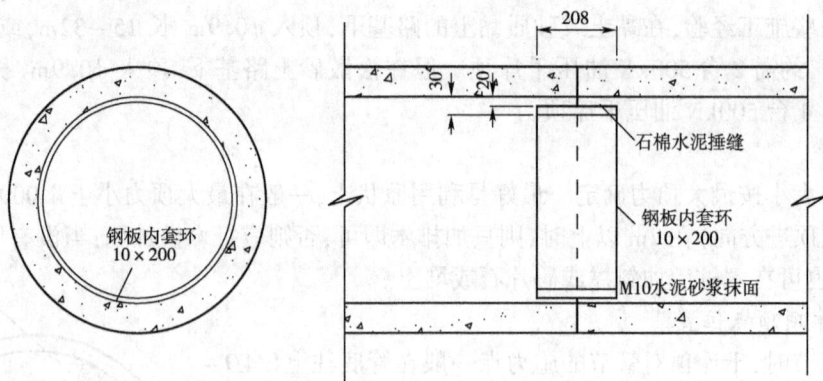

图 5-15　钢板内套环接口示意图(尺寸单位:mm)

6. 出入口防护

无基涵管顶进就位后,为保持管节稳定和防止冲刷,应对进出口管节灌砌圬工基础。其长度一般为从洞口向内 2m,深度为冻结深度加 0.25m;出入口端翼墙等按设计办理。

三、分段顶入法

当路堤高,涵管长度达 30m 及以上时,用一般顶入法会遇到困难,这时可采用分段顶入法,段与段之间加设千斤顶。

四、圆涵带基顶入

在路基不稳定、土质差、覆盖土薄(1m 以下)而受汽车冲击力的影响大,或路基内有水囊、淤泥层等情况下,采用圆管带基顶入。此法施工简易安全。

软土地带的涵基以整体灌筑为好,在土质较坚硬地带,涵基也可分段,便于装运。管身与基础应连接,可用 100mm×10mm 扁铁弯制的包箍与基础两侧预埋的螺栓连接,使顶进时不易分离。管节与管节以及管节与基础之间可用环氧树脂黏结剂胶接。

第五节　箱涵的施工

箱涵的施工方法与盖板涵类似,就地浇筑的箱涵与盖板涵的区别是:盖板涵的台身与盖板是分开浇筑的,台身还可以采用砌石圬工,成为简支结构。而箱涵的上下顶板、底板与左右墙身是连续浇筑的,成为刚性结构。箱涵身的支架、模板可参照现浇混凝土拱涵和盖板涵的支架、模板制造安装。浇筑混凝土的注意事项与浇筑拱涵与盖板涵相同。装配式拱涵、盖板涵和箱涵与装配式墩台相关的施工要求相同,因此,本章节不再赘述。

第六节　涵洞附属工程施工

一、沉降缝施工

涵洞和急流槽、端墙、翼墙、进出水口急流槽等,须在结构分段处设置沉降缝(但无圬工基础的圆管涵仅于交接处设置沉降缝,洞身范围不设),以防止由于受力不均、基础产生不均衡沉降而使结构物破坏。同时,沉降缝必须贯穿整个断面(包括基础),缝宽约 2~3cm。涵身一般每隔 4~6m 设沉降缝一道,具体设置需视地基土的情况及路堤填土高度而定。

凡地基土质发生变化,基础埋置深度不一,基础对地基的压力发生较大变化,基础填挖交界处,及采用填石抬高基础的涵洞,都应设置沉降缝。置于岩石地基上的涵洞可以不设沉降缝。

斜交正做涵洞,沉降缝与涵洞中心线垂直;斜交斜做涵洞,沉降缝与路基中心线平行。但拱涵、管涵的沉降缝应与涵洞中心线垂直。

沉降缝的填塞方法如下:

(1)基础顶面以下,填嵌沥青木板或沥青砂板,也可以用黏土填入捣实,并在流水面边缘以 1:3 水泥砂浆填塞,深度约 15cm。

(2)在基础顶面以上,接缝外侧以热沥青浸制麻絮填塞,深度约 5cm,内侧以 1:3 水泥砂浆填塞,深约 15cm,中间空隙填以黏土。

(3)各式有基础涵洞的基础顶面以上,均应顺沉降缝外侧周围设置黏土保护层,厚约 20cm,顶宽约 20cm。对于无圬工基础涵洞,保护层宜使用沥青混凝土或沥青胶砂,厚度 10~20cm。

此外,关于沉降缝的设置和填塞,一般涵洞标准图内均有详细构造及要求,可按图要求施工。

二、防水层施工

各式钢筋混凝土涵洞(不包括圆管涵)的涵身及端墙,在基础面以上凡被土掩填部分,均涂以热沥青两道,每道厚 1~1.5mm,不另抹砂浆。混凝土及石砌涵洞(及端、翼墙)被土掩埋部分,只需将圬工表面做平,没有凹入存水部位,可不设防水层。钢筋混凝土圆管涵的防水层可按图 5-16 敷设。图中管节接头处理,以热沥青浸麻絮填满接缝,管上半部从外往里填,下半部从管里向外填。管外顺接缝裹以热沥青防水纸(15~20cm 宽)8 层,在现场用热沥青逐层黏合在管外壁上,亦可以在外面用满涂热沥青的油毛毡围裹两道。还有只用质量好的黏性土掺以麻刀沿全管敷 20cm 厚,不涂沥青防水层(接缝处理仍照做)。

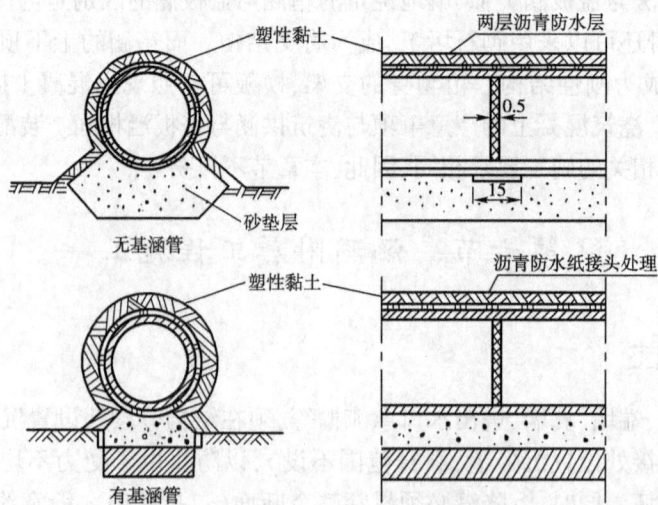

图 5-16　钢筋混凝土管涵防水层(尺寸单位:cm)

钢筋混凝土明涵可采用 2cm 厚的防水砂浆或 4~6cm 厚的防水混凝土。

三、涵洞进出水口

涵洞进出水口工程是指涵洞端墙、翼墙(包括八字墙、锥坡、平行廓墙)以外的部分,如沟底铺砌和其他进出水口处理工程。

1. 平原地区的处理工程

涵洞出入口的沟床应整理顺直,与上、下排水系统(天沟、路基边沟、排水沟、取土坑等)的连接应圆顺、稳固,保证流水顺畅,避免损害路堤、村舍、农田、道路等。

2. 山丘区的处理工程

在山丘区的涵洞底纵坡超过 5%时,除进行上述处理外,还应对沟床进行干砌或浆砌片石防护,翼墙以外的沟床当坡度较大时,也应铺砌防护。防护长度、砌石宽度、厚度、形状等,应按设计图纸施工。如图纸漏列,应按合同规定向业主指定单位作出补充设计。

本 章 小 结

本章节着重介绍了钢筋混凝土盖板涵的施工工艺流程，其他涵洞与之相似部分，就不再赘述。详细介绍了各种类型的涵洞的施工方法及施工注意事项，同时还介绍了圆形涵洞顶进施工的规定和要求及其几种施工方法。对于箱涵的施工，参见与之相同的施工方法，本章节略。

复习与思考

1. 简述涵洞施工放样的方法。

2. 简述钢筋混凝土盖板涵防水层的构造、规格要求，顶入法的施工要点以及施工注意事项。

3. 圆管涵施工时有哪些应注意的事项？

4. 混凝土拱涵与石砌拱涵的施工要点有哪些？ 拱涵（盖板涵）支架施工时要注意哪些问题？

5. 圆形涵洞顶进施工的方法有哪些？ 沉降缝的设置和填塞方法要点有哪些？

第六章 道路工程施工综合实例

本综合实例是根据重庆至长沙公路水江至界石高速公路 K75 + 100 ~ K81 + 700 段的施工进行编写。本工程实际施工时路基工程与路面工程分别由不同的施工单位进行施工,本实例是将路基与路面工程进行综合后进行总体编写的。

一、概述

(一)工程概况

本项目是西部开发省际通道重庆至长沙高速公路中的一段,同时也是重庆市"二环八射"主骨架公路网的重要组成部分。水江至界石段高速公路的起点为南川市水江镇,止点在巴南区界石镇,与已通车的渝黔高速公路相接。设计采用计算行车速度为 100km/h 的双向 4 车道高速公路标准,路基宽 26m,详细设计指标及结构形式见表 6-1、表 6-2。

水江至界石段高速公路详细设计指标 表 6-1

项 目	单 位	技术指标
地形类别		山岭重丘区
公路等级		4 车道高速公路
路线长度	km	84.800
计算行车速度	km/h	100
设计荷载		汽车-超 20/挂车-120(现改为公路-I 级)
平曲线最小半径	m/处	700/2
最大纵坡	%	4
最小坡长	m/处	470/1
凸形竖曲线最小半径	m/处	7 000/1
凹形竖曲线最小半径	m/处	5 600/1
路基宽度	m	整体式 26、分离式 13
路面	类型	沥青混凝土
桥梁、涵洞宽度	m	与路基同宽
设计洪水频率		特大桥 1/300,其余桥、涵 1/100

路 面 结 构 形 式 表 6-2

上面层	4cm 细粒式 SBS 改性沥青混凝土(AC-13C)	基层	20cm 石灰粉煤灰碎石
中面层	6cm 中粒式沥青混凝土(AC-20C)	底基层	23cm 石灰粉煤灰碎石
下面层	10cm 粗粒式沥青混凝土(AC-25C)	垫层	20cm 石灰粉煤灰碎石
下封层	改性乳化沥青稀浆封层		

（二）自然特征

本段路基属于重丘区,地形、地貌较为复杂。沿线地层均为沉积岩,出露岩层全为中生界三叠系及侏罗系地层,以侏罗系为主,新生地层仅第四系零星分布于河谷、洞穴、山麓等处。沿线地质较为复杂,构造体系为新华夏系第三隆起与沉降之间,属于四川沉降褶皱带东沿,川东褶皱带与川奥汀黔隆起带交接区域,褶皱及断层发育,地层产状变化大。沿线不良地质现象有浅表薄层软土及顺层滑坡。

本区发育的地下水类型主要分为松散层孔隙水、基岩裂隙水、岩溶水 3 类。地下水主要受制于地层岩性、地质构造、地形地貌等,地下水的补给又与气候、降雨、地表径流密切相关。本区内气候温暖潮湿,降水充沛、地表径流丰富,为地下水的形成提供了良好的条件;由于受长江侵蚀基准面的控制,地貌条件有利于地表径流的排泄,在构造作用下各类含水岩性的裂隙均较发育,地下水富集条件好,浅层地下水循环交替较为迅速。本区地下水主要来自基岩裂隙,据《区域水文地质报告》及工程钻探水质分析,区内地下水对混凝土一般无侵蚀性。

本区属亚热带湿润气候,冬暖春早,雨量充沛、夜雨多、空气湿度大、雾多、日照偏少,年平均日照 1 123.1h。该区年平均气温在 16.8 ~ 18℃ 之间,极端高温为 43℃;极端低温为 −3.1℃,多年平均降水量为 1 085.1 ~ 1 141.8mm,降水较集中于 5 ~ 9 月,占全年降雨量的70%。常年云雾多,年雾平均为 67.8d。

（三）施工条件

线路位于重庆市巴南区境内,沿线有省道 104 线、接龙至石龙公路以及乡村道路与拟建公路交叉、相接或平行。本段路基需修建临时便道一条,整体交通条件比较便利。

本工程所需的砂、石料均能在当地采购。石料多为石灰岩,从巴南区姜家碎石场购买;砂为长江边木洞镇出产的细砂和乌江出产的中粗砂,质量较好。粉煤灰来自重庆市珞璜火力发电厂。所需要的钢材、木材、水泥等可就近外购,通过公路运输至工地。

路面工程所用的石灰岩碎石可在巴南区姜家碎石场购买,上面层所用玄武岩为从江苏购买的优质玄武岩,路面细集料采用附近碎石厂生产的机制砂,沥青采用业主购买的泰国 TPI沥青。

据现场考察,沿线附近水资源丰富,水质较好,根据招标文件描述,沿线水资源经检验无腐蚀性,可作为工程用水。

通过和当地电力部门协商,沿线电力供应较充足,通过架设变压器和搭接当地电源,施工用电容易解决,能满足本项目建设需要,但需准备一定数量的发电机,以备急用。

（四）主要工程数量及特点

本段路基全长 6.6km,主要工程数量见表 6-3。

本段路基为山岭重丘区高速公路路基,构造物工程多、路基土方工程量较大。路基填挖不平衡,挖方大为本标的施工重点。本段工程中尚有数座中小桥,在本章中不予详述。

二、项目总体安排

本段路基总体不是很长,但有一定的施工难度,土石方工程量大,涵洞、挡墙等结构物多,地形情况比较复杂,填方路基中软弱地基较多,地形地质情况较为复杂。根据施工合同的规

主 要 工 程 数 量   表6-3

序号	工程项目	单 位	数 量	备 注
1	路基工程	km	6.6	路基工程量包括主线、改线工程在内
	挖运淤泥	m³	60 126	
	挖运土石方	m³	1 315 000.00	其中土方236 700.00m³，石方1 078 300.00m³
	路堤填方	m³	1 080 044	
2	纵向排水工程	m³/m	11 647/16 213	其中边沟11 512m
3	涵洞工程	m/道	1 132.83/32	
	钢筋混凝土盖板涵	m/道	973.83/28	其中兼作人行通道的共16道
	钢筋混凝土圆管涵	m/道	159.00/4	
4	防护工程			
	挡土墙	m³/m	46 849/1 309	其中：C20片石混凝土挡墙23 398m³/581m
	护脚	m³/m	6 926/1 068	
	护坡	m³/m	10 109/6 928	其中拱形护坡8 981m³/64 881m
5	路面工程	m²	156 651	

定,路基项目工期为24个月,路面工期为12个月,工期非常紧张。为在满足工期的前提下建设优质工程,必须投入优秀的管理人员、施工能力强的施工队伍和足够的机械设备。对人力、物力、财力、时间等方面进行科学组织和合理安排。

(一)施工组织机构和人员配备

根据工程情况,为加强对项目的管理,路基施工设置管理机构如图6-1所示。各施工队伍的任务划分见表6-4。

各施工队伍的任务划分   表6-4

队 伍 名 称	定员(人)	任 务 划 分
桥梁施工一队	150	负责K75 +100 ~ K77 +800 段桥梁工程的施工
桥梁施工二队	120	负责K77 +800 ~ K79 +500 段桥梁工程的施工
桥梁施工三队	180	负责K79 +500 ~ K81 +700 段桥梁工程的施工
路基施工一队	120	负责K75 +100 ~ K77 +350 段路基工程施工
路基施工二队	130	负责K77 +350 ~ K81 +700 段路基工程施工
防护排水施工一队	140	负责K75 +100 ~ K76 +500 段防护、排水工程及工程的施工
防护排水施工二队	90	负责K76 +500 ~ K77 +350 段防护、排水工程及工程的施工
防护排水施工三队	120	负责K77 +350 ~ K78 +875 段防护、排水工程及工程的施工
防护排水施工四队	120	负责K78 +875 ~ K80 +150 段防护、排水工程及工程的施工
防护排水施工五队	140	负责K80 +150 ~ K81 +700 段防护、排水工程及工程的施工
路面工程施工队	110	负责本段路面及附属工程

(二)投入的机械设备

根据本段工程的实际情况和施工安排,投入的路基施工设备如表6-5所示。

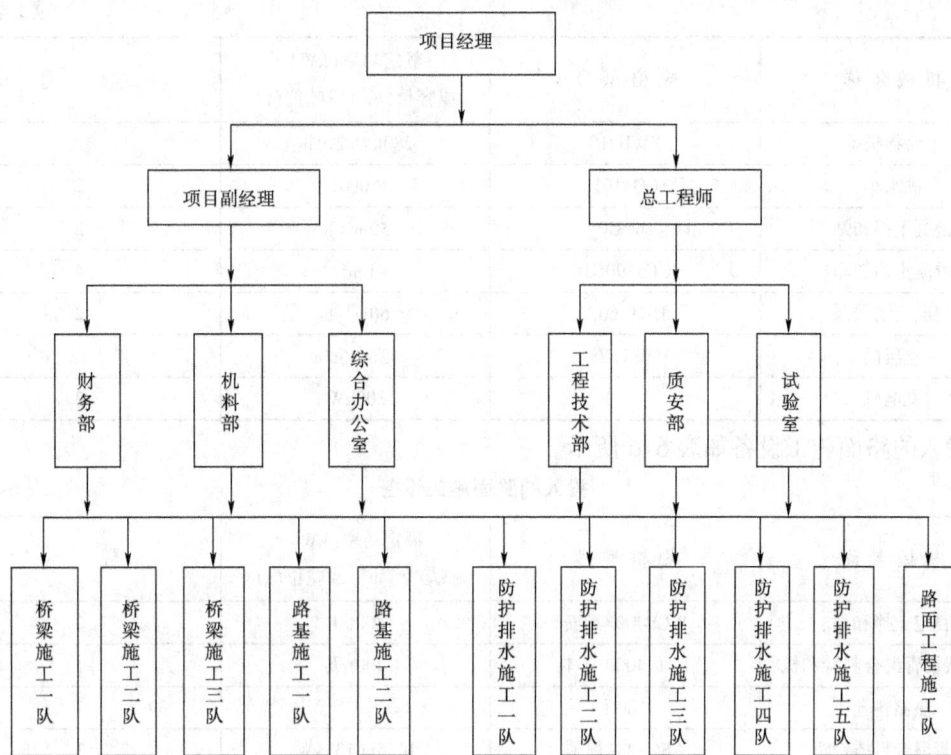

图 6-1　路基施工设置管理机构

投入的路基施工设备　　　　　　　　　　　　　　表 6-5

机械名称	规格型号	额定功率(kW) 或容量(m³)或吨位(t)	数 量
推土机	TY220	165kW	2
推土机	TY160	120kW	3
挖掘机	PC220-6	1m³	6
挖掘机	PC200-6	0.8m³	2
装载机	ZL50C	3.0m³	2
装载机	ZL40C	2.0m³	2
平地机	PY180	136kW	2
振动压路机	YZ16	激振力 300kN	2
振动压路机	YZT18	激振力 400kN	2
轮胎压路机	YL9-16	9-16T	2
平地机			2
自卸车	EQ3141G	10.5t	15
自卸车	CQ3260	15t	15
冲击夯	BS52Y	1.7kW	2
手扶振动碾	YZS07		6

续上表

机 械 名 称	规 格 型 号	额定功率(kW) 或容量(m³)或吨位(t)	数 量
路拌机	YWB210	280kW/2.1m	2
洒水车	CQ3191	8 000L	2
混凝土拌和站	HZS50	50m³/h	2
混凝土输送车	JGC5190GJB	6m³	4
混凝土输送泵	HBT-60A	60m³/h	2
空压机	W-1/T	12m³/min	12
发电机		300kW	2

投入的路面施工设备如表6-6所示。

投入的路面施工设备 表6-6

机 械 名 称	规 格 型 号	额定功率(kW) 或容量(m³)或吨位(t)	数 量
稳定土拌和站	WCB400/泰安	400t/h	2
间歇式沥青混合料拌和机	日工4000 日本	400t/h	1
热储料仓	100 t		1
沥青混合料摊铺机	ABG423/德国	12.5m 133kW	3
物料运输车	Cooker、德国		2
浇注式专用摊铺机	德国		2
稳定土混合料摊铺机	WTU95D/徐工	9.5m	4
双钢轮压路机	DD130	130kW 13t	2
双钢轮带振动压路机	DD110 英国	93kW 11t	4
20t 轮胎压路机	YL20 徐工	73.5kW 25t	6
25t 以上轮胎压路机	XP260 徐工	115kW 26t	2
25t 以上轮胎压路机	XP301 徐工	132kW 30t	2
装载机	ZL50G 徐工	155kW 3m³	6
智能型沥青洒布车	EQ5110GLQ	10t	1
智能型集料洒布车	XS3000 陕西	10t	1
15t 以上的自卸汽车	CA3235 解放	15t	45
静压压路机	3Y12/15 徐工	12～15t	4
稀浆封层机	KFM5380 沈阳		1
小型铣刨机	VV1000L 日本		1
小型切割机	BX510 徐州		1
洒水车	YGJ5170G 北京	10t	6
振动压路机	YZ20/徐工	20t	4
推土机	TY220/山东	162kW	4

（三）路基施工前期准备工作

本项目进场后,立即着手临时设施筹建。通过经济技术比较,确定驻地位置,进行驻地建设,修建好相关临时设施。项目经理部设在 K76 + 200 右 100m 处;路基施工设两个工区,路基一工区设在 K76 + 200 左 100m 处;路基二工区设在 K78 + 600 右 100m 处。防护排水施工队伍与路基施工队伍合设,混凝土集中拌和场设在 K76 + 356 右侧 150m 处。

驻地建设完成后,工程技术及管理人员迅速到位,着手开展开工前准备工作。

1. 技术准备

在做好本段工程开工准备工作的同时,组织工程技术人员同设计单位、监理工程师取得联系,进行技术交接工作,对本合同段进行导线坐标点及水准点的复测,并在复测闭合的基础上对重点工号布设精密导线平面控制网,对重要的控制点设置护桩。按照施工安排顺序,对先开工的工程项目进行测量和放样,一是现场放样核对各构筑物的平面位置,所处的地形地貌是否与设计一致;二是进行路线纵断面、横断面的复测;三是补充丢失的和施工需要的永久性桩。并将上述核对结果,书面呈报监理工程师和业主备案,对施工现场与设计不符的部位,同时提请业主和监理工程师现场复核确认。做好施工图纸审核和技术交底等准备工作。

在监理工程师在场的情况下,做工程原材料进场前的取样试验检测工作,报监理工程师审批后,组织材料进场储备,同时对进场的原材料取样进行质量抽检试验,同时做好路基填料的取样分析试验,做好各种混凝土强度等级、砂浆配合比的选配报批工作。

在规定的时间内,认真编制实施性总体施工组织计划并报监理工程师审批,同时,做好各分项工程开工申请所需的施工组织计划,施工机械设备、人员、材料到达施工现场的数量的检验申请等材料;做好内部技术交底书、作业指导书的编写工作以及施工中的施工记录表、现场质量检验报告单等表格的印刷。开工令下发后,能在规定的时间内开工并持续全面展开施工。

施工队伍进场后,利用节假日或晚上的时间,分别组织工程管理人员、施工技术骨干、作业班组人员,进行工前教育,认真学习合同文件、技术规范和监理手册,同时进行安全、质量意识和环境保护意识教育,做好开工前的一切技术准备工作。

2. 临时设施及临时工程

1）工程试验

项目经理部设立工地试验室,负责对拟采用材料进行标准试验和混合材料配合比选定试验,现场材料取样有各项与工程质量有关的现场检测、试验工作。所有试验工作均在监理旁站下进行。尽快完成工地试验室的设备就位工作与临时资质申报。

2）施工生产、生活用水、用电

本段工程沿线村庄机井密布、小河常年有流水,水量较丰富,水质较好,可满足本工程生产和生活用水需要,拟采用运水车从各水源点运至施工现场,各工号修建储水设施。

与电力部门联系,利用附近的高压电网,在拌和站和预制厂各设 1 台 400kVA 的变压器,并备 2 台 300kW 发电机,作为备用电源,以保证桥梁、路面底基层、基层的施工用电。其他各工点就近接地方动力线使用,困难地段自行发电。

3）施工通信设施

配备完善的有线、无线通信设备。与当地电信部门联系在经理部和各工程队驻地各安装程控电话 1 部,项目经理部安装宽带网络,经理部办公室及驻地监理工程师办公室各设 1 台传真机;各工程队及主要作业区负责人配备无线对讲机或手机,以便随时保持与业主的监理工程师联系,及时传送工地各类信息。

4)医疗卫生、消防和治安

为项目部医务室配备2名医务工作人员,选派临床经验丰富、在急救和卫生保健方面有5年以上经验的主治医师和急救护理员各1名,以保证及时对病伤员进行医治和现场急救护理。遇有急、难、疑病情及时送往重庆市医院就医,确保全体参建员工的身体健康。同时保障对生活饮用水、环境卫生,垃圾及污水的卫生处理。参战员工卫生保健方面遵循当地卫生管理部门的规定予以实施。

加强安全消防管理,现场配备专职人员负责消防器材日常管理和工地的治安安全管理。

5)施工便道及临时房屋

(1)施工便道。修建临时横向连接施工便道两条,第一条与主线K78+100相接,外与104省道相连,全长980m。第二条与主线K80+850相接,外与104省道相连,全长373.628m。同时为便于施工和各种材料运输的需要,在施工红线内,全线修通临时施工道路。

临时施工便道的修建,按照四级道路标准、规范进行修建,场内道路则根据运输量和运输任务的需要合理修建。施工便道应与各施工点相连。为确保便道畅通,便道路面宽度6m,每隔200m设置会车台,且全部采取泥结碎石路面,两侧设置排水沟,以保证晴雨畅通。

(2)临时房屋及驻地布置。根据本合同段特点,为降低临时工程费用,减少临时占地,少占农田,方便施工,拟将路基工程队、防护排水工程队、机筑工程队及经理部驻地均布置在沿线村庄内,租用民房和临建相结合;预制厂用房均采用活动板房和修建三类房屋。施工高峰期人员住宿可就近租用民房解决。

6)拌和站

根据现场地势情况,本着节约施工用地原则,达到现场布置合理,将混凝土拌和站设在K76+356右侧。混凝土拌和站全标段设置一处。

稳定土拌和站设于K77+000左侧,计划占用面积7 000m²,拟设置1套全自动控制的WCQ300型混合料拌和设备。以满足路面结构垫层施工用料。

7)原有道路的加固养护

本标段路线与省道104线及其他道路交叉,在施工时需组织好交通,加强原有道路的管养,确保运输畅通。安排专职交通指挥指挥人员,确保施工安全。

8)弃土场

根据本段工程土石方挖方多(128.6万m³),填方少(104.8万m³)施工线长,表层土(腐质土)多,淤泥多,总弃方约在40万m³左右的特点,建弃土场4个。

第一个弃土场建在K75+280左侧50m处,此处运输方便,有一定的落差,弃方量大,占农田约25亩,该弃土场可弃土18万m³。弃土来源为K75+100~K75+600段。

第二个弃土场建在K76+700左侧60m处。该弃土场运输集中,落差大,弃方量大,能弃土约18万m³。该弃土场基本不占农田,全是荒山。弃土来源为K75+750~K77+000。

第三个弃土场建在K78+270左侧10m处,由于地理地势条件所限,该弃土场只能占用农田修建,弃土来源主要是K77+500~K80+100段的淤泥,表层土(腐殖土)等,弃土量约1.6万m³。

第四个弃土场建在 K81 +300 右侧 20m 处。该弃土场与第一个弃土场有共同优点。弃土量为 1.6 万 m^3。弃土来源为 K80 +100 ~ K81 +700 段的淤泥,表层土(腐殖土)和剩余方量。

3. 文明施工准备工作

(1)项目经理部制作各种图表,如组织机构框图、路线平纵面缩图、工程形象进度图、晴雨表、宣传栏等。

(2)对拌和站进行场地硬化,制作混凝土配合比标示牌,建设水泥库,设置材料隔墙。

(3)建设钢筋棚。

(4)在工地附近设置警示标志、宣传标语等。

4. 调整水系

用全站仪放出路线边桩,并用小木桩作好标记,人工在边线内挖一条排水沟,在沟谷、水田段挖出横向排水沟。排水沟应与附近的排水系统相连,防止施工中对红线外农作物或植被的毁坏,并能阻止外来水源进入路基,降低公路范围内的地下水位。

5. 施工现场清理

清除公路占地范围内的植物、有机杂物和表面渣土。

(四)总体施工方案

路基工程总工期 24 个月,按每月 24d 计算,考虑雨班等不能施工因素。

根据本段工程特点,施工原则为:以路基土石方施工为主线,涵洞、挡墙工程为先导,防护、排水工程同时兼顾。具体安排如下。

1. 路基工程

路基工程全部采用机械化施工,土方使用机械开挖,石方采用机械打眼、爆破方法施工。自卸汽车运输,推土机推平,压路机碾平,灌砂法检测压实度。对路基挖方,采取人工配合机械分段开挖,每个施工段先作好临时排水。施工中,充分发挥各种施工机械的使用效率,并与桥涵、挡护、排水等施工密切配合,同时做好地方协调工作,并重视环保工作,加强春秋季节施工,减少雨季施工压力,确保路工的工期目标。

修通红线内纵向便道以便于施工中土石方挖填调运及防护排水工程的材料运输,并且配合桥梁、涵洞等工程的施工修建两条横向进场便道,具体分布在 K80 +850、K78 +100 处。

路基工程共分为两个施工队进行施工,第一队负责 K75 +100 ~ K77 +350 段,计划进场 1 个月后开工,先对 K75 +730 ~ K77 +000 段挖填较大且较集中的土石方进行施工,开挖挖方 52 万 m^3,并进行填方路基的填筑。第二队负责 K77 +350 ~ K81 +700 段,计划进场 1 个月后开始施工 K77 +600 ~ K78 +400 的挖填方,其中重点工作是选取挖方 12 万 m^3 中较好的填料对 K77 +650 ~ K77 +850 的填方实验路段进行施工,填方数量 10 万 m^3,计划到开工 2 个月内将填方实验路段完成。其他机具在 K80 +600 ~ K81 +700 处向 K79 +762 方向施工。

土石方工程计划总工期 14 个月。

2. 涵洞工程

全线涵洞主线加改线共计 32 道,总工期 12 个月,分为 5 个施工作业面。

进场 1 个月后先对 K77 +125(1-0.75 钢筋混凝土圆管涵长 26m)K77 +400(1-4.0m 钢筋混凝土盖板涵兼通道长 50.5m)K77 +650(1-4.0m 钢筋混凝土盖板涵兼通道长 56m)K77 +900(1-4.0m 钢筋混凝土盖板涵兼通道长 32.25m)K78 +075(1-4.0m 钢筋混凝土盖板涵兼通

道长 27.59m)K81 +200(1-4.0m 钢筋混凝土盖板涵兼通道长 50.5m)等涵洞先行施工,尽快半幅完工,保证红线内施工道路的畅通,用 4 个月时间施工完成后,再根据路基施工的进度情况陆续开工其他涵洞。

3. 防护工程

挡土墙、护脚墙的施工根据路基填方进度的要求进行,先对 K75 +750 ~870 挡土墙(工程量 1 379.9m³ 片石混凝土)K78 +040 ~130 挡土墙(工程量 2 463.8m³ 浆砌块石)K78 +480 ~510 挡土墙(工程量378.4m³ 浆砌块石)K78 +930 ~940 挡土墙(工程量521.4m³ 片石混凝土)进行施工,再根据土石方施工的填方进度情况相继开工,总工期 14 个月。

边沟、护面墙在路基挖填方分段基本成型后动工,工期 13 个月。

4. 排水工程

路基排水工程优先安排路堑截水沟和路堤排水沟,使其尽早形成综合排水能力,路面排水工程横向排水管道待路基整修成型后,逐段反开槽埋设横向排水管道,同时完善边坡急流槽,中央分隔带纵向排水工程待路面垫层施工完毕后进行。

5. 路面工程

在全线路基基本成型后,首先进行路面垫层的施工,同时进行路面基层、底基层及面层的备料工作,进行冷热拌场建设,计划用两个月的时间完成垫层施工,然后依次施工底基层、基层和面层,路面工程总工期 12 个月。

6. 竣工验收

在施工的同时进行竣工资料的收集、编制及整理工作,工程完工时完成竣工资料的编制,进行交工验收。

三、主要工程项目施工方法及施工工艺

(一)路基土石方工程

1. 施工准备

1)施工测量

按监理工程师批复的路线控制导线点、水准基点复测成果及增设的主要控制转点桩技术资料,恢复路线中桩,用地界桩、路堤坡脚、借土场、弃土场范围等的具体位置,同时对路基纵断面和横断面进行复测,测量完成后,汇总测量记录,编制测量成果资料,绘制复测的纵、横断面图,并计算填写工程量计算表,报监理工程师审批。尤其对实测成果与设计不符的路段,未经监理工程师、业主或设计部门现场核实确认,不得擅自开始施工,破坏原地面。

2)调查与试验

在施工放样测量的同时,对借土场、路堤范围内的地质、水文、障碍物、文物古迹、坑穴、水塘、低洼稻田区以及各种地上、地下的管线等进行徒步踏勘调查,并详细记录其具体位置、范围。汇总调查结果,初拟处理方案或保护措施,报监理工程师审批。

按设计文件及参考资料,对路堤填筑拟用的填料(包括原地面填前压实范围的土样),按规范规定的频率,在挖掘机的配合下,挖取一定深度范围具有代表性的土样进行试验,主要试验项目有:

(1)土的液限、塑限、塑性指数、天然含水率、天然密度;

（2）土的颗粒大小分析、相对密度；

（3）土的重型击实试验,确定土的最佳含水率、最大干重度；

（4）土的承载比（CBR）试验；

（5）有机质含量及易溶盐含量。

根据土的取样试验结果,结合土石方调配方案,列明不适宜填料的数量及废弃方案,合格填料拟用路段,报监理工程师审批。

3）临时防、排水

根据测量放样及现场调查结果,本着防、排水工程永久、临时相结合的原则,路堑截水沟、路堤排水沟按设计图位置放样开挖,对低洼地段、水田地段和地下泉眼路段,采取截、引、排和相应的降低地下水位措施,保持施工场地处于良好的排水状态。

施工场地排水,不得直接排入农田、耕地或污染自然水源,在排水沟出口处,设置沉淀池,在施工过程中,派专人对排水系统进行维护和清淤,避免造成淤积或冲刷,始终保持排水畅通无阻。

4）清理与掘除

根据施工放样测量的路堑开挖和路堤填筑范围,对用地范围内的树木、灌木丛、杂草、砖石等构造物,按规定进行砍伐或移植和拆除,并将砍伐的树木按监理工程师指令堆放在路基用地之外并妥善处理；同时对路堤填筑范围的垃圾、有机物残渣及地面的草皮、农作物根系、树根等予以全面的挖除和清理；并将路堤范围内的坑穴按监理工程师指令,采用批准的填料分层回填夯实至原地面；对路基范围内的旧桥梁、旧涵洞、旧路面及其他障碍物,在维持其原有正常交通和排水的情况下,随施工进展按规范规定的拆除程度予以挖掘拆除。

清理、掘除完成后,在路堤填筑前,进行填前压实作业,将路堤基底平整,压实至规定密实度,对于低洼、水塘、水田路段无法按规定直接压实时,按设计文件或监理工程师批准的方案进行清淤换填处理。

2. 路堑开挖

1）土方开挖

施工前,首先绘制开挖断面图和土方调配图,提交监理工程师认可后,方能进行路基开挖。

土方开挖按施工放样的路堑坡口桩及设计图边坡坡率自上而下分层进行开挖,不得乱挖和超挖,严禁爆破和掏洞施工。在开挖中一旦发现地下管线、缆线和其他构造物,立即停止作业,并报监理工程师以便及时处理,在居民区内开挖,要保证居民及施工人员安全,并为附近居民的生活和交通提供有效的临时便道。

当路堑较短时,对开挖深度较小者,采用"横挖法"。对开挖深度较大者,采用"分台阶横挖法",台阶高度控制在 $3\sim4m$。当路堑较长时,采用"分层纵挖法",对开挖宽度和深度较大者,采用"通道纵挖法"。当路堑很长时,采用分段纵挖法,注意土质路堑的上路床（路基面以下 $0\sim30cm$）压实度为 95% 时,应采用翻挖、压实或换填等措施进行处理,处理深度视具体情况确定。

开挖方法采用推土机松土、装载机装车或直接由挖掘机挖土装车、自卸汽车运输,开挖的合格填料用作路堤填筑外,不合格的土方运至业主指定的弃土场堆。移挖作填地段,运距在 $200m$ 以内时,采用推土机推土、整平；运距在 $200m$ 以上时,采用挖掘机、装载机挖装,自卸汽车运输。路堑边坡开挖采取预留土层机械分层刷坡,同时辅以人工修整边坡至设计边坡率。当挖至路床顶面高程时,取其路床面以下30cm的土样按重型击实试验的标准进行击实试验,路床整平压实后,采用环刀法或灌砂法按每2 000m²检测6处的频率进行压实度检测试验,若压实度不符合要求,分析原因采取翻挖重新压实或换填的措施,确保路床压实度符合规定要求。

在土方开挖施工过程中,要提前按设计作好截水沟、天沟等的开挖和开挖场地内的排水沟开挖、疏通工作,防止路基被雨水浸泡,并根据施工的具体情况,适时安排路堑边坡防护作业,力争做到路堑开挖一级台阶,坡面防护完成一级台阶。

开挖中如发现土层有变化时,修改施工方案及挖方边坡,并报监理工程师批准。开挖土方地段有含水层时,在开挖该层土方前采取排水措施后再开挖,穿越水田时,应在坡顶用地界处填筑拦水埂。当因气候条件使挖出的材料无法用于填筑路基和压实时,停止开挖,直到气候条件转好。选择K76+175~K76+300段作为挖方试验段。

2)石方开挖

(1)石方爆破方案的选择。石方爆破是路基工程的重点之一,本合同段石方开挖工程量约107.8万m³,根据成功爆破设计施工经验,为保证施工及周围环境安全和爆破作业的顺利进行,在石方开挖爆破方案上,本合同选用以深孔控制爆破为主,浅孔爆破为辅,边坡采用光面预裂爆破的施工方法。深孔爆破采用大型潜孔钻机钻孔,机械化程度高、效率高,对确保工期有把握;浅孔爆破灵活机动,用于开挖工程量小、前期找平、部分刷坡及基底找平。两种爆破方法均严格按控制爆破原则进行设计和施工。石方爆破的作业程序为:

①选择炮位,钻掘炮眼或导洞。

②在炮眼里装填炸药,放置雷管、引线(导火线),然后堵塞炮眼。

③点火或通电引爆。

④处理瞎炮、清除炸松炸碎的石块和石渣。

(2)石方开挖施工规划。路堑石方开挖是本标段的控制工期工程之一,开挖进度制约了整个路基工程的施工进度,只有上足机械设备、严密组织,合理安排,精心施工,才能实现预期的石方开挖进度。按总体施工工期安排,石方开挖集中爆破安排在14个月内完成,第一个月为准备阶段,第二个月形成生产能力,第三个月起达到爆破开挖生产高峰,高峰期每月爆破开挖10.0~11万m³,形成钻、爆、推、装、运一条龙机械化流水作业。

根据月完成工程量,石方爆破开挖投入的主要机械设备为:

钻孔直径100mm的潜孔钻机5台、17m³/min的空气内燃压缩机12台、手持式凿岩风枪25支。平均每台潜孔钻机每天钻孔100延米,每两天放炮一次,爆破后的推、装、运必须紧密衔接,为后续钻爆提供足够的工作面和临空面。

(3)石方开挖采取的主要技术措施。为了确保石方开挖过程中爆破周围各种设施和构筑物不受到任何损坏,确保施工便道的畅通,石方开挖边坡稳定,改善破碎效果,本标段爆破开挖进程中主要采取以下技术措施:

①严格按照控制爆破的原则进行爆破设计和施工,"控制爆破"就是把爆破产生的振动控制在安全的范围内,控制到基本上无飞石,控制不产生冲击波。

②采用导爆管非电起爆网路,不受雷电干扰,操作简便,施工安全。

③采用微差爆破,以改善破碎质量、降低爆破振动。

④采用宽孔距爆破技术,有效控制大块率,确保一定的颗料级配,边坡侧采用光面预裂爆破,以获得理想的边坡面。

⑤个别环境较复杂的地段,采用必要的防护措施,确保安全。

⑥对较深的炮孔采用间隔装药结构,从而充分利用爆炸能量,降低大块率。

(4)主要爆破参数设计。

①深孔控制爆破:

a. 钻孔直径 $D = 100\text{mm}$。

b. 梯段高度 H。为了保证爆破效果和钻孔效率,台阶高度控制在 $H = 4 \sim 8\text{m}$。

c. 前排抵抗线 $W = 1.8 \sim 2.3\text{m}$。

d. 孔距 $a = 3\text{m}$。

e. 排距 $b = 2\text{m}$。

f. 超钻。一般炮孔超深为 $h_1 = (0.1 \sim 0.5)H$。

g. 孔深。采用倾斜钻孔,倾斜角为 $75°$,则孔深为 $L = H/\sin\alpha + h_1$,炮孔布置见《石方开挖爆破设计图》;

h. 装药量用下式计算:

$$Q = qabH \tag{6-1}$$

式中:q——单位用药系数,试炮时可用 $q = 0.7\text{kg/m}^3$,然后依据爆破效果调整;

a、b、H——分别为炮孔排距和梯段高度。

i. 装药形式。炮孔深度大于 7m 时,采用间隔装药形式;小于 7m 时,采用集中装药形式,用黄泥进行堵塞,堵塞长度不得小于 3m,装药结构见《石方开挖爆破设计图》。

j. 起爆网络。采用分排微差起爆网路,孔内装同一高段别非电毫秒雷管,孔外用同一低段别非电毫秒管连接成接力式等微差起爆网路,见《石方开挖爆破设计图》。

②边坡光面爆破:

a. 孔径 $D = 100\text{mm}$。

b. 孔距 $a = (8 \sim 12)D$。

c. 光爆层厚度 $W_1 = 1.2 \sim 1.5a$。

d. 孔深 L 为两台阶之间的坡长,$L = H/\sin\beta$,β 为设计坡角。

e. 线装药密度,底部 2m 范围内 $q = 0.8\text{kg/m}^3$,上部 $q = 0.4\text{kg/m}^3$,堵塞长度不得小于 1.5m。

f. 装药结构,将管装炸药按设计数量绑扎在竹片上,再将导爆索捆于炸药上,装进炮孔内,上部 1.5m 用黄泥堵塞,装药结构见《石方开挖爆破设计图》。

③浅孔控制爆破:

a. 炮孔直径 $38 \sim 42\text{mm}$。

b. 炮孔深度小于 3m。

c. 孔网参数 $a' \times b' = 1.5 \times 0.8\text{m}^2$。

d. 装药量用下式计算:

$$Q = a'b'Lc \tag{6-2}$$

式中:c——用药参数,风化岩 $c = 0.4 \text{kg/m}^3$,未风化岩 $c = 0.5 \text{kg/m}^3$;

a'、b'、L——分别为孔排距和孔深。

e.装药结构:药量集中装在炮孔底部,上部用黄泥填堵,堵塞长度不小于 1.0m。

f.起爆网路:采用微差起爆网路,孔深大于 1.5m 时,分排微差起爆,孔深小于 1.5m 时,分片微差起爆。

g.防护措施:当炮孔位置在动力线下面或距建筑物 50m 以内时,设防护措施,防护的材料可用草袋、荆芭等弹性物。

④爆破安全距离:

a.分段最大药量用下式确定:

$$Q_{\max} = R^3 (V \div K)^3 / a \tag{6-3}$$

式中:$Q_{\max}$——微差爆破时,分段最大药量,kg;

　　R——爆源到测点的水平距离,m;

　　V——测点允许振动速度,cm/s;

　K、a——与地形地质条件有关的系数和振动波衰减指数,试爆时取 $K = 100$,$a = 1.7$。

b.爆破飞石范围的确定。爆破时个别石块最大飞散距离用下式计算:

$$R_{\text{飞}} = 20 K_{\text{下}} n^2 W \tag{6-4}$$

式中:$R_{\text{飞}}$——个别石块最大飞散距离,m;

　$K_{\text{下}}$——安全系数,深孔爆破时,堵塞长度不小于 2m,取 $K_{\text{下}} = 2$;

　　W——深孔爆破时,前排抵抗线,为 2.5m;

　　n——爆破作用指数,深孔控制爆破时可取 $n = 0.6$;

本工点爆破最远飞石距离:

$$R_{\text{飞}} = 20 \times 2.0 \times 0.6^2 \times 2.5 = 36\text{m} \tag{6-5}$$

工程开工后按此爆破参数设计进行试爆,根据爆破效果,合理调整主要爆破参数,以求得最佳爆破开挖效果。图 5-2 为路基爆破施工图。

3)非适用材料开挖

填方区原地面上的非适用材料,其挖除深度及范围,根据现场调查记录情况先绘制测量断面,经监理工程师批复后方可施工。

当挖除至合格土层后,立即报监理工程师检查核对开挖深度和土质,监理工程师检验签字后,恢复开始填料开挖或平整,并压实开挖面到设计要求的密实度。在淤泥开挖区开挖时,采取连续进行,淤泥挖除后立即进行回填,回填材料按设计图示或监理工程师现场指定的材料进行分层回填压实。

其开挖方法为挖掘机挖装,自卸汽车运输。

4)排水沟开挖

在路堤填筑施工前,首先进行排水沟的开挖。路堑边沟、截水沟和路堤排水沟开挖的位置,断面尺寸和沟底纵坡按图纸所示和监理工程师现场确定的沟底纵坡进行开挖,路堑与路堤

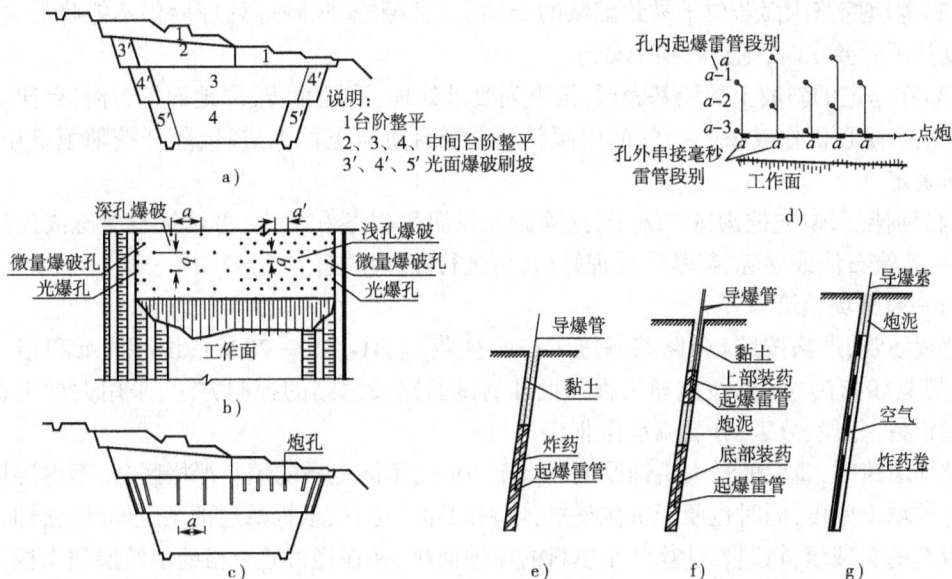

图6-2　路基爆破施工图

a)开挖施工顺序图;b)典型炮孔平面布置图;c)典型断面炮孔侧面布置图;d)起爆网络示意图;e)炮孔装药
结构示意图;f)微量爆破炮孔装药结构示意图;g)光面爆破炮孔装药结构示意图

连接处,边沟按设计缓慢过渡至路堤两侧的自然沟和排水沟,勿使路堤附近积水,以防冲蚀路堤。

其开挖方法为:截水沟采用人工开挖,排水沟、边沟采用挖掘机配合人工开挖,石方边沟开挖需爆破时采用风枪打眼松散爆破,人工清理至设计断面尺寸。

3.路堤填筑

本段路堤填筑分利用石方、利用土方和特殊路堤填方。最大填筑高度为16.5m。

1)试验路段施工

路堤填筑施工前,在监理工程师的监督下,严格按技术规范要求,首先进行试验路段填筑施工,以确定不同填料、不同摊铺厚度、不同压实机械组合,达到设计和规范要求的密实度所需的压实遍数等有关数据,通过归纳、分析、整理,以确定不同的填料填筑时所需的填料运输、摊铺、平整、压实的最佳机械设备组合,填料的最佳压实厚度、虚铺厚度、压实的最佳含水率范围和碾压遍数,以及劳动力组织,生产效率等施工参数,报监理工程师批准后作为路堤填筑大面积施工的控制依据。

2)基底处理

路基填筑前,先清理地面植物根系及腐殖土,然后对原地面碾压,对路基有影响的池塘、墓穴及以前开挖回填现仍不密实的地方,以及所有影响路基填筑质量均进行得理,主要方法如下。

(1)零填挖地段及路堤填土高度(不包括路面)小于或等于80cm的路段,对挖除表土后的土质基底应翻挖30cm,整平碾压,其压实度不小于95%。

（2）零填挖路床面若位于易致翻浆的土层上，且翻挖、晾晒等处理后仍不能降低含水率，压实度达不到要求时，则进行换填处理。

（3）在稳定的斜坡上的地基表层，按下列要求处理：清除草皮，原地面挖台阶，台阶宽度大于1.2m，台阶顶面作成2%～4%的内倾斜坡。挖台阶自下而上进行、随开挖随填筑压实，保持台阶稳定。

（4）河滩湿地：先挖沟排水疏干，挖除淤泥及腐殖根茎和软土，再填筑石渣砾或先抛填些片石，再填筑石渣或砂砾，待基底处理好后，再进行路基填筑。

3）一般路堤填筑

路堤填筑，严格按照《公路路基施工技术规范》（JTG F10—2006）、设计图纸和招标文件《技术规范》的有关规定，按监理工程师批准的试验路段总结的控制方法，采用大型土石方施工机械设备，分段、分区、分层流水作业。

路堤填筑时，每层的最大松铺厚度不大于30cm，不同土质的填料严格区分，不得混填。为控制每层填土厚度，同时也便于机械整平，填料的卸土位置，根据每层的填筑厚度、松铺系数和运输汽车的实载填料数量，计算每车填料的摊铺面积，并在经检验合格的填筑层顶面根据计算结果，按方格网放样，用石灰线标明每车填料的卸土位置，控制运输车卸料间距。填料由推土机推平摊铺，平地机进行平整。平整时，按路中心和路堤边缘测杆上标明的该填层顶高程线进行控制，直线路段平地机由路两侧向路中心进行，曲线地段由低的一侧向高的一侧刮平，每层横坡度控制在2%～4%，以利排水。碾压采用YZ18重型压路机，从路的低侧向高的一侧，采用直线进退法进行碾压，压路机的错轮宽度每次重叠1/2钢轮宽，前后相邻两区段纵向搭接2～3m，每层碾压遍数以试验路段取得的数据为依据控制，最终以现场的压实度检测结果来判定压实质量，为保证路堤边缘有足够的压实度，填筑时，每层填料每侧铺设宽度超过设计宽度50cm，压实路基边缘时，压路机与路线方向成45°进行碾压作业。

对于填方高度大于6m的路堤，当路堤填筑至4m高时，采用冲击式压路机碾压20遍，之后每填高2m均采用冲击式压路机碾压20遍。对于填筑高度小于6m的路堤，当路堤填筑至比设计高程低30cm时，采用冲击式压路机碾压20遍。冲击式压路机的最大瞬间冲击力不小于250t，轮重量16t，动力不小于294kW，碾压时最小行走速度不小于12km/h。

当天摊铺的填料，当天必须碾压成型，因故中断或不能及时填筑上一层时，在下次填筑开始前，对其已填层进行补充平整压实处理，压实度重新检测达到要求后，方可进行卸料填筑作业。

4）石方路堤填筑

石方路堤填筑时，边坡采用大于25cm石块台阶式码砌，石块强度不小于30MPa，码砌宽度不小于2m，下路堤每层填筑最大松铺厚度按试验路段总结的经监理工程师批准的厚度进行控制，石块最大粒径不得超过压实厚度的2/3，对较大石块的填料，大面向下摆放平稳，紧密靠拢，所有缝隙以小石块填嵌，并采用重型羊足碾压路机压实。在路床顶面下80cm的范围内填筑石方时，采用有适当级配的石渣料，最大粒径不超过10cm，超粒径石块用机械配合人工破碎或剔除，使填料粒径符合填料要求。石方填筑分层整平后，采用50t以上重型羊足碾压路机碾压，碾压至压实层顶面稳定，不再下沉，石块紧密，表面平整。路堤压实采用重型振动压路机沿线路纵向进行。压实顺序按先两侧后中间、先慢后快、先静压后振动、由弱振到强振，最后再静压一遍的操作程序进行,碾压前向压路机驾驶员进行技术交底,内容包括:碾压范围、压实遍数、压路机行驶速度等。碾压时,沿线路纵向行与行之间压实重叠不少于碾轮的1/3且不少于0.4m,各区段纵向搭接长度不小于2.0m。

5)填挖交界过渡段及桥涵台背回填

当路堤填筑分几个作业段施工时,两个相邻段交接处不在同一时间填筑,则先填路段填筑时,按1:1坡度分层留台阶,待后填段填筑时,挖除台阶端部进行过渡搭接处理,其每层台阶接长度不小于2m。

桥、涵台背回填时,先根据设计文件及规范要求进行基底处理,碾压密实,使基底压实度达到90%以上,且结构物混凝土强度达到70%以上,同时完成结构支撑、梁板架设、台背沥青防水处理等施工作业项目。根据试验确定的机械最佳组合方式、碾压遍数、松铺厚度,在结构物上用红油漆标好每层松铺厚度,根据每层松铺厚度用自卸车运至现场符合要求的填料,按照设计要求,将填料用推土机进行摊铺整平,保证每层压实厚度大于15cm。摊铺时路基形成路拱,并做到大面平整,以保证碾压效果的均匀性。先用压路机(大于12t)静压两遍,然后再由弱振到强振,接近台背时用弱振,直至压实到规定的密实度为止。靠近台背50cm压路机无法达到的地方,采用内燃打夯机进行夯实。填筑时台背两侧对称填筑,并连同锥坡等一起填筑。与成型路基接茬部位刷去虚土,分层挖掘好不小于1m的内倾斜台阶,以保证连接部位压实的效果。涵洞顶部0.5m厚填料采用轻型压路机静载压实,超过涵顶0.5m以上后,再与两侧路基同步施工。

6)加筋土陡坡路堤处理

本标段部分段落设计为加筋土陡坡路堤。筋材选用单向塑料土工格栅,设计要求其极限抗拉强度大于或等于50kN,极限伸长率小于或等于10%,2%抗拉强度大于或等于21kN,5%抗拉强度大于或等于35kN。与填料的摩擦系数大于或等于0.5,填料采用挖方路段的残积砾质黏性土,要求直接快剪内聚力不小于4.5MPa,内摩擦角φ不小于25°,填料中有尖锐棱角等有损塑料土工筋带的部分不得大于总量的15%,填料最大粒径不得大于150mm。

(1)原材料验收。

将拟采用的土工格栅和无纺土工布材料生产厂家及拟用塑料土工格栅及无纺土工布材料,按规范规定,委托监理工程师或业主确认的具有土工合成材料试验资质的单位进行材料的力学指标试验,并随同其试验报告单报监理工程师批准后备料。材料进场后,储存堆放于避光料库内,使用前在监理工程师在场的情况下,验证材料的生产厂家质保书、外包装、外观、批号、规格、数量和生产日期,并按规定频率随机抽样委托进行力学指标试验,合格后方可用于工程。

对于填筑加筋土路堤用的填料,事先进行土的力学指标、重型击实试验、土的颗粒分析和尖锐棱角颗粒含量测定,列明取其合格土源具体位置报监理工程师批准。

(2)加筋土路堤填筑施工方法如下:

①原地面处理。施工前,先用挖掘机清理掘除其地表草皮、树根等杂物,整平原地面后,采用压路机进行碾压,原地面碾压达到规定压实度后,采用轻型贯入式触探仪检验其地基承载力,若小于300kPa时,立即报告监理工程师,并反馈至设计部门,以便及时对地基进行处理。

当原地面横坡陡于1:5时,必须开挖台阶进行搭接,台阶开挖宽度不小于3m,高度不大于0.6m,台阶开挖成2%~4%向内倾斜的横坡,并随填筑层或基底一并压实。

当地基处理范围内有地下水泉眼或地下浸水时,根据现场地形情况,设置相应渗沟或盲沟,降低地下水位并将地下水通过渗沟或盲沟顺畅地排出路堤基底范围外。

②铺砂垫层。原地面处理经监理工程师检验其压实度,地基承载力、纵向、横向搭设台阶开挖满足要求后,沿处理合格的原地基表面,铺设30cm厚砂垫层,砂垫层铺筑由推土机推平并平整,喷洒适量水再用压路机碾压密实。在砂砾垫层铺设过程中,沿路线方向每隔5m设置一道ϕ10cm包裹两层无纺土工布的打孔PVC排水管,并按2%~4%向外倾斜的横坡敷设。砂垫层进出水处外缘均用两层250g/m无纺土工布包裹,土工布包裹埋入砂垫层外缘的长度不小于2m。

③铺设塑料土工格栅筋材。砂垫层铺设经监理工程师检查符合要求后,铺设第一层塑料土工格栅筋材。塑料土工格栅采取分段分层铺设,分段长度不小于50m,铺设时,按其筋材强度大的方向垂直于坡面(即沿横断面)铺设,各层筋材必须保持水平且相互平行铺设,相邻两幅土工格栅(即顺路线方向)的搭接宽度不少于30cm,搭接部位用延伸率较小、抗拉强度大于筋材的尼龙绳呈"之"字形螺旋穿绑,并按1.5m间距以防滑钉(马钉)将土工格栅筋固定于填筑层表面。上下两层铺设时要错位搭接。土工格栅在布设时,按对应其2%延伸率的应力进行预张拉,并用马钉将其锚定牢固,避免回缩,使其产生预伸长量,以提高加筋效果。塑料土工格栅在路线方向搭接时的搭接长度不小于15m,并用尼龙绳螺旋绑扎牢固。土工格栅铺设完毕,经检验合格后,进行下层填料填筑,下层填筑结束,填筑上层,而后依次按设计加筋路堤加筋宽度、长度及层厚依次分层铺设土工格栅,分层填筑路堤至设计高度。

④在土工格栅筋材上铺土填筑路堤。塑料土工格栅筋材分段铺设经验收合格后,填筑第一层填土,填土时,自路中心呈扇形向路两侧或自内侧向路基边坡渐次向前卸料,按25cm压实厚度铺土,填料采用经检验合格的残积砾质黏性土,自卸汽车边卸料,推土机边推平摊铺,呈扇形渐次扩展至路基边缘,预定填筑宽度和长度填料卸土摊铺大致整平后,采用平地机按预定铺填层厚进行平整,填层边角处机械无法整平的地方由人工整平。平整结束,采用轻型振动压路机在填料最佳含水率范围,采取直线进退法进行碾压,其压实密度不低于95%。为保证路基边缘压实密度,施工时在边坡外缘用袋装土超填0.5~1m宽,压路机与路线中心线成45°渐次压实至边坡边缘。

在土工格栅筋材上填土时,严禁一切施工车辆和设备直接与铺设好的筋材接触,施工机械设备与筋材间的填土厚度不得小于15cm,在填土过程中,由专人跟踪指挥车辆卸土和推土机推土摊铺,确保在填土过程中,土工格栅筋材不产生移动。

填土至路基边坡坡面边缘时,按事先测量放样的边线位置,由人工配合先将回包的筋材和内衬的无纺土工布展平,将填料填于内衬的土工布上,填层碾压结束,由人工按边坡坡面修整超宽压实于内衬土工布上的填土,收起回包土工布和筋材,拉紧密贴包回,并用马钉依次按0.75m间距固定于已压实的填层表面。

雨季填筑或填筑路段与内侧山体有地下水渗出时,每层都要设置排水系统汇集排除地表水和地下水。施工时根据现场实际情况,采用土工织物包裹卵石做暗沟或采用土工复合材料的排水体将地表积水、地下渗水及时顺利排出路堤之外,以防止造成积水危及路堤稳定。

陡坡路堤填筑自该段落的低处水平分层向高处填筑,按路堤设计填筑高度自上而下事先进行计算规划,填筑完该段一层的全长、全宽后,再填筑上一层,尽可能避免纵向、横向的施工填土搭接,每层填料土质要保持一致。当中间有通道、涵洞构造物时,可自构造物处分段,当填筑至构造物盖板顶以上时,按段落全长水平分层填筑至路堤顶部。

陡坡路堤与相临段落路堤之间边坡坡率不一致时,渐变段长度不小于10m,并按10m长的渐变率平顺过渡,筋材铺设延伸至正常路段2m。

⑤施工质量控制及稳定监测。陡坡加筋土路堤填筑前,首先建立健全工地试验、质量检查及工序间的交接验收等项制度,指定专人负责记录现场检测的施工原始数据,现场核对后请监理工程师签字确认,确保数据真实可靠。

施工中应根据施工实际情况,选择最不利断面桩号,在其路基横断面方向埋设沉降盘和测斜管,用于检测水平和垂直位移,以便及时了解路堤稳定状态。监控时间以侧向位移收敛并趋于稳定为止。

各分项工程完成后,填写施工记录及检测数据后,提交现场监理工程师,对施工质量进行中间检查验收,并拍摄照片或录像记录施工过程实态。检验合格后方可进行下一道工序施工。

加筋路堤填筑过程中,根据实际施工情况,按监理工程师指令,选择最不利断面桩号,在其路基横断面方向埋设沉降盘或测斜管(桩),检测路堤的水平和垂直位移,以及时掌握路堤填筑过程中路堤的稳定状态,避免盲目施工造成后患。监测时间以路堤侧向位移收敛并趋于稳定状态为止。

在加筋路堤填筑开始前,要事先完成路堤护脚砌筑和石笼护岸施工,路堤填筑期间,同时按设计的土坡保护层(其中面层采用M7.5浆砌片石30cm满铺)在路堤外坡面满铺砌体防护,紧跟路堤填筑高度,避免紫外线对坡面外露土工格栅的侵害和保护稳定边坡。

7)水塘路段换填路基施工

本段路基通过鱼塘、水库、低洼稻田地段多,特别是K77+300～940段;长达640m地段穿越低洼水田。在这些路段处路基施工顺序:围堰→抽水→清除软弱土层(含清淤)→挖台阶→填透水性材料→填筑路堤→修整池塘内的路堤形状→挖基→砌筑护脚等。清淤换填施工,将原路基一定深度和范围内地表水排干,采用挖掘机将淤泥全部挖除运至弃土场内,换填符合设计要求的透水性材料。施工时分层铺筑,逐层压实,检测合格后填筑上部路堤。

8)工序检查验收程序

路堤基底处理及每层路堤填筑前后,由专人负责填报每层的填筑宽度、压实厚度,逐桩高程及压实度等检测资料,拍摄每层施工照片自检合格后,呈报监理工程师,经监理工程师审查验收合格后,方可进行上一层的填筑作业。

9)路堤整修

整修前,首先测量放样路线中桩、检测路基中线位置、宽度、纵坡、横坡、边坡坡率及相应的高程,依据检测结果,对路基进行全面整修。

路堤边坡采用人工配合挖掘机按设计边坡坡率自上而下进行清刷。处理边坡被雨水冲刷形成的小冲沟时,将待整修的边坡挖成台阶,采用与原路堤填层相同的填料分层填补,采用电动冲击打夯机,仔细夯实,确保分层夯实质量。在整修过程中,逐段清除堆于路基范围内的废弃土料至指定地点。在路面底基层铺筑前,全线路基顶面采用冲击式压路机进行冲碾20遍,冲碾结束,将路基顶面预留的最后一层填土严格按设计高程、宽度、横坡度控制摊铺填料,采用平地机仔细整平,重型振动压路机压实至规定的密实度。

路床顶面整修填筑平整压实结束,逐段按公路工程质量检验评定标准,对其轴线偏位、宽度、横坡度、纵断高程、压实度、平整度、弯沉值等质量指标,在监理工程师在场的情况下,汇同路面施工单位进行检查验收评定,合格后办理中间交工证书手续,移交路面施工。

(二) 涵洞工程

1. 施工准备

(1)涵洞开工前,向监理工程师提交本工程施工组织设计和开工报告,监理工程师批准后才能开始施工。

(2)测量放样:按图纸设计的平面位置,高程及几何尺寸,进行施工放样。

(3)进行混凝土的配合比设计,并在混凝土浇筑前35d完成。并将试验结果上报监理工程师。

2. 基坑开挖

土方基坑开挖采用挖掘机配合人工进行,为防止超挖,当基坑开挖至距设计基底高程30cm时,停止机械开挖,用人工开挖、整修基坑至设计几何尺寸和基底高程。有水基坑开挖时,采取在基底平面尺寸外事先开挖排水沟和集水井或其他降低地下水位的措施,将基底范围内的水通过排水沟引至集水井内,采用电动抽水机将水抽出,确保基坑开挖在无水的情况下完成。基坑开挖至设计基底高程后,采用轻型触探仪或监理工程师认可的方法,及时检测基底承载力,满足要求并报请监理工程师检查签字后,进行基础施工。石方基坑开挖时,采用风钻打眼松动爆破开挖,人工修凿清理至设计基坑几何尺寸和基底高程,基底局部超挖部分将虚渣清理干净,待基础混凝土浇筑或砌筑时,采用与基础同强度等级混凝土回填或同结构砌体砌筑。

3. 钢筋混凝土盖板涵及通道涵

本段钢筋混凝土盖板涵及通道涵结构形式有C15片石混凝土基础及台身,C20混凝土基础,M7.5水泥砂浆浆砌片块石基础涵身,现浇或预制C40、C30钢筋混凝土盖板。

1)浆砌基础及涵身施工

涵洞基坑开挖经检验合格,当基底需作换填处理时,按设计厚度换填砂砾,基底换填砂砾采用电动或内燃冲击式夯实机分层夯实,换填砂砾经监理工程检验合格,采用C15混凝土将基底找平,然后按基础、涵身的顺序进行砌筑,砌筑石料采用石质坚硬、无水锈、无风化,最小厚度不小于15cm的片、块石。

砌筑采用挤浆法,先砌外圈定位行列石,然后砌筑里层,外圈砌块与里层砌块交错连成一体。浆砌片石大面向下分层砌筑,2~3层砌块组成一工作层,每一工作层的水平缝要大致找平,各工作层竖缝相互错开,不得贯通。块石砌筑采用平砌,每层石料高度大致一致,外圈定位镶面石块,按两顺一丁排列,砌缝宽度不大于30mm,上下层竖缝错开距离不小于80mm。砌筑过程中,由专人负责浇水养护,涵身砌筑完毕,进行涵底铺砌或支撑梁施工,涵底铺砌砂浆或支撑梁混凝土达设计强度70%以上时,若钢筋混凝土盖板为现浇混凝土时,采用可调式专用建筑脚手架搭设满堂支架,满堂支架搭设完毕,按设计支架立杆间距,安放横向卧木于支撑立杆顶部可调强力托掌上,然后铺设底模板,底模板采用特制的大块钢模拼装。支架模板体系安装经检验合格后,安装盖板钢筋,钢筋在钢筋加工棚按设计图规格、编号下料加工,运至现场对号绑扎安装。钢筋安装经监理工程师检验合格,浇筑盖板混凝土,混凝土在拌和站集中拌和,混凝土输送车运至现场注入模内,机械振捣成型。当通道、涵洞采用预制钢筋混凝土盖板时,钢筋混凝土盖板在预制场集中预制,运输汽车运输钢筋混凝土盖板至工点,采用自行式汽车起重机起吊就位安装。涵洞盖板混凝土浇筑拆模后,或钢筋混凝土盖板安装就位后,按设计图放样砌筑进出口八字翼墙或窨井,之后进行洞口铺砌。涵洞通道砌体统一勾平凹缝,缝宽2cm,缝凹深3~5mm。勾缝前,先将砌体砌筑灰缝修凿至2~3cm宽,2~3cm深,灰缝修凿完毕,经检验合格后,采用M10水泥砂浆勾缝。勾缝前先将修凿好灰缝的砌体喷洒适量的水充分湿润。

2)整体式钢筋混凝土或C15片石混凝土涵基及涵身施工

涵洞基坑开挖经检验合格,当基底需作换填处理时,按设计厚度换填砂砾,基底换填砂砾采用电动或内燃冲击式夯实机分层夯实,换填砂砾经监理工程检验合格,采用C15混凝土将基底找平,然后安装基础钢筋,基础钢筋在钢筋加工棚加工,运至现场后按设计图编号绑扎安装。钢筋安装经检查合格,采用组合钢模板拼装基础模型,并采用脚手架钢管、方木加固支撑牢固,经检验合格后浇筑基础混凝土,基础混凝土浇筑达一定强度后,安装台身模板,台身模板采用组合钢模板拼装,其外露面每块模板面积为1m² 以上,台身模型采用脚手架钢管、方木加固支撑牢固,并经检验合格后,浇筑台身混凝土。基础及台身混凝土在拌和站集中按设计混凝土强度等级和批准的施工配合比准确计量投料拌和,混凝土输送车运至现场注入模内,机械振捣成型。

3)盖板施工

根据以往施工得出的经验,吊装预制盖板一方面不如现浇盖板底面平整、美观,另一方面盖板接缝与台身伸缩缝不易控制在一条垂线上。为保证通涵顶面外观,故拟采用现浇盖板,装模前,测量台身高程,检查成品及边墙尺寸,图纸有要求将钢筋盖板用锚栓与涵台锚固在一起时,按图纸规定或工程师批准的其他方法固定锚栓。现浇模板采用整体钢模板或组合钢模板。模板安装好后进行钢筋绑扎,钢筋与模板之间垫以小混凝土块以保证钢筋有足够的保护层厚度。模板安装完毕,钢筋绑扎安装完工后,应进行检验,检验合格后,方可进行下道工序。盖板混凝土浇筑完成后,在各预留施工伸缩沉降缝处,用沥青麻絮填塞接缝。盖板涵表面防水层用沥青胶结材料或监理工程师认可的材料进行处理。

4)沉降缝及涵背回填施工

盖板涵沉降缝的道数、缝宽和位置按设计图所示或监理工程师现场指示布设,按图纸规定的填塞嵌缝材料或监理工程师批准的嵌缝材料进行填塞嵌缝。填塞嵌缝前,将沉降缝内杂物清理干净,采用规定嵌缝材料自下而上、由内至外填塞紧密。外露面与涵身表面平齐,缝宽一致直顺垂直。

当盖板涵现浇盖板混凝土浇筑达设计强度的100%时,或预制盖板吊装就位并灌缝后,进行涵背的回填作业。回填时两个涵背同时采用设计规定的填料水平对称分层回填,分层厚度不大于15cm,当不能与相邻段路基同步填筑时,采用电动或内燃冲击夯实机具夯实,压实度必须满足设计及规范要求。暗涵涵顶回填厚度大于50cm后,方可采用大型土方机械与相邻路基同步填筑。

4.圆管涵施工

1)预制管成品检验

预制管从生产厂家直接购买。购买前应根据图纸设计要求对生产厂家进行交底并作出要求,并征得业主和监理的同意。管节须是配合比、各部尺寸、混凝土强度均合格的钢筋混凝土圆管涵成品,生产厂家统一制作并供应至施工现场,在涵洞施工前提出管节使用计划,并要求送货单位在运输、装卸过程中做好防护措施,避免碰伤管壁和接口。进场后严格按技术规范的要求进行三点抗压试验检查,确认合格或有检验合格证后方可进行安装施工。

2)管节的安装

管节安装前外壁注明适用的管顶填土高度,相同的堆置于一处,以便取用,防止弄错。管节安装的顺序是先下游后上游,安装前,先铺一层坐浆细石混凝土,高程与设计相同,然后人工配合汽车吊运管节。吊装时在承口端内壁先座以干硬性水泥砂浆,在管节套接后再在承口端的环形空隙内塞以砂浆,以便接头部位紧密吻合,并将内壁表面抹平,最后将管节下部的混凝土基础按设计尺寸浇筑,振捣密实。

3)接缝的处理

管节就位,调整好接缝轴线和高程,管节的承插式接缝宽度不应大于10mm(接缝宽时用小石块将管节定位),它和沉降缝的设置要按设计的要求在管内、外缝,用沥青麻絮各填塞一半,使之密实,形成一柔性密封层,最后用满涂热沥青的油毛毡围镶两道,形成一个不漏水的接缝。在管节接缝填塞好后,应在外部设置C20混凝土箍圈,箍圈环绕接缝浇筑,厚度不小于15cm,宽度不小于40cm,浇筑后充分养生,使获得满意的强度而不产生脱落现象。

(三)路基防护及排水工程

本段路基防护工程设计主要有挡土墙、护面墙、护脚墙、拱形护坡、铺草皮、锚喷等,路基排水工程主要有浆砌片石边沟、截水沟和急流槽。路基防护及排水工程安排5个专业的综合工程队施工,施工严格按照技术规范的要求组织。

1.防护工程

1)施工工艺流程

砌筑工程:开工报告方案及所有试验原材料报监理批准→放样→坡面整修→下挖基础→基底修整及高程→地基承载力检验→基底尺寸→基础验收→砌筑→养生。

锚喷混凝土施工工序分为:开工报告方案及所有试验原材料报监理批准→放样→坡面整修→钻孔→注浆→安放锚杆→挂网→喷射混凝土→养生。

2)砌筑工程施工方法

(1)施工前应按图纸修成整齐的新鲜坡面。

(2)基础软弱土层应报监理工程师批准采用加固措施处理,浸水或近河基础设置深度低于冲刷线下50cm。护坡、护脚等应挖槽,使基础嵌入稳定的槽内。基坑有渗水时及时排除处理,挖方边坡的防护,若坡面有渗水应适当增加池水孔。

(3)石料在砌筑前要浇水湿润,并清理表面泥土杂物。

(4)砌体应分层坐浆挤砌,砌筑上层时,不应振动下层,石块之间不得松动,不得在已砌筑好的砌体土抛掷、滚动和敲击石块,已砌好的砌体安排专人养护。

（5）砌体应砌成直线平顺,曲线圆滑顺适美观,石料抗压强度满足设计要求,平整度达到技术规范要求,所有层次的铺砌都应使承垂面和石块的天然层面平行。

（6）浆砌圬工、块石应按规定的尺寸,丁顺相间或横平竖直排列,砌缝宽度不大于2cm,片石混凝土挡土墙的施工方法基本上与涵洞通道基础、台身相同。

（7）沉降缝、伸缩缝、泄水孔设计按图纸及监理工程师的要求设置,及时用沥青麻絮填塞,泄水孔必须贯通,其滤水层必须按图纸和监理工程师的要求设置。

（8）在规定的时间内,砌体强度达到规范的要求后,及时用透水性材料逐层回填。

3）锚喷混凝土施工方法

先将边坡刷至设计坡度,用风钻或电钻钻孔,钻杆应平直、除锈,钻杆与岩面成75°斜角下钻,成孔后注浆,注浆管应插入距孔底10cm处,随着砂浆注入缓慢拔出,插入锚杆,孔口应有砂浆溢出,否则应及时补浆。锚杆安装后挂钢丝网。挂网可与喷射混凝土一起分层进行。喷射混凝土水泥强度等级不低于42.5级,所用中粗砂细度模数应大于25。喷射混凝土单位水泥用量不小于400kg,水灰比0.4~0.5,速凝剂掺量2.5%~4%。

4）植草防护

在路堤或路堑边坡修整完成后,按设计要求,在一些边坡地段设置骨架护坡然后再植草绿化防护。为便于植草绿化,在护坡施工前,首先要精确放样,并用石灰粉在边坡上撒出骨架、拱形大样,再逐段挖槽取土,逐段砌筑。骨架的主框架用M7.5浆砌片石砌筑,镶边石必须圆顺、平直。护坡施工完毕后,要在边坡上喷水湿润后,喷射草籽及营养液,并覆盖塑料薄膜,保证草籽的发芽率。待草籽生根发芽后,再喷射养护液进行养护。

5）施工注意事项

稳定性较差地段,边坡开挖后应及时进行防护,以保证边坡稳定。施工时应注意以下几点。

（1）挡土墙、护坡注意事项如下:

①地质较差地段的挡土墙墙趾开挖采取跳槽开挖的施工方法,禁止采用全段开挖。

②各式骨架护坡的施工,应先清理施工现场,修整边坡,使砌筑地带高程和边坡坡度与图纸要求一致,并按图纸要求进行施工放样。

③经养生后,将砌筑材料残留物清除干净,同时不得损坏已成的网格。

④骨架形成后,应及时按图纸要求植草或播种草籽。

⑤超高路段内侧路堤边坡若为骨架护坡时,应将骨架护坡顶镶边作成比土路肩边缘高10cm。

（2）植草、铺草皮注意事项如下:

①坡面应用人工和小型夯实机具平整、夯实,达到设计要求,铺种时保证湿润。

②铺种植物后,应适时进行洒水施肥、清除杂草等养护管理,直到植物成长覆盖坡面。

③采用铺草皮防护时,选用带状或块状草皮,草皮厚度为10cm。铺设时,应由坡脚向上铺。根据具体情况选用平铺、叠铺或方格式等形式。当坡面设有圬工骨架在铺草皮前,骨架应嵌入坡面,表面与草皮衔接。

④采用撒草籽防护时,草籽均匀撒布在清理好的土质坡面上,同时作为保护措施,对于不

利于草类生长的土质,先在坡面铺一层 10 ~ 15cm 的种植土。路堑边坡较陡或较高时,可采用草籽与含肥料的有机质泥浆混合,喷射于坡面。

(3)锚喷混凝土注意事项如下:

①锚喷混凝土可根据情况采用湿喷法或干喷法施工。湿喷法对环境污染少,级配和水灰比控制好可减少回弹率,在有植被和居民的地区,应采用此法施工。但此法要求操作手相当熟练,水灰比、级配、用水量等在现场不易调整、易卡管、施工速度慢。干喷法可根据回弹率的大小在现场随时调整用水量,易于控制,施工速度快;缺点是粉尘大,对人体有危害。

②喷射混凝土集料最大粒径以 15mm 以下为宜,否则喷射管易堵塞。

③锚喷挂网防护施工中一个不可忽视的环节是清理岩面和挂网。清理岩面对危石和浮土的清理应干净、彻底,确保混凝土与岩石之间有足够的黏结力。挂网时,一些凸起或凹进较多的区域应注意局部修坡,使钢丝网与岩面的间隙不超过 5cm,否则会使混凝土用量加大,造成不必要的材料消耗。

2. 预应力锚索工程

本合同段部分路堑边坡设计采用预应力锚索进行边坡防护。施工时,边坡开挖从上至下进行,当上一级边坡开挖成型后,先施工锚索再进行边坡防护,避免边坡长期暴露,待上一级边坡锚索张拉后,再开挖下一级边坡。

1)施工准备

(1)测量放样。边坡开挖清刷至设计边坡位置和坡率后,按设计图锚索间距测量放样,确定地梁、锚孔竖向位置,待脚手架及施工平台搭设后,进一步放样,采用"红头钢钉"标明每个锚孔的准确位置。

(2)脚手架及施工平台搭设。脚手架采用 $\phi48$ 钢管自下而上依次搭设,钻孔作业平台搭设宽度为 6m,采用 5m 长厚木板铺垫。

(3)材料。锚索采用 $\phi15.24$ 高强度低松弛无黏接涂塑钢绞线,按设计图加工而成,锚具及钢垫板采用经检验合格报监理工程师批准专业生产厂家的产品,地梁所用钢筋、水泥、砂、石料,采用经试验合格后,报监理工程师批准的材料。材料进场经监理工程师抽检合格后,方用于工程。

2)锚孔施钻

锚孔采用平式潜孔钻机,钻头直径 $\phi130mm$,配 $17m^3/min$ 空压机,按设计图锚孔与坡面倾角和孔深钻进成孔,施钻前定位要准确。钻孔采用风动干钻施工法,钻进过程中,通过工作平台支撑保持钻进倾角稳定和符合设计,并不断用高压风清孔,保持成孔清洁,孔壁无污染物。为防止干钻、清孔尘土飞扬,影响钻进作业,利用潜孔钻机装置的孔口吸尘装置,将钻渣及尘埃吸入排放于边坡外的路床上。

3)锚索制作

(1)锚索长度由锚固段长度、自由段长度,加外伸张拉长度组成,按此长度下料加工,钢绞线切断采用电动砂轮切割机。

(2)锚固段钢绞线除油,剥去外包涂塑层,将其按设计间距逐一固定于架线环上,内注浆管采用 $\phi25$ 钢管加工并置于架线环和钢质承载体中心固定,每束锚索由 3 个单元锚索组成压力分散型锚索,每个单元锚索分别由两根无黏钢绞线内锚于钢质承载体组成(钢绞线通过特制的挤压簧和挤压套对称地锚固于钢质承载体上）。

（3）锚固段和自由段加工经检验合格,将自由段外套柔性塑料热缩管,锚固段套上防护网套。

4）下锚索、注浆

（1）下锚索。再次清孔,清孔完毕,将加工制作合格的锚索慢慢放入孔内,锚索放入设计深度后,设置注浆塞。注浆塞采用0.4MPa压力将孔口用水泥浆按设计长度(一般50~80cm)注满,注浆时注意设置排气管和预埋地梁段波纹管。

（2）注浆。注浆采用自孔底向孔口注浆技术,水泥浆强度不低于40MPa。待注浆塞强度达20MPa后,进行孔内高压注浆。高压注浆压力控制在1~2MPa内进行,水泥浆浆液采用专用拌和机拌和,严格控制水灰比,边注浆边搅拌,注浆至排气管溢出浓浆为止。

5）地梁混凝土浇筑

注浆强度达到20MPa后,采用组合钢模板立模、绑扎地梁钢筋及混凝土垫板钢筋,钢筋安装合格,将锚垫板固定于混凝土垫板模板上,密封锚垫板与波纹管接口,调正螺旋筋。模板支撑加固牢固,经检验合格后,浇筑地梁及混凝土垫板混凝土。

混凝土在混凝土拌和站按施工配合比自动计量投料拌和,用混凝土输送车运送至工点,采用输送泵将混凝土泵入模内,采用插入式振捣棒振捣密实,混凝土浇筑时,自下而上进行,先浇筑第一层模板,第一层模板混凝土浇筑后,将第二层盖模安装与侧模采用"U"形卡固定后,再浇筑第二层模板混凝土,以此类推,直至整个地梁浇筑完毕。混凝土浇筑后,采用麻袋覆盖浇水养护。

6）锚索张拉

地梁混凝土浇筑养护至混凝土达设计强度的80%及以上后,进行锚索张拉。

张拉千斤顶采用柳州机械厂生产的YCQ-100型,电动油泵ZB4×450型,每根锚索按设计吨位进行张拉。每组锚索张拉分两次进行,复拉时间是在第一次张拉的10d后进行,拉力同第一次,并测定锚索的预应力损失和地梁的下沉量。锚索张拉以控制张拉应力为主,每次张拉,要认真作好张拉记录,第二次张拉时,注意记录其预应力损失值和地梁的下沉量。

第二次张拉结束,经监理工程师检验同意后,进行锚头封闭,锚头封闭时,采用手持砂轮切割机,切除多余钢绞线,涂以黄油防腐,扣上锚头钢板罩,采用水泥砂浆将锚头封闭。

锚头封闭后,铺设框架内六棱混凝土预制块并培土植草。

3. 排水工程

1）边沟、排水沟、截水沟、急流槽

（1）测量放样,定线,开挖基坑。路基排水工程开工前,按设计图纸边沟、排水沟、截水沟及急流槽、渗沟、盲沟的平面位置和沟底高程逐段进行测量放样,核对设计是否与现场实际相符,并绘制排水系统平、纵断面图,逐一核对涵洞进、出口高程是否与该处水沟底高程相一致,排水沟出水口处是否与现场实际相符,边沟、排水沟、截水沟相互衔接处,线形是否顺直,高程是否一致,综合排水系统是否畅通,对测量放样核对发现的问题及时拟定变更调整方案呈报监理工程师及有关部门,经书面批复后方可进行施工。

排水沟、截水沟、急流槽、渗沟、盲沟、边沟测量放样复核无误后,按设计断面尺寸进行沟槽土石方开挖,土方沟槽采用人工开挖,石方沟槽采用风钻打眼松动小爆破,人工清理至设计断面尺寸。沟、槽开挖完毕,在监理工程师在场的情况下,对已开挖成型的沟槽的断面尺寸、沟底纵坡等进行检验,合格后,进行沟底 M7.5 浆砌片石砌筑。

(2)沟壁整修。铺砌之前,应对排水沟进行整修,确保线形顺畅,同时保证沟底和沟壁坚实平整,沟底高程及断面尺寸符合图纸要求。

(3)铺砌。槽土石开挖经检验合格后,进行沟槽施工。先按设计厚度铺设排水沟或截水沟或急流槽或边沟沟底砂砾垫层,洒适量水采用电动冲击夯实机且夯实后,每隔 10m,用∟ 60mm ×60mm ×5mm 角钢焊接而成的水沟几何尺寸模架固定于沟槽内,挂线,进行沟壁片石砌筑,同时铺设沟壁砂砾垫层,并采用捣固棒将沟壁砂砾垫层捣固密实,砌筑灰缝采用 M10 水泥砂浆坐浆,缝宽 1.0cm,勾平缝。沟壁砌筑完毕,立即砌筑沟底,砌筑采用无水锈、无风化,最小厚度大于 15cm 的片石,外露面选择块大面平的片石大致加工方正,丁顺相间组砌镶面,砌筑所用砂浆,按施工配合比过磅计量,采用砂浆搅拌机拌和;组砌采用挤浆法,严禁灌浆砌筑。混凝土预制块拦水埂随砌体砌筑时安装,安装时外露高度一致,直线段顺直,曲线段圆顺,力求较好的外观质量,混凝土块分别在两个预制场统一预制。砌体砌筑过程中,每天由专人浇水养生,浇水次数视气候情况而定,保持砌体砂浆表面湿润为度。

渗沟、盲沟基槽开挖经检验合格后,按设计厚度砌筑沟底,然后铺设无纺土工布,回填级配碎石至设计高程,最后收起两侧土工布将碎石包裹,回填砂砾至路槽顶面并夯实。

(4)砌体勾缝。砌体统一勾平凹缝,缝宽 2cm,深 3 ~5mm。勾缝前,先将砌体灰缝修凿至 2 ~3cm 宽,2 ~3cm 深,灰缝修凿完毕,经检验合格后,采用 M10 水泥砂浆勾缝,勾缝前先将砌体喷洒适量水充分湿润。勾缝自上而下进行,勾缝砂浆终凝后,由专人浇水养生 7 昼夜。

2)路面排水工程

路面排水系统工程待路基成型并办理交工证书后,横向排水管在底基层施工前埋设,边坡急流槽及中央分隔带集水井在底基层施工过程中同步施工,中央分隔带纵向排水沟、排水管,随路面基层施工一段完成一段,确保在沥青路面铺筑下面层前完成。

(1)横向排水管。超高路段 φ30cm 钢筋混凝土管道,基槽采用挖掘机配合人工开挖,开挖至设计高程后,按设计厚度回填、夯实砂砾垫层,浇筑 C10 混凝土底座,然后安装混凝土管,混凝土管由人工安装,安装时由路侧向中央分隔带逐段进行,接口采用 1:3 水泥砂浆抹带,管道安装经检验合格,浇筑 C10 混凝土管座,管座混凝土浇筑达一定强度后,管顶采用透水性较好的砂砾材料分层回填夯实至路床顶面。钢筋混凝土管节采用离心法集中预制生产,运至工地后安装。

φ75mm 横向塑料排水管,采用经监理工程师批准的生产厂家、并经进场抽检合格的产品。待路基办理中间交工证书后,铺筑路面底基层前,按设计起讫桩号和间距放样,突击反开槽开挖,横向塑料排水管埋设后,采用中粗砂回填,人工捣固密实至路床顶面平齐。

(2)边坡急流槽。边坡急流槽按设计图位置进行测量放样,沟槽土方采用人工开挖清理至设计尺寸,基槽开挖经检验合格后,先填筑 10cm 厚砂砾垫层并夯实,然后采用 M7.5 砂浆砌筑急流槽防滑平台、底板、槽身和消力坎。砌筑完毕,采用草袋覆盖浇水养护 7 天以上。

(3)中央分隔带集水井。中央分隔带集水井,待通信管道埋设后,路面横向排水管道埋设完毕,按设计集水井位置放样施工。土方采用人工开挖修整至设计集水井几何尺寸和井底高程。土方开挖经检查合格后,先浇筑集水井底板混凝土,而后采用特制的便拆卸式整体钢模立模浇筑井壁混凝土和井座混凝土,混凝土在拌和站集中拌和,运输车运至工地注入模板,采用插入式振动棒振捣密实。混凝土盖板在预制场预制后安装。

(4)中央分隔带纵向排水管。中央分隔带纵向排水盲管(沟)在中央分隔带通信管道埋设结束,路面基层铺设后,按设计放样安装中央分隔纵向排水盲管(沟)。排水盲管安装前,先将路面底基层或基层按设计排水盲管管沟尺寸和缝隙式圆型纵向排水沟尺寸垂直开挖至管底高度,清扫干净后,将开挖的沟槽及底基层抹 1:3 水泥砂浆调平层,水泥砂浆调平层养护 3~4d 后,铺设两毡三油防水层,之后先安装纵向 $\phi 80mm$ 排水盲管,并沿盲管四周回填 15cm 厚中粗砂,盲管安装至 M5 浆砌青砖集水坑处(即横向塑料排水管入口处)要截断,纵向 $\phi 80mm$ 盲管埋设后,在超高地段按设计沿路缘带安装缝隙式圆型纵向排水沟,圆型纵向排水沟在预制场集中预制,运至现场安装,接缝处用 1:2 水泥砂浆填塞紧密,并沿内沟壁抹平。

中央分隔带排水系统及通信工程管道埋设及人孔施工完毕后,采用袋装土回填人工夯实至设计高程。

(四)路面工程

路面工程进行施工前,需要进行较长时间的准备工作,进行拌和场地的建设,设备安装,备料等。施工前应对沥青拌和场、(底)基层拌和场进行科学合理的规划,在平整好的场地内进行场地硬化,各规格碎石堆放砌筑横截面宽度不小于60cm的隔墙,对细集料,如矿粉、水泥、沥青搭棚建仓堆放,以防雨淋,修筑场内的排水系统。底基层、基层混合料拌和场见图6-3。

图6-3　底基层、基层混合料拌和场

1. 石灰、粉煤灰、碎石垫层、基层

因垫层、底基层、基层的结构形式一样,故进行综合说明。

施工采用集中厂拌混合料,用双摊铺机梯队摊铺、压路机碾压密实的工艺施工。23cm 分两层进行施工,20cm 按一层进行施工。尽量避免在高温季节施工。应采取各种有效措施,防止施工中出现离析(粗粒料集中)和开裂现象。对已经出现的离析和开裂应进行处理,直至将其铲除重铺。

1)材料要求

(1)石灰。石灰质量应符合本项目占用规范规定的 Ⅱ 级或以上石灰的技术要求,应尽量缩短石灰的存放时间,如存在时间较长,应采取覆盖封存措施,妥善保管。

(2)粉煤灰。粉煤灰中 SiO_2、Al_2O_3 和 Fe_2O_3 的总含量应大于 70%,粉煤灰的烧失量不应超过 20%,粉煤灰的比表面积宜大于 $2\,500cm^2/g$。

(3)碎石。底基层、基层用碎石压碎值应不大于 28%,粗集料针片状含量应不大于 18% (宜不大于 15%)。碎石中小于 0.6mm 的颗粒必须作液限和塑性指数试验,要求液限小于 28%,塑性指数小于 9。

石灰、粉煤灰、碎石混合料、中集料的颗粒组成见表6-7。

石灰、粉煤灰、碎石混合料、中集料的颗粒组成 表 6-7

方孔筛尺寸(mm)	31.5	19.0	9.5	4.75	2.36	1.18	0.6	0.075
通过质量百分率(%)	100	81~98	52~70	30~50	18~38	10~27	6~20	0~7

（4）水泥。当二灰碎石 7d 强度不能满足设计要求时，为提高石灰、粉煤灰、稳定碎石的早期强度，外加 1%~2% 的水泥。

（5）水。凡饮用水皆可使用，遇有可疑水源，应委托有关部门化验鉴定。

2）准备工作

（1）施工机械设备。单幅双摊铺机梯队摊铺作业，每个作业面配备以下主要机械：

①拌和机 1 台。

②摊铺机 2 台。

③压路机：12t 轻型压路机 2 台，20t 轮胎压路机 3 台，10t 以上双钢轮振动压路机 3 台和 25t 以上胶轮压路机 2 台。

④自卸汽车 20 辆。

⑤装载机 3 台。

⑥洒水车 3 台。

（2）质量检测仪器如下：

①石灰有效氧化钙和氧化镁含量测定设备。

②重型击实仪。

③石灰粉煤灰碎石抗压试件制备与抗压强度测定设备。

④标准养护室。

⑤密度测定设备。

⑥标准筛(方孔)。

⑦取芯机。

（3）下承层的检查与验收如下：

①下承层外形检查、压实度和强度检查。

下承层的检查项目、检查频率应符合规范规定，表面应平整密实，无坑洼松散、无压路机碾压轮迹，不起皮、不开裂。

②对出现病害的部位应按要求修复或返工处理。

3）混合料组成设计

（1）一般要求如下：

①石灰、粉煤灰、稳定碎石混合料的组成设计包括：根据规定的材料指标要求，通过试验选取合适的碎石、石灰和粉煤灰；确定合理的集料配合比例；确定石灰、粉煤灰的最佳比例和混合料最大干密度、最佳含水率。

②石灰、粉煤灰、稳定碎石 7d 浸水无侧限抗压强度代表值应满足设计要求。

③混合料应制成直径和高均为 150mm 的圆柱试件，各项试验应按《公路工程无机结合料稳定材料试验规程》(JTJ 057—94)进行。

（2）混合料组成设计的步骤：

①取工地实际使用的集料，分别进行筛分，按颗粒组成进行计算。

②取工地使用的粉煤灰和消石灰,石灰粉煤灰与级配集料的比例为17.5:82.5,石灰与粉煤灰比例控制在1:1.5～1:4,必要时可以添加1%～2%的水泥。制备不同比例的混合料(每组试件个数为:偏差系数10%～15%时9个,偏差系数15%～20%时13个),用重型击实法确定各组混合料的最佳含水率和最大干密度。

③根据确定的最佳含水率,拌制混合料,按要求压实度(重型击实标准,98%)制备混合料试件,放入养护室进行养护。石灰、粉煤灰、稳定碎石试件的养护条件应符合规范要求。前6d养生期间试件水分损失应不超过10g,超过此规定的试件,应予作废。

在标准条件下养护6d,浸水1d后取出,作无侧限抗压强度试验,计算抗压强度的代表值。

④取符合强度要求的最佳配合比作为石灰粉煤灰碎石的生产配合比,用重型击实法求得最佳含水率和最大干密度,经审批后,可用以指导施工。

4)铺筑试验段

(1)正式开工之前,应进行试验段施工。试验段(首件工程)选择在经验收合格的下承层上进行,长度为300～600m,每一种试铺方案100～200m。首件工程的拌和、摊铺、碾压各道工序按规范进行。

(2)通过首件工程主要决定如下内容:

①验证用于施工的集料配合比例。

a.调试拌和机,分别称出拌缸中不同规格的碎石、水泥、水的重量,测量其计量的准确性;

b.调整拌和时间,保证混合料均匀性;

c.检查混合料含水率、集料级配、水泥剂量、7d无侧限抗压强度。

②确定一次铺筑合适的松铺厚度和松铺系数。

③确定标准施工方法。

a.混合料配比的控制;

b.混合料摊铺方法和适用机具(包括摊铺机的行进速度、摊铺厚度的控制方式、梯队作业时摊铺机的间隔距离,一般5～8m);

c.含水率的调整和控制方法;

d.压实机械的选择和组合,压实的顺序、速度和遍数;

e.拌和、运输、摊铺和碾压机械的协调和配合。

④确定每一作业段的合适长度(一般50m～80m)。

⑤编写试铺总结,经审批后即可作为正常路面施工开工的依据。

5)二灰碎石垫层、底基层、基层施工

(1)一般要求如下:

①石灰粉煤灰稳定碎石的施工宜在冰冻到来半个月前结束。

②底基层碾压完毕后,宜在2d内立即铺筑基层,不需专门的养生期,如不能立即铺筑,仍应按规定养生。

③清除作业面表面的浮土、浮尘、浮石、积水等,并将作业面表面洒水湿润。

④开始摊铺的前1d进行测量放样,按摊铺机宽度与传感器间距,一般在直线上间隔为10m、在平曲线上为5m作出标记,打好导向控制线支架,根据松铺系数算出松铺厚度,决定导向控制线高度,挂好导向控制线。用于控制摊铺机摊铺厚度控制线的钢丝拉力应不小

于 800N。

⑤下层施工结束 7d 后方可进行上层的施工。两层施工间隔宜不长于 30d。

（2）混合料的拌和工序如下：

①开始拌和前，拌和场的备料应能满足 5~7d 的摊铺用料。

②每天开始搅拌前，应检查场内各处集料的含水率，计算当天的配合比，外加水与天然含水率的总和要比最佳含水率略高。

③石灰应在使用前 1 周充分消解，并全部通过 1cm 的筛孔。

④水泥和石灰添加装置应配有高精度电子自动计量器，电子动态计量器应经有资质的计量部门进行计量标定后方可使用。

⑤每天开始搅拌前，应检查场内各处集料的含水率，计算当天的施工配合比，外加水与天然含水率的总和要比最佳含水率略高。同时，在充分估计施工富余强度时要从缩小施工偏差入手。

⑥拌和机出料不应采取自由跌落式的落地成堆、装载机装料运输的办法。应配备带活门漏斗的料仓，由漏斗出料直接装车运输，装车时车辆应前后移动，分 3 次装料，避免混合料离析。

（3）混合料的运输工序如下：

运输车辆在每天开工前，要检验其完好情况，装料前应将车厢清洗干净。运输车辆数量应满足拌和、出料与摊铺需要，并略有富余。

尽快将拌成的混合料运送到铺筑现场。车上的混合料必须覆盖，减少水分损失。运输车辆中途出现故障，必须立即排除，当有困难时，车内混合料必须转车。

（4）混合料的摊铺工序如下：

①摊铺前应将下承层适当洒水湿润。对于基层下层表面，应喷洒水泥净浆，按水泥质量计，宜不少于 $1.0 \sim 1.5 \mathrm{kg/m}^2$。水泥净浆稠度以能洒布均匀为度，洒布长度以不大于摊铺机前 30~40m 为宜。

②摊铺前及摊铺过程中应检查摊铺机各部分运转情况。

③调整好传感器臂与导向控制线的关系；严格控制基层厚度和高程，保证路拱横坡度满足设计要求。

④摊铺机宜连续摊铺。如拌和机生产能力较小，在摊铺混合料时，应采用最低速度摊铺，禁止摊铺机停机待料。摊铺机的摊铺速度一般宜在 1m/min 左右。

⑤应采用两台摊铺机梯队作业，并保证速度一致、摊铺厚度一致、松铺系数一致、路拱坡度一致、摊铺平整度一致、振动频率一致等，两机摊铺接缝应平整。

⑥摊铺机的螺旋布料器应有 2/3 埋入混合料中。

⑦在摊铺机后面应设专人消除混合料离析现象，应铲除局部粗集料过多的铺层，并用新拌混合料填补。

（5）混合料的碾压工序如下：

①应紧跟摊铺机碾压，一次碾压长度一般为 50~80m。碾压段落必须层次分明，设置明显的分界标志。

②碾压应遵循首件工程确定的程序与工艺。宜按照稳压（静压）→弱振→强振→最后稳

压收面的工序进行压实,直至表面基本无轮迹。碾压过程中,可用核子仪初查压实度,不合格时,重复再压。碾压完成后用灌砂法检测压实度。

③拌和好的混合料要及时摊铺碾压,一般应在24h内完成。

④压路机碾压时应重叠1/2轮宽。

⑤压路机换挡要轻且平顺,不要拉动铺面层,在第一遍初步稳压时,倒车后尽量原路返回,换挡位置应在已压好的段落上,在未碾压的一头换挡倒车位置应错开,成齿状,出现个别拥包时,应专设工人进行铲平处理。

⑥压路机行驶速度第1~2遍宜为1.5~1.7km/h,以后各遍宜为1.8~2.2km/h。

⑦压路机停车应错开,相互间距约3m,且停在已碾压好的路段上。

⑧严禁压路机在已完成的或正在碾压的路段上掉头和紧急制动。

⑨为保证水泥碎石基层边缘强度,应设置一定的超宽;当用方木或型钢模板支撑时,也应有一定超宽。

混合料的摊铺、碾压见图6-4。

图6-4　混合料的摊铺、碾压

(6)横缝设置工序如下:

①每天施工起终点的接头断面处、桥涵,特别是明涵、明通的起止断面处应设置横缝。基层的横缝宜与桥头搭板尾端吻合。

②横缝应与路面车道中心线垂直设置,接缝断面应是竖向平面。设置方法为:

a.压路机碾压完毕,沿端头斜面开到下承层上停机过夜。

b.第二天将压路机沿斜面开到前一天施工的层面上,用3m直尺纵向放在接缝处,定出基层面离开3m直尺的点作为接缝位置,沿横向断面挖除坡下部分混合料,清理干净后,摊铺机从接缝处起步摊铺。

c.压路机沿接缝横向碾压,由前一天压实层上逐渐推向新铺层,碾压完毕再纵向正常碾压。

d.碾压完毕,接缝处纵向平整度应符合有关规范规定。

（7）养生及交通管制要点如下：

①每一段碾压完成以后应立即进行质量检查，并开始养生。

②养生方法：用塑料薄膜覆盖养生。养生期不应少于7d，在7d内应保持铺面层处于湿润状态，28d内正常养护。养生结束后，应将覆盖物清除干净。

③在养生期间应封闭交通。

2. 封层、透层、黏层施工

1）透层沥青的施工

透层的沥青材料采用AL(M)-2液体沥青，用量1.0L/m²，使用前按《公路工程沥青及沥青混合料试验规程》（JTJ 052—2000）的方法进行试验，并满足规范的要求。

在基层经过检验合格后及开始摊铺沥青混凝土面层前3d洒布透层沥青，在洒布沥青透层前由人工和空压机将基层表面彻底地清扫干净。

沥青洒布设备采用配有适用于不同稠度沥青喷洒用的喷嘴并能雾状喷洒的专用洒布车，洒布车喷洒不到的地方采用手摇洒布机。喷洒过量、漏洒或少洒的地方及时予以纠正。喷洒区附近的结构物和树木表面用彩条布加以保护，以免溅上沥青受到污染，当施工不慎受到污染需予以清除。

用洒布车（雾状洒布）均匀洒布透层沥青，并按《公路路基路面现场测试规程》（JTG E60—2008）中有关要求和方法检测洒布用量，每次检测不少于3处。局部透层沥青漏洒时由人工补在基层表面，过分干燥时，在清扫后加撒少量水湿润表面后浇洒透层沥青。

洒布透层沥青后，严禁车辆和行人通行，封闭交通，达到乳化沥青的破乳后即时进行下道工序施工。

洒布透层沥青在天气较好时进行，严禁在路面积水或降雨的情况下洒布透层沥青，同时尽量避免在低温下作业，如果温度偏低时采用相应的措施：如调整洒布时间、增加洒布温度等。

2）改性乳化沥青黏层施工

黏层油技术指标符合有关规范要求。

黏层沥青采用沥青洒布车均匀地洒布，并按《公路路基路面现场测试规程》（JTG E60—2008）中有关要求和方法检测洒布用量，每次检测不少于3处。

沥青洒布设备配有适用于不同稠度沥青喷洒用的喷嘴，在沥青洒布机喷不到的地方采用手工喷洒机。

喷洒区附近的结构物和树木表面应加以保护，以免溅上沥青受到污染。

黏层沥青在铺筑覆盖层之前24h内洒布。

3）改性乳化稀浆封层施工

改性乳化沥青下封层施工工艺是将5种材料按一定比例、一定的顺序进行配料与拌和，将拌出的稀浆混合料摊铺在路面上。工艺流程见图6-5。各种原材料进入拌和机的顺序见图6-6。各种原材料进入拌和机，要按照附图的流程进料，顺序不能颠倒。

改性乳化沥青混合料的摊铺采用CRM500连续摊铺式改性乳化沥青稀浆封层机摊铺，该设备使用双轴强制式拌和片，具有拌和能力强和效率高的特点，可使混合料的拌和时间缩短，产量提高。摊铺乳化沥青混合料前应将基层清扫干净，然后将装好各类材料的封层机开到施

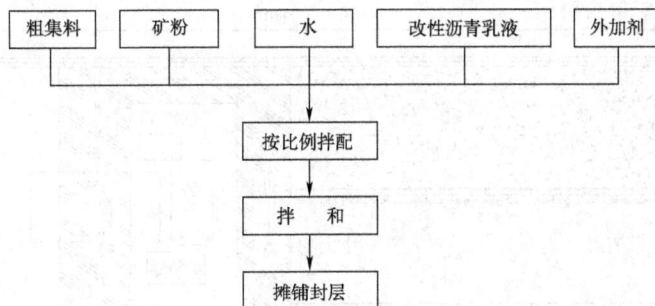

图6-5　工艺流程

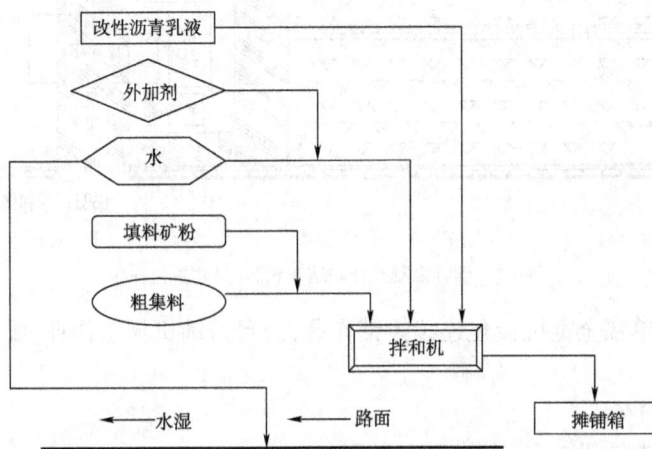

图6-6　各种原料进入拌和机的顺序

工摊铺起点,使机前引导链条对准走向控制线,机后的摊铺槽与机尾部分保持平行,调整摊铺箱及摊铺厚度。开动发动机,对沥青泵要提前预热,保证油路畅通,使摊铺机各部位进入工作状态,将拌好的稀浆混合料流入摊铺机,当混合料体积达到摊铺箱容积的2/3、在路宽方向布满料后,开动摊铺机以1.5~3.0km/h的速度匀速前进。稀浆混合料摊铺后,立即使用橡胶耙进行人工找平。对过厚、过薄或不平处,对漏铺和稀浆不足处立即进行修整。

在整个稀浆封层施工过程中做好原始记录,并填写《稀浆封层报告单》。同时封闭交通,待混合料表面变黑破乳、混合料基本凝固后,在施工技术人员鉴定后方可开放交通。

4)环氧下封层施工

环氧下封层施工温度应在10~40℃之间施工。混凝土拌喷砂处理后,用滚筒或其他方法涂刷0.3~0.5L/m^{2}的环氧黏结剂,在其上撒布1.18~2.36mm的洁净碎石,撒布量为500~800g/m^2。

3.沥青下面层(道路石油沥青,AC-25C)施工

沥青混凝土拌和站布置如图6-7所示。

1)准备工作

(1)施工机械设备如下:

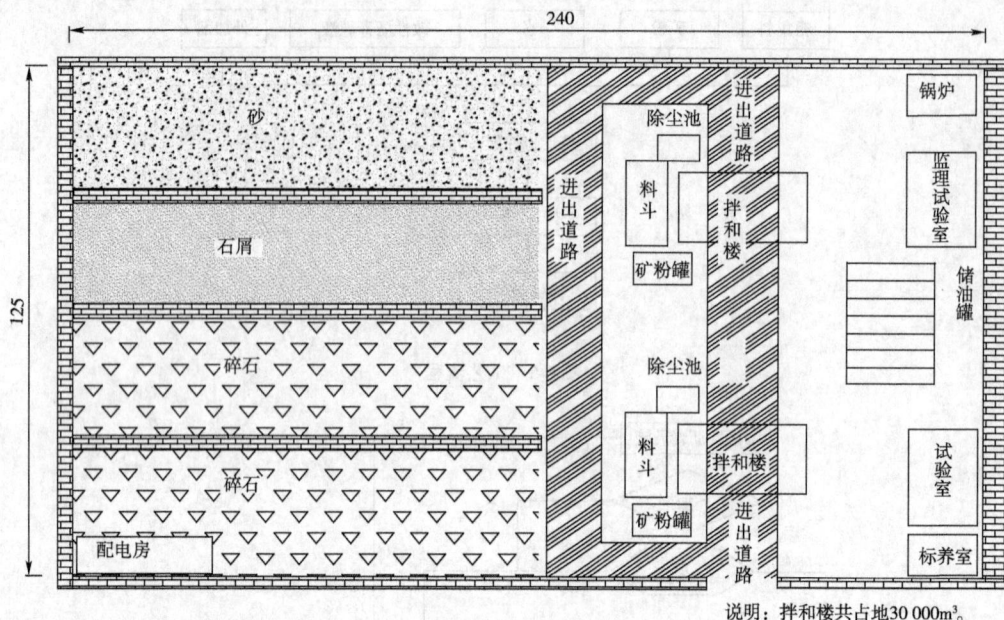

说明:拌和楼共占地30 000m³。

图6-7　沥青混凝土拌和站布置图(尺寸单位:m)

沥青面层采用单幅全宽机械化连续摊铺作业,两台摊铺机梯队作业,配备以下主要施工机械(一个工作面)。

①沥青拌和机1台。

②沥青混合料摊铺机3台(其中1台备用)。

③压路机:25t以上胶轮压路机3台(2台达到30t以上),18~20t胶轮压路机2台,10t以上双钢轮振动压路机4台(有2台为13t)。

④15t自卸汽车40辆,运输过程中时速应控制在30km/h以内。

⑤小型路面铣刨机1台。

⑥路面切割机1台。

(2)下承层的检查与验收要求如下:

①下承层外形检查、压实度和强度检查。下承层的检查项目、检查频率应符合规范规定,表面应无污染、无杂物、无坑洼松散。

②对出现病害的部位应按要求修复或返工处理。

2)混合料配合比组成设计

下面层AC-25混合料配合比设计采用马歇尔设计方法。

(1)级配通过率范围见表6-8。

(2)配合比设计的试验技术标准见表6-9。

(3)配合比设计步骤。

①目标配合比设计阶段要求如下:

a.确定各矿料的组成比例。从施工现场分别取各类矿料进行筛分,用计算机或图解计算各矿料的用量。本计算应反复进行,使矿质混合料级配曲线接近一条顺滑的曲线,其中特别注意使 0.075mm、2.36mm、4.75mm 的筛孔通过量接近标准级配的中值。

沥青路面下面层用沥青混凝土矿料级配通过率(%)范围   表6-8

层次 类型 方筛孔尺寸(mm)	下面层 AC-25C	层次 类型 方筛孔尺寸(mm)	下面层 AC-25C
31.5	100	2.36	20~38
26.5	90~100	1.18	13~28
19.0	74~92	0.6	9~20
16.0	66~84	0.3	6~14
13.2	56~76	0.15	4~10
9.5	44~64	0.075	3~7
4.75	28~48		

下面层沥青混合料马歇尔试验技术标准   表6-9

试验项目	沥青混凝土类型	技术标准
击实次数(次)		两面各75
稳定度(kN) 不小于		8.0
流值(0.1mm)	AC-25C	20~40
空隙率(%)		3.0~5.0
沥青饱和度(%)		65~75
残留稳定度(%) 不小于		80
冻融劈裂(%) 不小于		75

b.确定沥青的最佳油石比。用计算确定的矿料组成和经验采用的油石比范围,按0.5%间隔变化,取5个不同的油石比,用实验室小型拌和机拌制沥青混合料,制备5组马歇尔试件。测定试件的密度、空隙率、沥青饱和度、稳定度和流值,分别绘制各项指标的曲线。取相应于密度最大值的油石比 a_1、稳定度最大值的油石比 a_2 和空隙率范围中值的油石比 a_3,按下式取3者的平均值作为最佳油石比初始值 OAC_1。

$$OAC_1 = (a_1 + a_2 + a_3)/3 \qquad (6-6)$$

求出能满足沥青混凝土各项标准的最大油石比 OAC_{max} 和最小油石比 OAC_{min},按下式取中值 OAC_2。

$$OAC_2 = (OAC_{max} + OAC_{min})/2 \qquad (6-7)$$

如果最佳油石比的初始值 OAC_1 在 OAC_{max} 和 OAC_{min} 之间,则认为设计结果是可行的,可取 OAC_1 和 OAC_2 的中值作为目标配合比最佳油石比 OAC,并结合重庆气候特点论证地取用,其对应的试件空隙率在3.5%~5.0%范围内。如 OAC_1 处在上述范围之外,应调整级配,重新进行配合比设计。

c.残留稳定度检验。按以上配合比制备沥青混凝土马歇尔试件,作浸水48h马歇尔试验。

②生产配合比设计阶段要求如下:

a.确定各热料仓矿料和矿粉的用量。必须从二次筛分后进入各热料仓的矿料取样进行筛

·293·

分,根据筛分结果,通过计算,使矿质混合料的级配接近目标配合比并符合表 6-8 的规定,以确定各热料仓矿料和矿粉的用料比例,供拌和机控制室使用。同时反复调整冷料仓进料比例,以达到供料均衡。

b. 确定最佳油石比。取目标配合比设计的最佳油石比 OAC 和 OAC ±0.3%、OAC ±0.6% 5 个油石比,取以上计算的矿质混合料,用试验室的小型拌和机拌制沥青混合料进行马歇尔试验,按目标配合比设计方法绘图分析,得出 OAC_1 和 OAC_2 后综合确定生产配合比的最佳油石比 OAC。按以上方法确定的 OAC 可能与目标配合比的 OAC 不一致,如相差不超过 0.2%,应按生产配合比确定的 OAC 进行试件拌和试铺,或分析确定试拌试铺用油石比;如相差超过 0.2%,应找出原因,进一步试验分析后确定试拌试铺用油石比。

c. 残留稳定度检验。按以上生产配合比,用室内小型拌和机拌制沥青混合料,作浸水 48h 马歇尔试验,检验残留稳定度,必须满足表 6-9 的规定。

③生产配合比验证阶段要求如下:

用生产配合比进行试拌,沥青混合料的技术指标合格后铺筑首件工程。取试铺用的沥青混合料进行马歇尔试验检验和沥青含量、筛分试验,检验标准配合比矿料合成级配中,至少应包括 0.075mm、2.36mm、4.75mm 及公称最大粒径筛孔的通过率接近目标配合比级配值,并避免在 0.3 ~0.6mm 处出现驼峰。由此确定正常生产用的标准配合比。

3)试验段铺筑与施工

沥青下面层首件工程施工宜选在正线直线段,长度不少于 300m。

(1)根据各种机械的施工能力相匹配的原则,确定适宜的施工机械,按生产能力决定机械数量与组合方式。

(2)通过试拌决定:

①拌和机的操作方式,如上料速度、拌和数量与拌和时间、拌和温度等。

②验证沥青混合料的配合比设计和沥青混合料的技术性质,决定正式生产用的矿料配合比和油石比。

(3)通过试铺决定:

①摊铺机的操作方式,如摊铺温度、摊铺速度、初步振捣夯实的方法和强度、自动找平方式等。

②压实机具的选择、组合,压实顺序,碾压温度,碾压速度及遍数。

③施工缝处理方法。

④沥青面层的松铺系数。

(4)确定施工产量及作业段的长度,修订施工组织计划。

(5)全面检查材料及施工质量是否符合要求。

(6)确定施工组织及管理体系、质保体系、人员、机械设备、检测设备、通信及指挥方式。

4)沥青下面层施工

(1)沥青混合料的拌制有以下内容:

①沥青混合料的拌和、压实温度应通过沥青等黏温曲线确定,并根据混合料当天施工的气温、风速、运距、路面厚度,合理地确定混合料的拌和温度和出厂温度。拌和过程中应严格掌握沥青和集料的加热温度,一般要求集料温度应比沥青温度高 10 ~15℃,热混合料成品在储料

仓储存后,其温度下降不应超过10℃,在缺少沥青的黏温曲线时,沥青混合料的施工温度控制范围参照表6-10。

沥青混合料的施工温度(℃)　　　　　　　　　　　表6-10

沥青加热温度		160~170
混合料出厂温度		正常范围 155~165　超过 185℃者废弃
混合料运输到现场温度		不低于 145
摊铺温度	正常施工	不低于 135
	低温施工	不低于 150
开始碾压混合料内部温度	正常施工	不低于 130
	低温施工	不低于 145
碾压终了表面温度	钢轮压路机	不低于 80

②拌和楼控制室逐盘打印沥青及各种矿料的用量和拌和温度,定期对拌和楼的计量和测温进行校核;没有材料用量和温度自动记录装置的拌和机不得使用。

③拌和时间由试拌确定。必须使所有集料颗粒全部裹覆沥青结合料,并以沥青混合料拌和均匀为度。

④要注意目测检查混合的均匀性,及时分析异常现象。如混合料有无花白、冒青烟和离析等现象。如确认是质量问题,应作废料处理并及时予以纠正。在生产开始以前,有关人员要熟悉本项目所用各种混合料的外观特征,这要通过细致地观察室内试拌的混合料而取得。

⑤每台拌和机每天上午、下午各取1组混合料试样作马歇尔试验和抽提筛分试验,检验油石比、矿料级配和沥青混凝土的物理力学性质。

油石比与设计值的允许误差为 ±0.2% 。

矿料级配与生产设计标准级配的允许差值:

0.075mm	±1.5%
≤2.36mm	±4%
≥4.75mm	±5%

⑥每天结束后,用拌和楼打印的各料仓数量,进行总量控制。以各仓用量及各仓筛分结果,在线抽查矿料级配;计算平均施工级配和油石比,与设计结果进行校核;以每天产量计算平均厚度,与路面设计厚度进行校核。

(2)沥青混合料的运输要求如下:

①采用数字显示插入式热电偶温度计检测沥青混合料的出厂温度和运到现场温度。插入深度要大于150mm。在运料卡车侧面中部设专用检测孔,孔口距车厢底面约300mm。

②拌和机向运料车放料时,汽车应前后移动,按前、后、中次序分堆装料,以减少粗集料的分离现象。

③沥青混合料运输车的运量应较拌和能力和摊铺速度有所富余,摊铺机前方应有5辆运料车等候卸料。

④运料车应有良好的篷布覆盖设施,卸料过程中继续覆盖直到卸料结束取走篷布,以资保温或避免污染环境。

⑤运输车辆运送沥青混合料的速度应不大于30km/h。

⑥连续摊铺过程中,运料车在摊铺机前10~30cm处停住,不得撞击摊铺机。卸料过程中运料车应挂空挡,靠摊铺机推动前进。

(3)沥青混合料的摊铺要求如下:

①连续稳定地摊铺,是提高路面平整度最主要的措施。摊铺机的摊铺速度应根据拌和机的产量、施工机械配套情况及摊铺厚度、摊铺宽度,按2~4m/min予以调整选择,做到缓慢、均匀、不间断地摊铺。不应任意以快速摊铺几分钟,然后再停下来等下一车料。午饭应分批轮换交替进行,切忌停铺用餐。争取做到每天收工停机一次。

②用机械摊铺的混合料未压实前,施工人员不得进入踩踏。一般不用人工不断地整修,只有在特殊情况下,如局部离析,需在现场主管人员指导下,允许用人工找补或更换混合料,缺陷较严重时应予铲除,并调整摊铺机或改进摊铺工艺。

③下面层摊铺厚度采用钢丝引导的高程控制方式。钢丝为扭绕式,直径不小于6mm,钢丝拉力大于800N,每5m设一钢丝支架。采用两台摊铺机实施摊铺施工(图6-8),靠中央分隔带侧摊铺机在前,左侧架设钢丝,摊铺机上安装横坡仪控制摊铺层横坡;后面摊铺机右侧架设钢丝,左侧在摊铺好的层面上走"雪橇"。两台摊铺机摊铺层的纵向接缝,应采用斜接缝,避免出现缝痕。两台摊铺机距离不应超过30m,宜在不影响摊铺的情况下,最大限度地缩短摊铺机间距。

图6-8 采用两台摊铺机实施摊铺施工

④摊铺机应调整到最佳工作状态,调好螺旋布料器两端的自动料位器,并使料门开度、链板送料器的速度和螺旋布料器的转速相匹配。螺旋布料器内混合料表面以略高于螺旋布料器2/3为度,使熨平板的挡板前混合料的高度在全宽范围内保持一致,避免摊铺层出现离析现象。

⑤检测松铺厚度是否符合规定,以便随时进行调整。摊前熨平板应预热至规定温度(100℃左右)。摊铺机熨平板必须拼接紧密,不许存有缝隙,防止卡入粒料将铺面拉出条痕。

⑥积极采取相应措施,尽量做到摊铺机不扰料,以减小面层离析。

⑦摊铺遇雨时,立即停止施工,并清除未压成型的混合料。遭受雨淋的混合料应废弃,不得卸入摊铺机摊铺。

(4)沥青混合料的压实成型要求如下:

①沥青混合料的压实是保证沥青面层质量的重要环节,应选择合理的压路机组合方式及碾压步骤。为保证压实度和平整度,初压应在混合料不产生推移、开裂等情况下,尽量在摊铺后较高温度下进行,以确保面层横向平整度,初压不宜使用轮胎压路机;在石料易于压碎的情况下,原则上钢轮压路机不开振,以轮胎压路机碾压为主;为提高路面密水性,复压宜采用大吨位轮胎压路机碾压;为避免表面碎石压碎,终压应以"收光"为主要目的,在较高温度尽快碾压完备。

②压路机应以缓慢而均匀的速度碾压,压路机的适宜碾压速度随初压、复压、终压及压路

机的类型而别,施工过程中可参照表 6-11 选用。

压路机碾压速度(km/h)

表 6-11

压路机类型	初　压		复　压		终　压	
	适宜	最大	适宜	最大	适宜	最大
钢轮式压路机	1.5~2	3	2.5~3.5	5	2.5~3.5	5
轮胎压路机	—	—	3.5~4.5	8	4~6	8
振动压路机	1.5~2 (静压)	5 (静压)	4~5 (振动)	4~5 (振动)	2~3 (静压)	5 (静压)

③为避免碾压时混合料推挤产生拥包,碾压时应将驱动轮朝向摊铺机;碾压路线及方向不应突然改变;压路机起动、停止必须减速缓行,不准停车制动。压路机折回不应处在同一横断面上。

④在当天碾压的尚未冷却的沥青混凝土层面上,不得停放压路机或其他车辆,并防止矿料、油料和杂物散落在沥青层面上。

⑤要对初压、复压、终压段落设置明显标志,便于驾驶员辨认。对松铺厚度、碾压顺序、压路机组合、碾压遍数、碾压速度及碾压温度应设专岗管理和检查,使面层做到既不漏压也不超压。

⑥碾压过程中如出现压路机有黏轮现象,不得向压路机轮上涂油或油水混合液,严禁使用柴油和机油的水混合物喷涂,应向压路机轮上喷洒或涂刷含有隔离剂的水溶液,喷洒应呈雾状,数量以不黏轮为度,为避免水溶液成条带状流向路面,建议在压路机钢轮上全宽断面上设置“托布”。

⑦压实完成 12h 后,方能允许施工车辆通行。

(5)施工接缝的处理要求如下:

①纵向施工缝。采用两台摊铺机成梯队联合摊铺方式的纵向接缝,应采用斜接缝。在前部已摊铺混合料部分留下 10~20cm 宽暂不碾压,作为后高程基准面,并有 10cm 左右的摊铺层重叠,以热接缝形式在最后作跨接缝碾压以消缝迹。如果两台摊铺机相隔距离较短,也可做一次碾压。上下层纵缝应错开 15cm 以上。

②横向施工缝。要求全部采用平接缝,用 3m 直尺沿纵向位置,在摊铺段端部的直尺呈悬臂状,以摊铺层与直尺脱离接触处定出接缝位置,用锯缝机割齐后铲除;继续摊铺之前时,应将摊铺层锯切时留下的灰浆擦洗干净,并涂上少量黏层沥青,摊铺时应对接缝处进行预热处理,摊铺机熨平板从接缝处起步摊铺;碾压时用钢筒式压路机进行横向压实,从先铺路面上跨缝逐渐移向新铺面层。

4. 沥青中面层(道路石油沥青,AC-20C)施工

1)准备工作

(1)施工机械设备。增加非接触式平衡梁两套(4 只),其余设备同下面层。

(2)下面层的检查与验收。

①检查下面层的工程质量和与基层的黏结性,对下面层局部质量缺陷(例如严重离析和开裂以及油污造成松散等)应按规定进行修复。

②对下面层表面浮动混合料应扫至路面以外,表面杂物亦清扫干净。灰尘应提前冲洗,风

吹干净。

③铺筑中面层前,对下面层表面应进行彻底清扫,清除纹槽内泥土杂物,风干后均匀喷洒黏层沥青,黏层沥青喷洒后应进行交通管制,禁止任何车辆通行和人员踩踏,不黏车轮时才可摊铺中面层。

2)混合料配合比组成设计

中面层 AC-20C 混合料配合比设计采用马歇尔设计方法。

(1)级配范围。本工程沥青路面中面层 AC-20C 型沥青混合料目标配合比设计矿料级配范围应符合表6-12 的规定。

沥青路面中面层用沥青混凝土矿料级配通过率(%)范围　　　　　　　　表6-12

方筛孔尺寸(mm)	中面层 AC-20C	方筛孔尺寸(mm)	中面层 AC-20C
26.5	100	2.36	23～39
19.0	90～100	1.18	14～28
16.0	78～94	0.6	9～20
13.2	65～85	0.3	6～15
9.5	54～74	0.15	4～11
4.75	35～55	0.075	3～7

(2)配合比设计的技术标准。本工程中面层 AC-20C 沥青混凝土应符合表6-13 规定的马歇尔试验技术标准。

中面层沥青混合料马歇尔试验技术标准　　　　　　　　表6-13

试 验 项 目	沥青混凝土类型	技 术 标 准
击实次数(次)		两面各75
稳定度(kN)　不小于		8.0
流值(0.1mm)		20～40
空隙率(%)	AC-20C	4.0～6.0
沥青饱和度(%)		65～75
残留稳定度(%)　不小于		80
冻融劈裂强度比(%)　不小于		75
动稳定度(DS)(次/mm)		1 300

(3)配合比设计步骤:基本同下面层设计方法。

3)试验段铺筑与施工

同下面层施工。

4)沥青中面层施工

(1)沥青混合料的拌制。沥青混合料的拌和每周应检验 1～2 次残留稳定度,每层路面应检测不少于两次动稳定度。其余要求同下面层施工。

(2)沥青混合料的运输同下面层施工。

（3）沥青混合料的摊铺要求如下：

①进行桥面中面层摊铺时，厚度宜采用非接触式平衡梁控制方式进行控制。

②采用两台摊铺机实施摊铺施工，靠中央分隔带一侧摊铺机在前，两台摊铺机摊铺层的纵向接缝应采用斜接缝，避免出现缝痕。两台摊铺机距离不应超过30m，宜在不影响摊铺的情况下，最大限度地缩短摊铺机间距。

其余要求同下面层施工。

（4）沥青混合料的压实成型与施工接缝处理同下面层施工。

5．沥青上面层（SBS改性沥青，AC-13C）施工

本工程沥青路面上面层用碎石采用玄武岩碎石，集料最大粒径为16mm。SBS改性沥青所采用的基质沥青为70号A级道路石油沥青。SBS改性沥青技术要求见表6-14。

SBS改性沥青技术要求　　　　　　　　　　表6-14

检 验 项 目		技 术 要 求
针入度（25℃，100g，5s）（0.1mm）		30～60
针入度指标PI		实测
延度（5cm/mim，5℃）（cm）	不小于	20
软化点（$T_{R\&B}$）（℃）	不小于	70
动力黏度（60℃）（Pa.s）	不小于	800
运动黏度（135℃）（Pa.s）	不大于	3
闪点（℃）	不小于	230
溶解度（%）	不小于	99
离析，软化点差（℃）	不大于	2.5
弹性恢复（25℃）（%）	不小于	75
RTFOT 试验后	质量损失（%）　　　　　不大于	±1.0
	针入度比（25℃）（%）　　不小于	65
	延度（5cm/mim，5℃）（cm）不小于	15
SHRP性能等级		PG76-22

1）准备工作

（1）施工机械设备。两台摊铺机梯队作业，比照沥青下面层增加非接触式平衡梁两套（4只），其余同沥青下面层。

（2）中面层的检查与验收。

①检查中面层的工程质量和与下面层的黏结性，对中面层局部质量缺陷（例如严重离析和开裂以及油污造成松散等）应按规定进行修复。

②对中面层表面浮动混合料应扫至路面以外，表面杂物亦清扫干净。灰尘应提前冲洗，风吹干净。

③铺筑上面层前，对中面层表面应进行彻底清扫，清除纹槽内泥土杂物，风干后均匀喷洒黏层沥青，黏层沥青喷洒后应进行交通管制，禁止任何车辆通行和人员踩踏，不黏车轮时才可摊铺上面层。

2）混合料配合比组成设计

本工程上面层 AC-13C 混合料配合比设计采用马歇尔设计方法。

（1）级配范围。本工程沥青路面上面层 AC-13C 型沥青混合料目标配合比设计矿料级配范围应符合表 6-15 的规定。

沥青路面上面层用沥青混凝土矿料级配通过率（%）范围   表 6-15

层次 类型 方筛孔尺寸（mm）	上 面 层 AC-13C	层次 类型 方筛孔尺寸（mm）	上 面 层 AC-13C
16.0	100	1.18	15 ~ 30
13.2	90 ~ 100	0.6	10 ~ 23
9.5	60 ~ 80	0.3	7 ~ 18
4.75	30 ~ 53	0.15	5 ~ 12
2.36	20 ~ 40	0.075	4 ~ 8

（2）配合比设计的技术标准。本工程上面层 AC-13C 沥青混凝土应符合表 6-16 规定的马歇尔试验技术标准。

上面层沥青混合料马歇尔试验技术标准   表 6-16

试 验 项 目	沥青混凝土类型	技 术 标 准
击实次数（次）		两面各 75
稳定度（kN）　不小于		8.0
流值（0.1mm）		20 ~ 50
空隙率（%）		4.0 ~ 5.5
沥青饱和度（%）	AC-13C	65 ~ 75
残留稳定度（%）　不小于		85
冻融劈裂强度比（%）　不小于		80
动稳定度（次/mm）　不小于		3 000
低温弯曲破坏应变（$\mu\varepsilon$）　不小于		2 500

（3）配合比设计步骤。上面层沥青混凝土配合比设计由目标配合比设计、生产配合比设计和生产配合比设计验证 3 部分组成,配合比设计遵照下列步骤进行。

①目标配合比设计阶段:

a. 确定各矿料的组成比例同下面层施工。

b. 其对应的试件空隙率在 4.0% ~ 6.0% 范围内。如 OAC_1 处在上述范围之外,应调整级配,重新进行配合比设计。其余要求同下面层。

c. 残留稳定度检验同下面层施工。

②生产配合比设计阶段。除配合比检验外,其余同下面层施工。

配合比检验:按以上配合比制备沥青混凝土马歇尔试件,作浸水 48h 马歇尔试验,检验残留稳定度必须满足规定。同时,混合料的低温抗裂性能、高温稳定性能和冻融劈裂强度也必须满足规定。

③生产配合比验证阶段。用生产配合比进行试拌,沥青混合料的技术指标合格后铺筑首件工程。取试铺用的沥青混合料进行马歇尔试验检验和沥青含量、筛分试验,检验标准配合比矿料合成级配,由此确定正常生产用的标准配合比。

上面层改性沥青混合料试验拌和与击实温度见表6-17。

上面层改性沥青混合料试验拌和和击实温度(℃)　　　　　　表6-17

矿料(包括矿粉加热温度)	170 ~ 175	试模预热温度	160 ~ 170
沥青加热温度	160 ~ 170	试件击实温度	155 ~ 160
沥青混合料拌和温度	160 ~ 170	试件成型终了温度	不低于145

3)试验段铺筑与施工

同沥青下面层施工。

4)沥青上面层施工

(1)沥青混合料的拌制。

①沥青混合料的施工温度控制范围见表6-18。拌和过程中应严格掌握沥青和集料的加热温度,一般要求集料温度应比沥青温度高10~15℃,热混合料成品在储料仓储存后,其温度下降不应超过10℃。

沥青混合料的施工温度(℃)　　　　　　表6-18

改性沥青加热温度	165 ~ 175
矿料温度	175 ~ 185
混合料出厂温度	170 ~ 180　超过190者废弃
混合料运输到现场温度	不低于160
摊铺温度	不低于150,低于145作为废料
初压开始温度	不低于145
复压最低温度	不低于130
碾压终了温度	不低于100

②每周应检验1~2次残留稳定度,每层路面应检测不少于两次动稳定度。

油石比与设计值的允许误差为±0.2%。

矿料级配与生产设计标准级配的允许差值:

$$0.075mm \qquad\qquad\qquad ±2\%$$
$$≤2.36mm \qquad\qquad\qquad ±4\%$$
$$≥4.75mm \qquad\qquad\qquad ±5\%$$

其余要求同沥青下面层施工。

(2)沥青混合料的运输同沥青下面层施工。

(3)沥青混合料的摊铺。

沥青路面上面层摊铺厚度应采用非接触式平衡梁控制方式;采用两台摊铺机实施摊铺施工,靠中央分隔带一侧摊铺机在前,两台摊铺机摊铺层的纵向接缝应采用斜接缝,避免出现缝痕。两台摊铺机距离不应超过30m,宜在不影响摊铺的情况下,最大限度地缩短摊铺机间距。

(4)沥青混合料的压实成型与施工接缝的处理同沥青下面层施工。

四、重点和难点工程的施工方案、施工方法及其措施

(一)高填路段的施工方案

在本段工程 K75 + 900 ~ K76 + 100、K77 + 600 ~ 700、K80 + 175 ~ 500 间有大于 12m 的填方,这一高填地段的施工要点如下:

(1)根据设计横断面及规范要求的超填宽度,精确放出路堤坡脚。

(2)清除表土后,及时进行压实,设计有换土的地方,先换土,使基底压实达到90%以上,如地基强度达不到规范要求,请示监理工程师及时进行处理。

(3)地面横坡陡于 1:5 时,将原地面挖成内倾斜 2% ~4% 的不小于 1m 宽的台阶,以防止路基填筑产生纵向裂缝。在填筑时,严格控制好每层的填土松铺厚度不大于 30cm,控制最佳含水率偏差为 ±2%,严格按照试验路段得出的压实方式进行压实。如填料来源不同,其性质相差较大时,分层填筑,不分段或纵向分幅填筑,且不同材料的填筑层厚小于 50cm。

填筑时,全断面分层填筑,连续压实,以防止路基不均匀沉降、开裂。下层经监理工程师验收合格后,方可进行上一层填筑。高填方路堤的施工应尽早安排,以便其在整个施工工期中有 6 个月沉降的过程。

(4)严格控制填料质量,定期对填筑材料进行各项技术指标检测。高填路基应严格按设计边坡填筑,不得缺填,如填料来源不同,其性质相差较大时,应分层填筑,不应混合或纵向分幅填筑。

(5)根据坡比变化,每填筑好一级后,及时修坡保护,以防雨水对边坡的冲刷。在雨季施工时注意排水工作,在路基顶面作成3% ~4%的双向横坡,防止积水,边坡上做临时截水沟拦截并排泄路基顶面积水,防止冲刷边坡。在填挖交界处,挖一些临时排水沟,以便雨水集中排出,避免雨水对整个边坡的冲刷,雨季过后,对于被水冲毁的部分边坡,及时填土夯实,避免边坡坍塌。

(6)沉降监测方法:在高填土路基段施工时需进行沉降监测,以便能及时掌握路基稳定性,对控制路基填筑效率和后续构造物、路面等工程的施工具有十分重要的指导意义。为全面地、准确地做好沉降监测工作,根据设计要求和公司在其他高速公路上的施工实践经验,监测方法如下。

①沉降板埋设。沉降板安装在清理并压实好的地表上,在预压路段,沉降板安排在路基底部中心及两侧路肩内侧,纵向间距为100m。

②沉降观测:

a.沉降观测应采用 DS3 水准仪测定;

b.施工期间,每填筑一层进行一次观测,填筑间歇期间每3d观测1次。路堤填筑完毕后,每14d进行1次定期观测,直至预压期完成,多余的预压和超填料卸去为止;

c.每次观测后,及时整理、汇总测量结果。项目经理部将由总工负责,设专人管理。

③沉降观测对施工的控制方法:

a.当发现沉降骤增时或超过控制标准时,加密测次,实行动态跟踪,分析原因,及时向监理

工程师汇报,按照监理工程师的指示,采取减缓填筑率,甚至暂停填筑,待减少到控制标准以内方可继续上一层的填筑。

b. 根据施工经验,高速公路沉降率为小于 5mm/月,方能铺筑路面。

(二)深挖路段的施工方案

本段工程 K76 + 200 ~ K76 + 300、K79 + 350 ~ K79 + 500 处各有一块山体,其最大挖深分别为 20.07m 和 19.72m,施工要注意:

(1)在施工前详细复查深挖路堑地段的工程地质资料,包括土石界限、岩层风化厚度及破碎程度,岩层的构造特征等。根据现场考察及设计要求,根据路堑深度、长度以及地形、地质、土石方调配情况和开挖机械设备来确定开挖方式,编制详细的施工组织设计,报监理工程师审批。若实际地质与设计采用的地质资料不符,应提出修改意见报监理工程师审批。

(2)开挖前,应充分作好临时排水设施,以排除路堑上方边坡地表水对边坡坡面的冲刷。开挖中发现有较大地质变化时,停止施工,重新进行工程地质补充勘探工作,并根据新的地质资料修正施工方案,报监理工程师审批后实施。

(3)对于全断面开挖施工,考虑到开挖的土石方基本上需要利用,不能横向废弃,以免在用地范围阻塞河道、侵占良田、损害民房等,就必须考虑开挖(开炸)的土石方的合理调配,尽量开挖一段,即填筑、压实一段。在进场开始施工时,选择一段填挖分界处开工,以便能尽快开出一个工作面,进行土石方的运输,向前推进施工。

(4)将易风化破碎的岩石挖除,边坡放缓,以消除顺层滑坡,并采取措施排除地下水,加强支护。

(三)挖填交界路基的施工

(1)在挖填交界处开挖台阶,应采用推土机配合人工进行施工。半填半挖的一侧高填方基底为斜底时,应严格规定开挖台阶,基底的压实度不应小于90%。

挖填交界路段的施工,首先应挖好横向台阶,防止路基横向或纵向滑移,台阶设成 2% ~ 4% 的内倾斜坡。台阶宽应不小于 1m,高不得大于 0.5m。台阶为土质时,采用打夯机夯实,压实度不小于设计值。挖填交界处台阶挖成后,应报请监理工程师认可,方能进行填筑。

(2)为了减少填挖交界处路基的不均匀沉降,纵横向填挖交界处应铺设土工格栅。本标段在 K76 + 150 ~ 160、K80 + 125 ~ 135 两段纵向挖填结合部,K77 + 515 ~ 560、K80 + 535 ~ 560 两段横向挖填结合部加铺双向钢塑土工格栅 25 675m²,土工格栅的抗拉强度 >50kN/m、延伸率≤4%。

(四)台背回填

为了减少桥涵台背填土不均匀沉降,保证行车的舒适性,本合同段所有桥涵的台背回填均应用透水性材料并分层碾压。桥头回填顺线路方向的长度应满足压实机械操作运转的施工需要,且台背上层不小于桥台高度加 2m 长度,底层不小于 2m。

(1)清理台背地段的松土、杂物,对原地面进行压实。

(2)涵洞处路堤缺口填土应从涵洞洞身两侧不小于 2 倍孔径内,同时按水平分层对称进行填筑、夯实。对台背处已填筑了一定高度的路基,应沿路线方向进行人工挖台阶。台阶顶宽不小于 60cm,台阶处的填土高度压实度要符合路基填土的压实度标准,清理的松土应运离施工现场,若台背处路基尚未开始填筑,则台背填筑可与路基填土同步进行。

(3)砂砾层的松铺厚度不应超过15cm,除紧靠墙身处50cm范围内以及锥坡填土采用蛙式打夯机(或冲击夯、小型振动压路机)压实外,其余部分应用与路基填筑压实同样的压实机械压实。

(4)压实后检测工作同步进行,每填一层土,都要进行压实度检测,严格按照专门的机具、挂牌、画线施工,每层填筑都应进行拍照,并且会同检测资料一并存档。

(五)特殊路基处理

本标段特殊路基处理主要为鱼塘水库地段软土处理,长约880m。软土路基处理工程主要采用清淤、换填砂砾、土工格栅加固等。

按图纸或监理工程师的要求,软土厚小于1.5m或长度小于50m时,将原路基一定深度和范围内的不良土方挖除,施工时采用挖掘机挖除,自卸汽车到弃土场堆放,清除完毕后换填砂砾材料。换填时,应分层铺筑,逐层压实,使之达到规定的压实度。软土厚大于1.5m或长度大于50m时,采用土工格栅加固。

1. 施工准备

施工时应在路堤两侧护坡道外开挖纵向排水沟,在路基范围内开挖横向排水沟,排除积水,切断或降低地下水。将清淤地段积水排干,并拉通便道。全站仪在软基范围内按纵横向5m的间距放样,确定软基范围的平面,绘制平面图。在横断面上按每5m的间距进行触点触探,并计算每点的软基深度,绘成横断面图,计算出工程量。并根据清淤数量配置设备,确定淤泥开挖及处治方案。

2. 挖除及处理

(1)采用挖掘机向前掘除,自卸汽车运出。

(2)挖除务必彻底,清理完毕报请监理工程师进行触探试验,同时,测量开挖体积。

(3)挖除后随即进行回填,分层填筑,振动压实。

(4)在清理的基底上分层铺筑符合要求的碎石垫层(砂砾层用砂必须是中粒式粗砂,采用冲水法密实),分层铺筑松厚不得超过200mm,并逐层压实至规定的压实度。填筑砂砾垫层的基面和层面铺有土工格栅时,在垫层上下各厚100mm层次中不得使用轧制的粒料,以免含有裂口的碎砾石损伤土工布。土工格栅采用横向摊铺,横向搭接长度为10cm,应牢固绑扎,或用n形钉固定。回填后高程应不低于附近地面高程,以防下雨形成积水池。

3. 软基沉降监测及要求

(1)在软基地段施工前,将用于沉降监测的记录表和报表格式报监理工程师批准。

(2)填筑路堤前,在清理好的地表上安装沉降板。沉降板由经理部提供并符合图纸或监理工程师的要求。

(3)路堤填筑完毕后,应每14d进行一次定期观测,直到预压期完成、多余填料卸除为止。

(六)沥青温度控制

沥青温度控制是沥青路面质量的最重要的影响因素之一,也是最难控制的因素之一。首先完善拌和站的温控系统,对沥青混合料的拌和及出厂温度进行精确控制;然后是组建一个良好的、有序的、高效的施工队伍,减少混合料在运输、摊铺、碾压过种中的热量损失;最后是建立一个全面的监控班子,对沥青施工过程中的温度进行全程监控,不合格材料绝对不使用。另外还采取沥青转运加热车等措施对沥青的温度进行调控,避免低温(气温低于10℃)施工,使沥青混合料的温度得到有效控制。

(七)沥青集料控制

沥青集料控制也是沥青路面质量的最重要的影响因素之一,为严把材料关,签订材料合同之前对集料供应商的母材、生产规模、生产设备进行了综合考察。同时在冷、热拌场设置监控设备,对进场车辆进行监控,不合格的材料一律不允许使用,同时,杜绝了回收粉料的现象,使集料质量得到了有效控制。

(八)改性沥青混凝土施工

改性沥青路面是本项目路面工程的重点和难点工程,从以下几方面加强措施,确保施工质量。

1. 原材料管理

(1)沥青的管理。改性沥青由于容易发生沥青和改性剂的分离,不宜储存过久。应结合离析实验、施工计划安排和天气预报,合理进行改性沥青的进场安排,并及时做好送检和留样工作。

(2)集料和矿粉的管理。对集料的试验应关注集料的筛分、针片状颗粒含量、黏附性等级、细集料的粉尘含量和砂当量等指标,这些指标对混合料的性能影响很大。细集料的含水率变化很大,最高可达10%以上,过高的含水率直接导致拌和机生产能力下降,混合料品质降低。对集料的堆放采取如下办法:堆放场地洁净坚实,利于排水,不存水,集料堆放在防雨棚内,集料表面应采取覆盖保护,遮雨防尘。袋装矿粉采用室内堆放,采取防雨防潮措施,避免矿粉受潮结块。

2. 沥青混合料的拌和

沥青混凝土生产采用间歇式拌和机拌制,计算机自动控制,每盘计算机打印出各种材料用量、预热温度、拌和温度、拌和时间、沥青混合料的重量与出厂时间等。

(1)沥青混合料拌和时间按缸的设计充盈率和拌桨的转速,通过试拌确定,以混合料拌和均匀、所有矿料颗粒全部裹覆沥青结合料为度。拌和机热矿料二次筛分用的振动筛筛孔应根据矿料级配要求选用,其安装角度应根据材料的可筛性、振动能力等由试验确定。

(2)拌和生产中严格按批准的配合比配料,并将集料充分烘干。

(3)回收的粉尘不得利用,应全部废弃到指定地点进行处理,防止污染环境。

(4)为便于全面掌握沥青混凝土拌和站的生产情况,拌和站站长填报拌和站每日生产记录。该记录应包括生产日期、生产沥青混凝土种类、数量、控制室设定值和天气情况、气温情况、集料含水率情况、沥青温度、导热油温度、运料时间和车数,以及生产中断、设备故障原因及每盘打印记录资料等生产内容,便于工地指挥人员做到心中有数。

3. 摊铺

(1)摊铺时,按图纸规定的平面、高程数据,由测量人员做如下工作,确保铺筑层的高度、横坡度和宽度符合设计要求。

(2)开始摊铺前30min摊铺机就位于起点,前端伸出横杆吊垂球于行走基线上,基线于铺装前画好。摊铺机后端用垫木将熨平板垫至虚铺表面高程。准备好后,启动摊铺机加热系统,充分预热熨平板,在测量预置的虚铺厚度上行走。

(3)在摊铺之前,摊铺机的预热时间不少于30min,必须仔细调节设定好横坡仪和感应器的工作状态,设定摊铺厚度和横坡度。

(4)在摊铺机起步前,熨平底部垫方木,使熨平基准高度与需铺厚度持平。

(5)摊铺机安好并准备就绪后,指挥运输车倒驶喂料至沥青混合料转运车中,再转到摊铺机内,开动输料器待两侧熨平板前喂足料后,开动摊铺机以2~4m/min的速度匀速摊铺。摊铺机料斗前设专人清理洒料,特别是清理摊铺机履带行走的区域。

(6)摊铺机起步的过程中需人工处理,适当增加部分细料,以利于接茬的平整度控制,采用DD130沿横茬碾压,人工进行找补。摊铺机铺筑的速度根据拌和机产量、运力配置情况、摊铺的宽度、厚度,通过试验段确定,确保匀速、连续摊铺,避免摊铺机停滞待料,确保摊铺质量。摊铺机铺筑的速度,一般控制在2~4m/min,且速度转换缓慢进行。

(7)当摊铺机开始摊铺10m后在不影响连续摊铺的情况下,快速检测横坡度、高程以及接茬的平整度,以检验和及时调整摊铺机的工作状态。对于局部混合料明显离析或摊铺后有明显拖痕的摊铺面,可由人工做细料点补和消除拖痕。

(8)沥青混合料必须缓慢均匀连续不断地摊铺,摊铺过程中不得随意变换速度或中途停顿。在摊铺过程中,摊铺机螺旋送料器应不停顿地转动,两侧保持有不少于送料器高度2/3的混合料,并保证在摊铺机全宽度断面上不发生离析。

(9)摊铺过程中,设专人跟踪检测质量,发现缺陷"趁热"修补,修补不好的铲除重修。

4.混合料的压实

(1)初压和复压采用同型号压路机,并列呈梯队碾压,不采用首尾相接的纵列方式。压路机由外侧向中心碾压。相邻碾压带重叠1/3~1/2轮宽。

(2)轮胎压路机作业时,为防止胶轮黏着沥青混合料,要在轮胎上涂刷机油。待胶轮温度升高后,即可避免黏轮。不应在胶轮上用喷水方式防止黏轮,大量喷水不仅使混合料温度下降,不利压实,而且影响胶轮温度升高。

(3)为保证摊铺起始段的压实度,在开始摊铺10m长以前,压路机应紧跟进行压实。

(4)碾压时压路机不准中途停留、转向或制动,机轮停止时不要与行驶方向成直角。当压路机来回交替碾压时,前后两次停留地点应相距10m以上,并驶出压实线3m以外。

(5)压路机不得停留在温度高于60℃的已经压过的混合料上。同时,还需采取有效措施,防止油料、润滑脂、汽油或其他杂质在压路机操作或停放期间落在路面上。

(6)在靠近路缘石、罩盖等压路机不能有效操作的部位的沥青混合料,应用人工操作的小型振动压路机或机动夯进行压实。

五、防止质量通病的针对性预防措施

(一)路基工程

1.路基下沉

(1)在施工前选择合适的地段先作压实试验,确定不同填料的松铺厚度、压实遍数和机械组合,以便指导全标段施工。

(2)严格按设计要求进行路基基底处理。

(3)严格控制填土含水率。

(4)根据土方调配情况,对所有取土场的填料必须进行土质试验,同一填料土一般每5 000～10 000m³抽检一次,基床土每1 000m³抽检一次,以便及时测定干容重。

(5)加强检测工作,每一填筑层,必须对压实系数和地基系数进行一次检测,检测结果及时通知有关施工人员,发现压实达不到标准的,立即采取相应措施进行处理,直至达标。

(6)严格按照路基填筑施工工法,即:"三阶段"(准备阶段、施工阶段、竣工阶段)、"四区段"(填筑区→平整区→碾压区→检验区)、"八流程"(施工准备→基底处理→分层填筑→摊铺整平→洒水或晾晒→机械碾压→检验签证→路基整修)的程序施工。

2. 路基面积水、路基翻浆冒泥、出现大面积"橡皮土"

(1)认真彻底清除耕植土及河塘的淤泥,严格按设计要求进行地基土处理。

(2)严格按施工组织设计的安排,组织路基土石方施工。

(3)路基填筑时,每层碾压完成后必须保持设计路拱,以利排水。施工中做到当日填筑,当日碾压。

(4)加强填料的检测,凡有大于25cm的石块予以清除。

(5)认真总结以往各线的施工经验,按规范要求,结合本线特点,不断完善施工方案。

3. 路基开裂

(1)严格按规范标准及设计要求进行基底处理,处理后必须经检查工程师签证后,方可填土。

(2)松土要进行碾压密实,土壤含水率大时要进行翻晒。

(3)原地面横坡为1:1.5～1:2.5时,要做台阶,台阶宽度不小于1m。横坡大于1:2.5或基底下有松软地层时,作特殊施工(按设计办理)。

(二)混凝土工程

1. 混凝土和易性不良

主要表现为拌和物松散,坍落度不符合要求,混凝土离析。

预防措施:

(1)控制水泥与混凝土强度等级之间的合理比值,严格遵守施工规定的最大水灰比的最小水泥用量。

(2)严格按度验确定的配合比施工。

(3)配料准确,并保证足够的搅拌时间。

(4)选用正确运输方法,控制运输时间。

(5)测定拌制地点和浇筑处的坍落度,控制后者的数值符合施工规范的规定。

2. 混凝土表面蜂窝麻面

预防措施:

(1)控制混凝土配合比和搅拌时间。

(2)防止运输中漏浆、离析和运输时间长。

(3)控制浇筑时混凝土的坍落度。

(4)采用合适的浇筑顺序和方法,控制自由下落高度不超过2m。

(5)浇筑分层进行,分层厚度根据捣实方法按施工规范要求确定。

(6)采用正确的振捣方法,防止漏振和振捣过度。

(7)随时检查模板及支架的变形情况,尤其防止漏浆。

3. 混凝土结构缺棱掉角

预防措施:

(1)拆模不宜过早,非承重模宜在混凝土强度达到 2.5MPa 后拆除。

(2)模板支撑和拆除方法正确。

(3)加强成品保护,防止碰撞早龄期的混凝土。

(4)采用优质脱模剂,使脱模方便,不死拉硬撬。

4. 混凝土表面裂缝

预防措施:

(1)检查水泥出厂合格证,进场抽检报告单。

(2)砂、石质量符合有关标准规定,石子含泥高时冲洗,不采用细砂。

(3)对温度影响的裂缝采用低热水泥,合理选用粗集料和配合比,以降低水泥用量,并加强养生。

5. 混凝土颜色不一

预防措施:

(1)采用同一厂家生产,同品种、同强度等级的水泥。

(2)同一结构部位尽量采用同一料场的同规格、同性质的砂子或碎(卵)石。

(3)采用同一配合比拌制混凝土。

(4)采用同一品种的脱模剂。

(三)钢筋工程

1. 钢筋严重锈蚀

预防措施:

(1)对颗粒状或片状老锈必须清除。

(2)钢筋除锈后仍留有麻点者,严禁按原规格使用。

2. 钢筋弯曲不直

预防措施:

(1)采用调直机冷拉或人工方法调直。

(2)对严重曲折钢筋,曲折处圆弧半径较小的硬弯,调直后检查有无裂纹。

(3)对矫正后仍不直的钢筋,不准用作受力筋。

3. 咬边焊缝与钢筋交接处有缺口

预防措施:

(1)选用合适电流,防止电流过大。

(2)焊弧不可拉得过大。

(3)控制焊条角度和运弧方法。

(四)路面工程

沥青面层的质量问题主要表现在路面纵向裂缝、横向裂缝、网裂、龟裂、沉陷、松散等。各分项工程要明确质量重点,在施工中要严格按照下列施工措施进行施工,来消除沥青路面的质量通病。

(1)沥青黏层。黏层乳化沥青洒布不均匀,且用量不足,容易导致沥青路面出现质量问题。施工中,要按规定洒布黏层乳化沥青,确保乳化沥青用量,并做到洒布均匀。

(2)沥青面层。沥青面层破坏的一个很重要的原因是水所引起的。为了减少由于水引起的沥青面层早期破坏,施工时减少摊铺过程中造成的粗细颗粒离析,提高面层的压实标准。要求所签收的混合料必须合格,不合格的料不得进行签收。

(3)黏层完成后,尽快铺筑沥青面层,以防止路面裂缝的产生。

(4)在施工中发现质量问题,项目经理部及时发现并进行铣刨,重新进行铺筑。

(5)油斑的消除。在路面碾压成型过程中,路面可能出现油斑,当油斑直径大于5cm时,及时在油斑区域洒机制砂。摊铺后出现的油斑,应在碾压之前铲除、换填。油斑产生的原因可能是纤维掺加剂拌和不均匀所导致,因此需要检查纤维加入量是否正确,拌和时间是否够长;当由于碾压过度产生油斑时,应正确掌握碾压遍数以及振动力的大小;过高的用油量也会产生油斑,因此要及时检查拌和楼沥青计量器的准确性;拌和料(特别是纤维掺加剂)以及路表含有一定的水分,也会产生油斑,因此掺加剂必须干燥,严禁路表带水施工。

第七章　桥梁墩台施工

本章知识点

1. 混凝土墩台的主要施工过程;
2. 模板的类型;
3. 混凝土浇筑的要点;
4. 石砌墩台对石料、砂浆与脚手架的要求。

墩台是桥梁的重要构件,其作用是承受桥梁上部结构的荷载,并通过基础传递给地基。桥墩除承受上部结构的竖向压力和水平力外,墩身还受到风力、流水压力以及可能发生的冰压力、船只和漂流物的撞击力。桥台设置在桥梁两端,作用是支承上部结构传递的荷载和连接两岸道路,并在桥台后填土。因此,在墩台的施工时,应保证墩台位置正确,有符合设计要求的强度和耐久性。

桥梁墩(台)主要由墩(台)帽、墩(台)身和基础三部分组成。本章主要介绍墩(台)身、墩(台)帽施工,基础部分施工不作介绍。

桥梁墩台按其施工方法分为**整体式墩台**和**装配式墩台**两大类,相应的施工方法也分为两大类:一类是整体式墩台的现场就地浇筑与砌筑;一类是装配式墩台的拼装预制类施工。

第一节　圬工墩台施工

现场浇筑墩台按材料分可分为混凝土墩台与石砌墩台,以下分别介绍。

一、混凝土墩台施工

1. 墩台模板

1)墩台模板的基本要求

模板是使钢筋混凝土墩台按设计所要求的尺寸成形的模型板,一般用木材或钢材制成。木模板质量轻,便于加工成墩台所需的尺寸和形状,但较易损坏,使用次数少。对于大量或定型的混凝土结构物多采用钢模板。钢模板造价较高,装拆方便,且重复使用次数多。

钢筋混凝土对模板的基本要求与预制混凝土受压构件相同,其轮廓尺寸的准确性由制模和立模来保证。墩台模板形式复杂、数量多、消耗大,对桥梁工程的质量、进度、经济技术的可靠性均有直接影响。它应能保证墩台的设计尺寸;有足够的可靠度承受各种荷载并保证受力后不变形,结构简单、制造方便、拆卸容易。

2)常用模板类型

（1）拼装式模板：各种尺寸的标准模板利用销钉连接，并与拉杆、加劲构件等组成墩台所需形状的模板，如图 7-1 所示。拼装式模板在厂内加工制造，板面平整、尺寸准确、体积小、质量轻、拆装快速、运输方便，应用广泛。

（2）整体式吊装模板：将墩台模板水平分成若干段，每段模板组成一个整体，在地面拼装后吊装就位，如图 7-2，分段高度可示吊起能力而定。优点是：安装时间短，无需施工接缝，施工进度快、质量高、拆装方便，对建造较高的桥墩较为经济。

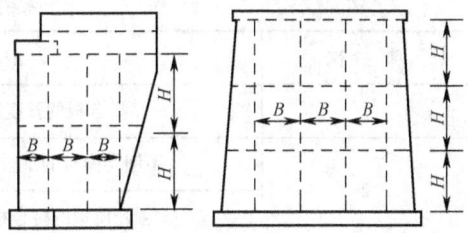

图 7-1 墩台模板划分示意

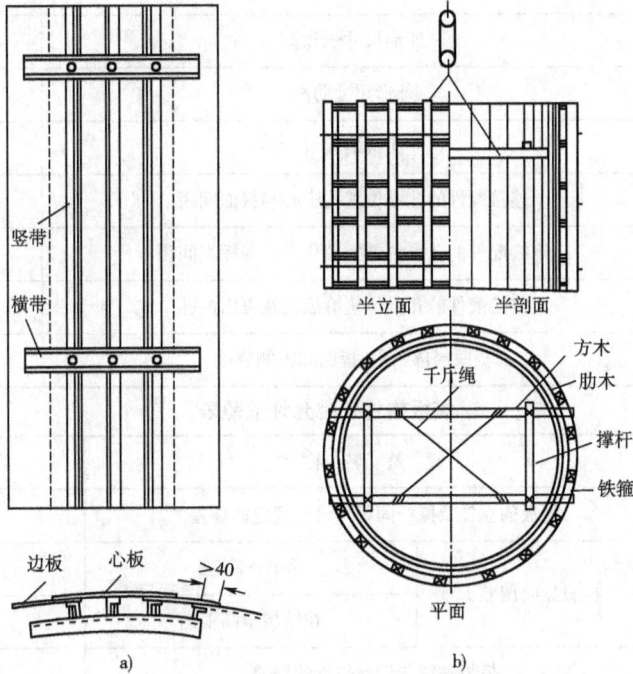

图 7-2 圆形桥墩整体模板(尺寸单位：cm)

（3）组合型钢模板：以各种长度、宽度及转角标准构件，用定型的连接件将钢模拼成模板，有体积小、质量轻、拆装简单、运输方便、接缝紧密等优点，适用于地面拼装、整体吊装的结构上。

（4）滑动钢模板：适用于各种类型的桥墩。各种模板在工程上的应用，可根据墩高、墩台形式、设备、期限等条件合理选用。

模板安装前应对模板尺寸进行检查；安装时要坚实牢固，以免振捣混凝土时引起跑模漏浆；安装位置要符合结构设计要求。模板制作与安装的允许偏差见表 7-1、表 7-2、表 7-3。

2．墩台混凝土灌注

1）质量控制

施工前将基础顶面冲洗干净，整修连接钢筋。材料选用低流动度的或半硬性的混凝土拌和料，分层分段对称灌注，并应同时灌完一层。灌注过程要连续，以保证施工质量。

木模板制作的允许偏差　　　　　表 7-1

项　次	偏　差　名　称	容许偏差(mm)
1	拼合板的长度和宽度与设计尺寸的偏差	5
2	不刨光模板的拼合板,相邻两板表面的高低差别	3
	刨光模板的拼合板,相邻两板表面的高低差别	1
3	拼合板中木板间的缝隙宽度	2

钢模板制作的允许偏差　　　　　表 7-2

项　次	偏　差　名　称	容许偏差(mm)
1	外形尺寸长和宽	0, −1
2	外形尺寸肋高	5
3	面板端偏斜	0.5
4	连接配件的孔眼位置孔中心与板面间距	0.3
5	连接配件的孔眼位置板端孔中心与板端间距	0, −0.5
6	连接配件的孔眼位置沿板长宽方向的孔	0.6
7	板眼局部不平,板面和板侧挠度	1

模板构件安装允许偏差表　　　　　表 7-3

项　次	偏　差　名　称		容许偏差(mm)
1	模板的立柱及撑杆间距与设计规定的偏差		75
2	模板竖向偏差	每1m 高度	3
		在结构全高度内	30
3	模板轴线与设计位置的偏差		20
4	模板横截面内部尺寸与设计尺寸的偏差		20
5	平板表面的最大局部不平	刨光模板	5
		不刨光模板	8

2)施工要点

(1)混凝土的运送:如混凝土数量大、浇筑捣固速度快时,可采用混凝土皮带运输机或混凝土运送泵,运输带速度不应大于 1.2m/s;最大倾斜角:当混凝土坍落度小于 40mm 时,向上传送为 18°,向下传送为 12°;当坍落度为 40~80mm 时,则分别为 15°与 10°。

(2)大体积混凝土浇筑:墩台是大体积圬工,为避免水化热过高,引起裂缝,可采取如下措施:

①用改善集料级配、降低水灰比、掺加混合材料与外加剂、掺入片石等方法减少水泥用量;

②采用 C3A、C3S 含量小、水化热低的水泥,如大坝水泥、矿渣水泥、粉煤灰水泥、低强度水

泥等;

③较小浇筑层厚度,加快混凝土散热速度;

④混凝土用料应避免日光暴晒,以降低初始温度;

⑤在混凝土内埋设冷却管,通水冷却。

(3)混凝土浇筑:为防止墩台基础第一层混凝土中的水分被基底吸收或基底水分渗入混凝土,对墩台基底处理除应符合天然地基的有关规定外,尚应满足以下要求:

①基底为非黏性土或干土时应将其湿润;

②如为过湿土时,应在基底设计高程下夯填一层10~15cm的厚片石或碎(卵)石层;

③基底地面为岩石时,应加以湿润,铺一层厚2~3cm的水泥砂浆,然后在水泥砂浆凝结前浇筑一层混凝土。

二、石砌墩台施工

石砌墩台的优点是施工材料可就地取材,经久耐用,在石料丰富的地区建造墩台时为节约水泥,可优先考虑。

1.石料、砂浆与脚手架

石砌墩台是用片石、块石及粗料石与水泥砂浆砌筑的。石料与砂浆的规格要符合有关的规定。浆砌片石一般适用于高度小于6m的墩台、基础、镶面以及各式墩台填腹;浆砌粗料石则用于磨耗及冲击严重的分水体及破冰体的镶面工程以及有整齐美观要求的桥墩、台身等。

将石料调用并砌到正确位置是砌石工程中比较困难的工序。当质量小或距地面不高时,可用简单的马登跳板直接运送;当质量较大或距地面较高时,可采用固定式动臂吊机或桅杆式吊机或井式吊机,将材料运到墩台上,然后再分送到安砌地点。用于砌石的脚手架应环绕墩台搭设用以堆放材料,并支持施工人员砌筑镶面定位行列及勾缝。脚手架一般常用固定式轻型脚手架(适用于6m以下的墩台)、简易活动脚手架(适用在25m以下的墩台)以及悬吊式脚手架(用于较高墩台)。

2.墩台砌筑施工要点

1)墩台放样

在砌筑前应按设计图放出实样,挂线砌筑。砌筑基础的第一层砌块时,如基底为土质,只在已砌石块的侧面铺上砂浆即可,不需坐浆;如基底为石质,应将其表面清洗、润湿后,先坐浆再砌石。砌筑斜面墩台时,斜面应逐层放坡,以保证规定的坡度。砌块间用砂浆黏结并保持一定的缝厚,所有砌缝要求砂浆饱满。形状比较复杂的工程,应先作出配料设计图(图7-3),注明块石尺寸;形状比较简单的,也要根据砌体高度、尺寸、错缝等,先行放样配好料石再砌。

2)砌筑方法

同一层石料及水平灰缝的厚度要均匀一致,每层按水平砌筑,丁顺相间,砌石灰缝互相垂直。灰缝宽度和错缝按表7-4的规定执行。砌石顺序为先角石,再镶面,后填腹。填腹石的分层厚度应与镶面相同;圆端、尖端及转角形砌体的砌石顺序,应自顶点开始,按丁顺排列接砌镶石面。砌筑图例见图7-4,圆端形桥墩的圆端顶点不得有垂直灰缝,砌石应从顶端开始先砌石块①,然后应丁顺相间排列,安砌四周镶面石;尖端桥墩的尖端及转角处不得有垂直灰缝,砌石应从两端开始,先砌石块①,再砌侧面转角②,然后丁顺相间排列,安砌四周的镶面石。

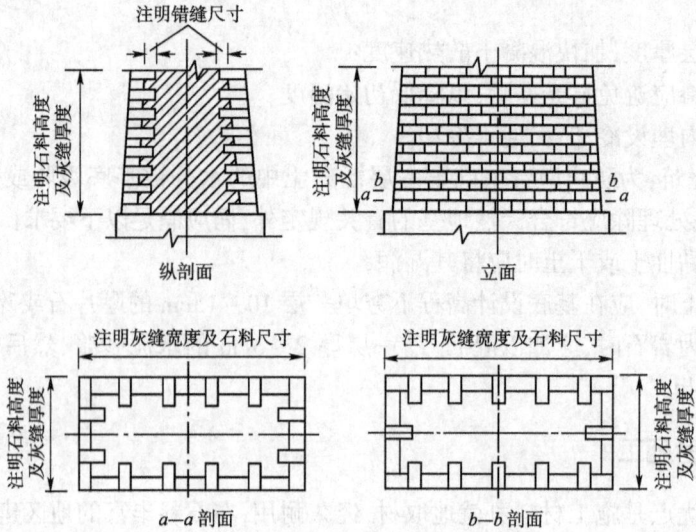

图 7-3　桥墩配料大样图

浆砌铺面石灰缝规定
表 7-4

种　类	灰缝宽度 （cm）	错　缝 （层间或行列间） （cm）	三块石料相接 处空隙 （cm）	砌筑行列高度 （cm）
粗料石	1.5~2	≥10	1.5~2	每层石料厚度一致
半细料石	1~1.5	≥10	1~1.5	每层石料厚度一致
细料石	0.8~1	≥10	0.8~1	每层石料厚度一致

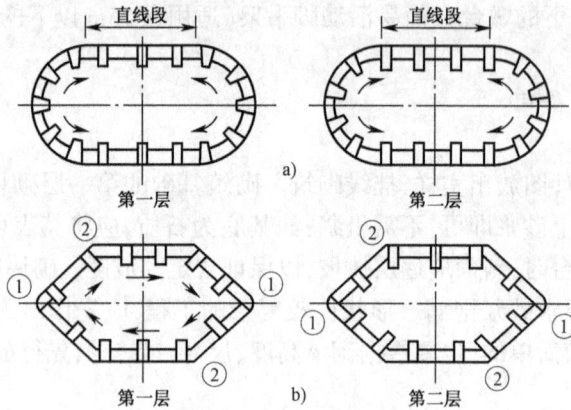

图 7-4　桥墩的砌筑

a)圆端形桥墩;b)尖端形桥墩

砌体质量应符合以下规定：

(1)砌体所有各项材料类别、规格及质量符合要求；

(2)砌缝砂浆或小石子混凝土铺填饱满,强度符合要求；

(3)砌缝宽度、错缝距离符合规定,勾缝坚固、整齐,深度和形式符合要求；

(4)砌筑方法正确；

(5)砌体位置、尺寸不超过允许偏差。

墩台砌体位置及外形允许偏差见表7-5。

墩台砌体位置及外形允许偏差　　　　　　　　　　表7-5

项次	项目检查	砌体类别	允许偏差(mm)
1	跨　径	$L_0 \leq 60m$	±20
		$L_0 > 60m$	$\pm L_0 / 3\,000$
2	墩台宽度及长度	片石镶面砌体	+40, -10
		块石镶面砌体	+30, -10
		粗料石镶面砌体	+20, -10
3	大面平整度 (2m直尺检查)	片石镶面	50
		块石镶面	20
		粗料石镶面	10
4	竖直度或坡度	片石镶面	0.5%H
		块石、粗料石镶面	0.5%H
5	墩台顶面高程		±10
6	轴线偏位		10

三、墩台顶帽施工

墩台顶帽是用来支撑桥跨结构的,其位置、高程及垫石表面平整度等,均应符合设计要求,以免桥跨结构安装困难,或使顶帽、垫石等出现破裂或裂缝,影响墩台的正常使用功能和耐久性。墩台顶帽的主要施工顺序如下。

1. 墩、台帽放样

墩台混凝土(或砌石)灌注至墩、台帽底下约30～50cm高度时,即需测出墩台纵横中心线,并开始竖立墩、台帽模板,安装锚栓孔或安装顶埋支座垫板、绑扎钢筋等。台帽放样时,应注意不要以基础中心线作为台帽背墙线,浇筑前应反复核实,以确保墩、台帽中心、支座垫石等位置方向与水平高程等不出差错。

2. 墩、台帽模板

墩、台帽系支撑上部结构的重要部分,其尺寸位置和水平高程的准确度要求较严,浇筑混凝土应从墩、台帽下约30～50cm处至墩、台帽顶面一次浇筑,以保证墩、台帽底有足够厚度的紧密混凝土。图7-5为混凝土桥墩墩帽模板图,墩帽模板下面的一根拉杆可以利用墩帽下层的分布钢筋,以节省铁件。台帽背墙模板应特别注意纵向支撑或拉条的刚度,防止浇筑混凝土时发生鼓肚,侵占梁端空隙。

3. 钢筋和支座垫板的安设

墩、台帽钢筋绑扎应遵照《公路桥涵施工技术规范》有关钢筋工程的规定。墩、台帽上的支座垫板的安设一般采用预埋支座垫板和预留锚栓孔的方法。前者需在绑扎墩台帽和支座垫石钢筋时将焊有锚固钢筋的钢垫板安设在支座的准确位置上,即将锚固钢筋和墩、台帽骨架钢

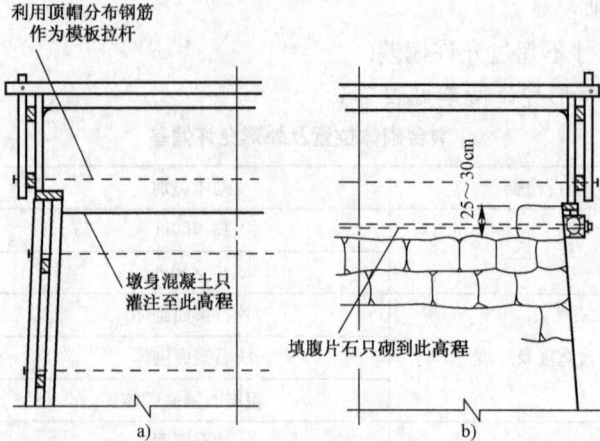

图 7-5　混凝土桥墩墩帽模板

筋焊接固定,同时用木架将钢垫板固定在墩、台帽模板上。此法在施工时垫板位置不易准确,应经常校正。后者需在安装墩、台帽模板时,安装好预留孔模板,在绑扎钢筋时注意将锚栓孔位置留出。此法安装支座施工方便,支座垫板位置准确。

第二节　装配式墩台施工

装配式墩台适用于山谷架桥、跨越平缓无漂流物的河沟、河滩等的桥梁,特别是在工地干扰多、施工场地狭窄、缺水与砂石供应困难地区,其效果更为显著。装配式墩台的优点是:结构形式轻便,建桥速度快,圬工省,预制构件质量有保证等。通常采用的有砌块式、柱式和管节式或环圈式墩台等。

一、砌块式墩台施工

砌块式墩台的施工大体上与石砌墩台相同,只是预制砌块的形式因墩台形式不同有很多变化。例如,1975 年建成的兰溪大桥,主桥身系采用预制的素混凝土壳块分层砌筑而成。壳块按形状分为 I 型和 II 型两大类,再按其砌筑位置和具体尺寸又分为 5 种型号,每种块件等高,均为 35cm,块件单元重力为 0.9 ~ 1.2kN,每砌三层为一段落。该桥采用预制砌块建造桥墩,不仅节约混凝土约 26%,节省木材 50m³ 和大量铁件,而且砌缝整齐,外形美观。更主要的是加快了施工速度,避免了洪水对施工的威胁。图 7-6 为预制块件与空腹墩身施工示意。

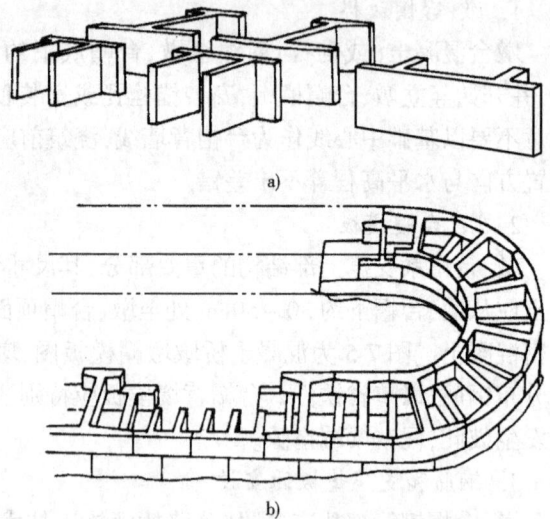

图 7-6　预制砌块件与空腹墩身施工示意

a)空腹墩壳板;b)空腹墩砌筑过程

二、柱式墩施工

1. 常用拼装接头

装配式柱式墩系将桥墩分解成若干轻型部件,在工厂或工地集中预制,再运送到现场(见图 7-7)。

装配式桥墩,其形式有双柱式、排架式、板凳式和刚架式等。图 7-7 为各种柱式墩示意。施工工序为预制构件、安装连接与混凝土养护等。其中拼装接头是关键工序,既要牢固、安全,又要结构简单便于施工。常用的拼装接头有:

(1)承插式接头:将预制构件插入相应的预留孔内,插入长度一般为 1.2~1.5 倍的构件宽度,底部铺设 2cm 厚的砂浆四周以半干硬性混凝土填充。常用于立柱与基础的接头连接。

(2)钢筋锚固接头:构件上预留钢筋或型钢,插入另一构件的预留槽内,或将钢筋互相焊接,再灌注半干硬性混凝土。多用于立柱与顶帽处的连接。

(3)焊接接头:将预埋在构件中的铁件与另一构件的预埋铁件用电焊连接,外部再用混凝土封闭。这种接头易于调整误差,多用于水平连接杆与立柱的连接。

(4)扣环式接头:相互连接的构件按预定位置预埋环式钢筋,安装时柱脚先坐落在承台的柱心上,上下环式钢筋互相错接,扣环间插入 U 形短钢筋焊牢,四周再绑扎钢筋一圈,立模浇筑外围接头混凝土。要求上下扣环预埋位置正确,施工较为复杂。

(5)法兰盘接头:在相互连接的构件两端安装法兰盘,连接时将法兰盘连接螺栓拧紧即可。要求法兰盘预埋位置必须与构件垂直,接头处可不用混凝土封闭。

2. 装配柱式墩台应注意的几个问题

(1)墩台柱构件与基础顶面预留环形基座应编号,并检查各个墩、台高度是否符合设计要求;基环四周与柱边的空隙不得小于 2cm。

(2)墩台柱吊入基环内就位时,应在纵横方向测量,使柱身垂直度或倾斜度以及平面位置均符合设计要求;对重大、细长的墩柱,需用风缆或撑木固定,方可摘除吊钩。

(3)在墩台柱顶安装盖梁前,应先检查盖梁预留槽眼位置是否符合设计要求,否则应先修凿。

(4)柱身与盖梁(顶帽)安装完毕并经检查符合要求后,可在基环空隙与盖梁槽眼处灌注稀砂浆,待其硬化后,拆除锲子、支撑或风缆,再在锲子中灌填砂浆。

三、后张法预应力混凝土装配墩施工

装配式预应力钢筋混凝土墩分为基础、实体墩身和装配墩身三大部分。装配墩身由基本构件、隔板、顶板和顶帽等组成,并用高强钢丝穿入预留的上下贯通的孔道内,张拉锚固而成,如图 7-8。实体墩身是装配墩身和基础的连接段,其作用是锚固预应力筋,调节装配墩身的高度和抵御洪水时漂流物的冲击等。

施工工艺分为施工准备、构件预制和墩身装配三部分,全过程贯穿质量检查工作。实体墩身浇筑时预留张拉孔道及工作孔,如图 7-9 所示。构件装配的水平接缝采用 M35 水泥砂浆,砂浆厚 15mm。安装构件确保:吊起水平、构件顶面平、内外壁砂浆接缝抹平;起吊、降落、松勾平稳;构件尺寸准、孔道位置准、中线准及预埋配件位置准;接缝砂浆密实;构件孔道畅通。

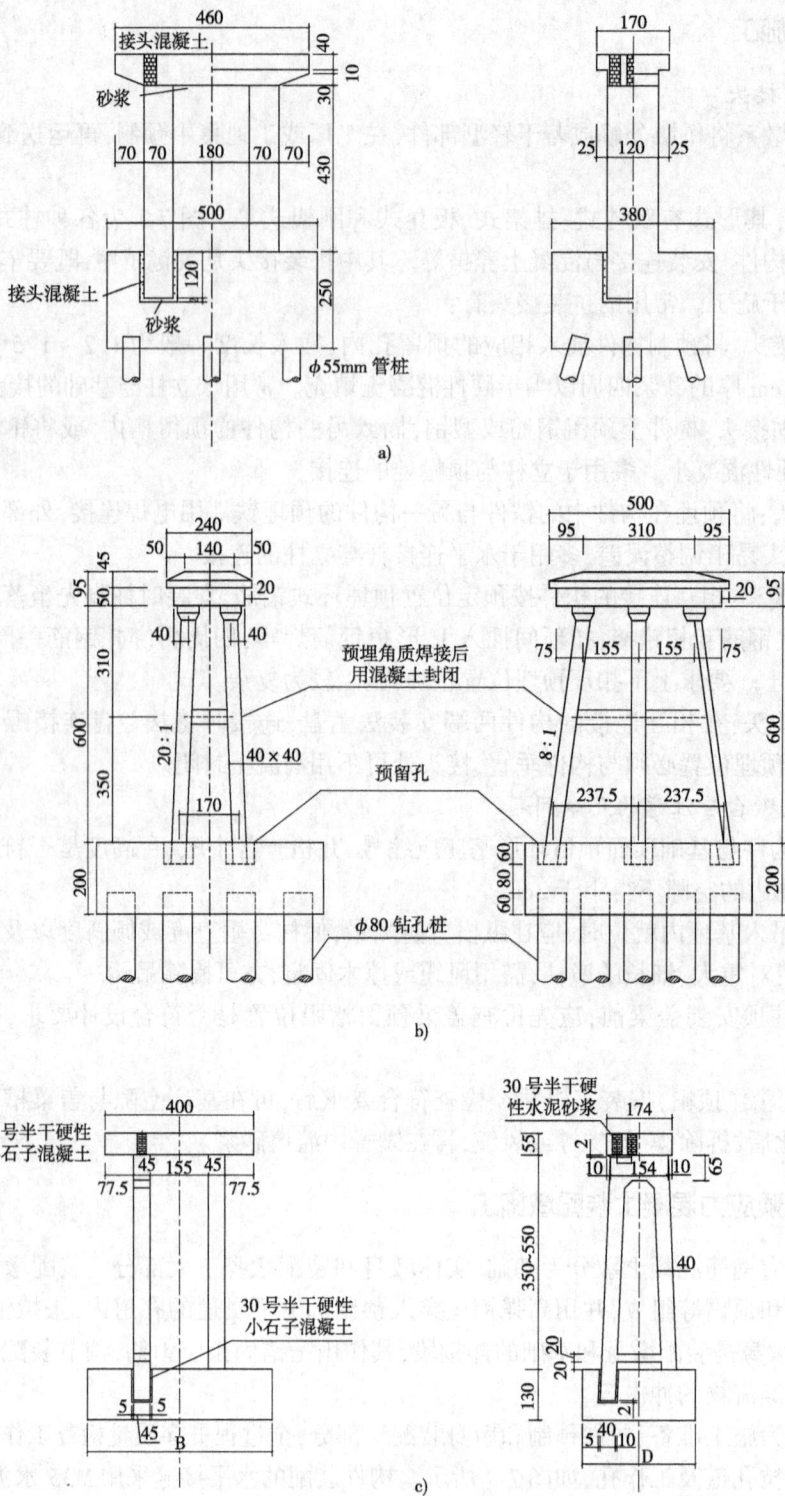

图 7-7　装配式墩示意(尺寸单位:cm)

a)双柱式拼装墩;b)排架式拼装墩;c)刚架式拼装墩

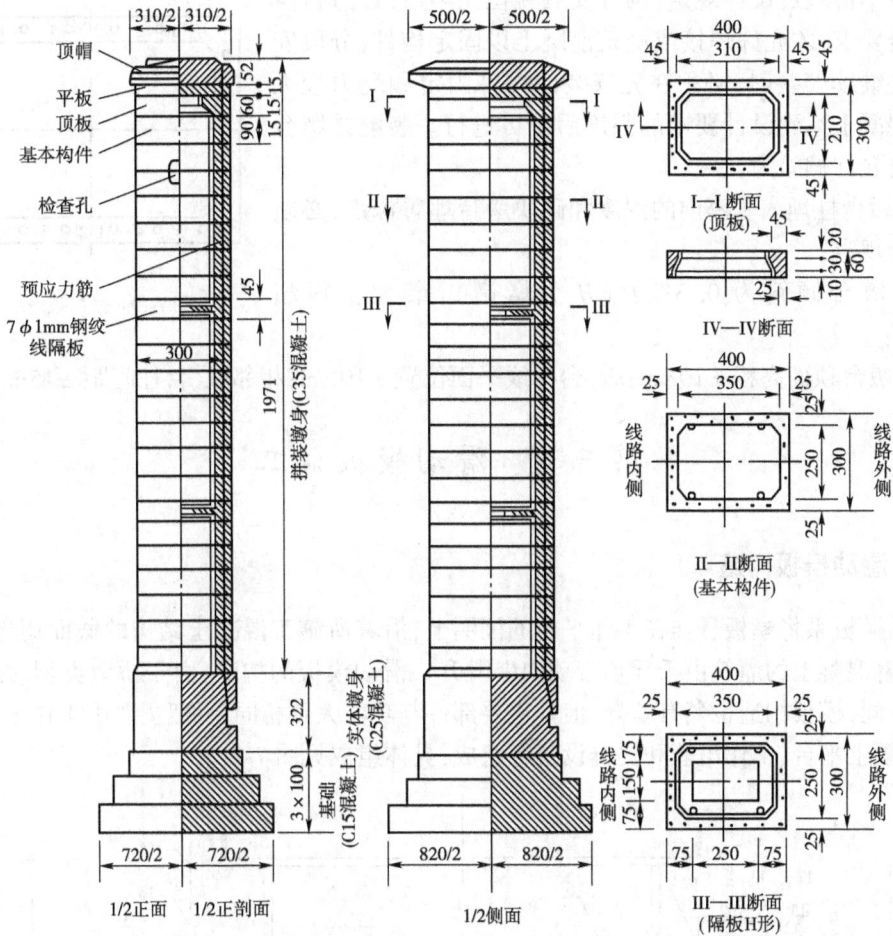

图 7-8 装配式预应力混凝土构造图(尺寸单位:cm)

张拉预应力钢丝束分两种:直径为 5mm 的高强度钢丝,用 18φ5mm 锥形锚;7φ4mm 钢绞线,用 JM12-6 型锚具,采用一次张拉工艺。张拉顺序如图 7-10。张拉位置顶帽上或实体墩下均可,一般多在顶帽上张拉。

孔道压浆前用高压水冲洗,压浆用纯水泥浆,由下而上压注。压浆分初压与复压,初压后停 1h,待压浆初凝后再复压。复压压力约 0.8~1.0Pa,初压压力可小一些。

实体墩封锚采用与墩身同强度等级的混凝土,同时采用放水措施。顶帽上封锚采用钢筋网罩焊在垫板上,单个或多个连在一起,然后用混凝土封锚。

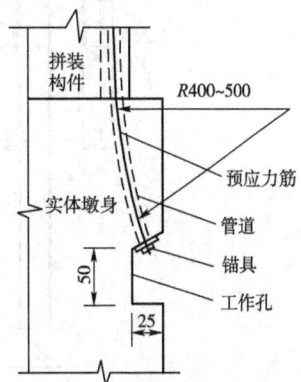

图 7-9 实体墩身张拉工作孔
(尺寸单位:mm)

四、质量标准

《公路桥涵施工技术规范》规定,构件安装前必须检查其外形和构件的预埋尺寸和位置,其允许偏差不得超过设计规定;构件安装就位完毕后,经过检查校正符合要求,才允许焊接或浇筑混凝土以固定构件;分段安装的构件继续安装时,必须在先安装的构件固定和受力较大的接头混凝土达到设计要求的强度后方可进行。装配式墩台完成时的允许偏差为:

（1）墩台柱埋入基座内的深度和砌块墩台埋置深度,必须符合设计规定;

（2）墩台倾斜为 0.3% H（H 为墩高）,最大不得超过20mm;

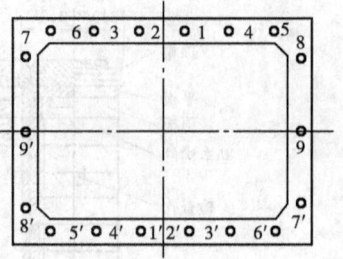

图 7-10 张拉顺序示意

（3）墩台顶面高程 ±10mm;墩、台中线平面位置 ±10mm;相邻墩、台柱间距 ±15mm。

第三节 滑动模板施工

一、滑动模板构造

滑动模板系将模板悬挂在工作平台的围圈上,沿着所施工混凝土结构的截面周界组拼装配,并随着混凝土的灌筑由千斤顶带动向上滑升。滑动模板的构造,由于桥墩类型、提升工具的类型不同,模板构造也稍有差异,但其主要部件与功能大致相同,一般主要由工作平台、内外模板、混凝土平台、工作吊篮和提升设备等组成,具体组成见图7-11。

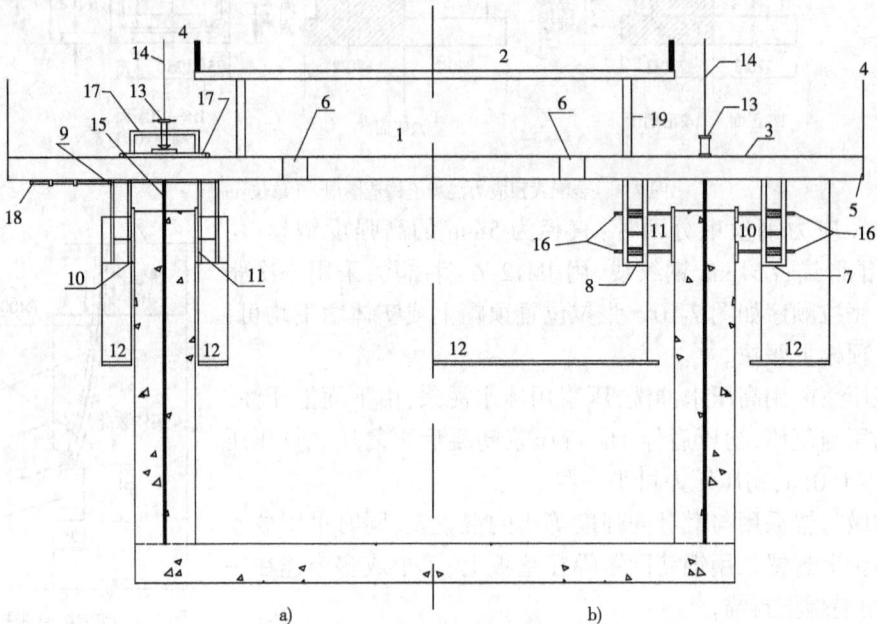

图 7-11 滑动模板构造

a)等壁厚收坡滑模半剖面(螺杆千斤顶);b)不等壁厚收坡滑模半剖面(液压千斤顶)

1-工作平台;2-混凝土平台;3-辐射梁;4-栏杆;5-外钢环;6-内钢环;7-外立柱;8-内立柱;9-滚轴;10-外模板;11-内模板;12-吊篮;13-千斤顶;14-顶杆;15-导管;16-收坡丝杆;17-顶架横梁;18-步板;19-混凝土平台立柱

（1）工作平台 1 由外钢环 5、辐射梁 3、内钢环 6、栏杆 4、步板 18 组成，除提供施工操作的场地外，还用它把模板的其他部分与顶杆 14 相互连接起来，使整个滑模结构支承在顶杆上。可以说，工作平台是整个滑模结构的骨架，因此，应具有足够的强度和刚度。

（2）内外模板 10、11 采用薄钢板制作，用于上下壁厚相同的直坡空心桥墩滑模。内外模板均通过立柱 7、8 固定在工作平台的辐射梁上。用于上下壁厚相同的斜坡空心墩的收坡滑模，内外模板仍固定在立柱上，但立柱架（或顶架横梁 17）不是固定在辐射梁上，而是通过滚轴 9 悬挂在辐射梁上，并可利用收坡丝杆 16 沿辐射方向移动立柱架及内外模板位置。用于斜坡式不等壁厚空心墩的收坡滑模，则内外立柱固定于辐射梁上，而在立柱与模板间安装收坡丝杆，以便分别移动内外模板的位置。

（3）混凝土平台 2 由辐射梁、步板、栏杆等组成，利用立柱 19 支承在工作平台的辐射梁上，供堆放及灌筑混凝土的施工操作用。

（4）工作吊篮系悬挂在工作平台的辐射梁和内外模板的立柱上，它随着模板的提升向上移动，供施工人员对刚脱模的混凝土进行表面修整和养生等施工操作之用。

（5）提升设备由千斤顶 13、顶杆 14、顶杆导管 15 等组成，通过顶升工作平台的辐射梁使整个模板提升。

二、滑动模板提升工艺

滑动模板提升设备主要有提升千斤顶、支承顶杆及液压控制装置等几部分，其提升过程如下。

1. 螺旋千斤顶提升步骤（图 7-12）

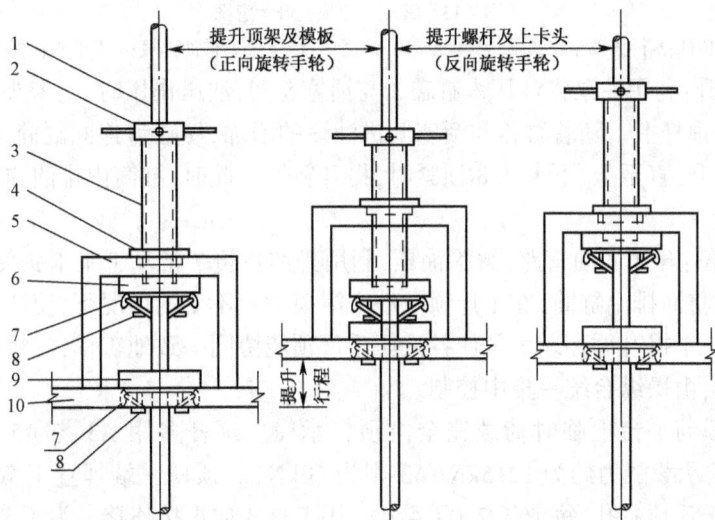

图 7-12 螺旋千斤顶提升示意图

1、2-手轮;3-螺杆;4-顶座;5-顶架上横梁;6-上卡头;7-卡瓦;8-卡板;9-下卡头;10-顶架下横梁

（1）转动手轮 2 使螺杆 3 旋转，使千斤顶顶座 4 及顶架上横梁 5 带动整个模板徐徐上升。此时，上卡头 6、卡瓦 7、卡板 8 卡住顶杆，而下卡头 9、卡瓦 7、卡板 8 则沿顶杆向上滑行，当滑至与上下卡瓦接触或螺杆不能再旋转时，即完成一个行程的提升。

（2）向相反方向转动手轮,此时,下卡头、卡瓦、卡板卡住顶杆1、整个模板处于静止状态。仅上卡头、卡瓦、卡板连同螺杆、手轮沿顶杆向上滑行,直至上卡头与顶架上横梁接触或螺杆不能再旋转时为止,即完成整个一个循环。

2. 液压千斤顶提升步骤(图7-13)

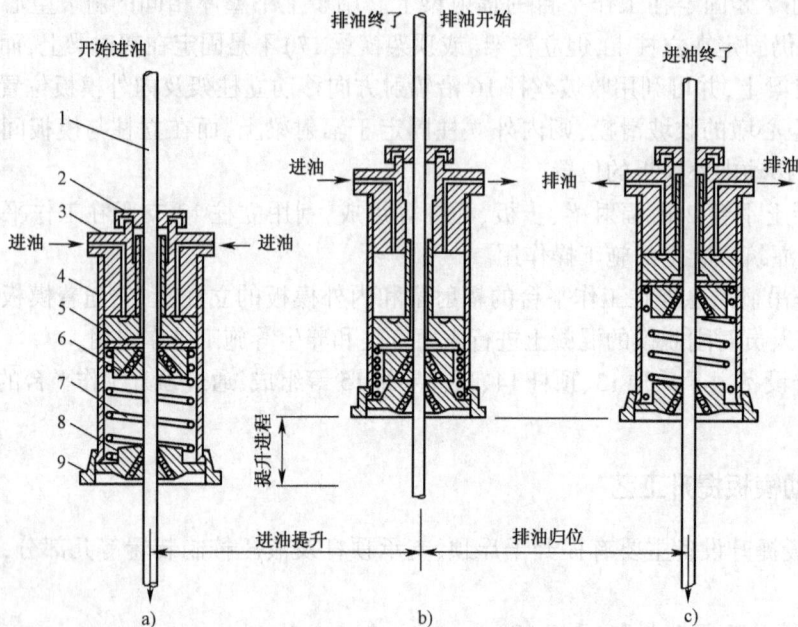

图7-13　液压千斤顶提升示意图

1-顶杆;2-行程调整帽;3-缸盖;4-缸筒;5-活塞;6-上卡头;7-排油弹簧;8-下卡头;9-底座

（1）进油提升:利用油泵将油压入缸盖3与活塞5间,油压作用时,上卡头6立即卡紧顶杆1,使活塞固定于顶杆上。随着缸盖与活塞间进油量的增加,使缸盖连同缸筒4、底座9及整个滑模结构一起上升,直至上、下卡头8顶紧时,提升暂停。此时,缸筒内排油弹簧完全处于压缩状态。

（2）排油归位:开通回油管路,解除油压,利用排油弹簧7推动上下卡头使其与顶杆卡紧,同时推动上卡头将油排出缸筒,在千斤顶及整个滑模位置不变的情况下,使活塞回到进油前位置。至此,完成一个提升循环。为了使各液压千斤顶能协同一致地工作,应将油泵与各千斤顶用高压油管连通,由操纵台统一集中控制。

提升时,滑模与平台上临时荷载完全由顶杆承受。顶杆多用A3与A5圆钢制作,直径25mm,A5圆钢的承载能力约为12.5kN(A3则为10kN)。顶杆一端埋置于墩、台结构的混凝土中,一端穿过千斤顶芯孔,每节长2.0～4.0m,用工具式或焊接连接。为了节省钢材,使支承顶杆能重复使用,可在顶杆外安装上套管,套管随同滑模整个结构一起上升,待施工完毕后,可拔出支承顶杆。

三、滑动模板的设计要点

滑动模板整体结构是混凝土成型的装置,也是施工操作的主要场地,必须具有足够的整体刚度、稳定性和合理的安全度。为了保证施工质量与安全,滑动模板各组成部件,必须按强度和刚度要求进行设计和验算。

1. 荷载取值

作用在滑动模板整个结构上的荷载有静荷载与活荷载。工作平台、内外模板、混凝土平台、工作吊篮、提升设备、液压管线等自重都属于静荷载,操作人员、施工机具、平台上堆放的材料及半成品的重力,以及滑升时混凝土与模板间的摩阻力等属于垂直活荷载;向模板内倾倒混凝土时所产生的冲击力,新浇筑混凝土对模板的侧压力,以及风荷载等属于水平活荷载,具体可按有关规范与设计要求分别取值。

2. 确定支承顶杆和千斤顶的数量

(1)支承顶杆的数量:其最小值 n 按下式计算:

$$n = KP/N \tag{7-1}$$

式中:P——滑动模板提升时全部静荷载和垂直活荷载;

N——单根支承顶杆的容许承载能力,按下式取值:

$$N = \phi A [\sigma]$$

ϕ——纵向弯曲系数,可根据长细比大小查表确定;支承顶杆的计算长度 L_0 应根据不同的施工情况予以否决,如正常提升时,其自由长度 L 取千斤顶上卡头至新浇筑层混凝土低部的距离,并且上卡头处为固结、下端为铰接,所以 $L_0 = 0.7L$;

A——支承顶杆的截面面积;

$[\sigma]$——支承顶杆的抗压容许应力;

K——工作条件系数,液压千斤顶取值为 0.8。

提升过程中支承顶杆实际受力情况比较复杂,其容许承载能力应根据工程实践的经验选用。上述计算确定的支承杆数量,还应根据结构物的平面和局部构造加以适当的调整。

(2)千斤顶的数量:液压千斤顶的起重能力约为 30kN 施工时考虑其他因素后,按 15kN 取值。大体上与支承顶杆的承载能力相同,即一根支承顶杆上安装一台千斤顶,所需千斤顶数量与支承杆数量相同。

3. 确定支承顶杆、千斤顶、顶升架和工作平台的布置方案

(1)支承顶杆和千斤顶的布置方案:一般有均匀布置、分组集中布置及分组集中与均匀布置相结合等。在筒壁结构中多采用均匀布置方案,在平面较为复杂的结构中则宜采用分组集中与均匀相结合的布置方案。

千斤顶在布置时,应使各千斤顶所承受的荷载大致相同,以利用同步提升,当平台上荷载分布不均时,荷载较大的区域和摩阻力较大的区段,千斤顶布置的数量要多些。考虑到平台荷载内重外轻,在数量上内侧应较外侧布置多些,以避免顶升架提升时向内倾斜。

(2)顶升架的布置方案:应根据结构形式、建筑平面、平台荷载与刚度进行布置。筒壁结构顶升架可采用均匀布置方案,间距控制在 $1.2 \sim 2.5$m。

(3)工作平台的布置方案:必须保证结构的整体性与足够的刚度,应根据施工对象的结构特点、荷载大小和分布情况、顶升架和千斤顶的布置要求,以及垂直运输方式等来确定工作台的布置方案。圆形结构中,工作平台的承重结构、承重桁架或梁宜采用辐射形式布置,使平台的刚度好,作用在各顶升架上的荷载比较均匀。方形结构中,工作平台的承重结构可单向或双

向布置,单向布置时,承重梁间应设置水平支撑,两端的承重梁应设置垂直支撑,以加强平台结构的整体性和稳定性。

4. 模板的设计

包括模板尺寸的确定和模板的刚度。模板必须具有足够的刚度,才能保证浇筑混凝土和提升过程中在混凝土侧压力作用下不发生超过允许的变形值。一般条件下,模板在水平荷载作用下,其支点间在力作用方向的变形不超过1/1 000。作用在模板上的水平荷载主要是新浇筑混凝土的侧压力,此时,模板按简支板计算。因为滑模施工中,模板有一定倾斜度,出模混凝土具有0.05~0.25MPa的强度,所以模板底部的混凝土对模板已不存在侧压力。在侧压力作用的高度范围内,新浇混凝土的侧压力计算式为:

$$P = \gamma h/2 \tag{7-2}$$

式中:P——新浇混凝土侧压力的计算最大值,kPa;

γ——混凝土的重度,kN/m³;

h——侧压力的计算作用高度,$h = 0.65 \sim 0.70H$,H为模板高度。

侧压力的合力为$0.75Ph$,合力作用点距模板上口的距离在$3/5h$处。

5. 顶升架与工作平台的设计

顶升架的构造形式,主要是根据结构水平截面形状、部位和千斤顶的类型决定的。一般常采用一字型的单横梁或双横梁。顶升架承受提升时的全部垂直荷载,以及混凝土与模板的侧压力等水平荷载,其计算内容包括顶升架立柱间的净宽W和立柱设计。对于等截面结构的滑模工程,净宽W为:

$$W = A + 2(B + C + D) + E \tag{7-3}$$

式中:A——结构的截面宽度,m;

B——模板的厚度,m;

C——围堰的宽度,m;

D——支承围圈的支托宽度,m;

E——由于模板的倾斜度要求两侧放宽尺寸,m。

顶升架的横梁底面与模板顶板顶面间的距离,对于钢筋混凝土的结构取值0.45~0.50m,主要是为了满足绑扎水平钢筋和预埋件的要求。顶升架的立柱按拉弯构件计算。

工作平台的计算可视其具体受力情况,按常用的结构计算方法检验其强度。

此外,还有液压系统的设计。

四、滑模浇筑混凝土施工要点

1. 滑模组装

在墩位上就地进行组装时,安装步骤为:

(1)在基础顶面搭枕木垛,定出桥墩中心线;

(2)在枕木垛上先安装内钢环,并准确定位,再依次安装辐射梁、外钢环、立柱、顶杆、千斤顶、模板等;

(3)提升整个装置,撤去枕木垛,再将模板落下就位,随后安装余下的设施;内外吊架待模板滑升至一定高度,及时安装;模板安装前,表面需涂润滑剂,以减少滑升时摩阻力;组装完毕后,必须按设计要求及组装质量标准进行全面检查,并及时纠正偏差。

2. 灌注混凝土

滑模宜灌注低流动度或半干硬性混凝土,灌注时应分层、分段、对称地进行,分层厚度以 20～30cm 为宜,灌注后混凝土表面距模板上缘有不小于 10～15cm 的距离。混凝土入模时,要均匀分布,应采用插入式振动器捣固,振捣时应避免触及钢筋及模板,振动器插入下一层混凝土的深度不得超过 5cm;脱模时混凝土的强度应为 0.2～0.5MPa,以防在其自重压力下坍塌变形。为此,可根据气温、水泥强度经试验后掺入一定量的早强剂,以加速提升;脱模后 8h 左右开始养生,用吊在下吊架上的环绕墩身的带小孔的水管来进行。养生水管一般设在距模板下缘 1.8～2.0m 处效果较好。

3. 提升与收坡

整个桥墩灌注过程可分为初次滑升、正常滑升和最后滑升 3 个阶段。从开始灌注混凝土到模板首次试升为初次滑升阶段;初灌混凝土的高度一般为 60～70cm,分 3 次灌注,在底层混凝土强度达到 0.2～0.4MPa 时即可试升。将所有千斤顶同时缓缓起升 5cm,以观察底层混凝土的凝固情况。现场鉴定可用手指按刚脱模的混凝土表面,基本按不动,但留有指痕,砂浆不沾手,用指甲划过能留下痕迹,滑升时能耳闻“沙沙”的摩擦声,这些表明混凝土已具有 0.2～0.4MPa 的脱模强度,可以再缓慢提升 20cm 左右。初升后,经全面检查设备,即可进入正常滑升阶段。即每灌注一层混凝土,滑模提升一次,使每次灌注的厚度与每次提升的高度基本一致。在正常气温条件下,提升时间不宜超过 1h。最后滑升阶段是混凝土已经灌注到需要的高度,不再继续灌注,但滑模尚需继续滑升阶段。灌注完最后一层混凝土后,每隔 1～2h 提升模板 5～10cm,滑动 2～3 次后即可避免混凝土与模板黏结。滑升模板时应做到垂直、均衡一致,顶架间的高差不大于 20mm。顶架横梁水平高差不大于 15cm,并要求三班连续作业,不得随意停工。

随着模板的提升,应转动收坡丝杆,调整墩壁曲面的半径,使之符合设计要求的收坡坡度。

4. 接长顶杆、绑扎钢筋

模板每提升到一定高度时,就需要穿插进行接长顶杆、绑扎钢筋等的工作。为不影响提升的时间,钢筋的接头均应事先配好,并注意将接头错开。对预埋件及预埋的钢筋接头,滑模抽离后,要及时清理,使之外露。

5. 混凝土停工后的处理

在整个施工过程中,由于工序的改变,或发生意外事故,使混凝土的灌注工作停止较长时间,即需要进行停工处理。例如,每隔半小时左右稍微提升模板一次,以免黏结;停工时在混凝土表面要插入短钢筋等,以增强新老混凝土的结合;复工时还需将混凝土的表面凿毛,并用水冲走残渣,湿润混凝土的表面,灌注一层厚度为 2～3cm 的 1:1 水泥砂浆,然后再灌注原配合比的混凝土,继续滑模施工。

爬升模板施工与滑动模板施工相似,不同的是支架通过千斤顶支承在预埋墩壁中的预埋件上。待浇筑好的墩身混凝土达到一定强度后,将模板松开,千斤顶上顶,把支架连同模板升到新的位置,模板就位后,再继续浇筑墩身混凝土。如此反复循环,逐节爬升,每次升高约 2m。爬升模板的应用还不太普遍。

翻升模板施工是采用一种特殊钢模板,一般由三层模板组成一个基本单元,并配置有随模板升高的混凝土接料工作平台。当浇筑完上层模板的混凝土后,将最下层模板拆除翻上来拼装成第四层模板,以此类推,循环施工。

翻升模板也能够用于有坡度的桥墩施工。

第四节 墩台附属工程施工

一、锥坡施工

锥坡施工主要包括填土和砌筑。填土分层夯实达到最佳密度。若用砂砾石土夯填时要洒水;用块石铺填时层次要均匀密实,不能随意乱抛乱倾,填料一般以黏土为宜,填土高度按设计高程和坡度一次填足。砌筑片石的厚度不够时,可从上部挖去一部分,绝不允许在填土不足时,用临时填土或砌石补边等法处理,并且应留出坡面防护的位置,以便砌筑坡面。

锥坡坡面一般用片石或卵石,或混凝土预制块铺砌。砌石拉线时坡顶留出一定高度,待锥坡填土沉陷,顶高下降后仍能保持设计坡度。用片石或卵石砌筑护坡底层时,基础与坡脚的接触面应垂直,以防滑移。坡底层应用卵砾石或碎石做反滤层,防止锥坡土方被水冲流失,根据土质情况,应在坡面设置泻水孔。若坡脚有不良地基时,应彻底处理。坡与道路连接处要平顺并能避免坡体后面受冲刷或渗透而导致坡锥倒塌。坡锥脚还应根据水流、流冰、漂流物撞击等情况,决定埋置深度、砌筑加固方法等。

二、台后填土

填筑桥梁引道宜用砂性土或其他透水性好的土质,以利排水。若无法找到透水性土时,也可就地取土填筑,但一定要夯实,或用石灰土夯填并做好排水工作,以减少台后土压力和避免台前产生较大的动水压力。填土应分层夯实,每层松土厚 $20 \sim 30cm$,应夯 $2 \sim 3$ 遍。台背处打夯较困难时,可用木棍、拍板打紧捣实,与路堤搭接处应挖成台阶形。桥台被土掩部分的表面不应凹入和有积水,石砌圬工桥台台背与土接触面应涂抹两道热沥青或用石灰三合土,用水泥砂浆胶泥做不透水层作为台后防水处理。拱桥台后填筑必须与拱圈的施工程序密切配合,使拱推力与台后土侧压力保持一定平衡。台后泄水盲沟应以片石、卵石或碎石等透水材料砌筑,按坡度位置,沟底用黏土夯实,盲沟应从下游出口,高出水位 $0.2m$ 即可。无水干河,盲沟出口也应高出地面 $0.2m$。

三、其他导流工程

根据河流性质的特点、地形、地质、河滩水流情况、桥头引道、水利设施等因素综合考虑后,需在桥的上、下游修建一些调治构造物,如导流堤、丁坝、顺坝和护岸等,用以保证桥位附近水流畅通,以使河槽、河岸不发生严重变形。用土填筑修造这些调治构造物时,其顶端不得小于 $2m$,非淹没式调治物的顶面高程应高于设计洪水位至少 $25cm$ 以上。其边坡坡面在近水面不得陡于 $1:2$;背面不得陡于 $1:1.5$;坡面应根据水流流速、浪高和泛滥宽度铺砌。淹没式调治物的顶面高程,视地形和水流情况确定,一般应高于常水位。在单边河滩上,流量不超过水流总量的 15%,或双边河滩上,流量不超过水流总量的 25% 时,可不必设置导流堤。调治构造物大都用砖、石等圬工材料修筑。

本 章 小 结

一、模板类型与混凝土的施工

1．模板类型

（1）拼装式模板：是由各种尺寸的标准模板并利用销钉连接，与拉杆和加劲构件等组成墩台所需形状的模板，可适应于各种形式墩台需要。

（2）整体吊装模板：是将墩台模板水平分成若干段，每段模板组成一个整体，在地面拼装后吊装就位。

（3）滑升模板：有液压滑升模板和人工提升抽动模板。选用于较高的墩台和吊桥、斜拉桥的索塔施工，其构造为模板、围圈、支承杆、千斤顶、顶架、操作平台和吊架等。

（4）型钢模板。

2．墩台混凝土施工

（1）混凝土的运输分水平运输和垂直运输。

（2）混凝土的浇筑。为了防止墩台基础层混凝土的水分被基底吸干或基底水分掺入混凝土中，从而影响墩台混凝土质量，在施工中应注意：

①基底为非黏性土或干土时，应将其润湿。

②基底为过湿土时，应在基底设计高程下夯填 10～15cm 片石或碎石层。基底面为岩石时，先润湿，再铺 2～3cm 水泥砂浆，最后灌注墩台混凝土。

二、墩台施工

1．圬工墩台施工

（1）石砌墩台：墩台砌筑用挤浆法分段砌筑。轻型脚手架有适用于 6m 以下墩台的固定轻型脚手架；适用于 25m 以下墩台的简易活动脚手架；较高的墩台可用悬吊脚手架。

（2）混凝土墩台：混凝土墩台的施工与混凝土构件施工方法相似，当墩台高度小于 30m 时采用固定模板施工；当高度大于或等于 30m 时常用滑动模板施工。

墩台混凝土具有自身的特点，施工时应特别注意，其特点为：

墩台混凝土特别是实体墩台均为大体积混凝土，水泥应优先选用矿山渣水泥、火山灰水泥，采用普通水泥时强度等级不宜过高。

当墩台截面小于或等于 100m² 时应连续灌注混凝土，以保证混凝土的完整性；当墩台截面大于 100m² 时，允许适当分段浇筑，应遵循一定原则进行分段。

为了节省水泥，墩台大体积圬工中可采用片石混凝土。

（3）墩台帽施工：墩台混凝土浇筑至墩台帽底 30～50cm 时，即须测出墩台纵横中心轴线，并开始立墩台帽模板，安装锚栓孔或安装预埋支座垫板、绑扎钢筋等。

施工程序：墩台帽模板→支座垫板安设 →支座安设。

2. 装配式墩台施工

（1）砌块式墩台施工：施工大体上与石砌墩台相同，只是预制砌块的形式因墩台形状不同而有很多变化。

（2）柱式墩施工：装配式柱式墩系将桥墩分解成若干轻型部件，其形式有双柱式、排架式、板凳式和刚架式等。施工工序为预制构件、安装连接与混凝土填缝养护等。其中拼装接头是关键工序。

常用的拼装接头有泵插式接头、钢筋锚固接头、焊接接头、扣环式接头、法兰接头等几种。

复习与思考

1. 6m 以下的石砌墩台可采取何种方式施工？

2. 滑模施工工艺有哪些技术要点？

3. 模板、支架和拱架的设计原则是怎样的？

4. 拱架和支架的卸落程序是什么？

5. 桥梁墩台由哪几部分组成？

6. 桥墩常见的构造形式有几种？

7. 简述拱架和支架的稳定、坚固要求与防护措施。

8. 承重模板拱架及支架的拆卸应注意的事项有哪些？

第八章　桥梁主梁施工

本章知识点

1. 桥梁的施工方法分类,各种方法的适用条件、优点和缺点;
2. 各种支架的结构形式、施工要点;
3. 就地浇筑和预制混凝土的钢筋、模板、混凝土、预应力施工的方法、程序、要点;
4. 装配施工的施工方法、设备、措施的选择;
5. 各种桥梁的施工专用设备和措施(如挂篮、造桥机等)的结构、使用要求、作业程序;
6. 以就地浇筑和装配式施工为重点,对拱桥的各种施工方法和要点的掌握;
7. 斜拉桥和悬索桥的施工程序及关键环节的施工控制;
8. 各种施工方法的结构体系转换的时机、措施、要求;
9. 施工过程中的造价、进度、质量、安全控制;
10. 各种不同桥型的施工方法之间的相似点和区别。

第一节　梁桥就地浇筑施工方法、程序和施工要点

梁桥是一种在竖向荷载作用下无水平反力的结构,其就地浇筑施工,是一种古老的施工方法,具有简便可靠、适应性强的优点,适用于中、小跨度的简支梁或连续梁桥。梁桥就地浇筑(常称现浇)的施工方法主要体现在其支承形式的结构变化上,同时,对于简支梁桥和先简支后连续的梁桥,施工方法也有所不同。

一般说来,梁桥的就地浇筑程序如图8-1所示。

一、梁桥就地浇筑的支承系统施工

1. 满堂支架施工

满堂支架是梁桥就地浇筑的一种最传统的方法,从最早的"土牛"胎架,后来发展为木支架,直到现在最常用的钢管脚手架支架,又根据脚手架的连接方式分为扣件式脚手架和碗扣式脚手架两种。

1)适用条件

(1)陆地基础较好或经过处理后基础较好,基础受力较均匀。

(2)单跨地形起伏变化较小。

(3)支架高度不宜大于15~20m,否则失稳风险会增大。

(4)支架下无通行要求的桥梁跨线部分。

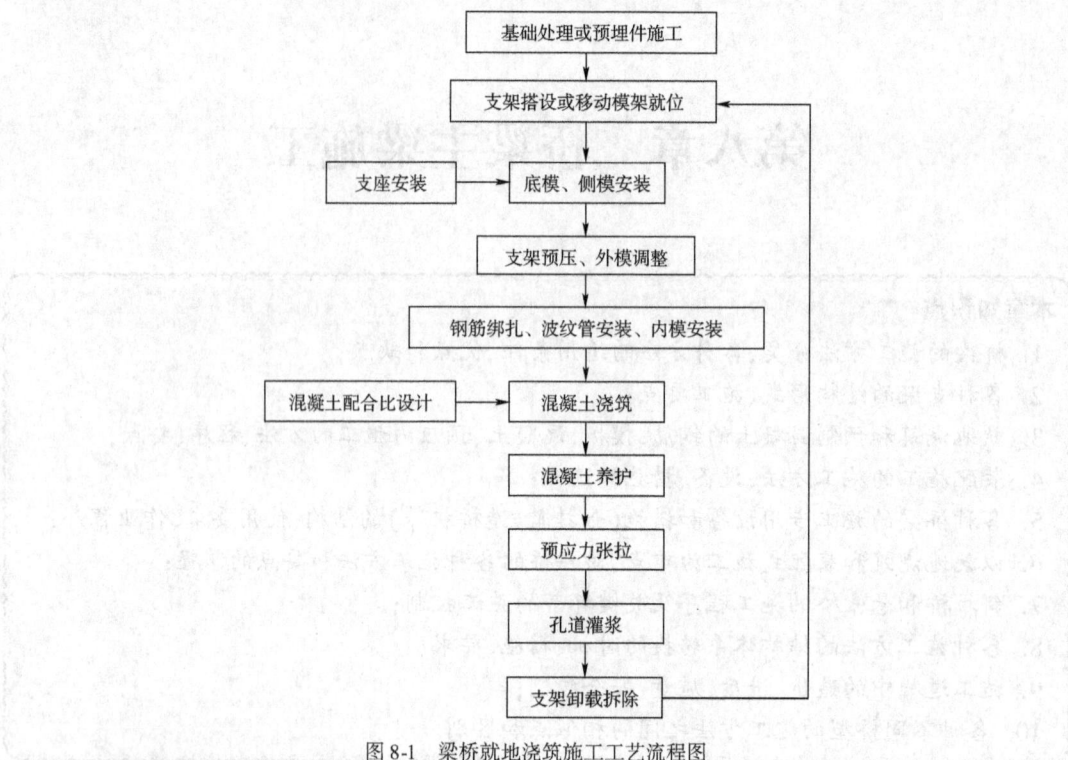

图 8-1　梁桥就地浇筑施工工艺流程图

(5)小半径弯桥和立交匝道。

2)工程实例

以苏通长江大桥引桥30m箱梁满堂支架为例，支架系统构造见图8-2。

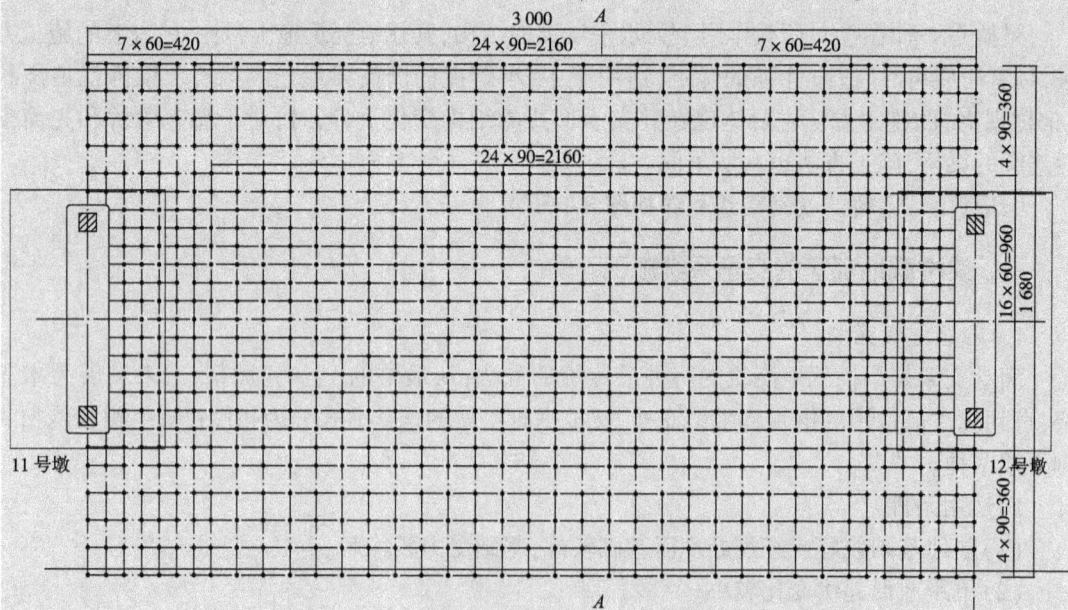

图 8-2a)　30m 箱梁满堂支架系统平面布置图(尺寸单位:mm)

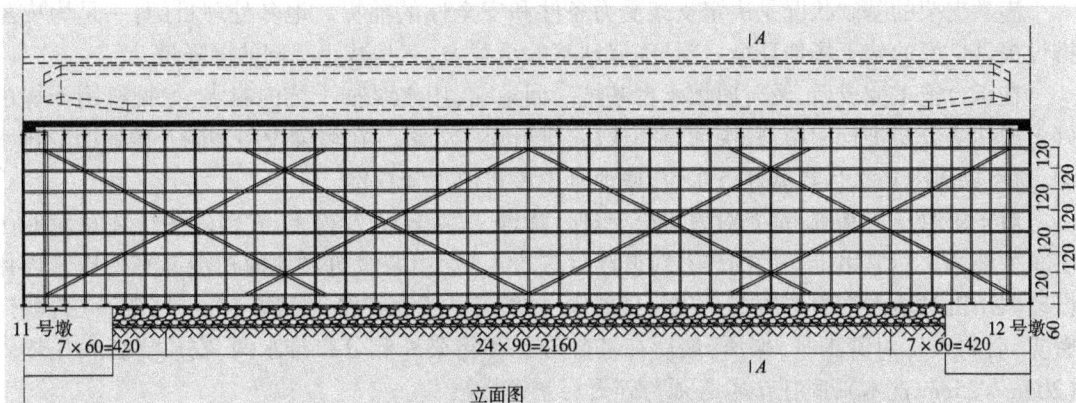

说明：1. 单位以cm计；
2. 剪刀撑采用普通的ϕ48mm脚手管，利用扣件进行连接；
3. 剪刀撑在横桥向和纵桥向都布置，布置间距为3.6m；
4. 剪刀撑尽量与立横杆交接点相重合；
5. 最上端和最下端尽量减小立杆的悬臂长度。

图8-2b) 30m箱梁满堂支架立面布置示意图(尺寸单位：cm)

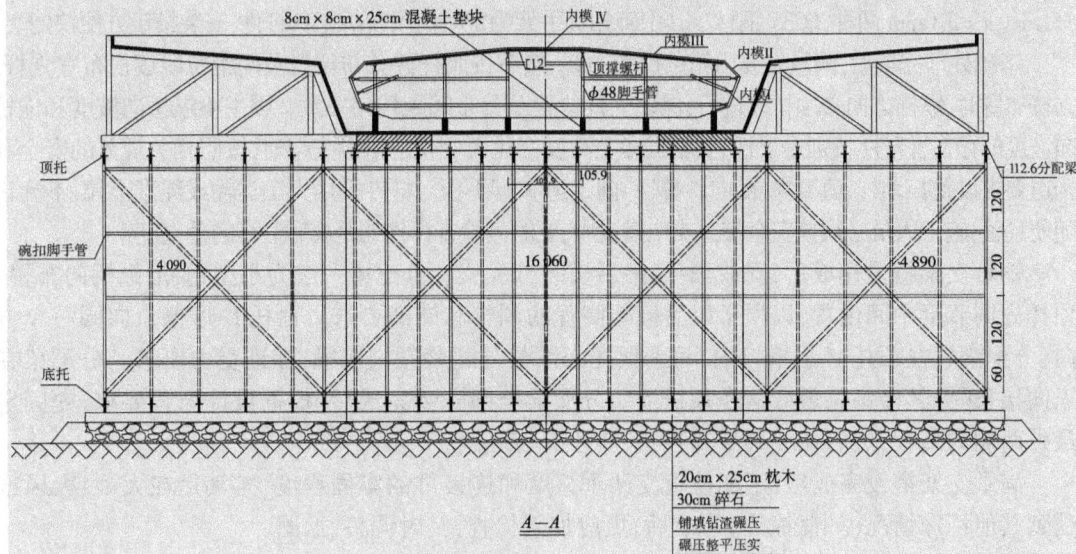

图8-2c) 30m箱梁满堂支架断面布置示意图(尺寸单位：cm)

连续箱梁支架系统由下而上依次为：支撑架基础、ϕ48mm碗扣脚手支架、顶托、分配梁和底模等组成。钢管采用ϕ48mm碗扣稳固脚手支架，支架立柱按90cm×60cm(腹板和底板)间距和90cm×90cm(翼缘板)间距进行布置，由于墩顶位置箱梁底腹板加厚(长3.1m)，荷载分布最大，钢管立柱按60cm×60cm间距进行布置。钢管支架设置纵横向横联，横联层距按120cm考虑，在横桥方向和纵桥方向支架之间设置斜杆支撑，斜联按360cm间距布置。每跨(30m)立杆纵桥向共布置39排，横桥向共布置25排。支架设置顶托和底托进行高程调节和卸荷，底托下采用25cm×20cm枕木支垫。

3)满堂支架施工

(1)基础处理

满堂支架的基础状况是决定支架受力条件和安全性的前提。地基处理目的:一是为支架搭设提供良好的施工场地环境;二是确保地基的承载力;三是减小基础的沉降量。

在承台施工完成后,及时回填承台基坑。回填前,用水泵抽干坑内集水,挖掘机用干燥的好土或钻渣分层进行回填,每层回填完成后,进行压实处理。在箱梁投影外侧开挖畅通的排水沟,避免场地内集水且降低地下水位,使地基土层自由沉降稳定。

对于松散土层基础,首先对表层松土进行清理,去除淤泥及松土,在清理中应注意对原土层减少破坏。然后用干燥后的碎石对低洼处进行回填,用装载机对地面初步铺平碾压。再用振动碾压机对地面来回碾压 3~4 次,使地基土密实。然后在其上铺填 30cm 厚碎石层,碾压密实,后用人工对其细平、碾压,最后在基础位置和箱梁外侧分布排水沟,安放立杆底托垫木(20cm × 25cm 枕木),底托垫木必须与碎石层紧密接触。

在岩石等坚实基础上搭设满堂支架,则只需将基础找平即可。若原基础地面存在高差,严禁处理后基础地面单向坡度过大,以防失稳,可考虑分台阶处理,以减少基础处理工作量。

(2)支架搭设

满堂支架一般用 HB 型碗扣脚手架或扣件式脚手架,其规格为外径 $\phi48mm$、$d = 3.5mm$ 以及 $\phi51mm$、$d = 3.0mm$ 两种,Q235 钢材。其中碗扣脚手架为定型定尺便拆工具杆件,安装搭设方便快捷。

基础处理完毕后,测量先放出箱梁投影边线,然后按照杆件分布位置及间距拉线逐根布置立杆。立杆布置时,纵横方向必须拉线进行,保证立杆位置及分布间距均匀一致。因主梁纵桥向坡度和横桥向坡度的存在,杆件(特别是顶杆)要根据净空高度变化而变化。搭设支架时,按照相关规范的安全和构造要求设置扫地杆、剪刀撑、横向斜撑、斜向走道和脚手板。杆件采用人工运输或绳索上拉,不允许随便乱丢,施工人员必须拴安全带。支架搭设中,要时刻检查杆件的距离和立杆的垂直度。

钢管支架搭设完成后,安放顶托,最后安装分配梁。分配梁一般为小型钢,沿纵桥向布置。顶托先调节至中间位置,以便于以后模板高程的调整和卸载要求。顶托 U 形槽口向同一个方向,分配梁放在顶托 U 形槽口内,每个顶托必须与分配梁完全接触,保证受力要求。分配梁在纵向接长时,其接头位置应落在顶托上。分配梁全部安装完成后,根据设计高程要求,先固定最外两侧的高程,然后拉线调平高程,最后才安装底模。

满堂支架搭设完成后,定期检查支架垂直度和连接件的牢固程度,尤其是在大雨、大风或受到其他特殊情况(如碰撞等)影响后,更应加强检查,及时调整、加固。

(3)满堂支架拆除

在混凝土浇筑并且预应力张拉、灌浆完成后,松开顶托,按照安装顺序的相反步骤拆除满堂支架。借用梁体泄水孔作为吊孔或单独设置吊孔,利用卷扬机辅以手拉葫芦依次下放模板、分配梁、钢管等。

支架拆除的施工重点是安全控制和对混凝土结构的成品保护。

2.少支架施工

梁桥就地浇筑的少支架是区别于满堂支架的另一种支架形式,也有的称作梁支柱式支架。这种支架以大型钢管或型钢、贝雷梁、万能杆件等作为立柱,以型钢、贝雷梁、万能杆件等为梁,具有适应性强、施工速度快、稳定性好等优点。

1)适用条件

(1)水上和陆地各种基础条件。

（2）地形起伏变化大。

（3）超过20m的高支架优势更明显。

（4）需要跨越河沟或道路。

2）工程实例

某大桥引桥50m连续箱梁少支架系统结构实例见图8-3。

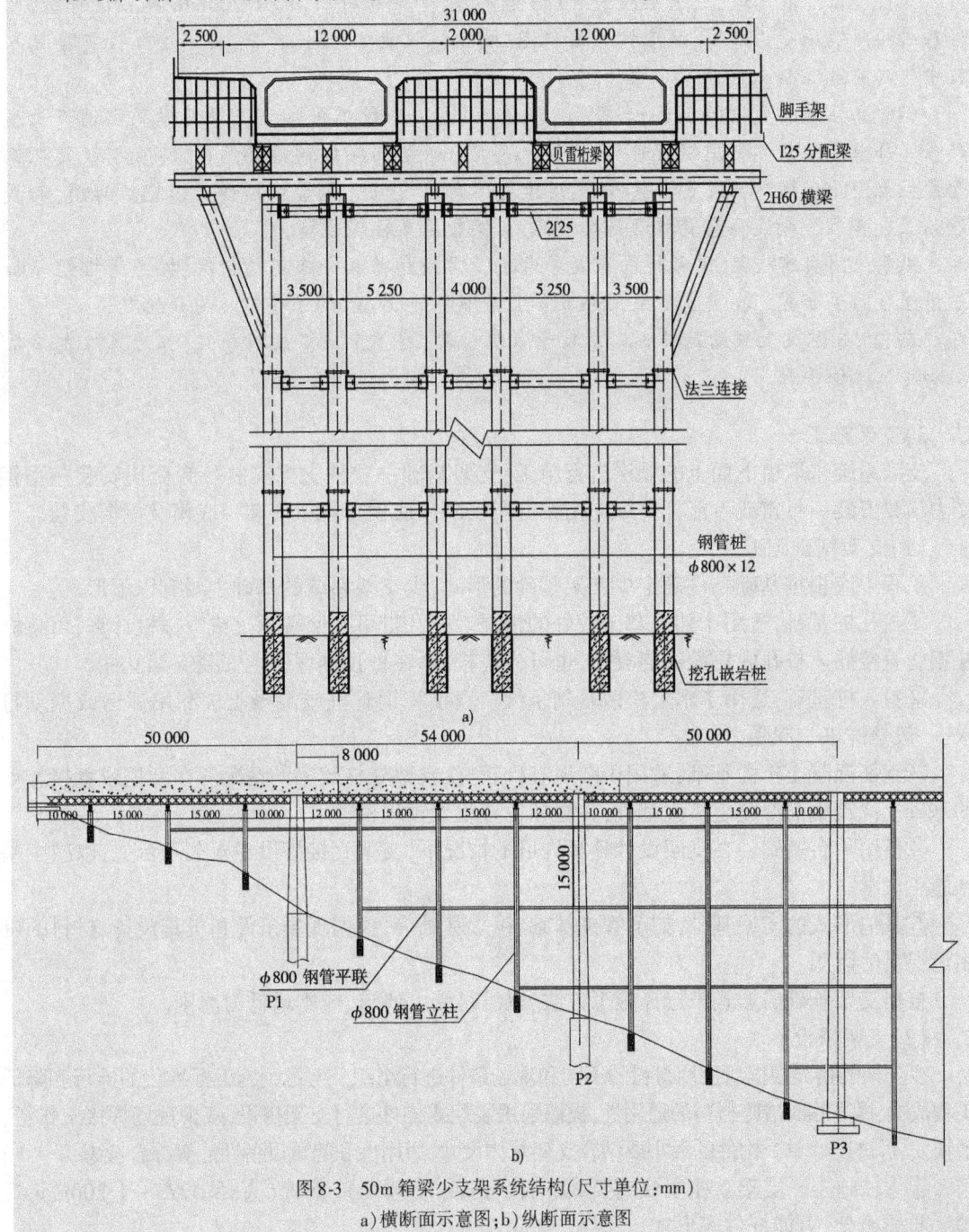

图8-3　50m箱梁少支架系统结构（尺寸单位：mm）

a）横断面示意图；b）纵断面示意图

连续箱梁支架系统由下而上依次为：支架基础、钢管立柱（包括平联）、横梁、卸载沙箱、贝雷桁架纵梁和分配梁、底模等组成。每跨箱梁沿桥梁纵向布置3排支撑钢管排架，每排支架设6根 $\phi800$mm钢管立柱。钢管之间采用 2[25 型钢作横联和斜联，采用 $\phi400$mm钢管作纵向平联。

该桥梁位于在山坡上，岩层较好，地形起伏大，支架基础采用 $\phi1\,200$mm挖孔桩作基础。桩基础按照端承受力计算，深度按倾覆稳定性控制，深度 $1\sim2$m不等，将钢管立柱直接插入孔中一起浇筑混凝土。

钢管立柱其长度按照5m一段配置，法兰连接，顶部设根据各施工段具体高程调节长度部分。每根立柱顶部利用钢板封头，横梁采用2H60型钢焊接钢箱梁结构，其直接放置在钢管立柱上，2H60横梁下设置卸荷砂箱，用于整体卸落支架。钢管桩顶部采用钢板封顶，卸载沙箱放置其上。横梁两悬臂端设斜撑牛腿，与钢管桩立柱焊连接。

纵梁采用贝雷桁架，其横桥向布置考虑了箱梁横向荷载分布不均情况，按照两排组合和三排组合间隔布置。在贝雷桁架顶部节点上横桥向铺设 I25 的工字钢作为分配梁。

在 I25 分配梁上铺设箱梁底模。对于翼缘位置，在 I25 上搭设脚手架，作为翼缘支撑系统和施工操作平台。

3）支架施工

支架系统采取由下而上的顺序进行施工：支架基础→立柱支撑安装→卸荷块安装→型钢受力横梁安装→贝雷或万能杆件纵向桁架分段安装→底模分配梁安装→底模及侧模安装。

（1）支架基础施工

工程中应根据基础条件确定少支架基础的形式，少支架系统的基础主要有以下形式：

①挖孔桩基础，适用于陆地基础较好的情况。挖孔桩可按照端承桩或摩擦桩计算，可将立柱钢管直接插入桩孔内再灌注混凝土，也可先浇桩，再在桩顶预埋件上安装支架立柱。

②打入桩基础，适用于水上松散基础条件。直接将钢管桩或混凝土桩利用锤击或振动打入，一般是群桩一起受力。

③钢筋混凝土扩大基础，适用于陆地基础较好、支架立柱较多的情况。在开挖或直接整平的基础上浇筑钢筋混凝土扩大基础，在立柱位置设置预埋件。

④借用承台基础。在支架设计计算许可的情况下，支架直接搭设在永久承台上，以减少基础施工成本。

⑤其他形式的支架基础，如沉管桩基础、筏形基础等，根据现场条件和机具设备、材料的可用情况灵活运用。

根据支架基础的形式来选择施工方法，以满足受力要求、成本最低为原则。

（2）支架搭设

少支架的搭设根据所使用材料的不同和现场条件进行组织。考虑到施工标准化的推行和降低工程成本、提高临时措施材料的通用性，提倡采用装配式构件进行支架搭设，减少现场焊接工作量，加快安、拆进度。单个构件的大小要结合支架总体尺寸、通用性和起重设备性能等综合考虑。

①立柱施工。支架立柱主要有型钢（工字钢或 H 型钢）、钢管（直径 $\phi273\sim1\,200$mm不等）、贝雷桁架、万能杆件等形式。

一般来讲,立柱与基础的连接方式有直接埋入、预埋件焊接、预埋件拴接三种形式,其中禁止在贝雷桁架、万能杆件上焊接作业。考虑到稳定性和应力集中,立柱与基础结合处需采取必要的加强措施,如放大脚、加小斜撑等。

立柱的施工主要是控制其垂直度和连接质量。钢管立柱施工时,采用法兰连接的螺栓应连接稳固、不松动,采用焊接接高时注意严格控制焊缝质量,并充分注意其垂直度和上下节的同心度,防止偏心受力。以贝雷桁架、万能杆件作为立柱时,立柱净距应符合模数,即贝雷桁架立柱净距应是 3m 的倍数、万能杆件立柱净距应是 2m 的倍数,同时要保证立柱轴线正好在纵梁桁架节点上。施工中靠每一根杆件(或桁架)和螺栓的连接质量来保证支架质量。

在立柱接长过程中,应逐层及时安装立柱纵横平联,平联最好用法兰螺栓连接,如确需焊接,也应采用"哈佛"结构等接头形式,保证焊接质量。

②支架上部结构施工。少支架的上部结构主要有横梁、纵梁、分配梁以及卸落装置、脚手架、安全设施等。为加快现场安装质量和速度,上部结构构件(如贝雷桁架等)应在现场附近预先拼装成需要安装的长度节段,同时单件重量不超过起重设备的能力范围。

支架上部各构件的安装主要是精度控制,保证立柱轴向受力,并注意各部分的整体性和稳定性,对于不能焊接的桁架结构,可采用设置挡块、U 形卡等形式固定。若在分配梁上搭设钢管脚手架,则应首先根据钢管立柱间距焊接短钢筋,再将钢管立柱套在钢筋上开始脚手架搭设,并按照相关要求设置斜撑、扫地杆、栏杆、走道等。

(3)少支架拆除

在混凝土浇筑并且预应力张拉、灌浆完成后,松开卸荷砂箱,按照安装顺序的相反步骤拆除少支架。借用梁体泄水孔作为吊孔或单独设置吊孔,利用卷扬机辅以手拉葫芦依次下放模板、分配梁、钢管等。如有可能,较矮处可用行走起重机配合拆除。

支架拆除的施工重点是安全控制和对混凝土结构的成品保护,同时也应注意对周转材料的保护,以利多次重复使用。

3. 悬空支架施工

上述的满堂支架和少支架施工均需支架基础落地受力。悬空支架是指利用永久墩柱作为承力基础、利用钢抱箍或牛腿等形式将梁体施工荷载传递给墩柱的现浇支架形式。悬空支架的关键就是与墩柱的连接方式,除常见的抱箍和牛腿结构外,还有在立柱上预留孔穿钢棒或预埋抗剪预埋件作为承力承托加钢大梁系等,具有经济、便捷的特点。

1)适用条件

(1)软基处理难度大、不适宜支架落地的情况。

(2)墩柱较高,支架计算受力满足要求。

(3)墩柱横梁、盖梁以及小跨度主梁。

(4)跨线高架桥。

2)工程实例

某工程 30m 箱梁悬空支架结构示意图见图 8-4。

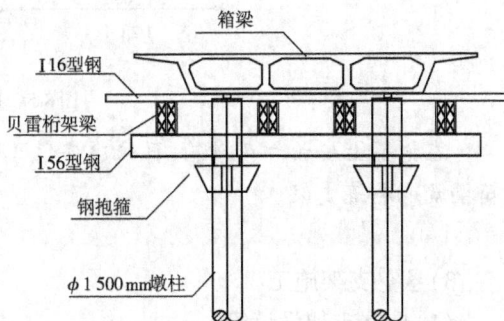

图 8-4 悬空支架结构示意图

根据墩柱的直径为 φ1 500mm,确定抱箍直径。根据受力要求,每个钢抱箍受力300t。抱箍为两个 δ=14mm 钢板加工而成的半圆形结构,通过两端的 10 对 φ32mm 精轧螺纹钢施加预应力连接。以精轧螺纹钢拉力(50t)转化成抱箍对墩柱的摩擦力,来承受竖向荷载。抱箍结构见图 8-5。

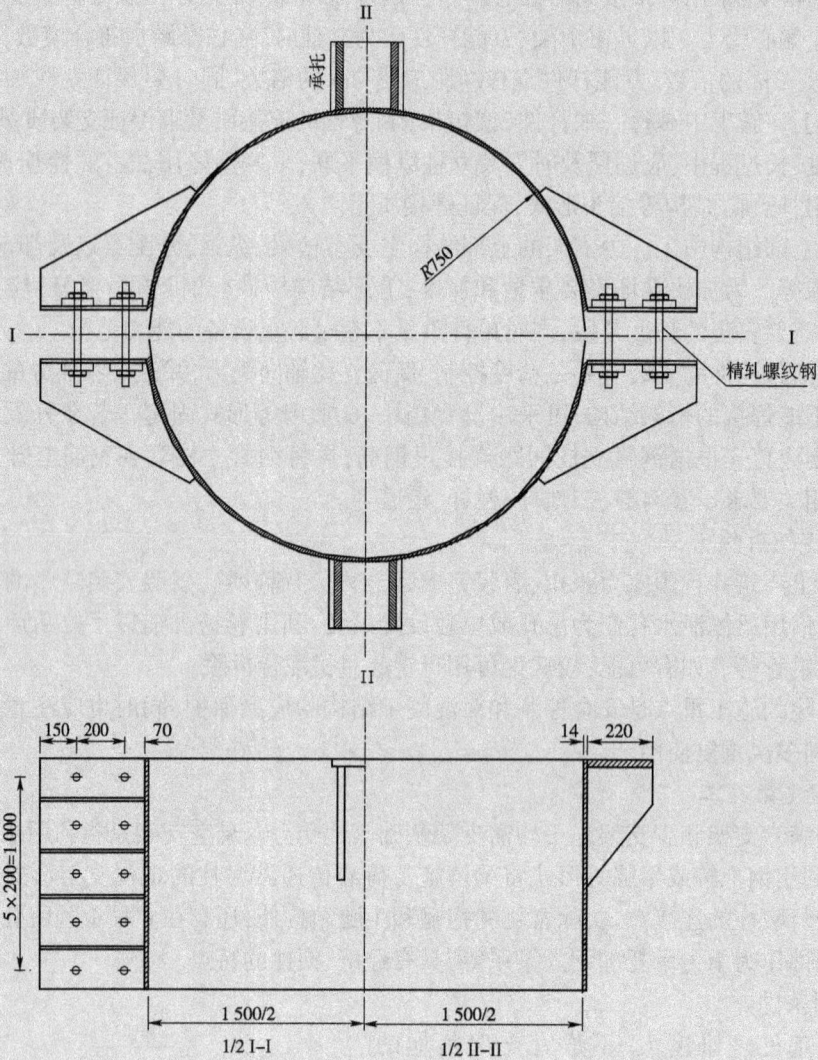

图 8-5 抱箍结构示意图

在抱箍上安放卸荷砂箱,再依次安装 156 横梁、贝雷桁架纵梁、116 分配梁等结构,形成箱梁就地浇筑支架。

3)悬空支架施工

(1)悬空支架设计简介

采用钢棒系或抗剪预埋件存在以下缺陷:一是预埋孔或预埋件需用材料不能周转使用;二

是预埋管(件)与钢筋发生位置冲突,对浇筑混凝土有影响;三是预留孔和预埋件影响立柱外观质量。因此,只有在抱箍施工困难(如矩形墩柱或薄壁墩等)情况下才采用钢棒系或抗剪预埋件承力,尤其是圆墩柱情况下,大多采用钢抱箍结构作为悬空支架的承力结构。

悬空支架的设计重点是进行钢抱箍的设计,其步骤为:确定钢抱箍的设计荷载→假定抱箍设计尺寸→确定抱箍对立柱的均布压力→确定环向及切向应力、验算抱箍尺寸→连接螺栓选型→支撑承托设计→焊缝设计→连接法兰设计。

上部结构的设计、构造与少支架施工基本相同。

(2)钢抱箍施工

悬空支架靠钢抱箍与立柱混凝土产生的摩擦力来承受其施工荷载,其安装的关键在于它有足够的抗下滑力,通过抱箍两端的连接法兰间的预拉力来控制。钢抱箍预拉力的实现一般有两种方法:高强连接螺栓或预应力精轧螺纹钢筋。高强连接螺栓通常采用扭矩法控制其轴向拉力,预应力精轧螺纹钢筋则通过千斤顶施加预应力来获得拉力。高强连接螺栓或预应力精轧螺纹钢筋施加拉力时,应分两次施工:先初(拧)拉固定,后终拧(张拉)至设计应力,以保证每一连接螺栓或钢筋均匀受力。

在施工前按照设计荷载1.4倍的质量来试验钢抱箍的抗滑力以及确定钢抱箍有多少下滑量,据此在安装抱箍时适当抬高抱箍高程。

(3)悬空支架上部结构施工

由于悬空支架仅在两墩柱位置抱箍支承受力,支架纵梁跨度大,一般跨中弯矩和变形为其控制要点,所以纵梁一般较大。采用多榀贝雷桁梁或万能杆件作纵梁时,应充分考虑起重设备的能力。

经过经济技术对比,可通过调整施工顺序来减少抱箍受力和减少纵梁数量。一种方法是纵向调整梁段施工顺序,如图8-6所示,在广东肇庆大桥的施工中,将主梁分段浇筑,先浇筑墩顶部分箱梁,再在已浇梁段上设置吊杆对纵梁加强,最后浇筑跨中部分的箱梁。另一种方法是在竖向调整箱梁浇筑次数,如先浇箱梁底板和腹板,后浇顶板和翼缘部分。

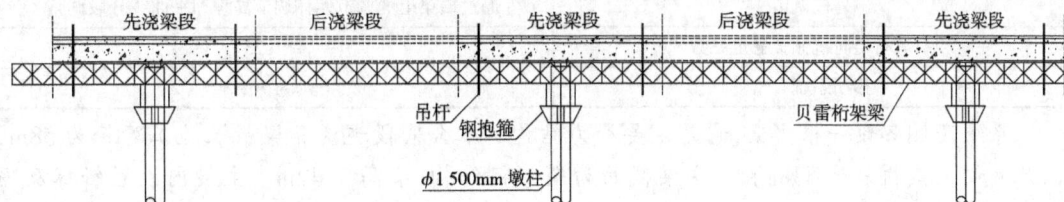

图8-6　悬空支架主梁分段浇筑示意图

(4)悬空支架拆除

在混凝土浇筑并且预应力张拉、灌浆完成后,松开卸荷砂箱,按照安装顺序的相反步骤拆除悬空支架。借用梁体泄水孔作为吊孔或单独设置吊孔,利用卷扬机辅以手拉葫芦依次下放模板、分配梁、钢管等。如有可能,较矮处可用行走起重机配合拆除。

支架拆除的施工重点是安全控制和对混凝土结构的成品保护,同时也应注意对周转材料的保护,以利多次重复使用。

需要指出的是,若在抱箍承托处设置滚轮支座,在浇筑前进方向布置牵引系统,使纵梁桁架在脱空后能向前移动,则可改造成简易的移动模架。

4. 移动模架施工

移动模架又称造桥机，是将整个支架系统按照梁桥的浇筑顺序依次推进的一种施工工艺，是梁桥就地浇筑施工的一种先进的技术。移动模架系统主要由主梁、鼻梁、横梁、托架、推进工作车、内外模板及辅助支撑等部分组成。

1) 适用条件

适应各种不同箱梁底宽、竖曲线及墩位布置，无需基础处理。

2) 工程实例

以适合跨径为 50m 箱梁浇筑的 MSS 下行式造桥机(移动模架)为例，其技术参数见表 8-1，构造见图 8-7。

50m MSS 下行式造桥机技术参数表   表 8-1

系统最小曲率半径	1 000m
施工状态下梁体最大挠度	≤跨径的 1/500
纵向顶推能力	40t×2 台
系统纵移速度	20m/h
系统适应桥梁最大纵坡	≤4%
系统横移速度	0.5m/min
系统适应桥梁最大横坡	≤4%
系统落模顶升能力	450t×450mm×14 台
适合施工桥宽	≤17m
单孔施工跨径	≤50m+8m(悬臂)
最大承重施工荷载	1 500t
施工时适合的桥墩高度	6.5～50m
外模分合	主梁带动外模升降和侧移
外模调节	通过横梁上的调节螺杆调节高程和平曲线分段调整
系统行走时抗倾覆稳定系数	≥1.25
移动系统自重	约为 763t

系统两侧各设一根主梁，它是主要承力结构。本合同段现浇箱梁最长施工跨径为 58m，因此两侧主梁拼装为 63m 长。主梁截面为箱形钢结构，梁高 3.42m。主梁内设置斜撑及隔板等，以提高主梁局部承载能力及抗扭刚度。同时在主梁内、系统顶升支点及横梁连接处作局部加强构造。主梁采取分段加工运输，在现场以高强螺栓连接成整体。

在主梁两侧腹板下方设有系统纵向滑移所必需的轨道，两端设置与鼻梁连接的铰支座。

鼻梁有前后梁，设置在主梁前后两端，在系统纵向滑移时，起导向及纵向平衡作用。为减少结构自身荷载，前鼻梁采用了三角形钢桁架结构，每根长 41m，主要在系统过跨及转运托架时起作用；后鼻梁也为三角形钢桁架结构，每根长 18m，在 MSS 过跨时起平衡作用。鼻梁分段运输、拼装，其与主梁或鼻梁之间均以铰接形式连接。鼻梁与主梁的连接铰为圆心作平面转动，以适应桥梁的平面曲线变化。前端鼻梁可绕鼻梁间连接铰作上下转动且前端下弦杆头部上弯，以适应桥梁坡度的变化和托架安装时的高程偏差。

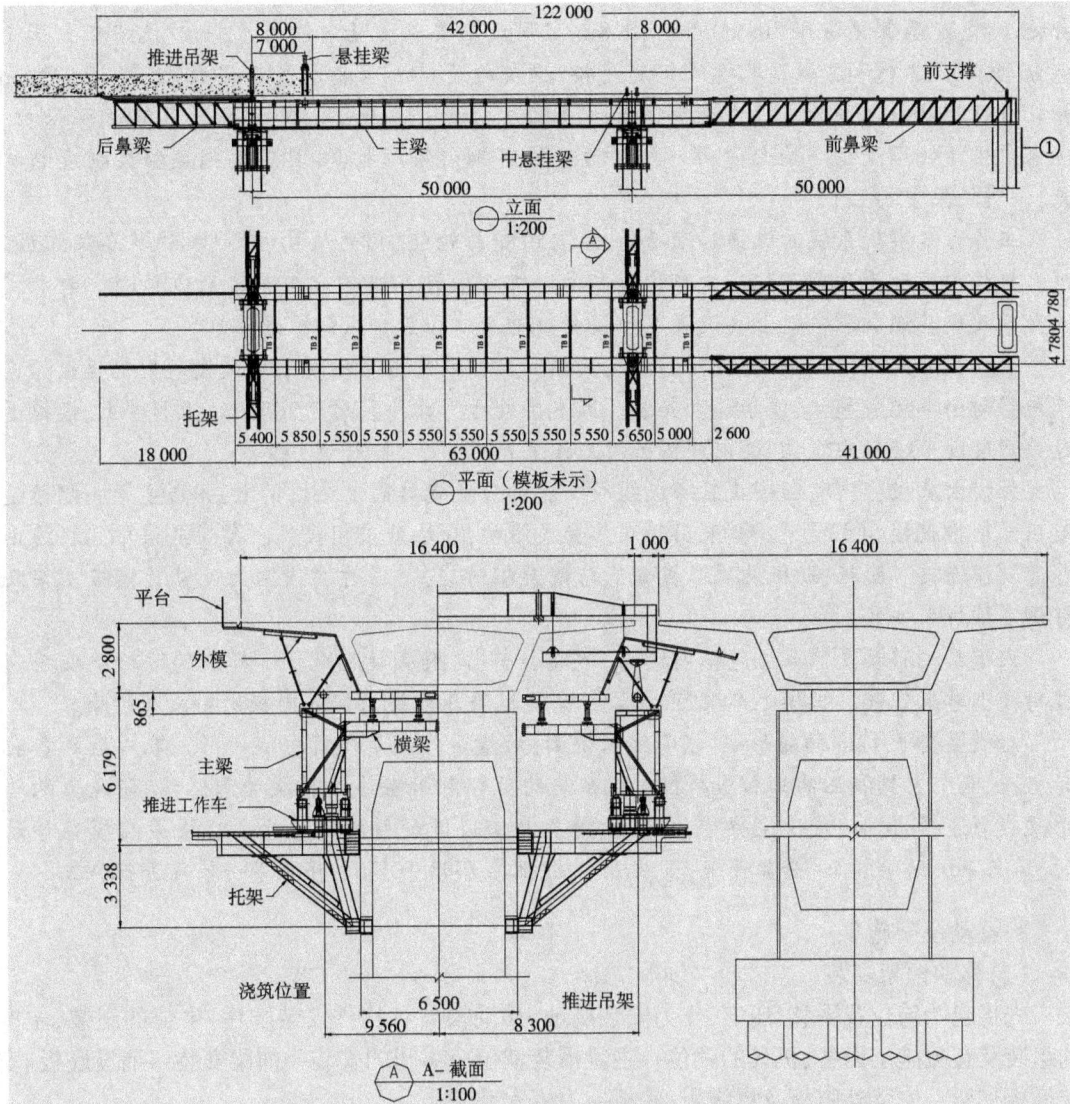

图 8-7 MSS 造桥机主体结构示意图(尺寸单位:mm)

横梁设置在两根主梁之间,根据墩顶间距调节的需要,纵向分布间距分别设置为 5.5m、5.85m 和 5.65m 的间距。横梁构造为型钢梁桁架形式,在单跨中轴线位置一分为二,两端分别与主梁采用高强螺栓连接。主梁间的连接设计为可分合形式,采用高强螺栓连接。横梁中间分合接头的连接板一边设置锥形导向销、一边开孔,依靠销孔间的导向作用,能在接合过程中保证连接孔位对齐。每根横梁上设置 4 个调节螺栓杆,其与底模相连接,便于底模高程及预拱度的调整。

系统在浇筑混凝土及移动施工时产生的荷载由托架支撑,托架附着在桥墩上,将托架所受垂直荷载通过墩身传递至桥墩承台、桩基受力。托架由一根水平钢梁及两根钢斜撑构成三角形架。水平钢梁顶部设有供推进工作车横移的轨道,托架下支点直接锚入墩身预留孔内(墩身施工时,在两侧预留 0.5m×0.5m×0.8m 空洞),主要承受竖向作用力;一对托架在上下支点分别采用 12 根和 2 根精轧螺纹钢筋连接,主要起连接和承受水平作用力,上部 12ϕ32mm 精轧螺纹钢筋每根预紧张拉力为 500kN,总计 12×500kN=6 000kN,利用千斤顶循环张拉,确保每根精轧螺纹钢筋均匀受力。托架为一固定钢桁架结构,其具有高强度和大刚度的特点,一对托架重约 28t。

工作台车实现系统的纵横移动功能,主要由支撑轮组、顶升机构、牵引机构及车架组成。顶升机构由顶升千斤顶及相应支座构成。牵引机构由设在工作台车车架两边的两个前卡式千斤顶及底座组成。牛腿上共设置 4 台横向推进油缸和 2 台纵向推进油缸。

底模板为大块的组拼式定型钢模板,侧模和内模采用分节段拼装的大块定型钢模板。内模与移动小车组成整体,便于移动安装。因本桥处于弯曲半径为 7 200m 的弧形段上,模板通过异形块段来进行曲线调节,内外模板对应设置横带,便于良好受力。

外模由底板、腹板、肋板及翼缘板组成。底板分块直接固定在横梁上,并与主梁一起通过液压缸顶推脱模和立模。外模采用两端悬臂式结构,分块处采用铰接。每对底板中间拼缝由普通螺栓连接。腹板、肋板及翼缘板分节与横梁相对应,并通过在横梁上设置的模板支架及可调支撑杆来安装。

内模系统移动支撑系统包括内模板、拆模小车、内模底梁及道轨。模板的运输及安装通过拆模小车来完成。拆模小车配有液压系统,通过液压系统来完成内模的安装及拆除。

后横梁全长 12m 的箱形梁,横跨施工桥面,后横梁作用是浇筑每联的第一孔以后的各孔时,通过两个自锁液压油缸和吊杆把支撑系统的后部悬吊在连续箱梁的悬臂端,使浇出的箱形梁线形连续,同时,减小主梁受力跨度,避免施工段间的横接缝错台。后横梁在模架移动时,其与系统解除约束,分离开来,下放千斤顶,落在移动小车上,移至下一节段进行施工。

3)移动模架施工

(1)移动模架安装

先将起始跨位置平整、压实,作为安装场地,移动模架各构件安装顺序:牛腿的组装、主梁的组装及有关施工设备、机具的就位→主梁吊装就位→牛腿的安装→横梁安装→铺设底板、安装模板支架→安装外腹板及翼缘板、底板→内模安装。

根据最大杆件质量选择合适的起重机械进行安装,安装中应将高强螺栓施工、精轧螺纹钢筋施工作为重点控制,确保移动模架整体结构安全。

移动模架在试压和调试、验收后,方可投入使用。

(2)移动模架施工程序

每一跨箱梁的施工均按照以下程序循环进行:

①在已浇梁段前方桥墩上安装一对托架及推进工作车,见图 8-8。

②在混凝土浇筑、养护、张拉完成后,主梁由前后托架上的顶升千斤顶下放,落在推进工作车上。

③解除横梁中间连接,必要时拆除已成梁段

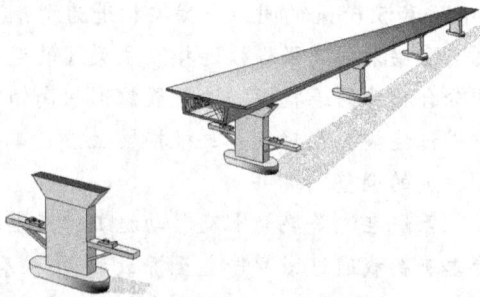

图 8-8 托架及推进工作车安装

内侧翼板模支撑,使翼板模折转。

④利用推进工作车,使系统分离并外移。

⑤拆除后端的托架顶升机构并移至前方托架推进工作车上,主梁纵向前移,见图8-9。

⑥主梁纵向滑移到位后,推进工作车向内侧移动,然后安装横梁,将主梁连接成整体,见图8-10。

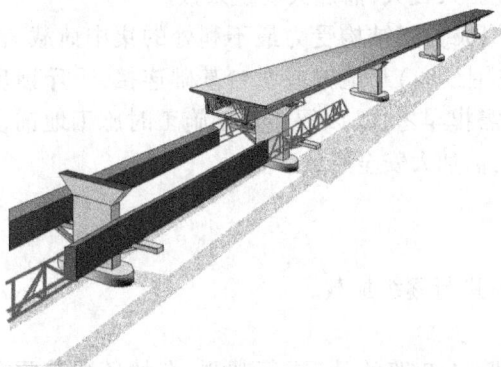

图8-9　主梁纵移

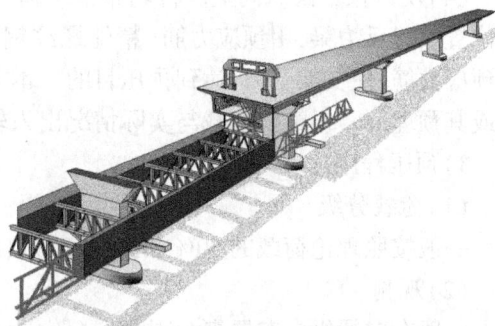

图8-10　横梁与吊架安装

⑦顶升千斤顶工作,顶升主梁至浇筑位置。

⑧用可调螺旋支撑调整模板,设置预拱度。

⑨安装内模,绑扎钢筋,浇筑混凝土。

(3)移动模架拆除

当最后一跨预应力施工完成后,移动模架系统可根据情况先倒退到墩高相对矮的地方进行拆除。拆除的顺序与安装相反,即先安后拆,后安先拆。箱梁外侧的主梁整体吊装至便桥或船上进行拆卸;两幅桥之间的主梁可通过在中央分隔带上设扁担梁,并用吊杆悬挂在空中拆卸或放置在船上进行拆卸。

5. 支承系统的预压

各种支架或移动模架在安装完成、铺设底模后,一般要求进行预压。在预压完成后再进行主梁的钢筋、模板、混凝土施工。

1)预压目的

(1)检查各支承系统在各种工况时的构件应力、应变实测值与理论值的差异。

(2)检验支架及基础是否满足受力要求,挠度变形是否在容许范围内。

(3)消除构件交接部位和卸落设备的间隙和非弹性变形。

(4)消除支架基础非弹性变形。

(5)实测支架各处挠度变形量,为设置施工预拱度提供依据。

2)预压方法

常用的支架预压方法主要有以下几种:

(1)堆载预压法。用沙袋、钢筋、型钢等材料模拟施工荷载的分布和大小,施加在支架上进行预压。本方法就地取材,但施工加载、卸载速度慢,易导致荷载分布不均。

(2)水袋预压法。利用胶皮制作的水袋模拟施工荷载的分布和大小,施加在支架上进行预压。水袋的大小和布置根据荷载分布情况而定,先将空水袋在支架上摆放好,后根据荷载要求通水加载,卸载时只需放水即可。本方法加载、卸载速度快,支架受力均匀,但水袋层叠不宜超过3层,且应充分注意加、泄水时对支架基础不利的影响,做好排水疏导。

(3)吊架(箱)预压法。将均布梁体荷载模拟成支架结构受力最不利处的集中荷载,在该位置设置反力吊架(箱),在吊架内堆载或在吊箱内注水达到支架预压的目的。本方法对于支架高度较大时使用较简便,但模拟荷载与实际情况出入较大,需加大安全系数。

(4)反力预压法。同上法将均布梁体荷载模拟成支架结构受力最不利处的集中荷载,在该位置设置反力梁,用预应力筋(精轧螺纹钢筋或钢绞线)与地锚或墩台基础连接,千斤顶反拉预应力筋,使支架受力,达到预压目的。本方法需提早考虑,以便在基础施工时施工地锚设施或其预埋件。但模拟荷载与实际情况出入较大,需加大安全系数。

3)预压程序

(1)荷载分级

一般按照理论荷载的50%、80%、100%、120%进行逐级加载。

(2)观测

一般在主梁纵向布置多个观测点(跨中、1/4跨、1/8跨等处)进行观测,有的还视需要在关键构件的关键点上安装应力、应变计。

预压施工时采用分级加载,加载至50%、120%后停止加载,进行12h的支架沉降、变位连续观测,在各分级荷载施加、观测完成且无异常情况方可进行下一级荷载的施加。全部加载完成后以12h为一个观测单位进行连续观测,若连续2d观测支架沉降、变位均小于1mm则可认为地基沉降基本稳定,此时可以卸载。卸载以后,测量,再次对测点进行观测。

预压结束以后,及时整理预压中的原始数据,计算出支架弹性变形量和非弹性变形量,绘制沉降量与时间(t-e)关系曲线图,为立模预拱度提供数据。并根据预压结果及时对底模高程进行调整,进行箱梁钢筋及混凝土施工。在箱梁混凝土施工时,对预压观测点要继续进行观测。

二、梁桥就地浇筑的模板施工

梁桥就地浇筑的模板主要由底模、侧模和内模三部分组成,模板安装顺序:底模→侧模→内模。模板的拆除顺序则相反,按照先安后拆、后安先拆的原则进行。

1. 模板结构

就地浇筑的模板主要有两大类:钢模板和竹(木)模板。

钢模板一般在墩身模板时一并考虑,可周转施工。钢模板的结构一般由面板、角钢或槽钢肋、槽钢背带等组成,按照施工受力情况并结合支架结构进行设计计算。钢模板主要是控制分块大小,既保证方便拆卸,又可最大限度减少加工材料的损耗。

竹(木)模板是指以竹胶板、木板为面板的模板,例如,国产竹胶板($\delta = 10 \sim 20$mm)或进口芬兰WISA面板等。可用木工字梁进行背带,也可用钢支架定型木模板。

模板的结构形式可综合经济、技术、质量要求进行选择,也可组合使用,例如大面积用钢模板,边角异型处用小块竹(木)模板,通用性和特殊性均得到照顾,是比较合理的选择。

模板安装时各单元间用螺栓连成整体,并结合支承系统的安、拆或移动条件进行优化,以策安全,加快施工进度。

2. 工程实例

以苏通大桥引桥50m箱梁模板为例,箱梁模板的结构及安装示意见图8-11、图8-12。

该工程引桥50m箱梁采用移动模架施工,将模板纵、横移动系统结合起来,翼缘底模和侧模连成整体,可横向移动脱空后与底模一起纵移,内模也设置纵移轨道和台车。

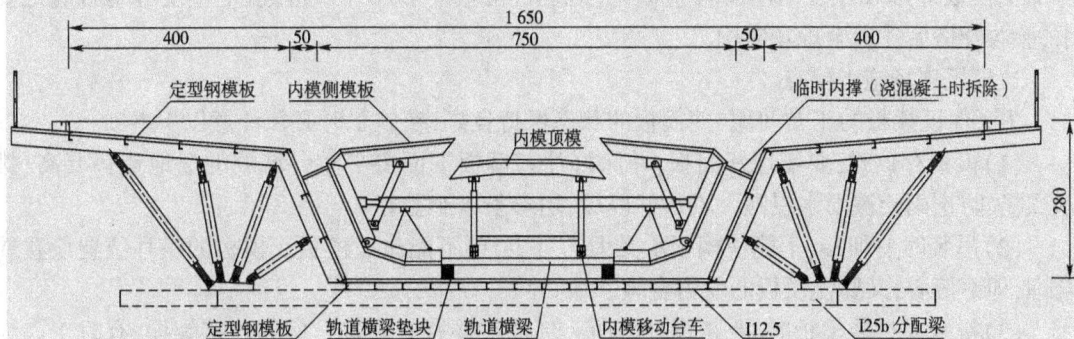

图8-11　箱梁模板结构示意图(尺寸单位:cm)

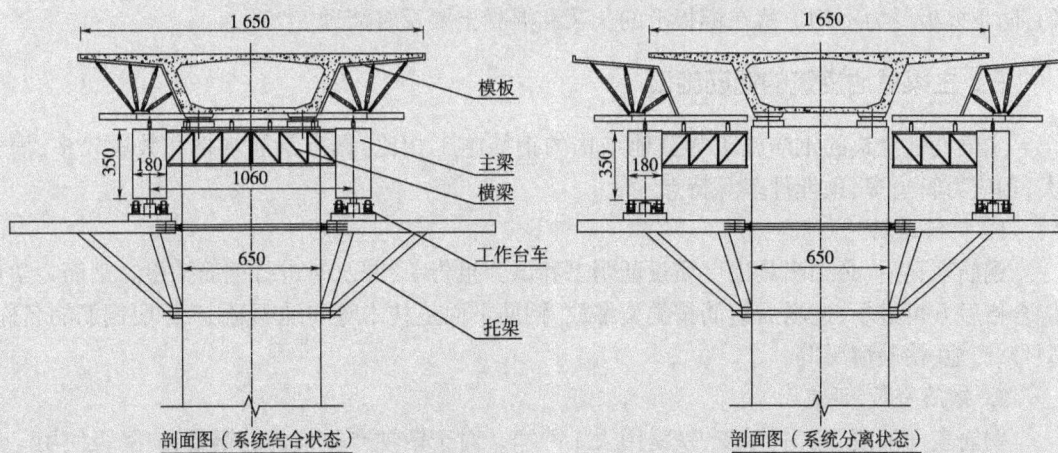

图8-12　箱梁模板安装示意图(尺寸单位:cm)

3. 模板施工

1) 模板加工

模板的加工主要是对尺寸精度和面板平整度进行控制,且确保各部分连接质量。

梁体模板一般在专业加工厂进行加工,加工时应制作专门胎架,对标准模板进行放样,确保加工模板外形尺寸。出厂前对模板进行组拼,检查外形尺寸及拼缝、平整度等是否满足要求,验收合格后才运至现场应用。

2) 模板现场施工要点

为了保证模板的正常使用,使模板的状态保持良好,在施工时必须注意以下事项:

(1) 模板存放时,要清理好面板,并涂好油。模板下面要平整。堆放的场地地势要高、排水顺畅,防止雨天被雨水浸泡。堆放好以后,用彩条布遮盖好。

(2) 吊装时要细心,不能使模板承受大的弯矩,更不能碰撞模板。模板的吊耳位置设置要合理,即不偏心,又要使模板的受力合理。

(3) 拼装。拼装模板时,要将设计的所有部件连接并紧固好。例如连接螺栓,有时工人为了安装拆卸省事,而省掉一部分,这样很容易导致模板变形,在施工中是绝对不允许的。

(4) 调整。模板安装完毕,不能将所有紧固件紧固。等按照测量点调整好以后才能紧固。调整模板时,不能采用硬撬、葫芦拉、大锤击、气割电焊等方式。当模板偏位时,首先要分析原因,对症施药,避免用生硬的办法调整。

(5) 拆卸。根据混凝土强度控制拆模时间。拆卸模板时同样要注意避免生拉硬撬的办法,起吊时要注意不要让板面擦刮硬物。

(6) 模板使用后表面的处理。使用过的模板要重新清理。清理时使用电动钢丝轮将面板上黏结的灰浆磨掉。然后,利用棉纱将面板清理干净。清理彻底后,涂脱模剂,涂完后,还要用棉纱将面板轻轻地擦拭一次,使涂层厚度薄而均匀。脱模剂现常用45号耐磨液压油或专用模板漆。

(7) 模板拼缝漏浆问题的解决。当前,模板拼缝采用双面不干胶泡沫橡胶条,效果较好。

(8) 浇筑混凝土时对模板的保护。浇筑混凝土时,注意振动棒不能接触面板。布料要均匀,防止模板受力不均。落在模板上的灰浆和混凝土要及时清理。

三、主梁就地浇筑的钢筋施工

主梁就地浇筑的钢筋施工与其他结构的钢筋施工相比,具有钢筋规格和数量较多、面积大、预应力管道多、预埋件多等特点。

1. 钢筋进场

钢筋来料后,必须出具出厂质量证明书和试验报告单,并及时进行钢筋抽检。钢筋力学性能合格后方可进场,进场后钢筋按类型堆放,钢筋下面垫枕木等与地面悬空,标明钢筋的名称、型号、产地、检验情况等。

2. 钢筋去污、调直

钢筋表面油渍、漆污、浮皮、铁锈用人工除净。对于锈蚀严重损伤的钢筋,应降级使用。

对于粗钢筋局部弯折可用自行加工的"F"形矫正工具矫正,对于细钢筋或弯曲的粗钢筋可用卷扬机进行调直。

3. 钢筋下料成型

根据箱梁钢筋设计图,箱梁钢筋在钢筋加工房用钢筋加工机械加工成型。加工钢筋的允许偏差符合规范要求。

4. 钢筋接长

根据下料实际情况,可以将短节钢筋接长使用。对于钢筋直径大于 10mm、小于 25mm 的钢筋一般采用闪光对焊接长,也可采用搭接焊、坡口焊形式进行接长。钢筋直螺纹连接技术是近年发展较快的一种钢筋接长工艺,推广较快。钢筋接头按照要求进行抽检,检验合格后才能使用。

5. 成型钢筋堆放

钢筋加工完成后,按照设计图纸的尺寸和规格堆放钢筋,钢筋下面垫设枕木、上盖彩条布,设置标志牌,标明钢筋尺寸、用处及数量,避免出现钢筋错用。

6. 钢筋运输

加工好的钢筋用吊车分类吊放入运输车,运输到施工现场。在现场临时堆放要求同上。

7. 钢筋绑扎

主梁钢筋的绑扎注意处理好与预应力、预埋件、模板对拉杆等的先后顺序和空间关系,防止返工或造成不必要的施工困难。若普通钢筋与预应力筋位置冲突,应适当调整普通钢筋位置,保证预应力筋位置准确。

箱梁钢筋绑扎的顺序为:底板钢筋绑扎、预应力管道安装→腹板及横隔梁钢筋绑扎、预应力管道安装→顶板(含翼板)钢筋绑扎、预应力管道安装。需要指出的是,如果在运输、吊装条件许可的情况下,可先在桥下将部分钢筋对接或拼成网片单元,以减少桥上工作量,加快施工进度。

钢筋骨架保护层垫块采用预制混凝土垫块或塑料垫快,其厚度及强度按设计要求确定。安装时,垫块按梅花形布置,间距约 1m,底板和顶板适当加密;垫块的固定要牢固。垫块表面应洁净,颜色应与结构混凝土外表一致。

钢筋绑扎完成,需按照规范和设计要求验收后方可进行下道工序施工。

8. 预埋件安装

主梁钢筋施工时必须注意护栏、伸缩缝、支座、泄水管、通信电缆、防雷接地等预埋件的预埋,并确保位置准确、固定稳妥。

四、主梁就地浇筑的混凝土施工

主梁就地浇筑混凝土施工具有方量大、面积大、强度高、分层布料要求严、外观要求高的特点,一般采用泵送施工工艺。

1. 混凝土配合比的要求

主梁混凝土配合比设计时一般应考虑如下因素:

(1)应优先考虑低水化热水泥,如矿渣水泥。采用与墩柱同厂家、同品牌水泥,使混凝土外观颜色一致。

(2)粗集料:含泥量、粉屑、有机物质和其他有害物质不得超过设计规定的数值,集料应具有良好的级配,以达到水泥用量低、混凝土强度稳定、和易性好的目标。同时,粗集料的最大粒径还应满足规范对于钢筋净距、泵送要求的最小值。

（3）细集料：细集料是混凝土中影响敏感的原材料之一，直接影响着混凝土的和易性和强度。如细集料偏粗，则和易性差，泌水性大；如偏细，比表面积大。细集料的选用根据试配试验决定。

（4）夏季、冬季施工时，分别采用砂石料降温、热水拌和等措施控制混凝土的出仓温度，同时对混凝土运输车和泵管分别采取降温和保温措施，减少混凝土水分和坍落度的损失。

（5）双掺技术：在混凝土中加入外加剂和粉煤灰，一般采用缓凝早强外加剂满足混凝土的施工性能要求，以粉煤灰（有时也用矿粉）替代部分水泥，可降低水化热、增加混凝土的和易性。

（6）主梁就地浇筑混凝土的一般要求为：

①混凝土缓凝时间。按照混凝土运输、浇筑条件和工艺以及单次混凝土浇筑最大方量等确定。

②坍落度。依钢筋的疏密程度、泵送距离和设备性能等的差异来确定混凝土坍落度，在满足施工要求的情况下不宜过大，以减少模板系统的压力和减少混凝土的收缩和徐变。一般控制在 14～18cm 为宜。

③7d 强度应达到设计强度 90% 以上，以便及时张拉、拆模、拆除支架，加快施工进度。

2. 主梁混凝土就地浇筑

主梁混凝土由拌和站集中拌制，混凝土泵布料、浇筑。在路上距离较远时，需经混凝土罐车运输至浇筑现场，再泵送施工。水上主梁就地浇筑时，可直接将水上拌和站移位至需浇筑跨进行混凝土浇筑。

混凝土浇筑前，对支承系统、模板、钢筋、波纹管及其他预埋件进行认真检查。混凝土浇筑过程中，必须对支架系统全过程监控，发现问题及时处理，并为后续施工提供参考。

主梁混凝土可一次浇筑完成，浇筑顺序为：纵桥向由每跨跨中向两端浇筑，避免跨中挠度变形在接缝处出现裂纹；横桥向混凝土浇筑顺序：底板→腹板、横梁→顶板（含翼板）。也可水平分两次浇筑：第一次浇筑底板和腹板（含横梁），凿毛；第二次浇筑顶板（含翼板）。

浇筑底板混凝土时，在顶板底模上沿纵桥向按一定的距离（约 5m）预留混凝土下料口，当底板浇筑完毕，及时补上下料口处的模板，并加固加撑。人从预留施工人孔穿到箱室内进行底板混凝土振捣收平，室内如有多余混凝土，要及时进行清除。

腹板混凝土采取分层浇筑，分层厚度为 30～50cm，并注意及时覆盖，以免造成混凝土浇筑冷缝。注意根部放大脚处的混凝土振捣，防止欠振或漏振，但也不能振捣过度而导致压模板上浮，或混凝土翻出压模板，在底板堆积。

当浇筑顶板混凝土时，要严格控制主梁顶面高程，一般主梁顶有较薄的防水混凝土层或其他调平层，高程严格控制在规范和设计范围以内，以满足桥面铺装层厚度要求。主梁顶表面的混凝土应压实抹平，并在其初凝前作拉毛处理，以便与上层调平层良好连接。

混凝土振捣一般采用插入式振捣器进行振捣。振捣时，应避免振捣器碰撞模板、钢筋、波纹管及其他预埋件。混凝土振捣应密实，不漏振、欠振或过振。

3. 混凝土养护

混凝土浇筑完初凝后，及时进行养护。养护方法要适应施工季节的变化，一般情况下采用覆盖洒水养护,使混凝土表面的潮湿状态保持在 5 ~ 7d 以上。冬期施工气温较低时,混凝土表面进行覆盖保温保湿养护,必要时采取加热升温的方法。

4. 施工缝处理

主梁采用分段逐跨浇筑施工工艺,为了保证施工接缝处连接良好,在分段处端模拆除后,对端面混凝土进行人工凿毛,确保80%的粗集料露出表面,满足要求后用高压水冲洗干净,在下段混凝土浇筑时,可以在端头接缝混凝土表面刷一层水泥净浆。

若水平分层浇筑,在第一次混凝土达到规范规定强度后,及时进行水冲洗凿毛或人工、风动机凿毛,要求相同,并在下次混凝土时在施工缝位置铺一层 10 ~ 20mm 的 1:2 的水泥砂浆。

5. 混凝土施工中的其他注意事项

(1)在施工过程中,尽量优化方案,严格控制施工荷载,防止局部施工荷载超标造成支架安全性降低。

(2)主梁混凝土浇筑过程中,严格按照浇筑顺序进行,对称均匀施工,防止支架及模板局部受力过大而不安全。

(3)混凝土浇筑过程中,要派专人检查模板及支架安全情况,测量人员对支架及地基的沉降及变形进行监测。

(4)雨季施工时,做好支架基础处的排水设施,特别加强混凝土施工时的监测力度,确保支架的安全。

(5)在预应力锚板位置处钢筋密集,要加强混凝土振捣,使混凝土密实,确保预应力张拉安全。

五、主梁就地浇筑的预应力施工

1. 预应力施工程序

主梁预应力采用后张法施工工艺,预应力筋一般以钢绞线为主,布置在底板纵向和顶板纵向、横向。主梁预应力施工顺序为:波纹管及锚垫板安装、固定(与钢筋绑扎同时进行)→混凝土浇筑→锚具安装、千斤顶安装→预应力束张拉→孔道压浆→封锚。对于预应力筋管道曲率半径较小、浇筑混凝土后穿束困难或预应力束需接长的情况,可采取先穿法工艺,即在混凝土浇筑前穿好钢绞线束。

预应力张拉顺序按照设计要求确定,一般为先纵向后横向,对称施加预应力。

2. 波纹管的卷制安装

主梁预应力孔道采用金属波纹管或塑料波纹管成孔。金属波纹管采用专用卷制机将钢带卷制而成,用量大时可现场加工,随卷随用。塑料波纹管为近年逐步推广使用,具有强度大、刚度好,不易变形的优点,但价格较贵。波纹管卷制成型后,应取样进行径向刚度、抗渗漏试验,合格后方可使用。波纹管采取分段下料、现场安装接长。接长采用大一号的波纹管套接,各接头处使用防水胶布缠裹严密,以防漏浆。

波纹管按设计给定的曲线要素安设,位置要准确,采用"井"字形架立钢筋固定预应力钢束。用于纵向预应力钢绞线定位的"井"字形架立钢筋,在直线段一般按100cm 间距设置,曲线段加密按50cm 的间距设置;用于横向预应力钢绞线定位的架立钢筋,一般按100cm 间距设置。波纹管安装过程中,当受到普通钢筋的影响时,适当调整普通钢筋的位置。

若采取普通压浆工艺,每根波纹管按要求设置排气管,排气管采用 $\phi20mm$ 的黑胶管或钢丝软管。安装好的排气管根据波纹管进行编号,并从主梁的顶板、底板及腹板引出。

安装好的波纹管要注意保护,在钢筋绑扎、混凝土浇筑过程中,不得踏压波纹管;不得在没有防护的情况下在波纹管的上方或附近进行电焊或气割作业。

混凝土浇筑前,进行隐蔽工程验收。仔细检查波纹管的位置、数量、接头质量及固定情况;检查直管是否顺直,弯管是否顺畅;检查波纹管是否被破坏,发现问题及时处理。

3. 锚垫板安装

锚垫板进场时,应按要求进行检查验收,抽检试验合格后才能使用。

锚垫板安装位置要准确,安装与孔道垂直。定位完成后,及时固定。安装好的锚垫板尾部与波纹管套接,波纹管套入锚垫板的深度不小于10cm。其接缝填塞严密,并用防水胶布缠裹。锚垫板口及预留孔内用棉纱或其他材料填塞,并用防水胶布封闭。

4. 钢绞线下料、安装及接长

钢绞线进场后,按规范要求进行验收,对其强度、延伸量、弹性模量及外形尺寸进行检查、测试,合格后才能使用。

钢绞线按设计要求的长度(根据施工实际要求来确定张拉工作长度)进行下料,砂轮切割机切割。下好料的钢绞线堆放整齐,并采取防雨、防潮措施,存放时间不宜过长。

在钢绞线端头套上“子弹头”,用人工穿入管道内。用于接长的钢绞线一端要先挤压锁头器(P锚),在每联的第二跨开始用连接器接长。顶板横向预应力钢束一般为单端张拉,不张拉的一端须轧花(H锚)。

5. 锚具及千斤顶准备

锚板、夹片在使用前必须通过检查验收,合格后分类保存;千斤顶和油压表应配套使用,千斤顶与配套油表按照规范频率(6个月或200次)要求,及时进行标定。预应力束一般采用穿心式千斤顶张拉,张拉最大拉力不得超过千斤顶吨位的80%。

预应力锚具及千斤顶安装时,先清理锚垫板及钢绞线,然后分别安装锚板、夹片、限位板、千斤顶、工具锚板及工具夹片。

6. 预应力束张拉

张拉时,主梁混凝土的强度应符合设计要求,设计未规定时,不应低于设计强度等级值的75%。目前一般采用高强度低松弛钢绞线,其预应力束张拉程序为:$0 \rightarrow$ 初应力($10\% \sigma_{con}$)$\rightarrow$ σ_{con}(持荷2min后锚固)。

较大工程的现浇连续主梁一般为双向预应力体系。主梁预应力束张拉顺序一般为:先张拉纵向预应力束,后张拉横向预应力束。纵向预应力束张拉顺序为:先张拉腹板预应力束,后张拉顶、底板预应力束,并以主梁中心线为准对称张拉,腹板预应力束由高处向低处顺序张拉,顶、底板预应力束先中间后两边。

预应力筋的实际伸长值 ΔL 的计算公式如下:

$$\Delta L = \Delta L_1 + \Delta L_2 \tag{8-1}$$

式中:ΔL_1——从初应力至最大控制应力间的实测伸长值,mm;

ΔL_2——初应力以下的推算伸长值,mm。

预应力束张拉采用张拉吨位与伸长量双控,当张拉吨位达到控制吨位时,实际延伸量应在

理论引伸量的 $-6\% \sim +6\%$ 范围内。

预应力束在张拉控制应力达到稳定后锚固,其锚具用封端混凝土保护,锚固后的预应力束外露长度不得小于30mm,多余的预应力钢绞线用砂轮切割机割除。

预应力钢束张拉时要尽量避免出现滑丝、断丝现象,确保在同一截面上的断丝率不得大于1%,而且限定一根钢绞线不得断丝两根。

张拉注意事项:

(1)张拉设备设专人保管使用,并定期检验、标定、维护;锚具应保持干净并不得有油污。

(2)张拉前检查锚具锥孔与夹片之间、锚垫板喇叭口内有无杂物。

(3)每次夹具安装好后必须及时张拉,以防其在张拉前生锈而影响锚固性能。

(4)在混凝土浇筑前要在主梁顶设置测量观测点,以观测混凝土浇筑前后及预应力张拉前后的高程变化。

(5)当两束或两束以上钢束的位置相互影响张拉时,必须征求设计、监理的同意方可适当挪动钢绞线束位置或加大槽口的深度。

7. 孔道压浆

预应力束张拉完成后,立即进行孔道压浆,并保证压浆质量。

目前预应力管道压浆有传统工艺和真空辅助压浆两种工艺,工作示意图见图8-13。从工作示意图可以看出,真空辅助压浆工艺与传统压浆工艺相比,多了一个真空泵对预应力管道抽空气的工序,其具体作用如下:

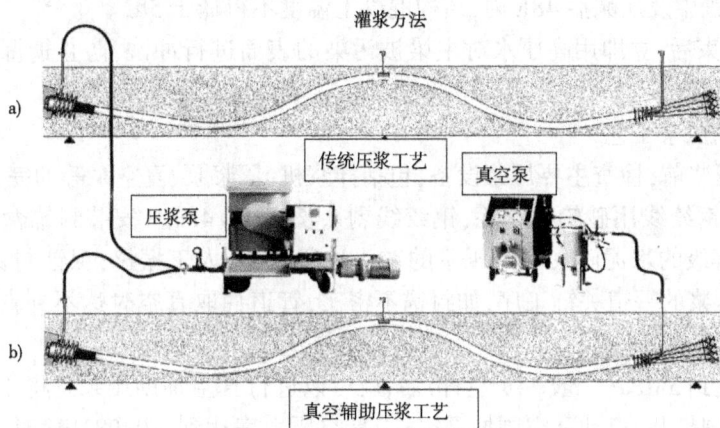

图8-13　传统压浆工艺与真空辅助压浆工艺工作示意图

(1)传统压浆(压力压浆)预应力管道内含有气泡和含有有害成分的雨水,容易造成孔隙或预应力筋腐蚀,影响混凝土内在质量;另外,可能存在压浆不密实、不饱和,容易产生孔隙,为工程留下隐患。

(2)真空辅助压浆工艺能够将预应力管道内的气泡或含有有害成分的雨水抽出,可以消除气泡、减少有害水分锈蚀预应力筋,能够使浆体充满整个孔道。

由于真空辅助压浆对压浆泵、管道、锚具和操作要求均较高,一般是在重点工程中推广使用。对于预应力管道长度较短(30m 以内)的一般工程,仍习惯采用传统压浆工艺,但在操作工艺上需严格控制。

1）浆液的主要技术要求

压浆采用普通硅酸盐水泥配制的水泥浆，其主要的技术要求为：

(1)水泥浆的强度应达到设计强度；

(2)水灰比宜控制在0.4~0.45之间；稠度宜控制在14~18s之间；

(3)泌水率最大不得超过3%，拌和后3h泌水率宜控制在2%，泌水应在24h内重新全部被浆吸回；

(4)水泥浆里宜掺入适当的减水剂和膨胀剂。

2）传统压浆工艺压浆操作要点

(1)张拉工序完成后，用砂浆或水泥净浆封堵锚头外面钢绞线，使压浆时水泥浆不会从钢绞线与锚头间缝隙中流出。封堵砂浆有一定强度后，在压浆端安装压浆管清洗管道准备压浆。

(2)压浆前，用高压水将孔道冲洗干净，然后用空压机压缩空气将孔道内的积水排除。

(3)压浆先压注下层孔道，并从低处压浆孔压入。

(4)压浆应缓慢、均匀、连续地进行。

(5)压浆的最大压力宜为1.0MPa，并确保孔道的另一端饱满出浆，出浆的稠度应满足规定要求。操作过程中，当出浆口排出的水泥浆很浓时，关闭出浆口，并稳压2min以上。当从压浆孔拔出喷嘴后，立即用木塞塞住。

(6)每次调制好的水泥浆应连续搅拌，并在30~45min内用完。

(7)夏天施工期间，如气温高于35℃，压浆在夜间进行；冬季孔道压浆应在正常温度下进行，同时压浆过程中及压浆后48h内，结构混凝土温度不得低于5℃。

(8)压浆结束后，立即用高压水对主梁被污染的表面进行冲洗，防止遗漏的浮浆黏结，影响混凝土黏结质量。

3）真空辅助压浆工艺

真空辅助压浆前，检查主要压浆设备，包括拌浆机、压浆泵、真空泵等的完好情况。张拉完成后，将多余的钢绞线用砂轮机切除，钢绞线剩余长度3~4cm。安装封锚盒（用钢板焊接而成），用高强度等级的水泥砂浆对需压浆的锚头进行封堵，人工振捣，保证封锚密实。封锚密实是真空辅助压浆的一道关键工序，如封锚不密实，管道抽取真空时达不到真空度，影响压浆效果。

封锚强度达到5MPa（一般24h左右）后，就可以进行真空辅助压浆。将压浆阀、排气阀全部关闭，抽真空阀打开，启动真空阀抽真空，当真空压力表达到-0.08MPa时，停泵约1min时间，如果压力表读数不变，表示孔道达到且能维持真空。

采用高速搅拌机搅拌水泥浆，在开始压浆前对稠度进行检测，在压浆过程中，不定期对稠度进行抽测。

真空压浆具体操作步骤：

(1)水泥浆搅拌均匀后，经过一层过滤网，送入储浆罐，再由储浆罐引到压浆泵，在压浆泵高压橡胶管出口打出浆体，直到出来的浆体与压浆泵的浆体浓度一样时关掉压浆泵，然后将高压橡胶管接到孔道压浆管，绑扎牢固。

(2)关闭压浆阀，启动真空泵，当真空值达到并维持在-0.06~0.1MPa时，打开压浆阀，启动压浆泵，开始压浆，压浆过程中，真空泵应保持连续工作。压浆时要保证从低端压进，高端压出。

（3）待真空端的透明胶管有浆体经过时，关闭真空机前端的真空阀，关闭真空机，水泥浆会自动从"止回排气阀"中顺畅流出，且稠度与灌入的浆体相同时，关闭抽真空端的阀门。

（4）压浆泵继续工作，压力达到0.6MPa左右，持压1min，完成排气泌水，使管道内浆体密实饱满，完成压浆，关闭压浆泵及压浆阀门。

为了较为准确地测定实际压浆量，在压浆泵出口安装流量计，每根管道实际压浆量根据流量计读数确定，然后根据每根波纹管理论压浆量，与实际压浆量进行比较，必须保证实际压浆量略大于理论压浆量。

压浆完成后，拆卸外接管路，清洗真空机的空气滤清器及管路阀门，清洗压浆泵、搅拌机及所有沾有水泥浆的设备和附件。

8. 封锚

压浆完成后，对需封锚的部位及时进行混凝土浇筑。封锚施工时，先对锚具周围的主梁混凝土进行人工凿毛，冲洗干净后，设置钢筋网、支立模板并浇筑混凝土。封锚混凝土的强度应符合设计要求。

第二节　梁桥装配式施工方法、程序和施工要点

装配式梁桥的主梁通常在施工现场的预制场内预制，也有的在桥梁厂预制，预制好的梁体运输至需安装位置进行安装就位，其主要施工工艺流程见图8-14。

相对于就地浇筑工艺而言，梁桥装配式施工的上、下部结构平行作业，可缩短工期，预制件可实现工厂化生产，混凝土的收缩徐变影响小，质量易于控制，并且安装不受桥跨基础状况的影响；但需要较大的场地进行预制场建设，还要有专用的大型设备。

随着桥梁施工工艺标准化、生产过程工厂化流水作业的发展趋势和要求，装配式梁桥的施工技术也得到不断的发展。从最早的普通钢筋混凝土梁、板预制，到近年的预应力高性能混凝土梁预制；从原始的滚筒支垫移梁、运输，到先进的龙门吊机、运梁台车的应用；从简单的行走式吊机安装构件，到大型浮吊的整体吊装；从简陋的自拼架桥机架梁，到自行步履式纵横移全功能架桥机架梁；从简支梁的安装，到分节段拼装的实现，梁桥的装配式施工技术得到了长足的发展。

图 8-14　装配式梁桥总施工工艺流程图

混凝土梁桥的装配式构件主要有空心板、T梁、箱梁等形式。

预制工艺根据预应力的施加时间分为先张法和后张法预制两种，目前，先张法预制较小梁、板（跨度一般不超过25m）应用较多，而较大的预制构件一般采用后张法预制。

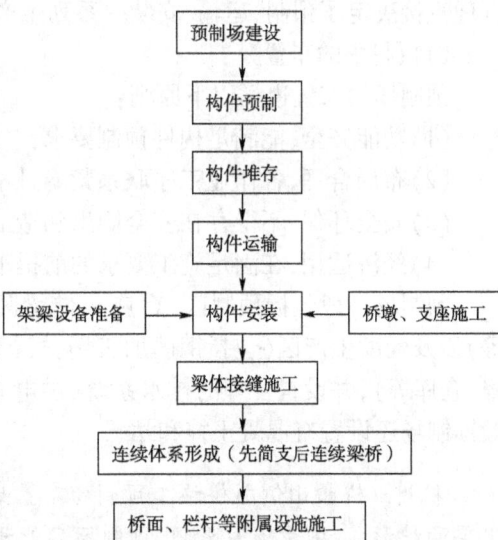

预制工艺根据预制构件的拼装方式不同,一般分为单件法预制、长线法预制和短线匹配法预制三种方法。单件法预制较简便,构件各自分别预制,上桥后再连成整体,本方法最常见。长线法预制是将单跨梁体分节段在长线台座上依次预制,以保证各节段间的匹配良好和安装后的线形,本方法占用场地大,工期长,较少使用。短线匹配法预制是在台座上将梁体节段两两依次匹配、预制,通过空间坐标转换来控制线形,是国外大型桥梁上部结构施工应用较广泛的成熟施工技术,国内应用较少,具有推广价值。

装配式梁桥施工技术的发展,是与工程机械、设备制造技术的发展分不开的。很显然,如果安装设备的起重性能和操作性能无法满足,预制构件则无法按照预期运输、安装到桥上。大型桥梁的不断修建,给工程机械、设备制造业提出了更高的要求;先进的工程机械、设备的出现,也为装配式梁桥的施工提供了保障,促进了装配施工技术的进步。

装配式梁桥的安装一般是逐跨安装,每跨在横向分为多件T梁或空心板,先横向安装完成,再前移进行下一跨安装。近年来,梁桥的纵向分节段拼装技术也得到了运用和发展,将每跨按照纵向分成若干节段,短线匹配法预制梁体节段,在桥上依次拼装形成整跨。

简而言之,装配式梁桥的施工,关键是解决构件如何预制、如何运输、如何安装的问题,施工方法、施工组织、设备配置等也都围绕这几个关键环节来展开。

一、装配式构件的预制

1. 预制场施工

梁桥构件预制场是构件预制施工、存放、出运的综合性生产场地,其布置和功能划分是否合理直接决定了预制、运输、安装一系列生产活动的能否顺畅进行。

1)预制场的布置

预制场的布置遵循以下原则:

(1)功能齐全,能满足构件预制要求;

(2)布局合理,各作业工序联系紧凑且不相互干扰;

(3)安全环保,不得存在安全隐患和造成环境污染;

(4)经济适用,在满足施工要求的前提下尽量节省成本。

预制场一般包括预制区(台座)、储梁区(台座)、出运通道、施工道路、吊装设备(龙门吊等)以及辅助生产区(包括钢筋加工场、模板加工或修整场、原材料及半成品堆存、试验室、机修、仓库等),并设置合理的排水系统、供电系统、围栏等辅助设施。在条件许可的情况下,一般预制场还设置有混凝土拌和站。

杭州五桥萧山侧引桥施工预制场布置如图8-15所示。该工程预制梁为50m T梁和25m T梁两种形式,由于场地限制,预制场只能借用55号~62号跨(25m跨)墩下位置作为预制场,在各墩桩基、承台施工完成后,夯实,设置14个50m T梁预制台座,25m T梁在该台座上改装后预制。其中在55号~57号墩跨仅在右幅设置台座,左幅墩身施工完毕,先预制该部分梁体,利用预制场内设置的两台吊重为1 000kN的龙门吊安装该2跨梁体,该部分作为架桥机起始安装平台,也作为后续运梁的喂梁、出运平台。由于场地限制,将混凝土拌和站靠近预制场设置,而将辅助生产区域设置在预制场以外的区域,图中未示出。

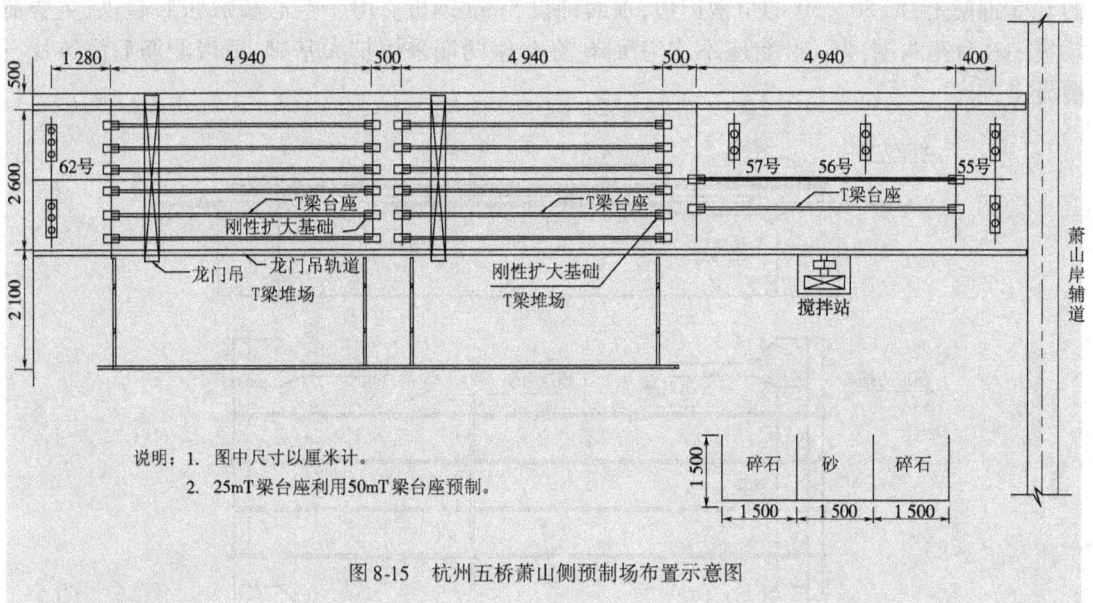

图 8-15 杭州五桥萧山侧预制场布置示意图

2）预制场施工

（1）场地选择

桥梁预制场地一般选择在桥台后引道路基上，也有的选择在基础较好、地势较平的桥下或桥侧地面上。预制场与桥梁的相对位置和地形的不同，决定了构件运输路径和方式，同时，预制场的各功能区的相对位置也有所不同。

（2）基础处理

预制场的基础处理方法视预制场基础情况和施工荷载要求而定，采取换填、压实、夯实、碎石桩等不同的方法，确保预制场基础的承载力，减少预制台座、龙门吊轨道基础、道路等的沉降变形，也可降低质量和安全隐患。在预制场不同的区域，因荷载的不同，处理要求也区别对待，例如，台座处的基础要求比其他区域要高。

基础密实处理后，场地整平，一般铺筑低强度等级的混凝土硬化。在基础处理时，要同时做好排水管网的设计和施工。

（3）预制台座施工

根据预制工艺、构件尺寸进行预制台座的设计和施工。

①先张法预制台座。张拉台座是先张法预制施工的最重要的设施，要求有足够的强度和稳定性。根据结构造形的不同，张拉台座可分为墩式和槽式两种。

墩式台座长度和宽度由场地大小、构件类型和产量等因素确定。由传力墩、定位钢板、台面和横梁等组成。其构造通常采用传力墩与台座板、台面共同受力形式，依靠自重和土压力来平衡张拉力所产生的倾覆力矩，并依靠土壤的反力和摩擦力来抵抗水平位移。传力墩可根据基础情况和受力情况因地制宜采取不同的形式，如锚桩、地下混凝土梁、三角墩等，一般为钢筋混凝土结构。横梁是将预应力筋的张拉力传递给传力墩的结构，一般采用型钢加工而成。定位钢板用来固定预应力筋的位置，按照构件的预应力设计位置开孔，应具有足够的刚度。

某工程先张法预制空心板的墩式台座构造如图 8-16 所示，台面基础处理后浇筑厚 10cm

的 C25 混凝土,∟50×50 的角钢护边,顶面铺设 5mm 钢板。由于空心板放张后起拱,主要荷载集中在台座两端,为防止台座不均匀沉降,在台座两端采用扩大基础,适当配筋后浇筑片石混凝土。

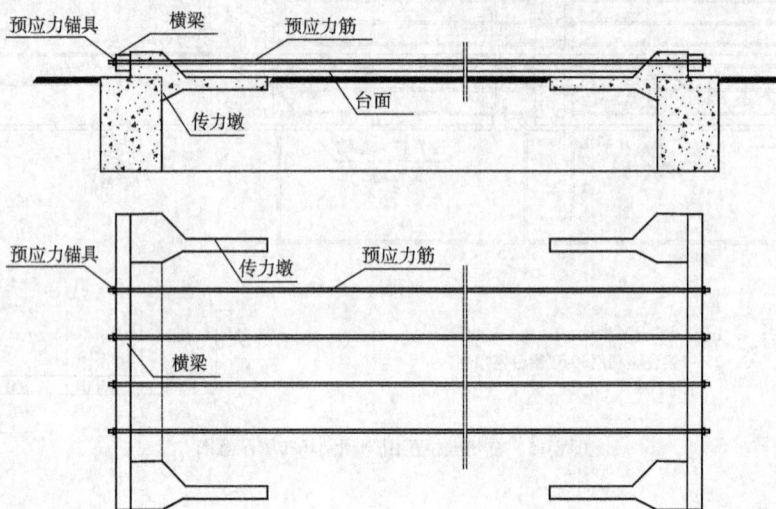

图 8-16　墩式台座构造示意图

当现场基础条件差,台座不长时,将两端的传力墩连成一个整体梁称为传力柱,并与横系梁、台面整体浇筑钢筋混凝土,即形成槽式台座,主要依靠传力墩抵抗张拉力和位移,其余构造与墩式台座相同。

②后张法预制台座。后张法预制梁体的台座,实际上就是梁体的底模平台。一般由混凝土基础、底模骨架、底模面板、起吊点活动底模等组成。

混凝土基础充分考虑梁体的荷载情况进行配筋,一般张拉后梁体起拱会导致端部受力加大,尤应重点处理。梁体一般采用扁担梁起吊,故需在起吊点相应的台座位置下设置活动底模,在梁体张拉后拆除,穿扁担梁起吊。底模骨架作为底模与基础的传力结构,底模高程的调整也通过其实现,由型钢或钢板焊接制作而成。底模面板一般为钢板,也有的采用竹胶模板,尤其是两端在张拉后受力集中的位置,底模面板容易损坏,多用竹胶模板,在竹胶板和钢板之间需涂抹一层黄油,以减小两块模板之间的摩擦力。

某工程 50m T 梁预制台座构造见图 8-17。

对于短线匹配法预制箱梁,台座为可调式支腿钢平台结构。

(4)龙门吊施工

一般大型预制场布置龙门吊作为施工起重设备,其起重能力由最大的预制梁体重量决定。对于顺桥向布置的预制场和较大型的预制场,往往是两台龙门吊同步抬梁起吊作业。

龙门吊主要由轨道、立柱、横梁、天车起吊系统和滚轮行走系统等部分组成。

龙门吊的主体结构(立柱、横梁)一般用万能杆件、贝雷桁架、型钢等组拼而成,也有采用钢管八字形布置作为立柱,可根据可用材料情况灵活选用。龙门吊根据跨度、高度和荷载(包括风载等)要求进行强度和刚度设计,现场组拼安装。目前,一些专业的设备制造厂家也可根据要求定做龙门吊设备。

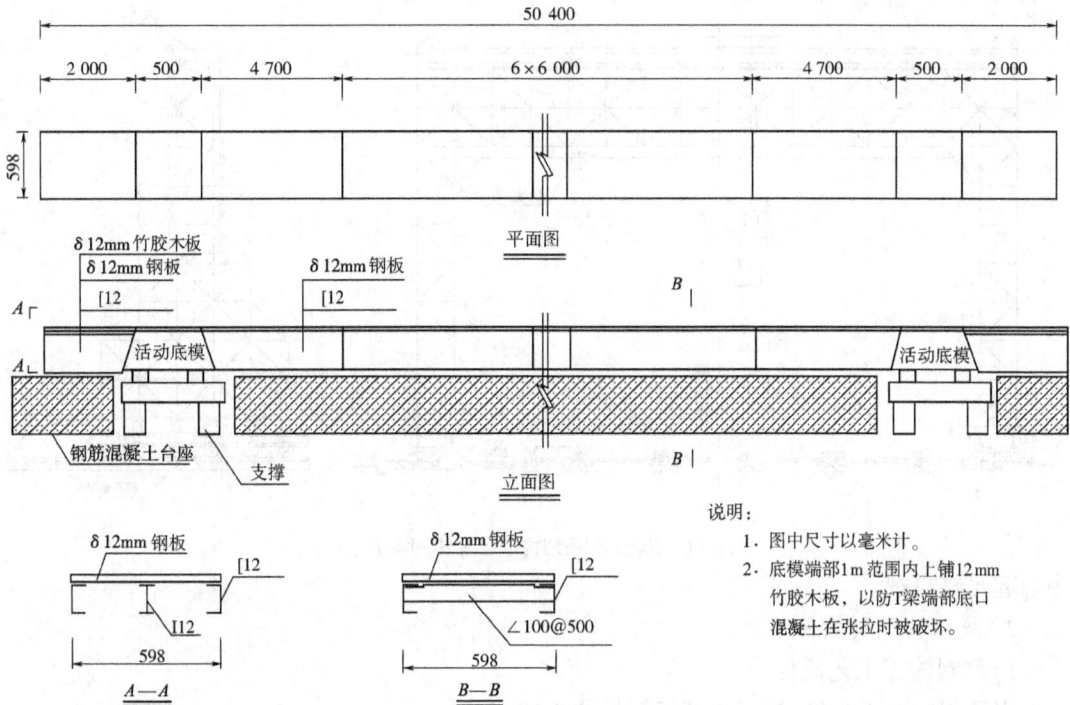

图 8-17　50m T 梁预制台座构造图

　　根据轨道数量的不同,龙门吊有单轨和双轨之分。一般来说,双轨龙门吊横向稳定性较好,但轨道基础及轨道、滚轮等的费用较高。龙门吊轨道基础根据地基情况选择不同的处理方式,地基沉降较小,可选择刚性基础,在钢筋混凝土地梁上铺设轨道,高程和位置一般不再作调整;地基沉降较大或有待继续观察,则应选择柔性基础,在铺筑好的碎石垫层上安装枕木,再安装轨道,施工过程中必须加强观测,及时调整位置及高程偏差,确保轨距和轨道高差。

　　龙门吊的天车为主要起重机构,有的龙门吊还在横梁上安装电动葫芦(一般不超过10t),作为辅助起重设备,在起吊模板、钢筋等小质量物件时,速度较快。

　　与天车一样,滚轮行走系统要由专业机电工程人员设计、安装。龙门吊两侧行走系统必须同步,在用两台龙门吊抬吊同一构件时,也必须同步,以保证安全。

　　某工程龙门吊结构如图 8-18 所示,预制场内共设两台,单榀 T 梁最重 1 650kN,皆由两台龙门吊抬吊。双轨龙门吊,设计最大吊重为 1 000kN,用 N 型万能杆件组拼而成,净跨径为28m,总宽度为32m,总高度约为19m,吊高净空15m,每台龙门吊自重约 1 000kN。

　　(5)其他配套设施施工

　　①混凝土运输设施。预制场混凝土一般采用吊罐入模的浇筑方式,如果不是商品混凝土,一般没有混凝土运输罐车,所以需要单独的混凝土运输设施。如图 8-18 所示,在龙门吊轨道内侧,设置运输轨道和小车,将吊罐放在小车上,自行或卷扬机牵引运输,再由龙门吊吊罐入模浇筑混凝土。

　　②根据生产需要和文明规范施工的要求,进行预制场的排水、供电、道路、场地硬化、混凝土输送等其他配套设施施工。尤其是排水设施,对预制台座、龙门吊轨道的沉降影响很大,必

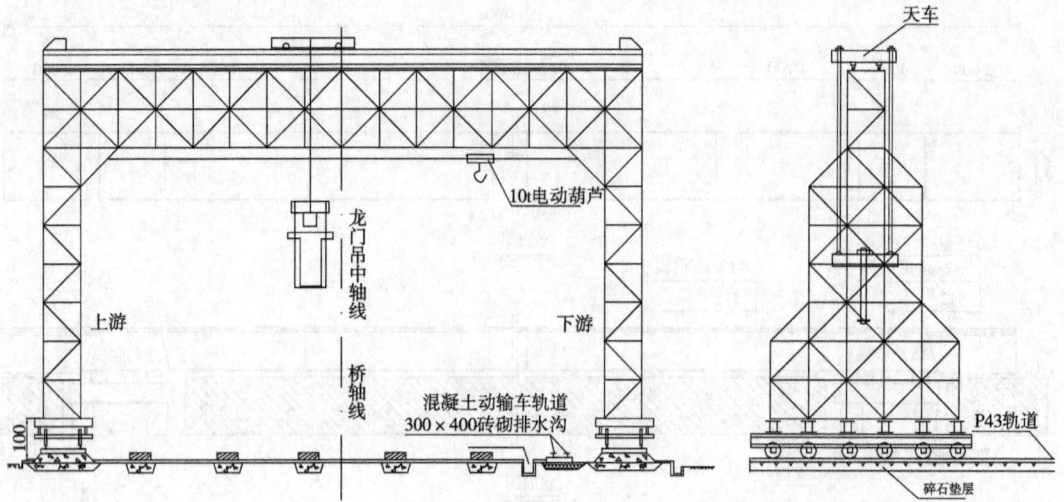

图 8-18　双轨龙门吊结构示意图(尺寸单位:mm)

须引起足够重视。

2. 先张法预制构件

1)预制施工工艺流程

以预制空心板为例,施工工艺流程见图 8-19。

2)施工要点

(1)预应力施加

先张法预制构件的预应力材料一般有高强钢丝、冷拉钢筋、钢绞线等,各种预应力筋在材料性能上存在差异,在施工工艺上主要体现为锚夹具形式、张拉程序的不同。

预应力筋的下料长度,应综合考虑台座长度、锚夹具长度、千斤顶长度、焊接接头或墩粗预留量、冷拉伸长值、弹性回缩量、张拉伸长值和外露长度等因素,需按照有关规范要求精确计算。下料过长造成浪费,下料过短则给张拉、锚固带来困难。

预应力锚具应按照设计要求采用,应能满足分级张拉和放松预应力的要求,具有可靠的锚固性能、足够的承载能力和良好的适用性,能保证充分发挥预应力筋的强度,安全地实现预应力张拉作业。工具式夹具应有良好的自锚性能、松锚性能和重复使用的性能。

张拉前,详细检查台座、横梁和各种张拉机具设备,符合要求后可进行操作。

同时张拉多根预应力筋时,应预先调整其初应力,使相互之间的应力一致;张拉过程中,应使活动横梁与

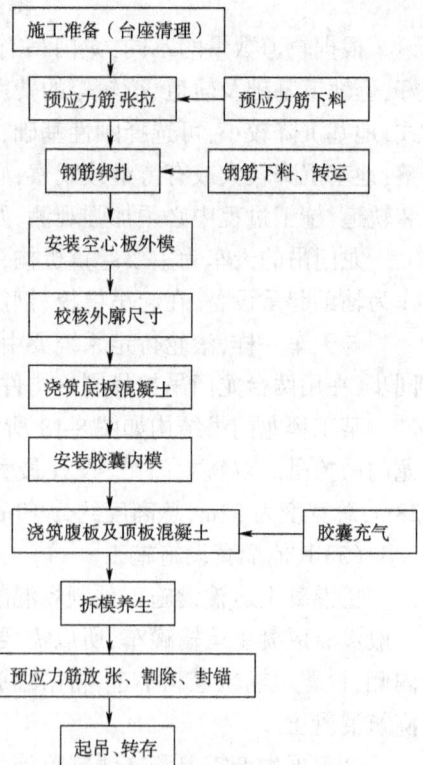

图 8-19　空心板预制施工流程图

固定横梁始终保持平行,并应抽查力筋的预应力值,其偏差的绝对值不得超过按一个构件全部力筋预应力总值的5%。预应力筋张拉完毕后,与设计位置的偏差不得大于5mm,同时不得大于构件最短边长的4%。预应力筋的张拉应符合设计要求,设计无规定时,其张拉程序可按表8-2的规定进行。

先张法预应力筋张拉程序 表8-2

预应力筋种类	张 拉 程 序
钢 筋	$0 \rightarrow$ 初应力 $\rightarrow 1.05\sigma_{con}$(持荷2min)$\rightarrow 0.9\sigma_{con} \rightarrow 6\sigma_{con}$(锚固)
钢丝、钢绞线	$0 \rightarrow$ 初应力 $\rightarrow 1.05\sigma_{con}$(持荷2min)$\rightarrow 0 \rightarrow \sigma_{con}$(锚固)
	对于夹片式等具有自锚性能的锚具:
	普通松弛力筋 $0 \rightarrow$ 初应力 $\rightarrow 1.03\sigma_{con}$(锚固)
	低松弛力筋 $0 \rightarrow$ 初应力 $\rightarrow \sigma_{con}$(持荷2min锚固)

注:1. 表中 σ_{con} 为张拉时的控制应力值,包括预应力损失值。

2. 超张拉数值超过规定的最大超张拉应力限值时,应按该条规定的限制张拉应力进行张拉。

3. 张拉钢筋时,为保证施工安全,应在超张拉放张至 $0.9\sigma_{con}$ 时安装模板、普通钢筋及预埋件等。

尤其注意,张拉时正对千斤顶方向不得有人,以防断丝伤人。

(2)钢筋工程

所有钢筋在后场按设计图纸下料、制作,然后转运现场绑扎,钢筋尺寸偏差、间距误差、搭接长度等均符合规范及设计要求。

(3)模板工程

一般先张法预制施工的底模与台座一并设计施工,在张拉之前要清除锈迹、打磨光洁、涂抹脱模剂。侧模板根据构件外形尺寸制作定型钢模板或木模,加工精度满足规范要求,安装时采用对拉螺杆固定。内模根据设计要求采用模板或充气胶囊,若采用充气胶囊,应由专业厂家生产,使用前进行气密性和耐压性实验,将胶囊周围涂满肥皂水,充气直至工作压力后检查是否漏气,如有漏气及时修补。

混凝土浇筑过程中检查模板,尤其是胶囊是否上浮。胶囊的上浮直接导致构件顶板厚度偏小,可通过调整胶囊定位钢筋尺寸和加密、严格控制胶囊的工作压力等措施避免上浮。

(4)混凝土施工

先张法预制构件混凝土与梁体就地浇筑混凝土相比,具有方量小、缓凝时间短、外观要求高等特点。混凝土原材料选择和配合比设计根据实际要求进行,应有利于早期强度的形成和收缩徐变的减少。

混凝土浇筑一般为常规施工,插入式振捣器或平板振捣器振捣。在振捣腹板混凝土时采用小棒对称振捣,防止胶囊上浮,严禁用振动棒赶料、拖料、接触钢绞线。当混凝土强度达设计要求时胶囊放气拔出,拆模时间根据当天气温确定。根据气候情况选择养护方式,养护时间不少于7d。

(5)预应力放张

预应力筋放张时的混凝土强度须符合设计规定,设计未规定时,不得低于设计的混凝土强度等级值的75%。在力筋放张之前,应将限制位移的侧模、翼缘模板或内模拆除。

预应力筋的放张顺序应符合设计要求,放张预应力宜缓慢进行,设计未规定时,应分阶段、对称、相互交错地放张,并符合以下要求:

①应先放张预压力较小区域的预应力筋,后放松预压力较大区域的预应力筋;

②板类构件应按照对称原则从两边同时向中间放张,以防止在放张过程中板发生翘曲、裂缝。

③对用胎模生产的构件,放张时应采取防止构件端部产生裂缝的有效措施,并使构件能自由移动。

多根整批预应力筋的放张,可采用砂箱法或千斤顶法。用砂箱放张时,放砂速度应均匀一致;用千斤顶放张时,放张宜分数次完成。单根钢筋采用拧松螺母的方法放张时,宜先两侧后中间,并不得一次将一根力筋松完。

钢筋放张后,可用乙炔—氧气切割,但应采取措施防止烧坏钢筋端部。钢丝放张后,可用切割、锯断或剪断的方法切断;钢绞线放张后,应用砂轮锯切断。

长线台座上预应力筋的切断顺序,应由放张端开始,逐次切向另一端。

3. 后张法预制构件施工

1)预制施工程序

以常见的先简支后连续 T 梁预制为例,其施工工艺流程见图 8-20。如果为普通简支 T 梁

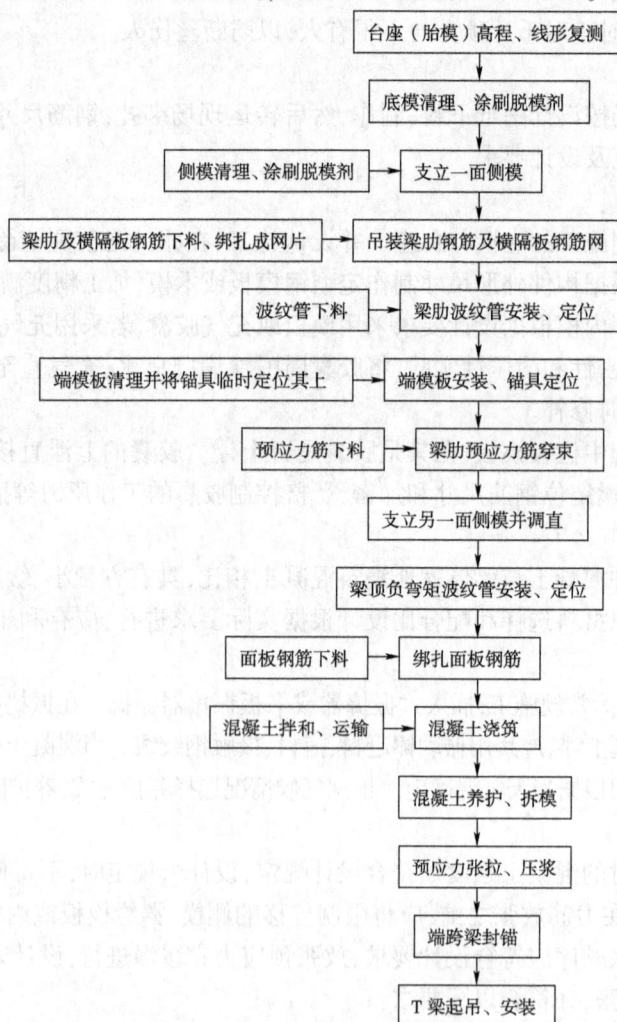

图 8-20　后张法预制 T 梁施工工艺流程图

(不连续),则工艺中无"梁顶负弯矩波纹管安装、定位"工序,其余相同。

若为预制箱梁,可上下一次浇筑或分两次浇筑,并在底板混凝土浇筑完成后,及时安装内模。一次浇筑时,应先浇筑底板(同时腹板部位浇筑至底板承托顶面),待底板混凝土稍沉实后再浇筑腹板、顶板混凝土;分两次浇筑时,先浇筑底板至底板承托顶面,按施工缝处理后,再浇筑腹板、顶板混凝土。

2)施工要点

(1)模板施工

后张法预制梁体的模板主要由底模、侧模、端模组成,其中箱形梁和空心板还有内模。根据材料的不同,主要有钢模、木(竹)模和钢木复合模板三种。

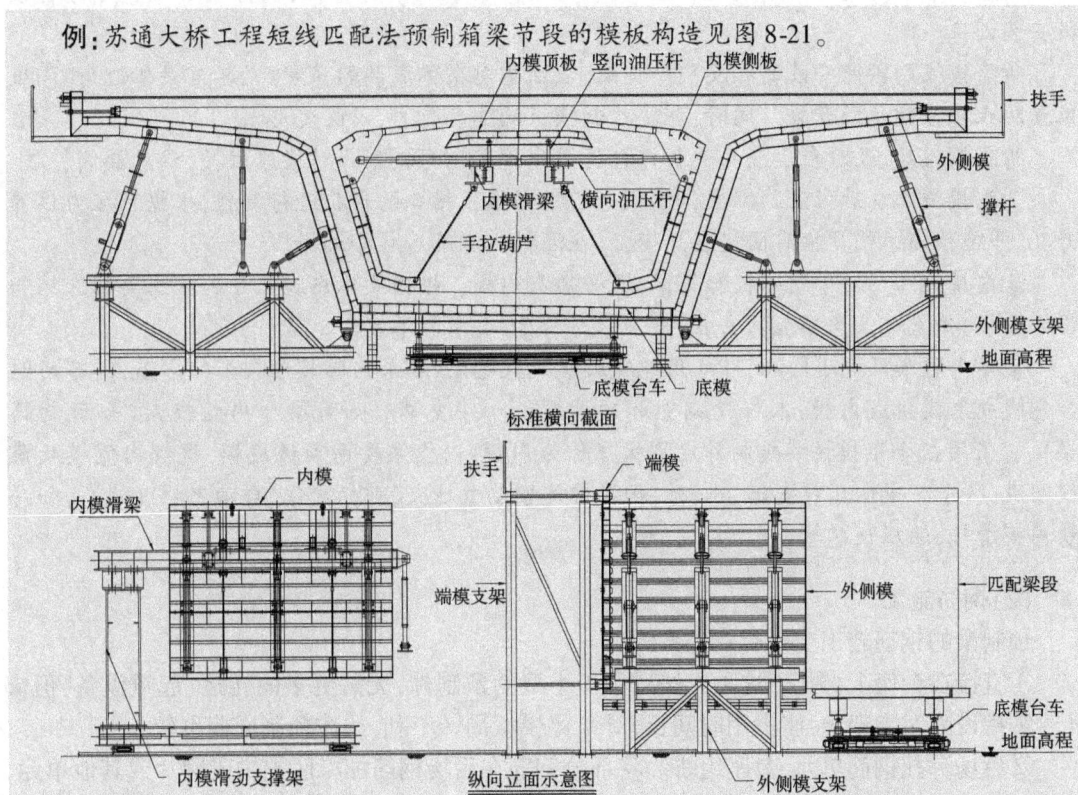

例:苏通大桥工程短线匹配法预制箱梁节段的模板构造见图8-21。

图8-21　预制箱梁节段模板结构示意图

①底模施工。为了抵消因梁板的预应力张拉造成的梁体中部上拱量,保证桥面铺装跨中最小厚度要求,后张法预制梁台座及钢底模需设置反拱,即底模板不是水平的,而是一个向下挠的曲线,中间低,两端高。跨中反拱度值应经计算并结合施工经验确定,其余各点预拱度值对称按二次抛物线分布。

为确保预制梁底板外观质量,要求底模的所有接缝必须进行焊接并打磨光。也可将底模面板清理干净后上一层清漆防锈,这样不仅可以防止绑扎钢筋时底模生锈,而且有利于底模的清理和省去底模脱模剂。

②侧模施工。侧模系统一般由侧模、侧模支撑桁架及必要的调节螺杆、对拉螺杆组成。侧模定位时,通过支撑桁架上的螺旋调节装置进行调位,到位后底口与底模用螺栓连接固定。侧模顶、底口设对拉螺杆。侧模应具有足够的强度和刚度,能满足反复多次使用的要求。

对于 T 梁,一般设计有横隔板,横隔板模板与侧模连成整体。侧模的分块大小根据横隔板位置、起重能力和安装方便程度综合而定,分块太大,安装、拆卸较笨重;分块太小,则拼装工作量大,线形控制较难。

侧模的支撑方式直接决定了侧模的安装方法。普通的分块侧模,直接用龙门吊吊运到安装位置安装就位。如果在支撑桁架下安装滚轮并与侧模连成整体,则可人工推移模板到指定位置安装。如果将支撑桁架固定在地面,在桁架上安装调节螺杆,则顶撑调节螺杆即可将模板安装到位。

拆除模板则按照安装的相反顺序作业,应注意对梁体成品的保护,尤其是梁体边角、隔板位置防止碰撞掉角或开裂。同时,也要控制模板的均匀受力,以防变形。

拆除侧模后,及时在台座两侧加撑杆将梁体稳定、加固,禁止对梁体碰撞,以免翻倒。

③端模施工。后张法预制梁体端模一般根据张拉槽口的形状进行制作,根据预应力位置开孔,并将预应力锚具临时固定在端模上,在混凝土浇筑后拆除端模。

④内模施工。对于空心板和箱梁,还必须有内模。根据梁体内腔尺寸和施工要求选择和设计内模,并充分注意模板的安装、拆卸难易程度,要求简洁实用。

梁体内腔如果是小圆孔,可采用充气胶囊或拔芯法;如果内腔尺寸较小(1~2m),可用组合钢模或木模拼成内模,木杆或钢管加顶撑螺栓十字支撑。如果梁体内腔较大(如预制箱梁),可采用组合钢模拼装或制作定型模板作为内模,内模主要由顶板底模、腹板内侧模及角模组成,脚手架或油压杆支撑。同时,如果梁体预制量越大,则标准化、自动化程度越高,如安装内模滑轨、油压顶撑等。

(2)钢筋施工

预制梁的钢筋施工主要有三种方式:

①直接在台座上绑扎。这种方法适用于小型的预制件,无需更多的转运、起重设备,但绑扎时需搭设临时支架,台座占用时间长,对 T 梁模板周转不利,梁体预制周期也较长。

②后场绑扎钢筋单元、台座组拼。将部分钢筋在后场钢筋加工区先拼成网片或其他单元,将这些单元整体运输、吊安到台座上再绑扎、组拼成型。这种方法使用灵活,适用于各种预制构件钢筋施工,可以减少钢筋绑扎时的放线工作,无需现场搭设钢筋支架,为台座的周转节约大量的时间,而且这样绑扎出的钢筋间距均匀。但需要专门的运输设备,起重设备使用也较频繁。

③钢筋骨架整体吊装入模。本方法是将梁体钢筋骨架先在专门的钢筋绑扎台座上绑扎成型,再用龙门吊整体吊装入模。某预制箱梁节段钢筋绑扎台座如图 8-22 所示,根据梁体形状,利用型钢搭设台座、支架,在台座上绑扎梁段钢筋成型。钢筋骨架采用专用吊具多点起吊,钢筋骨架顶板与底板之间用连接杆进行临时连接,以增加骨架整体性。

这种方法需要专门的钢筋绑扎台座和支架、吊具,但其标准化流水作业,预制周期短,钢筋质量易得到保证。

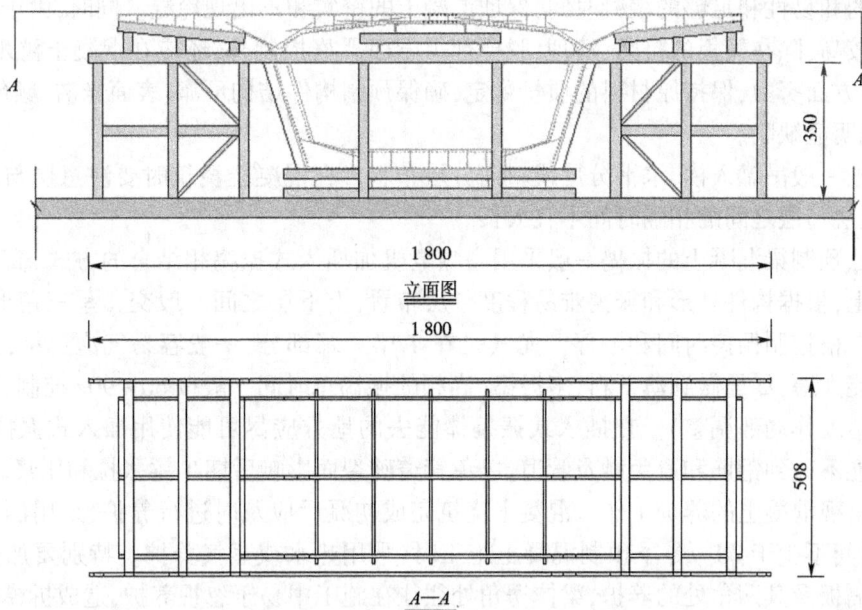

立面图

1 800

1 800

350

508

A—A

图8-22　钢筋绑扎台座、支架结构示意图(尺寸单位:cm)

在梁体钢筋绑扎的同时,应进行所有预埋管件的埋设,并悬挂保护层垫块。

(3)预应力施工

后张法预制梁体的预应力施工与就地浇筑主梁的施工基本类似,但根据梁体结构的差异和预制场作业的特点,有以下方面的改进:

①采用焊接网片定位管道。同种梁体在相同的位置管道位置也是一定的,根据各断面的管道位置焊接定位钢筋网片,直接安装在钢筋骨架中,可减少现场作业时间,定位准确。

②浇筑混凝土前先穿钢绞线。由于后张法预制梁的预应力筋一般数量多、管道弧度半径较小,在混凝土浇筑后再穿束困难,管道也易不慎被混凝土砂浆堵塞,所以一般都在混凝土浇筑前穿束,在检查管道封堵良好后再支侧模,在混凝土浇筑完成后再人工将孔道内钢绞线来回拉动,避免管道内可能存在的砂浆固结。

③预应力张拉顺序尤其重要。一般后张法预制梁位薄壁结构的细长杆(如T梁)刚度差,必须严格按照张拉顺序进行张拉,以免造成梁体侧弯、起拱过大,影响到后序施工或使用功能。

④张拉端的安全防护。在预制场张拉,作业人员较多,在张拉前必须确认正对千斤顶方向没有站人。如果施工需要有人在张拉端前方作业,必须在正对千斤顶位置安放钢板制作的防护挡板,以免万一张拉断丝造成人员安全事故。

⑤封锚长度的控制。对于需要封锚的构件,首先将封锚梁端凿毛,并用砂轮切割机将多余钢绞线割除(注意预留长度不小于3cm)。在焊接封锚钢筋网片时,应避免电弧焊伤及锚板及夹片。封锚模板支好后,应着重检查梁体的有效长度和封锚端面的垂直度,并注意模板的加固,以免影响后期梁体的安装。

(4)混凝土施工

后张法预制梁由于构件较大、钢筋、预应力管道较密,T梁等还有放大"马蹄"脚,混凝土要求具有好的和易性和足够的缓凝时间,保证混凝土的密实和不出现冷缝。同时,由于构件外观要求一般较高,除在模板的打磨、清理、脱模剂等方面严格控制外,还应在混凝土泌水性、流动性、振捣等方面努力,保持原材料的质量稳定,确保预制构件结构可靠、表面光洁、颜色均匀、线形顺直,无明显缺陷。

混凝土一般吊罐入模,水平分层或斜向分层布料。在混凝土浇筑时要注意层与层之间的交接,并且层与层之间的相隔时间不宜太长。

后张法预制梁混凝土的振捣一般采用高频电机加插入式振捣相结合的方式,高频电机安装在侧模上,根据构件外形和振捣难易程度分层布置,上下层之间一般交错呈三角形布置,且在振捣时严格控制振捣时间和顺序。尤其是在 T 梁马蹄部分,一般容易气泡集结,混凝土下料一定不能太厚,尽量做到薄下料、多振捣(高频的振捣总时间一般按 60 ~ 90 s 控制,再根据混凝土的坍落度作局部调整)。在插入式振捣棒能去的地方应尽可能使用插入式振捣棒,振捣棒应尽可能不碰到钢筋和避免触及管道,以免管道破裂而影响后期 T 梁张拉和压浆。

充分重视混凝土的养护工作。混凝土浇筑完成初凝后应及时进行养护,采用洒水覆盖养护,养护时间不少于 7d。冬季预制混凝土施工时,采用热水或蒸气养护。特别要加强对梁的两端和横隔板及其凹角处的养护,梁体楞角处往往在施工中易于忽视养护,造成拆模时掉角。

4. 预制构件的堆存

如果预制的构件不能马上上桥安装,必须转运到堆存区存放。堆存区应平整夯实,构件应按吊运及安装次序顺序堆放,宜尽量缩短预应力混凝梁或板的堆放时间。构件堆垛时,应放置在垫木上,吊环向上,标志向外。混凝土养护期未满的,应继续洒水养护。水平分层堆放构件时,其堆垛高度应按构件强度、地面承载力、垫木强度以及堆垛的稳定性而定。承重大构件一般以 2 层为宜,不应超过 3 层;小型构件一般不宜多于 6 ~ 10 层,层与层之间应以垫木隔开,各层垫木的位置应在吊点处,上下层垫木必须在一条竖直线上。雨季和春季融冻期间,必须注意防止因地面软化下沉而造成构件断裂及损坏。

二、装配式构件的起吊、运输

1. 装配式构件的起吊

主梁装配式构件的起吊主要有**吊耳法**和**扁担梁法**两种。

1)吊耳法

在梁体钢筋绑扎时预埋钢筋或钢板制作的吊耳,与钢筋骨架连接并浇筑在混凝土中。起吊时,将吊具卡环或钢丝绳穿过吊耳,进行梁体的起重作业。这种方法适用于梁体质量较小的构件,吊耳需进行结构受力计算。

2)扁担梁法

在吊运大型梁体是,采用扁担梁法。吊具由上担梁、销栓、吊带、下担梁组成,经过计算确定其材料和规格尺寸,如图 8-23 所示。其中上担梁与下担梁基本一致,其上安装吊耳穿钢丝绳起吊。吊带由钢板加工,两端开孔穿入销栓。销栓进行抗剪计算,常采用 40Cr 材料,强度高,直径小。对于 T 梁和

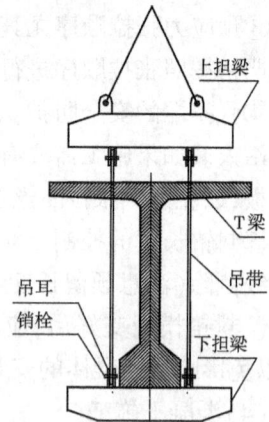

图 8-23　扁担梁起吊 T 梁结构示意图

箱梁,吊带穿过翼缘的位置预留孔道。

2. 装配式构件的运输

构件在台座上预制好后,要经过运输才能到达堆存区和安装位置。运输方式根据现场的运输距离、设备情况、运输路径的基础条件等进行选择,主要有以下方法。

1)龙门吊运输

如果运输目的地在龙门吊的作业范围,直接用龙门吊将预制构件吊运至指定位置。这种方法运输作业范围有限,一般是作为其他运输方式的起点,在龙门吊作业范围以外采用其他方式。

2)滚筒横移法

在没有设置龙门吊的预制场或需横移到龙门吊范围以外的情况下,采用滚筒横移法将预制好的构件横移到纵移轨道上。滚筒横移法是指依靠滚筒减少摩擦力,将梁体横向移动的方法。

如图 8-24 所示,在与预制台座正交的方向布置横移轨道,在台座之间布置纵移轨道。

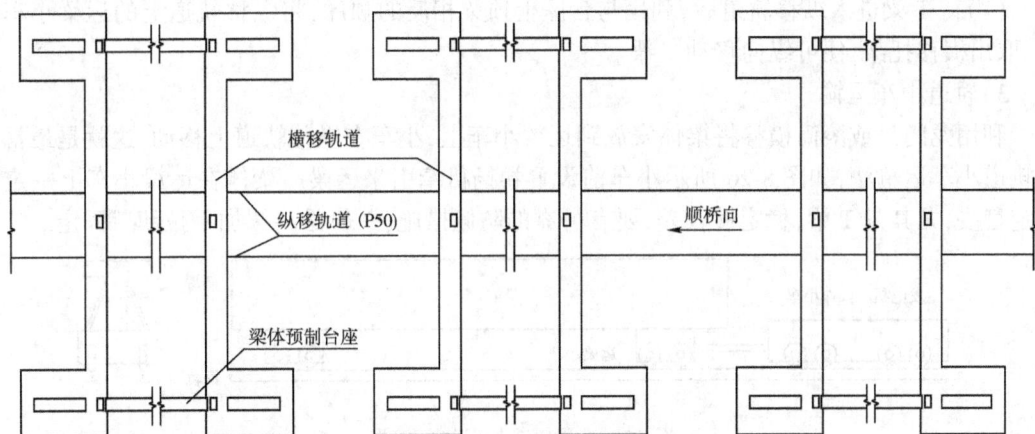

图 8-24 预制场台座与纵、横移轨道位置示意图

以 T 梁横移为例,滚筒横移的结构示意图见图 8-25,其基本操作步骤为:

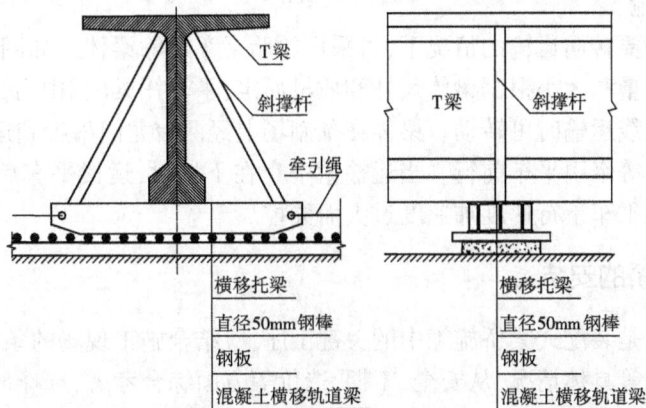

图 8-25 滚筒横移法结构示意图

(1)将 T 梁两端活动底横取走。

（2）为确保 T 梁顶升安全,采用单端顶升,将另一端 T 梁两旁用 15cm×15cm 枋木斜撑 T 梁翼缘根部,斜撑必须稳固不滑移。

（3）在 T 梁马蹄宽度内放置两台千斤顶,对称布置,梁一端进油顶升时,另一端两旁斜撑必须专人守护,预防支撑松动;同时,顶升端两旁也需要用枋木支撑,因顶升时枋木要松动,需在顶升时随时加撑。将 T 梁顶升到一定高度后便可将横移托梁放入横移轨道内,托梁一般由型钢制作。

（4）调整托梁及其下方的滚筒钢棒与 T 梁居中,千斤顶卸载,将 T 梁放在托梁上,将托梁两端的刚性斜撑杆安装并撑于梁翼缘根部。同时,可用手拉葫芦和钢丝绳将 T 梁捆紧在托梁两端,以策安全。

（5）用相同方法将 T 梁另一端安放在横移托梁上,加固。

（6）检查稳妥后,在 T 梁两侧各用一个 10t 倒链葫芦牵引托梁,实现 T 梁横向移动,两端横移速度应大致相同。为防止滚筒将混凝土横移梁局部压坏,减少摩擦阻力,在滚筒下铺设钢板。钢板太厚(5mm)则受力弯曲形成的拱形使 T 梁上坡很难拉动,太薄的钢板易挤皱而不能重复使用。

（7）待 T 梁进入纵移轨道后,利用与台座上顶梁相反的顺序,将纵移轨道上的运梁小车喂进,取出横移托架,便可纵向移动 T 梁。

3）轨道小车运输

利用龙门吊或滚筒横移将梁体安放到运梁小车上,小车在纵移轨道上移动,这就是最常见的轨道小车运输法,如图 8-26 所示小车前设置卷扬机牵引来运梁。梁体在运梁小车上一定要固定稳妥,尤其是 T 梁,稳定性较差,要有可靠的防倾措施,一般是斜撑加手拉葫芦固定。

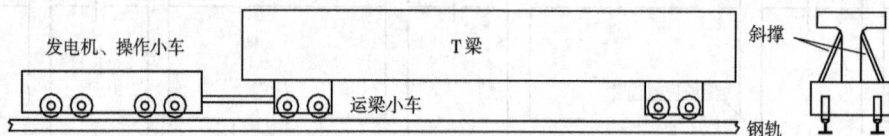

图 8-26　T 梁轨道小车运输示意图

根据需要,运梁轨道可安装在预制场,也可安装在已安装的梁段上,下垫枕木或混凝土支墩,严格控制轨道间距和轨顶高程,并防止不均匀沉降。

4）轮胎平车运输

在地形复杂,需要转向运输的情况下,可采用轮胎平车运输梁体。如图 8-27 所示,制作轮胎运输平车,轮胎数量和大小根据梁体尺寸和质量而定,平车托梁(图中为 2I56a 制作)与底座间设置转向销,在曲线运输时可转动。梁体在预制场上经两台龙门吊抬到运梁小车上后,用卷扬机或装载机、汽车等牵引平车前行。当运输途中存在下坡时,运梁平车后车设一台卷扬机,边走边放,以防运梁平车下行速度加速度过大而失控。

三、装配式梁桥的安装

预制梁的安装,是装配式梁桥施工中的关键工序,应结合施工现场的条件、桥梁跨径大小、设备能力、设计要求等具体情况,从安全、工期、造价等方面综合考虑,选择最合适的架梁方法。

安装方法的不同,主要体现在安装设备的选择上。随着桥梁施工的机械化、标准化程度越来越高,逐步向工厂化发展,架梁设备也越来越先进,并逐渐向大型化、标准化发展。近年来,正在施工中的杭州湾跨海大桥全长 36km,作业环境恶劣,主要依靠大量的装配式梁施工;苏通

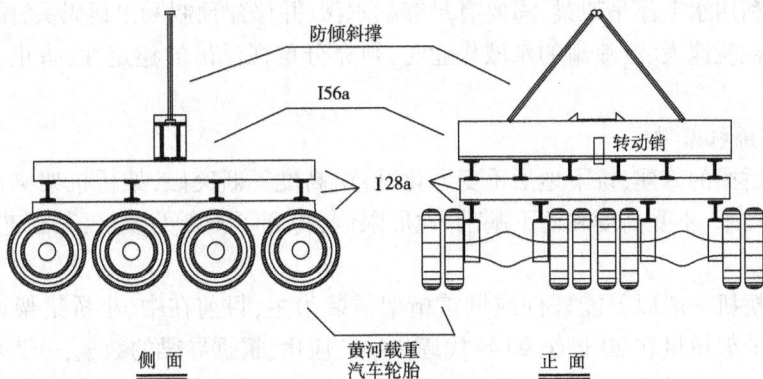

图 8-27 轮胎平车运输梁体结构示意图

长江大桥,75m 箱梁节段预制安装,在施工工艺和跨径上都有较大的突破。

架梁是安全风险较大的施工作业,涉及设备、人员、结构等各个方面,在施工中如何保证操作人员的生命安全和预防工程事故,是贯穿施工方案的选择、施工机具设备的设计和选用、施工工艺的细化、操作工法的制定、安全措施的制定和落实、操作人员的培训等各个方面。尤其是架梁设备在各个工况下的受力状况、抗倾覆稳定性、安全措施等,必须经过严格的设计计算,具有足够的安全储备,并严格按照设计进行制作、组拼和操作。

下面介绍各种架梁方法,重点介绍目前常用的架桥机架设法。

1. 简易安装方法

对于跨度小、高度较低的小型桥梁,因地制宜采用简易的安装方法。

1)自行式吊车架设法

如果桥下可以设置便道,吊车的起重能力足够,直接用自行式吊车将梁体安装到位。如果梁体重量较大,可采用两台吊车抬吊。这种方法机动灵活,架设简便。

2)跨墩龙门吊架设法

若能在桥两侧设置龙门吊轨道,龙门吊高度足够,就可安装一台或两台跨墩龙门吊架梁。这种方法安装位置准确、安全,但如果龙门吊和运梁通道基础处理太困难,在经济上就显得成本较高。

3)移动支架架设法

在桥下基础良好可铺设轨道时,在两墩、台之间搭设支架,支架下设置滚轮在轨道上可移动,将梁端安放在支架上,牵引移动到位后落梁。这种方法的支架抗倾覆安全性是施工难点,一般较少采用。

2. 水上浮吊架梁

海上和深水河流桥梁施工中,也常采用浮吊安装预制梁。浮吊具有起重能力大、功效高的特点,目前国内最大浮吊“小天鹅”的起重能力达 25 000kN,在杭州湾跨海大桥、东海大桥施工中,取得了很好的效益,如图 8-28 所示为该浮吊安装

图 8-28 浮吊安装箱梁实景照片

箱梁的情形。利用水上浮吊架梁,需要有足够的水深,并修建预制梁出运码头,配套拖轮、驳船等船机设备。在流速大、波浪高的水域作业时,须充分重视浮吊的稳定性,防止工程安全事故的发生。

3. 高空架桥机架梁

随着大量桥梁的修建,桥下地形千变万化,桥梁高度不断突破,架桥机架梁作为一种标准化施工的先进技术,不受高度和桥下基础、地形限制,得到了不断的发展,其工艺也日趋成熟,功能日益完善。

早期的架桥机一般以万能杆件或贝雷桁架拼装为主,目前在中、小桥梁架设中仍使用较多。成型设备的架桥机在 20 世纪 90 年代逐步推广应用,根据导梁的数量,分为单导梁式和双导梁式两种。对于双导梁架桥机而言,又经历了三支点两跨连续导梁架桥机和两支点后配重架桥机阶段,前者依靠导梁后段的自重平衡实现架桥机前移过跨,后者则需在导梁后段加重物配重平衡来前移过跨,但两者均须铺设架桥机前移轨道,通过卷扬机牵引或自行前移。

近年来,双导梁步履式架桥机逐步应用,前设引导梁、两支点简支、步履纵移,具有自重轻、无需铺设纵移轨道、可实现全方位、曲线架梁特点,操作工法标准化,成为大型桥梁架设的首选。

下面重点就常用贝雷梁(万能杆件)自拼架桥机和双导梁步履式架桥机架梁施工工艺进行介绍。

1) 贝雷梁(万能杆件)自拼架桥机架梁

利用贝雷梁(万能杆件)自拼架桥机,是中小装配式梁桥中应用较多的施工方法。可根据桥型和要求变换拼装成需要的结构,施工简便;所有架桥机材料均可周转其他用途,造价较低。

贝雷梁(万能杆件)自拼架桥机架梁施工工艺流程见图 8-29。如果是先简支后连续梁,则在一联完成后及时进行连续施工。

(1) 架桥机构造

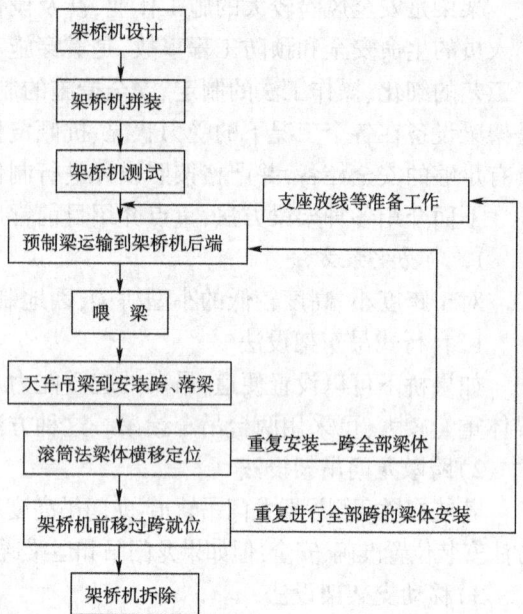

图 8-29　自拼架桥机架梁施工工艺流程图

贝雷梁(万能杆件)自拼架桥机主要由导梁、横梁、支腿、天车起吊系统、卷扬牵引系统等组成。其中,为控制导梁的挠度变形,在较大跨度的梁体安装施工时,在导梁设置塔柱,采用预应力筋或钢丝绳斜拉,来保证导梁的刚度。

如图 8-30 所示,浙江洞头大桥引桥 50m T 梁安装的中塔斜拉式自拼架桥机,最大荷载 1 600kN。该架桥机除天车横梁及中、后钢横梁采用[22a 焊接外,余均以 N 型万能杆件组拼,导梁宽 2m,高 4m,两导间距 4.9m(净空),架桥机全长 114m,跨径布置为 56m + 48m + 10m 悬臂,塔柱高 20m,断面 1m×1m,以 N2、N3 杆件构成格构体,两塔柱间距 10.4m(中到中),斜拉绳采用 10×φ21.5mm 钢丝绳,塔顶和架桥机前后锚点各设一个 5 柄大滑车,塔柱下方设一固点,通过 1 个 5t 手拉葫芦与斜拉绳连接,用以调整斜拉绳松紧度,天车采用 P50 双轨,以增加架桥机横向稳定及有利于荷载均匀分布。

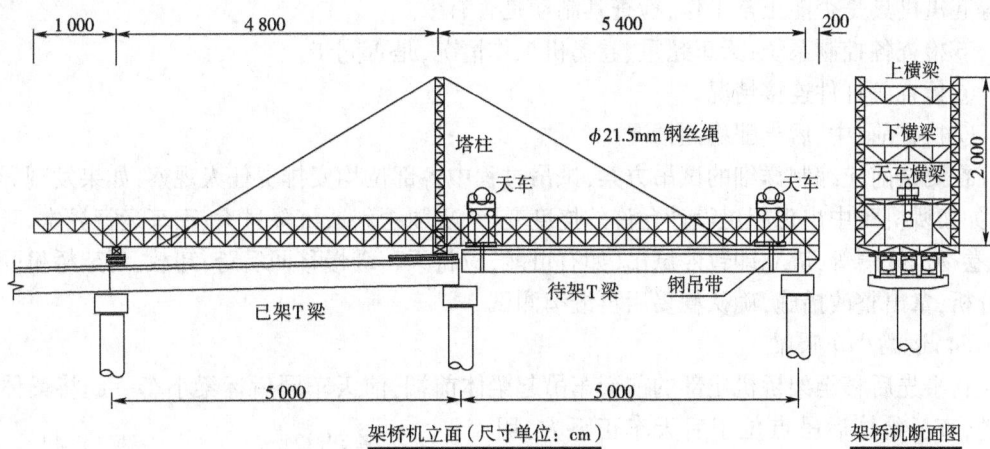

图 8-30 中塔斜拉式自拼架桥机结构示意图

同时,必须将架桥机支腿荷载尽可能分散,以免造成 T 梁的集中应力过大而开裂。架桥机空载前行时,前端挠度不得过大,否则不易跨上盖梁。

(2)架桥机的拼装

应根据工程具体情况和设备的情况灵活制定架桥机的拼装方案,架桥机可一次拼装成型,也可分次拼装成型。

以上述的浙江洞头大桥引桥施工为例。因台后引线为弯道,弯道与桥轴线夹角约 20°,台后直线距离 20m,在变道与直线段接合处为预制场龙门吊吊梁上小车场地,故而在安装 0 号台至 1 号墩间的第一孔 T 梁时,架桥机不能采用完全成型的架桥机安装,否则靠上游方的导梁将会阻挡 T 梁的运输路线,经计算后决定在第一孔 T 梁的安装中采用长 64m 的简支导梁进行安装(跨径 54m)。

在拼装时考虑到现场无大型起重设备,在水上只有 1 艘 40t 浮吊,若导梁 64m 长,4m 高一次拼装成型,浮吊根本无法吊安导梁就位。现场先在台后拼 64m 长,2m 高桁架。用浮吊吊起导梁前端,尾部用 ZL50 型装载机往前推送,直至导梁前端跨上 1 号墩,然后在其上续拼 2m 高桁架,直至架桥机成型。

待第 1 孔 T 梁架设完成后,续拼设计所余部分架桥机,直至整体成型。

(3)架桥机的试吊

为检验架桥机的实际结构承载能力的可靠性和施工工艺的可行性,在正式安装前,应对架桥机进行试吊、试运行的测试。

试吊步骤及其注意事项:

①将钢材、万能杆件等作为试吊荷载,荷载按照最大梁重的 1.1~1.2 倍考虑,两天车各吊 1/2,天车间距与吊梁时两吊点间距相同。也有的工程直接用预制梁作为试吊荷载。

②两片导梁顶面横向同一位置须水平,纵向同一坡度。

③天车吊重物前行时,天车尽可能居中,防止架桥机偏心受载,并随时用测量仪器观察架桥机前、后的跨中挠度变化。

④天车吊重至安装跨跨中时,检测导梁下挠度,并进行梁的提升、降落试运行,以测试卷扬机等起重机具是否能正常工作,检查其制动是否有效。

⑤检查各控制系统,天车超重、卷扬机工作情况,是否同步。

⑥检查各杆件连接情况。

⑦检查前、中、后支腿稳固情况。

在测试前应编制详细的试吊方案,试吊过程中各部位均安排责任人观察,如果发现异常情况,如架桥机跨中出现超出设计允许的挠度变形、支腿歪斜或沉降过大、天车运行异常、听到异响、卷扬机故障等,应立即暂停试吊,如有可能,应将天车缓慢移回后跨,卸载,对架桥机受力进行分析,拿出整改措施,确认稳妥后再继续测试。

(4)运梁小车喂梁

将事先后移至架桥机尾部的前天车吊起梁体前端,前天车同后运梁小车一起将梁体往前运送,直至梁体后吊点位于后天车正下方,用后天车吊起T梁后端。

(5)落梁(以T梁架设的边梁为例)

待天车吊运T梁至安装跨正下方时,将T梁徐徐下放至放于盖梁上的平板上,将4台5t手拉葫芦交叉拉于T梁前后端及左右两导梁上,防止T梁倾倒(如图8-31所示)。

(6)横移

与预制场滚筒横移相同的方法进行梁体

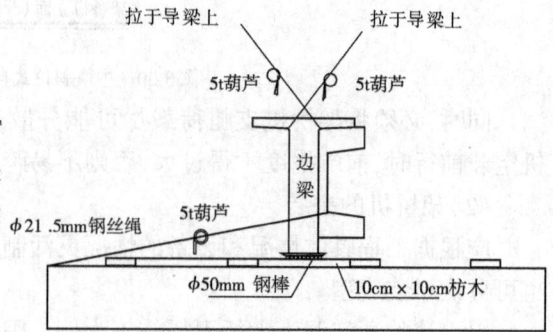
图8-31　T梁横移示意图

在盖梁上的横移,但在盖梁上横移施工高空作业,操作空间狭窄,借助架桥机导梁稳定梁体,防止侧翻。如图8-31所示,架梁前在桥台及盖梁上铺设T梁横移走道,做好横移准备。在T梁横移方的前后盖梁上各连接1个5t葫芦,作为横移牵引力,收紧此葫芦链条,T梁朝安装方向移动,同时T梁上部防倾葫芦随T梁的移动,靠T梁横移正方向的2个葫芦逐渐收紧,反方向的2个葫芦逐渐放松。

在架梁前对桥台及盖梁的支座垫石进行纵、横轴线、高程、平整率进行复测及检查,放出支承垫石的纵、横向中心线及梁端横向、纵向线。当梁横移至设计位置时落梁,落梁采用4台100t螺旋式千斤顶,将T梁两端顶起,撤去平板及滚筒、枋木等,再将梁徐徐落下,落下过程中需观察梁与设计位置的重合情况,随时进行轻微调整。

梁体安装到指定位置后,必须对梁体进行加固,如斜撑、斜拉、横向连接等,保证梁体的稳定性,防止侧翻。

(7)架桥机过跨(以上述的浙江洞头大桥中塔柱斜拉架桥机为例)

架桥机过跨是指安装完一跨后,空载前移到下一跨安装位置和状态的过程,是架梁施工中安全控制的重点和难点。

待一跨T梁安装完毕,横隔板连接完,即可将架桥机前行至下一跨进行下一跨T梁的安装。

①两导梁横向连接:因塔柱位于两导梁外侧,对两导梁产生偏心力,故需在架桥机前行时,将两导梁横向连接起来。

②拉紧斜拉绳:检查塔顶滑车和斜拉绳状况,用手拉葫芦收紧斜拉绳到达设计拉力(45t)。

③放平导梁:用液压千斤顶顶起架桥机尾部,撤去枋木,纵向垫上 $\delta = 5cm$ 厚脚手板与 $\phi 50mm$ 钢棒,顶起架桥机前端,撤去枋木,使前端悬空。

④前行、就位:用1台8t卷扬机牵引架桥机整体前行,直至架桥机前端跨上下一个盖梁,顶起前端,垫上枋木,顶起后端,亦垫上枋木,调平架桥机,放松斜拉绳,拆去横向连接,形成安装状态。

2)双导梁步履式架桥机架梁

以某工程使用的 SDLB170/50A 型双导梁步履式架桥机为例,对利用该设备进行架梁施工的工艺进行介绍。

(1)架桥机技术性能

为确保架桥机安全运行,架桥机的设计安全系数为 1.45,力求整机质量最轻、悬臂最短的原则,拼装、拆卸、转运等作业方便、快捷。

SDLB170/50A 型双导梁步履式架桥机的结构示意图见图 8-32,主要由起重行车、主横梁、主横梁纵移台车、主导梁、辅导梁、辅支腿、前支腿、后支腿、前横梁、卷扬小车、整机横移台车、电动葫芦、前(后)摇滚总成、液压泵站、前横联、后横联、电气控制箱等组成整机的横移行走系统、主辅纵梁及支撑系统、横梁及起吊行走系统、导梁纵移系统、摇滚台车纵移系统、液压系统、边梁起吊系统、电器控制系统。

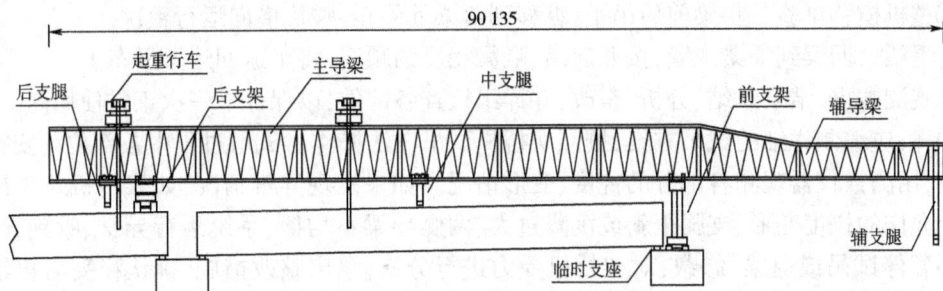

图 8-32 SDLB170/50A 型双导梁步履式架桥机

主要技术参数为:架桥跨径 ≤50m;额定起吊质量 170t;适宜纵坡 ±3%;抗风力 ≤6 级;有效起吊高度:4.1m;整机功率 80.8kW;外形尺寸 90 135mm × 13 546mm × 8 140mm,结构件最大质量 6.85t,整机质量 192t。架设桥型:弯桥半径 $R \geqslant 350m$,转向角度 0° ~45°。整机横移幅宽不限,摇滚台车纵移速度 5.8m/min,整机横移速度 1.18m/min,主横梁纵移速度 4.5m/min,导梁纵移速度 1.39m/min,卷扬小车横移速度 2.93m/min。

该架桥机有以下特点:

①结构质量轻、承载能力大,有利于整机在桥面上的通过能力。

②纵横移运行方便、稳定性好,整机纵、横运行只需按钮操作即可实现,两纵梁间用横联及斜拉连成整体,运行平稳。

③该机配有不同桥型(直桥、斜桥、弯桥)的安装孔,稍作调整即具有一机多用的功能。

④机械化程度高,架梁速度快,该机所有动作均为电动或液压。

⑤操作方便,使用安全可靠,整机由一个电控箱控制,只需一人即可操作,液压泵站操作简便。而且所有的各部件动作均有自锁装置,在坡道上运行无滑坡危险。

⑥组拼、拆卸快,转运运输方便。

⑦整机前移不再铺设纵轨,前端设置辅导梁,更便于弯桥架设。

（2）架桥机拼装、试吊

架桥机拼装按照先支腿、后主导梁、最后台车及机电系统的顺序进行,在安装完成后,必须进行调试,试吊试验后方可正式进行架梁施工。

在试吊前,应先检查如下部位:前、后横移轨道的位置和支垫情况,两主导梁是否连接可靠,各台车的连接和润滑是否良好,横移台车和轨道的相对位置是否准确,前后支架连接是否可靠,主横梁的连接可靠度、高差及平行度,起重行车的卷扬机、钢丝绳等的安全性和灵活性,电气各部件是否运转正常、运梁平车及轨道是否可靠。

利用梁体进行试吊,考虑到安全系数,在梁上对称平衡添加梁重的10%的重物(如钢筋、钢轨等),即试吊荷载为梁重的1.1倍。试吊步骤如下:

①运梁平车运梁到架桥机尾部。

②将架桥机整机调平,纵向误差±100mm,横向误差±50mm。

③按照喂梁、起吊等各个工序进行吊梁调作,每一步操作时均应先较小动作,检验无误后再动作到位。例如,起吊梁时,先启动卷扬机,使梁前端离开平车50mm左右,检查卷扬制动是否正常、支腿等是否有异常等,当确认均没问题时,再将梁提高到要求的高度。

④整机横移试验。将梁前后吊平,纵移到落梁处停止,整机横向运行数次。

⑤退梁。回梁到喂梁位置,按照起吊、喂梁相反的顺序,将梁退回运梁平车上。

⑥观测数据、结果总结、分析、整改,并详细检查各部件,以保证下一次正常使用。

同样,应编制详细的试吊方案,按照架桥机试吊工法操作。试吊过程中各部位均安排责任人观察,用测量仪器观测各部分的挠度、变形情况。如果发现异常情况,如架桥机跨中出现超出设计允许的挠度变形、支腿歪斜或沉降过大、两侧导梁不均衡、系统运行异常、听到异响等,应立即暂停试吊或退梁、卸载,对架桥机受力进行分析,拿出整改措施,确认稳妥后再继续测试。必要时,可在受力关键部位设置应力、应变检测元件,对架桥机的结构状况进行全面检测。

（3）架梁(以某工程先简支后连续50m T梁设位例)

预制好的T梁利用龙门吊自预制场吊至运梁轨道平车上,然后运梁平车通过轨道移动到安装位置旁,用架桥机起吊T梁两端、安装就位,使其支承在临时支座上。

先简支后连续梁安装施工工艺流程见图8-33。

①架梁前的准备工作。用全站仪对本桥跨距进行认真复核,提供架梁前的第一手资料。对支座垫石进行抄平,严格控制垫石的平整度和高程,同时确认盖梁已达到强度并按要求张拉、压浆。

安全是T梁架设的重点,应对施工区域进行封闭,安装跨下不得行人、行车、通航,以保证安全。

②临时支座设置。对于先简支后连续体系,在简支状态,梁体首先是安装在临时支座上,一般3~5跨为一联,待一联的各跨间通过顶部的预应力连成整体后,再将临时支座卸载,连续梁体安放在永久支座上。

T梁安装的临时支座主要有两种形式(如图8-34所示):a)双砂筒结构;b)卸荷块结构。

对于对称的易于稳定的中梁,其临时支座采用双砂筒结构,砂筒采用下大上小的钢管制作

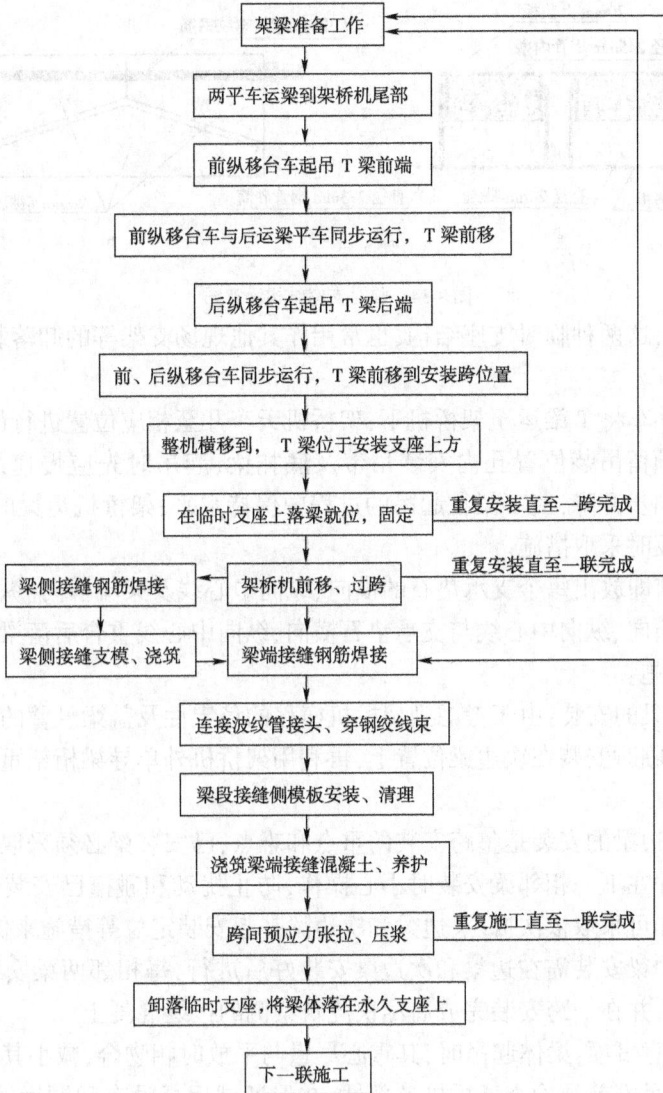

图 8-33 先简支后连续梁安装施工工艺流程图

而成。上面小直径钢管(245mm)为内塞,灌注混凝土;下面较大直径钢管(273mm)为砂筒,填入洁净、干燥的砂子,每个砂筒上用两个 ϕ24mm 的螺栓作塞子,卸荷时拧出螺栓使砂流出。砂筒配套后,先进行预压以消除砂子的松散变形,预压采用 H50 型钢制作的反力梁体系。待预压完成后,内塞与砂筒之间浇热沥青封水,使砂稳定。

由于砂筒在梁体安放其上时可能存在沉降,尤其会给边梁的稳固带来困难,存在安全隐患,故将边梁的临时支座改为卸荷块。如图 8-34b),用 $\delta=20$mm 钢板制作,块间钢板间抛光、上黄油,左右两块之间用 ϕ32mm 精轧螺纹钢筋对拉,卸荷时松开精轧螺纹钢筋。在安装前,先在型钢反力台座梁上进行静压试验,待符合强度要求后才能使用。

临时支座的高度根据支座处的高度确定,通过砂子的多少或精轧螺纹钢筋的收放来控制其高度。如果盖梁存在坡度,可将临时支座底面设置成相同坡度,安装时注意方向。

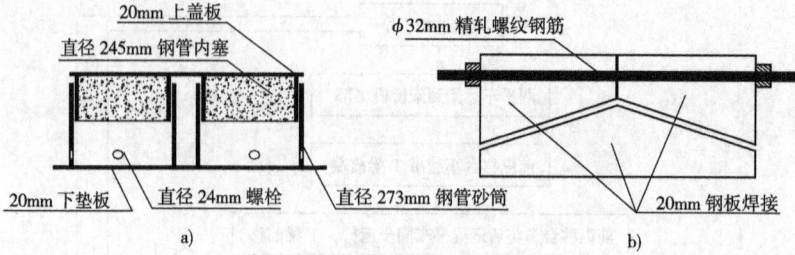

图 8-34　临时支座结构示意图

需要指出的是,这两种临时支座结构,也常用作其他现场支架等的卸落装置。

③架梁:

a. 喂梁:运梁小车将 T 梁运至架桥机下,架桥机天车开至相应位置进行吊装。

b. 捆绑梁:在预留吊装位置孔内安装吊带及底托梁,起吊时先应慢速,当 T 梁离开地面后,架桥机两侧要同步升降,使 T 梁在起吊的过程中保持水平;架桥机运梁时应严密监视电机是否同步,否则应及时采取措施。

c. 落梁:架梁前即放出每个支承垫石的横向、纵向中心线及梁端横向、纵向中心线,安好临时支座,当梁运至横向、纵向中心线与支承垫石横向、纵向中心线重合后落梁。

④稳定安全措施:

a. 边梁和次边梁的安装:由于考虑到架桥机横移的稳定性及盖梁悬臂的受力,进行边梁安装时必须先将边梁临时安装在次边梁位置上,再利用架桥机外单导梁桁架重新吊起边梁,外移至边梁位置。

因此边梁和次边梁的安装是整跨安装的重点和难点,已安装梁必须采取撑、拉等各种因地制宜的方法加固,并在下一相邻梁安装时小心操作,防止扰动和碰撞已安装梁体。同时,在工艺上可加以改进,如可采取依次挪位、边梁和次边梁一起安装定位等措施来保证安全。

b. 中梁安装:中梁安装需在边梁和次边梁安装好后进行,每相邻两梁安装好后,及时将相邻的梁体焊接连接,并在一跨安装完成后尽快浇筑梁侧的接缝混凝土。

c. 其他安全注意事项:梁体起吊时,其重心尽量与平放时相吻合,减小其旁弯程度,特别是边梁的起吊。梁体吊安前须检查架桥机各部件,在保证试运行没有问题后才能起吊安装。在吊安过程中,除无需测量观测挠度外,同试吊相同,架桥机各位置均应有专人负责进行观察,及时发现和解决可能的问题。

⑤质量控制措施。主要是控制梁体安装的平面位置、梁体垂直度、顶面高程。

平面位置、梁体垂直度主要用锤球吊线定位控制。在梁端面画出梁体中心线,安装时锤球吊线检查是否与支座中心重合,梁端中心线是否垂直(垂直度≤1.2%)。确认在误差范围以内,再落梁定位。

T 梁顶高程利用水准仪控制。在梁体安装但未加固时,测量梁体顶高程,临时支座安装时宁低勿高,如果因砂筒沉降而偏低,可以在砂筒顶垫钢板,钢板厚度由顶高程控制。

⑥架桥机过跨。待一跨安装好后,架桥机向前推进,以便安装下一跨。

a. 后支架前移:先垫好后支腿下垫木,用水平尺抄平,使后支腿压在垫木上,后横轨离开桥面(其高度能保证后台车及其横轨一次前移 20m)。开动后电葫芦前行,当后摇滚台车行至距主导梁前端27m时停止。将后摇滚台车落于桥面且落实。

b. 主导梁前移:确认摇滚架上与导梁无挂联,同时启动前后摇滚和导梁上两纵移台车,使导梁前移(当辅支腿到达前桥台时停止),纵移台车后移(两纵移台车移至尾部停止)。

c. 桥机转角:架桥机转角原理是靠调整导梁下弦与前摇滚上两平滚的间隙来实现的。因此,架桥机转角时,开动后横移台车向右幅横移,直至前摇滚上导梁下弦与两平滚无间隙时停止。将中支腿顶出,使前部横轨离开枕木。调整前摇滚架与导梁纵向垂直,再顶出前支架至前部横轨落实于枕木上。这时桥机恢复转角前的状态。如果转角满足不了架桥要求,可再重复以上动作,直至桥机摆正为止。架桥机转角是曲线桥安装的重点。

d. 前后支架前移就位:顶出中支腿,使前台车及横轨离开桥台。然后前支架整体前移,直至前台车行至前桥台落梁一边上方时止。辅支腿缩回至前台车枕木能够落实于桥台上。注意,前支架固定时要与前桥台平行。然后顶出中后支腿,至后支架便于前移为止。开动后电葫芦前行至距前支架52m时止。将中后支腿缩回,后台车落实于桥面上。此时后支架固定应与前支架平行。

e. 主导梁前移就位:同时启动前后摇滚,使导梁前移。当主导梁前端距其后的前支架中心1m左右时停止,然后将前后摇滚架与导梁锁紧。

架桥机过跨后先检查各部件运转情况。如一切正常后,即可试吊梁,准备安装下一跨。

⑦接缝及预应力连续施工。安装的各梁之间和各跨之间存在接缝,各梁之间的接缝按照先横隔板后翼缘的顺序进行钢筋焊接、吊模混凝土浇筑施工较简单。

安装跨间的简支变连续结构如图 8-35 所示。安装时先采用临时支座简支安装,然后将梁端头预埋钢筋相互搭焊、再施工墩顶现浇段混凝土(即跨间接缝)。梁体生产时顶板预留有预应力孔道和锚固齿块,待墩顶混凝土强度达到 100% 时进行预应力张拉、灌浆,然后拆除临时支座完成体系转换,即由单跨的简支梁变成多跨的连续梁。

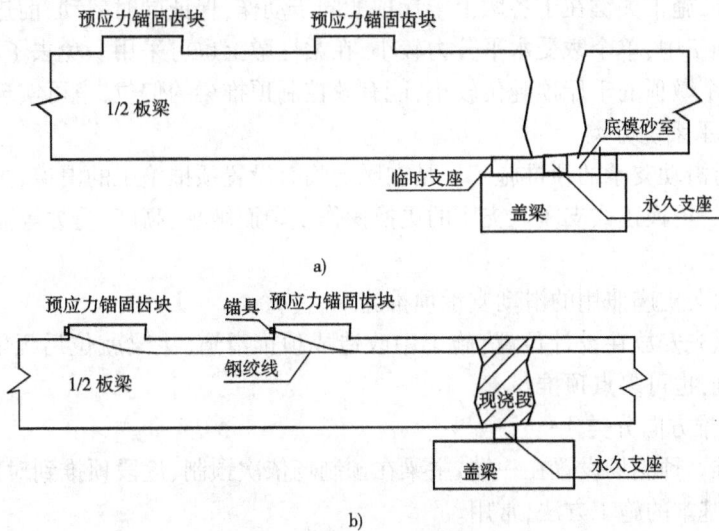

图 8-35　梁先简支后连续结构示意图
a)简支结构;b)连续结构

由于梁体底面离盖梁底面空间很低,墩顶底模无法用常规模板,一般采用砂室:将永久支座周围包裹好,在需铺设底模范围四周砌筑砖墙,填砂,顶面铺设层板(在支座处开孔)作为底模。混凝土浇筑、张拉后,拆除砖墙,高压水冲出砂子,拆模。

临时支座卸载、拆除后即完成简支到连续的体系转换,应对称逐孔拆除,并充分注意操作安全。

4. 顶推法施工技术简介

顶推法施工是在沿桥纵轴线方向设置预制场,分节段预制梁段,并用纵向预应力连成整体,然后水平液压千斤顶顶推,使梁体在滑动装置上向前顶进,就位后落梁,更换正式支座完成梁体的安装施工。

一般顶推法施工工艺流程见图8-36。

1)顶推施工方法

(1)根据顶推的施力方法分类

①单点顶推法。顶推装置集中设置在靠近主梁预制场的桥台或桥墩上,前方各墩支点设置滑动支承进行顶推。滑动支承一般为四氟乙烯板,滑动摩擦系数一般为 0.04~0.06。可设置竖向千斤顶联动,依次顶高、水平顶进、落梁,再移动竖向千斤顶,继续顶推施工。

②多点顶推法。在纵向的各个墩、台上设置一对千斤顶,将顶推力分散到各墩上。多点顶推法操作要求高,施工关键在于各墩上千斤顶的同步动作,保证同时启动、前进、停止和换向。

多点顶推施工中,单个墩受水平分力较小,在柔性墩上也可采用。免去了单点顶推的大规模顶推设备,每个墩顶的千斤顶吨位较小,能有效控制顶推梁的偏位,也可实现弯桥顶推作业。

(2)根据支承系统分类

①设置临时滑动支承的顶推施工。是在墩上临时设置顶推施工的滑道,主梁顶推就位后,千斤顶顶起主梁,更换正式支座。支座的更换操作复杂而敏感,高度、受力等需周密计划,统一操作。

②使用与永久支座兼用的滑动支承顶推施工。

将永久支座先安放在设计位置,施工中改造成顶推滑道,主梁就位后无需顶梁和更换支座。可单点顶推,也可多点顶推。

(3)根据顶推方向分类

①单向顶推。预制场设置在一端,主梁在预制场依次预制、逐段顶推到对岸的顶推施工方法,这是顶推最基本的施工方法,常用。

②双向顶推施工(又称双向顶推)。在桥梁的两端桥台后同时设置预制场,主梁从两个预制场同时预制、顶推,在跨中某处合龙。该方法施工速度快,节省预应力筋,但需增加顶推设备投入。

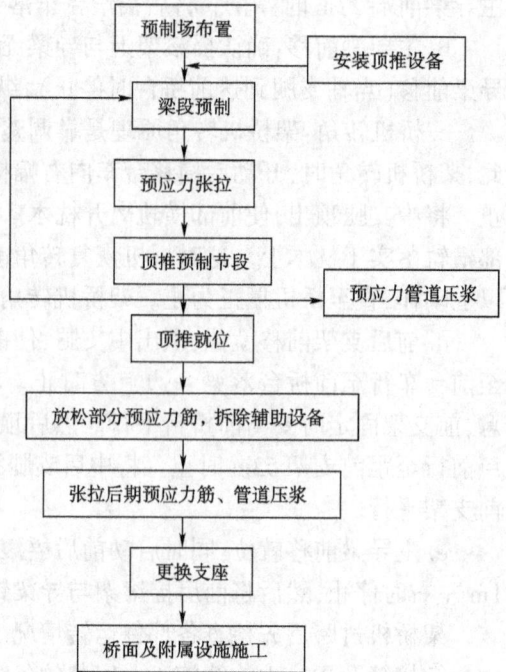

图8-36 顶推法施工工艺流程图

预制场布置 → 安装顶推设备 → 梁段预制 → 预应力张拉 → 顶推预制节段 → 预应力管道压浆 → 顶推就位 → 放松部分预应力筋,拆除辅助设备 → 张拉后期预应力筋、管道压浆 → 更换支座 → 桥面及附属设施施工

2）顶推施工的临时措施

与其他施工方法一样,顶推施工也有一些临时设施,以保证施工的顺利进行。

（1）横向导向装置

在桥墩(台)的两侧安置水平千斤顶,通过滑块顶在梁体下部,以调整顶推过程中梁体的横向位置。一般设置在离开预制场的位置和梁体最前端跨桥墩上。

（2）减少施工内力的措施

顶推过程中,结构体系不断转换,截面正负弯矩交替出现。为了减少施工内力和增加安全性,有时还设置导梁、临时墩、塔柱拉索、托架、斜拉索等临时措施。如图8-37所示,各种措施仅为示意,需经过专门的设计计算确定结构构造,并应充分考虑动力系数和安全储备,从技术、安全、造价、工期等各方面综合比较选择适合工程特点的临时措施,可单独使用或组合使用。

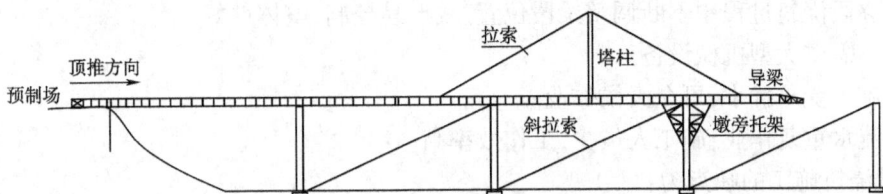

图8-37　顶推施工各种临时措施示意图

导梁安装在主梁的前端,采用等截面或变截面的桁架或型钢梁的形式,底缘与主梁底齐平,可减少主梁负弯矩和方便搭上下一桥墩。

临时墩搭建在两桥墩间,可减少顶推跨径,应具有足够的强度和刚度,常采用空心薄壁混凝土墩。

塔柱拉索系统设置在主梁前端,塔柱为钢结构,通过连接件与主梁铰接,塔柱下端设置竖向千斤顶,调整拉索在不同工况下的索力。

墩旁托架依附墩身而搭建,以减少顶推跨径和梁的内力。

斜拉索用于顶推时加固桥墩,以减少桥墩的水平力,尤其是在较大纵坡和较高墩身的情况下采用。

第三节　悬臂施工法方法、程序和施工要点

悬臂施工方法是从桥墩处开始,对称地不断接长悬臂直至主梁合龙的施工方法。根据悬臂接长的方式不同,分为悬臂浇筑和悬臂拼装两种方法。

悬臂浇筑实际上也是一种梁桥就地浇筑施工的方法,是在桥墩两侧对称安装施工挂篮,逐段地浇筑混凝土,待混凝土达到一定的强度后张拉预应力,移动挂篮继续下一段施工。悬臂拼装法实际上也是一种装配式的主梁施工方法,将梁体预制成节段,从桥墩两侧利用起吊设备依次对称拼装,张拉预应力筋,悬臂不断接长直至合龙。在悬臂施工的过程中,悬臂状态的结构是T形刚构,合龙后形成连续梁,在施工过程中需进行体系转换,包括必要的墩梁固结和解除等。

悬臂施工方法充分利用预应力混凝土的受力特性,无需搭设施工支架和使用大型的设备,

不影响桥下的通航、行车,施工受季节和河流水位影响小,适应性强。所以,这种施工方法不仅用于悬臂体系的桥梁施工,还广泛应用于斜拉桥、拱桥等各种桥型,主要是在挂篮或桥面吊机上作一些适应该桥型的变化而已。

悬臂施工方法目前已经成为大跨度桥梁施工中的一种重要的施工方法,其广泛应用,推动了桥梁向大跨度、高难度的发展。

一、悬臂浇筑施工

1. 悬臂浇筑的施工特点

悬臂浇筑施工(简称悬浇)是目前连续刚构桥梁施工的最主要的方法,具有以下优点:

(1)不需要占用较大的预制场地。

(2)逐段浇筑过程中不断调整梁段位置,线形易控制,整体性好。

(3)不需要大型机械设备。

(4)施工受干扰小,可全天候作业。

(5)流水重复作业,施工人员少,工作效率高。

悬臂浇筑施工的缺点为:

(1)梁体与墩柱不能平行作业,施工周期较长。

(2)悬臂浇筑混凝土加载龄期短,混凝土收缩、徐变对线形控制、预应力损失等影响较大。

2. 悬臂浇筑的总体施工工艺

连续刚构桥悬臂浇筑施工的总体施工工艺流程见图8-38。如果是多T构连续梁桥,其合龙顺序直接影响到成桥的恒载内力,由徐变引起的内力重分布数值也不同,但总体遵循对称、平衡的原则组织施工。

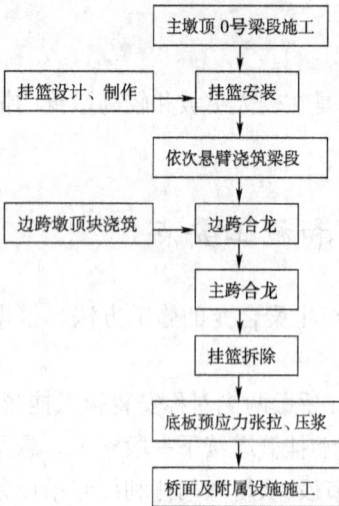

图8-38 悬臂浇筑施工的总体施工工艺流程图

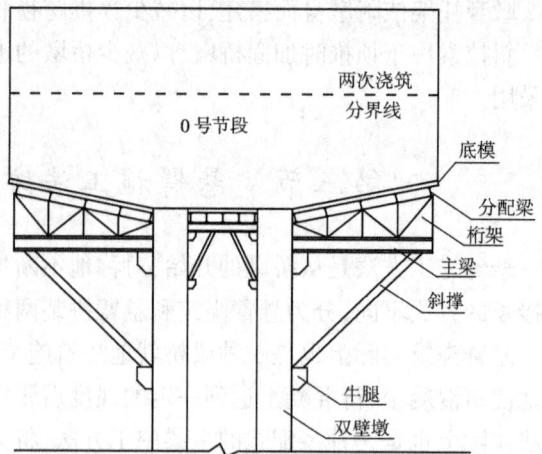

图8-39 0号块混凝土浇筑托架结构构造示意图

下面拟就各工序的具体施工工艺进行介绍。

3. 主墩顶 0 号块施工

悬臂浇筑施工的墩顶块一般编号为 0 号,是悬臂浇筑施工的起始段,也是挂篮安装的操作平台。一般采取就地浇筑的施工方法,如果墩较矮,则可采用落地支架浇筑混凝土,但一般连续刚构桥桥墩较高,所以常采用依附在墩身上的托架进行 0 号节段的混凝土浇筑。

某工程 0 号块混凝土浇筑托架结构构造见图 8-39。柔性双薄壁墩顶设置预埋件牛腿,再利用工字钢、槽钢等组合施工 0 号块托架,在其上铺设底模。托架的设计除考虑托架结构本身承受施工荷载的强度和刚度要求外,还必须对牛腿预埋件在墩身混凝土中的抗拔力、墩身的承受能力等进行验算,必要时,通过增加预埋件数量分散集中力。由于 0 号块底面存在一定的坡度,卸荷砂筒、卸荷块等设置难度较大,且数量多但周转次数少,所以,一般 0 号块托架在主梁和分配梁之间设置槽(角)钢桁架形成坡度,拆架时,将分配梁和底模用钢丝绳捆绑在已浇的混凝土上,割除该桁架实现卸荷。

0 号块的钢筋、模板、预应力等的施工与支架就地浇筑主梁施工的工艺相似,施工工艺流程见图 8-40。

根据 0 号块的尺寸和荷载情况,0 号块可一次浇筑或水平分层两次浇筑。同时,考虑到挂篮安装需要的足够的操作空间,有的桥(例如南充清泉寺嘉陵江大桥)将 0 号、1 号节段整体在托架上水平分层浇筑,再安装挂篮进行悬浇。如果水平分两次浇筑,则需充分注意接缝施工质量。

墩顶块施工中预应力管道埋设是重点,必须确保管道加固的强度,位置准确,顺直。混凝土浇筑前、后及过程中,应仔细检查管道是否损坏,如发现问题应及时处理,以确保以后顺利穿束。考虑托架及内支架受力后的变形,应对底板底模及顶板底模设置预拱量。

同时,0 号块上还有许多为挂篮安装准备的预埋件、吊孔等,施工中防止遗漏或偏位。

4. 挂篮悬浇施工

连续刚构桥主梁一般为变截面连续箱梁,箱梁为单箱单室断面,梁底下缘及底板上缘均按抛物线变化,悬浇节段高度也随之变化。主桥为对称结构,由中跨及边跨组成。

例:浙江洞头大桥 T 构箱梁分段结构图见图 8-41。

挂篮悬浇施工工艺流程见图 8-42。

1)挂篮构造

挂篮作为悬浇施工的主要设备,应当具备安卸和移动方便、安全可靠的基本要求。

有的较小的挂篮直接利用万能杆件、贝雷桁架拼装,较大的挂篮一般采用钢结构制作,焊

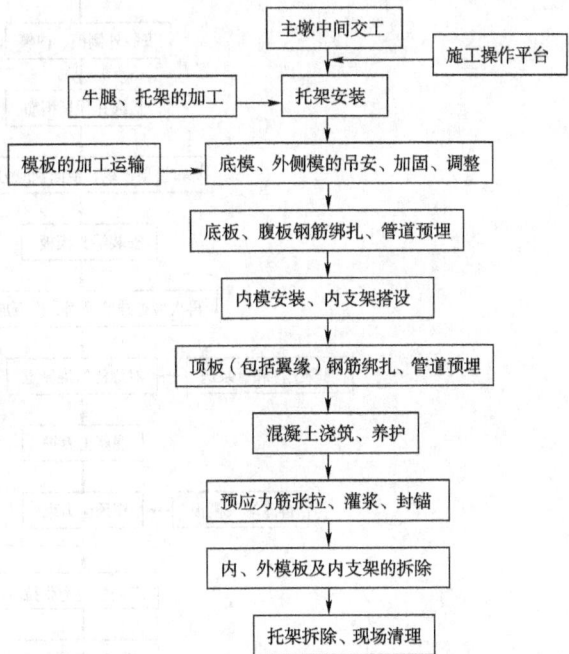

图 8-40　0 号块施工工艺流程图

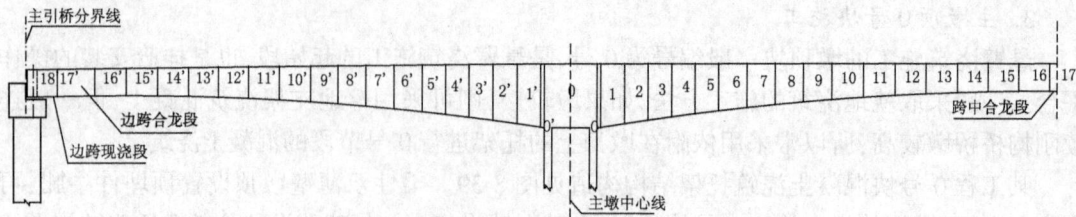

图 8-41　浙江洞头大桥 T 构箱梁分段结构图

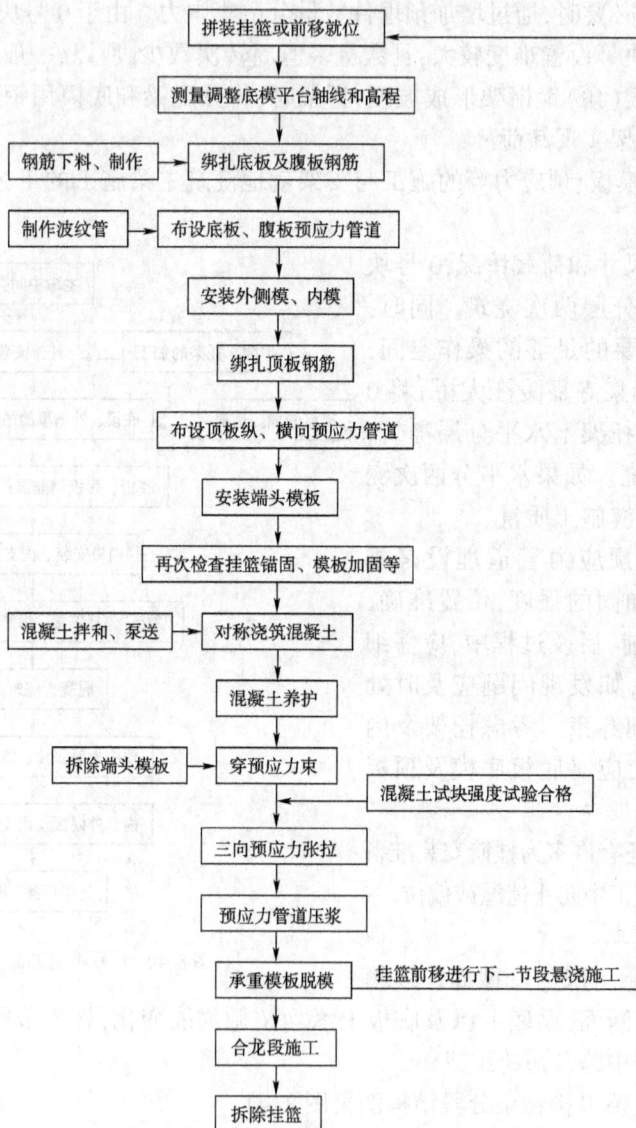

图 8-42　挂篮悬浇施工工艺流程图

接和拴接、销接相结合。根据挂篮主桁的外形构造,挂篮可分为一字形挂篮、三角形挂篮和菱形挂篮 3 种。

一般挂篮由主承重纵钢箱梁(或是桁梁)、后横梁、前横梁、底模平台、前吊杆、后吊杆、内滑梁、后锚、分配梁、轨道、操作平台等部件组成,有的挂篮抗倾覆能力不足时,在挂篮后还有压重块。

某工程菱形挂篮结构见图8-43。

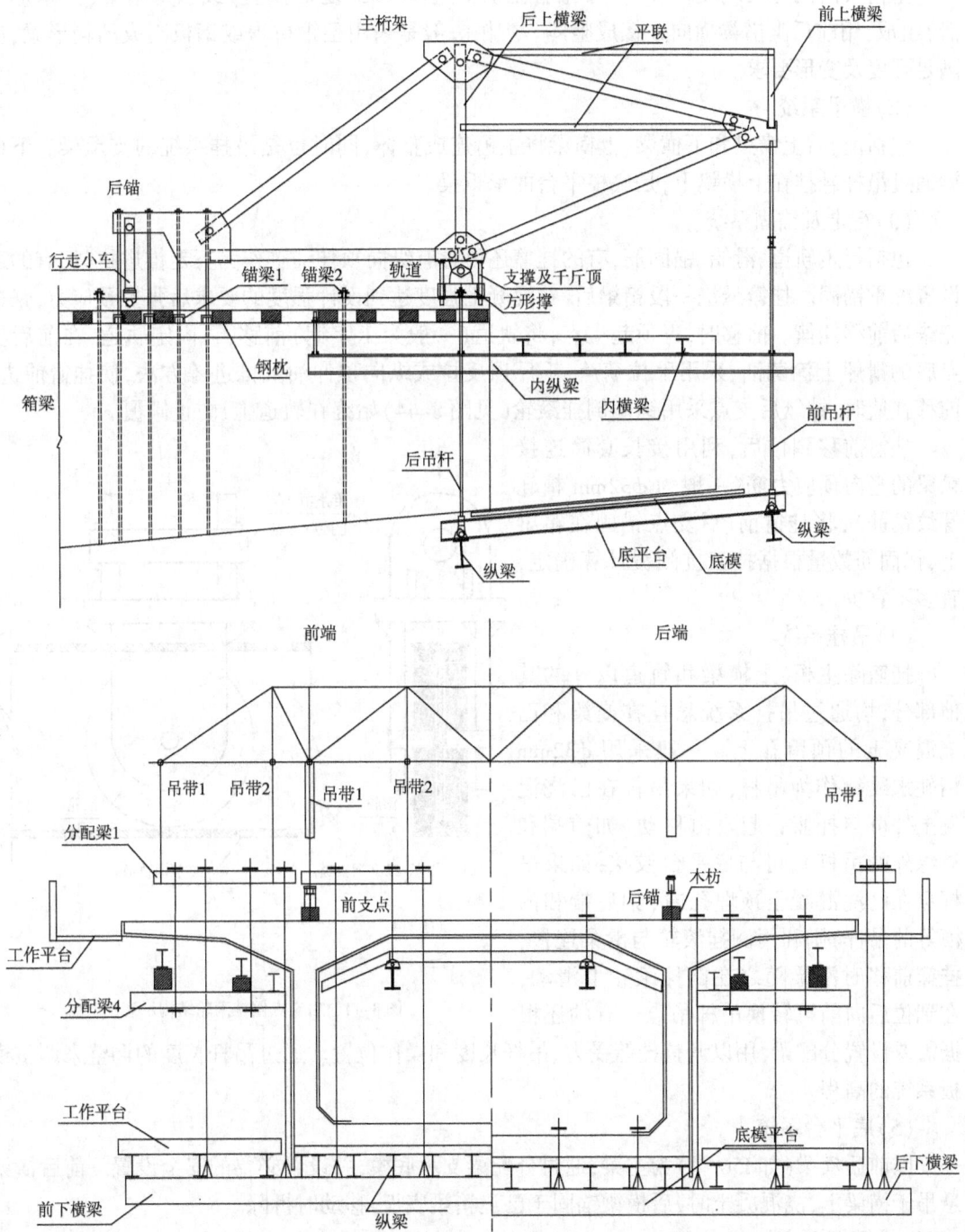

图 8-43 菱形挂篮结构示意图

根据挂篮的各部分功能,可分为主桁架系统、横梁系统、行走及锚固系统、吊挂系统、底平面台系统、模板系统6大部分。

(1)主桁架系统

主桁架由两片大刚度箱梁(一字形挂篮)或菱形桁架(菱形挂篮)或三角桁架(三角形挂篮)组成,用前后上横梁横向连接成整体。主桁一般是采用型钢拼焊或钢板制成的箱形梁,应满足强度及变形要求。

(2)横梁系统

包括前、后上横梁和下横梁,上横梁将主桁连成整体,同时也是吊挂系统的支承梁。下横梁通过吊杆悬挂在上横梁上,是底模平台的承重梁。

(3)行走及锚固系统

包括行走轨道、滑船、锚固筋,有的挂篮还设置有纵向顶伸油缸作为行走推进机具,有的还设置配重锚固。挂篮悬浇一段箱梁后,在混凝土强度达到设计强度的要求后张拉预应力,张拉完毕后前移挂篮。前移时,先顶起支点,将轨道(一般为工字钢)前移,再固定轨道,在前后支点底的滑船上涂黄油,采用手拉葫芦、千斤顶反拉或纵向顶伸油缸推进等方法,使挂篮前进。前移挂篮时,挂篮后支点采用锚固倒挂滚轮(见图8-44)始终在轨道上,防止倾覆。

挂篮前移到位后,利用接长套筒连接箱梁的竖向预应力筋(一般为φ32mm精轧螺纹钢筋),将挂篮前、后支点锚固在箱梁上,锚固筋数量根据挂篮抗倾覆计算确定,宜多不宜少。

(4)吊挂系统

挂篮除主桁、上横梁和轨道以外的其他部分,均通过吊挂系统悬挂在横梁和已浇混凝土的预留孔上。一般采用φ32mm精轧螺纹钢作为吊杆,如果吊杆在已浇混凝土外可与挂篮一起自由移动(如前端和翼缘外的吊杆),可与底平台铰接;如果吊杆穿在已浇混凝土预埋孔内(如后端和内模等的吊杆)则利用倒挂滚轮与滑梁连接,挂篮前移时滑梁随之在倒挂滚轮上滑动,在到位后向前再转换吊杆吊点。有的还根

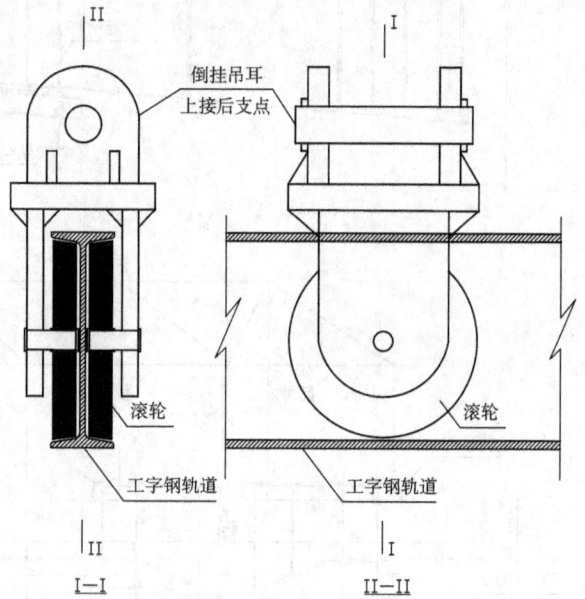

图8-44 后支点倒挂滚轮结构示意图

据需要设置分配梁,用以调整挂篮受力、吊杆长度和操作位置。通过吊杆长度的调整来调整模板系统的高程。

(5)底平台系统

以前后横梁(如I56等)为主梁,通过分配梁支承底模,并设置必要的安全设置。前后横梁悬吊于横梁上,浇混凝土时,后横梁锚固于已浇箱梁底板,移动时拆除。

(6)模板系统

除已提到的底模外,还包括外侧模、翼缘底模、内侧模、顶模和压脚模等。挂篮模板可采用

0 号块模板改装,直接悬吊于前后上横梁和锚固在已浇混凝土上。前移挂篮时下放底平台,所有模板均随挂篮移动。内侧模与内顶模断开,设铰以利于拆模。

2)挂篮安装及试压

挂篮主要构件在专业钢结构加工厂制造,严格按照设计要求的材料、焊缝、精度加工。在现场 0 号块上组拼成形,构件的单件重量严格按照现场可用的起重设备能力控制。

挂篮的安装按照主桁、横梁、吊挂、模板的顺序进行安装,注意及时锚固,安全第一。

挂篮安装完成后,仔细检查各部位的安装情况,在正式使用前进行试压。挂篮的试压可参照支架试压的各种方法进行,也可根据挂篮主要结构点受力的特点,采取悬挂水箱或在已浇混凝土上千斤顶反拉的方法进行试压。

选择主要吊杆位置作为试压受力点,后横梁上的吊点加设千斤顶与已浇混凝土反拉,前横梁上的吊点悬挂水箱或用钢绞线斜拉在已浇混凝土上,模拟混凝土浇筑时的挂篮受力,逐级加压、观测,检验挂篮结构的安全性能,并得出挂篮弹性变性、塑性变性的数据,为后续悬浇线形控制提供参考。

值得注意的是,如果通过加水、压载等措施进行试压,T 构两侧应对称均匀加载,防止 T 构偏心受力。

3)挂篮悬浇施工

(1)挂篮前移就位

混凝土浇筑完成后,强度达到设计规定强度张拉、压浆后即可前移挂篮。一般挂篮前移施工步骤依次为:脱模、后锚解除、安装千斤顶、移动轨道、挂篮移动、锚固、模板就位。

移动挂篮时箱梁中轴线两侧和 T 构两侧必须匀速、同步,防止不平衡受力。并随时观察挂篮中线与箱梁轴线的偏差,及时逐渐纠正,保证挂篮中轴线相对箱梁中轴线不会有大的偏移,为挂篮就位后的调整作准备。

(2)节段悬浇施工

挂篮混凝土的悬浇施工,与其他就地浇筑混凝土类似,钢筋、模板、预应力、混凝土的要求也基本相同,以下重点就挂篮悬浇特点有关的一些问题进行介绍。

①挂篮的检查和维护。挂篮经过设计计算和试压,表明可以投入使用。但毕竟挂篮在施工过程中不停地前移、锚固、解除等作业,因此,挂篮的经常性检查、尤其是浇筑混凝土前的检查,就特别重要。必须每次都按照操作工法要求进行作业、检查,以保证挂篮系统的安全性。

②模板的移动与定位。挂篮底模、侧模、翼缘模板一般随挂篮前移而整体移动,内模系统则根据挂篮的细部构造的差异以及挂篮移动时倾覆安全性的不同,可依靠内滑梁整体随挂篮移动,也可先悬挂在已浇梁段上,待挂篮前移到位后,再用手拉葫芦拉动前移到待浇梁段位置。

③钢筋绑扎的避让。箱梁悬浇段的普通钢筋均为现场绑扎。绑扎钢筋应保证预埋件位置正确和不受损害,当两者冲突时可适当移动普通钢筋的位置(或弯折或割除),但待预埋件施工完毕应恢复原位或重新焊接,确保钢筋的根数和保护层厚度。

④预应力的保护和接长。在钢筋施工的过程中,需要及时、准确、稳固预埋预应力管道。连续箱梁一般为三向预应力,横向预应力一般为扁锚预应力,一端轧花锚固在混凝土中,一端单根张拉,在混凝土浇筑前先穿在管道内;竖向预应力一般为 $\phi32mm$ 的精轧螺纹钢筋,下端锚固在混凝土中,顶端张拉;纵向预应力分底板、腹板、顶板预应力 3 部分,根据设计要求,有的

在阶段浇筑后即穿束、张拉,有的接长管道在后续施工的某一节段穿束、张拉,有的还需要先张拉,后用接长锚具接长后再张拉。

因此,悬浇施工的预应力管道的保护和接长的工作十分重要,每一个节段的管道情况将直接决定后续的预应力能否顺利施加,如果存在变形和堵塞,给穿束、张拉带来严重的影响。主要措施有:

a. 预埋波纹管必须用定位筋固定,并不得使管道变形,布设后的管道须平顺、无折角。

b. 纵向预应力波纹管接头采用外接头,对称旋紧,并以胶带将接缝缠好,防止混凝土浆渗入;有条件时,在浇筑混凝土前,波纹管内插入塑料衬管,防止浇筑混凝土过程中出现波纹管漏浆及变形,混凝土浇筑后及时活动衬管。

c. 纵向预应力锚垫板埋设时应保证有压浆孔的锚垫板上的压浆孔在张拉、灌浆前的畅通,可用海绵堵塞压浆嘴。其他各预埋的压浆管应接上顶板或底板混凝土面以上,封堵、固定好。

d. 浇筑混凝土之前应仔细检查有无串孔,孔道是否牢固、密封,位置是否偏差;检查无误后,清除管道内的杂物。浇筑混凝土过程中,专人检查管道情况,施工人员、机械、振动棒等均不得碰撞管道。

e. 始终禁止电焊、气割等作业接触预应力筋,对预应力筋造成损害。

f. 穿束前必须检孔,确保孔道畅通无阻。穿束采用人工穿束或卷扬机穿束。在节段较少、管道不长时采用人工单根穿束,钢绞线端头必须套以钝头钢套(常称"子弹头"),用力须均匀。当节段较多、管道太长时无法用人工穿束,这时采用卷扬机穿束。方法:先将卷扬机的钢丝绳穿过管道,钢丝绳自由端绑结钢绞线接头,用卷扬机通过滑车匀速地将钢绞线牵引通过管道。

⑤混凝土的对称浇筑。这里所说的对称包括两层含义:以墩轴线为对称轴的 T 构两悬臂对称和以箱梁中心线为对称轴的挂篮两侧对称,悬臂两端的挂篮同时浇筑,同一挂篮的两侧浇筑高度基本一致,这也是保证施工安全和结构安全的关键点。混凝土浇筑布料时,根据混凝土拌和数量、混凝土浇筑高度进行调整,保证对称位置的浇筑速度同步,荷载一致。

同时,张拉施工的顺序也应按设计要求对称张拉,施加预应力平衡。

⑥防止底板压模翻浆。浇筑箱梁混凝土时,先浇筑底板混凝土,待倒角处的混凝土密实及不再翻浆,再接着浇筑腹板混凝土,浇筑此部分混凝土时应特别注意振捣范围,不得将振捣棒太深入已浇筑部分,否则会引起倒角处混凝土的翻浆。同时,也可临时用模板对底板倒角外的底板混凝土进行加压,防止混凝土上翻。

⑦施工过程测量控制。悬浇施工一般由专门的监控单位在对施工各阶段的受力分析的基础上,确定各个节段施工的立模高程,在已浇节段的纵向束张拉后测量箱梁顶高程,确定下一节段的立模高程,其值为箱梁设计高程、浇筑梁段引起已浇悬臂的弹性变形、挂篮变形、徐变影响、日照、温差修正值和施工荷载引起的弹性变形的代数和。

施工中测量控制的要点为:

a. 浇筑混凝土前挂篮各控制点、线观测。

b. 浇筑混凝土过程中的高程和轴线观测。

c. 浇筑混凝土后高程观测。

d. 预应力张拉后的高程和轴线观测。

e. 合龙前,相接的两个悬臂最后 2~3 段在立模时必须进行联测,以便互相协调,保证合龙精度。

由于温度影响的存在,相同的观测内容最好选择相同的时段观测,并作出早、中、晚观测数据的对比,为线形控制提供参考。最后一段箱梁悬浇段立模高程须考虑施工荷载的变化、合龙束张拉、体系转换等影响。

4)边跨现浇段施工

在边跨交界墩顶的梁段(如图 8-41 中 18′所示),即为边跨现浇段,边跨现浇段的施工具有施工作业面小、要求高等特点。由于梁段一部分在墩顶范围,另一部分则悬出墩顶,荷载不平衡。梁段下安支座,在混凝土浇筑后,将梁段与交界墩临时固结,待边跨合龙后再解除固结,支座发挥作用,变成 T 构的伸缩端。

边跨现浇段一般为等截面箱梁,端部堵头设置横梁,中线上留有人洞。一般采取支架就地浇筑的施工方法进行边跨现浇段施工,主要工序的施工工艺流程见图 8-45。

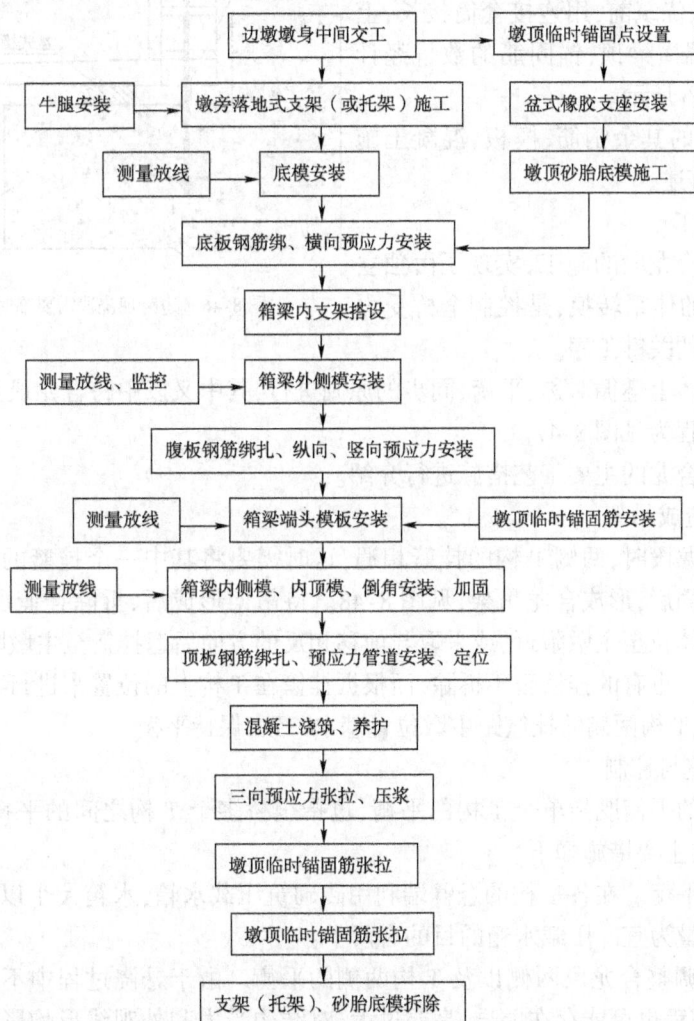

图 8-45　边跨现浇段施工工艺流程图

梁段在墩顶范围内的部分,采用砂胎底模,可参考装配式梁桥的墩顶现浇接缝底模的施工方法。

梁段悬出墩顶部分的底模,安装在支架上。根据墩高和基础情况,可采用落地支架,也可采用与主墩顶 0 号块浇筑施工类似结构的托架,依托墩身形成支撑平台,其强度、变形经计算满足施工要求。

在安装底模前安装单向活动橡胶支座,安装时严格按设计及规范要求,其四角高差不得大于 1mm,支座安装在墩顶垫石上,垫石设预留孔,支座地脚螺栓伸入预留孔内,孔内灌注环氧树脂砂浆,其配比经实验室试验合格后使用。

同时,由于边跨现浇段需要临时锚固在墩顶,在交界墩盖梁施工时就应预留锚固点。一般是采取精轧螺纹钢筋插入盖梁中作为锚固筋,在边跨现浇段浇筑前,用连接套筒接长,上端张拉、锚固在端横梁顶,锚固筋的数量经计算确定,如图 8-46 所示。

边跨现浇段的其余钢筋、模板、混凝土施工较常规,不再赘述。

5)合龙段施工

连续刚构桥合龙段的施工,实现了由独立 T 构向连续结构的体系转换,是控制全桥受力状态和结构线形的关键工序。

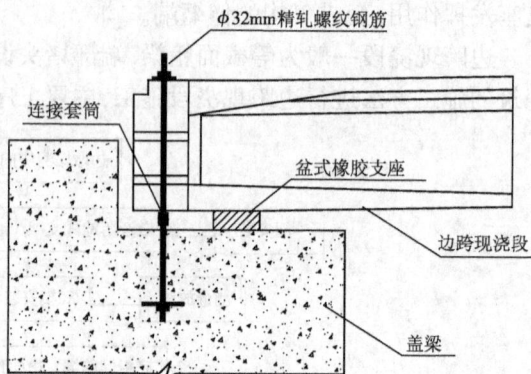

图 8-46　边跨现浇段需要临时锚固示意图

合龙施工总体上遵循对称、平衡、同步的原则进行,其中又以中跨合龙最为严格,其主要工序的施工工艺流程为见图 8-47。

下面就中跨合龙的主要工艺措施进行介绍。

(1)挂篮改造成吊架

在悬浇到合龙段时,两侧 T 构的挂篮相遇,这时需要将其中一个挂篮的底模和侧模在两悬臂混凝土上锚固后,形成合龙吊架,见图 8-48。待吊架形成后,拆除挂篮所有吊杆,用卷扬机将挂篮主梁整体拉至主墩附近,或采取与前移相反的方向后退挂篮至主墩附近,利用主墩侧的塔吊拆除挂篮。也有的挂篮暂不拆除,而根据挂篮在 T 构上的位置来进行高程平衡控制。

挂篮后退时,T 构两侧的挂篮距主墩位置基本一致,保持平衡。

(2)高程调整与控制

合龙施工时的平衡既指单个 T 构的平衡,也指全桥多个 T 构之间的平衡,它直接反映在对高程的控制上,主要措施如下。

①水箱压载平衡。在各 T 构的悬臂端利用砖砌筑压载水箱,水箱大小以能装 1/2 合龙段混凝土质量的水量为宜。压载水箱的目的有两个:

a.在合龙前调整合龙段两侧以及 T 构两侧的平衡。由于悬浇过程中不可避免地存在差异,各悬臂端的高程也可能存在差异,高差过大,对结构受力和外观线形均影响较大。对悬臂的水箱中水量的控制,直接调整悬臂的弯矩和变形。

b.在合龙混凝土浇筑时通过同步等质量放水来保证过程中结构体系的受力均衡。合龙

```
┌─────────────────────────────┐
│  合龙段两侧挂篮悬浇到合龙段位置  │
└──────────────┬──────────────┘
               ▼
      ┌──────────────────┐
      │  拆除一个挂篮底模平台  │
      └────────┬─────────┘
               ▼
      ┌──────────────────┐
      │ 利用一个挂篮改造成合龙吊架 │
      └────────┬─────────┘
               ▼
  ┌──────────────┐      ┌──────────────┐
  │  高程的调整与监控  │◄─────│  压载水箱砌筑、加水 │
  └──────┬───────┘      └──────┬───────┘
         ▼                      ▼
 ┌──────────────────┐  ┌──────────────────┐
 │ 合龙劲性骨架焊接(未锁定) │  │ 底板钢筋、管道安装  │
 └────────┬─────────┘  │ (两端未连接)      │
          ▼             └────────┬─────────┘
 ┌──────────────┐                ▼
 │  顶推千斤顶布置  │       ┌──────────────┐
 └──────┬───────┘       │  穿临时预应力束  │
        ▼                └──────┬───────┘
┌──────────────────────┐        │
│ 选择合龙时机和温度,高程调整到位 │        │
└──────────┬───────────┘        │
           ▼                     │
┌──────────────────────┐        │
│ 千斤顶顶推两侧悬臂到预定位置 │        │
└──────────┬───────────┘        │
           ▼                     ▼
 ┌──────────────────┐  ┌──────────────┐
 │ 焊接锁定合龙劲性骨架  │─►│  张拉临时预应力束 │
 └────────┬─────────┘  └──────┬───────┘
          ▼                    │
┌──────────────────────┐       │
│ 合龙段钢筋、管道、模板等施工完成 │       │
└──────────┬───────────┘       │
           ▼                    ▼
 ┌──────────────┐  ┌──────────────────────┐
 │ 合龙段混凝土浇筑 │  │ 混凝土浇筑过程水箱同步放水 │
 └──────┬───────┘  └──────────┬───────────┘
        ▼                      ▼
┌────────────────────────────────┐
│  合龙段混凝土养护到设计规定强度  │
└───────────────┬────────────────┘
                ▼
      ┌──────────────────┐
      │  张拉第一批底板预应力束 │
      └────────┬─────────┘
               ▼
      ┌──────────────┐
      │  解除临时预应力束  │
      └──────┬───────┘
             ▼
    ┌──────────────────┐
    │  其余三向预应力束张拉  │
    └────────┬─────────┘
             ▼
    ┌──────────────┐
    │  拆除合龙吊架及挂篮  │
    └──────────────┘
```

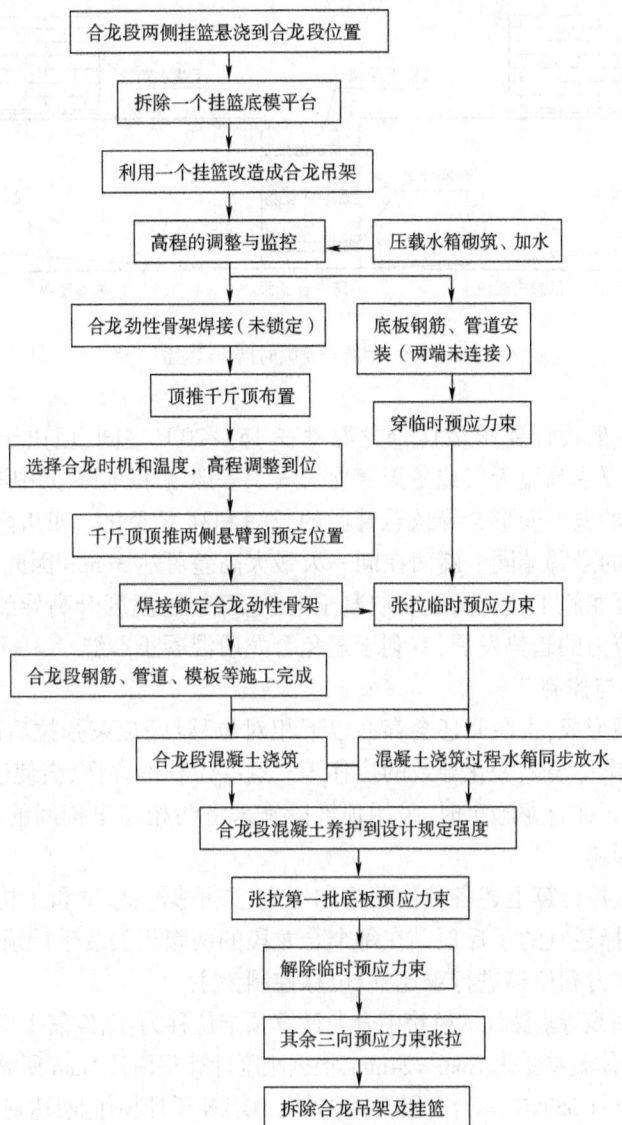

图 8-47　中跨合龙主要工序施工工艺流程图

段混凝土浇筑施工时,随着混凝土的不断增加,利用水箱的同步等质量放水来使该位置荷载平衡,保证合龙段劲性骨架和临时预应力束的安全,也使合龙质量得到保证。

水箱位置见图 8-49,水箱在合龙段张拉后拆除。

②挂篮位置控制。挂篮在主梁的不同位置上时,对 T 构的主墩弯矩不同,所导致的悬臂高程也

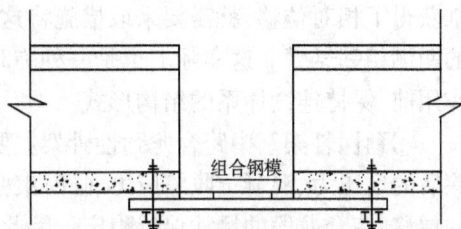

图 8-48　中跨合龙吊架(底模部分)示意图

有差异。因此,有时也将挂篮作为高程调整控制的辅助措施,通过适度的前移或后退,来调整

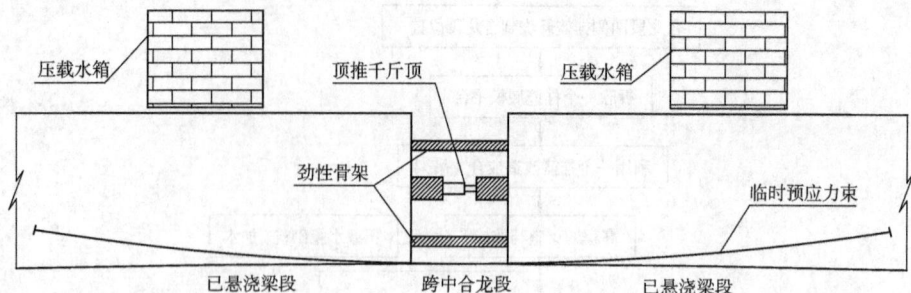

图 8-49　中跨合龙临时措施示意图

高程。

③温度选择。一般设计要求最佳合龙温度在 15～20℃之间,但由于工程组织的时间原因,也有工程正好在夏季高温天气或冬天寒冷天气。一般说来,同一天中温差过大对合龙是不利的,预应力混凝土的温度变形会导致悬臂段的长短和高度变化。四川南充清泉寺嘉陵江大桥在夏季合龙,55m 的悬臂端同一断面在同一天最大高差可达 3cm。因此,一般选择在夜间温度最低的时段进行合龙施工,这样,随着混凝土的强度增长,温度升高导致的温度应力朝着有利于合龙段减少拉应力的趋势发展,有利于避免合龙段混凝土裂缝。

(3)位移的调整与控制

合龙后连续体系形成,主墩间还会存在以下相对位移:底板束张拉后的位移、混凝土后续收缩和徐变的位移、梁体温差变化导致的位移等。这些位移的存在,会使连续梁内出现附加的拉应力,对结构不利。在合龙施工时,采用顶推措施来将两相邻 T 构间的相对距离加大,以抵消这种不利位移的影响。

顶推位移根据监控计算上述各种位移之和确定,并根据位移量和 T 构的刚度情况计算所需顶推力的大小,选择适宜的千斤顶。在每个合龙段的两腹板安装千斤顶(图 8-49),对称、同步加载顶推。以顶推力和位移进行双控,以位移控制为主。

例如,四川南充清泉寺嘉陵江大桥跨中合龙计算顶推位移为:底板束张拉 10mm + 混凝土后期收缩和徐变 7mm + 梁体温差变化 7mm =24mm,根据刚度计算每顶开 1mm 所需的顶推力 56.2kN,所以顶推力为 56.2×24≈1 350kN,每合龙段选择 2 台 1 000kN 千斤顶作业,达到了预期目的。

(4)临时锁定措施

在合龙段混凝土浇筑之前,通过高程控制措施使合龙高程基本一致,相邻 T 构间通过顶推获得了相对位移,就需要采取措施将这种良好的位置关系保持下来,也就是临时锁定合龙段的两侧相邻悬臂。这实际上也是一种临时的结构体系转换,在合龙段混凝土、预应力等未发挥作用前,保持连续体系的结构形式。

①劲性骨架。中跨合龙劲性骨架主要承受两 T 构间的各种相互作用力,如顶推千斤顶撤除后的反压力、混凝土收缩应力、临时束张拉力、温度应力等,并约束各种导致两悬臂位置变化的位移,使合龙段的尺寸保持稳定。因此,劲性骨架的设计要充分考虑抗压、抗剪强度和结构稳定性。此外,由于在合龙施工时,腹板端面上同时有千斤顶顶推装置、劲性骨架、预应力管道、普通钢筋等,位置狭小,在结构设计时需要充分考虑相互避让和操作的便捷程度。

在每个合龙段的两腹板上设置预埋件,安装劲性骨架,在顶推到位后立即锁定劲性骨架。

如图 8-49 所示,仅画出劲性骨架的水平杆,在水平杆焊接好后,拆除千斤顶,再焊接上下水平杆间的斜撑,以加强稳定性。

例如,四川南充清泉寺嘉陵江大桥跨中合龙劲性骨架容许承载力 1 800kN,水平杆为 2[32,斜撑为 2[20,两者间呈"Z"形布置。

②临时预应力束。临时预应力束的张拉是为了帮助劲性骨架受力,使合龙段两侧的 T 构在合龙初期形成更好的整体状态,它在已浇梁段底板应贯穿一定的距离,以保证底板的抗拉能力。临时预应力束的张拉在劲性骨架锁定焊接好后对称进行,待混凝土达到一定强度(一般不少于 75% 的设计强度)后张拉底板永久预应力束,并解除临时预应力束。

例如,四川南充清泉寺嘉陵江大桥每跨中合龙段两束临时预应力束,长约 44m,根据劲性骨架承载力 1 800kN 和顶推力 1 350kN 推算,临时预应力束的最大容许张拉力为 1 800 − 1 350/4 =146kN,现场张拉时按每束 800kN 加载。

(5)边跨合龙段施工

相对中跨合龙段施工而言,边跨合龙段施工较简单。一般在中跨合龙后进行,也有的桥先合龙边跨后中跨合龙。

中跨合龙后,T 构间连成整体,稳定性强,边跨合龙可不同步进行,也无须顶推。但对合龙时的温度要求、合龙时间的选择、水箱压载并在浇筑混凝土时同步放水平衡荷载等要求于中跨合龙相同。尤其值得注意的是,边跨合龙段混凝土浇筑完成后,应及时拆除边跨现浇段的临时锚固,使梁体可在支座上自由伸缩,减少内部应力。

二、悬臂拼装施工

1. 悬臂拼装施工的特点

从各种桥型的各种施工方法来看,悬臂拼装施工使用很广泛,也符合桥梁施工技术标准化、工厂化的趋势,这种方法具有以下优点:

(1)梁体块件的预制和桥墩施工可同步进行,拼装成桥的速度较现浇快,可显著缩短工期。

(2)梁段在预制场中集中施工,标准化作业,施工质量易得到保证。

(3)梁体塑性变形小,可减少预应力损失。

(4)施工受气候影响小。

同时,悬臂拼装施工也具有以下缺点:

(1)需要占用较大的预制场地。

(2)梁段的运输、安装需要较大的机械设备。

(3)如不采用湿接缝,块件安装位置难以调整。

2. 悬臂拼装梁段的预制方法

根据梁段间的相互匹配方式的不同,悬臂拼装梁段的预制分长线法和短线法两种。

1) 长线法预制(图 8-50)

设置全梁或部分梁长的台座,台座底模线形在成桥线形的基础上设置预拱度,将梁段在台座上依次预制或间隔预制,以先预制的梁端作为后预制梁段的端模。这种方法需要占用较大的预制场地,设置台座工作量大。

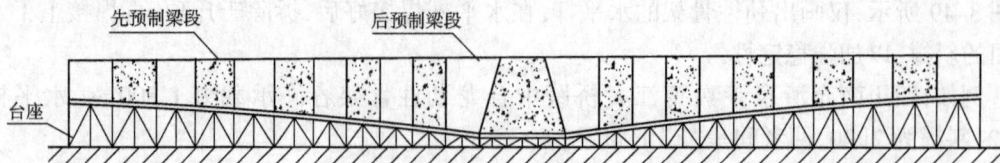

图 8-50　长线法预制梁段示意图(间隔法)

2)短线匹配法预制

在预制场设置梁段预制台座,将梁体的节段进行空间坐标转换后,依次在台座上固定的模板内浇筑完成。浇筑时,梁段的一端为固定模板,一端为前一梁段(匹配梁段)的前端面。混凝土强度到达一定强度后,将匹配梁段移走,再把新浇梁段作为匹配梁段,依次循环,直至完成整桥的梁段预制施工。

这种方法具有施工速度快、占用场地小、标准化生产程度高的优点,在国外大量使用,国内应用较少,但其标准化程度高,施工速度快,推广价值较大。

3. 悬臂拼装的施工方法

根据各桥情况的不同,可采用不同的施工方法实现悬臂拼装。例如,在桥墩不高的陆地或便桥上施工时,可采用自行式吊机、龙门吊等进行拼装作业,在水中可采用浮吊作业。对于其他不便在陆上和水上作业的桥梁,可采用各种吊机高空悬臂拼装施工。高空悬臂拼装可采用如下方法。

1)架梁吊机悬拼

类似悬臂浇筑的挂篮主桁系统,在前上横梁设置滑车,后锚位置安装卷扬起吊系统,架梁吊机在轨道上前移、锚固、吊梁作业。也可根据施工需要,将架梁吊机设计成桅杆吊式、配重平衡吊机等不同的形式。

架梁吊机悬拼的施工工序与挂篮悬浇的工序基本类似,只是混凝土现场浇筑改成了现场拼装。架梁吊机的存在,导致悬臂弯矩较大,施工控制预应力束增加,在普通梁桥施工中使用较少,一般在拱桥、斜拉桥、悬索桥中使用较多。

2)架桥机悬拼

利用架桥机跨在两跨之间,将梁段依次悬臂拼装,架桥机前移过跨,又进行下一跨的拼装施工。

这种方法架桥机支腿在桥墩(台)上,在悬臂上无附加的荷载,一次架桥机前移就可安装一跨,拼装作业安全,施工速度快,适合梁桥施工。

3)缆索吊机拼装

在两桥台(墩)位置安装索塔,设置缆索吊机,进行悬拼。

这种方法对于梁桥一般在跨度不大、跨数较少、梁段较轻的情况下使用,在梁桥中使用较少,在拱桥、悬索桥中应用较多。

综上所述,短线匹配法预制施工工艺前景广阔,架桥机悬拼在梁桥施工中很适用,下面将结合江苏苏通长江的施工实际,作重点介绍。对于其他拼装方法,在其他桥梁的施工介绍中将会涉及。

4. 短线匹配法预制、架桥机悬拼施工技术

在苏通长江大桥的部分标段,75m跨预应力混凝土等截面连续箱梁采用短线匹配法预制,跨墩架桥机悬拼施工。节段长度分为 2m、3m、3.3m、3.6m、4.0m 和 4.5m 六种,最大块段质量为286t(质量超过150t 的块段采用二次浇筑工艺,将预制阶段的块段质量控制在150t 以内)。每联的边跨设有

1 道 10cm 和 1 道 15cm 宽的湿接缝,中跨跨中则为 3m 宽的现浇混凝土合龙段。

预制、安装施工工艺流程见图 8-51。上部结构箱梁节段拼装采用架桥机悬拼施工,拼装时除边跨外均以"T"构为单元进行对称悬拼。梁段间拼装接缝为环氧树脂胶接缝。

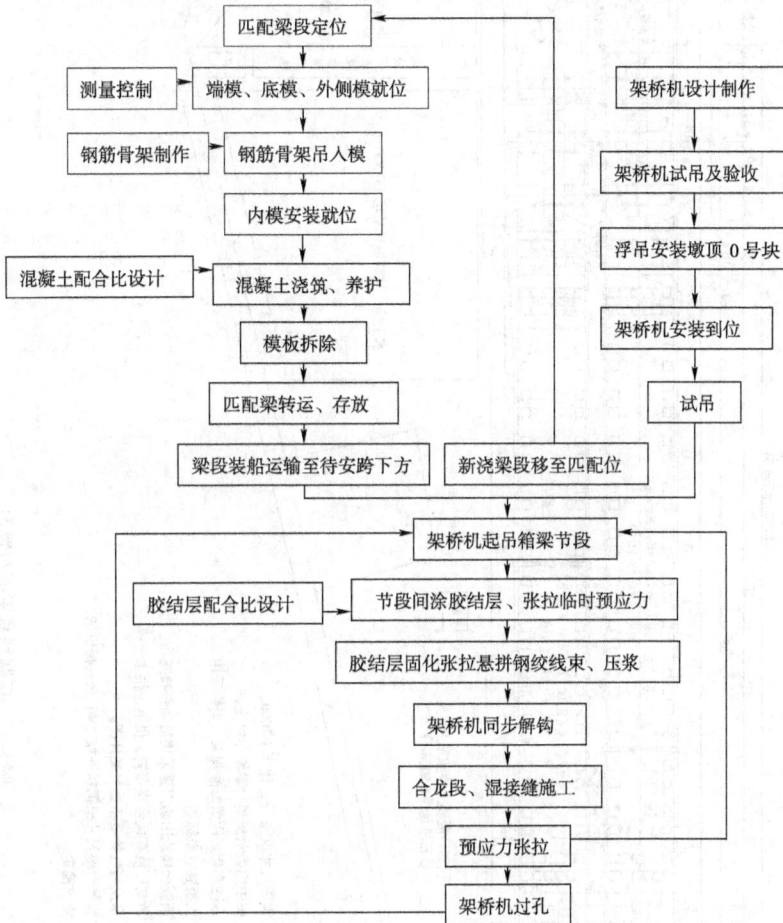

图 8-51　短线匹配法箱梁节段预制、安装施工流程图

1)预制场施工

场区以箱梁节段预制、堆存及出运为中心进行布置,场区主要由混凝土拌和站、钢筋骨架加工区、节段预制区、节段堆存区、节段出运栈桥、出运码头和仓库车间等几个部分组成。

节段预制区共设两条生产线,每条生产线各设 3 个箱梁预制台座、3 个钢筋绑扎台座。预制台座两侧设测量控制塔,在每条生产线上各设 1 台 1 600kN 龙门吊及 1 台 1 00kN 龙门吊(跨距 26m)辅助生产。

箱梁堆存区共设 162 个堆存台座,箱梁节段按 2 层堆放,共可存放箱梁 324 块。预制区与堆存区之间设有 20m 长的修整区,共 12 个修整台座。

场内还设置有 2 台 50m³/h 的混凝土搅拌站、2 台箱式变电站、砂石料堆场、钢筋堆场、钢筋加工车间、办公室、试验室、蒸气锅炉房等。

预制场总平面布置见图 8-52。

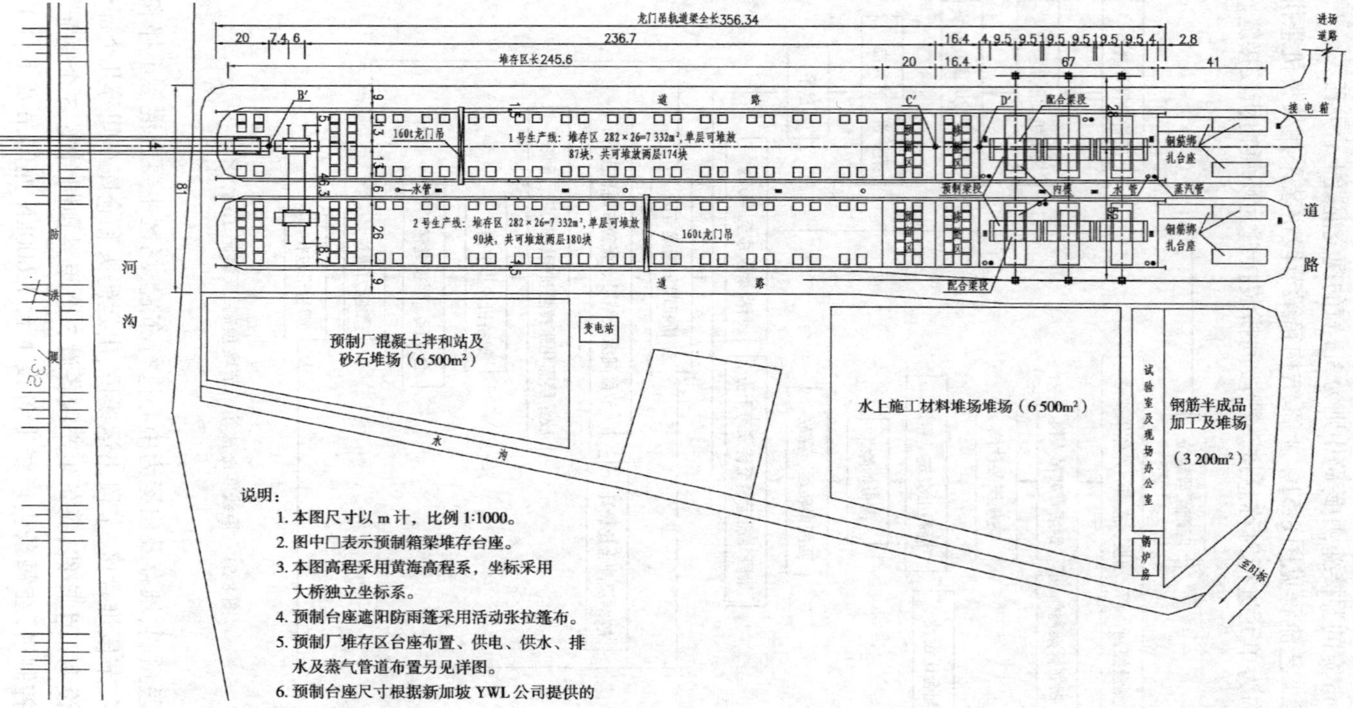

图 8-52 预制场总平面布置图

说明：

1. 本图尺寸以 m 计，比例 1:1000。

2. 图中口表示预制箱梁堆存台座。

3. 本图高程采用黄海高程系，坐标采用
大桥独立坐标系。

4. 预制台座采用预应用活动张拉遍布。

5. 预制厂堆存区台座布置，供电、供水、排
水及蒸气管道布置另见详图。

6. 预制台座尺寸根据新加坡 YWL 公司提供的
要求确定。

生产电力表

生产线编号	堆存量（块）
1#	174
2#	180

主要构筑物表

编号	项目	单位	数量
1	钢箱梁台合座	个	6
2	锚件区龙门座	个	6
3	锚索区台座	个	24
4	涂管区台座	个	24
5	堆存区台座	个	366
6	调温室	台	6
7	160t龙门吊	台	2
8	龙门吊轨道	m	1425.36
9	堆存区轨道	m	92.6
10	锚桥小车	台	1
11	厂区道路	m	约1400

2）预制施工。

箱梁总体预制顺序按照先拼先制的原则进行,在正式施工前,可先进行箱梁节段的预制施工试验,检验箱梁混凝土配合比、施工工艺、外形尺寸、端面剪力键、脱模剂的效果、隔离剂的效果、外观质量、弹性模量及容重值等是否满足施工需要和设计要求,并进行优化。

（1）模板系统

与其他预制构件的模板类似,只是根据短线匹配的要求和工厂化生产的需要,作了如下改进。

①苏通大桥预制梁段的底模为可调式4支腿钢平台结构。每套模板系统包括2个底模支架及1个底模台车。底模台车上设置了竖向及横向液压装置,竖向液压装置用于调节底模的高度和倾斜度、拆模时顶升(降落)箱梁节段;横向液压装置用于调节底模(匹配梁段)的平面位置,方便底模(匹配梁段)定位。通过操作阀件控制布置于底模台车上的横向和竖向的千斤顶,对底模进行三维调整。底模中轴线应与测量基线(测量塔与目标塔连线)、固定端模模面中轴线位于同一条直线上,并用精密水准仪检查其水平度。

②内模主要由顶板底模、腹板内侧模及角模组成,各模板之间采用可调撑杆支撑,整个内模系统固定在内模台车滑梁上,由液压系统完成竖直方向伸缩及横向开启、闭合,并通过台车伸进移出。

③端模分固定和移动两种。固定端模与固定在地面的支撑锚固支架连接成一体;移动端模用于墩顶梁段预制,作为梁段的另一端的端模。

④侧模系统由侧模、侧模支撑桁架及调节螺杆组成。侧模定位时,通过支撑桁架上的螺旋调节装置进行调位,到位后底口与底模用螺栓连接固定。侧模顶、底口设对拉螺杆。

⑤匹配梁段定位及与待浇段的隔离处理。

匹配梁段定位时高程、平面位置控制通过设置在底模台车的千斤顶来实现,其操作方式与底模调整相同。在匹配梁段调整到位后,采用调节螺杆进行支撑。

匹配梁段与待浇梁段间接缝涂刷专用隔离剂。隔离剂在待浇梁段钢筋骨架入模前涂刷。在梁段分离后,用清水和钢丝刷对匹配梁段和新浇梁段的接头断面进行清洗。

（2）预制程序

标准节段预制程序示意见图8-53。

步骤	图 例	说 明
A	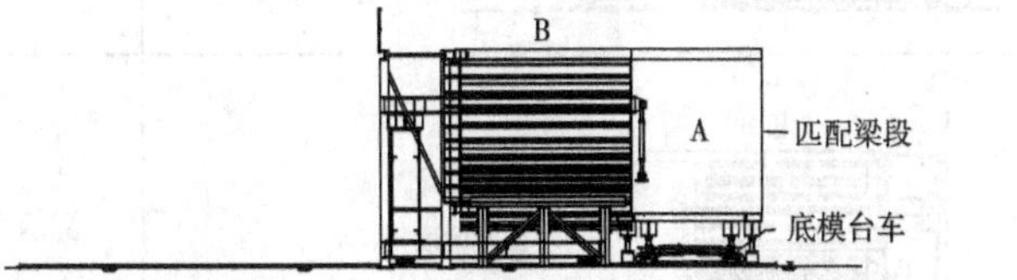	节段 B 混凝土浇筑完成,对其进行养护
B	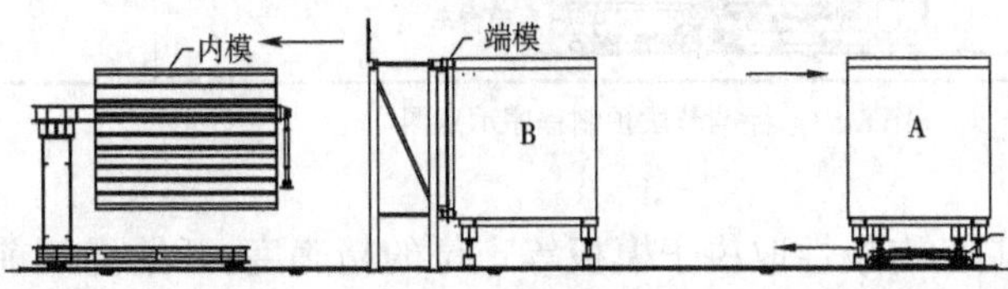	拆除节段 B 外侧模,将匹配梁段 A 与节段 B 分开,移走内模

图 8-53

步骤	图　例	说　明
C	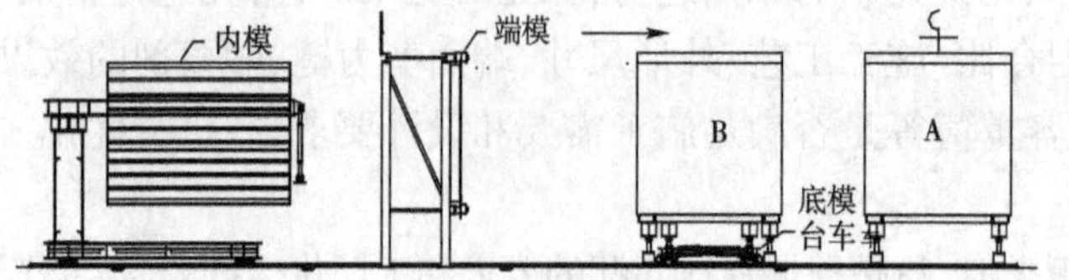 内模　端模　B　A　底模台车	将梁段 B 与固定端模分开,并移开一定的距离,同时,将梁段 A 吊走存放
D	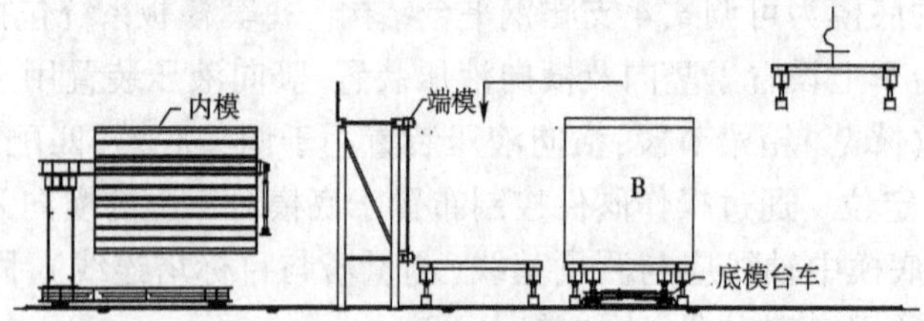 内模　端模　B　底模台车	用吊机将节段 A 的底部调整平台及底模吊到固定端模处,撑起并调整底脚
E	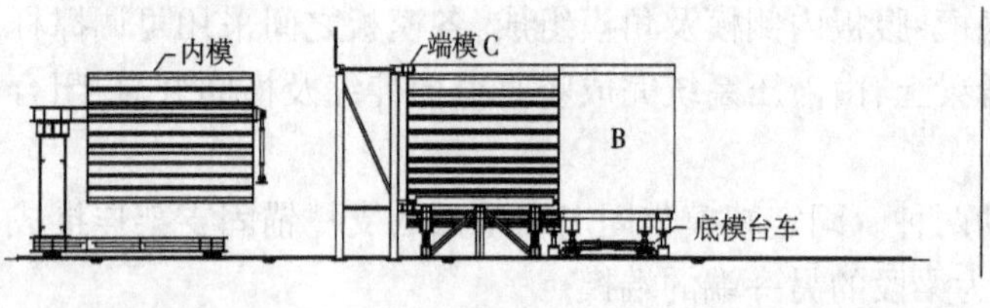 内模　端模 C　B　底模台车	将节段 B 移至匹配梁段位置,并精确调整其平面位置及高程;安装并定位待浇节段(节段 C)的外侧模;将各模板相互固定
F	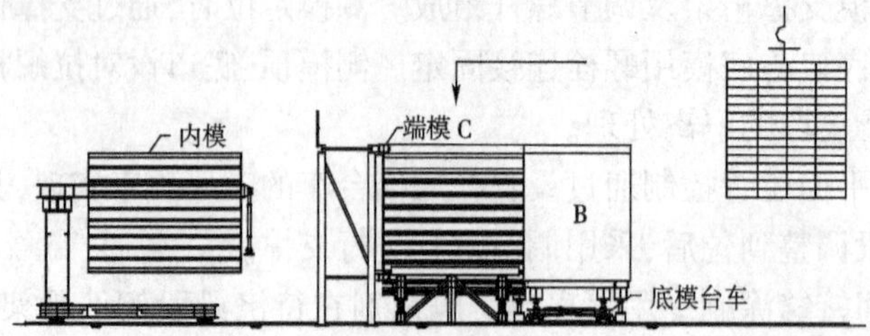 内模　端模 C　B　底模台车	将节段 C 的钢筋骨架吊入钢模,对其进行定位
G	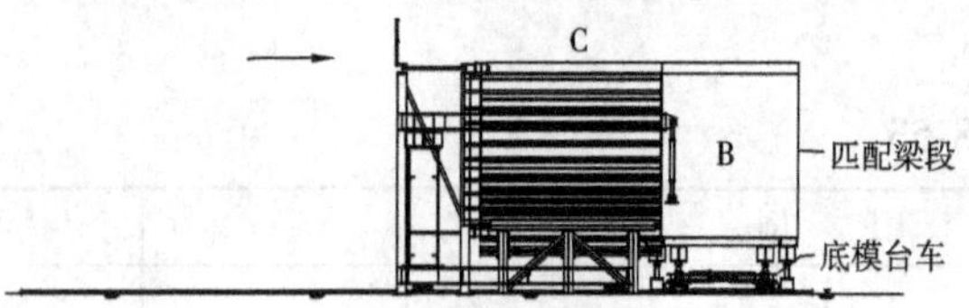 C　B　匹配梁段　底模台车	移进内模,将其与节段 B 内面及固定端模之间固定
H	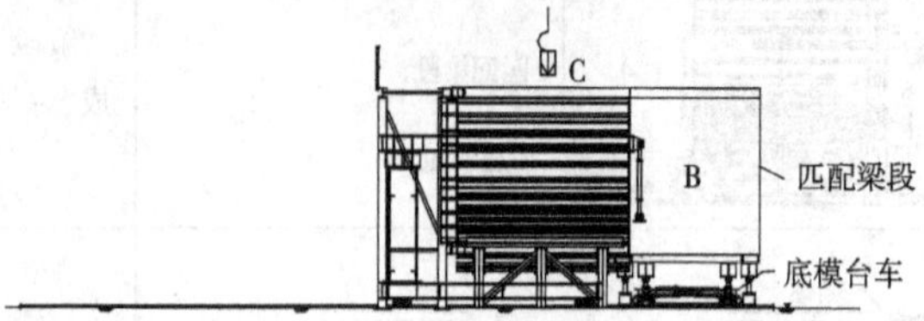 C　B　匹配梁段　底模台车	浇筑节段 C 混凝土

图 8-53　标准节段预制程序示意图

（3）预制测量控制

　　预制梁段的几何线形控制的有效性取决于模板等定位的精确度,开始浇筑前须验证它的几何关系。固定端模模面须保持竖向垂直并与预制单元中线成 90°,端模上缘须保持水平。

端模高程应以靠近腹板处的两测量控制点进行检查。对于等高箱梁,底模须水平安置并与固定端模下缘良好闭合。底模中线必须在水平及竖向与固定端模模面成90°。外侧模要检查它和固定端模闭合是否良好。

为保证对测量精度的控制,需选用精度高的仪器,选择稳定、视线良好的观测点,可在预制场两侧施工测量塔,与预制台座独立,具有足够的刚度和稳定性。

3)悬臂拼装施工

苏通长江大桥用于悬拼的架桥机共2台,总体构造为步履式双导梁架桥机,最大质量150t,但没有设置辅导梁,整个导梁前后同截面,以满足对称安装需要。

(1)0号块安装

墩顶0号块安装根据实现情况,采用以下两种方案进行安装:拼装架桥机位置处墩顶梁段采用大型浮吊安装,除架桥机拼装位置处以外的0号梁段由架桥机安装。

为了方便边墩顶0号梁段及支座的施工,在墩顶部搭设临时操作托架平台,操作平台由型钢焊制,环绕墩身四周布置,通过预埋件固定于墩身上。

吊装前,在墩顶(或搁置支架上及预埋件上)精确测放出0号梁段的安装位置,并据此安装限位装置。为确保0号梁段安装精度达到规定要求,在0号梁段底面布置4台1 000kN双向千斤顶,以供精确调位。中跨0号梁段定好位后及时与墩临时固结。固结时按设计采用ϕ32mm精轧螺纹粗钢筋,共50根,每边25根。

(2)节段拼装

①节段拼装工艺流程。箱梁节段拼装总体程序示意图见图8-54。

②悬拼施工控制要点。梁段预调到位后将其纵向平移约40cm,在梁段面上涂抹环氧树脂和水泥配制的胶结剂,回移梁段,精确定位后,张拉临时预应力。临时预应力采用精轧螺纹粗钢筋,分别锚于顶板和底板的齿坎上。临时预应力解除时,必须滞后该节段拼装后完成2个以上节段施工。

环氧树脂胶结剂要求与混凝土的强度等级相同,初步固化时间应大于2h,并在24h内完全固化。

当一联的中跨跨中合龙段施工完成并张拉合龙束后,拆除该跨后墩墩顶的临时锚固;当施工至该联的最后一跨(即后边跨)时,先完成湿接缝的施工并张拉合龙束,然后拆除该跨后墩墩顶的临时锚固,完成体系转换。

湿接缝及合龙梁段施工均采用吊架现浇。在合龙段施工时,与悬臂浇筑类似,两侧的梁段上加压水箱,对两侧梁段进行监控监测,在要求的温度下浇筑合龙段混凝土,根据混凝土的浇筑速度同步等量放水卸载。

在箱梁混凝土的强度达到设计抗压强度的100%以后进行预应力张拉。箱梁体内预应力施工的主要顺序为:波纹管及锚垫板安装、固定→波纹管穿束→锚具安装、千斤顶安装→预应力束张拉→孔道压浆→封锚。

箱梁纵向预应力束采取两端整束张拉,顶板横向预应力束采取单端整束张拉(在预制场内张拉)。张拉按设计要求的顺序进行。纵向管道采取真空辅助压浆。

体外预应力束采用单根无黏结环氧低松弛钢绞线,外套管采用高密度聚乙烯(HDPE)管。结构形式由外至内为:PE+油脂+环氧喷涂钢绞线。箱梁体外预应力施工的主要顺序为:导

I	浮吊吊装就位N1、N2、N3号墩顶0号块，并临时固结	
II	利用拼装架桥机，根据起吊能力分节吊装就位，调试并做荷载试验	
III	船运1号块件至现场，架桥机起吊节段就位，接缝面满涂环氧树脂，张拉临时预应力，保证接缝面压应力不小于0.3MPa至环氧固化，张拉T1、W1悬拼钢束，并灌浆	
IV	按上一步骤对称施工至N2号墩顶箱梁最大悬臂状态，并张拉相应悬拼钢束	
V	起吊边跨所有预制梁段悬挂于架桥机上，调整节段位置和高程，接缝同满涂环氧树脂，并将拉临时预应力，安装合龙临时定位装置，浇筑合龙段接缝，待其强度达到100%时张拉边跨合龙束，拆除临时预应力和临时定位装置	
VI	1.架桥机准备前移；2.架桥机前移至N4号墩，放下临时前支腿于临时支撑架上，收起前支腿	

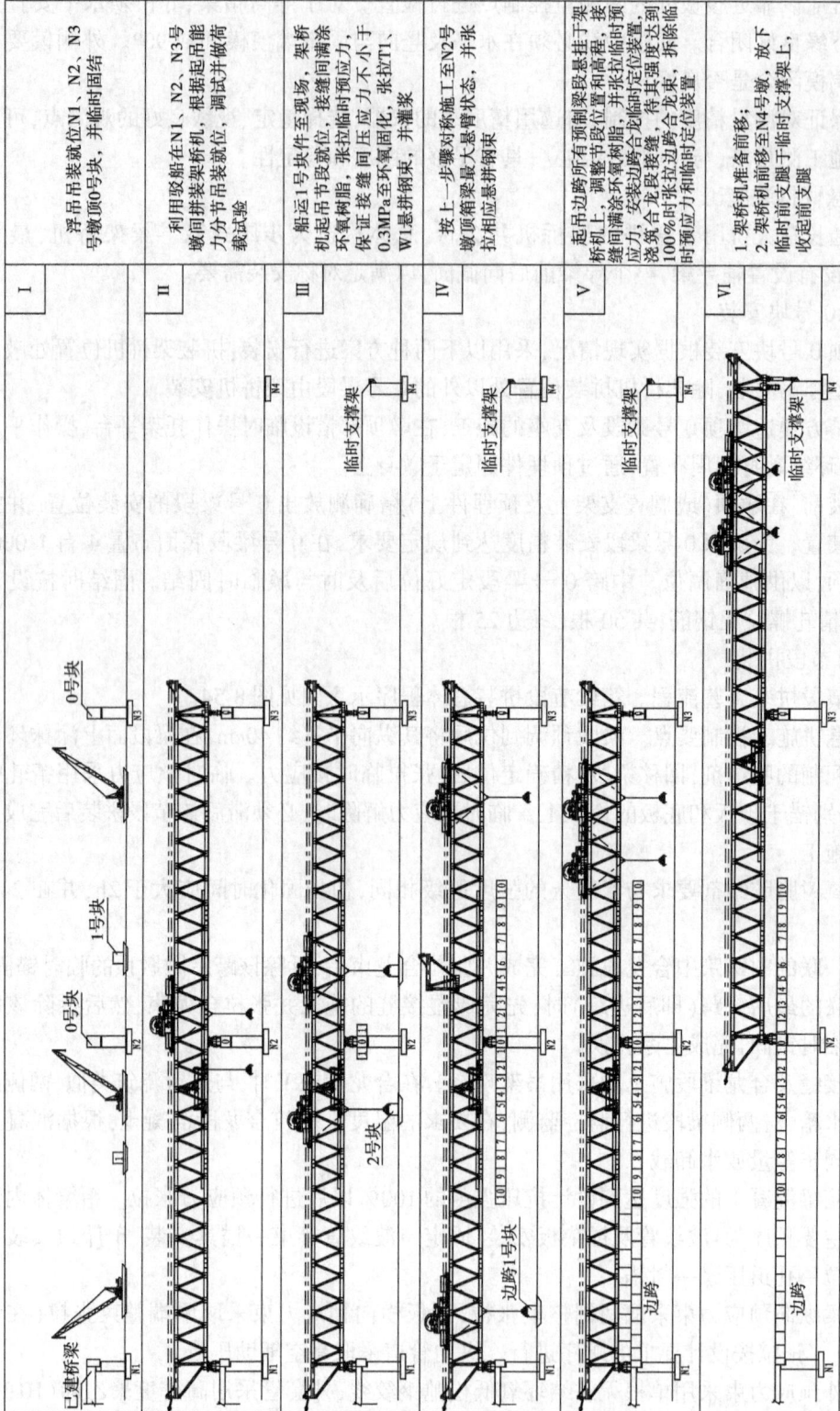

图 8-54　箱梁节段拼装总体程序示意图

向管、限位装置埋件埋设及锚垫板安装、固定→外套管安装→外套管穿束→锚具安装、千斤顶安装→预应力束张拉→孔道压浆→封锚。体外预应力钢绞线采用人工穿束,穿束时设置梳束器,穿束按钢绞线锚具孔眼统一编号。穿束过程中,应谨慎操作,防止钢绞线的 PE 套破损。

（3）线形控制

短线匹配法预制箱梁、悬臂拼装的施工过程中,其线形受很多因素的影响,如箱梁自重荷载、施工荷载、混凝土收缩徐变、预应力损失以及日照引起的温差等。由于箱梁采用预制拼装的施工工艺,不仅要有较高的理论分析计算要求,而且在实际施工中要严格控制,因此,箱梁的线形控制及调整难度加大,为确保箱梁的最终线形基本满足设计要求,在箱梁预制拼装中主要采取以下措施:

①对模板设计、制作及使用进行严格控制,确保模板具有足够刚度和强度,保证箱梁节段的外形尺寸。

②根据设计提供的成桥线形和各项参数,充分考虑各种因素的影响,通过专业监控单位复核计算,确定悬拼施工时箱梁各节段控制点的坐标,并通过专用程序,将理论成桥线形转换为各节段上控制点的坐标,用以指导节段预制施工。

③加强对现场具体情况（如天气等自然条件,混凝土的原材料性能指标,砂石含水率,浇筑及养护的条件、方法,混凝土弹模、节段混凝土的实际重量及其他相关参数等）的监测,以确定各方面因素对线形的影响并及时作出调整。

④对墩顶 0 号梁段进行精确定位,确保基准块位置的准确。

⑤节段拼装时,胶结层涂抹均匀,对称施加临时预应力,确保接缝胶结材料在 0.3MPa 压力下固化。

⑥配备高精度、稳定性的测量仪器,加强安装过程中的测量控制,及时汇集监控数据并进行分析,总结规律。

⑦节段拼装中各工序严格按既定程序进行施工。

⑧若安装时出现线形偏差,应分析原因,并及时进行调整,根据节段上翘和低头的程度采用由环氧树脂或铜片制成的厚度不一的垫片来调整缝宽（该方法的选用必须征得设计单位的同意）。

第四节　拱桥施工方法、程序和施工要点

拱桥是一种古老的桥型,它能充分发挥建筑材料的抗压性能,景观效果好,被广泛采用。常用的拱桥建筑材料从古老的木拱桥、石拱桥,到如今的钢筋混凝土拱桥、钢管混凝土拱桥、劲性骨架拱桥、钢拱桥等,各种建筑材料都在拱桥施工中得到了应用。由于目前对环境和资源的保护日益重视,石拱桥需要大量开山,且石料易风化、桥梁跨度小,已经很少采用。而钢筋混凝土桥和钢桥在拱桥中应用越来越广泛,尤其是钢桥,成为大跨度拱桥的首选。

同时,随着施工技术的不断发展和国民经济发展的需要,拱桥跨径也不断突破。重庆万县长江大桥是一座主跨 420m 的钢筋混凝土箱形拱桥,它是目前世界上跨度最大的钢筋混凝土拱桥。正在建设中的重庆朝天门长江大桥,主跨 552m 的钢桁系杆拱桥,将是世界上最大跨径的拱桥。重庆菜园坝长江大桥为主跨 420m 的中承式无推力钢管混凝土系杆拱桥,也将是全

国之最。

按照结构受力体系分,拱桥分为无铰拱、双铰拱和三铰拱;按照构造可分为板拱、肋拱、箱形拱、箱肋组合拱、桁架拱、刚构拱、系杆拱、提篮拱等;按照拱轴线形可分为圆弧拱、悬链线拱、抛物线拱;按照行车道的位置可分为上承式拱桥、中承式拱桥和下承式拱桥。各种拱桥施工的关键就是主拱圈的施工,施工中必须注意对称和均匀,注意拱的平衡。

按照拱、梁施工的先后关系,拱桥施工分为先拱后梁、拱梁并进、先梁后拱三种施工方法。其中,先拱后梁架设拱时需要临时的拉杆,平衡拱自重产生的水平推力,在梁架设后还要将此水平推力转换到系梁上,这是目前使用较多的一种方法。

拱桥的施工措施上,融合了其他桥梁的施工方法。就总体而言,根据主拱圈的施工工艺不同,拱桥施工主要分为就地浇筑法和装配式施工方法。在具体的施工措施上,其他桥梁施工的新技术也在拱桥施工中得到了借鉴和应用。例如,在重庆朝天门长江大桥施工中,边跨的悬臂拼装与梁桥的架梁吊机悬臂拼装类似;中跨在悬臂拼装时在主墩上安装扣塔斜拉,又是借鉴斜拉桥的施工工艺;临时柔性系杆的安装,又同悬索桥的主索安装技术一脉相承。

考虑到施工技术的实用性,兼顾先进性,开阔视野,本节主要结合一些工程实际,以常用的钢筋混凝土拱桥、钢管混凝土拱桥、钢拱桥为主,分别就地浇筑和装配式施工两种方法进行介绍。

一、拱桥就地浇筑施工

拱桥的就地浇筑是一种传统的拱桥施工方法,在拱架上支模浇筑拱圈混凝土,其主要工序流程图见图8-55。

拱桥的就地浇筑施工方法一般在较小跨径的拱桥上采用,具有施工简便、无需大型机械设备的优点。但需要搭设拱架,桥太高或跨度较大时,就显得不经济,并且施工周期相对较长。

1. 拱架施工

拱架是拱桥就地浇筑施工的重要临时结构,用以支撑全部或部分拱圈和拱上结构的重量,并保证拱圈形状符合设计要求。与其他支架结构类似,拱圈要求有足够的强度、刚度和稳定性,安装、拆卸方便,能加快施工进度,降低工程费用。

1)拱架的形式

根据拱架使用的材料分,拱架可分为木拱架、钢

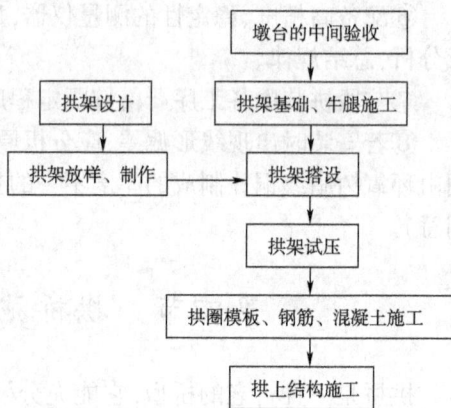

图 8-55 拱桥就地浇筑主要工序施工工艺流程图

拱架、"土牛拱胎"等。其中,"土牛拱胎"主要是在少雨地区的小拱桥或涵洞上有所采用;木拱架从对资源的保护上,现在不提倡大量采用,同时,使用成本也高,一般也是在小拱桥或涵洞上采用。所以,目前大多数的桥采用钢拱架。钢拱架的材料可根据地区、施工企业、工程等的各自特点选用,常用的有脚手架钢管、装配式桁架、型钢、定制钢构件(如大钢管)等。

从拱架的构造上来看,分为满堂式拱架、少支架拱架、拱式拱架以及混合式拱架等类型。

(1)满堂式拱架

与梁桥施工的满堂支架相同,技术简单,可采用木材或钢管脚手架搭设,通常由拱盔(上部结构)、卸落设备和拱架下部组成。如图 8-56 所示,为某肋拱桥的满堂木拱架结构示意图,木杆之间采用铁夹板、硬木夹板、螺栓拉杆、抓钉等连接,在拱盔顶设置适应拱腹曲线形状的弓形木,再在其上铺设横梁、底模。

一般来说,满堂式拱架适合跨度不大、高度较小、基础较好的拱桥。

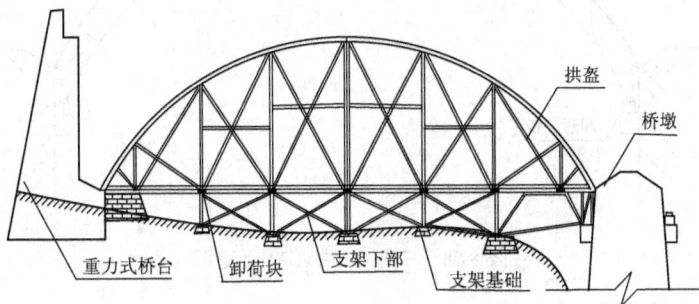

图 8-56　某肋拱桥的满堂木拱架结构示意图

(2)少支架拱架

又称作撑架式拱架,是用少数的立柱加斜撑替代满堂支架的众多立柱,在立柱上设置横梁,横梁上安装卸落装置,再安装拱盔,如图 8-57 所示。立柱采用大钢管、型钢、装配式桁架(贝雷桁架或万能杆件)等材料,施工速度快,可满足高墩、桥跨下通航或行车的要求。

以上两种拱架形式除拱架顶的曲线要满足设计要求外,从基础处理、搭设、拆除、安全注意事项等均可参见本章第一节梁桥支架的相关内容,因地制宜选择最简便的基础处理方式,注重支架稳定性和施工的安全性,保证支架的正常、方便使用。卸落设备也常采用锲块式或砂筒式等卸荷块,安装在拱盔和下部支架之间。

(3)拱式拱架

拱式拱架实质上也是一个临时的拱圈,在墩(台)上的相应位置预埋、安装牛腿,拱脚就安装在牛腿上的卸落设备上,拱式拱架的拱圈一般采用常备装配式桁架、装配式公路钢桥节或者万能杆件等拼装,根据拱曲线的差异,选择不同的杆件组合或新加工一些连接短杆,形成相应拱度的折线。在较大的拱式拱架中,为了减少拱脚位移对拱架受力产生的不利影响,一般在拱顶设置成铰接,整个拱架其实就是一个三铰拱,见图 8-58。

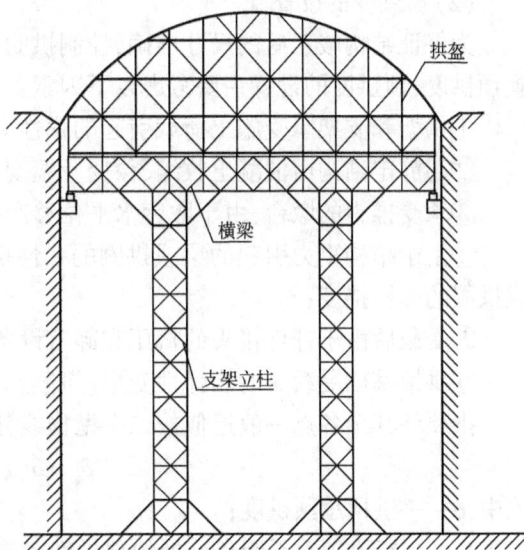

图 8-57　少支架拱架结构示意图

从理论上讲,拱桥装配式施工的所有方法,均可作为拱式拱架的安装方法,在实际施工中,除设备许可能整体安装或分片安装时,一般采用缆索吊装法,即在两桥台外设置小型的吊索塔架,利用缆索小车依次将拱架的各部分拼装到位直至形成拱架。这类似于拱桥装配式施工方法中的缆索吊装法,可借鉴后续相关章节的内容。

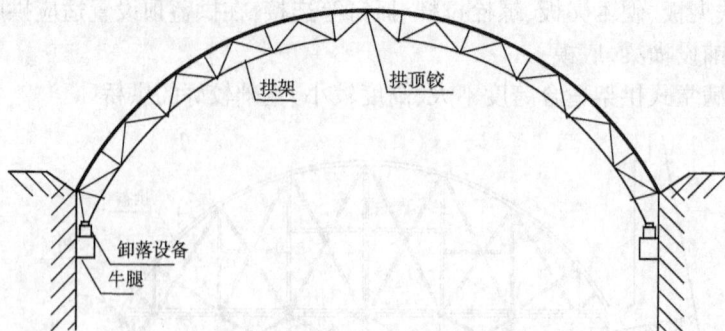

图 8-58　三铰拱式拱架结构示意图

2)拱架施工要点

(1)拱架的计算荷载

拱架的设计计算与其他结构物的计算一样,根据拱架结构的特点,选择合理的计算图式,选定符合实际并考虑安全储备的计算荷载,从强度、刚度、稳定性等方面进行计算和验算。

拱架的计算荷载主要有:拱架自重荷载、拱圈圬工荷载、施工人员及机具荷载、其他可能产生的荷载(如风、雪、水流等)。

(2)预拱度的设置

为保证结构竣工后的尺寸准确,控制拱肋线形在设计和规范要求以内,在拱架施工时需设置预拱度,预拱度的设置主要考虑以下因素:

①拱架和支架承受施工荷载引起的弹性变形;

②超静定结构由混凝土收缩、徐变及温度变化引起的挠度;

③承受推力的墩台,由于墩台水平位移产生的拱圈挠度;

④由于结构重力引起的梁或拱圈的弹性挠度,以及 1/2 汽车荷载(不计冲击力)引起的梁或拱圈的弹性挠度;

⑤受载后由于杆件接头的挤压和卸落设备压缩而产生的非弹性变形;

⑥拱架基础受载后的非弹性变形(沉陷)。

拱顶外其余各点一般近似按二次抛物线分配,即:

$$\delta_x = \delta(1 - 4x^2/l^2)$$

式中:δ——拱顶总预拱度;

δ_x——距拱顶水平距离 x 处的预拱度;

l——拱桥计算跨径。

(3)拱架的放样、制作

根据设计拱轴线和各点的预拱度值,计算出拱轴线各处的实际高程值。选择一放样场地(如学校操场、已完成的路面等),利用相对坐标,放出实际拱架拱轴线,据此进行拱架杆件的制作、拱(箱)肋侧模的分块和制作。

拱架的杆件在加工好后,先进行试拼,根据试拼情况进行可能的局部修整,再进行拱架的正式搭设。

（4）拱架的试压

为保证拱肋施工的安全可靠性,实际验证拱架是否能满足施工要求,消除非弹性变形,为混凝土浇筑施工变形及过程控制提供必要的数据,在拱架搭设完成后,进行拱架的试压。

拱架试压的加载重量及顺序根据拱圈分段、分层现浇的加载情况来模拟,考虑到拱圈的曲线形式,而且在各部位加载时拱架变形情况不同,为操作的方便和安全,拱架试压一般采用沙袋加载的方式进行。

（5）拱架的卸落、拆除

拱架的卸落一般选择在一天中的最高温度时进行,按照设计规定的程序进行。若设计无规定,应拟定详细的卸落程序,分几个循环卸完,卸落量开始宜小,以后逐渐增大,在纵向应对称均衡卸落。

满堂式拱架可从拱顶向拱脚依次卸落,拱式拱架可在两支座处同时卸落。多孔拱桥卸架时,若桥墩容许承受单孔施工荷载,可单孔卸落,否则应多孔同时卸落或连续孔分阶段卸落。卸落时,应专人观测拱圈挠度和墩台变化,详细记录。

2. 拱桥就地浇筑施工

1）浇筑顺序的选择

拱桥就地浇筑与梁桥的就地浇筑最大的不同点就在于浇筑施工顺序的选择上,梁桥为水平结构,而拱桥为弧线结构,整个拱架在不同的加载顺序下,结构的受力也不同,所表现出来的变形位置和数值差别也较大。

总体而言,拱桥的就地浇筑顺序应满足以下要求:

（1）同一拱圈拱顶两侧、同一跨上下游、相邻跨间的施工应遵循对称平衡的原则。

（2）加载各个阶段,桥墩受到的偏心应力最小。

（3）加载各个阶段,拱架的应力、变形最小。

（4）拱架的变形应在拱圈合龙成型前完成,尽量减少拱肋有害内部应力。

（5）拱圈分段接缝处应避开应力集中部位（如立柱、横系梁等位置）。

（6）拱圈封拱合龙在拱顶处完成,且尽量选择较低温度。

一般在方案选择时应进行加载程序设计,对拱圈分环、分段、均衡对称的施工顺序进行反复调整、比较,保证工程质量和安全,同时有利于提高施工效率。

在规范上,对浇筑拱桥的顺序还有以下要求。

（1）就地浇筑混凝土拱圈

①跨径小于16m的拱圈或拱肋混凝土,应按拱圈全宽度从两端拱脚向拱顶对称地连续浇筑,并在拱脚混凝土初凝前全部完成。如预计不能在限定时间内完成,则应在拱脚预留一个隔缝并最后浇筑隔缝混凝土。

②跨径大于或等于16m的拱圈或拱肋,应沿拱跨方向分段浇筑。分段位置应以能使拱架受力对称、均匀和变形小为原则,拱式拱架宜设置在拱架受力反弯点、拱架节点、拱顶及拱脚处;满堂式拱架、少支架拱架宜设置在拱顶、$L/4$部位、拱脚及拱架节点等处。各段的接缝面应与拱轴线垂直,各分段点应预留间隔槽,其宽度一般为$0.5\sim1.0$m,但安排有钢筋接头时,其宽度尚应满足钢筋接头的需要。如预计拱架变形较小,可减少或不设间隔槽,而采取分段间隔

浇筑。

③分段浇筑程序应符合设计要求,应对称于拱顶进行,使拱架变形保持均匀和尽可能的最小,并应预先做出设计。分段浇筑时,各分段内的混凝土应一次连续浇筑完毕,因故中断时,应浇筑成垂直于拱轴线的施工缝;如已浇筑成斜面,应凿成垂直于拱轴线的平面或台阶式接合面。

④间隔槽混凝土,应待拱圈分段浇筑完成后且其强度达到75%设计强度和接合面按施工缝处理后,由拱脚向拱顶对称进行浇筑。拱顶及两拱脚间隔槽混凝土应在最后封拱时浇筑。封拱合龙温度应符合设计要求,如设计无规定时,宜在接近当地年平均温度或5～15℃时进行,封拱合龙前用千斤顶施加压力的方法调整拱圈应力时,拱圈(包括已浇间隔槽)的混凝土强度应达到设计强度。

⑤浇筑大跨径钢筋混凝土拱圈(拱肋)时,纵向钢筋接头应安排在设计规定的最后浇筑的几个间隔槽内,并应在这些间隔槽浇筑时再连接。

⑥浇筑大跨径拱圈(拱肋)混凝土时,宜采用分环(层)分段法浇筑,也可沿纵向分成若干条幅,中间条幅先行浇筑合龙,达到设计要求后,再按横向对称、分次浇筑合龙其他条幅。其浇筑顺序和养护时间应根据拱架荷载和各环负荷条件通过计算确定,并应符合设计要求。

⑦大跨径钢筋混凝土箱形拱圈(拱肋)可采取在拱架上组装并现浇的施工方法。先将预制好的腹板、横隔板和底板钢盘在拱架上组装,在焊接腹板、横隔板的接头钢筋形成拱片后,立即浇筑接头和拱箱底板混凝土,组装和现浇混凝土时应从两拱脚向拱顶对称进行,浇底板混凝土时应按拱架变形情况设置少量间隔缝并于底板合龙时填筑,待接头和底板混凝土强度达到设计强度的75%以上后,安装预制盖板,然后铺设钢筋,现浇顶板混凝土。

(2)劲性骨架浇筑拱圈

①大跨径劲性骨架混凝土拱圈(拱肋)的浇筑,可采用分环多工作面均衡浇筑法、水箱压载分环浇筑法和斜拉扣挂分环连接浇筑法。浇筑前应进行加载程序设计,准确计算和分析钢骨架以及钢骨架与先期混凝土层联合结构的变形、应力和稳定安全度,并在施工过程中进行监控。

②分环多工作面均衡浇筑劲性骨架混凝土拱圈(拱肋)时,各工作面可根据模板长度分成若干工作段,各工作面要求对称均衡浇筑,两对应工作面浇筑进度差不得超过一个工作段。

③用水箱压载分环浇筑劲性骨架混凝土(拱肋)时,当混凝土浇筑至 $L/4$ 截面区段,应严格控制好拱圈的竖向及横向变形,防止钢骨架杆件应力超过极限强度而导致失稳。为使混凝土适应钢骨架变形,避免开裂,浇筑第一环(层)混凝土时,可在 $L/4$ 截面处设变形缝,变形缝宽200mm,待浇完第一环混凝土后用高一级混凝土填实。

④用斜拉扣挂分环连接浇筑劲性骨架混凝土拱圈(拱肋)时,应选择可靠和操作方便的扣挂及张拉系统,选好扣点和索力,设计好扣索的张拉与放松程序,以便有效地控制拱圈截面应力和变形,确保混凝土从拱脚向拱顶连续浇筑。

⑤浇筑劲性骨架混凝土拱圈(拱肋)时,应严格控制钢骨架及先期混凝土层的竖、横向变形,其变形值应符合设计要求,相对高差和横向位移应符合检测标准,否则应采取纠正措施。

2)拱桥就地浇筑工程实例

以重庆合川双龙湖大桥施工为例,对拱桥中最基本的肋拱桥就地浇筑的施工方法、程序和要点进行介绍。其他拱桥的就地浇筑施工,可根据工程特点,结合规范和设计的要求,参考肋拱桥的施工思路和工艺进行施工。例如,对于较大的板拱或箱拱,在分层、分环或分段后,施工工艺与肋拱类似,只是加载顺序更为复杂。

该桥为四肋空腹式钢筋混凝土拱桥,全桥为三个连续等跨拱组成,全长159.6m,宽13.2m,单向纵坡2%,正拱斜置。拱肋设计净跨径40m,计算跨径40.648 7m,净矢高8m,计算矢高8.128 0m,矢跨比1/5,拱肋主体为0.75m×0.95m,拱脚处高1.1m,在3m范围内平滑过渡到标准截面,拱轴系数2.24,拱肋间9条0.45m×0.60m横系梁连接。

(1)拱架的选择和搭设

根据施工现场和施工单位实际情况,该工程在高度较大、跨河沟的第一、第二跨采用三铰钢桁式拱架(图8-58);在基础较好、高度较矮的第三跨采用满堂木拱架(图8-56)。

对于三铰钢桁式拱架:在墩身就预设钢筋混凝土牛腿,作为拱架的支撑点,每榀拱架安设两个φ30mm砂筒,用以卸载、调节高度。拱架安装采用缆索吊装,两侧桥台的主索塔用两榀贝雷梁拼装,高18m,按从拱脚到拱顶的顺序安装,拱顶合龙。为加强横向稳定性,将各个拱肋的拱架横向连成整体,每隔2m加一十字撑,拱架两侧各拉两根缆风绳。为调节拱轴系数与设计吻合和方便底模铺设,在钢拱架上安装弓形木,弓形木与钢拱架间夹板螺栓固结。

对于满堂木拱架:拱架材料选用优质硬杂木,统一下料,分类按顺序安装。节点间以抓钉配合夹板螺栓连接,节点处杆件端面、角度吻合良好。在靠近桥墩处有一陡坡,净空较高,采用八字撑形式,跨过高净空处,以节省材料,见图8-56。

满堂式木拱架为8cm,三铰钢桁式拱架为7cm,拱顶外其余各点近似按二次抛物线分配。将全拱肋均匀分为48等分,计算得出其余各点的预拱度。在一学校操场按照正拱斜置先放出设计拱轴线,再在各点加上预拱度,获得实际拱架拱轴线,据此进行拱架拼装及拱肋侧模设计、制作。

(2)浇筑施工顺序的比选

根据该工程的特点,对间隔槽分段现浇和水箱压载整体现浇两种方法进行方案比选。

①间隔槽分段现浇。拱肋分段现浇是将拱肋对称地分成若干段(分段长度及数量视拱架、拱肋具体情况而定),段间预留间隔槽,按照拱脚、拱顶、拱身的顺序浇筑拱肋主体,最后浇筑间隔槽封拱合龙。施工工艺流程见图8-59,其施工示意图见图8-60。

②水箱压载整体现浇。拱肋整体现浇是指通过对拱肋施工的各个阶段进行分析,找出自拱脚开始直到封拱合龙,拱肋混凝土浇筑各阶段和拱顶压、卸载的对应关系,在拱顶下吊反压平台或水箱,先压载,后卸载,来控制拱架变形对拱肋混凝土的不利影响,使整条拱肋一次成型的施工工艺。其施工示意图见图8-61,工艺流程见图8-62。

水箱压载一般规律为:$L/4$区域存在一受力变形反弯点,受力当混凝土浇筑到$L/4$区域时,拱$L/4$截面高程下降,拱顶上升(俗称"冒拱"),两者同时达到最大值,水箱加载也达到最大值;混凝土浇筑上升到$L/4$以上时,拱顶逐步下降,$L/4$回升,需要将水箱放水卸载,混凝土浇筑到拱顶,水箱放水也完成。整个过程需要进行应力、应变的观测、监控。

```
┌─────────────────────┐
│   拱架、底模验收      │
└──────────┬──────────┘
           ↓
┌──────────────────────────┐
│  拱肋钢筋制作(拱顶主筋断开)  │
└──────────┬───────────────┘
           ↓
┌──────────────┐    ┌──────────────────────┐
│ 拱肋加载程序设计 │───→│ 拱肋侧模、间隔槽模板安装 │
└──────────────┘    └──────────┬───────────┘
                               ↓
                    ┌──────────────────────┐
                    │  对称浇筑拱脚段混凝土    │
                    └──────────┬───────────┘
                               ↓
                    ┌──────────────────────┐
                    │  对称浇筑拱顶段混凝土    │
                    └──────────┬───────────┘
                               ↓
                    ┌──────────────────────┐
                    │  对称浇筑拱身段混凝土    │
                    └──────────┬───────────┘
                               ↓
                    ┌──────────────────────┐
                    │     拱顶主筋焊接        │
                    └──────────┬───────────┘
                               ↓
                    ┌──────────────────────┐
                    │   间隔槽凿毛、支模       │
                    └──────────┬───────────┘
                               ↓
        ┌─────────────────────────────────────────┐
        │ 由拱脚到拱顶依次浇筑间隔槽混凝土、封拱合龙      │
        └──────────────────┬──────────────────────┘
                           ↓
                    ┌──────────────┐
                    │   下一拱肋施工  │
                    └──────────────┘
```

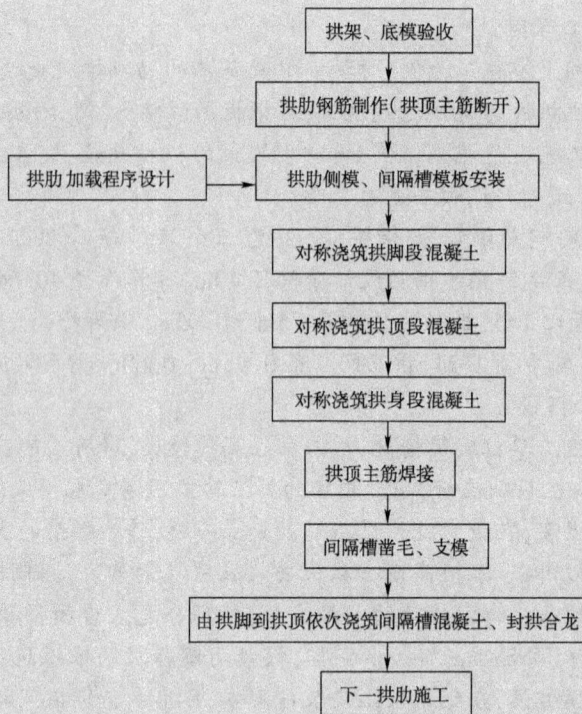

图 8-59　拱肋分段现浇施工工艺流程图

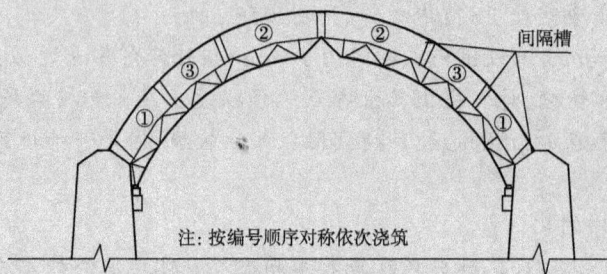

图 8-60　拱肋分段浇筑施工顺序示意图

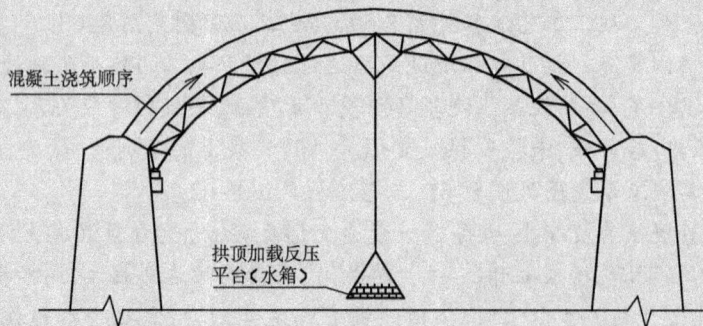

图 8-61　拱肋水箱压载整体浇筑施工工艺示意图

```
                    ┌─────────────────┐
                    │  拱架、底模验收  │
                    └────────┬────────┘
                             │
                    ┌────────▼───────────────┐
                    │ 拱肋钢筋制作(拱顶主筋断开)│
                    └────────┬───────────────┘
                             │
    ┌──────────┐    ┌────────▼────────┐
    │加载反压设计│───▶│ 拱顶反压水箱的安装│
    └──────────┘    └────────┬────────┘
                             │
                    ┌────────▼────────┐
                    │  拱肋侧模板安装   │
                    └────────┬────────┘
                             │
                    ┌────────▼───────────┐
                    │ 对称浇筑拱脚段混凝土  │◀──────┐
                    └────────┬───────────┘       │
                             │                   │
                    ┌────────▼────────┐           │
                    │ 拱顶水箱注水、加载 │           │
                    └────────┬────────┘           │
                             │                   │
                    ┌────────▼────────────────┐   │
                    │混凝土浇筑至拱架受力变形反弯点│◀──┐
                    └────────┬────────────────┘   │
                             │                   │
                    ┌────────▼──────────────┐     │
                    │ 继续自下而上浇筑间拱肋混凝土 │     │
                    └────────┬──────────────┘     │
                             │                   │
                    ┌────────▼────────┐           │
                    │ 混凝土浇筑接近拱顶 │           │
                    └────────┬────────┘           │
                             │                   │
                    ┌────────▼────────┐           │
                    │  拱顶主筋焊接    │           │
                    └────────┬────────┘           │
                             │                   │
                    ┌────────▼───────────┐       │
                    │ 浇筑拱顶混凝土,封拱合龙 │       │
                    └────────┬───────────┘       │
                             │                   │
                    ┌────────▼────────┐           │
                    │  下一拱肋施工    │           │
                    └─────────────────┘           │
```

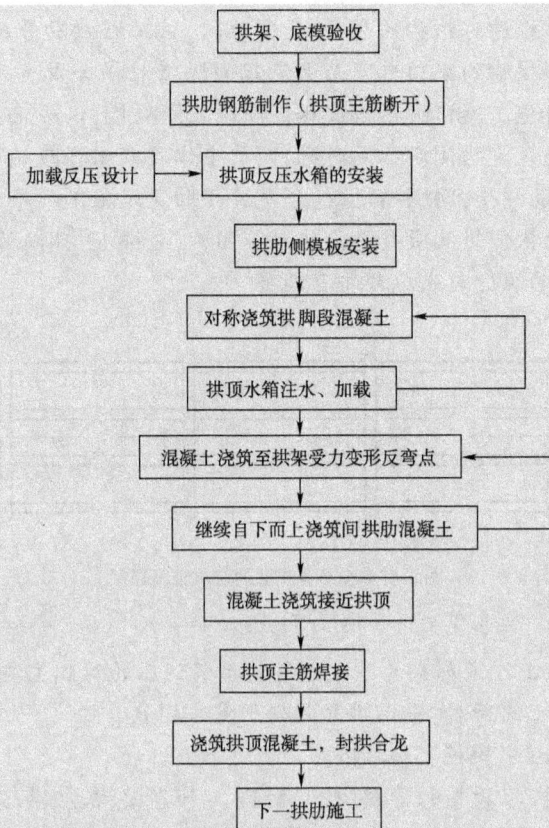

图 8-62 拱肋水箱压载整体浇筑施工工艺流程图

③两种施工工艺的比较及决策。两种拱肋现浇工艺对比见表 8-3。

两种拱肋现浇工艺对比表   表 8-3

现浇工艺	优　点	缺　点
分段现浇	1. 工艺较常规,风险小; 2. 在拱肋合龙前,拱架加载及变形已基本完成,混凝土开裂可能性小; 3. 无需起吊设备,拱肋间工序转换快	1. 拱肋存在施工缝; 2. 间隔槽处理工作量大; 3. 单个拱肋的生产周期长,拱上施工脚手架工作量大,周转率低
整体现浇	1. 拱肋一次成型,无施工缝; 2. 单个拱肋的生产周期短,拱上施工脚手架工作量小,周转率高	1. 拱肋荷载反压设计计算复杂; 2. 混凝土浇筑过程控制难度较高、风险较大,尤其是对混凝土缓凝时间和浇筑速度要求高,必须在先浇混凝土初凝前完成拱肋合龙; 3. 反压施工准备工作量大,拱肋间工序转换慢

经过综合考虑,决定采用间隔槽分段现浇施工工艺。

(3)施工过程控制

①施工加载顺序。经过对结构的分析、反复比较,该工程拱肋分段加载顺序为:先拱脚、再拱顶、后拱身,最后由拱脚到拱顶自下而上浇筑间隔槽封拱合龙。每一拱肋相对拱顶对称的分为3次共6段进行施工,拱顶、拱脚及各段间设置间隔槽,以防止施工过程中拱架变形对拱肋的破坏。混凝土浇筑时两侧对称同时进行,待主体混凝土强度达75%后,调整拱顶钢筋位置,选择温度进行钢筋焊接,间隔槽浇筑,合龙。拱肋浇筑施工顺序见图8-60。

考虑到各跨间的连拱作用及墩身受力均匀等因素,全桥12榀拱肋对称地按图8-63的顺序施工,全桥对称的拱肋的浇筑先后顺序可调整。

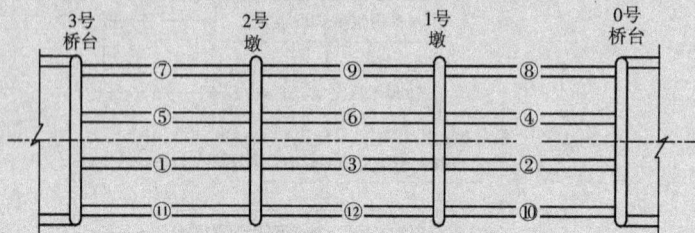

图8-63　全桥各拱肋的浇筑施工顺序

②拱架试压:

a.拱架试压采用人工沙袋加载的方式进行。拱架试压的荷载主要由以下部分组成。

(a)拱肋钢筋混凝土的荷载:一榀拱肋混凝土重840kPa。

(b)混凝土浇筑过程中模板重:44kPa。

(c)施工机具、人员、堆放等的荷载:按1.5kPa均布荷载考虑,共34kPa。

由于间隔槽混凝土荷载较小,为简化试压程序,将其荷载分配到三次拱肋主体的施工加载中去。安全系数取1.25,则总加载量为:$(840 + 44 + 34) \times 1.25 = 1\,150$kPa,按照拱肋分段现浇施工的各段长度进行分配后,各次加载量为:第一次(两拱脚段):410kPa;第二次(两拱顶段):390kPa;第三次(两拱脚段):350kPa。

b.拱架试压步骤拱架试压具体操作步骤如下:

(a)测量初测拱架底模控制点(拱脚、拱顶、1/4拱跨处共5点)的坐标、高程。

(b)在拱架两侧搭设试压操作所需的临时护栏、分段隔离架等设施,保证沙袋加到预定位置,不滑移。

(c)装沙袋,并根据沙袋体积、质量推算在拱架上的堆码高度,保证加载均匀。

(d)在两拱脚第一次浇筑范围内,依次从下到上对称堆码沙袋。注意堆码平稳,严禁摔掷。

(e)加载过程中,专人记录加载量,每次加载平均分为4级,每级加载完成后,对控制点进行复测。

(f)第一次加载完成后,至少持荷1h,再同方法进行第二次、第三次加载。

(g)全部荷载加上后,全拱架各控制点测设。持荷24h,再观测拱架控制点。

(h)卸载。卸载时全拱架分层搬走沙袋,均匀卸载。全部沙袋搬完后,全拱架复测。

(i)数据分析整理,结论。

c.根据试压数据分析表明:

（a）由于拱架制作上存在一定的差异,拱架的变形也存在不均匀性,并非沿拱顶两侧对称沉降变形。

（b）钢拱架与木拱架对比:木拱架满堂支架为超静定结构,变形规律不明显,各节点间相互影响不大,卸载后残余沉降较多;钢拱架为三铰静定结构,三次加载前后拱轴线变形规律较强。

（c）整个拱架在三次加载过程中,拱轴线变化规律为:拱脚加载时,两侧下沉,拱顶上升,即"冒拱";拱顶加载时,全拱均下沉,但拱顶尤甚;拱身加载时,满堂木拱架全拱均下沉,对于静定三铰拱,拱顶反而上升;卸载后,弹性变形恢复,整体上升,但仍有残余塑性变形。

（d）加载完持荷1d后,各处无明显沉降变化,证明拱架整体稳定性好。

③拱肋钢筋的施工。拱肋现浇过程中会引起拱架的沉降变形,而拱肋钢筋又是全拱贯通的整体,在拱脚处预埋于拱座,这样必然会引起钢筋骨架拱轴线与拱肋拱轴线的偏离,保护层下大上小。为解决这一矛盾,在施工过程中,主要采取了以下方法进行控制:钢筋骨架制作时,拱顶主筋全部断开,使之在三次加载时随拱架完成全部变形,再调整主筋位置、焊接后,浇筑间隔槽混凝土。

拱肋施工中主要应注意以下几个方面的问题:

a.钢筋骨架拱轴线必须与拱肋拱轴线重合,任何方向的偏斜,必将引起拱肋内部应力的偏差,导致偏心受力。

b.严格控制钢筋焊接质量、钢筋间距等,箍筋与主筋正交。

c.混凝土浇筑施工时,若间隔槽外整个拱肋主体依次一起浇筑,则浇筑时间尽可能缩短,混凝土缓凝时间延长,尽量使拱架变形在混凝土初凝前完成;若三次混凝土分别浇筑,则每次混凝土浇筑间隔时间应使混凝土达到一定强度,以免下一次加载时拱架下沉导致钢筋崩坏混凝土。

d.间隔槽处的拱肋施工缝,可加一定数量的锚固钢筋补强。

e.各系梁、立柱的预留钢筋位置准确、完整。

④拱肋模板的控制。拱肋模板控制的要点为:

a.模板放样、制作准确,与拱轴线充分吻合,接缝严密,刚度足够,光洁度良好。

b.支模时位置准确,纵向线形严格检校,固定稳妥。

c.间隔槽模板封堵良好,且与该处拱轴线正交。

d.各系梁穿出钢筋处模板定型制作,周转使用。

⑤拱肋混凝土的控制。混凝土作为拱肋成型的最后一道工序,其主要控制的方面为:

a.严格按照设计和试压时的加载顺序进行现浇施工,杜绝施工组织的随意性。

b.加强现浇过程的沉降观测、监控,随时对现浇过程中拱架变形情况分析,若有必要,局部调整加载方式和顺序。

c.混凝土缓凝时间与施工工艺密切相关,它应满足该次混凝土浇筑完成前不初凝,以免拱架沉降造成混凝土缺陷。

d.加强拱肋接缝处理和混凝土养护工作。

e.封拱合龙时间的选择,尽量在一天中的最低温时进行。

3）拱肋系梁及拱上建筑的施工

拱肋系梁及拱上建筑（包括立柱、拱顶实腹垫墙、纵梁、桥面板等）的施工，有构件多、体积小、位置复杂的特点，对拱桥线形及结构受力有直接影响，其施工要点为：

（1）按照对称平衡的原则确定各构件的加载施工顺序，全桥统一规划、组织，减少对拱肋、墩台的不对称受力。

（2）严格控制各构件尺寸、位置和高程，精心施工，确保质量。

（3）拱上垫墙、立柱、拱肋、纵梁顶等处的高程综合考虑，统一协调确定高程、放线，使桥梁总体线形得到控制。

（4）桥面板施工支架搭设，充分考虑荷载、刚度、沉降等方面的因素，防止支架沉降引起桥面板翘曲。

（5）各构件相连处支座安装准确，桥面板间通过铰接或伸缩缝连接，减少因下部沉降变形对上部结构的破坏以及上部行车荷载对下部结构的影响。

（6）加强各接缝位置的施工质量控制，保证整体受力、荷载传递效果。

二、拱桥装配式施工

相对拱桥的就地浇筑施工中存在的受高度、跨度、地形等的限制而言，拱桥的装配式施工就显得更有优势，它可以不受桥下水流及通航的影响，跨越能力大，适应性广，施工速度快，也比较稳妥安全。

与其他桥梁的装配式施工一样，拱桥装配式施工也需要借助大型的专用设备，如缆索吊装设备、拱上吊机等。目前，各种专业设备也逐步配套、完善，施工能力也不断提高。例如，正在建设中的重庆菜园坝长江大桥缆索吊装系统，塔架高 202m，跨度 420m，最大吊重 4 200kN；重庆朝天门长江大桥的拱上架梁吊机起重能力达 2 100t·m，吊幅 30.5m。

拱桥的装配式施工方法主要有支架拼装法、缆索吊装法、拱上架梁吊机法等，而又以缆索吊装施工方法最为常见，下面将作重点介绍。

1. 支架拼装法

这种方法是从就地浇筑的施工方法优化而来，将分段浇筑的拱段在桥下放平预制，按照加载顺序依次吊装在拱架上，最后再按照就地浇筑拱圈的方法支架现浇间隔槽合龙拱圈。

这种施工方法拱圈预制和下部结构施工平行作业，施工速度快，但需要吊装设备，一般也是在矮墩、小跨径的拱桥中使用。

在桥后运输条件许可的单跨桥中，也可在拱架上设置轨道，将拱圈节段依次顺轨道拉移到拱架的安装位置进行安装作业，可减少大型设备的使用。这种方法在温州南塘河大桥上应用，效果较好。

2. 缆索吊装施工

这是目前拱桥施工中的主要施工方法，在桥墩台两侧安装索塔，拱桥构件通过主索上的起重设备吊装、运输，依次拼装，并将拼装悬臂利用扣索斜拉稳定，直至全拱合龙。

1）缆索吊装设备

某钢管拱桥缆索吊装斜拉扣挂系统结构布置示意图见图 8-64。

一般缆索吊装系统主要由以下几个部分组成：

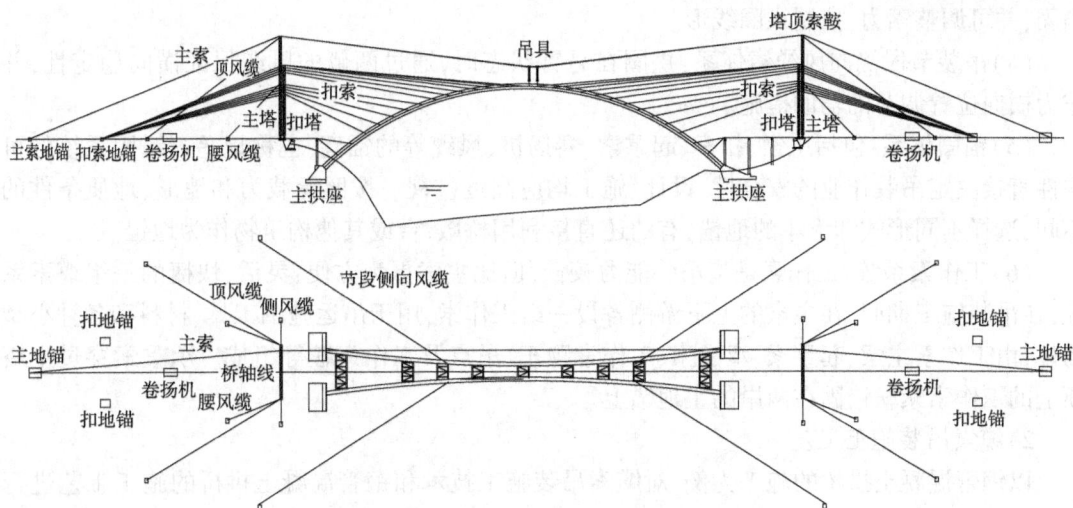

图 8-64　缆索吊装斜拉扣挂系统结构布置示意图

（1）主塔架：包括塔架、塔顶索鞍结构和塔架风缆等部分

主塔架一般采用 N 形万能杆件、贝雷桁架、型钢等拼装而成，用以支承各种受力钢索和提高临空高度，根据受力要求选择采用门式、柱式等结构及其相应的断面尺寸。

塔顶索鞍用以放置主索、起重索、卷扬机、扣索等，与主塔连接，是吊装设备中的重要组成部分。用以减少对钢丝绳的磨损，将力转递到主塔架上，应安装、拆卸方便，承载能力足够，使用灵活。

塔架风缆按照与塔架的平面相对位置一般分为后风缆、侧风缆和前风缆，按照在塔架竖向的位置分为顶风缆和腰风缆，主要用来保证塔架等的纵、横向稳定性和垂直度。

（2）主索道：包括主索道体系、起重体系、牵引体系等

主索道简称主索，也称作承重索或运输天线，它横跨在桥两侧，支承在主塔顶的索鞍上，后端锚固在地锚上，吊运构件的天车支承在主索道上。主索钢丝绳的组数、截面等需根据吊运最大杆件的重量、垂度、塔架高度、计算跨径、桥面宽度等因素经过计算合理选择，一般 1~2 组。

起重体系包括起重索、天车、卷扬机、滑车等，对构件进行升、降，实现垂直运输。支承于主索上的天车下设置起重滑车组，起重钢丝绳（即起重索）死头固定于天车上，活头绕滑车组后经导向滑车进入卷扬机，卷扬机一般固定于塔架后侧的地锚上。在起重索选择时须考虑其破断拉力、起重滑车组的最小滑轮直径、滑车摩阻力的影响。

牵引系统主要由牵引索、卷扬机等组成，用来牵引天车在主索道上沿纵向移动，实现水平运输。一般在天车两端各设置一根牵引索，牵引索连接在两主塔墩顶的牵引卷扬机上，牵引时，一台收紧，另一台放松。

（3）扣挂体系：包括扣塔、扣索、拱肋扣点支撑结构、扣索在扣塔上转向结构、扣索锚固张拉端结构等部分

扣塔是在拱圈的安装过程中，通过扣索将拱圈悬臂斜拉稳定的临时结构，由万能杆件等拼装而成，在较小的缆索吊装中，扣塔与主塔架是一体的。

扣索是安装在扣塔上的斜拉索，采用钢丝绳或钢绞线。扣索通过拱肋扣点支撑结构与拱肋相连，并绕过扣塔上的转向装置（一般为滑车）穿入锚固端，在锚固端设置锚座结构，将扣索

锚固,并可调整索力,控制拱圈线形。

(4)吊装节段侧向风缆索体系:拱圈在悬臂状态时,通过两侧的风缆保证横向稳定性,并作为横向位置调节的辅助措施。

(5)锚固体系:包括主索、扣索、起重索、卷扬机、风缆等的锚碇,也称地垄。锚固系统的可靠性直接决定吊装作业的安全性,设计、施工均应高度重视。按照承载力和地形、地质条件的不同,选择不同形式和大小的地锚,有的还直接利用桥墩、台或其他构筑物作为地锚。

(6)工作索系统:工作索是指吊装能力较低,但比主索更为方便、灵活、快捷的一组缆索系统,在吊装施工期间,在主索的上下游侧各设一组工作索,用于吊运施工工具、材料和各种小型构件,由工作索主索、起重索、牵引索、工作索跑车、吊点及工作索鞍等组成。承重索穿过主塔顶上的工作索索鞍锚固在两岸的主地锚上。

2)缆索吊装施工工艺

以钢管混凝土拱桥的施工为例,对缆索吊装施工技术和钢管混凝土拱桥的施工工艺进行介绍。

(1)钢管拱桥的构造简介

较小跨径的钢管混凝土拱桥,拱肋为单根钢管混凝土结构,而较大跨径的钢管混凝土拱桥的拱肋是钢管桁架拱肋结构,由多根主拱肋钢管混凝土构件和腹杆、横向缀板等连接而成。拱肋的主要形式见图8-65。

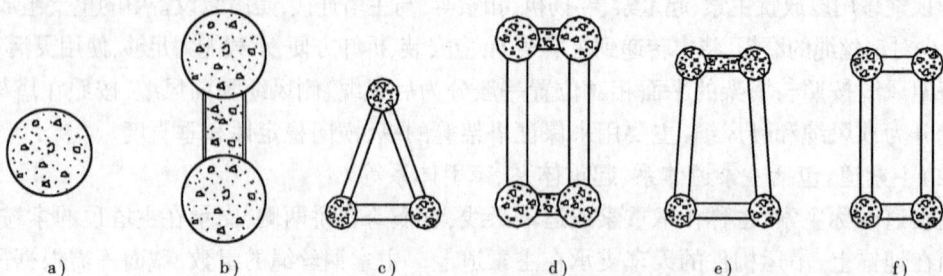

图8-65 拱肋的主要形式结构示意图

a)圆形截面;b)哑铃形截面;c)二肢桁式;d)横哑铃形桁式;e)混合式;f)四脚式

例如,杭州钱塘江四桥设计全长为1 376m,全桥的计算跨径为2×85m+190m+5×85m+190m+2×85m,见图8-66。

图8-66 杭州钱江四桥桥型效果图

190m 主跨为下承式系杆拱桥和上承式拱桥相结合的组合形式,拱轴线形式为二次抛物线,矢跨比为 1/4,拱肋高度为 4.5m,宽度为 2.6m。拱肋断面形式为桁架式,由 4 根直径为 95cm 的钢管,通过上下平联或钢板及两侧腹杆组成,钢材采用 Q345-C 钢。钢管拱节段有 5 种类型,18 个节段(50 节),节段最大吊重 680kN。系梁骨架、端横梁及拱脚为桁架结构形式,上层吊杆横梁、拱上立柱横梁为工字形结构形式,拱肋横梁为箱梁结构形式。

85m 跨径为下承式系杆拱桥与上承式拱桥的组合形式,拱轴线为二次抛物线,矢跨比为 1/7,采用单钢管,直径为 ϕ160cm,每单拱段有 3 种类型,5 个节段(11 节),钢材采用 Q345-C 钢。

桥上每对拱肋间设置风撑 5 道,系梁骨架、端横梁骨架、拱脚骨架为桁架结构形式。拱上立柱为 150cm×80cm×1cm 的方钢管,墩上立柱为 ϕ80cm 的单管。

(2)钢管拱的制造

钢管拱肋结构制造精度及焊接质量是钢管拱桥的关键,涉及较多的有关钢结构技术、钢桥制造的内容,这里不作详细阐述,仅对其工艺作简单介绍。

一般主拱在制造厂内节段匹配制造及拱肋卧装预拼,在工地进行立体预拼装,将运输节段装焊成吊装节段,预拼完后,进行节段的工地吊装及焊接工作。

钢管拱的钢构件一般在专业钢结构加工厂制造,在制造前,主要有原材料检验、钢板校平、钢材预处理等工序,还要进行切割工艺评定试验、焊接工艺评定试验、钢管弯曲工艺评定试验、涂装艺评定试验等系列的工艺试验,在确定工艺可以保证工程质量的情况下,再进行正式的制造。

钢管的制造主要有放样下料、钢管卷制及零件加工、管材的弯制等工序。

钢管桁架主弦杆的弯制采用红外陶瓷加热、中频感应加热等弯制钢管的方法。弯管成型后的材料性质没有明显改变,曲杆表面平滑过渡,不出现折痕、表面凹凸不平等现象。

①弦杆整跨节段匹配制造法。弦杆制造及预拼全部在预拼装胎架上进行,对于较小跨度的钢管拱,预拼装可采用整跨弦杆节段匹配卧装制造的方法。如图 8-67 所示,某桥设置全拱卧装预拼胎架,即全拱肋由 1 组 5 个匹配卧装胎架完成,每组胎架设置 5 个节段(11 节)进行匹配组装焊接位置。

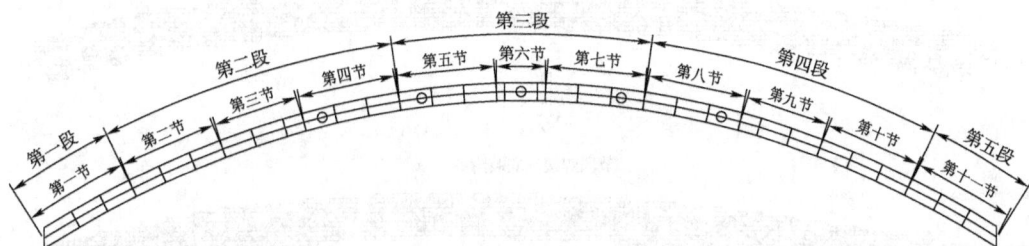

图 8-67　钢管拱整跨节段匹配卧装制造示意图

钢管拱整跨节段匹配卧装制造的主要步骤为:

a.在预拼装制造胎架上调整好第一节弦杆部件位置后装配纵肋结构。

b.进行弦杆节段内纵肋结构的焊接。

c.吊装第二节弦杆部件并装焊弦杆节段内纵肋结构。

d. 按以上程序装焊完所有弦杆节段。

e. 根据弦杆节段的中心线,节段拼接的定位线等精确调整相邻节段的坐标位置,节段定位后,进行预拼报检。

f. 节段预拼位置调整好后进行弦杆节段连接法兰结构装焊,节段连接法兰孔打入不少于孔数50%的冲钉和50%的工装螺栓后焊接肋板。

g. 安装弦杆相邻节段的端口临时连接件并做好标记。

h. 风撑连接套管装配时使其端部上风撑装配检查线、定位线与节段匹配胎架上风撑装配检查线、定位线吻合。

②弦杆分段匹配制造法。对于较大跨度和较复杂的拱肋结构,多采用分段匹配制造的方法。

例如,某桥主拱钢管桁架采用"1 + 4"匹配卧装制造的方法,设置半拱卧预拼装胎架,即1/2拱肋由2组"1 + 4"匹配卧装胎架完成。每组胎架设置5个节段进行匹配组装焊接位置,既能保证节段的几何尺寸的一致性和正确性,又能保证节段间端口及节段间工地连接的匹配性。

节段匹配制造阶段主要完成节段弦杆、横联、腹杆、吊杆结构、内横隔结构、锚箱结构、拱段端口接头结构的组装和相邻节段的匹配工作。主要结构装配程序见图8-68。

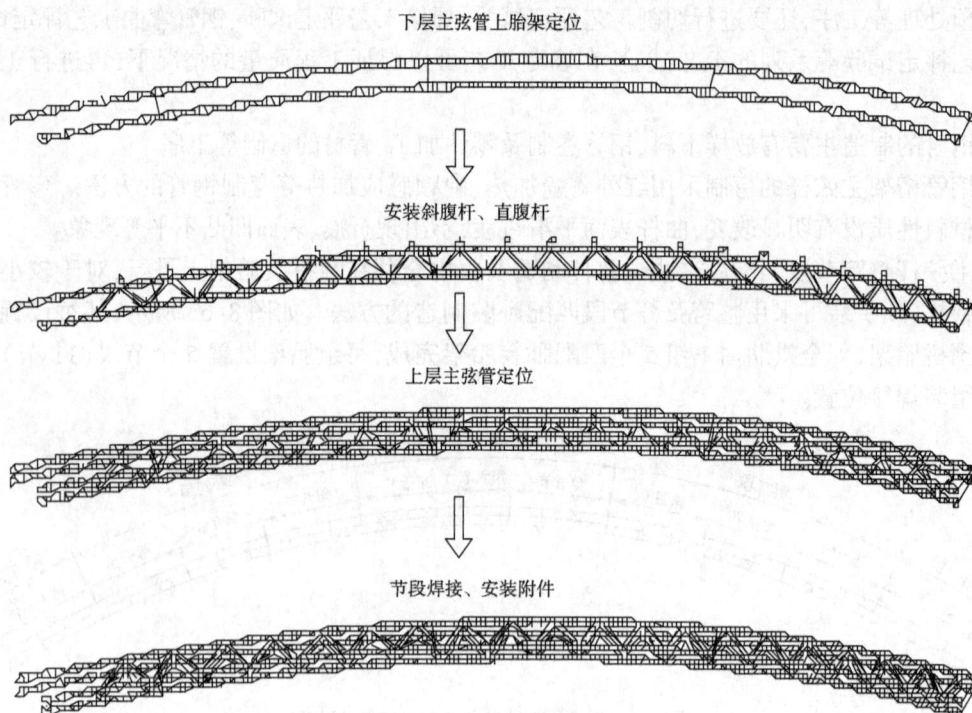

图8-68 主要结构装配程序图

③拱圈节段预拼、工地焊接。节段在工地预拼也一般采用分节段匹配预拼的方法。第一组节段预拼完成后,其尾节段吊装到第二组节段预拼的首段,参加第二组节段预拼装。单边主拱预拼程序见图8-69。

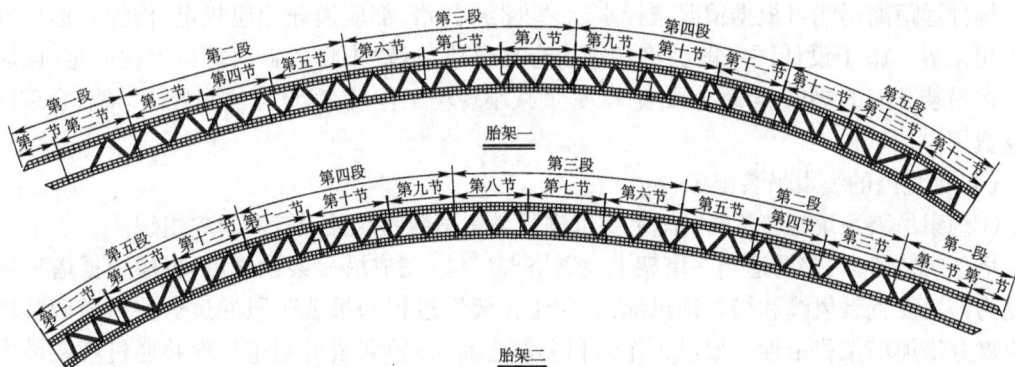

图 8-69 单边主拱预拼程序图

节段预拼位置调整好后进行节段弦杆连接件装焊,钢管拱节段常用的连接结构形式为螺栓连接和焊接结合的方式,见图 8-70。法兰节段端口间内联结法兰孔打入不少于孔数 50% 的冲钉和安装 50% 的工装螺栓后焊接肋板。

现场焊接严格执行经焊接工艺评定确定的焊接规程,施工过程要注意天气条件对焊接的影响,采用工装设施防风避雨。

主要步骤为:

a. 在施工现场空地上装配多条箱形结构和拱肋定位槽钢等,组成拱肋立体节段预拼组装胎架。

b. 两侧拱肋节段下弦杆分段分别吊上胎架定位。

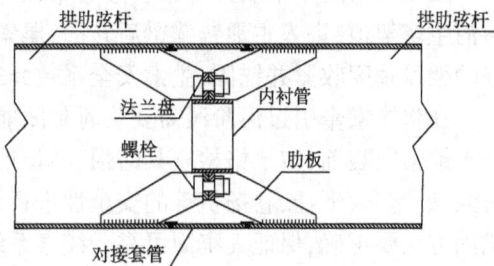

图 8-70 节段弦杆连接结构示意图

c. 分别吊装腹杆管件及内横隔结构、锚箱结构部件和上弦杆。

d. 吊装风撑桁架管及风撑桁架管间连杆,并进行拱肋节段位置调节,使风撑端部风撑装配检查线、定位线与风撑连接套管端部上风撑装配检查线、定位线吻合,测量两侧拱肋端口间的尺寸检验合格后,进行拱肋弦杆、腹杆、内横隔结构、锚箱结构及风撑桁架的装配焊接。

e. 按以上程序吊装下一个拱肋立体节段。

f. 第一轮拱肋立体预拼结束后,最后一个拱肋立体节段转入下一轮立体预拼。

g. 拱肋立体节段清锈补漆。

h. 拱肋立体节段采用两侧拱肋节段和风撑桁架分别吊装。

i. 首先吊装两侧拱肋节段,再吊装风撑桁架,形成拱肋立体节段。

j. 拱肋立体节段吊装到位后,拱肋立体节段端口间内联结法兰冲钉临时连接,安装、拧紧高强螺栓,然后去掉冲钉换上高强螺栓并进行拧紧。

k. 节段端口嵌补板装配焊接、焊接采用钢衬垫的焊接方法进行。

l. 焊接风撑桁架与风撑套管的接头。

m. 节段端口处腹杆装配焊接。

(3)钢管拱构件的运输

构件远距离运输可根据情况选择水运、铁路和公路,都应遵守相应规定,构件外形尺寸不许超出限界。施工设计图一般已将各结构合理分段,运输中将各自由端口钢性固定,以防变形。按吊装顺序的要求,合理分段装车,尽量减小现场工作量,尽量分片和分段运输,合理降低运输费用。

(4)钢管拱的缆索吊装施工

①缆索吊装系统施工。根据施工要求进行缆索吊装系统的设计和材料组织。

塔架拼装阶段,需要适当在塔架上设置塔架风缆,完成塔架架设之后,也应根据塔架高度和受力情况设置腰风缆和塔架顶风缆,以便于在架设过程和吊装阶段通过这些风缆调整塔架垂直度并增加塔架稳定性。架设工作索和主索之前,必须测量塔架垂直度并通过塔架风缆索调整塔架至最佳状态后方能进行缆索架设施工。

调整主塔之后开始架设牵引索、工作索。牵引索直接拖拉过河,通过塔顶并在塔架脚滑轮转向后进入卷扬机。牵引索安装好后,将工作索牵过塔顶,安装好工作索跑车和吊具,再将其牵引过对河主塔顶,并进入主地锚收紧固定。

架设主索时单根展开并牵引过塔架顶,然后穿跑车,两组工作索同时牵引、收紧、提升,过对河主塔架顶,进入主地锚锚梁后转向,尾索从前端槽口转出并使用夹具收紧。最后根据计算好的架设垂度收紧并锚固,主索安全系数≥3.0。

在将缆索牵引过河阶段需要临时封闭航道和索下的交通道路,以保证安全。

缆索安装前,应严格检查其磨损、断丝情况,不满足使用标准的钢丝绳坚决不能使用,同时对索鞍、跑车、下挂、卷扬机等的安全性进行认真检查,保证其安全运行。钢丝绳末端的连接或锚固方法要正确,保证其牢固可靠。缆索系统安装完成后,应由专业质检人员严格检查各部件的可靠性和安全性,主索、工作索的垂度要符合要求,后方可正式运行。

②试吊。缆索吊机在吊装前必须按规定进行试拉和试吊。试吊过程必须认真进行施工组织,试吊实施过程中,要将各方面的试吊记录认真、准确填写,以备正式吊装时使用。

试吊的目的是为了检查:

a.最大荷载作用下主索跨中、两边段位置、起吊卸载后的垂度;

b.塔架受力变形情况、塔架基础、主地锚的稳定情况;

c.牵引索、起重索运作情况、滑车转动情况,卷扬机运行情况等;

d.施工组织及协调情况。

试吊成功后方能进行正式吊装。

③钢管节段起吊。节段船运至拱肋轴线下方,船定位之前,将主索吊具放下一定距离,以吊具作为初步定位的参考点。用千斤顶绳捆绑钢管拱上弦指定位置,并将千斤顶绳耳环套于主索下挂的吊环上。两捆绑点相对于节段跨中对称布置,其距离与主索上两跑车距离大致一致。捆绑必须牢固,不因安装过程中吊点的提高或降低而产生滑动。起吊过程要求垂直、缓慢均匀,防止节段摆动,增加主索和塔架受力,影响安全。

④钢管拱安装:

a.拱脚节段运至安装位置后,由指挥人员进行指挥就位,通过天车在主索上的前后移动,两个节点的起降配合达到初步就位。

b.分别安装扣索和缆风,扣索安装用工作索配合进行,由扣索地锚出发,穿过扣塔上相应的索鞍到达节段扣挂点上进行锚固,并初步收紧。

c.观测人员对所安装节段的轴线、高程和偏差情况进行观测,及时向指挥人员反馈信息,指挥人员根据反馈的信息指挥进行精确就位。通过拱肋风缆的收紧和放松相互配合使拱肋的轴线符合要求,通过两吊点的起降配合使拱肋的高程符合要求,调整接头使对接吻合,将接头用螺栓固紧。

d.对主铰管接头进行部分对接焊接。

e.交替张拉扣索和放松吊点,逐步将缆索起重绳的垂直力转移到拉扣索上。在此过程中,观测人员继续对节段的轴线和高程情况进行认真的跟踪观测,及时反馈数据。

f.吊点松完后已安装的节段必须保持正确的轴线和高程,并收紧拱肋上、下游两侧的轴线缆风,使拱肋横定。

⑤横撑安装:

a.横撑用两条主缆抬吊就位,置于端头的定位板上,由于定位板仅起定位作用,此时横撑重量仍全由缆索承受。

b.对接头进行部分焊接,待焊缝能承受横撑全部重量后,松吊。

c.按设计要求焊完接头。

⑥合龙段拱肋安装:

a.张拉收紧扣、锚索,将合龙段两端的钢管拱桁架抬高约 5~10cm。

b.缓慢放松起重索,当拱顶段左右两端头高程比设计高出 1~3cm 时关闭起重卷扬机。

c.按照先边扣索,后次边扣索,直至拱顶的松索顺序两侧对称,均匀地放松扣索,反复循环直至与拱顶段接头合龙。

d.装好接头螺栓,并将各接头螺栓旋紧。

⑦拱肋安装注意事项:

a.拱肋安装过程中应注意当地的气象历史资料和天气预报情况,避开可能发生灾害的天气,雨雪天、四级以上大风天气停止吊装,并且检查加固缆风,确保结构安全。

b.吊装过程中因起吊扣索、缆风需要捆绑结构时,应力钢丝绳与钢结构表面的接触处垫上麻布或橡胶之类的柔软物,以免刮伤钢结构的涂装表面。在吊装过程中也应采取措施,将缆索吊装系统的起重绳和拖拉绳与已安装两拱肋和横撑隔离开,防止缆绳来回搬运损伤结构的涂装表面和磨损钢丝绳。

c.扣索钢绞丝下料时应按扣索的理论长度加上 5%~8% 的富余量,用于抵消因垂度引起的长度不足,保证张拉长度。

d.在节段安装松吊点之前,应按规定焊接接头,接头有足够的受力强度后方能松吊点。

e.拱肋合龙,接头焊接完成之后,应及时安装焊接公共腹杆,并按设计要求将拱脚焊接固结。

f.单肋合龙之后不能松扣索,只有待两肋合龙,主弦管接头焊接完成,公共腹杆安装并焊接完成,横撑安装并焊接完成,拱脚截面主弦管焊接固接之后,方能松开扣索。

g.松扣索一般程序是用千斤顶从拱脚往拱顶逐渐松开,且两岸对称同时进行,拱肋高程偏差较大时应兼顾先松偏高处扣索,后松偏低处扣索,这样可以利用拱脚自重调整拱肋轴线高程,使其与设计值相吻合。

h.缆风的解除需待到钢管混凝土浇筑完成并达到设计强度之后。

i.拱上各段接头焊缝,应进行100%超声波无损探伤,并应达到设计要求。

⑧松索成拱及注意事项:

在空钢管拱肋合龙,各接头焊接并形成无效拱后,应予逐渐松扣,将扣索转为拱的推力,使空钢管拱肋呈自重作用下的两铰拱状态。

a.松索调整拱轴线,调整拱轴线时应观测各结点高程,拱顶及1/8跨径处截面标高。调整轴线时精度要求为:每个接头点与设计高程之差不大于±1.5cm,两对称接头点相对高差不大于2cm,中线偏差不超过0.5~1.0cm防止出现反对称变形,导致拱肋纵向失稳。松索成拱的操作方法是否正确,直接影响合龙后拱肋的拱轴线,必须认真、仔细操作。

b.松索时应按边扣索,次边扣索,直至起重索的先后顺序对均匀地进行。每次松索量以控制各接头高程变化不超过1cm为限。

c.用薄钢板嵌塞拱肋缝隙。

d.拱肋松索成拱是一个反复循环过程,将索放松压紧接头缝后,再调整中线偏差至0.5~1cm以内,固定缆风索将接头螺栓旋紧焊死。

e.各扣索每放松一级(一个轮次)暂停15~20min,再进行第二级放松循环,最后一级可保留10%左右的扣力暂不放松。

f.在管内混凝土灌注完成并达到设计强度后,彻底放松扣索,并逐步予以卸扣。

⑨安装中轴线与高程控制。拱肋轴线、高程是吊装拱肋的控制指标,是一个复杂的控制过程。在整个吊装过程中,测量技术人员进行跟踪观测,使用扣挂系统调整高程和横向侧风缆对轴线进行调整。风缆的锚固设置于墩台顶上下游两侧的万能杆件桁架外端,锚固端与手拉葫芦连接,并通过手拉葫芦进行调控拱肋轴线。

(5)钢管混凝土的浇筑

钢管拱形成后,在钢管内灌注混凝土,形成钢管与混凝土共同受力的结构,其施工工艺流程见图8-71。

钢管混凝土的浇筑也称压注,在系梁劲性骨架及吊杆安装结束后进行。为确保钢管内混凝土浇筑质量,采用高压泵送、倒灌顶升法施工,各钢管混凝土必须对称、均匀浇筑,每根钢管必须在首批混凝土初凝前一次浇筑完成。

①施工前应对全桥拱肋轴线、高程和桩号进行全方位测量,并布置测量控制点,特别是拱顶、1/4跨、肋间横梁处的高程,以掌握浇筑混凝土前的第一手数据,以便于浇筑后进行对比。桩号的测量除了各吊点位置、肋间横梁桩号之外,还应注意事先观测主墩台的水平位移情况。

②清洗。将钢管内的铁锈、渣物、积水用高压水冲洗清理干净,保证混凝土与钢结构有良好的黏结性。

③安装压注头和闸阀。压注头设在拱脚处拱肋的底部,拱肋的每根钢管均设置压注头。根据压注结束后堵塞混凝土的不同形式,压注头闸阀的设置可考虑两种施工方法,具体如下。

在拱脚处采用栅状闸阀。在混凝土浇筑前,用5根ϕ22mm螺栓堵住闸阀孔,待拱顶排气(浆)管向外排出混凝土时,即停止混凝土泵送,拆除螺栓并打入ϕ18mm钢筋,螺栓拆除时必须注意拆除一颗后立即打入一根钢筋,严禁螺栓全部拆除后再打入钢筋。

```
┌─────────────────┐
│     施工准备      │
└─────────────────┘
         │
┌─────────────────┐
│   填塞钢管法兰间隙  │
└─────────────────┘
         │
┌─────────────────┐
│   清洗管内渣物     │
└─────────────────┘
         │
┌─────────────────┐
│ 浇筑压注头以下区段混凝土 │
└─────────────────┘
         │
┌────────────┐  ┌─────────────────┐
│ 压注头、闸阀加工 │→│   安设压注头和闸阀   │
└────────────┘  └─────────────────┘
         │
┌─────────────────┐
│ 连续、接力压注钢管内混凝土 │
└─────────────────┘
         │
┌─────────────────┐
│  振捣拱顶排浆孔处混凝土  │
└─────────────────┘
         │
┌─────────────────┐
│  关闭压注口处闸阀稳定   │
└─────────────────┘
         │
┌─────────────────┐
│  拆除闸阀完成混凝土压注  │
└─────────────────┘
         │
┌─────────────────┐
│   钢管内混凝土养生    │
└─────────────────┘
         │
      ◇超声波检测◇ ──不合格──→ ┌──────────┐
         │                  │ 钻孔、压浆  │
        合格                 └──────────┘
         │
┌─────────────────┐
│   张拉系梁预应力束    │
└─────────────────┘
```

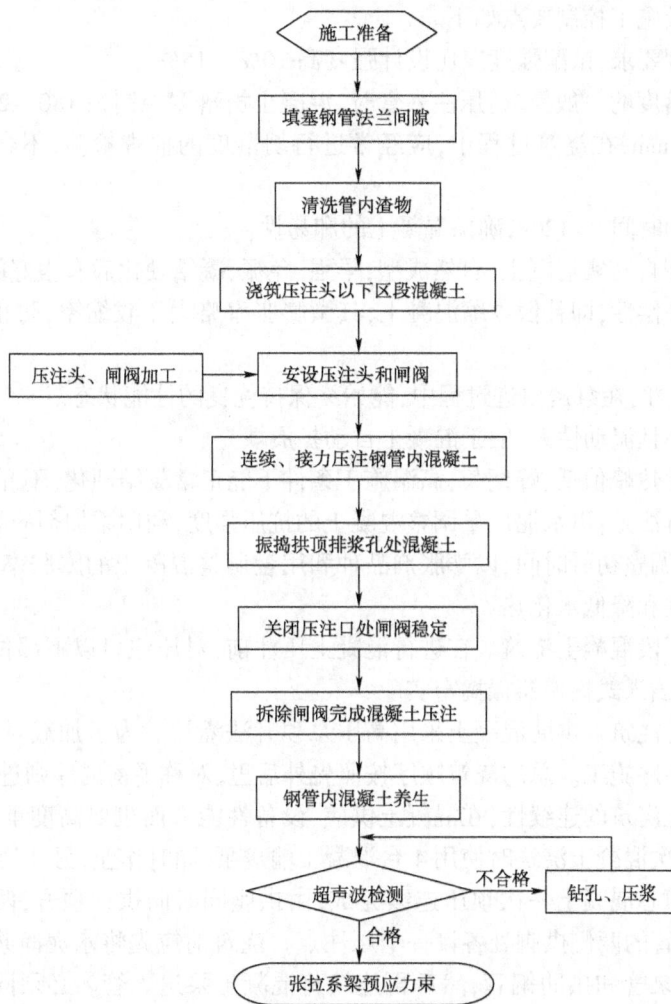

图 8-71　钢管混凝土浇筑施工工艺流程图

为防止意外,在钢管中间($L/4$ 处)加设一个备用压注口,并将混凝土泵管从拱脚接至备用压注口处。压注头的形式采用法兰连接,从拱脚压注时,将法兰口橡胶垫及盖板用螺栓拧紧,如需使用备用压注口时,关闭拱脚处闸阀,拆除备用压注口盖板,接上压注头即可。

④排气孔及横隔板。因采取对称压注,每根钢管在拱顶最高位置(顶部)处对称设置 2~4 个排气(浆)孔,两个孔中间用钢板完全隔离。排气孔开孔直径 8~10cm,间距 5~8m。在排气孔和拱顶位置设置混凝土补偿管,其作用原理是为了利用混凝土在自重下排气自密消除凝结后收缩形成混凝土结构空隙。

例如,某桥排气孔采用 $\phi 150 \times 6mm$ 钢管加工,每根钢管长 1.30m。在劲性骨架加工时在隔板两侧预留直径为 $\phi 152mm$ 的圆孔,并焊接 $\phi 150 \times 6mm$ 钢管。

⑤混凝土质量控制。大跨径、大直径的钢管高强填芯混凝土施工技术难度大,质量要求高。管内混凝土浇筑从两边拱脚向拱顶连续泵送,钢管内面积小,混凝土泵送时间长。为确保工程施工质量,混凝土浇筑要求一次成功,因此,混凝土质量是钢管混凝土浇筑成败的关键。

混凝土试配及施工控制要点如下。

a. 混凝土强度要求:试配强度应比设计强度高 10% ~ 15%。

b. 混凝土坍落度的一般要求:压注入管时,混凝土坍落度控制在 180 ~ 220mm 之间,3h 后坍落度不小于 160mm;在浇筑过程中,应经常进行坍落度的抽查检验,不合格的混凝土坚决不用。

c. 混凝土拌和时间: >120s,确保混凝土的和易性。

d. 混凝土采用自密实混凝土,自然成型、早强、免振,凝结硬化后有很好的密实性。

e. 具有收缩补偿性,即补偿收缩混凝土,其微膨胀率略大于收缩率,防止混凝土有收缩面而形成钢管内空隙。

f. 良好的可泵性,在泵送顶进过程中,能始终保持优良的性能状态。

g. 泌水率较小且流动性大,便于混凝土自动扩展填充。

h. 混凝土水化热峰值低、峰期长,高温施工条件下能正常凝结硬化,不开裂。

配合比调整方法是:以水泥用量调整混凝土的抗压强度,利用添加剂的品种和用量来调整坍落度,以缓凝剂调整初凝时间,以膨胀剂品种和用量调整混凝土的膨胀率,以粉煤灰用量调整混凝土的可泵性和降低水化热。

⑥压注口以下段混凝土浇筑。在进行混凝土压注前,对压注口以下部位的钢管混凝土进行单独浇筑,采取插入式振捣器振捣密实。

⑦钢管混凝土浇筑。拱肋混凝土采用高压泵顶升法灌注。为了加载对称合理,必须按照设计要求的浇筑顺序施工。总的浇筑顺序按照先外后里、对称平衡的原则进行。

为保证混凝土浇筑的连续性,在混凝土供应、设备性能方面也要高度重视,必须有故障备用措施。例如,每次混凝土浇筑时使用 4 台混凝土输送泵,同时作业,另外须准备 2 台作备用。

钢管主弦杆填芯混凝土一次顶压连续完成,由拱座同时向拱顶顶升,两端进度差不超过 2m 为宜。每根钢管的两侧拱脚处各设一个压注点。浇筑前应先将水泥净浆和水泥砂浆依次泵入,以润滑拖泵泵管和拱肋钢管,然后再连续将混凝土泵送入管。必须同步、连续、对称施工,待排气孔排出全部的砂浆且有混凝土出现后停止浇筑,关闭压注闸阀。

钢管混凝土由于采用顶升法施工,在浇筑过程中混凝土始终是流动的,从中也起到了再次搅拌和振捣作用,在输送泵强大的作用力和混凝土自重作用下,一般混凝土能够自密,不需要进行振捣,只是最后对拱顶部位的混凝土通过插入式振捣棒振捣密实。也有的为了保险起见,在混凝土浇筑时,采取附着式振捣器辅助振捣密实。

钢管混凝土浇筑时,应对拱肋轴线变形进行观测调整,通过计算找出全过程中各控制截面是否超过控制应力,对于超出的截面,采取对钢管拱加载或卸载措施,从而改变钢管拱截面的应力,使其不超过控制应力。

⑧密实度检验。混凝土浇筑后的钢管混凝土达到一定强度后,应对钢管内的混凝土进行密实性检验。主要以超声波探伤法检验为主,人工敲击法检查为辅。主要检查范围为每根钢管的拱顶上缘、拱脚 1/4 段,每米 2 点,1/4 ~ 1/2 段,每米 3 点。如果发现有空隙,则需要检查并确定空隙的范围,再根据设计、监理等部门的实际要求来决定是否需要进行开孔压浆处理。对于局部密实度不满足设计要求的,必须进行二次压浆处理,直至密实度符合要求。

(6)钢管拱桥其他上部结构施工简介

以中承式钢管拱桥为例。

①吊杆。吊杆以跨中为对称中心往两岸排列,采用热挤聚乙烯外加不锈钢套管防护。

吊杆的安装工艺流程为:吊杆孔填充处理→吊杆孔清理→吊杆锚具检查→实测各吊点高程值→吊杆运输至现场并松展开→吊点垂直提吊就位→调节锚具螺母使下锚具达到设计高程→锚具封闭并作防护处理。

②吊杆横梁。横梁一般采用钢结构制作或预制预应力混凝土结构,制作好后运输至现场存放。

安装时通过驳船运至拱下安装位置附近,利用缆索吊装,安装在吊杆上。横梁安装为高空悬吊作业,吊装时应在其内侧设爬梯和吊笼供作业人员上下和安装吊杆时使用。在全站仪的测量控制下,在拱顶用千斤顶调节吊杆,调整横梁高程及平面位置。

③拱肋横梁安装。拱肋横梁安装分两部分进行,第一部分为拱肋横梁与拱肋的连接接头,该部分在拱肋节段加工制作时,按设计及规范要求焊接在拱肋上,与拱肋一起吊装。第二部分在拱肋安装结束,吊杆横梁安装前用缆索吊装,与预先安装在拱肋上的支座接头焊接,接头焊接时应严格按照设计及规范进行,焊接后应按设计焊缝等级进行检查,并作防锈处理。

④拱上立柱及横梁施工。拱上立柱钢管在工厂制作,运输至现场检验合格后用索吊吊装,测量定位后,与设置在拱肋上的支座按设计焊缝等级焊接,焊接前应采取有效定位措施,防止因焊接应力而发生偏位和变形,焊接后应对焊接缝进行检验和防锈处理。

拱上立柱混凝土用泵车从顶上浇筑,插入式振动棒振捣,用串筒下料,一层下料厚度不大于50cm。混凝土浇筑时应精确安装与横梁之间的连接预埋件或预留一定的高度待横梁安装后浇混凝土作湿接头。

拱上立柱横梁用缆索吊吊装,安装前在立柱上设临时限位装置和操作平台,初步就位后,用千斤顶配合缆索吊,用全站仪测量精确定位,然后焊接接头或压注混凝土作湿接头。

⑤墩上立柱及横梁施工。墩上立柱及横梁施工在拱上立柱施工前进行,与拱上立柱施工方法一致。

⑥桥面板预制安装。桥面板预制方法与其他梁桥构件预制相同,安装方法同样采用缆索吊装,按设计及有关规定进行。

3. 拱上吊机拼装法

与梁桥的悬臂拼装类似,在拱上安装一可行走、锚固的吊机作为安装设备,将拱肋构件依次安装。某钢桁拱桥采用的拱上吊机法施工示意图见图8-72。

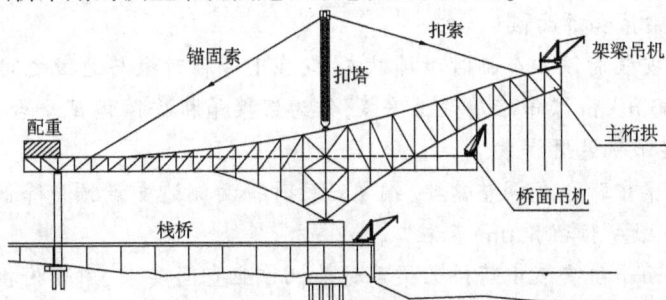

图8-72 拱上吊机法施工示意图

相对缆索吊装法,拱上吊机法无需强大的后锚系统,占地面积较小。同时,吊机安装定位精度较缆索吊装高,尤其是对于刚桁架拱桥的杆件拼装,优势明显,功效较高。但是,拱桥在安装过程中,倾覆力矩较大,需要在边跨尾部压重、锚压;而且杆件内力往往在施工过程中大于成桥状态,扣塔、扣索等的受力也很大。

拱上吊机施工拱桥,可以拱梁并进,即拱肋和桥面梁系一起推进,但倾覆力矩较大;也可将拱合龙后,再安装桥面系,但在主拱合龙后需要安装临时系杆平衡水平力,并另安装桥面吊机进行桥面系施工直至合龙,再进行临时系杆和永久系杆的体系转换。图8-72所示的就是先拱后梁的方法,桥面吊机仅为示意,应在主拱合龙后再进入主跨安装。

下面以重庆朝天门长江大桥的施工方案为例,对这种方法作简单介绍。

1)工程情况简介

朝天门大桥主桥上部结构设计为:190m + 552m + 190m的三跨连续中承式钢桁系杆拱桥,双层桥面,上层布置双向6车道和两侧人行道,桥面总宽36m,下层中间布置双线城市轨道交通,两侧各预留一个7m宽的汽车车行道。

两片拱肋间距为29m,拱顶至中间支点高度为142m,拱肋下弦线形采用二次抛物线,矢高128m,矢跨比1/4.312 5;拱肋上弦部分线形也采用二次抛物线,与边跨上弦之间采用 $R = 700m$ 的反向圆曲线进行过渡。主桁采用变高度的"N"形桁式,桁拱肋跨中桁高为14m,中支点处(P7、P8主墩顶)桁高73.13m(其中拱肋加劲弦高40.65m),边支点处(P6、P9边墩顶)桁高为11.83m。全桥采用变节间布置,共有12m、14m、16m三种节间形式,边跨节间布置为 $8 \times 12m + 14m + 5 \times 16m$,中跨节间布置为 $5 \times 16m + 2 \times 14m + 28 \times 12m + 2 \times 14m + 5 \times 16m$。

主桁节点除中支点等少部分特殊节点采用整体节点外,其余均采用拼装式节点,所有钢构件均采用工厂焊接制造,除钢桥面板拼缝和"U"形纵肋采用现场焊接外,其余全部构件均采用高强度螺栓连接,其中主桁采用M30高强度螺栓,联结系、行车系采用M24高强度螺栓。

纵向支承体系除北主墩为固定铰支座外,其余各墩均为活动铰支座。主墩支座横向均固定,只在支座上、下座板之间留一定间隙,可满足温度作用下横向位移的要求,交界墩支座横向均活动,在边支点下横梁中心设置两个横向限位支座。

2)总体施工方法

(1)主桥上部钢梁从两侧边支点向跨中对称安装,先安装边跨主结构所有构件,再安装中跨桁拱和吊杆,实现桁拱跨中合龙后,安装临时系杆,形成系杆拱受力体系,再用桥面吊机安装中跨上、下层梁系和桥面板。

(2)边跨钢梁安装时设3个临时墩辅助支撑,在1号临时墩与边墩之间搭设膺架,边跨1号、2号桁节用1 000t·m塔吊在膺架上安装,作为架梁吊机安装调试平台,边跨其余桁节及中跨桁拱均用架梁吊机悬臂拼装。

(3)为满足钢梁中跨合龙调整需要,钢梁安装时将两侧边支点预先降低2.3m,边墩施工时边支点顶面以下墩身预留5.0m不施工。

(4)为满足桥面吊机安装中跨桥面梁系时吊机作业空间要求,中跨桁拱安装时需同时用架梁吊机安装7个节间的系梁和桥面板。

(5)钢梁悬臂安装期间采取在边跨进行压载配重方式平衡悬臂端倾覆力矩。根据计算，需在边支点处提供 1 600t(单桁)的平衡力，为保证防倾覆安全系数大于 1.3，压载 2.2×10^4 kN(单桁)，其中上层桥面压重 1.2×10^4 kN，下层桥面压重 1.0×10^4 kN，分布在边跨 1 号、2 号节间和 2 个临时节间的上层桥面。

(6)中跨桁拱悬臂安装期间在主墩顶 A15 节点顶部安装一座 100m 高的扣塔，设置两对斜拉扣索，控制结构内力和减小悬臂端下挠量。

(7)中跨桁拱采取在无应力状况下合龙，合龙顺序为：下弦 →上弦 →斜杆→平联，先利用临时合龙铰实现桁拱上下弦的快速合龙，解除南主墩活动支座的临时固定措施后，再合龙其他杆件。

(8)桁拱合龙后在中跨安装临时系杆，完成初张拉后，将边支点调整至设计高程，递序拆除斜拉扣挂及压载配重系统，用 900t·m 全回转桥面吊机按照先下后上的顺序，逐跨安装中跨系杆，实现系杆中跨合龙后，拆除临时系杆，吊装中跨桥面板。

(9)桥面板安装时与横梁之间只做临时连接，待全桥面板拼焊工作结束后，再将横梁与桥面板连成整体。

(10)边跨安装期间将边支座设为固定支座，中跨悬臂安装期间将中支座设为固定支座，保持边支座纵向活动。

(11)全桥所有构件进场后均在北岸预拼场进行预拼，边跨构件预拼好后在栈桥上用架梁吊机起吊安装，中跨桁拱构件在安装部位下方水域垂直起吊安装，中跨桥面梁系构件在边跨提升至上层桥面，通过设置在上层桥面的轨道运输系统运输至安装部位。

(12)钢梁安装前绘制杆件安装顺序图和预拼图，制定完善高强螺栓施拧工艺，并严格进行试验，确保钢梁安装施工质量。

(13)钢梁线形主要由工厂加工质量来保证，现场安装线形主要通过控制节点栓孔的重合率来保证，利用各墩墩顶布置，通过钢梁整体纵横移和调整边中支点高差的方式精确定位中支座和调整中跨合龙误差。

3)主要施工步骤

施工工艺流程见 8-73。主要施工步骤图见图 8-74。

4)部分关键工序施工简介

(1)杆件预拼

钢桁杆件先在预拼场进行预拼，目的是按安装顺序将杆件和节点预拼成单元，提高安装效率。

构件预拼前应绘制预拼图，标明预拼部件编号、预拼顺序、高强螺栓数量、直径和长度。预拼单元的重量不得超过吊机的额定起重量。预拼台座应布置合理，牢固可靠。拼装时重点检查部件的编号、数量、方向、栓孔重合率、板层密贴情况、支承节点磨光顶紧接触面缝隙。

(2)高强螺栓施拧

高强螺栓提供轴向压力，杆件、节点板等之间通过摩擦力承受荷载，这是高强螺栓摩擦型连接的基本原理，也是钢桁桥成败的关键之一。

高强度螺栓采用扭矩法施拧。施工前应做好施拧工艺试验和板面抗滑移系数试验。

施工准备

构件加工制作进场运输及预拼

码头、栈桥、边跨临时墩及预拼场施工

1 000t·m塔吊安装调试

P6~P9墩施工

边跨1号、2号节间

架梁吊机安装调试

桥面吊机安装

边跨悬臂安装至中支点

压载临时节点安装

施工监控

边跨钢梁调整及中支座精确定位

中跨悬臂安装7个节间（包括系杆和桥面板）

第一次航道调整

中跨桁拱悬臂安装至E27

安装扣塔、挂1号斜拉索并初张拉

第二次航道调整

南中跨安装至E33节点

压载配重

挂2号斜拉索及初张拉

第三次航道调整

南北中跨安装至跨中合龙端

合龙误差调整及桁拱中跨合龙

临时系杆安装及初张拉

扣塔及压载配重系统拆除

P6~P9剩余墩施工

中跨系杆安装至跨中

安装体外预应力束并张拉

调整临时系杆束力

系杆中跨合龙

临时系杆拆除

桥面板安装

桥面铺装及附属工程施工

荷载试验及竣工验收

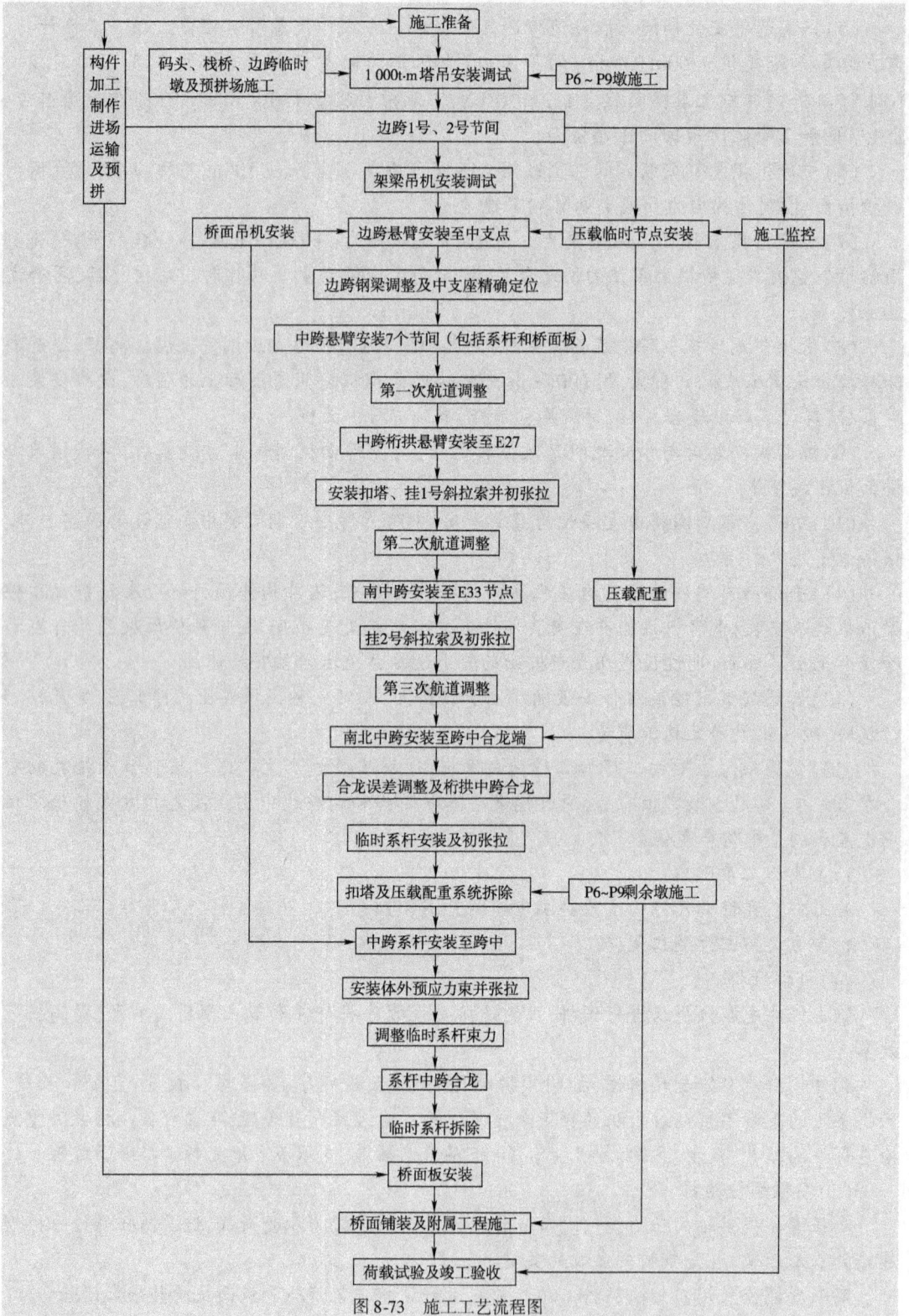

图 8-73　施工工艺流程图

步骤一:1.主桥墩身施工,P6~P9 墩施工至高程+236.307m,预埋后锚。

2.安装边跨临时墩,南边跨临时墩平面位置向跨中预偏650mm。

3.安装调试 10^4 kN·m 塔吊,安装边支点临时支座、顶升装置和限位装置。

步骤二:1.复测临时墩、边支点临时支座平面位置和顶高程,测量放出边跨1号~2号节间下弦节点坐标和轴线。

2.用 10^4 kN·m 塔吊安装边跨1号~2号节间及分配梁。

3.安装调试拱上爬行架梁吊机,完成吊机试吊。

步骤三:1.架梁吊机安装后,用 10^4 kN·m 塔吊安装1号、2号临时节间。

2.架梁吊机安装桁梁,在3号临时墩上安装钢梁纵横移装置和限位装置。

3.悬臂安装边跨6号~9号节间,根据监控安装边跨配重,完成3号临时墩墩顶抄垫工作。

4.用 10^4 kN·m 塔吊安装调试桥面吊机。

步骤四:1.悬臂安装边跨10号~13号节间,并安装边跨配重,完成P7、P8墩墩顶布置(调节及限位装置),初步安装中支座和E15整体节点,完成支座与节点之间的连接。

2.用P7、P8墩顶调节装置移动支座和E15整体节点,安装E14、E15下弦杆。

图 8-74

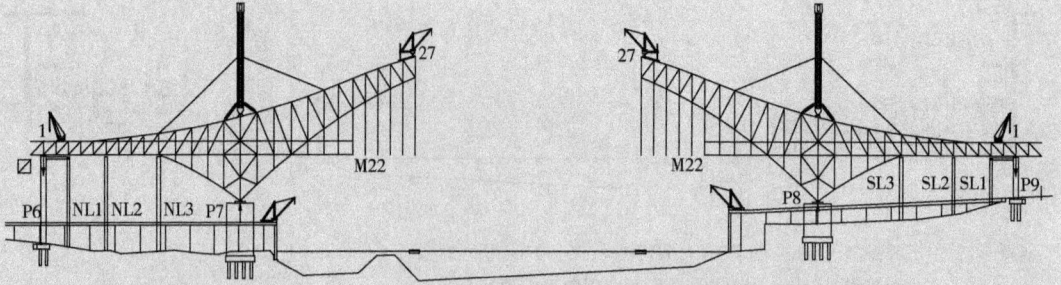

步骤五:1.继续安装至 E19 节点时,利用 3 号临时墩及主墩顶布置调整桁梁位置精确定位,支座注浆。

2.悬臂安装中跨钢梁至 27 号节点后,钢梁停止架设,安装扣塔。钢梁悬臂安装期间同步安装边跨配重。

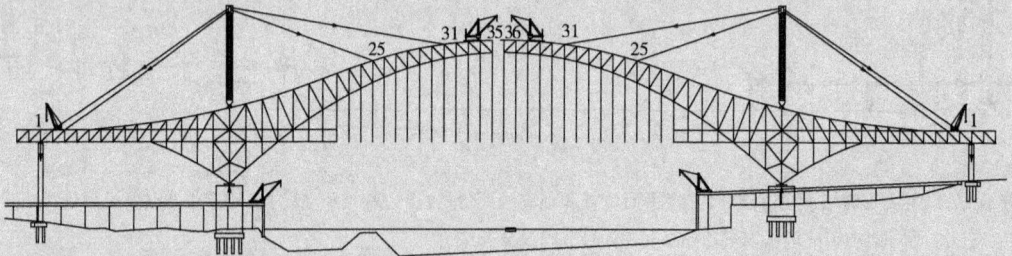

步骤六:1.依次安装斜拉索,并张拉。继续安装北中跨钢梁至 35 号节点。

2.选择合适的天气条件,调整合龙端误差。

3.架设过程中同步安装边跨压载配重,确保钢梁的倾覆稳定系数不小于 1.3。

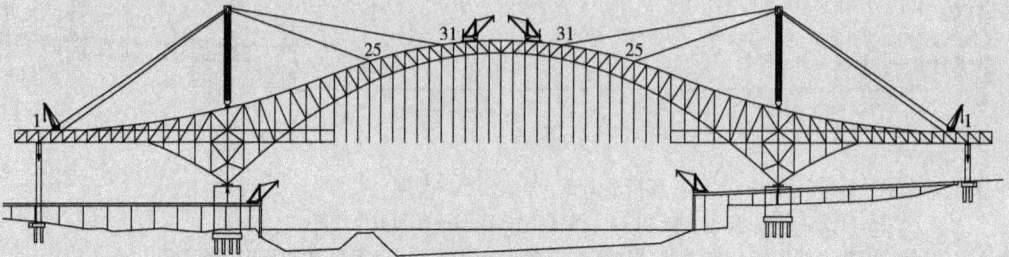

步骤七:利用环境温度变化和上下弦杆合龙临时铰等辅助措施完成桁拱跨中合龙。

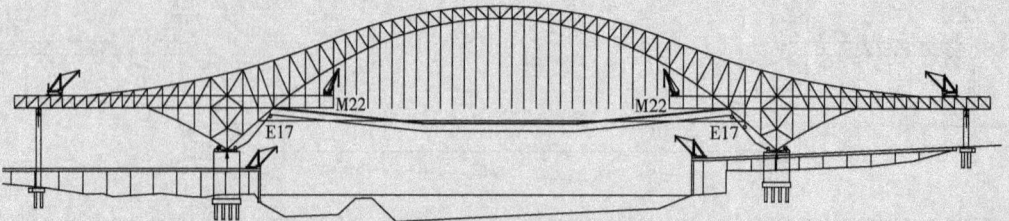

步骤八:1.位置调整,安装临时系杆。

2.拆除斜拉索扣挂系统和部分配重。

图 8-74

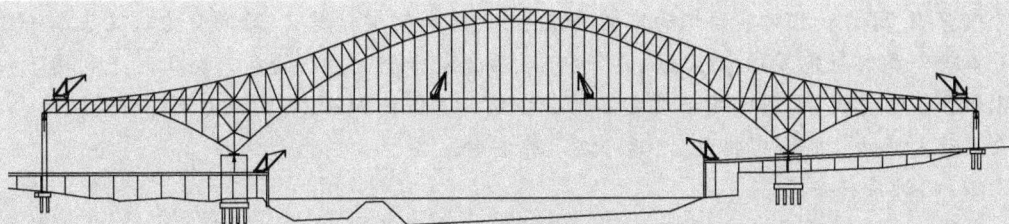

步骤九:1.用桥面吊机安装中跨系杆至跨中。
　　　2.利用环境温度变化和在合龙端施加张(拉)力实现上下系杆合龙,拆除临时系杆。
　　　3.桥面吊机后退拆除临时配重节间,安装桥面板。

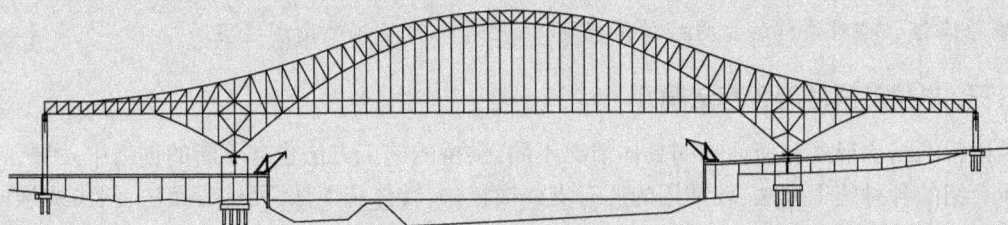

步骤十:1.桥面铺装和附属设施施工,调整系杆体外预应力索索力。
　　　2.成桥荷载试验,交工验收。

图 8-74　重庆朝天门长江大桥主要施工步骤图

　　施拧用电动扳手、定扭矩带响扳手,应编号使用,每台电动扳手和控制器,应固定配套编号,不得混杂。施拧扳手每天上班前和下班后都必须进行标定。用紧扣法检查施拧质量采用可显示扭矩的表盘扳手,使用前也必须标定。

　　(3)轴线、高程调节系统

　　主要由扣塔、扣索、支座、墩顶各向千斤顶及其反力结构等组成,尤其是主、边墩顶的布置较为复杂,以满足各向调整、限位、下压、上顶等的不同需要。

　　(4)压载配重系统

　　用以防止施工过程的悬臂倾覆,一般设置在边跨后部,采用混凝土块、钢锭等作为配重块。

　　(5)架梁吊机

　　架梁吊机需要专门的设计、制作,对自重、起重能力、回转半径及角度等参数严格控制。朝天门长江大桥拱上架梁吊机见图 8-75 所示,后部带调平装置,在拱上步履式行走、锚固。

　　用 10^4 kN·m 塔吊作为起重设备安装,安装顺序:行走轨排→下底盘及锚固系统→上底盘→调平系统→卷扬机→起重臂→牵引系统。

　　(6)中跨合龙

　　桁拱中跨合龙实际上是钢梁由悬臂外伸梁转换成三跨连续梁的过程,施工时可采取通过选择温度、改变边、中支点相对高差等措施,营造三跨连续

图 8-75　拱上架梁吊机图

梁跨中弯矩、剪力和相对转角均为零的合龙条件,保持钢梁合龙前、后的受力状况基本一致。

中跨合龙按照先下弦,后上弦,再斜杆,最后合龙平联的顺序进行。施工时先利用下弦长圆孔和上弦临时铰,利用环境温度变化和在合龙端适当施加外力,实现上下弦杆的快速合龙,解除活动支座的临时固定措施后,再合龙其余杆件。

(7)临时系杆安装

中跨桁拱合龙后通过安装临时系杆,拆除斜拉索提前形成系杆拱受力体系,为中跨上下层系杆合龙创造条件。

临时系杆一般采用ϕ15.24mm高强低松弛平行钢绞线束,用钢锚箱锚固在拱脚附近的节点处,在中跨桁拱合龙后,从下弦杆处架设过江牵引系统来安装临时系杆,钢锚箱节点板用高强螺栓连接。临时系杆的拉力经计算确定,注重结构的整体平衡和稳定。

三、拱桥的其他施工方法简介

拱桥的结构形式和所面临的具体情况不同,拱桥的施工方法也在不断的创新中发展,除前面所介绍的各种施工方法,较常用的还有支架横移法、转体施工法、劲性骨架法、斜吊式悬臂施工法等,下面作简单介绍。

1. 支架横移法

对于横向拱圈数量较多、净空较低,桥下基础较好、地势较平的拱桥,只搭设一榀拱肋的支架,待该榀拱肋浇筑或安装完成后,落架,将支架整体横向移动,进行下一榀拱肋施工,如图 8-76 所示。

这种方法受限制较多,可在较小的拱桥中采用,国内应用较少。

2. 转体施工法

将拱圈分为两个半跨在岸坡上预制(或拼装),通过转动使拱圈达到设计位置,形成拱的跨越。根据转体的方向,分为竖向转体、平面转体以及竖转、平转结合法 3 种类型。

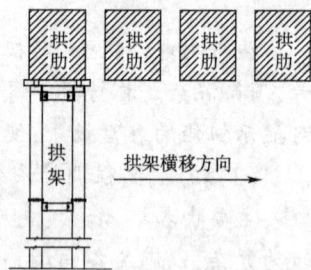

图 8-76 支架横移示意图

1)竖向转体法

利用地形或支架在竖直位置浇筑或拼装拱肋,再两边逐渐放倒合龙成桥。

2)平面转体法

在桥侧按照拱圈仰角预制或拼装拱肋,在拱肋的拱脚上安装转盘,通过扣挂、牵引等措施,使拱肋水平转动直至设计位置,合龙成拱。

3)竖转、平转结合法

在地面上预制或拼装拱肋,先将拱肋竖向转动成设计仰角,再水平转动成拱。

例: 广东佛山的东平大桥为主跨300m 的钢桁拱,两岸转体质量各为 14 000t。先利用塔吊运送杆件,利用较低的拱胎支架组装拱桁,先竖向转体将1/2 拱合龙,再平面转体合龙全拱。

转体施工的关键设备就是拱座转盘,由底座、转盘轴心、上板等组成,既要有足够的稳定性,又要保证转向过程中摩擦力小、平稳,有的为抗倾覆,还需要加配重。

转体施工法具有结构合理、受力明确、施工设备少、速度快、造价较低的特点,但在跨径较大的桥中,转动施工过程不易控制,所以转体施工法一般适用在跨径不大的单跨拱桥的施工中。

3. 劲性骨架法

施工时,先将钢骨架成拱,再以此劲性骨架为支架,分层、分段包裹混凝土,最后形成劲性骨架与混凝土的复合拱桥的桥型,可以使体积庞大的拱圈在符合拱的受力方式下逐渐形成,而不需要强劲的脚手架和强大的吊装能力(万县长江大桥钢骨架节段的吊重600kN),现已成为修建特大跨径混凝土拱桥合理可行,颇具竞争力的施工方法。近年来在国内外发展较快,日本的宇佐川桥,我国的丹东沙河口桥、宜宾金沙江大桥、广西邕江大桥、云南化皮冲大桥和万县长江大桥等均采用此结构形式。

4. 斜吊式悬臂施工法

利用专门的扣塔、墩台、拱上结构作为扣挂支撑结构,将拱肋依次悬拼、斜拉扣索稳固悬臂直至合龙。实际上在前面的缆索吊装和拱上架梁吊机施工中均有采用,只是作为稳定和抗倾覆的措施。

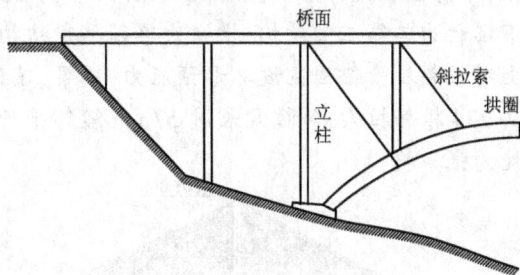

图8-77　斜吊式悬臂施工法施工示意图

在将拱圈与拱上结构、桥面系整体推进,利用斜拉索稳定拱圈的方法,如图8-77所示。施工过程中具有结构刚度大、施工速度快、造价低等优点,在大跨度下承式拱桥中有一定的优势和发展前景。

第五节　其他主要桥型施工技术简介

一、斜拉桥施工技术简介

斜拉桥以其造型优美、跨越能力强、结构刚度相对较好等优势,在大跨径的桥梁和城市景观桥梁中广泛应用。

斜拉桥的上部结构主要有索塔、斜拉索、主梁等部分组成。

索塔分为预应力钢筋混凝土结构、劲性骨架钢筋混凝土结构和钢结构三种类型。

斜拉索一般采用平行钢丝束或钢绞线,上端与索塔的刚锚箱锚固,下端张拉锚固在对应的主梁梁段上,是斜拉体系中的关键,可在运营阶段调整索力或进行更换。

斜拉桥的主梁一般高度较矮,在斜拉桥发展的前期,有悬臂梁和连续梁两种,目前主要采用连续梁作为主梁,根据梁、塔的支承方式不同,可分为简支体系、半悬浮体系、全悬浮体系、塔梁墩固结体系。

从斜拉桥的总体结构上看,以索塔的数量分有独塔斜拉桥、双塔斜拉桥和多塔斜拉桥等类型,以索面的数量分可分为单索面和双索面两种类型,以斜拉索的分布形状可分为竖琴型、扇形、星形、辐射形等类型。

我国斜拉桥的施工技术近年来取得了很大的进步,许多桥梁处于世界领先水平。在建的苏通长江大桥为双塔双索面斜拉桥,劲性骨架钢筋混凝土主塔高306m,为世界最高;主跨为1 088m,为世界最大跨度斜拉桥;斜拉索580m,为世界最长。已通车的南京长江三桥,主塔高215m,下横梁以下部分为钢筋混凝土塔身,以上部分为钢塔身,为中国第一钢塔斜拉桥,也是世界上第一座弧线形斜拉桥。

例：重庆奉节长江大桥主桥为双塔双索面钢筋混凝土斜拉桥,见图8-78。主跨460m,主梁为纵面弹性半漂浮体系。跨径布置：30.4＋202.6＋460＋174.7＋25.3＝893m,桥宽20.5m。锚跨为压重箱梁,其余为矩形边主梁。主塔为A形塔,分为上塔柱、横梁、中塔柱、盖板、下塔柱5大部分,南塔高206m,北塔高214m。C50混凝土,上、中塔柱为单箱单室结构,下塔柱为单箱三室结构,横梁为单箱单室结构,盖板为实体板,位于中、下塔柱交界处,厚3m。上塔柱斜拉索锚固区设环形预应力,横梁、盖板内设预应力。斜拉索每塔每索面28对,全桥共224根斜拉索,斜拉索采用φ7mm镀锌平行钢丝,外挤双层PE,锚具采用冷铸墩头锚,主塔处为张拉端。

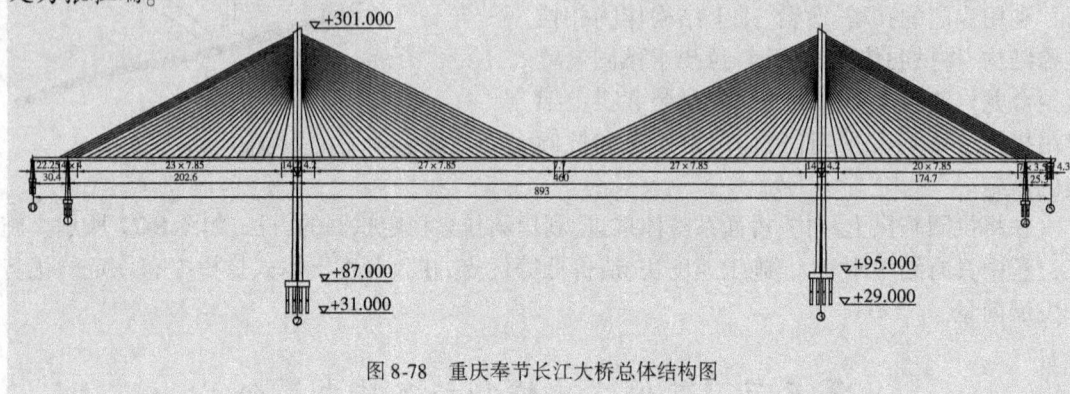

图8-78　重庆奉节长江大桥总体结构图

下面结合该桥的施工实际为主,以其他类型的斜拉桥为补充,对斜拉桥的施工技术进行介绍。

(一)主塔施工简介

斜拉桥的主塔主要有A形、花瓶形、H形、倒Y形等不同的形式。由于斜拉桥主塔较高,一般混凝土主塔采用爬模施工工艺,如苏通大桥等,是斜拉桥主塔的主要施工方法。对于钢塔,则采用装配式结构,如南京三桥。

重庆奉节长江大桥主塔结构立面、侧面见图8-79。

奉节长江大桥主塔为A形,分为上塔柱、横梁、中塔柱、盖板、下塔柱5大部分,承台以上南、北主塔高分别为206m、214m。主塔纵向厚度除下塔柱下端从上至下自7m渐变至10m(斜率分别为36.4:1,41.733:1)外,其余均为7m。上、中塔柱及横梁均为单箱单室截面。下塔柱为单箱三室截面,设一道横隔板,厚0.6m。盖板为实体板,位于中、下塔柱交界处,厚3m。上、中塔柱横向宽度均为4.2m,其斜率为1/10,下塔柱横桥向等宽为23m。塔上索距为1.7m。

主塔采用C50混凝土,横梁、盖板内设预应力,采用高强度低松弛钢绞线,上塔柱斜拉索锚固区设环形预应力。

1. 主要施工步骤

主塔主要施工步骤见图8-80,各步骤工作内容如下：

①安装下塔吊、测量放线。按照爬模工艺施工下塔柱;接高下塔吊、安装电梯。

②接高下塔吊和电梯、施工顶部异形段及盖板。

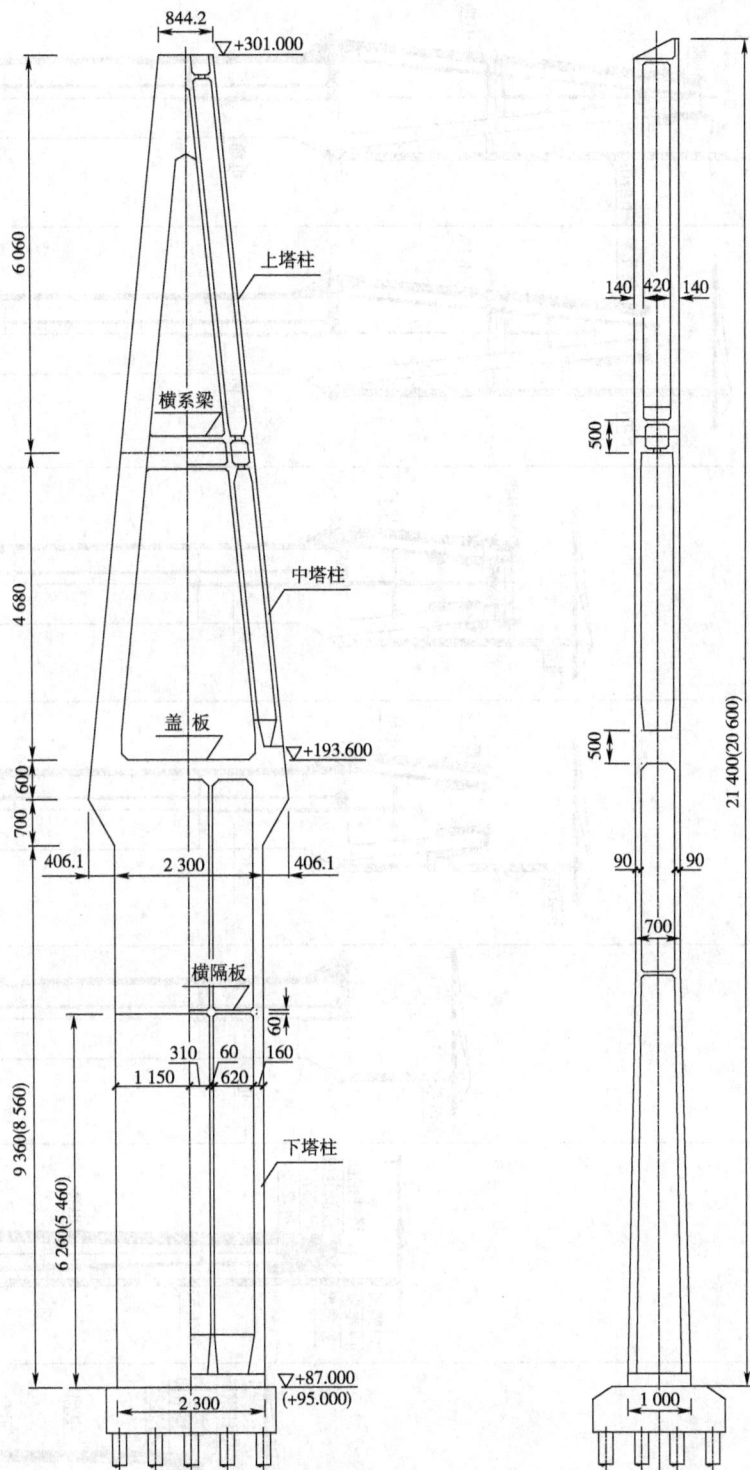

说明：
1. 图中尺寸单位除高程以 m 计外，其余均以 cm 计。
2. 括号内为3号墩数值。

图 8-79 塔身结构立面、侧面图

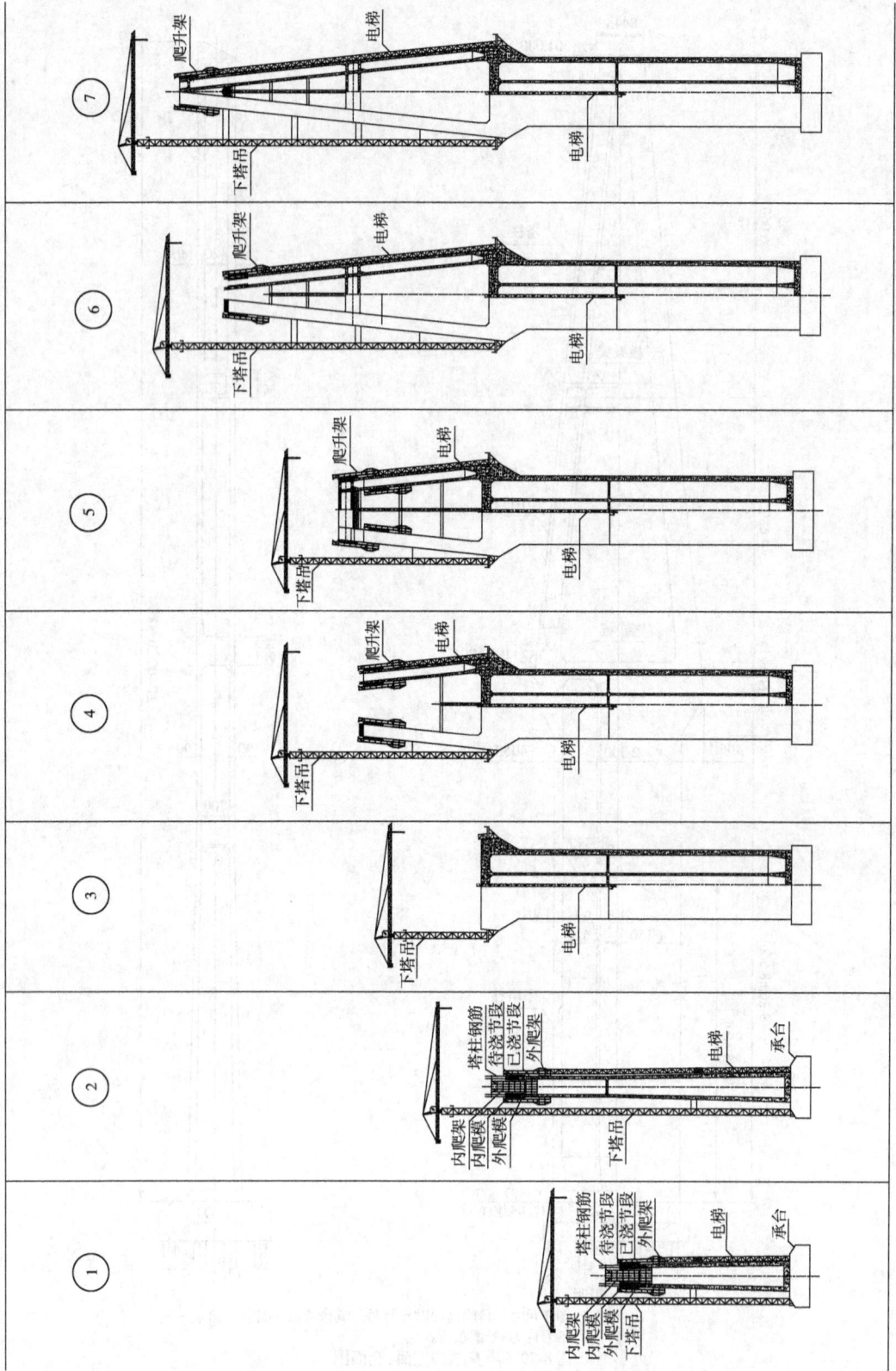

图 8-80 主塔施工主要施工步骤图

③利用下塔吊安装上塔吊;利用上塔吊拆除下塔吊;电梯接高至盖板。

④接高上塔吊,按照爬模工艺施工上塔柱;加工电梯平台,安装接高电梯;拆除三峡库区水位以下部分的下塔柱电梯;安装塔柱内撑。

⑤接高上塔吊和电梯,施工横系梁。

⑥接高上塔吊和电梯,按照爬模工艺施工上塔柱。

⑦接高上塔吊和电梯,塔柱合龙施工。

2. 主要施工工艺

墩柱爬模施工工艺在前面的相关章节有所叙述,这里就斜拉桥的主塔与斜拉索施工有关的部分进行介绍。

1)索道管安装

上塔柱施工中涉及到拉索锚固区内索道管的安装预理,索道管的预埋定位采用立体坐标系,测定 x、y、z 三向坐标,除此之外,还需调整导管上下、左右的倾角与偏角。

由于塔柱为高层建筑,对温度及日照等外界影响非常敏感,对于上塔柱索道管的安装定位增加了困难,上塔柱索道管的定位安装成为上塔柱施工的关键。

上塔柱拉索锚固区索道管的定位精度和安装进度直接影响斜拉桥拉索安装质量和施工进度,因此,索道管的定位安装采用索道管定位构架,每段定位安装 2~3 层索道管,在每层索道管和定位架之间均设置坐标及倾角微调装置。

索道管定位用胎架定位、制造,将每层索道管按与定位架设计的相对位置预先安装,初调定位。定位架的精度在可微调的范围之内。

定位架及索道管在后场加工车间加工制作,车运和船运至现场由塔吊配合安装,定位架在吊装和运输过程中要防止变形,定位架在塔柱上安装时,必须平衡于塔肢轴线,严格控制每节段安装高程和上、下平面对角线,防止平面扭曲变形。定位架及索道管的定位安装采用TC2002 全站仪进行测量定位。

索道管与锚板在车间制造成型,经检验合格后,才能安于定位架上,锚板与索道管垂直。索道管在与锚板焊接前应严格检查内径、椭圆度以及管内是否有疤痕或障碍物,每根导管均应采用与锚头相匹配的通孔器进行通过检查,防止在挂索时,锚头无法通过或因强行通过而损坏锚头外丝口。

2)上塔柱环向预应力施工

斜拉桥上塔柱为斜拉索锚固区,受力比较复杂,为平衡斜拉索的水平分力,一般在上塔柱内配置环向预应力钢绞线束或环向精轧螺纹钢筋。

预应力成孔材料采用高密度聚乙烯塑料或金属波纹管,波纹管安装时用定位钢筋固定,定位筋间距在弯道处加密。波纹管上覆盖湿麻袋,以避免管道烧伤。钢绞线为后穿,并且整束穿入,穿束前,将各股钢绞线排成长锥形且烧在一起,然后由1t 的卷扬机引线牵引。

张拉采用双控,以张拉力为主,伸长量校核。

(二)斜拉桥主梁施工

斜拉桥的主梁主要有钢筋混凝土梁和钢梁两种类型,主要有悬臂法、支架法、顶推法、转体法等,目前绝大多数斜拉桥主梁采用悬臂法施工,包括悬臂浇筑法和悬臂拼装法两种方式。主梁断面主要有 π 形和箱形等形式。

1. 悬臂浇筑法

这种方法与普通连续梁桥的挂篮悬浇施工方法基本相同,但由于斜拉桥主梁为多次超静定结构,受力反复变化,线形控制是重点和难点。

1)0号块施工

斜拉桥0号块一般采用托架就地浇筑,施工工艺流程见图8-81。

也有的桥利用挂篮临时形成吊架进行0号块的施工,取得很好的经验,尤其是对主梁净空较高的情况下,可节省支架投入。

为便于主梁在悬浇施工过程中塔、梁临时固结,在0号块支架现浇段施工前,需施工主梁与下塔柱盖板间临时锚固垫块。该垫块采用40MPa硫磺砂浆块,并埋设电阻丝,两塔临时锚固垫块内电阻丝应等电阻,以确保全桥合龙后同步顺利地解除塔梁间的临时锁定,实现桥梁的体系转换。

2)挂篮悬浇施工

(1)挂篮结构

由于斜拉桥主梁高跨比小、梁体抗弯能力差,斜拉桥挂篮不可能像连续刚构桥挂篮一样具有很大的自重。目前一般充分利用斜拉桥自身的特点,采用前支点挂篮(又称为牵索式挂篮),结构见图8-82。挂篮由承载平台、牵索系统、行车系统、定位系统、锚固系统、操作平台及预埋件系统组成。

这种挂篮的工作原理为:挂篮后锚在已浇梁段上,将待浇梁段的斜拉索临时锚固在挂篮前端,由后锚和斜拉索共同承受待浇梁段的荷载。待混凝土浇筑后,将斜拉索转换锚固在梁段上,再前移挂篮进行下一梁段的悬浇。

(2)挂篮悬浇

主梁悬浇是斜拉桥上部结构施工的最关键工序之一,悬浇与挂索属平行作业,因此力求其施工周期一致。为了满足主梁对称悬浇施工需要,斜拉索张拉分三个阶段(步骤),即挂篮空载调索、悬浇节段一半混凝土时调索、索力转换至已成节段时调索。

主梁悬浇施工工艺流程见图8-83。

(3)斜拉索施工

斜拉索是斜拉桥的受力关键,主要为钢丝束和钢绞线两种材料,外包高密度聚乙烯护套。斜拉索锚具采用冷铸镦头锚、夹片群锚、热铸锚等形式,一般主塔处为张拉端。

斜拉索施工工艺流程见图8-84。

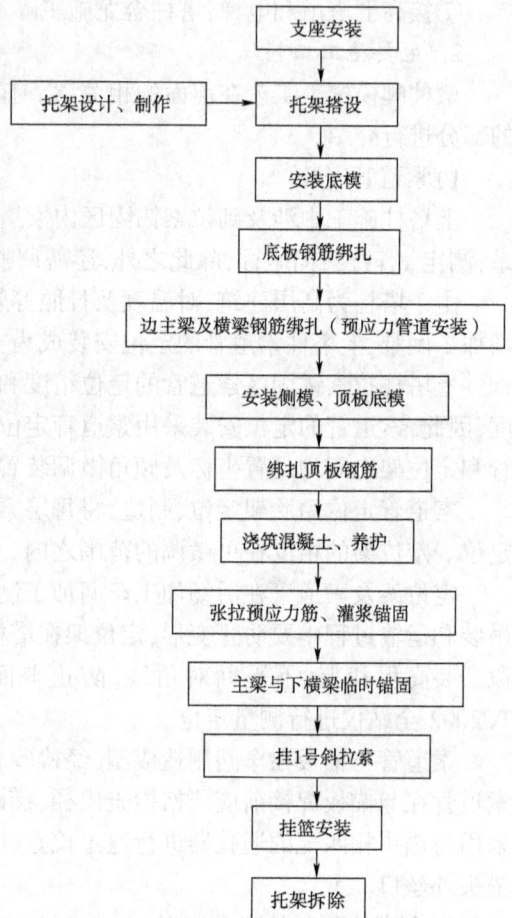

图8-81　斜拉桥0号块施工工艺流程图

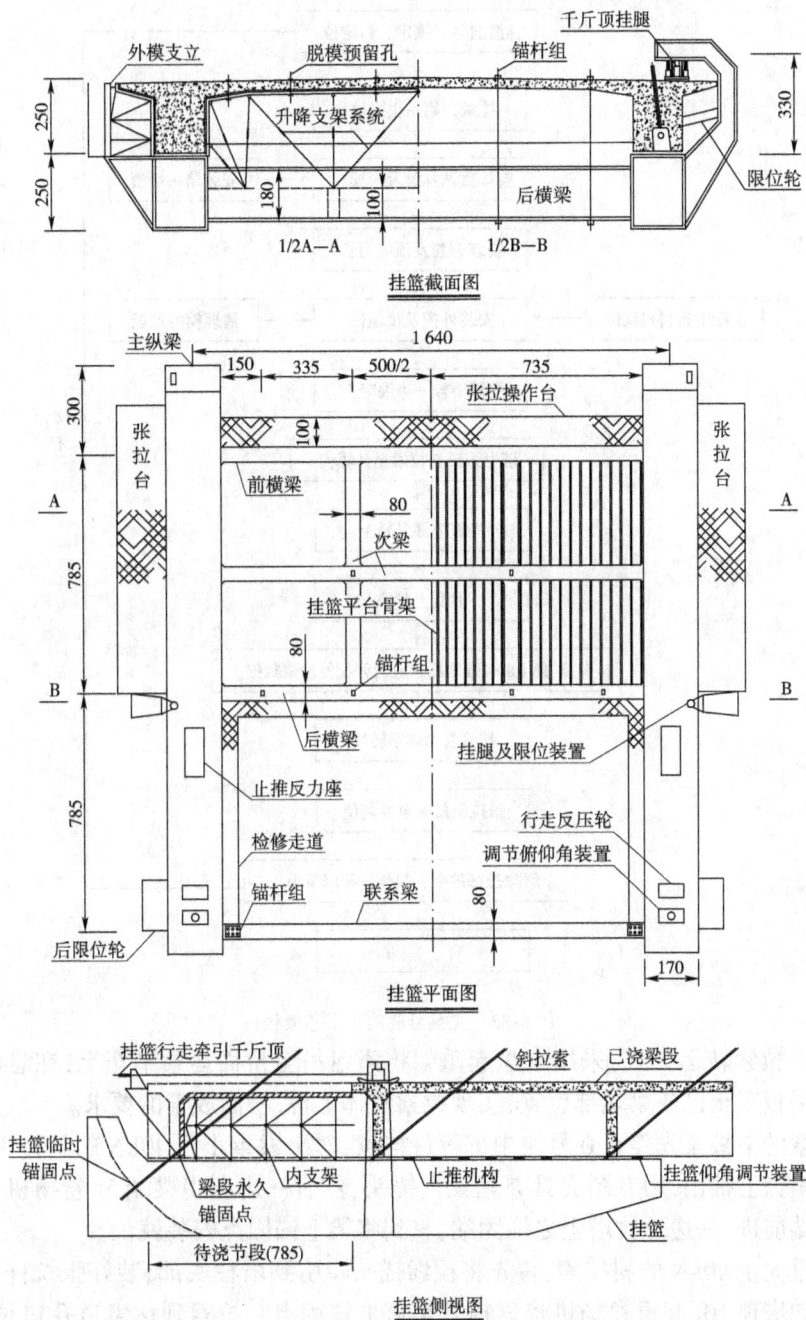

图 8-82　斜拉桥挂篮结构图(尺寸单位:cm)

①索道管清理。挂索前,对塔内及悬浇梁段中的索道管进行检查、清理,清除焊渣、毛刺及杂物。特别要对悬浇梁段中索道管的位置及固定情况进行仔细检查。

②机具准备。放索架、放索滚轮加工,以及钢丝绳、卷扬机、滑车、索头行走小车、葫芦、千斤顶、撑脚、张拉杆及相应的螺母、连接头、软牵引器、提吊头、夹板、卡环等挂索设备均需在挂索施工前准备齐全。

```
              ┌──────────────────────┐
         ┌───→│ 挂篮前移、锁定、初定位 │←──────────────┐
         │    └──────────┬───────────┘                │
         │    ┌──────────┴───────────┐                │
         │    │   挂索,第一次张拉    │                │
         │    └──────────┬───────────┘                │
         │    ┌──────────┴───────────┐  ┌──────────┐  │
         │    │  整体微调挂篮及内模  │←─│安装堵头端模│  │
         │    └──────────┬───────────┘  └──────────┘  │
         │    ┌──────────┴───────────┐                │
         │    │  安装钢筋及预应力管  │                │
         │    └──────────┬───────────┘                │
┌──────────┐ ┌──────────┴───────────┐  ┌──────────┐  │
│混凝土布料机就位│→│  安装外模及预埋件  │←│清理模内垃圾│  │
└──────────┘ └──────────┬───────────┘  └──────────┘  │
         │    ┌──────────┴───────────┐                循
         │    │  浇筑节段一半混凝土  │                环
         │    └──────────┬───────────┘                │
         │    ┌──────────┴───────────┐                │
         │    │ 塔上张拉斜拉索至计算值 │                │
         │    └──────────┬───────────┘                │
         │    ┌──────────┴───────────┐                │
         │    │    浇筑全部混凝土    │                │
         │    └──────────┬───────────┘                │
         │    ┌──────────┴───────────┐                │
         │    │     混凝土养护      │                │
         │    └──────────┬───────────┘                │
         │    ┌──────────┴───────────────────┐        │
         │    │混凝土80%强度后预应力张拉及灌浆封锚│        │
         │    └──────────┬───────────────────┘        │
         │    ┌──────────┴───────────┐                │
         │    │    挂篮受力体系转换  │                │
         │    └──────────┬───────────┘                │
         │    ┌──────────┴───────────┐                │
         │    │   张拉斜拉索至控制值 │                │
         │    └──────────┬───────────┘                │
         │    ┌──────────┴───────────────┐            │
         └────│解除挂篮约束、脱模、接缝凿毛│────────────┘
              └──────────┬────────────────┘
                  ┌──────┴──────┐
                  │   合   龙   │
                  └─────────────┘
```

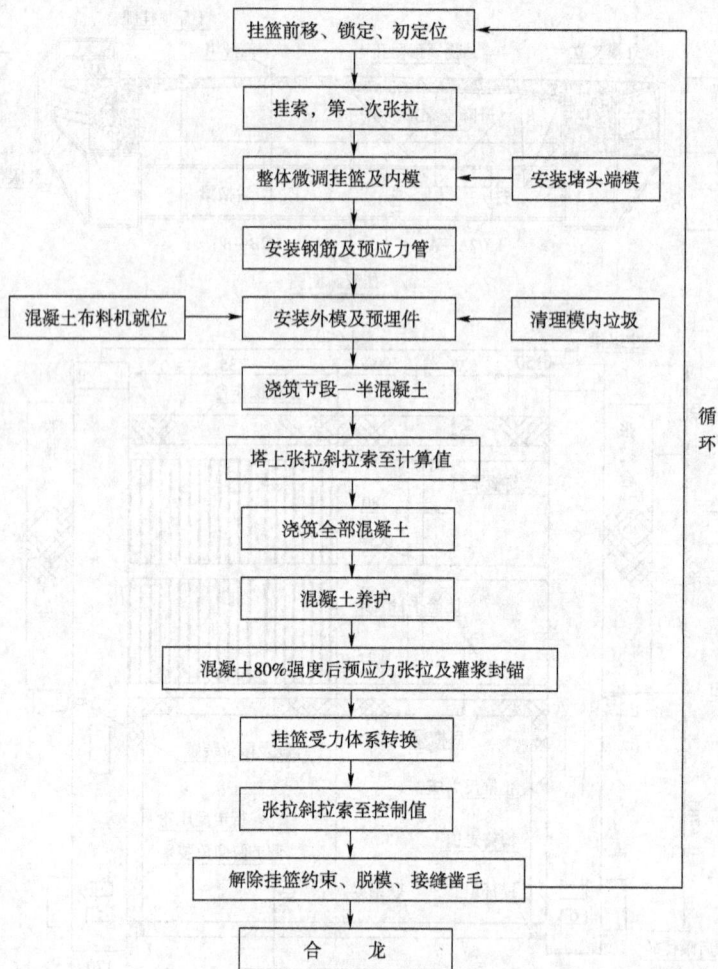

图 8-83　主梁悬浇施工工艺流程

③挂索。拉索转运方式:采用索盘起重架将索盘吊至桥面运索平车上,在悬浇梁端设 5t 卷扬机牵引平板车至已成梁端部位置,实现拉索整体上桥、桥面放索的要求。

装有拉索的平板车先停在 0 号块中部等待挂索,对于索重小于 40kN 的斜拉索,利用塔吊直接将索从索盘上抽出,用专制夹具夹紧梁上锚头,然后一边利用梁端 5t 卷扬机牵引梁上锚固点向悬臂端前进,一边下放塔上之锚固端,直到将梁上锚固点安装就位。

对于索重大于 40kN 的斜拉索,首先将拉索锚头牵引到塔柱底部,装好张拉杆、拉长杆,然后利用塔吊和塔顶 10t 起重卷扬机将索提升至塔上锚固点。拉索到达索道孔口位置后,由塔内放下 10t 葫芦滑车组接上牵引绳,向索道孔内牵引拉索,逐渐将张拉杆(接长杆)引出锚板约 3～5 扣螺纹,戴上大螺母,做临时固定。最后用桥面上 5t 卷扬机将放索平车及索盘一起向悬臂端牵引移动,边移动边放索,直到斜拉索完全放出,用夹具夹紧梁上锚头,安装好挂篮上叉接头及锚管,用卷扬机牵引,将主梁斜拉索锚头穿过锚管与索力转换装置连接并装千斤顶,拉索锚固螺母并不完全安装到位,到索力转换时再安装到位,至此完成了挂索工序。

斜拉索挂索起吊方法见图 8-85。

```
┌─────────────────────────┐
│   斜拉索到施工现场、验收   │
└─────────────────────────┘
            ↓
┌─────────────────────────┐
│       索盘桥下就位        │
└─────────────────────────┘
            ↓
┌─────────────────────────────┐
│ 索盘起重架提升索盘至桥面放索架 │
└─────────────────────────────┘
            ↓
┌─────────────────────────────┐
│  张拉杆与锚头的连接及夹具安装  │
└─────────────────────────────┘
            ↓
┌───────────────────────────────────┐
│ 放索小车放索,塔吊(塔顶卷扬机)提升索至锚固点高程 │
└───────────────────────────────────┘
            ↓
┌─────────────────────────┐
│    塔内卷扬机牵引就位     │
└─────────────────────────┘
            ↓
┌─────────────────────────┐
│       塔上临时固定        │
└─────────────────────────┘
            ↓
┌───────────┐    ┌─────────────────┐
│ 千斤顶的标定 │ →  │   安装张拉设备    │
└───────────┘    └─────────────────┘
            ↓
┌───────────┐    ┌─────────────────┐
│  挂篮推进   │ →  │  挂篮端软牵引就位  │
└───────────┘    └─────────────────┘
            ↓
┌─────────────────────────┐
│     斜拉索第一次张拉      │
└─────────────────────────┘
            ↓
┌─────────────────────────┐
│      绑扎钢筋、支模       │
└─────────────────────────┘
            ↓
┌─────────────────────────┐
│      混凝土浇筑一半       │
└─────────────────────────┘
            ↓
┌─────────────────────────┐
│     斜拉索第二次张拉      │
└─────────────────────────┘
            ↓
┌─────────────────────────┐
│     混凝土浇筑另一半      │
└─────────────────────────┘
            ↓
┌─────────────────────────┐
│  混凝土达到80%强度、预应力施工  │
└─────────────────────────┘
            ↓
┌─────────────────────────┐
│  桥面受力体系转换、松挂篮  │
└─────────────────────────┘
            ↓
┌─────────────────────────┐
│     斜拉索第三次张拉      │
└─────────────────────────┘
            ↓
┌─────────────────────────┐
│         索力调整         │
└─────────────────────────┘
            ↓
┌─────────────────────────┐
│        减振器安装        │
└─────────────────────────┘
```

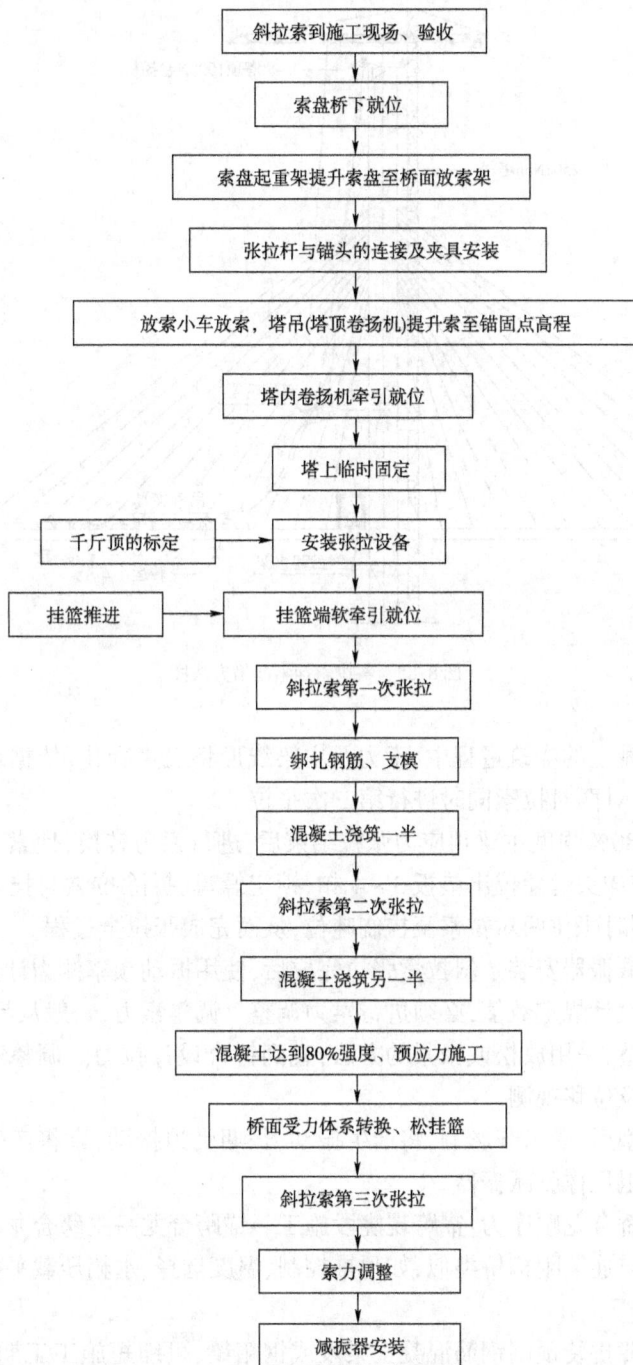

图 8-84 斜拉索施工工艺流程

④斜拉索张拉。斜拉索张拉在主塔内进行,张拉时保证两对拉索同步对称张拉,不均衡拉力应控制在设计规定范围内。拉索张拉应按设计要求分多次完成。

a.悬浇挂篮就位后,进行第一次张拉,保证浇筑混凝土时索力及挂篮高程在设计及监控允

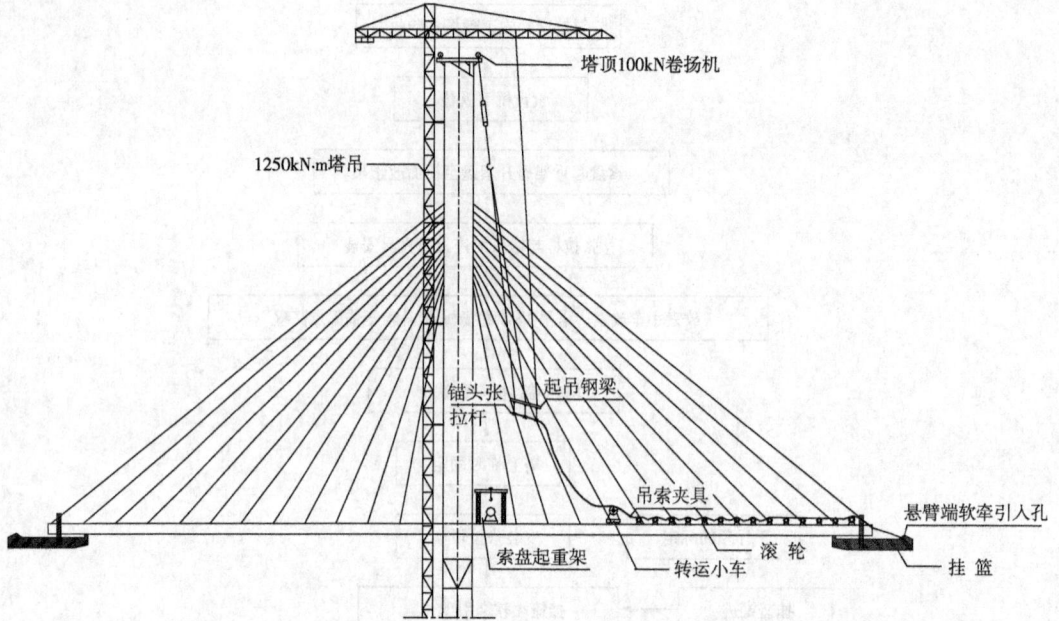

图 8-85　斜拉索挂索起吊方法图

许范围内。

b.悬浇节段混凝土的浇筑过程中,索力及主梁线形将发生变化,依据现场监测数据,混凝土浇筑至 1/2 左右,对两对拉索同时进行第二次张拉。

c.混凝土达到 80% 强度主梁预应力张拉结束后,进行索力转换,使索力传递到主梁,先张拉挂篮处千斤顶,使锚头丝牙拉出垫板 3~4 扣,锁定螺母,拆除拉索与挂篮间连接,完成索力转换,最后在塔内同时张拉两对拉索至控制吨位,从而完成张拉全过程。

⑤索力调整及减振器安装。斜拉索张拉完成后,使用振动频率测力计测定各索张拉力值,若其拉力偏差超过设计规定数值,必须进行索力调整。调整索力,一般从超过设计拉力值最大或最小的索开始调整,采用放松或张紧的方法,直到符合设计拉力。调整索力时,应对索塔和相应梁段进行应力及位移观测。

斜拉索安装成型后,受风载影响,将产生振动,长期受迫振动,索将产生疲劳。因此,应在拉索锚管中安装高阻尼橡胶减振器。

⑥合龙。斜拉桥合龙顺序为:锚跨现浇段施工→锚跨合龙→主跨合龙。

合龙施工措施与连续刚构桥类似,如顶推控制、温度选择、水箱压载平衡等。

2.悬臂拼装法

斜拉桥主梁悬臂拼装预制钢筋混凝土梁段或钢箱梁,可缩短施工工期,质量易保证,但需要大型设备较多。

悬臂拼装最重要的设备就是桥面吊机,在桥面上行走、锚固、起吊。如图 8-86 即为某桥桥面吊机悬拼钢箱梁的情形。

悬臂拼装的主要施工步骤与悬臂浇筑类似。

1)0 号块施工

一般搭设墩旁支架,浮吊安装,见图8-87。对于在墩内部分的梁段,可在托架上安装滑移装置,将梁段移动到指定位置精确就位。

图8-86　斜拉桥桥面吊机悬拼钢箱梁

图8-87　浮吊安装0号块在托架上

2)悬拼施工

桥面吊机以行走方式可分为滑移式、步履式等,以主桁外形可分为菱形、三角形、一字形等,根据吊装要求进行设计、制作、安装、调试、试压等。

悬臂拼装时,桥面吊机吊装梁段就位,通过调整钢箱梁精确定位后,即可完成顶板U肋高强螺柱施拧,并完成除顶板U肋外的全截面焊接,第一次张拉该梁段斜拉索,吊机前移,吊装下一梁段,第二次张拉斜拉索。

3)合龙

各合龙段在安装之前,其前一梁段均采用浮吊吊安至墩顶支架上,并向背塔侧预偏一定距离。待合龙段采用桥面吊机起吊就位与靠塔侧相邻段做临时连接后,第二次张拉相应拉索,合龙段前一梁段(背塔侧相邻段)回退、调整,与合龙段临时连接并精确调整合龙段与靠塔侧相邻段间缝宽,进行焊接,再精确调整、焊接合龙段与背塔侧相邻段间接缝,完成合龙。

4)挂索及张拉

悬臂拼装的挂索措施与悬臂浇筑相同。斜拉索安装与梁段的安装密切相关,两者必须交叉配合进行,一般采取两次张拉的措施,调整索力及线形。

二、悬索桥施工技术简介

悬索桥是指以悬索为主要承重结构的桥梁,主要由主塔、锚碇、主缆、吊杆、桥面系等组成,是目前大跨度桥梁的主要形式之一。

悬索桥的主塔一般为钢筋混凝土结构或钢结构,顶部设置索鞍;锚碇承受主缆的巨大拉力,并保持桥跨的稳定;主缆一般采用冷拔高强钢丝束,塔、锚、缆三者共同受力,形成悬索桥的主要受力体系。

大跨度悬索桥的桥面系一般为钢结构,且设有加劲梁。钢筋混凝土梁由于自重较大、抗拉能力差,对柔性结构的悬索桥使用较少。

我国的悬索桥技术近些年来进步较快,已建成通车的江阴大桥为主跨1 385m的单跨悬索桥;江苏润扬长江大桥南汊桥为单孔双铰钢箱梁悬索桥,主跨跨度为1 490m,居目前"中国第

一、世界第三",该桥效果见图 8-88。正在施工中的贵州坝陵河特大桥主跨 1 088m、最高桥墩 202m、桥面高度 370 多 m,是目前亚洲钢架加劲梁悬索公路桥之最。

1. 锚碇施工简介

锚碇是悬索桥区别于其他桥梁独有的结构,直接关系到悬索系统的稳定。

锚碇主要有重力式、岩洞式等,根据基础条件,选择沉箱、沉井、桩基、地下连续墙等各种形式进行选择。

图 8-88 润扬长江公路大桥

锚碇一般由锚碇基础和锚体两部分组成,锚碇基础使锚碇主要获得足够的抗拉力,锚体是主缆在锚碇上的承力结构。

例:润扬长江大桥的锚碇基础为矩形箱式结构,由底板、填芯、隔墙、内衬及顶板组成。长 69m,宽 50m,基坑最大开挖深度 48m。采用嵌入基岩的地下连续墙与 11 道钢筋混凝土内支撑及节点处的 16 根 ϕ1.2m 和 16 根 ϕ0.6m 钢管混凝土立柱桩作为深基坑的围护结构。地连墙厚度 1.2m,平均深度 53m,局部最大深度 56m。

锚碇基础的施工步骤依次为:地下连续墙→基坑开挖→支撑体系→封底混凝土→底板→隔墙→填芯→顶板。

润扬长江大桥北锚体为大体积混凝土结构,结构尺寸长×宽×高为 63.94m×53.70m×42.59m,主要由锚块、散索鞍墩、鞍部后浇段、后锚块侧墙及预应力锚固等部分组成。锚体结构见图 8-89。锚体为预应力钢筋混凝土结构,一般为大体积混凝土,如图 8-90 为润扬大桥北锚体结构示意图。

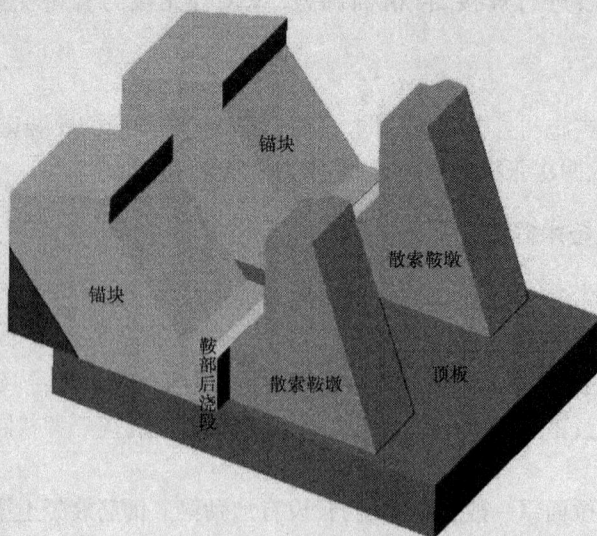

图 8-89 锚体结构示意图

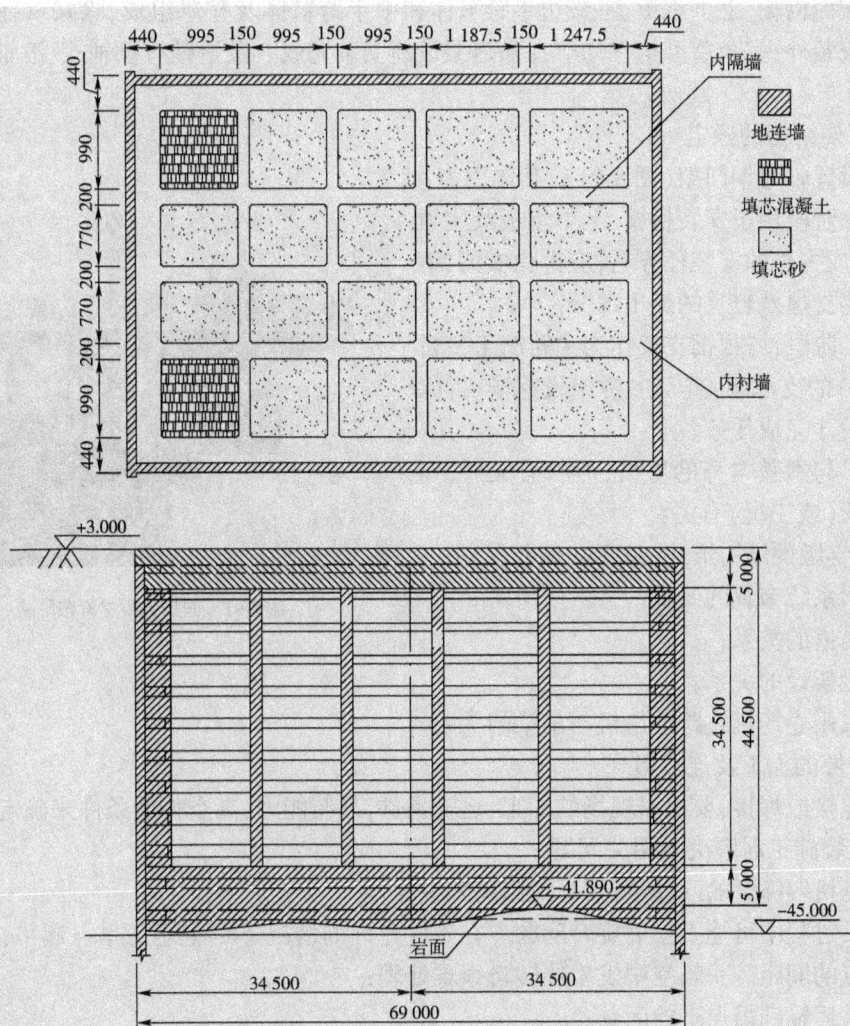

图 8-90　润扬长江大桥北锚碇基坑结构示意图(尺寸单位:mm)

2. 上部结构施工

悬索桥主塔施工与斜拉桥类似,采用爬模施工或钢结构现场拼装,横梁采用支架就地浇筑,在塔身施工中充分考虑并预埋上部结构所需的各种预埋件。

悬索桥上部结构包括索鞍、主索、加劲梁等部分,主要施工工序及要点如下。

1) 准备阶段

根据总体施工技术方案进行大型临时结构的设计、预埋件的设计、主要设备、机具的选型采购。如门架的设计、猫道的设计、塔吊、电梯、卷扬机的选型采购等;施工场地的规划,根据使用要求对测量控制网进行复核和必要的加密工作及各跨径的复测、联测。

2) 索鞍吊装施工

悬索桥有设置于主塔顶的主索鞍、设置于锚跨和边跨间的散索鞍或索鞍套,及为提供主缆转向需要设置在边跨的转索鞍。

主索鞍由格栅、上下承板、主鞍边半跨鞍体和中半跨鞍体及鞍罩组成，除鞍罩在主缆架设完成后才安装外，其余重型构件均应在猫道架设前安装完成。散索鞍有摆轴式、滚轴式和滑动式等类型。

（1）门架结构的确定

塔顶设置临时钢门架（图8-91），其作用为：

在第一阶段用于安装格栅、上下承板及主索鞍体，在完成主鞍的安装任务后，应拆除横梁，钢支架主跨侧支撑及轨道的悬出部分。

在第二阶段，塔顶钢支架作为主跨施工便桥（又称猫道）的支承架，直至主桥架设完毕、拆除施工便桥后才完成任务。

它除了与索鞍本身的质量、形状有关外，还与下列因素（或工况）有关：

①塔、支墩的结构形式（从哪一侧起吊）；

②牵引系统布置的要求；

③与猫道的关系；

④索股架设的关系；

图8-91　润扬大桥主索鞍吊装

⑤如采用卷扬机式跨缆吊机与吊梁的关系。

（2）构件的加工及连接形式

采用拴接或焊接，要根据现场的加工、运输条件，吊装能力，高空作业条件来确定。

（3）吊装施工需解决的相关问题

①卷扬机容绳量的问题，特别是对高塔来说；

②起吊过程中可能发生的旋转问题。在条件允许的情况下尽量避免单点起吊，同时尽量放大两吊点的间距。一旦空中发生旋转将很难处理；

③索鞍运输到吊点下的问题；

④隔栅的测量定位。

索鞍安装的准确与否，主要取决于隔栅定位的准确与否。

3．猫道及牵引系统架设

为架设主跨上部结构的需要，必须设置临时施工便桥，通常称为猫道。

1）牵引系统形式的确定

牵引系统从大的形式上分为：门架拽拉法、小车法、架空索道法三种，这三种方式都有成功的实例。每一种方式各有自己的优缺点，具体用哪种方式由各个施工单位的习惯来确定。

根据牵引索的数量可分为单线或双线往返式牵引系统，见图8-92、图8-93。

至于选用单线往复式还是双线往复式应该与工程的规模、数量、进度计划要求、资金投入等有关。润扬大桥索股数量多、牵引距离长，为了尽量缩短架设周期，所以采用了双线往复式牵引系统。

2）牵引系统的架设

牵引索（或先导索）过江。

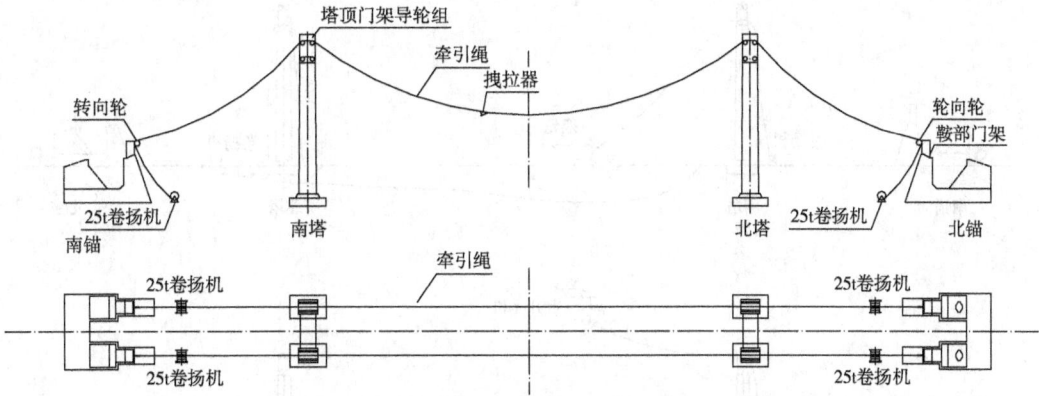

图 8-92　单线往复式牵引系统布置图

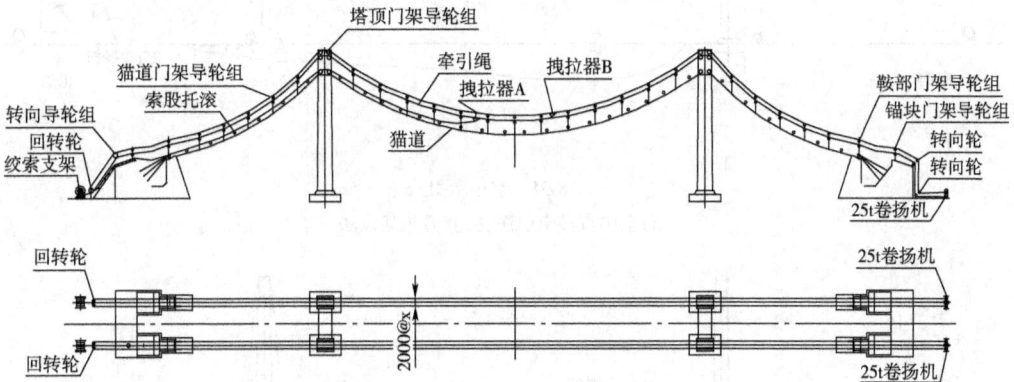

图 8-93　双线往复式牵引系统布置图

①空中牵引法(图 8-94),主要有以下两种方式:

a.空中直接牵引法:优点是封航时间短,架设速度快;缺点是拖轮功率要求高,反张力控制设备要求高,牵引力对塔不利。

b.直升机架设法:优点是不需封航,架设效率高;缺点是需要较长轻质强力纤维绳,架设成本高。

②浮子法(图 8-95)。浮子法施工就是在拖轮拉索的同时在牵引索(先导索)上间隔布置浮球,使钢索浮于水面。优点是适合水下情况复杂的桥位,缺点是受水流影响较大,效率较低。

③江底铺设法(图 8-96)。将 1 号牵引索卷入南锚卷扬机,牵引越过塔顶后卷入拖轮上的索盘;2 号牵引索由北锚卷扬机牵出越过北塔至塔底临时锚固;启动拖轮将 1 号索由南塔向北塔方向牵引,牵引索落入江底牵至北塔后,1 号索与 2 号索连接,启动南锚卷扬机,钢索提升至预定垂度,即可形成单线牵引系统。这种方法的优点是技术比较成熟,设备投入少;缺点是必须封航,并清除水底障碍。

3)猫道

猫道作为悬索桥上部构造施工最重要的高空工作通道和临时作业场地,平行于主缆线形布置。

一般情况下,按猫道承重索在塔顶跨越形式通常将其分为"分离式"和"连续式"两种构造布置。分离式结构需在每跨锚固端设置长度调节装置,并在塔锚处设置较多预埋件;连续式结

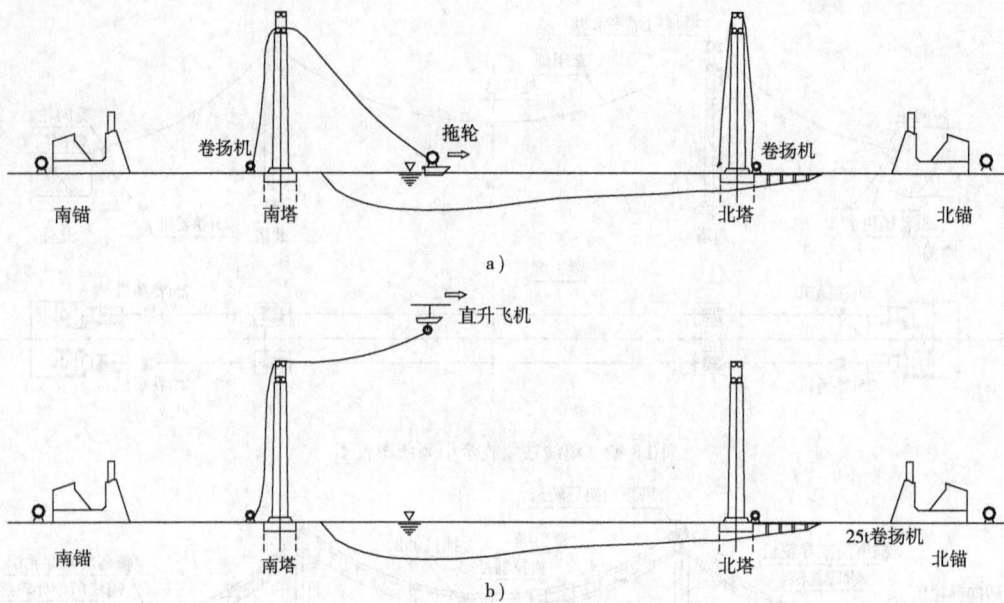

a)

b)

图 8-94 空中牵引法
a)空中直接牵引法;b)直升机架设法

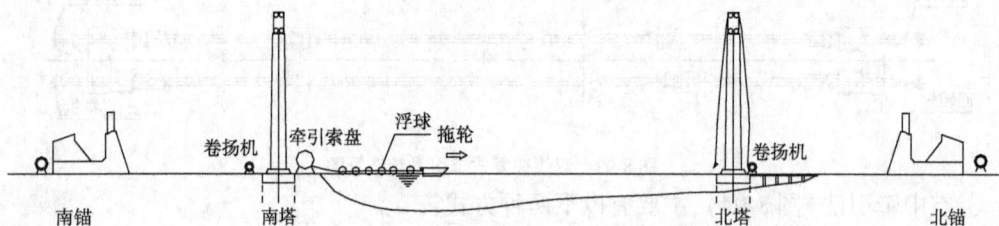

图 8-95 浮子法

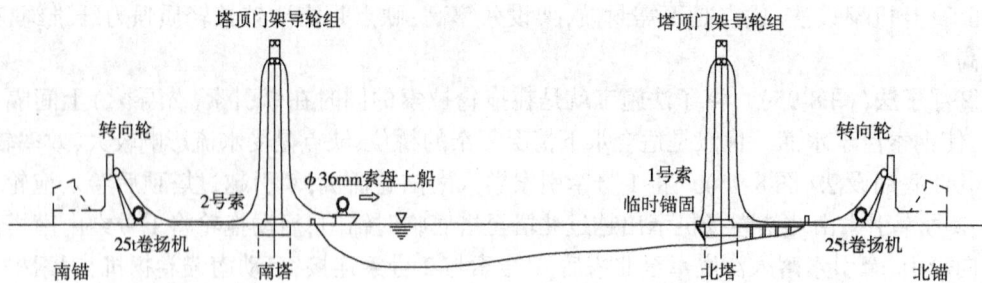

图 8-96 江底铺设法

构仅需在塔顶处设转索鞍及变位刚架装置,锚固区结构及垂度调整过程相对简单。

润扬大桥猫道承重索采用三跨连续式结构,猫道总体布置见图 8-97,横断面见图 8-98。

猫道架设施工是利用单线牵引系统架设完成的,其主要架设内容包括:猫道承重索架设,门架承重索架设,塔顶转索鞍、下压装置及变位刚架安装,猫道面层铺设,横向通道安装,制振

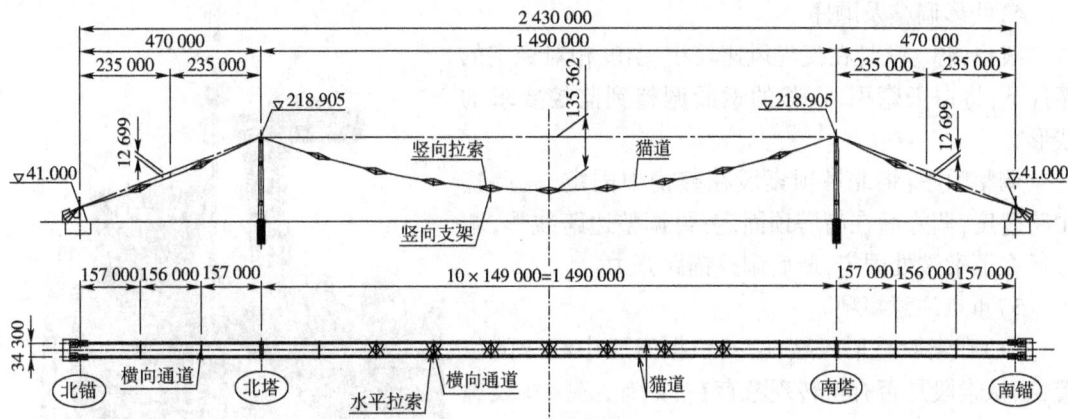

图 8-97　猫道总体布置图

结构安装,猫道门架安装及系统调整等工作。

4. 主缆索股架设

1) 索股牵引(图 8-99)

重点是解决牵引过程中索股出现的扭转、断带、散丝、鼓丝和放索区出现的"呼啦圈"现象。

上述现象的产生都与制索质量有直接的关系。制索质量高的,出现上述现象的几率就少,否则就多。但要彻底根除则很困难。

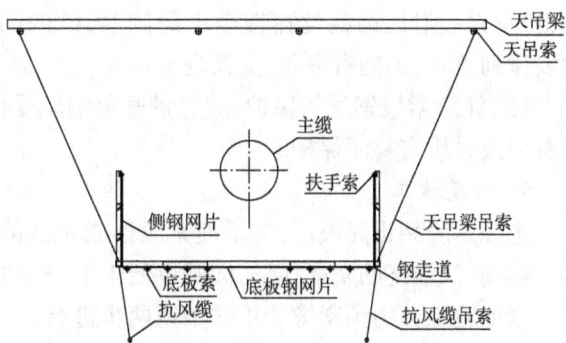

图 8-98　猫道横断面图

2) 整形入鞍

索股牵引到位后,要将索股提起使两握索器之间的索股形成无应力状态,在索鞍的位置将索股整成四边形,放入鞍槽内,两端锚头与锚固拉杆连接固定在锚固系统上。

整形就是根据鞍槽的宽度,将钢丝按照一定的顺序梳理成四边形,放入相应的鞍槽内,顺序如下:

在塔顶由边跨向中跨方向梳理,将边跨侧索鞍附近的鼓丝赶到中跨侧。散索鞍处,由锚跨向边跨方向梳理,同时要整形理顺锚跨段索股,使锚跨的鼓丝赶到边跨。

3) 线形调整

就是根据监控给定的线形,将索股在风速较小、温度稳定的情况下,调整到规范要求的精度误差范围内。索股调整分基准索股和一般索股。

基准索股是用测量仪进行绝对垂度调整,同时要进行温度和跨经的修正;垂度调整达到要求后,一般还要进行几晚的稳定性观测,确认线形符合要求后,才能进行一般索股的调整。

一般索股的调整方法是:以基准索股为基准,调整与基准索股的相对垂度差。如果两索股有温差时,还要进行温度修正。

每层索股与基准索股的距离是不相同的,根据事先计算好的距离调整到位,使索股相互之间形成若即若离,达到共同、均匀受力的要求。

4）线形调整及顺序

线形调整：就是在夜晚风速较小、温度相对稳定的条件下，将白天牵引、入鞍的索股调整到监控要求的线形。

调整顺序：将北塔顶索股在鞍槽中固定，先调整中跨垂度，调好后在南塔顶固定；再调整边跨线形，调好后在散索鞍处固定，最后调整锚跨张力。

5）重点注意事项

（1）在索股整形入鞍前，要根据索股中红丝的位置，确认索股是否有扭转现象存在，如有，必须在装握索器前纠扭；

（2）在整形入鞍前，要将锚跨的鼓丝梳理至边跨侧；将主索鞍附近的鼓丝梳理至中跨侧，鞍槽内的钢丝要排列整齐，不能有窜丝、交叉现象；

（3）注意索股钢丝的保护，应尽量避免钢丝受伤，如有应及时用富锌漆保护。

图 8-99　索股牵引

5. 紧缆施工

主缆索股架设完成后，为了使索股形成规则的圆形、测量确认最终的空缆线形，同时也便于下一步的索夹安装，要进行紧缆施工。

紧缆施工分为预紧缆和正式紧缆两步进行。

1）预紧缆

由于受温差等因素的影响，组成主缆的索股相互之间不一定完全达到若即若离的理想状态。为了尽量消除温差带来的影响，在晚上温度稳定后，从跨中开始，按照二分法原则，由疏到密，用手动葫芦进行人工收紧，直至达到 5m 左右紧一道的程度。

在预紧过程中，应逐步解除外层索股的所有缠包带（内层索股的缠包带在架索期间已间隔解除）和沿线设置的索股排列形状保持器，并边用木锤敲打边收紧葫芦，使主缆逐步形成圆形，外层钢丝排列平顺整齐，严禁在预收紧前将外层缠包带全部解除，出现钢丝排列紊乱的现象。

预紧缆后，主缆的空隙率控制在 30% 以内。

2）正式紧缆

正式紧缆是用紧缆机来进行，可以 24h 进行，沿缆长每米紧固一次，并用镀锌钢带打紧，使主缆的空隙率不大于 20%。正式紧缆前先做一段试紧缆实验，摸索紧缆机千斤顶油压与空隙率的关系，以及紧缆机回油后缆径的变化反弹情况，确保正式紧缆的效果。在紧缆前计算出不同空隙率下的缆径或周长，以便紧缆时查对控制。

正式紧缆施工见图 8-100。

图 8-100　紧缆机紧缆施工

6. 索夹、吊索安装

(1)紧缆完成后,应在夜间温度稳定后实测空缆线形和三跨跨径,以便监控方校核与理论空缆线形的误差,根据实际的空缆线形修正吊索的长度和计算索夹放样的坐标,根据监控方提供的索夹坐标,在温度稳定的夜间进行索夹位置放样。为便于索夹安装,同时还应标出主缆的天顶线和索夹进、出口位置标记线。

(2)索夹安装可以 24h 进行。根据测量放出的天顶线和进、出口标记,准确进行索夹的安装。

(3)对于上、下两半的索夹,由于受重力的影响,一般情况下主缆的横径稍大于竖径,直接安装索夹具有一定的困难,需要另外作一工装,在索夹的前后用外力使主缆横径稍小于竖径,然后安装索夹,并紧固索夹拉杆,拆除工装。

(4)在索夹安装后至桥面铺装结束,随主缆荷载的增加和主缆钢丝排列调整等因素影响,主缆的空隙率和缆径会发生微小变化,索夹拉杆的轴力会下降。对此,应分阶段补足拉杆的轴力,确保索夹在主缆上不产生滑动。

(5)吊索采用垂直提升的方法安装。将成盘的吊索装船,从猫道上下放起吊绳垂直安装吊索,到位后进行销接。

7. 加劲梁吊装

采用跨缆天车加劲梁(钢箱梁)吊装见图 8-101,重点是安全和匹配问题。一般两台跨缆吊机成一组,起吊一节钢箱梁,跨缆吊机在主缆上的走行采用"跨步方式"。

从工艺方面主要考虑:

①运梁驳船与吊机的配合;

②计算好吊机的停放位置,使待吊梁段与已吊梁段不宜过远,也不宜太近;

③吊装过程中,根据梁段线形变化,及时连接下匝口匹配件。

8. 主缆缠丝

悬索桥主缆缠丝采用 S 形钢丝或圆钢丝,施工中主要解决缠丝拉力和钢丝缠绕的密匝程度,最根本的是缠丝机的结构和性能。

以往的缠丝机在缠丝过程中,行走靠卷扬机来牵引,密匝程度很难保证。在厦门海沧大桥研制的缠丝机是行走在螺旋式丝杆上,每缠一圈,只能行走两根钢丝(直径8.0mm),所以密匝程度很好,缠丝张力是通过摩擦张紧装置来实现的,力的大小在一定范围内可调节。

缠丝中注意事项:

(1)防止焊接处钢丝拉断。软质钢丝的强度较低,在一定张力的情况下焊接时,由于焊接产生高温,钢丝容易被拉断,所以缠丝张力也不宜过大;

(2)从高处向低处方向缠丝,减少缠丝过程中雨水的积累;

(3)做好索夹四周的密封和索夹间的涂装施工。

缠丝机缠丝作业见图 8-102。

图 8-101　加劲梁吊装

图 8-102　缠丝机缠丝作业

本 章 小 结

本章以工程实际施工过程为主,通过对梁桥、拱桥、斜拉桥、悬索桥等的施工方法、程序和施工要点进行了介绍,在工程实例的选择上,考虑到技术常规性和先进性的结合、通用性和针对性的结合,尽量将最实用而先进的桥梁施工技术呈现出来。

然而,桥梁施工技术是一门综合性强、针对性强的科学,涉及到设计、施工设备、施工措施、建筑材料、自然条件(地质、气候、水文)、经济、社会、景观等许多方面,需要在实践中不断地创新、发展。

在本章中,由于篇幅原因,对各种工程临时结构的设计计算、施工过程受力分析等介绍较少,并不意味着这些不重要。相反,施工临时工程的结构设计和优化,以及施工过程中的受力分析,直接决定了施工方法的安全性、方案的可操作性和工程质量,也是工程造价控制的重要环节和企业利润的重要来源,在工程施工中处于非常重要的位置。因此,在实际施工中,必须从结构分析和技术经济的不同角度,针对可供选择的多种施工方法进行比选、优化,在临时工程的选择上做到可靠性和经济性的最佳结合。

各种桥梁施工的方法不是孤立和绝对的,也不是一成不变的,应在施工中融会贯通、综合运用和创新突破。实际上抛开桥梁结构形式,桥梁的施工方法主要有支架施工(支架浇筑、支架安装)和无支架施工两大类,其中有支架施工包括支架浇筑和支架安装两大类。无支架施工根据措施的不同,表现为架桥机安装、造桥机浇筑、桥面吊机安装、挂篮浇筑、缆索吊装、顶推、转体等各种不同的施工方法,并由此而相应选择梁体预制或加工、装配等的施工方法。同时,施工中可将桥梁永久结构的结构理念和方法,运用到施工措施中,例如扣塔、缆索施工的理念,就是从斜拉桥、悬索桥引申出来的。

随着桥梁技术的发展,组合体系的桥梁也必将得到发展,如斜拉和悬索的组合桥在苏通长江大桥的方案征集中就有人提出。可以预见,组合体系桥梁的施工,不管结构受力体系如何复杂,也必然将是各种桥梁施工方法的融合。

我国是桥梁大国,近些年来的许多世界级桥梁工程的修建,推动了桥梁施工技术的发展。但在施工中仍然存在许多的课题和难点,对一些先进技术的推动和发展较国外(如美国、欧洲、日本等)相对滞后,还需要广大桥梁技术人员不断努力,在借鉴中求发展,走中国自己的道路,促进中国桥梁技术取得更大的发展。

复习与思考

1. 桥梁的施工方法有哪些? 各种方法的适用条件和特点各是什么?

2. 各种支架的结构形式、施工要点有哪些?

3. 装配施工的施工方法、设备和措施如何选择?

4. 简述悬索桥的构造特点和受力特点。

5. 简述斜拉桥的构造特点和受力特点。

6. 简述预应力混凝土简支 T 梁构造特点和受力特点。

7. 简述各种不同桥型的施工方法之间的相似点和区别。

8. 箱形连续梁桥采用先简支后连续的施工工艺,施工过程需进行体系转换,实现体系顺利转换的重要环节和难点工序是什么?

9. 拱桥的主要施工方法有哪些?

第九章 桥梁施工实例

第一节 组织与管理

一、工程概况

某跨海大桥西航道桥里程桩号为 K4 + 612 ~ K4 + 992,位于海沧水头村与火烧屿岛间,东与主航道桥直接相连,西与西引桥连接。桥位处涨落潮差约 6.63m,一天有两个潮水周期。主墩(18 号、19 号)位于西航道桥深水域,水深 18 ~ 20m,覆盖层厚 0 ~ 3m,副墩(17 号、20 号)位于浅水域。地质勘探揭示西航道桥岩层强度均匀性差,强风化岩层厚 30 ~ 50m,中风化岩层厚 5 ~ 30m,多处交错出现破碎带夹层。

西航道桥是位于路线设计圆曲线($R = 90$km)及缓和曲线上的五跨(78m + 140m + 78m + 42m + 42m)预应力混凝土连续弯刚构桥,见图 9-1。内外弯长度相差 13.5m,桥面采用单坡面,高差最大处达 0.69m,桥面高度为 47.412 ~ 56.912m。两个主桥墩位于深水海中,潮差大、地质复杂;合同工期 23 个月,工期很紧。

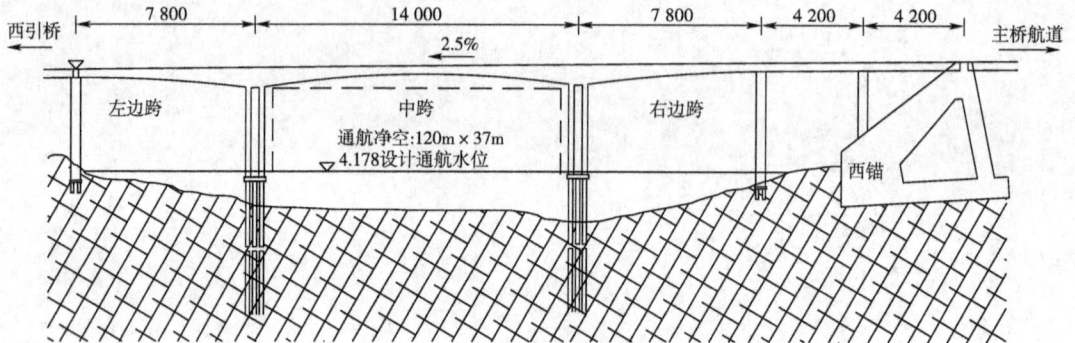

图 9-1 西航道桥桥型布置图(尺寸单位:cm)

本工程主要施工难点包括:大直径长桩基础施工及海水造浆,深水大型承台有底套箱施工,平弯和竖弯连续刚构桥施工监控等。

二、主要施工设备

该桥是一项施工技术要求高、施工难度大的工程,为此施工方调集了一批先进的机械设备,包括 QJ – 250,KP – 3500 回旋钻机、PLC 数控空压机、BE250 泥浆处理器及 50t 浮吊,主要施工机械设备列于表 9-1。

主要施工机械设备 表 9-1

序号	名　称	型　号　规　格	数　量
1	钻机	QJ－250	2 台
2	钻机	KP－3500	2 台
3	冲击钻机	8t	1 台
4	浮吊	50t	1 台
5	振动锤	120kW	1 台
6	汽车吊	BE250	2 台
7	泥浆处理器	沈阳 A140E	1 台
8	输送泵	施维英 3500	1 台
9	输送泵	HBT60G 上海泵	1 台
10	输送泵	HBT60 湖北泵	1 台
11	输送泵	JM5－8	1 台
12	卷扬机		10 台
13	交流电焊机		28 台
14	直流电焊机		2 台
15	发电机	300kW	2 台
16	发电机	500kW	1 台
17	塔吊	QT80－E	2 台
18	塔吊	JL150	1 台
19	龙门吊		4 套
20	空压机	$20m^3/min$	2 台
21	空压机	$18m^3/min$	2 台
22	泥浆船		1 艘
23	工作船		2 艘
24	平板车	10t	1 辆
25	工具车	1.75t	1 辆
26	工具车	1.2t	1 辆
27	装载机	ZL40	1 辆
28	钢筋机械	弯切	2 套
29	木工机械		2 套
30	预应力千斤顶	YCM500	5 台
31	高压油泵	ZB4－500	6 台
32	压浆机		8 台
33	手拉葫芦	1～10t	140 套
34	挤压钢筋千斤顶		2 套
35	打浆机		8 台

续上表

序号	名　称	型　号　规　格	数　量
36	钢板	10mm	500t
37	钢板	12mm	700t
38	六四军用梁		80t
39	贝雷梁		200t
40	门式支架		450t
41	钢轨		30t
42	工字钢		180t

三、施工组织机构

为适应大桥施工的需要,施工方建立了大桥项目经理部,下属的第二施工处具体承担该桥的施工任务。

四、施工进度计划

按照大桥投标合同,大桥工期为 23 个月。为确保工程如期完成,采取以下施工进度保证措施:

(1)根据合同工期制定总体施工进度计划,并把总计划分解为分项工程进度计划(见表 9-2),定期检查落实。

大桥施工进度计划　　　　　　　　　　　表 9-2

序号	工　序　名　称	计划工作日	开始时间	完成时间
	总　工　期	668	1998.1.7	1999.11.10
1	准备工作	17	1998.1.7	1998.1.23
2	17 号墩围堰施工	39	1998.2.21	1998.3.31
3	20 号墩平台围堰	41	1998.5.21	1998.6.30
4	20 号墩桩基础施工	97	1998.7.1	1998.10.5
5	20 号墩承台施工	36	1998.10.6	1998.11.10
6	20 号墩身、盖梁施工	92	1998.11.11	1999.2.10
7	20 号墩现浇段落地支架搭设	151	1998.12.2	1999.5.1
8	17 号墩桩基础施工	52	1998.6.9	1998.7.30
9	17 号墩承台施工	30	1998.9.1	1998.9.30
10	17 号墩身、盖梁施工	76	1998.10.1	1998.12.15
11	17 号墩现浇段落地支架搭设	58	1999.5.15	1999.7.15
12	18 号墩平台钢管桩	17	1998.1.24	1998.2.9
13	19 号墩平台钢管桩	10	1998.2.10	1998.2.19
14	19 号墩平台搭设	34	1998.2.20	1998.3.25
15	19 号墩桩基础施工	90	1998.3.26	1998.6.23
16	19 号墩承台施工	53	1998.6.24	1998.8.15

续上表

序号	工序名称	计划工作日	开始时间	完成时间
	总工期	668	1998.1.7	1999.11.10
17	19号墩身施工	56	1998.8.16	1998.10.10
18	19号墩0号、1号块托架现浇施工	62	1998.10.11	1998.12.11
19	19号墩挂篮拼装	30	1998.12.12	1999.1.10
20	19号墩挂篮悬臂现浇施工	151	1999.1.11	1999.6.10
21	18号墩平台搭设	29	1998.2.10	1998.3.10
22	18号墩桩基础施工	90	1998.3.11	1998.6.8
23	18号墩承台施工	96	1998.6.9	1998.9.12
24	18号墩身施工	80	1998.9.13	1998.12.1
25	18号墩0号、1号块托架现浇施工	40	1998.12.2	1999.1.10
26	18号墩挂篮拼装	15	1999.1.11	1999.1.25
27	18号墩挂篮悬臂现浇施工	135	1999.1.26	1999.6.9
28	边跨合龙段现浇	35	1999.7.16	1999.9.2
29	中跨合龙段	20	1999.6.11	1999.6.30
30	防撞栏、桥面铺装	33	1999.9.27	1999.11.10

（2）每个分项工程的实施方案都经过详细研究,以优化施工工序安排,改善施工工艺,加快施工进度。

（3）每月定期召开生产例会,安排当月的生产计划。

（4）每天下午下班前召开施工生产调度会,各个工作面管理人员以及各工班负责人均要求参加,以掌握当天的计划任务完成情况及安排第二天的工作计划,并协调各部门之间的工作关系,总结当天任务完成情况,安排第二天的生产。工作做到有条不紊,忙而有序,确保各分项工程如期完成。

五、工程质量保证体系

1．工程质量管理机构

工程质量管理由公司主任工程师负责,现场技术主办（主任工程师）和项目副经理（质检工程师）具体负责,下设质检部（包括试验室）、工程技术部（包括测量监控）,工程质量保证体系贯彻到施工员及各工班。每一部门都有明确分工,详见图9-2。

2．质量控制目标

（1）大直径钻孔桩施工质量控制目标——合格率100%,达到优良标准;

（2）承台大体积混凝土施工质量控制目标——合格率100%,优良率100%;

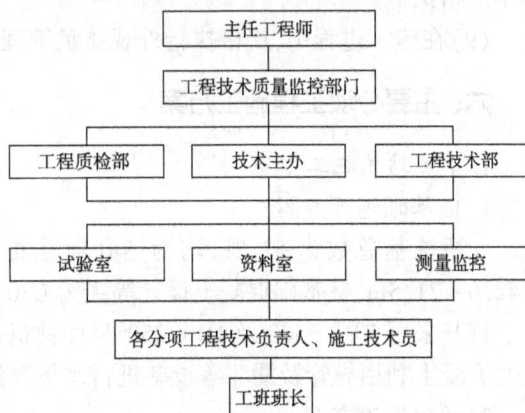

图9-2　工程质量保证体系

(3)混凝土表面光洁度控制目标——合格率100%,优良率100%;

(4)墩身、箱梁外观几何尺寸控制目标——合格率100%,优良率100%。

3. 质量控制标准及依据

(1)《××大桥工程质量检验评定标准》;

(2)交通部颁发的《公路桥涵施工技术规范》(JTJ 041—2000)及《公路工程质量检验评定标准》(JTJ F80/1—2004);

(3)《设计文件》要求;

(4)《招标文件》有关条款。

4. 质量保证措施

(1)认真编制施工组织设计,制定施工工艺细则,明确质量标准和检验手段。

(2)制订工程质量检验制度,工程质量实行自检、互检和专检,以工序质量保证总体工程质量。

(3)分项工程完成后,参照标准按有关规定组织自检,填写分项工程检验评定表,确认合格后才能转入下一道工序。当分项工程为隐蔽工程时,须经监理工程师检查签字认可后才能转入下一道工序。

(4)项目工程技术部组织对分部工程等级评定。质检人员对分部工程各项资料进行核实,对需独立验收的基础或主要分部工程,由公司质检部组织核实工作。

(5)未经检验、验证的半成品不能转入下一道工序。

(6)对例外放行的产品应做好标志和记录,同时仍应按规定追加检验和试验。

(7)在施工之前按规定内容对原材料进行试验,按程序自检并请监理工程师抽检。原材料变动后,还应按规定重新进行基本性质试验,评定材料是否合格。合格材料方可使用。

(8)在施工之前进行施工工艺试验,确定各种施工参数,用于指导施工,并在整个施工过程中严格执行。

(9)在施工过程中,严格执行外观质量管理和内部质量控制、检查制度。

六、主要分项工程施工方案

1. 下部结构施工方案

1)桩基础施工方案

大桥桩基总数为52根,均为钻孔灌注桩,按摩擦桩设计,桩径为200cm,桩尖高程为-42.0~71.5m,桩基础混凝土设计等级为C30。

桩基采用KP-3500及QJ-250两种钻机施工成孔,采用泥浆反循环护壁钻孔和清孔。桩基混凝土利用导管及漏斗等设备进行水下灌注。

2)承台施工方案

主墩及副墩承台均为分离式,主墩承台底高程为-3.0m,顶高程为2.5m,单个承台平面尺寸为13.6m×13.6m,封底混凝土厚1.5m,承台厚4m,混凝土设计等级为C30,采用有底套箱施工。副墩承台底高程为-2.0m,顶高程为1.0m,无封底混凝土层,采用人工围堰开挖施工。由于承台混凝土体积庞大,所以在混凝土浇筑过程中,承台内设置冷却管,释放混凝土水化热,保证承台混凝土施工质量。

3）墩身施工方案

主墩墩身采用分离式双薄壁柔性实体矩形截面墩,截面尺寸为 7m×2m,左右幅各有两个分离式墩身,墩宽与箱梁底板同宽。18 号墩顶高程为 42.0m,19 号墩顶高程为 45.2m。两墩身纵向净距 4m。墩身采用满堂式脚手架翻模施工,每一节段长 5m。

副墩墩身为分离式空心矩形截面墩,外平面尺寸同主墩一致,内平面尺寸为 6m×1m,内刃角为 30cm×30cm。21 号墩的结构形式与主墩完全相似,施工方法与主墩相同。在 17 号、20 号、21 号、22 号墩顶左右幅各设置两个双向盆式橡胶支座。

2．上部构造施工方案

1）混凝土箱梁挂篮悬臂施工方案

上部构造为三向预应力混凝土连续弯刚构,单箱单式箱形截面,见图 9-3。纵向锚具采用 15-19 型锚,横向锚具采用 15-3 及 15-5 扁锚,竖向采用 YGM 型锚。为了增强连续刚构在施工过程中的抗风稳定性及整体刚度,在 0 号块箱梁梁段设置了两道横向贯通的横隔板,将两个分离的桥梁结构在此连成整体。

连续刚构箱梁分为 20 对节段。0 号块高 7.5m,长 8m;20 号块为合龙段,高 2.5m,长 2m,如图 9-3 所示。箱梁混凝土为 C50。0 号块与 1 号块采用托架施工,2～19 号块采用鹰式挂篮逐块对称现浇施工。

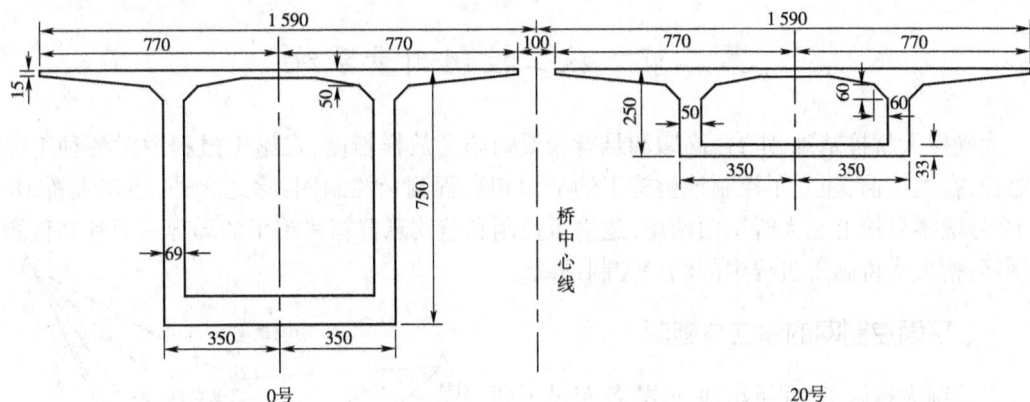

图 9-3　箱梁横断面图(尺寸单位:cm)

箱梁纵向预应力束布置同样具有曲率小等特点,预应力张拉后必将对箱梁的平面线形及高程产生影响。观测结果表明:每张拉一对箱梁预应力束,平面曲线位置变化为 ±0.5mm,全桥累计量 1～1.5cm;高程变化范围 0～4.5cm。为保证合龙线形,张拉过程中必须进行平面线形和高程监控。所有预应力束必须在混凝土强度达到设计强度的 80% 后进行张拉。采用张拉吨位和引伸量双控,即当预应力张拉达到设计吨位时,其实际引伸量应与理论引伸量之间的允许差值在 −5%～+6% 之间。钢束实际引伸量应扣除预应力的非弹性变形影响,按下式推算:

$$\Delta = \frac{\Delta_0 \times P}{P - P_0} - \delta$$

式中:Δ——实际引伸量值;

Δ_0——由 $P_0 \rightarrow P$ 实测引伸量值;

P——设计张拉吨位;

P_0——初始张拉吨位(一般为10%P);

δ——夹片回缩值,由实测决定。

2)合龙段施工方案

合龙段分为左、右边跨合龙段及中跨合龙段,为了缩短施工工期及抗台风影响,施工时把原常规合龙顺序改为先合龙中跨后合龙边跨。合龙中跨模板采用挂篮模板,并利用劲性骨架加强纵向联系,在温差最小的时段里进行中跨合龙段混凝土施工。西边跨现浇合龙段长 7 + 2 = 9m,与西引桥相接。东边跨合龙段与2孔42m箱梁连为一体,最后合龙。

3)2孔42m箱梁施工方案

2孔42m箱梁采用3种不同形式的支架逐孔浇筑,施工方向为22号~21号→21号~20号。22号~21号孔箱梁浇筑长度为49(42 + 7)m,21号~22号孔箱梁浇筑长度为42(35 + 7)m。东边跨合龙段2m,该段施工后全桥体系发生变化,形成5孔连续刚构桥。

4)上部构造施工监控方案

西航道桥桥墩高、跨度大、曲线半径小,为了保证上部构造箱梁合龙精度及成桥线形,对每一箱梁节段三个施工阶段(张拉、移篮、浇混凝土)都进行了平面线形及挠度控制,通过动态线形控制达到合龙精度要求。平面的合龙误差为±10mm,挠度合龙误差为±15mm。

第二节　施工控制测量系统

为确保大桥桩基础、承台、高墩和悬臂箱梁的施工放样精度,在施工过程中对各种工况进行监控,在施工前,建立了控制该桥施工的平面和高程测量控制网;除此之外,还在大桥18号和19号墩零号块上和大桥东西两岸,建立了控制和监测悬臂箱梁施工的局部平面和高程测量控制网,构成大桥施工过程中的测量控制系统。

一、平面控制网的建立与施测

为控制大桥施工,在桥东西两岸,各布设了两个平面控制网点 G34、W14 和 W10、W15,见图 9-4。

大桥施工平面控制网设计精度为工程测量二等平面控制网精度,即每公里测距相对中误差不低于1/125 万,最弱边相对中误差不低于1/112 万,达到了设计的精度要求,可以用于控制大桥测量放样。

为确保大桥施工测量平面控制网建网成果的可靠性和精度,在建网时还采用全站仪对该网所有边长进行了复测,并组成测边网。测边网平差后每公里测距的单位权重误差为±2.31mm,精度为±1 143.2 万,最弱边的相对中误差为1/12.1

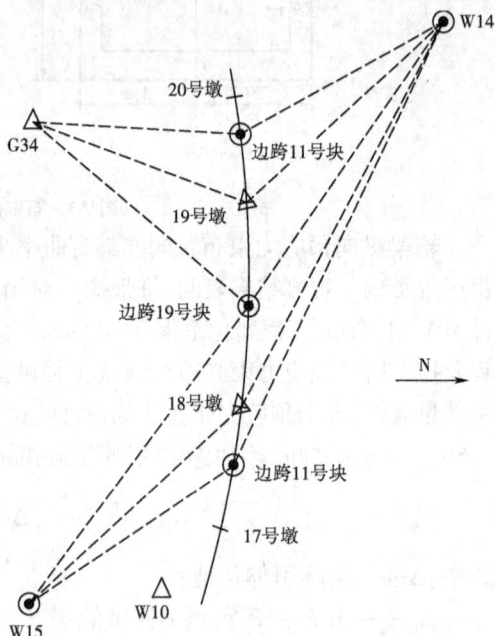

图 9-4　基准点、工作基点和检测点位示意图

万,也达到了设计的精度要求。

由于大桥悬臂箱梁的平面线形为半径较小的圆曲线,纵向张拉有可能引起悬臂箱梁的平面变形。为监测悬臂箱梁施工过程中的平面变形,根据上述 4 个控制点,在西航道东西两岸采用全站仪加密了 4 个局部平面控制网点,作为悬臂箱梁平面变形监测的基准点。

二、高程控制网的建立与施测

为控制大桥施工高程和监测 18 号及 19 号墩承台基础的沉降变形,在桥两岸,各布设了两个高程控制网点 BM3 - 2、BM3 和 BM4、BM3 - 3。为避免被海水或海风腐蚀,所有的高程控制网点都埋设了不易锈蚀的铜棒。

大桥高程控制网设计为工程测量二等高程控制网,即每公里水准测量往返测高差中数的偶然中误差不大于 11mm;高程控制网采用水准测量的方法建网,水准路线的形式为往返观测的附合水准路线。每公里水准测量往返测高差中数的偶然中误差为 ±0.482mm,小于二等水准测量精度 ±1mm 的技术要求,达到了设计的精度指标,可以用于大桥施工高程控制。

为实施悬臂箱梁的高程放样和监测悬臂箱梁施工过程中的挠度变形,在大桥 18 号和 19 号墩的零号块竣工后,还应根据地面上的高程控制网点,采用悬吊钢尺水准测量的方法,把地面上高程控制网点的高程,传递到零号块上,并在零号块上建立局部高程控制网点。

三、施工测量控制系统的复测

由于大桥从桩基基础的施工到悬臂箱梁的全桥合龙,需要近 2 年,根据《公路桥涵施工技术规范》(JTJ 041—2000)的有关规定和确保大桥施工测量控制系统的唯一性及准确性,在大桥施工测量控制网建网 1 年后,用同样的方法、仪器、精度和作业程序,对原控制网进行了复测。现把原建网的平面和高程测量成果与复测的平面和高程测量成果进行比较,比较结果不论是平面控制网,还是高程控制网,建网成果与复测成果吻合得相当好,最大差异不超过 3.2mm。由此说明,把上述控制网测量成果作为大桥的施工测量控制系统,可确保大桥施工测量基准的正确性、高精度性和唯一性。

第三节　下部结构施工

一、钻孔桩施工

大桥 17 号 ~ 20 号墩基础为 ϕ2.0m 钻孔桩基础,总计 52 根,按摩擦桩设计。18 号、19 号主墩设计桩尖高程为 −71.5m,17 号、20 号副墩设计桩尖高程为 −41m。桥位工程地质条件较差,最大水深达 25m,最大潮差 6.4m,最高潮位 3.6m,最低潮位 − 2.77m,平均海面 0.34m;涨落潮时海水平均流速大于 0.5m/s。桩基础施工难度较大,其施工流程如图 9-5 所示。

1. 施工平台的搭设

综合考虑主墩所在海域地质、水文情况及后期承台套箱施工等因素,确定搭设两个平台进行钻孔桩施工作业。两平台均为水中固定平台,采用 28 根 ϕ1m 钢护筒管桩作为平台主体承重结构,其上布置 7 道由 102 号花窗连接的贝雷梁,再布置 I36b 工字钢作为荷载分配梁,最后

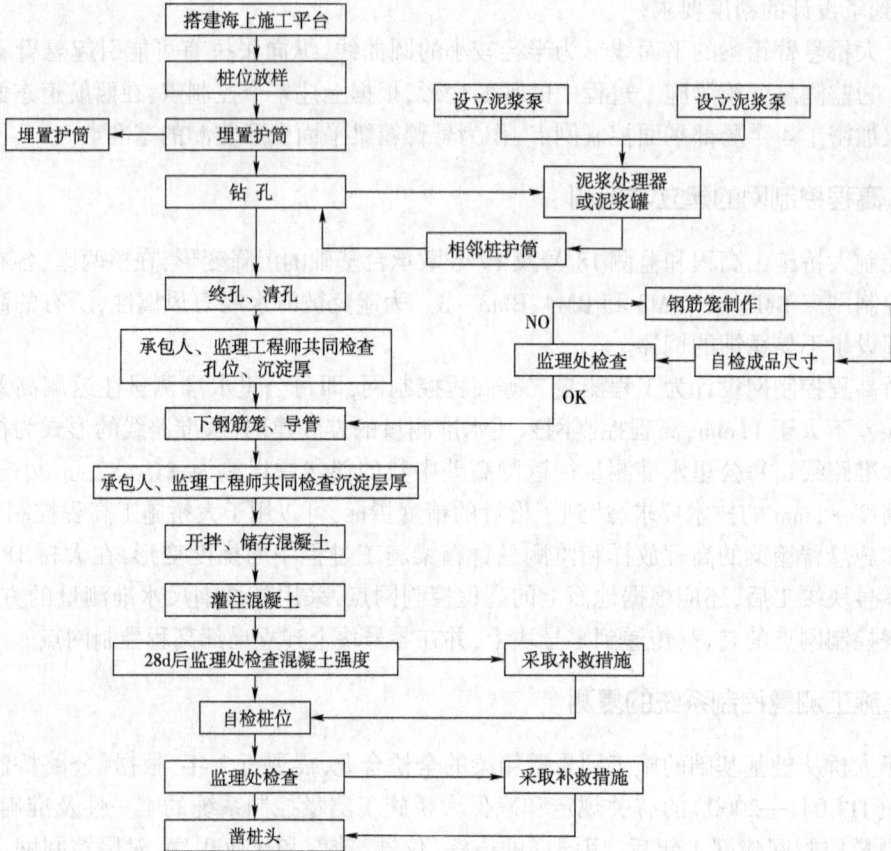

图9-5　大桥18号、19号墩钻孔灌注桩施工流程图

铺以木板形成固定平台,如图9-6所示。平台钢管桩应有足够的强度、刚度和稳定性以承受竖向荷载。因此,平台钢管桩之间用多道纵横向连接系相互连接,以保证平台稳定性和抗扭能力。每个平台承受的总质量约为800t。

2. 钻孔施工

1)护筒制作

护筒内径2.3m,采用厚度10mm的A3钢板卷制,为加强钢护筒的整体刚度,在焊接接缝处外设10mm厚、15cm宽的钢带,护筒底加设12~20mm厚、50cm宽的钢带作为刃脚,护筒每节长2.7m。加工误差:旁弯不超过3cm,椭圆度不大于2cm。采用双面坡口连续焊缝,以保证不漏水。

2)护筒埋设

在平台上精确测定护筒位置,安装导向架,用50t浮吊与龙门吊相互配合,将护筒多次驳接下沉,直到钢护筒刃脚部位自然下沉到河床面为止。然后采用120kW振动打拔桩锤振动下沉(激振力90t),护筒的入土深度0.5~0.9m。为保证桩基施工质量,增加护筒入土深度,再用8t冲击钻冲进;在冲锤底进入到护筒脚处时,加入黄泥、碎石继续冲进至护筒脚以下4~6m;然后重新接长护筒,利用振动锤再次振动下沉,使护筒的入土深度达到4~6m。这种方法既保证了护筒与土层之间的密实性,也取得了部分造浆效果。

图 9-6 标注：平台护筒、36号工字钢、贝雷梁、花窗、护筒、16槽钢

A—A

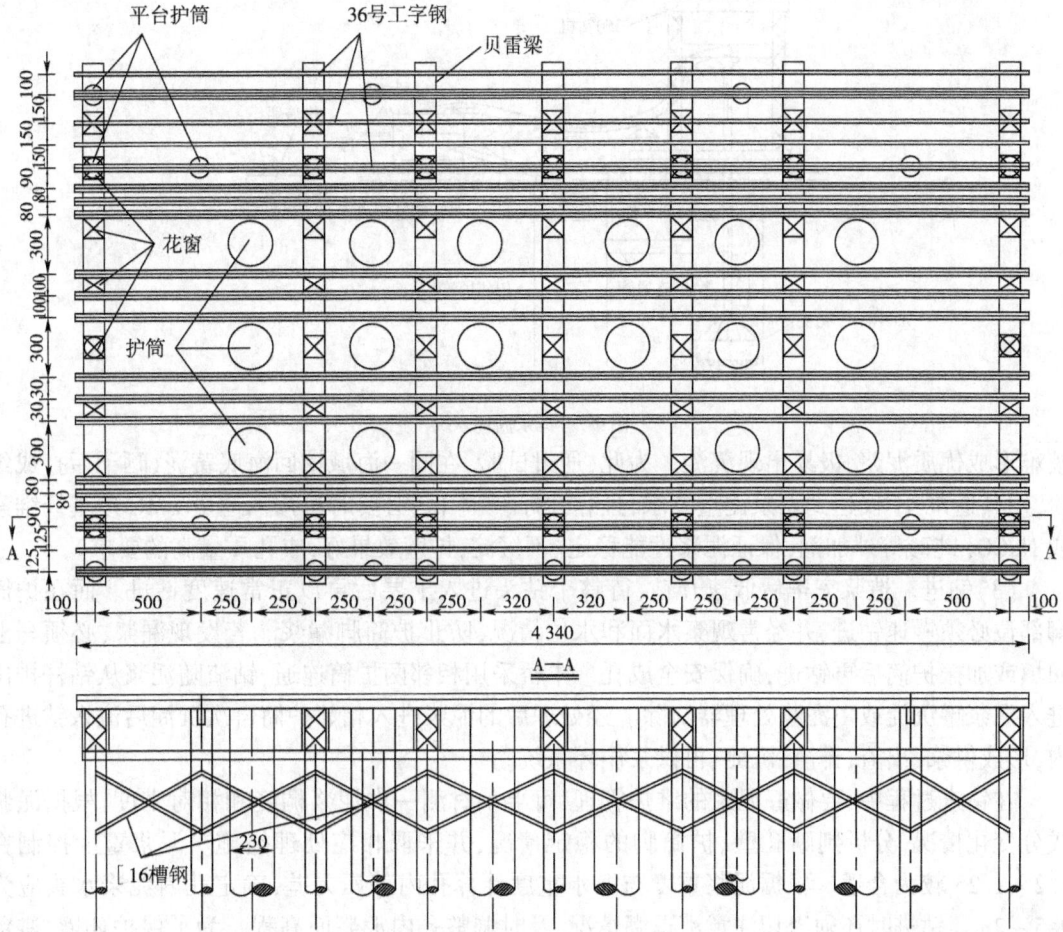

图 9-6 施工平台构造图(尺寸单位:cm)

3)钻孔桩机械设备配置

因大桥施工工期较为紧张,故采用成孔速度较快的气举反循环回旋钻进成孔施工工艺。每个主墩各配置郑州勘察机械厂生产的1台 QJ-250 型和1台 KP-3500 型钻机,另配置1台 16m³/min 的电动空压机与 QJ-250 型钻机形成反循环吸渣系统,并利用 BAUER-BE250 型泥浆处理器排渣,KP-3500 型钻机配置1台 20m³/min 柴油空压机组成反循环吸渣系统,利用自行加工的泥浆罐沉淀泥浆、排渣。

4)泥浆循环系统

根据施工的实际情况与机械设备的配套情况,两种型号钻机采用同一套泥浆循环工艺流程,见图 9-7。

5)成孔工艺

(1)钻机就位。首先加固钻头,检查牙轮,安装配重块,放入护筒内,然后钻机精确就位,并把转盘调至水平,接钻杆,把钻头下放至河床。同时,布置安装好泥浆循环系统。

(2)造浆。在正式钻孔前,进行反循环钻孔,并往孔底供泥浆,换出原孔内清水。泥浆造浆材料主要采用海底黄泥。由于本水域海水盐度较大,杂质多,采用普通黄泥与膨润土等材料

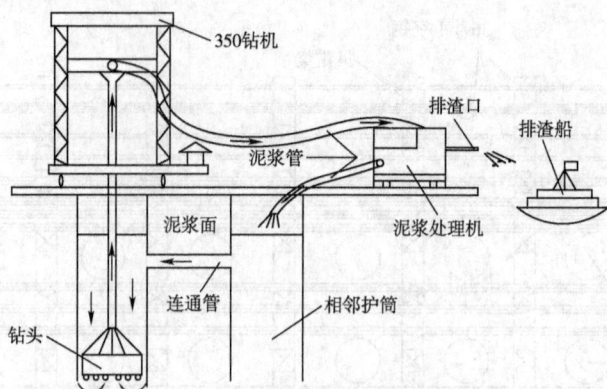

图 9-7 泥浆循环系统

较难形成优质泥浆,极易出现沉淀。为此,通过试验,在同一海域挖回海底黄泥,晒干后打成细粉,用其造浆,不仅达到泥浆比重要求,且黏性好、成本低,必要时再掺入适量 CMC 羧基纤维素或 NaCO₃ 纯碱等外加剂,保证泥浆性能稳定、不沉淀,护壁效果好,成孔质量高的要求。

(3)钻进。造浆完毕后低速开钻,待整个钻头进入土层后再以正常速度钻进。而在护筒脚部位必须慢速钻进,并经常观察水面和水位情况,防止护筒脚漏浆。若发现漏浆,必须马上回填或加振护筒后再钻进,确保安全成孔。本桥采用相邻两护筒连通,钻渣随泥浆从钻杆排出进入泥浆罐沉淀或由泥浆处理器清除。经处理后的泥浆进入相邻护筒再次沉淀后流入钻进孔内,形成供浆、出渣、排渣、沉淀、再供浆循环系统。

在钻进过程中,要做好泥浆的维护管理,每半小时测一次泥浆稠度和相对密度,根据泥浆成分变化情况,分析判断孔壁、护筒脚的稳定情况,并采取相应处理措施。泥浆重度控制在1.2～1.25 较为合适。根据泥浆重度与海水重度计算孔内外压力差,确定孔内泥浆水头应为0.5～2m。钻进时还须密切注意涨退潮情况,及时调整孔内泥浆面高程。为了保护环境,避免对海水的污染,对废浆废渣均用船只运走清除,严禁直接排入水体内。

(4)清孔。在孔深达到设计高程后,采用抽浆换浆法清孔。首先把钻头提起离孔底约20cm,采用稍高的转速转动钻头,一边继续气举反循环,把孔底泥浆、钻渣混合物排出孔外,一边向孔内补充经泥浆罐净化后的泥浆,直到测出出浆口泥浆重度达到 1.14～1.10、黏度达到16～18Pa·s、含砂率小于 4%、胶体率大于 96% 为止。

6)钢筋笼加工及下放入孔

钢筋笼在制作场内采用加劲筋成型法分节制作。按图纸设计尺寸做好加劲筋圈,标出主筋位置,按标记安放加劲筋,扶正并较正加劲筋与主筋的垂直度,然后点焊。在焊好全部加劲筋后,转动骨架,将其余主筋按照上述方法逐根焊好,然后布置螺旋筋并绑扎于主筋上,点焊牢固,最后安装和固定声测管。

钢筋笼用浮吊装船,转运到平台,然后用龙门吊安装入孔。转运过程中钢筋笼不得变形。钢筋笼应采用两点起吊,垂直进入孔口,将其扶正后徐徐下放,入孔过程中严禁摆动碰撞孔壁,并且边下放、边拆除内撑。当第一节骨架下放到最后一道加劲筋位置时,穿进工字钢,将钢筋笼支撑在孔口工字钢上,再起吊第二节骨架,使它们在同一竖直轴线上对齐焊接,保证上下节钢筋笼在自重作用下垂直。如此循环,逐节接长、下放钢筋笼至设计高程,并定位于钻孔中心,完成钢筋笼安装。

7）水下混凝土灌注

主墩桩基混凝土强度为 C30，采用抗海蚀防渗混凝土，防渗指标为 S12，每根桩混凝土数量高达 240m³，采用泵送及导管灌注。

（1）导管。采用 ϕ30cm 刚性导管，每节长 2m，用法兰盘连接，导管出口离孔底 50cm 左右。导管使用前和使用一定时间后要进行水密性和承压试验，并检查防水胶垫是否完好，有无老化现象。导管使用后应涂油、编号，以保证灌注混凝土过程中不漏水、不破裂和使用有序。

（2）剪球。由于钢筋笼下放时间较长，因此在下放导管后应二次清孔，使孔内沉淀厚度小于 20cm。放置在导管上口的密封球为 ϕ29cm、长 30cm 的混凝土圆形柱，用胶垫使其与导管壁密合，并用铁线吊住。当混凝土储料斗储料达约 8m³，能保证第一批混凝土灌注后导管埋管 1m 以上时，方可剪球。

（3）灌注混凝土。灌注混凝土过程中应做好供料准备，保证连续供料，不间断施工。在混凝土灌注过程中，设专人测量孔深并做好施工记录，准确掌握混凝土面上升高度，严格控制导管埋深在 2～6m 之间，防止埋管过深提不起来或埋管过浅脱空事故发生。

（4）截桩头。混凝土面灌注至高出设计桩顶面高程 0.5～1.0m 为止，拆去导管和漏斗等设备，清除桩顶沉渣，待桩头混凝土强度达到 70% 设计强度后用人工凿除超高部分，以确保桩头质量。

8）灌注质量控制

（1）根据桩径和混凝土方量计算混凝土上升高度，出现异常时应及时分析其原因。

（2）控制埋管深度 2～6m，防止混凝土离析卡管，并防止埋管过浅脱空而发生断桩事故。

大桥共 52 根桩基，经超声波检测甲类桩 49 根，乙类桩 3 根，优良率 100%。

二、承台施工

1. 施工流程

大桥 18 号、19 号桥墩承台底面高程 -1.5m，顶面高程 2.5m，承台尺寸为 13.6m×13.6m×4m，混凝土设计等级为 C34；封底混凝土厚 1.5m，混凝土设计等级为 C25；单个承台混凝土方数为 739.84m³，封底混凝土为 277.4m³。承台施工工序如图 9-8 所示。

2. 承台套箱设计

根据大桥所在地的自然条件，承台施工采用内撑式有底套箱施工。由于潮差较大给承台施工带来很大难度。套箱设计主要考虑以下三方面：其一，高水位时套箱抗浮结构设置；其二，高水位时内外水头差压力很大，套箱应具有足够的强度和刚度，以能承受水压力的作用；其三，结构简单，便于安装，防水性能好。大桥套箱由上承重结构、底梁、底板、吊杆、侧模、内撑梁、封底混凝土等组成，如图 9-9 所示。

1）承重架

承重架采用三组三排单层贝雷梁，其长度为 4m×3+1.5m=13.5m，贝雷梁铰接点布置在桩顶支承柱上。贝雷梁组顶面放置工字钢组合梁 6 组，每条组合梁上设 8 个吊点，共 48 个吊点。

2）吊杆

```
                    清除桩头、凿毛、拆除平台工字钢、贝雷梁及加固平台

         预制立柱            安装立柱、第一次割护桩筒到+2.0m

                            护筒顶搭设临时支承平台

         预制底梁            按放样吊放底梁、搁置于临时支承平台上

                            按测量调整底梁后、作横向连接
    钢
    筋
         预制底板            拼装底板并浇筑板缝
    制
    作
         摆放承台底层钢筋     套箱侧模平面放样        摆放内撑梁   ←   加工内撑梁架

                            安装上承重架            ←   组拼贝雷梁及工字钢梁

悬挂链葫芦、承重架和            拼装侧模              ←   侧模改制或加工
底梁之间穿吊杆

                    收紧链葫芦、套箱整体提高10cm、拆除临时支承

                    整体下放套箱到设计高程

                    按设计高程第二次割护桩到−1.3m

                    下放安装内撑梁与侧板固装

         清理依附在桩基周围的杂物        用环形钢板堵塞底板与桩基周围边缘缝隙

                    浇筑封底混凝土

                    封部分连通孔

                    绑扎承台钢筋

                    在潮水位较低时抽干水、浇筑第一层承台混凝土

                    拆除上承重结构、回收吊杆，凿除第一层混凝土面立柱

                    承台第二层混凝土浇筑

                    养生、拆模
```

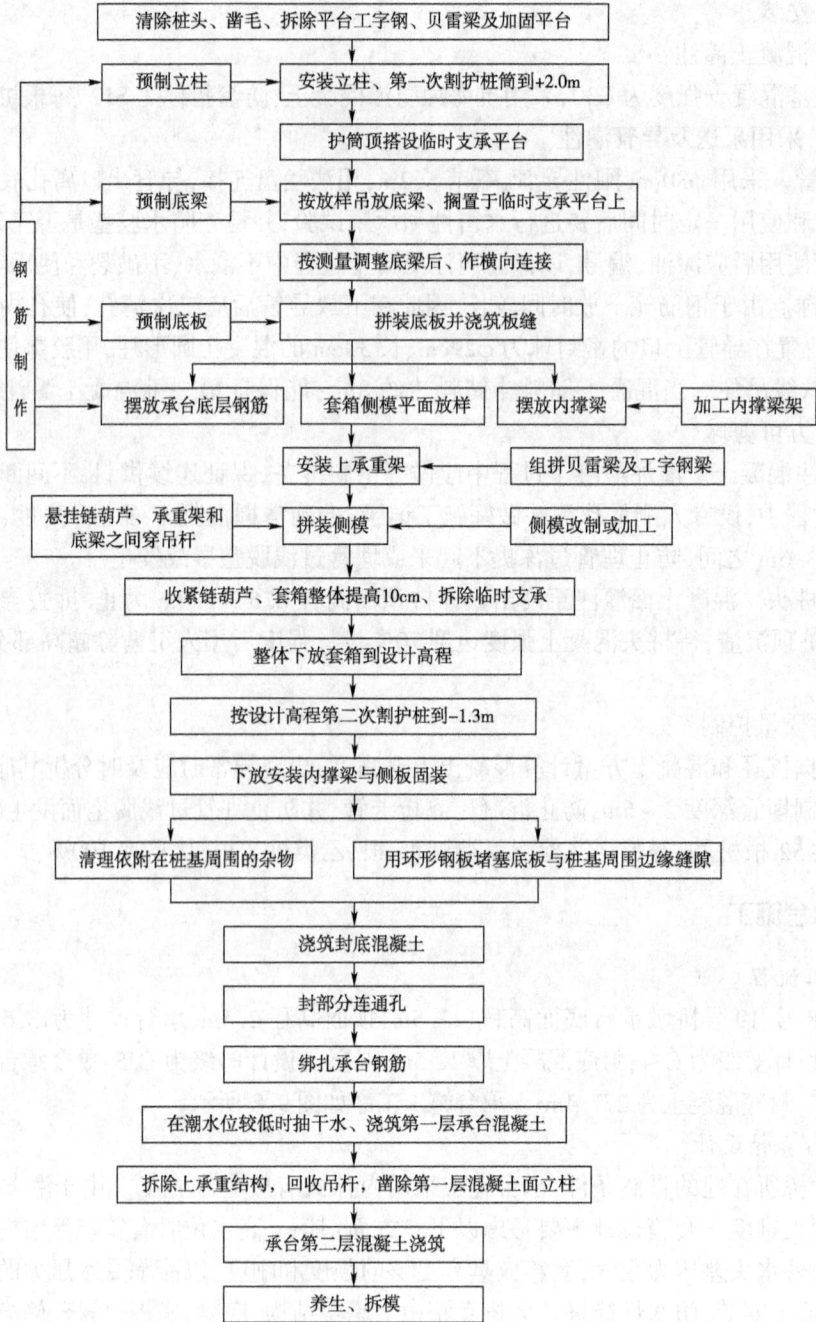

图 9-8 承台施工工序图

吊杆采用 $\phi 32mm$ 精轧螺纹钢筋，从组合梁和承重底梁中穿过，形成下承式承重结构。支承点以螺母、垫板固定。

3）支承柱

支承柱设置在桩顶，尺寸为 $45cm \times 50cm$，共计 9 根，混凝土强度等级为 C30。支承柱承受承台施工中的全部荷载，受力最大的一根荷载达 1 200kN。

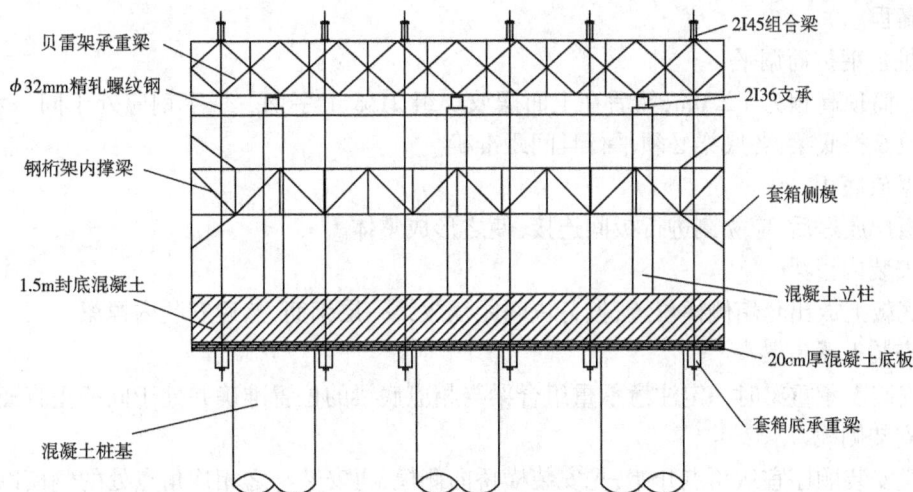

图 9-9　有底套箱整体布置图

4）底梁

根据计算,确定底梁采用 30cm×45cm×1 400cm 的钢筋混凝土梁,混凝土设计强度为 C30,单根底梁自重 4.6t,每个套箱共 6 根,每根底梁设 8 个吊点与吊杆连接。

5）底板

套箱底板采用 20cm 厚的 C30 钢筋混凝土板,按实测桩位平面尺寸在预制场预制。每个套箱共划分 30 块底板。底板纵向铺设在底梁上,相互之间以及底板与护筒之间预留有 5cm 的安装间隙,在浇筑封底混凝土前再做密封处理。

6）侧模

套箱侧模主要用于封水,并作承台模板,各块套箱侧模通过高强螺栓连接。为了保证顺利拼装,要严格控制加工精度,侧模相互连接之间塞入橡胶皮,保证密水性。为防止套箱侧模外部受水压变形,在箱内设析架式内撑梁支撑。

7）内撑梁

内撑梁由角钢加工成析架式,为了便于拼装,内撑梁分别按主桁架梁和副桁架梁分段加工、分段安装。桁架梁与模板连接处必须用钢板加厚模板,以防止模板局部变形。

8）套箱抗浮及抗风措施

为保证在无水条件下,套箱系统具备足够的抗浮能力,为此在封底混凝土层内设抗浮钢筋,抗浮钢筋与桩顶护筒焊接,套箱侧板则用钢筋与平台连接。这样,就可以利用桩基来承受浮力和风压力,以保证套箱具有足够的抗浮、抗风、抗潮差、抗海浪冲击的能力。这些影响在设计计算时均已全面考虑,此外还制订了其他安全预防措施,以确保施工区域的安全。

3. 承台套箱安装

大型承台套箱体积大,在深水潮差海域的安装难度也比较大。西航道桥套箱安装程序如下。

1）立柱安装

立柱安装在桩顶,安装过程中要注意控制第一层预埋钢筋方向、严格控制垂直度、严格控制柱顶高程。

2）桩基钢护筒调平

钢护筒顶高程为 +2.0m，然后在上面摆放 3 组 2I36 工字钢。工字钢应处于同一水平面，其上摆放 6 根底梁，各底梁必须平行且间距准确。

3）摆放底板

底板摆放好后，应立刻进行板间连接，使之形成整体。

4）安装内撑梁

在底板上放出套箱侧模位置，按各块间距摆放第一层钢筋，然后安装内撑梁。

5）安装上承重梁

在安装上承重梁时一定注意承重组合梁与相应底梁的位置准确并处于同一垂直面。

6）安装侧模

侧模安装顺序宜从角点开始，先安装横桥向侧模，再安装与之相连角点处的侧模以构成一个稳定结构。以后则按同样顺序对称安装另一角点的侧模。内模安装完毕之后应仔细检查连接的可靠性及安装精度。

7）承台套箱下放

承台套箱必须均匀下放，严格控制倾斜、扭转、偏移。因此，下放过程中必须做好人员分工、组织和监测指挥工作。套箱下放行程共 6m，分两次下放。根据链葫芦行程及当时的潮位转换确定第一次下放 3.2m。套箱下放过程中，应伴随套箱下放同步扭松各吊杆螺母，完成套箱第一次下放后应检查各处高程，保证套箱底面水平，而后扭紧各精轧螺纹钢筋上的螺母，逐步放松链葫芦。至第二次下放套箱到位后，上螺母与 2I45 组合梁之间的高差不得超过 10cm。由此可直观反映出套箱下放时各吊点的均匀性。

8）套箱内撑梁的安装

内撑梁安装顺序为先安装主桁梁，同时与侧模加劲固焊。

4. 承台封底混凝土浇筑

封底混凝土是保证套箱稳定和承台浇筑质量的重要临时结构，必须一次浇筑完成。因此要根据潮水涨落特点及混凝土浇筑速度合理计划开工时间，以保证在混凝土浇筑到封底层顶面时，正好露出水面，以便及时修补，开集水槽，在四角设集水井。承台封底混凝土施工程序如下。

1）套箱开孔

套箱安装完成后在套箱侧板适当位置开孔，使套箱内外水位平衡，避免套箱受附加水压力。

2）浇筑点布置

在桩基与桩基正中间布置 4 个浇筑点，在浇筑完这 4 点后，检查各处混凝土面高程，必要时进行补浆。水下灌注封底混凝土时，其导管口应离开套箱混凝土底板面约 30cm，这样既可以避免混凝土对底板的冲击又可防止卡球塞管。

3）C30 混凝土配合比及品质要求

单个承台封底混凝土 277.44m³，根据涨退潮速度控制浇筑时间为 5～10h。由此推算合适的开盘时间和混凝土供应速度应不小于 70m³/h；混凝土的坍落度控制在 18～20cm；初凝时间

$8 \sim 10h$,并采用$0.5 \sim 3\,cm$粒径石子作粗集料,其和易性必须达到施工工艺要求。

4)开盘工艺

为保证水下混凝土质量,开盘时导管埋置深度宜为$0.3m$左右,导管球用编织袋包砂浆制作。具体做法是:用伸缩性小的$\phi 6mm$钢丝绳吊住袋装砂浆,堵住导管口,在钢丝绳上$9m$处刻度标记,随着漏斗浆的积累,缓慢下放钢丝绳至$9m$位置固定。当漏斗满浆后关闭储料斗闸门,待储料斗浆满后,即可以缓慢下放钢丝绳、开闸,正式浇筑封底混凝土。

5)施工观测与监控

施工观测的目的在于了解混凝土浇筑情况,以便判别某浇筑点是否达到浇筑高程。测点在护筒及导管附近加密布置,其余以$1.5m \times 1.5m$作网点,用测绳或有刻度的竹杆测定。混凝土面高程宜控制在$-1.6 \sim -1.4m$。按照前述的浇筑时间选择,此时水位仍较高,但各点均完成后,水位应已退出混凝土面,可人工调平封底混凝土面。

5. 承台混凝土浇筑

1)施工程序

承台封底完成,养护$7d$后即可进行承台施工。施工前应先封闭套箱进水孔,检查套箱的密封性,抽干套箱内的集水,以便在套箱内完成后续作业,包括:

(1)清理封底混凝土表面使其基本平整;

(2)拆除上承重结构、破除立柱、切割护筒;

(3)绑扎钢筋;

(4)浇筑承台混凝土。承台混凝土分两层浇筑,第一层厚$1.5m$,第二层厚$2.5m$。

2)混凝土配合比及品质要求

现场试验室严格设计其配合比,要求其和易性达到泵送混凝土施工要求。其坍落度为$18 \sim 20cm$,初凝时间为$7 \sim 8h$。

3)混凝土浇筑顺序

考虑到套箱的受力特性,混凝土应从中间向四周扩散浇筑,而后相反,力求套箱受力均匀。由于浇筑过程是无水作业,所以应注意施工时潮差变化对套箱侧模的影响。

6. 大体积混凝土温度控制措施

(1)分两层浇筑,以降低混凝土温度和内外温差;

(2)使用掺加粉煤灰的混凝土,以减少水化热;

(3)布设冷却管降温,每$0.5m$布设一层冷却管,日夜通水,带走混凝土内部水化热;

(4)完成浇筑后,用湿麻袋覆盖养生。

三、高墩施工

大桥18号、19号主墩墩身为薄壁墩,平面尺寸为$7.0m$(横桥向)$\times 2.0m$(顺桥向),高度为$38.849 \sim 43.152m$。18号墩混凝土灌注量$2\,211m^3$,19号墩为$2\,407m^3$。

1. 支架设计特点

从施工方便和安全考虑,采用门式支架搭设满堂支架施工。满堂支架设计特点为:

(1)门式支架平面间距$0.90m$,采用交叉拉杆加强;

(2)利用水平交叉钢管与门式支架相连,以增强稳定性;

（3）门式支架与墩身相连接并固定，以增强整体抗风性能。

2. 墩身模板设计、制作

1）外模设计

（1）为保证墩身混凝土外观质量，加快工期，外模设计为翻模，面板采用厚6mm的Q235钢板另用加劲板加强。

（2）周边肋板采用δ=8mm的Q235钢板加强；

（3）模板分3节，节高2.5m，总高7.5m；

（4）每浇筑2×2.5m=5m高度混凝土，留下一节作接口和支承。

2）内模设计、制作

（1）内模外观要求不高，为保证结构设计尺寸，采用建筑行业通用的组合钢模，现场拼合而成，两个桥墩共制作8套内模，以备周转；

（2）模板只加工一节，总高为5m；

（3）不设接口模，一次提升一节。

3）安装质量标准

（1）在墩身施工前对施工人员进行技术交底，使施工人员熟悉和掌握钢模板的施工和操作技术；

（2）钢模板的布置和施工操作程序，均应按照模板的施工设计及技术措施的规定进行；

（3）组合钢模板尽量避免开孔，必须开孔时应用机具钻孔，不得用电、气焊熔烧开孔；

（4）拆模板时应及时清除残渣和进行检修；

（5）模板安装前应涂脱模剂，脱模剂应涂刷均匀，稠度适中，不得沾钢筋；

（6）模板安装好后，其轴线位置、水平高程、各部分尺寸、垂直度等均应符合设计要求，且表面平整，棱角方直。

3. 墩身施工流程

墩身施工流程为：测量放样→绑扎钢筋→监理工程师检验合格→吊装模板→插入对拉螺栓及套管→安装另侧模板→收紧对拉螺栓并调整模板→自检→监理工程师检验合格→浇筑混凝土→养生、拆模并凿毛→第二阶段。

4. 墩身混凝土浇筑和养护

墩身混凝土采用泵送，采取以下质量保证措施。

（1）采用性能较好的混凝土输送泵，并注意日常维修和保养，另备用混凝土输送泵及泵管，以防不时之需。

（2）采用商品混凝土，以保证质量。

（3）每次浇筑混凝土均有主要技术负责人在场，及时处理紧急情况。墩身混凝土强度达到75%后开始拆模。一个施工周期为5d，浇筑高度5m。浇筑最后一节之前，需先安装好0号~1号块预埋托架后方可安装模板浇筑混凝土。墩身养护期不少于7d，并确保混凝土面经常处于湿润状态。

（4）施工注意事项：

①墩身上每隔5m设一道附墙钢板安装塔吊和电梯预埋件；

②墩身模板的光洁性；

③墩身混凝土分层浇筑；

④混凝土开盘砂浆不许浇入墩身混凝土体内；

⑤检查墩身模板的刚度和对拉螺丝的松紧度；

⑥墩身节段之间混凝土结合处必须凿毛，保证新老混凝土结合良好。

5．墩身测量及控制要求

1）平面尺寸准确定位

用全站仪在 W10、W13 两个站点放样、检查，控制边长误差在 ±1cm 以内。用涂改液或红油漆定出角点，再用墨线弹线，然后用钢尺复核。

2）控制墩身立模的垂直度

（1）用全站仪垂直丝检查调整模板的垂直度；

（2）在立模的 4 个角点吊锤球，保证长度 2.5m 模板偏位不能超过 2mm。

3）施工误差调整

（1）如尺寸偏差在允许范围内，直接调模板；

（2）如超过误差允许范围，应凿除混凝土，再装模浇混凝土；

（3）要求测量人员及时观察、检查及调整，保证墩身的外观及质量符合设计要求。

第四节　上部结构施工

一、0 号 ~ 1 号块施工

1．0 号 ~ 1 号块施工流程

0 号 ~ 1 号块的施工流程如图 9-10 所示。由于 0 号块和 1 号块与横隔板整体现浇，为施工方便和安全，分两层浇筑，第一层浇筑高度 3m，第二层浇筑高度 4.5m。第一层混凝土及模板重力由托架承受，第二层混凝土的重力由第一层混凝土和托架共同承受。

2．施工要点

1）托架施工要点

（1）0 号块块件高，质量大，加上 1 号块及横隔墙均由托架支承，故托架承受的重力很大。施工采取的方法是在预埋的工字钢上落放贝雷梁；在预埋的贝雷片上，接长贝雷纵梁，在预埋的阴阳头上连接贝雷梁，相邻贝雷梁之间以花窗相连接，形成托架的受力框架，再在贝雷纵梁上铺工字钢，与贝雷梁连接后形成托架。由于高空作业，故须保证托架承载能力和施工质量。

（2）浇筑混凝土前应在箱梁底板、翼板位置预留吊孔，供拆架使用。

（3）对用于制造托架的贝雷梁和工字钢应全部检查，对变形者应立即加强或更换。

（4）应在托架上的贝雷梁侧面作出标记，作为墩顶段施工观测点，控制下挠引起的外观变化。

（5）主墩进入挂篮施工阶段方可拆除托架，然后凿除表面 5 cm 混凝土，切割外露工字钢和贝雷梁预埋部位，再用与墩身相同的水泥配制泥胶，补填空洞，力求与墩身表面光泽一致。

（6）托架斜撑对防止 1 号块变形作用很大，应特别加强。

2）张拉及压浆施工要点

```
测量定位、浇筑墩身剩余段
        ↓
     安装托架
        ↓
     测量放样
        ↓
     安装托架
        ↓
     坐标定位
        ↓
装底板、肋板钢筋及竖向预应力筋、纵向预应力管道
        ↓
   装肋模、倒角模
        ↓
     安装托架
        ↓
0号~1号块第一层混凝土浇筑
        ↓
安装定模、顶层钢筋和预应力管道
        ↓
     检查管束
        ↓
0号~1号块第二层混凝土浇筑
        ↓
     张拉、压浆
```

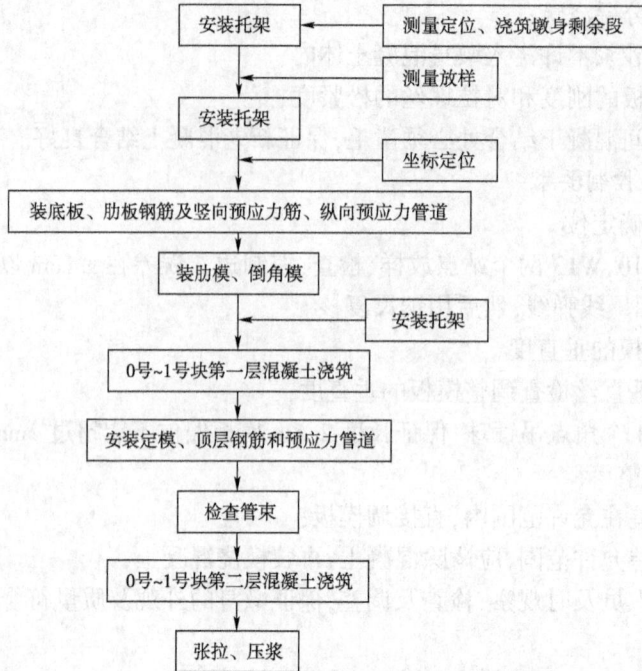

图 9-10 0 号~1 号块施工流程图

(1)0 号梁段预应力管道较集中,如与钢筋发生干扰时,只能移动钢筋不能切断。

(2)应严格检查波纹管接头,不可存在毛刺、卷边、折角等现象,接头处用防水胶布和绝缘胶布密封,谨防管道漏浆。

(3)浇筑混凝土后立即通水检查管道,以防堵孔。在混凝土浇筑前加内衬硬塑胶管,防止管道变形和漏浆。

(4)应防止竖向预应力管道及顶端漏浆。

(5)混凝土强度达到设计强度的 80% 以后方可进行预应力筋张拉,底板束必须在合龙段混凝土强度达到设计强度的 90% 以后张拉,预应力张拉应遵循“先长束后短束原则”。

(6)压浆应密实,水灰比不大于 0.4,不允许掺加氯盐。

3. 0 号、1 号块施工测量

由于采用高空作业,远离测量控制点,通视条件受大气和施工机具影响,施工测量比较复杂,且有一定难度。针对桥型及施工特点,实施时采用如下测量步骤和方法:

(1)先在铺设好的底模板上用全站仪准确放出墩中心点和墩轴线,由此定出 0 号块钢筋和内外边墙边线的位置;

(2)用垂线或仪器控制模板边墙的垂直度;

(3)因有纵坡、横坡,底板上或顶板上高程均不一致,所以测量前要认真计算控制点坐标;

(4)在 0 号块完工之后,及时预埋顶、底板的高程控制水准点(用悬吊钢尺水准测量方法将承台水准点传递到 0 号块),做好箱梁施工及挠度监控准备工作;

(5)在 0 号块顶板上放出墩中心及墩轴线,复核有关数据,做好箱梁施工监控准备工作。

二、挂篮构造及设计

1. 挂篮构造

大桥预应力混凝土箱梁采用广东虎门大桥辅航道桥主跨 270m 连续刚构桥施工用的轻型鹰式挂篮(局部进行优化改装)悬臂浇筑,挂篮由滑道、主桁架、模板系统、行走系统、吊杆和锚固系统构成,见图 9-11。

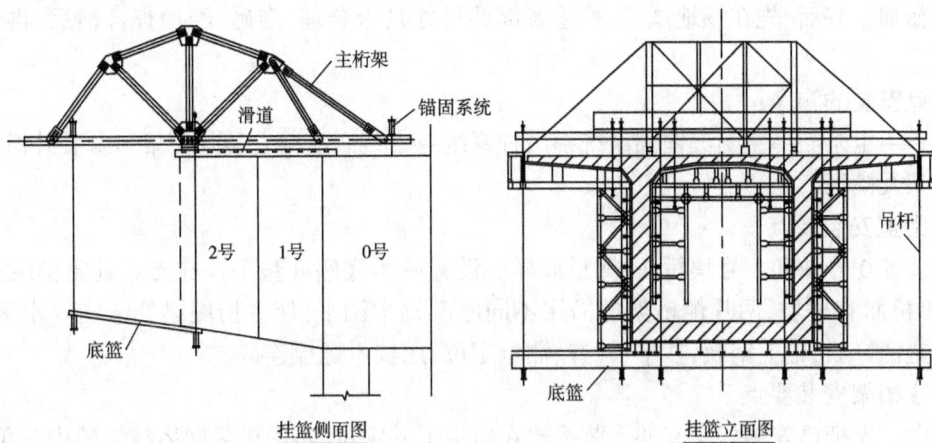

图 9-11　鹰式挂篮构造图

1)滑道

以硬木作垫,上铺双条钢轨组成。

2)主桁架

主桁架共有三片,两边片为主要承重桁架,中片为保证结构稳定设计的构造桁架。桁架下弦杆采用双拼 36 号槽钢作承压和受弯构件。三片桁架间用平连杆、横梁、横压杆、斜撑等组成整体。

3)模板系统

模板系统包括底模、内模及外模。底模采用 5cm 木板其上钉 3mm 厚的 Q235 钢板,内、外模均由模板面和模板骨架组成。

4)行走系统

(1)主桁架在滑道上由 4 个 10t 手拉葫芦牵引滑行,两边主桁架后端设置反压滚轮和防倾手拉葫芦等;

(2)底篮和内外模同主桁架形成整体由牵引系统牵引行走。

5)吊杆和锚固系统

(1)吊杆及后锚均采用 IV 级 $\phi32$mm 精轧螺纹钢。

(2)吊点位置偏差,纵向 $\leqslant \pm 20$mm,横向 $\leqslant \pm 10$mm。

2. 挂篮设计原则

(1)挂篮除满足构件强度、稳定性要求外,还需有必要的刚度,在浇筑梁段混凝土时其前端挠度不超过 20mm。

(2)节省材料,要求效率系数 $K < 0.4$。

（3）桁架间横向加设斜杆增加桁架的整体性和横向刚度，加强抗台风能力。

（4）底篮要求自重轻，装拆方便。

（5）主桁架下弦杆设置船形支座，以利在滑道上滑行，另设置防倾手拉葫芦保持平衡。

（6）2 号块采用联体挂篮，用插销铰连，装拆方便省时。

（7）内外模板采用组合钢模板，便于调整箱梁节段高度。

3. 挂篮制作安装要点

挂篮加工好后，先在场地试拼，检验各部件尺寸是否合理、准确，经检查合格后，再移到工地组装。

挂篮安装的顺序：

滑道→主桁架→主桁架锚固系统→吊杆系统→安装底篮→安装外模架→安装外模板→安装内模架及模板。

1）滑道安装要点

先清理 0 号块和 1 号块桥面，测量放样。设置硬木底座并垫平。在支点处密铺硬杂木加强，由于桥面有横坡，两片侧桁架底需用不同厚度枕木调平，使主桁底梁处于同一水平面上。待枕木垫铺好后，铺上钢轨，抄平、检查、测量定位，用枕木螺栓连接。

2）主桁架安装要点

纵向。先把已安装好支座的下弦梁放在轨道上并定位，然后拼装联体挂篮的中三角形，并分别向两端延伸。

横向。安装一侧横连杆、缀板拼到中梁，再拼另一侧平连杆、横梁、横压杆、斜撑。连接两套挂篮下弦梁中部断开处，拼成联体挂篮。

解体。从 2 号梁段施工开始，延伸主桁架下轨道，安装牵引和防护装置，联体挂篮从中部解体，前移到相应位置，拼上斜杆，断开处重新作等强连接，形成独体挂篮。

由于该挂篮使用的型钢都是国产大型工字钢和槽钢，翼板有坡度，所以在翼板处的连接螺栓都必须使用斜垫片垫平。

施工时应注意主桁架结构特点，安装轨道时，应加强两边主要承重桁架，轨道安装精度要求：顺桥向轨距偏差≤10mm，横桥向支承点偏差≤10mm。横梁安装时控制偏差≤10mm。

三、梁段施工

1. 施工程序

每节梁段均按以下程序施工：

前移挂篮→调整挂篮→绑扎底板、腹板钢筋、安装预应力管道→装内模→测量复核→扎面板钢筋、安装预应力管道→测量复核→浇筑混凝土→穿纵向预应力束→张拉→前移挂篮→下一梁段施工。

重复上述过程。

2. 模板安装要点

模板分为底模、外模、内模、端头模及边线模，安装要点如下。

1）底模

调节底模中线是安装模板的关键工序，否则将直接影响成桥线形。

2) 外模

外模的平面位置由底模确定,其高程由前吊杆调整。

3) 内模

内模的平面位置由外模确定,关键是保证腹板的厚度,其高程由前吊杆调整。

4) 端头模

根据测量放样的梁段长度,确定端头模位置,要点是必须预留搭接钢筋和纵向波纹管孔位。

5) 边线模

边线模即箱梁翼板的两边缘线模板,其位置由已浇筑梁段的前边点和下一待浇梁段测量放样点确定,其线条必须满足设计曲线。

3. 混凝土浇筑施工要点

(1) 通过混凝土配合比试验,确定最佳配合比。

(2) 采用高压输送泵输送混凝土。

(3) 混凝土浇筑工序:

①浇筑前,应对支架、模板、钢筋等进行检查;

②由高处向仓内浇筑混凝土,以防止混凝土离析;

③混凝土按一定厚度分层、向另外一个方向浇筑;

④混凝土应充分振捣;

⑤在已浇筑的一层混凝土初凝之前必须浇完上一层混凝土;

⑥加强混凝土养生。

4. 预应力张拉施工要点

1) 预应力钢材的运输和保养

(1) 因施工周期长,钢绞线需按施工计划分批进场,钢绞线场内存放期一般不超过半年;

(2) 预应力钢材应用枕木支垫,支垫高度不小于30cm,并采取必要的防雨遮盖措施;

(3) 精轧螺纹钢筋运输过程中要避免碰伤,在场内不得碰撞。钢筋堆放应搁置在枕木上,枕木间距不大于2.0m,防止其产生弯曲变形。

(4) 预应力钢材进场时应分批进行验收,取样试验,各项指标合格方可使用。

2) 预应力管道的制作和安装

(1) 波纹管在现场制作,扁管由工厂加工。

(2) 预应力管道必须有足够的刚度,采用115mm的钢带卷制的双波波纹管为好。

(3) 预应力管道的安装质量在很大程度上影响预应力张拉质量,因此预应力管道必须顺直、按设计坐标安装。安装偏差不大于10mm。每隔100cm设置定位钢筋一道,防止管道移位。

(4) 因预应力管道长、管道接头多,在施工过程中,要特别注意做好管道接头处理。管道接头处宜用长25cm的外套管驳接,接头必须平顺,对有凹陷的接头必须修整平直,否则将会给钢绞线穿束造成极大困难,对于伸出梁体外的波纹管,要认真做好保护工作,防止人为碰撞损伤。

3) 预应力材料的安装

（1）精轧钢筋下料前应进行外观检查，有明显弯折者不得使用。对出厂前剪切造成的扁头应预先锯除。预应力钢材下料需使用砂轮切割机切割，不得采用电焊切割，以免损伤预应力筋。

（2）安装精轧螺纹钢筋时，锚固端露出锚具的长度应不小于钢筋直径；张拉端露出锚具的长度不小于6倍钢筋螺距。

（3）竖向预应力筋长度超过12m时，使用YGL连接器接长。为使钢筋进入连接器内的长度相等，应作出钢筋进入连接器的长度标记。当连接器两端的钢筋安装完毕后，应使用环氧树脂将连接器与钢筋固结。在施工过程中，应防止竖向筋转动。

（4）横向预应力钢绞线应梳理平顺，防止互相铰接。

（5）纵向预应力钢绞线长度小于40m者用人工单根穿束，长度大于40m者用卷扬机整束拖拉穿束。穿束前可在预应力管道内穿一根钢绞线作引线，牵引一根钢丝绳进入管道，逐根将该束钢绞线焊接在钢丝绳尾端，用8t卷扬机牵引钢丝绳，将钢束穿入管道。钢束穿完后，用砂轮将受焊接影响的钢绞线切除。

（6）在混凝土浇筑前应在纵向预应力管道接头处安放硬塑料内衬管，以防止管道变形、漏浆。

4）预应力张拉

（1）张拉机具。千斤顶：根据设计张拉吨位选用适当的千斤顶型号。横向张拉采用YCW20型；竖向张拉采用YC60型；纵向张拉采用ZPE－460，ZPE－270，YCW－250型；油泵用ZB4－S00型和EHP25－3/4型两种。

千斤顶、压力表、油泵应配套标定后才能使用。

张拉机具应由专人使用、保管、定期校验，校验期限为3个月，若施工中发生下述情况应重新校验。

①张拉时预应力精轧螺纹钢筋突然断裂；

②千斤顶发生故障或漏油严重；

③张拉延伸量出现异常值；

④油泵压力表不能退回到零点；

⑤油泵倒地或重物撞击油压表。

（2）预应力钢绞线张拉。在混凝土龄期和强度达到要求后，即可进行预应力张拉。张拉的顺序为先张拉腹板永久预应力束，后张拉顶板永久预应力束，最后张拉横向和竖向预应力筋。采用控制张拉应力和钢绞线延伸量的双控方法控制张拉质量。张拉过程如下：安装锚具、千斤顶→初张拉至初应力（设计应力10%）→作量测伸长量起始记号→分级张拉至设计应力→量测伸长量→持荷5min→将油压加至设计应力时对应的油压（因为在持荷时油压有可能下降）→量测伸长量→回油锚固、量测实际伸长量并求出回缩值→检查是否有滑丝、断丝情况发生。如果最后伸长量达不到设计和施工规范要求，应提交监理工程师和有关方面研究，确定超张拉值。

如果以上各过程均无异常情况，则可拆卸千斤顶张拉下一束，如有异常情况出现，则须分析其原因，处理后重新张拉。

横向预应力钢筋采用YCM－25千斤顶张拉，单根张拉，张拉过程与纵向束类似。

（3）张拉竖向预应力筋。混凝土龄期达到要求后,即可张拉竖向预应力精轧螺纹粗钢筋。使用 YC－60 型拉杆式千斤顶,按张拉力及延伸量进行双控。

压浆从低处压入,高处排气。压浆前,先用压浆机向管道内注压力水,充分冲洗、润湿管道,至全部管道冲洗完后,正式拌浆,开始压浆。待另一端排水、排气孔喷出浆并稳定后,才可封闭排气孔,其后对管道加压至 0.6MPa,并持荷 5min 后封闭。

使用压力水冲洗压浆管道,应观察排出的水中是否混有水泥浆。如有则说明管道串浆,须持续冲洗以确保管道不被串过的水泥浆堵塞。在管道冲洗过程中,还应派专人在箱梁内外进行检查,如有漏水现象,则须做好记号,统一封堵,以免最后压浆时发生漏浆,影响压浆质量。

通过埋于底板上的压浆管将水泥浆注入竖向预应力管道进行竖向预应力压浆,至梁顶锚具排浆稳定后方可停止压浆,然后稳压 5min,封闭压浆孔。

第五节　合龙段施工

一、合龙顺序与合龙温度

连续刚构桥合龙段施工过程是结构体系由双悬臂静定结构变为 5 跨连续超静定结构的体系转换过程,因此应选择适当的合龙顺序与合龙温度,以及相应的配重措施,防止在体系转换过程中出现过大的附加应力。

原设计合龙顺序为先合龙两边跨,后合龙中跨。因施工情况变化和抗台风的需要,经研究修改合龙顺序为先合龙中跨悬臂端,形成单跨刚构桥,待西锚 21 号跨和 22 号跨完成后,最后合龙东边跨,形成设计体系。

合龙时间选在凌晨 2:00,温度变化较小的时刻。

二、中跨合龙段施工工序

中跨合龙段施工顺序如下:19 号梁段混凝土张拉→撤除左右边跨挂篮的底篮、内外模→主桁架作边跨配重→撤除 18 号中跨墩整个挂篮→前移 19 号墩挂篮的底篮及外模→撤除 19 号墩中跨挂篮主桁架→18 号、19 号墩中跨左右幅砌配重水池,并注满水→焊接劲性骨架→绑扎底板、腹板钢筋、底板波纹管→前移 19 号墩中跨内模→绑扎顶板钢筋、横向波纹管→浇筑中跨合龙段混凝土→养生→中跨底板穿束及张拉。

三、关键工序施工要点

1. 模板锚固

中跨合龙段长 2.0m 模板采用 19 号墩中跨挂篮模板,把两片主桁架撤除,将底篮前后分别锚于 18 号墩 19 号梁段及 19 号墩 19 号梁段底板混凝土上,外模与内模的滑槽前后锚点分别锚于 18 号墩 19 号梁段及 19 号墩 19 号梁段顶板上,这些锚固点在浇混凝土之前均用千斤顶打紧。

2. 配重

为了保持 19 号墩与 18 号墩两个悬臂端在浇筑中跨合龙段混凝土时,始终保持平衡,必须按梁段质量和施工荷载设置配重,并伴随混凝土浇筑过程分级撤除。中跨配重为一个底篮质量14t、外模质量6.5t、内模质量4.5t、中跨合龙段混凝土质量51t,总计76t,平均分配到两边跨。施工时采用砖砌水池蓄水作配重,水池容量为5m×5m×1m,水重加砖重共计25.5t。左右幅共设水池4个,水池底部装有漏水管,在中跨混凝土浇筑过程中逐渐放水,质量一加一减,保持结构平衡。

3. 劲性骨架

(1)中跨左右幅增设劲性骨架8排,采用2×[20槽钢拼成,劲性骨架两端预埋在19号梁段腹板内,中间设置一段"后焊接段",待模板及配重设置好后,在凌晨0:30温度最低时固焊"后焊接段"。

(2)选择在凌晨2:00,一天温度最低时浇筑混凝土,且应在2~3h内浇筑完全部混凝土。

(3)浇筑顺序为先底板,再腹板,最后顶板,为防止浇筑腹板混凝土时底板翻浆,故采用压板加压浇筑。

(4)浇筑混凝土必须加强振捣,尤其是底板波纹管集中的地方和劲性骨架内外围部分更应充分捣实。

四、边跨合龙段施工工序

大桥西端17号墩处的合龙段长9.0m,利用满堂支架施工。为减小支架荷载,分两层浇筑,第一层浇筑高度1.3m,第二层浇筑高度1.2m。

东端合龙段结合20号~21号箱梁施工完成。分三次浇筑,第一次浇筑20号~21号箱梁下层,浇筑长度为35m+7m+2m=44m,浇筑高度1.3m;第二次浇筑长度35m+7m=42m,浇筑高度1.2m,随后进行预应力张拉;第三次浇筑长度2m,浇筑高度1.2m,即把第二次浇筑留下的缺口补满。

边跨合龙段施工流程为:

装底模→装外模→测量复核→绑扎底板、腹板钢筋→安装预应力系统→装内模→第一次浇筑混凝土→养生→装顶模→绑扎顶板底层钢筋→装横、纵向波纹管→装顶板顶层钢筋→测量复核→第二次浇筑混凝土→养生→预应力张拉→第三次浇筑长度2m的缺口。

因中跨合龙后,体系已趋于稳定,且边跨合龙段采用满堂支架施工,故可不设配重,也不设劲性骨架加强,但应把中跨上的所有施工设备拆除。

复习与思考

1. 当进行预应束力张拉达到设计吨位时,其实际引伸量应与理论引伸量之间偏差过大,该如何处理?

2. 主跨合龙过程中重点控制哪些方面,以保证大桥顺利合龙?

第十章 隧道工程施工概论

本章知识点

1. 公路隧道的特点、隧道工程施工特点与施工组织与管理的特点；
2. 隧道工程施工方法与施工技术；
3. 隧道工程施工与隧道施工成本的关系；
4. 隧道工程施工要点。

第一节 隧道工程施工概述

一、我国隧道工程发展现状及作用

我国地域辽阔,多山岭重丘,山区公路建设任务十分繁重。但在 20 世纪 80 年代以前的公路建设中,由于受资金限制及其他因素影响,在山峦耸立、地形起伏多变的地区,路线大都采用盘山绕行或高填深挖的做法,很少考虑修建隧道。在许多山岭路段,本来打一个不太长的隧道就能穿过,却往往习惯于用较大纵坡绕行和展线去翻越垭口,这样既延长了路线里程,降低了公路技术等级,又增加了养护和运输费用。

改革开放以来,随着国民经济的迅速发展,公路交通建设规模日益扩大,技术水平达到新的高度,公路隧道建设不仅在山区和丘陵地区公路建设中,而且在东部江河桥隧跨越方案比选中,日益引起人们重视,并得到很大发展。20 世纪 80 年代建设的深圳梧桐山隧道使我国公路隧道长度超过 2km,90 年代初建成的重庆中梁山隧道长度超过 3km,2000 年建成的四川二郎山隧道长度超过 4km,2003 年建成的山西雁门关隧道长度超过 5km,而西康公路秦岭隧道长度突破 18km,成为亚洲第一长公路隧道,世界第二长公路隧道。在隧道长度纪录不断刷新的同时,单洞隧道的跨度也不断增加。单洞 3 车道隧道,如北京的潭峪沟隧道、浙江的黄鹤山隧道等已在多条交通量较大的线路上出现。值得一提的是,在沈大高速公路改扩建工程中遇到的单洞 4 车道隧道,创造了我国公路隧道单洞跨度的新纪录。在此期间,隧道的结构形式也有了新的发展,接线方便和节省用地的连拱隧道在地质条件适宜的一些线路上被广泛应用。在一些交通量较大的线路上,还出现了三跨连拱隧道和多跨连拱隧道。随着单洞隧道长度的不断增加和隧道在整个线路上重要性的提高,对隧道运营管理水平的要求也日见提高。隧道内不仅要设置可靠的通风和照明设施,而且还要提供火灾探测与救援系统,这些都极大地促进了我国公路隧道建设中的技术进步。据统计,1979 年我国公路隧道通车里程仅为 52km/374 座,而 2004 年底,全国公路隧道通车里程已达 1 245.6km/2 495 座,其中特长隧道 126.3km/33

座,长隧道493.3km/299座,中隧道297.8km/428座,短隧道328.1km/1 735座。目前在建的3km以上的特长隧道60座,在建5km以上隧道14座。

特别是近10年来,我国修建了不少特长隧道、长隧道以及隧道群,隧道占公路里程比重不断增大,同时隧道建设技术得到了日新月异的提高和发展。此外,我国应用暗挖法、盾构法、沉管法成功地修建了多座水下隧道,标志着我国已具备了修建水下隧道的能力并掌握了相关技术。

以目前的技术条件来看,对于那些地形和地质条件适宜修建隧道的山区公路越岭路段,若设置隧道能较多地缩短路线里程,提高公路技术标准,则应优先考虑修建隧道。因为隧道既能保证最佳道路线形便利行车,又可有效防止山地陡坡的滚石、泥石流等自然灾害,提高了行车的安全性和可靠性;同时又能和当地环境相协调并保全自然景观。如2002年建成通车的二郎山隧道工程,位于二郎山山腰,全长8 660m,其中主隧道4 172m,隧道净宽9m,高5m,海拔高度2 182m。二郎山隧道建成后,将比原川藏公路二郎山段缩短里程25km,缩短行程时间3h,并避开了山顶事故、灾害频发路段,保证了道路畅通和行车安全。

我国幅员辽阔,山多水多,经济健康快速发展,在未来的公路建设中,还将有更多更难的各种隧道需要建设。我国正在全面建设小康社会,人口城镇化成为一种必然趋势,我国的许多大城市都需要建设发达先进的轨道交通系统,为此需要修建大量的地铁隧道。因此,可以说我国的各类隧道建设方兴未艾。

国外隧道工程施工水平比我国先进,主要是隧道工程施工方法比较先进,机械化、自动化程度比较高,建设速度快,新奥法施工、无轨运输、无爆法隧道掘进等都比我国发展得早。隧道地质的超前预测,地质灾害监测和警报等在我国的发展也相对比较落后。因此必须加快提高我国隧道工程施工技术水平,争取在短时间内赶超国际水平。

二、公路隧道的特点

1. 断面大

一般而言,公路隧道与铁路隧道、水工隧道、矿山地下巷道相比断面较大,双车道公路隧道的断面积可达80m² 左右,因此公路隧道围岩受扰动范围较大,其轮廓对围岩块体的不利切割增多,围岩内的拉伸区与塑性区加大,导致施工难度加大。若公路隧道位于土层或软弱岩体内,施工难度更大,通常需要采用特殊的施工方法来建造。

2. 形状扁平

在满足使用功能和施工安全的前提下,尽可能地降低工程造价。由于公路隧道的建筑限界基本上是一个宽度大于高度的截角矩形断面,因此,公路隧道的断面常为形状扁平的割圆形、马蹄形或直墙拱顶形。

3. 防水要求高

在高等级公路上,车辆行驶速度快,如果隧道内出现渗漏或路面溢水,则会造成路面湿滑,不利于安全行车。特别是在严寒地区,冬季隧道内的渗漏水或在隧道上部吊挂冰柱,或在路面形成冰湖,常常会诱发交通事故。此外,长期或大量渗漏水,可以破坏隧道衬砌结构,还会对隧道内的机电设备、动力及通信线路构成威胁。

4. 运营照明

高速行驶的车辆在白天接近并穿过隧道时,行车环境要经历一个"亮—暗—亮"的变化过程,驾驶员的视觉在此过程中要发生视觉适应问题。为了减轻通过隧道时,驾驶员的生理和心理压力,消除车辆进洞时的黑洞或黑框效应,消除出洞时的眩光现象,从有利于安全行车角度考虑,高等级公路上的隧道一般都根据具体条件,对隧道设置合理有效的照明。

5. 运营通风

对于长、大公路隧道而言,自然风和交通风对隧道内空气的置换作用有限,如不采取有效措施,则会使隧道内空气环境恶化,危及驾乘人员安全,影响视线。因此,长、大公路隧道应根据具体条件,选择合适的通风除尘方式,以改善隧道内的空气环境及防水排烟条件。

6. 防灾

公路隧道运营期间发生洞内火灾、交通事故、洞内漏水,洞顶坍方,以及运行车辆运载的可燃或有毒气体(液体)泄露都是可能的,因此,长大公路隧道一般设有防灾、消防系统,以应对突发性灾难事故。

7. 营运监控

监控是公路隧道营运过程中的重要管理手段,它涉及隧道的交通控制、通风控制、照明控制、养护维修、防灾救灾、逃生救援等。

三、公路隧道工程施工特点

隧道工程是属于地下结构物。地下结构是多种多样的,构筑地下结构的施工方法和技术也是多种多样的。施工方法和技术形成与发展和地下结构物的特点有关。其特点是纵向长度从几米到十几公里,断面相对比较小,一般高 5~6m,宽5m至十几米的纵长地下结构物。在进行隧道施工时,必须充分考虑隧道工程的特点,才能在保证隧道安全的条件下,快速、优质、低价地建成隧道建筑物,其施工特点如下。

(1)整个工程埋设于地下,因此工程地质和水文地质条件对隧道施工的成败起着重要的,甚至是决定性的作用。例如,当年修建穿越阿尔卑斯山的圣哥达隧道时,由于事先未遇料到的高温(41℃)和涌水(660L/min),给施工带来很多困难,最后延期两年才完成。因此,就需要在勘测阶段做好详细的地质调查和勘探,尽可能准确地掌握隧道工程范围内的岩层性质、岩体强度、完整程度、自稳能力、地下水状态、有害气体和地温状况等资料,并根据这些原始材料,初步选定合适的施工方法,确定相应的施工措施和配套的施工机具。同时,由于地质条件的复杂性和勘探手段的局限性,在施工中出现前所未料的情况仍不可避免。因此,在长大隧道的施工中,还应采取试验导坑等技术措施,进一步查清掘进前方的地质条件,及时掌握变化的情况,以便尽快地修改施工方法和技术措施。

(2)公路隧道是一个形状扁平的建筑物,正常情况下只有进、出口两个工作面,相对于桥梁、路线工程来说,隧道的施工速度比较慢,工期也比较长,往往使一些长大隧道成为控制新建公路通车的关键工程。为此,需要附加地开挖竖井、斜井、横洞等辅助工程来增加工作面,加快隧道施工速度。此外,隧道断面较小,工作场地狭长,一些施工工序只能顺序作业,而另一些工序又可以沿隧道纵向展开,平行作业。因此,要求施工中加强管理,合理组织,避免相互干扰。洞内设备、管线路布置应周密考虑,妥善安排。隧道施工机械应当结构紧凑,坚固耐用。

（3）施工过程作业的循环性强，因隧道工程是纵长的，施工严格地按照一定顺序循环作业，如开挖就必须按照"钻孔—装药—爆破—通风—出渣"的顺序循环。

（4）施工作业的综合性强，在同一工作环境下进行多工序作业（掘进、支护、衬砌等）。

公路隧道大多穿越崇山峻岭，因此，施工工地一般都位于偏远的深山狭谷之中，往往远离既有交通线，运输不便，材料供应困难，这些也是规划隧道工程时应当考虑的问题之一。

（5）施工过程的地质力学状态是变化的，围岩的物理力学性质也是变化的，因此施工是动态的。

（6）地下施工环境较差，甚至在施工中还可能使之恶化，例如爆破产生有害气体等。必须采取有效措施加以改善，如人工通风、照明、防尘、消音、隔音、排水等，使施工场地符合卫生条件，并有足够的照度，以保证施工人员的身体健康，提高劳动生产率。

（7）作业风险性大。风险性是和隐蔽性和动态性相关联的，在施工过程中，施工人员必须随时关注隧道施工的风险性。公路隧道埋设于地下，一旦建成就难以更改，所以，除了事先必须审慎规划和设计外，施工中还要做到不留后患。

当然，隧道工程也有很多有利的方面，例如，施工可以不受或少受昼夜更替、季节变换、气候变化等自然条件改变的影响，可以竟日终年、稳定地安排施工。

四、隧道工程施工方法

（一）隧道工程施工方法

隧道工程施工中最重要的是合理选择施工方法，施工方法选择的是否合理，直接影响到隧道工程施工的速度、安全、质量和环境，甚至决定工程的成败。

隧道工程施工的方法是多种多样的，目前我们在公路、铁路、水底隧道中常采用的方法如下。

1. 钻爆法

钻爆法施工包括新奥法和矿山法。

1）新奥法

新奥法是新奥地利隧道施工方法（New Austrian Tunneling Method，简写 NATM）的简称。它是奥地利土木工程师 L. V. Rabcewicz 等在长期从事隧道施工实践中，于 20 世纪 60 年代从岩体力学的观点出发并在总结隧道建设实践经验的基础上创立的。

新奥法是应用岩体力学原理，以维护和利用围岩的自稳能力为基础，将锚杆和喷射混凝土集合在一起作为主要支护手段，及时进行支护，以便控制围岩的变形与松弛，使围岩成为支护体系的组成部分，形成以锚杆、喷射混凝土和隧道围岩三位一体的承载结构，共同支承山体压力；通过对围岩的现场量测，及时反馈围岩—支护复合体的力学动态及变化状况，为二次支护提供合理的架设时机；通过监控量测反馈的信息来指导隧道和地下工程的设计和施工。

新奥法的特征是采用现场监控、量测信息指导施工，即通过对隧道施工中量测数据和对开挖面的地质观察等进行预测、预报和反馈，并根据已建立的量测为基准，对隧道施工方法（包括特殊的、辅助的施工方法）、断面开挖步骤及顺序、初期支护的参数等进行合理调整，以保证施工安全、坑道围岩稳定、施工质量和支护结构的经济性。集中体现在支护结构种类、支护结构的构筑时机、岩体压力、围岩变形四者的关系上，贯穿在不断变更的设计与施工过程中。

由于新奥法的应用和发展,使隧道及地下工程理论进入现代理论的新领域和高水平,从而使隧道及地下工程的设计和施工更符合地下工程实际,将设计理论—施工方法—结构(体系)工作状态(结果)做到一致,因此,新奥法已在世界范围内得到广泛的应用。

隧道工程新奥法施工程序,如图 10-1 所示。本书后文将着重介绍新奥法施工技术。

新奥法的基本要点可归纳如下:

(1)岩体是隧道结构体系中的主要承载单元,在施工中必须充分保护岩体,尽量减少对它的扰动,避免过度破坏岩体的强度。为此,施工中断面分块不宜过多,开挖应当采用光面爆破、预裂爆破或机械掘进。

(2)为了充分发挥岩体的承载能力,应允许并控制岩体的变形。一方面允许变形,使围岩中能形成承载环;另一方面又必须限制它,使岩体不致过度松弛而丧失或大大降低承载能力。在施工中应采用能与围岩密贴、及时筑砌又能随时加强的柔性支护结构,例如,锚喷支护等。这样,就能通过调整支护结构的强度、刚度和它参加工作的时间(包括闭合时间)来控制岩体的变形。

(3)为了改善支护结构的受力性能,施工中应尽快闭合,而成为封闭的筒形结构。另外,隧道断面形状应尽可能圆顺,以避免拐角处的应力集中。

图 10-1　新奥法施工程序

(4)通过施工中对围岩和支护的动态观察、量测,合理安排施工程序,进行设计变更及日常的施工管理。

(5)为了敷设防水层,或为了承受由于锚杆锈蚀,围岩性质恶化、流变、膨胀所引起的后续荷载,可采用复合式衬砌。

(6)二次衬砌原则上是在围岩与初期支护变形基本稳定的条件下修筑的,围岩和支护结构形成一个整体,因而提高了支护体系的安全度。

上述新奥法的基本要点可扼要地概括为:少扰动、早喷锚,勤量测、紧封闭。

用一个弹簧来理解新奥法原理:

(1)洞室边缘某一点 A 在开挖前具有原始应力(自重应力和构造应力)处于一个平衡状态。如同一根弹性刚度为 K 的弹簧,在 P_0 作用下处于压缩平衡状态。

(2)洞室开挖后,A 点在临空面失去约束,原始应力状态要调整,如果围岩的强度足够大,那么经过应力调整,洞室可处于稳定状态(不需支护)。然而大多数的地质情况是较差的,即洞室经过应力调整后,如不支护,就会产生收敛变形,甚至失稳(塌方),所以必须提供支护力 P_E,才能防止塌方失稳。等同于弹簧产生了变形 u 后,在 P_E 作用下又处于平衡状态。

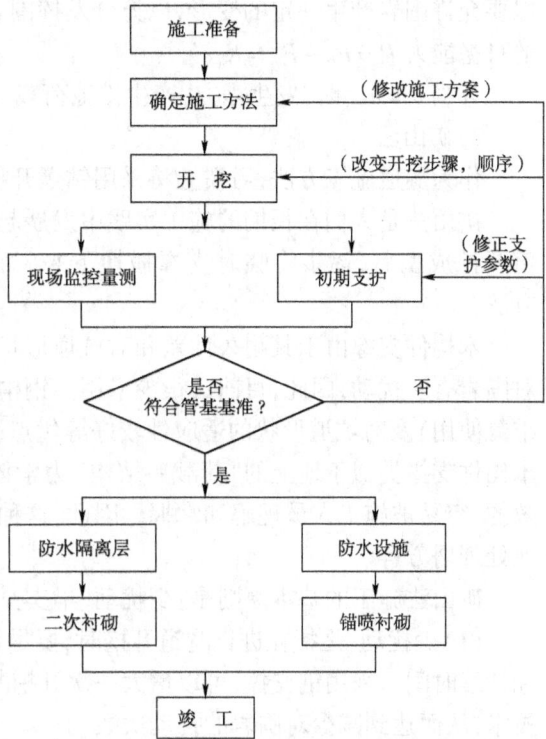

（3）由力学平衡方程可知，弹簧在 P_0 作用时处于平衡状态；弹簧在发生变形 u 后，在 P_E 的作用下又处于平衡状态，假设弹簧的弹性系数为 K，则有：

①当 $u = 0$ 时，$P_0 = P_E$ 即不允许围岩变形，采用刚性支护，不经济；

②当 $u\uparrow$ 时，$P_E\downarrow$；当 $u\downarrow$ 时，$P_E\uparrow$。即围岩发生变形，可释放一定的荷载（卸荷作用），所以要允许围岩产生一定的变形，以充分发挥围岩的自承载能力，是一种经济的支护措施，围岩的自稳能力 $P = P_0 - P_E = K_u$；

③当 $u = u_{max}$ 时，发生塌方，产生松弛荷载，不安全。

2）矿山法

作为隧道施工方法，习惯上将采用钻爆开挖加钢木构件支撑的施工方法，称为"矿山法"。

矿山法是人们在长期的施工实践中发展起来的。它是以木或钢构件作为临时支撑，待隧道开挖成型后，逐步将临时支撑撤换下来，而代之以整体式厚衬砌作为永久性支护的施工方法。

木构件支撑由于其耐久性差和对坑道形状的适应性差，支撑撤换工作较麻烦和不安全，且对围岩有所扰动，因此，目前已很少采用。钢构件支撑具有较好的耐久性（可采用装配式周转重复使用）及对坑道形状的适应性较好等优点，施工中亦可以不予撤换，并更为完全可靠。钢木构件支撑类似于地上的"荷载—结构"力学体系。它作为一种维持坑道稳定的措施是很有效的，容易被施工人员理解和掌握。因此，这种方法常被应用于不便采用锚喷支护的隧道中，或处理坍方等。

矿山法施工的基本原则是：少扰动、早支撑、快衬砌。

（1）少扰动，是指在进行隧道开挖时，要尽量减少对围岩的扰动次数、扰动强度、扰动范围和持续时间。采用钢支撑，可以增大一次开挖断面的跨度，减少分部开挖次数，采用预裂爆破技术，从而达到减少对围岩的扰动次数。

（2）早支撑，是指开挖坑道后应及时施作临时构件及支撑，使围岩不致因变形松弛过度而产生坍塌失稳，并能承受围岩松弛变形产生的压力——早期松弛荷载，并进行定期检查支撑的工作情况，若发现变形严重或出现损坏征兆，应及时增设支撑予以加固和加强。作用在临时支撑上的早期松弛荷载大小，可比照设计永久衬砌的计算围岩压力大小来确定。临时支撑的结构设计，亦采用类似于永久衬砌的设计计算方法，即结构力学方法。

（3）快衬砌，指拆除临时支撑时要及时修筑永久性混凝土衬砌，并使其能尽早承载参与工作。若采用的是钢支撑又不必拆除，或无临时支撑时，亦应尽早施作永久性混凝土衬砌，防止坑道壁裸露时间过长风化侵蚀围岩、强度降低、产生变形过大等情况的发生。

2. 掘进机法

全断面岩石掘进机是国家统一规定的标准名称，又叫隧道掘进机或隧洞掘进机（TBM，Tunnel Boring Machine 的简写），简称掘进机。它是一种由电动机驱动主轴旋转，对刀盘施加一定压力，使其贴近岩壁，通过刀盘上装设的盘形滚刀破碎岩石，使巷道断面一次成型的大型工程机械，也是目前掘进岩石巷道最有发展潜力的机械之一。采用掘进机施工的方法，称为掘进机法。

掘进机施工的主要特点是：同时性、连续性和集中性，这三个特点决定了施工组织设计的原则。

1）同时性

掘进机运行时,各辅助设施、系统都要同时运转,其中任何一个环节不协调或者某一辅助设施运行失灵,都将影响全系统的正常运转,迫使运行全部停止。因此,要求全系统各种设施有较高的可靠性和适应性。

2）连续性

钻爆法施工,各工序是间断的,相互交替进行;而掘进机施工,各个工序是连续进行的。如破岩、出渣、运输、转运等,都是连续不断的运转,任何一个环节中断,必然影响其他各工序的连续运行,系统生产就立即停止。

3）集中性

由于TBM施工具有同时性和连续性两特点,纯作业时间就受到了严重的影响,国内外TBM施工的实例表明:TBM的施工是集中在较短时间内完成进尺任务而不是均衡生产。因此当TBM运行时,各环节须协调同步,从速度和数量两方面满足主机的需要,以获得较好的效果。

TBM开挖速度快、质量好,对地层的扰动小,特别适合于特长铁路隧道、公路隧道、海底隧道、江河隧道以及大型水利工程中的大断面泄水洞、发电洞室等。在城市地铁、城市污水管道施工方面也具有广阔的前景。随着TBM施工技术和配套设备国产化的不断进步,TBM施工成本将会大大降低,有远大的应用前景。

【案例1】　秦岭特长隧道修建技术——TBM施工技术

秦岭隧道的TBM施工具有直径大($\phi = 8.8$m)、掘进长度长(18.46km)以及岩石强度高(最大抗压强度达325MPa)等特点,其难度之大在国内外隧道施工中亦属罕见。TBM施工技术的引进、开发、消化和吸收,使我国隧道施工技术又迈上了一个新的台阶,对于突破20km以上的长大隧道设计、施工都具有深远的意义。该项目紧密结合工程实际,对TBM施工的关键技术:掘进主工作参数(推力、推进速度、转速、扭矩、切深及掘进速度)的合理匹配及主要参数监测系统;刀具和刀圈的磨损规律、破坏形态及其国产化;TBM通过破碎围岩地段的支护技术;TBM施工中方向紧密控制和纠偏技术;施工供电系统自动化控制;有轨运输综合保证系统等,从理论、实践入手,进行了全面而深入的研究。在施工中系统地建立了TBM设备管、用、养、修,TBM施工管理和TBM施工保障等多种管理体制和方法,创造了TBM日掘进最高40.5m、月掘进最高528.1m、月平均掘进310m的全国纪录。开发了开敞式TBM通过破碎围岩的施工工艺,取得良好效果。TBM掘进机见图10-2。

3. 盾构法

盾构机是在软土、软岩和破碎含水地层中修建隧道时,进行开挖和衬砌的一种专用机械设备。采用盾构施工的方法,称盾构法。其特点是掘进地层、出土运输、衬砌拼装、接缝防水和盾尾间隙注浆充填等主要作业都在盾构保护下进行,同时需要随时排除地下水和控制地面沉降,因而盾构法施工是一项施工工艺技术要求高、综合性强的施工方法。

隧道盾构的主体部分是一可移动的钢套壳。该套壳插入土内,于永久衬砌之前,用以支撑隧道四周的地层,以保证永久衬砌的施工而免去临时支撑。此套壳称为盾壳,由高强度钢制成。

图 10-2　TBM 掘进机

盾构的种类按其结构特点和开挖方式可分为：

(1)手掘式盾构:有敞开式、正面支撑式和棚式,此类盾构辅以气压法或降水法等疏干地层的措施并使用必要的正面支撑后,可适用于各种地层中,特别是地下障碍较多的地层;在精心施工的条件下,亦可将地表变形控制到中等或较小的程度。

(2)挤压式盾构:有全挤压、局部挤压、网格等形式。仅适用于软弱黏性土层,适用范围较狭窄,在挤压推进时,对地层土体扰动较大,地面产生较大的隆起变化,所以在地面有建筑物的地区不宜使用,只能用在空旷的地区或江河底下、海滩处等区域。

(3)半机械式盾构:包括正、反铲、螺旋切削、软岩掘进机等,适用范围基本和手掘式一样,可减轻劳动强度。

(4)机械式盾构:有开胸的大刀盘切削、闭胸式的局部气压、泥水加压、土压平衡等形式,当土质好,能自立,或采用辅助措施后自立时,则可用开胸式机械盾构,如地层土质差,应采用闭胸机械式盾构。

土压平衡盾构推进过程中依靠开挖面切削面板的临时挡土效果、充满于密封仓内的切削土土压,以及螺旋输送机排土机构的综合作用,保证削土土压,以及通过螺旋输送机排土机构的综合作用,保持开挖面的稳定状态。泥水加压盾构在开挖面和泥水室内充满加压的泥水,通过加压作用和压力保持机构,保证开挖面土体的稳定。

土压平衡系列盾构推进施工时,采用控制螺旋排土机转速和其出土量大小的方法来控制土仓内的平衡压力值。泥水盾构通过调节泥水压力、泥水流量、泥水浓度来达到开挖面的稳定。

土压平衡盾构切口平衡压力值大小与盾构的埋深、土层中土的重度、土层中的内摩擦角有关。

盾构正面稳定的效果将直接影响地层变形,平衡压力过大、过小,进土量过多、过少,平衡压力大小波动过多等情况将导致正面稳定不佳的现象产生。

正面土体稳定控制包含着推力、推进速度和出土量的三者的相互关系,对盾构施工轴线和地层变形量的控制起主导作用,应在盾构施工中根据不同土质和覆土厚度、地面建筑物,配合监测信息的分析,及时调整平衡点,同时控制每次纠偏的量,减少对土体的扰动,及时调整注浆量,有效地控制轴线和地层变形。

1)土压平衡式盾构

将开挖的泥砂进行泥浆化,通过控制泥浆的压力以保证作业面的稳定性。该盾构设置有切削围岩的机械、搅拌开挖土砂使其泥浆化的搅拌机械、切削土的排出机械,并有能够保证切削土压力的控制机械的盾构形式。又可根据是否具有促进泥浆化的添加材料的注浆装置分为土压盾构和泥土压盾构。所谓土压平衡,就是用刀盘切削下来的土,如同压缩空气或泥水一样充满整个密封舱,并保持一定压力来平衡开挖面的土压力。适用于变形较大的淤泥、软弱黏土、黏土、粉质黏土、粉砂、粉细砂等土层。

(1)土压式盾构。使用转动刀盘切削围岩,并使作业面和隔板之间充满经过搅拌的土砂。该施工方式通过盾构的推进力给切削土砂加压并使其作用于作业面整体来获取作业面的稳定性,同时通过螺旋式输送器进行排土。

(2)泥土压式盾构。通过一边注入添加材料一边转动刀盘,强制性地搅拌切削土砂和添加材料使其成为塑性流动化状态。与土压盾构相同,该施工方式也为一边保持作业面的稳定性一边通过螺旋输送器进行排土。

2)泥水加压式盾构

该盾构通过给泥浆一定的压力以保持开挖面的稳定性,并通过循环泥浆将切削土砂以流体方式输送运出。该盾构形式设置有切削围岩的开挖机械、泥浆循环设备、给泥浆施加一定压力的送排泥设备、运出泥浆的分离设备,另外有的泥水加压式盾构还具有保证泥浆性能的调泥和泥水处理设备。适用于以砂性土为主的洪积地层,也较适用于以黏性土为主的冲击地层,但泥水处理费用较高。

盾构法施工的主要施工程序:

(1)建造竖井或基坑,作为盾构施工的工作井;

(2)盾构掘进机安装就位;

(3)盾构出洞口处的土体加固处理;

(4)初推段盾构掘进施工,即包括推进、出土、运土、衬砌拼装、盾尾注浆、轴线测量等;

(5)盾构掘进机设备转换,即增加装有动力、电器、辅助工艺设备的后车架;

(6)隧道连续掘进施工;

(7)盾构接收井洞口的土体加固处理;

(8)盾构进入接收井,并运出地面。

盾构进出洞是盾构法施工的重要环节,涉及竖井洞门的形式和盾构切口内设备的布置,对地面沉降及隧道的防水都有很大的影响。进出洞问题处理得好,能减少许多"后患",保证施工速度和安全。

①盾构进出洞方法:

a.临时基坑法;

b.逐步掘进法;

c. 工作井进出洞法。

②临时封门的构造形式：

a. 钢结构封门；

b. 砖石或混凝土封门。

4. 沉管法

沉管法又称沉埋法，是修筑水底隧道的主要方法。采用沉管法施工的水底隧道又叫沉管隧道。沉管法施工时，要先在隧址附近修建的临时干坞内（或利用船厂的船台）预制钢筋混凝土管段，预制的管段用临时隔墙封闭起来，然后浮运到隧址的规定位置，此时已于隧址处预先挖好一个水底基槽。待管段定位后，向管段内灌水压载，使其下沉到设计位置，将此管段与相邻管段在水下连接起来，并处理基础，最后回填覆土，铺装隧道内部，从而形成一个完整的水底隧道。这种方法成隧质量好，但技术要求高。

沉管法隧道对地基要求较低，特别适用于软基、河床或海床等较浅、易于用水上疏浚设施进行基槽开挖的工程项目。由于其埋深小，包括连接段在内的隧道线路总长较盾构法隧道显著缩短。沉管断面形状为圆形或方形均可，形式灵活。基槽开挖、管段预制、浮运沉放和内部铺装等各工序可平行作业，彼此干扰较少，管段预制质量易于控制。

与建桥相比，跨江通道采用水下隧道有诸多优点：不影响任何航运；不受恶劣气候影响；抵抗战争破坏和抗自然灾害的能力强；能做到不拆迁或少拆迁，可降低造价；超载能力远高于桥梁；对生态环境干扰影响小，不会引起河床的变化；水下隧道结构抗腐蚀性强，耐久性好；结构维护保养费用比桥梁低得多；建设用钢量比桥梁少；设计时比较容易做到一隧多用，可以安排城市供水、供电、供气、通信管道等通过。

【案例2】 珠江隧道

1993年，广州建成了内地第一条水下大型沉管隧道——珠江隧道。珠江水下隧道是连接广州市中心区和芳村区的重要交通廊道，是水下道路与地铁共用的隧道。其横断面为四孔钢筋混凝土箱型结构，其中两孔为双线机动车孔，一孔为上下行地铁孔，另一孔为管线廊，隧道建筑全长1 238m，隧管段长721m，沉管（预制）段457m，宽33m，高8m，是我国首次采用沉管法施工的大型过江隧道。

5. 明挖法

明挖法是指挖开地面，由上向下开挖土石方至设计高程后，自基底由下向上顺作施工，完成隧道主体结构，最后回填基坑或恢复地面的施工方法。

明挖法施工的隧道（又称明洞），其主体结构施工与地面上的工程相似。明挖法具有隧道埋深浅、线路短、照明和通风代价小、工程造价和营运费用低、使用效益好等优点。尽管明挖法对环境扰动大，但它比较符合地质原则、效益原则、技术原则和整体最优原则。

6. 盖挖法

盖挖法施工技术是先用连续墙、钻孔桩等形式做围护结构和中间桩，然后做钢筋混凝土盖板，在盖板、围护墙、中间桩保护下进行土方开挖和结构施工。盖挖法有逆做与正做两种施工方法。所谓逆做法是指按土方开挖顺序从上层开始往下进行结构施工；而正做法则是指在土方全部开挖完成后，从底板开始做结构的施工方法。盖挖法的主要优点是安全，占地少，对居民生活干扰小,采取措施甚至可做到基本上不影响交通,但施工速度比明挖法要慢。

7. 浅埋暗挖法

修建浅埋地段隧道有时因周围环境等要求必须采用暗挖法施工,称为浅埋暗挖法。

浅埋暗挖法是参考新奥法的基本原理,开挖中采用多种辅助施工措施加固围岩,充分调动围岩的自承载能力,开挖后即时支护,封闭成环,使其与围岩共同作用形成联合支护体系,有效地抑制围岩过大变形的一种综合施工技术。

随着城市的发展,环境和交通问题日益突出,在繁华城区街道修建地下隧道日益增多,通常采用明挖法和盖挖法施工。明挖法和盖挖法施工占地多、交通干扰大、地下管线拆迁量大,且容易造成环境污染。而浅埋暗挖法克服了上述缺点,减少了对环境的影响,能保证交通通畅和地下管线的正常使用。用浅埋暗挖法修建隧道占地面积小,主要靠人力施工,机动灵活,对工程的适应性强,可做成各种结构形式,在地质条件较差的情况下要采取辅助施工措施,对环境影响轻微,较好地实现了工程目标要求的经济、社会和环境效益的统一。

8. 地下连续墙法

地下连续墙法施工,即指从地面上沿着拟建的地下结构或高层建筑基坑的周边,用特制的挖槽机械,在泥浆护壁状态下开挖一定长度的沟槽。然后将钢筋笼吊放入沟槽,用导管法在充满泥浆的沟槽内浇筑混凝土,混凝土从沟槽底部逐渐向上浇筑,同时将泥浆置换出来,在地下形成钢筋混凝土墙段。把各单元墙段用特制接头逐一连接起来,形成一个整体的地下连续墙。

(二)隧道工程施工方法选择的原则和施工方法的发展趋势

1. 隧道工程施工方法选择的原则

隧道工程施工最重要的是合理选择施工方法。在我国隧道工程施工实践中,积累了丰富的施工经验和理论,逐渐形成了具有中国特色的隧道施工方法体系。施工方法是多种多样的,目前常采用的是新奥法,但也有用无爆破的施工方法,即掘进机施工方法。如西康铁路秦岭隧道、西安到合肥的西合铁路上的桃花铺隧道,是我国第一次引进掘进机施工方法进行施工的隧道工程。

选择隧道工程施工方法的原则是:除了考虑隧道工程的地质条件外,还要强调施工方法必须符合快速、安全、质量及环境的要求。而且环境因素有时成为选择施工方法的决定性因素。如在地质条件适合的条件下选用大型的掘进机施工方法,这种方法机械化、自动化程度高,它可满足快速、安全、质量的要求,但是若处于洞口现场平面狭窄,无法组拼大型掘进机的环境,就限制了大型掘进机施工方法的使用,这时环境决定了施工方法的选择。

2. 施工方法的发展趋势

(1)在隧道工程中,喷锚支护有可能取代构件支撑。喷锚支护的主要优点是支护及时,安全可靠,并能大量节约木材和钢材。欧洲一些国家在较弱地层的大断面爆破后,采用长锚杆结合喷混凝土做支护,已获得成功。中国亦曾在老黄土隧道开挖中使用喷锚支护。自喷锚支护发展后,对较弱岩层也可进行全断面开挖,以全断面开挖取代分部开挖。

(2)掘进机开挖法正在不断研究改进,并生产出各种新机械,其应用有广阔前景。液压凿岩机不断更新完善,使隧道开挖进度大大提高。光电测量仪器和激光导向设备的使用,使长隧道施工精确程度有所提高。目前,航空勘测、遥感技术、物探技术、岩层中应力应变的量测技术、电子计算器技术等的广泛应用,使隧道勘测设计技术水平也有很大提高。水平钻探技术和预灌浆技术的不断提高,有可能提高隧道开挖过程的安全性,并能保证隧道工程的质量。

(三)隧道工程施工方法选择应考虑的基本要素

1. 施工条件

施工条件包括施工队伍的施工能力、施工人员素质,以及施工管理水平、装备水平。在选择施工方法时,应充分考虑这个因素。如隧道地质条件允许采用全断面开挖法,但施工装备满足不了,一般全断面开挖选用钻孔台车打眼一次性钻孔完毕,若没有这种装备,最好选用短台阶开挖法。

2. 地质条件

地质条件包括岩石级别、地下水及不良地质现象等,岩石级别是隧道工程围岩性质的综合判断,对施工方法的选择起着重要的甚至决定性的作用。在隧道施工过程中岩石的级别发生变化时,必须变换施工方法。按Ⅲ—Ⅳ岩石选择全断面结合超短台阶法的施工方法,但在施工过程中,岩石级别变为Ⅱ级,这时施工方法相应地改变为上导坑、中槽马口开挖方法。

3. 隧道断面积

隧道断面尺寸和形状,对施工方法的选择有一定的影响。铁路单线和双线隧道、公路的双车道隧道,越来越多地选择采用全断面法和台阶法施工。目前,隧道断面有向大断面方向发展的趋势,如开始出现3车道,甚至4车道公路隧道,水电工程中大断面洞室更是屡见不鲜。所以施工方法必须适应其发展。大断面隧道工程施工,目前一般采用的是先用各种方法开挖小断面导坑,再扩大形成全断面的施工方法。

4. 埋深

隧道埋深与围岩的初始应力场及多种因素有关,一般将埋深分浅埋和深埋两类,浅埋又分为超浅埋和浅埋两类。在同样的地质条件下,由埋深不同,施工方法有很大差别。一般浅埋隧道往往采用先将地面挖开,修筑完成支护结构后再回填土石的明挖施工。如隧道进出口埋深比较浅时常采用明挖施工。深埋隧道则采用不挖开地面的暗挖法施工,即在地下开挖及修筑支护结构。

5. 工期

隧道工程合同工期的要求,在一定程度上会影响基本施工方法的选择。隧道工程施工中,工期决定了在均衡生产条件下,对开挖衬砌、运输等综合生产能力的基本要求,对施工方法,施工均衡进度,机械化水平和管理模式的要求。相同地质条件下,工期短的隧道要比工期长的隧道机械化程度高,管理更加科学、严格。

6. 环境条件

隧道施工会对周围环境产生爆破振动、地表下沉、施工噪声、地下水的变化、绿色覆盖的变化等不良影响,这时,环境条件将成为选择隧道施工方法的重要因素之一。特别是对城市隧道施工,环境条件成为选择施工方法的决定因素。

五、隧道施工技术

隧道施工技术,主要是研究解决隧道工程各种施工方法所需的技术方案和技术措施,特殊地质、不良地质地段的施工手段,隧道工程施工过程中的爆破、衬砌、支护、通风、防尘、防瓦斯、防有害气体,以及照明、水、风和电的作业方式及操作技术标准和要求,围岩变化的测量监控方法等。施工技术就是确保所选择的施工方法的顺利实施,随机性强。

隧道施工应遵循的基本原则:

(1)隧道的围岩,是隧道的主要承载单元,在隧道施工过程中应充分保护和维护围岩,避免过度破坏和损伤遗留围岩的强度,使暴露围岩尽量保留既有的状态。这是在施工技术上最重要的基本原则。为此,在施工技术上体现了改进爆破技术,采用光面爆破新技术,以及围岩测量监控措施,保证遗留围岩强度。

(2)为了充分发挥围岩的结构作用,应容许围岩有可控制的变形。可从两个方面进行控制,一方面容许变形但达不到在围岩中形成的松弛量级,另一方面必须限制容许变形,使围岩不会过度松弛而丧失或大大降低承载能力,为此,必须在施工过程中及时做好临时支护和初期支护以及衬砌与开挖保持合理的距离等措施。

在浅埋或地表下沉受到控制的条件下,要及时地控制变形和松弛及其发展是非常重要的。

(3)变形控制主要是通过支护阻力的效应达到的。所以,在施工中必须合理地确定支护结构的类型、支护结构参与工作的时间、各种支护手段的相互配合、断面封闭时间、一次掘进长度等。

(4)在隧道工程施工过程中,实地测量监控,及时提出可靠的、足够数量的测量信息,指导施工。测量的监控技术有仪器测量和观察测量等方法。

(5)在选择支护手段时,原则上选择面积牢固与围岩及时紧密接触的设施和应变能力强的支护手段。因此,多采用喷混凝土、锚杆、金属网联合使用;有时地质条件特差时,喷混凝土与钢支撑或钢格栅等联合使用。在仰拱施工时,临时仰拱的支护也是很重要的,是不容忽视的支护手段。

(6)隧道施工过程中,要特别注意围岩力学状态不断变化的情况及过程。减少开挖暴露时间,从而减少因暴露时间过长而引起的围岩内的应力变化和围岩松弛,特别是在地下水丰富地段更应加以注意。

(7)在任何情况下都要保证隧道断面能在较短的时间内闭合,这是很重要的原则。坚硬岩石隧道施工中,围岩的结构作用能"自封闭";而在软弱围岩隧道施工中,必须改变"重视上部,忽视底部"的观点,应尽量采用能先修筑仰拱(或临时仰拱)或底板的施工顺序,使断面及早封闭。

(8)在二次衬砌的隧道施工中,为保证二次衬砌的质量和整体性,不论在任何情况下,衬砌的施工顺序都应采用先墙后拱的顺序。

(9)隧道施工过程中,必须适应设计—施工检验—地质预测—测量反馈—修正设计的一体化的施工技术、管理系统,才能不断地提高和完善隧道施工技术。

六、隧道施工管理

隧道施工管理主要是如何按着施工组织设计的原则、施工方案和施工进度要求组织施工。包括技术管理、计划与进度的动态管理、施工质量管理、施工安全管理、施工成本控制与管理,通过科学的施工管理,才能实现施工组织设计的要求。

日本的一个隧道灾害发生原因统计分析如表 10-1 所示,更加明确了施工管理的重要性。

隧道施工灾害发生原因 表 10-1

因 素	发 生 原 因	发生比例(%)
人的因素	不按规章施工	19
	对情况判断的失误	4
	检查不充分	12
	技术不熟练	44
	指导不力	5
	其他不安全行为(危险行为,不安全位置等)	9
物的因素	施工机械	3
	安全调配	11
	周边配置不合适	1
	作业环境不合适	4
	其他原因	2.5
不可抗拒的因素		3

七、公路隧道常见的质量问题

(1)衬砌渗漏:公路隧道在施工期间和建成后,一直受地下水的影响,特别是建成后的隧道,更是处在地下水的包围之中。地下水无孔不入,当水压较大,防水工程质量欠佳时,地下水便会通过一定的通道渗入或流入隧道内部,对行车安全以及衬砌结构的稳定构成威胁。

(2)衬砌开裂:作用在隧道衬砌结构上的压力,与隧道围岩的性质、地应力的大小以及施工方法等有关。正是因为存在许多不确定因素,所以在隧道衬砌结构中容易出现结构开裂、破坏。然而,工程上出现的衬砌开裂更多的则是由于施工管理不当造成的,或是因为衬砌厚度不足,或是因为混凝土强度不够。

(3)限界受侵:建筑限界是保证车辆安全通过隧道的必要断面。在公路施工过程中,有时会遇到松软地层,当地压较大时,容易导致塌方。为了保证施工安全和避免塌方,容易形成仓促衬砌,忽视断面界限,使建筑限界受侵。另一种施工中的常见现象是衬砌混凝土在浇筑过程中,模板强度、刚度不足,出现走模,也会导致限界受侵。

(4)通信、照明不良:在部分运营隧道中有害气体浓度超标,洞内照明不足,影响驾乘人员健康,威胁行车安全。造成隧道通风与照明不良的原因有以下三个方面:设计欠妥、器材质量存在问题和运营管理不当。关于设计方面的问题,应从理论与试验研究着手,不断总结经验,提高设计水平来加以解决。对于器材,应在安装前对其性能指标加以检测,不符合要求者不予采用。目前造成隧道通风与照明不良的主要原因是隧道管理部门资金不足,管理不善,风机与灯具开启强度不足。为了不降低隧道的使用标准,确保安全营运,应定期对隧道的有关通风、照明指标进行抽检。

第二节　隧道工程施工与隧道施工成本的关系

一、隧道工程施工成本的概念

隧道工程施工成本是在施工过程中施工耗费的总和,以货币形式表现的称之为施工成本。总耗费主要是指人工的耗费、材料的耗费和机械设备及工具的耗费。概括为对施工资源的耗费,用货币的形式表现为人工费用、材料费用和机械费用(包括机械使用费和折旧费)。其特点是隧道工程在施工过程中形成的。

二、隧道工程施工成本的构成

从隧道工程施工成本的概念及行业概预算编制规定出发,施工成本主要由两大费用组成,即直接费和间接费。直接费主要包括人工费、材料费、机械费和其他直接费等,间接费主要包括管理费等。

三、影响隧道工程施工成本的因素

影响隧道工程施工成本的因素,据分析应从隧道施工过程中找出影响施工成本的因素。施工过程体现在施工方法、施工技术和施工管理等方面。有主观因素和客观因素两个方面,主观因素是人为的可以克服和改善的因素,客观因素是客观存在的不可抗拒的因素。

主观因素表现为:

1. 施工方法的选择是否得当是否影响施工成本

例如:坚硬岩石选择全断面开挖,先墙后拱既能保证质量又可加快施工速度,可降低成本。软弱岩石不能选用全断面开挖方法,必须根据岩石条件和情况选择比较安全的方法如短台阶开挖,否则会引起坍方,一方面影响工程质量和进度,另一方面又增加了施工成本。

2. 隧道开挖过程中的超开挖对施工成本的影响

隧道施工过程能否控制超开挖是影响施工成本的主要因素。超挖超过隧道施工允许的误差值(一般为 10%)必须回填,回填数量越大,施工成本费用增加得越多。开挖值超过允许值时,必须在衬砌前予以处理,处理超开挖需要人工、材料,必然使施工成本费用增加。

3. 隧道施工过程中由于操作不当引起坍方,对施工成本的影响

在隧道施工过程中往往为赶进度,炸药用量太多或考虑不周造成坍方,直接增加施工成本。因为坍方出现后必然影响施工进度,为赶进度必然增加资源,增加施工费用,清理坍方恢复正常施工,必然也要投入人力、材料、机械,从而使施工成本增加。

4. 支护混凝土的施工质量对施工成本的影响

支护混凝土包括模注混凝土和初期支护混凝土(喷混凝土等)。模注混凝土的强度必须保证,否则会引起掉拱事故,处理这类质量事故会大大增加施工成本。喷混凝土施工过程控制回弹量的技术措施不利时,会造成大量的回弹,浪费人工、材料和机械台班费用,使施工成本直接费用增加。

5. 施工方案对施工成本的影响

一般我们在制订隧道工程施工方案时，是根据工期要求，决定进行现场施工的人工、机械和材料数量，以及采取的作业方式（即两班制或三班制）。生产资源的投入多少影响施工成本的高低，因此，资源的优化组合是降低成本的关键。

6. 施工现场平面管理是否科学有序也直接影响隧道施工成本

施工现场是隧道施工的重要场所，由于隧道施工的特点，决定了施工现场平面管理的重要地位。施工现场管理混乱、施工就干扰大，不能充分发挥各工作面投入资源的工作效率，还有可能因施工干扰中断工作，使得工序施工不连续、工人施工不连续、机械施工不连续，从而降低人工、机械的工作效率，投入同量的资源，不能得到同量的产出，势必出现投入的多，产出的少，效益低，从而使施工成本增加。

7. 材料采用、供应、使用、管理对施工成本的影响

隧道工程材料费用占直接费的 60% 左右，因此，材料成本的高低对施工成本的高低有决定性影响，事关重要。只有进行大批量材料的数量、质量的控制，材料采购成本及储存数量的控制，按消耗标准使用，科学管理杜绝浪费，才能做到使材料费用按照设计概（预）算要求使用，否则材料费用会大量增加，使施工成本大幅增加。

8. 间接费的控制对施工成本的影响

影响间接费的主要因素是非生产管理人员和非生产用车辆的多少。隧道工程项目部的非生产管理人员的素质高，能做到一专多能，可减少非生产人员数量；项目部控制车辆的使用，可减少开支，降低施工成本。

9. 客观因素影响隧道工程施工成本

从隧道工程施工特点看，客观上存在着许多不可预见的风险，一旦出现就会使施工成本大大增加。首先是隧道工程设计的地质、水文资料不全或不准确，造成施工过程中的坍方、地下水涌出等施工风险，处理这些出现的风险，必须要投入大量的人工、机械、材料，使施工成本超过设计概预算。如果是总价承包工程，这些风险要由承包方承担。否则，可以通过变更设计，修改设计概预算来弥补风险出现增加的施工成本。其次是隧道在施工过程中是动态的，地质的变化是常有的。因此，必须在施工过程中根据岩石性质的变化，修改衬砌的厚度；否则会因岩石比设计硬而衬砌厚度仍保持原设计厚度，使实际使用衬砌混凝土数量增加；或者因岩石比设计软而原设计衬砌厚度不够而增加厚度使实际使用混凝土数量增加。混凝土数量增加，费用增加，意味着施工成本中的直接费增加。不管岩石如何变化，总是影响隧道断面的开挖尺寸，断面开挖要消耗火工材料和人工、机械台班，这都关系到直接费的增加。以上这些风险在施工中是不可避免的，也是客观存在的。

隧道工程施工过程中影响施工成本的因素主客观上都存在。因此，要求在隧道施工过程中控制上述的各种不利因素，尽量避免或采取各种技术措施将风险降低到最低的水平。

四、隧道工程施工与施工成本的关系

隧道工程施工包括施工方法、施工技术与施工管理三个方面。从影响施工成本各种因素的分析可看出，施工方法、施工技术与施工管理存在的问题对施工成本中的直接费用和间接费用影响是很重要的。隧道施工和隧道施工成本是互相依赖和相互制约的。隧道施工过程中考

虑的越细致、周密,那么预见性就越强,出现问题就能够及时处理,将隧道施工风险降低,将损失减少到最低限度。隧道施工包括的三个方面,都不可缺少和忽视,必须从三个方面进行整体优化与控制,才可达到控制施工成本的目的。以最少的投入,获得最多的产出,取得隧道工程施工最好的经济效益。

第三节　隧道工程施工组织与管理的特点

一、隧道工程施工常遇到的问题

目前隧道施工,基本上采用新奥法修筑,出现的问题表现如下:

(1)施工阶段地质判断技术不完善,缺乏有效的判断方法和手段,如地质超前预报技术和设备,还没有推广和应用。

(2)在施工过程中,施工人员没有牢固树立"保护围岩、爱护围岩"的观点和理念,造成不能有效地控制对遗留围岩的损伤和松弛,如,为加快施工进度,在掘进时装药不按爆破设计用药量装药,随意增加药量,使遗留围岩损伤严重,或初期支撑不在要求时间内支护完毕,使得遗留围岩暴露时间过长,使围岩松弛。这些现象都是造成隧道施工塌方的隐患。

(3)隧道施工方法工厂化程度不高,特别是软弱破碎围岩的施工方法的工厂化程度更加有待提高。工厂化程度提高可使施工速度加快,及时使围岩形成自应力,有效避免塌方。

(4)隧道坑工工程"重外美,轻内实",坑工结构存在严重的隐患。如衬砌厚度不够,欠控不处理,使得衬砌厚度严重不足;衬砌背后填允不按规定施工,靠近衬砌先用浆砌片石填允,余下超挖空间再用干砌片石填密,因此,留下空洞;衬砌初期开裂普遍存在;拱脚、基底清理不彻底即灌注混凝土;拱部和边墙接触不密,形不成衬砌整体作用,基底与隧道铺底工程分离开,运营后出现翻浆、冒泥现象等。

(5)隧道施工过程中,地下水处理始终是薄弱环节,防水工程施工质量存在问题,导致隧道成洞地段衬砌渗水、漏水现象常有发生。

(6)施工阶段工程质量的检测体制不完善,更重要的是缺乏有效的检测手段和方法。贯彻 ISO 9000 质量管理标准流于形式,施工操作不按作业指导书去做,甚至有的不编写作业指导书。

(7)环境意识薄弱。洞内施工作业环境欠佳,施工高压风、水管漏水,通风管漏风,粉尘含量超过标准,机械、车辆废气超标准等。洞外控制对周边环境和结构物的影响措施不利。

(8)参加施工人员(技术人员、管理人员及职工)的应变能力不强,没有对不良施工灾害的预测,一旦出现施工灾害,有时束手无策。

(9)没有真正地实现隧道的动态施工和动态管理。如隧道施工的地质条件经常变化,如何根据施工实际情况,改变施工方法适应变化的地质条件,同时相应的改变施工组织适应施工方法并加以控制做得不够。

(10)隧道洞内施工干扰普遍存在,如何统一调度,缺少现代化的管理方法和手段。

从上述存在的问题衡量我国的施工技术水平和管理水平,与世界一些发达国家相比,还存在差距。但这些问题的存在是多方面的原因,有设计、施工、业主、监理方面的原因。解决好这些问题,才能提高隧道施工技术和施工管理水平。

二、隧道施工组织与管理的特点

隧道施工环境恶劣。在恶劣的环境、有限的施工空间,组织好综合作业,达到循环作业,减少施工干扰,减少风险,安全施工,减少投入资源,科学组织与管理势在必行。进行施工组织与管理的理念是,从隧道施工特点出发,运用现代化管理理论、方法和手段,组织和优化资源,进行科学管理。

1. 建立正规循环作业

隧道在施工过程中,规定各工序作业时间。各工序在规定作业时间内各自完成作业,保证工序施工的不间断和连续性。

2. 确定多种作业的形式和关系

开挖与衬砌是平行作业,风、水、电的供应和维修与开挖、衬砌是平行作业,开挖、通风除尘、出渣运输是顺序作业等。只有明确多种作业的关系,才能在有限的施工空间科学地组织综合作业的施工。

3. 根据隧道工程的长短和合同工期的要求组织多班作业(两班制或三班制)

多班作业是隧道施工空间有限、工期限制所决定的。组织多班作业必须完善班与班的交接班制度,尽量减少停工时间。

4. 建立健全现场施工调度系统

隧道施工空间狭窄、多工种综合施工,必然产生施工干扰,建立健全现场施工调度,统一指挥、协调、平衡施工过程中出现的矛盾,做到有序施工。

5. 建立动态组织与管理系统

隧道施工是动态的,因此,应根据施工的动态变化相应地修改和完善施工组织和管理。在施工过程中出现问题,要根据问题性质及时调整施工组织,如资源的增减,任务的安排都要及时调整,符合现场实际情况。那么,相应的管理就要跟上去。动态的组织与管理系统可保证隧道施工的动态变化,使得施工顺利进行。

6. 建立健全各种责任制度

责任制包括管理制度和岗位责任制。管理制度是规范施工人员的施工行为和协调施工人员之间关系的准则,岗位责任制度是规范个人参加施工行为的准则。管理制度和岗位责任制是统一的整体。根据隧道施工特点,建立健全各种责任制度是很重要的。多工种、多工作面、多种作业组织形式,同时在有限的空间、狭窄的工作面进行施工,必然产生施工相互干扰。因此,建立和规范施工人员施工行为的制度,可以明确责任,达到减少施工干扰和相互之间产生的矛盾,保证施工进度、质量及施工安全并降低成本。

7. 加强施工过程中的分工协作

隧道工程施工是多工种作业,工种之间有明确的分工还要有密切的协作。分工和协作,二者是密不可分的,只有二者紧密结合才能形成新的生产力。只分工不协作,各自为政,那么,就会一事无成。如开挖工作包括打眼—装药—爆破—通风排烟—出渣等 5 个工种,上道工序要为下道工序服务,也就是说,上道工序不合格下道工序不能进行,这也是一种管理制度,它协调了相邻两工序之间的衔接关系,保证开挖循环的正常进行。否则,各行其是不考虑 5 个工种相互连接的关系(即协作的关系),就不能按着规定开挖循环时间完成一个循环的工作量,会直接影响施工进展。建立健全各种责任制对隧道工程施工管理显得特别重要。

第四节　隧道工程施工要点

山岭隧道采用新奥法施工较多,在新奥法施工中必须坚持的施工要点有:

1. 施工过程中维护和保护围岩

隧道施工要穿过岩体,尽量做到不损伤或少损伤遗留围岩的固有支护能力,为此,通过采用机械开挖技术(无爆破)和控制爆破技术(光面爆破、控制装药量、周边眼加密、少装药或不装药),以及各种技术措施、手段和方法,如采用临时支护、加固或预加固技术及各种辅助施工技术增强围岩的自支护能力。

2. 隧道圬工工程做到内实外美

隧道圬工工程是指混凝土、喷混凝、干砌和浆砌工程。

内实关键是保证"六密实",即混凝土捣固要密实,喷混凝土要密实,喷混凝土与围岩结合要密实,二次衬砌与初期支护要密实,喷混凝土与钢结构支护、围岩三者结合要密实,回填石料要多而密实。外美即混凝土外露表面要美,其中内实是关键。

3. 隧道施工要重视环境

隧道施工环境包括内部环境和外部环境。内部环境指隧道施工作业的环境。由于隧道施工空间小,多工种同时施工对作业环境产生污染,直接危害施工人员的身心健康,因此,施工过程要不断改善作业环境。外部环境,是指隧道施工对周边环境的影响,如施工污水、弃渣处理,施工噪声扰民等。重视环境保护是社会进步的要求,环境技术是随着社会发展而发展的,在隧道施工过程中许多标准要求是根据环境保护的要求而制定的。

4. 隧道施工是动态施工

隧道施工穿过山体,因此,隧道施工过程中的地质条件是不断变化的,其岩石的力学状态也是不断变化的,施工过程的地质不可能是一成不变的。要求我们在施工过程中采用各种不同的施工方法和技术,适应这种变化的状态。隧道施工决策都是建立在施工阶段的地质技术、对围岩的量测技术及质量控制基础之上的,体现了动态施工的基本含义。

上述四个要点也是我们隧道工程施工的基本原则。

本 章 小 结

本章简要地对公路隧道的发展作了介绍,着重对公路隧道的特点、隧道施工的特点、隧道施工组织与管理的特点、隧道施工方法和施工技术等作了说明,以帮助学生初步树立起"爱护围岩"的隧道设计、施工理念。

复习与思考

1. 公路隧道的特点有哪些?
2. 隧道施工的特点有哪些?

3. 隧道施工方法有哪些？山岭隧道施工常采用哪些方法？

4. 简要说明山岭隧道施工的要点。

5. 公路隧道常见的质量问题有哪些？

6. 隧道施工技术应遵循的基本原则有哪些？

第十一章　隧道工程施工方法及实例

第一节　隧道工程施工方法及施工工艺流程

一、隧道工程施工测量

1. 隧道施工测量的意义及内容

为了保证隧道相向开挖面贯通后，在平面和高程上相错不超过规定的范围，在公路隧道开工前，均应按着一定的精度要求，做好洞外控制测量。当隧道开挖面推进到一定距离，后续工序如衬砌、仰拱、铺底等施工相继展开，测量放样及定位要求或曲线隧道受通视距离的限制和保证曲线隧道衬砌的圆顺，要求在洞内每隔适当距离增设中线桩和水准点。

隧道施工测量内容包括洞内中线测量和水平测量。它是以洞外控制测量为依据，不断地将线路中线，水平向洞内延伸，实现控制开挖面及衬砌轮廓不超过规定要求的精度和标准的全过程。

2. 水准测量

修建公路不但要沿一定的方向前进，而且还要按照一定的高度（高程）修筑，对于公路上桥梁、隧道、路基及一切有关的建筑物，在施工前要准确测出地面的高程，在施工中要按一定的高程来修建。水准测量就是测出高程的方法，多采用水准仪进行测设。

水准路线一般与洞内导线测量路线相同，在隧道贯通之前，洞内水准路线均属支线，需往返观测。所有水准点均应定期复核，检测水准点是否因受施工爆破振动而发生变化。

3. 隧道施工中线测量

隧道内施工中线测量是为了保证隧道两端相向施工延伸后，都能符合设计要求，对于长隧道，是采用导线法作为洞内控制测量。但临近开挖面的一段，仍须采用中线测量以满足施工的需要。

对于短隧道，中线法既作为洞内控制测量之用，又可作为指导施工之用。因为理论和实践都已证明，当直线隧道长度不大于 1 000m，或曲线隧道长度不大于 500m 时，用中线法进行洞内测量是能够满足精度要求的,即能保证隧道的两端相向施工中线,在贯通面的限差不超出限定的 ±100mm。

洞内正式中线点的间距在直线上不宜短于 50m。中线点一般设在隧道底部,采用混凝土包方木桩,并在桩顶钉一小钉标志点位(不允许在混凝土面上钻孔标志点位)。

若根据施工要求,还要再增设临时中线点,其间距在直线上以 20m 为宜,不大于 30m,在曲线上以 10m 为宜,不大于 20m。

设在隧道底部的临时中线点的标志方法和正式中线点相同。设在隧道顶部的临时中线点一般是在岩石上打一钎眼,在孔眼中打入木桩,在木桩的顶上倒钉小钉标志点位。

隧道洞内测量方法与洞外线路测量方法相同。当线路为直线时,中线测量一般采用正倒镜分中法,对于正式中线点,最少进行两次正倒镜分中,当线路为曲线时,一般采用偏角法正倒镜拨角分中,对于正式中线点,最少两次正倒镜拨角分中。此外,洞外测设曲线的其他方法如切线支距法、弦线支距法、弦线偏距法等均可以使用。

4. 隧道开挖断面控制的测量

隧道开挖断面的尺寸可在大样台上直接量取,亦可在分部绘制的 1:10 或 1:20 的大比例图上量取,亦可用计算方法求得。

对等截面直墙式衬砌开挖断面,可按几何关系算出。变截面—曲墙衬砌的开挖断面,因计算过于麻烦,故多采用图解法。

1)拱部断面

拱部断面用支距法控制,如图 11-1 所示,以拱顶外线的隧道中线为零点,沿中线从上向下(或从下向上)每隔 0.5m 向两侧量出支距,各支距端点的连线,即为断面开挖轮廓线,此法又称五寸台法。

图解法就是用大比例尺(1:20 或 1:10)在坐标纸上绘出断面,在图上量取支距尺寸。断面的宽度是根据衬砌厚度及加宽值,再加上允许施工误差(一般每侧为 5cm)确定。因此,在标准图上查阅断面尺寸表时,应注意选用比设计加宽值 W 大一级(10cm)的加宽值,即设计 $W=10cm$ 时,要选用 $W=20cm$ 的断面尺寸绘制断面图,并据以量取尺寸。

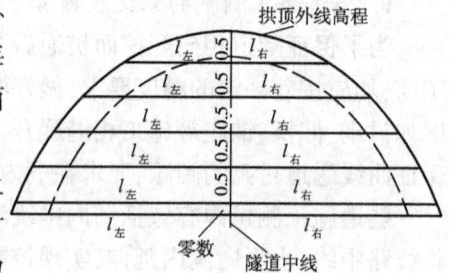

图 11-1 图解法(尺寸单位:m)

实际应用时,在高度上也应包括允许施工误差,因而应用的外拱顶高程比设计高程抬高 5cm。应用前注意先测出各断面实际外拱拱顶高程,以决定断面零点的位置,防止整个断面上抬或下落。

2)墙部断面及底部断面

直墙地段自起拱线起,沿中线向下每隔 1m 丈量支距。曲线地段自起拱线高程起,沿线向下每隔 0.5m 向中线左右侧丈量支距,至内轨顶高程为止,如图 11-2 所示。

曲墙断面绘制时,断面宽度仍应包括施工误差,即较设计加宽值 W 提高一级(10cm)绘制,高度也应包括施工允许误差(一般为 5cm)。

底部有仰拱时,仰拱开挖亦如图 11-3 量取支距,由中线起向左右每隔 0.5m 由轨顶面高程向下量取开挖高度。

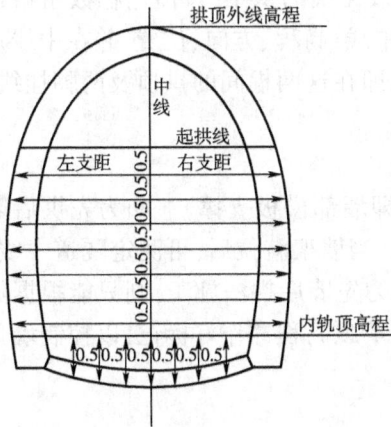

图 11-2　曲线地段丈量支距(尺寸单位:m)

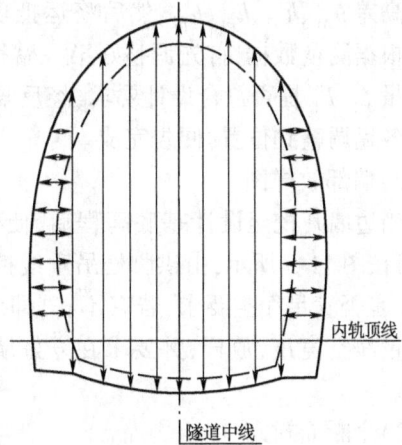

图 11-3　仰拱开挖丈量支距

3)全断面开挖控制

目前大多数隧道均按新奥法施工,多数为半断面或全断面开挖,并且断面开挖的控制仍如图 11-1 及图 11-2 所示。若为全断面开挖,应按图 11-3 所示,自内轨顶线向上、向下量取纵距每隔 0.5 ~1.0m 量一次,曲墙部分可按图 11-2 所示方法,亦可按图 11-3 所示方法丈量支距。

全断面开挖的隧道多数使用凿岩台车,隧道拱部支距可在台车上操作。

全断面开挖的断面尺寸,仍应考虑施工允许误差(5cm)。

5. 衬砌断面控制

衬砌是隧道工程的最后一道主要工序,在施工中,除做到内实外光及混凝土强度合格外,应满足设计净空要求。

1)拱部放样

在先拱后墙或先墙后拱法施工中,都存在拱部放样的程序,而且做法都是相同的。所谓拱放样,实际就是拱架定位。当拱部开挖完成或边墙浇筑完成后,在拱部混凝土浇筑之前,顺设拱架,以支承模板,形成衬砌轮廓,因此,拱架立设就成了控制衬砌断面的关键。

拱部衬砌一般是按 4 ~6m 分段进行的,拱架也就以每段长度为一组,分组设立,其具体方法如图 11-4 所示。首先要在该拱段的两端拱顶 A、B 处测设中线点,在 A、B 两点接近拱顶处,作隧道中线的垂直线 AA' 及 BB' 以控制拱架的高差 h_A、h_B 及 A_1、A_2、B_1、B_2 各点距拱部设计高

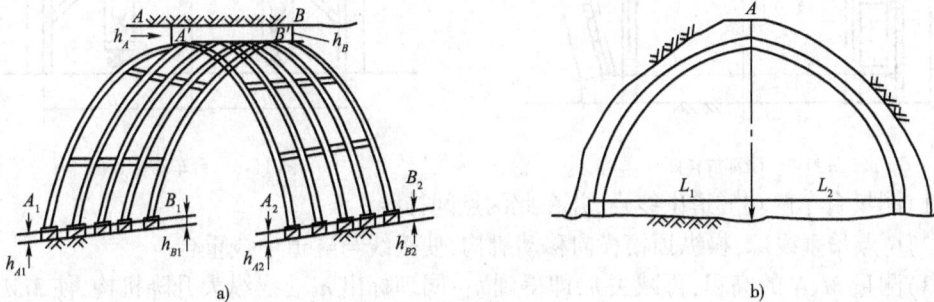

图 11-4　拱部放样

程的高差 h_{A1}、h_{A2}、h_{B1}、h_{B2}，然后将运抵现场经放样校核无误的拱架，按需用榀数粗略拼装就位。根据测量数据，首先调整好第一榀和最后一榀的中线、高程、方向、位置，并在中线点吊垂球尺量 L_1、L_2 是否符合设计要求，经反复调整无误后，即在这两榀间的拱顶及两脚挂线，再将其余各榀调整到位置，便告完成。

2）墙部放样图

当边墙开挖至设计基底高程后，便可设立墙架（即墙部模板支撑）。如为先拱后墙法施工，可按图 11-5 所示，由拱脚处吊垂线控制墙架位置。当墙架就位后，再测定隧道中线，丈量 L_1、L_2 是否满足净空要求，若有不符，即应作调整。如为先墙后拱法施工，则只能根据隧道中线丈量净空宽度，放样，并要求在立好墙架之后，测定墙顶高程并作好标记，以控制墙顶浇筑高度。

3）全断面衬砌

全断面衬砌一般都是与模板台车根据工程需要而临时制造，所以不可能有定型产品，目前就其分类，就有边顶拱式、针梁式、穿行式等多种。各类型又可分自行、牵引、机械传动、液压传动等。其支承结构也各不相同。但我们可以根据其结构特点，找出比较简单的控制方法，以保证达到定位正确。如图 11-6 所示台车，经分析其结构，发现其大横梁与顶模板是固联不变的，那么我们就可以在横梁上找到台车的中心点 G，也可以量出 M、N 点到 P 点的高差 h，并在图纸上查得隧道施工的控制宽度 b，有了这些数据之后，我们定位模板台车的工作就简单了，其步骤可归纳如下：

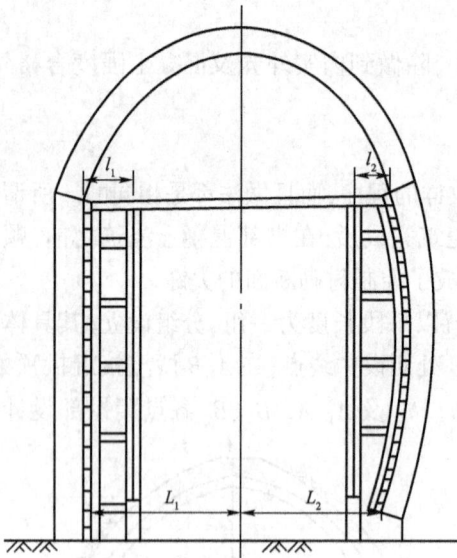

图 11-5　墙部放样图　　　　　　　　　　图 11-6　台车结构分析

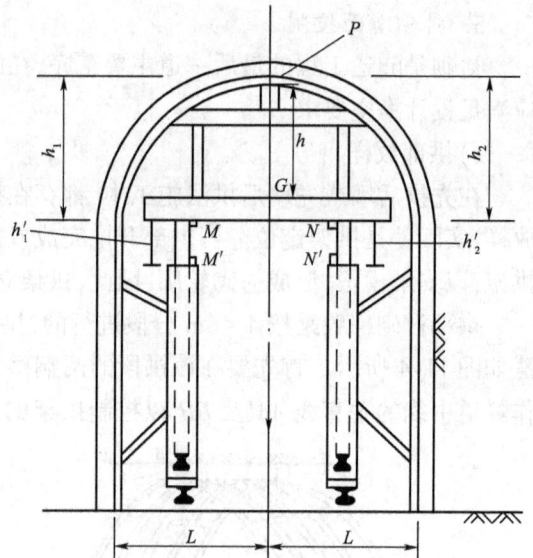

（1）测量台车两端隧道中线点，并在此两点间挂线。

（2）G 点吊垂线球，操纵顶模横向移动机构，使垂线与隧道中线重合。

（3）测量 M、N 的高程，再减去 h，即得到 h_1；同理标出 h_2。操纵大升降机构，使 $MM' = h_1'$，$NN' = h_2'$。

（4）重复以上四步，检查无误后，台车定位即告完成。

二、隧道洞口工程

1. 隧道洞口施工的重要性

隧道工程分为洞口、洞身施工。洞口是洞身施工的前沿,隧道施工过程中洞口施工是否进行顺利,直接影响隧道施工的进展。洞口工程的施工进度、质量决定了洞身开始施工的关键,因此要求洞口工程施工在保证质量、安全的前提下加快施工,保证洞身的开工时间。

洞口工程特点如下:

(1)洞口位置是隧道穿过山体埋置最浅地段,地质情况一般较差,同时破坏了天然植被山体,而水系走向不变,有可能使山体水系顺洞口而下,也易出现坍方。

(2)要求洞口工程施工速度快,保证质量,尽早在洞身开始施工前形成人工屏障,保证隧道洞身施工安全。

2. 隧道洞口工程施工要求

1)洞口相关工程——明洞,洞口路堑

洞口相关工程与隧道是否按时开工与安全有直接关系。由于洞口是浅埋,在设计上为保证行车安全,设计部分为明洞工程。这在工程是常有的,明洞与隧道正洞是紧密相连地形成整体。因此,明洞也是隧道工程的一部分,它的施工期快慢影响了隧道正洞的开工,因此不可忽视明洞工程。

洞口路堑(工程量不大的)工程施工对隧道工程的开工和施工安全有着很大的影响,特别是路堑施工质量更为重要。洞口路堑工程通称为进洞前的挖沟工程,如何控制石方的爆破,用药量是关键。若爆破药量控制不适量会造成洞口地段边坡岩石破碎,岩层松弛,这样会对长时间施工的隧道工程,给洞内、洞外各种施工作业带来安全的不稳定性。例如,运渣设备的进出,作业班组进出隧道,都受着不安全因素的威胁。所以,不能忽视洞口挖沟石方工程对隧道施工的影响,应引起足够的重视。要做到爆破有设计,工期有安排,确保隧道工程按规定时间安全地开工。

2)洞口仰坡工程

为了保证隧道工程的施工安全,设计隧道仰坡,并设计仰坡防护工程。仰坡防护工程的种类常见的有砌石干砌或浆砌、素喷混凝土、锚喷混凝土锚杆、格栅喷混凝土等。设计选择哪种类型视洞口的地质情况而定。从施工要求的角度上看,仰坡施工严格地按着设计要求的仰坡坡度施工,不得随意地加大坡度或减小坡度,并要求爆破时严格控制药量,避免破坏岩层的稳定性,造成坠石,严重时甚至导致坍方,这样不但失去设计仰坡的作用,还要影响隧道进洞时间。

3)洞口护坡工程

洞口护坡工程是按着设计坡度及防护类型施工,将洞口拉沟的边坡进行保护,防止边坡坍滑。防护类型一般是干砌、浆砌、素喷合成锚喷等。由于护坡的功能是防止洞口上面边坡坍滑,因此,要求施工必须保证防护工程的质量,按设计标准和要求施工,不得敷衍了事。洞口边坡不稳定,影响隧道洞口内施工,营造进出车辆和人员的安全感,降低劳动生产率。

4)洞口排水系统

洞口排水系统包括洞口顶水沟两侧水沟及洞口边坡两侧排水沟。它的作用主要是将仰坡及周围地表水引下来,通过两侧护坡路堑排水沟将水排除,保证洞口地面干燥,防止地表水进入洞内。这样,施工机械、车辆和人员可顺利地进出隧道,加快施工速度。

目前,有些隧道施工项目不重视排水系统的修建和完善,抢进洞时间,结果是洞口泥泞或翻浆冒泥,严重者出现橡皮土,给施工机械及运输车辆运行造成严重的困难,直接影响隧道施工进度。例如,内昆线某隧道施工,没有完善和修建洞口排水系统,洞口出现橡皮土现象,几次整修都没有根治,使得运渣汽车无法行走,因此,隧道开挖进度受到出渣的制约,使得每个月都完不成任务。在隧道施工中要求把洞门口的排水系统在隧道正式进洞前按设计一次性施工,达到设计标准和质量要求。由于隧道穿过山体、破坏原地表及水流向,所以要及时做好洞口排水系统,将地表水顺利引流,避免水漫流影响隧道施工。作为隧道工程的施工技术和管理人员,要高度重视这一工作,不得忽视。

5)隧道洞门工程

隧道洞门工程包括隧道洞门端墙、帽石、洞门翼墙(洞口地质情况比较好的可不设)。洞门工程设计采用材料为混凝土或砌石(干砌或浆砌)。洞门工程是保证隧道施工安全的重要设施,因此,一般要求做完洞门工程后再进行隧道洞身施工。但由于有些项目为赶施工进度,洞门工程不按设计施工完毕就进行洞身施工,结果是洞口坠石,边坡坍方,滚石堵塞进洞的运输车辆道路,造成洞身施工暂停,不得不进行清除洞口坍方及碎石工作,这样就影响了施工进度。隧道洞门工程的作用是保证洞身施工安全的,必须施工完成才能发挥它的作用,否则事与愿违。

6)进洞方法的选择

洞口土石方开挖爆破方法选择适当,采取控制药量,不宜使用集中药包,保证边坡及仰坡的稳定。

7)进洞方法

一般隧道洞口所处的地质条件较差,岩层较破碎,易风化,节理发育,岩层稳定性差。因此在进洞施工时,须要先护后挖,以保证洞口岩体稳定和施工安全。在施工方法选择上要尽量减少对岩层的扰动,工序安排必须紧凑,宜尽早尽快完成洞口工程。一般根据洞内施工方法采用半断面或全断面一次开挖完成。遇特殊地质、地形条件,可按下列原则选择施工方法。

(1)当洞口岩层节理发育,切割成块状,边、仰坡不稳定时,可先采用锚杆锚固仰坡危石,并且在洞口10m内增设3m长超前锚杆,然后采用洞身施工方法进洞。

(2)当洞顶覆盖层很薄,正常开挖容易塌顶时,可采用管棚、小导管注浆、地面加固、钢支撑等辅助方法加固围岩,然后采用洞身施工方法进洞。同时需要进行地面沉降量量测和加强洞内量测。

(3)当洞口岩层节理发育,层面倾向洞口,开挖切断层面易坍滑时,可采用先做明洞支顶,然后再开挖上、下导坑的方法。

(4)洞口位于陡岩峭壁或地质不良地段,正线无进洞条件,洞口又为深路堑时,可采用绕行进洞方法。

(5)当山体外侧覆盖层极薄时,可采用横向导坑法进洞,但应加强支撑,及时砌拱。

8)洞口工程施工实例

【实例1】 老山梁子隧道洞口的施工方案

1. 隧道简况

广安—重庆高速公路老山梁子隧道分左、右洞,左洞长 760m,右洞长 740m。其中左洞出口约 20m 处于 II 类黏土岩中,开挖断面积 120m²。洞口外山形陡峭,深部有松动迹象,隧道设计为复合式支护,1997 年 10 月份开始施工。

2. 洞口施工方案

先对成洞面进行锚喷支护处理后,隧道轮廓线外顶、帮用 3.5m 长砂浆锚杆作超前支护,配合钢拱架,喷混凝土 20cm 厚作第一次支护。其间虽在施工中出现过一些问题,但左洞长约 20m II 类围岩还是较顺利地完成了。

3. 隧道坍塌处理

1998 年 5 月的一天,经过暴雨冲刷,左洞洞口上部山体出现大面积滑坡,致使左洞已衬砌好的隧道坍塌约 24m,幸未造成人员伤亡。后经设计、施工、监理、业主四方共同努力,采用 φ108mm 无缝钢管加 φ32mm 钢管管棚注浆超前支护,耗资近 400 万元,才处理完。

具体做法如下:隧道左洞增加设计明洞 8m,先行衬砌,待其初凝,在已衬砌好的支护顶上施工管棚孔,埋管并注浆,注浆管距 0.8m,注浆液为 1:3(细砂:水泥)水泥砂浆,注浆孔分 3 次施工,每次孔深 12m,要求第一次施工的与第二次施工的、第二次施工的与第三次施工的注浆管在滑坡堆积体内上下搭接长度 4.0m。管棚注浆效果不好的地方采取 3.5mφ32mm 小导管注浆的方式补孔(风钻打眼),分成 3 次施工完全段 24m。

分析造成隧道被山体滑坡冲击力冲塌的原因,有以下几点:

(1)对洞口上方山体已有滑坡迹象的隐患重视不够,设计时未采取相应的防滑措施,隧道支护设计没有考虑抵抗一旦山体滑坡产生的冲击力对它的破坏。

(2)施工单位已发现山体有滑坡征兆,未及时向有关部门通报采取有力措施。如果在施工单位发现洞口上方山体有滑坡征兆时(征兆出现在 1997 年的 10 月份),立即采取防滑措施,完全有可能避免出现类似的情况发生,减少重大损失。

【实例2】 磨刀溪隧道洞口施工

1. 隧道简介

重庆—合川高速公路磨刀溪隧道左洞长 560m,右洞长 520m,出口洞口段位于 II 类铝土岩中,开挖断面积 120m²。洞口山形已被公路破坏,且未作任何防护处理,时有泥石垮落。隧道出口位于公路与嘉陵江之间,隧道从合川市盐井镇至重庆市的公路下穿过,其中左洞隧道出口开挖轮廓线顶至公路路面底最薄处为 2.3m。

2. 施工概况

设计施工方案为管棚注浆加固洞顶,采用打眼放炮法穿过公路,预算编制管棚注浆费用约 220 万元。施工单位详细分析隧道左洞出口所处位置及设计施工方案,认为:

(1)按设计方案施工也不能确保洞口施工时公路畅通,公路为回填土,且公路为合川市盐井镇至重庆市区的主要通道,来往车辆极多,公路回填层由泥石构成,虽经管棚加固,但层厚仅为 2.3m,自承载能力有限。

（2）耗费时间长，工程开工时已是1999年的9月份，管棚注浆需要3个月，完工后即进雨季，将增加洞口施工难度。

（3）投资量大。

（4）洞门设计不合理，洞门紧靠公路边缘，不利于高速公路建成通车后的安全管理。

为此，施工单位协同监理、业主和设计院，提出了另一施工方案，结果增加12m明洞，并先行施工，利用已衬砌好的明洞及两端回填成宽12m的临时公路，保证合川市盐井镇至重庆市区的公路畅通，这样，施工至公路下方时，不会影响车辆通行。取消设计管棚注浆，过公路前，先处理正面山体，方法为喷锚网支护，再对隧道采用明槽开挖过公路，节约了大量的时间和约170万元的投资。

在隧道施工中，洞口施工是非常重要的环节。工程实践证明，只有根据洞口地质条件采取可靠工程措施才能确保一次进洞成功，否则再进洞时将付出沉重代价。例如，飞鸾岭隧道出口，仅进洞就花去七八个月时间。九顿坡隧道右洞进口，由于进洞方法不当，造成洞口山体大滑坡，后来不得不从左洞打横通道，采取由洞内向外开挖的方法才完成了洞口施工。但运营通车以来，洞口仍时有滑塌现象发生。

隧道洞口施工，要深刻理解早进洞、晚出洞原则的内涵，要尽可能避免对山体的扰动，维护山体的稳定。这一点对施工安全及运营安全都是十分重要的。那种把早进洞、晚出洞原则理解为仅仅是把明洞加长的概念，在目前已经过时，修筑明洞时对山体的开挖，实际上就是对山体稳定的破坏。目前，由于施工机械、施工支护材料以及施工技术的发展，在洞口段采用浅埋暗挖法施工已经被实践证明是成功的。云南省大保高速公路山王庙隧道出口采用上述方法，从地面沿山坡进洞，实现了明洞暗做，既保证了洞口安全，也保护了洞口的生态环境，就是一个成功的典范。

三、隧道开挖

隧道施工就是要挖除坑道范围内的岩体，并尽量保持坑道围岩的稳定。显然，开挖是隧道施工的第一道工序，也是关键工序。在隧道开挖工程中，围岩稳定与否，虽然主要取决于围岩本身的工程地质条件，但无疑开挖对围岩的稳定状态有着直接而重要的影响。

因此，隧道开挖的基本原则是：在保证围岩稳定或减少对围岩的扰动的前提条件下，选择恰当的开挖方法和掘进方式，并应尽量提高掘进速度。即在选择开挖方法和掘进方法时，一方面应考虑隧道围岩地质条件及其变化情况，选择能很好地适应地质条件及其变化，并能保持围岩稳定的方法和方式；另一方面应考虑坑道范围内岩体的坚硬程度，选择能快速掘进，并能减少对围岩扰动的方法和方式。

1. 开挖方法

隧道施工中，开挖方法是影响围岩稳定的重要因素之一。因此，在选择开挖方法时，应对隧道断面大小及形状、围岩的类别、围岩的工程地质与水文地质条件、隧道埋置深度、支护条件、衬砌类型、工期要求、工区长度、施工技术水平、机械配备能力、经济可行性等相关因素进行综合分析，并以施工安全为前提及以工程质量为核心，综合研究采用恰当的开挖方法。

采用新奥法施工时，应考虑施工全过程中的辅助作业方式和对围岩变化的量测监控方法，以及隧道穿越特殊地质地段时的施工手段等,进行合理的选择。

隧道开挖方法实际上是指隧道断面开挖成型方法。隧道工程采用新奥法施工常用的施工开挖方法,按开挖隧道的横断面分部情形来分,可分为全断面法、台阶法、分部法。

1)全断面法

即全断面开挖法,是指按设计开挖面一次开挖成型,如图11-7所示。

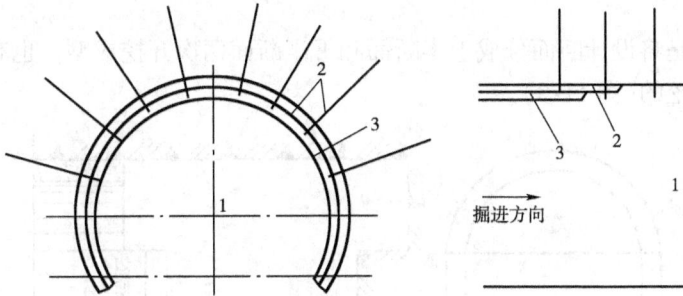

图 11-7　全断面开挖法
1-全断面开挖;2-锚喷支护;3-浇筑混凝土衬砌

(1)全断面法开挖顺序:①全断面开挖;②锚喷支护;③浇筑混凝土衬砌。

(2)全断面法,常适用于 IV～VI 类硬岩的石质隧道。该法可采用深孔爆破。

(3)全断面开挖法有较大的作业空间,有利于采用大型配套机械化作业,提高施工速度,且工序少,干扰少,便于施工组织和管理。缺点是由于开挖面较大,围岩相对稳定性降低,且每次循环工作量相对较大,故此要求施工单位应具有较强的开挖、出渣、运输及支护能力。

全断面法施工开挖工作面大,钻爆施工效率较高,采用深眼爆破可加快掘进速度,且爆破对围岩的振动次数较少,有利于围岩稳定。缺点是每次深孔爆破振动较大,因而要求进行精心的钻爆设计和严格的控制爆破作业。

(4)全断面开挖法的主要工序是:使用移动式钻孔台车,首先全断面一次钻孔,并进行装药连线,然后将钻孔台车后退到 50m 以外的安全地点,再起爆,使一次爆破成型,出渣后钻孔台车再推移至开挖面就位,开始下一个钻爆作业循环,同时进行锚喷支护或先墙拱后衬砌。

全断面法是目前 IV～VI 类围岩的隧道工程施工技术发展的一个方向,但是在采用全断面开挖时应注意以下事项:

①加强对开挖面前方的工程地质和水文地质的调查;对不良地质情况,要及时预测、预报、分析研究,随时准备好应急措施(包括改变施工方法),以确保施工安全和工程进度。

②各工序机械设备要配套:如钻眼、装渣、运输、模筑衬砌支护等主要机械和相应的辅助机具(钻杆、钻头、调车设备、气腿、凿岩钻架、注油器、集尘器等),在尺寸、性能和生产能力上都要相互配合,工作方面方能环环紧扣,不致彼此互受牵制而影响掘进,以充分发挥机械设备的使用效率和各工序之间的协调作用。并注意经常维修设备及备有足够的易损零部件,以确保各项工作的顺利进行。

③加强各种辅助作业和辅助施工方法的设计与施工检查。尤其在软弱破碎围岩中使用全

断面法开挖时,应对支护后围岩进行动态量测与监控,对各种辅助作业的三管两线(即高压风管、高压水管、通风管、电线和运输路线)要求保持技术上的良好状态。

④重视和加强对施工操作人员的技术培训,使其能熟练掌握各种机械和推广新技术,不断提高工效,改进施工管理,加快施工速度。

⑤全断面法开挖选择支护类型时,应优先考虑锚杆和锚喷混凝土、挂网、撑梁等支护形式。

2)台阶法

台阶法一般是将设计断面分成上半断面和下半断面两次开挖成型。也有采用台阶式上部弧形导坑超前开挖的(图11-8)。

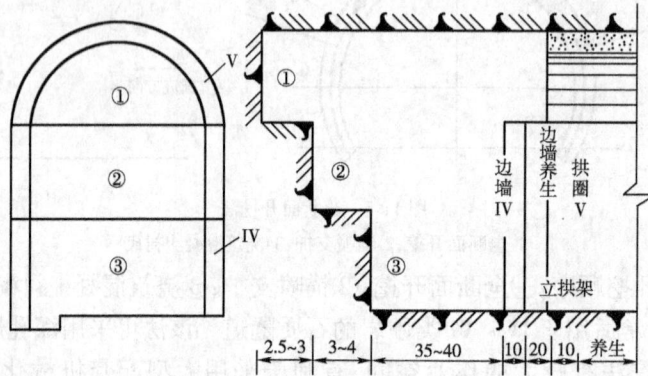

图11-8 台阶法示意图(尺寸单位:m)

(1)台阶法开挖顺序是:①上半部开挖;②拱部锚杆喷射混凝土支护;③拱部衬砌;④下半部中央部分开挖;⑤边墙部分开挖;⑥边墙锚杆喷射混凝土支护及衬砌。

(2)台阶法开挖的适用性及特点(优缺点):

①台阶法多适用于 II,III 类较软而节理发育的围岩中,可分别采用三种变化方案:

a.长台阶法:上下台阶距离较远,一般上台阶超前50m 以上,施工中上下部可配置同类较大型机械并行操作,当机械不足时也可交替作业。当遇短隧道时,可将上部断面全部挖通后,再挖下半断面。该法施工干扰较少,可进行单工序作业。

b.短台阶法:上台阶长度 5 ~ 50m,适用于 II,III 类围岩,可缩短仰拱封闭时间,改善初期支护受力条件,但施工干扰较大,当遇到软弱围岩时需慎重考虑,必要时应采用辅助开挖措施稳定开挖面,以保证施工安全。

c.微台阶法:也称超短台阶法。上台阶仅超前 3 ~ 5m,断面闭合较快。此法多用于机械化程度不高的各类围岩地段,当遇软弱围岩时需慎重考虑,必要时应采用辅助施工措施稳定开挖工作面,以保证施工安全。

②台阶法开挖的特点(优缺点):

a.台阶法开挖具有足够的作业空间和较快的施工速度。台阶有利于开挖面的稳定性,尤其是上部开挖支护后,下部作业则较为安全。

b.台阶法开挖的缺点是上下部作业有时互相干扰,应注意下部作业时对上部稳定性的影响,台阶开挖会增加对围岩的扰动次数等。

c.台阶法开挖宜采用轻型凿岩机打眼,而不宜采用大型凿岩台车。

③采用台阶法开挖应注意以下事项：

a. 台阶数不宜过多，台阶长度要适当，一般以一个垂直台阶开挖到底，保持平台长 2.5 ~ 3m 为好，易于掌握炮眼深度和减少翻渣工作量，装渣机应紧跟开挖面，减少扒渣距离以提高装渣运输效率。应根据两个条件来确定台阶长度：一是初期支护形成闭合断面的时间要求，围岩稳定性越差，闭合时间要求越短；二是上半部断面施工时开挖、支护、出渣等机械设备所需的空间大小的要求。

b. 个别破碎地段可配合喷锚支护和挂钢丝网施工。如遇到局部地段石质变坏，围岩稳定性较差时，应及时架设临时支护或考虑变换施工方法，留好拱脚平台，采用先拱后墙法施工，以防止落石和崩塌。

c. 应重视解决上下部半断面作业的相互干扰的问题。微台阶基本上是合为一个工作面进行同步掘进；短台阶上下部作业相互干扰较大，要注意作业施工组织，质量监控及安全管理；长台阶基本上是上下部作业面已拉开，干扰较少。

d. 上部开挖时，因临空面较大，易使爆破面渣块过大，不利于装渣，应适当密布中小炮眼。但采用先拱后墙法施工时，对于下部开挖时，应注意上部的稳定，必须控制下部开挖厚度和用药量，并采取防护措施，避免损伤拱圈及确保施工安全。若围岩稳定性较好，则可以采取分段顺序开挖；若围岩稳定性较差，则应缩短下部掘进循环进尺；若稳定性更差，则可以左右错开，或先拉中槽后挖边帮。

e. 采用钻爆法开挖石质隧道时，应采用光面爆破或预裂爆破技术，尽量减少扰动围岩的稳定性。

f. 采用台阶法开挖关键问题是台阶的划分形式。台阶划分要求做到爆破后扒渣量较少，钻眼作业与出渣运输干扰少。因此，一般分成 1 ~ 2 个台阶进行开挖，如图 11-9 所示。

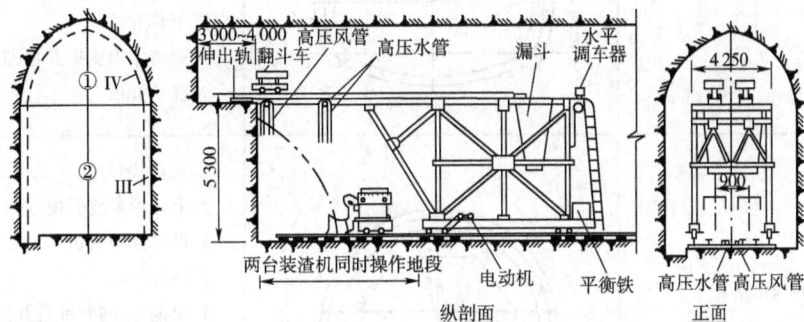

图 11-9 正台阶悬挂工作台车开挖法(尺寸单位:m)

3)分部开挖法

分部开挖法，可分为 5 种变化方案：台阶分部开挖法、上下导坑法、上导坑超前开挖法、单(双)侧壁导坑法。分部开挖法是将隧道开挖断面进行分部开挖逐步成型，并且将某部分超前开挖，故此可称为导坑超前开挖法。

(1)各种开挖方法的开挖与支护顺序图，详见表 11-1。

(2)分部开挖法中各种方法的适用性及特点。

①台阶分部法。又称环形开挖留核心土法，适用于一般土质或易坍塌的软弱围岩地段。上部留核心土可以支挡开挖工作面，及时施作拱部初期支护增强开挖工作面的稳定性，核心土

及下部开挖在拱部初期支护下进行,施工安全性较好。一般环形开挖进尺为0.5~1.0m,不宜过长,上下台阶可用单臂掘进机开挖。

开挖方法及开挖、支护顺序图 表 11-1

开挖方法名称	图 例	开挖顺序说明
全断面法		1. 全断面开挖 2. 锚喷支护 3. 浇筑衬砌
台阶法		1. 上半部开挖 2. 拱部锚喷支护 3. 拱部衬砌 4. 下半部中央部开挖 5. 边墙部开挖 6. 边墙锚喷支护及衬砌
台阶分部法		1. 上弧形导坑开挖 2. 拱部锚喷支护 3. 拱部衬砌 4. 中核开挖 5. 下部开挖 6. 边墙锚喷支护及衬砌 7. 浇筑仰拱
上下导坑法		1. 下导坑开挖 2. 上弧形导坑开挖 3. 拱部锚喷支护 4. 拱部衬砌 5. 设漏斗,随着推进开挖中核 6. 下半部中部开挖 7. 边墙部开挖 8. 边墙锚喷支护衬砌
上导坑法		1. 上导坑开挖 2. 上半部其他部位开挖 3. 拱部锚喷支护 4. 拱部衬砌 5. 下半部中部开挖 6. 边墙开挖 7. 边墙锚喷支护及衬砌

开挖方法名称	图　例	开挖顺序说明
单侧壁导坑法 （中壁墙法）		1. 先行导坑上部开挖 2. 先行导坑下部开挖 3. 先行导坑锚喷支护钢架支撑等,设置中壁墙临时支撑(含锚喷钢架) 4. 后行洞上部开挖 5. 后行洞下部开挖 6. 后行洞锚喷支扩、钢架支撑 7. 浇筑仰拱混凝土 8. 拆除中壁墙 9. 浇筑全周衬砌
双侧壁导坑法		1. 先行导坑上部开挖 2. 先行导坑下部开挖 3. 先行导坑锚喷支护、钢架支撑等,设置临时壁墙支撑 4. 后行导坑上部开挖 5. 后行导坑下部开挖 6. 后行导坑锚喷支护、钢架支撑等,设置临时壁墙支撑 7. 中央部拱顶开挖 8. 中央部拱顶锚喷支护、钢架支撑等 9、10. 中央部其余部开挖 11. 浇筑仰拱混凝土 12. 浇筑全周衬砌

台阶分部开挖法的主要优点是:与微台阶法相比,台阶可以加长,一般双车道公路隧道为1倍洞跨,单车道隧道为两倍洞跨;而较单(双)侧臂导坑法的机械化程度高,机械化施工可加快施工速度。

②上下导坑超前开挖法(即上下导坑先拱后墙法)。此法适用于Ⅱ～Ⅲ类围岩,在松软地层开挖坑道,一般宜采用上下导坑超前开挖先拱后墙法。其基本要求是:一次开挖的范围宜小,而且要及时支撑与支护(衬砌),以保持围岩的稳定,所以一般是要求先将上部断面开挖好,随时衬砌拱圈,拱圈混凝土达到设计强度70%之后方可进行下部断面的开挖,在拱圈的保护下,开挖下部断面及修建边墙、仰拱。上下导坑超前开挖先拱后墙法施工程序如图11-10所示。

在不稳定地层,采用上下导坑先拱后墙法的优点是:导坑超前开挖,通过提前探明地质情况,便于改变施工方法;在拱圈保护下进行拱下各工序的作业,施工较安全;工作面多,便于拉开工序,适合于多安排劳动力与使用小型机械施工;有上下两个导坑,通风、排水、运输条件(可利用上下导坑之间的漏斗装渣)都较好等。

该方法的缺点是:上下导坑断面较小,则施工速度较慢;边墙与拱脚处混凝土衬砌的整体性较差;开挖边墙马口时,须交错作业,施工不便于大规模地砌筑边墙,容易造成拱圈衬砌下沉

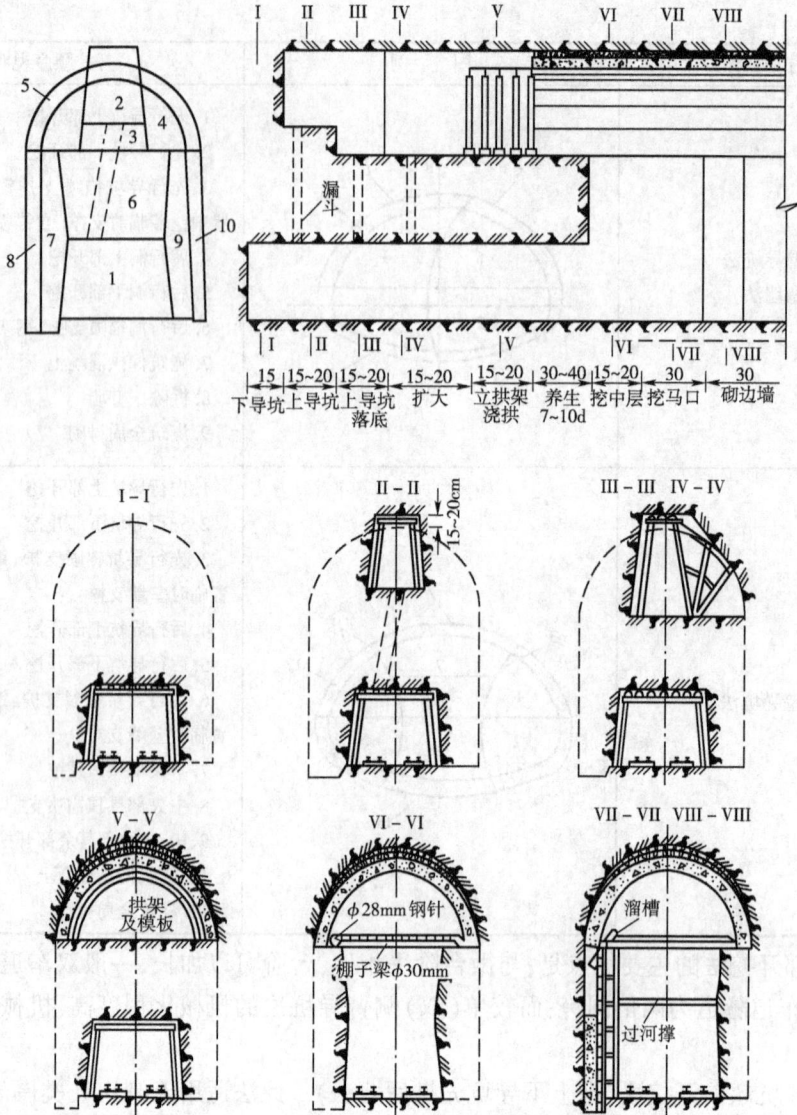

图 11-10　上下导坑先拱后墙法施工程序图(尺寸单位:m)

1～10-开挖顺序

和变形;拱部开挖时人工翻渣工作量较大,劳动强度较大;施工工序较多(如图 11-10),使施工组织和管理难度增大。

③上导坑法。此法适用于 Ⅱ～Ⅲ 类围岩,尤其适用于洞口段辅助开挖。上导坑法要求各工序安排紧凑,支护及时,保证施工安全,其开挖与支护顺序详见表 11-1。

④单侧壁导坑法。围岩稳定性较差,隧道跨度较大,地表沉陷难于控制时,采用单侧壁导坑法。此法单侧壁坑超前,中部和另一侧的断面采用正台阶法施工,故兼有正台阶法和后述双侧壁导坑法的优点且洞跨可随机械设备等施工条件决定,其开挖与支护顺序详见表 11-1。

⑤双侧壁导坑法。适用于浅埋大跨度隧道,地表下沉量要求严格,围岩条件特别差时。双侧壁导坑法的开挖与支护顺序详见表 11-1。此法的优点是施工安全可靠,但施工速度较慢,造

价较高。

（3）分部开挖时应注意的事项：

①因其工作面多，但作业面较小，相互干扰较大，应实行统一指挥，注意组织协调。

②应尽量创造条件，减少分部次数，尽可能争取用大断面开挖。

③因多次开挖对围岩的扰动较大，不利于围岩的稳定，故应特别注意加强对爆破开挖的设计与控制。

④凡下部开挖，均应注意上部支护或衬砌结构的稳定，减少对上部围岩和支护以及衬砌结构的扰动和破坏，尤其是边部开挖时必须采用两侧交错挖马口施作，避免上部断面两侧拱脚同时悬空。

⑤认真加固拱脚，如采用扩大拱脚，打拱脚锚杆、加强纵向连接等方法，使上部初期支护与围岩形成完整体系；尽量单侧落底或双侧交错落底，落底长度视围岩状况而定。一般采用1～3m，并不得大于6m。下部边墙开挖后必须立即喷射混凝土，并按设计规定做好加固与支护。

⑥量测工作必须及时，以观察拱顶、拱脚和边墙中部的位移值，当发现速率值增大时，应立即进行仰拱封闭。

2．掘进方式

1）掘进方式及选用

隧道施工的掘进方式是指对坑道范围内岩体的破碎挖除方式。常用的掘进方式有钻眼爆破掘进、单臂掘进机掘进、人工掘进3种掘进方式。一般山岭隧道最常用的是钻眼爆破掘进。

（1）钻眼爆破掘进

钻眼爆破掘进即是用炸药爆破坑道范围内的岩体。钻爆法可用于各类岩层中，是隧道施工开挖中常采用的方法。当用钻爆法开挖坑道时，应采用光面爆破，预裂爆破技术，能使开挖轮廓线符合设计要求、减少超欠挖量，并能减少对围岩的扰动破坏等。它是一般山岭隧道工程中常用的掘进方式。

（2）单臂掘进机掘进及人工掘进

单臂掘进机掘进及人工掘进均是采用机械方式切削破碎岩石并挖除坑道范围内的岩体。单臂掘进机掘进是采用装在可移动式机械臂上的切削头来破碎岩体的，人工掘进则是采用十字镐、风镐等简易工具来挖除岩体。单臂掘进机掘进和人工掘进对围岩的扰动破坏小，故一般适用于围岩稳定性较差的软岩隧道及土质隧道中。单臂掘进机可连续掘进，但只适用于软岩及土质隧道。人工掘进速度较慢，劳动强度大。

钻眼爆破需要专用的钻眼设备并消耗大量炸药，且只能分段循环掘进。

隧道施工中，掘进方式是影响围岩稳定的又一重要因素。因此，在选择确定掘进方式时，应根据坑道范围内被挖除岩体的坚硬程度，以及不同的掘进方式对围岩的扰动程度、围岩的稳定性、支护条件、机械设备能力、经济性等相关因素进行综合分析，选用恰当的掘进方式。在采用钻眼爆破方式掘进时，尤其应当实施控制爆破，以减少爆破振动对围岩的扰动破坏和对已作支护的影响。

2）钻爆法开挖设计

采用钻爆法开挖坑道时，为了减少超挖和控制对围岩的扰动，应综合研究地质情况、开挖断面大小、开挖进尺快慢、爆破器材性能、钻爆机具和出渣能力等因素，在此基础上编制钻爆设计。

钻爆设计应包括:炮眼(掏槽眼、辅助眼、周边眼)的布置图、数目、深度和角度、装药量和装药结构图、起爆方法和爆破顺序等。

爆破设计图应包括:炮眼布置图、周边炮眼装药结构图、钻爆参数表、主要技术经济指标及设计施工有关的必要文字说明。

根据隧道工程地质条件选用施工开挖方法及爆破方法。对硬质岩,采用全断面一次开挖时,应采用光面爆破法;对软质岩,宜采用预裂爆破法;对松软地层采用分部开挖时,宜采用预留光面层光面爆破法。

钻爆掘进是分段循环进行的,其循环过程一般包括三个作业环节:每一次进尺的钻眼爆破→出渣运输→支撑(传统的矿山法)或初期支护(新奥法)。单循环爆破掘进深度称为爆破掘进进尺 L,单循环所占用的时间称为循环时间 t,日掘进深度称为掘进速度 $V = 24L/t$。

(1)掘进速度

掘进速度 V 应满足工期的要求。采用较大的掘进进尺 L 或较短的循环时间 t,均可取得较快的掘进速度 V;只有在掘进速度 V 加快的同时增加劳动力和施工机械,才能节省施工时间。实际工程中,应根据工期要求,合理地选择掘进速度。

(2)掘进进尺 L 和循环时间 t 的选择

当掘进速度确定后,主要根据围岩的稳定性,开挖面的支承作用,开挖断面大小,支撑或支护条件,机械配套能力和施工组织管理水平等因素,可进行合理地选择掘进进尺 L 和循环时间 t。实践证明,可以采用短进尺、多循环掘进,或者采用深进尺、少循环掘进。

一般在围岩稳定性较差(Ⅲ类及以下),或开挖断面较小,或支护条件较差,或钻眼和出渣能力不足时,应采用短进尺、多循环掘进。反之,当围岩较稳定(Ⅳ类及以上),或支护速度较快,或钻眼和出渣能力较强时,应采用深进尺、少循环掘进(采用深孔控制爆破)。目前,我国隧道工程钻爆掘进进尺 $L' = 0.5 \sim 5.0\text{m}$(即短的仅 0.5m,深的可达 5.0m)。

(3)开挖面的支承作用

隧道掘进方向上最前端的开挖作业正面称为开挖面。开挖面前方(一定范围内尚未被挖除的)岩体,对已开挖区段的围岩起着一定的约束作用,这种约束称为开挖面的支承作用。随着隧道掘进,开挖面的支承作用逐渐前移并消失,此后,围岩的稳定则依赖其自稳能力(成拱作用)的发挥及支撑或初期支护的作用。

实测结果表明,对一般岩体,开挖面的支承作用,约可持续到 $1 \sim 3$ 倍的洞径区段。岩体越破碎,其支承作用的影响长度就会越短。

在隧道施工过程中,开挖面的支承作用是可以和应当加以利用的,即可在开挖面的支承作用消失之前即做好支撑或初期支护。因此在隧道施工中,注意选择适当的掘进进尺 L 和允许爆破区段的长度。一般在软弱破碎围岩中,应采用较短的掘进进尺 L,并应及时予以支撑或支护。

3)单臂掘进机及人工掘进

在软质岩石及土质隧道中,为减少对围岩的扰动,避免爆破振动对围岩的破坏,可以采用单臂掘进机掘进。常用的单臂掘进机是铣盘式采矿机,挖斗式挖掘机及铲斗式装渣机亦可以用于隧道掘进。

单臂掘进机的适应能力较强,可以挖掘任意形状和尺寸的隧道。其中铣盘式采矿机装有可以在水平方向和垂直方向旋转操作的切削头。切削头是安装在液压伸缩臂上的柱状或圆锥状切削刃,可以挖掘各种土及中硬以下岩石。它随机配备的装渣机,多为蟹爪式扒渣装渣机。单臂铣盘式采矿机多采用履带式行走机构。

挖斗式挖掘机或铲斗式装渣机用于隧道掘进时,可以将挖掘和装渣同机完成。但其破岩能力有限,一般只适用于硬土以下的土质隧道中,且需配以人工修凿周边。

在不能采用爆破掘进的软弱破碎围岩和土质隧道中,若隧道工程量不大,工期要求不太紧,又无机械或不宜采用机械掘进时,则可以采用人工掘进。人工掘进是采用轻型风镐,甚至十字镐等简易工具挖掘,并采用铁锹、斗箕等装渣。人工掘进时,工人劳动强度大,掘进速度较慢。施工中应作好安全防护措施,并安排专人负责工作面的安全观察。

机械掘进或人工掘进,均应注意掌握好掘进速度,要做到及时支护,不使围岩暴露时间过长。若开挖面不能自稳,则应同时采取相应的辅助稳定措施。

综前所述,钻爆掘进虽然较经济,但对围岩扰动太大,尤其对软弱破碎围岩的稳定性不利;机械掘进虽然对围岩扰动小,速度也快,但机械投资较大;人工掘进对围岩扰动小,但掘进速度太慢,工人劳动强度太大。实际工程中,究竟采用何种掘进方式,应充分考虑被挖掘岩体的坚固性及围岩的稳定性,选择既经济快速,又不严重影响围岩稳定的掘进方式。目前在山岭公路隧道中,尤其是遇到石质岩体时,多采用钻爆掘进。

【实例3】 青山岭隧道洞身开挖方法及安排

青山岭隧道起止里程为 K144 +050 ~ K145 +150,全长 1 100m。隧道岩性以褐灰、浅灰、灰绿色流纹岩为主,风化厚度大,岩体多以碎裂结构为主,不同风化程度的流纹岩,力学性质差别较大,隧道区域划分为 II、III 类围岩。隧道穿越二级分水岭,地下水类型以基岩裂隙水为主,赋水性中 - 富。

根据围岩类别及地质条件状况,青山岭隧道支护形式分设为 S1、S2、S3、S4、S5。各型支护参数如表11-2 所示。

隧道支护参数表 表 11-2

项 目		S1	S2	S3	S4	S5
初期支护	25 喷射混凝土	15cm	20cm	18cm	16cm	10cm
	YF1506 锚杆	@90cm×90cm $L=4$m	@90cm×90cm $L=4$m	@100cm×100cm $L=4$m	@110cm×110cm $L=4$m	@120cm×100cm $L=3.5$m
二次衬砌		60cm	60cm	60cm	50cm	40cm
仰拱		60cm	60cm	60cm	50cm	40cm
辅助措施				超前大管棚	超前小导管	
				钢拱架	钢拱架	钢格栅

洞身开挖是隧道施工的关键工序,开挖方案主要根据围岩的情况确定,根本目的是保证施工人员和工程设施的安全,满足开挖质量要求,经济快速地完成施工任务。青山岭隧道施

工按照新奥法的原理,采用预裂光面爆破技术,锚喷初期支护,以量测数据为施工依据。开挖采用钻孔台车和风动凿岩机钻孔实施光面爆破,轮式装载机装渣,自卸车出渣。二次衬砌采用9m衬砌台车全断面进行,混凝土采用集中拌和,输送车输送,混凝土输送泵灌注,插入式振捣器捣实。

洞身开挖将根据围岩情况采用不同的施工方法:S3型支护段采用中隔墙法或短台阶7步平行流水作业法施工;S4型支护段采用环形开挖留核心土或台阶法施工;S5型支护段采用长台阶法施工。

1. S3型支护围岩段施工

S3型支护为洞口浅埋段,采用大管棚超前支护,计划每循环进尺0.6m,每0.6m设支护钢架一榀,并根据施工情况调整加强。开挖后,立即初期支护,并及时封闭掌子面围岩,防止由于风化而发生坍塌。

为减小下半部开挖时因初期支护拱脚悬空引起的下沉,初期支护拱脚部位设双排锁脚锚杆加固,同时下半部左右两步交错开挖。

本着稳步开挖和安全施工的原则,考虑开挖下半部以及不良地质对施工可能带来的影响,平均月进尺安排30m,S3型支护围岩段作业循环时间见表11-3。

S3型支护围岩段掘进作业循环时间表(循环进尺0.6m) 表11-3

作业项目	时间(h)													
	1	2	3	4	5	6	7	8	9	10	11	12	13	14
测 量	▬													
超前支护		▬▬▬												
开挖及出渣					▬▬▬▬▬▬▬									
初期支护										▬▬▬▬				
其 他													▬	

共计掘进作业循环时间:14h。

S3型采用大管棚超前支护,表中作业时间为平均分摊时间。

2. S4型支护围岩段施工

S4型支护围岩段采用小管棚超前支护,每循环计划进尺1.0m,每1.0m设钢拱架一榀,开挖后,立即初期支护,并及时封闭掌子面围岩,防止由于风化而发生坍塌。初期支护拱脚部位设双排锁脚锚杆加固,同时下半部左右两步交错开挖,考虑开挖下半部以及不良地质对施工可能带来的影响,S4型支护围岩段月计划安排40m。S4型支护围岩段作业循环时间见表11-4。

S4 型支护围岩段掘进作业循环时间表(循环进尺 1.0m)　　　表 11-4

作业项目	时间（h）													
	1	2	3	4	5	6	7	8	9	10	11	12	13	14
测　量	▬													
超前支护		▬	▬	▬	▬									
开挖及出渣					▬	▬	▬	▬	▬	▬	▬			
初期支护											▬	▬	▬	▬
其　他														▬

共计掘进作业循环时间：14h。

3. S5 型支护围岩段施工

S5 型支护围岩段采用正台阶光面控制爆破开挖与支护，全断面衬砌施工。上半断面超前 40～60m，作为上半断面钻孔喷锚工作平台，每循环进尺 1.5m。上半断面采用钻孔台车钻孔，下断面采用气腿式风钻钻孔。上半断面采用装载机出渣，下断面采用挖掘机装渣，自卸汽车运输。洞身开挖后，立即施作锚喷初期支护，及时封闭围岩。

S5 型支护围岩段月进尺安排 50m，作业循环时间见表 11-5。

S5 型支护围岩段掘进作业循环时间表(循环进尺 1.5m)　　　表 11-5

作业项目	时间（h）															
	1	2	3	4	5	6	7	8	9	10	11	12	13	14	15	16
测量画线	▬															
钻　孔		▬	▬	▬												
装药起爆					▬	▬										
通风排险							▬									
出　渣							▬	▬	▬	▬	▬	▬				
喷　锚													▬	▬	▬	▬

共计作业循环时间：16h。

四、出渣

出渣是隧道施工的基本作业之一。出渣作业能力的强弱,决定了它在整个作业循环中所占时间的长短(一般在40%~60%)。因此,出渣运输作业能力的强弱在很大程度上影响施工进度。

在选择出渣方式时,应对隧道或开挖坑道断面的大小、围岩的地质条件、一次开挖量、机械配套能力、经济性及工期要求等相关因素综合考虑。根据施工方法和开挖断面的大小,可选择有轨运输或无轨运输方法。

隧道施工洞内各个工序都需要出渣与进料。若洞外、洞内运输工作组织管理不好,就必然会造成混乱现象,如车辆积压、堵塞轨道等,致使石渣运不出洞,材料运不进洞,直接影响各工序的正常施工。

五、初期支护

隧道开挖,除坚硬、完整、稳定的围岩外,为防止开挖后围岩暴露时间过长使地层压力增加而造成坍塌,因此,必须及时支护确保施工安全。采用新奥法施工时,用锚喷支护类包括:锚杆、钢筋网、拱架、钢筋、钢格栅、钢支撑、喷混凝土等,可视地质状况及支护断面大小,或采用一种支护手段,或多种支护手段联合,这些支护又是将来永久衬砌的一部分。

喷锚支护作业主要指采用锚杆、喷混凝土喷锚联合,喷锚网喷联合,钢架喷射混凝土联合,钢格栅喷射混凝土联合,钢支撑喷射混凝土联合。它具有支护及时,与围岩结合紧密的优点,具有一定的柔性,能有效地控制围岩变形和提高自承载能力的特点。它既是施工临时支护,又是永久支护(衬砌)的一部分,非常有利于扩大施工空间,便于大型掘进机械进洞施工,加快施工进度和省工省料,同时又安全可靠。但是,如果施工质量不佳,会给工程留下安全隐患,导致安全事故的发生。因此,要求施工时,必须达到设计要求的参数、质量标准,才能起到支护的作用,保证施工安全。

1. 锚杆

锚杆是一种锚固在岩体内部的杆状支架,锚杆支护是通过锚入岩体内部的锚杆,达到改善围岩的受力状态,实现加固围岩、维护隧道的目的。

锚杆是隧道施工过程中维护围岩稳定,保证施工安全的重要支护手段之一。施工完成后,在一定程度上,它还可以作为永久支护结构的一部分发挥作用。因此,在施工中,如何保证和检查锚杆的施工质量,是极为重要的。

1)锚杆施工一般规定

锚杆施工一般规定如下:

(1)隧道工程坑道开挖后,应尽快安设锚杆;

(2)一般宜先喷射混凝土,再钻孔安设锚杆;

(3)锚杆的孔位、孔径、孔深及布置形式应符合设计要求;

(4)锚杆杆体露出岩面长度,不应大于喷层的厚度;

(5)应确保隧道工程辅助稳定措施中的锚杆施工质量符合设计要求。

2)锚杆施工前准备工作

（1）砂浆锚杆质量和技术要求。

采用砂浆锚杆预支护时，除应保证锚杆原材料规格、品种、锚杆各部件质量及技术性能符合设计要求外，尚应做好以下准备工作：

①锚杆杆体应调平直、除锈和除油；

②应优先使用普通硅酸盐水泥，条件不具备可使用矿渣硅酸盐或火山灰硅酸盐水泥；

③宜采用清洁、坚硬的中细砂，粒径不宜大于 3mm，使用前应过筛。

（2）缝管式摩擦锚杆质量与要求。

采用缝管式摩擦锚杆时，对其应进行以下检查工作：

①必须检查管径，同批成品管径差不宜超过 0.5mm；

②根据围岩情况选择钻头，使钻头直径符合设计要求；

③安装用冲击器尾部必须淬火，硬度宜为 HBC48-53；

④钻杆长度必须大于锚杆长度。

（3）楔缝式内锚头锚杆质量检测。

采用楔缝式内锚头锚杆时，对其应进行以下检查工作：

①检查楔块与楔缝的尺寸和配合情况；

②检查锚杆尾部螺栓和螺纹的配合情况；

③备齐配套工具，做好螺扣的保护措施；

④在钻杆上标出锚杆的长度。

此外，还应检查钻孔工具、风压以及其他机械设备，使之保持正常状态。

3）锚杆孔施工要求

（1）孔位允许偏差。

孔位应根据设计要求和围岩情况作出标记，孔位允许偏差为 ±15～50mm。

（2）钻孔方向。

宜沿隧道周边径向钻孔，但钻孔不宜平行于岩层层面。

（3）钻孔深度技术要求。

锚杆的钻孔深度，应符合下列规定：

①砂浆锚杆孔深度误差不宜大于 ±50mm；

②缝管式锚杆孔深不得小于杆体长度；

③楔缝式锚杆孔深不应大于杆体长度，并应保证尾部垫板，螺栓安设紧固；

④锚杆钻孔应保持直线形。

2. 喷射混凝土施工

采用喷射混凝土作为隧道工程 Ⅱ～Ⅴ 类围岩中临时性和永久性支护，也可以与各种形式的锚杆、钢纤维、钢拱架、钢筋网等构成复合式支护结构。它除用于地下工程外，还广泛应用于地面工程的路堑边坡防护与加固、基坑防护、结构补强及矿山、水利、人防工程等。随着施工工艺、施工机械的研究和应用，喷射混凝土作为新型材料、新型支护结构和新的施工工艺，将有更为广阔的发展前景。

喷射混凝土是指将水泥、砂、石子、外加剂和水按一定的配合比和水灰比拌和而成的混合物，以风压为动力快速喷至岩体表面而形成的人造石材。喷射混凝土的工艺流程有：干喷、潮喷、湿喷和混合喷4种。它们之间的主要区别是:各工艺流程的投料程序不同,尤其是加水和速凝剂的时机不同,其中湿喷混凝土按其输送方式的不同,可分为风送式、泵送式、抛甩式和混合式,应根据实际情况选用。

1)干喷

用搅拌机将集料和水泥拌和好,投入喷射机料头,同时加入速凝剂,用压缩空气使干混合料在软管内呈悬浮状态,压送到喷枪,在喷头处加入高压水混合,以较高速度喷射到岩面上,其工艺流程如图11-11所示。

干喷的缺点是:产生水泥与砂粉尘量较大,回弹量亦较大,加水量是由喷嘴处的阀门控制的,水灰比的控制程度与喷射手操作的熟练程度有直接关系,但使用的机械较简单,机械清洗和故障处理较容易。

2)潮喷

是将集料预加少量水,使之呈潮湿状,再加水泥拌和,从而降低上料、拌和及喷射时的粉尘,但大量的水仍是在喷头处加入和从喷嘴射出的,其潮喷工艺流程和使用机械同干喷工艺,见图11-11,目前隧道施工现场较多使用的是潮喷工艺。

3)湿喷

是将集料、水泥和水按设计比例拌和均匀,用湿式喷射机压送拌和好的混凝土,混合料压送到喷头处,再在喷头上添加速凝剂后喷出,其工艺流程见图11-12所示。湿喷混凝土的质量较容易控制,喷射过程中的粉尘和回弹量较少,是应当发展、推广应用的喷射工艺。但对湿喷机械要求较高,机械清洗和故障处理较困难。对于喷层较厚的软岩和渗水隧道,不宜采用湿喷混凝土工艺施工。

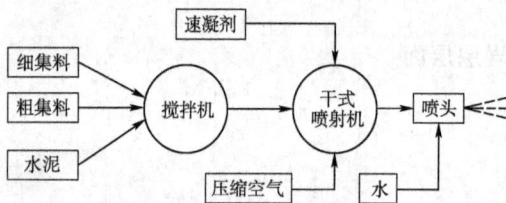

图 11-11 干喷、潮喷工艺流程

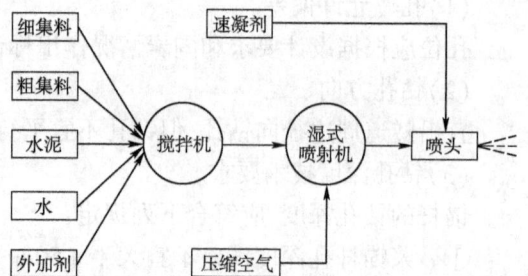

图 11-12 湿喷工艺流程

4)混合喷射(SEC式喷射)

此法又称水泥裹砂造壳喷射法。分别由泵送砂浆系统和风送混合料系统两套机具组成。先是将一部分砂加第一次水拌湿,再投入全部用量水泥,强制拌和成以砂为核心外裹水泥壳的球体;然后加第二次水和减水剂拌和成SEC砂浆;再将另一部分砂与石、速凝剂按配合比配料,强制搅拌成均匀的干混合料。然后再分别通过砂浆泵和干式喷射机,将拌和成的砂浆及干混合料由高压胶管输送到混合管混合,最后由喷头喷出。其工艺流程如图11-13所示。

混合式喷射是分次投料搅拌工艺与喷射工艺相结合,其关键是水泥裹砂(或砂、碎石)造壳工艺技术。混合式喷射工艺使用的主要机械设备与干喷工艺基本相同,但混凝土的质量较

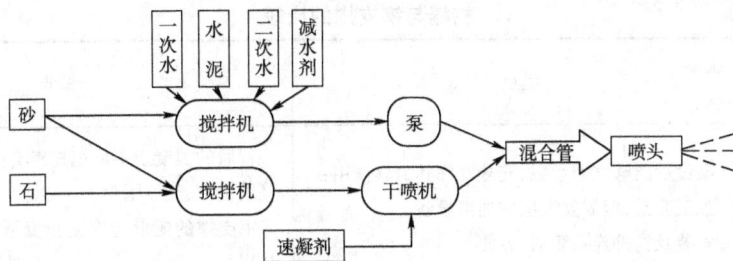

图 11-13　混合式喷射工艺流程

干喷混凝土的质量好,且粉尘和回弹量大幅度降低。混合式喷射使用机械数量较多,工艺技术较复杂,机械清洗和故障处理较麻烦。因此一般只在喷射混凝土量大和大断面隧道工程中使用。

混合喷射混凝土强度可达到 C30～C35,而干喷和潮喷混凝土强较低,一般只能达到 C20。

5)拱部和侧壁的喷射作业

(1)从喷嘴中喷出的混凝土以适当冲击速度,与壁面成直角喷射时,压密性最好。喷射成斜角时,会损伤已喷射的混凝土部分,回弹和剥离也多。喷射距离(喷嘴到喷射面的距离),应根据材料的冲击速度和材料的附着性进行调整。

(2)一次喷射厚度,因喷射面的位置及干湿状态、喷射材料的不同,速凝剂的种类及添加量、喷射方式的不同和喷射手的熟练程度等而异,但厚度应以材料不剥离、不流失为准。最好在先喷的混凝土硬化后再喷下一层混凝土。

(3)回弹量因喷射方式、施工位置、空气压力、喷射材料的配合比、集料的最大尺寸及平时厚度等而异。最好采用适当的配合比和施工方法,来减少回弹量,提高喷射混凝土的质量。特别是在纤维混凝土的场合,纤维的回弹也多,更要注意喷射压力和配合比。

3. 钢支撑

钢支撑系采用 L、U、I 型钢和旧钢轨等,加工成所需要的形状,用拼装方法使用于地下工程的一种刚性较大的支护结构。而格栅是由钢支撑发展而来,它是由钢筋焊接而成的构架,是隧道及地下工程中有发展前景的支撑形式。格栅喷射混凝土支护的应用也越来越广泛,成为在软弱地层中重要的支护手段之一。

格栅与钢支撑,都归为构件支撑一类,但两者的力学作用是完全不同的。前者只有与喷射混凝土并用,才能发挥其支护作用,而且不能立即发挥承载作用;而后者可以立即、独立地发挥承载作用。因此,需要采用钢支撑的,决不能用格栅代替,两者的比较列于表11-6 中。

1)钢格栅

钢格栅是目前工程上用量最大的钢支撑,它由钢筋焊接而成,在断面上有矩形和三角形之分。主筋弯曲成与隧道开挖断面相同的形状与尺寸,次筋(构造筋)作波形弯折焊接在主筋上。主筋材料采用 II 级钢筋或 I 级钢筋,直径一般不小于 22mm,次筋根据具体情况选用。为了便于施工,每副钢格栅都分成若干节,一般为 3～5 节。节间加工法兰,选用螺栓固定连接之后焊接。钢格栅的特点是初期可作为普通钢架支撑及时支护围岩,后期可与模注或喷射混凝土形成钢筋混凝土,钢材利用得比较充分。

格栅与钢支撑的比较　　　　　　　　　　　　　表 11-6

支撑形式	优点	缺点
钢支撑	架设后能够立即承载,充分发挥其力学作用; 加工容易,但需要大型的加工设备; 安装及构件连接简洁、方便	背后的混凝土不易填充密实; 质量大,架设困难; 钢支撑的变形与混凝土变形不协调,混凝土易开裂
格栅	喷射混凝土完全包裹格栅,整体性好,背后不易留下空隙; 加工容易,且不需要大型的设备; 质量小,易于架设安装; 因具有一定的柔性,能够适应围岩的变形	架设后不能立即承载,必须与喷射混凝土并用,才能发挥其支护作用; 架设后不能立即承载,初期支护作用小; 在围岩变形大的场合,不能有效地控制围岩的变形

2)型钢支撑

用于加工钢支撑的型钢有 H 型钢、工字型钢和 U 型钢,它们都是在施工现场或工厂用专用弯曲机冷弯成型的。型钢的规格由隧道工程地质条件的几何特征决定。每副型钢支撑也分成 3~5 节加工、安装。其中,H 型钢和工字钢支撑节间加工法兰,用螺栓固定连接定位,之后焊接;U 型钢支撑则由于 U 型钢的特殊凹槽,需加工专用的卡具,将上下两 U 型钢节嵌套在一起,形成整副钢支撑。型钢支撑的基本特点是强度高和安装方便,对初期施工安全有利。需要指出的是,U 型钢支撑还具有特殊的工程特性,由于钢架节间是上下嵌套,而不是法兰对接,所以当围岩变形较大,对支撑施工的荷载过大时,U 型钢支撑可产生一定的收缩变形,使钢支撑上的压力减小,从而保证钢支撑不被压坏并以更大的支护能力来维护围岩的稳定。U 型钢支撑的可缩性特点在许多软岩隧道的支护中发挥了重要作用。

3)钢管支撑

钢管支撑通常用于隧道局部不良地质地段围岩的加固,钢管直径在 10cm 左右,现场常采用灌砂冷弯法加工。施工中分节拼装对焊,在架底和拱顶留有注浆孔和排气孔,安装就位后,用注浆泵从架底注浆孔向管内灌注砂浆,直到拱顶排气孔出浆为止。钢管支撑的特点是钢管的力学特性对称,后期灌浆使钢支撑的承载能力显著增加。

【实例4】　白家坝连拱隧道初期支护施工方案、施工方法

根据本项目的工程特点、工程规模及工期要求,白家坝隧道的施工由出口方向掘进。

开挖顺序:开挖中导洞→贯通后施工中隔墙→施工左幅明洞→施工左幅侧导洞→至 VI 类围岩后左幅主洞开挖→回填反压左幅明洞段→右幅明洞开挖→右幅侧导洞开挖→至 VI 类围岩后右幅主洞开挖→正常掘进。隧道施工采用机械化施工方案,形成开挖、支护、衬砌顺序作业。

一、洞口、明洞与浅埋地段施工方法

1. 洞口及浅埋地段开挖

洞口段浅埋及偏压地段开挖,严格遵循"管超前、严注浆、短进尺、弱爆破、早封闭、勤量测"的原则施工。洞口段浅埋及偏压地段采用环状开挖留核心土的施工方法,先施作超前支

护(小导管注浆加固地层)开挖上部环状土并进行拱部初期支护→核心土开挖→下部开挖及初期支护→进入下一循环。

拱部环状土开挖完成后,初喷混凝土5cm,检查修整断面,按设计架立格栅钢架、安设纵向连接筋,网架架立完成后要进行中线、高程及净空尺寸检查(施工误差、预留变形量为钢架加工及架立时所必须考虑的)。经检查合格后,及时在钢架与围岩间设置混凝土垫块,施作系统锚杆、挂钢筋网、复喷混凝土至设计厚度。拱部初期支护施工完后,开挖核心土。如果拱部监控量测变形较大或有扩大趋势时,在监理工程师许可下可适当加设初期支护,以确保施工安全。核心土开挖完成后,进行下部开挖,采用跳槽方式开挖。开挖完成后,及时初喷混凝土,同时接长格栅拱架、施工系统锚杆,挂网,复喷混凝土至设计厚度。进入下一循环。

施工时为确保安全,施工前备用一定数量防止围岩松动坍塌的钢构件,钢构件采用定型工字钢制作,结构形式及其连接方式应简单牢固,易于装卸、使用。同时备用足够数量的超前小导管,在围岩极为破碎时,在监理工程师许可下,可根据实际情况加密、加长或全断面布设超前注浆小导管。

2. Ⅱ类围岩复合式衬砌段施工

Ⅱ类围岩复合式衬砌段原则上采用侧壁导坑施工方法。

一般情况下采用所工作部环状开挖前,先施工超前小导管注浆,加固地层。拱部环状土开挖完成后,初喷混凝土5cm,检查修整断面,按设计架立格栅钢架、安设纵身连接筋,钢架架立完成后要进行中线、高程及净空尺寸检查(施工误差、预留变形量为钢架加工及架立时所必须考虑的)。经检查合格后,在钢架与围岩间设置混凝土垫块,施作系统锚杆、挂钢筋网、复喷混凝土至设计厚度。拱部初期支护施工完成后,开挖核心土。开挖完成后及进初喷混凝土,接长格栅钢架,施工系统锚杆,挂钢筋网,复喷混凝土到设计厚度,进入下一循环。

3. Ⅲ类围岩复合式衬砌段施工

Ⅲ类围岩复合式衬砌段开挖施工采用侧壁导坑法;与Ⅱ类围岩相同,只是依照围岩地质情况主洞采用上下台阶法开挖。初期支护与Ⅱ类围岩相同。

4. Ⅳ类围岩段施工

Ⅳ类围岩采用中导洞贯通后施作中隔墙,主洞全断面开挖或上下台阶开挖的施工方法。

开挖完成后,初喷混凝土5cm,检查修整断面,径向锚杆、钢筋网、复喷混凝土至设计厚度,进入下一循环。

二、施工初期支护方法

1. 锚杆施工方法

洞身开挖完经初喷混凝土后,先由测量人员用油漆按设计标定锚杆位置。锚杆采用手持风钻进行钻孔,钻孔完成后,需进行检查,发现不合格的孔应补钻。

锚杆必须与岩体主结构面成较大角度布置,当主结构面不明显时,与隧道周边轮廓垂直呈梅花形布置。

锚杆的钻孔及其安装方法应经监理工程师批准,锚杆的钻孔应圆直,空口岩面应平整,钻孔应与岩面垂直。注浆锚杆的注浆材料、所使用的外加剂、拌和方法、注浆压力、设备和注浆方法都应严格按监理工程师批准,一般注浆压力为0.5~1.0MPa,终压为2.0~2.5MPa。

每根锚杆的抗拔力不得低于设计规定,并不应低于50kN,每300根锚杆必须抽样一组进行抗拔试验,每组不少于3根,并符合《锚杆喷射混凝土支护技术规范》(GB 50086—2001)的规定。

2. 喷混凝土施工方法

隧道开挖完成后应立即对岩面喷射混凝土,以防岩体发生松弛。

喷射混凝土采用湿喷工艺,在喷射混凝土前用压缩空气或压力水将待喷面吹净,吹除喷射混凝土面上的松散杂质或石粉。

混凝土由预制厂生产采用强制搅拌机拌和,混凝土输送车运输送入湿喷机料斗由混凝土喷射手向待喷面喷射。喷射要用先下后上呈S形喷射方式分层喷射,并在喷射混凝土凝固后方可喷射下一层。喷射时要注意严格控制风压,同时保证喷射速度适当,使喷嘴与受喷面保持适当距离(0.6~1.2m),喷射角度尽量接近90°,正确掌握喷射顺序,不使角隅钢筋前面出现蜂窝或砂囊,如出现此现象时,应及时清除受喷面上的砂囊或下垂的混凝土,以便重新喷射,喷混凝土质量及厚度不小于现行规范规定和设计要求,喷射工作结束后要认真清洗喷嘴。

3. 超前小导管注浆施工方法

按设计架立拱部钢架经检查合格后,施作定位锚杆之后,在钢架上标定小导管施作位置,利用手持风造孔,并按设计严格控制外插角,再用风钻将已加工好的钢花管顶入,尾部与钢架焊成整体;用塑料胶泥封堵孔口及周围裂隙,必要时注浆前应先行对工作面及5m内坑道进行喷混凝土封闭做止液墙,然后采用单液注浆泵进行注浆,水泥浆强度不小于C30,注浆压力0.5~1.0MPa,达到设计压力时持续15min即可结束。注浆过程中要随时观察注浆压力及注浆泵排浆量的变化,防止堵管、跑浆、漏浆,做好注浆记录,以便分析注浆效果,对结束5h的进行研究。利用前次注浆的1.0m左右未开挖的加固段作为止浆墙再进行小导管注浆,重复以上工作。

4. 钢架加工制作及架设的施工方法

钢架加工制作时,构件是连接关键性工艺,应按《钢结构工程施工质量验收规范》(GB 50205—2001)的规定执行,确保各类焊缝及螺栓连接质量。

1) 钢架加工制作

(1) 钢架预制按设计图放大样,放样时应根据工艺要求预留焊接收缩余量及切割、刨边的加工余量。对主钢筋,要求尺寸准确、弧形圆顺。

(2) 格栅钢架按设计图配置加强筋与主筋焊接。焊接时,沿钢架两边对称焊接,防止变形。

(3) 严格焊前及焊缝检查。

焊接材料均应附有质量证明书,并应符合设计文件的要求和国家标准规定。钢筋及其他钢材应按照材质证明书进行现场复检。有锈蚀的钢架禁止使用,对轻微浮锈、油污等应清除干净,并应对焊点进行防锈处理。

焊制前进行焊工摸底试焊,按照手工电弧焊规范经考试合格评定焊接等级,并按规范选用焊接电流、电压、引弧速度等,并要求供电质量稳定。

施焊前焊工应复查组装质量及焊缝区的处理情况,如不符合要求,应修整合格后才能施焊。

焊接完毕后应清除熔渣及金属飞溅物,按《钢结构工程施工质量验收规范》(GB 50205—2001)要求检查焊接质量,不允许出现漏焊和假焊现象。

(4)钢架加工后要进行试拼,其允许误差:沿隧道周边轮廓误差不应大于3cm;钢架由拱部、边墙各单元钢构件拼装而成,各单元螺栓连接,螺栓各中心间距公差不超过±0.5cm;钢架平放时,平面翘曲应小于±2cm。

2)钢架架设

(1)为保证钢架置于稳固的地基上,施工中应在钢架基脚部位预留0.15~0.20m原地基,架立钢架时挖槽就位,并在钢架基脚处设槽钢以增加基底承载力。

(2)钢架平面应垂直于隧道中线,其倾斜度不大于2°。钢架的任何部位偏离铅垂面不应大于5cm。

(3)为保证钢架位置安设准确,在隧道开挖时:

①在两拱脚处、两边墙脚处预留安装钢架槽钢凹槽,其尺寸为8.3cm(高)×8cm(深)。

②在初喷混凝土时,应在凹槽处打入木楔,为架设钢架留出连接板(或槽钢)位置。

(4)钢架应按设计位置安设,在安设过程中当钢架和初喷层之间有较大间隙时应设骑马垫块、钢架与围岩(或垫块)接触间距不应大于50mm。

(5)为增强钢架的整体稳定性,将钢架与锚杆焊接在一起,各种钢架应设纵向连接钢筋。

(6)为使钢架准确定位,钢架架设前均需预先安装定位系筋。系筋上端与钢架焊接在一起,另一端插入围岩中0.5~1.0m并用砂浆锚固,当钢架架设处有锚杆时应尽量利用锚杆定位。

(7)钢架架立后应尽快施作喷射混凝土,并将钢架全部覆盖,使钢架与喷射混凝土共同受力。喷射混凝土应分层进行,每层厚度5~6cm,先从拱脚或墙脚向上喷射,以避免回弹料虚掩拱脚(墙脚)而不密实,强度不够,造成拱脚(墙脚)失稳。

六、隧道工程开挖工作面辅助稳定措施

1. 辅助施工措施适用范围及一般规定

1)辅助施工措施的适用范围

隧道在浅埋软岩地段、自稳性差的软弱破碎围岩、严重偏压地段、岩溶泥流地段、砂土层、砂卵(砾)石层、断层破碎带以及大面积淋水或涌水地段施工时,常会发生开挖面(或称掌子面)围岩失稳,或由于初期支护的强度不能满足围岩稳定的要求,以及由于大面积淋水、涌水而导致洞体围岩失稳,产生坍塌、冒顶等现象。这不仅使围岩条件更加恶化,造成支护和开挖面前方的更大坍方,甚至影响后方的施作支护部分的稳定,或波及地表沉陷。当地下水较多时,这种情况就更为严重。会给施工带来极大的困难,而且造成人力、物力、财力的大量消耗,并影响施工安全,延误工期,费工费料,影响工程质量和隧道的使用年限。为了避免发生上述情况,可在隧道开挖前或开挖中采用辅助施工方法与稳定措施,以加强隧道围岩稳定等。

2)隧道开挖工作面施工辅助稳定方法一般规定

（1）应根据工程地质和水文地质条件、施工队伍的技术水平、机械设备状况等，选用辅助施工方法，并做好相应的工序设计。

（2）应按采用的辅助施工方法，准备所需的材料及机具，并制订有关的安全施工措施。

（3）在施工中，应经常观察地形、地貌的变化以及地质和地下水的变异情况，预防突然事故的发生，并做好详细的施工记录。

（4）必须坚持"先支护（强支护）、后开挖（短进尺、弱爆破）、快封闭、勤量测"的施工原则。

2. 隧道开挖工作面辅助稳定措施

由于初期锚喷支护强度的增长速度不能满足开挖洞体围岩稳定的要求，可能导致洞体失稳，或由于大面积淋水、涌水地段，难以保证洞体稳定时，应采用辅助施工措施，对地层进行预加固、超前支护或止水。

1）稳定隧道开挖工作面措施

（1）留核心土稳定开挖面：采用上弧形导坑开挖，留一定长度的核心土体，其目的是降低开挖面临空高度，并减缓开挖面的坡面角度，抵抗开挖面的下滑和坍方。

（2）喷射混凝土封闭开挖工作面：由于经喷射混凝土层封闭了的工作面，可以使被封闭的围岩和开挖面前方的岩土体的含水率不变，即能使其岩土体的强度和稳定性不会产生明显降低；同时，新开挖工作面经封闭后不与洞体内潮湿气体接触，可以减缓岩土体风化作用的影响等。

2）超前锚杆或超前小钢管锚固前方围岩

超前锚杆和超前小钢管是沿开挖轮廓线，以稍大的外插角，向开挖面前方安装锚杆或小钢管，形成对前方围岩的预锚固（预支护），在提前形成的围岩锚固圈的保护下进行开挖、装渣、出渣和衬砌等作业。

超前锚杆和超前小钢管，是一种起预支护作用的措施。这种超前预支护的柔性较大，整体刚度较小，它们都可以与系统锚杆焊接以增强其整体性。但对于围岩应力较大时，其后期支护刚度仍有些不够大。因此，这种超前支护主要适用于围岩应力较小、地下水较少、岩体软弱破碎，开挖工作面有可能坍滑的隧道施工中，如砂土质地层、弱膨胀性地层、流变性地层、裂隙发育的岩体、断层破碎带等，浅埋无大偏压的隧道地段，也适用于用中小型机械施工。

3）管棚超前支护前方围岩

管棚由钢管和钢拱架组成。管棚是利用钢拱架，沿着开挖轮廓线，以较小的外插角，向开挖面前方打入钢管或钢插板构成的管棚，形成对开挖面前方围岩的顶支护。

（1）短管棚超前支护：采用长度小于10m的小钢管的称为短管棚。短管棚一次超前量较少，与开挖作业交替进行，占用循环时间较多，而钻孔安装或顶入安装短管棚则较容易。

（2）长管棚超前支护：采用长度为10～45m且较粗钢管的称为长管棚。长管棚一次超前量较大，可减少安装钢管次数，并减少与开挖作业之间的干扰，适用于大中型机械进行大断面开挖。

（3）钢插板超前支护：采用长度小于10m的钢插板的称为板棚预支护，一般在无胶结的土质或砂质围岩中，可采用钢插板封闭。

管棚是利用钢管或钢插板作为纵向支撑，钢拱架作为横向环形支撑，从而形成纵、横向整体刚度较大，能阻止和限制围岩变形的性能，并能提前承受早期围岩压力。

管棚适用于特殊困难地段，如极破碎岩体、塌方体、岩堆地段、砂土质地层、强膨胀性地层、强流变性地层、裂隙发育岩体、断层破碎带、浅埋大偏压等围岩的隧道施工中采用。上述地段宜在管内辅以灌浆,效果更好,如遇流塑状岩体或岩溶严重流泥地段,采用管棚与围岩预注浆相结合措施,亦是行之有效的预支护方法。

4)地面砂浆锚杆预支护

地面砂浆锚杆是一种地表预加固地层的措施,由地面锚杆按矩形或梅花形布置,先钻孔→吹净钻孔→用灌浆管灌浆→垂直插入锚杆杆体→在孔口将杆体固定。地面锚杆预支护,是由普通水泥砂浆和全黏结型锚杆构成地表预加固地层。

地面砂浆锚杆可起预加固地层的作用,应用效果良好,适用于浅埋、洞口地段和某些偏压地段岩体松软破碎处,可采用锚固砂浆和地面锚杆进行预加固。

5)注浆加固围岩和堵、截水的措施

(1)超前小导管注浆

超前小导管预注浆前,先对开挖面及5m范围内的坑道喷射厚为5~10cm的混凝土,或采用模筑混凝土封闭,然后沿开挖外轮廓线(即坑道周边)向前以一定角度,打入管壁带小孔的小导管,并以一定压力(注浆压力应为0.5~1.0MPa)向管内压注起胶结作用的浆液,待浆液硬化后,坑道周围岩体能得到预加固,并形成具有一定厚度的加固圈。此加固层能起超前预支护作用,在其保护下即可安全地进行开挖作业。

浆液被超前压注到岩体裂隙中并硬化后,它既能将破碎岩块或颗粒胶结成整体的预加固,又能起超前预支护作用,同时,注浆填充了裂隙,阻隔了地下水向坑道渗流的通道,起到了堵水、防水的作用。超前小导管周壁注浆适用于自稳时间很短的砂层、砂卵(砾)石层、断层破碎带、软弱围岩浅埋地段或处理塌方地段、地下水较多的软弱破碎围岩等地段。

注浆材料应根据地质条件及涌水情况确定。在断层破碎带和砂卵石地层,当裂隙宽度(或粒径)大于1mm时,加固地层或堵水注浆宜优先选用水泥类浆液和水泥—水玻璃浆液;在断层泥地带,当裂隙宽度(或粒径)小于1mm时,加固注浆宜优先选用水玻璃类和木胺类浆液;在中、细、粉砂层及细小裂隙岩层、断层地段,宜采用渗透性好、低毒及遇水膨胀的化学类浆液,如聚胺酯类。另外,对于不透水的黏土层,宜采用高压劈裂注浆。

(2)超前深孔围幕注浆

在特殊困难地段,采用深孔预注浆(含地表超前注浆、平导超前注浆和洞内围岩超前注浆),通过超前围岩深孔预注浆后,即可形成较大范围的筒状加固区,称为围幕注浆。

深孔预注浆加固围岩堵水的作用原理为:对于破碎岩层,砂卵石层,中、细、粉砂层等有一定渗透性的地层,采用中低压力将浆液压注到上述地层中的裂隙、裂缝、空隙里,凝固后将岩土或颗粒胶结为整体,称为"渗透注浆"。对于颗粒更细的不透水、不透浆液的黏土层,采用高压浆液强行挤压深孔周围,使黏土层劈裂并填充浆液且凝结于其中,从而对黏土层起到挤压加固和增加高强夹层加固作用,称为"劈裂注浆"。

超前围岩深孔预注浆,主要是依靠浆液压力,将软弱破碎围岩或黏土层压裂成缝用浆液充填、固结,通过挤压加固即压密作用,从而达到加固和堵水的作用。深孔预注浆方法适用于:软弱围岩及断层破碎带、自稳性能较差的含水地质地段的加固,它更适用于有压地下水及地下水较多的地层中的加固与堵水,并很适用于采用大中型机械化施工的方法。

在进行地层深孔预注浆设计前,应搜集有关注浆地段的岩性、涌水量、涌水压力、水温、涌水的化学性质等,以决定注浆设计参数(包括浆液的选用、注浆范围、注浆压力和设计配合比、胶凝时间、注浆量、注浆孔的布置、注浆顺序和注浆方式等)。为了获得理想的注浆效果,并考虑因注浆而引起对周围环境的变化,在现场应做单孔或群孔注浆试验,从而掌握岩土的渗透性、土颗粒的组成、空隙率、饱和度及地下水量、水压和水质等物理化学性质。

6)临时仰拱封底

以上隧道施工辅助稳定方法的选用,应视围岩地质条件、地下水情况、施工方法、环保要求等具体情况决定,并尽量与常规施工方法相结合,进行充分的技术经济比较,选择其中一种或几种方法同时结合使用。

【实例5】 大管棚施工作业指导书

在断层破碎带及富水地层中,采用大管棚预注浆超前支护,从而使开挖部位形成棚幕和一层壳体,大大增加了施工的安全性能。大管棚采用管棚钻机进行施工。在楚大高速公路九顶山隧道、大保高速公路大箐隧道的施工中,利用钻孔台车进行管棚施工,取得了良好的效果。

1. 管棚加工

大管棚采用 ϕ108mm 热轧无缝钢管加工制成,管身钻孔,孔眼直径 6~8mm,间距 50cm,按梅花形交错布孔以加大浆液渗透能力,管头加工成锥形以便于送入,为确保接头质量,以长 15cm 的丝扣连接。或在端头连接处采用一根以 1.0m 的 ϕ100mm 钢管,伸入 ϕ108mm 钢管中 40cm,在端部用电焊将管之间缝隙焊满,剩余 60cm 用作送入前一根钢管的尾部,并用电焊焊满,起连接和导向作用。为防止浆液倒流,每根管棚尾部均焊有止浆板,止浆板采用 2cm 厚钢板制作,中间钻有 ϕ20mm 带螺纹的眼,以备注浆时用。钢管大样及止浆板大样如图 11-14 所示。

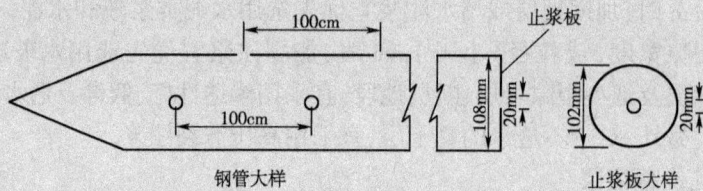

图 11-14 钢管大样及止浆板大样

管棚连接采用长 1m 的 ϕ100mm 钢管插入焊接连接。

2. 管棚钻机施作大管棚

(1)测量放样出隧道设计轮廓线并按 40cm 间距标出管棚的位置。

(2)管棚钻机移动、定位。

(3)在标出的管棚位置上使用顶驱液动锤按设计角度 3°~5°(洞口 1°~2°)把套管与钻杆同时同步冲击回转钻入岩土层内至设计深度。套管与钻具同时跟进,具备护孔功能,避免内钻杆在提出孔后产生塌孔或涌水事故,提供临时护孔,方便往孔内插管注浆。

(4)钻孔完结后,先把套管内孔注水清洗洁净后,再把钻杆取出。套管仍保留在孔内起护孔作用。钻杆取出采用钻架配置的两度液动夹头,进行夹紧及卸拧钻具丝扣,避免使用手动扳手操作,增大了安全系数,减少了劳动强度。

(5)把按设计要求加工好的钢花管插入套管内,接头采用15cm长的厚壁管箍,上满丝扣。并把钢管轻轻打入岩土地内,以固定钢管不易滑出孔口。

(6)钢管插进完毕后,取出套管,钻进其他孔眼。套管取出时,冒落的岩土会于孔内压紧钢管。钢管口与孔口周壁用水泥密封。

(7)接上水泥浆液管,用高压把水泥浆压注入钢管,水泥浆液通过钢管的孔眼注入孔壁的缝隙内,固结附近岩土层。

3. 技术质量要求

(1)确保渗浆孔的直径和数量,以保证渗浆效果。

(2)钻孔要求精度高,终孔位置准,各开孔的孔眼与终孔的孔眼均落在同一周界面上。避免较大的偏差与变形。

(3)管棚仰角按设计要求为3°~5°(洞口1°~2°)。

(4)管棚间距40cm,断面管棚数量34根。

(5)确保钻孔的同轴度,以避免管棚送入时被卡住。

(6)钢管连接处不能在同一截面上,以免产生受力薄弱面。

(7)确保两节钢管之间的连接。

(8)每排管棚纵向两组搭接长度大于2.0m。

【实例6】　大管棚预注浆作业指导书

管棚安装完毕后,即进入注水泥浆,利用浆液的渗透作用,将周围岩体预先加固及堵住围岩裂隙水,既能起到超前预支护的作用,同时又加强了管棚的强度和刚度。注浆时要控制如下几点。

1. 注浆配合比

合适的浆液配合比既能提高浆液的扩散加固范围又能控制浆液的胶凝时间,在施工过程中配合比要控制在如下范围内:水灰比为0.5:1~1:1。

2. 控制注浆压力

每根管的注浆结束与否,不是以时间来判断,而是以注浆压力来控制,当注浆压力持续升高,接近或达到注浆预定压力时,该管注浆才可结束。注浆初压0.5~1.0MPa,终压2~2.5MPa。注浆结束后M10水泥砂浆充填管棚钢管,增强钢管的强度和刚度。

3. 注浆程序

当管棚安装完毕后,用小木楔在钢管与围岩壁楔紧,再用防水胶泥(锚固剂)将空隙封闭住。止浆板与注浆泵之间用管接器相连。管接器由φ20mm闸阀和长10cm的φ20mm的镀锌管制作,镀锌管两边加工成丝扣。管接器大样见图11-15。

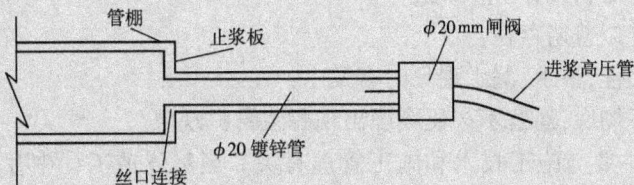

图11-15　管接器大样图

注浆时一般总是先注无水孔,后注有水孔。在无水地段可从拱脚起顺序注浆。注浆速度根据注浆孔出水量大小而定,一般从快到慢。注浆结束时将闸阀关闭,卸下进浆管,进入下一循环。

4. 注浆注意事项

(1)时刻注意观察注浆管周围防水胶泥变化情况,防止浆液压力增加时将其冲裂。

(2)注浆前备足管接器。

(3)管接器必须待浆液凝固后才能卸下,清洗后循环使用。

七、二次衬砌

由于隧道施工条件和施工环境的限制,隧道内混凝土施工相比露天的混凝土施工有一定的难度,也有其特点。例如,拱顶部位的混凝土灌注、捣固与边墙的混凝土灌注、捣固就有不同。衬砌背后空洞的回填也是一个重要因素。因此,在隧道内进行混凝土施工时,必须充分了解隧道内混凝土施工的特点,才能获得满意的衬砌施工质量。

众所周知,所谓的"内实外美"是我们对隧道混凝土衬砌的一个质量要求。"内实"是衬砌内在质量的体现,"外美"是外观质量的体现。因此,深刻地理解"内实外美"的内涵是非常重要的。

(一)良好衬砌的质量应符合的要求

1. 使用性

(1)强度充分、漏水少、水密性好;

(2)使用中的检查、维修等作业性好。

2. 可靠性

(1)在隧道变形没有收敛的状态下修筑衬砌时,给予隧道稳定必要的约束力;

(2)衬砌施工后,发生水压、上覆荷载等外力时,用衬砌加以支持;

(3)考虑地质的不均匀性、支护质量的离散性、锚杆的腐蚀等,增加结构物的稳定性。

3. 耐久性

(1)在设计耐用期间内,维修养护工作量小;

(2)考虑隧道投入运营后外力的变化和围岩、支护材料的劣化,提高结构物的耐久性。

(二)目前存在的主要问题

(1)衬砌背后充填不密实,甚至留有空洞;

(2)衬砌厚度不足,有的严重不足;

(3)衬砌一次开裂普遍存在;

(4)防水质量欠佳,渗水、漏水现象时有发生;

(5)基底处理不彻底,运营不久便屡屡出现翻浆冒泥现象。

出现这些问题主要与施工技术和施工管理有关。当然隧道工程中存在的问题是多方面的,有设计、施工方面的,也有业主、监理方面的,有深层次上的问题,也有面上的问题。但总的来看,混凝土施工也存在技术上的问题,因此,这里以隧道混凝土施工技术为对象,来阐述施工上的问题和解决的途径。

(三)在衬砌施工中常用的两种方式

隧道衬砌施工常采用先墙后拱法和先拱后墙法。前者是目前大多数隧道施工中采用的，后者是在软弱围岩的隧道中，采用台阶法(包括上半断面分部开挖法)中采用的。从施工实践看，在先拱后墙法中出现的问题不少，例如，边墙与拱脚的连接质量控制不好，拱部悬臂过长引起的纵向下沉，边墙施工时引起的拱脚下沉等而造成衬砌开裂等，这些都是施工方法自身的缺点所形成的，也是很难避免的。

先墙后拱法和先拱后墙法从表面上看，仅仅是拱、墙的施工顺序不同而已，但实质上，其力学动态是完全不同的，施工过程中的支护效果也是不同的。

根据以上叙述，在隧道施工中，尽可能地采用先墙后拱法修筑衬砌，已成为当前衬砌施工的主流。

从总体上看，只要严格按照施工工艺施工，混凝土衬砌质量是完全可以保证的。但在施工过程中，也经常出现衬砌厚度不足、衬砌背后留有空洞、衬砌过早开裂以及衬砌漏水等问题。之所以出现这些问题，有多方面的原因，如，施工中出现异常事故(如大塌方、突泥、突水等)处理作业极度困难或因抢进度而忽视质量，质量监理缺乏有效的监控方法，更有甚者是偷工减料造成的。在技术上，因混凝土配合比设计不当，而出现蜂窝麻面、强度不足、施工缝处理不当漏水、防水板破损、衬砌表面不平整以及先拱后墙的施工方法等。

(四)施工要求

1. 严格按照施工工艺施工

衬砌混凝土的质量，受到施工方法的极大影响。特别是现场内的运输、灌注、捣固、养生等方法对混凝土的性能影响很大，因此，应仔细研究混凝土的运输、灌注、捣固、养生等各个作业环节。严格按照设计要求及现场试验的结果进行操作。

拱顶部的混凝土，目前没有一个适当的捣固方法。但是，拱顶部的混凝土要进行适当的捣固，使之成为一体化的、密实的、品质均一的混凝土。因此，拱顶部的混凝土，应根据施工状况，尽可能地进行一定限度的捣固。为了拱顶部的充填更为密实，可采用不需要捣固的自充填型的高流动性的混凝土。但高流动性混凝土的侧压变大，初期强度的形成较晚，会延迟脱模的时间，使用时要注意。局部采用高流动性混凝土时，因使用较少，应注意与普通混凝土边界的一体性等问题。

2. 控制混凝土的配合比，保证混凝土具有良好的施工性能

混凝土的施工性能指和易性、坍落度、流动性以及施工时的强度等。因此，在施工过程中，应根据施工条件、构造条件、环境条件等，使之具有符合运输、灌注、捣固等作业的施工性能。例如，隧道的拱部是很难进行充分捣固的地点，不得已可考虑采用让混凝土流动的灌注方法，但要选择材料难于离析的配合比。特别是泌浆的多少对拱顶部背后产生空隙的大小有影响，因此，应尽可能地选定泌浆小的配合比。为此，要比普通混凝土的细集料率多些，水泥用量和混合材料等的粉体量也要增加，形成富有黏性的混凝土。高流动性混凝土是以流动的灌注为前提的，因流动几乎不会产生材料的离析，可研究在有材料可能离析的场合中采用。

适合作业的坍落度因衬砌的形状、尺寸、部位及补强材的配置、混凝土的运送、灌注及捣固方法等而异。仰拱的混凝土一般采用的坍落度是8cm。边墙及拱部比一般的混凝土结构物的

坦落度大些,多采用 15～18cm。即使如此,拱部混凝土与一般结构物不同,其捣固作业是十分困难的。为此,可采用坦落度更大一些的混凝土,但只增加单位用水量的大坦落度的混凝土虽然灌注作业容易些,但泌浆多,粗集料与砂浆易分离,会产生蜂窝和空洞等缺陷。从防止材料分离方面看,最好采用合适的混合剂,尽量减小单位用水量。

3. 合理的混凝土配合比设计

1)混凝土配合比强度应大于设计基准强度

我们在设计中规定的混凝土强度决定了混凝土的设计基准强度,但其并不是指现场的配合比强度,在施工中为了保证混凝土的设计基准强度,其配合比强度应根据设计基准强度、现场必要的脱模强度及混凝土品质的离散性确定。

衬砌混凝土的要求强度因围岩特性、衬砌形状、支护类型及作用在衬砌上的荷载而异,除特殊场合外,设计基准强度一般取 18～24MPa,素混凝土取 18MPa,钢筋混凝土取 21～24MPa,最近在大断面隧道中,也有采用 30MPa 以上的设计基准强度。

现场混凝土的品质,一般受到集料、水泥等品质的变动,计量的误差,拌和作业的变动等而有一定程度的变化。因此,为了保证衬砌任何部位的混凝土抗压强度不过度地小于基准强度,视现场的施工条件,混凝土的配合比强度应大于设计基准强度。一般地说,隧道衬砌多在12～20h 脱模,因此,必要的配合比强度应同时满足所要求脱模时的强度和设计基准强度。

由于脱模后没有进行充分养生的场合,应选定强度大的配合比,来确保所要求的品质。

2)水灰比

水灰比应根据抗压强度、抗冻害性、对化学作用的耐久性、水密性等决定,原则上应小于65%。

3)单位用水量

单位用水量在作业容许的范围内,应尽可能地小,通过试验加以确定。

4)粗集料最大尺寸

从获得经济的混凝土角度出发,一般采用尽可能大的粗集料是有利的。但是,衬砌有不能充分捣固的部分,用太大的粗集料是不合适的。因此,要控制粗集料的最大尺寸。

(五)衬砌模板施工

模板是钢模板或预制板、支持骨架(拱架)、移动平台及其附属品的总称。

目前采用的模板有移动式和组装式两种。移动式如图 11-16 所示,是把支持骨架和钢板或顶制板一体化,并搭载在移动台架上,又被称为活动模板;组装式是每次灌注都要组装、拆除拱架和钢板,通常也称为固定式模板。我们在模板使用上,存在的主要问题是模板整体刚性不足,易于变形和跑模。另外,在堵头板、厚度检测等附属装置上也不配套。为了降低造价,常常使用小尺寸的简易模板,造成混凝土表面不平整,混凝土灌注口部在混凝土表面上明显突现等影响"外美"的现象也时有发生。

(六)初期支护与二次衬砌间空隙处理

初期支护内轮廓与二次衬砌外轮廓间应紧密结合。由于超挖、坍塌等原因造成两者之间可能有空隙时,可采用以下几种办法处理,以增强初期支护与二次衬砌之间的黏结。

1. 采用同级混凝土回填密实

当空隙不超过允许超挖量时,或由于初期支护施工后洞体净空收敛未达到设计预留变形

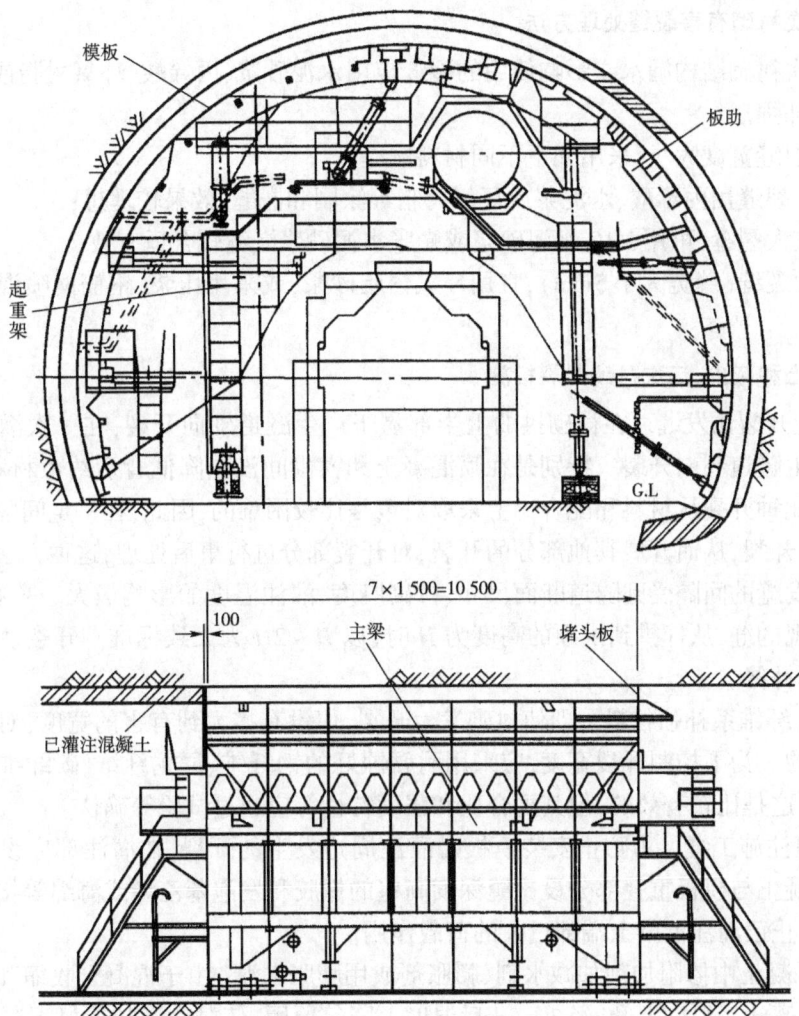

图 11-16　移动式模板示例(尺寸单位:mm)

量时,应根据实际轮廓选择增大加宽值,或以同级混凝土回填密实。

2. 采用贫混凝土回填

当超挖较大,用上述方法不能满足初期支护与二次衬砌间密贴的要求时,拱脚及墙基以上 1m 范围内采用同级混凝土回填密实,其余部分可根据空隙大小分别选用同级混凝土、浆砌片石或贫混凝土回填。

3. 采用背板、钢支架、钢支撑等

当为较大空隙或坍塌处,应加强初期支护,使其充分稳定后方可进行二次衬砌。此时,较大的空隙或坍塌处不宜采用一般填料,以避免二次衬砌的局部承载过大,而应增设锚杆钢筋网喷混凝土等措施(如图 11-17 所示),以加强初期支护及与二次衬砌间的支撑接触。

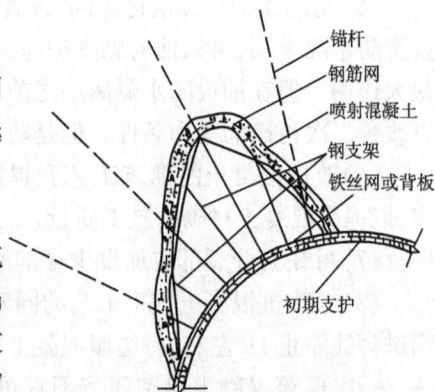

图 11-17　空隙或坍塌处理

（七）二次衬砌有害裂缝处理方法

隧道二次衬砌结构漏水或影响使用的裂缝应用水泥砂浆、丙烯酸、环氧树脂或环氧树脂砂浆等嵌缝和补强。

根据其裂缝宽度大小，采用如下不同材料嵌缝：

（1）细小裂缝用丙烯酸、水泥浆或环氧树脂等涂刷和嵌缝，效果较理想；

（2）对较大裂缝，可用 M10 水泥砂浆或膨胀水泥砂浆嵌缝较合适有效；

（3）对大裂缝（缝宽大于 5mm），宜用环氧树脂砂浆，或采用压浆、钢筋网喷混凝土等进行补强。

（八）防止和减少、二次衬砌开裂措施

（1）设置开裂诱发缝。在衬砌拱的上半部易于产生隧道轴向开裂，在一次灌注长度大的场合易于产生隧道环向开裂。特别是在喷混凝土和衬砌间没有降低背后约束材料的场合，更为显著。对此种开裂从材料和配合比上采取对策是比较困难的，因此，在一定间隔设断面缺损部分，来诱发开裂，从而开展其他部分的开裂，对开裂部分进行事后处理，这种方法是比较容易的。开裂诱发缝的间隔受到隧道断面尺寸、衬砌厚度、灌注温度的影响极大。一般地说，沿隧道轴直角发现的缝，从仰拱到拱顶的高度为 H 时，以 $H \sim 2H$ 为大致标准。开裂诱发后为防止漏水，应进行补修。

（2）掺入纤维系补强材料。即使衬砌发生开裂，但没有扩大到有害的宽度，对衬砌功能的影响是不大的。为了控制开裂宽度，应采用耐腐蚀好的钢纤维、尼龙纤维、碳纤维等短纤维混入混凝土中，这是比较有效的，但其配合比和强度特性等应通过试验等确认。

（3）设灌注施工缝。为防止安装模板时灌注周边发生的开裂，在灌注部应设施工缝。即在已灌注混凝土与模板重叠部分设比缝深度高些的橡胶和发泡苯乙烯或海绵等接缝材充当模板，就能够防止已灌注混凝土端部过大的荷载作用。

（4）在混凝土中掺附加剂如减水剂、膨胀剂或用膨胀水泥。由于混凝土收缩和水泥水化发热，使混凝土灌注后温度上升，经 $3 \sim 5d$ 后温度下降等原因，使衬砌受拉超过混凝土极限强度后而出现裂缝。在混凝土中加减水剂、膨胀剂，可以减少单位水泥和水的用量，因加膨胀剂混凝土受压密实，从而减少混凝土的收缩应变等。

（5）初期支护与二次衬砌间，设置隔离层或低强度等级砂浆后，减少对二次衬砌的约束。设置防水隔离层，可以使衬砌支护与二次衬砌之间不传递切向力，因此对防止二次衬砌开裂有很大作用。但在铺设防水隔离层之前，应用喷射混凝土或水泥砂浆将初期支护表面大致整平，以改善二次衬砌的受力条件。但是防水隔离层造价较高，应作技术经济比较。

（6）改进混凝土的灌筑工艺和提高其施工技术水平，并加强混凝土振捣和养护，精心施工，以提高混凝土衬砌的施工质量。

（7）可在易开裂部位加设少量钢筋，使混凝土裂缝分散而裂缝宽度不超过允许值。

（8）在改进混凝土施工工艺的同时，可放慢灌注速度，并在两侧边墙对称分层灌混凝土，到拱脚处停止 1h 左右，待边墙混凝土衬砌下沉稳定后，再灌注拱部混凝土衬砌。

一次模筑混凝土衬砌环节不宜过长，以免混凝土硬化收缩使衬砌产生裂缝（模板台车一般长度为 $6 \sim 12m$）。当混凝土灌注速度过快，沉降不均匀易产生裂缝，拱脚附近裂缝更多。

(9)在衬砌内或易开裂部位,布置少量钢筋,可减少裂缝的产生,并使裂缝分布较均匀而裂缝宽度不超过允许值等。

八、防水隔层的施工

隧道在开挖时或在喷射混凝土施工后,有渗漏水出现,以及在隧道开挖时或喷射混凝土施工后虽未发生渗漏水现象,但隧道工程中,地下水的存在是必然的,根据围岩的状况,对将来仍有可能出现渗漏水的地段,也必须设置相应的衬砌防水工程。尤其对于隧道洞口段,为保证充分安全,不管有无渗漏水发生都要设置防水工程。衬砌防水工程可采取浇筑抗渗混凝土与铺设防水层相结合的办法进行处治。

抗渗混凝土是混凝土中掺加 BR 型等增强防水剂,可提高防水抗渗效果。防水层一般采用外贴式防水层。对复合式衬砌,设置夹层防水层,防水材料常用合成树脂与土工布聚合物制作的防水薄膜和防水板,防水板分橡胶防水板、塑料防水板,隧道施工多采用塑料防水板。

(一)防水隔离层铺设

1. 塑料防水层铺设前准备工作

(1)测量隧道坑道开挖断面,对欠挖部位应加以凿除,对喷射混凝土表面凹凸显著部位应分层喷射找平;外露的锚杆头及钢筋网应齐根切除,并用水泥砂浆抹平。喷射混凝土表面凹凸显著部位,是指矢高与弦长之比超过 1/6 的部位,应修凿、喷补,使混凝土表面平顺。

(2)应检查塑料板有无断裂、变形、穿孔等缺陷,保证材料符合设计、质量要求。

(3)应检查施工机械设备、工具是否完好无缺,并检查施工组织计划是否科学、合理等。

2. 塑料板防水层铺设主要技术要求

(1)塑料板防水层施作,应在初期支护变形基本稳定和在二次衬砌灌筑前进行。开挖和衬砌作业不得损坏已铺设的防水层。因此,防水层铺设施作点距爆破面应大于 150m,距灌筑二次衬砌处应大于 20m。当发现层面有损坏时应及时修补,当喷层表面漏水时,应及时引排。

(2)防水层可在拱部和边墙按环状铺设,并视材质采取相应接合方法。塑料板宜用爆破搭接宽度为 10cm,两侧焊缝宽应不小于 2.5cm(橡胶防水板黏接时,其搭接宽度为 10cm,黏缝宽不小于 5cm)。

(3)防水层接头处应擦干净,塑料防水板应用与材质相同的焊条焊接,两块塑料板之间接缝宜采用热楔焊接法,其最佳焊接温度和速度应根据材质试验确定。

防水层接头处不得有气泡、折皱及空隙;接头处应牢固,强度应不小于同一种材料(橡胶防水板应用黏合剂连接、涂刷胶浆应均匀,用量应充足才能确保黏合牢固)。

(4)防水层用垫圈和绳扣吊挂在固定点上,其固定点的间距;拱部应为 0.5～0.7m,侧墙为 1.0～1.2m,在凹凸处应适当增加固定点;固定点之间防水层不得绷紧,以保证灌筑混凝土时板面与混凝土面能密贴。

(5)采用无纺布做滤层时,防水板与无纺布应密切叠合,整体铺挂。

(6)防水层纵横向一次铺设长度,应根据开挖方法和设计断面确定。铺设前宜先行试铺,并加以调整。防水层的连接部分,在下一阶段施工前应保护好,不得弄脏和破损。

(7)防水层属隐蔽工程,灌筑混凝土前应检查防水层质量,做好接头记录和质量检查记录。

3. 塑料板防水层施工程序

见图 11-18。

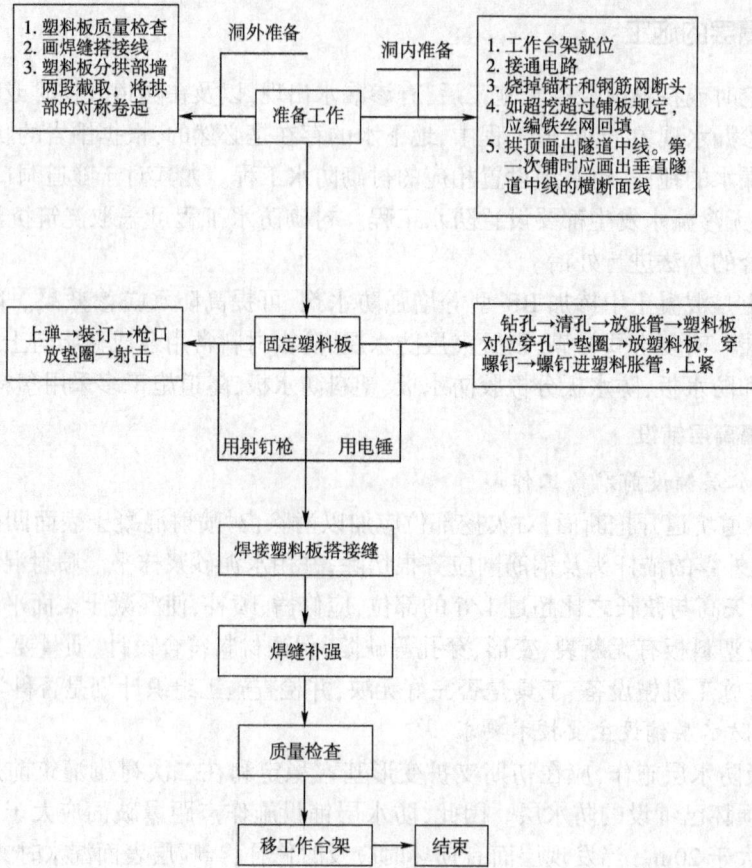

图 11-18　塑料板防水层施工程序

4. 塑料板应满足的材质要求

(1)塑料板的抗拉强度大于 15MPa,伸长率大于 200% ;

(2)塑料板面无变色、波纹(厚薄不均)、斑点、撕裂、刀痕、小孔等缺陷;

(3)塑料板可采用厚 1.5~2.0mm,宽 1.0~1.24m 浅色的聚氯乙烯软板。

5. 塑料板防水层保护措施

(1)在二次衬砌前,严禁在铺设塑料板防水层的地段进行爆破作业;

(2)模筑混凝土时,严禁模板、堵头等损坏塑料板防水层。

6. 喷涂防水层施工技术要求

(1)喷涂防水层前应对基面进行冲洗、堵漏处理,使基面无浮渣、灰尘及渗漏水;

(2)喷涂防水层应分层施工,每层厚度约 0.5mm,表面晾干后再喷下一层,总厚度不应小于 2mm;

(3)喷涂防水层施作后,应在其表面喷 10~20mm 水泥砂浆保护层。

7. 防水混凝土施工缝处理

防水混凝土施工缝,是衬砌防水混凝土间隙灌注时造成的。对其施工缝的处理,在浇筑第二层防水混凝土前,一般用钢丝刷将底层混凝土刷毛,或在第一层混凝土浇筑后 4~12h 内,用高压水将混凝土表面冲洗干净。再浇灌时,应先刷水泥浆两遍,再铺设 1cm 厚砂浆(用原混凝土的配合比,除去粗集料),过半小时以后即可继续浇筑第二层防水混凝土。

隧道工程二次衬砌背面的防水混凝土施工缝与伸缩缝、沉降缝一样,对隧道漏水有重要影响,所以均需注意处理。防水混凝土的施工缝须做防排水处理,一般可采用塑料止水带或橡胶止水带,基本无水地段可采用企口式或台阶式施工缝。

止水带的安设工艺,应视现场施工机具而定。当采用模板台车与泵送混凝土时,宜采用如下的止水带安设工艺:

(1)沿设计衬砌轴线,每隔不大于 0.5m 钻一直径为 $\phi12mm$ 的钢筋孔;

(2)将制成的钢筋卡,由待灌混凝土侧向另一侧穿入,内侧卡紧止水带一半,另一半止水带平靠在挡头板上;

(3)待混凝土凝固后拆除挡头板,将止水带靠钢筋拉直、拉平,然后弯钢筋卡套上止水带。

【实例7】　阳宗隧道防排水试验段

在我国,公路隧道防排水普遍采取以排为主的方式,在设计、施工中存在以下问题:

(1)防排水施工质量不能得到保证。隧道衬砌背后排水盲沟的施工,岩面未按设计要求凿槽,安设的环向排水管浮放于岩壁上,在施作初期支护后,排水管就易被喷射混凝土层包裹,不能形成畅通的排水通道,导致排水效果不理想;防水板铺挂不严格按无钉孔铺挂工艺操作,用射钉固定防水板,对防水板形成了破坏;防水板的焊接不符合要求,出现焊接机的温度不足、速度过快、压轮压度不够等情况,导致防水板搭接处形成点焊。

(2)防排水材料有待改进,目前在施工中采用的塑料防水板强度较高,但柔软性不好,使初期支护与二次衬砌不能密贴,同时在灌注混凝土时易拉坏防水板,在部分隧道工程中采用了波纹管作为排水管。由于其透水性较差,往往形成开挖时有大量出水,而排水管中却无水可排的情况。

1. 试验段概况

阳宗隧道是昆明—石林高速公路的控制工程,为上下行分离的双洞单向行车 3 车道大断面隧道,隧道净跨 14.80m,隧道净高 8.90mm,阳宗隧道上行线全长 2 790m,下行线长 2 725m,阳宗隧道主要地层为二叠系灰白色、红灰色灰岩和二叠系灰褐色、灰黑色玄武岩,断层裂隙发育,地下水丰富。

针对公路隧道防排水的薄弱环节,通过在阳宗隧道进行防排水试验研究,采用新型的防排水材料、高性能模筑混凝土等技术,并对防排水措施及施工工艺进行了研究和改进,较好地解决了公路隧道的渗漏水问题。

阳宗隧道防排水研究试验段选择在石林端上行线 SK39 + 663 ~ SK39 + 641,SK39 + 570 ~ SK39 + 440,总长 152m,距隧道石林端洞口分别为 847 ~ 869m 和 940 ~ 1 070m,隧道埋深分别为 120m 和 126 ~ 134m。试验段在 III 类围岩地层,为灰黑色碎块状玄武岩,节理、裂隙很发育,岩体破碎。经统计影响围岩稳定性的节理裂隙主要有四组节理,均属构造节理,其裂面较为平直,试验段地下水丰富,地下水呈带状发育,发育带与隧道轴线垂直。试验段中主要有两段地下水流量较大:SK39+663~SK39+642,长21m;SK39+560~SK39+540,长20m,有多处股状地下水流出,实测总流量1 156m³/d,其中SK39+663~SK39+642地段流量213m³/d;SK39+560~SK39+540,长20m,地段流量843m³/d。

2. 试验段设计方案

在阳宗隧道防排水试验段的设计中,通过查询国内外的资料和调研后,采用了新型的防排材料和工艺,以解决在公路隧道中长期存在的渗漏水问题,其中有新型的弹塑软式排水管和P型PVC防水板。弹塑软式排水管具有全方位透水功能,渗透水能顺利渗入管内,无纺布内衬过滤使泥沙杂质被阻挡在管外,外加的两条塑料限位卡条可防止弹簧变形、裂管。P型PVC防水板除满足国标各项要求外,还有拉伸强度高,材料的柔韧性好,可进行分区防水等特点(见图11-19、图11-20),提出了"以排为主,防、排、堵、截结合"的综合治理方案。

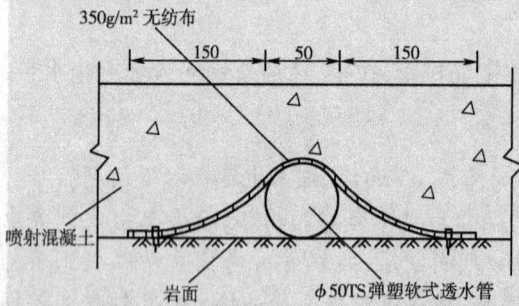

图11-19 初期支护与围岩间环向弹簧排水管截面构造
(尺寸单位:mm)

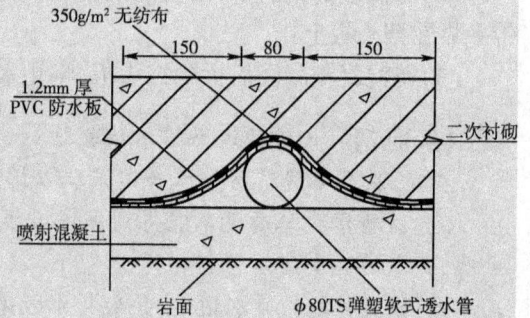

图11-20 初期支护与二次衬砌间环向弹簧排水管截面构造(尺寸单位:mm)

(1)采用围岩注浆止水,使用水泥—水玻璃双液浆,深度为3m,注浆时用ϕ42mm×4钢花管,注浆压力为0.3~1.5MPa。

(2)初期支护背后紧贴岩壁环向埋设加限位卡条的弹簧排水管。

(3)在初支与二次衬砌之间出水地段,增加环向弹簧排水管,间距根据出水实际情况调整。

(4)采用柔性好的P型PVC防水板取代柔性不好的EVA防水板。

(5)埋设水压力传感器量测水压力。

(6)在二次衬砌中增设钢筋,提高抗裂性,并采用高性能模筑混凝土提高抗渗性。

(7)在拱脚和附近增设一道纵向排水管(在涌水量较大地段)。

(8)路面的防水应考虑,在路面下工作缝增设截排水盲沟,防止路面冒水。

(9)边墙脚横向泄水孔采用双壁打孔波纹管。

1)围岩止水注浆设计

(1)注浆孔深度、数量及布置方式。

①注浆孔深度:2.5~3.0m;

②注浆孔间距:横向拱部4~7个孔,纵向间距1.0~2.5m,根据现场情况再作调整;

③注浆孔布置:隧道拱部,梅花形布置;

④注浆孔径：注浆管采用 $\phi42mm \times 4$ 普通钢管周壁打孔，孔距 25cm，孔径 48mm。

（2）浆液的选择及配合比设计。

①采用水泥、水玻璃双液浆；

②水玻璃浆浓度：$35Be'$；

③水灰比为：$W:C=1:1$（质量比）；

④水泥浆与水玻璃的比为：$C:S=1.25:1$（体积比）。

（3）注浆压力。

注浆压力控制在 1.5MPa 以内，并要求从零开始逐级增加。如在小于 1.5MPa 的注浆压力时已达到预期注浆效果应停止加压，或注浆量已达到设计注浆量时也应终止注浆。

（4）浆液注入量。

单孔注浆量控制在 $1.03m^3$/孔左右，根据现场情况作适当调整。

2）初期支护与围岩接触面上环向排水系统设计

初期支护与围岩接触面上的环向排水系统采用 $\phi50 \sim 80mm$TS 弹塑软式透水管作排水盲沟。根据现场施工情况，拱部初期支护已经完成，部分边墙的初期支护也已经完成，这部分的盲管已无法实施，已施工地段，间隔 2.5m 安装单壁打孔波纹管。但尚未施工的边墙部分仍可安装，环向盲沟不一定要整环连接，只要从有水的位置把水引到边墙脚进入边沟就行了。TS 弹塑软式透水管柔软性较好，能随岩面的凹凸铺设。但必须注意，TS 弹塑软式透水管必须紧贴岩壁，在喷混凝土以前应用无纺布覆盖透水管，以免被混凝土封堵。

3）防水层与初期支护之间排水系统设计

防水层与初期支护之间原设计中只设了边墙脚纵向的排水系统，由于大量裂隙水成股透过初期支护，须在聚乙烯防水层与初期支护之间增设环向盲沟。因单壁打孔波纹管的开孔率小，透水性较差，柔软性差，将环向盲沟由 $\phi116mm$ 打孔波纹管改为 $\phi80mm$ TS 弹塑软式透水管，环向间距 2.5m；将纵向盲沟由 $\phi116mm$ 双壁打孔波纹管改为 $\phi100mm$ TS 弹塑软式透水管，沿隧道纵向全隧道贯通（见图 11-21）。环向盲沟和纵向盲沟由三通接头连通，纵向盲沟与横向泄水管由三通接头连接。TS 弹塑软式透水管的连接有专用直通和三通接头。

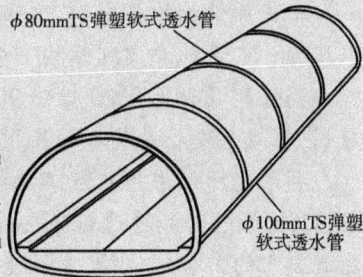

图 11-21　防水层与初期支护之间排水系统设计

4）初期支护与二次衬砌之间防水层设计

阳宗隧道原防水设计在初期支护与二次衬砌之间设防水层，采用了 1.2mm 厚的 EVA 防水板。EVA 防水板的柔软性较差，防水板与喷层紧贴不好，铺挂时采用"线挂"松弛度不易掌握。从焊接工艺看，EVA 防水板搭接焊缝采用电烙铁热融焊接，机械焊接尚可，但手动焊接质量不易保证，出现焊缝不连续、焊接强度低的现象，用手就能撕开。从现场情况看，"T"形节点（即三层搭接）部位由于材料、工艺原因，焊接质量一般都不能保证。试验段设计采用新型防水材料——P 型聚氯乙烯防水板（PVC），板厚 1.2mm（见图 11-22）。聚氯乙烯防水板具有防水性能好，抗拉强度高、延展性好，柔软，配套工艺齐全的优点，很适合用于地下的防水工程。

聚氯乙烯防水板配套工艺有：

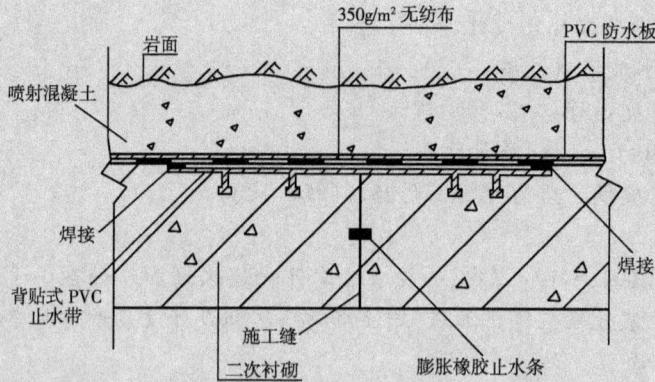

图 11-22　初期支护与二次衬砌之间防水层设计

（1）采用高热风热融焊接，是将母体材料熔化融合在一起，焊接密实性及强度与母体相同，可进行机械和手动焊接，质量均可保证。机械焊接为双缝焊接，可进行气压检测。

（2）PVC 柔性固定垫片固定防水板，可实现无钉孔铺挂。

（3）背贴式止水带实现防水分区隔离，防止发生一处漏水"全隧道窜流"的现象。

（4）拱顶预留注浆孔，可后期注浆充填拱顶空隙，同时也是对防水失败后的一种补救途径。

5）二次模注混凝土设计

根据原设计的要求，二次模注混凝土的抗渗指标为二次衬砌结构应考虑承受 1.2MPa 的水压力。本设计考虑到结构安全、防水要求，采用高性能钢筋混凝土结构。

高性能混凝土是 20 世纪 90 年代混凝土技术的主要成就，在特殊施工领域得到了很好的应用，在隧道支护结构上的应用国内还不多见。

利用现场使用的 C25 二次模筑混凝土的机制砂和石子，选用 FDN-2001 高效减水剂、ZH-EM920D 微硅粉和精选粉煤灰，在云南绿色高新材料股份有限公司试验测试中心进行了高性能混凝土的配合比试验，高性能混凝土设计强度等级≥C50，抗渗等级≥S16。本设计高强二次模筑混凝土强度等级 C50。通过试验，得到两种合理的高性能混凝土配合比（见表 11-7）。本设计采用配合比 2。

高性能混凝土配合比设计

表 11-7

编号	配合比	水胶比	材料用量（kg/m³）							坍落度（cm）
			水泥	机制砂	碎石	水	FDN-2001	微硅粉	粉煤灰	
1	1:1.96:2.49:0.36	0.33	420	824	1048	150	5.04	35		16.5
2	1:2.06:2.62:0.375	0.33	400	824	1048	150	5.04	35	20	20.0

注：FDN-2001 高效减水剂的掺量 = 水泥用量×1.2%。

3. 防排水效果

阳宗隧道上行线 SK39+650 和 SK39+546 两个断面，埋设了水压计进行长期观测，以判断防排水试验的效果,确定水对支护结构的压力。通过较长时间的观测,阳宗隧道上行线防排水试验段作用于二次衬砌的最大水压初步估计在0.8MPa左右,且压力比较稳定。从量测的水压力数值可以看出:隧道的排水系统良好,衬砌背后的水可以顺畅地排走,并没有对隧道衬砌产生很大的压力。

2002年8月和10月,分两次对昆石高速公路隧道的渗漏水情况进行了详细的调查,调查中对渗漏水的桩号、部位和渗漏水情况进行了描述,并进行了拍照记录,其中阳宗隧道共发现渗漏水44处,但在防排水试验段中尚未发现一处渗漏水,表明试验段经受了雨季的考验,防排水设计和施工是成功的。

4. 试验结论

防排水试验结合阳宗隧道富水地段的实际情况,进行了现场调研、设计和施工,采用了新的材料和工艺,达到了预期的效果,得出如下结论:

(1)防水板是公路隧道采用复合式衬砌防水夹层的主要材料,防水板的性能和工艺质量关系到隧道防水的成败,P型PVC防水板强度较高、柔韧性好,铺挂施工工艺较完善,质量可靠,并有配套的分区防水技术,在公路隧道的防排水设计、施工中可以推广应用。

(2)TS弹塑软式透水管透水性好,且能弯曲,与围岩密贴,能实现引水入管,保证排水效果良好。

(3)二次衬砌作为防水的最后一道防线,采用高性能模注混凝土可以起到防水、提高结构强度的效果。

(4)公路隧道的防排水是一项系统工程,防排水设计应从材料性能、施作的难易程度等方面进行综合考虑,在施工中应加强质量检查,严格检查合格后才能进入下道工序。

九、隧道工程洞内永久性附属工程施工

隧道洞内永久性附属工程包括:洞内通风,照明,装修工程。它们是为隧道投入运营后而设置的。这些附属工程是为保证运营后车辆通过隧道时,使得车辆运行正常,它们可以使得黑暗的隧道变得明亮,空气新鲜,内部美观,人们乘车通过隧道时感到舒适。

1. 隧道洞内永久通风施工

隧道通风是为保证洞内空气新鲜,特别是对长大隧道显得更为重要。公路隧道洞内一般设计永久性通风设施。特别是在城市里的公路隧道更要设计永久性通风设施。如杭州市五老峰隧道,地处西湖边的旅游路线上,全长1 000多米。在隧道洞内每隔200m安装一组(一双)不锈钢外壳的通风机,保证洞内空气新鲜。作为旅游路线上的公路隧道,通行的旅游车辆多,游人多,所以要求通过隧道的空气要求新鲜,保证旅游者的身体健康。

通风机安装在隧道顶部,通风良好。因此,施工时要求:

(1)保证安装质量。要求通风机安装牢固,运行状态良好。

(2)谨慎操作和安装,防止通风机外壳损伤。

(3)运行前要作全面检查,避免出现安全事故。

公路隧道的通风机选择、设置等可根据具体情况而定,一般视车辆通过的多少而定。

2. 隧道洞内永久性照明施工

隧道洞内永久性照明保证隧道光线明亮,使运营车辆安全通过隧道。

公路隧道洞内照明光线的亮度要比铁路的高,公路隧道昼夜行车繁忙,特别是重要的高速公路上车流量大。如京沪、京沈、京深等高速公路车辆通过密度很大,在这些高速路上的隧道照明设计要求高,必须保证车辆安全通行。城市道路上的隧道照明设计要求更高,例如,上海黄浦江的海底隧道照明设计要求 24h 不间断的照明;杭州市西湖边旅游线上的隧道设计不但照明要保证而且还要美观;五老峰隧道照明设计比较华丽,隧道洞内从上向下设计三排灯,拱顶附近一排,拱顶与拱脚大约 1/2 处一排,拱脚下方一排,每排的灯具及亮度都不同,目的是保证洞内光线好同时又美观。因此,设计越复杂,施工的难度越大。

为保证照明的美观和亮度,在施工过程中要求做到:

(1)按设计要求施工。

(2)保证质量。按设计电路、要求灯具施工,不得随意变更。

(3)保证照明安全施工。

3. 隧道洞内排水工程施工

隧道洞内排水是为了保证洞内干燥,防止洞内水漫流影响车辆通行。公路隧道一般采用两侧水沟排水,以保证路面的干燥,设置排水沟的目的是将隧道内的水排出。因此,排水沟施工时要求做到:

(1)按照设计要求,保证水沟的设计断面积。

(2)水沟混凝土的质量要求高,内实外美,绝对不渗水。

(3)水沟混凝土,采取现场灌注时,要求主模板尺寸标准,不跑模。

(4)保证混凝土的强度,不得提前拆模。

(5)施工认真。不要认为水沟简单、混凝土工程量少,而马虎施工。

4. 隧道洞内装饰工程施工

隧道装修一方面是防止隧道内部混凝土腐蚀,更重要是为了美观,特别是城市道路的隧道装修更要讲究。当车辆穿过隧道时,就像穿过豪华的街道一样,给人一种美感。隧道装修的豪华与否,视隧道所处的地理位置而定。公路隧道根据所处地理位置、车辆通行量大小、道路等级等确定不同的装修设计要求。

装修材料是根据设计不同而不同的,一般用涂料,高级装修边墙部分选用复合塑料板,或瓷砖镶拼等。杭州市五老峰隧道边墙选用复合塑料墙装修。

由于装修材料不同、式样不同、施工质量要求不同。为保证设计装修的效果,在装修施工中要求做到:

(1)按照设计图纸施工,不得随意修改。

(2)严格按操作要求施工,不得主观盲干。

(3)保证装修的质量和效果。

(4)装修是细活,必须要做到精确施工。不合格或不符合标准的,要返工重做,达到设计规定。

第二节　隧道工程新奥法施工介绍

一、隧道工程新奥法施工程序

新奥法的特征是采用现场监控、量测信息指导施工，即通过对隧道施工中量测数据和对开挖面的地质观察等进行预测、预报和反馈。并根据已建立的量测为基准，对隧道施工方法（包括特殊的、辅助的施工方法）、断面开挖步骤及顺序、初期支护的参数等进行合理调整，以保证施工安全、坑道围岩稳定、施工质量和支护结构的经济性。

隧道工程新奥法施工程序，见图 11-23 所示。

二、隧道工程新奥法施工的原则

根据我国公（铁）路隧道采用新奥法施工的经验，隧道施工采取的基本原则，可以概括为"少扰动、早喷锚、勤量测、紧封闭"四句话十二个字。具体说，是指在隧道开挖时，必须严格控制，减少对围岩的扰动强度、扰动持续时间和扰动范围，以使开挖出的隧道符合成型的要求。

1. 少扰动

隧道开挖时能采用机械开挖的就不用钻爆法开挖。采用钻爆法开挖时，严格控制爆破，尽量采用大断面开挖。选择合理的循环掘进进尺。自稳性差的围岩循环掘进进尺宜用短进尺，支护应紧跟开挖面，以缩短围岩应力松弛时间及开挖面的裸露风化时间。

2. 早喷锚

指对开挖暴露面应及时作初期锚喷支护，经初期支护加固，使围岩变形得到有效控制而不致变形过度而坍塌失稳，以达到围岩变形适度而充分发挥围岩的自承载能力。必要时可采取超前预支护辅助措施。

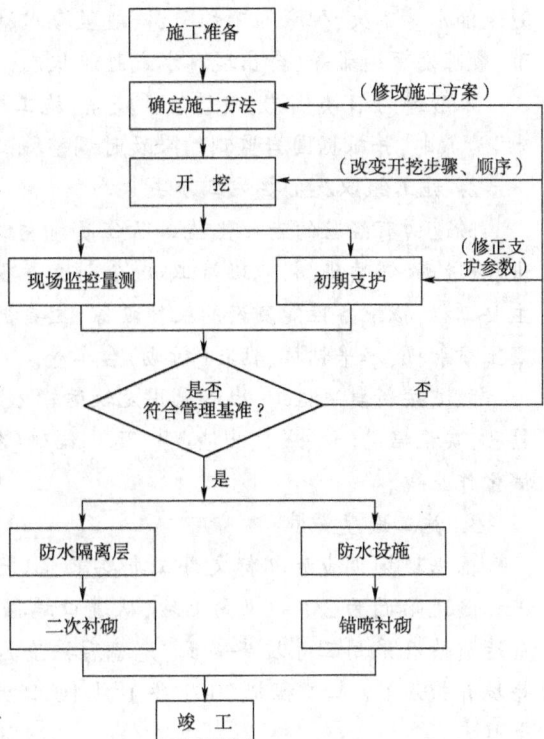

图 11-23　新奥法施工程序

3. 勤量测

按着规范的量测方法和量测数据及信息反馈，根据施工中量测数据和对开挖面的地质观察，对围岩周边位移进行现场监控量测，进行预测和评价围岩与支护的稳定状态，或判断其动态发展趋势，以便根据建立的量测管理基准，及时对隧道的施工方法（包括开挖方法、支护形式，特殊的辅助施工方法）、断面开挖的步骤及顺序、初期支护设计参数等进行合理的调整，以确保施工安全、坑道稳定、支护衬砌结构的质量和工程造价的合理性。

4. 紧封闭

指对易风化的自稳性较差的软弱围岩地段,应对开挖断面及早作封闭式支护(如喷射混凝土、锚喷混凝土等),可以避免围岩因暴露时间过长而产生风化降低强度及稳定性,并可以使支护与围岩进入良好的共同工作状态。

【实例8】 铁锁关隧道施工方案

1. 工程概况

本合同段内有1座隧道(铁锁关隧道),为带中墙的整体式双连拱结构隧道。隧道全长257 m,隧道净空(宽×高):$2×9.75\text{m}×5\text{m}$,隧道位于半径 $R=3\ 435.91\text{m}$ 的圆曲线内,该隧道为泥质粉砂岩夹砂质泥岩,围岩类别为 II 类。隧道的地下水主要来源于大气降水,补给量受地形、地貌、岩性、构造和降水方式的控制。隧道区内地下水补给条件较差,地下水贫乏。隧道涌水量不大,但分布不均匀,一般呈渗水滴水状态,局部可能形成富水地段,如断层破碎带,裂隙发育地带等,会出现淋水或股流状态。

本隧道为 II 类围岩,地质条件较差,施工中以"弱爆破、少扰动、强支护、早封闭、适时衬砌"为原则,并根据围岩监测结果及时调整施工方案,确保施工安全,保证工程质量。

2. 施工组织及主要施工方法

隧道由有经验的专业化施工队伍负责施工,根据洞内不同工序,隧道施工队分为:测量班、掘进班、锚喷班、衬砌班等工班,分别负责各工序的施工。本隧道是本合同段控制工期的主要工程,拟配备性能良好的机械设备,主要机械设备有:电动压风机、装载机、自卸汽车、混凝土喷射机、水平钻机、钻孔(衬砌)台车等。

隧道按新奥法施工,出渣采用无轨运输方式,自制简易钻爆台车配合7655型风动凿岩机钻孔,实施掘进(钻、爆)、出渣(装、运)、锚喷(拌、运、锚、喷)和衬砌(拌、运、灌、捣)等4条机械化作业线。

3. 施工进度安排

根据现场调查和招标文件工期要求,拟采用单口掘进的施工方法,从隧道进口开始掘进。隧道路面为2%的纵向上坡,从进口端掘进也有利于洞内排水。根据隧道的结构特点及地质情况采用三导坑半断面,先墙后拱法施工(隧道开挖采用中导洞+侧壁导洞+上下导坑开挖法)。本工程拟2001年1月10日开工,2002年2月10日完工,施工时间为13个月。

4. 临时工程

1)施工便道

施工便道按7m宽、0.2m厚泥结碎石路面新建和整修。施工便道主要利用原有乡间道路,对旧路进行调直,加宽整修,以保证施工运输的需要。

2)施工用电

隧道进口端安装一台 500kV·A 电力变压器,保证生活及生产用电,同时配备一台250kW 的柴油发电机以备电网停电时使用。

3)施工用水

隧道进口紧邻玉带河,安装两组变频恒压供水装置,利用河水,供施工使用。

4)高压供风

隧道进口建压风站1座,安装2台20m³/min电动空压机,供应进口施工用风。

5)三管两路及洞内排水

隧道内通风管采用软质风管,通风方式采用压入式通风。风管悬挂于一侧边墙,高压风管、水管安装在通风管同侧临时水沟上方。隧道动力线、照明线安装在另一侧边墙顶部。隧道两侧分别设置排水沟,排水沟不得侵入混凝土衬砌基础,并防止基础被积水浸泡。施工道路做好横向排水,确保道路不积水,保证道路畅通。

6)施工通信

采用有线与无线对讲机相结合的联络方式。

7)生产和生活用房

生产及生活用房拟在洞口附近自建,由于本地区雨量较大,因此采用砖石结构,临时房屋位置见施工总平面布置。

8)挡护及防、排水工程

在施工过程中为保证安全,在进洞前根据现场情况,做好引水、截水、排水和挡护设施,防止水害及山体滚石危及安全。

5. 主要施工方法

1)明洞施工

隧道进出口处各设有一段明洞,采用明挖法施工。开挖时要根据现场工程地质和水文地质条件,本着"早进、晚出"的原则进行开挖。开挖后及时进行明洞钢筋混凝土施工,以保证进洞施工安全。

明洞土方采用机械开挖,石方采用7655风枪钻孔,控制爆破。施工过程中对洞门仰坡及边坡尽量避免扰动,并加强对该处坡面的观测,如在开挖过程中有滑坡迹象应及时采取加固措施,并采取保留核心土的办法,先将明洞和洞门衬砌好,再挖除核心土。

2)进洞施工

待洞口边坡防护及初期支护完成,明洞浇筑完成后,混凝土达到允许强度时,进行中墙导洞开挖及边墙导洞开挖。

3)掘进

开挖方法:本隧道为Ⅱ类围岩,拟采用三导坑先墙后拱法施工,具体施工方法为:隧道开挖时先挖中隔墙,完成初期支护后,浇筑中隔墙混凝土;再挖两边墙,完成初期支护后,浇筑边墙二次衬砌混凝土;最后开挖拱顶部分,完成初期支护后,浇筑拱顶部分二次衬砌混凝土。

(1)钻孔。钻孔施工在导洞开挖时采用人工搭建施工平台配多台7655型风动凿岩机钻孔,正洞开挖时,使用自制简易台车配多台7655型风动凿岩机钻孔。

钻孔前,先进行钻爆设计,钻工要熟悉炮眼布置图,施工时严格按钻爆设计实施,钻工要熟悉炮眼布置图,定人、定位,周边眼、掏槽眼由经验丰富的司钻工司钻,确保位置和角度的正确。

严格控制炮眼间距,误差不得大于5cm,特别是掏槽眼和周边眼,采用斜眼掏槽时,外插角必须控制好,严禁相互交错穿孔。采用直眼掏槽时,钻孔要相互平行,且垂直于开挖断面。

周边眼数量、间距要严格按照钻爆设计施作。爆破后要求硬岩残眼率达80%以上,中硬岩达到70%以上,软岩开挖轮廓要圆顺,符合设计轮廓,周边眼外插角应严格控制,并根据钻孔深度进行调整,使相邻两茬炮之间错台不大于15cm。

钻孔施工时,应满足以下要求:

①掏槽眼眼口间距和眼底间距误差控制在5cm以内。

②辅助眼眼口排距、行距误差均不得大于5cm。

③周边眼沿隧道设计断面轮廓线上的间距误差不大于5cm,外斜率不大于5cm/m,眼底不超出开挖轮廓线10cm,最大不得超过15cm。

④内圈炮眼到周边眼的排距误差不得大于5cm,炮眼深度超过2.5m时,内圈炮眼与周边眼应采用相同斜率。

⑤当开挖面凹、凸较大时,应按实际情况调整炮眼深度和装药量,力求除掏槽眼外的所有炮眼底部处于同一垂直面上。

(2)爆破。采用预裂爆破,并按微振控制爆破设计,采用塑料导爆管非电起爆。

施工中根据预裂爆破设计,结合现场地质情况进行爆破试验,并不断修正设计参数,以达到最佳爆破效果。成立爆破小组,实行定人、定位、定标准的岗位责任制,精细正规实施,其具体措施如下。

钻眼完成后,按炮眼布置图进行检查,并做好记录。有不符合要求的炮眼应重钻,经检验合格后才可装药爆破。装药作业要定人、定位、定段别。装药前应将所有炮眼内泥浆、石屑用高压风、水吹洗干净。

严格按设计的装药结构和药量装药,装药时应使用专门的炮棍装药,炮棍可选用木制、竹制或塑料材料。炮棍要直顺、顶端要齐平,直径比炮孔直径稍小,并保证装药时不损坏导爆管或雷管脚线。为满足不同部位的爆破要求,装药的密度要求不同。当需提高装药密度时,药卷可一节一节地装,并随即捣实,使药与眼壁间不留缝隙,要降低装药密度时,可采用间隔装药、小直径药卷或几个药卷同时装入后再推进的方法。

已装好药的炮眼要及时用炮泥封堵,周边眼的封堵长度不宜小于20cm,封堵材料可因地取材,但要求其不可燃并要有可塑性,易于密实,与炮孔壁摩擦作用大,能结成一个整体。可选用一部分石屑、石粉或粗砂配黏土加适量水混合配制。装炮泥时开始要慢用力、轻捣,以后炮泥须依次捣实至孔口,捣炮泥时要用手拉住雷管脚线,导爆管要拉直,但不得过紧。

潮湿有水的炮孔应最后排除积水、岩粉后及时装药,药卷可加防水套或使用防水炸药。装药后及时起爆,避免时间过长或因其他原因使防水作用破坏,造成爆破效果降低或失效拒爆。

接线、连接网络应严格按钻爆设计实施,注意导爆索的连接方向和连接点的牢固性。装药前将主要的钻孔器具收集整理好,移至安全地段后方可起爆。

(3)出渣。隧道出渣采用无轨运输方式,装载机装渣,自卸汽车运输。

(4)测量放线。洞内施工测量采用中线法,中线测桩间距不短于50m,每100m设一水准点,根据需要适当加密。在每排炮开钻前准确绘出开挖轮廓线、周边眼、掏槽眼的位置。

每次测量放线的同时,对上一次爆破断面进行检查,利用计算机软件——"隧道开挖断面量测系统"对测量数据进行处理。及时调整爆破参数,以达到最佳爆破效果。

4)支护

(1)喷混凝土。按半湿裹砂喷射混凝土工法实施,并掺用 STC 黏稠剂。

工艺流程见图 11-24。在含砂量大的土质地层喷射混凝土时,先低压喷射,同时加大 STC 掺量,待喷好一层后再按常规喷射。

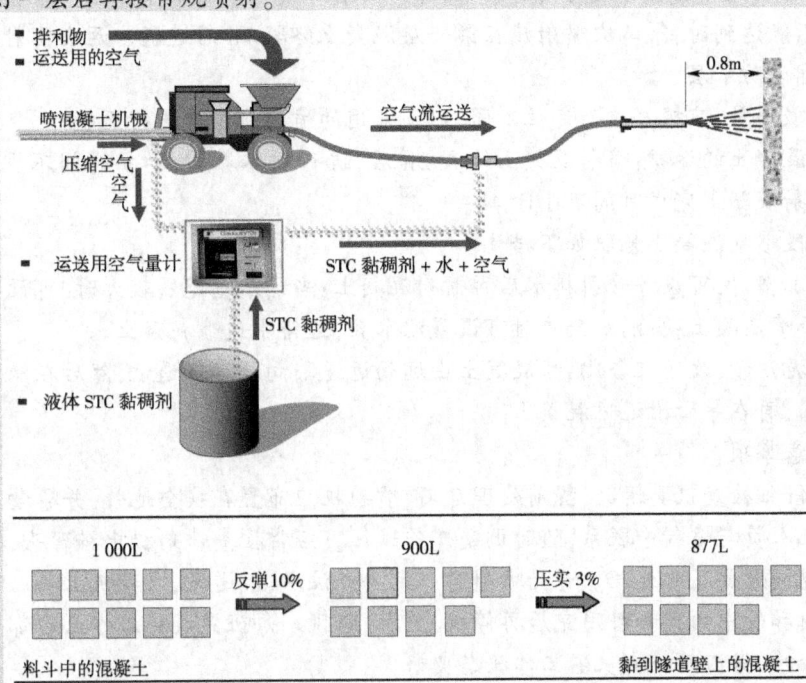

图 11-24 半湿法喷混凝土工艺流程图

施工要点如下:

①选用 42.5 级普通硅酸盐水泥,细度模数大于 2.5 的硬质洁净砂,粒径 5 ~ 12mm 的级配碎石(或卵石),经化验合格的拌和用水。喷射混凝土严格按设计配合比拌和,配合比及搅拌的均匀性每班检查不少于两次。

②喷射前,认真检查隧道断面尺寸,对欠挖部分及所有开裂、破碎、水溶崩解的破碎岩石进行清除和处理,清除浮石和墙角虚渣,并用高压水或风冲洗岩面。

③喷射机安装调试后先注水后通风,清通机筒及管路投料。连续喂料,经常保持料斗内料满,料斗上设 12mm 孔径的筛网一道,避免超径集料进入机内,造成堵管。喷射时,先注水(注意喷嘴要朝下,避免水流入输料管),后送风,然后上料,根据受喷面和喷出的拌和物情况调整注水量,以喷后易黏着、回弹小和表面呈湿润光泽为度。

喷射顺序:采取分段、分块,先墙后拱,自下而上的顺序,进行喷射作业。隧道内沿纵向 3 ~ 4m 为一段,每 2m 宽为一片。

喷射时,喷嘴作缓慢的螺旋形运动,使喷射料束运动轨迹呈环形螺旋式移动,旋转直径约 20 ~ 30cm,自喷射面的下部开始,水平旋转喷射,喷料要一圈压半圈,喷至段尾时上移返回,同时要求一排压一排,如此往复喷射。喷射时如有个别受喷面凹凸不平应先喷该处,大致找平。

为保证喷射混凝土密实度,减少回弹量,对于风压、水压及喷头的喷射距离、喷射角度都应合理调整。喷嘴至受喷面距离以 0.6~1.0m 为宜,料束以垂直于喷射面为佳。

喷射料束放置速度及一次喷射厚度,以每 2s 左右转动一圈为宜,一次喷厚以不回落时的临界厚度或达到设计要求厚度时向前移动,每次喷射厚度一般不小于 5cm。若喷射要求厚度较大,一次不能达到时,第二次喷射应在第一层混凝土终凝 1h 后进行。两次喷射注意找平岩面,以便于铺设防水层。

风压和喂料量,应根据喷射部位不同,以及采用的喷射机型号进行调整。

④喷射混凝土的养护:喷射混凝土终凝 2h 后,进行喷水养护,养护时间不少于 14d。爆破作业距喷射混凝土完成时间不小于 4h。

有水地段喷射混凝土采取如下措施:

当水点不多时,可设导管引排水后再喷射混凝土;当涌水量范围较大时,可设小导管注浆止水,然后再喷射混凝土;当涌水严重时可设置泄水孔,边排水边喷混凝土。

增加水泥用量,改变配合比,喷混凝土由远而近逐渐向涌水点逼近,然后在涌水处安设导管,将水引出,再在导管附近喷混凝土。

施工注意事项:

喷射前仔细检查机具情况,提前处理危石,喷射机应布置在安全地带,并尽量靠近喷射部位,便于掌机人员与喷射手联系,随时调整工作风压。经常检查喷射机出料弯头、输料管和管路接头,发现问题要及时处理。开始喷射时一定要先注水,后送风,再开机上料。喷射作业结束时,将机内和管中的拌和料用完后再停机、关水、断风。每班完成施工作业后都要对喷射机进行清理、检修,保证下一班机器工作状态良好。

施工过程中,拌和料严格按设计配合比及拌和方法拌和,计量要准确,特别是外加剂的用量,必须满足设计要求。运输道路保证畅通,照明用电要有保证,风压、水压要稳定。

质量控制和检查:

喷射混凝土强度及抗渗性。通过工地喷大板、切割制取试件检查,或直接喷到无底试模中制成试件检查。

与岩面的黏结力检测。在工地预留试件,用直接拉拔法试验或喷大板切割试块做劈裂试验求得强度值。

喷射厚度控制:以锚杆外露部分作为标记进行检查或喷射时插入长度比设计值厚度长 5cm 的铁丝、纵横向 1~2m 设一根作施工控制。

(2)锚杆。采用 ϕ22mm 砂浆锚杆,施工程序如图 11-25 所示。

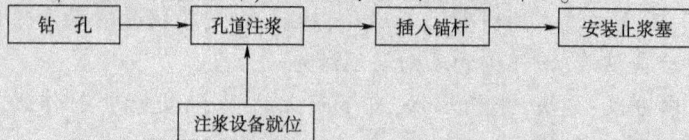

钻孔 → 孔道注浆 → 插入锚杆 → 安装止浆塞

注浆设备就位

图 11-25 锚杆施工程序

开挖后先进行第一层喷射混凝土施工,待该层混凝土终凝并形成一定强度后,按设计要求布置锚杆位置,用红油漆标示清楚。

进行钻孔施工,钻孔完成后将安装好锚头的锚杆插入孔内至设计深度,打紧后安装止浆塞。

注浆:注浆压力控制在 0.5～1.0MPa,并随时排除孔中空气,保证锚杆砂浆饱满。

(3)挂网。按设计要求加工钢筋网,随受喷面起伏铺设,并将钢筋网同定位锚杆固定牢固,钢筋网与受喷面的间隙以 3cm 左右为宜。混凝土保护层厚度应大于 2cm。

(4)钢架。安装工艺流程见图 11-26。

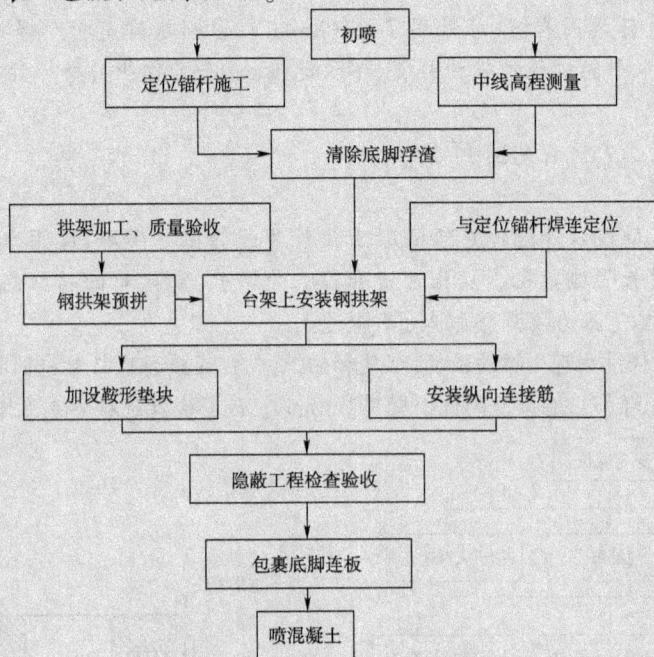

```
                        ┌──────────┐
                        │   初喷   │
                        └──────────┘
          ┌──────────────────┴──────────────────┐
   ┌──────────────┐                      ┌──────────────┐
   │ 定位锚杆施工 │                      │ 中线高程测量 │
   └──────────────┘                      └──────────────┘
          └──────────────────┬──────────────────┘
                   ┌──────────────────┐
                   │   清除底脚浮渣   │
                   └──────────────────┘
   ┌────────────────────┐         ┌────────────────────┐
   │ 拱架加工、质量验收 │         │ 与定位锚杆焊连定位 │
   └────────────────────┘         └────────────────────┘
   ┌──────────────┐   ┌────────────────────┐
   │ 钢拱架预拼   │   │  台架上安装钢拱架  │
   └──────────────┘   └────────────────────┘
   ┌──────────────┐         ┌──────────────────┐
   │ 加设鞍形垫块 │         │  安装纵向连接筋   │
   └──────────────┘         └──────────────────┘
              ┌──────────────────────┐
              │   隐蔽工程检查验收   │
              └──────────────────────┘
              ┌──────────────────────┐
              │    包裹底脚连板      │
              └──────────────────────┘
              ┌──────────────────────┐
              │     喷混凝土         │
              └──────────────────────┘
```

图 11-26　钢拱架安装工艺流程图

施工注意事项:

安装前分批检查验收加工质量(结构尺寸、焊接情况是否符合要求)。

清除底脚处浮渣,超挖处加设钢(木)垫块,其中间段接头板用砂子埋住,以防混凝土堵塞接头板螺栓孔。

按给定的中线、水平高程、标准间距垂直架立,支撑钢架应与围岩尽量靠近,留 2～3cm 的间隙做保护层,当钢架与围岩间隙较大时,安设鞍形混凝土垫块,确保岩面与拱架密贴。

钢拱架安装左右偏差应小于 5cm,倾斜角应小于 2°。控制钢拱架受力情况的薄弱环节在于节点连接螺栓、定位锚杆及纵向连接筋,因此,所有螺栓要上齐,旋紧、拧好,必须安设垫片后再拧紧螺栓,按设计焊连定位锚杆和纵向连接筋,确保安装质量。

钢架施工中的安全注意事项:

在搬运过程中,应将钢架构件绑扎牢固,以免发生碰伤人、车辆倾覆、构件坠落等事故。

钢架的架设应由专人按规定的信号进行指挥,随时观察围岩动态或喷射混凝土的情况,防止落石、坍塌引起伤人事故。

在架设钢架前应采用垫板将钢架基础找平,架设时,应将钢架与定位锚杆固定,用纵向连接筋连接牢固,防止发生钢架倾覆或扭转。

　　当紧固顶部连接螺栓,楔紧钢架时,作业人员应以正确的姿势站在平稳、牢固的脚手架上,并佩带安全防护用具防止发生坠落事故。

　　对钢架应随时检查,如发现扭曲,压屈现象或征兆时,必须及时采取加固措施。必要时应使其他人员撤到安全地带,防止因坍塌造成伤亡事故。

　　(5)大管棚超前支护。

　　铁锁关隧道为Ⅱ类围岩,设计采用了φ108mm大管棚超前支护。根据以往同类工程的施工经验,拟采用水平钻机施作较为经济,不仅速度快,而且作业安全。注浆部分参照小导管注浆工艺。

　　①钻孔。钻孔工艺流程见图11-27。

　　施工要点如下:

　　a.在开挖外轮廓线以外施作C25混凝土拱作为长管棚导向墙,使用水平液压钻机施钻。经过几次接杆完成长管棚钻孔。钻孔时随着孔深的增长,需要对回转扭矩、冲击力及推力进行控制和协调,尤其是推力要严格控制,不能过大。

　　b.为了确保钻杆接头有足够的强度、刚度和韧性,钻杆连接套应与钻杆同材质,两端加工成内螺扣(钻杆首尾端外螺扣),连接套的最小壁厚≥10mm。连接套及连接方式见图11-28。

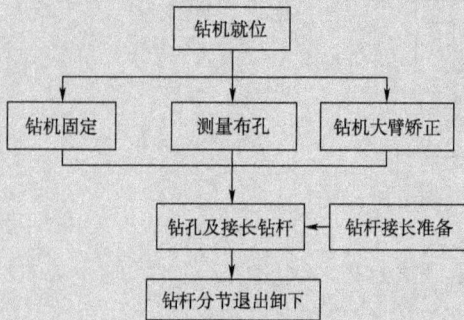

图11-27　钻孔工艺流程

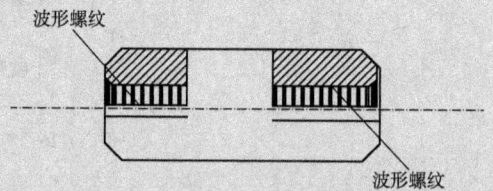

图11-28　钻杆连接套

　　为防止钻杆在推力和振动力的双重作用下,上下颤动,导致钻孔不直,钻孔时,应把扶直器套在钻杆上,随钻杆钻进向前平移。

　　c.钻孔前由测量工准确画出钻孔位置。

　　d.施钻时,钻机大臂必须顶紧在掌子面上,以防止过大颤动,提高施钻精度。

　　e.钻机开孔时钻速宜低,钻深20cm后转入正常钻速。

　　f.第一节钻杆钻入岩层尾部剩余20~30cm时钻进停止,用两把管钳人工卡紧钻杆(注意不得卡丝扣),钻机低速反转,脱开钻杆。钻机沿导轨退回原位,人工装入第二根钻杆,并在钻杆前端安装好连接套,钻机低速送至第一根钻杆尾部,方向对准后连接成一体。每次接长钻杆,均可按上述方法进行。

　　g.换钻杆时,要注意检查钻杆是否弯曲,有无损伤,中心水孔是否畅通等,不符合要求的应更换,以确保正常作业。

　　h.引导孔直径应比棚管外径大15~20mm,孔深要大于管长0.5m以上。

　　i.钻孔达到要求深度后,按同样方法拆卸钻杆,钻机退回原位。

②顶管。其施工工艺流程见图11-29。

a.顶管工艺。采用大孔引导和管棚钻进相结合的工艺,即先钻大于棚管直径的引导孔,然后利用改装后钻机的冲击和推力,将安有工作管头的棚管沿引导孔钻进,接长棚管,直至孔底。

b.钢管顶进的作业要点。

(a)管件制作:管棚采用 ϕ108mm 无缝钢管,管棚接长时先将第一根钢管顶入钻好的孔内,再逐根连接。事先加工好的管节连接套,要预先焊接在每节钢管两端,便于连接。第一根钢管前端要焊上合金钢片空心钻头,以防管头顶弯或劈裂。

图11-29　顶管施工工艺流程

(b)接长管件应满足管棚受力要求,相邻管的接头应前后错开,避免接头在同一断面受力。

(c)使用水平液压钻机施作大管棚施工时,用于钻引导孔的冲击钻头 ϕ127mm,在顶管大臂的凿岩机上安装与管棚直径相应的钢管顶进连接套。

(d)顶管作业:先将钢管安放在大臂上后,凿岩机要对已钻好的引导孔,低速推进钢管,其冲击压力控制在 18~22MPa,推进压力控制在 4.0~6.0MPa。

(e)接管:当第一根钢管推进孔内,孔外剩余 30~40cm 时,开动凿岩机反转,使顶进连接套与钢管脱离,凿岩机退回原位,人工装上第二节钢管,大臂重新对正,凿岩机缓慢低速前进对准第一节钢管端部(严格控制角度),人工持链钳进行钢管连接,使两节钢管在连接套处连成一体。凿岩机再以冲击压力和推进压力低速顶进钢管。

根据管棚设计长度,按同样方法继续接长钢管。

(f)管棚补强:为了加强管棚的刚度和强度,按设计将管棚钢管全部打好后,应先用钻头掏尽钢管内残渣,进行管棚补强。补强方法:在钢管内注入水泥浆(水灰比为1:1),注浆初压力为 0.5~2.0MPa,终压力为 2.0MPa。浅埋地段及围岩破碎且富水地段,建议在钢管内应先放置 ϕ20mm 钢筋笼,再向管内充填水泥砂浆用以加强管棚的刚度。

(g)超前小导管预注浆。

ⓐ施工方法:

采用现场加工小钢管,喷射混凝土封闭岩面,用凿岩机钻孔再装钢管或用凿岩机直接将小钢管打入岩层,按设计要求注浆。注浆顺序为先注无水孔,后注有水孔,从拱顶顺序向下进行。工艺流程见图11-30。

ⓑ施工参数:

超前小导管采用外径 ϕ50mm,壁厚5mm的热轧无缝钢管加工制成,长500cm,钢管前端加工成锥形,尾部焊接钢筋加固箍,管壁四周每10~15cm交错钻眼,眼孔直径为 ϕ8mm(梅花形布置)。

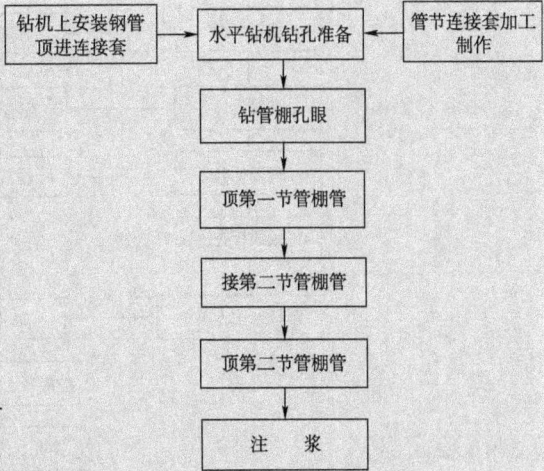

```
┌──────────┐         ┌──────────┐
│  地质调查  │────────▶│  浆液选择  │
└────┬─────┘         └──────────┘
     │               ┌──────────┐
┌────▼─────┐────────▶│  配合比试验 │
│  注浆设计  │         └──────────┘
└────┬─────┘         ┌──────────┐
     │      ────────▶│  注浆参数  │
┌────▼─────┐         └──────────┘
│  现场试验  │
└────┬─────┘
     │                            ┌──────────┐
┌────▼─────┐                ┌────▶│  设备准备  │
│  效果检查  │                │     └──────────┘
└────┬─────┘                │     ┌──────────┐
     │                      │────▶│  管材加工  │
┌────▼─────┐   ┌──────────┐ │     └──────────┘
│ 制订施工方案 │──▶│ 施工准备  │─┤     ┌──────────┐
└──────────┘   └────┬─────┘ │────▶│  材料准备  │
                    │       │     └──────────┘
          ┌─────────▼──────┐ │    ┌──────────┐
          │ 喷混凝土封闭掌子面 │ └───▶│  机具准备  │
          └─────────┬──────┘      └──────────┘
          ┌─────────▼──────┐
          │  钻孔、安装小导管  │
          └─────────┬──────┘
             ┌──────▼───┐
             │  注   浆  │
             └──────┬───┘
             ┌──────▼───┐
             │  开   挖  │
             └──────────┘
```

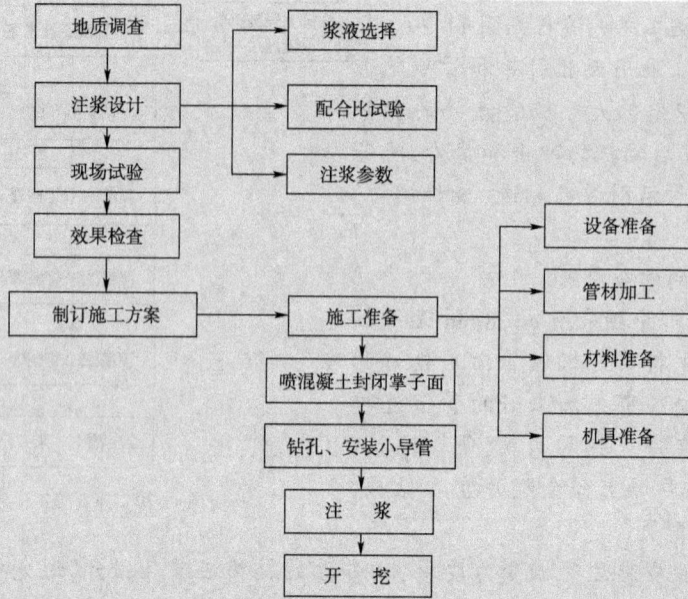

图 11-30　超前小导管预注浆工艺流程图

　　钢管沿隧道开挖轮廓线布置,外插角5°~7°打入围岩,环向间距0.5m,纵向前后两排小钢管搭接长度不小于1.5m。

　　超前小导管预注浆参数:注浆压力0.5~1.0MPa,水泥浆水灰比1:1,水泥强度等级为42.5级。施工中每孔注浆量达到设计注浆量时,或注浆压力达到1.0MPa时,可以结束注浆。超前小导管尾端焊于型钢支架腹部。

　　ⓒ施工注意事项:

　　导管应在开挖轮廓线上按设计位置及角度打入,孔位误差不得大于10cm,角度误差不得大于3°,超过允许误差时,应在距离偏大的孔间补管后再注浆。

　　钢管每根实际打入长度不得短于设计长度,否则开挖1m后补管、注浆。

　　检查钻孔、打管质量时,应画出草图,以孔位编号、逐孔、逐根检查并认真填写记录。

　　单孔注浆量不得小于计算值的80%,超过偏差必须补管注浆。在注浆过程中,如发生串浆现象时,则安装止浆塞或采用多台注浆机同时注浆。

　　水泥浆压力突然升高,则可能发生堵塞,应停机检查,泵压正常后再进行注浆。进浆量很大,但压力长时间不升高,则应调整浆液浓度及配合比,缩短凝结时间,进行小泵量低压注浆或间歇注浆,使浆液在裂隙中有相对停留时间,以便凝胶。注浆过程中要逐管填写记录,标明注浆压力、注浆量,发生情况及时处理。

　　固结效果检查宜在搭接范围内进行,主要检查注浆量偏少和怀疑有问题的钢管,要认真填写检查记录。采用撬棍或小锤轻轻敲击钢管附近,判断固结情况,并配合风钻钻速测试,检查注浆范围,固结不良或厚度不够时要补管注浆。

　　开挖过程中要随时观察注浆效果,分析量测数据,发现问题后及时处理。

　　注浆前要严格检查机具、管路及接头处的牢靠程度,以防压力爆破伤人。注浆时,操作人员应戴口罩、眼镜和胶皮手套,并要有良好的照明条件。

5) 隧道衬砌

隧道衬砌分中隔墙衬砌、两侧边墙衬砌和拱顶衬砌几部分。具体施工步骤为：先挖中隔墙，完成初期支护后，浇筑中隔墙混凝土；再挖两边墙，完成初期支护后，浇筑边墙二次衬砌混凝土；最后开挖拱顶部分，完成初期支护后，浇筑拱顶部分二次衬砌混凝土。

(1) 模板：模板采用组合钢模板，自制简易台车负责浇筑边墙及拱顶混凝土。模板安装完成后进行尺寸、位置及高程检查，发现问题及时调整，最后检查模板加固情况。

(2) 钢筋：在洞口钢筋加工场加工制作，然后运到洞内，现场绑扎。

(3) 混凝土：在隧道进口附近设置拌和站，采用自动计量强制式拌和机拌和，成品混凝土采用混凝土运输车运输，混凝土输送泵灌注，水平分层灌注，插入式振捣器振捣。

(4) 混凝土养生：采用洒水养生。

6) 防排水

隧道内沿全长两边设置排水沟，排水沟与两侧排水管横向相连通，将墙体渗透水引流排出。在初期支护与二次衬砌之间设置 1.5mm 厚防水板和 TDT450 土工布，根据地下水情况，纵向每隔 5~10m 环向设置 Ω 形半管排水管，把水引入横向排水管流入排水沟排出洞外。

铺设土工布和防水板在自制简易台架或台车上进行，上部采用现场使用的钢管或槽钢弯制成与隧道拱部形状相似的支撑架，用丝杠与台架连接，以便升降。施工时先铺设土工布，用射钉将土工布固定牢固。然后铺设防水板，防水板铺设施工工艺流程见图 11-31。

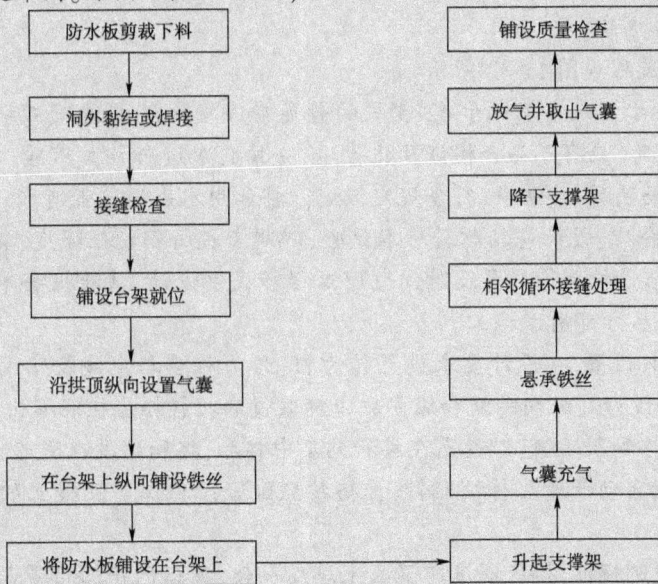

图 11-31　防水板铺设施工工艺流程图

(1) 防水板洞外下料及黏(焊)结。

防水板按环向进行铺设，根据开挖方法、设计断面、规范规定的搭接尺寸及一个循环的长度来确定防水板的下料尺寸，将剪裁好的防水板平铺，按规范要求搭接，再黏(焊)结成一个循环所需要的防水板，对黏(焊)结好的防水板进行抽样检查，合格后将一个循环的防水板卷成筒状待用。

（2）防水板的铺设。

①将防水板铺设台架于作业段安装就位。

②沿隧道拱顶中心线纵向铺设尚未充气的气囊。

③在支撑架气囊上纵向铺设悬承用的8号铁丝。

④将一个作业循环长度卷成筒状的防水板置于支架中央。

⑤放开防水板使之自由垂落在支撑架两侧，然后用同样方法铺设土工布滤层，并与防水板密切叠合后整体铺设。

⑥旋转丝杠将支撑架升起，使防水板及滤层尽量贴紧隧道壁面。

⑦给气囊充气。

⑧卸掉上一循环固定悬承拉线的膨胀螺栓，将上一循环的拉丝铁丝与本循环的悬承拉线逐根相连，张拉铁丝将防水层与壁面贴紧，然后将悬承铁丝的另一端固定在临时膨胀螺栓上。

悬承顺序为先拱后墙，由上而下进行，考虑到拱部受力较大及悬承铁丝有一定弹性，拱顶及两侧拱脚各设两道 $\phi6mm$ 的圆钢悬承。

相邻环向防水板间的搭接缝，采用15cm宽的三合板置于锚喷面上与前一组防水板端头作为黏(焊)结平面垫板，边黏(焊)边沿环向移动三合板，黏(焊)完成后撤出三合板旋转丝杠，下降支撑架，放掉囊中空气，取走气囊，本循环防水层铺设即告完成。

7）混凝土路面施工

（1）施工工艺流程如图11-32所示。

（2）材料要求：水泥采用不低于42.5级的普通硅酸盐水泥或监理工程师同意的其他品种水泥。水泥进场时，应有产品合格证及化验单，并按要求进行相关试验，合格后方可使用。粗、细集料应质地坚硬耐久、洁净、符合规定级配。拌和用水采用玉带河水。

（3）混凝土配合比：设计包括材料标准试验、混凝土抗折和抗压强度、集料级配、水灰比、坍落度、水泥用量质量控制等。并及时向监理工程师提供设计、试验报告单和详细说明。混凝土配合比经批准后方可用于施工。

（4）钢筋传力杆设置：按设计要求设置传力杆，传力杆应与中线及路面平行。传力杆支撑装置在铺筑前安设好。纵向缩缝和纵向施工缝装设的拉杆亦应在混凝土铺筑前安装好。

（5）混凝土的拌和及运输：混凝土在拌和站集中拌和，拌和站设在隧道口附近，使用 JS－500 型强制拌和机，自动计量配料机配料，严格按照配合比施工。混凝土的运输采用运输车运输。

（6）模板：采用钢模板，模板高度与混凝土厚度一致，立模的平面位置与高程需符合设计要求。立模前模板内侧涂刷脱模剂，模板支立应位置正确、接缝严密、平整，接头处和模板与基层接触处不得漏浆，加固措施牢固可靠。

（7）混凝土路面的摊铺：混凝土摊铺采用人工摊铺，插入式振动器配合振动梁振实刮平，抹光机抹面。混凝土面层设计厚度为25cm，可分两层摊铺，下层厚度控制在15cm左右，上层应在下层混凝土初凝前摊铺。真空吸水后，混凝土表面用抹光机抹平，在水泥浆硬结前，按图纸要求进行路面拉毛或压槽。

```
      安装模板
         │
      安装传力杆
         │
      混凝土拌和                              混凝土试块制作
         │                                        │
      人工摊铺                                   振　捣
         │                                        │
    人工辅助振捣刮平                            人工抹平
         │                                        │
    振动梁振动刮平        铺过滤布            振动台振实
         │                 │                      │
  记录吸水时间 ← 真空吸水 ← 铺设吸垫          真空吸水
         │                                        │
      机械抹面                                   人工修整
         │                                        │
      直尺找平          人工修补                 养生
         │              人工抹光                  │
      压纹 ←──────────┘                       试压
         │                                        │
      养护 ──────→ 拆模                       开放交通
         │                                        │
    切缝机切缝                                     │
         │                                        │
    沥青缩缝                                      │
         │                                        │
      养生 ─────────────────────────→ 开放交通
```

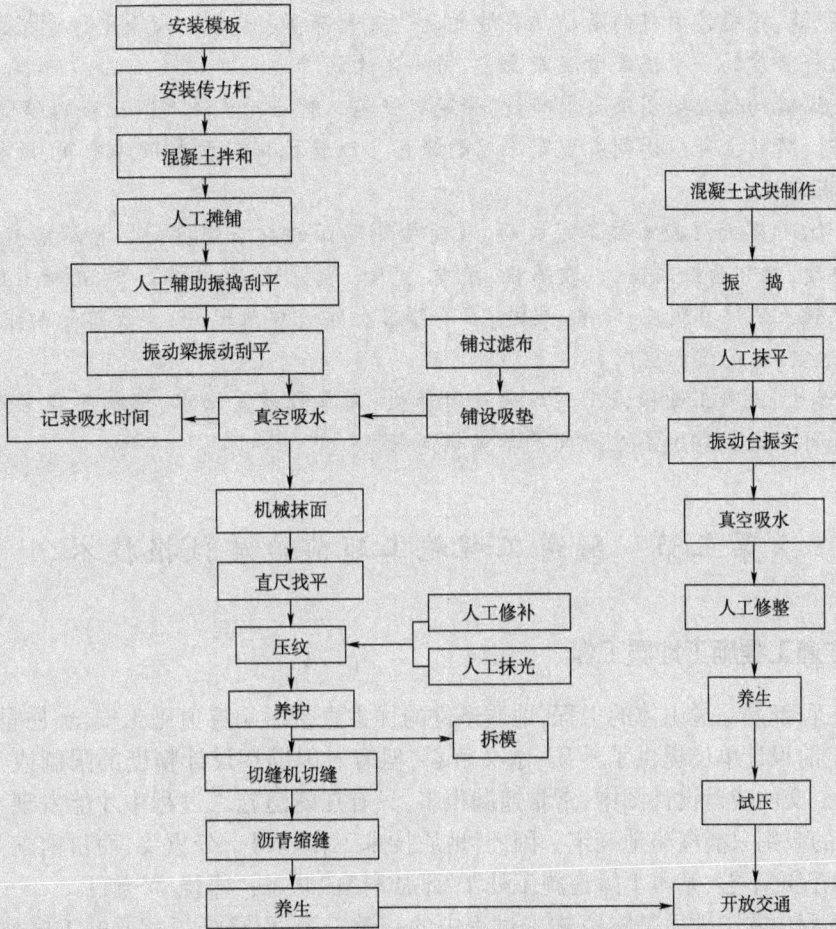

图 11-32　混凝土路面施工工艺流程图

（8）真空吸水：为确保混凝土路面施工质量，防止收缩裂缝出现，提高混凝土表层强度及耐磨性，在混凝土摊铺振捣成型后，立即在混凝土表面覆盖真空吸垫，用吸水机进行真空吸水。真空吸水时间要严格控制，并以剩余水灰比来检验真空吸水效果。吸水时间短，达不到效果；吸水时间过长，则使混凝土初凝加快，给抹面工作造成困难。根据经验，控制在 20min 左右为好。

（9）接缝施工。

横向施工缝：横向施工缝在每天工作结束或浇筑工序中断，超过混凝土初凝时间时设置。施工缝位置应设在设计的胀缝或缩缝处，与路面中心线垂直。当横向施工缝与横向缩缝分开设置时，其间距应大于 2m。

横向缩缝：横向缩缝应全宽设置，有传力杆的提前安装传力杆。缩缝采用切缝法，当混凝土强度达到设计强度的 25% ~30% 时，用切缝机进行切割。切缝工作完成后，及时清除缝内锯屑和杂物，灌入填缝料。

横向胀缝:胀缝传力杆的活动端在缝的两边交错布置,传力杆必须平行于板面及路面中心线,传力杆长度的一半锚固于混凝土中,另一半涂沥青。

纵缝:纵缝的位置按图纸要求布设,平缝纵缝施工时应对已浇混凝土板的缝壁涂刷沥青。浇筑邻板时,缝的上部应切割成规定深度的缝槽。纵缝拉杆布设在板厚中间,缝槽用规定的填缝料填塞缩缝。

(10)检测:路面混凝土施工完成后,及时检测路面的抗折强度、纵、横缝顺直度、板边垂直度、平整度、相邻两板高差、纵坡高程、横坡、宽度、厚度、长度、槽深。对混凝土路面外观进行检查,混凝土不得有脱皮、印痕、裂缝、石子外露和缺边掉角现象,要求路面曲线圆滑,路面压槽纹理适宜,满足设计要求。

(11)养生:混凝土面板施工完后要及时养生,用草袋覆盖洒水,使路面经常保持湿润状态,养护时间不少于14d,养生期间严禁车辆通行。

第三节 隧道工程施工超前地质预报技术

一、隧道工程施工地质工作

隧道工程都是穿过山体的工程,地质条件的优劣直接影响隧道施工安全、质量和进度,虽然隧道施工前设计单位提供了地质、水文资料,但有时因勘察设计精度的限制或其他各种原因,设计院提交的隧道设计图中,常常遗漏很多,只有在隧道施工过程中才能发现不良地质地段,而围岩的级别只能概略地确定。因此,地质技术工作显得十分重要,而目前施工单位对地质工作重视程度不够,基本上隧道施工处于"地质科盲"状态,"靠侥幸"施工。

隧道工程中施工地质是隧道施工过程中的一道工序,而且是很重要的工序,必须严格把关,否则就会有坍方、突水、突泥等地质灾害发生。如:××线自1997年全面开工至1998年4月,全线8座隧道,在施工中,仅一年就发生各类坍方事故近50次,坍方长度达600m,占隧道总长的0.57%,其中洞口坍方4次,洞身坍方40多次,坍方规模较大,对结构有较大影响的有13次之多。坍方给施工单位造成施工的极大困难,经济上造成巨大损失。又如,××高速公路××隧道大坍方,大坍方发生在100m深处,坍方物质以泥浆为主,饱和的稀泥浆狂泻而下,瞬间将隧道堵死,直接影响施工进展。

21世纪,我国公路建设重点是次高等级公路和中西部公路,形成我国贯穿南北、东西的公路干线网,需要修建大量的公路隧道,特别是长大公路隧道。铁路建设重点将西移云南、贵州、四川、西藏、陕西等省。而这些省区都属多山地区,有大量的长大、高难度的山岭隧道。要消除隧道施工中的坍方,关键是加强隧道工程的地质工作。所以地质工作必须提到日程上来,才能保证正常的隧道施工。

隧道工程施工对地质工作的重要性在认识上、行动上有很大的差距。长期以来在我国隧道施工中存在着一种错误概念,即"坍方越多,地质条件越复杂"。其实这是多年来隧道施工不重视地质工作的一个严重后果。隧道施工实践证明只要做好隧道施工地质工作,并与恰当的不良地质区段辅助工法紧密配合,地质条件再复杂的隧道也可以做到不坍方,至少保证不发生大坍方。否则,地质条件并不复杂的隧道,如果缺少施工地质预报这道工序,对不良地质区段不能鉴别或不能进行恰当的预支护,坍方、甚至大坍方仍然还会发生。如:株六复线课纳隧道,该隧道全长 2 080m,属于典型的"烂洞子"隧道,洞内有溶洞、暗河、煤系地层,软岩具全,断层十分发育,最大涌水量近 20 万 m³,施工难度可想而知。由于在施工过程中,重视了地质工作这道工序,全面正规地开展了隧道地质工作,如利用地面地质调查和地质体投影法、断层参数预测法、TSP、202 仪器探测法、临近前兆预测法及掌子面编录预测法,开展了长、短期超前地质预报、施工中的围岩级别的准确鉴定、施工中各类地质灾害的监测等工作,并依据围岩的地质条件对施工方法提出了修改建议,并与不良地质区段辅助施工方法紧密配合,使得课纳隧道从开挖至贯通没有出现过一次坍方,也没有发生任何其他施工地质灾害,这也是在隧道施工中首次采取全面、正规、综合的地质预报手段所取得的成果,创造了我国隧道修建史上不可多见的奇迹。因此,只有在隧道施工过程中,重视并实施全面地质工作,再复杂的地质也可以避免坍方事故。另一种错误认识即是关于"隧道施工坍方不可抗御论"。由于这种错误认识造成忽视地质工作,使得隧道施工坍方等地质灾害的时常发生,表现为:

第一,施工方法不当,特别是隧道通过不良地质区段的支护不当。我国隧道工程施工中专门制订了通过不良地区段辅助工法的十八字口诀,即"管超前、严注浆、短开挖、快封闭、勤量测、快衬砌"。实践证明,它对减少隧道工程施工中的坍方起到一定的作用。

第二,主要是地质情况不明。隧道施工过程中不重视,甚至忽视地质调查,大多隧道施工无地质工作这道工序,更无施工地质专职技术人员,不能做到对不良地质的性质及坍方、突泥、突水等地质灾害的监测,判断不准。只凭"感觉、经验"施工,造成施工过程中的坍方,保证不了隧道施工的安全、质量、进度,增加了成本,直接造成经济损失。

二、地质雷达的特点及其应用现状

地质雷达(Ground Penetrating Radar ,简称 GPR)是利用无线电波检测地下介质分布和对不可见目标体或地下界面进行扫描,以确定其内部结构形态和位置的电磁技术。

在隧道开挖过程中,经常遇到复杂的地质结构,尤其是隧道穿过采空区、断层破碎带、岩溶地区以及煤与瓦斯突出的危险地段。若事先未能探清这些不良的地质状况,施工时往往会造成塌方、涌水或煤与瓦斯突爆等事故。为了防止这些事故的发生,应用非接触式无损伤地质雷达探测隧道工作面前方不良的地质构造,准确预测隧道工作面前方规定范围内的工程地质、水文地质,以便为隧道工程设计提供地质依据和指导施工,并根据超前预测的成果提出相应的技术措施与可行性建议,从而使隧道工程施工安全、经济效益显著提高。

作为一种非接触式的无损伤探测手段,地质雷达是利用电磁波的反射原理,对地质构造进行准确定位和正确的分析判断。由于其分辨率高、无损伤、探测和数据处理速度快、机动灵活、操作简便、抗干扰能力强,可对隧道一定范围内进行全方位探测,无需钻孔探测等辅助工程,减少了以往打钻孔探测隧道工作面前方工程地质和水文地质状况所需人力、物力和财力,从探测时间上缩短了占用隧道开挖工作面的时间,提高了探测工效,是一种快、好、省的超前探测方法。

1. 隧道开挖面超前探测的主要内容

在隧道施工过程中,特别是在复杂地质条件下,为了防止在正常施工条件下工作面开挖出现不测事故(诸如出现断层、破碎带、采空区、溶洞、含水集水区、高应力地带以及其他不良地质现象等),可以采用地质雷达超前探测,以便了解隧道工作面前方的地质状况与水文地质条件,预测工作面前方的工程地质,做到有针对性地施工。使用地质雷达超前探测可以预测工作面前方以下一些内容:

(1)断层构造及断层破碎带。

(2)煤层、瓦斯、天然气、硫化氢气赋存条件及采空区状况。

(3)岩溶、空洞、裂隙及其规模和充填情况。

(4)地下水赋存状态及可能突水、涌水的位置以及水量的大小。

(5)软弱围岩及不同类别围岩的界面。

(6)其他不良地质情况。

根据地质雷达超前探测可分析判断隧道工作面前方有无以上情况或现象存在,从而结合探测的结果,采取相应的技术措施,做到有针对性地施工。

2．探测原理

地质雷达是采用甚高频—超高频电磁波检测地下介质的地质特征,不同岩性分布和对不可见目标或地下界面进行扫描,以确定其内部结构形态或位置的电磁波技术。其探测原理是高频电磁波在介质中传播时,其路径、电磁场强度和波形将随所通过介质的电性差异及集合形态而变化。从各个不同深度返回的反射波与直达波被接收天线所接收,经过接收机放大、滤波等处理并经采样器数字化后输入微机进行处理,取反射波往返路程时间之半再乘以相应介质的电磁波传播速度便得出目标距离,再通过综合分析判断目标性质。因此,应用地质雷达可以探测隧道开挖工作面前方的地质和水文地质状况。

3．探测方法

应用地质雷达超前探测隧道开挖工作面前方的工程地质、水文地质以及煤层与瓦斯等情况的具体探测方法可根据以下原则设计。

1)探测方案设计

(1)探测点位的布置原则。公路隧道掘进高度有 8 ~ 12m,掘进宽度也在 10 ~ 15m,掘进断面积多在 100m² 左右,施工时一般要求探测隧道开挖面前方及其周边(隧道顶部、底板及左右两端)10m 范围内的地质状况、含水情况以及煤层与瓦斯的赋存条件,因此,探测点位的设置应遵循以下布置原则:

①由于隧道开挖断面高度较大,因此探测时应在隧道断面内分设上、中、下三层探测线,每层测量多少以及测点位置与分布,应根据隧道宽度及地质构造的复杂程度确定。

②每一探测层间距和层内测点的距离,应根据开挖面岩性而定,一般约在 2 ~ 4m 之间。

③为了探测隧道周边 10m 范围内的地质情况,为此在靠近隧道边缘的测点,除了探测正前方的岩性外,还应向外偏斜,而测点除了水平探测外还应上仰、下俯、向左偏斜和向右偏斜,以便准确测定隧道前方及周边 10m 范围内的地质情况。

④在满足超前探测的前提下,为了节省探测时间、简化探测施工程序,应根据地质条件的复杂程度,调整探测点数和点位,在地质情况不太复杂的一般地段,可简化为 7 ~ 9 个测点,即上层测线段 1 ~ 3 个测点,中、下层各设 3 个测点。地质情况简单时,上层只做中间的测点,两边的测点可省去;在地质情况较为复杂时,须加密布点探测。

根据以上原则,结合隧道工作面前方的具体情况以及探测目的与要求作出具体的探测设计,以便实施。

(2)地质雷达超前探测的布置方式。

地质雷达的探测布置比较灵活,根据隧道工作面前方的地质条件、岩层的赋存状况以及施工现场的具体情况布置一些测点、测线或网格,在测线、网格上的点距可根据工程所要求的精度选定一般为2~4m,还可以根据具体情况和需要灵活改变。应用地质雷达可在隧道开挖工作面内的任意方向探测。对同一目标可以改变方位角、仰角、底角进行探测,总之以能达到隧道周围左右、上下10m范围内的探测为准。

2)操作方式

在隧道内紧跟掘进工作面借助高空作业台车,搭设作业平台,根据现场实际情况,可分层布点,安置设备,为不使探测设备上下移动频繁,应先后依次进行上、中、下三个水平的探测工作。地质雷达探测操作可分为变参数探测和固定参数探测两种操作方式。在隧道工作面向前方探测时可以采用变参数探测或固定参数探测,为了便于应用波形法解释和使用横向衰减对比法解释,也可同时采用这两种方式探测。

每次地质雷达现场探测完成后,为了及时反馈有关探测信息,为工程技术决策提供依据以便指导施工,探测资料经处理解释后于24h内提交探测报告。报告中应主要包括有关探测隧道地质雷达超前探测成果表,隧道纵横剖面图各一张。成果表中的主要内容应有探测点位编号、里程,探测日期,探测点布置方位、方向及其描述,工程地质特征(围岩类别、有无溶洞、地下水、瓦斯、断层破碎带等及其危害程度),以及对探测中发现的问题提出处理措施与建议。至于图件在一般情况下只提供隧道纵横剖面图各一张即可,但在地质构造复杂地段应适当增加,以便进一步精确控制地质构造的空间形态。

探测资料的地质解释须在认真分析现有地质资料和实际地质调查的基础上,结合施工地质实际情况进行,探测报告要求结论明确、定性准确,同时也应有定量评估。

3)地质构造识别技术

地质雷达图像的解释基础是研究电磁波的传播特性,因此主要是通过找寻反射界面来判断以便得出目标体的几何形状和物理特征,因而介质的电性差异和物性差异是使用地质雷达判断目标物的形态和物性状态的主要依据,于是有关地质构造是识别技术可以应用以下解释方法。

(1)地质解释原则。

①在一定的地质背景下,根据地质雷达波形进行地质解释,即根据隧道前方的地质地层的分布状况,大的地质构造发育情况,首先解释出地质背景,包括地层分界面及地层厚度,找到已知目标,如断层等所对应的波形及其所代表的实际准确位置,以已知目标所对应的波形及其实际的位置为准,然后对比其他波形进行地质解释。

②为了使图像的解释准确,采用从已知到未知进行对比分析,即首先对已知地质体如地层分界面、断层、溶槽及其充水性进行探测,分析其波形特点和规律,然后对未知地段进行探测和解释,并经过实践—认识—再实践的反复过程,使定性判别准确,从而提高可靠程度。

(2)地质解释方法。采用地质雷达超前探测有关地质状况的解释可用波形解释法、横向衰减对比处理解释法和组合法。

①波形解释法。根据地下甚高频—超高频电磁波的反射原理,不同地质目标其反射回波在波形形状、宽度、幅度等方面都有不同的特点和差异。因此,可根据波形特征解释隧道前方的地质构造及其充分性等,如平稳的断层面波形一般比较尖细,含水裂隙带或断层破碎带的波形稍宽,溶洞的波形钝而宽缓,边缘往往不规则。

②横向衰减对比处理解释法。根据几何光学原理,当电磁波从一种介质进入另一种介质时要同时发生两种物理现象,即反射和透射,设总的发射能量为1,那么,反射系数与透射系数之和应等于1,即:

$$V + W = 1$$

式中:V——反射系数;

　　W——透射系数。

而反射系数和透射系数均与界面两侧介质的电性有关。

上式说明,在地下传播的雷达波,当遇到地质异常或地质变化时,一部分能量被反射,形成明显的反射波;另一部分继续向前传播,形成所谓的透射波。从理论上讲透射波当再遇到二次界面产生反射时,在其他条件相同的条件下,比没有经过一次界面反射的探测点上的反射能量明显减弱。但有时往往因该界面以上的地层变化大而使解释变得复杂化,特别是当测点很多时,工作量极大,且检查核对原始数据时,频频翻阅原始资料,既费时又困难。因此,解释时还应该关注第一目标反射层之下所形成反射波的特征来解释第一反射层,即在其他条件相同的情况下,在各探测点上,第一反射层之下,在相同或相近的距离上,若第一反射层的特性相同,则第二反射层的反射特征主要取决于第二个界面特性;反之若在某些测点上第一个反射目标存在,而在另一些测点不存在,即可根据第二反射界面的特征来解释第一反射目标。简言之,第一反射界面的反射主要取决于第一界面的特性,第二界面的反射与第一界面有一定的关系,例如在第一测点上第一界面存在,第二界面也存在,而在第二测点上第一界面不存在,第二界面存在,那么根据上式在第一测点上第二界面的反射波幅度应明显低于第二个测点的幅值。在各测线的剖面上将这些时间相同或相近的各测点的反射波幅值输入到计算机在横向上构成长长的曲线,称为衰减曲线,在衰减曲线上形成了上下起跳的尖峰和拐点,构成横向对比,而寻找的目标层应该是时间上在先的反射波较强,其后的反射波较弱的地点,如图11-33所示为目标判别简易曲线。

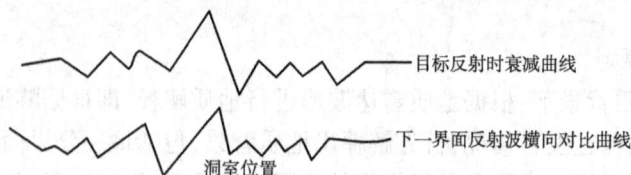

图11-33　目标判别简易曲线

③组合法。在地质背景较为复杂或解释难度较大的情况下,同时使用上述两种解释方法,既方便又提高准确度。

三、隧道工程施工地质灾害临近警报

从广义上说,地质灾害临近警报也属于超前地质预报范围。隧道隧洞遇到的主要施工地质灾害是塌方、突泥突水、煤与瓦斯突出和岩爆等。超前预报施工地质灾害的关键工作是对不良地质体的长期、短期超前地质预报,除此之外,施工地质灾害临近警报有时会显得重要。

施工地质灾害临近警报是在长期、短期超前地质预报的基础上进行的。该技术主要被隧洞掌子面初步揭露的可以造成塌方的断层破碎带、岩溶陷落柱和可以造成岩爆的围境的准确鉴别技术,临近水源体时的超前探水及其监测技术,包括塌方、突泥突水、煤与瓦斯突出和岩爆可能发生的判断技术。

1. 隧洞内不良地质体性质的鉴别技术和涌水量的监测技术

1)塌方地质体性质的鉴别技术

(1)隧洞中断层破碎带的鉴别:识别断层的地层标志;识别断层的断层面标志;识别断层破碎带的岩石标志;识别断层破碎带的矿物标志;识别断层破碎带的构造标志。

(2)隧洞中岩溶陷落柱的鉴别:总体形态多为上细下粗的锥体或等粗的圆柱体,轴线与岩层垂直;高度有限,只有少数可以坍塌至地表;物质组成杂乱,成分复杂,主要为上复岩层的碎块;多为棱角状,大小混杂;与围岩接触面参差不齐,界限明显;虽与断层破碎带(特别是张性断层破碎带)相似,但不具备上述断层破碎带的 5 种标志。

2)涌水量的监测技术

简易涌水量监测法是钻孔涌水喷射距预报法,是岩爆围岩环境的鉴别技术。

3)煤与瓦斯突出的监测技术

主要是煤与瓦斯突出产生的基本地质条件的分析、研究、观测和预测预报。

(1)高地应力地区;

(2)高量、高压瓦斯煤层;

(3)煤包、压冲逆断层下盘、封闭的背斜核部、小断层交汇处等特殊构造部位的预测。

(4)构造煤的存在。

4)岩爆的监测技术

主要是分析研究和观测岩爆产生的基本地质条件。

(1)高地应力地区,特别是大小水平地应力比值 $\sigma_1/\sigma_3 = 1.5$ 的地区;

(2)200~700m 埋深的隧洞;

(3)坚硬、脆性的岩石,完整或基本完整,但表面参差不齐的岩体和干燥的围岩;

(4)最大主压应力 σ_1 垂直隧洞轴向。

2. 塌方、突泥突水、煤与瓦斯突出和岩爆能否发生的判断技术

1)断层破碎带塌方可能性的判断

包括:断层上下盘岩性和岩石力学性质;断层力学性质;断层复合与复合特征;断层破碎带的厚度;断层破碎带的物质组成和胶结程度;断层破碎带的围岩结构;断层破碎带的产状及其隧洞的空间关系;地下水和地应力的影响。

2)岩溶陷落柱塌方可能性的判断包括:岩溶陷落柱的规模大小;岩溶陷落柱的干、湿性;岩溶陷落柱的含泥量和物质组成;岩溶陷落柱边缘的地下水特征。

3)突泥突水可能性的判断

超前探水时,钻孔出现大涌水时:

（1）独孔喷射距为 5m，相当涌水量小于 $100m^3/h$，为微涌水；

（2）独孔喷射距为 5~9m，相当涌水量为 100~$300m^3/h$，为小型突水；

（3）独孔喷射距为 9~12m，相当涌水量为 300~$400m^3/h$，为中型突水；

（4）独孔喷射距 >12m，相当涌水量大于 $400m^3/h$，为大型、特大型涌水。

4）煤与瓦斯突出可能发生的判断技术

主要是煤气与瓦斯突出可能发生的各种前兆的及早、准确警报。

5）岩爆发生可能性的判断

在具备上述 4 大基本围岩环境的前提下，小型岩爆的发生即是大型岩爆即将发生的可靠前兆。

3. 施工地质灾害监测与警报达到的技术指标

在施工单位的积极配合下（共同协商不良地质辅助工法），可以基本保证项目研究和应用地质复杂隧道不发生塌方、突泥、突水、煤与瓦斯突出和岩爆等重大施工地质灾害。

四、TSP 超前地质预报系统简介

前面我们系统地介绍了超前地质预报内容及预报程序和方法，超前地质预报不可缺少的设备就是 TSP 及其系统。下面我们简单介绍其设备基本原理及 TSP 探测的主要技术指标，TSP 探测与其他超前地质预报技术手段的关系，综合超前地质预报的主要指标等。

1. TSP 超前地质预报设备概况

TSP（Tumiel Seismic Prediction，隧道地震波勘探）设备是由瑞士安伯格列开发、生产的，是当前国内外最先进的隧道长期超前地质预报设备，也是当前超前地质预报技术中的最重要的手段。它与其他超前地质预报的设备相比，最大优点是：探测距离远（可达隧道隧洞掌子面前方 300~500m）、分辨率高（最高分辨率为 1m）、抗干扰能力强（基本不受干扰）、对施工的影响小（钻孔和测试在侧壁进行，洞内探测时间仅用 45min）。

目前，TSP 共开发出 TSP-201，TSP-202 和 TSP-203 共三个系列，其中 TSP-202 和 TSP-203 在国内外最为普及。TSP-202 和 TSP-203 的最主要区别在于成果的解译手段和精度。

前者为人工解译型，在基本解译原理的指导下，通过解译人员扎实的地质学知识和基本功，依据各种不良地质体的成因特征和前兆标志，对成果图反映的不良地质体的性质、类型、位置和规模进行解译；所以，一般来说，TSP-202 解译效果较好，探测精度较高。但它的解译技术要求高，适合解译水平较高的技术人员使用。

后者为智能解译型，即首先通过设备软件求得各种不良地质体的不同的物理参数，然后通过解译人员对各种不良地质体物理参数的理解，对成果图反映的不良地质体的性质、类型、位置和规模进行解译。由于物理参数不可能完全反映不良地质体的性质、类型，所以，一般来说，TSP-203 解译效果一般，探测精度稍低。但它具有解译技术要求低的优点（类似智能型相机），所以较适合解译水平一般的技术人员使用。

在瑞士、英国、法国和日本等发达国家的隧道隧洞施工中，已普遍采用 TSP 进行超前地质预报工作，特别是 TBM 机械化施工，TSP 已成为 TBM 的"孪生兄弟"，据国外资料统计，它可为隧道隧洞施工节支总经费的 20%。

2. TSP探测的基本原理

首先,在隧道隧洞内,人工制造一系列有规则排列的轻微震源,震源发出的地震波遇到地层界面、节理面、特别是断层破碎带、溶洞、暗河、岩溶陷落柱、岩溶淤泥带等不良地质界面时,将产生反射波,它的传播速度、延迟时间、波形、强度和方向等均与相关界面的性质以及产状密切相关,并通过不同数据表现出来。通过设备设置的震源反射波的数据采集系统(传感器和记录仪),将这些递增数据经微机处理后储存起来。然后,将数据输入带有特制软件的电脑,经过电脑进行复杂数学计算后,最后形成反射波(纵波)波形图,反映相关界面或地质体反射能量的影像图和隧道平面、剖面图,供工程技术人员解译。

3. TSP探测的主要技术指标

1)能够解决的主要技术问题

(1)预报掌子面前方的断层破碎带、软岩、岩溶陷落柱等不良地质体的性质、位置和规模;

(2)预报涌水量大于$1m^3/h$以上的富水地质体和老窑等采空区的存在、位置和规模;

(3)预报煤系地层的边界和其中的煤层、富水砂岩;

(4)预报各种不良地质体发生塌方、突泥、突水等施工地质灾害的危险性。

2)达到的主要技术指标

(1)探测距离一般为掌子面前方$300 \sim 500m$,最大可达$1\,500m$,有效预报距离为掌子面前方$100 \sim 150m$;

(2)最高分辨率为$1m$地质体;

(3)预报不良地质体位置的精度可达90%以上;

(4)预报不良地质体规模的精度可达85%以上。

4. TSP探测与其他超前地质预报技术手段的关系

1)主要超前地质预报方法

(1)隧道所在地区主要洞体不良地质宏观预报(广义超前地质预报)。

这是在对隧道所在地区地面地质详细、深入调查的基础上,通过地层分析、地质构造分析、地应力分析、岩浆侵入体分析、岩溶地质分析、煤层与瓦斯地质分析等隧道地质条件分析,宏观预报隧道洞体可能出现的主要不良地质的成因、性质、类型、大约方位、位置和规模。它为洞体不良地质体的长期、短期超前预报打下坚实的、不可或缺的基础。

(2)隧道洞体不良地质体超前预报(狭义超前地质预报)。

①长期超前地质预报。在宏观预报的基础上,应用TSP探测或浅层地震仪探测法、断层参数预测法和地面地质体投射法等技术手段,对隧道隧洞洞体不良地质体进行的长距离超前地质预报。

预报的距离,一般为掌子面前方$100m$以上。

②短期超前地质预报。在长期超前地质预报的基础上,应用地质雷达、红外线或声波探测仪探测、掌子面编录预测法和不良地质前兆预测法等技术手段,对隧道洞体不良地质体进行的短距离超前预报。

预报的距离,一般为掌子面前方$15 \sim 30m$。

(3)隧道施工地质灾害临近警报。

在长期、短期超前地质预报的基础上,应用施工地质灾害的一系列监测、判断技术手段(主要有塌方监测、判断法,突泥、突水监测判断法,煤与瓦斯突出监测、判断法和岩爆监测、判断法),对可能发生的施工地质灾害及时发出临近警报。

2)TSP探测在广义超前地质预报中的地位与作用

(1)TSP探测是广义超前地质预报中最重要的方法和技术手段。

(2)它在隧道隧洞所在地区不良地质宏观预报的原则指导下进行,在具体预报中,要提高预报的效果和增加预报的内容,最好与其他长期、短期超前地质预报和施工地质灾害临近警报的方法和技术手段相配合,即与跟踪地质工作相配合。

(3)TSP探测与其他长期、短期超前地质预报和施工地质灾害临近警报的紧密结合,称之为综合超前地质预报。

5. 综合超前地质预报的主要技术指标

1)解决的主要技术问题

(1)既能预报掌子面前方的断层破碎带、软岩、岩溶陷落柱等不良地质体的性质、位置和规模和煤系地层的边界和其中的煤层、富水砂岩,也能预报涌水量大于 $1m^3/h$ 以上的富水地质体和老窑等采空区的性质、位置和规模;

(2)可以预报隧道隧洞不良地质体的围岩级别(类别);

(3)可以预报塌方、突泥突水、煤与瓦斯突出和岩爆等施工地质灾害发生的可能性。

2)达到的主要技术指标

(1)有效预报距离为掌子面前方150~200m,最高分辨率为1m的地质体;

(2)预报不良地质体的性质、类型基本正确;

(3)预报不良地质体位置的精度可达95%以上;

(4)预报不良地质体规模的精度可达90%以上;

(5)预报围岩级别(类别)的误差小于半级;

(6)预报施工地质灾害发生的可能性,基本不出现失误。

第四节　隧道工程施工方法的优化及实例

一、隧道工程施工方法优化的意义

隧道工程是穿越山岭的隐蔽工程,未知因素较多,根据设计资料和文件及图纸,确定施工方法。施工方法一旦确定,须根据施工方法的要求和工期的要求,投入人力、机械设备、材料等资源。不同的施工方法投入资源的数量、品种、类型都不一样,其中总有一种施工方法投入的资源最少,反映在施工成本上是最经济的。目前,我国公路建设在迅速地发展,而且大都是在我国西部地区。西部地区山多,丘陵多,为了缩短修建长度,不可避免地要修建隧道穿过山岭和丘陵,为减少投资,加快建设,隧道的修建数量在增加。因此,隧道施工方法的优化势在必行,优化的隧道施工方法,即能保证施工安全,又可降低施工成本,符合少花钱、多办事的原则。

二、隧道工程施工方法优化原则

衡量隧道工程施工方法的优劣,不能单纯考虑施工安全和进度,还要考虑施工成本和质量,以及现场实际情况、施工能力和技术与管理水平。由于隧道工程施工空间狭小,施工干扰多,施工管理水平高,地质条件复杂,技术要求高,隐蔽工程在施工过程中地质条件不断变化,进行动态施工要求指挥和决策者的应变能力强。为此,优化原则如下。

1. 切实可行性

隧道工程的施工方法是根据设计资料和文件选择确定的,或在施工过程中,有可能地质条件发生变化,随之施工方法地需要改变。无论上述哪一种情况,都必须考虑施工单位的现场具体施工条件、施工能力和资源状况、施工管理水平、技术人员及生产第一线职工的综合素质、资金供应和周转状况。全面考虑、选择的施工方法才是切实可行的。

2. 施工技术的先进性

21世纪是科学技术发展迅速的时代,施工技术也应随之发展和创新,才能符合时代发展的需要,施工方法的选择科技含量要高,要求我们在选择施工方法时要放眼世界,采用世界先进的隧道工程施工方法,可以加快隧道工程的建设速度。如近年来引入的新奥法施工、TBM法施工,都是世界上先进的隧道工程施工技术在我国隧道工程施工上的应用,如秦岭铁路隧道采用TBM法施工缩短工期3~4年(原定计划9~10年完成)。对软弱岩层隧道采用新奥法施工时,采用初期支护加辅助施工工工法代替了上下导坑支护开挖的方法,加快了隧道工程建设速度。

3. 安全可靠性

隧道工程施工由于隧道施工的自身特点,使得施工过程客观存在着不安全的因素。如设计单位提供的水文、地质资料精度不够,或者不全,在施工过程中地质条件变化多,再加上对隧道施工地质工作不够重视,缺乏超前地质预报意识,没有将地质工作作为隧道施工的一道重要工序,因此,难免在施工过程中出现地质问题,造成施工中的安全事故。所以,我们在选择施工方法时必须从施工安全可靠的角度出发,减少地质灾害。因施工方法不当引起的地质灾害,突出地表现在隧道施工过程中的坍塌上。坍塌的数量由几方至几百方,一旦塌方,难免出现安全问题,安全问题出现后影响工人的施工情绪和工期,施工方法的安全与可靠是选择施工方法的重要原则。

4. 经济性

隧道工程施工方法的经济性,表现在不同施工方法的施工成本上。施工成本反映了施工方法实施过程中,投入的人力、机械设备和材料的数量多少和其他附属费用。再好的施工方法,如它的成本过高,也得慎重考虑。作为施工单位承包隧道工程是有规定价格的,即承包成本,假如选择的施工方法,它的施工成本超过承包成本,再先进的施工方法也是不能选用的。因为施工单位承包隧道工程的目的要盈利,不是亏本,隧道工程的经济性是决定选择施工方法的重要条件和原则,是不可缺少的。

隧道工程施工方法选择的原则,是一项系统工程,这个系统工程是由切实可行性、技术先进性、安全可靠性、经济性四个子系统构成。任何一个子系统不能正常运行,都会影响整个系统的运行。从系统工程理论出发,要求人们在选择施工方法时必须统筹兼顾,全面考虑,选择最优的施工方法。

三、隧道工程施工方法优化实例

【实例9】 猫山隧道塌方处理

一、概述

1999年6月20日下午6时左右,猫山隧道西口右洞K7+208处顶部,在正常爆破后发现爆堆中混杂着污黑发臭的腐殖质土,开挖轮廓线的右拱出现一个环向2m、纵向1m、深约5m的小塌洞。为防止塌洞进一步扩大,于当晚采取打锚杆、挂网喷射混凝土等措施进行固防处理。21日进行钻爆作业时,加密了布孔,减少了爆破装药量后,塌洞继续扩大,形成环向4m、纵向5m、深约6.5m的塌洞。22日晚在围岩裂隙水的作用下,将做好的初期支护全部压塌。

到了1999年7月6日下午,因数日来连降暴雨,右洞原小塌方上部岩体受地下水的冲洗,黏聚力和岩体摩擦系数急剧减小,造成岩体下滑,并将安设的3榀格栅钢架和防护木架全部压垮,致使塌洞扩大成环向5m、纵向6.0m、深约8.5m大型塌方。

到了1999年7月9日22时左右,天又降暴雨,原小塌方处相对应的地表覆盖层全部向下坠落,形成漏斗状的通天塌方。井口上口长直径10.2m、短直径9.7m、下口长直径9m、短直径3.5m,洞内堆积塌落体约720m^3,地表塌落深度约10m。由于加强了监控量测,及时发出险情预报,提前撤除了人员和设备,没有造成很大的损失。

二、原因分析

猫山隧道造成通天塌方的原因是多方面的,它既与岩体本身的强度和结构构造有关,又与水的作用和人为因素有关,因此它是在多种因素的综合作用下造成的塌方。在隧道西口的左洞洞壁上原来就有一条宽约4m,走向为NE690,倾角约80°,倾向SW的断层斜穿两条隧道,断层延伸至K7+215时,与一条宽约1m的环形破碎带交汇。右洞K7+208~K7+200段的垂直方向上,在高程31~65m的范围内,由于受到长期潜水作用的潜蚀而形成的软弱带岩体与上述断层的破碎带交汇,从而造成此段的地质条件极其恶劣,围岩的稳定性极差。三种不同的软弱岩体交汇情况如图11-34所示。

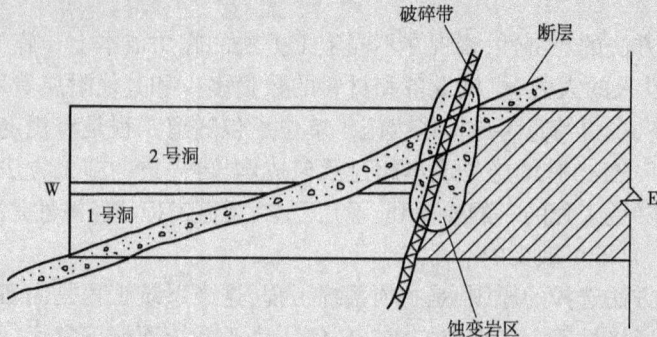

图11-34 三种不同的软弱岩交汇示意图

由于在上述三相软弱岩体的交汇处进行开挖,使得软弱岩体失去承载能力,岩体内部的黏聚力和破碎岩体之间的摩擦系数又极小,软弱岩体在无支撑力的情况下势必出现坠落而形成小塌方,该塌洞形成后,洞顶未坠落的软弱岩体又在爆破外力作用的扰动下,出现第三次塌落,致使塌洞扩大加高。直至7月9日20时左右,天降暴雨,本来就已不稳定的软弱岩体,在碎石间黏土被冲刷干净、其间黏聚力完全丧失的情况下,上部覆盖层全部下坠,形成高约23m的通天塌方。

三、治理方案的选择与确定

1. 常见的治理方案

(1)明挖法:此法一般用于接近洞口的隧道拱顶覆盖层在10m内的隧道拱顶大塌方,出现这种塌方时即可从地表开挖直至路基设计高程,改隧道暗洞为明洞或为双壁路堑。

(2)明穿法:隧道塌方区已离洞门较远,其拱顶覆盖层大大超过10m,塌落高度已接近地表,或形成通天塌方,出现这种塌方可从地表逐步向下处理,直至将塌方区的隧道拱顶恢复而向前继续推进。

(3)暗穿法:隧道塌方情况和上述明穿法的塌方情况相同,但在处理塌方时,是从塌落体的底部开始处理,直至塌落区的拱顶恢复而继续向前推进。

2. 明穿方案和暗穿方案比较

猫山隧道右洞塌方的底部中心点高程为+51m,其里程是K7+200,地表中心点高程为+74m,其里程是K7+200.5,塌落区中心距离洞门达75m(包括10m明洞),塌落高度23m,其具体形状如图11-35所示。

从图中不难看出,解决猫山隧道通天塌方采用明挖法是不可能的,这样就只有明穿和暗穿两种方法可供选取,故首先对两种方案进行设计和比较。

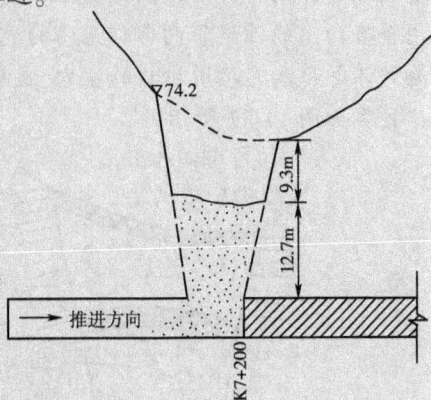

图11-35　猫山隧道塌方纵断面示意图

1)明穿方案

这种方案的特点是由上而下护壁,再由下而上恢复拱顶,然后向井内回填。即先对地表的天井口用钢筋混凝土锁口,再利用天井中留下的塌落松渣作为平台对井壁进行清理,接着在天井周壁上钻凿锚杆孔,插入锚杆注浆固定后,进行挂钢筋网喷射20cm厚的C25混凝土护壁。施工是从上而下,将9.3m空井和8.0m井壁护完,然后开始在隧道中出渣,使其井中的松渣逐步下沉,但每下沉1.5m,便立即对空井护壁1.5m。按此法循环往复,直至将漏斗状天井壁全部护完。这时即可从隧道中按设计的轮廓线架设钢拱棚,其架设宽度需超过塌落天井底口的进口位和出口位各1~1.5m,拱棚上按0.5m×0.5m网孔预先设定3.5~4.5m长的注浆管。至此就可以从天井口下料,在钢拱顶上部浇筑0.8~1.0m厚的C25混凝土,当浇筑的混凝土达到一定厚度后,再从天井口卸3~3.5m厚的土石混合料于已浇筑的混凝土上,同时进行人工夯实,然后从隧道中通过注浆管进行注浆加固。这些工序完成后,再从井口下料,对天井由上而下分层夯实回填,直至井口时,便采用低强度等级混凝土封闭井口,从而完成隧道通天塌方的处理,其具体方案如图11-36所示。

2) 暗穿方案

这种方案的特点是塌井中残留的大部分松渣仍留作充填用,工作的重点是隧道中的松渣固结与拱顶支撑。具体地说,就是先锁定地表已塌坑口,并对外露坑壁进行清理,即钻凿锚杆孔,安设注浆锚杆,挂网喷浆,然后在隧道中对坍塌松渣表面喷射混凝土固结,然后沿设计隧道的轮廓线用人工打进 6m 长双排注浆导管,环间距为 20cm,层距 30cm,步距 4m,并通过注浆导管向拱顶以上松渣注浆固结。当注浆达到一定强度后,即在隧道中

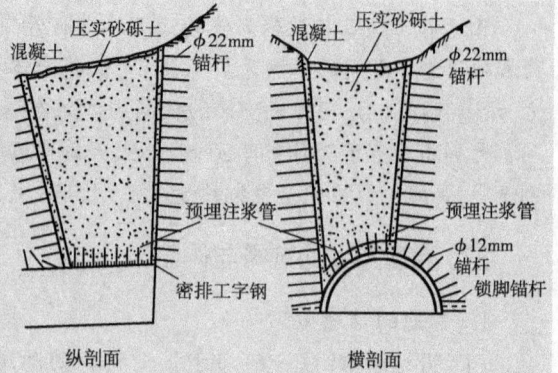

图 11-36　明穿方案示意图

用人工沿隧道曲线环形出渣,当环形槽推进 0.5m 后,立即安设工字钢钢支架和格栅钢支架,并预埋垂直向上的注浆管。此工序完成后,再用机械掏挖核心松渣,当 0.5m 厚的核心松渣挖走后,又对新的松渣表面喷射混凝土固结,然后再按上述 0.5m 步距的工序向前推进。当通天漏斗井的下口全部用钢支架恢复隧道拱顶,隧道中残留的坍塌松渣清除完毕,即抓紧利用垂直向上的注浆管向留作充填的坑内松渣进行注浆固结,然后再从地表坑口中下料施作浆砌片石护拱和充填近坑口的空穴,最后用浆砌片石封顶,从而完成通天塌方的治理工作,其具体方案如图 11-37 所示。

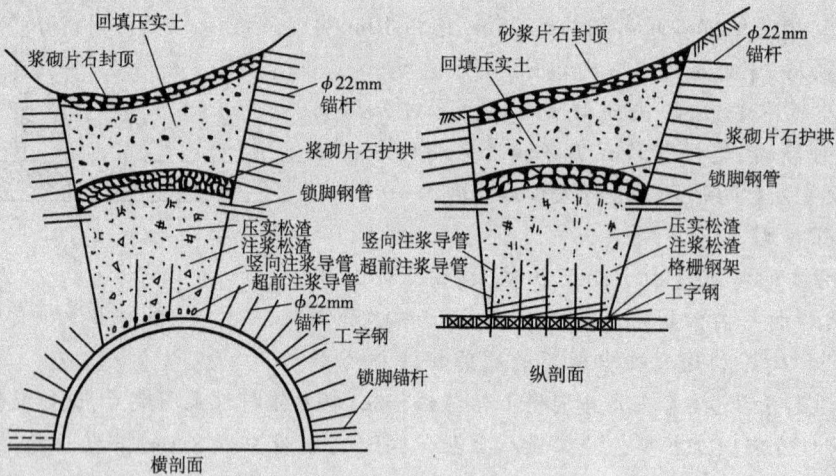

图 11-37　暗穿方案示意图

3) 明穿和暗穿方案比较

(1) 两方案的相同点。

①地表坑口锁口方式相同;

②裸露坑壁的护壁方式相同;

③隧道中刚性恢复拱顶的内容和方法完全相同;

④敷设的竖向注浆导管相同;

⑤投资基本相同。

（2）两方案的不同点。

①天坑中非裸露部分的壁和腔处理方法不同；

②坑腔中的填充方式和内容不同；

③塌落于隧道中的松渣处理方法不同；

④整个施工工序不同。

（3）两方案的优缺点比较见表11-8。

两方案的优缺点比较　　　　　　　　　　表11-8

项号	项目	明　穿　方　案	暗　穿　方　案
a	优点	1. 工序从上到下，隧道中恢复拱顶作业和坑腔回填均较安全； 2. 施工速度快，质量易保证； 3. 从井壁裂隙中渗至坑腔中的水全部被阻止在井壁以外，保证塌方处的隧道拱顶没有裂隙水渗入； 4. 不在隧道的松软塌落体上作业	1. 施工顺序上下结合，地表坠落物对隧道中没有任何妨碍； 2. 施工按部就班，质量易保证； 3. 坑中残留的塌落松渣用作充填料，这样既保证天井下段坑壁不继续垮塌，又节省装运的人力物力； 4. 在天坑上部增加一道护拱，减小了隧道拱顶的压力
b	缺点	1. 天坑护壁的工程量相对较大； 2. 天坑中留存的松散塌落物全部清除，增加了出渣工程量和回填工程量； 3. 在此的施工队伍对这样的施工方法没有经验	1. 增加了隧道中残留松渣的固结工程量； 2. 增加了隧道轮廓线外的注浆导管和注浆固结的工程量； 3. 塌方处的拱顶恢复施工进度缓慢

3. 方案确定

通过对上述明穿方案和暗穿方案基本特点及其施工工艺的对比分析，认为，两种方案对处理猫山隧道的通天塌方都是可行的，经济上是合理的。而在确保施工质量加快施工进度和防止地表水继续从塌方区拱顶位置向下渗漏等方面，明穿方案尤显优越，但暗穿方案只要认真组织、精心安排，上述目的也是可以达到的。更重要的是在猫山隧道施工的队伍对于暗穿施工已有丰富的经验，最后经业主、设计、监理、施工单位代表共同讨论确定，猫山隧道的通天塌方采用暗穿处理方案。

四、塌洞施工处理

1. 地表挖截水沟截明水

为防止通天塌方的天井继续垮塌，决定在天井口处的山坡上修建一条长度为150m的环形排水沟，以防止汇集于冲沟中的山水继续流入塌陷的漏斗坑中，其布置形式如图11-38所示。

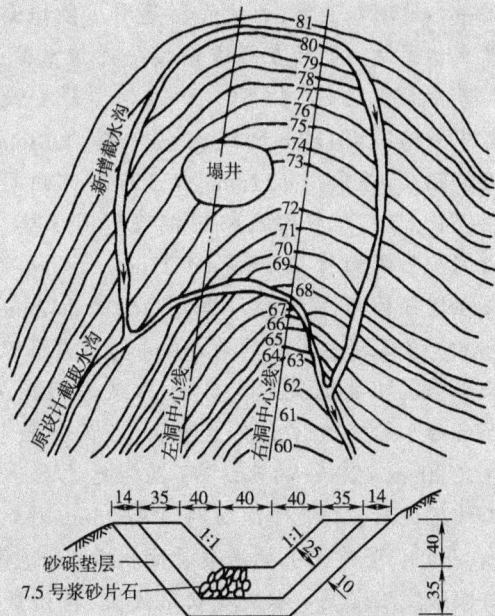

图11-38　新增截水沟断面图（尺寸单位：cm）

在治理地表水的同时,抓紧对坑口进行锁口,即在坑口四周1.5m范围内按1.0m×1.0m的网度钻进3.5m的钻孔,敷设锚杆,并注水泥砂浆,然后在外露锚杆头上固定钢筋网,钢筋网的网度为10cm×10cm,接着喷射20cm厚的混凝土,而将坑口锁住。在此基础上,抓紧进行外露坑壁的加固,也就是对离地表10m高的外露坑壁,按照锁紧口的锚杆施设网度与钢筋敷设网度进行挂网,并向坑壁喷射25cm厚的C25混凝土,以防止井壁的继续垮塌和潜水向井内渗漏,确保隧道内进行塌方处理时的安全。

2. 强化隧洞中的塌落体

猫山隧道的通天塌方形成后,K7+200段整个隧道均被含水率极大的腐殖土充填。该土的承载力和自然安息角均很小,只要稍动安息角,滑落土体就会自动下滑。为提高滑垮体的承载力和自然坡度的稳定性,首先对隧道中的滑落土体表面喷射厚15cm的C25混凝土,以保证土体稳定和避免注浆流失。同时,将水泥加水玻璃的双液浆注入滑落隧道中的整个滑落土体,以将腐殖质土的强度提高,稳定坡角加大,为安全开挖滑落土体和架设钢性支架创造条件。

3. 塌落区段支护的设计

由于塌洞周围的岩体十分破碎,地下有大量涌水,每昼夜即达113m³之多,因此在这塌落区范围内的支护加大了安全系数。

4. 塌洞处理工艺

具体的施工工艺是首先在拱顶塌方部位沿隧道轴向施打双排ϕ42mm×4mm、长6m的无缝钢插管,其环向间距为20cm,排间距30cm,外插角15°。钢插管尾部焊在已立钢轨拱架或格栅钢架上,并向管内压注水泥—水玻璃双液浆,并使管周范围压浆饱满,把局部松散土体固结。然后在隧道内按每开挖土体50cm,随即对掌子面喷浆支护松散体,并及时紧跟安设两榀拱架,其中一榀为43kg/m的钢轨,另一榀为18cm×18cm的格栅钢架,并采用ϕ22mm、长3.5m、环向间距为1.0m的锚杆,与钢轨拱架及格栅钢架牢固焊接。这时即可沿洞身全断面将ϕ6.5mm@25cm×25cm的钢筋网焊接在锚杆尾部,同时预埋垂直向上的ϕ42mm×4mm、长4m、环向及纵向间距均为40cm的压浆管及ϕ100mm、长4.3m、环向间距均为1.0m、纵向间距为0.4m的PVC泄水管。为防止发生堵管,在每个泄水管顶端均包裹20cm×20cm的无纺布(同时起滤水作用)。这些工作完成后,立即对钢筋网喷射25cm厚的C25混凝土,并利用竖直向上的压浆管向拱顶4m范围内的塌落松散体注压水泥—水玻璃双浆液,以将松散体固结,其每50cm的施工循环如框图11-39所示。

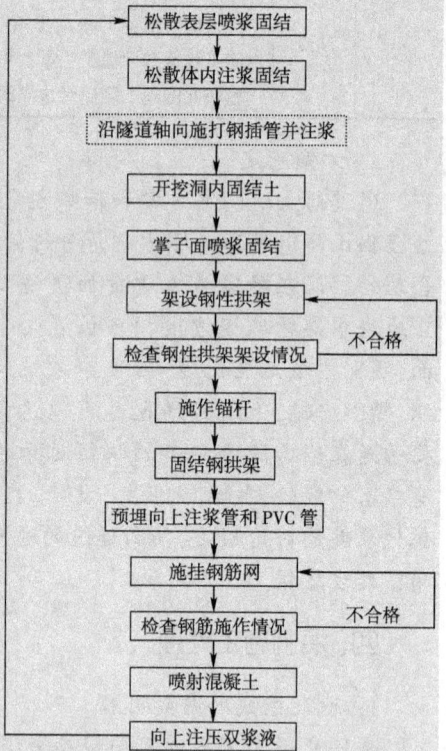

图11-39 隧道内处理塌方体的施工循环框图

松散表层喷浆固结
松散体内注浆固结
沿隧道轴向施打钢插管并注浆
开挖洞内固结土
掌子面喷浆固结
架设钢性拱架
检查钢性拱架架设情况 ── 不合格
施作锚杆
固结钢拱架
预埋向上注浆管和PVC管
施挂钢筋网
检查钢筋施作情况 ── 不合格
喷射混凝土
向上注压双浆液

按上述施工工序和步骤循环往复，即完成整个塌洞的初期支护处理，这时就可在初期支护的基础上，全断面的安设防排水橡胶盲沟和双层PVC复合防排水板，将围岩渗水引至边墙和中隔墙两侧的排水沟。当围岩已趋于稳定后，即绑扎钢筋，浇筑二次衬砌的混凝土。二次衬砌的混凝土是加进抗渗剂形成的抗渗防水混凝土。在施工缝处还增设了缓胀型的橡胶止水带。与此同时还对塌洞前后区段实施加强性支护，加强段的隧道长度为19m，这样就大大增加了支护的储备安全系数。当隧道内的支护全部完成，隧道掘进步入正轨时，即施作天井内护拱，并在其上回填压实土，用浆砌片石封闭地表层。这样全部的天井塌方即可宣告处理完毕。

5. 地表保护性设施

为确保塌方坑口周围和洞顶地表冲沟里的天然水不渗入隧道中而影响隧道的安全，而在两面三条截水沟的范围内清除全部浮土、杂草和石块，然后进行全面注浆，封塞破碎岩体裂隙，接着在全范围内铺10cm厚的砂垫层，并在其上铺25cm厚的M7.5浆砌片石，表面用砂浆抹平。冲沟中心汇水处，修筑一条顺坡而下的排水沟，排水沟深50cm，底宽40cm，坡比1:1.5，借以疏排截水沟范围内的汇水。为使整治和环境美化有机结合，便在地表用砂浆抹面的范围内用浆砌片石墙分格，每分格面积约20m²，片石墙高50cm，每个分格回填55cm厚的种植土，并在此种植土上种树植草，形成绿色植被，这样既防止了水土流失，又恢复了大自然的本色。

五、效果

（1）净空收敛量测与洞顶下沉量测是掌握围岩及支护动态的必要量测项目。在隧道的通天塌方部位的初期支护完成后，即在两个断面上布设了净空收敛和洞顶下沉量测点，经过近10个月的连续量测，合计净空最大水平位移值为82mm，拱顶最大下沉量为135mm，最大的水平位移速度为22mm/d，最大的拱顶下沉速率为19mm/d。从时间上看，塌洞刚处理完时速率较大，其后逐渐减小，4个月后已趋于平衡稳定。这就充分说明塌洞处理的方法、采用的支护类型、支护规模、支护的刚度等都是正确的。按设计要求进行二次衬砌后，又在两个断面上的净空收敛、拱顶下沉、地表下沉量测点进行了10个多月的实际量测，结果表明，隧道内的水平位移和拱顶下沉以及地表下沉均不明显，这就说明围岩已经稳定。

（2）猫山隧道的通天塌方区段处于地表冲沟之内，是地下潜水汇集之处，在未塌方之前，K7+200～K7+208段隧道内长期渗水就像下大雨一样，人穿过此地段衣服都被淋湿，到了暴雨季节，其渗漏水量就更大。当隧洞形成通天塌方后，塌洞周围的渗漏水量减少，地表水和地下潜水则集中从塌洞处顺流至隧道之内。由于在塌洞处理中强化了渗漏水的治理，使用的砂浆和混凝土均加进了抗渗剂，其抗渗标号均不低于S6，同时采用堵截和疏排相结合、地表和地下相结合的综合治水方案，从而把塌洞严重的渗漏水治住，实现了中国南方大跨度公路隧道的不渗不漏、干燥爽洁的目标。

（3）猫山隧道右洞由于出现通天塌方而破坏了地表的原始结构与绿化植被，这样一方面影响了地层内部的受力平衡，另一方面又造成地表的水土流失。为此在处理塌方时，既考虑了地层下部隧道的稳固处理，又考虑了地表自然形态的恢复。在地表通过注浆、浆砌片石铺砌、砂浆抹面等工程进行表面固结后，又在其上培土种草植树，恢复了自然本色。目前塌方段地表已焕然一新，地表水土得到了保持。近看绿如茵，远看郁郁葱葱，使洞门景观得到美化。

【实例10】 成渝高速公路缙云山隧道

缙云山隧道是成渝高速公路东段的两大隧道之一,分为左、右两线,长度分别为 2 478m 和 2 528m。地质主要为灰岩和砂岩,其中灰岩占 40% 左右,有少量的泥岩和页岩,隧道通过 4 个断层、5 个煤矿采空区,在此段落存在一定浓度的瓦斯,有较大的涌水,最大涌水为 20 000 ~ 30 000m³/d,灰岩和砂岩的强度分别为 80 ~ 120MPa 和 50 ~ 90MPa,其中 IV、V 级围岩占 29%,无 I、II 及 VI 级围岩。

缙云山隧道自西向东穿过南北走向的缙云山山脉南部,通过地区受四川运动主压应力作用,形成复式背斜,隧道中部 940m 地段位于背斜轴部的 $T_{3L} + T_{3J}$ 地层上,隧道两端 735 ~ 813m 位于缙云山背斜两翼的 T_{3XJ} 地层上,最大埋深 560m。

该隧道除重庆端(左隧 551m,右隧 289m)采用台阶(上部台阶高度为 5.5m)施工外,其余均采用全断面开挖。爆破采用双空直眼下掏槽微差分段起爆的光面爆破,支护以常规喷锚支护为主,在 V 级围岩设格栅,间距 1.0m,部分地段增设钢筋网,在断层破碎带及其附近,采用了超前的小导管注浆和超前锚杆预加固措施。洞内钻眼及装渣运输采用全机械化作业,无轨运输,二次衬砌采用液压台车全断面一次灌注。

1. 坍方的情况

缙云山隧道施工过程中,因地质构造复杂,节理发育,地下水丰富以及受断层破碎带的影响,先后发生了 5 次较大规模的坍方,其中以 4 号坍方为最大,长达 22m,宽 10 ~ 14m,坍塌高度 18 ~ 25m,坍方数量达 4 000 ~ 5 000m³。

2. 坍方发生的原因

坍方发生后,经现场调查和研究,认为引起本次坍方的原因如下:

(1)由于岩体破碎、节理发育,致使岩层的层间结合力较低,加上地下水的作用,引起上部失稳、坍塌;

(2)坍方段属于 IV 级围岩,离掌子面的距离太大,已达到 85.0m,再加上初期支护的强度可能偏低(因地下水的影响,使喷射混凝土的厚度无法保证),施工时没有安设格栅;

(3)在坍方范围内,发现了一条宽度约 1.8 ~ 2.4m 的断层,致使出现大规模的坍方。

3. 坍方的处理措施和步骤

(1)先加固坍方附近的未坍塌部分,采用喷锚支护和小管棚(直径为 60 ~ 80mm 的钢花管)对未坍塌的边墙及拱部进行加固,以防止坍方的进一步发展和扩大。

(2)利用坍方发生后围岩处于相对的暂时稳定状态,抓紧时间沿坍塌面设外层初期支护,如图 11-40 所示,其支护参数如下:

锚杆:$L = 3.5 ~ 4.5m$,$\phi 22mm$,间距 $1.0m \times 1.0m ~ 1.5m \times 1.5m$。

钢筋网:采用 $\phi 8mm$ 或 $\phi 12mm$ 钢筋,网格间距 $20cm \times 20cm$。

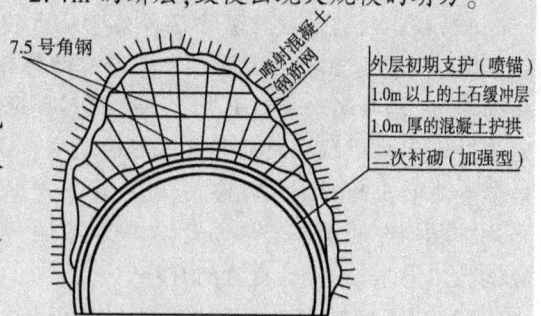

图 11-40 洞口塌方示意图

喷射混凝土:分两层,第一层5.0~8.0cm,然后施作锚杆和挂网,再复喷第二层10~15.0cm。

因坍腔的横断面矢跨比$H/B=1.8-2.8>0.7$,故不设(也难以设置)内层初期支护,但在坍腔内需设置横向和竖向的支撑杆件,本例中采用7.5号角钢横向和竖向支撑两侧及顶部的坍塌面,竖向间距8.0~10.0m,纵向间距2.0~2.5m,角钢的两端与锚杆头进行焊接。

①清渣,从洞口向里逐步清渣,同时逐步进行二次衬砌;

②待二次衬砌完成之后设置防水层,预埋注浆孔;

③施作1.0m厚的混凝土护拱;

④设土石缓冲层,厚度1.2~1.5m;

⑤衬砌背后注浆(即填充注浆)。

整个坍方的处理,历时5个月,从处理效果来看,保证了工程质量和施工安全,但投入的费用和所耗的时间相对大了一些。

【实例11】 木花公路2号隧道塌方处理方案

木花公路K166+017~030段约13m隧道,因实际围岩破碎(碎石土接近Ⅰ类围岩)及地下水的共同作用,于2001年8月20日15:30发生塌方,至次日早5:30塌至地表,期间小塌方不断,大塌方共发生3次。塌方由拱肩开始,最后延至拱中左侧2m,塌至地表后初步稳定。

一、洞内塌方处理

(1)封堵堆积体,堆积体两侧素喷20cm厚C20混凝土,以防堆积体继续扩大。

(2)塌方段进口一侧尽快完成二次衬砌,进口侧靠近塌方段6m范围,二次衬砌钢筋改钢拱架(间距0.5m)。塌方段至出口作为施工重点。塌方处理时,放置好钢筋格栅后,先用16号工字钢钢架进行支护(间距0.5m),钢架间用ϕ22mm钢筋连接,连接筋间距1.0m。安装合格后用C20喷射混凝土与钢架喷平。该段二次衬砌厚度减为30cm,并对钢筋间距进行调整,待塌方处理完后,按施工进度依次浇筑。

(3)塌方体处理时,采用管棚与围岩预注浆相结合的方法施工。

(4)堆积体开挖每掘进0.5m,用一榀16号工字钢钢架支撑。钢架间用ϕ22mm钢筋连接,间距1.0m,钢架背后用纵向ϕ16mm、横向ϕ12mm、间距10cm×10cm的钢筋网加固。开挖段均设系统锚杆,锚杆选用长2mϕ22mm的钢筋,纵、环向间距均为1m,梅花形布置,要求与钢架连接采用焊接。

(5)喷射混凝土:堆积体开挖后,开挖面立即用5cm厚的钢钎维混凝土封闭,钢架等安装完后,再喷射厚25cm的C20混凝土。

(6)二次衬砌紧随开挖进行,要求开挖2m衬砌2m。

二、洞外塌方处理

(1)沿塌方下沉部位迅速开挖环形水沟,对地表水进行引排。

(2)塌方处理前,对下沉部位用防水材料搭棚进行防护,防止雨水侵入。塌方前后两段处理后用人工回填密实,表层用浆砌片石或砂浆抹面封闭。

三、塌方处理安全措施

（1）设专人对洞内、洞外的沉降进行观察，并作好观察记录，发现不安全隐患，立即汇报，并通知施工人员撤离现场。

（2）塌方体的开挖，设专职安全员全过程监控。要求安全员特别注意开挖面的下沉、危石的处理，发现不安全隐患，立即通知施工人员撤离现场。

【实例12】 *海南省环岛高速公路青岭隧道*

该高速公路设计为双线双车道，其中青岭隧道的右洞全长为 1 140m，开挖高度为 9.8m，开挖宽度 13.0m，里程 YK304+038～YK304+065 处爆破时产生了坍方，坍方长度 27m，隧道拱顶以上坍塌高度大约 40m，坍方数量大约 15 000m³，为特大型塌方。

坍方地段的埋深为 75m，岩石为弱风化的英安岩和少量的砂岩和泥岩，洞内地下水不发育，存在着几条断层破碎带。

1. 坍方情况

1998 年 8 月 6 日上午 10 时，放炮后开始坍塌，并逐渐发展，至第二天中午，坍塌继续扩大，从地表上看有两个断层，节理面上有少许泥土、破碎，挤压强烈，塌方未塌至地表。坍体内有较大的孤石，直径大约 1.0～2.0m，如图 11-41 所示。

坍方后，经研究决定采用超前小导管注浆加固拱部，然后逐步清渣，并采用锚喷网的支护手段进行支护。结果费时 1 个月，开挖掘进 3.0m，出渣达 3 500m³ 时，又再次发生坍方，新的坍渣又淹没作业地段，施工完全无法进行。

2. 坍方的处理方案

为了寻求有效的处理方案，必须先查清地质情况，于是采用物探浅层地震 CT 成像的方法进行探查，发现该处原设计的 V 级围岩的坍体范围分布一条断层破碎带，走向 N340W，同时发现在距离 F_4 断层破碎带前方 50.0m 未施工地段有 P_5 断层破碎带，这两条断层破碎带与隧道中线斜交角均较小，大约 10°～12°，并呈交叉现象，故坍体的洞身断面全部位于断层破碎带内，断层破碎带的波速为 2 000～2 500m/s，波速呈长轴状

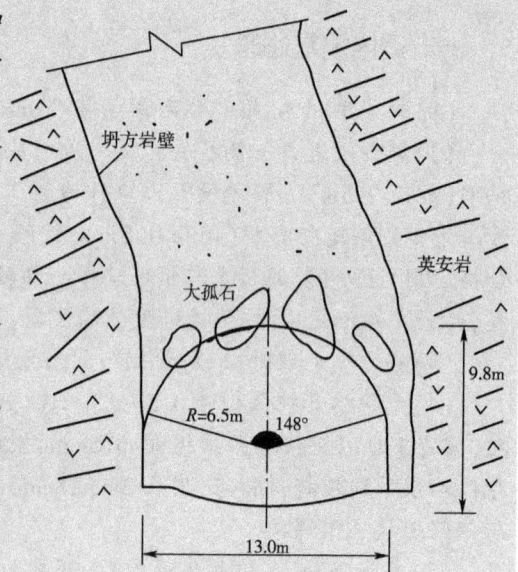

图 11-41　坍体大小示意图

分布，倾角较陡，属不稳定围岩的松散体～破碎结构，见表 11-9。经浅层地震反射时间测试，地震信号频率降低十分明显，主频 26Hz，影响范围达 28m，断层破碎带中充填的岩脉为灰黑色，风化后为灰白色，岩脉裂隙发育，易破裂为小块岩石，爆破震动后呈粉粒或角砾状，经查证该坍方的原因系由 F_4 断层破碎带引起，如图 11-42 所示。

坍方的第二次处理方案：根据地震 CT 层析成像法探测出的 F_4 断层破碎带构造情况的分析和计算，拱部以上整个断层破碎带形成的土柱压力很大，达 1.35MPa，且坍体经两次扰动后

地质纵剖面及波速分布　　　　表 11-9

围岩级别	V	IV	V	IV
波速（km/s）	2 000～2 500	3 000～3 500	2 000～2 500	3 000～3 500
地质构造	同坍方段	层间结合差的薄层、中厚层、软硬岩互层	粉细颗粒夹块体散状结构	基本稳定

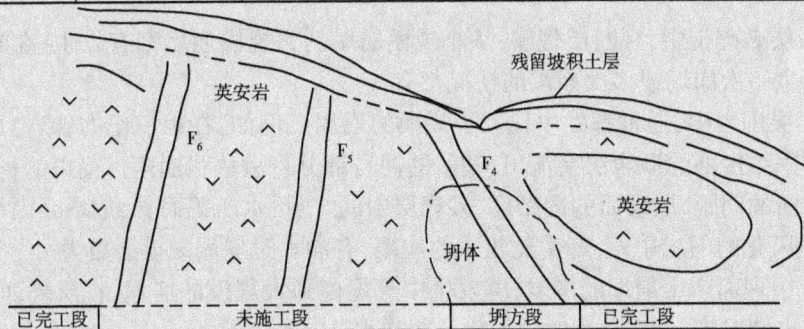

图 11-42　坍方段地质情况

非常松散,坍渣为粉细颗粒状的松散体,断层破碎带与坍方地段的纵向呈斜交分布,导致坍体的松散范围较宽。综合上述情况,要确保安全通过坍体,应先对坍体作适当的注浆固结,然后采用偏心钻具扩孔同步带进钢套管的钻进技术,在拱部设管棚工作室,安设长 30m,φ127mm 的长大管棚,一次跨过 27.0m 长的坍体。

3. 坍方的处理情况

(1)打设管棚前,在拱顶范围内共布置 11 个注浆孔,注单液水泥浆 1 199m³,最大注浆压力为 5.0MPa。

(2)注浆完成之后第 8d 开始施工管棚。

管棚布设在拱部 148°圆心角范围的外轮廓线以上 35cm 处,管棚的中心间距为 35cm,管内设钢盘笼并灌注 M30 水泥砂浆,共布设 45 根,总长 1 350m。

管棚采用 MQ-50 型工程锚杆钻机,管棚采用 D40 或 CK45 地质钢套管机 φ127mm,壁厚 d =4.5mm,管棚分节长度 2.5m,两节管棚之间设连接管。

(3)管棚完成之后,开始进行开挖,由于坍体成细颗粒的土状,采用半断面开挖自上而下进行,下半断面采用大型机械作业,安全快速。

(4)支护,上部开挖后,随即进行喷锚支护,使用格栅钢架,间距 1.0m,并配以钢筋网。

(5)二次衬砌,采用简易衬砌台车进行,每一循环长度 4.0～6.0m。

4. 坍方处理的效果

由于采用跟管钻进技术安装的长大管棚,具有钢管顺直、管径大,可承受巨大的坍体荷载,使整个处理过程在安全的条件下有序地进行,从开挖到支护及二次衬砌都没有发生过任何意外的安全质量事故。整个坍方处理耗时 4 个月(其中注浆耗时 20d,管棚施工耗时 38d,开挖、支护、衬砌耗时 63d)。

青岭隧道坍方的处理成功,说明了采用注浆加长大管棚技术是处理大型坍方比较有效的技术手段。

小结:

上面列举的坍方实例,都是属于大型坍方,处理的方法各异,但都是成功的,可以在处理类似坍方的事故中参考。

从上述实例中可以看出,一般来说,在下述地质条件下,如施工不当,就会发生不同程度的坍方。

(1)在断层破碎带中,视断层规模,从小规模崩塌到大规模崩塌都有发生;在断层处,视其破碎程度,发生一次崩塌或多次崩塌的情况都有。

(2)在互层围岩中,通常都发生比较小规模的崩塌。例如,在第三纪的砂岩、页岩互层中,因少量涌水,固结度低的砂岩层会流出,残留的泥岩部分将呈块状崩落。崩塌的程度因砂层的固结度、层理面的间距、层理面的固结度、砂岩层中的水量、水压等而异,崩塌会因涌水而加剧。

(3)在强风化的围岩中,会产生比较大的崩塌,有涌水时崩塌规模会更大。

(4)由于层理面产生崩塌的围岩,可发生中等规模到大规模的崩塌,视层理面的强度和掌子面状况、涌水情况等,会在数小时内发生几次崩塌。

(5)在砂质围岩中,多发生小规模和中等规模的崩塌。

(6)有突发涌水或大量涌水的场合等。

其次,导致坍方的原因虽然是多种多样的,但除了自然因素外,工程和人为的原因仍占有相当比重。如果在施工管理和技术上进行认真地改善,就会使坍方事故得到有效控制。因此,要更多地从施工方面去分析坍方的原因。如,在断层带内拉中槽,抢工期心切,忽视地质因素;不良地质条件下长距离不衬砌,片面追求进尺;破碎岩层中不设超前支护;出现坍方迹象时不采取或被动采取辅助措施;支护不到位,能省的就省等,这些都是造成坍方或使坍方扩大的原因。

因此,隧道施工要注意以下几点:

(1)一般对隧道的地质勘探,其网度都较大,仅有的几个勘探钻孔很难控制住隧道的断裂情况、岩体的岩性和裂隙节理的发育程度,岩石的类型也很难判断清楚。因此在隧道施工中,必须加强围岩的观察,掌握地质构造变化的规律。凡有大的构造断裂,必须及时摸清楚走向、倾向和倾角,同时密切注意与各断裂带的相交情况。要提前掌握它们的交汇位置,准备好应变措施。要在其交汇处,采用"短进、强支、早封"的施工工艺,千方百计不让其垮塌,借以求得"优质、高效"的施工效果。

(2)在隧道施工中,对水的潜蚀作用切记不可忽视,尤其是南方多雨低矮冲沟山地下的隧道。由于这样的地层,在距地表40m以上的岩层风化严重,堆积碎块多,节理裂隙发育,地表水沿各种结构面向岩层渗透,使破碎体和软弱结构面长期被水浸泡而产生强大的蚀变,蚀变后的风化岩体变成强度极低的塑性岩土,一旦在此岩土上开挖,由于该岩土的c、φ值几乎等于零,承载能力也丧失殆尽,没有做好防止塌方的应急措施,隧道必然坍塌。因此在隧道施工中,凡要穿过冲沟峡谷,必须提前做好防水和防止塌方的一切准备。只要发现岩体有潜蚀情况,就要抓紧对地表水进行引导疏排,尽可能地将渗入地层的水源切断,在隧道内采用综合治理措施,将蚀变岩土内的水引导疏干,并对该岩土及时进行注浆固结以增大c、φ值,提高岩土的承载能力。同时进行强化支护,竭尽全力不让这类岩土垮塌,以保证隧道顺利穿过软弱带,并获取较好的经济效益。

(3)在隧道的施工中,加强围岩变形量测工作是十分重要的。猫山隧道通天塌方前,围岩监测人员根据量测的数据,运用变形速率比值法,发出围岩失稳的特征,多次发出险情预报,提前拆除了设备,免受了更大损失。

(4)在隧道的施工中,必须使用正确的施工工艺。目前的公路隧道均采用的是新奥法施工,但在各个环节上,又各具特色。在遇到岩体破碎软弱,地下潜水极大时,其放炮药量必须严格控制,要尽可能地减少对围岩的扰动。开挖断面要尽可能地小,超前支护必须强化,支护类型必须满足强大地压的需要。钢拱架支护除设锁脚锚杆外,该设地梁的地段必须加设地梁,以保证钢支架不下沉。同时要用挂网喷浆或模筑混凝土及时把开挖隧道的顶、侧面予以封闭,借以增大支护的承载能力,保证隧道顺利向前掘进。

(5)隧道一旦出现塌方,必须抓紧进行处理,不然就会造成塌洞越来越大,甚至通天。而处理必须采用综合措施,即首先抓紧治标,不使漏洞扩大,然后治本,保证隧道长治久安。塌洞处理必须要有多方案进行选择。一方面要按照"经济、合理、安全、可靠"的原则择优选取,同时还要充分考虑施工单位处理塌方的经验和原材料的及时供应情况。一旦施工方案被确定,就要立即组织精干队伍抢进度、抓质量,指挥协调到现场,技术指导到现场,以最快的速度、最短的时间、最好的质量完成塌方处理任务,从而保证整个隧道综合效益的提高。

(6)隧道塌方处理是一项艰难而复杂的作业,处理方法很多,需根据塌方的规模、部位、具体状况而定。

【实例13】 海游连体隧道结构设计与施工

一、国内已建成的连体隧道结构设计不足及易出现的病害

目前国内已建成或正在设计中的连体隧道结构如图11-43所示,存在如下不足:

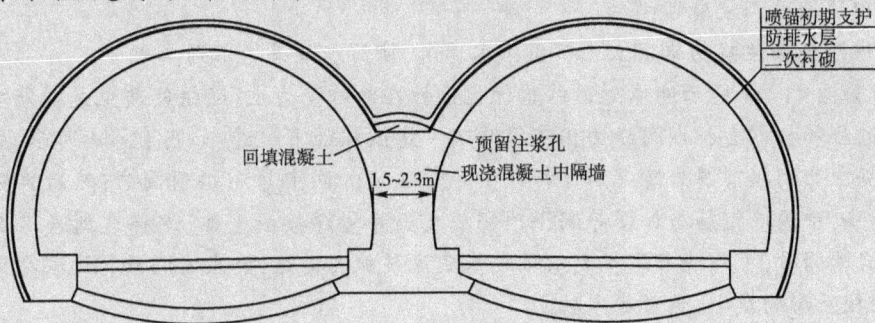

图11-43　传统的断面示意图

(1)左右洞开挖和衬砌期间中隔墙顶部不密实,有空隙,导致洞室围岩跨度增大,促使隧道围岩受力不利;

(2)中隔墙与顶部注浆后易堵塞排水通道,且是渗漏水薄弱环节;

(3)左右洞结构受力不明确且相互影响。

由于如图11-43所示连体隧道受力条件复杂,加上施工期间各工序相互影响,对围岩的多次扰动以及支护衬砌相互之间及与中隔墙的非同步施工,易造成连体隧道拱脚开裂,中隔墙出现纵向或环向裂缝,中隔墙侧拱脚处渗漏水,若两侧拱部受力不均衡,可能会导致整个结构物的破坏或留下严重病害。

二、国内某设计院连体隧道结构优化设计的合理性及改进意见

国内某设计院的连体隧道结构优化设计如图11-44所示,其优点为:

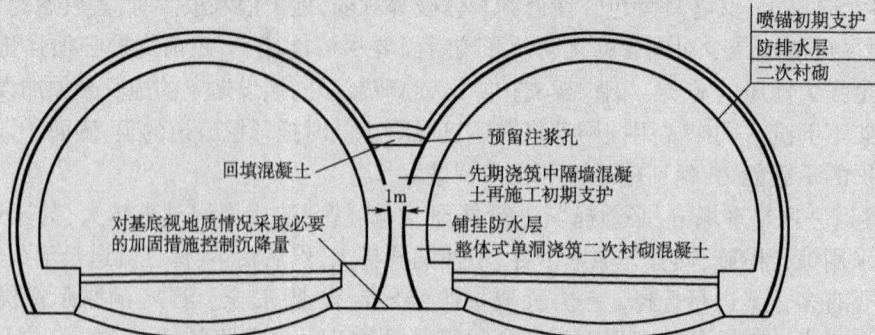

图11-44　优化的断面示意图

(1)将防水与结构设计统一考虑且衬砌防水效果更理想;

(2)在不削弱结构的条件下,将两侧二次衬砌各自独立成环,左右洞结构受力明确,相互影响少。

其缺点为:

(1)左右洞开挖和衬砌期间中隔墙顶部不密实,有空隙,导致洞室围岩跨度增大,促使隧道围岩受力不利;

(2)中隔墙施工较麻烦;

(3)中隔顶部注浆易堵塞土工布层排水通道,使防水效果达不到要求。

由于如图11-44所示连体隧道结构优化设计在结构受力上,连拱实质上是初期支护的连拱,开挖过程和初期支护期间受力仍不很明确。建议作如下改进:如图11-44所示,先开挖中导洞,根据中导洞拱顶围岩情况用锚杆或小导管注浆加固中导洞拱顶围岩,然后再做钢筋混凝土中隔墙,中隔墙钢筋与加固导洞拱顶锚杆或小导管焊接成整体,这样达到减跨支护的作用,当围岩软弱时,中隔墙采用扩大基础或基底注浆加固措施,使左右洞开挖过程初期支护受力明确且相互影响减小,受力基本独立。

三、海游连体隧道设计改进措施

1. 海游连体隧道简介

海游连体隧道位于浙江三门县岭口至上枫坑一级公路(属雨台温高速公路连接线),是该路段控制工程。由于受地形限制,隧道形式采用双连整体式连拱隧道。隧道岩性主要为粉砂岩、含砾砂岩、砾岩,局部夹泥岩。围岩类别为Ⅲ类或Ⅳ类围岩。水文地质条件:测区内水文地质条件比较简单,地下水均为第四系孔隙水和基岩裂隙水,水量贫乏。本隧道工程地质条件复杂,节理裂隙发育,岩性素乱,并有8条断层破碎带,最大一条达22m宽。隧道顶上方3m处有一防空洞,地下水丰富且分布不均。采用新奥法设计施工。

2. 改进断面形式的不足及海游连体隧道设计改进措施

海游隧道原设计采用传统的断面形式(图11-43),此结构形式对隧道建设期间围岩受力不利和中隔墙侧拱脚处渗漏水情况很难处理,预埋竖向软式透水管与纵向软式透水管相接后不易固定,且易堵塞,施工难度较大。鉴于海游隧道的施工进度和实际施工情况,如采用图11-45所示改进断面形式,施工步骤多、工艺复杂,不便施工。根据海游连体隧道的施工实践,业主、设计、施工、监理等单位共同研究,决定对中隔墙排防水采用如图11-45所示的施工断面示意图。

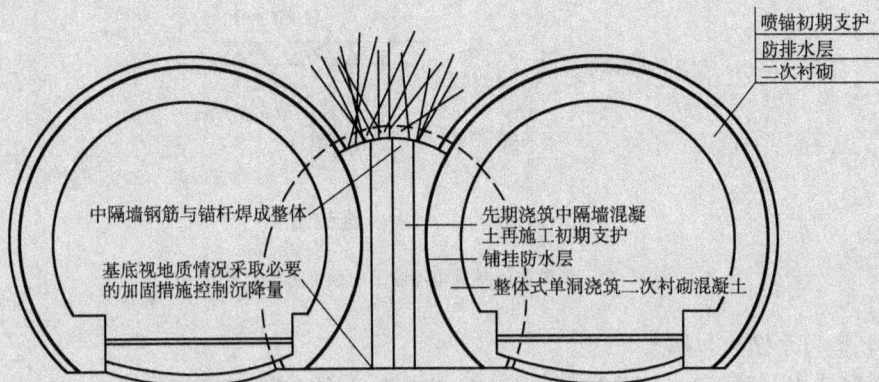

图11-45 改进的断面示意图

改进后的断面仍采用传统的先墙后拱法施工,此施工方法目前已较为成熟,同时把在中隔墙内预埋竖向透水管改为先在中隔墙边预留直槽,待模筑混凝土浇筑完工后增设竖向透水管,能有效地解决原预埋管在施工时易堵塞的问题,降低了施工难度,又有效地解决了中隔墙拱脚处渗漏水的问题。

四、施工方案及实施情况

根据设计要求、工程地质及施工条件,结合多年隧道施工经验,及时确定了对各分项工程施工方案。

海游连体隧道中隔墙结构及排防水示意如图11-46所示。

1. 明洞开挖

本工程位于三门县城区,进出口紧靠居民住宅区,人员密集,要求爆破施工防护要严密可靠,施工难度大。

由于本工程离居民区太近(最近的民房仅10m),为确保安全,综合比较后选定台阶法少药量微差控制定向爆破进行明洞开挖,此法能有效减少爆破飞石、振动、噪声等对周围的影响,但较之药壶爆破工效低、进度慢、成本高。采用的主要防护是单孔装药量,按松动爆破设计,炮孔及爆破方向背离居民区,用砂袋压炮孔,并搭设挂脚手片的钢管架作为防护墙,定时起爆(杜绝晚间施工),实施效果较好。

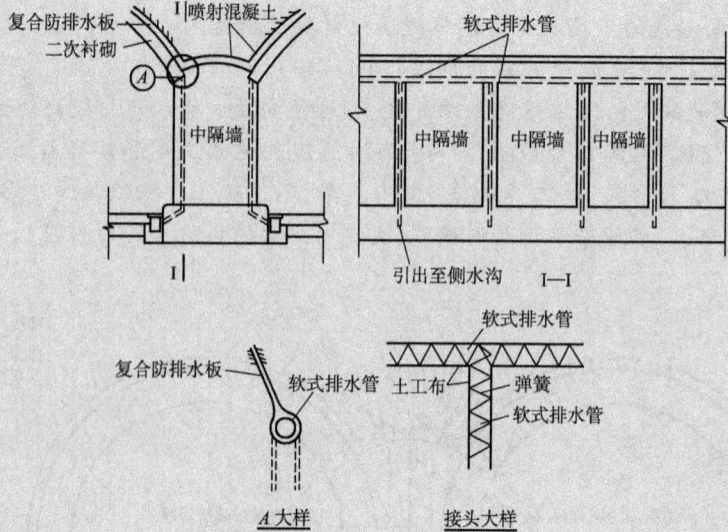

图 11-46　海游连体隧道中隔墙结构及排防水示意图

2. 中导洞开挖及初期支护

是否取消中导坑,即主洞开挖时(同时开挖中导洞的一半)采用正台阶法,中隔墙分左右对半衬砌施工。认为进度上可以加速,但安全性差,故取消此方案。

鉴于本隧道暗洞只有343m长,决定进出口同时相向全断面开挖。原施工图中中导坑比中隔墙肩部高出约60cm,由于未充分考虑中隔衬砌模板支撑及安设工字钢预埋件和排水管的所需空间,开挖时减窄减低原设计断面,虽在开挖和后期的衬砌中起到减少成本的作用,但对前期施工产生不利。总结认为中导坑比中隔墙肩部高出30cm是至关重要的。

3. 中隔墙衬砌施工方案

考虑采用整体钢模后钢模架笨重,中导坑操作空间又小,加之各围岩段中隔墙基础断面不同,认为中隔墙分基础和墙身两部分浇筑较合理,两部分之间用钢筋插筋及凿毛处理,基础超前墙身进行。原计划中隔墙从进出口两头向中间推进,按跳立模的方式利用两个工作面交叉进行,在实施一段时间后,认为完全有条件不跳模,顺序浇灌(在两幅模板且人员充足时可达到每天2模,共18m),从两头向中间推进。中隔墙墙身采用整体钢模(6m厚钢板,14槽钢架支撑),使得进度快,平整度及光洁度好;基础衬砌模板由14槽钢架和标准建筑钢模组合而成。

五、主洞开挖及初期支护

主洞进洞口循环控制进尺0.8~1.0m,施工程序为:工作面放样→搭设工作台→钻机安设→钻孔→安设钢管及注水泥浆→下断面开挖→预留光爆层扩挖→初喷→架设钢拱→锚杆→第二次喷混凝土→下一循环。

主洞开挖滞后中隔墙衬砌50多米,这样主洞开挖和支护与中隔墙衬砌工作可同时进行。主洞开挖采用台阶法施工还是中侧导洞法,或者是全断面法施工,经过比选,我们认为原设计采用的侧壁导坑法施工工序复杂、进度慢、成本高,但较安全,而全断面法适合 Ⅵ、Ⅶ 围岩条件。根据中导洞揭露的地质条件,决定采用正台阶法施工。在围岩节理发育、地质条件不良地段采用预留光爆层施工。爆破参数的确定:洞口地段(围岩为Ⅱ类)炮眼取 1.0m,Ⅲ、Ⅳ类围岩段取 2.2~3.2m,采用导爆管分段起爆。破碎地段采用预留光爆层(顶拱部位),正常速度单头日进尺 5m。

主洞下台阶施工方案确定:下台阶开挖后,上台阶支护的工字钢腿部支撑将悬空,加之工字钢腿部多次爆破,超挖量不易控制,工字钢也易被炸坏,决定施工时离工字钢腿部预留 1m 光爆层滞后下台阶 5m 开挖,下台阶炮眼深取 3.5m(如图 11-47 所示)。

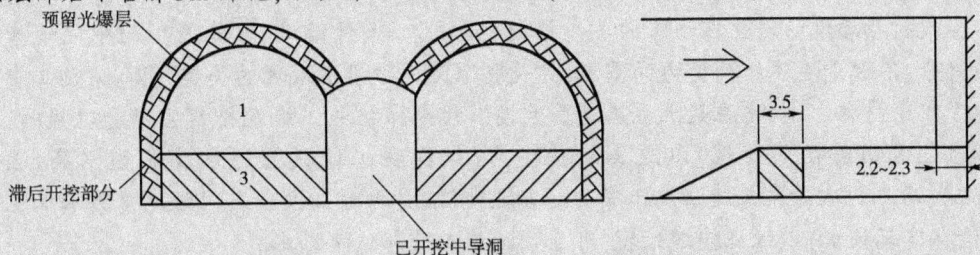

图 11-47 海游联体隧道开挖和支护顺序图(尺寸单位:m)

附注:若采用中侧导洞适度超前全断面法施工就可克服下台阶开挖后上台阶支护悬空和不稳等缺点。

六、主洞衬砌施工方案

1. 明洞仰拱衬砌方案

有半幅施工(留一半用来通车)和全幅施工两种施工组织形式,最后定为全幅施工。每 9m 一模,侧墙侧施工缝放在排水沟盖板下,以保持美观。推进方向由进口明洞向暗洞、暗洞向出口明洞方向推进。仰拱浇灌完后回填至与电缆槽底部同高,同时预留侧水沟位置。这样拱圈衬砌台车就可以架设在此基面。

2. 拱圈衬砌方案

拱圈衬砌采用整体钢模台车两台,分段长 9m。混凝土浇灌分层对称,两侧同时或交替进行。浇灌至拱部时,改为沿隧道纵向浇灌,边浇灌边封口,并进行捣固,保证混凝土表面光洁平整,无蜂窝、麻面。

七、海游连体隧道施工中出现的通病防治措施

混凝土的硬化热、干燥收缩和温差收缩引起的应变,受喷混凝土的制约是产生裂缝的主要原因,因此结构自防水是防排水的关键。本隧道设计采用 C25(抗渗标号为 S8)泵送自防水混凝土衬砌,掺入 UEA 膨胀剂的混凝土,产生适度膨胀,在钢筋和邻位的约束下,在混凝土结构中建立 0.2~0.7MPa 预压力力,这一预压应力可大致抵消混凝土在硬化进程中产生的收缩应力,从而防止或减少收缩开裂,并使混凝土致密化,提高混凝土结构的抗渗能力。

混凝土衬砌施工中由于客观条件所限,衬砌与围岩间可能要留下或多或少的空隙。与围岩不密合的衬砌,在弯矩和偏土压力作用下,较小的荷载也会引起裂缝。尤其中隔墙与拱结

构间存在纵向通缝,对结构受力不利,是渗漏水的薄弱环节。由于喷混凝土回弹料多不易处理,后决定采用浇灌加膨胀剂自防水混凝土后压注水泥浆液处理(必须在衬砌前完成,否则会堵塞排水系统)。

施工中塌方(或超挖部分)回填易出现回填不实而出现塌空,造成隧道结构失稳和后期的隧道渗漏水隐患。采用压注水泥浆液回填处理,在隧道周边打孔,以高压的水泥浆液注入围岩裂隙,确保隧道围岩的完整性,改善结构受力。注浆孔按梅花形布置排列,孔距取2m,径向孔深进入岩层0.5m,压浆初压0.5MPa,检查压力为0.8~1.0MPa。

隧道衬砌渗漏易发生在施工的各种接缝处(施工缝、伸缩缝、沉降缝),而中隔墙肩部施工缝部分,不但是连体结构受力的重点,更是整个隧道防排水处理的关键。因此,施工中主要采取了以下措施:采取喷混凝土施工时覆盖编织袋来保护施工缝及排水管不受破损;在施工缝部位采用钢筋插筋处理,以改善结构受力;纵向施工缝设置遇水膨胀型水条(2cm×1.5cm);后期衬砌时施工缝清洗干净并经凿毛处理,衬砌时铺设一层同强度自防水水泥砂浆(或涂抹建筑胶水)以保证接缝致密,可靠预防施工缝部位渗漏水。

由于连体隧道中隔墙肩部与拱圈结合部、抑拱与衬砌的结合部往往是结构上的受力弱点,易出现拱脚开裂,两侧拱部受力不均衡,中隔墙易出现衬砌开裂。采用方案为中隔墙钢筋与中导坑顶部锚杆焊成整体,以达到减跨作用。钢拱架拱脚处易超挖且落脚处支撑面不够稳固,采用与起拱处锚杆整体连接,以加固拱架,防止内敛。

八、工期控制及得失

本工程确定的关键路线是:明洞开挖及洞口坡面防护→管棚及超前锚杆等支护→中导洞→中隔墙→上台阶→明洞仰衬砌→下台阶→洞内衬砌→边沟、路面→装修。到目前为止,除因业主原因影响工期近2个月外,基本按计划进度进行。

此外,因春节前出口端中导洞支护未及时,春节后出现塌方,影响开挖如期进行;开挖、支护、出渣等各工序衔接不畅,中导坑打通后1个月才开始中隔墙衬砌,右侧主洞上台阶打1个月后才能准备进口明洞仰拱衬砌;因对连体隧道施工多工序同时作业时的电力供应问题考虑不足,致使开挖和衬砌无法同时工作(后期不得已增设变压器);前期中隔墙模架数量不足(后期补)及现场备料等也影响进度;中隔墙衬砌和主洞开挖同时作业,多工序交叉,现场管理难度大。另外,在中隔墙浇灌施工期间,主洞只能三头施工,待中隔墙浇灌完毕,安设混凝土泵管线一侧才可施工。

九、安全

因为中导坑开挖完,继而中隔墙衬砌后主洞开挖,在中隔墙肩部(起拱部位)受开挖多次挠动,围岩松弛变形,加之中隔墙肩部很难在衬砌前期就做到回填密实,因而此部位易形成塌方和掉块,危及作业人员安全(尤其是中卫星墙肩部回填人员施工时)。

做好地质预报工作,充分利用中导坑已揭晓的地质条件指导主洞施工。切不可忽视围岩条件较好地段(如IV类)的支护,特别是断层带。本隧道左洞上台阶施工(围岩为III类)时,支护面离开挖面不足3m(安全规程规定为不超4m),离开挖面1.5m处,落约1m³石块,右洞(围岩为IV类)也落下2m³大石,十分危险。

遵循"短进尺、弱爆破、紧支护、勤量测"原则，严格按新奥法施工。本隧道中导坑春节期间出现小范围塌方，与未紧支护有关。

中隔墙衬砌高温控制：因洞内散热空间有限，而中隔墙大方量混凝土散发热量导致洞内温度高达40℃以上，因而对衬砌施工和附近段开挖支护造成困难，危及作业人员安全并影响进度。最后采用对工作面引水、增加局部通风量来保证正常施工。

总之，针对浙江省内连体隧道设计和施工经验及实施效果，参考某设计院连体隧道结构优化设计，并结合海游连体隧道设计和施工实践提出改进措施，预期达到解决连体隧道结构的合理受力和整体性以及消除病害等目的。主要强调连体隧道结构和施工过程的受力合理性，且符合工程力学原理和防护排水处理效果好等特点。

【实例14】 隧道工程洞口段施工方法优化

隧道工程洞口段一般地质条件复杂，施工方法选择得是否妥当关系到是否按规定时间进洞开挖，否则会引起洞口坍塌，延续进洞时间使工期拖后。

西山坪隧道为双线行车的双洞隧道，隧道净高5.0m，净宽10.5m，洞口为古滑坡体，且洞口覆盖层厚达20余米，地层主要为第四系全新流残坡崩积层。

1. 工程概况

西山坪隧道位于重庆市北培区东阳镇白腊村，左、右洞中心线间距40m，隧道净高5.0m，净宽10.5m。西山坪隧道位处新华夏系川东褶皱带，系华荃山复式背斜向南的延伸——温塘峡背斜，其西接澄江向斜与观音峡背斜相峙。进口段洞顶上部覆盖约7m左右的滑坡体，洞口段裂隙发育，易风化，围岩稳定性较差。隧道区出露的地层主要有第四系全新统残坡崩积层，侏罗系下统珍珠冲组，三叠系上统须家河组等。隧道区内地下水主要为碎屑岩类孔隙水，地下水主要接受大气降水的补给，三叠系上统须家河组为隧道区内主要含水层。

2. 洞口周围地质环境及地质资料

经现场察看西山坪隧道进口两面环山，洞口工程正好位于两座高山滑坡体相聚之处，两高山形成的峡谷与洞口斜对相交。据地质资料显示，洞口段存在新老滑坡，老滑坡滑动面较深，范围延伸至刘家沟沟底，体积较大，目前处于稳定状态。洞口上方为年代久远的稻田区，淤泥厚达3m之多，淤泥层构成新的滑坡体，华南地区雨水充沛，进洞时正值雨季，因而给进洞增加了更大难度。若施工方法不当，必导致进洞失败。

3. 洞口施工方法优化

围绕矿山法与新奥法施工进行洞口施工方法优化。

洞口段为Ⅱ类围岩，原设计为矿山法施工。支护参数如下：锚杆采用WTD25中孔注浆锚杆，锚杆长3.5m，间距0.8m，喷混凝土厚10cm，钢筋网间距20cm×20cm，防水层采用RC911型橡胶防水板，模筑混凝土厚80cm。未设计超前支护，对开挖安全不利，先拱后墙施工，整体衬砌台车不能使用，只能使用简易小模板台车，直接影响混凝土外观质量；另外，马口接缝防水较差，难控制，易出现渗漏水，未设计预留变形量；在实际施工过程中，马口、仰拱开挖、拱部会产生一定的下沉量。施工稍有不慎，就会引起洞口塌方。

新奥法施工设计有超前支护，而支护参数为锚杆采用WTD25中孔注浆锚杆，锚杆长3.5m，间距0.8m，喷混凝土厚24cm，格栅钢架间洞口段5m范围内0.5m，其余段0.8m，钢筋网20cm×20cm,模筑混凝土厚60cm,预留变形量15cm。考虑洞口段地质条件较差,超前支护成孔难,超前支护采用了R32N迈式锚杆。经与设计、业主、监理单位共同研究决定将原设计矿山法改为新奥法。

4. 选择新奥法施工进洞实施

1)洞口淤泥层清除

淤泥层是引起进洞困难的主要因素,为此要想顺利进洞势必要清除淤泥层。首先将稻田水疏干,使淤泥由液塑状态变为干硬状态,然后将淤泥层挖除直至基岩面。

2)洞口封闭地表

位处华南地区的重庆雨水充沛,雨水的浸泡渗透是引起滑坡滑动造成进洞困难的催化剂。为此治水首当其冲,否则淤泥层下面的基岩面会进一步湿陷液塑化。为此,采取了喷射混凝土封闭地表的方案,地表封闭面积达到3 000m²,喷射混凝土平均厚度为5cm。

3)洞外截水沟

因洞口地处低凹,又与峡谷斜对相交,雨水必然汇集洞口。如果在开挖洞口前不做好洞外截水沟,势必会引起洪水灌洞,造成洞口坍塌。因而在进洞前做好洞外截水沟又是一项重要工作。

4)洞口开挖

在前面三步做好后,进入洞口开挖正式阶段。按原设计进洞里程为LK33+750,此处设计洞顶埋深达20余米,如果加上两洞中央分隔带同时开挖,土石方开挖量太大,这样必然会引起洞口段围岩初始应力场的急剧变化,打破滑坡体的平衡状态,引起洞口滑坡的滑移。为此根据实际地形情况,经研究决定将进洞里程由原设计LK33+750提前到LK33+738,两洞中央分隔带暂时保留,并适当加以防护。这样大大减少了洞口土石方开挖,因而避免了围岩初始应力场的急剧变化。

5)加大边仰坡防护面积

根据原设计边仰坡防护面积仅有600m²。这点防护面积对边仰坡防护远远不够,对边仰坡稳定极为不利。为此,将边仰坡防护范围加大,在开挖过程中发现中央分隔带已经不稳定,处于蠕动变形阶段,局部出现坍塌,已经危及到边仰坡的稳定。于是果断作出决定,将中央分隔带进行锚喷防护,WTD25注浆锚杆100cm×100cm呈梅花形布置,φ5mm钢筋网20cm×20cm网格,C25喷射混凝土厚10cm。

6)洞口段超前支护

洞口段采用双层R32N迈式锚杆,L=600cm,间距40cm,层距40cm,在拱部1 200cm范围内共施作34根(单排)迈式锚杆(自进式锚杆),杆体为中孔式,钻头为φ50mm十字钻头,杆体节长2m,施工过程中靠连接套进行接长。

(1)人工持YT-28风动凿岩机钻孔,沿开挖外轮廓线梅花形布置,间距40cm,外层超前锚杆外插角控制在10°~15°,内层超前锚杆控制在3°~6°。进入洞内采用单层超前锚杆,技术指标同洞口双排锚杆。超前锚杆的搭接长度不得小于1.0m,锚杆端部与格栅焊接牢固,洞身开挖三循环(进尺4.5m)施作一次超前锚杆。

锚杆杆体通过转换接头与 YT-28 风动凿岩机钻杆连接,由风动凿岩机直接顶进,达到设计深度后,安装止浆塞、垫板、螺栓和注浆接头。

(2)注浆采用水泥单液浆,用高压注浆泵注入,使水泥浆扩散半径达到管棚注浆效果。

(3)锚杆钻进过程中,注意水压、钻头、钻杆顶进压力,因为泥粉极易通过钻头出水孔进入杆体。

7)立格栅和洞口护拱施工

打完洞口超前锚杆(外圈锚杆不留露头,内圈锚杆预留 50cm),待水泥砂浆强度达到要求标准时进行洞内开挖。待进尺达到 1.0m 时,开始架立格栅,每 50cm 架一榀(洞内架两榀,洞外架一榀),将格栅钢架与超前锚杆焊接牢固。然后对轮廓进行初喷挂网,打锚杆(系统锚杆),最后进行喷射混凝土作业。要求格栅钢架底脚铺设长钢板,以增加底脚与围岩接触面积,两侧底脚分别施作四根锁脚锚杆。进洞后格栅按 60cm 一榀架设,锚杆按设计图施作。

8)洞内开挖方法

因洞口段围岩属 B 类围岩,为紫红色泥质粉砂岩,风化较严重,见水后极易泥质化。故洞口段洞身开挖采用微台阶法施工,上半断面净高 4.2m,预留核心土开挖,循环进尺不得大于 80cm,上部弧形导坑,依据短进尺、弱爆破的原则,主要以人工风镐或挖掘机作业为主,辅以弱爆破,严禁放大炮。掘进 15m 后开始侧壁拉槽,将格栅下接,采用左右跳槽法错步开挖,严禁左右相对开挖,最后开挖核心土。

9)明洞施工

在初期支护施工完毕后,立即进行仰拱施工。待仰拱混凝土强度达到 30% 以上后,将整体全液压衬砌台车调试就位。第一组衬砌伸入暗洞 4m,明洞 5m,从里向外施作明洞及洞门,从而将洞口边仰坡锁住,确保进洞安全。

10)监控量测及信息反馈

监控量测是新奥法(NATM)设计与施工的重要手段,是对施工前设计所确认的及施工方案所选定的结构形成、支护参数、预留变形量、施工工艺、施工方法及各工序作业时间等的检验和修正,并可用来指导施工。

西山坪隧道洞口段进行了地表下沉位移、拱顶下沉和周边收敛的监控量测,并根据所量测结果绘出相应曲线,对洞口施工起到了一定的指导作用。

从回归分析结果知:地表下沉量最大 25cm,拱顶下沉最大 2.2mm,周边收敛最大 1.9mm,开挖后一般 15d 左右,围岩变量可基本稳定。从变形情况看,洞口施工方案合理,初期支护及时有效。

实践证明采用新奥法施工预防了洞口及进洞段的地质灾害,保证了西山坪隧道按规定时间进洞。

本 章 小 结

隧道工程的施工方法较多,因本书的特点及篇幅限制,着重介绍了隧道工程的施工工艺流程、施工超前地质预报技术以及隧道工程施工方法的优化及实例,对新奥法施工作了简单的介绍。在隧道工程各节引用了较多工程实例,对隧道施工的理论加以应用和拓展,使读者在学习过程中更容易理解和掌握。

复习与思考

1. 隧道工程施工测量包含哪些内容? 简述隧道开挖断面控制测量的内容和方法。

2. 简述洞口工程包含哪些内容? 洞口工程施工要点及选择进洞方法的原则。

3. 新奥法施工常用的施工开挖方法,按开挖隧道的横断面分部情形来分,有哪些施工方法?

4. 分别阐释各种隧道施工的施工方法的适用条件和主要工序。

5. 初期支护的作用及其支护手段有哪些?

6. 锚杆施工前的准备工作有哪些? 简述锚杆的施工方法和施工要点。

7. 阐述喷射混凝土施工的施工方法和工艺流程。

8. 阐述稳定隧道开挖工作面的措施及其方法。

9. 阐述二次衬砌施工的方式及其施工要求。

10. 阐述初期支护与二次衬砌间空隙的处理方法。

11. 阐述二次衬砌有害裂缝的处理方法及其防止和减少二次衬砌开裂的措施。

12. 阐述塑料板防水层施工程序。

13. 附属工程施工包括哪些内容?

14. 阐述新奥法施工程序。

15. 阐述隧道开挖面超前探测的主要内容、探测方法和要点。

第十二章　公路施工组织设计及实例

现选择××一级公路改建工程 B3 合同段施工组织设计实例,说明投标与施工阶段编制施工组织设计过程中应考虑的主要问题。该工程规模适中,可反映其基本情况。为适应教学特点,对原工程作了适当的简化。

××一级公路 B3 合同段施工组织设计

1. 适用范围

本施工组织设计仅适用于××一级公路 B3 合同段工程项目。

2. 引用文件

(1)《质量手册》(JXLQ/SC-A/0—2003);

(2)《程序文件》(JXLQ/CX-A/0—2003);

(3)《公路工程技术标准》(JTG B01—2003);

(4)《公路桥涵施工技术规范》(JTJ 041—2000);

(5)《公路工程质量检验评定标准》(JTG F80/1—2004);

(6)《公路工程国内招标文件范本》(2003 版,交公路发[2003]94 号);

(7)本项目招标文件、合同文件及有关设计图纸。

3. 编制依据

××一级公路 B3 合同段施工组织设计的编制以江西省公路桥梁工程局《质量手册》、《程序文件》、××一级公路 B3 合同段项目工程施工图、江西省交通厅××一级公路建设项目办公室的招标文件、合同文件及有关规范为依据。

第一节　编制说明

一、编制目的

根据合同条款规定及项目办、总监办下达的任务,结合单位的人员、机械生产能力和工效,依据××一级公路 B3 合同段施工图纸及技术规范要求,制订出最优的施工组织设计,确保本标段的施工进度和施工质量,把本工程建设成优质工程。

二、工程概况及主要工程数量

(一)工程概况

本标段工程是××国道宣风至老关段改建工程的 B3 合同段,位于江西省萍乡市境内。该路段目前为二级公路标准,按一级公路标准进行改扩建,设计速度 80km/h,路基宽度 24.5m,双向 4 车道。

线路起讫桩号 K48+600～K53+300,全长 4 700m。该项目的业主要求工期为 24 个月,暂定开工日期为 2005 年 8 月 15 日。

(二)沿线地形地貌

本合同段位于江西省萍乡市境内,路段区域划分为江南丘陵过湿区。标段内路线经过侵蚀岩溶区,局部位于萍水河河谷平原中,地形起伏较大,地面高程在 70～156m 间,相对高差约 90m。

区域内主要发育的地层有:石炭系、二叠系、三叠系、白垩系以及第四系地层。沿线地形、地貌相对简单,局部路段存在岩溶发育段;区内断裂及断块差异性活动不显著,地震活动少。

(三)气象、水文

本标属内陆亚热带温润季风气候,年平均气温 17.2℃。1 月平均气温 5.0℃,7 月平均气温 29℃,极端最低气温 -8.6℃,极端最高气温 40.1℃。年降水量 1 500～1 900mm,无霜期 280d。降水集中在每年 4～6 月,占全年降水量的 44% 以上。

(四)交通、电力、通信等条件

因为本合同段为既有国道改建工程,故区域内交通方便,可利用现有道路满足人员、设备和物资进场和施工作业需要。另修建部分施工便道,通往弃土场。沿线附近分布有高压线路,满足施工用电要求。通信方面,具备安装使用有线电话和移动电话的条件。

(五)主要工程数量

标段内主要工程内容见表 12-1～表 12-3。

路基土石方数量表　　表 12-1

挖方(m³)	填方(m³)	清表(m³)	清表后回填(m³)	弃方(m³)
土方	土方	土方	土方	土方
392 418	50 549	23 802	27 610	333 878

特殊路基处理和路基防护、排水工程数量表　　表 12-2

工程名称	单位	数量	工程名称	单位	数量
抛石挤淤	m³	1 305.2	路基排水沟	m	10 970
浆砌片石人字形骨架护坡	m	3 185	浆砌片石护面墙	m³	19 780
喷播草籽	m²	3 910.75	浆砌片石水塘护坡	m³	360.62

桥涵工程数量表　　表 12-3

序号	桥涵名称或类型	数量	梁板类型或洞身结构	桥涵全长(m)
1	五里亭小桥	1	钢筋混凝土空心板梁	20.02
2	圆管涵	9	钢筋混凝土	267
3	钢筋混凝土盖板涵及通道	5	钢筋混凝土	122.5
4	石拱涵	1	浆砌片石	27.3

(六)主要材料组织与运输方法

钢材采购南昌钢铁公司或萍乡钢铁厂的产品,工程用水泥、碎石、片石、砂由业主统一供应,其他材料就近采购。

本合同段交通便利,材料采用汽车运输,所有材料均由设备物资部按施工计划制定材料供应及运输计划,及时报检,保证各项材料供应及时、材质合格、储备足够,随时满足工程施工需要。

第二节　施工场地布置、工区的划分、施工任务的安排及总体施工目标

根据本标段的交通运输网、设计部门的建议和经过实地调查确定的筑路材料场等分布情况,并结合总体施工方案和施工计划的要求,进行了施工总体平面布置,具体布置详见图12-1。同时还根据本工程的特点,划分了施工处,配备了人员,并进行了各分项工程的工期安排,具体说明如下。

一、组织机构及施工队布置、任务的划分

(一)项目经理部

本合同段按照项目法组织施工,根据工程规模、特点、施工条件和组织管理经验,成立"××集团有限公司××国道改建工程 B3 合同段项目经理部",作为本项目的管理机构。

项目经理部设项目经理一名、党工委书记一名、副经理二名(兼工区主任)、总工程师一名。下设五部两室,即工程技术部、安全质量部、计划财务部、设备物资部、党群工作部、办公室、中心试验室。

(二)各施工处的布置及主要的施工任务

根据本合同段工程分布情况及工程项目的特点,分为两个工区,暂定以 K50 + 700 为界,宣风端为一工区,老关端为二工区。工区内路基、桥涵、路面、防护及排水等工程采用平行与流水相结合的作业法组织施工。K50 + 000 ~ K51 + 000 路基挖方段施工为本合同段重点,需创造条件早开工,并优先安排施工。

施工准备期完成临时便道、生产和生活房屋设施以及工地试验室等临时设施。临时便道主要为通向桥涵结构物施工现场和弃土场的临时道路,施工期间加强维护,保证畅通。弃土场提前修建挡土墙。

路基工程:以 K50 + 000 ~ K51 + 000 路基挖方段为施工重点,挖方向本合同段全线调配,多余挖方运至弃土场。路基填方施工原则上全部利用 K50 + 000 ~ K51 + 000 段路基挖方为填料,两工区分别从工区划分分界点向线路另一端顺序进行施工,具体施工顺序结合桥涵结构物施工进度和现场房屋拆迁进度合理安排。

路面工程:配合路基工程施工顺序进行,流水作业。

桥涵工程:五里亭小桥是本标段的唯一一座桥梁,需拆除旧桥全部重建。施工时先施工左半幅,使其具备通车条件后再拆除旧桥施工右半幅新桥,以确保国道交通正常。其他新建、增建的结构物亦采用半幅施工原则,施工过程中协调好既有公路的行车畅通和安全。

排水与防护工程:根据路基施工安排,同步协调进行施工。

平面交叉工程:全标段三处等级路平面交叉和 15 处等外路平面交叉的施工配合正线道路的工程进展相应实施。施工以不影响既有道路交通为原则组织进行。

工区及队伍任务划分见表 12-4。

施工工区及队伍任务划分表

表 12-4

工 区		一 工 区	二 工 区
施工范围		K48 + 600 ~ K50 + 700	K50 + 700 ~ K53 + 300
施工队伍任务划分	路基作业队	区段内路基土石方和路面工程,施工重点为 K50 + 000 ~ K50 + 700 段路基挖方工程	区段路基土石方和路面工程,利用 K50 + 700 ~ K51 + 000 段挖方作为调运 K51 + 000 至标段尾的填方
	桥涵及附属工程作业队	区段内涵洞工程和五里亭小桥工程施工、防护和排水工程,以及弃土场的绿化和防护工程	区段内涵洞工程、防护和排水工程

(三)施工场地布置

施工平面布置见图 12-1。

(四)通信

项目经理部安装程控电话,主要负责人各配置一部移动电话,保持与业主、监理工程师及对外的联系。

二、施工总体目标

(一)工期目标

本标段工期要求为 24 个月,根据标段的工程量和施工条件以及我单位类似工程的施工经验和施工技术能力,确定本标段的计划施工工期为 23.5 个月(含施工准备)。

(二)质量目标

严格执行合同条款,按照招标文件《技术规范》、有关规范规程、设计图纸和业主以及监理工程师的指令施工,制订落实各项质量管理和保证措施。确保工程质量为优良,分项工程优良率 90% 以上,力争 95% 以上;分部工程优良率 95% 以上,力争 98% 以上;单位工程优良率 100%;质量评分 90 分以上;工程外观:构造物表面光洁,桥面平整,线形顺适,环境美观,工程管理优良。

(三)安全目标

加强安全管理,严格执行各项安全生产制度和操作规程,消除施工中的各项安全隐患,杜绝重大安全事故的发生。

(四)合同管理目标

严格合同管理,全面履行合同中承包人的权利和义务,精心组织,科学安排;加强成本管理及控制,配合业主做好投资的有效控制。

(五)环保目标

重视环境保护,避免施工造成的环境污染,不破坏可视范围景观,保持沿线自然状态。

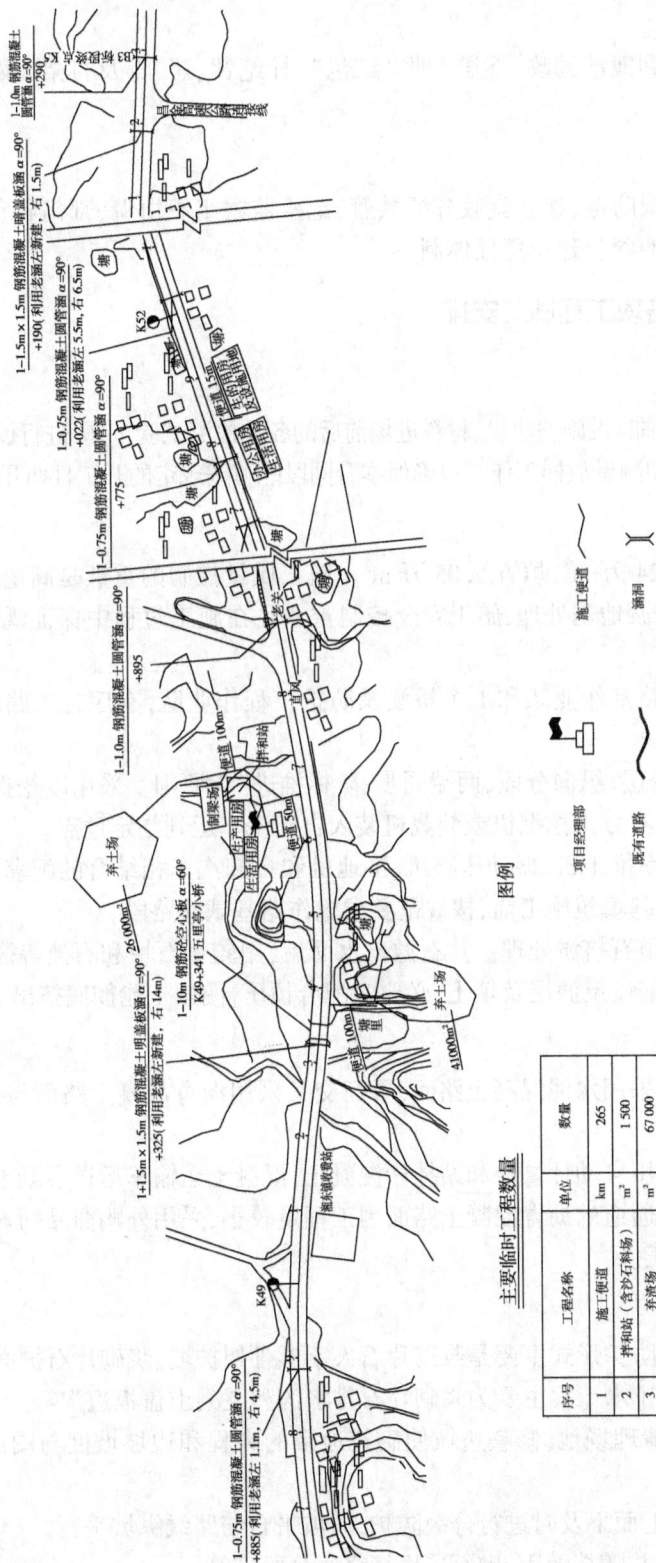

图例

~ 施工便道

∐ 涵洞

■ 项目经理部

~ 既有道路

图 12-1 施工平面布置图

主要临时工程数量

序号	工程名称	单位	数量
1	施工便道	km	265
2	拌和站（含砂石料场）	m²	1 500
3	弃渣场	m²	67 000
4	生产房屋及设施用地	m²	13 500
5	办公房屋	m²	750
6	生活房屋	m²	1 500

(六)精神文明建设目标

加强精神文明建设,做到廉洁勤政,不送不收"红包",杜绝黄、赌、毒及打架斗殴现象,文明生产,文明施工。

(七)廉政建设目标

加强廉政建设教育,着眼防范,建立党政齐抓共管,纪检监察组织协调,部门各负其责,个人分工负责,群众积极参与的廉政建设责任体制。

三、施工总体计划及各项工程施工安排

(一)施工准备

我们以最快的速度做好临时设施的建设、材料进场前后的各种检测试验工作、进行设备的调动进场及施工人员的到位及前期测量放样工作。以确保本合同段能够按规定的开工日期开工。

(二)路基工程

本标段路基挖方共 39.24 万 m³,填方 5.05 万 m³。施工质量控制的重点是高挖方路基段边坡成型和软土路基抛石挤淤地基处理,施工安全控制重点是在施工过程中保证既有国道的行车安全和道路畅通。

(1)每工区各投入 1 个路基作业队和 1 个桥涵及防护工程作业队,有序施工路基和防护及排水工程。

(2)路基挖方以"横向分层、纵向分段,两端同步、阶梯推进"为原则。采用以挖掘机为主,装载机配合的方法施工。土石方由挖掘机或装载机装入自卸汽车运到指定地点。

(3)填方路基采用大功率推土机、振动压路机、平地机和自卸汽车相结合的配套方式以纵向水平分层填筑法施工。路基填筑施工前,按规范要求施作路基试验路段。

(4)软土路基地段采用抛石挤淤处理。片石抛出水面后,用较小石块和石渣等嵌缝填坑,重型机器碾(夯)紧密,然后铺设反滤层及填土,必要时配合预压,使软土能彻底挤出。

(三)路面工程

本合同段正线道路全部采用水泥混凝土路面,平面交叉采用沥青混凝土路面与被交道路衔接。

正线混凝土路面施工采用自动计量拌和站拌和混凝土,混凝土运输车运送混凝土,人工配合机械摊铺施工。平面交叉通道的沥青混凝土路面因工程量较小,采用外购商品沥青混凝土,摊铺机摊铺,光轮压路机碾压。

(四)防护及排水工程

本合同段填方路基边坡防护形式主要是浆砌片石人字形骨架护坡、浆砌片石护面墙、浆砌片石水塘护坡、喷播草籽等,排水工程主要为浆砌片石排水沟和混凝土盖板边沟等。

(1)防护工程施工前先清理场地,修整边坡使砌筑地带的高程和边坡坡度与图纸要求相一致,然后进行施工放样。

(2)路堑边坡施工时自上而下及时进行分级防护,放坡平台与路线纵坡平行。

(3)砂浆用拌和机拌和,并随拌随用,砌石采用挤浆法分段砌筑。

（4）排水工程依据路基挖填施工的进度及时安排施作。施作临时排水设施时，尽可能结合永久排水工程来施工。

(五)桥涵工程

五里亭小桥桥台扩大基础的基坑开挖采用人工配合挖掘机放坡开挖，若基底为硬质岩石则采用松动爆破。

台身施工采用大面积模板，混凝土输送车运输混凝土，输送泵输送灌注混凝土。

梁板预制：梁板在预制场预制，梁板内模采用橡胶气囊，并用环行钢筋固定，以防浇筑混凝土时上浮。外模采用全新定型模板。混凝土由自动计量拌和站集中拌和。

梁板安装：采用汽车吊架梁。

桥面铺装混凝土采用横向整体推进施工，混凝土护栏采用整体模板一次浇注完成，保证内实外光，顺滑美观。

涵洞和通道的明挖基础开挖采用人工配合挖掘机开挖，硬质岩石采用松动爆破。盖板在预制场集中预制，汽车吊吊装。

为不影响路基施工，涵洞和通道工程两侧预留30m路堤，待涵洞施工完成后填筑，以保证路基填筑的密实度和整体性。

(六)工程交验前的现场整理清理及质保期内的维护

工程完工后交付验收前，我们将组织技术人员、管理人员对全部工程进行全面细致的检查，投入足够的劳动力对全部工程进行整理清理，对临时用地、排水系统、路容路貌重点整治，向业主交出质量优良，外观优良，符合环保要求的工程项目。

我项目组织足够人员负责在质保期内对各项工程的维护及修复缺陷工作以及根据工程师指令要求完成的工作，确保工程项目符合设计要求。

第三节　设备、人员动员周期及设备人员 和材料运到现场的方法

一、人员配置计划及动员周期

从浙江、安徽邻近工地调遣具有高等级公路改造施工经验的队伍，负责本合同段施工。

合同签订3d内先遣人员到达工地，10d内完成设营工作。其余施工人员于各工序开工前1周内陆续到达施工现场，动员周期为整个施工期，依据施工需要和监理工程师的要求进行动态管理，确保工程施工顺利进行，保证优质、快速、安全地完成全合同施工任务。人员安排计划见表12-5。

人员配备计划表(人)　　　　　　　　　　　　　表12-5

序号	项　　目	一工区	二工区	合　　计
1	项目经理部	25		25
2	路基工程作业队	30	20	50
3	路面工程作业队	20	20	40
4	桥涵及防护工程作业队	75	45	120
	总计		235	

劳动力安排动态见图 12-2。

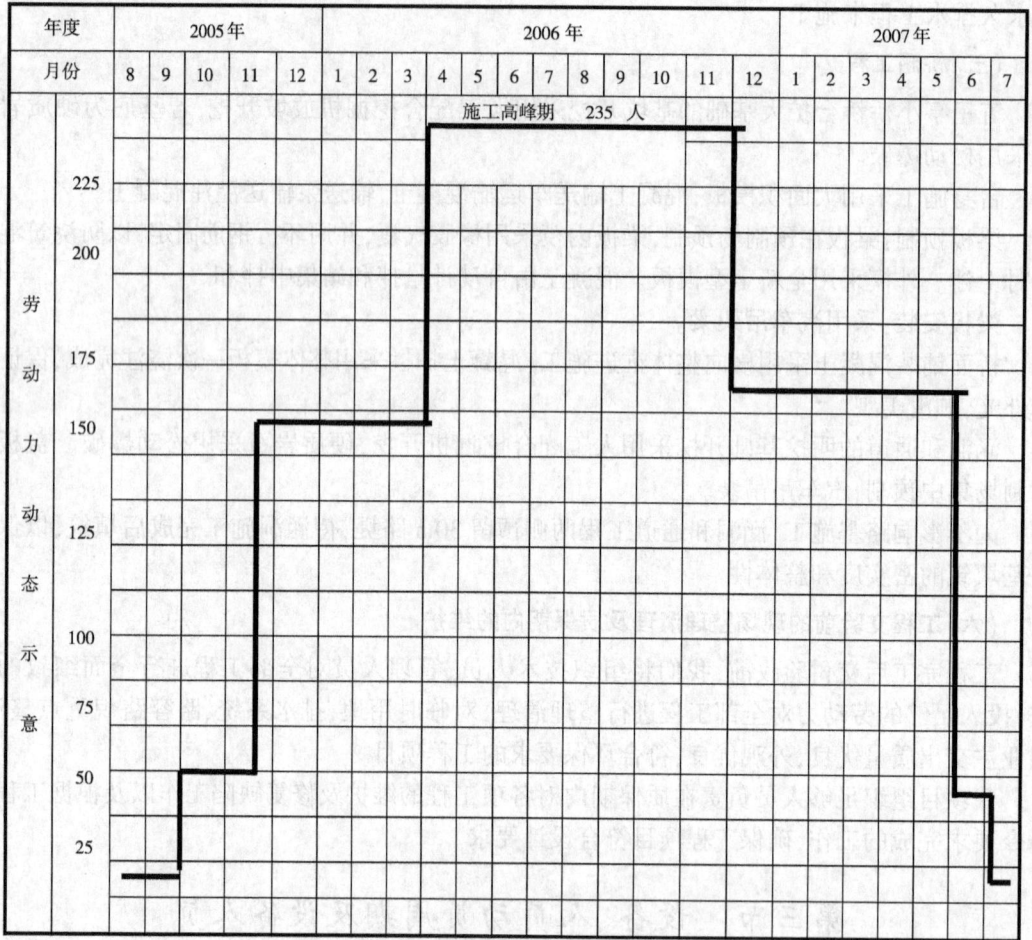

年度	2005年					2006年											2007年						
月份	8	9	10	11	12	1	2	3	4	5	6	7	8	9	10	11	12	1	2	3	4	5	6	7

施工高峰期　235　人

劳动力动态示意

图 12-2　劳动力安排动态示意图

二、设备动员周期和运到施工现场的方法

施工设备根据调遣距离远近分别用公路与铁路运输,设备动员周期为整个施工期。开工急需的首批设备提前安排,在业主允许进场后 10d 内到达施工地点。

检测、试验仪器设备安排专用车辆由附近已完工的工地通过公路运输至现场,试验仪器陆续进场,施工准备期正式开工前建好工地试验室,工程完工交验后撤离。

首批计划进场的主要机械设备见表 12-6。

三、施工进度计划安排

(一)总体施工进度计划

本标段工期要求为 24 个月,根据标段的工程量和施工条件以及我单位类似工程的施工经验和施工技术能力,确定本标段的计划施工工期为 23.5 个月(含施工准备)。开工日期暂定为 2005 年 8 月 15 日,计划竣工日期为 2007 年 7 月 30 日。

首批进场的主要机械设备表 表 12-6

序 号	设 备 名 称	单 位	数 量	型号功能	备 注
1	装载机	台	2	ZLC40E	
2	推土机	台	2	TY-18	
3	挖掘机	台	2	PC200	
4	自卸汽车	台	6	EQ1141G	
5	抽水机	台	2	100D45	
6	钢筋加工设备	套	1		
7	电焊机	台	2	BX1-300	
8	测量仪器	套	1		
9	工程指挥车	辆	1	桑塔纳 3000	

(二)分项工程施工进度计划

主要工程项目开、竣工日期见表 12-7。

主要工程开、竣工日期表 表 12-7

序号	工 程 名 称	开工日期	结束日期	工期(月)
1	施工准备	2005.08.15	2005.09.15	1
2	K50+000~K51+000 段路基挖方工程	2005.09.16	2006.10.31	13.5
3	K50+225~K50+625 段路堑边坡防护及排水工程	2006.01.01	2006.11.30	11
4	路基填筑	2005.10.15	2006.12.31	14.5
5	五里亭小桥工程	2005.11.01	2006.08.31	9
6	涵洞工程	2005.11.01	2006.10.31	12
7	路面工程	2006.03.01	2007.05.31	14
8	其他路基防护及排水工程	2005.12.01	2007.06.31	19
9	收尾、退场	2007.07.01	2005.07.30	1

施工进度计划详见图 12-3 ~ 图 12-4 及表 12-8。

分项工程生产率和施工周期表 表 12-8

序号	工 程 项 目	单位	数量	平均每生产单位规模(___人,各种机械___台)		平均每单位生产率(数量/每周)	每生产单位平均施工时间(周)	生产单位总数(个)
1	特殊路基处理	m³	1 305.2	16	4	217.500	3	2
2	路基填筑	万 m³	5.055	20	15	0.040	63	2
3	路基开挖	万 m³	39.24	15	12	0.357	55	2
4	路基防护及排水	km	4.7	20	6	0.028	85	2
5	涵洞	道	14	25	6	0.130	54	2
6	通道	道	1	20	4	0.083	12	1
7	桥梁基础	个	2	10	4	0.500	4	1
8	桥梁墩台	座	2	25	4	0.083	24	1
9	梁体预制安装	片	18	10	6	2.000	9	1

年度		2005 年				2006 年											2007 年					
月份　　　　　　月 主要工程项目	8	9	10	11	12	1	2	3	4	5	6	7	8	9	10	11	12	1	2	3	4	5	6	7
1. 施工准备																								
2. 路基处理(开挖)																								
3. 路基填筑																								
4. 涵洞																								
5. 通道																								
6. 防护及排水																								
7. 桥梁工程																								
（1）基础工程																								
（2）墩台工程																								
（3）梁体工程																								
（4）梁体安装																								
（5）桥面铺装及人行道																								
8. 其他（收尾、退场）																								

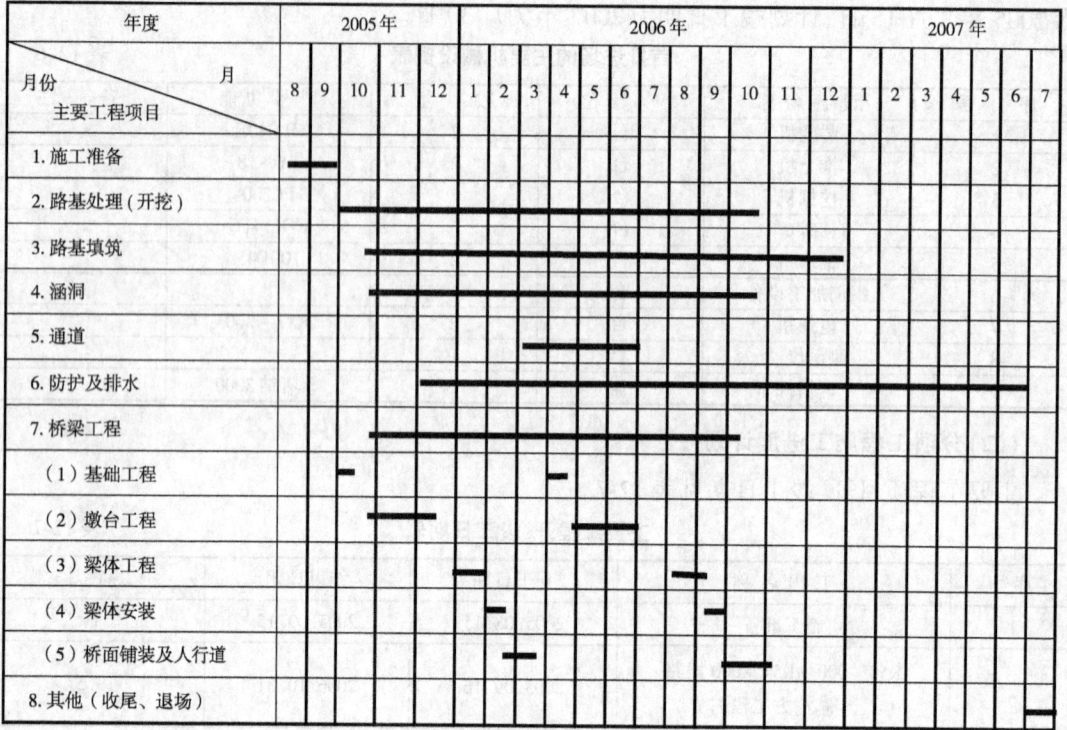

图 12-3　施工总体进度计划

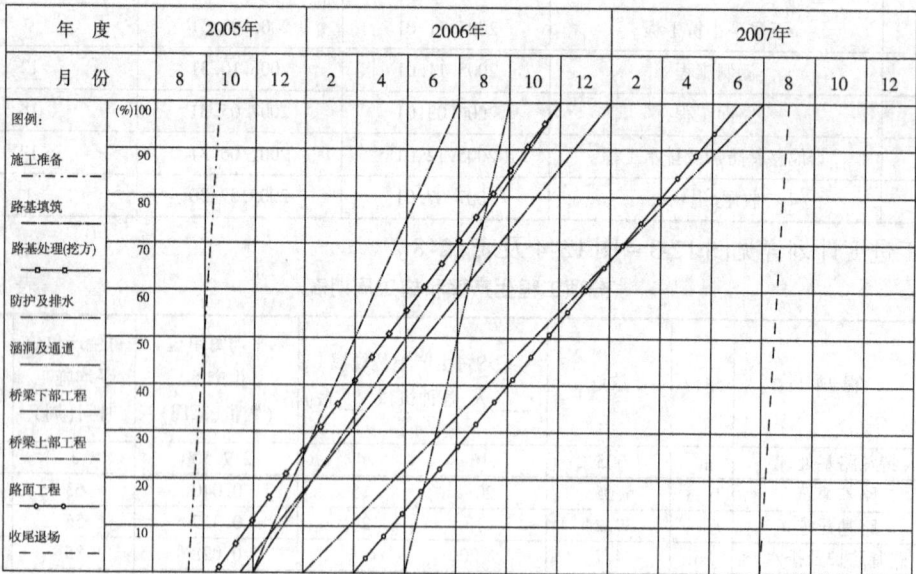

图 12-4　分项工程进度率计划(斜率图)

第四节　主要工程项目的施工方案、施工方法

一、准备工作

(一)技术准备

(1)熟悉设计文件,结合施工调查,对设计文件存在的问题通过监理报设计单位。

(2)项目测量组配合设计单位尽快交接桩,进行工程复测与工程定位测量,布置现场控制测量点及护桩,并将结果报监理工程师审查。

(3)对审核无误的技术文件进行技术交底,认真编制《实施性施工组织设计》,并严格按计划实施技术管理。

(4)建立工地试验室,配备满足本标段施工和业主要求的试验及检验设备,配齐试验技术人员。

(二)设备、物资准备

主要的机械设备和周转性材料从我单位附近的工地调拨。砂、石等地材由甲方供应,钢材、木材及其他材料在萍乡或株洲就近购买。

施工准备期按业主要求完成料场和试验室的建设,确保各类主材能够及时进场储备并实施检验。

(三)施工队伍准备

在接到中标通知书后 10 日内,我单位即派第一批施工人员进驻工地,进行现场设施布置,进行临时工程施工,为后续施工队伍进场创造条件,尽快掀起施工高潮。

(四)施工现场准备

施工准备期间完成导线网复测、临时租地、办公、生活、生产房屋、场地及设施、临时供水、临时供电、施工便道、洞口场地平整、临时通信等临时工程。

二、临时工程

施工便道:设计图纸上在本标段范围内提供了 K49 +400 右侧的弃土场,扩大征地面积后可满足 20.3 万 m^3 的弃方量(共需 41 000 m^2),经现场考察,需修建 100m 的临时运输道路。根据招标文件的要求,剩余弃方可由施工单位自行选择弃土场地,根据现场条件,计划在 K49 +650 左侧征用土地作为项目部和一工区驻地(10 000 m^2)和剩余挖方的弃土场(26 000 m^2),需修建 150m 临时道路。二工区驻地(3 500 m^2)需建设通往驻地的临时道路 15m。

施工用电:本合同段工程内容用电负荷小,可在预制场、拌和站就近接用地方网电,主要供应拌和设备、钢筋加工设备用电需求。生活和办公用电可使用民用电。

施工用水:施工用水可使用城市供应的自来水。亦可抽取地下水和使用清洁的河流、溪水。

临时通信:项目部可安装固定程控电话与外界联系,项目部和工区主要管理人员配备手机接入移动通信网,以便与业主、监理及外界联系。

生产、生活房屋及设施:施工准备期间建好标准化施工驻地,生活房修建标准:双层砖结构或租用合适的民房。本标段生活房屋共需约 1 500m²;项目经理部及一、二工区办公房屋共需750m²;生产设施占用土地面积约 13 500m²。生产房屋因地制宜,采用砖木结构或简易棚屋。

计划在 K49+650 左侧征用临时用地 10 000m²,作为项目部和一工区驻地,设梁板预制场、拌和站,并作为一工区机械停放和保养场地。

在 K51+800 右侧征用临时用地 3 500m²,作为二工区驻地和机械停放与保养场地。

拌和站:在一工区驻地建立一座自动计量拌和站。全线桥、涵、通道与路面施工共用,集中生产混凝土,混凝土运输车将混凝土运输到各使用地点。

医疗、卫生与防疫:联系一家湘东区的医院,签订协议,作为施工医疗救护中心和疾病防治预防中心。

临时用地:本工程临时用地约 15 620m²(不含弃土场)。主要临时工程数量见表 12-9。

主要临时工程数量表   表 12-9

项　目	单位	数　量		备　注
		一工区	二工区	
1.施工便道	m	250	15	2 120m²
2.拌和站(含砂石料场)	座	1		在一工区驻地
3.弃土场	m²	67 000		
4.生产房屋及设施用地	m²	10 000	3 500	
5.办公房屋	m²	600(含项目部)	150	
6.生活房屋	m²	1 200(含项目部)	300	

三、路基工程施工方法、工艺及技术措施

路基施工采用机械化配套施工,挖方路基以挖掘机、装载机和自卸汽车相结合的配套方式组织施工;填方路基采用装载机、推土机、振动压路机、平地机和自卸汽车相结合的配套方式组织施工。

山坡截水沟、填方段排水沟和基底处理优先安排施工,避免引起冲刷、污染和淤积。挖方采用横向全宽挖掘法施工;对局部较坚硬岩体和孤石,采用手风钻进行微差爆破解体;路基填筑采用纵向水平分层填筑法施工,自卸汽车运输填料(填料来自于挖方路基开挖的合格材料),平地机或推土机分层摊铺、分层整平,重型振动压路机分层压实,分层检查验收。

多余的填料弃到弃土场,弃土场做好排水、防护及绿化工作。

排水及防护工程随路基工程的进度及时安排开工,以保证边坡稳定、排水畅通,防止水土流失破坏环境。路基工程施工方法及施工工艺见图 12-5,土方调配见图 12-6。

(一)一般路基施工

在开工前先确定包括公路用地范围内的施工场地界线,对界线范围内的房屋、道路、通信电力设施、排水沟渠及其他建筑物和构筑物进行调查,并分清要清除和要保护的对象。然后绘制用地平面图及用地计划表,办理拆迁及临时占用土地手续。清理及拆除工作完成后,报监理工程师现场检查验收,在验收合格后才能进行下一步的施工。

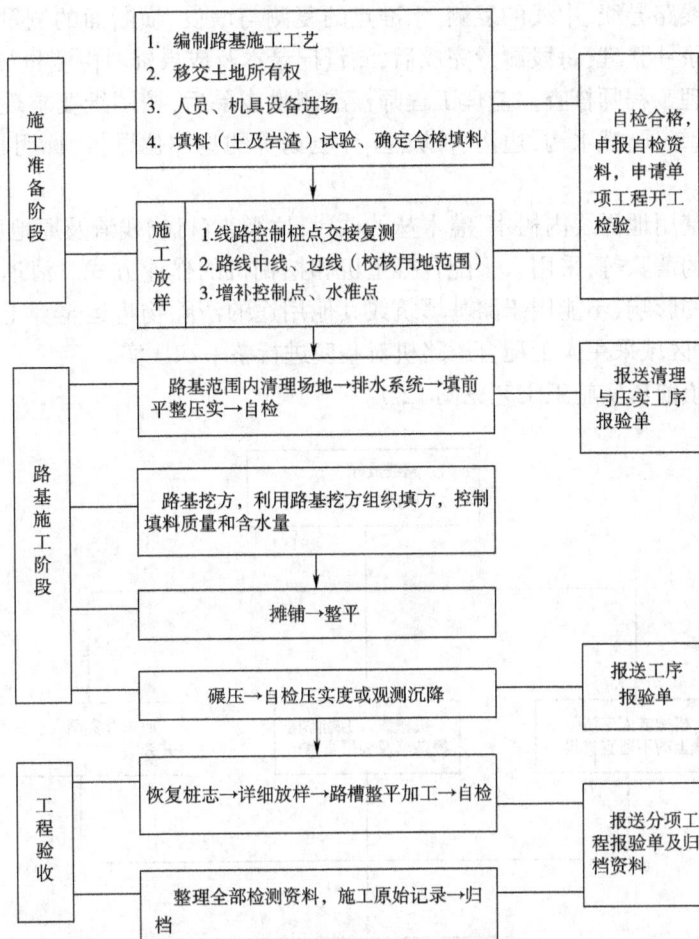

图 12-5　路基工程施工工艺框图

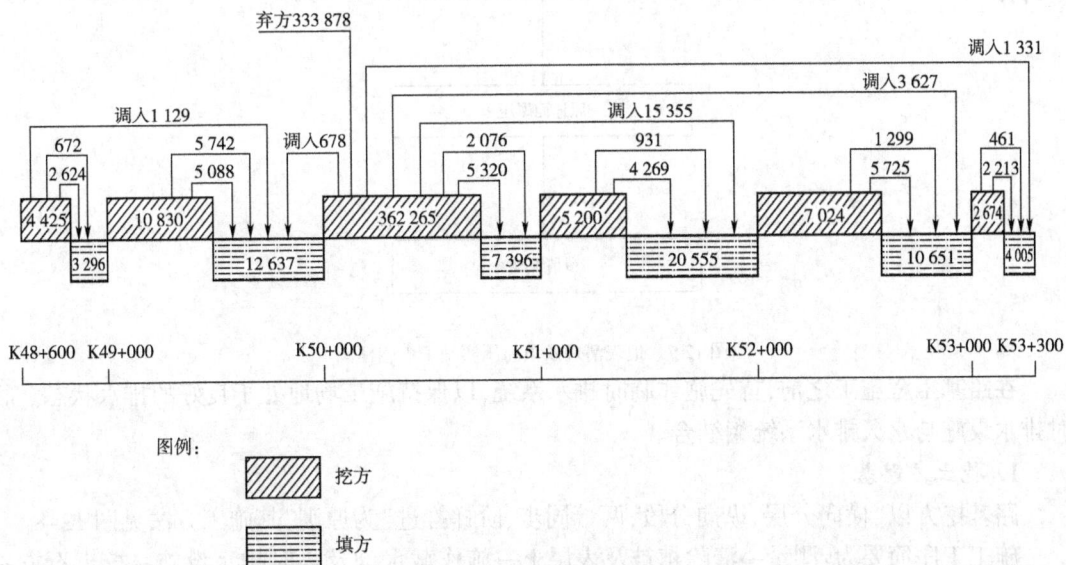

图 12-6　土方调配图(单位:m³)

施工前进行线路导线、中线的复测,水准点的复测与增设、横断面的测量与绘制等。对所有的测量进行记录并整理,每段测量完成后,测量记录本及成果资料由测量员和主管技术人员共同签字后报监理工程师核查。监理工程师核准测量成果后,按图纸要求现场设置路基用地界桩和坡脚、路堑堑顶、截水沟、边沟、护坡道、弃土场等的具体位置桩,标明其轮廓,报请监理工程师检查批准。

本合同段路基用地界线内树木、灌木丛的砍伐,垃圾、有机物残渣及原地面以下 10 ~ 30cm 内的草皮和表土的清除等,采用人工配合推土机和挖掘机的作业方式。清理过程中时刻注意施工对周围环境的影响,不能用于路基填筑或其他用途的清除物将运至弃土场妥善处理。场地清理后,对填方区域采用人工配合压路机对基底进行整平和压实。

地表清理及填前压实施工工艺见图 12-7。

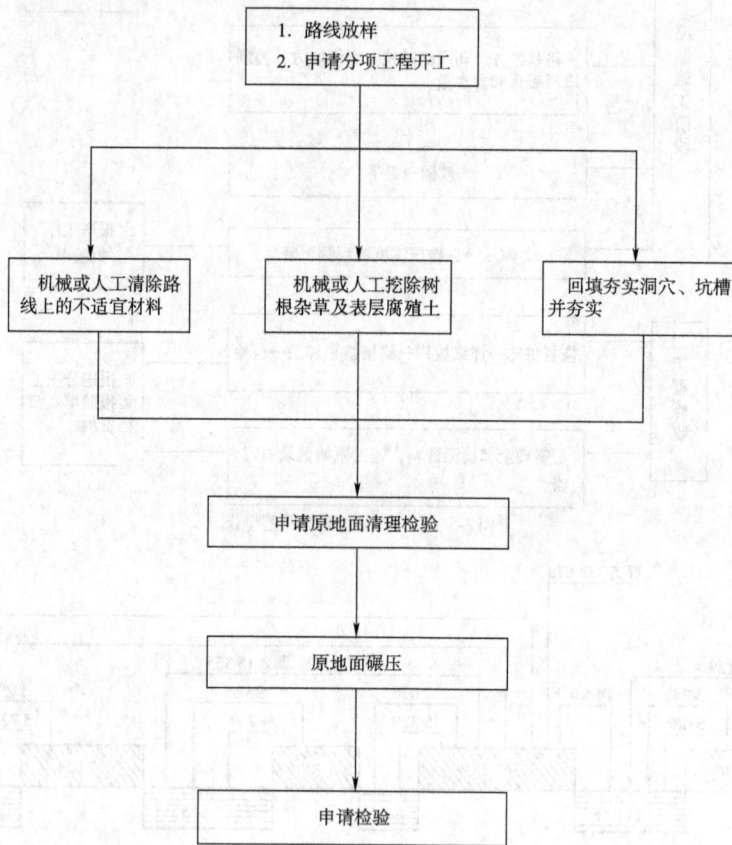

图 12-7 地表清理及填前压实施工工艺框图

在路基工程施工之前,首先施作临时排水系统,以保持施工场地处于良好的排水状态。临时排水设施与永久排水系统相结合。

1. 挖土方路基

路基挖方以"横向分层、纵向分段,两端同步、阶梯推进"为原则,其施工方法见图 12-8。

施工工序简要为:测量→清除植被及表层土→施作截水沟及临时排水设施→挖土石方→

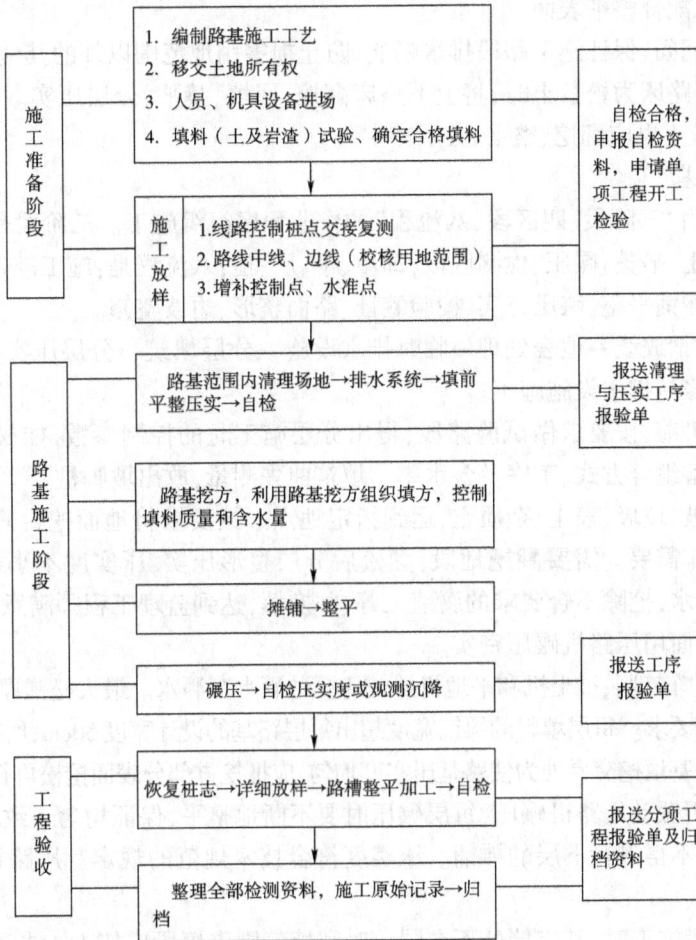

图12-8　路基工程施工工艺框图

运至填方路段或弃土场→测量路基高程→修整边坡→防护工程施工→侧沟施作→检查路基高程→路基面修整→土方地段路床面压实。

开工前,要对整段线路进行精测,确定曲线五大桩点,放好护桩,作挖方及填方段线路纵横断面图,横断面图视地形情况每10m作一个,地形变化点加测断面,放出边桩,精确算出土方量,编制阶段性作业指导书。

根据边桩及用地范围,固定开挖边坡顶线。施作截水沟和排水沟,形成排水系统。

清除地表植被和杂土,坡地挖好台阶,坡脚做好排水沟,根据具体情况用打夯机或压路机将底基压实。

开挖土方禁止使用爆破法,开挖自上而下进行。采用推土机推土,或采用挖掘机配合汽车装卸,成型后修整边坡,修建侧沟,完成排水系统。

开挖时,废方不侵占用地范围以外的地方,以防造成侵占农田、阻塞河道,弃方运到弃土场。

挖方过程中采用平地机或人工分层修刮平整边坡,并在雨季前做好排水设施等配套工程,保证边坡稳定性。当机械挖至接近路基高程时,通过试验确定单位厚度土壤压缩变形量,用压路机碾压,平地机配合整平表面。

在整个施工期间,保证施工路段排水畅通,防止损害用地范围以外的其他设施。

路堑开挖后,路床为松散土时,将上下路床翻挖、回填、整平,分层压实。路床土为原状土(密实)时,上路床土也应翻挖、整平、分层夯实。

2. 填土方路基

路基填方采用"三阶段、四区段、八流程"的作业程序组织施工。三阶段是:准备、实施、验收;四区段是:填土、平整、碾压、检测区段,即填、平、压、检;八流程是:施工准备测量放线、基底处理、分层填筑、摊铺平整、碾压夯实、检验签证、路面整形、边坡整修。

施工工序:测量放线→地表处理→临时排水设施→分层填筑→分层压实→分层检查→防护工程→路基整修→排水设施施工。

正式填方施工前,按要求做试验路段,得出分层施工时的控制参数,如松铺厚度、碾压遍数、碾压速度、设备组合方式、工序及含水率。填筑前先测量,放出坡脚桩。

清除地表植被、垃圾、表土、杂质土,运到指定地点。按要求将地面挖台阶,宽度满足摊铺和压实机械的操作需要。需要翻挖地段,翻松后分层整形压实,压实度不小于规定要求。水田、低洼地段先排水,挖除不合要求的腐殖土等,并换填,达到监理工程师满意。基底表面如为松土或耕地,将表面用压路机碾压密实。

填筑采用自卸车卸料,推土机和平地机摊铺、整平,洒水车洒水。最大松铺厚度严格控制符合规范和试验段数据要求。每层填料的摊铺宽度超出每层路基的设计宽度50cm,所有用料均需试验,符合规范规定。路基填挖交界处为使路基压实度均匀,应把挖方部分表面挖松再行夯实。

分层压实采用振动压路机碾压,每层碾压时要不断地整平,保证均匀一致的平整度。没有监理工程师同意,不得进行下层的摊铺。压实度符合技术规范的规定。压路机无法碾压的地方用夯实机夯实。

填土路堤分段施工时,其交接处不在同一时间填筑则先填段应按1:1坡度分层留台阶;如两段同时施工,则应分层相互交叠衔接,其搭接长度不小于2m。

雨季填筑路堤时,应随挖、随运、随填、随压,每层填土表面应筑成2%～3%的横坡,在收工前将铺填的松土碾压密实。

洒水或晾晒:洒水或晾晒应在平整工作前或伴随平整作业,无论洒水或晾晒,应使填料含水率保持在最佳含水率值的±2%。

四、特殊地段路基处理

(一)软土路基抛石挤淤处理

本合同段软土路基地段采取抛石挤淤进行处理。施工过程中,当软土地层平坦时,先沿路中线向前抛填,再渐次向两侧扩展。软土地层横坡陡于1:10时,自高侧向低侧抛投,并在低侧边部多抛投,使低侧边部约有2m宽的平台顶面。片石抛出软土面后,用较小石块填塞垫平,用重型机械碾压紧密。

(二)零填挖路基处理

路基填挖交接处填方侧地面横纵坡陡于1:5时,在基底挖成宽2m向内倾斜2%的台阶,然后进行分层交错回填碾压,使新老土结合牢固。

(三)结构物处的回填

结构物(包括桥涵台背、锥坡、挡土墙墙背等)处的回填是指结构物完成后,用符合要求的材料分层填筑结构物与路基之间的遗留部分。

回填材料选用透水性材料,如砂砾、碎石、矿渣、碎石土等,或经监理工程师同意的其他材料。填料的最大粒径不超过 5cm。

台背填土顺路线方向长度:顶部为距翼墙尾端不小于台高加 2m;底部距基础内缘不小于2m;涵洞填土长度每侧不应小于 2 倍孔径长度。

结构物处的填土应分层填筑,每层松铺厚度不宜超过 15cm,结构物处的压实度要求从填方基底或顶部至路床顶面均为 95%。

在回填压实施工中,采用对称回填压实并保持结构物完好无损。压路机达不到的地方,使用小型机动夯具或监理工程师同意的其他方法压实。

五、路基施工安全生产保障措施(略)

六、路面工程施工方法、工艺及技术措施

正线混凝土路面施工采用自动计量拌和站拌和混凝土,混凝土运输车运送混凝土,人工配合机械摊铺施工。平面交叉通道的沥青混凝土路面因工程量较小,采用外购商品沥青混凝土,摊铺机摊铺,光轮压路机碾压。

主线新建路面结构是 26cm 水泥混凝土路面+20cm厚5%水泥稳定碎石基层+20cm 碎石垫层。改建路段路面结构根据设计高程和原路面高程之差,原则上采用保证26cm 厚水泥混凝土面层,加适当厚度基层和垫层的做法,只有当高程之差无法满足水泥混凝土面层厚度时,方进行老路面破除。

混凝土路面施工工艺见图 12-9。

1. 水泥稳定碎石基层施工

水泥稳定碎石基层的原材料经检验合格才能使用。施工采用厂拌法拌和材料,摊铺机摊铺。

正式施工前,先铺筑 100~200m 的试验路段,试验路段确认的压实方法、压实机械类型、工序、压实系数、碾压遍数和压实厚度、最佳含水率等作为正式施工现场控制的依据。

施工工序为:检查底面→施工测量→拌和、运输→摊铺→整平与碾压→初期养护。

(1)基层准备与施工测量:施工前对下承层按

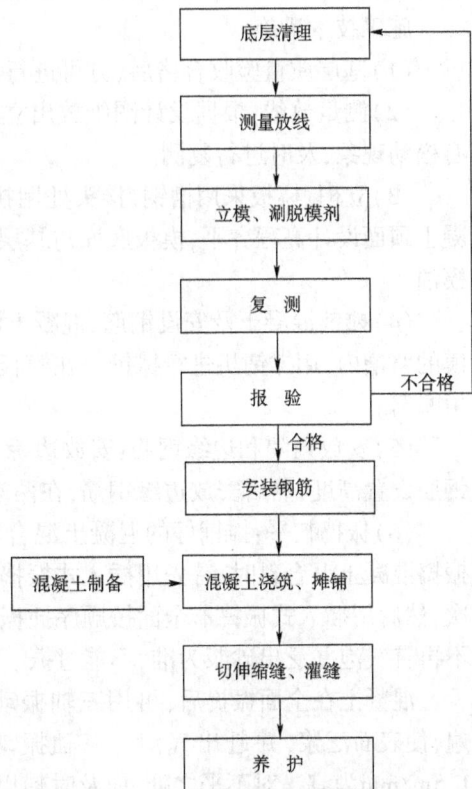

图 12-9　混凝土路面施工工艺框图

质量验收标准验收,并精心修整,恢复中线,设桩并标识出高程及松铺厚度位置。

(2)拌和、运输:材料的拌和采用分批式拌和设备,拌和的材料按质量比掺配,水量以质量比控制,并使加水速度均匀。混合料的搅拌应均匀。

拌和后的混合料采用汽车运输,若拌和厂离摊铺点较远时,混合料在运输过程中加以覆盖,防止水分蒸发,拌和后的混合料应尽快摊铺,其堆放时间不超过水泥的初凝时间。

(3)摊铺:混合料采用摊铺机摊铺,使材料按要求的厚度均匀地分布在要求的宽度上。

(4)碾压:混合料的碾压程序按试验路段确认的方法施工。碾压过程中若水分蒸发过快,及时洒少量的水。碾压过程中严禁压路机在碾压路段上掉头和紧急制动,以保证水泥稳定层的表面不受破坏。施工中从混合料拌和到碾压终了时间不得超过水泥终凝时间。碾压后立即进行养生,养生时间不少于7d,养生方法采用经监理工程师批准的洒水、覆盖或封层等方法。

(5)养护与交通管制:碾压成型后,洒水车适当洒水养护,碾压成型地段不通车,如运输车辆通行时,其行车速度不得超过25km/h,并不得紧急制动。

2.水泥混凝土面层施工

严格按施工程序作业,在基层验收合格后,测量放样,并在面层施工前,先做试验段找出施工控制参数,并经监理工程师同意后再进行面层施工。

全线路面施工集中使用K49+650处建设的自动计量拌和站生产混凝土,混凝土运输车运混凝土,人工入模摊铺,平板振动器、插入振动器捣固,振动梁振动找平。

施工技术措施:

(1)基层质量验收合格后,方可进行混凝土面层的施工。

(2)测量放线:根据设计图纸放出立模中心线、边线、胀缝、缩缝、纵坡转折点桩位,若桩位有松动现象,及时进行复测。

(3)立模:模板采用槽钢,接头处用拼装配件固定;模板两侧安设螺栓。模板的顶面与混凝土顶面设计高程齐平,模板底面与基层紧贴,立模完成后在内侧面均匀涂刷一薄层沥青或脱模油。

(4)摊铺混凝土及安设钢筋:混凝土混合料运送车辆到达摊铺地点后,直接倒入安装好侧模的路槽内,用摊铺机进行摊铺。在模板附近摊铺时,用振捣器振捣几下,将灰浆捣出,以防发生蜂窝。

(5)安放角隅和边缘钢筋:安放边缘钢筋时,应先沿边缘铺筑一条混凝土拌和物,拍实至钢筋设置高度,然后安放边缘钢筋,在两端弯起处,用混凝土拌和物压住。

(6)振捣初平:摊铺好的混凝土混合料,立即用插入式振捣器和平板振捣器均匀地振捣。振捣混凝土混合料时,首先用插入式振捣器在模板边缘角隅等平板振捣器振捣不到之处振一次,然后用插入式振捣器全面按顺序插振一次,同一位置的振捣持续时间,以混合料停止下沉,不再冒气泡并泛出砂浆为准,不能过振。

混凝土在全面振捣后,再用三轴振动梁进一步振实并初步整平。三轴振动梁往返2~3遍,使表面泛浆,并赶出气泡。三轴振动梁移动的速度要缓慢而均匀,前进速度以1.2~1.5m/min为宜。对不平之处,应及时辅以人工补填找平。补填时应用较细的混合料原浆,严禁用纯砂浆填补,振动梁行进时,不允许中途停留。三轴振动梁有振动初平和提浆的功能。

（7）真空脱水：真空吸水工艺利用真空负压作用和脱水作用，提高混凝土的密实度、降低水灰比，从而改善了混凝土的物理力学性能，是解决混凝土和易性与强度的矛盾、减少水泥用量、缩短养生时间、有效地防止混凝土在施工期间的塑性开裂、延长路面的使用寿命的有效方法。

真空脱水注意事项：真空脱水作业深度不大于 30cm，滤布和吸垫大小应与混凝土板块尺寸相适应，把握好脱水时间及均匀性。

（8）混凝土面板整修：混凝土脱水后还应进行机械抹光、精抹等工序。

①机械抹光：用圆盘抹光机粗抹能起到提浆、粗平及表层致密作用。它能平整脱水后留下的凹凸不平，封闭真空脱水后出现的定向毛细孔开口，通过挤压研磨作用消除表层孔隙，增大表层密实度，使表层残留水和浆体不均匀分布现象得到改善，以减少不均匀收缩。粗抹是决定路面大致平整的关键，在 3m 直尺检查下进行，通过检查，采取高处多抹、低处补原浆的方法进行，边抹光边找平。

②精抹：精抹是路面平整度的把关工序。为给精抹创造条件，在粗抹后用滚杠对混凝土表面进行拉锯式搓刮，一边横向搓、一边纵向刮移。同时要附以 6m 直尺检查。搓刮前一定要将模板顶面清理干净，搓刮后即可用 6m 直尺于两侧边部及中间三处紧贴浆面各轻按一下，低凹处不出现压痕或印痕不显，较高处印痕较深，据此进行找补精平。每抹一遍，都得用 6m 直尺检查，反复多次检查直至平整度满足要求为止。精抹找补应用原浆，不得另拌砂浆，更禁止洒水或撒水泥粉，否则不但易发生泌水现象，还会因水灰比的不均匀，致使收缩不均匀，产生裂纹。

（9）刻纹：刻纹是为保持路面的粗糙度，提高路面的抗滑性能。刻纹采用专用的刻纹机能保证纹深纹宽一致。刻纹应在路面板施工 3d 后进行，这样才不至于刻纹时将路面拉裂。

（10）养护：内路面施工完毕后及时养生，养生用麻袋将路面覆盖，每天洒水 4 次，保持麻袋不干，或用喷洒塑料薄膜养护剂等经监理工程师批准的方法进行养护。

（11）接缝。

纵向缩缝：采用切缝法，在混凝土强度达到设计强度的 25%～30% 时，用切缝机切割。

纵向施工缝：平行于路线中心线，对已浇筑的混凝土板的缝壁涂刷沥青。浇筑临板时，缝的上部切割成规定深度的缝槽。

横向缩缝：采用切缝法，在混凝土强度达到设计强度的 25%～30% 时，用切缝机切割。

胀缝：胀缝施工时缝中不能连浆，下部设置胀缝板，上部浇筑填缝料。

横向施工缝：每天工作结束时设置横向施工缝，横向施工缝宜与胀缝或缩缝位置吻合。

填缝：混凝土面板所有的接缝凹槽用经监理工程师批准的填缝材料和填缝方法填缝。

3. 沥青混凝土路面施工

因本标段平面交叉通道的沥青混凝土路面工程量较小，故采用外购商品沥青混凝土，沥青混凝土摊铺机摊铺。根据试验段确定的松铺系数摊铺沥青混合料的摊铺温度不低于 100℃，摊铺时及时检查平整度和路拱，发现问题及时修整。

1）摊铺

摊铺的宽度根据设计及摊铺机的宽度而定，在摊铺沥青混合料前，对接茬处已被压实的沥青层进行预热，沥青混合料摊铺后，在接茬处用热夯夯实，并使压路机沿接茬加强碾压。为保证摊铺厚度的均匀,摊铺机采用恒定的速度。

2)压实

压实程序分初压、复压和终压三道工序。初压是为了平整和稳定混合料,复压是为了使混合料密实,终压是为了消除轮迹,形成平整的压实面。

初压时采用6～8t双轮压路机压两遍,初压后及时检查平整度和路拱,必要时进行修整;复压采用振动压路机或轮胎式压路机碾压,碾压遍数根据试验段确定的数据且至稳定和无明显轮迹;终压采用6～8t压路机碾压2～4遍。

3)通行

在铺筑完成后,待表面温度低于50℃后才能开放通车,并应使车辆在路面全幅范围内匀速行驶。

4. 旧路面破除施工

旧路面破除采用挖掘机+破碎锤的机械组合进行集中破碎。机械无法施工的部位,采用人工手持风镐破除。破除后的废路面材料,集中运往弃土场填埋。

七、防护及排水工程施工方法、工艺及技术措施

施工用砂浆采用砂浆拌和机拌和,并随拌随用。砌筑用挤浆法分段砌筑,石块大小搭配、砌缝互相交错,咬搭密实,确保砂浆饱满,不使石块无砂浆直接接触。力求线形美观、直线顺直、曲线圆滑。

浆砌片石护坡根据伸缩缝和沉降缝长度,分层分段砌筑,并同步设置泄水孔、耳墙、砂砾反滤层等。

骨架植草护坡施工前,先清理施工场地,修整边坡使砌筑地带的高程和边坡坡度与图纸要求相一致,然后进行施工放样,浅挖砌筑网格的基坑并进行人工夯实后砌筑,骨架形成后,进行植草防护。撒播草籽,所采集的草皮、草籽在当地适宜的季节和土壤条件下种植,种植作业按照规范的要求进行。

排水工程依据路基挖填施工的进度及时安排施作。施作临时排水设施时,尽可能结合永久排水工程来施工。各类排水工程均按先铺底后两侧的顺序进行,砂浆及混凝土采用拌和机拌制。

施工工艺见图12-10～图12-12。

八、五里亭小桥工程施工方法、工艺及技术措施

(一)桥梁下部结构施工

1. 明挖扩大基础施工

根据参考资料提供的地质情况说明,该桥基础可采用挖掘机分层开挖,为避免对基底造成破坏,预留30cm厚用人工开挖至基底。隐蔽检查验收后施作垫层混凝土及基础混凝土。

挖基础前测量放线,并有固定桩和护桩,放出边坡。基底开挖至设计高程后,清除干净松渣、淤泥等。人工立模并固定。混凝土集中拌和,人工运输,连续下放,插入式振捣器振捣。

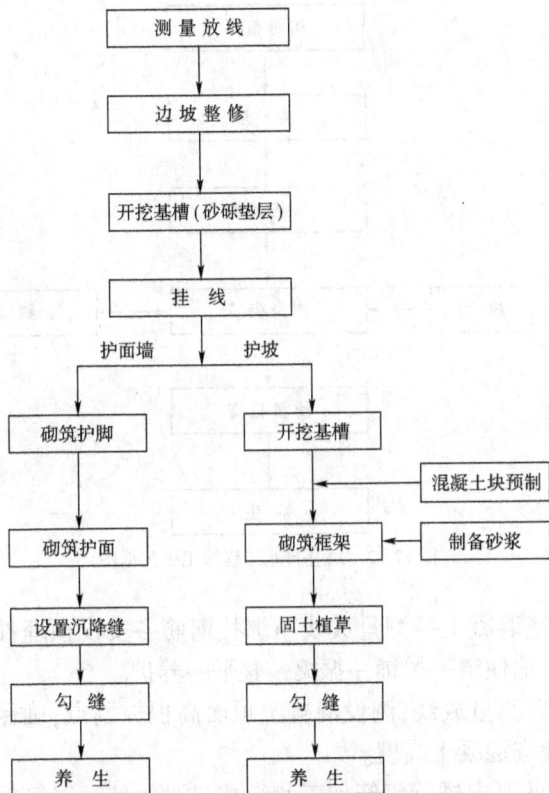

图 12-10　护坡、护面墙防护施工工艺框图

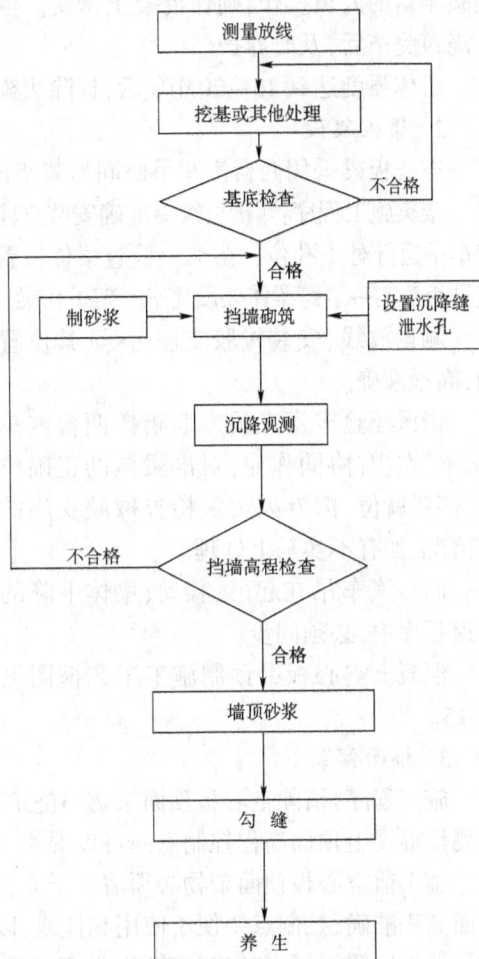

图 12-11　挡土墙施工工艺框图

施工中集水坑内的积水应及时抽干,灌筑完毕后作好混凝土养生。

桥梁扩大基础施工工艺框图见图 12-13。

2. 桥台施工

桥台模板采用全新模板,支架采用螺栓扣连接的便于拆卸、安装的钢管支架。

混凝土采用自动计量的拌和站集中拌制,混凝土运输车运输到现场,混凝土输送泵泵送入模,混凝土落高不大于 2m,分层均匀浇筑,插入式振捣器振捣密实。

桥梁桥台施工工艺框图见图 12-14。

(二)桥梁上部结构施工

1. 混凝土空心板梁预制

梁板外模板采用钢木组合模板,芯模采用充气胶囊,混凝土在混凝土自动计量拌和站集中拌和,混凝土运输车运送混凝土,插入式、附着式振捣器振捣,振捣时不允许振捣器触及钢筋、预埋件和模板。

灌注混凝土采用斜向分段、水平分层法从两端向中间浇筑,一次完成。混凝土振捣必须由经验丰富的人员操作,确保混凝土密实。混凝土浇筑完毕后,及时养护。

梁体强度达到 15～20MPa 后,拆除边模。

2. 梁板架设

空心板梁采用两台汽车吊协同吊装架设。

架梁施工程序:测量放线→准确安装支座→汽车吊运行对正孔位→落梁→检查梁体位置支座是否落实→本跨梁体架设完毕→架下孔梁。

测量放线,安装橡胶支座,保证其位置正确,高程准确。

指派经验丰富人员专职指挥两台汽车吊上、下、左、右协同作业,对准梁体的正确位置后,落梁就位,派专人负责检查橡胶支座的落实情况,如有不实马上处理。

两台汽车吊在起吊、移动、梁体下降的每一道程序中,必须同步。

混凝土空心板梁预制施工工艺框图见图 12-15。

```
┌──────────┐
│  测量放线  │
└────┬─────┘
     ↓
┌──────────┐
│  沟身开挖  │
└────┬─────┘
     ↓
┌──────────┐
│  沟身整形  │
└────┬─────┘
     ↓
┌──────────┐
│   夯 实   │
└────┬─────┘
     ↓
┌──────────┐
│  垫层铺设  │
└────┬─────┘
     ↓
┌──────┐  ┌──────────┐  ┌──────┐
│ 抹面 │→│  沟身砌筑  │←│ 勾缝 │
└──────┘  └────┬─────┘  └──────┘
               ↓
          ┌──────────┐
          │  质量检查  │
          └────┬─────┘
               ↓
          ┌──────────┐
          │   养 生   │
          └──────────┘
```

图 12-12　路基排水工程施工工艺框图

3. 桥面铺装

施工程序:清除空心板顶面杂物→浇筑铰缝混凝土→测量放线→绑扎钢筋→安设预埋件→测设混凝土顶面高程控制点→搭设混凝土运输便道→摊铺→振捣→整平→养护。

施工前空心板顶面杂物必须清洗干净,然后测量放线,测设混凝土顶面高程控制点,确保桥面高程准确,控制点要便于使用和挂线,以检查混凝土高度。

严格按照图纸、《技术规范》及监理工程师的要求进行钢筋加工和绑扎,护栏、伸缩缝等部分先埋入。

铺设临时混凝土运输便道,不能把钢筋顶面直接用作混凝土运输道。

混凝土在混凝土自动计量拌和站拌制,混凝土运输车运输,振动器振捣、整平,抹光拉毛。混凝土浇完后,及时洒水养护,经常保持湿润状态。养护周期为 7d。

4. 其他附属工程

桥面混凝土墙式护栏用定型钢模板采用现浇混凝土施工,护栏按规范要求进行修饰,确保外观和内在质量。

锥坡挡土墙施工,采用人工开挖基坑,按设计图纸要求进行基底持力层土换填后,经监理工程师检查、签认合格后,再进行墙身的 M7.5 浆砌片石施工。

九、涵洞和通道工程施工方法、工艺及技术措施

(一)盖板涵施工

1. 涵洞挖基

按设计进行测量放线,定出基础开挖范围。基坑开挖采用挖掘机,预留 30cm 厚用人工开

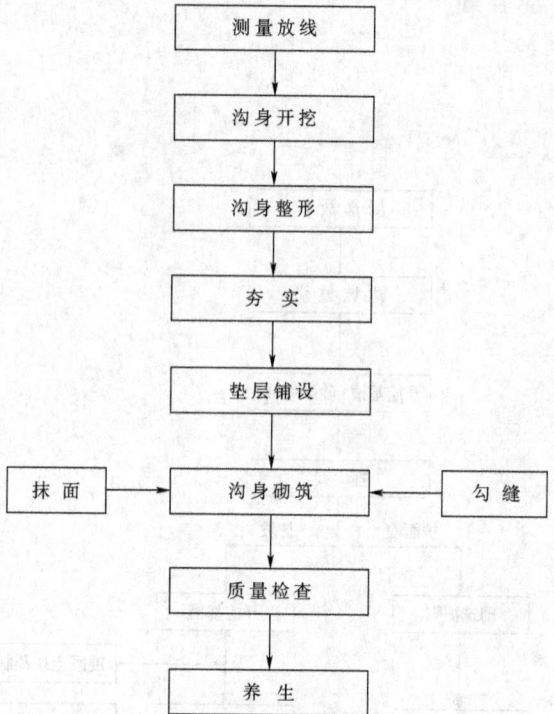

挖至基底,并按设计要求整修基坑尺寸。若遇雨天或基坑有水时,坑内设集水坑,用潜水泵抽排。当地表有流水或水源时,引开水源或改移流水路线。

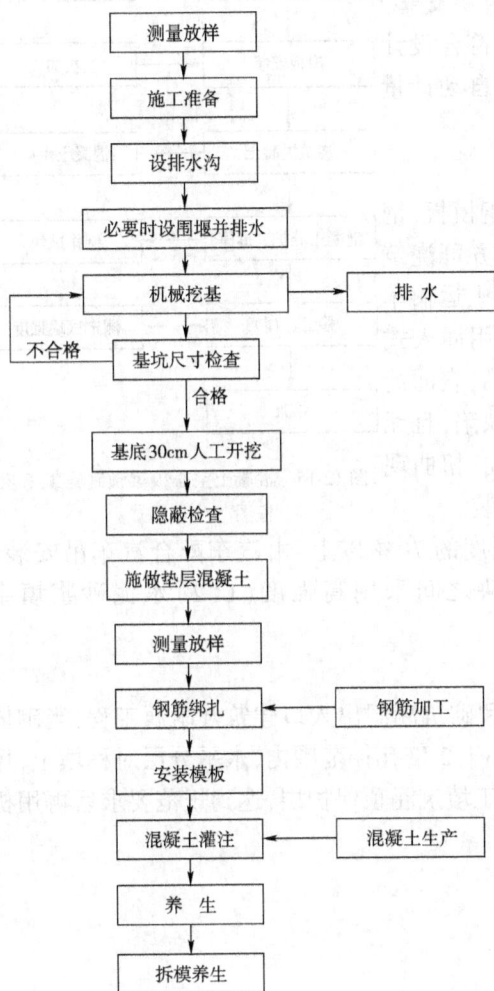

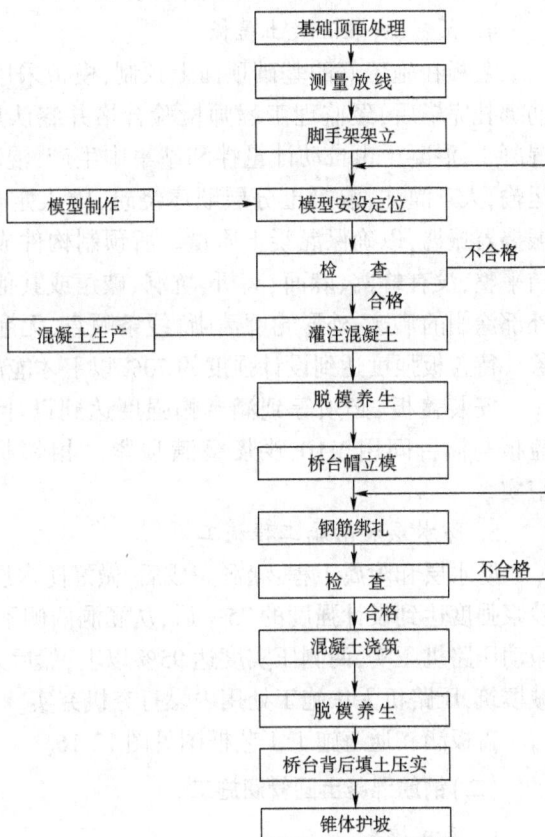

图 12-13　桥梁扩大基础施工工艺框图　　　　图 12-14　桥梁桥台施工工艺框图

2. 基础施工

先清除虚渣、淤泥和积水,用打夯机夯实基底,自检基底是否与设计相符合,再报请监理工程师检查。经监理工程师检查合格并签认后方可按设计及规范要求砌筑块石或混凝土基础。施工中及时排除基坑中积水,确保浆砌片石或混凝土的质量。沉降缝按设计设置,且贯穿整个断面,缝内用沥青麻絮填塞。

砌筑块石基础挂线采用挤浆法分层砌筑,每层大致找平,砂浆饱满,不得有通缝,不得用小石块支垫。

混凝土基础模板稳固,混凝土由自动计量拌和站生产,人工入模,插入式振捣器和平板振捣器振捣。

3. 涵身施工

按设计设置沉降缝,缝内填以沥青麻絮或不透水材料。涵身放样尺寸正确,砌石墙体挂线采用挤浆法分层砌筑,每层大致找平,砂浆饱满,不得有通缝,不得用小石块支垫。勾缝用设计指定的缝料边砌边勾完成,施工工艺符合设计和规范要求。混凝土台身采用钢模板,混凝土由自动计量拌和站生产,人工入模,插入式振捣振捣。

4. 预制、安装混凝土盖板

盖板在施工好的基础顶面上预制,模板采用钢模板,钢筋绑扎完毕后,经监理工程师检验合格并签认后方可浇筑混凝土,混凝土由自动计量拌和站集中生产,混凝土运输车运输,人工灌注,混凝土分层顺序浇筑,定人定位用插入式振捣器振捣,以确保混凝土质量。所预制构件成品,表面清洁平整,没有蜂窝、麻面、离析、坑洞、破角或其他缺陷,且无外部涂刷的痕迹,外形轮廓清晰,线条顺直,无翘曲、扭曲现象。待盖板强度达到设计强度的 70% 以上才能吊装。

安装盖板,必须等到涵台帽强度达到设计强度的 70% 以上,由汽车配合汽车吊安装,盖板与涵台间用 M10 砂浆塞满顶紧。相邻板块之间采用高强度(1:2)水泥砂浆填塞密实。

5. 防水层和附属工程施工

防水层和附属工程:涵洞完成后,做好防水层和砌筑涵洞出入口建筑及附属工程,当砌体砂浆强度达到设计强度的 75% 后,从涵洞两侧不小于 2 倍孔径范围内,水平分层对称填土,用振动压路机压实,两侧压实度达 95% 以上,然后人工填筑涵顶保护层,达到规范要求后再用机械填筑,压路机无法施工处用内燃打夯机夯实。

盖板涵和通道施工工艺框图见图 12-16。

(二)钢筋混凝土圆管涵施工

1. 涵洞挖基

按设计进行测量放线,定出基础开挖范围。基坑开挖采用挖掘机,预留 30cm 厚用人工开挖至基底,并按设计要求整修基坑尺寸。若遇雨天或基坑有水时,坑内设集水坑,用潜水泵抽排。当地表有流水或水源时,引开水源和改流水路线。

2. 垫层和基座施工

准确测量放线,定出涵洞中心线,按设计尺寸铺设砂砾石垫层,并压实,砂砾石垫层压实度要求达 95% 以上。砾石垫层压实度经检测合格后,施工管涵基础(浆砌基础或混凝土基础)。基础施工时预留沉降缝,沉降缝位置应与管节的接缝位置相同。管涵基础应根据监理工程师指示,结合土质及填土高度设置预留拱度。

3. 钢筋混凝土管节预制

钢筋混凝土管节提前预制,管节端面应平整与轴线垂直,斜交管节按设计角度进行处理。预制钢筋混凝土管节混凝土强度应达到设计要求,内外管壁表面无蜂窝麻面现象。管节长度、

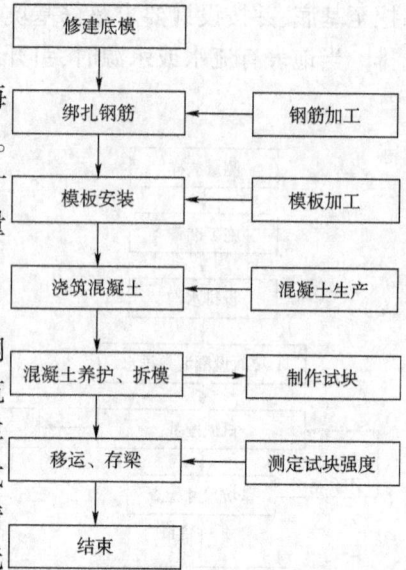

图 12-15　混凝土空心板梁预制施工工艺框图

```
        ┌──────────┐
        │  测量放线  │
        └────┬─────┘
             ↓
        ┌──────────┐
        │  基坑开挖  │←──────────────┐
        └────┬─────┘               │
             ↓                 否   │
        ╱─────────────╲──────────────┘
        ╲ 基底高程检测 ╱
         ╲───────────╱
             │是
             ↓
        ┌──────────┐
        │  沉降缝设置  │
        └────┬─────┘
             ↓
        ┌──────────┐
        │  基础砌筑  │
        └────┬─────┘
             ↓
        ┌──────────┐
        │  涵身浇筑  │
        └────┬─────┘
             ↓
        ┌──────────┐
        │  涵底抹面  │
        └────┬─────┘
             ↓
        ┌────────────┐
        │  浇筑盖板、台座 │
        └────┬───────┘
             ↓
┌──────────┐      ┌──────────┐
│  盖板预制  │─────→│  盖板吊装  │
└──────────┘      └────┬─────┘
                       ↓
                  ┌──────────┐
                  │  翼墙砌筑  │
                  └────┬─────┘
                       ↓
                  ┌──────────┐
                  │  涵洞口施作  │
                  └────┬─────┘
                       ↓
              ┌──────────────┐
              │  沉降缝、防水层处理 │
              └──────┬───────┘
                     ↓
                ┌──────────┐
                │  分层回填压  │
                └──────────┘
```

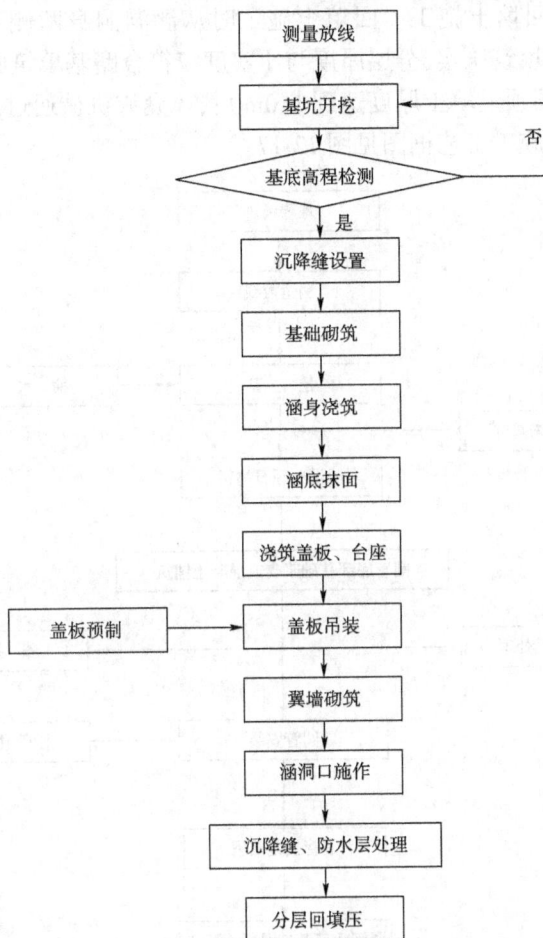

图 12-16 盖板涵和通道施工工艺框图

管壁厚度等指标符合规范要求。

4. 管节敷设及接缝

钢筋混凝土管节从下游开始安装,使接头面向上游,每节管节紧贴在基座上,敷设过程中保持管内清洁无脏物。

当管节采用承插式接缝时,在承口先坐以干硬性水泥砂浆,在管节套接后再在承口端的环型空隙内填塞砂浆,以使接头部位紧密结合,并将内壁表面抹平。

当管节采用环套接缝时,按接缝形式分别采用沥青麻絮、水泥砂浆或沥青砂紧密填塞所有接缝,使其稳固、耐久和不漏水。在填塞沥青砂前,在圆管的外表面和套环的内表面涂刷沥青涂层,以增强黏性。

5. 进出水口施工

进出水口按设计采用混凝土或坬工结构修筑,并将进出水口的河床清理干净,确保水流畅通。

6. 回填

钢筋混凝土管安装、接缝经过监理工程师检查验收合格后,并在砌体或混凝土强度达到设计强度的75%后,进行回填土施工。回填土施工时从涵洞洞身两侧不小于两倍孔经的范围内,同时水平分层、对称填筑压实,分层厚度与压实度应符合路基填筑施工的要求。

用机械填土时,涵洞顶上填土厚度达到1.0m后,才允许机械通过。

钢筋混凝土圆管涵施工工艺框图见图12-17。

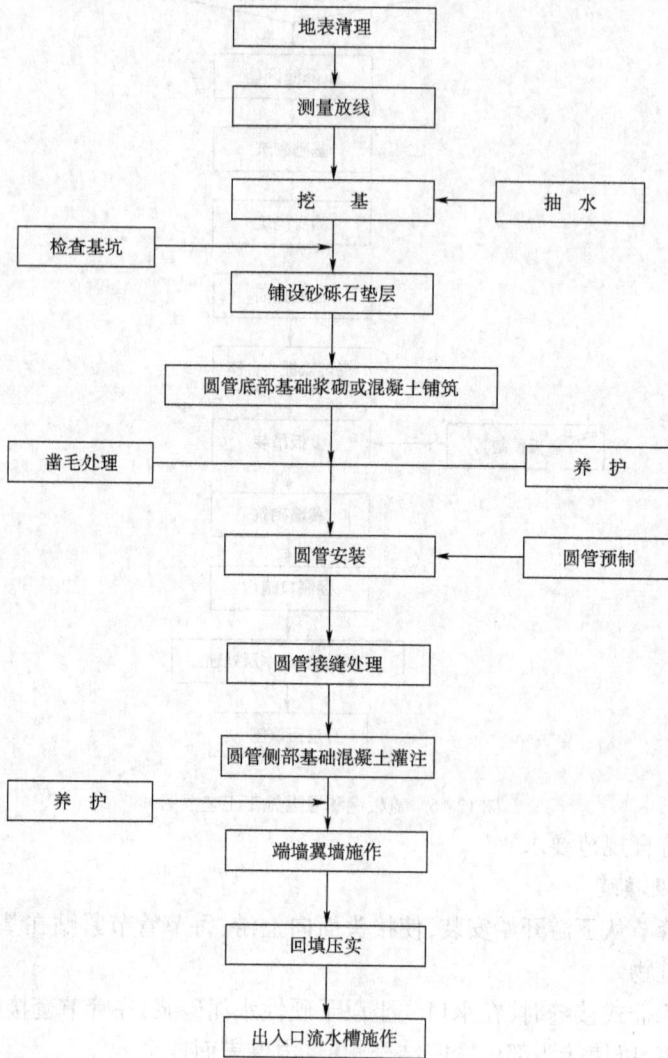

```
                    ┌──────────┐
                    │ 地表清理 │
                    └────┬─────┘
                    ┌────┴─────┐
                    │ 测量放线 │
                    └────┬─────┘
         ┌─────┐   ┌────┴─────┐   ┌─────┐
         │检查 │   │  挖  基  │◄──│抽 水│
         │基坑 │──►└────┬─────┘   └─────┘
         └─────┘   ┌────┴─────────┐
                    │ 铺设砂砾石垫层│
                    └────┬─────────┘
                   ┌─────┴──────────────┐
                   │圆管底部基础浆砌或混凝土铺筑│
                   └─────┬──────────────┘
         ┌─────┐   ┌────┴─────┐   ┌─────┐
         │凿毛 │   │          │   │养 护│
         │处理 │──►          ◄──└─────┘
         └─────┘   ┌────┴─────┐   ┌─────┐
                    │ 圆管安装 │◄──│圆管预制│
                    └────┬─────┘   └─────┘
                    ┌────┴─────┐
                    │圆管接缝处理│
                    └────┬─────┘
                  ┌──────┴────────┐
                  │圆管侧部基础混凝土灌注│
                  └──────┬────────┘
         ┌─────┐   ┌────┴─────┐
         │养 护│──►│端墙翼墙施作│
         └─────┘   └────┬─────┘
                    ┌────┴─────┐
                    │ 回填压实 │
                    └────┬─────┘
                    ┌────┴──────┐
                    │出入口流水槽施作│
                    └──────────┘
```

图12-17 钢筋混凝土圆管涵施工工艺框图

十、改路、改渠工程施工方法、工艺及技术措施

改路、改渠工程配合拆迁工程和涵洞工程尽早动工,尽早完成,以免影响主线路基施工。改路、改渠开挖采用挖掘机配合自卸汽车,尽量避免爆破施工。改路所需填土方结合正线挖方进行调配,路面采用压路机压实。多余土方运至弃土场。在改路、改渠未完成前,维持原有通行及流水状况。

十一、各分项工程的施工顺序

(一) 路基工程

1. 路基工程施工顺序

施工测量→场地清理→临时排水系统→路基挖方→路基填方→路基修整→路基沉降观测。

2. 路基挖方施工顺序

测量→清除植被及表层土→施作截水沟→临时排水设施→挖土方→运至填方段或弃土场→测量路基高程→修整边坡→防护工程施工→侧沟施作→检查路基高程→路基面修整→土方地段路床面压实。

3. 路基填方施工顺序

试验段施工→测量放线→基底处理→临时排水设施→分层填筑→分层摊铺、整平→分层压实→分层检查→防护工程→路基整修→路基沉降观测。

4. 特殊路基施工顺序

抛石挤淤:施工准备→沿线路中线向前再向两边抛石(陡坡处自高向低抛石)→小石块填塞垫平→重型机械碾压。

5. 排水沟施工顺序

测量放线→沟身开挖→沟身整形→夯实基底→垫层砂浆铺设→沟身砌筑→勾缝。

(二) 桥梁工程

1. 五里亭小桥施工顺序

基础(扩大基础)→台身→台帽→梁板预制→支座安装→梁板安装→横向湿接缝→桥面铺装及附属工程。

2. 台身施工顺序

台身:测量放样→搭设脚手架→钢筋加工安装→模板安装→混凝土浇筑→拆模→薄膜养生。

台帽:测量放样→搭设脚手架或设装抱箍→安装底模→钢筋加工安装→模板安装→混凝土浇筑→拆模→养生。

3. 梁板施工顺序

空心板梁预制和吊装:修建底模→钢筋安装→安装外模、芯模→浇筑混凝土→养护→压混凝土试件→拆除芯模→拆除外模→吊运、存放→梁体运到桥梁处→准确安装支座→汽车吊吊起梁体→对正孔位→梁体就位→检查梁体位置→梁体架设完毕。

4. 桥面铺装施工顺序

清除梁板顶面杂物→浇筑湿接缝混凝土→测量放线→绑扎钢筋→安设预埋件→测设混凝土顶面高程控制点→搭设混凝土运输便道→混凝土浇筑→摊铺→振捣→整平→养护。

(三) 涵洞工程

盖板涵:测量放线→基坑开挖→基础模板安装、混凝土浇筑、模板拆除→墙身模板安装、混凝土浇筑、模板拆除→预制、安装混凝土盖板→防水层施作→涵背回填。

拱涵:测量放线→基坑开挖→基础模板安装、混凝土浇筑、模板拆除→墙身模板安装、混凝土浇筑、模板拆除→拱圈模板安装、拱圈施工、模板拆除→防水层施作→涵背回填。

第五节　保证措施

一、确保工程质量的措施

(一)组织保证

健全质量保证体系,成立质量管理领导小组,经理部推行全面质量管理和目标责任管理,从组织措施上保证工程质量真正落到实处。

(二)思想保证

把思想政治工作作为一项重要内容贯穿到整个施工过程中,对全体员工经常进行质量教育,强化质量意识,开工前进行应知应会教育,严格执行规范,严格操作规程。

(三)制度保证

(1)严格执行质量自检、互检、专检相结合的三检制度。

(2)建立完善的自检体系。把施工图审签制,技术交底制,测量复核制,质量自检、互检、专检"三检制",隐蔽工程检查签证制,安全质量检查评比奖罚制,验工计量质量签证制,分项工程质量评定制,质量事故(隐患)报告处理制等质量管理制度,认真执行到施工全过程。

(3)实行质量责任制,逐级落实到工班,责任到人。建立质量奖罚制度,对质量事故要严肃处理,坚持三不放过:事故原因不明不放过,不分清责任不放过,没有改进措施不放过,做到奖罚分明。

(四)技术保证

(1)加强施工技术管理,严格执行以总工程师为首的技术责任制,使施工管理标准化、规范化、程序化。

(2)严格按照设计文件和施工设计图纸施工,严格遵守施工规范,严格掌握施工技术标准、质量检查及验收标准。

(3)每道工序施工前必须进行技术交底,向施工人员明确工序操作规程、质量要求和标准,严把工序质量关,上道工序未经验收合格不得进行下道工序的施工。

(4)严格执行工程监理制度:作业队自检、项目经理部复检合格后即通知监理工程师检查,隐蔽工程必须经监理工程师签认后再覆盖。

(5)坚持三级测量复核制,保护好测量桩点。施工测量放线要反复校核,确保中线、水平及结构尺寸、位置正确,并按要求向监理工程师申报测量定位资料。

(6)施工除严格按照设计和有关施工技术规范、验收标准等规定办理外,还必须遵照招标文件有关要求施工。

(7)严格执行技术人员现场值班制度,及时解决施工中发生的技术问题。

(8)重点工序(路基、路面的压实度)施工时制订切实可行的施工方案并严格遵照执行。加强施工技术管理,熟悉设计文件和施工规范、验收标准,施工人员严格掌握施工标准、质量检查及验收标准和工艺要求。

(五)为确保施工质量采取的检测、试验措施

(1)本工程所有材料试验与检验必须按国家和交通部颁发的有关工程试验规范和规定实施,遵守招标文件中有关条款和有关施工规范的要求,做好本工程的材料试验与检验。

(2)工程材料试验与检验必须按省建设主管部门有关文件规定委托有试验资质的单位进行。

(3)按招标文件的有关规定对整个工程中所采用的全部建筑材料,如:集料、水泥、掺和料、钢筋进行取样试验,并将试验结果报送监理工程师审批,拒绝不合格原材料、成品、半成品进场。用于本工程的所有建筑材料都必须符合设计要求和有关质量规定,并具有材质证明和合格证件。无材质证明的材料,必须在监理工程师的监督下补做材质试验,递交材质试验结果,经监理工程师批准后方可使用。

(4)施工所使用的各种计量检测仪器、设备,定期进行检查和鉴定,确保计量、试验、检测等器具的精度和准确度。

(5)对所有影响工程质量的工程建筑材料负全面责任。对各种材料、器材、设备按规范进行检查,拒绝不符合要求的材料、器材、设备用于工程。

(6)加强工程试验,建立台账和施工记录,优选工程施工配合比,经监理工程师批准后执行。

(7)按照现行有关规范的规定,对现浇混凝土和路基基层压实度、基底压实度等进行取样试验,并将试验结果报送监理工程师审查。焊接材料试验严格按规定和设计要求进行。

(六)处理质量和进度关系

我局始终坚持质量是生命,是企业生存、发展之本。在施工中,一切均以保证质量为前提,工程进度服从工程质量。

(七)各分项工程质量保证措施

1.路基工程

(1)按设计要求和相关技术规范制订路基施工作业指导书和试验计划,并报监理工程师审批。

(2)对原地面进行平整夯实处理并经监理工程师认可后,方可进行路基填筑。对基床及基床以下路堤施工,严格执行设计和规范要求。

(3)在土方填筑的过程中,随时检查填土的含水率,使用HKC型含水率快速测定仪及时测量土壤含水率。若填土的含水率不符合要求时,要进行洒水或晾晒处理,使其达到经压实试验确定的范围,再用平地机摊平,压路机碾压。

(4)土方压实采用重型压路机压实,严格控制压实质量,随时检查密实度,并按规范要求取样试验,发现不足及时处理,并及时采取改进措施。

(5)桥涵台背及挡墙背的路堤填筑时,在结构物上用红油漆做标记并编号,使用小型压实机具分层填筑压实,不同填料的结合部要设一定距离的缓坡分层夯实,杜绝垂直衔接。

(6)路基施工前或施工过程中,采取各种防、排水措施,以保证施工质量。

2. 桥梁及通道工程

（1）准确确定桥位，施工期间定期进行中线及水平测量，确保桥位、中线、跨度及各部位高程准确。

（2）墩台模板采用大块模板，认真复核模板尺寸和中线水平。模板支立牢固稳定，接缝紧密平顺，不跑模，不漏浆。混凝土灌注分段捣固时连接部分必须重捣，防止漏捣。

（3）承台混凝土连续灌注完成，保证不出现冷缝。

（4）对桥涵混凝土预制构件严格按设计和相应工艺要求施工。

（5）保证上、下部结构混凝土外观圆顺、光面、平整，确保外观质量。

3. 涵洞工程

（1）做好挖基前地表的截排水工作后方可开挖基坑，当开挖至设计高程后，对地基承载力不符合设计要求时，按设计、监理单位批准的变更设计方案进行加固处理，保证砌体地基高程、中线及承载力达到设计标准。

（2）采用符合设计及规范要求的材料，按沉降缝分段施工。

（3）认真进行测量放线，保证路基、边墙、盖板、进出口铺砌等结构砌筑或灌注尺寸准确。严格按设计及规范要求施工。

（4）在浇筑底板以前，应清除基座上的杂物，然后按图纸立模板、绑扎钢筋、浇筑混凝土。

（5）盖板灌注前，严格检查钢筋及模型尺寸、支撑情况，达到准确和牢固的要求。未经隐蔽工程检查不准进行混凝土灌注。

（6）预制盖板的邻板之间采用高强（1∶2）水泥砂浆填塞密实，并将底板抹平。

（7）混凝土盖板或顶板、侧板外表面上，在填土前涂刷沥青胶结材料和其他材料形成防水层，其层数和厚度按设计要求进行。

（8）台背填土必须在盖板安装且砂浆强度及箱涵混凝土强度达到设计强度的 75% 之后，方可进行填土，填土时对称填筑且第一层的最小摊铺厚度不得小于 30cm，并防止剧烈的冲击。

4. 防护及排水工程

（1）按测量桩点挂线，保证砌体墙面平整，坡度正确，沉降缝垂直。

（2）砌石采用挤浆法分段砌筑，严禁灌浆法砌筑。砌块丁顺排列，错缝搭接，石块间不得无砂浆而直接接触。

（3）砌体圬工坡面的松动岩石应清除，局部超挖或凹陷处应挖成台阶后用与砌体同强度等级的圬工砌平。

（4）砌体分层砌筑，砌筑上层时不应振动下层，不准在已砌好的砌体上抛掷、滚动及敲击石块。

（5）按规范和设计施作挡土墙泄水孔，泄水孔进口高于出口，并在墙后填筑砂卵石透水层。

（6）做好砌体工程的养护工作，按规定频率取样制试件，养生后送指定试验室检验。

5. 隐蔽工程质量保证措施

（1）隐蔽工程质量保证措施实施流程见图 12-18。

（2）加强全体员工思想教育，牢固树立积极配合监理工程师工作的观念。

（3）每一道需隐检的工序施作完毕，作业工区自检合格后上报质检工程师，质检工程师检查合格后，上报监理工程师，监理工程师检查合格并签字批准后，方可进入下一道工序的施作。若检查不合格，作业工区必须立即返工或返修，重新检查直到合格为止。未经监理工程师批准，工程的任何部分都不能覆盖。

（4）制订质量计划和每一工序的作业指导书，严格按质量计划和作业指导书施工。

（5）当监理工程师发出对某一部位有疑义或特殊指示时，项目部立即组织人员配合，根据监理工程师发出的指示进行剥露或开口检查，并在监理工程师检查合格后按要求恢复。

（6）预埋件加工尺寸做到准确无误，其材质必须满足设计要求。预埋件埋设时必须做到牢固可靠、定位准确、间距无误。施工时采用专用角尺测试，发现偏差及时纠正。

图 12-18 隐蔽工程质量保证措施流程图

（7）混凝土浇筑完成后，必须全面检查测试一次预埋件，对不合格的予以纠正，确保位置准确，埋设牢固。

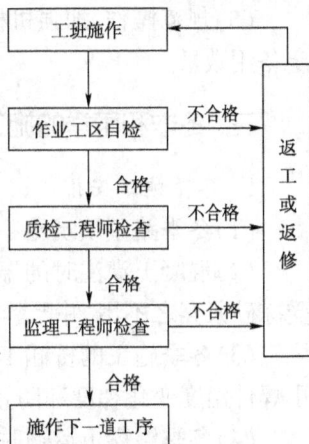

二、工程进度保证措施

施工中采取切实可行的措施，从财务保证、技术保证、资源保证、管理保证等方面入手，使施工进度在整个施工期处于可控状态，从而确保计划工期的顺利实现。

1. 计划控制

（1）进度安排合理可行；

（2）劳动力、材料、机具设备供应计划满足进度计划实现的要求；

（3）进度计划在顺序上合符逻辑，符合施工程序的要求；

（4）施工进度计划与其他实施性计划协调一致。

2. 合同控制

（1）施工进度计划满足施工合同所规定的施工进度计划的要求；

（2）制订切实可行的内部合同管理制度，提高施工人员的工作积极性；

（3）提前做好材料与机械设备配件的购买合同的签订工作，保证施工期间材料供应充足，机械设备及配件完好。

3. 现场控制

（1）加强施工技术管理，制订严密、科学、经济、实用、合理的施工方案和方法。杜绝质量返工事故和安全事故的发生，以免影响工期。

（2）投入足够数量、状态良好的机械设备和足够的机械操作人员，机械配套、性能好、效率高，有效地保证施工生产的顺利进行。

（3）主要工序采用大型机械化施工，开展多工序同步平行流水作业，加快工程施工进度。

（4）加强施工现场的协调和指挥，保证工序间紧密衔接，下道工序的准备时间在上道工序完成前，减少工序准备时间。

(5)规范操作,加强机械保养维修,保证机械正常运转,关键设备性能良好,部分设备有一定备用数量。

三、冬季和雨季的施工安排

1. 冬季施工安排

(1)冬季路基填筑施工做到层薄、快填、快压、迅速填完每一层。

(2)混凝土灌注时的温度在任何情况下,均不低于+5℃。砌石时砂浆温度不低于+15℃,受冻砂浆弃之不用,并严禁使用热水化开已冻结砂浆砌筑。

(3)冬季施工的桥涵工程,焊接钢筋一般在室内进行,不得已在室外进行时,采取措施,减小焊件温度变化梯度和防止焊接后的接头立刻接触冰雪。

(4)冬季混凝土运输时间尽量缩短,并做好防寒保温措施。

(5)及时做好员工的防寒保暖工作,落实取暖防火措施。

2. 雨季施工安排

江西属亚热带季风气候区,降水量丰富,必须有效做好防雨防洪措施。

(1)与当地气象部门密切联系,随时掌握当地气象情况,早日预测。

(2)雨季施工,加强检查工作,改进排水设施,确保排水系统的畅通。涵洞与排水沟顺接,保证排水系统畅通。

(3)合理编制施工组织设计。桥梁下部、土质路基等施工避开雨期。雨期来临之前,准备好防洪材料,并与当地防洪部门紧密联系。

(4)雨期对材料做好遮盖防水工作,使材料、产品、半成品免于浸泡和淋湿。并经常检查砂石料的含水率,及时调整并严格控制水灰比。

(5)机电设备的电闸箱采取防雨、防潮等措施,并安装好接地保护装置。

四、施工安全保证体系及措施

1. 安全组织和管理

(1)建立安全机构。项目经理部设安全小组,具体负责日常安全工作,制订各项安全制度,检查督促各项安全措施的落实,各施工队设立专职安全员,负责本项目的安全工作,项目经理及各工区长为安全负责人。每月对员工进行安全教育,切实做好安全宣传工作。

(2)施工及住宿地,要做好防火、防暴雨、防台风工作,指派专人进行轮流值班,发现问题及时报告处理,现场要配备灭火器及其他安全器材。

(3)在施工前对施工员、农民工作好详细的安全交底,加强对现场人员的安全教育和督促检查。

(4)施工现场、宿舍区用电及各种电器设备的安装使用,必须按供电部门的安全用电要求及有关规定执行,严禁违章用电。

(5)所有进入桥涵施工场地的员工必须戴安全帽,不得穿拖鞋,技术工种要持证上岗,高空作业必须系安全带。

(6)施工现场必须设置施工围栏隔离措施和醒目警告标志,确保行人车辆与施工互不干扰,保证施工和交通畅通。

（7）全体施工人员必须遵守国家法律法规，遵守当地政府各种管理条例，遵守单位规章制度，做到群防群治，确保安全。

2. 高空、水下、运输、机械操作的安全管理

（1）高空作业设安全防护措施，与地面联系配备通信设施，恶劣天气禁止进行高空作业。

（2）进行水下作业时，下水前检查包括通信设施在内的装具的完好性。在钻孔桩内作业时，桩内泥浆面应高于护筒外水位，潜水员严禁在护筒以下部位作业。

（3）施工机械、车辆操作人员必须持证上岗，严禁无证上岗，自卸汽车严禁载人。

3. 农民工的安全教育和管理

（1）对全体农民工进行经常性的安全教育，开工前进行安全技术交底，加强安全知识的宣传与培训工作，切实提高全体农民工的安全意识和素质，定期举办安全学习班，每月固定一天作为安全学习和小结检查日。

（2）使全体农民工明确安全工作的重要性，严格遵守施工操作规程，禁止违章操作，杜绝施工生产中安全事故的发生。

五、资金需求计划及保证措施

1. 流动资金及预备金的筹措

（1）及时进行工程计量结算，加快资金回收，保证工程施工用款。

（2）我局有雄厚的资金保证，必要时，本局可从资金上保证工程顺利进行。

2. 资金管理

（1）保证业主支付的工程进度款用于本合同段工程的施工，做到专款专用。

（2）加强自有流动资金管理，协调流动资金在项目之间的流动，充分保证本合同段的流动资金使用。

（3）加强资金的使用管理，充分利用自有机械设备、周转材料等，减少流动资金的占用。

（4）设备、周转材料资金、管理费暂不回收，保证项目流动资金的使用。

3. 工程核算

（1）保证合理的工程施工进度及分项工程完成的完整性，在施工过程中严格按照技术规范及工程师的要求，认真及时填写质检资料并得到工程师的签字认可。

（2）组织精干的计量小组，及时完成对已完成工程量的计量及相关资料的填写。

（3）保质保量保安全按合同工期完成任务，按月及时填报工程完成情况月报表给业主，及时进行计量工作，以便业主及时支付工程款，保证工程的资金周转。

质量控制机构框图见图 12-19。

质量保证体系框图见图 12-20。

创优保证体系框图见图 12-21。

安全保证体系框图见图 12-22。

施工安全保障组织机构见图 12-23。

施工安全检查、控制程序框图见图 12-24。

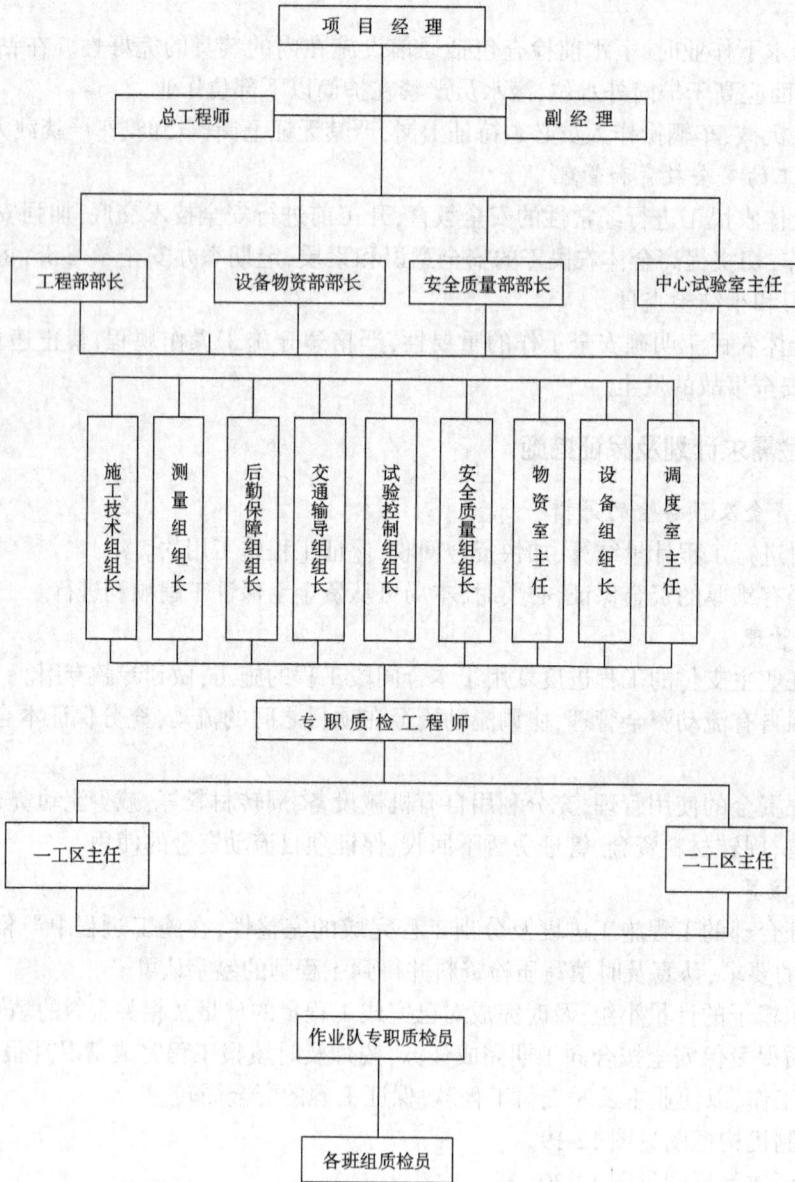

图 12-19 质量控制机构框图

质量目标：：确保全部工程达到国家、交通部现行的工程质量验收标准，工程质量验收合格率100%，优良率95%以上，满足全线创优规划要求。保证达到优良工程，创精品工程，工程一次验收合格率。

质量领导小组成员包括：项目经理、总工程师、部室领导、作业队长、工班长。

体系	内容	说明
思想保证体系	提高质量意识	质量第一，让业主满意
		质量是企业的生命
		今天的质量，明天的市场
		质量是经营的基础

全员调查　改进工作质量

组织保证体系	质量领导小组	工程部 施工组	技术交底并落实，图纸会审，编制施工计划、施工组织和质量计划，组织隐蔽工程检查和验收，确保优质、按期完成任务
		测量组	控制测量、复测和施工测量，保证准确度，确保结构尺寸正确
		安全质量部 质量组	进行日常质量管理、控制，组织协调、督促、检查，综合各部门各级质量活动成果，及时进行质量信息分析反馈
		中心试验室	做好材料进场的抽检和验收，负责现场试验工作和计量工作
		设备物资部 设备组	实行以"管好、用好、维护好机械设备"为中心的质量责任制，做好设备检查鉴定，填写运转记录
		材料组	供应合格材料及构件，提供合格质量证明书，做好产品及状态标识，限额发料
		计划财务部 核算组	依据质量状况监督奖金发放，按制度进行奖罚，有权不验收不合格的工程
		办公室 政工教育	以"百年大计、质量第一"为中心，开展全员教育活动

保证质量目标，让业主满意

施工技术保证体系	质量检查保证体系	单位工程质量验收
		分部工程质量验收
		分项工程质量验收
		材料、成品、半成品检验
		工序质量保证体系

工程质量检验　工程质量评定

制度保证体系	不定期进行质量评比，召开分析会
	每月底组织工程质量大检查及月终奖励相结合的质量评比
	工程部定期开展有针对性的质量教育活动并组织考核
	制度化开展QC小组管理活动

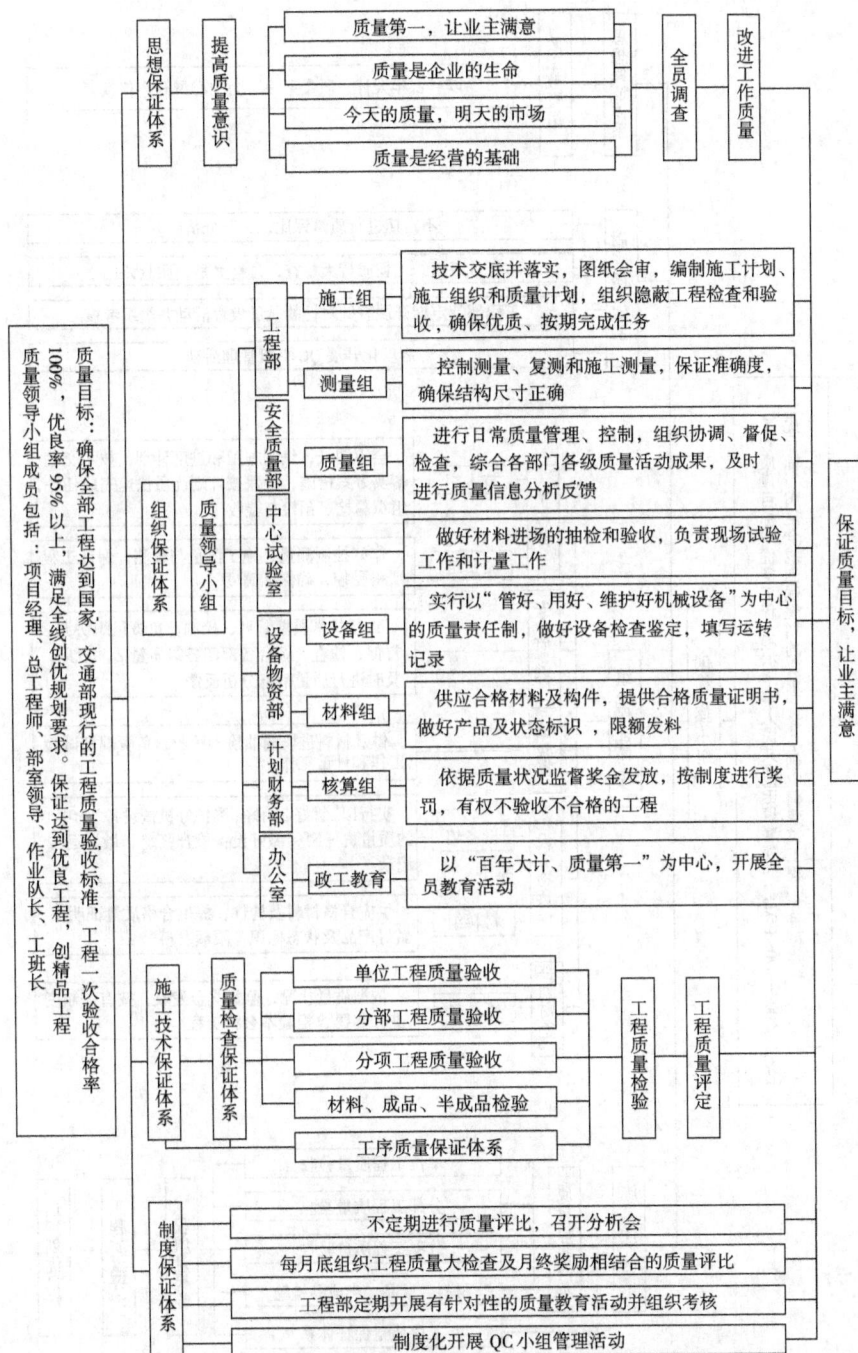

图 12-20　质量保证体系框图

思想保证体系 → 政工教育组 → 以"百年大计、质量第一"为中心展开宣传教育

制度保证体系 →
- 不定期进行质量评比，召开分析会
- 每月底组织工程质量大检查，月终奖励，质量评比
- 工程部门定期开展有针对性的质量教育活动并组织考核
- 制度化开展QC小组管理活动

创优目标：优良工程，根据中华人民共和国行业标准（JTG F80/1—2004）检查

工程质量目标：满足全线创优规划的要求，并争创中国建筑工程「鲁班奖」

创优领导小组

组织保证体系

工程部
- 技术组 → 会审图纸，编制施工和进度计划，技术交底，落实方案措施，确保按计划优质快速完成任务，组织隐检、预检与验收
- 测量组 → 作好控制测量、施工测量与复测，保证工程严格受控，确保准确度

安全质量部
- 进行日常质量管理、控制，负责组织协调、督促、检查，综合各部门各级质量活动成果，及时进行质量信息分析反馈

试验室
- 做好材料进场的抽检和验收，负责现场试验工作和计量工作

设备物资部
- 设备组 → 实行以"管好、用好、维护好机械设备"为中心的质量责任制，做好设备检查鉴定，做好运转记录
- 材料组 → 供应合格材料及构件，提供合格质量证明书，做好产品及状态标识，限额发料

计划财务部
- 核算组 → 依据质量状况，监督奖金发放，按有关制度进行奖罚，拒验不合格工程

施工保证体系 → 质量检验体系
- 单位工程质量验收
- 分部工程质量验收
- 分项工程质量验收
- 材料、成品、半成品检验
- 工序质量保证体系

→ 工程质量检验 → 工程质量评定 → 达到创优目标

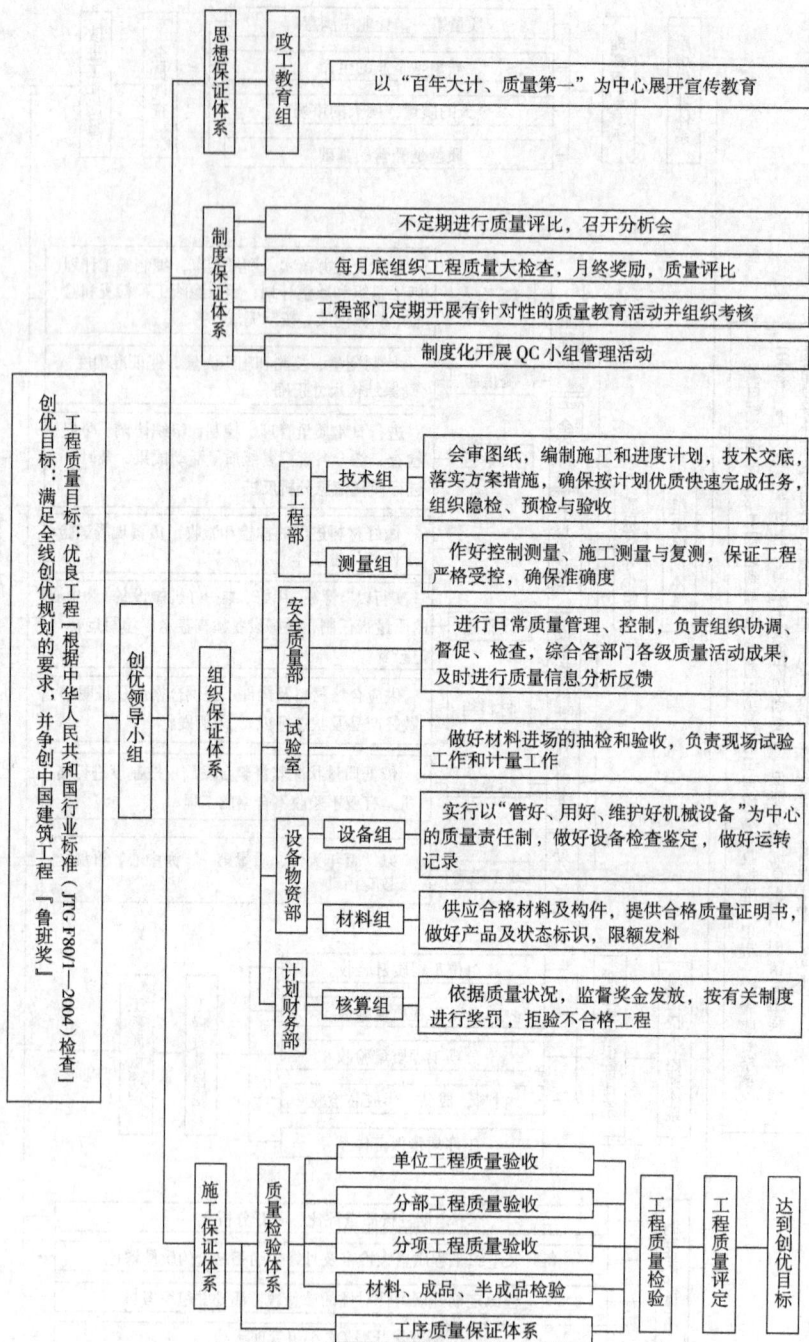

图 12-21　创优保证体系框图

```
                          ┌──────────┐
                          │  项目经理  │
                          └─────┬────┘
                                │
                          ┌─────┴──────┐
                          │ 安全生产委员会 │
                          └────────────┘
```

```
┌──────────┬──────────┬──────────┬──────────┐
│ 安全教育  │ 安全管理  │ 安全活动  │ 安全监督  │
└──────────┴──────────┴──────────┴──────────┘
```

| 质量安全文件学习 | 日常安全教育 | 安全操作培训 | 特殊工种培训 | 制订安全生产制度 | 制订安全保证措施 | 制订安全奖罚标准 | 定期或不定期检查 | 周一安全日活动 | 安全无事故活动 | 安全文明施工竞赛 | 安全总结整改 | 制度执行情况检查 | 措施执行情况检查 | 重点部位防范检查 | 按三不放过原则分析事故 |

```
┌────────────────────────────────┐
│ 安全目标:                        │
│ 1.无汽车、装载机等行车事故          │
│ 2.无人身重伤及以上事故             │
│ 3.无机械设备大事故                │
│ 4.无等级火警事故                  │
└────────────────────────────────┘
```

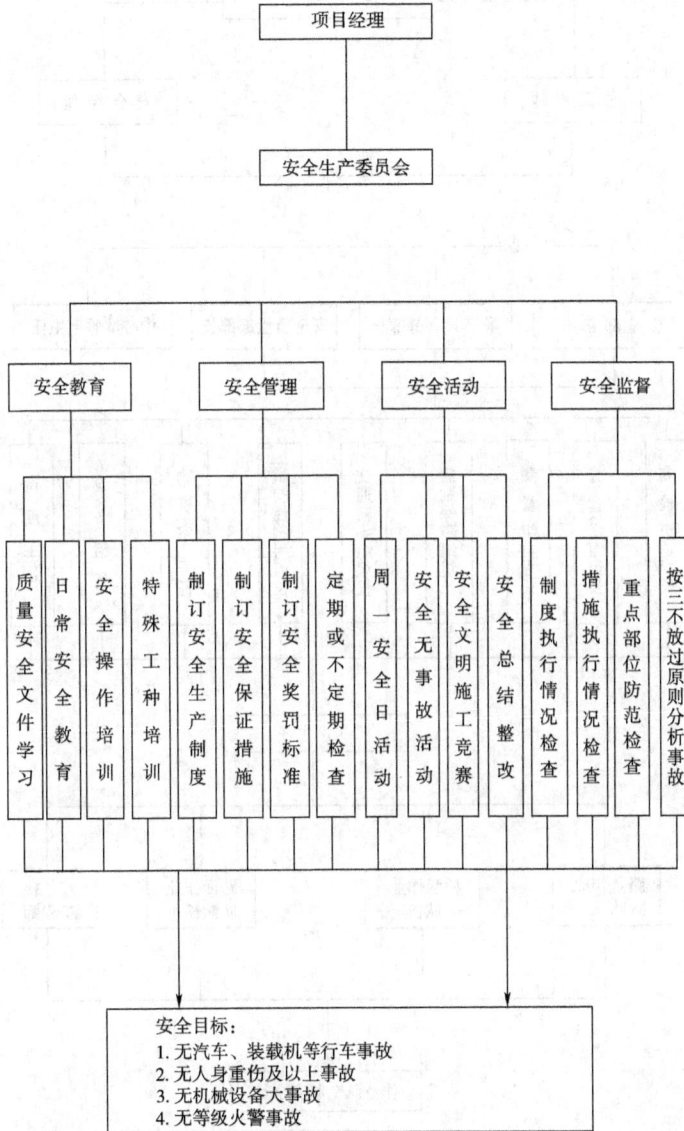

图 12-22　安全保证体系框图

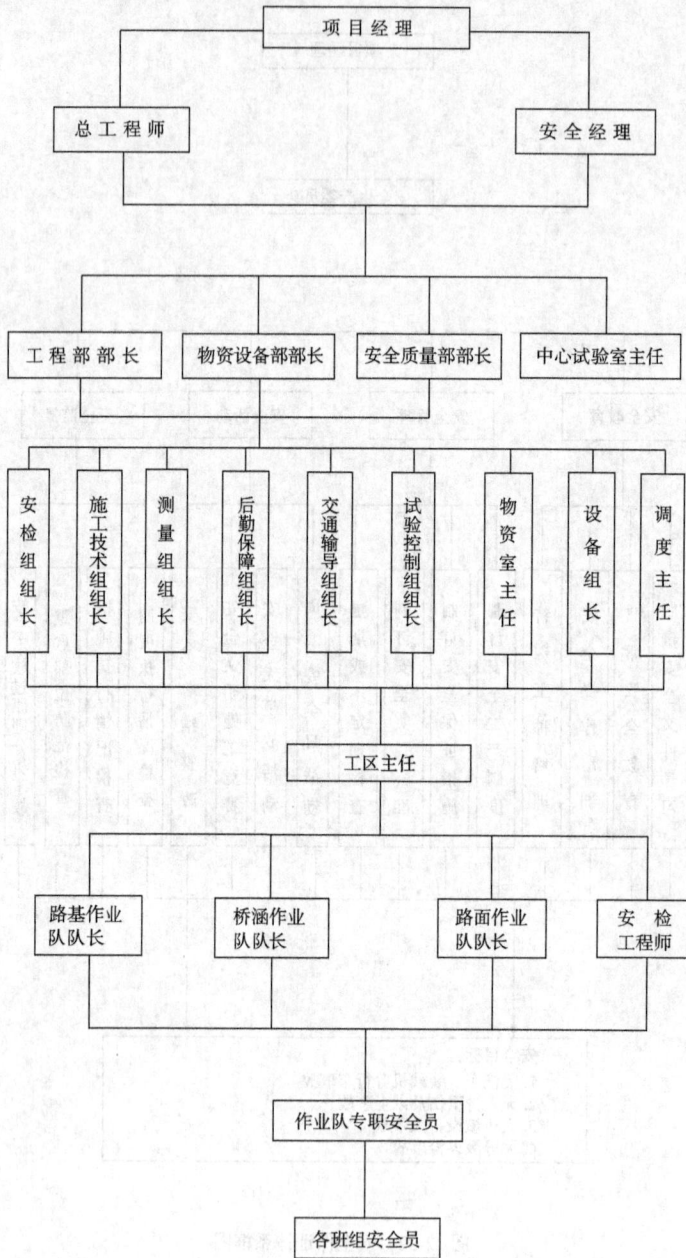

图 12-23　施工安全保障组织机构图

```
┌─────────────┐
│  检查工作内容  │
└──────┬──────┘
       │
┌──────┴──────┐
│  安全保证体系  │
└──────┬──────┘
       │
   ┌───┼───────┬───────┬───────┐
┌──┴──┐ ┌──┴──┐ ┌──┴──┐ ┌──┴──┐
│组织 │ │安全 │ │安全 │ │质检 │
│机构 │ │目标 │ │管理 │ │制度 │
└──┬──┘ └──┬──┘ └──┬──┘ └──┬──┘
   └───────┴───┬───┴───────┘
       ┌───────┴───────┐
       │   安全日常检查   │
       └───────┬───────┘
```

| 检查安全会议记录 | 检查安全法规配备 | 检查安全制度是否落实 | 检查安全奖罚条例执行 | 检查日常安全活动 | 检查预防安全事故措施 | 检查安全目标规划 | 检查安全防护用品使用情况 | 检查安全制度落实情况 | 检查安全宣传工作 | 检查安全工作报表上报 |

```
       ┌───────────────┐
       │   安全工作总结    │
       └───────┬───────┘
       ┌───────┴───────┐
       │  制订纠正或预防措施  │
       └───────────────┘
```

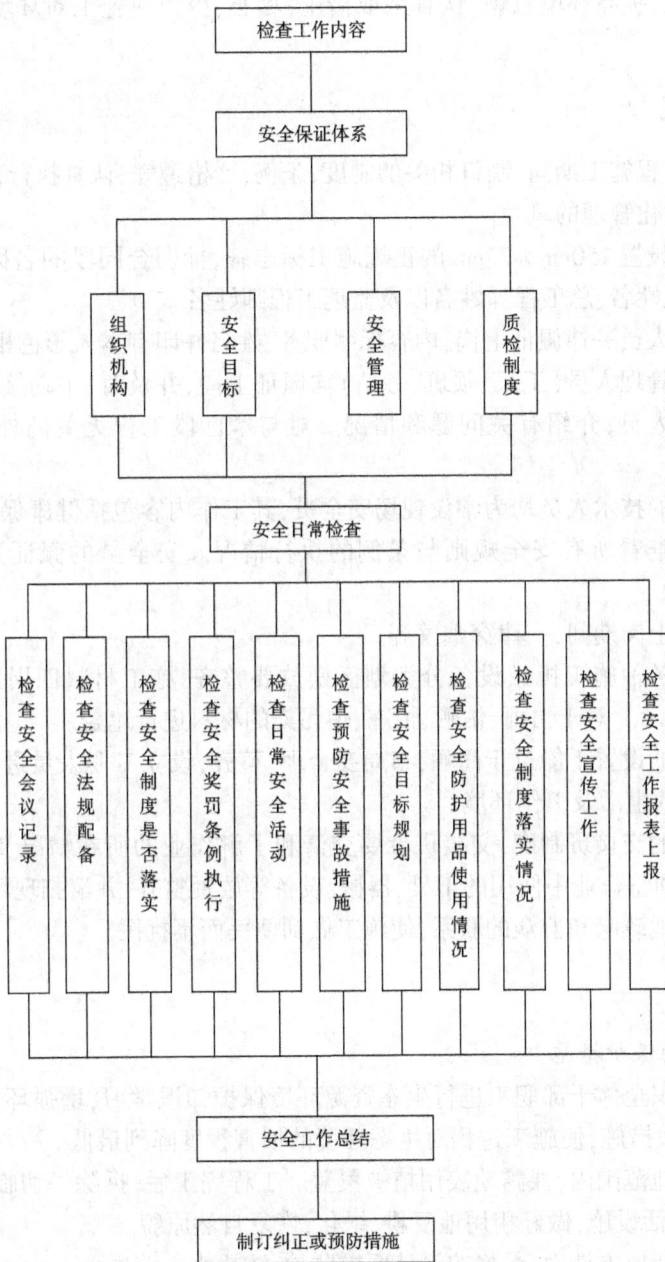

图 12-24 施工安全检查、控制程序框图

第六节　文明施工、环境保护

坚持文明施工,提高环境意识,认真采取措施,尽心、尽力使施工对环境的影响达到最低程度。

一、文明施工

我部将在本工程施工期间,制订相关的制度、条例,严格遵守,认真执行,做到文明施工,体现出施工现场现代化管理的风貌。

(1)施工现场设置 150cm×75cm 的正规施工标志牌,标明合同段的名称、承包单位名称、项目经理部负责人姓名、总工程师姓名以及监理工程师姓名。

(2)驻地管理人员一律佩证上岗,内容标明职务、姓名并印有本人彩色相片。

(3)施工现场管理人员(工长、领班、旁站)均佩证上岗,并及时、主动接待前来现场了解、检查、视察的所有人员,介绍有关问题和情况。对与本标段工程无关的外来闲散人员劝离现场。

(4)施工现场的技术人员均为常设现场安全员,其工作内容包括健康保护、事故预防措施和个人安全检查,查看所有安全规则与条例的执行情况。安全员的佩证为红色,使其特别醒目。

(5)所有人员上岗期间,一律穿戴整齐。

(6)施工现场各种施工机械设备分类划区摆放要整齐,施工材料四周设围堆放,要求合理、整齐,并挂牌明示。对于怕雨、怕晒、怕冻、怕污染的材料进行遮盖。

(7)生活设施的设置不能过于简陋,布局要合理、整齐,设立专职人员进行保洁工作,创造一个良好的、卫生的生活及工作环境。

(8)建立明确的交接班制度,交接班者要交清和了解作业的所在情况及注意事项。下班及节假日期间,必须将作业中使用的工具、器械、设备等放置整齐,并清扫现场、整理洁净。

(9)加强与当地政府和群众的联系,使施工做到便民而不扰民。

二、环境保护

1. 生态环境的保护措施

(1)开工前组织全体干部职工进行生态资源环境保护知识学习,增强环保意识,保证环保工程质量,采取有效措施,使施工过程对生态环境的损害程度降到最低。

(2)永久性用地范围内,裸露地表用植被覆盖。工程完工后,拆除一切临时用地范围内的临时设施和临时生活设施,做好租用地复耕、绿化,恢复自然原貌。

(3)开挖边坡及填方坡面,严格按设计要求防护,防止水土流失。

(4)合理布置施工场地,少占或不占耕地,尽量不破坏原有植被,不随意砍伐树木,并在其周围植草或植树绿化,创建美好环境。

(5)做好生产、生活区的卫生工作,定时打扫,定点投药,防止蚊蝇鼠虫滋生而传播疾病。

2. 水环保措施

（1）设置生活、生产区设污水处理池，生活、生产污水经严格净化处理并经检验，符合国家环保标准后，再排出。

（2）靠近生活水源的施工场地用沟壕或堤坝与之隔开，避免水源污染。

（3）施工期间在生产场地和生活区修建必要的临时排水渠道，经废水池处理后，与永久性排水设施相接，不至引起淤积冲刷。

（4）施工区域、砂石料场在施工期间和完工后，妥善处理，以减少对河流的侵蚀，防止沉渣进入河流或小溪。

第七章　加强廉政建设

略。

第八章　缺陷责任期内对工程修复及维护组织管理方案

略。

第九章　项目经理部对整个项目实行五控制、五管理

略。

参考文献

[1] 中华人民共和国交通部. JTG F30—2003 公路水泥混凝土路面施工技术规范. 北京:人民交通出版社,2003.

[2] 中华人民共和国交通部. JTG F40—2004 公路沥青路面施工技术规范. 北京:人民交通出版社,2004.

[3] 中华人民共和国交通部. 公路工程施工及验收标准规范汇编. 北京:人民交通出版社,2002.

[4] 中华人民共和国交通部. JTG B01—2003 公路工程技术标准. 北京:人民交通出版社,2003.

[5] 中华人民共和国交通部. JTG F80/1—2004 公路工程质量检验评定标准. 北京:人民交通出版社,2004.

[6] 中华人民共和国行业标准. JTJ 041—2000 公路桥涵施工技术规范. 北京:人民交通出版社,2000.

[7] 中华人民共和国交通部 JTG F10—2006 公路路基施工技术规范. 北京:人民交通出版社,2006

[8] 中华人民共和国交通部 JTJ 037.1—2000 公路水泥混凝土路面滑模施工技术规程. 北京:人民交通出版社,2000

[9] 姚玲森. 桥梁工程. 北京:人民交通出版社,1985.

[10] 范立础. 预应力混凝土连续梁桥. 北京:人民交通出版社,1988.

[11] 杨文渊,徐犇. 桥梁施工工程师手册. 北京:人民交通出版社,1997.

[12] 天津市政工程局. 道路桥梁工程施工手册. 北京:中国建筑工业出版社,2003.

[13] 中交第二航务工程局. 润扬长江公路大桥施工总体方案,2003.

[14] 中交第二航务工程局第二工程公司. 奉节长江大桥施工技术总结. 2005.

[15] 广西路桥总公司. 铜陵至汤口高速公路9标施工方案. 2005.

[16] 中交第二航务工程局. 苏通长江大桥C1、C3、B1、B2标施工方案. 2000.

[17] 中国建筑工业出版社. 预应力混凝土结构规范. 北京:中国建筑工业出版社,1996.

[18] 中交第二航务工程局. 重庆朝天门长江大桥施工方案. 2005.

[19] 中交第二航务工程局路桥工程有限公司科技论文集. 2000~2005.

[20] 中交第二航务工程局. 江阴长江大桥施工技术总结. 2000.

[21] 吴焕通,崔永军. 隧道施工及组织管理指南. 北京:人民交通出版社,2005.

[22] 潘世建,杨盛福. 西航道连续刚构桥. 北京:人民交通出版社,2002.